JN447502

Global Business Today

Charles W. L. Hill

뉴

13e

글로벌 시대의 국제경영

류용규 · 박정양 · 여윤동 · 이종민
이주일 · 초수봉 · 한주희 · 홍가혜 | 옮김

한 경 사

Global Business Today, 13th Edition

1 2 3 4 5 6 7 8 9 10 HKS 20 25

Original: Global Business Today, 13th Edition © 2024
By Charles Hill
ISBN 978-1-26-494394-4

This authorized Korean translation edition is jointly published by McGraw-Hill Education Korea, Ltd. and Hankyungsa. This edition is authorized for sale in the Republic of Korea.

This book is exclusively distributed by Hankyungsa.

When ordering this title, please use ISBN 978-89-6844-538-5

Printed in Korea.

간단한 차례

차례

3부: 국제 무역과 투자 환경

4부 글로벌 통화 시스템

5부 국제 경영의 전략과 구조

6부: 국제 경영 기능

역자 머리말

이 책은 세계적인 교육 전문 출판사 McGraw-Hill Education에서 펴낸 Charles W. L. Hill 교수의 『Global Business Today』를, 글로벌 비즈니스의 핵심 이론과 최신 사례를 한국 독자 여러분께 정확하고 깊이 있게 전하는 것을 목표로 번역한 것입니다. 1장과 7장은 류용규 교수님이, 2·10·14장은 초수봉 교수님이, 3·4장은 홍가혜 교수님이, 5·6장은 여윤동 교수님이, 8·11장은 이주일 교수님이, 9·15장은 이종민 교수님이, 16·17장은 박정양 교수님이, 그리고 한주희 교수님이 12·13장과 역자 서문 등을 번역하였습니다. 저자의 학문적 의도와 논지를 존중하는 한편, 주요 개념이 보다 명확히 전달되도록 번역의 충실성을 최우선으로 삼았습니다.

이 책에는 다양한 국가의 사례와 최신 글로벌 비즈니스 동향이 담겨 있습니다. 이를 통해 국제 경영을 학습하는 학생과 연구자뿐 아니라, 실제 현장에서 글로벌 진출 전략을 모색하는 실무자 여러분에게도 실질적인 도움이 되리라 믿습니다. 급변하는 경영 환경 속에서 효과적인 전략 수립에 필요한 이론적 토대와 풍부한 사례 분석을 제공함으로써, 독자 여러분이 폭넓은 시각으로 경영 현황을 이해하고 깊이 있는 통찰을 얻으시길 기대합니다.

끝으로, 번역 과정 내내 아낌없는 조언과 격려를 보내주신 여러 동료 교수님들께 깊이 감사드리며, 출판을 위해 애써주신 한경사 관계자 여러분께도 진심으로 감사의 말씀을 전합니다. 이 책이 독자의 글로벌 비즈니스 이해를 한층 넓히고, 현장에서 유용한 지침서가 되기를 진심으로 기원합니다.

2025년 7월
역자 일동

저자 머리말

관련성. 실무성. 통합성.

Global Business Today 초판 작업을 시작한 지 30년이 넘었습니다. 이 책은 빠르게 전 세계에서 가장 널리 사용되는 국제 경영 교재로 자리 잡았으며, 현재까지도 그 명성을 이어가고 있습니다. 이러한 성공은 여러 독창적인 특징에서 비롯되었으며, 특히 이번 개정판에서는 다음과 같은 학습 프로그램을 새롭게 도입하여 그 가치를 한층 더 높였습니다.

- 내용이 포괄적이고 최신 정보를 반영하며, 시의적절한 주제를 다룹니다.
- 이론적으로 탄탄할 뿐만 아니라 실질적이고 현실적인 지식을 제공합니다.
- 국제 경영 개념의 실제 응용에 초점을 맞추고 있습니다.
- 각 장 사이의 긴밀한 연계와 논리적인 흐름을 통해 국제 경영의 통합적인 이해가 가능합니다.
- 국제 경영 개념에 대한 실무적 시사점을 제공합니다.
- 학생들이 핵심 이론에 쉽게 접근하고 흥미를 느낄 수 있도록 설계되었습니다.
- 본문의 내용을 보강하고, 강의를 보다 효과적으로 진행할 수 있도록 다양한 보조 리소스를 통합하였습니다.

지금까지 열세 판을 출간하면서 저는 이러한 목표를 달성하기 위해 끊임없이 노력해 왔습니다. 이는 결코 쉬운 일이 아니었습니다. 지난 30년간 경제, 정치, 비즈니스의 현실 세계는 물론, 이론 및 실증 연구를 중심으로 한 학계에서도 엄청난 변화가 있었습니다. 이에 각 장을 수정하고, 오래된 사례를 제거하는 한편 새로운 사례를 도입하였으며, 최신 이론과 증거를 책에 통합하였습니다. 또한, 현대적이고 역동적인 국제 경영 환경과 관련성이 떨어지는 기존 이론들을 단계적으로 폐기하였습니다. 이러한 작업은 이번 개정판에서도 수행되었으며, 그 결과 상당한 변화가 이루어졌습니다. 앞으로도 이러한 변화는 지속될 것입니다. 어떤 변화를 줄 것인지 결정할 때, 저는 개인적인 독서, 강의, 연구는 물론, 이 책을 사용하는 전 세계 교수와 학생, 리뷰어, 그리고 McGraw Hill의 편집 및 마케팅 팀으로부터 받은 귀중한 피드백을 참고하였습니다. 이 모든 분께 진심으로 감사드립니다.

포괄적인 최신 정보

관련성과 포괄성을 갖춘 국제 경영 패키지가 되기 위해서는 다음 사항을 충족해야 합니다.

- 전 세계의 문화, 국가, 지역이 어떻게 그리고 왜 다른지 설명해야 합니다.
- 국제 무역 및 투자의 경제와 정치를 다룹니다.
- 윤리, 기업의 사회적 책임, 지속 가능성과 관련된 국제적 이슈를 다룹니다.
- 세계 통화 시스템의 기능과 형태를 설명합니다.
- 국제 경영의 전략과 구조를 살펴봅니다.
- 국제 경영의 다양한 기능의 특별한 역할을 평가합니다.

관련성과 포괄성을 갖추기 위해서는 주요 이론에 대한 깊은 이해가 필수적입니다. 저는 항상 최근 학문적 연구에서 얻은 통찰력을 이 책에 통합하는 것을 목표로 해 왔습니다. 이러한 목표를 바탕으로, 이 책에서 사용된 이론적 흐름의 예로 다음 연구로부터 얻은 통찰력을 통합하였습니다.

- 새로운 무역 이론과 전략적 무역 정책.
- 노벨 경제학상을 수상한 경제학자 Amartya Sen의 경제 발전에 관한 연구.
- '문명의 충돌'에 관한 Samuel Huntington의 영향력 있는 논문.
- Paul Romer와 Gene Grossman이 주장한 경제 발전의 성장 이론.
- 국제 무역과 경제 성장의 관계에 대한 Jeffrey Sachs 등의 실증적 연구.
- Michael Porter의 국가 경쟁 우위 이론.
- Robert Reich의 국가 경쟁 우위에 관한 연구.
- 국가 제도 구조와 재산권 보호에 관한 노벨상 수상자 Douglass North를 비롯한 여러 사람의 연구.
- 거래 비용 경제학에 관한 Ronald Coase와 Oliver Williamson의 연구에서 발전한 해외직접투자에 대한 시장 불완전성 접근법.
- 초국가적 기업에 대한 Bartlett과 Ghoshal의 연구.
- 핵심 역량, 글로벌 경쟁, 글로벌 전략적 제휴에 관한 C.

K. Prahalad와 Gary Hamel의 저술.

- 기업의 자원 기반 관점과 상호 보완적인 이론에서 도출할 수 있는 국제 비즈니스 전략에 대한 통찰력.
- Paul Samuelson의 자유 무역 이론에 대한 비판.
- 자유 무역의 경제적 결과에 대한 Paul Romer, Jeffrey Sachs, David Autor 등 여러 학자의 최근 경험적 연구.
- 글로벌 공급망 관리-물류, 구매(소싱), 운영 및 마케팅 채널에 대한 개념적 및 실증적 연구.

급변하는 국제 경영 환경의 특성을 반영하여, 최첨단 이론과 실증적 연구를 포함하고 가능한 한 최신의 내용을 담기 위해 최선을 다했습니다. 이 책의 초판이 출간된 이후, 전 세계적으로 상당한 변화가 있었습니다. 지난 70년 동안 세계는 국경 간 무역과 투자를 규율하는 규칙 기반의 다자간 질서를 구축하는 방향으로 발전해 왔습니다. 이러한 움직임의 목표는 국제 무역과 투자 장벽을 낮추고, 각국이 무역의 이익을 공유할 수 있도록 하는 것이었습니다. 그 결과, 세계화가 가속화되었고 국제 경영이 번창할 수 있는 비옥한 환경이 조성되었습니다. 이러한 흐름은 1995년 세계무역기구(WTO)의 설립과 그 후 약 10년간 절정을 이뤘다고 볼 수 있습니다.

그러나 2016년 이후 세계는 이러한 합의에서 점점 더 멀어지고 있습니다. Donald Trump 대통령이 집권하는 동안 미국은 일방적으로 무역 장벽을 높이고 중국과의 무역 전쟁을 시작했고 Biden 대통령 역시 중국과의 무역 정책에서 Trump 대통령과 유사한 노선을 따르고 있는 것으로 보입니다. 세계 경제 활동의 약 40%를 차지하는 두 경제 대국이 심각하고 지속적인 무역 분쟁을 벌이고 있다는 사실은 국제 경영 환경에 큰 불확실성을 초래하고 있으며, 경쟁 환경에도 근본적인 변화를 야기하고 있습니다. 이러한 상황에 더해, 2020년 초 코로나19를 유발한 SARS-CoV-2 바이러스의 출현으로 글로벌 팬데믹이 발생하여 전 세계 공급망에 심각한 혼란을 초래하였고, 원거리 공급망에 대한 기존의 인식이 크게 변화했습니다. 또한, 2022년 초 러시아의 우크라이나 침공으로 촉발된 현재 진행 중인 분쟁은 예상치 못한 방식으로 지정학적 지형을 변화시켰으며, 국제 경영에 새로운 도전 과제를 제기하고 있습니다. 이번 개정판에서는 이러한 변화가 세계 경제와 국제 경영에 미치는 영향을 심도 있게 논의하고 새로운 현실을 충실히 반영하고자 노력하였습니다.

2024년 개정판의 주요 특징

Global Business Today의 앞선 열두 판이 성공할 수 있었던 이유는, 최신 연구를 본문에 통합하고, 글로벌 트렌드와 기업 전략을 설명하기 위해 최신 사례와 통계를 활용하며, 적절한 이론적 맥락에서 시사 문제를 논의한 점에 있었습니다. 이러한 강점을 기반으로, 2024년 개정판에서는 다음과 같은 목표에 중점을 두었습니다.

1. 학문적 연구에서 얻은 새로운 통찰을 반영합니다.
2. 모든 관련 이슈를 포괄적으로 다룰 수 있도록 내용을 보완합니다.
3. 최신 시사, 통계 및 예시를 통해 본문을 업데이트합니다.
4. 각 장에 새롭고 통찰력 있는 시작 및 마무리 사례를 추가합니다.
5. 각 장에 부가가치가 높은 globalEDGE™ 기능을 통합합니다.
6. 각 장의 내용을 경영적 시사점과 연결합니다.

이번 개정을 통해 책의 모든 장이 수정되었으며, 모든 통계가 최신 데이터를 반영하도록 업데이트되었습니다. 중요한 시사 이슈 또한 본문에 통합되어 상세히 논의되었습니다. 이 서에서는 현재 진행 중인 미국과 중국 간의 무역 전쟁, 브렉시트와 브렉시트 이후 영국과 EU의 전망, NAFTA 재협상 및 그 후속 협정인 USMCA 비준, 코로나19 팬데믹이 경제와 비즈니스에 미친 영향, 그리고 러시아의 우크라이나 침공으로 인해 발생한 현재의 분쟁이 국제 경영에 미치는 영향을 포괄적으로 다룹니다. 또한, 이전 판과 마찬가지로 거시적 환경을 다루는 각 장(1~11장)의 마지막에 위치한 '경영 시사점(Focus on Managerial Implications)' 절은 이번 개정에서 '360° 관점: 경영에의 시사점(360° View: Managerial Implications)'이라는 명칭으로 변경되었습니다. 보다 관리적인 측면에 초점을 맞춘 장(12~17장)에는 이전 버전에서 볼 수 없었던 '360°관점: 거시 환경의 영향(360° View: Implications of the Macro Environment)' 절이 새롭게 추가되었습니다. 이 절에서는 미중 무역 갈등, 코로나19 팬데믹, 러시아의 우크라이나 침공 등 거시적 환경의 지속적인 변화가 경영 실무에 미치는 영향을 명시적으로 다룹니다. 이러한 점이 이번 개정판의 중요한 특징 중 하나라고 생각합니다.

모든 통계, 그림, 지도를 업데이트하여 가장 근래의 데이터를 반영하고, 적절한 장에서 중요한 시사 이슈(예: 미중 무역 갈등, 브렉시트, 코로나19 등)를 다룬 것 외에도, 2024년 개정판에서는 각 장별로 다음과 같은 변경 사항이 포함되었습니다.

1장: 세계화

- 새로운 OPENING CASE: Apple, 중국에서 생산 철수
- 국제 무역과 해외직접투자에 대한 최신 데이터를 반영하여 통계와 수치를 업데이트
- 최근 정치 동향(중국과의 무역 전쟁, 브렉시트와 그 여파, 러시아의 우크라이나 침공)의 의미와 이것이 국경 간 무역 및 투자에 미칠 수 있는 영향을 논의
- 새로운 CLOSING CASE: TruckLabs

2장: 국가 간 정치, 경제, 법률 시스템 차이

- 새로운 OPENING CASE: 헝가리: 독재로의 전환
- 부패 관련 데이터 업데이트
- 새로운 CLOSING CASE: 아일랜드의 경제 변혁

3장: 국가 간 경제 발전 차이

- 새로운 OPENING CASE: 베트남의 경제 발전
- 최신 데이터를 반영한 지도, 수치, 텍스트 내 통계 업데이트
- 정치 경제와 경제 발전에 대한 논의에 인구통계학적 경향 추가
- 최근 몇몇 국가(예: 튀르키예)에서 권위주의를 향한 역추세가 나타남에 따라, 민주주의의 확산에 대한 논의를 업데이트
- 새로운 CLOSING CASE: 남아프리카공화국의 경제 발전

4장: 국가 간 문화 차이

- 새로운 OPENING CASE: 케냐에서의 비즈니스
- 문화 전반에 걸친 인내심에 대한 논의를 포함
- 대부분의 종교가 현재 친기업적이라는 근거를 수정
- 이슬람이 주요 종교인 국가들 간의 문화적 관습의 상당한 다양성을 주목하기 위해 이슬람이 국가 문화에 미치는 영향에 대한 논의를 수정
- 새로운 CLOSING CASE: 브라질에서의 비즈니스

5장: 윤리, 기업의 사회적 책임, 지속 가능성

- 새로운 OPENING CASE: 축구공 생산과 윤리적 문제
- 기업의 사회적 책임과 지속 가능성에 대한 논의를 확대
- 새로운 CLOSING CASE: Gucci의 윤리 강령

6장: 국제 무역 이론

- 새로운 OPENING CASE: 대만의 부상
- '360° 관점: 경영에의 시사점' 절에 무역 전쟁이 비즈니스 관행에 미치는 영향에 대한 논의 업데이트
- 새로운 CLOSING CASE: 반도체 산업의 국제 무역 전쟁
- 부록의 국제 수지 데이터를 2021년 데이터를 반영하여 업데이트

7장: 정부 정책과 국제 무역

- 새로운 OPENING CASE: 미국의 인플레이션 감축법과 전기차 보조금
- 최신 상황을 반영하기 위해 세계 무역 시스템에 대한 논의 업데이트, 브렉시트의 여파와 미국, 중국 등 간의 지속적인 무역 분쟁 포함
- 새로운 MANAGEMENT FOCUS: Huawei 수출 금지가 미국 기업들에 미치는 영향
- 새로운 CLOSING CASE: 존스법

8장: 해외직접투자

- 새로운 OPENING CASE: McDonald's의 러시아 진출
- 최신 데이터를 반영한 세계 경제의 해외직접투자에 대한 통계 및 수치 업데이트
- 새로운 CLOSING CASE: Tesla의 중국 투자

9장: 지역 경제의 통합

- 새로운 OPENING CASE: 아프리카 대륙 자유무역지대
- 브렉시트와 그 여파에 대한 논의 업데이트
- 새로운 CLOSING CASE: 브렉시트 이후의 영국

10장: 외환 시장

- 새로운 OPENING CASE: 튀르키예의 경제 위기 원인은 무엇인가?
- 2023년의 환율을 반영하여 전체 데이터 업데이트
- 새로운 CLOSING CASE: 태국 바트 헤징

11장: 국제 통화 제도

- 새로운 OPENING CASE: **파키스탄과 국제통화기금**
- 2023년까지의 변동환율제에 대한 데이터 및 논의 업데이트
- 새로운 CLOSING CASE: **세계 기축 통화로서의 미국 달러**

12장: 국제 비즈니스 전략

- 새로운 OPENING CASE: **3M의 글로벌 전략 진화**
- 새로운 CLOSING CASE: **Emirates의 글로벌 전략**

13장: 선진 시장 및 신흥 시장 진출

- 새로운 OPENING CASE: **인도의 JCB**
- 새로운 CLOSING CASE: **Uber의 해외 시장 진출 전략**

14장: 수출, 수입, 대응무역

- 새로운 OPENING CASE: Nustep
- 새로운 MANAGEMENT FOCUS: Maine Coast Company
- 새로운 CLOSING CASE: **이집트로 수출하기**

15장: 글로벌 생산 및 공급망 관리

- 새로운 CLOSING CASE: Whirlpool: **공급망 혼란에 대처하기**
- 새로운 CLOSING CASE: **자동차 산업의 글로벌 반도체 부족: COVID 시대의 공급망 붕괴**

16장: 글로벌 마케팅과 비즈니스 애널리틱스

- 새로운 OPENING CASE: Yellow Tail: **글로벌 와인 브랜드 구축**
- 새로운 CLOSING CASE: Airbnb: **현지 경험을 강조하여 글로벌 브랜드 구축하기**

17장: 글로벌 인적 자원 관리

- 새로운 OPENING CASE: Schneider Electric: **다양성, 형평성, 포용성의 모범 사례**
- 새로운 CLOSING CASE: Colgate-Palmolive의 **다양한 글로벌 인력 개발**

피상적 설명을 뛰어넘어 비판적 관점을 제시하며

국제 경영의 많은 문제는 매우 복잡하기 때문에, 장단점을 신중히 고려하는 것이 중요합니다. 이를 학생들에게 효과적으로 전달하기 위해, 저는 항상 경제 이론, 정부 정책, 비즈니스 전략, 조직 구조 등을 중심으로 찬반 논쟁을 제시하며 비판적인 접근 방식을 활용해 왔습니다.

또한, 학생들이 이론이나 현상이 특정 방식으로 존재하는 이유를 충분히 이해할 수 있도록, 국제 경영의 고유한 이론과 현상의 복잡성을 명확히 설명하려 노력해 왔습니다. 이 책은 이러한 이론과 현상을 경쟁 서적들보다 더 깊이 있고 체계적으로 다루고 있습니다. 저는 언제나 얕은 설명이 전혀 설명하지 않는 것보다 낫다고 믿어 왔습니다. 국제 경영에서는 피상적인 지식이 오히려 더 큰 위험을 초래할 수 있기 때문입니다. 이와 같은 접근 방식은 학생들이 국제 경영의 핵심을 더 깊이 이해하고, 실질적인 비판적 사고 능력을 기를 수 있도록 돕는 데 중점을 둡니다.

실용적이고 풍부한 응용

학생들에게 이 책에서 다루는 내용이 국제 경영의 실무와 어떻게 연결되는지 보여 주는 것은 매우 중요합니다. 이 책 후반부에서 국제 경영의 실제 업무에 초점을 맞춘 방향성이 명확히 드러나지만, 거시적인 주제를 다루는 전반부에서는 다소 모호할 수 있습니다. 이를 보완하기 위해, 특정 기업보다는 국제 경영 환경에 초점을 맞춘 첫 11개 장의 끝부분에 **360°관점: 경영에의 시사점**이라는 제목의 절을 추가했습니다. 이 절에서는 해당 장에서 논의된 내용의 관리적 함의를 명확히 설명합니다. 또한, 대부분의 장에는 적어도 하나의 MANAGEMENT FOCUS 박스가 포함되어 있습니다. 이것의 목적은 해당 장의 내용이 국제 경영 실무와 어떻게 관련되는지 구체적으로 설명하는 것입니다. 마지막으로, 앞서 언급했듯이, 12장에서 17장까지는 경영 문제에 초점을 맞춘 **360°관점: 거시 환경의 영향**이라는 새로운 절이 추가되었습니다. 이 절은 거시 환경의 변화가 국제 경영 내 전략 및 기능적 활동 관리에 어떤 영향을 미칠 수 있는지를 심도 있게 논의합니다. 이와 같은 구성은 학생들이 이론과 실무 간의 연결 고리를 명확히 이해하도록 돕는 데 중점을 두고 있습니다.

또한, 각 장은 OPENING CASE로 시작하여, 해당 장에서 다룰 내용이 국제 경영 실무에서 얼마나 중요한지에 대한 이해를 돕습니다. 각 장의 끝에는 이를 뒷받침하는 CLOSING CASE를 추가해 학생들에게 실질적인 응용 사례를 제공합니다.

학생들이 국제 경영에 대한 응용 능력을 한층 더 발전시킬 수 있도록, 각 장에는 globalEDGE™ 연구 과제도 포함되어 있습니다. 이 과제는 각 장의 내용과 밀접하게 연관되어 있어, 학생들이 배운 내용을 실질적인 사례에 적용할 수 있도록 설계되었습니다.

이러한 구성은 학생들이 국제 경영의 이론과 실무를 통합적으로 이해하고, 이를 창의적이고 비판적으로 적용할 수 있는 능력을 기르는 데 초점을 맞추고 있습니다.

통합된 주제 진행

많은 교과서의 단점은 각 장이 서로 긴밀하게 연결되지 않아 통합된 주제 흐름이 부족하다는 점입니다. 이 책은 1장에서 학생들에게 책의 주요 주제들이 서로 어떻게 연결되어 있는지를 명확히 설명합니다. 또한, 각 장이 이전 장의 내용을 논리적으로 기반으로 삼을 수 있도록 자료를 체계적으로 구성하여, 전체적인 통합성을 강화했습니다.

1부

1장에서는 다루어야 할 주요 쟁점에 대한 개요를 제공하고 책의 계획을 설명합니다. 시장의 세계화와 생산의 세계화가 핵심 내용입니다.

2부

2장에서 4장까지는 정치, 경제, 문화의 국가별 차이를 다루고, 5장은 국제 경영의 윤리, 기업의 사회적 책임, 지속가능성 문제를 중점적으로 다룹니다. 대부분의 국제 경영 교과서는 이러한 내용을 후반부에 다루지만, 저는 국가별 차이를 먼저 논의하는 것이 중요하다고 봅니다. 이는 국제 무역과 투자, 글로벌 통화 시스템, 국제 경영 전략과 구조, 그리고 국제 경영 기능과 관련된 많은 핵심적인 문제가 정치, 경제, 문화의 국가적 차이에서 기인하기 때문입니다.

3부

6장부터 9장까지는 세계 무역과 투자의 정치 경제를 분석합니다. 이 부분의 목적은 국제 경영이 이루어지는 무역과 투자 환경을 명확히 설명하는 데 있습니다.

4부

10장과 11장은 국제 경영 거래가 이루어지는 통화 체계에 대해 상세히 설명합니다.

5부

12장과 13장에서는 논의의 초점이 환경에서 기업으로 이동합니다. 즉, 거시적 관점에서 미시적 관점으로 전환됩니다. 이 단계에서는 기업이 국제 경영 환경에서 효과적으로 경쟁하기 위해 채택하는 전략을 검토합니다.

6부

14장에서 17장까지는 초점을 더욱 좁혀, 비즈니스 기능과 관련된 운영을 심도 있게 탐구합니다. 여기에서는 기업이 수출, 수입, 대응무역, 글로벌 생산, 글로벌 공급망 관리, 글로벌 마케팅, 글로벌 연구·개발(R&D), 인적 자원 관리와 같은 핵심 기능을 수행하여 국제 경영 환경에서 경쟁하고 성공하는 방법을 설명합니다.

이 책 전반에 걸쳐, 새로운 자료와 앞 장에서 논의된 주제의 관계를 명확히 지적함으로써 학생들이 자료가 어떻게 통합된 전체를 이루는지 이해할 수 있도록 돕고 있습니다. 의도적으로 전반부(1장부터 11장까지)는 거시적 관점에 초점을 맞췄습니다. 미시적 관점에서 다루는 주제들(12~17장)을 설명할 때에도 거시적 주제를 통합하여 일관성을 유지하고 있습니다.

접근성 및 흥미

국제 경영 분야는 매우 흥미롭고 역동적인 주제이며, 본서는 학생들에게 이 분야에 대한 우리의 열정을 전달하고자 노력했습니다. 흥미롭고 유익하며 접근하기 쉬운 방식으로 주제를 전달하면 학습이 더 효과적이고 원활하게 이루어진다고 생각하기 때문에 이 책에서 채택한 주요 기법 중 하나는 흥미로운 사례를 본문 서술에 자연스럽게 엮어 넣는 것이었습니다. 이론을 설명할 때 관련 사례를 함께 제시함으로써 이해를 돕고자 했습니다.

또한, 대부분의 장에는 국제 경영 이슈를 다루는 국가의 정치, 경제, 사회, 문화적 배경을 제공하는 COUNTRY FOCUS 섹션이 포함되어 있습니다. 이를 통해 국제 경영의 맥락을 보다 깊이 이해할 수 있습니다.

감사의 글

이 책을 준비하는 데 도움을 주신 많은 분들께 감사의 말씀을 전합니다. 먼저, 이 프로젝트에 함께 참여해 주신 McGraw Hill Education의 모든 분께 감사드립니다.

Michael Ablassmeir, Director
Michele Janicek, Senior Product Development Manager
Debbie Clare, Executive Marketing Manager
Sherry Kane, Content Project Manager (Core)
Rachel Hillebrand, Content Project Manager (Assessment)
Traci Vaske, Content Licensing Specialist

좋은 피드백을 제공하는 리뷰어들에게도 감사를 전합니다.

Chris Boucher, York County Community College
Katarina Brant, Florida Atlantic University
Shani D. Carter, Wagner College
Kenichiro Chinen, California State University, Sacramento
Wan-Ting Chiu, Purdue University
Meredith Downes, Washington State University
Linlin Fan, Pennsylvania State University
Timothy Gardner, University of North Carolina, Wilmington
George Munchus, University of Alabama, Birmingham
Anthony Pantaleon, Baruch College
Antonio Papuzza, University of Colorado at Boulder
Jennifer Roy, Waynesburg University
Jorge Daniel Garcia Santiago, Abilene Christian University
Riikka Sarala, University of North Carolina, Greensboro
John Steele, Valparaiso University
Vasyl Taras, University of North Carolina, Greensboro
Newell D. Wright, North Dakota State University

15장 생산 시설의 전략적 역할, 구매 결정, 글로벌 공급망 기능, 글로벌 공급망에서의 조정, 조직 간 관계에 관한 절에 있어서 Global Supply Chain Management (Tomas Hult, David Closs, and David Frayer, McGraw Hill, 2014)을 차용하도록 허락해 주신 David Closs와 David Frayer에게 특별한 감사의 말씀을 전합니다.

VCG/Getty Images

1 세계화

학습 목표

이 장을 학습하면,

1. 세계화의 의미를 이해할 수 있다.
2. 세계화의 주요 동인을 이해할 수 있다.
3. 글로벌 경제의 변화하는 특징을 설명할 수 있다.
4. 세계화의 영향에 대한 논쟁의 주요 논점을 설명할 수 있다.
5. 세계화 과정이 경영에 미치는 기회와 도전에 대해 이해할 수 있다.

OPENING CASE Apple, 중국에서 생산 철수

Apple은 초창기에 주로 미국 내에서 제품을 생산했다. 1983년 매킨토시 컴퓨터 출시 후 얼마 지나지 않아 Steve Jobs는 '미국에서 만든 기계'라고 자랑스럽게 언급하기도 했다. 그러나 2004년경 Apple은 대부분의 생산을 해외로 이전했으며, 이러한 추세는 2007년 아이폰 출시와 함께 절정에 달했다. 현재 아이폰에 사용되는 수백 개의 부품 중 약 90%가 해외에서 제조된다. 주요 부품들의 출처를 살펴보면, 마이크로프로세서는 독일과 대만, 메모리 칩은 한국과 일본, 디스플레이 패널과 회로는 한국과 대만, 기타 칩셋은 유럽, 희귀 금속은 아프리카와 아시아에서 조달된다. 최종 조립은 Apple의 주요 협력사인 대만 기업 Foxconn이 중국에서 담당한다.

Apple이 초기에 아이폰 생산을 중국으로 선택한 이유는 다양하다. 낮은 노동 비용도 고려되었지만, 이는 제품 총가치의 작은 부분을 차지할 뿐이었다. Apple에 따르면, 중국 협력 업체들의 신속한 생산 규모 조정 능력이 훨씬 더 중요한 요인이었다. 또한, 중국에서는 필요한 인력을 빠르게 확보할 수 있었다. 예를 들어, 첫 아이폰 모델 생산에 관여하는 20만 명의 조립 라인 근로자를 감독하고 지도하기 위해 약 8,700명의 산업 엔지니어가 필요했다. 이러한 엔지니어를 찾는데 미국에서는 9개월이 걸릴 것으로 예상되었지만, 중국에서는 단 15일 만에 채용할 수 있었다.

중국의 완벽한 공급망 생태계는 Apple이 중국을 주요 생산 기지로 선택한 중요한 이유 중 하나였다. Apple의 한 임원은 이를 다음과 같이 설명했다. "전체 공급망이 중국에 있습니다. 고무 개스킷 1,000개가 필요하다면 바로 옆 공장에서 만들 수 있습니다. 나사 100만 개가 필요하다면 한 블록 떨어진 곳에서 생산됩니다. 나사를 조금 다르게 만들어야 한다면? 3시간이면 가능합니다." 이러한 효율적인 공급망은 중국에서의 생산을 매우 매력적으로 만들었다.

그러나 2016년 이후, Apple은 중국에 대한 의존도를 낮추는 방안을 모색하기 시작했다. Trump 행정부의 25% 관세 부과 결정이 주요 계기가 되었으며, 이는 미중 무역 전쟁의 시작을 알렸고, Biden 정권에서도 계속되었다. 중국 내 생산 비용과 경제적 위험이 증가함에 따라, Apple은 공급망을 다각화하기 시작했다. Apple은 Foxconn과 같은 주요 하청 업체들과 협력하여 인도와 브라질엔 아이폰 생산 기지를, 베트남엔 아이패드, 애플워치, 에어팟 생산 기지를 열었다.

무역 전쟁 외에도 2022년 러시아의 우크라이나 침공과 그에 따른 지정학적 긴장 고조(그리고 중국의 러시아에 대한 암묵적 지지), 그리고 COVID-19 팬데믹으로 인한 중국 내 생산 차질은 Apple의 생산 다각화 결정을 가속화했다. Apple의 또 한 가지 우려 사항은 양안 관계로 언젠가 중국이 오랫동안 반란 지역으로 여겨 온 대만을 되찾으려 할 수 있다는 것이다. 이러한 지정학적 시나리오는 미국을 중국과의 군사 충돌로 끌어들일 수 있으며, 가능성은 낮지만 Apple의 사업 활동에 잠재적 위험이 될 수도 있다.

COVID-19 팬데믹은 중국에 Apple의 생산을 집중하는 전략에 추가적인 의문을 제기했다. 중국의 제로 코로나 정책으로 인해 바이러스 확산을 막고자 공장 근로자들이 공장과 현장 기숙사에 격리되었다. 2022년 말, 이러한 중국 정부의 엄격한 정책으로 광범위한 시위가 발생했다. 근로자들은 봉쇄를 피해 고향으로 돌아갔고, Foxconn과 같은 회사들은 인력 부족에 시달렸다. 지속된 시위에 중국 정부는 제로 코로나 정책을 철회했다. 그러나 이 결정 직후 상황은 오히려 악화되었다. 바이러스의 급속한 확산으로 많은 근로자가 병가를 내면서 다수 공장의 생산이 급감했기 때문이다.

이러한 사건들에 대응해 2023년 초 Apple은 탈중국 생산 다각화에 속도를 높이려는 것으로 보인다. 뉴스 보도에 따르면 Apple은 현재 일부 맥북 생산을 중국에서 베트남으로 이전하고 있다. Apple은 또한 인도에서 아이폰 생산을 지속적으로 확대할 의향을 밝혔으며, 현재 15%에서 장기적으로 40~45%의 아이폰을 인도에서 출하하는 것을 목표로 하고 있다.

하지만 Apple이 가까운 시일 내에 대부분의 생산 시설을 중국에서 해외로 이전하는 것은 매우 어려운 문제다. 중국은 풍부한 숙련 및 비숙련 노동력, Foxconn과 같은 주요 하청 업체를 지원하는 잘 확립된 공장 생태계, 그리고 Foxconn과 그 공급 업체들에게 제공되는 세금 감면 및 기타 인센티브 등 생산자에 대한 집중적인 정부 지원이라는 독특한 이점을 제공한다. 인도와 베트남에서 아이폰과 맥북 생산을 확대하고 있지만, 위에서 언급한 중국이 제공하는 이점으로 인해, Apple의 신제품 출시와 관련된 제조는 당분간 중국에 남아있을 가능성이 높다. 중국의 생산 생태계만이 새로운 아이폰 버전과 같은 고품질 신제품을 대규모로 출시하는데 필요한 기술력을 보유하고 있기 때문이다.

Sources: C. Duhigg and K. Bradsher, "How U.S. Lost Out on iPhone Work," *The New York Times*, January 22, 2012; Y. Jie and A. Tilley, "Apple Makes Plans to Move Production Out of China," *The Wall Street Journal*, December 3, 2022; C. Ciaccia, "Apple Is Reportedly Moving Some MacBook Production Out of China and into Vietnam," *Seeking Alpha*, December 20, 2022; C. Ting-Fang, "Apple to Start Making MacBooks in Vietnam by Mid 2023," *Nikkei Asia*, December 20, 2022.

서론

지난 50년간 세계 경제에서 근본적인 변화가 일어나고 있다. 우리는 국가 경제가 비교적 자급자족적이고 상호 고립된 세계에서 벗어나, 국경을 넘는 무역과 투자의 장벽이 낮아지고, 교통과 통신 기술의 발전으로 인식된 거리가 좁혀지며, 소비문화가 전 세계적으로 유사해지고, 국가 경제가 상호 의존적이고 통합된 글로벌 경제 시스템으로 융합되는 세계로 이동하고 있다. 이러한 변화 과정을 일반적으로 세계화(globalization)라고 한다.

그러나 최근 10년간 일련의 사건들은 세계화 과정의 불가피성에 대해 의문을 제기했다. 영국의 유럽연합 탈퇴(Brexit), 북미자유무역협정(NAFTA)의 재협상, 미국과 주요 무역 파트너들(특히 중국) 간의 무역 분쟁 등이 세계화의 미래에 대한 불확실성을 증가시켰다. COVID-19 팬데믹은 예측하지 못한 사건으로 인해 글로벌 공급망이 얼마나 쉽게 붕괴될 수 있는지를 보여 주며 불확실성을 더욱 가중시켰다. 더욱이 러시아의 우크라이나 침공과 시진핑 지도부하에서 중국의 권위주의와 민족주의 강화는 지정학적 현실에 의해 국경 간 무역과 투자를 촉진하는 글로벌 협정이 제한될 수 있는 다극화 세계의 가능성을 제기했다. 최근의 사건들로 인해 서방은 제조 분야에서 중국에 대한 과도한 의존을 꺼리게 되었다. 한편, 중국은 점점 더 서방 기술에 대한 의존도를 줄여 나가고 서방의 리더십에 대항하는 새로운 경제 질서의 중심으로 자리매김하려 하고 있다. 지구촌이 세계화에서 크게 후퇴할 가능성은 낮지만, 지난 반세기 동안 어느 때보다도 세계화의 이점에 대한 논란이 커지고 있으며, 냉전 종식 이후 어느 때보다도 지정학적 갈등의 가능성이 높아진 것은 분명하다. 이러한 변화는 일시적일 수 있지만 새로운 현실이며, 국제 비즈니스 커뮤니티가 적응해야 할 현실이기도 하다.

OPENING CASE는 이러한 변화하는 환경이 미국 기업인 Apple에 어떤 영향을 미쳤는지를 보여 준다. 20년 동안 Apple은 아이폰과 맥북 제품군을 포함한 대부분의 제품 조립을 중국의 하청업체에 의존해 왔다. 하지만 무역 긴장 고조, 지정학적 위험 증가, COVID-19 팬데믹의 여파에 대응하여 Apple은 일부 생산을 중국에서 인도와 베트남으로 이전하기 시작했다. 중국은 여전히 Apple 제품 조립 생산에 경제적으로 효율적인 입지지만, Apple은 중국 의존에 따른 경제적, 지정학적 위험 증가에 대비해 다른 국가들로 공급망을 다각화하고 있다. Apple 외에 많은 다른 기업들도 비슷한 조정을 하고 있다.

이 책의 주요 목표 중 하나는 독자들에게 국제 경영 환경의 복잡한 문제들을 더욱 깊이 있게 이해시키고, 급변하는 글로벌 비즈니스 환경이 기업의 전략과 정책에 미치는 영향을 설명하는 것이다. Apple 사례에서 볼 수 있듯이, 지정학적 요인은 다국적 기업의 전략적 의사 결정에 중대한 영향을 끼친다. 세계화를 옹호하는 이들은 문화 간 교류와 국제 무역 및 투자가 전 세계적으로 이익을 가져왔다고 주장한다. 이들은 고립주의나 국가주의로의 회귀가 경제 성장을 저해할 것이라고 경고한다. 반면, Donald Trump의 '미국 우선주의'와 같은 국가주의적 접근을 지지하는 이들은 자국의 경제적 자립도를 높이고, 국내 경제 활동에 대한 통제력을 강화하며, 국제 무역 규칙 수립에 있어 더 큰 영향력을 행사하기를 원한다. 이는 무역, 이민, 환경 정책 등 광범위한 영역에서 국가 주권을 강화하려는 움직임으로, 지난 50년간의 세계화 추세에 반대하는 입장이다. 이 책의 17개 장은 이러한 복잡한 논쟁의 다양한 측면을 종합적으로 다루며, 이러한 변화가 기업의 국제 경영 전략에 미치는 영향과 시사점을 명확히 제시한다.

세계화에 대한 현재의 정책 논쟁과는 별개로, 세계화가 우리 삶의 거의 모든 측면에 영향을 미쳐 왔고 앞으로도 그러할 것이라는 사실은 변함이 없다. 세계화의 영향은 우리의 일상생활에서 뚜렷이 나타난다. 오늘날의 현실을 잘 보여 주는 다음과 같은 시나리오를 살펴보자. 한 미국 여성 경영자가 뉴욕에서 디자인되고 방글라데시에서 제조된 옷을 입고 출근한다. 그녀는 독일 슈투트가르트에서 설계되고 독일 라이프치히와 슬로바키아 브라티슬라바에서 조립된 SUV를 운전한다. 이 차량은 Porche가 전 세계 부품 공급 업체로부터 조달한 부품으로 제작되었으며, 이 부품들은 한국산 철강, 말레이시아산 고무, 중국산 플라스틱을 사용해 만들어졌다. 그녀는 영국과 네덜란드 합작 다국적 기업이 소유한 Shell 주유소에서 주유를 한다. 이 휘발유는 프랑스 석유 회사가 서아프리카 해안에서 채굴한 원유로 만들었으며, 그리스 해운 회사 소유의 선박으로 미국까지 운송되었을 것이다. 출근길에 그녀는 차량에 내장된 핸즈프리 스피커를 통해 주식 중개인과 통화한다. 이때 사용하는 아이폰은 캘리포니아에서 설계되고 중국에서 조립되었으며, 일본과 유럽에서 생산된 칩셋, 켄튀르키예주 Corning의 유리, 그리고 한국산 메모리 칩을 사용한다. 그녀는 이동 중에 주식 중개인에게 Lenovo 주식을 구매하라고 지시하는데 Lenovo(과거 IBM의 PC 사업을 인수·합병)는 중국 다국적 PC 제조업체로, 운영 본부는 미국 노스캐롤라이나에 있으며 뉴욕 증권거래소에 상장되어 있다. 이러한 시나리오는 현대 글로벌 경제의 복잡성과 상호 연결성을 생생하게 보여준다.

오늘날 우리가 살아가는 세계는 글로벌화로 인해 크게 변모했다. 소비자 대부분은 제품의 원산지나 제조 과정에 대해 깊이 생각하지 않는다. 과거에는 '미국산', '독일산', '이탈리아산'이라는 표현이 각각 품질, 정교한 기술, 우수한 디자인을 상징했지만, 이제는 'BMW 제조' 또는 'Apple 제조'와 같이 기업 브랜드가 품질의 기준이 되었다. 이는 제품의 설계, 부품 제조, 최종 조립이 전 세계 여러 지역에서 이루어지는 글로벌 생산 체제의 결과다. 최근 일부 반세계화 움직임에도 불구하고, 지난 50년 이상 국제 무역과 투자는 세계 경제 성장률을 상회하며 확대되어 왔고, 이러한 추세는 2020년대 초반까지 이어지고 있다. 세계무역기구(WTO)와 같은 국제기구들은 국가 간 무역과 투자 장벽을 낮추기 위해 지속적으로 노력해 왔다. Coca-Cola, Starbucks, Sony 플레이스테이션, Facebook, Netflix 동영상 서비스, IKEA 가구 매장, Apple 전자 제품 등은 이러한 세계화된 문화의 상징이 되었다. 한편, 세계화에 반대하는 목소리도 여전히 존재한다. 이들은 세계화가 선진국의 실업, 환경 파괴, 지역 문화의 서구화 등 다양한 문제를 야기한다고 주장한다. 전통적인 환경 단체뿐만 아니라 최근에는 자국의 주권 강화를 주장하는 민족주의 집단들도 이러한 반대 진영에 가세하고 있다.

기업에게 세계화는 새로운 기회의 장을 열어 주었다. 글로벌 시장 진출을 통한 매출 확대와 저비용 국가에서의 생산을 통한 비용 절감이 가능해졌다. 최근까지 우호적인 정치 경제적 환경 덕분에 선진국과 개발도상국의 대기업과 중소기업 모두 국제 무대로 진출할 수 있었다. 그러나 세계화가 진행됨에 따라 산업이 변화되었고, 자신의 일자리가 외국 경쟁으로부터 보호받고 있다고 믿었던 일부 근로자들에게 일자리 불안을 야기하기도 했다. 기술 발전, 물류 비용 감소, 개발도상국의 인적 자원 향상으로 인해 서비스 산업의 글로벌화도 가속화되었다. 미국 매사추세츠 병원에서 찍은 MRI 스캔을 인도의 방사선 전문의가 진단할 수 있고, 미국 전화 회사에 대한 문의가 코스타리카의 콜센터로 연결될 수 있으며, 휴대폰의 소프트웨어가 대만의 프로그래머가 작성한 패치로 밤새 업데이트될 수 있고, 미국 세금 신고서를 필리핀의 세금 전문가가 작성하고 미국 회계사가 서명할 수 있게 되었다. 베스트셀러 작가 Thomas Friedman의 표현대로, 세계는 점점 더 평평(flat)해지고 있다.[1] 즉, 선진국과 개발도상국 간의 기회의 격차가 줄어들고 있다. 이제 인도, 중국, 브라질 등의 국가에서도 서구 선진국 못지않은 자기 계발과 성공의 기회가 열리고 있다.

이 책에서는 앞서 언급한 다양한 측면을 깊이 있게 다룬다. 국제 무역과 투자 규제의 변화가 정치 체제 및 기술 발전과 어우러져 기업들의 경쟁 환경을 어떻게 근본적으로 변화시켰는지 살펴볼 것이다. 이러한 변화로 인해 발생하는 새로운 기회와 위협을 분석하고, 경영자들이 이를 효과적으로 활용하거나 대응하기 위한 전략들을 논의할 것이다. 또한 세계화가 국가 경제에 미치는 영향을 긍정적, 부정적 측면에서 균형 있게 고찰할 것이다. 제조업과 서비스 분야의 일자리가 인도나 중국 등으로 아웃소싱(outsourcing)되는 현상에 대한 경제학 이론적으로 설명하고, 이러한 아웃소싱이 기업, 근로자, 그리고 국가 경제 전반에 미치는 영향을 다각도로 분석할 것이다. 이러한 주제들을 본격적으로 다루기에 앞서, 먼저 세계화의 본질과 과정에 대한 전반적인 이해가 필요하다. 이를 위해 첫 번째 장에서는 세계화의 기본 개념과 주요 특징을 개괄적으로 소개한다.

세계화란 무엇인가

[학습 목표 1] 세계화의 의미를 이해한다.

이 책에서 **세계화**(globalization)는 세계 경제가 더욱 통합되고 상호 의존적으로 변화하는 과정을 의미한다. 이러한 세계화 현상은 다양한 측면을 포함하고 있는데, 그중에서도 특히 시장의 세계화와 생산의 세계화가 주요한 두 가지 측면이다.

세계화/글로벌화
뚜렷이 구분되는 국가 경제 단위에서 벗어나 하나의 거대한 글로벌 시장을 향해 나아가는 현상.

시장의 세계화

시장의 세계화(globalization of markets)는 과거에 독립적으로 존재하던 국가별 시장들이 하나의 거대한 글로벌 시장으로 통합되는 현상을 의미한다. 국제 무역과 투자에 대한 장벽이 완화되면서 기업들의 해외 진출이 더욱 용이해졌다. 학계에서는 오랫동안 각국 소비자들의 취향과 선호가 점차 글로벌 표준으로 수렴되고 있어 통합된 세계 시장 형성에 기여한다고 주장해 왔다.[2] Coca-Cola 음료, Sony 게임기, McDonald's 햄버거, Starbucks 커피, IKEA 가구, Apple 아이폰 등의 제품은 이러한 추세를 대표하는 사례로 자주 언급된다. 이들 기업은 세계화 추세의 수혜자일 뿐만 아니라, 전 세계에 동일한 제품을 제공함으로써 글로벌 시장 형성을 촉진하는 주체이기도 하다.

시장의 세계화
국가 시장이 무역 장벽과 거리, 시간, 문화의 장벽으로 인해 고립된 별개의 실체로 존재하는 경제 체제에서 벗어나, 국가 시장들이 하나의 글로벌 시장으로 통합되어 가는 체제로 나아가는 과정.

시장의 세계화는 대기업만의 전유물이 아니다. 미국 국제 무역청에 따르면, 직원 500명 미만의 중소기업 30만 개 이상이 수출 기업의 98%를 차지하며, 이들의 수출이 미국 제조업 수출액의 33%를 차지한다.[3] 예를 들어, 뉴욕의 B&S Aircraft Alloys는 연 매출 800만 달러의 40%를 수출로 달성하고 있다.[4] 이러한 현상은 다른 국가에서도 유사하게 나타나는데 독일의 경우 중소기업의 98%가 수출이나 해외 생산을 통해 국제 시장에 참여하고 있다. 한편, 2009년 이후 중국이 세계 최대 수출국으로 부상했는데, 2021년에는 3.4조 달러 규모의 상품과 서비스를 전 세계에 판매했다.

globalEDGE
국제 비즈니스 자료

globalEDGE™는 2001년부터 전 세계 비즈니스 지식의 대표적인 웹사이트로 자리 잡아 왔다. Google에서 'international business resources'라는 검색어로 1위에 오를 정도로 인지도가 높다. 이 사이트는 Michigan State University 경영대학 내 30명으로 구성된 International Business Center 팀이 만들었다. 국제 비즈니스 전문가들은 globalEDGE™를 통해 글로벌 비즈니스 활동에 관한 방대한 정보, 인사이트, 학습 자료를 제공한다.

이 사이트는 국제 비즈니스 및 무역에 관한 다양한 주제로 최신의 포괄적인 콘텐츠를 제공한다. 광범위한 시장 조사를 하거나, 국제 비즈니스 지식을 향상시키고 싶을 때, 간단한 국제 비즈니스 정보를 알아보고 싶을 때에도, 급변하는 글로벌 시장에서 경쟁력 강화를 위해 필요한 자료를 찾을 수 있다. globalEDGE™ 웹사이트는 쉽고, 편리하며, 무료로 이용할 수 있고, 슬로건은 'Your Source for Global Business Knowledge'이다. 본 교재의 내용과 관련한 최신 정보를 담고 있는 이 웹사이트 주소는 globaledge.msu.edu이다.

Apple 휴대폰, McDonald's 햄버거, Starbucks 커피, IKEA 가구 매장 등이 전 세계적으로 보편화되었지만, 국가별 시장이 완전히 글로벌 시장으로 통합되었다고 보기는 어렵다. 후속 장에서 자세히 다루겠지만, 소비자 취향과 선호, 유통 채널, 문화적 가치 체계, 비즈니스 관행, 법적 규제 등 여러 중요한 측면에서 국가 간 시장의 차이가 여전히 상당 부분 존재한다. 예를 들어, 급성장 중인 차량 공유 서비스 Uber는 해외 진출 시 각국의 규제 환경에 맞춰 시장 진입 전략을 조정해야 했다. 이러한 차이로 인해 기업들은 특정 국가의 상황에 맞게 마케팅 전략, 제품 특성, 운영 방식을 맞춤화하는 경우가 빈번하다.

가장 글로벌화된 시장은 일반적으로 소비재 시장이 아니다. 소비재 시장에서는 국가 간 취향과 선호 차이가 여전히 중요해 세계화를 저해하는 요인으로 작용하기 때문이다. 오히려 전 세계적으로 보편적 수요를 충족시키는 산업재와 원자재 시장이 가장 글로벌화되어 있다. 여기에는 알루미늄, 석유, 밀과 같은 상품 시장, 마이크로프로세서, DRAM(컴퓨터 메모리칩), 상용 제트기 등의 산업 제품 시장, 컴퓨터 소프트웨어 시장, 그리고 미국 국채부터 유로본드, 니케이 지수 선물에 이르는 금융 자산 시장이 포함된다. 다만, Apple의 아이폰과 같은 최신 첨단 기술 소비재 제품들이 전 세계적으로 동일한 방식으로 성공적으로 판매되고 있다는 점은 주목할 만하다.

글로벌 시장에서 동일한 기업들이 여러 국가에서 경쟁하는 양상이 자주 나타난다. Coca-Cola와 PepsiCo의 경쟁, Ford와 Toyota, Boeing과 Airbus, Caterpillar와 Komatsu(토목 장비), General Electric Aerospace와 Rolls-Royce(항공기 엔진), Sony·Nintendo·Microsoft(게임 콘솔), 삼성과 Apple(스마트폰) 등의 경쟁이 대표적인 글로벌 경쟁 사례이다. 한 기업이 새로운 국가에 진출하면 이 기업이 시장에서의 우위 점유를 막기 위해 다른 경쟁사들이 뒤따라 진출하는 경향이 있다.[5] 이 과정에서 기업들은 다른 국가에서 성공한 자산(제품, 운영 전략, 마케팅 전략, 브랜드 이미지 등)을 활용해 시장 간 동질성을 높인다. 이로 인해 시장의 다양성보다는 동질성이 강화되고 있다. 점점 더 많은 산업에서 '독일 시장', '미국 시장', '브라질 시장', '일본 시장' 등의 구분이 의미를 잃어가고 있으며, 많은 기업에게 이제는 오직 글로벌 시장만이 존재한다고 볼 수 있다.

생산의 세계화

생산의 세계화
개별 기업들이 생산 요소의 비용과 품질 차이를 활용하기 위해 자사의 생산 과정 일부를 전 세계 여러 지역으로 분산시키는 현상.

생산 요소
기업의 생산 과정에 투입되는 요소로, 노동, 경영, 토지, 자본, 기술적 노하우 등이 포함됨.

생산의 세계화(globalization of production)는 국가 간 **생산 요소**(factors of production)(노동, 에너지, 토지, 자본 등)의 비용과 품질 차이를 활용하여 전 세계에서 상품과 서비스를 조달하는 것을 의미한다. 기업들은 이를 통해 생산성 향상과 제품 품질 개선을 도모하여 경쟁력을 강화하고자 한다. 대표적인 사례로 Boeing을 들 수 있다. 1995년 출시된 Boeing 777의 경우, 8개의 일본 공급 업체가 동체, 문, 날개 부품을 제작하고, 싱가포르의 공급 업체가 전방 착륙장치 문을 만들며, 3개의 이탈리아 공급 업체가 날개 플랩을 제조하는 등의 방식으로 여러 국가의 공급 업체들이 비행기 생산에 참여했다.[6] 이러한 글로벌 생산 네트워크를 통해 Boeing 777 총가치의 약 30%가 해외 기업들에 의해 창출되었다. 최신 모델인 787에서는 이 비율이 더욱 높아져서 전체 가치의 약 65%를 해외 기업들이 담당하고 있으며, 그중 35%는 일본의 3개 주요 기업이 맡고 있다.

MANAGEMENT FOCUS

Boeing의 글로벌 생산 시스템

미국 최대 수출 기업인 Boeing의 임원들은 787 드림라이너와 같은 대형 상용 제트기 제작을 100만 개 이상의 부품을 정교하게 조립하는 과정에 비유한다. 50년 전, Boeing의 대표 제트기 737과 747 초기 모델이 시애틀 지역 생산라인에서 생산될 당시, 외국 공급 업체의 비중은 약 5%에 불과했다. 당시 Boeing은 수직 계열화 체제로 비행기의 주요 부품 대부분을 자체적으로 제조했으며, 외부에서 조달하는 가장 큰 부품은 제트엔진이었다. 엔진 공급 업체 중 두 곳은 미국 기업이었고, 유일한 외국 업체는 영국의 Rolls Royce였다.

하지만 과거에 비해 현재 상황은 크게 달라졌다. Boeing의 최신 모델인 787 드림라이너의 경우, 전 세계 50개 외부 공급 업체가 항공기 가치의 65%를 차지한다. 이탈리아의 Alenia Aeronautica(중앙 동체, 수평 안정판), 일본의 Kawasaki(전방 동체 일부, 날개 후방 가장자리), 프랑스의 Messier-Dowty(착륙 장치), 독일의 Diehl Luftahrt Elektronik(객실 조명), 스웨덴의 Saab Aerostructures(접근 도어), 일본의 Jamco(화장실, 조종석 내부, 갤리), Mitsubishi Heavy Industries(날개), 한국의 KAA(윙팁) 등 다양한 국적의 기업들이 참여한다.

이러한 변화의 배경에는 세 가지 주요 요인이 있다. 첫째, Boeing 고객의 80%가 외국 항공사이므로, 해당 국가들에 사업 기회를 제공함으로써 Boeing 제품의 판매를 촉진시킬 수 있다. 이 전략은 1974년 일본 Mitsubishi가 747용 날개 플랩 생산 계약을 따내면서 시작되었는데, 이 계약에 대한 보답으로 일본은 Boeing 제트기를 대량 주문했다. 둘째, Boeing은 각 부품 생산을 해당 분야 세계 최고의 전문 업체에 맡김으로써 품질을 극대화하고자 했다. 예를 들어, 날개 제조에 상당한 전문성을 축적한 Mitsubishi 기술력을 인정해 787의 날개 제작을 맡겼다. 마찬가지로 787은 거의 전체가 탄소 섬유로 만들어진 최초의 상용 제트기이기 때문에, Boeing은 동체 재료 공급을 위해 견고하면서도 가벼운 탄소섬유 복합재 전문 기업인 일본의 Toray Industries에 동체 재료를 의뢰했다. 셋째, 광범위한 아웃소싱을 통해 787 생산 시설 개발에 따른 위험과 비용을 분산시키고자 했다. 이를 통해 Boeing은 이러한 위험과 비용의 일부를 787 생산을 위해 대규모 투자를 해야 하는 공급 업체들에게 전가했다.

그렇다면 Boeing이 자체적으로 유지한 부분은 무엇일까? 엔지니어링 설계, 마케팅 및 판매, 그리고 최종 조립은 시애틀 북부 에버렛 공장에서 진행되며, 이는 Boeing이 세계 최고의 역량을 보유했다고 평가하는 분야의 활동들이다. 주요 부품 중 Boeing이 직접 생산하는 것은 꼬리 날개와 날개-동체 연결부(비행기 날개를 동체에 고정하는 부품)뿐이다. 그 외 모든 부품은 외부 기업으로 아웃소싱했다.

787 개발이 진행되면서 Boeing의 아웃소싱 전략이 지나치게 확대되었음이 드러났다. Boeing이 광범위하게 분산된 글로벌 생산 시스템을 조율하는 것은 예상보다 훨씬 복잡한 문제였다. 부품 납기 지연, 설계상의 부품 호환성 문제, 여러 공급 업체의 기술적 문제가 전체 생산 일정을 크게 지연시켰다. 이로 인해 첫 항공기 인도가 4년 이상 지연되었고, Boeing은 수백만 달러의 지연 배상금을 지불해야 했다. 특히 주 동체의 생산에 참여하는 노스캐롤라이나에 위치한 Vought Aircraft라는 협력 업체의 공급 차질이 심각해지자, Boeing은 결국 이 회사를 인수해 생산을 내부화했다. Vought Aircraft는 위에서 언급한 Boeing의 이탈리아 중앙 동체 공급 업체인 Alenia Aeronautica의 공동소유 회사였다.

현재 Boeing은 글로벌 아웃소싱 정책을 부분적으로 재검토하고 있다. Boeing 777의 확장 모델인 신형 항공기 777X(2025년 출시 예정)의 경우, 날개 생산을 다시 자체 생산 공정으로 복귀시켰다. 777X의 날개는 787과 마찬가지로 탄소 섬유로 만들어지는데, 일본의 Mitsubishi와 Kawasaki가 787과 777의 날개 구조의 대부분을 생산해 왔다. 그런데 최근 일본 항공사들이 전통적인 Boeing 기종 대신 유럽의 Airbus 기체를 대량 주문했다. 이점이 Boeing에게 날개 생산을 다시 내부로 가져올 수 있는 전략적 기회를 준 것으로 보인다. Boeing의 임원들은 지난 20년 동안 아웃소싱으로 인해 Boeing이 날개 제조 기술력이 약화되었음을 지적한다. 그리고 자체적인 신형 탄소 섬유 날개 생산은 Boeing의 핵심 기술 역량을 회복시켜주고 시장에서 Boeing의 경쟁력을 강화할 수 있게 해줄 것이라고 본다.

Sources: M. Ehrenfreund, "The Economic Reality Behind the Boe¬ing Plane Trump Showed Off," *The Washington Post*, February 17, 2017; K. Epstein and J. Crown, "Globalization Bites Boeing," *Bloomberg Businessweek*, March 12, 2008; H. Mallick, "Out of Control Outsourcing Ruined Boeing's Beautiful Dreamliner," *The Star*, February 25, 2013; P. Kavilanz, "Dreamliner: Where in the World Its Parts Come From," *CNN Money*, January 18, 2013; S. Dubois, "Boeing's Dreamliner Mess: Simply Inevitable?" *CNN Money*, January 22, 2013; A. Scott and T. Kelly, "Boeing's Loss of a $9.5 Billion Deal Could Bring Jobs Back to the U.S.," *Business Insider*, October 14, 2013.

Boeing이 이처럼 광범위한 해외 아웃소싱을 추진하는 이유는 각 분야 최고의 기술력을 가진 공급 업체들을 활용하여 품질을 향상시키고, 궁극적으로 경쟁사인 Airbus보다 시장에서 우위를 점하기 위함이다. 또한, 주요 시장 국가들의 기업들에게 일부 생산을 아웃소싱함으로써 해당 국가 항공사들로부터의 주문 가능성을 높이는 의도도 있다. Boeing의 생산 세계화 전략에 대한 더 상세한 내용은 다음 MANAGEMENT FOCUS를 참고하기 바란다.

초기의 아웃소싱은 주로 Boeing과 Apple이 실시한 것과 같은 제조 활동에 국한되었다. 그러나 최근 많은 기업들이 인터넷 기반의 현대적 통신 기술을 활용해 서비스 활동을 다른 국가의 저비용 생산자에게 아웃소싱하고 있다. 인터넷 덕분에 병원들은 일부 방사선 작업을 인도로 아웃소싱할 수 있게 되었는데, MRI 스캔 등의 이미지를 미국 의사들이 잠든 밤 동안 판독하여 아침에 결과를 받아볼 수 있게 되었다. Microsoft를 포함한 많은 소프트웨어 회사들은 미국에서 설계된 소프트웨어의 테스트를 위해 인도 엔지니어들을 활용하고 있다. 시차를 이용하여 인도 엔지니어들은 미국 엔지니어들이 잠든 동안 소프트웨어 디버깅 테스트를 실행하고, 수정된 코드를 안전한 인터넷 연결을 통해 미국으로 전송한다. 이로써 다음 날 아침 미국 엔지니어들이 바로 작업할 수 있게 된다. 이러한 방식의 가치 창출 활동 분산은 새로운 소프트웨어 프로그램 개발에 필요한 시간과 비용을 크게 절감시킨다. 컴퓨터 제조업체부터 은행에 이르기까지 다양한 기업이 고객 콜센터와 같은 고객 서비스 기능을 노동력이 저렴한 개발도상국으로 아웃소싱하고 있다. 의료 분야에서는 필리핀 근로자들이 미국의 의료 파일(예: 의사가 시술 승인을 위해 보험 회사에 보내는 음성 파일)을 문서화하는 작업을 수행하고 있다. 일부 추정에 따르면 고객 서비스 및 청구 처리와 같은 의료 분야의 행정 절차를 아웃소싱함으로써 미국의 의료 비용을 1,000억 달러 이상 절감할 수 있다고 예상한다.

정치학자 Robert Reich는 Boeing, Apple, Microsoft와 같은 기업들의 사례를 통해, 미국산 제품, 일본산 제품, 독일산 제품, 한국산 제품과 같이 제품의 국적을 구분하는 것이 점차 무의미해지고 있다고 주장했다. Robert Reich에 따르면, 각기 다른 공급 업체에 생산 활동을 아웃소싱함으로써 점차 본질적으로 세계적인 제품, 즉 '글로벌 제품'이 탄생한다.[7] 그러나 시장의 세계화와 마찬가지로, 기업들은 생산의 세계화를 지나치게 추진하지 않도록 주의해야 한다. 이후 장에서 살펴보겠지만, 기업이 생산 활동을 전 세계에 최적화된 입지에 분산시키는 데는 상당한 어려움이 따른다. 이러한 생산의 세계화의 장애물로 국가 간의 공식적, 비공식적 무역 장벽, 해외직접투자에 대한 규제, 운송 비용, 경제적·정치적 위험, 그리고 전 세계에 걸친 공급망을 조정하는 복잡한 관리상의 문제(MANAGEMENT FOCUS에서 논의된 Boeing 787 생산과 관련한 사례 참고) 등이 있다. 예를 들어, 정부 규제로 인해 병원은 MRI 스캔 판독과 같은 의료 서비스를 방사선 전문의 인건비가 더 저렴한 개발도상국으로 아웃소싱하는 데 제약을 받을 수 있다.

이러한 어려움에도 불구하고, 시장과 생산의 세계화는 앞으로도 지속될 것으로 보인다. 현대 기업들은 이러한 흐름의 핵심 주체로, 이들의 활동은 세계화를 더욱 심화시키고 있다. 이들 기업은 변화하는 글로벌 경영 환경에 효율적으로 대응하고 있는 것이다.

글로벌 기관의 출현

시장의 세계화와 국경을 초월하는 비즈니스 활동의 증가에 따라, 글로벌 시장을 관리, 규제, 감독하고 글로벌 비즈니스 시스템을 위한 다국적 조약 수립을 촉진할 기관들의 필요성이 대두되었다. 지난 75년간 이러한 역할을 수행하기 위해 여러 주요 국제기구가 설립되었다. 여기에는 **관세 및 무역에 관한 일반 협정**(General Agreement on Tariffs and Trade, GATT)과 그 후속 기관인 세계무역기구(WTO), 국제통화기금(IMF)과 그 자매기관인 세계은행(World Bank), 국제연합(UN)이 포함된다. 이들 기관은 모두 개별 국가 간 자발적 합의로 창설되었으며, 그 기능은 국제 조약에 명시되어 있다.

관세 및 무역에 관한 일반 협정(GATT)
서명국들이 국경을 넘나드는 상품의 자유로운 흐름에 대한 장벽을 낮추는데 동의한 국제 조약으로, 세계무역기구(WTO)의 설립으로 이어짐.

세계무역기구(World Trade Organization, WTO)는 전임 기구인 GATT와 마찬가지로 세계 무역 체제를 감독하고 WTO 회원국들이 서명한 무역 조약의 규칙을 준수하도록 하는 주요 책임을 지고 있다. 2023년 기준, 전 세계 무역의 98%를 차지하는 164개국이 WTO 회원국이다. 이로 인해 WTO은 상당한 영향력을 갖게 되었다. WTO는 또한 회원국 간 추가적인 다국적 협정 체결을 촉진하는 역할을 담당한다. WTO와 그 전신인 GATT는 지속적으로 국경 간 무역과 투자 장벽을 낮추는 데 기여해 왔다. 이를 통해 WTO는 더 개방적인 글로벌 비즈니스 시스템을 만들고자 하는 회원국들의 의지를 실현하는 역할을 해 왔다. WTO와 같은 기관이 없었다면, 시장과 생산의 세계화는 현재만큼 진전되지 않았을 것이다. 그러나, 이 장과 7장에서 자세히 살펴보겠지만, 일부 비평가들은 이 조직이 개별 국가의 주권을 침해하고 있다고 주장한다. 최근에는 많은 국가의 정치인들이 WTO의 과도한 권한 행사에 반발하면서 그 영향력이 감소하고 있다.

세계무역기구(WTO)
GATT 우루과이 라운드 협상의 성공적 완료 결과로 GATT를 계승한 기관.

국제통화기금(International Monetary Fund, IMF)과 **세계은행**(World Bank)은 모두 1944년 뉴햄프셔주 브레튼우즈에서 열린 44개국 회의에서 창설되었다. IMF는 국제 통화 체제의 질서 유지를, 세계은행은 경제 발전 촉진을 목적으로 설립되었다. 창설 이후 80년 동안 두 기관 모두 세계 경제의 중요한 주체로 부상했다. 세계은행은 두 자매기관 중 상대적으로 덜 논란의 여지가 있는 기관으로, 주로 중요한 인프라 투자(예: 댐이나 도로 건설)를 하고자 하는 빈곤국 정부에 저금리 대출을 제공하는 데 초점을 맞추고 있다.

국제통화기금(IMF)
국제 통화 질서를 유지하기 위해 설립된 국제 기관.

세계은행
세계의 빈곤 국가들의 일반 경제 발전을 촉진하기 위해 설립된 국제 기관.

IMF는 주로 경제적 혼란에 빠지고 통화 가치가 하락하는 국가들을 위한 최후의 대부자 역할을 한다. 냉전 이후, IMF는 아르헨티나, 이집트, 인도네시아, 멕시코, 러시아, 한국, 태국, 튀르키예 등 경제적 어려움을 겪는 국가들에 자금을 지원했다. 특히 2008-2009년 글로벌 금융 위기 당시 IMF는 각국의 위기 대응을 적극 지원했다. 그러나 IMF 대출에는 조건이 따른다. 대출 제공의 대가로, IMF는 해당 국가들에게 경제 안정과 성장을 위한 특정 정책 채택을 요구하는데, 이는 종종 논란의 대상이 된다. 일부 비평가들은 IMF의 정책 권고가 부적절하다고 지적하고, IMF가 WTO와 마찬가지로 국가 정부의 경제 정책 결정에 개입함으로써 국가 주권을 침해한다고 주장한다. IMF의 역할에 대한 이러한 논쟁은 11장에서 더 자세히 다룬다.

국제연합(United Nations, UN)은 1945년 10월 24일, 국제 협력과 집단 안보를 통해 평화를 유지하기로 약속한 51개국에 의해 설립되었다. 오늘날 세계의 거의 모든 국가가 UN에 속해 있으며,

국제연합(UN)
193개국으로 구성된 국제기구로, 본부는 뉴욕시에 있으며 1945년 평화, 안보 및 협력 증진을 위해 설립.

현재 회원국 수는 193개국이다. UN의 회원국이 될 때, 국가들은 국제 관계의 기본 원칙을 수립하는 국제 조약인 UN 헌장의 의무를 수용하기로 동의한다. UN은 다음과 같은 네 가지 목적을 가지고 있다. 국제 평화와 안보 유지, 국가 간 우호 관계 발전, 국제 문제 해결과 인권 존중 증진을 위한 협력, 그리고 국가들의 행동을 조화시키는 중심 역할을 하는 것이다. UN은 평화 유지 역할로 가장 잘 알려져 있지만, 조직의 핵심 임무 중 하나는 생활 수준 향상, 완전 고용 달성, 경제적·사회적 진보와 발전 조건 촉진이다. 이 모든 것이 활기찬 글로벌 경제 창출의 핵심 요소이며, UN 업무의 70%가 이 임무 수행과 관련되어 있다. 이를 위해 UN은 세계은행과 같은 다른 국제 기관들과 긴밀히 협력한다. 이러한 노력의 근간에는 빈곤 퇴치와 전 세계 사람들의 복지 개선이 지속적인 세계 평화를 위한 필수 조건이라는 믿음이 자리 잡고 있다.[8]

G20
1999년 설립된 국제기구로, 세계 19대 경제 대국의 재무장관과 중앙은행 총재, 유럽연합 및 유럽중앙은행 대표로 구성.

주목할 만한 또 다른 글로벌 기관은 **G20(Group of Twenty)**이다. 1999년에 설립된 G20는 세계 19개 최대 경제국의 재무장관과 중앙은행 총재, 그리고 유럽연합과 유럽중앙은행의 대표들로 구성된다. G20는 전체적으로 전 세계 GDP의 90%와 국제 무역의 80%를 차지한다. G20는 원래 개발도상국의 금융 위기에 대한 조율된 정책 대응을 수립하기 위해 설립되었다. 그러나 2008년과 2009년, 미국에서 시작되어 전 세계로 급속히 확산된 글로벌 금융 위기에 대응하면서 G20의 역할이 확대되었다. 이 시기에 G20는 주요 국가들이 조율된 정책 대응을 논의하고 시도하는 중요한 포럼으로 자리잡았다. 이 글로벌 금융 위기는 1981년 이후 가장 심각한 세계 경제 불황을 초래한 바 있다.

세계화의 동인

[학습 목표 2] 세계화의 주요 동인을 이해한다.

세계화가 가속화되는 추세의 근간에는 두 가지 거시적 요인이 있다.[9] 첫 번째 요인은 최근 수십 년간 진행된 상품, 서비스, 자본의 자유로운 이동에 대한 장벽 감소이다. 두 번째 요인은 기술적 변화로, 특히 통신, 정보 처리, 운송 기술 분야에서 일어난 획기적인 발전을 들 수 있다.

무역 및 투자 장벽의 완화

국제 무역
기업이 다른 국가의 소비자에게 상품이나 서비스를 수출하는 것.

해외직접투자(FDI)
외국의 사업 운영에 대한 직접적인 투자.

1920년대와 1930년대에 세계의 많은 국가들은 **국제 무역**(international trade)과 **해외직접투자**(**foreign direct investment, FDI**)에 대한 높은 장벽을 세웠다. 국제 무역은 기업이 다른 국가의 소비자들에게 상품이나 서비스를 수출할 때 발생하며, FDI는 기업이 본국 외의 사업 활동에 자원을 투자할 때 이뤄진다. 당시 국제 무역에 대한 많은 장벽은 제조품 수입에 대한 높은 관세 형태로 나타났다. 관세의 주요 목적은 국내 산업을 외국 경쟁으로부터 보호하는 것이었다. 그러나 이로 인해 보복적 무역 정책이 나타났고, 국가들은 서로에 대해 점진적으로 무역 장벽을 높였다. 결국 이러한 악순환은 세계 수요를 위축시켰고 1930년대의 대공황으로 이어졌다.

이러한 경험에서 교훈을 얻은 서구의 선진국들은 제2차 세계대전 이후 국가 간 상품, 서비스, 자본의 자유로운 흐름에 대한 장벽을 점진적으로 줄이기로 합의했다.[10] 이 목표는 관세 및 무역에

국가	1913	1950	1990	2020
프랑스	21%	18%	5.9%	1.6%
독일	20	26	5.9	1.6
이탈리아	18	25	5.9	1.6
일본	30	—	3.3	1.1
네덜란드	5	11	5.9	1.6
스웨덴	20	9	5.9	1.6
영국	—	23	5.9	1.8
미국	44	14	5.7	2.9

표 1-1
제품의 평균 관세율 비교

Sources: The 1913~1990 data are from "Who Wants to Be a Giant?" *The Economist: A Survey of the Multinationals*, June 24, 1995, pp. 3~4. The 2020 data are from the World Bank Database, accessed January 2023.

관한 일반 협정(GATT)에 명시되었다. GATT 체제에서 여덟 차례의 협상 라운드를 통해 상품과 서비스의 교역 장벽을 낮추기 위해 노력했다. 첫 번째 협상 라운드는 1948년에 발효되었고, 마지막 여덟 번째 우루과이 라운드는 1993년 12월에 마무리되었다. 우루과이 라운드는 무역 장벽을 낮추고, GATT의 적용 범위를 제조품에서 서비스까지 확대했으며, 지식재산권 보호를 강화하고, 국제 무역 체제를 감독하기 위한 세계무역기구(WTO)를 설립하였다.[11] 표 1-1은 GATT 협정이 주요 선진국의 제품에 대한 평균 관세율에 미친 영향을 보여 준다. 평균 관세율은 1950년 이후 크게 하락했고, 2020년까지 3% 이하로 떨어졌다. 2020년 중국의 제품 관세율은 약 5% 수준으로 이는 2000년 중국의 16.2%에서 큰 폭으로 하락했다. GATT와 WTO의 노력 외에도, 무역 장벽은 두 개 이상의 국가 간 양자 및 지역 협정에 의해서도 감소되었다는 점을 주목해야 한다. 예를 들어, 유럽연합은 회원국 간의 무역 장벽을 낮췄고, 북미자유무역협정(NAFTA와 그 후속인 미국·멕시코·캐나다 협정 USMCA)은 미국, 멕시코, 캐나다 간의 무역 장벽을 낮췄으며, 미국과 한국 간의 자유무역협정은 두 나라 간의 무역 장벽을 낮췄다. 1990년대 초 50개 미만이었던 이러한 협정은 오늘날 약 300개로 증가했다.

그림 1-1은 1960년부터 2022년 사이의 세계 상품 무역 가치와 세계 생산량의 성장을 보여 준다. 이 자료는 인플레이션의 영향을 제거하기 위해 조정되었으며, 비교를 위해 1960년 값을 100으로 지수화했다. 1960년부터 2022년 사이에 세계 경제의 가치(인플레이션 조정)는 9.5배 증가한 반면, 상품 국제 무역의 가치는 24.6배 증가했다. 그림 1-1의 자료는 서비스 부문의 국제 무역을 포함하지 않은 것으로 최근 수십 년간 서비스 부문의 무역 급성장을 감안하면, 전 세계 실제 무역 성장률은 더 크게 증가했다. 2022년까지 세계 상품 무역의 가치는 25조 달러에 달했고, 서비스 무역의 가치는 7조 달러였다. 그림 1-1에서 볼 수 있는 2020년 국제 무역과 생산의 감소는 주로 COVID-19 글로벌 팬데믹의 경제적 영향 때문이었음을 주목해야 한다. 무역 흐름은 2021년과 2022년에 강하게 회복되었다.

수십 년간 상품과 서비스 무역이 세계 생산량보다 빠르게 성장했을 뿐만 아니라, 해외직접투자(FDI)의 가치도 같은 추세를 보였는데, 이는 부분적으로 국가 간 FDI를 가로막는 장벽이 감소했기

그림 1-1
1960~2022년 세계 상품 무역 가치와 전 세계 GDP

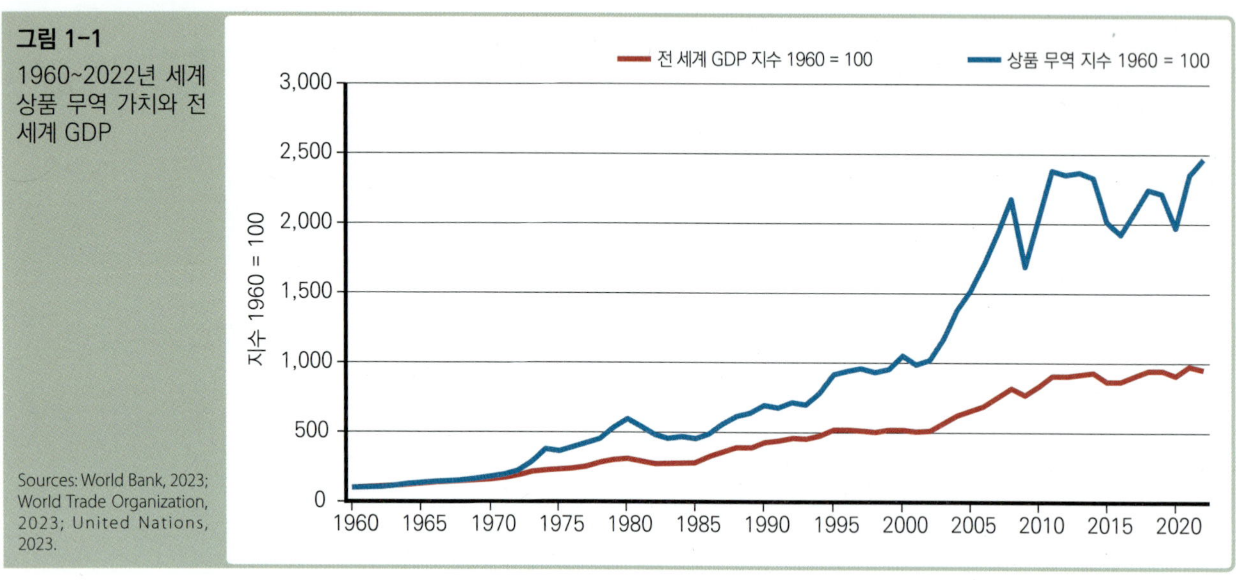

Sources: World Bank, 2023; World Trade Organization, 2023; United Nations, 2023.

때문이다. UN 자료에 따르면, 2003년부터 2020년 사이 FDI 관련 국내법 변경 2,250건 중 약 80%가 더 우호적인 환경을 조성했다. 이러한 자유화로 인해 FDI 가치는 지난 30년간 크게 증가했다. 1990년 기업들의 FDI는 약 2,440억 달러였으나, 2019년에는 1.5조 달러로 증가했다가 COVID-19 팬데믹으로 2020년에 7,800억 달러로 감소했다. FDI는 2021년 1.71조 달러로 반등했다가 2022년에는 1.3조 달러로 다시 감소했다. 지속적인 국제적 투자로 다국적 기업의 해외 계열사 매출은 33조 달러에 달했는데, 이는 2020년 국제 무역 가치보다 10조 달러 이상 많은 수치이며, 이들 계열사는 약 8,400만 명을 고용했다.[12]

세계 무역량이 GDP보다 빠르게 성장하고 있다는 사실은 많은 점을 시사한다. (1) 더 많은 기업들이 Boeing의 777과 787처럼 생산 과정의 일부를 전 세계 여러 지역으로 분산시켜 생산 비용을 낮추고 제품 품질을 높이고 있다. (2) 세계 각국의 경제는 점점 더 밀접하게 연결되고 있다. 무역이 확대되면서, 국가 간 주요 상품과 서비스에 대한 상호 의존도가 증대되고 있다. (3) 지난 40년 동안 세계는 상당히 부유해졌다. (4) 이는 증가하는 무역이 세계 경제 성장의 견인차 역할을 했음을 시사한다.

시장과 생산의 세계화, 그리고 그 결과로 나타난 국제 무역, 해외직접투자, 수입의 증가는 기업들이 자국 시장에서 해외 경쟁 기업들의 도전에 직면하고 있음을 의미한다. 이는 Apple, GM, Starbucks와 같은 미국 기업들이 진출을 확대한 중국에서도 나타나고 있으며, 지난 40년간 일본 자동차 기업들이 GM과 Ford로부터 시장 점유율을 확보한 미국에서도 확인할 수 있다. 또한 한때 지배적이었던 네덜란드 기업 Phillips가 소비자 전자 제품 산업에서 일본의 Panasonic과 Sony, 한국의 삼성과 LG에 시장 점유율을 내준 유럽에서도 마찬가지다. 세계 경제가 하나의 거대한 시장으로 통합되어 가면서 다양한 제조업과 서비스 산업에서 경쟁 강도가 심화되고 있다.

하지만 국경을 넘는 무역과 투자 장벽의 감소를 당연하게 여길 수만은 없다. 후속 장에서 살펴보겠지만, 미국을 포함한 세계 여러 나라에서는 여전히 해외 경쟁자로부터 자국 산업을 '보호

BCFC/Shutterstock

(protection)'해 달라는 요구가 자주 제기되고 있다. 1920~1930년대의 제한적 무역 정책으로 되돌아갈 가능성은 낮아 보이지만, 선진국에서 정치적 다수가 무역 장벽의 추가적인 완화에 찬성하는지는 불분명하다. 2008~2009년 글로벌 금융 위기와 그에 따른 세계 경제의 위축은 국내 일자리 보호를 위한 무역 장벽 강화를 요구하는 목소리를 더욱 키웠다. 2017년 Trump의 미국 대통령 당선은 이러한 반세계화 추세의 연장선으로 볼 수 있다. Trump는 불공정한 해외 경쟁으로부터 미국 기업을 보호하기 위해 더 높은 무역 장벽을 주장하는 공약으로 대선에 출마했다. 2018년 Trump 행정부는 해외 국가로부터의 철강과 알루미늄 수입에 대한 관세 장벽을 높이는 무역 전쟁을 시작했다. 이어서 중국으로부터의 수입품에 대해 고율 관세를 부과했고, 이에 중국도 미국산 제품에 관세를 부과하며 맞대응에 나섰다. 만약 무역 장벽이 더 이상 낮아지지 않거나 계속 높아진다면, 시장과 생산의 세계화 속도는 늦춰질 수 있다.

최근 COVID-19 글로벌 팬데믹은 글로벌 공급망에 상당한 영향을 끼쳐 많은 기업들이 세계화 전략을 재고하게 했다. 일부 기업들은 향후 발생 가능한 팬데믹, 전쟁, 테러리즘, 무역 분쟁 등과 같은 사건들로 인한 불확실성을 줄이기 위해 생산 거점을 본국이나 인근 지역으로 이전하는 방안을 고려하기도 한다. 이러한 움직임이 확산된다면, 세계화 과정에 제동이 걸릴 수 있다. 실제로 COVID-19 팬데믹으로 인해 2020년 세계 무역은 약 8% 감소했지만, 2021년에는 상당한 반등을 보인 바 있다.

기술 변화의 역할

무역 장벽의 완화는 시장과 생산의 세계화를 이론적으로 가능하게 만들었다면, 기술의 변화는 세계화를 현실로 구현했다. 매년 통신, 정보 처리, 운송 분야에서 획기적인 기술적 혁신이 이루어지고 있으며, 여기에는 '사물 인터넷(Internet of Things, IoT)'의 폭발적인 등장도 포함된다. IoT는 마이크로프로세서와 통신 칩이 컴퓨터부터 차량, 기계, 전화에 이르기까지 광범위한 장치에 탑재되어, 이 모든 것들이 지속적인 유·무선 연결을 통해 일반적으로 '클라우드'라고 불리는 방대한 컴퓨터 서버 네트워크에 연결되어 있는 현상을 말한다.

통신 기술

2차 세계대전 이후 가장 중요한 혁신은 아마도 마이크로프로세서의 개발일 것이다. 마이크로프로세서는 고성능, 저비용 컴퓨팅의 폭발적 성장을 촉진시켰고, 개인과 기업이 처리할 수 있는 정보량을 크게 증가시켰다. 마이크로프로세서는 또한 최근 많은 통신 기술 발전의 기반이 되었다. 지난 30년 동안 위성, 광섬유, 무선 기술, 그리고 IoT를 포함한 인터넷의 발전으로 글로벌 통신이 혁명적으로 변화했다. 이러한 기술들은 전자 고속도로를 따라 흐르는 방대한 양의 정보를 인코딩, 전송, 디코딩하기 위해 마이크로프로세서에 의존한다. 마이크로프로세서의 비용은 계속 하락하는 반면, 그 성능은 증가하고 있다.[13] **무어의 법칙**(Moore's law)으로 알려진 현상으로, 마이크로프로세서 기술의 성능은 18개월마다 두 배로 증가하고 생산 비용은 절반으로 감소한다고 예측한다.

무어의 법칙
마이크로프로세서 기술의 성능은 18개월마다 두 배로 증가하고, 생산 비용은 절반으로 감소한다는 법칙.

인터넷

1994년 첫 웹 브라우저가 도입된 이후 인터넷의 폭발적인 성장은 통신과 상거래에 혁명을 일으켰다. 1990년 인터넷 사용 인구는 100만명 미만이었지만, 1995년에는 5,000만 명으로 증가했다. 2022년까지 인터넷 사용자는 거의 55억 명에 달해 전 세계 인구의 69%를 차지했다.[14] 인터넷이 글로벌 경제 정보의 중심으로 발전한 것은 당연한 결과이다.

북아메리카에서만 2022년 소매 부분 전자상거래 판매액이 1조 달러를 넘었으며(1998년에는 거의 없었음), 전 세계 전자상거래 판매액은 5.7조 달러에 육박했다.[15] 전자상거래 판매는 COVID-19 팬데믹의 영향으로 2020-2022년에 급속히 성장했다. 전 세계적으로 볼 때, 인터넷은 평등화 도구로 부상했고, 장소, 규모, 시간대의 제약을 사라지게 하고 있다.[16] 인터넷 덕분에 구매자와 판매자는 위치나 규모에 상관없이 서로를 훨씬 더 쉽게 찾을 수 있게 되었다. 인터넷 거래를 통해 대기업뿐만 아니라 중소기업도 이전보다 더 낮은 비용으로 글로벌 입지를 확장할 수 있게 되었다. 인터넷 기술을 활용해 기업들은 30년 전에는 불가능했던 방식으로 전 세계적으로 분산된 생산 시스템을 조정하고 관리할 수 있게 되었다.

운송 기술

통신 기술의 발전과 더불어 1950년대 이후 운송 기술에서도 몇 가지 주요한 혁신이 일어났다. 경제적 측면에서 가장 중요한 기술 혁신은 상업용 제트 항공기와 초대형 화물선의 개발, 그리고 운송 수단 간 환적을 단순화하는 컨테이너화를 꼽을 수 있다. 상업용 제트기의 출현은 이동 시간을 크게 줄여 사실상 지구촌 거리를 축소시켰다. 이제 뉴욕은 이동 시간 측면에서 식민지 시대의 필라델피아보다 도쿄에 더 가깝다.

컨테이너화는 운송 산업에 혁명을 일으켜 장거리 화물 운송 비용을 크게 낮췄다. 국제 해운이 세계 상품 무역량의 약 90%를 담당하고 있기 때문에 해상 운송 기술의 발전은 세계화에 큰 영향을 끼쳤다.[17] 컨테이너화 이전에는 운송 수단 간 화물 이동이 노동 집약적이고 시간과 비용이 많이 들었다. 선박에서 화물을 내리고 트럭과 기차에 다시 싣는 데 며칠이 걸렸고 수백 명의 부두 노동자가 필요했다. 1970년대와 1980년대에 광범위한 컨테이너 수송이 도입되면서 소수의 부두 노동자가 며칠 만에 전체 과정을 처리할 수 있게 되었다. 컨테이너화로 인한 효율성 향상으로 운송 비용이 급격히 감소하여 경제적으로 상품을 운송할 수 있게 되었고, 이는 시장과 생산의 세계화를 촉진했다. 1920년부터 1990년 사이 미국의 수출입 화물 톤당 평균 해상 운임과 항만 요금이 95달러에서 29달러로 떨어졌다(1990년 달러 가치 기준).[18] 오늘날 20톤 이상의 화물을 실은 20피트 컨테이너를 아시아에서 유럽으로 운송하는 비용은 같은 여정의 일반석 항공 요금과 비슷한 수준이다.

생산의 세계화에 대한 시사점

생산의 세계화로 인한 운송 비용 감소로, 생산 기능의 입지를 지리적으로 분산시키는 방식이 더욱 경제성을 갖게 되었다. 앞서 논의한 기술 혁신으로 지난 20년간 정보 처리와 통신의 실질 비용은 크게 감소했다. 이러한 발전으로 기업은 전 세계적으로 분산된 생산 시스템을 구축하고 관리할 수 있게 되어, 생산의 세계화가 더욱 가속화되고 있다. 전 세계적인 통신 네트워크는 많은 국제기업에게 필수적이 되었다. 예를 들어, Dell은 인터넷을 활용해 전 세계적으로 분산된 생산 시스템을 조정하고 통제하여 조립 현장에 3일치의 재고만을 유지하고 있다. Dell의 인터넷 기반 시스템은 고객이 회사 웹사이트를 통해 제출한 컴퓨터 장비 주문을 기록하고, 즉시 해당 부품 주문을 전 세계 다양한 공급 업체에 전송한다. 이 공급 업체들은 Dell의 주문을 실시간으로 확인하여 생산 일정을 조정할 수 있다. 항공 화물의 저렴한 비용 덕분에, Dell은 항공 운송을 통해 예상치 못한 수요 변화에 대응하여 중요 부품의 배송을 가속화할 수 있으며, 이는 최종 제품의 소비자 배송 지연을 방지한다. 또한 Dell은 현대적인 통신 기술을 활용하여 고객 서비스 운영을 인도로 아웃소싱했다. 미국 고객이 서비스 문의를 위해 Dell에 전화하면, 영어를 구사할 수 있는 서비스 직원이 바다 건너 인도 방갈로르에서 고객 문의를 처리한다.

시장의 세계화에 대한 시사점

생산의 세계화와 더불어, 기술 혁신은 시장의 세계화를 촉진했다. 인터넷 기반의 저비용 글로벌 통신 네트워크는 디지털 글로벌 시장 형성에 기여하고 있다. 앞서 언급했듯이, 저비용 운송은 전 세계적 제품 유통을 경제적으로 만들어 글로벌 시장 창출을 돕고 있다. 또한, 저렴한 항공 여행은 국가 간 대규모 인구 이동을 초래했다. 이는 국가 간 문화적 거리를 좁히고 소비자 취향과 선호는 동질화 되고 있다. 동시에, 글로벌 통신 네트워크와 미디어는 세계적인 문화를 형성시키고 있다. CNN과 HBO 같은 미국 TV 네트워크는 이제 많은 국가에서 시청되며, 할리우드 영화와 미국 TV 프로그램은 전 세계에서 방영된다. BBC와 Al Jazeera 같은 미국 외 네트워크도 글로벌 영향력을 갖고 있다. Netflix와 같은 스트리밍 서비스는 이러한 추세를 더욱 가속화하여, '오징어 게임'(한국), '다크'(독일), '보르겐'(덴마크) 등 다양한 국가의 프로그램을 전 세계적으로 제공하고 있다. 이러한 기술의 발전에 힘입어 영국 TV 프로그램 수출은 2021년에 18억 달러라는 기록적인 수익을 올렸다.

어느 사회에서든 미디어는 문화의 주요 전달자 역할을 한다. 글로벌 미디어가 발전함에 따라, 우리는 글로벌 문화와 유사한 형태의 진화를 예상할 수 있다. 이러한 진화의 논리적 결과는 소비자 제품에 대한 글로벌 시장의 출현이다. 이에 대한 명확한 징후가 나타나고 있다. 이제 지리적으로 멀리 떨어진 도쿄와 뉴욕에서 McDonald's 매장을 찾는 것, 리우와 베를린에서 Apple 아이패드 매장을 찾는 일, 파리와 샌프란시스코에서 Gap 청바지를 구매하는 것은 그리 어려운 일이 아니다.

이러한 흐름에도 불구하고, 세계화 현상의 과대평가에 대한 주의도 필요하다. 현대적인 통신과 운송 기술이 지구촌을 만들어 가고 있지만, 문화, 소비자 선호, 비즈니스 관행에는 여전히 상당한 국가 간 차이가 존재한다. 국제 사업에서 국가 간 차이를 무시하는 기업은 국제적 위험을 감수해야만 한다. 국가 간 차이에 대해서는 후속 장에서 더 자세히 다루도록 한다.

글로벌 경제의 구도 변화

[학습 목표 3] 글로벌 경제의 변화하는 특징을 설명한다.

세계화 추세와 함께 지난 수십 년간 글로벌 경제에는 극적인 변화가 있었다. 반세기 전, 글로벌 경제를 설명하는 네 가지 특징은 (1) 세계 경제와 세계 무역에서의 미국의 강한 지배력, (2) 세계 해외직접투자에서의 미국의 지배력, (3) 국제 비즈니스 무대에서 대규모 미국 다국적 기업들의 강한 지배력, (4) 세계의 약 절반에 해당하는 공산주의 중앙 계획 경제가 서방의 국제 경제에 접근이 불가능했다는 점이다. 하지만 이러한 과거의 특징은 매우 크게 변했다.

세계 생산량과 무역 구도의 변화

1960년대 초, 미국은 세계에서 가장 지배적인 산업 강국이었다. 1960년 국내총생산(GDP) 기준, 미국은 세계 생산량의 38.3%를 차지했다. 2022년에는 미국이 세계 생산량의 25.2%를, 중국이 17.8%를 차지했다(표 1-2 참조). 상대적으로 세계 점유율이 하락한 나라는 미국만이 아니다. 독일, 프랑스, 이탈리아, 영국, 캐나다에서도 같은 현상이 나타났다(이는 몇 가지 예시일 뿐이다). 역사적으로 이들은 모두 세계에서 다른 나라들에 비해 일찍 산업화된 국가들이다.

전 세계 상대적 생산량 변화는 미국의 경제가 쇠퇴했음을 의미하는 것은 아니다. 미국의 경제는 1960년부터 2022년 사이에 상당히 크게 성장했고, 독일, 프랑스, 이탈리아, 영국, 캐나다의 경제도 역시 동기간에 성장했다. 하지만 세계 생산량 점유율 변화는 상대적인 것으로 중국과 아시아 내 여러 국가의 더 빠른 경제 성장이 반영되어 있다. 표 1-2에서 볼 수 있듯이, 1960년부터 오늘날까지 중국의 세계 생산량 점유율은 미미한 수준에서 17.4%로 증가하여 세계 생산량 점유율 측면에서 세계 2위의 경제 대국이 되었다(미국은 여전히 세계에서 가장 큰 경제국이다). 이 외에도 세계 생

표 1-2
세계 생산량 및 무역의 변화

국가	1960년 세계 생산량 점유율(%)	현재 세계 생산량 점유율 (%)	세계 수출 점유율 (%)
미국	38.3	25.2	9.6
독일	8.7	4.0	6.6
프랑스	4.6	2.8	3.2
이탈리아	3.0	2.0	2.4
영국	5.3	3.0	3.2
캐나다	3.0	2.1	2.3
일본	3.3	4.2	2.9
중국	NA	17.8	11.9

Sources: Output data from World Bank database, 2023; Trade data from WTO statistical database, 2023.

산량 점유율이 현저히 증가한 국가로 일본, 인도, 태국, 말레이시아, 대만, 브라질, 한국 등이 있다.

1980년대 말까지 세계 최대의 무역국이었던 미국의 글로벌 시장 지위는 도전 받았다. 지난 30년 동안, 일본, 독일, 그리고 한국과 중국 같은 여러 신흥 산업국이 세계 수출의 더 큰 몫을 차지하면서 수출 시장에서의 미국의 지배력은 약화되었다. 1960년대에 미국은 세계 상품 및 서비스 수출의 20%를 차지했다. 그러나 표 1-2에서 볼 수 있듯이, 미국의 세계 상품 및 서비스 수출 점유율은 9.6%로 떨어졌으며, 이는 2022년 상품 및 서비스 수출의 14.7%를 차지한 중국에 크게 뒤처진 수치다.

BRIC 국가로 불리는 브라질, 러시아, 인도, 중국과 같은 신흥 경제국들의 지속적인 성장에 따라, 미국과 다른 기존 선진국들의 세계 생산량과 세계 수출 점유율의 상대적 감소가 예상된다. 하지만 이러한 현상이 부정적인 것은 아니다. 미국의 상대적인 비중 감소는 미국 경제의 절대적 쇠퇴가 아니라, 세계 경제의 성장과 산업화를 반영한 것이다.

대다수 경제 관련 예측들은 중국, 인도, 러시아, 인도네시아, 태국, 한국, 멕시코, 브라질과 같은 국가들의 세계 생산량 점유율이 지속적으로 증가하고, 영국, 독일, 일본, 미국과 같은 기존 선진국들의 상대적 비중은 줄어들 것으로 내다보고 있다. 이러한 추세가 계속된다면, 2035년까지 중국 경제가 미국 경제보다 더 커질 수 있으며, 인도는 2035년까지 세계 3위의 경제 대국으로 성장할 것으로 예상된다.[19]

세계은행은 2030년까지 개발도상국들이 세계 경제 활동의 60% 이상을 차지할 수 있으며, 현재 세계 경제 활동의 55% 이상을 차지하고 있는 선진국의 비중은 약 38%로 하락할 것으로 전망한다. 경제 예측과 전망이 항상 정확한 것은 아니지만, 이러한 경제 예측들은 세계의 경제에 큰 변화가 일어나고 있음을 보여 준다. 국제 비즈니스 관점에서 변화하는 세계의 경제지리(economic geography)적 함의는 분명하다. 향후 세계의 개발도상국들에게 많은 경제적 기회가 주어질 것이며, 이들 국가에서 미래의 혁신적인 기업이 탄생할 수도 있다. 다음 COUNTRY FOCUS에서 소개된 인도 소프트웨어 시장의 급성장은 이러한 변화를 잘 보여 준다.

COUNTRY FOCUS

인도의 소프트웨어 산업

약 30년 전, 인도 방갈로르에 다수의 소규모 소프트웨어(SW) 기업들이 설립되었다. 대표적 기업으로 Infosys Technologies가 있다. 7명의 인도 기업가들이 약 1,000달러로 시작한 이 기업의 현재 연 매출은 102억 달러로 성장했고, 약 20만 명의 직원이 근무하고 있다. Infosys Technologies는 방갈로르 주변에 위치한 100개 이상의 SW 회사 중 하나일 뿐이다. 방갈로르는 인도의 급성장하는 정보 기술 부문의 중심지가 되었다. 1980년대 중반에는 불모지였던 SW 부문은 2022년까지 1,500억 달러 이상의 수출을 창출했다.

인도 SW 부문의 성장은 네 가지 요인에 기인한다. 첫째, 인도는 풍부한 공학 인재를 보유하고 있다. 매년 인도 대학들은 약 40만 명의 엔지니어를 배출한다. 둘째, 인도 SW 부문의 인건비는 저렴하다. 2008년 기준, 인도 졸업생 고용비는 미국 졸업생을 인건비의 약 12%에 불과했다. 이후 임금 격차가 크게 줄어들었지만, 우수한 SW 엔지니어의 비용은 여전히 미국보다 30~40% 낮은 수준이다. 셋째, 많은 인도인이 영어에 능통하여 서구 기업들과 인도 간의 조정이 용이하다. 넷째, 시차로 인해 인도인들은 미국인들이 잠든 동안 일할 수 있어, 독특한 시간 효율성과 24시간 작업 환경을 만들어 낸다.

초기에 인도 기업들은 저가 SW 시장에 집중하여 서구 기업들에게 기본적인 SW 개발 및 테스트 서비스를 제공하는 데 초점을 맞췄다. 그러나 산업이 규모와 기술력이 성장하면서, 인도 기업들은 시장에서 고부가가치 SW 시장으로 눈을 돌렸다. 오늘날 선도적인 인도 기업들은 대규모 SW 개발 프로젝트, 비즈니스 프로세스 아웃소싱 계약, 정보 기술 컨설팅 서비스 등 부문에서 IBM과 EDS 같은 기업들과 직접 경쟁하고 있다. 지난 20년 동안 고부가가치 SW 시장이 크게 성장하면서 인도 기업들은 대호황기를 누렸다. 이러한 새로운 인도 기업들의 위협과 경쟁에 대한 서구 기업들의 대응은 인도에 투자하여 인도 기업들이 누리는 것과 같은 경제적 이점을 누리는 것이다. 예를 들어, IBM은 인도 사업에 20억 달러를 투자했고 현재 14만 명의 직원을 현지에 두고 있는데, 이는 전 세계 직원의 약 1/3로 다른 어떤 국가보다도 많은 직원 수이다. Microsoft는 인도에 하이데라바드에 6,500명을 고용하는 연구·개발(R&D) 센터를 포함한 대규모 투자를 했고, 이 지역에서 미국으로 이주하기를 원하지 않는 인도의 유능한 SW 엔지니어를 채용한다.

Sources: "Ameerpet, India's Unofficial IT Training Hub," *The Economist*, March 30, 2017; "America's Pain, India's Gain: Outsourcing," *The Economist*, January 11, 2003, p. 59; "The World Is Our Oyster," *The Economist*, October 7, 2006, pp. 9~10; "IBM and Globalization: Hungry Tiger, Dancing Elephant," *The Economist*, April 7, 2007, pp. 67~69; P. Mishra, "New Billing Model May Hit India's Software Exports," *Live Mint*, February 14, 2013; "India's Outsourcing Business: On the Turn," *The Economist*, January 19, 2013; N. Ammachchi, "The Stunning Ten Year Explosion of India's Software Services Export," *Nearshore Americas.com*, accessed January 4, 2023.

해외직접투자 구도의 변화

1960년대 글로벌 경제에서 미국의 지배력을 반영하듯, 미국 기업들은 전 세계 해외직접투자의 66.3%를 차지했다. 영국 기업들이 10.5%로 2위였고, 일본 기업들은 2%로 8위에 그쳤다. 이 당시에 미국 기업의 지배력이 너무 강해서 미국 기업들이 유럽에 미치는 경제적 위협을 다루는 책들이 출간되기도 했다.[20] 프랑스를 비롯한 몇몇 유럽 정부들은 미국 기업들의 투자 유입을 제한하는 방안을 논의하기도 했다.

그러나 상품, 서비스, 자본의 자유로운 이동에 대한 국가 간 장벽이 무너지고 다른 국가들이 세계 생산량에서 차지하는 비중이 증가함에 따라, 비미국 기업들도 점차 국경을 넘어 해외에 투자하기 시작했다. 비미국 기업들의 이러한 해외직접투자의 동기는 생산 활동을 최적의 위치로 분산시키고, 주요 해외 시장에 직접적인 입지를 구축하기 위함이었다. 따라서 1970년대부터 유럽과 일본 기업들은 노동 집약적 제조 공정을 자국 시장에서 노동 비용이 더 저렴한 개발도상국으로 이전하기 시작했다. 많은 일본 기업들은 불리한 환율 변동과 무역 장벽 부과 가능성에 대비하여 북아메리카와 유럽에 투자했다. 예를 들어, 일본의 자동차 회사 Toyota는 1980년대 후반과 1990년대에 미국과 유럽의 자동차 생산 시설에 대한 투자를 급격히 늘렸다. Toyota 경영진은 점점 더 강해지는 일본 엔화의 가치가 해외 시장에서 일본산 자동차의 가격 경쟁력을 상실하게 만들 것으로 믿었다. 따라서 일본에서의 수출보다는 주요 해외 시장에서의 현지 생산이 더 합리적이었다. Toyota는 또한 미국과 유럽에서 일본 자동차 수출을 제한하려는 정치적 압박에 대비하여 해외직접투자를 단행했었다.

누적 해외직접투자 유출 특정 시점에 한 국가에 본사를 둔 기업들이 해외에 소유한 자산의 총 누적 가치.

위와 같은 변화의 결과는 그림 1-2에 잘 예시되어 있다. 그림 1-2는 선별된 국가들의 역사적으로 전 세계 GDP 대비 누적된 해외직접투자액의 변화를 보여 준다. **누적 해외직접투자 유출(outward stock of FDI)**은 한 국가에 본사를 둔 기업들이 해당 국가의 국경 밖에서 행한 외국 투자의 총 누적 가치를 의미한다. 그림 1-2는 시간이 지남에 따라 FDI 유출이 현저히 증가했음을 보여 준다. 예를 들어, 1995년 미국 기업들이 보유한 누적 FDI 유출 규모는 미국 GDP의 13%에 해당

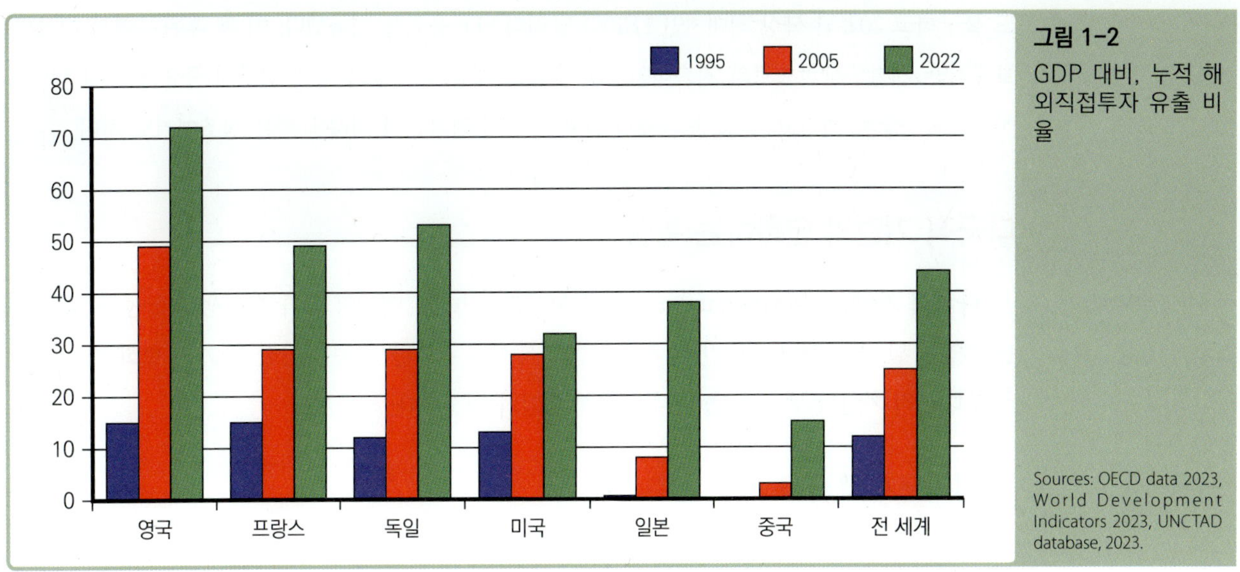

그림 1-2
GDP 대비, 누적 해외직접투자 유출 비율

Sources: OECD data 2023, World Development Indicators 2023, UNCTAD database, 2023.

했다. 2022년까지 이 수치는 32%로 증가했다. 전 세계적으로 누적 FDI 유출 규모는 같은 기간 동안 12%에서 44%로 증가했다. 이는 한 국가에 기반을 둔 기업들이 점점 해외 투자와 생산 활동에 수익과 이익을 의존하고 있음을 보여 준다. 투자의 관점에서도 세계는 점점 더 상호 연결되어 가고 있다.

그림 1-3은 1990년 이후 FDI의 증가와 개발도상국들이 해외직접투자의 주요 목적지로 부상한 두 가지 중요한 추세를 보여 준다. 1990년대 이후 선진국과 개발도상국 모두에 대한 투자 규모가 크게 증가했는데, 이는 기업의 국제화가 심화되었음을 반영한다. 2001년부터 2004년까지의 현저한 감소세는 1990년대 후반과 2000년대 초 금융 버블 붕괴 이후 세계 경제 활동의 둔화와 관련이 있으며, 2020년의 감소는 COVID-19 팬데믹의 영향 때문이다(2021년 FDI 유입은 다시 증가함). 그림 1-3을 통해 분명히 알 수 있는 것은 이 기간 동안 개발도상국으로의 FDI 유입이 현저히 증가했다는 점이다. 개발도상국 중 가장 큰 수혜국은 중국 본토로, COVID-19 팬데믹과 미중 간 지속된 무역 전쟁에

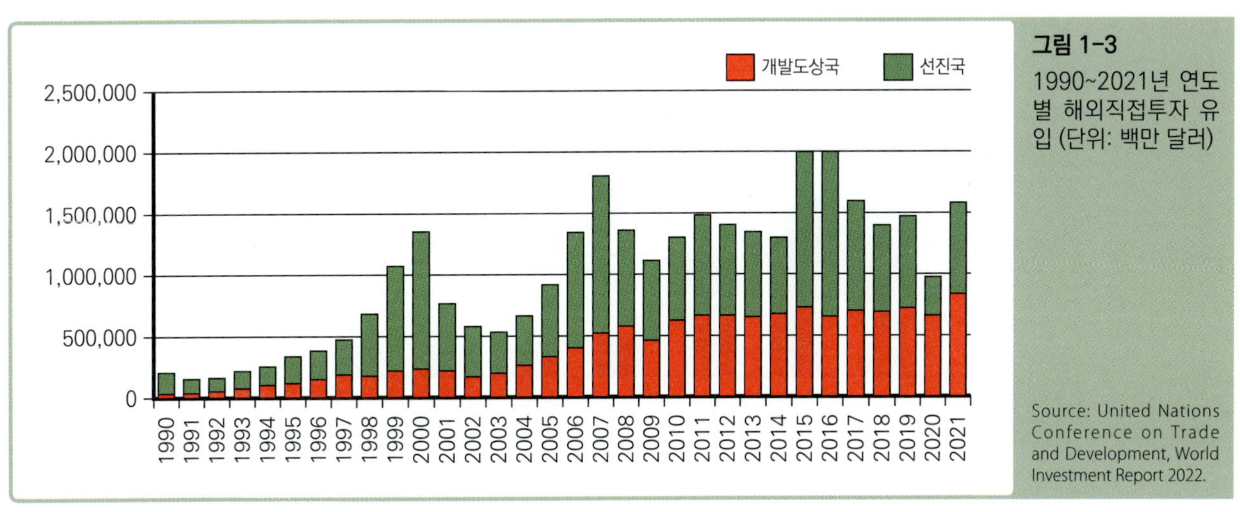

그림 1-3
1990~2021년 연도별 해외직접투자 유입 (단위: 백만 달러)

Source: United Nations Conference on Trade and Development, World Investment Report 2022.

도 불구하고 2021년 사상 최대치인 1,810억 달러의 FDI 유입을 기록했다. 이 책 후반부에서 더 살펴보겠지만, 개발도상국으로의 지속적인 FDI 유입은 해당 국가들의 경제 성장에 중요한 촉매 역할을 하며, 이는 중국, 멕시코, 인도, 브라질과 같은 주요 수혜국들의 미래에 좋은 징조이기도 하다.

다국적 기업의 변화하는 특성

다국적 기업(MNE)
둘 이상의 국가에서 사업 운영을 소유하고 영위하는 기업.

다국적 기업(multinational enterprise, MNE)은 두 개 이상의 국가에서 생산 활동을 하는 모든 기업을 말한다. 지난 50년간 다국적 기업의 특성과 관련한 주목할 만한 두 가지 변화는 (1) 비미국계 다국적 기업의 부상과 (2) 미니 다국적 기업의 성장이다.

비미국계 다국적 기업

1960년대에는 대형 미국 다국적 기업들이 글로벌 비즈니스 활동을 주도했다. 당시 미국 기업들이 세계 해외직접투자의 약 2/3를 차지했기 때문에, 미국 국적의 다국적 기업이 대다수일 것으로 예상할 수 있었다. 그리고 영국, 네덜란드, 프랑스 기업들이 세계 최대 다국적 기업 목록에서 두각을 나타냈다. 2003년 Forbes 매거진이 세계 상위 2,000대 다국적 기업 연간 순위를 집계하기 시작했을 때, 2,000개 기업 중 776개, 즉 38.8%가 미국 기업이었다. 일본은 최대 다국적 기업의 16.6%, 영국은 6.6%를 차지했었다. 그림 1-4에서 볼 수 있듯이, 2022년까지 미국의 점유율은 30%(595개 기업)로 감소했고 일본의 점유율은 10%로 감소한 반면, 중국 기업들이 부상하여 전체의 296개, 즉 15%를 차지하게 되었다. 인도와 한국의 다국적 기업들도 2000년 이후 크게 증가했다.

상위 2,000대 다국적 기업의 국가별 분포 변화는 계속될 것으로 보인다. 특히, 더 많은 개발도상국의 기업들이 글로벌 시장에서 부상하여, 세계 경제의 중심축이 북아메리카와 서유럽에서 더욱 멀어지고 선진국 기업들의 오랜 시장 지배에 도전할 것으로 보인다. 다음 MANAGEMENT FOCUS에서 개발도상국 다국적 기업 Dr. Reddy's Laboratories를 소개한다.

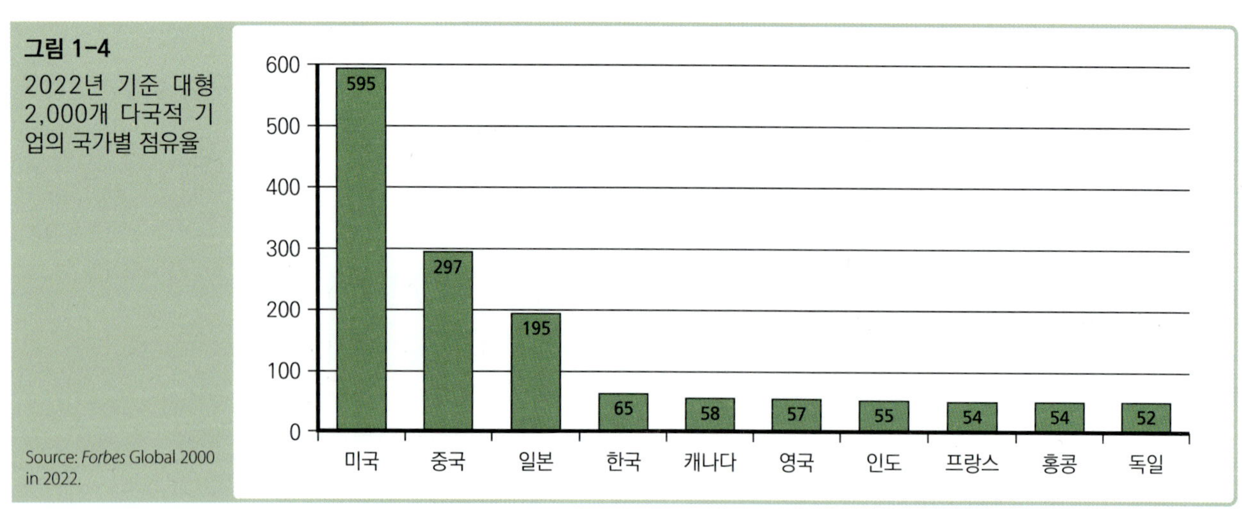

그림 1-4
2022년 기준 대형 2,000개 다국적 기업의 국가별 점유율

Source: *Forbes* Global 2000 in 2022.

Dr. Reddy's Laboratories Ltd.

Dr. Reddy's Laboratories Ltd(DRL)는 인도의 제약 제조사로, 주요 사업은 제네릭 의약품 제조와 마케팅이지만, 독자적인 의약품 개발에도 투자하고 있다. DRL은 1984년 하이데라바드에서 Dr. K. Anji Reddy에 의해 설립되었으며, 2022년 기준 연 매출 27억 달러를 달성한 글로벌 기업으로 성장했다. 현재 총매출의 20%만을 인도에서 창출하고 있으며, 미국이 DRL의 최대 시장으로 매출의 50% 이상을 차지한다.

DRL은 1980년대 다른 인도 제약 제조사들을 위한 활성 의약품 성분(APIs) 제조로 사업을 시작했다. 당시 인도의 제약 산업은 1972년 인도 법률이 인도 내에 의약품 특허를 폐지한 덕분에 호황을 누리고 있었다(이는 특허에 관한 국제 협정을 위반한 것이었다). 이 법은 인도 기업들이 서구 및 일본 기업들이 생산한 특허 의약품의 모방품을 만들어 인도에서 저가에 판매할 수 있게 했다. 기존 제약사들이 불만을 제기했지만, 인도 정부는 이 법이 인도의 빈곤층에게 저렴한 의약품을 제공하기 위해 필요하다는 이유로 방어했다.

DRL은 특허가 만료된 제네릭 약물의 제조로 사업 가치 사슬을 확장했다. 1987년, 회사는 미국 식품의약국(FDA)으로부터 이부프로펜 제제에 대한 승인을 받았다. 이 승인은 인도 공장에 대한 FDA 인증과 함께 이뤄져서 DRL은 미국으로 수출을 개시할 수 있었다. 이어 DRL은 1991년에 러시아 시장에 진출했다. 인도의 낮은 제조 비용과 FDA 인증이 결합되어 DRL의 해외 시장 개척에 큰 도움이 되었다.

1990년대 중반까지 DRL은 WTO 규칙을 준수하기 위해 미래에 인도가 국제 특허법을 준수하게 될 것이라는 제도의 변화를 미리 예측했었다(인도는 결국 2004년에 국제 특허법을 따랐다). DRL은 내수 시장을 위한 특허 의약품 모방품 생산을 중단하고, 대신 미국과 러시아에서 합법적인 제네릭 의약품 사업을 확장하는 데 집중했다. 또한, 궁극적으로 자체 특허 의약품을 생산하는 것을 목표로 신약 개발에 투자하기 시작했다.

1997년에 미국 FDA는 미국 환자들의 처방약 비용을 낮추기 위한 새로운 규칙을 채택했다. 여기에는 특허가 만료된 제네릭 의약품의 마케팅 승인을 처음 받은 회사에 대한 6개월 독점 기간이 포함되었는데, DRL은 이 기회를 바로 포착했다. DRL은 베스트셀러 항궤양제인 Zantac의 제네릭 버전에 대한 FDA의 마케팅 승인을 받은 최초 회사가 되어 보상을 받을 수 있었다. 미국 매출이 급속히 증가하면서, DRL은 2001년 뉴욕 증권 거래소에 상장되었는데, 이는 일본 외 아시아 제약사 중 최초 사례로 기록된다.

21세기 첫 20년 동안 DRL은 계속해서 제네릭 포트폴리오를 확장했다. DRL은 특허 의약품 개발에서도 일부 성공을 거두었지만, 여전히 저비용 제네릭 제조업체로 남아 있다. 이 과정에서 인도 외부로 사업을 확장하여 미국과 유럽 모두에 연구 및 생산 시설을 설립했다. 또한 DRL은 러시아의 우크라이나 침공 이후 많은 서방 제약 회사들이 러시아 시장에서 철수한 점을 이용했다. 인도 정부는 불간섭 정책을 채택해, 정치·외교적으로 러시아의 우크라이나 침공에 대한 비난을 하지 않았다. 러시아의 침공 이후 수개월 동안 DRL의 러시아 시장 의약품 판매는 70%나 급증했다.

Sources: D. S. Wang, "Dr Reddy is Focused on Product Launches and Divestments to Maintain Ground," *Morningstar*, January 4, 2023; Dr Reddy's, "About Us," accessed January 5, 2023, at https://www.drreddys.com/#about-us; "Dr Reddy's Laboratories," *Reference for Business*, January 27, 2007, https://www.reference forbusiness.com/history2/57/Dr-Reddy-s-Laboratories-Ltd.html; K. Dunleavy, "After Big Pharma Pulls Back in Russia, Dr Reddy's Says Business Is Booming," *Fierce Pharma*, May 19, 2022.

미니 다국적 기업의 부상

국제 경영의 또 다른 추세는 중소 규모 다국적 기업(미니 다국적 기업)의 성장이다.[21] 사람들이 국제 기업을 생각할 때, ExxonMobil, GM, Ford, Panasonic, Procter & Gamble, Sony, Unilever 같은 전 세계에 걸쳐 운영되는 대형 다국적 기업들을 떠올린다. 대부분의 국제 무역과 투자는 여전히 대기업들에 의해 이루어지지만, 점점 더 많은 중소기업들이 국제 무역과 투자에 참여하고 있다. 인터넷의 발달로 소기업들이 국제 판매처를 구축하는 데 직면하는 장벽도 낮아지고 있다.

미국 워싱턴 주 켄트에 있는 Lubricating Systems를 예로 들어보자. 공작 기계용 윤활유를 제조하는 Lubricating Systems는 25명의 직원을 고용하고 650만 달러의 매출을 올린다. 대규모의 복잡한 다국적 기업은 아니지만, 이 회사의 매출 중 200만 달러 이상이 일본, 이스라엘, 아랍에미리트를 포함한 20여 개국으로의 수출에서 발생한다. Lubricating Systems는 또한 유럽 시장을 위해 독일 기업과 합작 투자사를 설립했다.[22]

산업용 X선 장비의 소규모 미국 제조업체인 Lixi도 살펴볼 만하다. Lixi의 2,440만 달러 매출의 절반 이상이 일본으로의 수출에서 발생한다.[23] 독일 루드비히스부르크에 본사를 둔 코코아 원두 로스팅 기계 제조사 G. W. Barth도 미니 다국적 기업이다. 단 65명의 직원을 둔 이 소기업은 코코아 원두 로스팅 기계의 글로벌 시장 점유율 70%를 차지한다.[24] 국제적 사업은 대기업뿐만 아니라 이러한 중소기업에 의해서도 수행된다.

세계 질서의 변화

1989년부터 1991년 사이, 민주화 혁명이 공산주의 세계를 휩쓸었다. 3장에서 더 자세히 다루겠지만, 동유럽 전역과 결국에는 소련 자체에서도 공산당 정권이 연이어 붕괴되었다. 소련은 역사 속으로 사라지고 15개의 독립 공화국으로 대체되었다. 체코슬로바키아는 두 개의 국가로 분리되었고, 유고슬라비아는 후속 국가들 간의 유혈 내전으로 7개국으로 해체되었다.

지난 수십 년간 유럽과 아시아의 구 공산주의 국가들은 민주주의적 정치와 시장 경제 체제로의 전환을 시도해 왔다. 과반세기 동안 국제 기업들에게 폐쇄적이었던 구 공산주의 국가들은 체제 변화를 통해 새로운 수출과 투자 기회를 제공하게 되었다. 30년이 지난 현재, 이 국가들의 경제는 여전히 발전하고 있으며, 국제 비즈니스에 큰 가능성을 보여 주고 있다. 그러나 이러한 민주주의와 시장 경제로의 전환이 지속될지는 불확실하다. 일부 동유럽과 중앙아시아 국가들에서는 사회적 불안과 전체주의로의 회귀 징후가 나타나고 있다. 특히 러시아에서 이러한 경향이 두드러지며, 푸틴 정권하에서 국가의 경제 개입이 강화되고 권위주의적 성향이 강해지고 있다.[25] 2022년 2월 러시아의 우크라이나 침공은 1990년대 이후 유지되어 온 세계 질서에 큰 변화를 가져왔고, 국제 비즈니스 환경에도 상당한 영향을 끼쳤다. 많은 국제 기업이 러시아에서 철수하면서 수십억 달러 규모의 장기 투자를 포기해야 했다. 이러한 상황은 개발도상국에서의 사업 기회가 매력적이긴 하지만, 동시에 정치적 불안정성과 같은 위험(risks) 요소를 간과해서는 안 된다는 점을 보여 준다. 국제 비즈니스를 영위하는 기업들은 이제 새로운 시장의 잠재력과 함께 정치적, 경제적 위험을 더욱 신중히 평가해야 하는 시대에 접어들었다.

1989~1991년 러시아와 동유럽의 격변기 이외에도, 중국, 동남아시아에서는 중요한 변화들이 조용하게 일어났다. 이러한 변화가 국제 기업들에 미친 영향은 동유럽과 러시아의 공산주의 붕괴만큼이나 깊고 광범위했다. 중국의 경우, 1989년 천안문 사태를 통해 민주화 운동을 억제하고 중국공산당(CCP)의 일당 체제를 유지했다. 그러나 동시에 1970년대 후반부터 점진적인 시장 개혁 개방을 추진해 왔다. 이러한 추세가 앞으로 20년 더 지속된다면, 중국은 일본보다 더 빠른 속도로 개발도상국에서 산업 강국으로 도약할 것으로 예상된다. 현재 중국은 미국에 이어 세계 2위의 경제 대

국이며, 그 격차를 꾸준히 좁히고 있다. 일부 전문가들은 향후 10년 내에 중국이 미국을 추월할 수 있다고도 전망한다. 2030년까지 중국의 1인당 GDP는 약 23,000달러에 이를 것으로 예측되며, 이는 현재 칠레나 폴란드의 1인당 GDP와 비슷한 수준이다. 14억 인구 대국 중국이 이러한 경제적 성장을 일궈낸다면, 세계적으로 그 영향력은 실로 막대할 것이다.

중국의 경제적 부상과 발전은 국제 비즈니스에 지대한 영향을 끼쳤다. 중국은 한편으로 풍부한 상품 공급원이자 거대한 시장 기회를 제공하고 있다. 1983년부터 현재까지 중국(홍콩 포함)에 대한 연간 해외직접투자 유입액이 20억 달러 미만에서 2,500억 달러로 급증한 수치에서 잘 드러난다. 중국의 신생 기업들은 뛰어난 경쟁력을 보이며, 일부 시장에서는 서구와 일본 기업들의 글로벌 시장 점유율을 잠식하고 있다. 이러한 중국의 변화는 기존 국제 기업들에게 새로운 기회와 도전을 동시에 제공한다. 하지만 최근 몇 년간 시진핑 주석 체제에서 중국이 보이는 권위주의적 경향은 상황을 복잡하게 만들고 있다. 중국 정부는 개인의 자유를 제한할 뿐만 아니라, 민간 기업에 대한 통제를 강화하고 있다. 표면적으로는 노동자의 이익을 보호한다는 명목으로 기업들에 당 조직을 설치하고 있지만, 다수의 전문가들은 중국 정부가 이를 통해 민간 기업들이 국가의 목표에 부합하는 방식으로 행동 변화를 유도하려는 의도가 있다고 분석한다. 만약 중국이 이러한 정책 기조를 지속한다면, 지난 40년간 이룩한 경제적 성과가 일부 손상될 수도 있다.

라틴 아메리카에서도 민주주의와 자유 시장 개혁이 뚜렷이 나타났다. 수십 년간 대부분의 라틴 아메리카 국가들은 독재 체제였고, 많은 독재자가 서구 국제 기업들을 제국주의 지배 도구로 여겼다. 이로 인해 외국 기업의 직접투자가 제한되었다. 또한 라틴 아메리카의 경제 관리 실패로 저성장, 높은 부채, 초인플레이션이 지속되어 국제 기업들의 투자를 막았다. 하지만 1980년대 후반부터 상황이 크게 바뀌었다. 대부분의 라틴 아메리카 국가에서 부채와 인플레이션이 줄어들고, 국영 기업이 민영화되었으며, 외국인 투자를 적극 유치하면서 경제가 성장했다. 브라질, 멕시코, 칠레가 이러한 변화를 주도했다. 이에 따라 라틴 아메리카는 수출 시장과 해외직접투자 대상지로서의 매력도가 높아졌다. 그러나 라틴 아메리카의 오랜 경제 관리 실패 역사를 고려하면, 이런 긍정적 추세가 계속될지는 불확실하다. 실제로 볼리비아, 에콰도르, 특히 베네수엘라에서는 최근 몇 년간 산업에 대한 정부 개입이 다시 강화되고 있으며, 외국인 투자에 대한 태도도 1990년대보다 덜 우호적이다. 이들 국가에서는 정부가 외국 투자자들로부터 석유와 가스전 통제권을 가져오고, 외국 에너지 기업들의 자원 채굴 권리를 제한하고 있다. 따라서 동유럽과 마찬가지로, 라틴 아메리카에서도 큰 기회와 함께 상당한 위험이 공존한다.

21세기 세계 경제

지난 25년간 글로벌 경제는 급격한 변화를 겪었다. 최근 미국 Trump 행정부가 도입한 고관세 정책(이후 고관세 정책은 Biden 행정부에서도 유지됨)과 같은 사례에도 불구하고, 전반적으로 상품, 서비스, 자본의 자유로운 이동을 가로막는 장벽들이 낮아지고 있다. 경제가 발전함에 따라 더 많은 국가가 선진국 대열에 합류하고 있다. 한 세대 전만 해도 한국과 대만은 신흥 개발도상국으로 여겨졌지만, 지금은 영향력이 큰 경제국으로 성장했다. 이 두 국가의 기업들은 조선, 철강에서부터 전자, 반도체, 화학에 이르기까지 다양한 글로벌 산업에서 주요 플레이어로 자리 잡았다. 글로벌 경제로의 이동은 과거 2세대 이상 자유주의 경제 정책에 강하게 반대했던 국가들이 이를 광범위하게 채택하면서 더욱 강화되었다. 요약하자면, 세계는 국제 비즈니스에 더 유리한 경제 시스템으로 나아가고 있다.

그러나 기존의 트렌드로 미래를 쉽게 예단할 수는 없다. 세계가 더 글로벌한 경제 시스템으로 나아가고 있지만, 세계화가 필연적인 것은 아니다. 국가들의 경험이 기대에 미치지 못할 경우 최근의 자유주의 경제 이념에 대한 믿음에서 후퇴할 수 있으며, 실제로 일부 국가에서 이러한 현상이 나타나고 있다. 앞서 언급했듯이, 러시아와 중국에서 자유주의 경제 이념에서 후퇴하는 명확한 징후가 목격된다. 이러한 변화가 더 영구적이고 광범위해진다면, 자유 시장 원칙에 기반한 더 번영하는 글로벌 경제에 대한 자유주의적 비전은 많은 사람들이 기대하는 만큼 빠르게 실현되지 않을 수 있다. 분명히 이는 국제 기업들에게 더 어려운 환경이 될 것이다.

글로벌화의 심화는 새로운 위험을 동반한다. 이러한 위험은 1997~1998년 아시아 금융 위기에서 명확히 드러났다. 태국에서 시작된 위기가 동아시아를 거쳐 러시아와 브라질로 확산되었고, 결국 미국을 포함한 선진국 경제마저 위협했다. 이러한 글로벌 금융 위기의 원인과 결과는 11장에서 더 상세히 다룬다. 세계화는 경제적으로 양면성을 지닌다. 글로벌 경제는 비즈니스 기회를 확대하지만, 동시에 1997~1998년에 보았듯이 금융 위기의 확산 위험도를 높인다. 2008~2009년 미국 금융 부문에서 시작된 글로벌 금융 위기는 이를 잘 보여 준다. 미국 은행들의 무분별한 주택 대출 정책에서 기인한 미국발 위기가 전 세계로 확산되어, 1980년대 초 이후 최악의 경기 침체를 초래했다. 이는 상호 연결된 세계에서 지역적 위기가 전 세계에 미치는 영향을 재확인시켰다. 2020~2023년 COVID-19 팬데믹 역시 글로벌 공급망을 크게 단절시켰고, 글로벌 공급망의 혼란은 전 세계적으로 분산된 생산 시스템의 취약성을 드러냈다. 그러나 기업들은 이 책 후반부에서 다루는 적절한 헤징 전략을 통해 세계화의 기회를 활용하면서도 위험을 줄일 수 있다. 이러한 전략은 세계화 노력과 일부 국가의 국가주의 경향 사이에서 균형을 잡아가는 과정에서 더욱 중요해질 것이다.

세계화에 대한 논쟁

[학습 목표 4] 세계화의 영향에 대한 논쟁의 주요 논점을 설명한다.

더 통합되고 상호 의존적인 글로벌 경제로의 전환이 과연 바람직할까? 영향력 있는 경제학자, 정치인, 기업의 리더들은 그렇다고 본다.[26] 이들은 국제 무역과 투자에 대한 장벽이 낮아지는 것이 글로벌 경제를 더 큰 번영으로 이끄는 두 가지 원동력이라고 주장한다. 국제 무역과 국경 간 투자의 증가는 상품과 서비스 가격을 낮출 것이라고 말한다. 또한 세계화가 경제 성장을 자극하고, 소비자의 소득을 높이며, 국제 무역 체제에 참여하는 모든 국가에서 일자리 창출을 돕는다고 본다. 세계화를 지지하는 이들의 주장은 6~8장에서 상세히 다룬다. 국제 무역과 투자 장벽의 감소가 경제 성장을 자극하고, 일자리를 만들며, 소득 수준을 높인다고 믿을 만한 이론적 근거는 많다. 6~8

장에서 더 다루겠지만 기존의 실증적 연구 결과는 자유무역과 투자와 관련한 이론의 설명력을 뒷받침한다. 그러나 설명력 높은 연구 결과에도 불구하고, 세계화에 대한 비판론자들도 있다.[27] 이들 중 일부 세력은 목소리를 높여 적극적으로 세계화 반대 시위를 벌이기도 한다. 다른 비판론자들은 민주 사회에서 정치적 권력을 얻기도 하는데, 그중 한 명이 바로 미국의 Donald Trump다. Trump의 '미국 우선주의' 정책은 세계무역기구와 같은 제도를 포함하는 규칙 기반의 다자간 국제 질서와 날카롭게 대립했다. 아이러니하게도 이러한 국제기구들은 원래 미국의 주도로 만들어졌었다. 지금부터 세계화에 대한 비판론의 본질을 살펴보고 세계화의 장단점에 관한 논쟁과 관련한 핵심 이슈를 간략히 검토한다. 이후 장에서 이러한 논점들을 더 상세히 다룰 것이다.

반세계화 시위

세계화에 대한 대중적 시위는 1999년 12월로 거슬러 올라간다. 당시 4만 명 이상의 시위대가 시애틀에서 열린 세계무역기구(WTO) 회의를 저지하기 위해 거리를 점거했다. 시위대는 다양한 이슈에 항의했는데, 주요 내용은 다음과 같다. 외국 경쟁자들로 인한 산업 내 일자리 감소, 비숙련 노동자의 임금 하락 압박, 환경 파괴, 글로벌 미디어와 다국적 기업에 의한 문화적 제국주의(일부 시위대는 이를 미국의 '문화적으로 빈곤한' 이해관계와 가치가 지배한다고 비판)에 관한 것이었다. 시위대는 이 모든 문제의 원인이 세계화라고 주장했다. WTO는 국경 간 무역과 투자 장벽을 더욱 낮추기 위한 새로운 협상을 시작하려 했고, 이는 세계화의 촉매제로 여겨져 시위의 표적이 되었다. 시위는 폭력적으로 변모해 평화로웠던 시애틀 거리가 무정부주의자와 당황한 경찰 사이의 전쟁터가 되었다. 벽돌을 던지는 시위대와 방패를 든 경찰의 모습이 전 세계 미디어를 통해 퍼졌다. 시애틀 WTO 회의는 합의에 실패했고, 비록 회의장 밖 시위가 이 실패와 직접적 관련은 없었지만, 시위대가 회의를 무산시켰다는 인상을 남겼다.

1999년 시애틀 반세계화 시위를 기점으로 주요 국제기구 회의마다 조직적으로 시위가 이어졌다. 프랑스에서는 미국식 대중문화 확산을 프랑스 정체성 훼손으로 규정한 반세계화 단체들이 1999년 McDonald's 점포 파괴 등의 행동으로 저항을 표출했으며, 다른 여러 국가에서도 이러한 반세계화 시위가 이어졌다. 폭력적 방식으로 인한 운동의 이미지 훼손 가능성에도 불구하고, 시위 규모가 단순히 소수의 무정부주의자 집단을 넘어선다는 점은 주목할 만하다. 실제로 많은 국가에서 다수의 국민이 세계화가 생활 수준, 임금, 환경 등에 부작용을 초래한다는 인식을 공유하고 있다. 2016년 미국 대선에서 Donald Trump는 무역협정으로 인해 미국의 일자리가 해외로 유출되어 미국 내 실업과 저임금을 초래했다고 주장했고, 일부 Trump 지지자들은 국제 무역 체제가 미국 경제에 부정적 영향을 끼친다는 주장에 강한 공감을 표했다. 다음의 COUNTRY FOCUS는 당시 Trump가 미국 대통령 취임 후 추진했던 반세계화 정책을 보여 준다.

학술 연구에 따르면, 세계화에 대한 비판적 우려는 다소 과장된 측면이 있다. 반세계화 담론의 상당 부분은 과거에 대한 향수에서 비롯된 것으로 분석된다. 과거 세계에서는 시간과 거리의 장벽, 경제 및 정치 제도의 뚜렷한 차이, 국가 간 발전 수준의 격차가 인류의 문화적 다양성을 형성했다.

COUNTRY FOCUS

Trump의 미국 우선주의 정책과 그 여파

2016년, 미국 대선에서 Donald Trump는 '미국 우선주의'를 주요 공약으로 내세워 미국 대통령으로 당선되었다. 선거 기간 내내 Trump는 세계화와 글로벌 기구들을 미국의 국가 주권에 대한 위협으로 비판했다.

선거 공약에 따라 Trump는 취임 후 신속히 전임 Obama 대통령이 협상한 12개 태평양 연안국 간의 무역협정인 환태평양경제동반자협정(TPP)에서 미국을 탈퇴시켰고, 미국의 이익에 더 유리하도록 북미자유무역협정(NAFTA) 재협상을 시작했다. 또한 국가 안보를 근거로 들어 불공정한 외국 기업과의 경쟁으로부터 미국 생산자를 보호하기 위해 철강과 알루미늄 수입에 고관세를 부과했다. Trump는 중국으로부터의 수입품에 대한 관세를 인상하여 양국 간 무역 분쟁을 촉발시켰고, 동시에 중국이 미국의 이익에 부합하는 무역 및 투자 정책을 채택하도록 압박했다.

Trump는 세계화에 대항하기 위해 다른 조치들도 취했다. Trump 행정부는 UN 기구인 국제형사재판소, 인권이사회, 이주에 관한 글로벌 협약에서 철수했는데, Trump는 이 기관들이 미국에 편견을 가지고 있다고 주장했다. Trump는 또한 미국을 파리 기후 변화 협정에서 탈퇴시켰는데, 배출량 감축 목표가 미국의 이익에 부합하지 않으며, 대다수 과학자들의 주장과는 다르게 기후 변화는 사기라고 주장했다. Trump 행정부는 또한 WTO 중재 패널에 새로운 위원의 임명을 차단하는 전략을 사용했는데, 이는 WTO의 무역 분쟁 해결 능력을 크게 저해했다.

2018년 말 UN 총회 연설에서 Trump는 자신의 입장을 명확히 했다. Trump는 "우리는 세계주의를 거부하고 애국주의 교리를 받아들입니다. … 미국은 글로벌 거버넌스, 통제, 지배보다는 미국의 독립과 협력을 우선적으로 선택할 것입니다."라고 말했다. 이는 국가 주권의 우월성과 모든 국가가 Trump의 '미국 우선주의' 외교 정책 접근법을 받아들여야 한다는 생각을 선언한 것이었다. Trump는 "우리는 더 이상 우리 노동자들이 희생되고, 우리 기업들이 속고, 우리의 부가 약탈되고 이전되는 것을 허용하지 않을 것"이라며, 중국에 2,000억 달러의 수입 관세를 부과한 이유를 설명하고 베이징이 보복할 경우 추가 관세를 시행하겠다고 선언했다. "미국은 더 이상 이용당하지 않을 것입니다."

이러한 Trump의 수위 높은 발언은 세계화 과정과 이를 지지하는 규칙 기반 국제 질서에 대한 공격을 분명히 정치적으로 표명한 것이다. 반세계화를 거리 시위에서 백악관으로 끌어올리고 미국 외교 정책의 최전선에 둠으로써, Trump가 이 논쟁을 완전히 새로운 수준으로 끌어올렸다는 점에는 의심의 여지가 없다. 흥미로운 점은 Trump가 2020년 선거에서 패배했음에도 불구하고 Biden 행정부는 Trump의 자국 우선주의에 기반한 많은 무역 정책을 유지하고 있다. 2023년 현재, 미국의 중국 수입품에 대한 관세 장벽은 여전히 유효하다. Trump와 마찬가지로, Biden 행정부도 WTO 중재 패널에 새로운 위원을 임명하는 데 주저하고 있어 WTO의 역할을 약화시키고 있다.

Sources: K. Johnson, "How Trump May Finally Kill the WTO," *Foreign Policy*, December 9, 2019; W. J. Hennigan, "'We Reject Globalism,' President Trump Took 'America First' to the United Nations," *Time*, September 25, 2018; L. Elliot, "Globalization as We Know It Will Not Survive Trump. And That's a Good Thing," *The Guardian*, August 8, 2019; M. Cherkaoui, "Why Trump Remains Anti-Globalist Even Inside the United Nations," *Al Jazeera Center* for Studies, October 1, 2018.

흥미로운 점은 선진국 소비자들이 태국과 같은 이국적 장소에서 McDonald's나 Starbucks와 같은 글로벌 브랜드를 접하며 문화적 동질화를 우려하는 반면, 현지 주민들은 이에 대해 거의 불만을 제기하지 않는다는 것이다. 오히려 이들은 세계화를 통한 발전이 가져오는 생활 수준 향상을 긍정적으로 받아들이는 경향이 있다.

세계화, 일자리, 소득

세계화 반대론자들이 자주 제기하는 우려 중 하나는 국제 무역의 장벽 완화가 미국과 서유럽 같은 선진 경제권의 제조업 일자리를 파괴한다는 것이다. 비판론자들은 무역 장벽 하락으로 기업들이 임금이 훨씬 낮은 국가로 제조 활동을 이전할 수 있게 되었다고 주장한다.[28] 실제로 중국, 인도, 동유럽 국가들의 국제 무역 체제 진입과 세계 인구 증가로 인해 1990년부터 현재까지 글로벌 노동력 규모는 5배 이상 확대되었다. 다른 조건이 동일하다면, 이러한 글로벌 노동력의 급증과 무역 확대가 선진국 임금 수준을 하락시켰을 것이라는 추론이 가능하다.

이러한 우려는 종종 구체적 사례로 뒷받침된다. 예를 들어, 자유무역 비판으로 유명해진 Philadelphia Inquirer의 기자 D. L. Bartlett과 J. B. Steele은 시간당 9달러를 지급하던 미국 의류 제조사 Harwood Industries가 운영을 중단하고 시간당 48센트의 임금을 받는 온두라스로 생산을 이전한 사례를 들며,[29] 이러한 움직임이 미국 저소득층 임금을 지난 25년간 크게 하락시켰다고 주장한다.

최근 이와 유사한 우려가 서비스 산업에서 목격된다. Dell, IBM, Citigroup과 같은 기업들이 서비스 활동을 저임금 국가로 아웃소싱할 때, 이는 일자리 수출로 이어져 모국(이 경우 미국)의 실업률 증가와 생활 수준 하락을 초래한다는 대중적 인식이 확산되었다. 일부 미국 의원들은 일자리 아웃소싱에 대한 법적 규제를 요구하며 이에 대응하고 있다.

세계화 지지자들은 이러한 비판이 자유무역협정의 본질적 이점을 간과한다고 반박한다.[30] 이들은 자유무역이 각국이 가장 효율적으로 생산할 수 있는 상품과 서비스에 특화하게 하며, 비효율적 분야는 수입하게 함으로써 전체 경제에 이익을 준다는 논리를 펼친다. Harwood Industries의 섬유 일자리 손실이나 Dell의 콜센터 일자리 감소 같은 일시적 고통은 있지만, 결과적으로 국가 경제 전체는 더 나아진다는 것이다. 이 관점에서 미국이 온두라스나 중국보다 높은 비용으로 섬유를 생산하는 것은 비합리적이다. 중국산 의류 수입은 미국 내 의류 가격을 낮추어 소비자가 다른 품목에 지출을 늘리게 하고, 중국의 섬유 수출 증가로 창출된 소득은 Boeing의 항공기, Intel의 반도체, Microsoft 소프트웨어 등 미국산 제품 수요를 증대시킨다.

세계화 지지자들은 저임금 국가로의 서비스 아웃소싱에 대해서도 동일한 논리를 적용한다. Dell이 고객 서비스 콜센터를 인도로 아웃소싱함으로써 비용 구조를 낮추고 컴퓨터 가격을 인하할 수 있다는 것이다. 이로 인해 미국 소비자들은 혜택을 받게 되며, 컴퓨터 가격 하락으로 다른 상품과 서비스에 더 많은 지출을 할 수 있게 된다. 또한 인도의 소득 수준 상승은 인도인들이 더 많은 미국 상품과 서비스를 구매할 수 있게 하여, 미국 내 일자리 창출에 기여한다. 이러한 방식으로 세계화 지지자들은 자유무역이 참여국 모두에게 이익이 된다고 본다.

세계화 비판론자들의 주장이 옳다면 다음 세 가지가 입증되어야 할 것이다. 첫째, 임금 하락 압력으로 인해, 선진국에서 노동자가 국민소득에서 차지하는 비중은 자본가(예: 주주, 채권 소유자)가 국민소득에서 차지하는 비중에 비해 낮아져야 한다. 둘째, 노동의 경제적 비중이 감소했더라도, 전체 경제 규모가 충분히 증가하여 이를 상쇄한다면 생활 수준 하락을 의미하지 않는다. 즉, 선진국의 경제 성장과 생활 수준 향상이 노동 비중 감소를 상쇄해야 한다(이는 세계화 지지자들의 입장이다). 셋째, 국민소득에서 노동 비중의 감소는 생산 기술과 생산성 향상이 아닌 저임금 국가로의 생산 이전 때문이어야 한다.

이러한 쟁점들에 대해 국제 경영과 경제 분야의 연구 결과들은 시사점을 제공한다.[31] 먼저, 연구 자료들은 지난 수십 년간 국민소득에서 노동의 비중이 감소했음을 보여 준다. 그러나 세부 분석 결과를 보면, 숙련 노동자의 국민소득 비중은 실제로 증가했으며, 노동 비중의 감소는 비숙련 노동자의 비중 감소 때문인 것으로 나타났다. IMF의 한 연구에 따르면 숙련 및 비숙련 부문 근로자 간 소득 격차가 지난 20년간 25% 확대되었다.[32] 미국 자료에 초점을 맞춘 또 다른 연구는 수입 경쟁 노출이 비숙련 작업을 수행하는 근로자의 실질 임금 하락을 초래한 반면, 숙련 직종의 임금에는 유의미한 영향을 미치지 않았음을 발견했다. 같은 연구에서 수출이 증가한 부문의 숙련 및 비숙련 근로자 모두 실질 임금이 상승한 것으로 나타났다.[33] 이러한 통계 분석자료는 더 효율적인 해외 경쟁에 노출된 부문의 비숙련 노동자들이 지난 30년간 국민소득 비중이 감소했을 가능성이 높다는 점을 시사한다.

그러나 위와 같은 결과는 선진국 비숙련 노동자의 생활 수준이 하락했다는 의미는 아니다. 선진국의 경제 성장이 비숙련 노동자의 국민소득 비중 감소를 상쇄하여 생활 수준을 향상시켰을 가능성이 있다. 증거 자료들은 1980년대 이후 미국을 포함한 대부분의 선진국에서 실질 노동 보상이 증가했음을 보여 준다. 세계 34개 최부유국이 회원인 경제협력개발기구(OECD)가 수행한 다수의 연구들은 OECD 국가들의 최빈층과 최상위층 간 격차가 벌어졌지만, 대부분 국가에서 최빈층을 포함한 모든 계층의 실질 소득 수준이 증가했다고 결론 내렸다. 특히, OECD의 한 연구는 회원국의 실질 가계 소득(인플레이션 조정)이 연간 1.7% 증가했음을 발견했다. 인구의 최빈 10%의 실질 소득 수준은 평균 1.4% 증가한 반면, 최상위 10%는 연간 2% 증가했다(즉, 모두가 부유해졌지만 최상위층과 최빈층 간 격차는 확대되었다). 미국에서는 이 성장률 격차가 대부분의 다른 국가들보다 더 극단적으로 나타났다. 연구 결과는 미국에서 최빈 10%의 실질 소득은 연간 0.5%만 증가한 반면, 최상위 10%는 연간 1.9% 증가했음을 보여 준다.[34]

앞서 언급했듯이, 세계화 비판론자들은 비숙련 임금률 하락이 저임금 제조업 일자리의 해외 이전과 이에 따른 비숙련 노동자 수요 감소 때문이라고 주장한다. 반면, 세계화 지지자들은 더 복잡한 해석을 내놓는다. 이들은 비숙련 노동자의 실질 임금 상승률이 정체된 것이 단순히 출근만 하면 되는 단순 노동 일자리에서, 상당한 교육과 기술을 요구하는 직종으로의 기술 중심적 전환 때문이라고 주장한다. 많은 선진국에서 고숙련 노동자는 부족하고 비숙련 노동자는 과잉 공급되고 있다는 점을 지적한다. 따라서 소득 불평등 심화는 노동 시장에서 숙련 노동자의 임금은 상승하고 비숙련 노동자의 임금은 하락한 결과다. 실제로 증거 자료는 기술 변화가 세계화보다 노동의 국민소득 비중 감소에 더 큰 영향을 끼쳤음을 보여 준다.[35] 이는 비숙련 노동자의 실질 소득 성장 둔화 문제의 해결책이 자유무역과 세계화를 제한하는 것이 아니라, 교육에 대한 사회 투자를 늘려 비숙련 노동자 공급을 줄이는 데 있음을 시사한다.[36]

마지막으로, 개발도상국의 급속한 경제 성장으로 개발도상국과 선진국 간 임금 격차가 좁혀지고 있다는 점에 주목할 필요가 있다. 예를 들어, 한 연구 결과는 중국의 임금은 20년 내에 서구 수준에 근접할 것이라고 예측한다.[37] 이러한 상황에서 비숙련 일자리의 저임금 국가로의 이전은 더욱 긴밀히 통합된 글로벌 경제로 나아가는 과정에서의 일시적 현상이자 구조적 조정이라 볼 수 있다.

세계화, 노동 정책, 환경

세계화에 대한 두 번째 우려 사항은 자유무역이 선진국 기업들로 하여금 제조 시설을 개발도상국으로 이전하도록 장려한다는 것이다. 개발도상국가들은 노동과 환경을 비양심적인 기업의 착취로부터 보호할 적절한 제도적 규제가 부족하다.[38] 세계화 비판론자들은 노동 및 환경 규제를 준수하는 것이 제조 기업의 비용을 크게 증가시켜 글로벌 시장에서 이러한 규제를 따르지 않는 개발도상국 기업들에 비해 경쟁력 열위에 놓이게 한다고 주장한다. 이론적으로 기업들은 비용상의 불이익을 피하고자, 규제가 약하거나 규제 집행이 미흡한 국가로 생산 시설을 이전한다.

이러한 주장이 사실이라면, 자유무역은 환경 오염 증가와 선진국 기업들의 개발도상국 노동력 착취를 초래할 수 있다.[39] 이러한 우려는 1994년 북미자유무역협정(NAFTA) 체결 당시 반대론자들이 제기한 주장과 일맥상통한다. 그들은 미국 제조업체들이 높은 수익을 추구하며 환경 규제, 아동노동 금지, 작업장 안전 및 보건 기준을 회피할 수 있는 멕시코로 생산 기지를 옮길 것이라고 예측했다.[40]

자유무역과 세계화 지지자들은 이러한 부정적 시나리오에 이의를 제기한다. 이들은 경제 발전이 오히려 더 엄격한 환경 규제와 노동 기준을 촉진한다고 주장한다.[41] 일반적으로 국가의 경제력이 향상될수록 환경 및 노동 관련 법규가 강화되는 경향이 있다.[42] 따라서 자유무역을 통한 개발도상국의 경제 성장은 결과적으로 이들 국가의 환경 및 노동법 개선으로 이어질 것이라고 본다. 이러한 관점에서 자유무역 비판론자들의 주장은 오히려 역효과를 낳는다. 자유무역은 환경 오염과 노동 착취를 증가시키는 것이 아니라 감소시킨다는 것이다. 자유 시장 체제와 자유무역은 부의 창출과 기술 혁신을 촉진함으로써 전 세계적 환경 문제와 인구 증가에 더 효과적으로 대응할 수 있게 한다. 실제로 개발도상국에서는 오염 수준이 증가하고 있지만, 선진국에서는 감소 추세를 보인다. 예컨대 미국의 경우, 1978년 이후 대기 중 일산화탄소와 이산화황 농도가 60% 감소했으며, 납 농도는 98%나 줄어들었다. 주목할 만한 점은 이러한 환경 개선이 지속적인 경제 성장과 함께 이루어졌다는 것이다.[43]

다수의 계량 경제학 연구를 통해 소득 수준과 환경 오염 간 역U자형 관계가 확인되었다(그림 1-5 참조).[44] 경제 성장 초기 단계에서는 소득 증가와 함께 오염 수치가 증가하는 경향을 보이지만, 특정 임계점을 넘어서면 소득 수준 상승이 환경 보호에 대한 사회적 요구를 확대시켜 오염이 감소하는 추세로 전환된다. Grossman과 Krueger의 연구에 따르면, 이러한 전환점은 일반적으로 1인당 국민소득 8,000달러 수준에서 발생하는 것으로 나타났다.[45]

그림 1-5에 나타난 역U자형 패턴은 이산화황, 납 농도, 수질 등 다양한 오염 물질에 적용되지만, 이산화탄소 배출량은 소득 수준 상승과 함께 지속적으로 증가하는 예외적 양상을 보인다. 이산화탄소가 온실효과를 유발하는 주된 가스이며, 대기 중 농도 증가가 기후 변화의 주요 원인으로 밝혀진 점을 고려하면 이 문제는 긴급한 환경 위협으로 인식되어야 한다. 그러나 무역 자유화를 후퇴시키는 것이 해결책이 될 수 없다. 오히려 국가 간 협력을 통해 탄소 배출 규제 정책을 수립하는 방

그림 1-5
소득 수준과 환경 오염

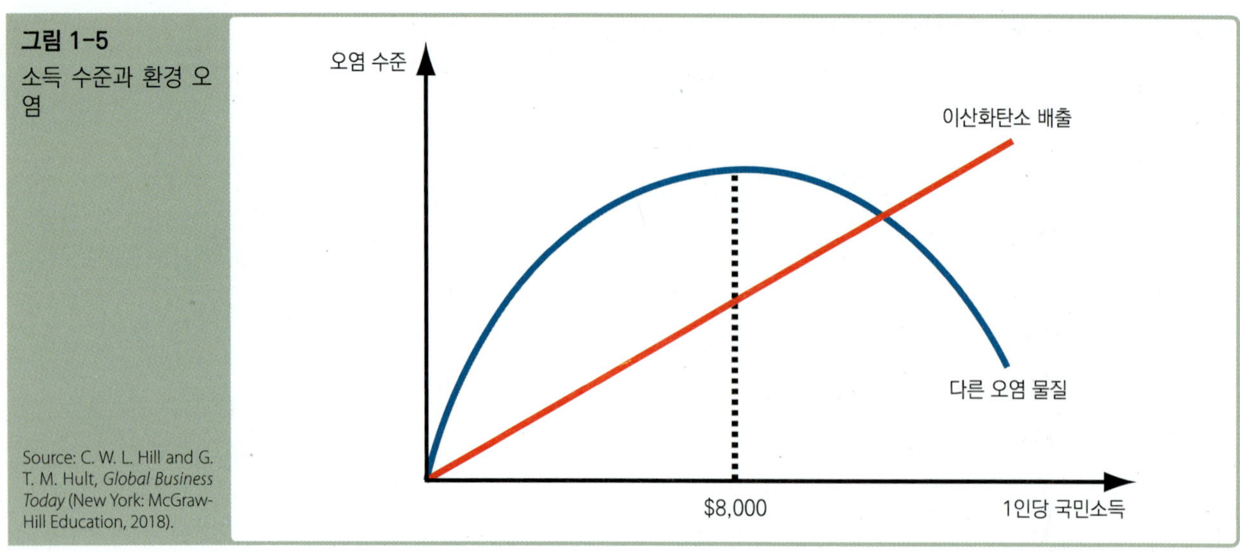

Source: C. W. L. Hill and G. T. M. Hult, *Global Business Today* (New York: McGraw-Hill Education, 2018).

향으로 나아가야 한다. 경제학계에서는 탄소 집약적 에너지 생산에 비용을 부과하는 탄소세 도입이 가장 효과적인 대안으로 제시된다. 다만 탄소세가 경제 성장을 저해하지 않도록 세수 중립적 접근이 필요하다. 즉, 탄소세로 인한 세수 증가분을 소득세나 소비세 감면으로 상쇄함으로써 전체적인 조세 부담을 유지하는 방식이다.[46]

1992년 리우데자네이루 지구 정상회의 이후, UN 후원 회담은 이산화탄소 배출 감축을 주요 목표로 삼았다. 그러나 1997년 교토, 2009년 코펜하겐, 2015년 파리 등 후속 회담에서 설정한 야심찬 탄소 배출 감축 목표는 최근까지 거의 달성되지 못했다. 목표 미달성의 주요 원인은 최대 이산화탄소(CO_2) 배출국인 미국과 중국이 진행 방식에 합의하지 못했기 때문이다. 탄소 배출이 급증하는 중국은 최근까지 엄격한 오염 규제에 소극적이었다. 미국은 의회의 정치적 분열과 기후 변화 부정 문화로 인해 관련 법안을 인정하거나 추진하는 데 어려움을 겪었다. 2014년 말, 미국과 중국은 상당한 탄소 배출 감축에 동의하는 협정을 체결했다. 이어 2015년 파리에서는 세계 각국이 CO_2 배출 감축과 지구 온도 상승 제한에 합의하는 광범위한 다자간 협정이 체결되었다. 그러나 2017년 Donald Trump 대통령은 미국을 파리 협정에서 탈퇴시켰다. Trump는 CO_2 증가와 기후 변화의 연관성을 부정하며, 파리 협정이 미국에 불이익을 준다고 주장했다. 미국의 불참으로 이 문제에 대한 세계적 진전이 어려워졌으나, Trump의 후임인 Biden 대통령의 행정 조치로 미국은 2021년 초 파리 협정에 재가입했다(최근 재당선된 미국 Trump 대통령은 파리 협정에서 다시 탈퇴했다).

대다수 자유무역 지지자들은 개발도상국에 엄격한 환경·노동 기준 적용을 자유무역협정의 조건으로 연계할 수 있음을 강조한다. NAFTA의 경우, 멕시코의 환경 규제 강화를 명시한 부속 협정 체결 후에야 본 협정이 비준되었다. 이를 근거로 자유무역 옹호론자들은 NAFTA가 없었다면 멕시코 공장의 환경 오염 수준이 현재보다 심각했을 것이라고 주장한다.[47]

아울러, 이들은 기업이 비판론자들이 지적하는 비도덕적 조직이 아니라고 강조한다. 일부 부패한 기업의 사례가 있을 수 있지만, 대부분의 기업은 윤리적으로 행동하려는 경영진으로 구성되어 있으며, 단순히 더 많은 오염을 배출하거나 노동력을 착취하기 위해 생산을 해외로 이전할 가능성은 낮다. 더욱이 오염, 노동 착취, 생산 비용 간의 관계는 비판론자들이 제시하는 것과 다를 수 있다. 일반적으로 잘 대우받는 노동력은 생산성이 높으며, 기본 임금률보다는 생산성이 비용에 가장 큰 영향을 미친다고 그들은 주장한다. 자유무역 옹호자들은 노동력을 착취하기 위해 저임금 국가로 생산을 이전하는 탐욕스러운 경영자들의 모습에 이의를 제기한다.

세계화와 국가 주권

세계화에 대한 비판론자들이 제기하는 또 다른 우려는 오늘날의 상호 의존적 글로벌 경제에서 경제에 대한 통제권이 국가 정부에서 세계무역기구, 유럽연합, 유엔과 같은 초국가적 기구로 이전된다는 것이다. 이는 Donald Trump의 주장의 핵심으로, 그의 미국 우선주의 외교 정책의 근간이기도 하다(COUNTRY FOCUS 참조). 비판론자들의 주장은, 선출되지 않은 관료들이 민주적으로 선출된 국가 정부에 정책을 강요함으로써 해당 국가의 주권을 훼손하고 한 국가가 스스로 자국의 운명을 통제할 능력을 제한한다는 것이다.[48]

세계무역기구(WTO)는 반세계화를 주장하는 이들의 주요 비난 대상이다. 앞서 언급했듯이, WTO는 1995년 관세 및 무역에 관한 일반 협정(GATT)이 수립한 세계 무역 체제를 관리하기 위해 설립되었다. WTO는 164개 회원국 간의 무역 분쟁을 중재한다. 중재 패널은 GATT 규정을 위반하는 무역 정책을 변경하도록 회원국에 지시하는 판결을 내릴 수 있다. 위반국이 판결을 거부할 경우, WTO는 다른 국가들이 위반국에 대해 적절한 무역 제재를 가할 수 있도록 허용한다. 이에 대해 저명한 비판론자인 미국의 환경 및 소비자 권리 운동가, 그리고 한때 대선 후보이기도 했던 Ralph Nader는 다음과 같이 말한다.

> 새로운 체제에서 수십억 명의 사람들에게 영향을 미치는 중대한 결정들이 더 이상 지방 정부나 국가 정부에 의해 이루어지지 않고, 대신 WTO 회원국의 이의 제기가 있을 경우 제네바(WTO 본부 소재지)의 선출되지 않은 국제기구 관료들의 집단에 맡겨질 것입니다. 이 관료들은 캘리포니아 주민들이 마지막 원시림의 파괴를 막을 수 있는지, 또는 발암성 농약을 식품에서 금지할 수 있는지를 결정할 수 있습니다. 또한, 유럽 국가들이 육류의 위험한 생명공학 호르몬을 금지할 권리가 있는지를 결정할 수 있습니다. … 민주주의와 책임감 있는 의사 결정 기반이 위험에 처해 있습니다.[49]

Nader의 비판과 대조적으로, 다수의 경제학자와 정치인들은 WTO와 같은 초국가적 기구의 권력은 국가들이 집단적으로 부여하기로 동의한 것에 한정된다고 주장한다. 그들은 UN과 WTO 같은 기구들이 회원국들의 이익을 침해하려는 것이 아니라 회원국들의 집단적 이익을 위해 존재한다고 주장한다. 초국가적 기구를 지지하는 이들은 국제기구의 권력(power)는 회원국들에게 특정 조치를 따르도록 설득하는 능력에 기반하는 것이라고 지적한다. 만약 이 기구들이 회원국들의 집단적 이익을 위해 봉사하지 못한다면, 회원국들은 지지를 철회할 것이고 초국가적 기구는 빠르게 붕괴될 것이다. 이러한 관점에서 실질적인 권력은 초국가적 기구가 아닌 개별 국가에 있다.

세계화와 빈곤

세계화 비판론자들은 자유무역과 투자의 이점에도 불구하고, 지난 100여 년간 세계의 부유국과 빈곤국 간 격차가 더 벌어졌다고 주장한다. 1870년 세계 17개 최부유국의 1인당 평균 소득은 다른 국가들의 2.4배였다. 1990년에는 같은 그룹이 나머지 국가들보다 4.5배 부유해졌다. 2021년 세계 대부분의 부유한 국가를 포함하는 경제협력개발기구(OECD) 34개 회원국의 1인당 평균 국민총소득(GNI)은 42,360달러였던 반면, 세계 40개 최빈국의 1인당 GNI는 1,132달러로, 세계 34개 최부유국의 1인당 소득이 40개 최빈국의 약 40배였다.[50]

과거 일부 빈곤국들의 사례는 최근 급속한 경제 성장의 가능성을 보여 준다. 한국, 태국과 말레이시아 등 일부 동남아시아의 국가들이 급속한 경제 성장을 일군 예이다. 그러나 세계의 많은 빈곤국의 경제 침체는 심각한 수준이다. 1960년 1인당 GDP가 1,000달러 미만인 국가들 중 1/4은 성장률이 0% 미만이었고, 1/3은 0.05% 미만이었다.[51] 비판론자들은 글로벌화가 긍정적인 발전이라면 이러한 부유국과 빈곤국 간의 격차가 발생하지 않았어야 한다고 주장한다.

경제 침체의 이유는 다양하지만, 자유무역이나 글로벌화와는 무관한 몇 가지 요인이 두드러지게 나타난다.[52] 세계 빈곤국 중 다수가 전체주의 정부, 부의 창출보다는 파괴를 초래하는 경제 정책, 만연한 부패, 미약한 재산권 보호, 장기간의 내전 등으로 고통받았다. 이러한 요인들은 아프가니스탄, 쿠바, 아이티, 이라크, 리비아, 수단, 시리아, 북한, 짐바브웨와 같은 국가의 최근 수십 년간 국민들의 경제 수준 향상을 저해했다. 상황을 더 어렵게 만드는, 이들 국가의 급속한 인구 증가도 복잡한 요인으로 작용한다. 정부의 정책적 변화 없이는 인구 증가가 이들 국가가 가진 문제를 더 악화시킬 수 있다. 자유무역 지지자들은 이들 국가가 자유무역과 투자에 대한 장벽을 낮추고 자유 시장 경제에 기반한 경제 정책을 시행하는 것이 악화된 경제 상황을 개선하는 최선의 방법이라고 주장한다.[53]

또한, 세계의 많은 빈곤국들의 대규모 부채는 경제 발전을 저해한다. 특히 우려되는 점은 약 7억 명이 거주하는 40여 개의 고채무 빈곤국(highly indebted poorer countries, HIPCs)이다. 이들 국가의 평균 정부 부채 부담은 국내총생산(GDP) 대비 85%에 달했고, 연간 정부 부채 상환 비용이 수출 수익의 15%를 차지하고 있다.[54] 과중한 부채 상환으로 인해 이들 빈곤국의 정부는 교육, 의료, 도로, 전력과 같은 중요한 공공 인프라 프로젝트에 투자할 여력이 거의 없다. 결과적으로 HIPCs는 경제 발전을 저해하는 빈곤과 부채의 악순환에 갇혀 있다. 이들 국가의 경제 개선에 있어 자유무역이 필요하지만, 이것만으로 국가가 빈곤에서 벗어나는 데 충분치 않다는 주장도 있다. 대신에, 최빈국들이 경제를 재건할 수 있는 기회를 제공하고, 빠른 경제 성장을 돕기 위한 대규모 부채 탕감이 필요하다고 본다. 부채 탕감 지지자들은 또한 빈곤국의 새로운 민주 정부가 과거 부패하고 독재적인 전임자들에 의해 발생되고 잘못 관리된 부채를 상환하도록 강요받아서는 안 된다고 주장한다.

1990년대 후반, 세계 부유국들의 정치권에서 부채 탕감 운동이 힘을 얻기 시작했다. 아일랜드 출신의 록스타이자 부채 탕감 운동가 Bono, 종교 지도자 Dalai Lama, 하버드대 경제학자 Jeffrey Sachs와 같은 유명인들의 지지에 힘입어, 부채 탕감 운동은 2000년 미국이 HIPCs에 4억 3,500만 달러의 부채 탕감 제공 법안을 통과시키는 데 중요한 역할을 했다. 또한 미국은 IMF의 일부 금 보유량 매각 및 그 수익금을 부채 탕감에 사용하는 계획을 지지했다. 하지만 이러한 부채 탕감 등 조치의 긍정적 효과는 일시적이었다. 2021년까지 개발도상국의 대외 부채 잔액은 사상 최고 수준인 11.1조 달러에 달했는데, 이는 2009년 기록된 4.1조 달러의 두 배 이상이며 2000년에 비해 5배 증가한 수치다. 부채 감축 프로그램이 지속적인 효과를 내려면 부채 탕감과 함께 경제 성장을 촉진하는 공공 프로젝트(예: 교육)에 대한 현명한 투자와 투자 및 무역을 촉진하는 경제 정책을 병행해야 한다. 그러나 대다수 빈곤국에서는 이러한 일이 일어나지 않은 것으로 보인다.[55]

경제학자들은 부유국들이 빈곤국들의 제품, 특히 농산물과 섬유 수입에 대한 장벽을 낮춤으로써 도움을 줄 수 있다고 주장한다. 높은 관세 장벽과 기타 무역 장애물로 인해 빈곤국들은 농산물 수출을 확대하기 어렵다. WTO는 선진국들이 자국 농업 생산자에 대한 보조금을 철폐하고 농업 무역에 대한 관세 장벽을 제거하면 전 세계 경제 후생이 1,280억 달러 증가하고, 그중 300억 달러가 다수의 HIPCs을 포함한 빈곤국들에게 돌아갈 것으로 추정했다. WTO는 농업 무역 확대 인한 더 빠른 성장을 통해 빈곤층 인구를 크게 줄일 수 있다고 보고한 바 있다.[56]

부유국과 빈곤국 간의 큰 격차에도 불구하고, 상당한 진전이 이뤄지고 있다는 증거가 있다. 세계은행 자료에 따르면, 지난 30년간 세계 인구 중 빈곤층 비율이 크게 감소했다(그림 1-6 참조). 1982년에는 세계 인구의 57.9%가 하루 3.65달러 미만으로 생활하는 극빈층이었고, 68.4%가 하루 6.85달러 미만으로 생활했다(2017년 가격 기준). 2019년까지 이 수치는 각각 23.5%와 46.7%로 감소했다. 다시 말해, 1982년부터 2019년 사이, 세계 인구가 약 27억 명 증가했음에도 불구하고 극빈층 인구는 28억 5천만 명에서 18억 1천만 명으로 감소했다. 이는 전반적인 생활 수준의 향상을 보여 준다. 많은 경제학자들은 이러한 개선이 글로벌화와 그로 인해 빈곤국들에게 제공된 기회와 밀접한 관련

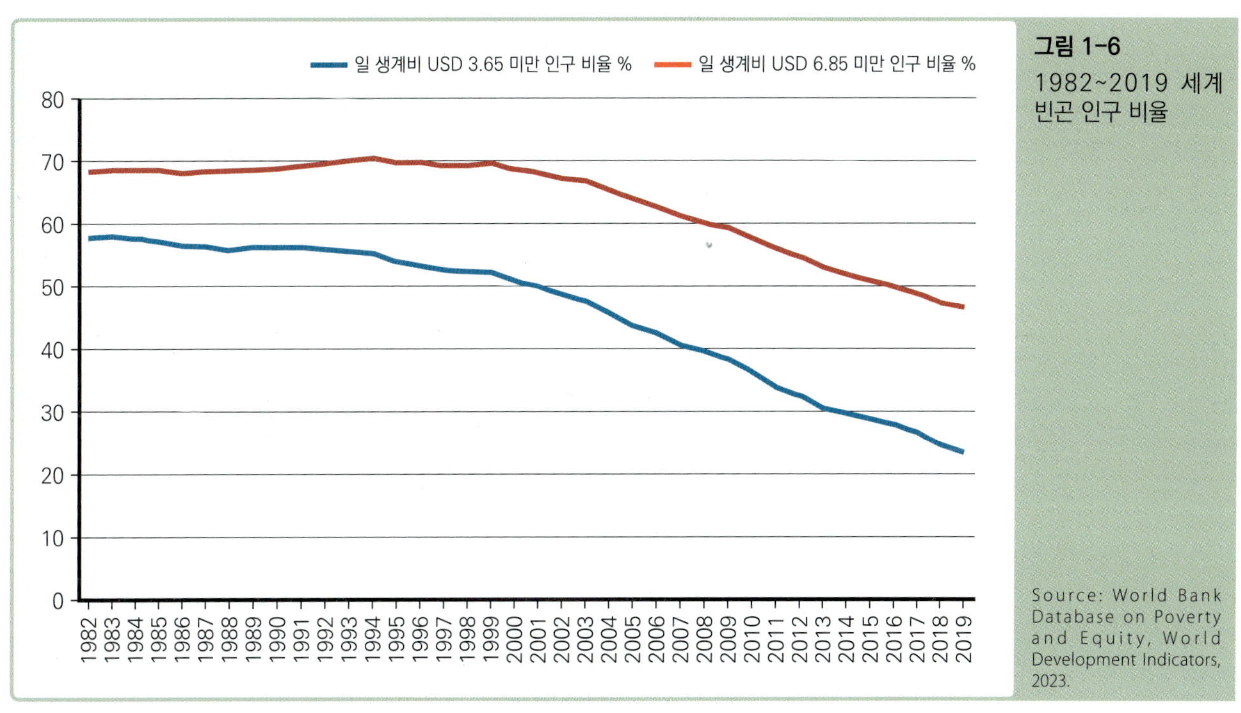

그림 1-6
1982~2019 세계 빈곤 인구 비율

Source: World Bank Database on Poverty and Equity, World Development Indicators, 2023.

이 있다고 주장한다. 그러나 2019년 기준으로 여전히 36억 명이 하루 6.85달러 미만으로 생활하고 있어, 빈곤 퇴치라는 목표 달성까지는 여전히 상당한 과제가 남아 있음을 알 수 있다.

글로벌 시장에서의 경영

[학습 목표 5] 세계화 과정이 경영에 미치는 기회와 도전에 대해 이해한다.

국제 기업(국제 비즈니스)
국제 무역이나 투자에 참여하는 모든 기업.

이 책의 상당 부분은 국제 기업의 경영에 관련된 어려움을 다루고 있다. **국제 기업** 또는 **국제 비즈니스**(international business)란 국제 무역이나 투자에 참여하는 모든 기업(firm)을 말한다. 기업이 국제적 사업 활동 참여하기 위해 반드시 다국적 기업이 되어 다른 국가에 직접 투자할 필요는 없다. 다국적 기업은 국제 비즈니스의 한 형태이다. 기업이 국제 비즈니스가 되기 위해서는 단순히 다른 국가로 제품을 수출하거나 수입하는 것만으로도 충분하다. 세계가 더 통합된 글로벌 경제로 나아감에 따라, 대기업과 중소기업을 막론하고 더 많은 기업이 국제 기업이 되고 있다. 그렇다면 이러한 글로벌 경제로의 전환은 국제적 사업 활동을 수행하는 기업의 경영자들에게 의미하는 바는 무엇일까?

국제 무역과 투자에 참여하는 기업이 점점 더 많아지고 있다. 국제화를 진행하는 기업의 경영자들은 국제 경영과 순수 국내 경영 환경이 여러 면에서 다르다는 점을 인식해야 한다. 이러한 경영 환경의 이질성은 근본적으로 국가 간 차이에서 비롯된다. 국가들은 문화, 정치 체제, 경제 체제, 법률 체제, 경제 발전 수준 등에서 차이가 있다. 지구촌 시대의 시장과 생산의 세계화 추세에도 불구하고, 국가들 간에 지속적이고 뿌리 깊은 환경적 이질성이 존재한다.

국가 간 차이는 국제 기업에게 국가별로 상이한 비즈니스 접근 방식을 채택할 것을 요구한다. 브라질에서의 제품 마케팅 활동을 할 때에는 독일에서 동일 제품을 마케팅하는 것과 다른 접근법이 필요할 수 있다. 미국 근로자를 관리하는 것은 일본 근로자를 관리하는 것과 다른 조직 관리 기술이 필요할 수 있다. 정부의 특정 계층과 긴밀한 관계를 유지하는 것이 멕시코에서는 매우 중요할 수 있지만, 영국에서는 무관할 수 있다. 캐나다에서 추구하는 비즈니스 전략이 한국에서는 통하지 않을 수 있다. 국제 기업의 경영자들은 이러한 차이를 잘 인식해야 할 뿐만 아니라, 국가의 경영 환경 차이에 대한 적절한 정책과 전략을 채택해야 한다. 이 책은 이러한 국가별 차이의 원인과 기업이 국가별로 상이한 경영 환경을 성공적으로 극복하기 위한 방법을 설명하는 데 상당 부분 할애하고 있다.

국제 기업이 국내 기업과 또 다른 점은 국제 비즈니스 관리의 복잡성이 더 크다는 것이다. 국가 간 차이에서 발생하는 문제 외에도, 국제 기업의 관리자는 국내 기업의 관리자가 직면하지 않는 다양한 문제에 직면한다. 국제 기업의 관리자는 비용을 최소화하고 부가가치를 극대화하기 위해 전 세계 어디에 생산 활동을 배치할지 결정해야 한다. 국제 비즈니스 관리자는 저개발 국가의 낮은 수준의 노동 및 환경 기준을 준수하는 것이 윤리적인지 결정해야 한다. 그리고 전 세계에 분산된 생산 활동을 가장 잘 조정하고 통제하는 방법을 결정해야 한다(이는 교재 후반부에 상세히 다룬다). 국제 비즈니스의 관리자는 또한 어떤 해외 시장에 진출하고 어떤 시장을 피할지 결정해야 한다. 그리고 특정 해외 시장에 진출하기 위한 적절한 진입 방식을 선택해야 한다. 제품을 해당 국가로 수출(exporting)하는 것이 최선인가? 현지 기업이 해당 국가에서 라이선싱(licensing)을 통해 제품을 생산하도록 허용해야 하는가? 현지국에서 제품 생산을 위해 현지 기업과 합작 투자사(joint venture)를 설립해야 하는가? 아니면 해당 국가에 완전 소유 자회사(wholly owned subsidiary)를 설립해야 하는가? 이와 같은 진입 방식의 선택은 해외 시장에서 기업의 장기적 경쟁력에 중대한 영향을 미치는 의사 결정이다.

국경을 넘는 비즈니스 거래를 수행하려면 국제 무역 및 투자 시스템을 관리하는 규칙을 이해해야 한다. 국제 비즈니스의 관리자는 또한 국제 무역과 투자에 대한 정부의 규제를 파악하고 관리해야 한다. 또한 현지국 정부의 정책적 규제의 범위 내에서 효과적으로 사업할 방법을 강구해야 한다. 많은 정부들이 명목상으로는 자유무역을 지지하지만, 종종 국제 무역과 투자를 규제하기 위해 정책적으로 개입한다. 국제 비즈니스 관리자는 이러한 개입에 대처하기 위한 전략과 정책을 개발해야 한다.

국제적 거래에서 기업은 본국 통화를 외국 통화로, 그리고 그 반대로 환전해야 한다. 환율은 변화하는 경제 상황에 따라 변동하기 때문에, 국제 비즈니스의 관리자는 환율 변동에 대처하기 위한 정책을 개발해야 한다. 잘못된 환율 정책을 채택한 기업은 막대한 자금 손실을 입을 수 있지만, 올바른 정책을 채택한 기업은 국제 거래의 수익성을 향상시킬 수 있다.

또한, 국제 무역에 의존하는 기업들은 Black Swan 사건(매우 큰 부정적 결과를 초래할 수 있는, 전혀 예상할 수 없던 일이 실제로 발생하는 사건)으로 인한 위험에 직면한다는 점에 주목해야 한다. 예를 들어, 예상치 못한 군사 충돌(예: 2022년 러시아의 우크라이나 침공), 테러 행위(예: 2001년 9월 11일 미국 공격), 새로운 바이러스의 확산과 관련된 위험 등이 이에 포함된다. 전염병 위험 관련, 2003년 SARS 바이러스로 알려진 코로나바이러스가 중국에서 발생하여 약 30개 다른 국가로 퍼졌다. 결국 약 8,000명이 감염되고 774명이 사망했다. 당시 SARS는 국제 공급망에 혼란을 일으켜 해외에서 적시 재고 배송에 의존하던 기업들은 대안을 찾아야만 했다. 2019년 말, 신종 코로나바이러스 COVID-19가 중국에서 나타났다. COVID-19는 2003년 SARS 바이러스보다 덜 치명적이었지만 전염성이 훨씬 더 강했다. COVID-19 확산 방지를 위해 중국 정부는 최초 발원지인 후베이 성에 봉쇄 조치를 시행하고 전국적 휴일 연장을 결정했다. 이 조치의 여파로 세계 2위 경제 대국인 중국의 경제 성장률이 급격히 하락했으며, 글로벌 공급망에 심각한 차질이 발생했다. 이에 중국 시장에 의존하거나 중국산 부품·완제품을 공급받던 다국적 기업들은 매출 목표 달성 불가능성을 공식 발표하기도 했다. 2020년부터 2022년까지 COVID-19는 전 세계로 확산되며 수백만 명의 생명을 앗아 갔고, 경제 활동을 마비시켰으며, 국제 물류 흐름을 교란시켰다. 2023년 초, 백신 접종 확대와 집단 면역 형성으로 감염자 수와 중증도가 모두 감소하며 팬데믹이 잠잠해지는 양상을 보였다. 그러나 아이러니하게도, 2년간 강력한 제로 COVID 봉쇄 정책으로 감염을 효과적으로 통제했던 중국이 2022년 말 정책을 전면 폐지하고 경제 재개방에 나서면서 감염률이 폭발적으로 증가하자, 글로벌 공급망에 추가적인 혼란을 초래했다.

국제 비즈니스 경영과 자국 시장에 집중하는 내수 기업의 경영 간 차이점은 다음 네 가지로 정리된다. (1) 국가별 특성의 다양성 — 각국의 문화, 정치, 경제 환경 등이 상이하다. (2) 문제의 범위와 복잡성 증대 — 국제 비즈니스 관리자는 더 넓은 범위의, 더 복잡한 문제에 직면한다. (3) 정부 규제에 대한 대응 — 국제 무역 및 투자 시스템에 대한 정부 개입으로 인한 규제 틀 내에서 전략을 수립해야 한다. (4) 환전 위험 — 국제 거래 시 자국 통화를 타국 통화로 환전해야 하는 과정이 수반된다.

이 책에서는 국제 비즈니스에서 발생하는 다양한 도전 과제를 해결하기 위한 경영 전략과 정책을 심층적으로 분석한다. 각 장 주요 내용은 다음과 같다. 2~4장에서는 국가 간 정치·경제·법률·문화 제도의 차이를 비교 분석한다. 5장은 국제 비즈니스에서 발생하는 윤리적 문제, 기업의 사회적 책임(corporate social responsibility, CSR), 지속 가능성 이슈를 집중적으로 다룬다. 6~9장에서 국제 기업이 운영되는 국제 무역·투자 환경을 심층적으로 평가한다. 10~12장에서는 글로벌 금융 시스템의 구조를 검토하며, 외환 시장의 특성과 진화하는 국제 통화 체제를 중점적으로 다룬다. 13~14장은 국제 기업의 전략 수립, 조직 설계, 시장 진출 방식 선택에 대한 의사 결정 프레임워크를 제시한다. 15~17장에서는 수출·수입·대응무역, 생산·공급망 관리, 마케팅·R&D, 재무·인사 관리 등 기능별 운영 전략을 체계적으로 설명한다.

주요 용어

세계화/글로벌화	관세 및 무역에 관한 일반 협정(GATT)	국제연합(UN)	무어의 법칙
시장의 세계화	세계무역기구(WTO)	G20	누적 해외직접투자 유출
생산의 세계화	국제통화기금(IMF)	국제 무역	다국적 기업(MNE)
생산 요소	세계은행	해외직접투자(FDI)	국제 기업(국제 비즈니스)

요약

이 장에서는 세계 경제의 글로벌화 과정을 조명했다. 세계화의 주요 동인을 분석하고, 이러한 동인이 국가들을 더욱 통합된 글로벌 경제로 이끌고 있음을 강조했다. 또한 변화하는 글로벌 경제에 대응하여 국제 비즈니스의 성격이 어떻게 변모하고 있는지 살펴보았다. 급속한 세계화로 인한 우려 사항과 이로 인해 개별 관리자들에게 미치는 영향도 검토했다. 1장의 요점은 다음과 같다.

1. 지난 30년간 시장과 생산의 세계화가 진행되었다.
2. 시장의 세계화로 국가 시장들이 하나의 거대 시장으로 통합되고 있다. 다만 이 관점의 과도한 적용에는 세심한 주의가 필요하다.
3. 생산의 세계화로 기업들은 전 세계에서 최적의 위치에 생산 활동을 배치하고 있다. 결과적으로 미국 제품, 일본 제품, 독일 제품에 같은 국가별 제품 구분이 무의미해지고, 글로벌 제품으로 대체되고 있다. 또한 Apple, Sony, Microsoft와 같은 특정 기업의 제품으로 대체되고 있다.
4. 세계화 추세의 근간에는 (1) 무역 장벽의 감소와 (2) 통신, 정보, 운송 기술의 변화가 있다.
5. 2차 세계대전 이후 상품, 서비스, 자본의 자유로운 이동에 대한 장벽이 크게 낮아졌다. 이는 생산의 세계화를 촉진하고 기업들이 세계를 단일 시장으로 인식하게 했다.

6. 생산과 시장의 세계화 결과로, 지난 10년간 세계 무역은 세계 생산보다 빠르게 성장했고, 해외직접투자가 급증했으며, 수입품이 세계 산업 국가들에 더 깊이 침투했고, 산업 전반의 경쟁이 심화되었다.
7. 마이크로프로세서의 혁신과 관련된 통신 및 정보 처리 기술의 발전으로 기업들은 전 세계적으로 사업 활동을 정교한 정보 네트워크로 연결할 수 있게 되었다. 컨테이너와 제트 항공기의 도입 또한 세계화에 기여했다. 이러한 운송 기술의 변화로 기업들은 전 세계 사업 활동을 긴밀하게 조절하고 세계를 단일 시장으로 볼 수 있게 되었다.
8. 1960년대에는 미국 경제가 세계를 지배했고, 미국 기업들이 세계 경제의 해외직접투자와 대규모 다국적 기업의 대부분을 차지했었다. 이 당시, 서방의 기업들은 전 세계의 약 절반을 차지하는 공산주의권의 중앙 계획 경제에 접근이 불가능했다.
9. 2030년대까지 미국의 세계 생산 점유율은 1970년대 점유율에 비해 절반으로 줄어들 가능성이 높으며, 중국과 인도 등 아시아 국가의 급성장이 예상된다. 동 기간 미국의 전 세계 해외직접투자 점유율도 약 2/3가 감소할 것이다. 미국의 다국적 기업들은 개발도상국 다국적 기업들과의 경쟁에 직면하고 있다.
10. 지난 35년간 가장 극적인 변화는 동유럽의 공산주의 붕괴로, 이는 국제 기업들에게 엄청난 기회를 창출했다. 또한 중국과 라틴 아메리카의 자유 시장 경제로의 이동은 서방 국제 기업들에게 기회(와 위협)를 만들어 내고 있다.
11. 새롭게 부상하는 글로벌 경제의 이점과 비용에 대해 기업인, 경제학자, 정치인들 사이에서 열띤 논쟁이 벌어지고 있다. 이 논쟁은 세계화가 일자리, 임금, 환경, 근로 조건, 국가 주권, 그리고 세계 최빈국의 극심한 빈곤에 미치는 영향에 초점을 맞추고 있다.
12. 국제 비즈니스 관리는 적어도 다음과 같은 네 가지 이유로 국내 비즈니스 관리와 다르다. (1) 국가마다 차이가 존재한다. (2) 국제 비즈니스의 관리자가 직면하는 문제의 범위가 더 넓고 문제 자체가 국내 비즈니스의 관리자가 직면하는 것보다 더 복잡하다. (3) 국제 비즈니스의 관리자는 국제 무역 및 투자 시스템에 대한 정부의 개입으로 인해, 정부의 제도적 틀 내에서 일할 방법을 찾아야 한다. (4) 국제 거래에서 통화를 환전해야 하고 환율의 변동성 위험을 관리해야 한다.

비판적 사고와 토론을 위한 질문

1. 지난 30년간 세계 경제의 변화를 설명하고, 이러한 변화가 영국, 북아메리카, 홍콩에 기반을 둔 국제 기업들에 미치는 영향을 논하라.
2. "국제 경영 연구는 대형 다국적 기업에서 일할 사람에게는 유용하지만, 소기업에서 일할 개인에게는 관련성이 없다." 이 주장을 평가하라.
3. 기술의 변화가 시장과 생산의 세계화에 어떻게 기여했는가? 기술적 변화 없이 생산과 시장의 세계화가 가능했을까?
4. "결국, 국제 경영 연구는 국내 경영 연구와 다르지 않다. 따라서 국제 경영에 대한 별도의 과정을 두는 것은 의미가 없다." 이 주장을 평가하라.
5. 인터넷이 국제 비즈니스 활동과 세계 경제의 세계화에 어떤 영향을 미치는가?
6. 현재 추세가 지속된다면 2030년까지 중국이 세계 최대 경제 대국이 될 수 있다. 이러한 발전이 다음 사항에 미칠 수 있는 영향을 논하라.
   a. 세계 무역 체제
   b. 세계 통화 체제
   c. 현재 유럽과 미국 기반 글로벌 기업들의 비즈니스 전략
   d. 글로벌 상품 가격
7. 'Boeing의 글로벌 생산 시스템'에 관한 MANAGEMENT FOCUS를 다시 읽고 다음 질문에 답하라.
   a. Boeing 787 부품 제조를 다른 국가 기업들에 아웃소싱함으로써 Boeing이 얻는 이점은 무엇인가?
   b. 아웃소싱으로 인한 Boeing의 잠재적 비용과 위험은 무엇인가?

c. 해외 하청 업체와 Boeing 외에, Boeing의 부품 제조 조립을 다른 국가로 아웃소싱하기로 한 결정으로 누가 더 혜택을 받는가? 잠재적 손실자는 누구인가?

d. Boeing 경영진이 모든 생산을 미국 내에서 유지하기로 결정했다면, 회사, 직원, 그리고 회사에 의존하는 지역사회에 어떤 영향이 있을 것이라고 생각하는가?

e. 종합적으로 볼 때, Boeing이 수행한 아웃소싱이 미국 경제에 긍정적인지 부정적인지에 대한 당신의 의견과 그 이유를 설명하라.

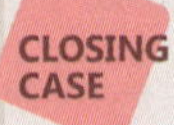

TruckLabs

2015년, Daniel Burrows는 차고에서 TruckLabs를 창업했다. 그는 당시 Stanford University의 MBA 학생이었기 때문에 사업 자금이 부족했다. Burrows의 아이디어는 고속도로 주행 시 자동으로 작동하여 트럭 운전석과 트레일러 사이의 간격을 메우는 수직 패널을 개발하는 것이었다. 이 발명품은 트럭의 공기역학을 크게 개선하고 연료 비용을 절감시킬 수 있는 기술이었다. 제품명은 TruckWings로, 이 제품은 곧 운송 회사들의 큰 관심을 끌었다. 그러나 Burrows는 문제에 직면했다. 수많은 트럭 부품을 어디에서 조달해야 할까?

iStock/Getty Images

지난 40년간의 여러 기업과 마찬가지로, TruckLabs은 비용 절감을 위해 아시아에 제조 기반을 구축하기로 결정했다. 알루미늄 마운트는 대만에서, 공압 기류 시스템, 전자 장치, 와이어 하네스는 중국에서 생산되었다. 이러한 생산 활동의 입지 선정은 주로 낮은 인건비를 고려한 결과였다. 또한, TruckLabs과 미국 내 공급 업체들은 자국에서 우수한 제조 기술자를 확보하는 데 어려움을 겪었다. 미국의 낮은 실업률로 인해 필요한 숙련 노동력이 부족했기 때문이다. 따라서 숙련 노동력이 풍부한 해외로 생산을 아웃소싱하는 것은 합리적인 전략이었다. 미국, 중국, 대만 간의 낮은 관세와 효율적인 물류 시스템 역시 이러한 아웃소싱 결정을 뒷받침했다.

하지만 TruckLabs은 일부 핵심 활동을 미국 실리콘밸리에 유지했다. 미국에 위치시킨 핵심 기능에는 고급 연구·개발, 소프트웨어, 펌웨어, 사이버 보안 등이 포함되었으며, 이들은 TruckLabs 경쟁 우위의 핵심이었다. 회사는 이러한 핵심 역량을 아웃소싱함으로써 잠재적 이점을 잃고 싶지 않았다. 또한, 소프트웨어 엔지니어와 같은 필요한 숙련된 인력을 실리콘밸리에서 쉽게 확보할 수 있었다. 마케팅과 영업 기능 역시 미국 내에 위치시켰다.

이러한 방식으로 가치 창출 활동을 구성함으로써 TruckLabs은 가속화된 세계화 추세에 따라 최근 수십 년간 많은 기업들이 채택한 전략을 따르고 있었다. 국제 무역과 투자 장벽의 완화, 통신 기술의 발달, 효율적인 대양 횡단 운송 시스템 덕분에, 많은 기업들은 전 세계에서 가장 효율적이고 효과적으로 수행할 수 있는 지역으로 가치 창출 활동을 아웃소싱했다. 이러한 아웃소싱 전략은 비용을 절감하고 기업들이 치열한 글로벌 시장에서 경쟁력을 유지할 수 있게 한다.

2017년, 비즈니스 환경에 중요한 변화가 일어났다. Donald Trump가 미국 대통령으로 당선되어 제조업 일자리를 미국으로 되돌리겠다는 선거 공약을 이행하면서, Trump는 중국으로부터의 많은 수입품에 25%의 관세를 부과하여 수입 가격을 높였다. 그러나 Trump 당선 이전에도 이미 변화가 시작되고 있었다. 중국의 급속한 경제 발전으로 노동 비용이 상승하면서 2017년 이전에 이미 중국에서의 생산 비용 우위가 감소하고 있었다. Trump의 관세 정책은 이러한 상황을 더 악화시켰다. Burrows는 "관세로 인해 운영이 매우 어려워졌고 큰 피해를 입었습니다. 갑자기 25%의 추가 비용을 더 지출할 재정적 여유가 없었습니다"라고 말했다.

TruckLabs는 해외의 생산 활동을 미국으로 다시 이전시키면서 제도의 변화에 대응했다. Burrows는 처음에 방글라데시와 베트남과 같은 저임금 국가로 생산 활동의 이전을 고려했지만, 패널을 생산하고 조립할 입지를 결정하는 것이 노동 비용 절감보다 더 중요하다는 것을 깨달았다. 재료 비용, 운송 비용, 운영의 복잡성, 현지 노동력의 기술, 사업 중단의 위험도 그의 결정에 영향을 미쳤다. 더욱이 TruckLabs의 대부분의 고객이 북아메리카에 있었기 때문에, Burrows는 생산을 미국으로 재배치하면 부품 운송과 통관에 드는 시간과 비용을 절약할 수 있고 고객 요구에 더 빠르게 대응할 수 있을 것이라고 판단했다.

2020년 초 COVID-19 팬데믹이 발생하고 국가들이 봉쇄에 들어가면서 공급망이 흔들리자, 생산을 본국으로 이전시켰던 결정은 효과를 발휘했다. 2020년 말까지 TruckLabs 해외 생산의 60%를 미국으로 이전시켰다. 현재 TruckLabs은 미국 내 오하이오, 펜실베이니아, 애리조나의 부품 공급사들과 협력하고 있으며, 많은 TruckWings 제품을 노스캐롤라이나의 공장에서 조립하고 있다. Burrows에 따르면, 일부 활동을 리쇼어링(reshoring)함으로써 부품 비용을 10~20% 낮추고 리드 타임을 8주에서 4주로 단축하여, 고객 주문에 더 빠르게 대응할 수 있게 되었다. 이러한 이점은 수입품에 대한 관세를 피하는 것뿐만 아니라 미국 공급사들의 더 높은 자동화로 인해 얻어지며, 이는 고임금 미국 노동자들의 노동 비용을 상쇄한다. 그러나 Trump가 부과한 수입 관세가 새로운 차기 행정부에 의해 낮아질 경우, 이러한 이점이 계속 지속될지는 지켜봐야 할 것이다.

Sources: D. Burrows, "Why We Are Reshoring Our Manufacturing: A CEO's View," *Industry Week*, November 3, 2020; M. Braga, "American Manufacturers Pine for Home as COVID Disruptions, Trump Tariffs Shake Up Supplies," *USA Today*, December 18, 2020; S. Tengler, "Beyond Tesla's Gigafactory: Why Some Auto Jobs Are Moving Back to North America," *Forbes*, August 25, 2020; G. De Lombaerde, "Investors Commit Another $15 Million to TruckLabs," *Fleet Owner*, October 7, 2021.

CLOSING CASE 토론을 위한 질문

1. Burrows가 (a) TruckWings 부품 생산을 대만과 중국으로 아웃소싱하고, (b) 연구 및 소프트웨어 개발을 미국에 유지하기로 한 초기 결정의 이유는 무엇일까? 2017년 이전 글로벌 환경에서 이러한 사업 활동의 배치가 합리적이었을까? 이 결정들의 장단점과 잠재적 위험은 무엇이었을까?
2. Trump 행정부의 중국 수입품에 대한 25% 관세 부과가 TruckLabs에 어떤 영향을 미쳤을까? 이 정책으로 누가 이익을 보고 누가 손해를 봤을까? 이 관세 정책으로 인한 예상치 못한 결과가 있었다면 무엇일까?
3. 장기적으로 볼 때, 생산 기지를 미국으로 옮기는 것이 TruckLabs에 도움이 될까? 만약 글로벌 경제 환경이 2017년 이전 상태로 돌아간다면 , 이러한 환경의 변화는 TruckLabs에 부담이 될까?
4. 이 사례를 통해 알 수 있는, 글로벌 가치 사슬에서 기업의 다양한 활동을 세계 각지로 아웃소싱하는 전략의 장점과 단점, 위험은 무엇일까?

미주(endnotes)는 한경사 홈페이지 www.hankyungsa.co.kr의 공지 사항에서 PDF 파일로 다운로드 할 수 있습니다.

lev radin/Shutterstock

2 국가 간 정치, 경제, 법률 시스템 차이

학습 목표

이 장을 학습하면,

1. 국가 간의 정치 시스템이 어떻게 다른지 이해할 수 있다.
2. 국가 간의 경제 시스템이 어떻게 다른지 이해할 수 있다.
3. 국가 간의 법률 시스템이 어떻게 다른지 이해할 수 있다.
4. 정치적 경제에서 국가 간 차이가 경영 실무에 미치는 시사점에 대해 설명할 수 있다.

OPENING CASE 헝가리: 독재로의 전환

동유럽 국가인 헝가리는 기원 후 1000년에 기독교 헝가리 왕국이 설립되며 역사가 시작되었다. 2차 세계대전 말기에 헝가리는 소련의 점령을 받았고, 소련은 헝가리에 단일당 사회주의 국가를 세우기 위해 영향력을 행사하였다. 1990년 공산주의가 몰락한 후 헝가리는 민주적 정치 제도를 채택하고 다당제 선거를 실시하였다. 새로운 정부는 중앙 집권적 계획 경제에서 시장 중심 경제로의 전환을 목표로 한 일련의 경제 개혁을 도입하였다. 이러한 개혁에는 국영 기업의 민영화, 가격 통제 철폐, 사회 복지 프로그램 축소 등이 포함되었다. 소련의 통제에서 벗어난 헝가리 정부는 서방으로의 재정향을 시도하였다. 1999년에는 나토(NATO)에 가입하였고, 5년 후인 2004년에는 유럽연합(EU)의 회원국이 되었다.

초기에는 고통스러웠지만, 1990년대 후반에는 이러한 경제 개혁이 경제 성장, 외국 기업의 투자 유치, 실업률 감소, 수출 증가, 정부 부채 감소 등 다양한 혜택을 가져왔다. 이는 2004년 헝가리가 유럽연합에 가입하는 길을 열어 주었다. 1,000만 인구를 가진 이 나라는 다당제 민주주의와 기능하는 시장 경제로 발전하는 데 성공적인 길을 가고 있는 것처럼 보였다.

그러나 2008~2009년 글로벌 금융 위기는 헝가리에 심각한 타격을 입혔다. 수출이 급감하고 경제 성장이 둔화되었으며 정부 부채가 증가하고 통화가 압박을 받으면서 헝가리는 IMF와 EU로부터 경제 지원 프로그램을 받아야 하였다. 2010년, 중도 우파 정당인 Fidesz당은 국민의 불만을 바탕으로 53%의 득표율과 의석의 68%를 차지하며 총선에서 승리하였다. 피데스의 지도자인 Viktor Orbán은 총리가 되었다.

Orbán은 학생 시절부터 정치에 관여하며, 1989년 소련군의 헝가리 철수를 요구하는 유명 연설로 명성을 얻었다. 그는 1990년부터 헝가리 국회의원으로 활동하였으며, 1998년부터 2002년까지는 연립정부의 총리를 역임하였다.

2010년 Fidesz당이 얻은 의회 내 압도적 다수는 Orbán에게 헌법을 변경할 수 있는 권한을 부여하였다. 2012년 새로운 헌법은 헝가리 헌법재판소의 판사 수를 11명에서 15명으로 늘려 Fidesz당 지지자로 법원을 구성할 수 있도록 하였다. Fidesz당은 이후 판사와 검사의 의무 퇴직 연령을 낮춰 수백 개의 자리를 Fidesz당 임명자로 채웠다.

사법부를 장악한 Fidesz당은 선거 제도를 변경하였다. 기존의 의석 수가 줄어들었으며, 개별 선거구와 전국 명부를 결합한 시스템은 단순 다수제 방식으로 선출되는 단일 선거구제로 대체되었다. 이후 Fidesz당은 선거구 경계 조정을 통해 야당이 의석을 얻기 어렵게 만들었다. 또한 Orbán은 이웃 국가에 거주하는 약 200만 명의 헝가리계 주민에게 우편 투표 권한을 부여하였는데, 이들 대부분은 Fidesz당을 지지하였다. 이러한 변화의 결과, 2014년, 2018년, 2022년 총선에서 Fidesz당은 전체 투표율의 50% 미만을 얻으면서도 의회 의석의 3분의 2를 차지하였다. 헝가리는 점차 단일당 국가로 보이기 시작하였다.

이와 더불어 정부는 언론에 대한 통제를 강화하였다. 상당 부분이 국영화된 언론은 Fidesz당의 선전 도구로 전락하였다. Fidesz당은 언론 통제를 통해 헝가리 민족주의를 옹호하고 이민과 LGBTQ 권리에 반대하며, EU를 비판하는 선전을 점점 더 강하게 펼쳤다. 이는 헝가리가 막대한 자금을 EU에 의존한다는 점을 감안하면 모순적인(ironic) 일이다.

경제 측면에서 Orbán 정부는 공공 지출(주로 EU 보조금으로 조달됨)을 Fidesz당 동맹 및 관련 인사들이 소유한 기업들에 집중적으로 배정해 왔으며, 비평가들은 이를 심각한 부패로 규정하고 있다. 이로 인해 EU는 헝가리가 EU의 설립 원칙에 반하는 가치를 추진하고 있다며 Orbán 정부의 자금 접근을 차단하기 시작하였다. 이는 헝가리 경제에 심각한 문제를 야기하고 있다. 인플레이션과 실업률이 증가하고 통화가 압박을 받으면서 정부에 대한 항의가 커지고 있다. 하지만 Orbán은 2026년까지 선거를 다시 치르지 않아도 된다.

Sources: "How Viktor Orban Hollowed Out Hungary's Democracy," *The Economist*, August 29, 2019; "A Wild Gerrymander Makes Hungary's Fidesz Party Hard to Dislodge," *The Economist*, April 2, 2022; S. Erlanger and B. Novak, "How the EU Allowed Hungary to Become an Illiberal Model," *The New York Times*, January 4, 2022; A. Higgins and B. Novak, "Hungary's Orban, a Scourge of Liberals, Faces a New Foe: Economics," *The New York Times*, August 20, 2022.

서론

국제 비즈니스는 국가 간의 차이로 인해 국내 비즈니스보다 훨씬 더 복잡하다. 각국은 정치, 경제, 법률 시스템에서 차이가 나며, 경제 발전 수준과 향후 경제 성장 궤도에서도 상당한 차이를 보인다. 문화적 관습은 물론이고 인구의 교육 및 기술 수준도 크게 다를 수 있다. 이러한 모든 차이점은 국제 비즈니스 실무에 중대한 영향을 미치며, 이는 각국에서 비즈니스를 수행할 때의 이익, 비용, 리스크뿐만 아니라 각국에서의 운영 관리 방식과 국제 기업이 각국에서 추구해야 할 전략에도 영향을 준다.

이 장과 다음 두 장의 주요 목적은 국가별 정치, 경제, 법률 시스템, 경제 발전, 사회적 문화의 차이에 대한 인식을 높이고 이러한 차이의 중요성을 이해하는 데 있다. 또한, 이 세 개 장에서는 세계 여러 국가의 정치, 경제, 법률, 문화 시스템이 어떻게 변화하고 있는지를 설명하고, 이러한 변화가 국제 비즈니스 실무에 어떤 영향을 미치는지 분석하여 관련 주요 시사점을 도출한다.

정치 경제
한 국가의 정치, 경제, 법률 시스템.

이 장에서는 각국의 정치, 경제, 법률 시스템의 차이에 초점을 맞춘다. 이 시스템들을 통틀어 한 국가의 정치 경제를 구성하는 것으로 간주한다. **정치 경제**(political economy)라는 용어는 한 국가의 정치, 경제, 법률 시스템이 상호 의존적이며, 서로 상호 작용하고 영향을 미침으로써 경제적 복지 수준에 영향을 준다는 점을 강조한다. 3장에서는 여기서 논의된 개념을 바탕으로 정치, 경제, 법률 시스템의 차이가 국가의 경제 발전과 향후 성장 궤도에 어떤 영향을 미치는지를 자세히 살펴본다. 4장에서는 사회적 문화의 차이와 이러한 차이가 국제 비즈니스 실무에 미치는 영향을 논의한다. 더 나아가, 4장에서는 사회적 문화가 한 국가의 정치, 경제, 법률 시스템 및 경제적 복지 수준에 어떤 영향을 미치는지, 또한 그 반대로 정치, 경제, 법률 시스템이 사회적 문화를 어떻게 형성할 수 있는지도 논의한다.

OPENING CASE는 지난 40여 년간 헝가리에서의 정치 및 경제 시스템 변화와 관련하여 이 장과 다음 장에서 논의될 주요 이슈들을 보여 준다. 1990년대에 헝가리는 공산주의 독재와 중앙 계획 경제에서 다당제 민주주의와 시장 기반 경제 시스템으로 전환되었다. 이러한 변화는 개인의 자유 확대와 경제 성장이라는 혜택을 가져왔으며, 이는 외국 기업들의 투자 유입을 유도하였다. 그러나 2010년 이후 헝가리는 현저히 자유가 줄었으며, 민주주의는 위협받고 있다고 평가받고 있다. 또한, 경제 시스템은 정부 자원과 계약이 집권당과 밀접한 관계를 가진 기업들로 집중되는 약탈적 체제(kleptocracy)의 요소를 포함하고 있다. 이 장과 다음 장에서 논의되듯이, 이러한 경향은 헝가리의 미래 경제 발전에 부정적인 영향을 미치며, 국제 비즈니스 시장으로서의 매력을 감소시키고 있다.

globalEDGE

국가별 통찰력 얻기

globalEDGE™의 '국가별 통찰력 얻기' 섹션(globaledge.msu.edu/global-insights/by/country)은 전 세계 거의 모든 국가(200개 이상의 국가)에 대한 정보와 통계 데이터를 제공하는 신뢰할 수 있는 출처이다. 이 책의 2장과 관련하여, globalEDGE™는 정치 경제의 국가 간 차이에 관한 방대한 정보와 데이터를 보유하고 있다. 이러한 차이는 각 국가 섹션의 다양한 메뉴 카테고리(예: 경제, 역사, 정부, 문화, 리스크)를 통해 확인할 수 있다. 또한, 각 국가 페이지에 제공되는 'Executive Memos'는 현재 정보를 간결하게 파악할 수 있는 유용한 자료이다.

정치 체제

[학습 목표 1] 각국의 정치 체제가 어떻게 다른지 이해한다.

한 국가의 정치 체제는 그 나라의 경제 및 법률 시스템을 형성한다.[1] 따라서 경제 및 법률 시스템을 논의하기 전에 다양한 정치 체제의 본질을 이해하는 것이 필요하다. 여기서 **정치 체제(political system)**란 한 국가의 정부 시스템을 의미한다. 정치 체제는 두 가지 차원에서 평가될 수 있다. 첫 번째 차원은 개인주의보다 집단주의를 얼마나 강조하는가이며, 두 번째 차원은 민주주의적 성향이 강한가 또는 전체주의적 성향이 강한가이다. 이 두 차원은 상호 연관되어 있으며, 집단주의를 강조하는 체제는 일반적으로 전체주의적 성향을 띠는 반면, 개인주의를 중시하는 체제는 민주주의적 성향을 보이는 경향이 있다. 그러나 그 중간에는 넓은 회색 지대가 존재한다. 즉, 집단주의와 개인주의를 혼합하여 강조하는 민주주의 사회가 존재할 수 있으며, 마찬가지로 집단주의적이지 않은 전체주의 사회도 존재할 수 있다.

정치 체제
한 국가의 정부 시스템.

집단주의와 개인주의

집단주의(collectivism)는 개인의 목표보다 집단적 목표의 우선성을 강조하는 정치적 체제를 의미한다.[2] 집단주의가 강조될 때, 사회 전체의 필요가 일반적으로 개인의 자유보다 더 중요하게 여겨진다. 이러한 상황에서는 '사회적 선'이나 '공공의 이익'에 반한다는 이유로 개인이 어떤 행동을 할 권리가 제한될 수 있다. 집단주의의 주장은 고대 그리스 철학자 플라톤(기원전 427~347)으로부터 비

집단주의
개인적 목표보다 집단적 목표를 강조하는 정치 체제.

롯되었다고 볼 수 있다. 그는 저서 『국가(The Republic)』에서 개인의 권리는 다수의 이익을 위해 희생되어야 하며, 재산은 공동으로 소유되어야 한다고 주장하였다. 플라톤은 집단주의를 평등과 동일시하지 않았다. 그는 사회가 계층으로 나뉘어야 하며, 가장 통치에 적합한 사람들(플라톤에게는 철학자와 군인이 이를 대표하였다)이 모든 사람의 이익을 위해 사회를 운영해야 한다고 믿었다. 현대에 이르러 집단주의의 이념은 사회주의자들에 의해 이어졌다.

사회주의

사회주의자
생산 수단의 공적 소유를 통해 사회의 공동선을 추구해야 한다고 믿는 사람.

현대 **사회주의자**(socialist)는 자신들의 지적 뿌리를 칼 마르크스(1818~1883)에게서 찾고 있지만, 사회주의 사상은 분명 마르크스 이전에도 존재하였으며(그 요소는 플라톤에서도 찾아볼 수 있다) 발전해 왔다. 마르크스는 자본주의 사회에서 개인의 자유가 제한되지 않을 경우 소수가 다수의 희생을 대가로 이익을 얻는다고 주장하였다. 그는 성공한 자본가들이 상당한 부를 축적하는 반면, 자본주의 사회에서 대부분의 노동자가 받는 임금은 생계 수준으로 강제적으로 낮춰질 것이라고 예측하였다. 마르크스는 노동자가 창출한 가치를 자본가가 자신들의 이익을 위해 착취하고, 노동자들에게는 최소한의 생계비만 지급한다고 주장하였다. 이러한 불평등을 해결하기 위해 마르크스는 생산, 분배, 교환의 기본 수단(즉, 사업체)에 대한 국가 소유를 주장하였다. 그의 논리는 국가가 생산 수단을 소유하면 노동자들이 자신들의 노동에 대한 정당한 보상을 받을 수 있도록 보장할 수 있다는 것이었다. 따라서 국유 기업을 관리하여 사회 전체의 이익을 위해 운영하고, 개별 자본가의 이익을 우선시하지 않는다는 것이 사회주의의 핵심 사상이었다.[3]

공산주의자
사회주의는 오직 혁명과 전체주의적 독재를 통해서만 실현될 수 있다고 믿는 사람.

사회 민주주의자
민주적인 방법을 통해 사회주의를 실현하는 데 헌신하는 사람.

20세기 초, 사회주의 이념은 두 개의 큰 진영으로 분열되었다. **공산주의자**(communist)들은 사회주의를 폭력 혁명과 전체주의 독재를 통해서만 실현할 수 있다고 믿었고, 반면 **사회 민주주의자**(social democrat)들은 폭력 혁명과 독재를 거부하고 민주적 수단을 통해 사회주의를 실현하려고 노력하였다. 20세기 동안 두 가지 형태의 사회주의는 각각 흥망성쇠를 겪었다.

공산주의적 사회주의는 1970년대 후반에 절정을 맞이하였으며, 당시 세계 인구의 대다수가 공산주의 국가에 거주하고 있었다. 당시 공산당 통치하에 있던 국가는 구소련, 그 정치적 영향권 내의 동유럽 국가들(예: 폴란드, 체코슬로바키아, 헝가리), 중국, 동남아시아 국가들(예: 캄보디아, 라오스, 베트남), 여러 아프리카 국가들(예: 앙골라, 모잠비크), 라틴 아메리카 국가들(예: 쿠바, 니카라과) 등을 포함하였다. 그러나 1990년대 중반까지 공산주의는 전 세계적으로 퇴조하기 시작하였다. 소련은 붕괴되어 15개의 공화국으로 대체되었으며, 이들 중 다수는 최소한 명목상 민주주의 체제를 갖추었다. 공산주의는 1989년 대체로 평화로운 혁명을 통해 동유럽에서 퇴출되었다. 비록 중국은 여전히 명목상 공산주의 국가로서 개인의 정치적 자유에 상당한 제한이 있지만, 경제 분야에서는 공산주의 이념의 엄격한 준수에서 벗어나고 있으며, 여전히 중요한 국유 부문을 유지하고 있다. 전통적인 공산주의, 즉 모든 경제 활동을 국가가 통제하는 체제는 현재 소수의 소규모 주변 국가들, 특히 북한에 남아 있다.

사회 민주주의는 공산주의보다 더 지속 가능할 것으로 보이지만, 그 또한 전성기를 지나간 것으로 보인다. 사회 민주주의는 호주, 덴마크, 핀란드, 프랑스, 독일, 영국, 노르웨이, 스페인, 스웨덴 등 다수의 서구 민주 국가에서 큰 영향을 미쳤으며, 이러한 나라들에서는 사회 민주주의 정당이 종종 정치적 권력을 장악하였다. 또한, 인도와 브라질과 같은 다른 국가들에서도 사회 민주주의는 중요한 영향을 미쳤다. 마르크스주의적 뿌리에 부합하게, 제2차 세계대전 이후 일부 국가의 사회 민주주의 정부는 일부 민간 기업을 국유화하여 공익을 위해 운영되는 국유 기업으로 전환시켰다. 이러한 경향은 특히 영국에서 두드러졌으며, 1970년대 말까지 국영 기업들은 통신, 전기, 가스, 석탄, 철도, 조선 산업에서 독점적인 위치를 차지하였으며, 석유, 항공, 자동차, 철강 산업에서도 상당한 지분을 보유하고 있었다.

그러나 경험적으로 생산 수단의 국가 소유는 공공의 이익에 반한다는 것이 입증되었다. 많은 국가에서 국유 기업들은 성과가 저조하였다. 독점적 위치로 인해 경쟁에서 보호받고 정부의 재정 지원이 보장된 이들 기업은 점점 비효율적으로 변하였다. 국민들은 국영화의 사치로 인해 더 높은 가격과 세금을 부담해야 하였다. 그 결과, 1970년대 말과 1980년대 초에 많은 서구 민주 국가들은 사회 민주주의 정당을 선거에서 축출하였다. 이들 정당을 대신하여 자유 시장 경제에 더 헌신적인 영국의 보수당과 독일의 기독교민주당과 같은 정당들이 집권하였다. 이들 정당은 국유 기업을 민간 투자자들에게 매각하는 **민영화**(privatization) 과정을 추진하였다. 심지어 1997년 영국에서 좌파 성향의 노동당이 정부를 장악하며 사회 민주주의 정당이 다시 권력을 회복하였을 때에도 이들 역시 민간 소유를 지속적으로 유지하는 데 헌신하였다.

민영화
국유 기업을 민간 투자자에게 매각하는 것.

개인주의

집단주의와 반대되는 개념인 **개인주의**(individualism)는 개인이 경제적, 정치적 추구에서 자유를 가져야 한다는 철학을 의미한다. 집단주의와는 달리, 개인주의는 개인의 이익이 국가의 이익보다 우선해야 한다는 점을 강조한다. 집단주의와 마찬가지로 개인주의는 고대 그리스 철학자에게서 그 기원을 찾을 수 있는데, 이 경우에는 플라톤의 제자인 아리스토텔레스(기원전 384~322)가 그 주인공이다. 플라톤과는 달리, 아리스토텔레스는 개인의 다양성과 사유 재산 소유가 바람직하다고 주장하였다. 현대의 자유 시장 이념을 신봉하는 정치인의 연설에서 인용될 법한 한 구절에서, 그는 사유 재산이 공동 재산보다 생산성이 높으며, 따라서 진보를 촉진할 것이라고 주장하였다. 아리스토텔레스에 따르면, 공동 재산은 거의 관리되지 않지만, 개인이 소유한 재산은 최대한의 관심을 받고, 결과적으로 가장 생산적이 될 것이라고 말하였다.

개인주의
개인의 자유와 자기 표현을 보장하는 것의 중요성을 강조하는 것.

개인주의는 16세기 잉글랜드와 네덜란드의 프로테스탄트 무역 국가들에서 영향력 있는 정치 철학으로 다시 태어났다. 이 철학은 David Hume(1711~1776), Adam Smith(1723~1790), John Stuart Mill(1806~1873) 등 여러 영국 철학자의 저작을 통해 세련되었다. 개인주의는 영국으로부터 독립을 추구하였던 미국 식민지 주민들에게 깊은 영향을 미쳤다. 실제로, 개인주의 개념은 「독립 선언문」에 표현된 사상들의 기초가 되었다. 20세기에 들어서, 밀턴 프리드먼, 프리드리히 폰 하이에크, 제임스 뷰캐넌 등 노벨상을 수상한 여러 경제학자가 이 철학을 옹호하였다.

개인주의는 두 가지 핵심 원칙에 기초하고 있다. 첫 번째는 개인의 자유와 자기표현을 보장하는 것이 중요하다는 점에 중점을 둔다. 두 번째 원칙은, 사회의 복지는 정부와 같은 집단적 기관이 사회의 최선의 이익을 결정하는 것보다는 사람들이 자신의 경제적 이익을 추구하도록 하는 것이 가장 잘 실현된다는 것이다. Adam Smith는 그의 저서 『국부론』에서 유명한 구절로 이를 다음과 같이 설명하였다. "자신의 이익을 추구하는 개인은 의도치 않게 사회의 이익을 증진시키는 결과를 낳는다. 이는 사회적으로 부정적인 결과가 아니며, 오히려 자신의 이익을 추구함으로써 개인은 공익을 위해 의도적으로 행동할 때보다 더 효과적으로 사회의 이익을 증진시킨다."[4]

따라서 개인주의의 핵심 메시지는, 개인의 경제적 및 정치적 자유가 사회가 기반해야 할 기본 규칙이라는 것이다. 이는 개인주의를 집단주의와 갈등 관계에 놓이게 한다. 집단주의는 집단의 우위를 주장하는 반면, 개인주의는 그 반대를 주장한다. 이러한 근본적인 이념적 갈등은 현대 세계사의 많은 부분을 형성하였다. 예를 들어, 냉전은 구소련이 주도한 집단주의와 미국이 주도한 개인주의 간의 전쟁으로 볼 수 있다. 1980년대 후반부터 2005년까지 집단주의의 쇠퇴는 개인주의의 부상과 맞물려 있었다. 민주주의적 이상과 시장 경제가 많은 국가에서 사회주의와 공산주의를 대체하였다. 하지만 2005년 이후로는 베네수엘라, 볼리비아, 파라과이와 같은 라틴 아메리카 국가들 및 러시아를 포함한 몇몇 국가들에서 좌파적 사회주의 사상이 다시 부상하는 조짐이 나타났다 (COUNTRY FOCUS 참조). 또한, 2008~2009년의 글로벌 금융 위기는 개인주의로의 추세에 대한 재평가를 가져왔으며, 펜듈럼(pendulum)이 다시 반대 방향으로 기울 가능성도 남아 있다.

민주주의와 전체주의

민주주의
국민이 주권을 갖고, 직접 또는 선출된 대표를 통해 권력을 행사하는 정치 체제.

전체주의
한 사람 또는 하나의 정당이 인간 삶의 모든 영역에 대해 절대적인 통제권을 행사하고, 반대 정당은 금지되는 형태의 정부.

민주주의와 전체주의는 정치적 차원의 양극단에 위치한다. **민주주의**(democracy)는 국민이 직접적으로, 혹은 선출된 대표를 통해 권력을 행사하는 정치 체제를 의미한다. 반면, **전체주의**(totalitarianism)는 한 개인이나 정치 정당이 인간 생활의 모든 영역을 절대적으로 통제하며 반대 정당을 금지하는 정부 형태를 말한다. 민주주의와 전체주의의 차원은 개인주의와 집단주의의 차원과 독립적이지 않다. 민주주의와 개인주의는 서로 밀접하게 연관되어 있으며, 집단주의의 공산주의적 형태와 전체주의도 마찬가지이다. 그러나 중간 지대가 존재한다. 집단적 가치가 우세한 민주주의 국가가 존재할 수 있으며, 집단주의에 적대적이고 경제적 영역에서 일정 수준의 개인주의를 장려하는 전체주의 국가도 있을 수 있다. 예를 들어, 중국과 베트남은 경제적 영역에서 더 큰 개인적 자유를 추구하는 경향을 보이고 있지만, 정치적 영역에서는 여전히 정치적 권력을 독점하며 정치적 자유를 제한하는 정당에 의해 통치되고 있다.

민주주의

대의 민주주의
시민들이 주기적으로 자신들을 대표할 개인을 선출하여 정부를 구성하는 정치 체제.

고대 그리스의 여러 도시국가에서 원래 실행되었던 순수한 형태의 민주주의는 시민들이 의사결정 과정에 직접 참여해야 한다는 믿음에 기반을 두고 있다. 그러나 수천만 또는 수억 명의 인구를 가진 복잡하고 발전된 사회에서는 이러한 방식이 비현실적이다. 대부분의 현대 민주주의 국가는 **대의 민주주의**(representative democracy)를 채택하고 있다. 예를 들어, 미국은 대의 민주주의로 운영되는 헌정 공화국이다. 대의 민주주의에서 시민들은 자신을 대표할 개인을 주기적으로 선

COUNTRY FOCUS

푸틴의 러시아

현대 러시아는 소련의 극적인 붕괴 이후 1991년에 탄생하였다. 탈소비에트 시대 초기 러시아는 공산주의 독재 체제와 중앙 계획 경제를 민주주의 국가와 시장 기반 경제 시스템으로 전환하려는 야심 찬 정책을 수용하였다. 그러나 이러한 정책들은 완벽하게 실행되지 못하였다. 정치 개혁은 강력한 대통령제를 남겼으며, 이는 결과적으로 민주주의 과정을 약화시키는 결과를 초래하였다. 경제적으로는 많은 국유 기업의 민영화가 정치적으로 연계된 이들, 즉 구소련 체제하에서 당 간부나 공장 관리자였던 사람들의 손에 대규모 지분이 남도록 이루어졌다. 또한 부패가 만연하였으며, 조직 범죄가 새로 민영화된 기업들 중 일부를 장악하는 데 성공하였다. 1998년, 러시아 경제는 잘못된 관리로 인해 재정 위기를 겪으며 국가가 거의 무너질 뻔한 상황에 이르렀다.

2023년 러시아는 현대적 민주주의 국가나 기능하는 시장 경제 체제에서 멀리 떨어져 있다. 긍정적인 면에서 볼 때, 러시아 경제는 21세기의 대부분 동안 합리적인 속도로 성장하였으며, 이는 석유와 가스 같은 러시아의 주요 수출품 가격이 높았던 덕분이 컸다(석유와 가스는 러시아 전체 수출의 75%에 달하기도 하였다). 2002년부터 2021년까지 러시아의 1인당 국내총생산(GDP)은 구매력 평가 기준으로 75% 증가하였다. 2021년에는 러시아가 세계에서 11번째로 큰 경제를 자랑하였으며, 이는 한국 바로 뒤이자 브라질을 앞서는 수준이었다. 정부의 석유 수익 덕분에 공공 부채도 국제 기준에서 낮은 수준을 유지하였으며, 2021년에는 GDP 대비 17%에 불과하였다(참고로, 같은 해 미국의 공공 부채는 GDP 대비 128%에 달하였다). 실제로 러시아는 지난 20년 동안 석유와 가스 수출의 강세에 힘입어 건강한 무역 흑자를 유지하였다.

그러나 러시아 경제는 원자재, 특히 석유와 가스에 과도하게 의존하고 있다. 이 약점은 2014년 중반 미국의 공급 급증으로 인해 석유 가격이 급락하면서 드러났다. 2014년 중반부터 2016년 초까지 석유 가격은 배럴당 110달러에서 약 27달러까지 떨어졌다가 50달러로 반등하였다. 이러한 가격 변동성은 러시아의 공공 재정에 상당한 (하지만 일시적인) 악영향을 미쳤다. 러시아의 석유 및 가스 생산 대부분은 여전히 국가가 상당한 지분을 보유한 기업들에 의해 이루어지고 있다. 예를 들어, 러시아 정부는 Gazprom과 Rosneft라는 주요 석유 및 가스 기업에서 지배적인 소유권을 보유하고 있다. 정부는 늘어난 석유 및 가스 수익을 활용해 국가 주도의 투자 프로젝트와 정부 직원의 임금 및 연금 인상을 통해 공공 지출을 늘렸다. 이는 민간 소비를 촉진하였지만, 민간 투자는 정부 투자에 비해 크게 뒤처졌으며 생산성 향상도 저조한 상태이다. 이는 특히 러시아 경제의 약 절반을 차지하는 국유 기업들 사이에서 두드러지게 나타난다.

러시아의 민영 기업들도 관료주의적 규제와 만연한 부패로 어려움을 겪고 있다. 국가별 부패 정도를 평가하는 국제투명성기구(Transparency International)는 2021년 러시아를 세계 180개국 중 136위로 평가하였으며, 이는 세계적으로 아주 낮은 수준에 속한다(180위가 가장 부패한 국가). 국가 및 국유 기업들은 정치적 동맹이 소유한 민영 기업에 작업을 맡기는 것으로 악명 높으며, 이는 시장 기반 프로세스를 더욱 왜곡시킨다.

정치적으로 러시아는 해가 갈수록 점점 민주적인 것에서 멀어졌다. 1999년 이후 블라디미르 푸틴은 대통령 또는 총리로서 러시아 정치에 대한 점점 더 강력한 통제력을 행사했다. 푸틴 정권에서 잠재적인 반대파는 점차 배제되었으며, 시민의 자유는 점진적으로 줄어들었고 언론의 자유도 축소되었다. 예를 들어, 2011년과 2012년 반정부 시위에 대응해 러시아 정부는 인터넷 통제력을 강화하고, '허가받지 않은' 거리 시위에 대한 벌금을 대폭 인상하였으며, 반대 활동을 더욱 제한하기 위해 반역죄의 정의를 확장하는 법안을 통과시켰다. 푸틴 정권을 비판하는 인사들, 예를 들어 국가 정책에 반기를 든 기업인이나 펑크록 밴드인 Pussy Riot 같은 단체들은 의심스러운 혐의로 투옥되기도 하였다. 상황을 더욱 악화시키며, 푸틴은 사법 시스템에 대한 장악력을 강화하였다. 2013년 말, 푸틴 지지자로 구성된 러시아 의회는 대통령에게 검사를 임명하고 해임할 수 있는 더 많은 권한을 부여해 사법 시스템의 독립성을 약화시켰다.

세계의 자유를 추적하는 연간 순위를 발표하는 Freedom House는 러시아를 '비자유국가'로 분류하며 정치적 자유와 시민적 자유 점수에서 매우 낮은 평가를 내렸다. Freedom House는 푸틴이 국영 언론의 특혜, 현직자 남용, 그리고 전국 선거 개표에서의 절차적 '불규칙성'으로 이익을 보았다고 지적한다. 예를 들어, 2014년 푸틴은 약한 지명 후보들(공산당 지도자 겐나디 주가노프의 17.2%를 포함한)과의 경쟁에서 63.6%의 득표율로 승리하였다. 푸틴이 주도한 2008년 헌법 개정에 따라 대통령 임기는 4년에서 6년으로 연장되었고, 푸틴은 2018년 또 다른 6년 임기로 재선되었다. 많은 관찰자들은 이 선거가 조작되었다고 생각하였다.

2014년 푸틴은 우크라이나의 불안을 이용해 크림 반도를 합병하고 동부 우크라이나에서 러시아어를 사용하는 분리주의자들의 무장 반란을 지원하면서 자신의 권위주의적 명성을 더욱 강화하였다. 이어 2022년 2월, 그는 우크라이나를 완전히 침공하였다. 푸틴의 이 공격적 행동의 명분은 우크라이나가 러시아 문명의 일부이며 독립 국가로 간주되어서는 안 된다는 것이었다. 러시아군의 기대보다 저조한 성과와 예상치 못한 우크라이나의 강력한 저항으로 인해 러시아의 진격은 저지되었다. 현재 이 갈등은 소모전으로 발전한 것으로 보인다. 서방 국가들은 푸틴의 공격에 대응하여 러시아에 가혹한 경제 제재를 부과하였다. 이러한 제재는 러시아 경제에 타격을 줄 것으로 예상되었다. 그러나 러시아는 중국과 인도(두 나라 모두 우크라이나 침공에 대해 중립적 입장을 유지함)에 석유를 시장 가격보다 낮은 가격에 판매하면서 석유 생산을 지속하였다. 그 결과, 러시아 경제는 2022년에 그 전보다 약 3~4% 정도만 위축되었으며, 초기 의 10~15% 정도 위축될 것이라는 예상치보다 훨씬 적은 수준에 그쳤다. 러시아 내 공적 논의는 엄격한 검열로 제한되어 있어, 경제가 악화되고 전쟁이 막대한 손실을 동반하며 장기화되고 있음에도 불구하고 푸틴의 권력 장악력이 약화되었다는 징후는 거의 나타나지 않고 있다.

Sources: "Putin's Russia: Sochi or Bust," *The Economist*, February 1, 2014; "Russia's Economy: The S Word," *The Economist*, November 9, 2013; Freedom House, "Freedom in the World 2022: Russia," www.freedomhouse.org; K. Hille, "Putin Tightens Grip on Legal System," *Financial Times*, November 27, 2013; "A Fourth Term for Russia's Perpetual President," *The Economist*, March 19, 2018; "In 2022 Russia Kept the Economic Show on the Road," *The Economist*, December 29, 2022.

출한다. 이렇게 선출된 대표들은 유권자를 대신하여 결정을 내리는 역할을 하는 정부를 구성한다. 대의 민주주의에서, 이러한 역할을 제대로 수행하지 못하는 선출된 대표들은 차기 선거에서 투표로 자리에서 물러날 수 있다.

선출된 대표들이 유권자들에게 자신의 행동에 대해 책임을 지도록 보장하기 위해, 이상적인 대의 민주주의는 일반적으로 헌법에 명시된 여러 안전장치를 갖추고 있다. 여기에는 다음과 같은 내용이 포함된다. (1) 개인의 표현, 의견, 조직의 자유에 대한 권리, (2) 자유로운 언론, (3) 모든 자격을 갖춘 시민이 투표할 수 있는 정기적인 선거, (4) 보편적 성인 참정권, (5) 선출된 대표의 임기 제한, (6) 정치 체계로부터 독립적인 공정한 법원 시스템, (7) 비정치적 공무원 조직, (8) 비정치적 경찰 및 군대, (9) 국가 정보에 대한 비교적 자유로운 접근.[5]

전체주의

전체주의 국가에서는 대의 민주주의가 기반으로 삼고 있는 헌법적 보장, 즉 개인의 표현 및 조직의 자유, 자유 언론, 정기적인 선거 등이 시민들에게 부정된다. 대부분의 전체주의 국가에서는 정치적 억압이 만연하며, 자유롭고 공정한 선거가 없고, 언론은 심하게 검열을 받으며, 기본적인 시민 자유가 부정된다. 또한 통치자의 통치 권한에 의문을 제기하는 사람들은 투옥되거나 그 이상의 처벌을 받는 경우가 많다.

공산주의 전체주의
사회주의는 전체주의적 독재를 통해서만 실현될 수 있다고 주장하는 집단주의의 한 형태.

오늘날 세계에는 네 가지 주요 형태의 전체주의가 존재한다. 최근까지 널리 퍼져 있었던 형태는 **공산주의 전체주의**(communist totalitarianism)였다. 그러나 공산주의는 전 세계적으로 쇠퇴하고 있으며, 1989년 이후 대부분의 공산당 독재 정권은 붕괴되었다. 이러한 추세에서 예외로 남아 있는 국가로는 중국, 베트남, 라오스, 북한, 쿠바가 있다. 그러나 이들 대부분은 공산당의 정치 권력 독점이 약화되고 있다는 명확한 징후를 보이고 있다. 중국, 베트남, 라오스의 정부는 경제 개혁을 통해 광범위한 시장 중심의 체제를 도입하였기 때문에, 실질적으로는 공산주의라는 명칭만 유지하고 있는 경우가 많다. 그럼에도 불구하고 이들 국가는 여전히 기본적인 시민 자유를 부정하는 전체주의 국가로 남아 있다. 한편, 베네수엘라와 같은 일부 국가에서는 공산주의 전체주의 사상으로의 회귀 경향이 나타나고 있다. 예를 들어, 고(故) 우고 차베스 정부는 전체주의적 성향을 보였으며, 러시아 또한 블라디미르 푸틴 정부가 시간이 지날수록 점점 더 전체주의적 성격을 띠게 되었다(COUNTRY FOCUS 참조).

두 번째 형태의 전체주의는 **신정(神政) 전체주의**(theocratic totalitarianism)라고 할 수 있다. 신정 전체주의는 정당, 집단 또는 개인이 종교적 원칙에 따라 통치 권력을 독점하는 국가에서 발견된다. 가장 흔한 형태의 신정 전체주의는 이슬람을 기반으로 하며, 이란과 사우디아라비아와 같은 국가들이 그 예이다. 이러한 국가들은 이슬람 원칙에 기반한 법률로 정치적 및 종교적 표현의 자유를 제한한다.

신정 전체주의
종교적 원칙에 따라 통치하는 정당, 집단, 또는 개인이 정치 권력을 독점하는 정치 체제.

세 번째 형태는 **부족 전체주의**(tribal totalitarianism)라고 할 수 있다. 부족 전체주의는 짐바브웨, 탄자니아, 우간다, 케냐와 같은 아프리카 국가에서 가끔 발생한다. 대부분의 아프리카 국가의 국경은 부족적 현실이 아니라 구 유럽 식민지 강대국들이 설정한 행정 경계선을 반영한다. 따라서 일반적인 아프리카 국가는 여러 부족으로 구성되어 있으며(예: 케냐에는 40개 이상의 부족이 존재한다), 부족 전체주의는 특정 부족(반드시 다수 부족이 아닐 수도 있음)의 이익을 대변하는 정당이 권력을 독점할 때 발생한다. 예를 들어, 케냐에서는 키쿠유 부족 출신 정치인들이 오랫동안 정치 체제를 지배해 왔다.

부족 전체주의
특정 부족(민족 집단)의 이익을 대변하는 정당, 단체, 또는 개인이 정치 권력을 독점하는 정치 체제

네 번째 주요 형태의 전체주의는 **우익 전체주의**(right-wing totalitarianism)로 묘사될 수 있다. 우익 전체주의는 일부 개인 경제의 자유를 허용하지만, 개인의 정치적 자유를 제한하며, 종종 공산주의의 부상을 막기 위해 이러한 제한이 필요하다는 이유를 제시한다. 많은 우익 독재 정권의 공통된 특징은 사회주의나 공산주의 사상에 대한 노골적인 적대감이다. 많은 우익 전체주의 정부는 군부의 지원을 받으며, 일부 경우 정부는 군 장교들로 구성되기도 한다. 1930년대와 1940년대에 독일과 이탈리아를 지배하였던 파시스트 정권은 우익 전체주의 국가였다. 1980년대 초까지는 브라질(1964~1985년 군사독재 통치)과 같은 라틴 아메리카를 포함하여 우익 독재 정권(대부분 군사 독재)이 흔하였다. 또한 아시아의 일부 국가들, 특히 한국, 대만, 싱가포르, 인도네시아, 필리핀에서도 발견되었다. 그러나 1980년대 초 이후 이러한 정부 형태는 퇴조하기 시작하였다. 대부분의 라틴 아메리카 국가는 이제 진정한 다당제 민주주의를 이루었으며, 한국, 대만, 필리핀, 인도네시아 또한 민주주의 국가로 전환되었다.

우익 전체주의
정치 권력이 정당, 집단 또는 개인에 의해 독점되며, 일반적으로 개인의 경제적 자유는 허용하지만, 정치적 자유(특히 표현의 자유)는 제한하는 정치 체제. 이는 종종 공산주의의 확산을 막는다는 명목으로 정당화됨.

가짜 민주주의

세계의 많은 국가들은 순수한 민주주의나 완전한 전체주의 국가에 속하지 않다. 오히려 이들은 순수한 민주주의와 완전한 전체주의 체제 사이의 스펙트럼에 위치하고 있다. 이들은 불완전한 민주주의 혹은 가짜 민주주의로 묘사될 수 있으며, 이러한 체제에서는 권위주의적 요소가 국가의 일부 혹은 상당 부분의 기구를 장악하고 이를 이용하여 기본적인 정치적 및 시민적 자유를 부

정하려고 시도한다. 예를 들어, 블라디미르 푸틴의 러시아에서는 여전히 선거가 실시되고, 사람들이 정치직을 얻기 위해 투표를 통해 경쟁하며, 독립 언론이 항상 공식 입장을 따르지는 않는다. 그러나 푸틴은 자신의 지위를 이용해 체계적으로 야당 집단의 정치적 및 시민적 자유를 제한해 왔다. 그의 통제는 아직 완벽하지는 않다. 푸틴에 반대하는 목소리는 러시아에서 여전히 들을 수 있으며, 이론적으로는 선거가 여전히 치러지고 있다. 그러나 실제로는 지난 20년 동안 정치적, 법적, 경제적 권력을 체계적으로 확장해 온 푸틴과 그의 정권에 도전하는 것이 점점 더 어려워지고 있다(COUNTRY FOCUS 참조). 헝가리는 더욱 권위주의적으로 변해가고 있는 또 다른 사례를 보여 주는 국가이다(OPENNING CASE 참조).

경제 시스템

[학습 목표 2] 국가 간의 경제 시스템이 어떻게 다른지 이해한다.

정치 이념과 경제 체제가 연결되어 있다는 점은 앞선 섹션에서 명확히 드러났다. 개인의 목표가 집단적 목표보다 우선시되는 국가에서는 시장 기반 경제 체제가 더 흔히 발견된다. 반면, 집단적 목표가 우선시되는 국가에서는 국가가 많은 기업을 통제하며, 이와 같은 국가에서는 시장이 자유롭기보다는 제한적일 가능성이 크다. 경제 체제는 크게 시장 경제, 계획 경제, 혼합 경제, 이렇게 세 가지 유형으로 분류할 수 있다.

시장 경제

시장 경제
공급과 수요의 상호 작용에 의해 재화와 서비스가 어느 정도 생산되는지가 결정되는 경제 시스템.

전형적인 순수 **시장 경제**(market economy)에서는 모든 생산 활동이 국가가 아닌 개인 소유로 이루어진다. 한 국가에서 생산되는 상품과 서비스는 누구에 의해서도 계획되지 않으며, 공급과 수요의 상호 작용에 의해 결정된다. 이는 가격 체계를 통해 생산자들에게 신호를 보낸다. 만약 어떤 제품의 수요가 공급을 초과하면 가격이 상승하며, 이는 생산자들에게 더 많은 생산을 하도록 신호를 보낸다. 반대로, 공급이 수요를 초과하면 가격이 하락하여 생산자들에게 생산량을 줄이라는 신호를 보낸다. 이러한 시스템에서는 소비자가 주도권을 갖는다. 소비자의 구매 패턴은 가격 체계를 통해 생산자들에게 전달되며, 무엇을 얼마만큼 생산할지가 결정된다.

이러한 시장이 효과적으로 작동하려면 공급이 제한되지 않아야 한다. 공급 제한은 단일 기업이 시장을 독점할 때 발생한다. 이런 상황에서는 독점 기업이 수요 증가에 대응하여 생산을 늘리기보다는 생산을 제한하고 가격을 올릴 수 있다. 이는 독점 기업이 판매하는 각 단위에서 더 큰 이윤을 얻을 수 있게 하지만, 소비자는 더 높은 가격을 지불해야 하므로 손해를 본다. 또한, 이는 사회 전체의 복지에도 부정적인 영향을 미칠 가능성이 크다. 독점 기업은 경쟁자가 없으므로 생산 비용을 절감하려는 노력을 할 유인이 없다. 대신, 비용 증가분을 소비자에게 전가하여 가격을 더 높일 수 있다. 결과적으로 독점 기업은 점점 비효율적으로 변하며, 고가의 저품질 상품을 생산하게 되고, 사회가 그 피해를 감당하게 된다.

독점의 위험을 고려할 때, 시장 경제에서 정부의 역할 중 하나는 민간 생산자들 간의 활발하고 공정한 경쟁을 장려하는 것이다. 정부는 시장 독점을 목적으로 한 제한적 사업 관행을 금지함으로써 이를 수행한(미국과 유럽연합에서는 독점 금지법이 이 기능을 수행한다). 또한, 민간 소유는 활발한 경쟁과 경제적 효율성을 촉진한다. 민간 소유는 기업가가 자신의 노력으로 창출된 이익에 대한 권리를 갖도록 보장한다. 이는 기업가들에게 소비자의 요구를 더 잘 충족시키는 방법을 모색할 유인을 제공한다. 새로운 제품을 도입하거나, 더 효율적인 생산 공정을 개발하거나, 더 나은 마케팅과 사후 서비스를 추구하거나, 단순히 경쟁자보다 더 효율적으로 사업을 운영하는 방식이 될 수 있다. 이러한 유인에서 비롯된 제품과 공정의 지속적인 개선은 경제 성장과 발전에 중요한 긍정적 영향을 미친다고 주장된다.[6]

계획 경제

순수한 **계획 경제**(command economy)에서 정부는 한 국가가 생산하는 재화와 서비스, 생산량, 그리고 판매 가격을 계획한다. 집단주의 이념에 따라 계획 경제의 목표는 정부가 자원을 '사회의 이익'을 위해 배분하는 데 있다. 또한, 순수한 계획 경제에서는 모든 기업이 국유화되는데, 이는 정부가 국가 전체의 이익에 부합하는 투자를 지시할 수 있도록 하기 위한 것이다. 이는 개인의 이익이 아닌 국가의 이익을 우선시한다는 논리에 기반한다. 역사적으로 계획 경제는 공산주의 국가에서 발견되었으며, 이러한 국가들은 개인의 목표보다 집단주의 목표를 우선시하였다. 1980년대 후반 공산주의의 붕괴 이후 계획 경제의 수는 급격히 감소하였다. 계획 경제의 일부 요소는 사회주의적 성향의 정부가 이끄는 몇몇 민주주의 국가에서도 발견되었다. 프랑스와 인도는 광범위한 정부 계획 및 국유화를 실험하였지만, 두 나라 모두 정부 계획이 점차 외면받게 되었다.

계획 경제
자원 배분, 어떤 재화와 서비스가 생산될지, 그리고 얼마나 생산될지를 정부가 계획하고 결정하는 경제 체제.

계획 경제의 목표는 공공의 이익을 위해 경제 자원을 동원하는 것이지만, 실제로는 반대의 결과가 종종 발생하였다. 계획 경제에서 국유 기업은 사업이 실패할 위험이 없기 때문에 비용을 절감하거나 효율성을 높이려는 동기가 거의 없다. 또한, 사유 재산의 폐지는 개인이 자신의 노력이나 기업을 통해 이익을 얻을 수 없게 만든다. 이로 인해 소비자의 요구를 더 충족시키기 위한 개선 방법을 모색하려는 동기가 사라지며, 결과적으로 계획 경제에서는 역동성과 혁신이 결여된다. 성장하고 번영하기보다는, 이러한 경제는 정체되는 경향이 있다.

Goga Shutter/Shutterstock

북한의 최고 지도자 김정은이 공장을 방문 중이다.

혼합 경제

혼합 경제(mixed economy)는 시장 경제와 계획 경제 사이에 위치할 수 있다. 전형적인 혼합 경제에서는 경제의 특정 부문이 사유 소유와 자유 시장 메커니즘에 맡겨지는 반면, 다른 부문은 사회적 목표를 달성하기 위해 국가 소유권과, 광범위한 계획이나 규제를 통한 정부의 직접적인 개입이 이루어진다. 정부의 개입 범위는 가격 통제와 특정 산업에 대한 보조금에서부터 정부 기업 설립을 통한 특정 부문의 생산 수단 전면 소유 또는 민간 기업의 국유화까지 다양한다. 실제로, 대부분의 현대 경제는 일정 수준의 정부 개입이 포함되어 있어 혼합 경제로 간주될 수 있다. 그러나 정부 개입의 정도는 혼합 경제마다 상당히 다르다. 예를 들어, 미국과 중국 모두 혼합 경제로 분류될 수 있지만, 중국은 기업에 대한 상당한 국가 소유권을 가지고 있으며 민간 기업에 보조금을 광범위하게 사용하는 반면(중국에 대한 CONTRY FOCUS를 참조), 미국 연방 정부는 기업을 소유하지 않지만, Biden 행정부의 2022년 인플레이션 감축법에 포함된 전기차 보조금과 같이 특정 부문에 보조금을 제공함으로써 시장 과정에 개입하기도 한다.

정부 개입이 두드러졌던 혼합 경제는 한때 선진국에서 흔히 볼 수 있었으나, 현재는 그렇지 않은 경우가 많다. 1980년대까지 영국, 아일랜드, 프랑스, 스웨덴은 생산 수단에 대한 상당한 정부 소유권을 가진 혼합 경제였으나, 광범위한 민영화를 통해 이들 국가의 국영 기업 소유권이 줄어들었다. 예를 들어, 영국은 1980년대와 1990년대에 항공 운송, 조선업, 철강 제조, 통신 및 자동차 생산을 포함한 여러 분야의 국영 기업을 민영화하였다. 오늘날, 영국에서는 국영 의료 서비스(National Health Service)를 통해 의료 부문만이 정부의 상당한 개입을 받고 있다. 이와 비슷한 경향은 브라질, 이탈리아, 인도와 같이 한때 대규모 국영 부문을 보유하였던 여러 국가에서도 나타났다(물론 이들 국가에는 여전히 국영 기업이 존재한다). 이에 반해, 러시아, 베네수엘라, 헝가리와 같이 권위주의 체제가 정치 구조를 장악한 국가에서는 경제 활동에 대한 국가의 개입이 다시 증가하고 있다. 이러한 권위주의 체제는 대개 민주적 수단을 통해 권력을 획득한 후, 동일한 구조를 전복하여 권력을 유지한다.

혼합 경제에서는 국가 이익을 위해 계속 운영이 필요한 문제 기업을 국가가 소유하는 경우도 흔히 발생한다. 예를 들어, 2008년 미국 정부는 AIG라는 금융 기관의 붕괴를 막기 위해 80%의 지분을 인수하였다. AIG가 붕괴할 경우 금융 시스템 전체에 심각한 결과를 초래할 것이라는 이론이 그 근거였다. 미국 정부는 일반적으로 경제 문제에 대한 시장 지향적 해결책을 선호하며, AIG의 경우에도 해당 기관을 가능한 한 빨리 민간 투자자에게 매각하려는 의도가 있었다. 미국은 또한 Citigroup과 General Motors(GM)를 포함한 다른 문제 기업에 대해서도 비슷한 조치를 취하였다. 이들 모든 사례에서 정부의 지분 보유는 매우 이례적인 상황에서 자본을 투입하여 경제 붕괴를 방지하기 위한 단기적인 조치로 여겨졌다. 정부는 가능한 빨리 이러한 지분을 매각하려 하였으며, 예를 들어 2010년 초 미국 정부는 Citigroup 지분을 매각하였고, 2012년에는 AIG의 지분을, 2014년에는 GM의 지분을 모두 처분하였다.

중국과 같은 일부 혼합 경제에서는 정부가 국영 기업의 통제를 활용하여 산업 정책을 추진하고, 국가의 미래 경제 발전에 중요하다고 여겨지는 공공 및 민간 부문의 개발을 촉진한다. 예를 들어, 중국의 국영 은행들은 기술 분야(예: 통신 장비 제공 업체 Huawei) 민간 기업에 시장 금리보다 낮은 금리로 대출을 제공하여 중국을 주요 정보 기술 공급국으로 만들기 위한 전략을 펼쳤다(중국

COUNTRY FOCUS

중국의 혼합 경제

1950년대에 중국은 공산당이 지배하는 일당 국가였다. 민간 기업은 금지되었고, 경제 활동은 중앙 계획에 의해 좌우되었으며, 국유 기업들이 국가 산업화에서 지배적인 역할을 하였다. 그러나 이러한 마르크스주의 모델은 경제적 성과를 내지 못하였고, 1970년대 후반부터 공산 정부는 점진적으로 시장 지향적인 개혁을 추진하기 시작하였다. 이러한 개혁은 1980년대와 1990년대를 거치며 가속화되었다. 개혁 내용에는 가격 통제 제거, 소규모 국유 기업의 민영화 또는 청산, 민간 부문의 성장, 주식 시장 개발, 그리고 국제 무역 및 외국 다국적 기업의 투자 유치를 포함한 경제 개방이 포함되었다. 이러한 개혁은 중국을 세계적으로 빠르게 성장하는 경제 중 하나로 만들었으며, 1978년에서 2018년 사이 국내총생산(GDP)이 10배 이상 증가하였다. 2022년 기준으로 중국은 명목 국내총생산 기준 세계에서 두 번째로 큰 경제였으며, 구매력 기준 국내총생산으로는 세계 최대 경제국이었다.

오늘날 중국은 여전히 공산당이 지배하는 일당 국가로 남아 있지만, 본질적으로 민간 부문과 상당한 국유 부문으로 구성된 혼합 경제를 운영하고 있다. 중국에서는 이를 '사회주의 시장 경제'라고 부른다. 알리바바, 텐센트, 바이두, Huawei와 같은 주요 다국적 기술 기업들은 중국 민간 부문을 상징하고 있다. 그러나 여전히 상당한 규모의 국유 기업들이 존재한다. 세계은행의 연구에 따르면, 2017년 국유 기업들은 중국 GDP의 27.5%를 차지하였다. 국유 기업들은 특정 산업에 집중되어 있다. 예를 들어, 은행업에서는 국유 기업들이 부가가치의 약 88%를 차지하고, 운송 및 우편 서비스는 77%, 건설은 38%, 도소매 활동은 37%, 제조업은 약 21%를 차지한다. 반면 정보기술, 호텔 및 요식업, 농업 등 다른 산업에서는 국유 기업이 부가가치의 10% 미만을 차지한다.

중국은 국유 기업들을 전략적으로 활용하여 경제 성장을 촉진하고, 시장의 보이지 않는 손과 국가의 보이는 손을 결합하는 방식을 채택하였다. 이는 특히 철도와 도로망, 항구와 공항, 고속 무선 네트워크와 같은 인프라 분야에서 두드러진다. 이러한 전략은 철강 산업과 같이 5대 생산 업체 중 3곳이 국유 기업인 중공업이나, 주요 자동차 제조업체 4곳이 국유 기업인 자동차 산업에서도 명백히 드러난다.

덜 명백하지만, 국가는 특정 산업에서 민간 기업의 발전도 지원해 왔다. 예를 들어, 「월스트리트 저널」의 연구에 따르면, 민간 기업이자 중국 최대 통신 장비 공급 업체인 Huawei는 1995년 이후 보조금, 저렴한 토지, 신용 시설, 저리 대출, 세금 감면 등의 형태로 최대 750억 달러의 국가 지원을 받았을 가능성이 있다고 한다. 중국의 대형 국유 은행들은 이러한 지원이 Huawei에 전달되는 주요 경로 역할을 하였다. 중국개발은행과 중국수출입은행은 2000년 이후 Huawei 고객을 위해 300억 달러 이상의 신용 한도를 제공한 것으로 알려졌다. 이러한 지원은 Huawei가 고객에게 관대한 금융 조건을 제공하고, 경쟁사 가격을 최대 30% 낮출 수 있게 하였으며, Huawei를 글로벌 통신 회사의 선두 주자로 올려놓았다. 비교하자면, Huawei의 최대 경쟁사인 시스코 시스템즈는 2000년 이후 4,450만 달러의 국가 및 연방 보조금, 대출, 보증, 지원을 받았다.

중국의 기업에서 국가의 적극적인 역할은 확실히 몇 가지 문제를 야기하였다. 많은 연구에서 국유 기업들이 국가의 지원을 받더라도 민간 기업보다 생산성이 낮다는 결과를 보여 주었다. 중국이 철강 회사와 같은 국유 기업 및 Huawei와 같은 민간 기업에 대한 보조금을 지급한 것은 주요 무역 파트너, 특히 미국과의 긴장을 야기하였다. Obama 행정부는 국가 보조금을 받은 철강 부문이 세계 시장에서 과잉 생산을 덤핑한다고 주장하며 중국 철강 수입에 징벌적 관세를 부과하였다. Trump 행정부는 이를 더욱 확장하여 중국과 전면적인 무역 전쟁을 벌였으며, Huawei와 같은 기업이 (행정부가 중국 국가의 일원으로 간주한) 미국에서 사업을 할 수 있는 능력을 제한하였다. Biden 행정부는 대체로 Trump 행정부의 접근 방식을 유지하고 있다. 이러한 대립적 접근 방식이 영향을 미치기 시작한 조짐이 있다. 중국의 경제 성장률은 지난 8년간 약 10%에서 2019년 6%로 크게 둔화되었다. 2022년에는 약 2.5%로 다시 하락하였으나, 이는 COVID 팬데믹과 2022년 12월까지 지속된 중국의 제로-COVID 정책의 영향 때문일 가능성이 크다. 성장률이 낮아졌음에도 불구하고, 중국 정부가 민간-국유 혼합 경제 모델에서 물러설 기미는 거의 보이지 않는다.

Sources: H. Fan, "The Long March to the Mixed Economy in China," *East Asia Forum*, February 9, 2015; Y. Huang, "China Has a Big Economic Problem, and It Isn't the Trade War," *The New York Times*, January 17, 2020; C. Yap, "State Support Helped Fuel Huawei's Global Rise," *The Wall Street Journal*, December 25, 2019; C. Zang, "How Much Do State Owned Enterprises Contribute to China's GDP and Employment?" *World Bank*, July 15, 2019; World Development Indicators, *World Bank*, accessed January 2023.

혼합 경제에 대한 자세한 내용은 CONTRY FOCUS를 참조). 시장 기반 경제 시스템의 옹호자들은 이러한 전략을 위험한 것으로 간주한다. 그들은 정부 관료들이 승자와 패자를 가려내는 데 적합하지 않으며, 정치인들이 산업 투자 결정을 내리는 데 필요한 전문성이 부족할 뿐만 아니라 정치적 고려와 로비 활동에 취약하여 시장 결과를 왜곡할 수 있다고 주장한다. 자유 시장 옹호자들은 투자 결정은 민간 부문에 맡기는 것이 가장 적합하다고 믿는다. 반면, 산업 정책을 지원하기 위해 국가가 투자하는 것을 옹호하는 이들은 이러한 전략의 주목할 만한 성공 사례로 중국의 Huawei와 유럽의 Airbus를 예로 들며 이를 지지한다. 이들 모두는 상당한 국가 지원을 받았지만(최근 몇 십 년간 Airbus에 대한 국가 지원은 상당히 감소하였다), 성공 사례 하나가 있을 때마다 여러 실패 사례가 있을 수 있다는 점은 분명히 언급해야 한다.

법률 시스템

[학습 목표 3] 국가 간의 법률 시스템이 어떻게 다른지 이해한다.

법률 시스템
행동을 규제하는 규칙의 체계이며, 국가의 법이 집행되는 과정과 불만 사항에 대한 구제 절차를 포함하는 시스템.

한 국가의 **법률 시스템**(legal system)은 행동을 규제하는 규칙, 즉 법률을 의미하며, 이 법률이 집행되는 과정과 불만 사항에 대한 구제를 얻는 과정을 포함한다. 한 국가의 법률 시스템은 국제 비즈니스에 매우 중요한 역할을 한다. 국가의 법률은 비즈니스 관행을 규제하고, 비즈니스 거래가 수행되는 방식을 정의하며, 비즈니스 거래에 관여하는 당사자의 권리와 의무를 규정한다. 각국의 법적 환경은 중요한 방식에서 서로 다르다. 본문에서 다루겠지만, 법률 시스템의 차이는 한 국가가 투자 장소나 시장으로서 매력적인지 여부에 영향을 미칠 수 있다.

국가의 경제 시스템과 마찬가지로 법률 시스템은 지배적인 정치 시스템의 영향을 받다(역사적 전통의 영향을 강하게 받는 경우도 있다). 국가의 정부는 기업이 비즈니스를 운영하는 법적 틀을 정의하며, 종종 비즈니스를 규제하는 법률은 지배적인 정치 이념을 반영한다. 예를 들어, 집단주의 성향의 전체주의 국가는 사기업을 엄격히 제한하는 법률을 제정하는 경향이 있는 반면, 개인주의가 지배적인 정치 철학인 민주주의 국가의 정부가 제정한 법률은 사기업과 소비자를 지지하는 경향이 있다.

이 책에서는 법률 시스템이 어떻게 다를 수 있으며, 이러한 차이가 국제 비즈니스에 어떻게 영향을 미칠 수 있는지를 보여 주는 몇 가지 문제에 초점을 맞춘다. 먼저 법률 시스템의 기본적인 차이에 대해 살펴보고, 다음으로 계약법에 대해 논의한다. 세 번째로, 특허, 저작권, 상표권에 특히 초점을 맞춘 재산권을 규율하는 법률을 살펴본다. 이후에는 지식재산권 보호에 대해 논의하며, 마지막으로 제품 안전 및 제품 책임과 관련된 법률을 다룬다.

다양한 법률 시스템

세계적으로 사용되는 주요 법 체계 또는 법적 전통은 보통법, 민법, 그리고 신정법, 이 세 가지로 나뉜다.

보통법

보통법 체계는 수백 년에 걸쳐 영국에서 발전한 법 체계로, 현재는 미국을 포함한 대부분의 영국 전 식민지에서 찾아볼 수 있다. **보통법**(common law)은 전통(tradition), 판례(precedent), 관습(custom)을 기반으로 한다. 전통은 한 국가의 법적 역사를 의미하고, 판례는 과거 법원에서 다뤄진 사건을, 관습은 특정 상황에서 법이 적용되는 방식을 지칭한다. 판사가 보통법을 해석할 때는 이러한 요소들을 고려하여 판결을 내린다. 이러한 특성 덕분에 보통법 체계는 다른 법률 시스템과 비교하였을 때 일정 수준의 유연성을 갖추고 있다. 보통법 체계에서 판사는 법을 해석하여 개별 사건의 독특한 상황에 적용할 수 있는 권한을 갖는다. 결과적으로, 각 새로운 해석은 이후 사건에서 따를 수 있는 판례로 자리 잡게 된다. 새로운 판례가 생기면서, 법은 새로운 상황에 대처하기 위해 수정, 명확화, 또는 개정될 수 있다.

보통법
전통, 판례, 관습에 기반을 둔 법 체계. 판사가 보통법을 해석할 때, 이러한 특성들을 고려하여 해석함.

민법

민법 체계(civil law system)는 법률을 세부적으로 정리하여 코드로 구성한 체계에 기반한다. 법원이 민법을 해석할 때는 이러한 코드를 기준으로 해석한다. 독일, 프랑스, 일본, 러시아를 포함한 80개 이상의 국가가 민법 체계를 운영하고 있다. 민법 체계는 전통, 판례, 관습을 해석하는 대신 상세한 법률 코드에 의존하기 때문에 보통법 체계보다 덜 대립적인 경향이 있다. 민법 체계의 판사는 보통법 체계의 판사보다 유연성이 적다. 보통법 체계에서 판사는 법을 해석할 권한이 있는 반면, 민법 체계에서 판사는 법을 적용할 권한만 있다.

민법 체계
매우 상세하게 작성된 법률과 법전을 기반으로 하는 법 체계.

신정법

신정법 체계(theocratic law system)는 법이 종교적 교리에 기반을 두고 있는 체계이다. 이슬람법은 현대 세계에서 가장 널리 시행되고 있는 신정법 체계로, 힌두법과 유대교법 또한 20세기까지 사용되었다. 이슬람법은 주로 상업법이 아닌 도덕법에 초점이 맞춰져 있으며, 삶의 모든 측면을 통치하도록 설계되었다.[7] 이슬람법의 근간은 이슬람의 경전인 코란과 예언자 무함마드의 결정과 격언인 순나, 그리고 코란과 순나에서 도출된 원칙들을 바탕으로 규칙을 유추한 이슬람 학자들의 저서에 있다. 코란과 순나가 신성한 문서이기 때문에 이슬람법의 기본 원칙은 변경될 수 없다. 그러나 실질적으로 이슬람 법학자와 학자들은 현대 세계에 이슬람법을 적용하는 문제를 끊임없이 논의하고 있다. 실제로 많은 이슬람 국가들은 이슬람법과 보통법 또는 민법 체계를 혼합한 법 체계를 가지고 있다.

신정법 체계
종교적 가르침을 기반으로 한 법 체계.

이슬람법은 주로 도덕적 행동에 중점을 두고 있지만, 특정 상업 활동으로 확대 적용되었다. 한 가지 예는 이자를 받거나 지불하는 행위로, 이는 고리대금으로 간주되어 코란에 의해 금지되었다. 독실한 무슬림에게 있어 이자를 받거나 주는 행위는 중대한 죄악으로 간주되며, 이자를 주는 자와 받는 자 모두 동일하게 저주받는다. 이는 단순히 신학적인 문제가 아니라, 몇몇 이슬람 국가에서는 법적인 문제로 확장되었다. 예를 들어, 1990년대에 파키스탄의 최고 이슬람 법률 기관인 연방 샤리아트 법원은 이자가 이슬람에 반하는 것으로 간주되어 불법이라고 판결하고, 정부에 모든 금융법을 개정하도록 요구하였다. 1999년에는 파키스탄 대법원이 2001년 7월 1일부터 이슬람 금융 방법을 사용할 것을 판결하였다.[8] 2000년대 후반까지 전 세계적으로 약 500개의 이슬람 금융 기관이 존재하였으며, 2020년 기준으로 이들 기관은 2조 달러 이상의 자산을 관리하며 연간 약 5%씩 성장하고 있는 것으로 추정되었다. 이슬람 금융 기관은 파키스탄뿐만 아니라 걸프 국가, 이집트, 말레이시아, 이란 등에서도 운영되고 있다.[9]

계약법의 차이점

계약서
교환이 이루어지는 조건과 관련 당사자의 권리와 의무를 구체적으로 명시한 문서.

계약법
계약의 이행 및 집행을 규율하는 법률 시스템.

보통법 체계와 민법 체계의 차이는 각 체계가 계약법을 다루는 방식에서 드러난다(대부분의 신정법 체계도 보통법 또는 민법 요소를 포함하고 있다는 점을 기억하라). **계약서(contract)**은 교환이 이루어지는 조건을 명시하고 관련 당사자의 권리와 의무를 상세히 기술한 문서이다. 많은 비즈니스 거래는 일정 형태의 계약에 의해 규제된다. **계약법(contract law)**은 계약 이행을 관장하는 법의 체계를 의미한다. 당사자 중 한쪽이 합의의 문구나 정신을 위반하였다고 느낄 경우, 보통 계약법에 의존한다.

보통법은 상대적으로 세부적으로 명시되지 않는 경향이 있기 때문에, 보통법 체계에서 작성된 계약서는 모든 가능성을 명시한 매우 구체적인 내용을 포함하는 경우가 많다. 반면, 민법 체계에서는 많은 문제들이 이미 민법전에 포함되어 있기 때문에 계약서는 대체로 간결하고 덜 구체적이다. 따라서 보통법 관할 구역에서는 계약서를 작성하는 데 더 많은 비용이 들며, 계약 분쟁을 해결하는 과정이 대립적인 경우가 많다. 그러나 보통법 체계는 더 큰 유연성을 가지고 있으며, 판사가 계약 분쟁을 당시의 상황에 비추어 해석할 수 있는 장점이 있다. 국제 비즈니스에서는 이러한 차이에 민감해야 하며, 민법 체계를 가진 국가에서 보통법 체계처럼 계약 분쟁에 접근하거나 그 반대로 접근하면 역효과를 낳을 수 있다.

국제 물품 매매 계약에 관한 UN 협약(CISG)
서로 다른 국가에 사업장을 둔 매도인과 매수인 간의 상거래 계약의 체결과 이행과 관련된 일부 사항을 규율하는 규칙의 집합.

국제 무역에서 계약 분쟁이 발생할 경우, 당사자들은 항상 어떤 국가의 법을 적용할 것인지에 대한 문제를 검토해야 한다. 이를 해결하기 위해 미국을 포함한 여러 국가가 **국제 물품 매매 계약에 관한 UN 협약(United Nations Convention on Contracts for the International Sale of Goods, CISG)**을 비준하였다. CISG는 서로 다른 국가에 사업장을 둔 매도인과 매수인 간의 일상적인 상업 계약의 체결과 이행과 관련된 특정 측면을 규율하는 통일된 규정을 마련한다. CISG를 채택한 국가는 이 협약의 규정을 자국 법의 일부로 간주하겠다는 신호를 다른 국가들에게 보낸다. CISG는 협약을 비준한 국가에 기반을 둔 다른 기업 간의 물품 매매 계약에 대해, 계약 당사자들이 명시적으로 협약 적용을 배제하지 않는 한 자동적으로 적용된다. 그러나 CISG의 문제점 중 하나는 2020년 기준으로 93개국만이 협약을 비준하였다는 점이다(CISG는 1988년에 발효됨).[10] 인도와 영국을 포함한 세계 주요 무역 국가들 중 일부는 CISG를 비준하지 않았다.

기업들이 CISG를 수용하지 않으려 할 경우, 종종 공인된 중재 법원을 통해 계약 분쟁을 해결하려 한다. 이 중 가장 잘 알려진 법원은 파리에 있는 국제상업회의소(ICC)의 국제중재법원으로, 100개 이상의 국가에서 연간 500건 이상의 요청을 처리하고 있다.[11]

재산권과 부패

법적 관점에서 '재산(property)'이라는 용어는 개인이나 기업이 법적 소유권을 가지는 자원을 의미한다. 즉, 소유자가 해당 자원을 보유하고 있는 상태를 나타낸다. 자원에는 토지, 건물, 장비, 자본, 광물권, 사업체, 그리고 특허, 저작권, 상표로 보호되는 지식재산(아이디어)이 포함된다. **재산권(property rights)**은 자원의 사용 방식과 그 자원으로부터 발생할 수 있는 수입의 사용에 대한 법적 권리를 말한다.[12] 국가마다 재산권을 정의하고 보호하는 법률 체계의 정도는 다르다. 대부분의 국가는 재산권을 보호하는 법률을 갖추고 있다. 중국조차도, 혼합 경제가 급성장하고 있음에도 여전히 공산주의 국가라는 명목을 유지하면서, 2007년에 개인 재산 소유자의 권리를 보호하는 법을 제정하였다(이 법은 개인의 재산에 대해 국가와 동일한 법적 보호를 제공한다). 2016년에는 토지와 지적 재산에 대한 추가 보호를 제공하기 위해 이 법이 강화되었다. 이는 중국에서 혁신이 증가하고 있는 가운데, 많은 현지 기업들이 혁신을 보호하기 위해 더 강력한 재산권이 필요하다고 주장하였기 때문이다.[13] 그러나 많은 국가에서는 이러한 법률이 당국에 의해 시행되지 않으며, 재산권이 침해되기도 한다. 재산권 침해는 사적 행위와 공적 행위라는 두 가지 방식으로 발생할 수 있다.

재산권
특정 자원의 사용 및 해당 자원으로부터 발생할 수 있는 수입의 사용에 대한 일련의 법적 권리.

사적 행위

재산권 침해의 측면에서, **사적 행위(private action)**는 개인 또는 집단이 저지르는 절도, 해적 행위, 협박 등을 의미한다. 절도는 모든 국가에서 발생하지만, 법률 체계가 약한 경우에는 범죄 행위의 수준이 훨씬 높아질 수 있다. 예를 들어, 러시아에서 공산주의 붕괴 이후의 혼란기에, 낡은 법률 체계와 약한 경찰 및 사법 시스템이 결합되어 '러시아 마피아'의 협박으로부터 국내외 기업들을 보호할 방도가 거의 없었다. 러시아에서 성공적인 사업주는 종종 마피아에게 '보호비'를 지불해야 하였으며, 이를 거부할 경우 폭력적 보복, 심지어 폭탄 테러와 암살에 직면하기도 하였다(1990년대에는 연간 약 500건의 기업 지도자 청부 살인이 발생하였다).[14]

사적 행위
개인이나 단체가 절도, 해적 행위, 협박 등의 방법으로 재산권을 침해하는 행위.

러시아만 조직 범죄 문제를 겪는 것은 아니며, 1990년대 이후로 러시아의 상황은 개선되었다. 미국에서도 마피아는 오랜 역사를 가지고 있으며, 1930년대 시카고는 1990년대 모스크바와 비슷한 상황이었다. 일본에서는 마피아의 일본 버전인 야쿠자가 특히 음식 및 엔터테인먼트 산업에서 보호금 수금 활동을 벌이고 있다. 그러나 1990년대 러시아에서의 범죄 활동과 일본 및 미국에서의 제한적 영향력 간에는 큰 차이가 있었다. 이러한 차이는 공산주의 붕괴 이후 러시아에서 경찰 및 사법 시스템과 같은 법 집행 기구가 약하였기 때문이다. 다른 많은 국가에서도 러시아와 유사하거나 더 심각한 문제가 발생한 경우가 있다.

공적 행위와 부패

재산권 침해를 위한 **공적 행위(public action)**는 정치인이나 정부 관료와 같은 공무원이 재산 소유자들로부터 소득, 자원 또는 재산 자체를 강탈하는 경우를 의미한다. 이는 과도한 과세를 부과하거나, 재산 소유자들에게 비싼 허가증 또는 면허를 요구하거나, 재산을 국가 소유로 전환하면

공적 행위
정치인이나 정부 관료와 같은 공직자가 재산 소유자의 소득이나 자원을 갈취하는 행위.

서 보상하지 않거나, 자산을 재분배하면서 이전 소유자에게 보상하지 않는 등 합법적인 수단을 통해 이루어질 수 있다. 또한 불법적인 수단, 즉 부패를 통해 기업이 특정 국가, 산업 또는 지역에서 운영할 권리를 얻는 대가로 뇌물을 요구하는 방식으로도 이루어질 수 있다.[16]

부패는 홍고강 유역에서부터 네덜란드 왕실 궁전까지, 일본의 정치인에서 브라질 은행가까지, 짐바브웨의 정부 관리에서 뉴욕시 경찰까지 모든 사회에서 문서화되어 왔다. 필리핀의 페르디난드 마르코스 정권은 해당 국가에 진출하려는 외국 기업들에게 뇌물을 요구한 것으로 유명하였다. 인도네시아의 전 대통령 수하르토 정권 하에서도 마찬가지였다. 어느 사회도 부패로부터 완전히 자유롭지 않다. 그러나 부패의 정도에는 체계적인 차이가 있다. 일부 국가에서는 법치가 부패를 최소화한다. 부패는 불법으로 간주되며, 적발 시 법에 따라 엄격히 처벌된다. 반면에 다른 국가에서는 법치가 약하고 관료와 정치인의 부패가 만연한다. 부패가 너무 심각한 일부 국가에서는 정치인과 관료들이 부패를 공직의 특권으로 간주하고, 부패에 대한 법률을 공공연히 무시한다.

국제투명성기구(Transparency International)는 부패를 폭로하고 싸우는 독립적인 비영리 단체로, 부패가 개발도상국에서 매년 약 1.26조 달러의 비용을 초래한다고 추산한다.[17] 국제투명성기구는 정기적으로 각국 공무원의 부패 수준을 측정한다.[18] 그림 2-1에서 보듯이, 뉴질랜드와 스웨덴은 깨끗한 국가로 평가받은 반면, 러시아, 짐바브웨, 베네수엘라는 부패 국가로 평가되었다. 조사 대상 180개국 중 소말리아는 최하위를 기록하였다(소말리아는 종종 '실패한 국가'로 묘사된다).

그림 2-1
2022년 국가별 부패 순위

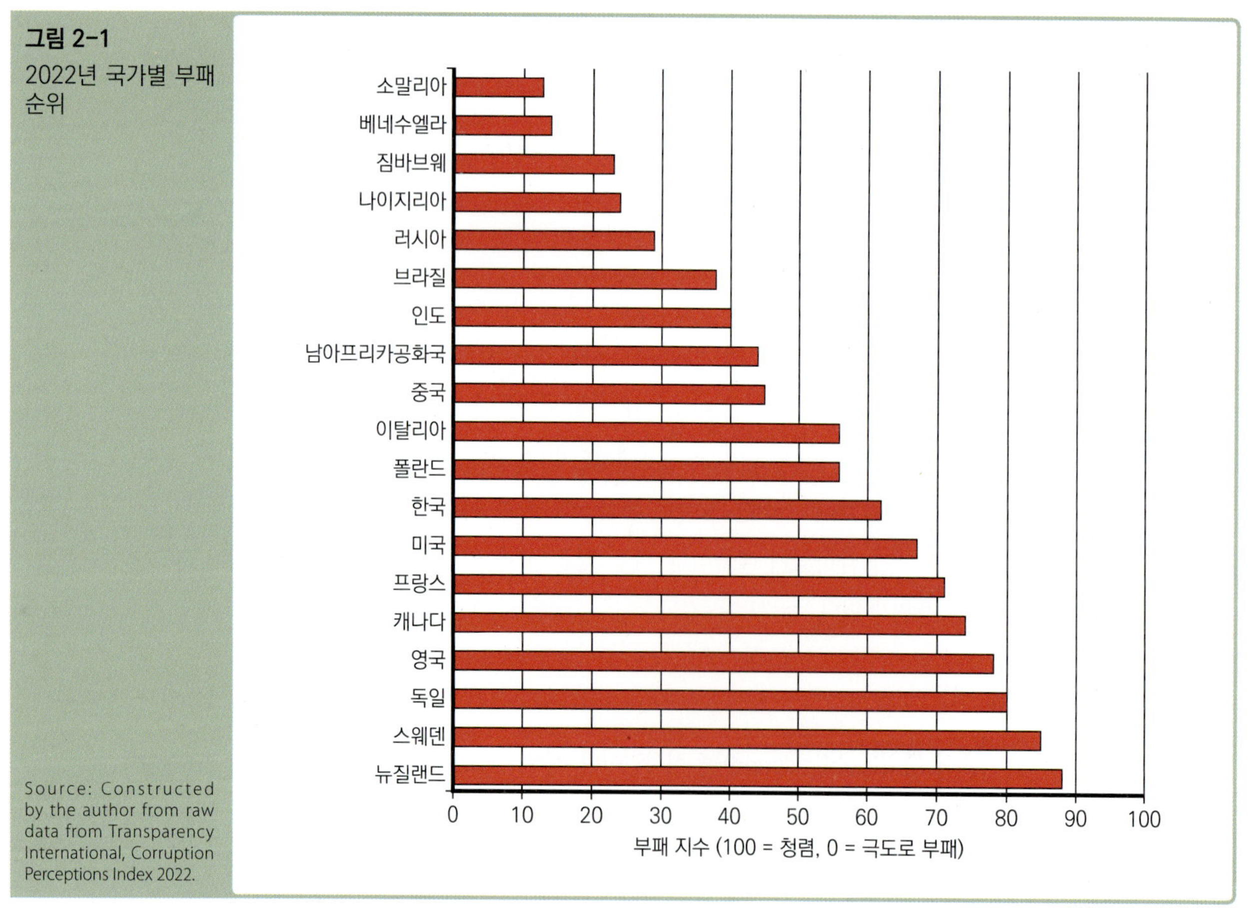

Source: Constructed by the author from raw data from Transparency International, Corruption Perceptions Index 2022.

경제적 증거에 따르면 높은 수준의 부패는 해외직접투자(FDI), 국제 무역 수준, 그리고 국가의 경제 성장률을 크게 감소시킨다.[19] 부패한 정치인과 관료들이 이익을 착복하면 사업 투자 수익이 감소하여 국내외 기업들이 해당 국가에 투자할 유인이 줄어든다. 이로 인해 낮은 수준의 투자가 발생하며, 이는 경제 성장을 저해한다. 따라서 인도네시아, 나이지리아, 러시아와 같은 높은 부패 수준을 가진 국가들이 그렇지 않았을 경우보다 낮은 경제 성장률을 기록할 것으로 예상된다.

해외부패방지법

1970년대, 미국은 미국 기업들이 유리한 계약을 따내기 위해 외국 정부 관료들에게 뇌물을 제공하였다는 사실이 드러난 후 **해외부패방지법**(Foreign Corrupt Practices Act, FCPA)을 제정하였다. 이 법은 외국 정부 관료에게 사업 유지를 위해 뇌물을 제공하는 것을 불법으로 규정하며, 국제 무역에 관여하지 않더라도 모든 상장 기업이 법 위반 여부를 밝힐 수 있도록 상세한 기록을 유지하도록 요구한다. 2012년, Walmart가 멕시코에서의 확장을 추진하는 과정에서 FCPA를 위반하였을 가능성이 있다는 증거가 나타났다(세부 사항은 다음의 MANAGEMENT FOCUS 참고).

해외부패방지법(FCPA)
국제 비즈니스 수행과 관련하여 뇌물 수수 및 기타 비윤리적 행위를 규제하는 미국 법률.

1997년, 34개 주요 경제국으로 구성된 경제협력개발기구(OECD) 회원국의 무역 및 재무장관들은 국제 사업 거래에서 외국 공무원에 대한 뇌물 제공을 방지하기 위한 협약(Convention on Combating Bribery of Foreign Public Officials in International Business Transactions)을 채택하였다.[20] 이 협약은 회원국들에게 외국 공무원에 대한 뇌물 제공을 형사 범죄로 규정할 것을 의무화하고 있다.

미국 법률과 OECD 협약에는 촉진 또는 신속화 지급(종종 '기름칠 비용' 또는 '스피드머니'로도 불림)으로 알려진 예외를 허용하는 조항이 포함되어 있다. 이러한 지급의 목적은 일상적인 정부 행위를 신속하게 처리하거나 확보하는 데 있다.[21] 예를 들어, 허가증 또는 면허 발급을 신속히 처리하거나, 서류 작업을 처리하거나, 채소를 부두에서 시장으로 보내는 과정을 가속화하기 위해 소액 지급을 허용한다. 이러한 일반적인 반부패 규정에 대한 예외의 설명은, 처리를 촉진하기 위한 '기름칠 비용'이 기술적으로는 뇌물에 해당하더라도, 사업을 확보하거나 유지하기 위해 사용되는 뇌물과는 구별되며(그리고 분명히 덜 공격적으로 여겨지며), 이는 수령자가 이미 수행해야 할 의무를 단순히 촉진한다는 점에 있다.

지식재산권
사람의 지적 활동에서 나온 제품, 아이디어(예: 책, 음악, 컴퓨터 소프트웨어, 디자인, 기술적 노하우) 등을 의미. 지식재산권은 특허, 저작권, 상표권 등을 통해 보호될 수 있음.

특허
새로운 제품이나 공정을 발명한 발명자에게 해당 발명품의 제조, 사용, 판매에 대한 독점적 권리를 부여하는 제도.

지식재산권 보호

지식재산권(intellectual property)은 컴퓨터 소프트웨어, 시나리오, 음악 악보, 신약의 화학 공식 등 지적 활동의 산물로서의 재산을 의미한다. 특허, 저작권, 상표권은 지식재산권에 대한 소유권을 확립한다. **특허**(patent)는 새로운 제품이나 공정을 발명한 자에게 해당 발명품의 제조, 사용, 판매에 대한 독점적 권리를 일정 기간 동안 부여한다. **저작권**(copyrights)은 작가, 작곡가, 극작가, 예술가 및 출판사에게 자신의 작품을 자신이 원하는 대로 출판하고 배포할 수 있는 독점적인 법적 권리를 제공한다. **상표**(trademarks)는 상인이나 제조업자가 자신의 제품을 차별화할 수 있도록

저작권
작가, 작곡가, 극작가, 예술가, 출판사가 자신의 작품을 원하는 방식으로 출판하고 배포할 수 있는 독점적 법적 권리.

상표
상인이나 제조업자가 자신의 제품을 구별하고 식별하기 위해 사용하는 디자인이나 명칭으로, 종종 공식적으로 등록되어 보호받음.

Walmart, FCPA를 위반하였는가?

2000년대 초반, Walmart는 멕시코 산후안 테오티우아칸에 새로운 매장을 세우기를 원하였다. 이 지역은 전 세계 관광객들이 방문하는 고대 피라미드에서 불과 1마일 떨어진 곳이었다. 해당 토지의 소유자는 Walmart에 땅을 팔기를 원하였지만, 한 가지 장애물이 있었다. 바로 도시의 새로운 용도 변경 규제였다. 이 규제는 역사적 지역에서의 상업적 개발을 금지하고 있었다. 그러나 Walmart 멕시코 본사의 임원들은 문제를 해결할 방법을 찾아냈다. 한 지방 공무원에게 52,000달러의 뇌물을 제공해 용도 변경 지역 경계를 다시 그리게 한 것이다. 이로 인해 Walmart가 매입하고자 하였던 토지가 상업 금지 구역에서 벗어나게 되었다. Walmart는 지역 주민들의 강력한 반대에도 불구하고 매장을 건설하여 2004년 말에 문을 열었다.

이후 Walmart 멕시코의 전직 변호사가 Walmart 본사(아칸소주 벤턴빌 소재)의 경영진에게 연락하였다. 그는 Walmart 멕시코가 뇌물에 의존하는 일이 비일비재하다고 주장하며, 용도 변경 지도 사건이 그중 하나라고 밝혔다. 이 사실에 경악한 Walmart 경영진은 자체 조사를 시작하였다. 멕시코에서의 부패 증거가 점점 늘어나자, Walmart 고위 경영진은 이를 솔직히 밝히기보다는 사태를 수습하기로 결정하였다. Walmart의 최고 변호사는 사건 파일을 멕시코로 보내고, 조사 책임을 Walmart 멕시코의 법무총괄에 넘겼다. 흥미롭게도, 해당 법무총괄은 바로 그 뇌물을 승인한 것으로 지목된 인물이었다. 법무총괄은 멕시코 임원들에게 신속히 무혐의 처분을 내렸고, 내부 조사는 2006년에 종결되었다.

몇 년 동안 추가적인 움직임은 없었다. 그러나 2012년 4월, 뉴욕타임스는 Walmart의 뇌물 사건을 상세히 보도하는 기사를 게재하였다. 이 기사는 용도 변경 지도 사건 외에도 여러 뇌물 사례를 제시하였다. 예를 들어, 8건의 뇌물로 총 341,000달러가 지급되어 멕시코시티의 인구 밀도가 가장 높은 지역 중 한 곳에 건축 허가, 환경 허가, 도시 영향 평가, 교통 허가조차 없이 샘스클럽을 건설할 수 있었다. 비슷하게, 9건의 뇌물로 총 765,000달러가 지급되어 멕시코시티 북쪽의 환경적으로 취약한 범람원 지역에 대형 냉장 물류 센터를 건설할 수 있었다. 이 지역은 전기가 매우 부족하여 소규모 개발 업자들이 거부된 곳이었다.

뉴욕타임스 보도 이후, Walmart는 2011년에 시작하였던 두 번째 내부 조사에 속도를 냈다. 2015년 중반까지 300명 이상의 외부 변호사가 이 조사에 참여하였으며, 비용은 6억 1,200만 달러를 초과한 것으로 알려졌다. 더불어, 미국 법무부와 증권거래위원회(SEC)도 Walmart의 관행에 대한 조사를 시작하였다고 발표하였다. 2012년 11월, Walmart는 자체 조사 범위를 멕시코를 넘어 중국과 인도까지 확대하였다고 보고하였다. 이 과정에서, 뉴욕타임스가 제기한 것처럼 Walmart의 고위 경영진(전 CEO 리 스콧 주니어 포함)이 이전 조사들을 고의로 무마하려 하였다는 의혹도 조사 대상에 포함되었다. 2016년 말, 관련 사안을 잘 아는 사람들이 연방 조사에서 광범위한 뇌물 증거는 발견되지 않았다고 밝혔다. 2017년 11월, Walmart가 법무부와의 합의에 따라 2억 8,300만 달러의 벌금을 지불한 것으로 보고되었다. 이는 예상보다 상당히 낮은 금액이었다.

Sources: D. Barstow, "Vast Mexican Bribery Case Hushed Up by Wal-Mart after Top Level Struggle," *The New York Times*, April 21, 2012; S. Clifford and D. Barstow, "Wal-Mart Inquiry Reflects Alarm on Corruption," *The New York Times*, November 15, 2012; N. Vardi, "Why Justice Department Could Hit Wal-Mart Hard over Mexican Bribery Allegations," *Forbes*, April 22, 2012; P. Wahba, "Walmart Bribery Probe by Feds Finds No Major Misconduct in Mexico," *Fortune*, October 18, 2015; T. Schoenberg and M. Robinson, "Wal-Mart Balks at Paying $600 Million in Bribery Case," *Bloomberg*, October 6, 2016; S. Reisinger, "Wal-Mart Reserves $283 Million to Settle Mexico FCPA Case," *Corporate Counsel*, November 17, 2017.

공식적으로 등록한 디자인과 이름을 말한다(예: Christian Dior 의류). 21세기의 고도 기술 기반의 '지식' 경제에서는 지식재산권이 기업에게 점점 더 중요한 경제적 가치의 원천이 되고 있다. 그러나 지식재산권 보호는 점점 더 복잡한 문제가 되고 있다. 특히 지식재산권이 디지털 형태로 변환되어 인터넷을 통해 매우 저렴한 비용으로 복사 및 배포될 수 있는 경우(예: 컴퓨터 소프트웨어, 음악, 비디오 녹음) 이러한 문제가 두드러진다.[22]

지식재산권법의 철학은 새로운 발명, 책, 음악 레코드, 의류 디자인, 레스토랑 체인 등을 고안한 사람의 아이디어와 노력을 보상하려는 것이다. 이러한 법은 혁신과 창의적 작업을 촉진한다. 사람들에게 새로운 방식으로 일을 수행할 방법을 찾도록 장려하며, 창의성을 보상한다. 예를 들어, 제약 산업의 혁신을 생각해 보자. 특허는 새로운 약품을 발명한 사람에게 해당 약품 생산에 대해 20년간의 독점권을 부여한다. 이는 제약 회사가 새로운 약품을 개발하기 위해 필요한 값비싸고, 어렵고, 시간이 많이 소요되는 기초 연구를 수행할 동기를 제공한다(신약을 시장에 출시하는 데 약 10억 달러의 연구·개발 비용과 12년의 시간이 소요될 수 있음). 특허가 제공하는 보장이 없다면, 기업들은 광범위한 기초 연구에 전념할 가능성이 낮아질 것이다.[23]

지식재산권 보호는 국가마다 크게 다르다. 많은 국가가 엄격한 지식재산권 규정을 보유하고 있음에도 불구하고, 이러한 규정의 집행은 종종 미흡한 경우가 많다. 이는 현재 192개 회원국으로 구성된 **세계지식재산권기구**(World Intellectual Property Organization)에 가입한 많은 국가에서도 마찬가지이다. 이들 모두는 지식재산권을 보호하기 위한 국제 조약, 1883년에 시작되어 170개 이상의 국가가 서명한 가장 오래된 조약인 **산업재산권 보호를 위한 파리 협약**(Paris Convention for the Protection of Industrial Property)을 포함하여 여러 조약에 서명하였다. 약한 집행은 지식재산권의 불법 복제(도용)를 조장한다. 중국과 태국은 아시아 중에서 매우 심각한 위반국으로 꼽히곤 한다. 중국에서는 불법 복제된 컴퓨터 소프트웨어가 널리 유통되고 있으며, 태국의 수도 방콕 거리에서는 롤렉스 시계, 리바이스 청바지, DVD, 컴퓨터 소프트웨어의 복제품을 판매하는 가판대가 줄지어 있다.

세계지식재산권기구
회원국들이 지적 재산 보호에 동의하는 조약에 서명하는 국제기구.

산업재산권 보호를 위한 파리 협약
지식재산권 보호를 위한 국제 협정.

컴퓨터 소프트웨어 산업은 지식재산권 집행이 미흡한 대표적인 사례이다. 2018년 연구에 따르면, 지식재산권 위반은 개인용 컴퓨터 소프트웨어 회사들에게 매년 460억 달러에 해당하는 매출 손실을 초래한다고 한다.[24] 연구 후원자인 소프트웨어 산업 협회인 비즈니스 소프트웨어 연합(Business Software Alliance)에 따르면, 전 세계에서 사용되는 소프트웨어 애플리케이션의 약 37%가 불법 복제된 것으로 나타났다. 특히 중국은 불법 복제율이 66%로 가장 심각한 국가였으며, 이는 업계에 68억 달러 이상의 매출 손실을 초래하였다(1995년의 4억 4,400만 달러에서 증가). 미국의 불법 복제율은 15%로 훨씬 낮았지만, 시장 규모 때문에 매출 손실액은 86억 달러에 달하였다.[25]

국제 기업은 지식재산권 침해에 대해 여러 가지 대응 방안을 가지고 있다. 이들은 자국 정부에 국제 협정을 추진하여 지식재산권을 보호하고 법률을 집행하도록 로비를 할 수 있다. 이러한 조치의 결과로 국제법이 강화되고 있다. 예를 들어, 1994년에 체결된 가장 최근의 세계 무역협정에서는 최초로 관세 및 무역에 관한 일반 협정을 지식재산권으로 확장하였다. 1995년부터 무역 관련 지식재산권 협정(Trade-Related Aspects of Intellectual Property Rights, TRIPS)이라는 새로운 협정에 따라 세계무역기구(WTO) 이사회는 훨씬 더 엄격한 지식재산권 규정을 감독하고 있다. 이 규정은 WTO 회원국들에게 최소 20년간의 특허 및 저자의 사망 후 50년간 지속되는 저작권을 부여하고 집행할 의무를 부과한다. 부유한 국가는 1년 이내에 규정을 준수해야 하였으며, 보호 수준이 상대적으로 낮은 빈곤국들은 5년의 유예 기간을, 최빈국은 10년의 유예 기간을 부여받았다.[26] (TRIPS의 세부 사항은 7장을 참고하기 바란다.)

정부에 로비를 하는 것 외에도 기업들은 독자적으로 소송을 제기할 수 있다. 기업들은 또한 자사의 아이디어가 현지 기업가들에 의해 도용될 위험을 감수하기보다는 지식재산권법이 느슨한 국가에서 사업을 포기하는 선택을 할 수도 있다. 또한, 기업들은 지식재산권법이 약한 국가에서 생산된 불법 복제품이 자국 시장이나 제3국에 유입되지 않도록 경계해야 한다. 예를 들어, 몇 년 전 미국의 컴퓨터 소프트웨어 대기업 Microsoft는 태국에서 불법으로 생산된 복제 Microsoft 소프트웨어가 전 세계적으로 정품으로 판매되고 있음을 발견하였다.

마지막으로, 기업들은 합법적인 제품 사용의 장점을 강조할 수 있다. 예를 들어, 데이터에 따르면 불법 복제 소프트웨어에서 악성코드 공격이 훨씬 더 자주 발생한다. 인터넷을 통해 제품을 지속적으로 업데이트하여 버그를 제거하고 데이터 보안을 유지하는 Microsoft와 같은 기업들은 합법적인 제품의 높은 품질과 보안성이 불법 복제 제품을 사용하는 것에서 얻을 수 있는 비용 절감보다 훨씬 더 큰 가치를 제공한다고 주장한다. 이러한 주장은 점점 더 공감을 얻고 있는 것으로 보인다. 소프트웨어 불법 복제율은 여전히 높지만, 21세기 초반에 비해 상당히 감소한 것으로 비즈니스 소프트웨어 연합은 보고하고 있다.

제품 안전 및 제품 책임

제품 안전법
제품이 준수해야 하는 특정 안전 기준을 설정하는 법규.

제품 책임
제품이 부상, 사망, 또는 손해를 초래할 경우, 해당 기업과 임원에게 책임을 묻는 것.

제품 안전법(product safety laws)은 제품이 반드시 준수해야 하는 특정 안전 기준을 설정한다. **제품 책임**(product liability)은 제품이 부상, 사망, 또는 손해를 초래하였을 때 기업과 경영진에게 책임을 묻는 것을 포함한다. 제품이 요구되는 안전 기준을 충족하지 않을 경우, 제품 책임은 훨씬 더 커질 수 있다. 제품 책임에는 민사와 형사 책임이 모두 존재한다. 민사법은 배상금 및 금전적 손해배상을 요구하며, 형사 책임법은 벌금 또는 징역형을 초래할 수 있다. 민사 및 형사 책임법은 미국이 다른 어떤 국가보다 더 광범위한 것으로 보이지만, 많은 서구 국가들도 포괄적인 책임법을 보유하고 있다. 반면, 개발도상국에서는 책임법이 대체로 덜 광범위한다. 미국에서 제품 책임 소송과 판결금의 증가로 인해 책임 보험료가 급격히 상승하는 결과를 초래하였다. 많은 경영진은 책임 보험료의 높은 비용이 미국 기업들을 글로벌 시장에서 경쟁력을 떨어뜨리는 요인이라고 주장한다.

경쟁력 문제 외에도, 국가별 제품 안전 및 책임법의 차이는 해외에서 사업을 하는 기업들에게 중요한 윤리적 문제를 제기한다. 만약 자국의 제품 안전법이 외국의 법보다 더 엄격하거나 책임법이 더 느슨한 경우, 외국에서 사업을 하는 기업은 더 느슨한 현지 기준을 따를 것인지, 아니면 자국의 기준을 준수할 것인지 고민해야 한다. 윤리적으로 올바른 행동은 자국의 기준을 준수하는 것이 분명하지만, 기업들이 느슨한 안전 및 책임법을 이용해 자국에서는 허용되지 않는 방식으로 사업을 하는 경우도 있다.

360° 관점: 경영에의 시사점

[학습 목표 4] 정치적 경제에서 국가 간 차이가 경영 실무에 미치는 시사점에 대해 설명한다.

거시적 환경이 시장 매력도에 미치는 영향

이 장에서 논의된 내용은 국제 비즈니스에 대해 두 가지 중요한 함의를 지닌다. 첫째, 한 국가의 정치적, 경제적, 법적 시스템은 국제 비즈니스의 관행에 영향을 미치는 중요한 윤리적 문제를 제기한다. 예를 들어, 시민들에게 기본적인 인권이 부정되고 부패가 만연하며 사업 허가를 얻기 위해 뇌물이 필요한 전체주의 국가에서 사업을 수행하는 것과 관련된 윤리적 함의는 무엇인가? 그러한 환경에서 운영하는 것이 옳은 일인가? 정치 경제학에서 국가 간 차이가 갖는 윤리적 함의에 대한 보다 포괄적인 논의는 5장에서 다룰 예정이며, 이 장에서는 국제 비즈니스 윤리에 대해 더욱 깊이 탐구할 것이다.

둘째, 한 국가의 정치적, 경제적, 법적 환경은 해당 국가가 시장 또는 투자지로서 얼마나 매력적인지를 명확히 결정한다. 특정 국가에서 사업을 수행하는 것과 관련된 이점, 비용, 위험은 해당 국가의 정치적, 경제적, 법적 시스템의 결과로 나타난다. 시장 또는 투자지로서의 국가의 전반적인 매력은 해당 국가에서 사업을 수행함으로써 얻을 수 있는 장기적인 이점과 예상되는 비용 및 위험을 균형 있게 평가한 결과에 따라 결정된다. 이 장은 정치 경제학 문제를 다루는 두 개의 장 중 첫 번째이므로, 정치 경제학이 국가별 비즈니스의 이점, 비용, 위험에 미치는 영향을 상세히 논의하는 것은 다음 장 끝에서 모든 관련 변수를 완전히 이해한 이후로 미루겠다.

현재로서는, 다른 조건이 동일하다는 전제하에, 민주주의 정치 제도, 시장 기반 경제 시스템, 재산권을 보호하고 부패를 제한하는 강력한 법률 시스템을 가진 국가는 민주적 제도가 없고 경제 활동이 국가에 의해 강력히 규제되며 부패가 만연하고 법치가 존중되지 않는 국가보다 사업하기에 명백히 더 매력적이다. 예를 들어, 이러한 기준에 따르면, 캐나다는 블라디미르 푸틴의 러시아보다 사업하기에 더 적합한 곳이다(Country Focus '푸틴의 러시아' 참조). 그렇다고 해서 현실이 항상 단순하거나 명확한 것은 아니다. 예를 들어, 중국은 민주주의 제도가 없고, 부패가 널리 퍼져 있으며, 재산권이 항상 존중되는 것은 아니다. 또한, 중국은 많은 시장 기반 경제 개혁을 수용하였음에도 여전히 다수의 국유 기업을 보유하고 있다. 그럼에도 불구하고 많은 서구 기업들은 중국에 투자해야 한다고 느낀다. 이는 시장이 크고, 국가가 시장 기반 시스템으로 전환하고 있으며, 경제 성장이 강력하였기 때문이다(비록 2015년 이후 성장률이 상당히 둔화되었지만). 또한, 재산권에 대한 법적 보호가 개선되고 있으며, 중국은 이미 세계에서 두 번째로 큰 경제 국가이고, 궁극적으로 미국을 대체해 세계 최대 경제로 부상할 가능성이 있다. 따라서 중국은 점점 더 매력적인 비즈니스 장소로 자리 잡고 있으며, 향후 성장 궤적을 고려할 때 중국에 투자하지 않으면 상당한 기회를 놓칠 수 있다. 정치 경제학의 변화가 한 국가를 비즈니스 장소로서 얼마나 매력적으로 만드는지에 대한 논의는 3장에서 다룰 것이다.

주요 용어

정치 경제	공산주의자	민주주의	신정 전체주의
정치 체제	사회 민주주의자	전체주의	부족 전체주의
집단주의	민영화	대의 민주주의	우익 전체주의
사회주의자	개인주의	공산주의 전체주의	시장 경제

계획 경제
법률 시스템
보통법
민법 체계
신정법 체계
계약서
계약법
국제 물품 매매 계약에 관한 UN 협약(CISG)
재산권
사적 행위
공적 행위
해외부패방지법(FCPA)
지식재산권
특허
저작권
상표
세계지식재산권기구
산업재산권 보호를 위한 파리 협약
제품 안전법
제품 책임

요약

이 장에서는 국가의 정치, 경제, 법률 체계가 어떻게 다를 수 있는지를 검토하였다. 특정 국가에서 비즈니스를 수행할 때의 잠재적인 이점, 비용 및 위험은 해당 국가의 정치, 경제, 법률 체계의 영향을 받는다. 이 장의 주요 내용은 다음과 같다.

1. 정치 시스템은 두 가지 차원에서 평가될 수 있다. 집단주의와 개인주의 중 어느 쪽에 중점을 두는지, 그리고 민주주의와 전체주의 중 어느 쪽인지이다.
2. 집단주의는 사회의 필요를 개인의 필요보다 중요하게 여기는 이념이다. 집단주의는 경제 활동에 대한 국가 개입을 옹호하며, 공산주의의 경우 전체주의적 독재로 이어질 수 있다.
3. 개인주의는 정치, 경제, 문화적 영역에서 개인의 자유를 최우선으로 강조하는 이념이다. 개인주의는 민주주의적 이상과 자유 시장 경제를 옹호한다.
4. 민주주의와 전체주의는 정치 스펙트럼의 양 끝에 위치한다. 대의 민주주의에서는 시민들이 주기적으로 자신을 대표할 인물을 선출하며, 정치적 자유는 헌법에 의해 보장된다. 반면, 전체주의 국가에서는 정당, 집단, 또는 개인이 정치 권력을 독점하며, 기본적인 정치적 자유가 시민들에게 부여되지 않는다.
5. 경제 체계는 크게 세 가지로 나뉜다. 시장 경제, 계획 경제, 혼합 경제. 시장 경제에서는 가격이 통제에서 자유로우며, 사유 재산이 우세하다. 계획 경제에서는 가격이 중앙 계획자들에 의해 결정되고, 생산 자산이 국가 소유이며, 사유 재산이 금지된다. 혼합 경제는 시장 경제와 계획 경제의 요소를 모두 포함한다.
6. 국가 간 법률 구조의 차이는 국제 비즈니스 관행에 중요한 영향을 미칠 수 있다. 재산권 보호 수준, 제품 안전 및 제품 책임 관련 법률, 계약법의 성격 등이 국가마다 크게 다를 수 있다.

비판적 사고와 토론을 위한 질문

1. 자유 시장 경제는 더 큰 경제 성장을 자극하는 반면, 국가 주도 경제는 성장을 억제한다. 이에 대해 논의하라.
2. 민주적인 정치 체계는 지속적인 경제 발전을 위한 필수 조건인가? 이에 대해 논의하라.
3. 한 국가의 부패(예: 정부 관리의 뇌물 수수)와 경제 성장 간의 관계는 무엇인가? 부패가 항상 나쁜 것일까?
4. 자신이 러시아와 폴란드 중 한 곳에 1억 달러를 투자해야 하는 기업의 CEO라고 가정하라. 두 투자 모두 장기적으로 동일한 수익을 약속하므로, 선택은 위험 요소에 의해 결정된다. 각 국가에서 비즈니스를 수행할 때의 다양한 위험을 평가하라. 어느 투자를 선호하며 그 이유는 무엇인가?
5. MANAGEMENT FOCUS 'Walmart는 FCPA를 위반하였는가?'를 읽어 보라. 당신은 어떻게 생각하는가? Walmart가 법을 위반하였다고 생각한다면, 그에 따른 결과는 무엇이어야 하였을까?

CLOSING CASE 아일랜드의 경제 변혁

지난 35년간, 아일랜드 공화국은 선진국 중에서도 매우 높은 지속 경제 성장률을 기록한 국가 중 하나로 자리 잡았다. 현재 인구 500만 명의 이 나라는 1인당 국민소득(GNI) 76,110달러인데, 이는 미국의 70,930달러를 초과하고, 인접국 영국(44,480달러)이나 유럽 경제 강국 독일(51,660달러)을 크게 웃돈다. 그러나 아일랜드가 항상 이렇게 번영하였던 것은 아니다.

아일랜드는 1922년 영국으로부터 독립한 후 경제 성장을 촉진하려는 시도로 고율 무역 장벽과 수입 대체 정책을 포함한 보호주의 정책을 채택하였다. 그러나 이러한 국가주의적 정책은 실패로 끝났다. 1950년대가 되자, 다른 유럽 국가들이 빠른 경제 성장을 누리는 동안 아일랜드는 침체 상태에 빠졌다. 당시 아일랜드의 최대 수출품은 국민이었으며, 1950년대 동안 40만 명이 국외로 이주하였다.

아일랜드는 1980년대까지도 계속해서 어려움을 겪었다. 중산층 근로자에 대한 한계 소득세율은 60%에 달하였고, 실업률은 20%에 육박하였으며, 노동 인구의 3분의 1이 공공 부문에 고용되었다. 연간 공공 부문 적자는 GDP의 15%에 달하였고, 매년 인구의 약 1%가 더 나은 경제적 기회를 찾아 미국이나 영국과 같은 국가로 떠났다.

1987년, 아일랜드의 중도우파 정당 중 하나인 Fianna Fail당이 집권하였다. 아일랜드의 경제 정책이 실패하였다는 사실을 인정한 Fianna Fail당은 정책 방향을 전환하였다. 개인 및 법인세율이 인하되었으며, 현재 법인세율은 12.5%로 대부분의 선진국보다 훨씬 낮다. 기업 규제가 완화되고 공공 지출이 축소되었으며, 공공 부문이 경제 활동에 미치는 영향이 줄어들고 민간 기업이 적극적으로 장려되었다.

이러한 변화는 아일랜드가 가진 두 가지 장점을 활용할 수 있는 기회를 제공하였다. 하나는 1973년 가입한 유럽연합(EU) 회원국이라는 점이고, 다른 하나는 젊고 교육 수준이 높은 노동력이었다는 점이다. 1989년, 미국 반도체 기업 Intel이 아일랜드에 진출하였다. 이어 Microsoft, Google, Apple 등 다른 기술 기업들도 아일랜드에 주요 거점을 설립하였다. 2020년까지 아일랜드 상위 20대 기업 중 14개가 미국 기반 다국적 기업이었다. 또한, 아일랜드는 항공 시장의 규제를 완화한 후 설립된 Ryanair와 같은 자국 기업도 성장시키기 시작하였다.

그 결과는 인상적이었다. 1995년부터 2002년까지 민간 부문 일자리가 거의 60% 증가하였다. 교육받은 노동력에 대한 높은 수요로 인해 임금이 상승하였으며, 소비자 지출, 건설, 기

David Creedon/Alamy Stock Photo

업 투자 모두 증가하였다. 1995년부터 2007년까지 아일랜드는 대부분의 선진국이 부러워할 만한 지속적인 경제 성장을 누렸다. 그러나 2008년 세계 금융 위기가 발생하면서 문제가 드러났다. 아일랜드의 부동산 시장이 거품 상태에 있었고, 가격과 신규 건설이 지속 불가능한 수준까지 치솟았던 것이다. 게다가 은행 시스템도 투기적 프로젝트에 자금을 대면서 큰 어려움에 처하였다.

3년간 아일랜드는 마이너스 경제 성장을 경험하였다. 실업률은 15%까지 치솟았고, 정부는 EU과 국제통화기금(IMF)으로부터 680억 유로, 즉 경제 가치의 40%에 해당하는 자금을 대출받아야 하였다. 정부는 유동성 부족 은행을 통합하거나 폐쇄하고 공공 지출과 공공 부문 임금을 삭감하였으며, 개인 및 부동산 세율을 인상하였다(다만 법인세율은 유지하였다).

2012년 말부터 아일랜드 경제는 회복세를 보이기 시작하였다. 경제 성장이 다시 긍정적으로 돌아섰고, 실업률이 하락하였으며, 정부 부채가 줄어들고 물가 상승률은 안정세를 유지하였다. 아일랜드는 예정된 일정보다 앞서 IMF 구제 금융 프로그램에서 벗어났다. 2018년 경제 성장률은 8.3%를 기록하였으며, 2019년에는 5.5% 성장하였고, 실업률은 약 5%로 하락하였다. 아일랜드 경제는 다시 궤도에 오른 것처럼 보였다. 이후 COVID-19 팬데믹이 발생하였지만, 경제는 둔화되지 않고 오히려 성장하였다. 이는 팬데믹 기간 동안 호황을 누린 대규모 기술 부문 덕분이었다. 2020년 아일랜드 경제는 6.18% 성장하였으며, 2021년에는 13.6%, 2022년에는 약 10% 성장하였다.

Sources: "Ireland: From Tiger to Phoenix," IMF, August 2018; "Celtic Phoenix," *The Economist*, November 21, 2015; "A Model of Success," *The Economist*, October 16, 2004; L. Alderman, "Ireland's Days as a Tax Haven May Be Ending, But Not without a Fight," *The New York Times*, July 8, 2021.

CLOSING CASE 토론을 위한 질문

1. 독립 후 약 60년 동안 아일랜드 공화국의 경제는 왜 더디게 성장하였을까?
2. 1980년대 후반 이후 아일랜드의 놀라운 경제 성장률을 이끈 요인은 무엇인가?
3. 1987년 이전의 아일랜드 경제를 어떻게 분류할 수 있는가? 1987년 이후의 경제는 어떠한가? 여기서 얻을 수 있는 교훈은 무엇인가?
4. 일부는 아일랜드의 경제 성공이 낮은 법인세율로 인해 외국 다국적 기업을 유치한 덕분이라고 주장한다. 이 주장에 대해 평가하라.
5. G20이 주도하는 계획에 따라 2023년부터 글로벌 최소 세율 15%가 도입될 예정이다. 이 정책의 목표 중 하나는 다국적 기업의 조세 회피를 제한하는 것이다. 이러한 정책이 아일랜드에 어떤 영향을 미칠 것으로 예상하는가?

미주(endnotes)는 한경사 홈페이지 www.hankyungsa.co.kr의 공지 사항에서 PDF 파일로 다운로드 할 수 있습니다.

lev radin/Shutterstock

3

국가 간 경제 발전 차이

학습 목표

이 장을 학습하면,

1. 국가의 경제 발전 수준을 결정하는 요인을 이해할 수 있다.
2. 전 세계적으로 발생하는 거시 정치 및 거시 경제적 변화를 이해할 수 있다.
3. 전환 경제 체제가 시장 기반 시스템으로 이동하는 과정을 이해할 수 있다.
4. 정치 경제 체제의 국가 간 차이가 경영 실무에 미치는 영향을 이해할 수 있다.

OPENING CASE 베트남의 경제 발전

베트남은 중앙 계획 경제에서 시장 지향적 체제로 전환하는 과정에 있는 나라이다. 이 체제 전환은 베트남 전쟁이 끝나고 공산주의 통치하에 남북이 통일된 지 10년 후인 1986년에 시작되었다. 당시 베트남은 세계에서 극빈국 중 하나였다. 1인당 소득은 100달러에 불과했고, 빈곤이 만연했으며, 물가 상승률은 700%를 초과했다. 또한, 공산당은 대부분의 경제 및 정치 생활을 엄격히 통제했다. 설상가상으로, 베트남 전쟁 이후 미국이 부과한 무역 제재로 인해 추가적인 경제적 어려움을 겪었다.

중앙 계획과 생산 수단의 정부 소유가 인구의 생활 수준을 향상시키지 못한다는 것을 인식한 공산당은 1986년에 일련의 개혁을 시작했고, 그 결과 향후 20년 동안 경제의 상당 부분이 변화하게 되었다. 농지가 사유화되었고, 국영 농장 집단이 해체되었다. 그 결과 농업 생산성이 크게 향상되었다. 그뿐만 아니라, 민간 기업의 설립을 제한하는 규제가 완화되었고, 많은 가격 통제가 철폐되었다. 국영 기업이 민영화되었다. 또한, 해외직접투자에 대한 장벽이 낮아졌고, 베트남은 인접 국가들뿐만 아니라 오랜 적국이었던 미국과도 무역협정을 체결하여 2007년 세계무역기구(WTO)에 가입하는 성과를 거두었다. 2017년 베트남은 환태평양 11개국 간의 자유무역협정인 포괄적·점진적 환태평양경제동반자협정(CPTPP)에 서명한 국가 중 하나였으며, 이 협정은 베트남 경제에 새로운 활력을 불어넣었다.

이러한 개혁의 영향은 극적이었다. 베트남은 개혁 프로그램이 시작된 후 25년 동안 연평균 6~7%의 경제 성장률을 달성했다. 코로나 팬데믹이 전 세계를 강타하면서 2020~2021년 성장률이 2~3%로 떨어졌지만, 2022년에 다시 6~7% 성장률을 회복했으며, 국제통화기금(IMF)의 예측에 따르면 향후 10년 동안 이와 같은 성장세가 지속될 것으로 전망하고 있다. 생활 수준도 크게 향상되어, 2022년 기준 1인당 구매력 평가(PPP) 기준 GDP가 13,074달러에 달했다. 이러한 성장은 주로 국제 무역의 확대로 이루어졌다. 2012년과 2021년 사이 베트남의 수출 규모는 1,240억 달러에서 3,400억 달러로 증가했다. 현재 베트남의 수출은 GDP의 93%를 차지하며, 이는 2012년 63%에서 크게 증가한 수치이다. 이로 인해 베트남은 세계에서 무역 의존도가 매우 높은 국가 중 하나로 자리 잡았다. 베트남은 전자 제품, 직물, 신발, 농산물의 주요 수출국이다. 또한, 미·중 무역 전쟁의 수혜를 입어 많은 서구 기업들이 중국 의존도를 줄이기 위한 전략의 일환으로 일부 생산 시설을 중국에서 베트남으로 이전하고 있다.

사유화가 확대되면서 국영 기업의 비중은 1985년 거의 독점적 수준에서 감소하여 현재 베트남 전체 생산량의 약 28%를 차지하고 있다. 또한, 베트남의 인구는 8천만 명에서 1억 명에 육박하며, 평균 연령이 30세에 불과해 젊고 활기찬 노동력을 보유하고 있다. 이로 인해 베트남은 잠재적으로 중요한 소비 시장으로 부상하고 있다.

이러한 발전에도 불구하고 여전히 심각한 문제가 남아 있다. 베트남의 국영 기업들은 여전히 비효율적이며, 막대한 부채를 안고 있다. 정부는 시장 원리에 따라 가격이 결정되도록 두지 않고, 가스, 철강, 운송 서비스, 가축 사료, 일부 식품 등 특정 상품에 대해 지속적인 가격 통제를 시행하고 있다. 정치적으로는, 경제가 시장 기반 체제로 전환되는 동안에도 공산당이 계속해서 권력을 유지해 왔다. 베트남은 독립적인 정당, 노동조합, 인권 단체의 활동을 전면 금지하고 있으며, 정부에 비판적인 사람들은 지속적으로 괴롭힘을 당하거나 재판 절차 없이 체포되어 장기간 구금될 수 있다. 법원은 독립성을 갖추지 못한 채 공산당이 정치적 반대자를 처벌하는 도구로 사용되고 있다. 또한, 베트남에서는 언론의 자유와 집회의 자유가 보장되지 않는다.

설상가상으로, 부패 문제는 여전히 심각한 수준이다. 부패 정도를 평가하는 비정부기구인 국제투명성기구(Transparency International)는 베트남을 180개 국가 중 부패 인식 지수 87위로 평가했다. 베트남에서 부패는 오랜 문제로 자리 잡고 있으며, 공무원들이 자신의 지위를 이용해 가족에게 특혜를 주는 관행이 오랫동안 이어져 왔다. 일부 비평가들은 이러한 문제가 공기업 민영화 과정에서 더욱 악화되었다고 지적한다. 민영화 과정에서 공무원들이 자신과 가족을 민영화된 공기업의 임원으로 임명할 기회를 얻었기 때문이다. 집권 여당인 공산당이 부패 방지 정책을 도입했지만, 이는 상징적인 조치에 불과하다는 평가가 많다. 많은 전문가들은 이러한 만연한 부패가 신규 비즈니스 창출을 저해하고 경제 발전에 걸림돌이 되고 있다고 우려하고 있다.

Sources: "Crying over Cheap Milk," *The Economist*, November 21, 2015; "Gold Stars," *The Economist*, January 23, 2016; Nick Davis, "Vietnam 40 Years On," *The Guardian*, April 22, 2015; Vietnam, CIA Fact Book, 2022; Human Rights Watch, "Vietnam," World Report, 2022; Le Ngoc Dang, Dinh Dung Nguyen, and F. Hesary, "State Owned Enterprises Reform in Vietnam," *Asian Development Bank Institute*, January 2020; "Price Controls of Key Commodities a Top Priority for Central Government," *Viet Nam News*, March 15, 2022.

서론

2장에서는 각 나라의 정치 체제, 경제 체제, 법률 체계가 어떻게 다른지 설명했다. 이번 장에서는 이러한 차이점이 국가의 경제 발전 수준에 어떤 영향을 미치는지 살펴보고, 이에 따라 기업의 입지로서 그 매력이 어떻게 결정되는지를 설명한다. 또한, 전 세계적으로 경제, 정치, 법률 시스템이 어떻게 변화하고 있는지, 그리고 이러한 변화가 국가 및 지역의 향후 경제 성장 속도에 어떤 영향을 미칠지를 탐구한다. 일반적으로 지난 35년 동안 세계적으로 더 민주적인 형태의 정부, 시장 지향적 경제 개혁, 그리고 재산권 보호가 강화된 법적 시스템의 채택이 이루어지는 추세를 보였다. 이러한 흐름은 전반적으로 경제 발전을 촉진하고 국제 비즈니스 환경을 더욱 유리하게 만드는 데 기여해 왔다. 이 장의 마지막 부분에서는 이러한 정치·경제·법률 체제의 차이가 여러 나라에서 사업을 운영할 때의 혜택, 비용, 그리고 위험 요소에 어떤 영향을 미치는지를 분석한다.

베트남의 경제 발전을 살펴보는 OPENING CASE는 이러한 문제 중 일부를 강조한다. 베트남은 시장 기반 경제 개혁, 국영 기업의 민영화, 국제 무역 개방, 그리고 젊은 인구의 증가 등 여러 요인이 결합하면서 지난 20년 동안 급속한 경제 성장을 이루었다. 그러나 많은 전문가들은 베트남이 더욱 빠르게 성장할 수 있음에도 불구하고, 만연한 부패, 특정 산업 분야의 지속적인 국유화 및 가격 통제, 그리고 미흡한 민주적 제도가 성장의 걸림돌이 되고 있다고 지적한다. 따라서 베트남이 지닌 높은 성장 잠재력을 실현하고 국민의 생활 수준을 더욱 향상시키기 위해서는 이러한 문제들을 해결하기 위한 추가적인 개혁이 필수적이다.

경제 발전 차이

[학습 목표 1] 국가의 경제 발전 수준을 결정하는 요인을 설명한다.

국가마다 경제 발전 수준은 크게 다르다. 경제 발전을 측정하는 일반적인 척도 중 하나는 1인당 **국내총생산**(gross domestic product, GDP)이다. GDP는 특정 기간 동안 한 국가 내에서 생산된 모든 완제품과 서비스의 총 화폐 가치 또는 시장 가치를 나타내는 지표로 간주된다. 2022년 세계 각국의 1인당 GDP를 요약한 지도 3-1을 보면, 일본, 스웨덴, 스위스, 미국, 호주 등의 국가는 부유한 나라로 나타나는 반면, 중국과 인도와 같은 대형 개발도상국들은 상대적으로 빈곤한 수준에 머물러 있다. 예를 들어, 2022년 스웨덴의 1인당 GDP는 55,873달러였지만, 중국은 12,720달러, 인도는 2,389달러에 불과했다.[1]

국내총생산(GDP)
특정 기간 동안 한 국가 내에서 생산된 모든 완제품과 서비스의 총 화폐 가치 또는 시장 가치를 측정하는 지표.

국내총생산(GDP) 1인당 수치는 실제 생활비 차이를 반영하지 않기 때문에 오해의 소지가 있다. 예를 들어, 2021년 스위스의 1인당 GDP는 $92,101로 미국보다 $15,702 더 높았지만, 대부분의 재화와 서비스 가격이 스위스에서 더 비싸다는 점을 고려하여 조정하면 그 차이는 단지 $7,196에 불과

지도 3-1 2022년 1인당 GDP

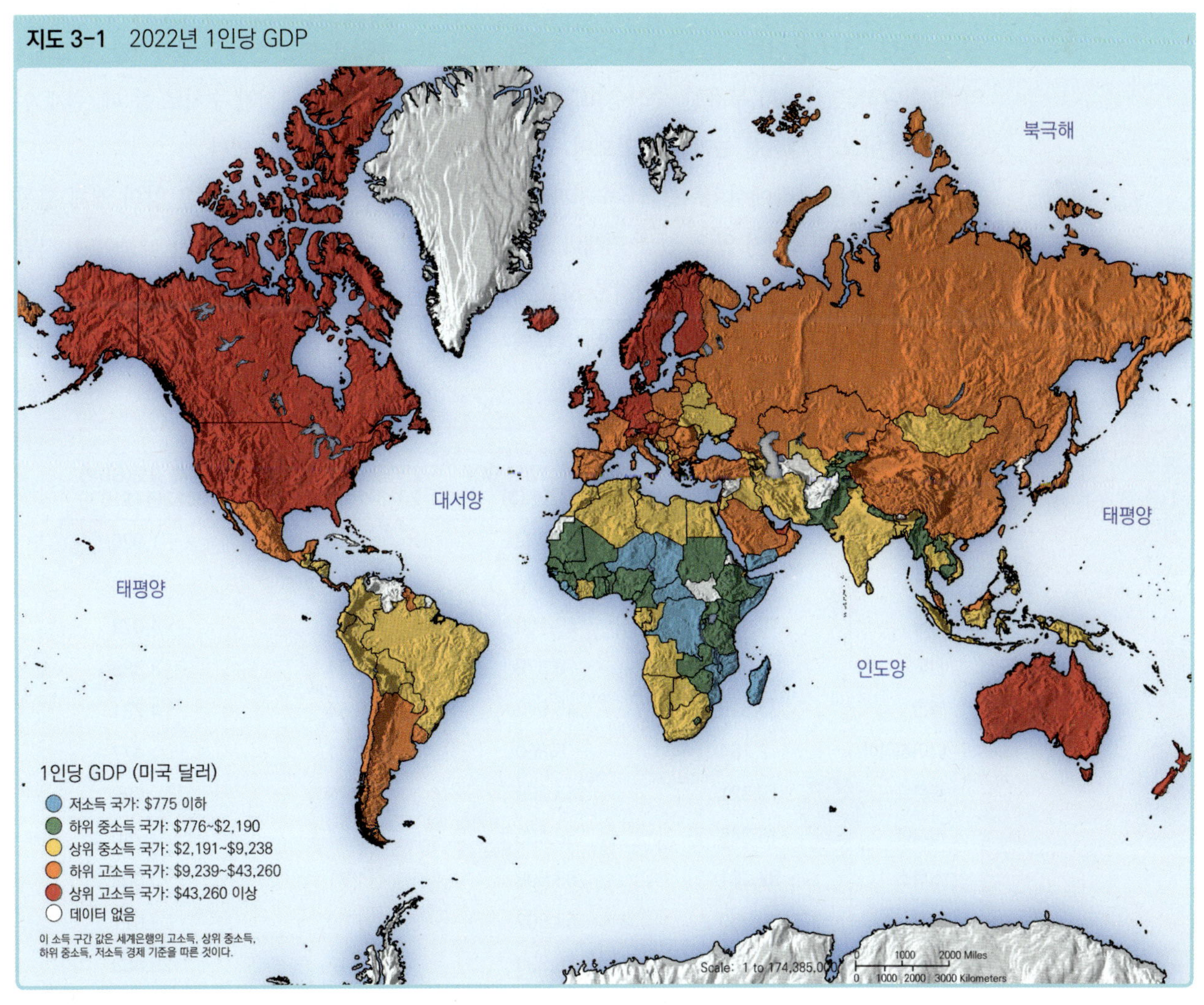

구매력 평가(PPP)
1인당 GDP를 생활비 차이를 반영하여 조정한 값.

하다. 이러한 생활비 차이를 반영하기 위해, 1인당 GDP를 **구매력 평가(purchasing power parity, PPP)** 방식으로 조정할 수 있다. 이는 여러 국가의 생활 수준을 보다 직접적으로 비교할 수 있게 해 준다. 이 조정의 기준은 미국의 생활비이며, 각국의 PPP는 미국보다 생활비가 낮은지 높은지에 따라 상향 또는 하향 조정된다. 예를 들어, 2022년 중국의 1인당 명목 GDP는 $12,720이었지만, PPP 기준 1인당 GDP는 $21,476으로 나타났다. 이는 중국의 생활비가 미국보다 낮으며, 중국에서 $10,500으로 구매할 수 있는 물건이나 서비스가 미국에서는 $21,476어치에 해당된다는 것을 의미한다. 표 3-1은 2022년 주요 국가들의 PPP 기준 1인당 GDP, 명목 1인당 GDP, 2012년부터 2021년까지의 평균 GDP 성장률, 총 GDP를 함께 보여 준다. 지도 3-2는 세계 각국의 2022년 PPP 기준 1인당 GDP를 요약한 것이다. 또한 COVID-19 팬데믹의 영향으로, 대부분의 국가들이 2020년에 심각한 마이너스 경제 성장률을 기록했지만, 2021년과 2022년에는 성장률이 반등하였다. 예를 들어, 미국 경제는 2020년에 2.77% 위축되었지만, 2021년에는 5.95%, 2022년에는 2.06% 성장하였다.

국가 간 생활 수준에는 현저한 차이가 있다. 표 3-1은 PPP 기준으로 볼 때, 인도 시민이, 미국 시민이 소비하는 상품과 서비스의 약 11%만 소비할 수 있음을 보여 준다. 이를 고려하면, 14억 명의 인구를 보유한 인도가 서구 글로벌 기업들에게 수익성이 높은 시장이 아닐 수도 있다는 결론을 내릴 수 있다. 그러나 이는 잘못된 판단일 수 있다. 인도에는 수많은 빈곤층이 존재하지만, 동시에 4억 명에 달하는 상당히 부유한 중산층이 형성되어 있기 때문이다. 절대적인 수치로 볼 때, 현재 인도의 경제 규모는 영국을 능가하고 있으며, 훨씬 더 빠른 속도로 성장하고 있다.

더구나, 많은 나라에서 '공식적인' 수치가 모든 것을 말해 주지는 않는다. 많은 양의 경제 활동이 공식적으로 기록되지 않은 현금 거래나 물물 교환의 형태로 이루어질 수 있기 때문이다. 사람들은 조세를 피하기 위해 이러한 거래를 하고, 미국과 같은 선진국에서는 이러한 거래가 전체 경제 활동에서 차지하는 비중이 미미할 수 있지만, 일부 개발도상국(인도 등)에서는 매우 큰 부분을 차지

표 3-1
주요 국가의 경제 데이터

국가	1인당 GDP 2022년 ($)	PPP 기준 1인당 GDP 2022년 ($)	연평균 GDP 성장률 2013–2022년 (%)	경제 규모(GDP) 2022년 ($10억)
브라질	8,918	17,822	0.56	1,920
중국	12,720	21,476	6.24	17,963
독일	48,432	63,150	1.18	4,072
인도	2.389	8,379	5.74	3,385
일본	33,815	45,572	0.54	4,231
나이지리아	2,184	5,860	2.41	477
폴란드	18,321	43,269	3.73	688
러시아	15,345	36,485	0.84	2,240
스위스	92,101	83,598	1.71	808
영국	45,850	54,602	1.60	3,071
미국	76,399	76,399	2.12	25,463

Source: World Development Indicators Online, 2022.

지도 3-2 2022년 1인당 GDP 구매력 평가

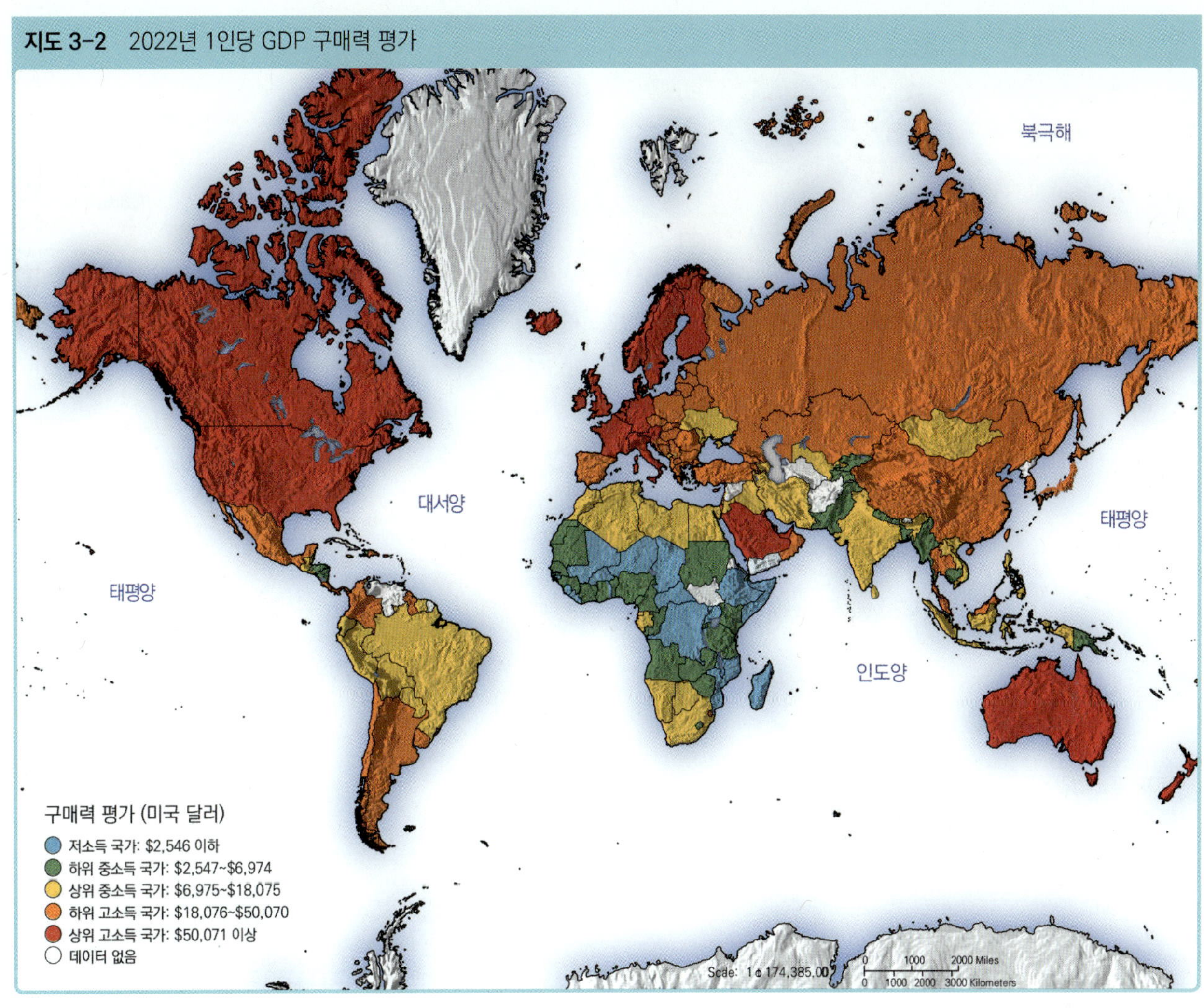

하는 것으로 보고되고 있다. 블랙 경제(black economy) 또는 그림자 경제(shadow economy)로 알려진 이 활동은 인도에서 GDP의 62%에 달하는 것으로 추정되며, 이는 인도의 경제 규모가 표 3-1에 보고된 수치보다 두 배 이상 클 수 있음을 의미한다. EU가 발표한 예측에 따르면, 영국과 프랑스의 경우 그림자 경제가 GDP의 10~12%를 차지하는 반면, 이탈리아는 21%, 그리스는 23%에 달하는 것으로 나타났다.[2]

GDP와 PPP 수치는 발전의 단면적인 모습만을 나타낸다. 예를 들어, 중국이 미국보다 가난하다는 것을 알려주지만, 중국이 이러한 격차를 점점 좁혀 가고 있는지는 알려주지 않는다. 이를 평가하기 위해서는 국가별 경제 성장률을 살펴봐야 한다. 표 3-1은 2013년부터 2022년까지 여러 국가에서 달성한 국내총생산(GDP) 성장률을 보여 주며, 지도 3-3은 2013년부터 2022년까지 GDP의 연평균 성장률을 요약한 것이다.

주목할 만한 점은, 중국과 인도 같은 나라들이 현재 상대적으로 빈곤하지만, 그들의 경제 규모는 절대적으로 이미 크고, 많은 선진국들보다 훨씬 더 빠르게 성장하고 있다는 것이다. 그들은 이미 국제 비즈니스 제품의 주요 시장이다. 2010년, 중국은 일본을 제치고 미국에 이어 세계에서 두

지도 3-3 2012~2022년 평균 연간 GDP 성장률

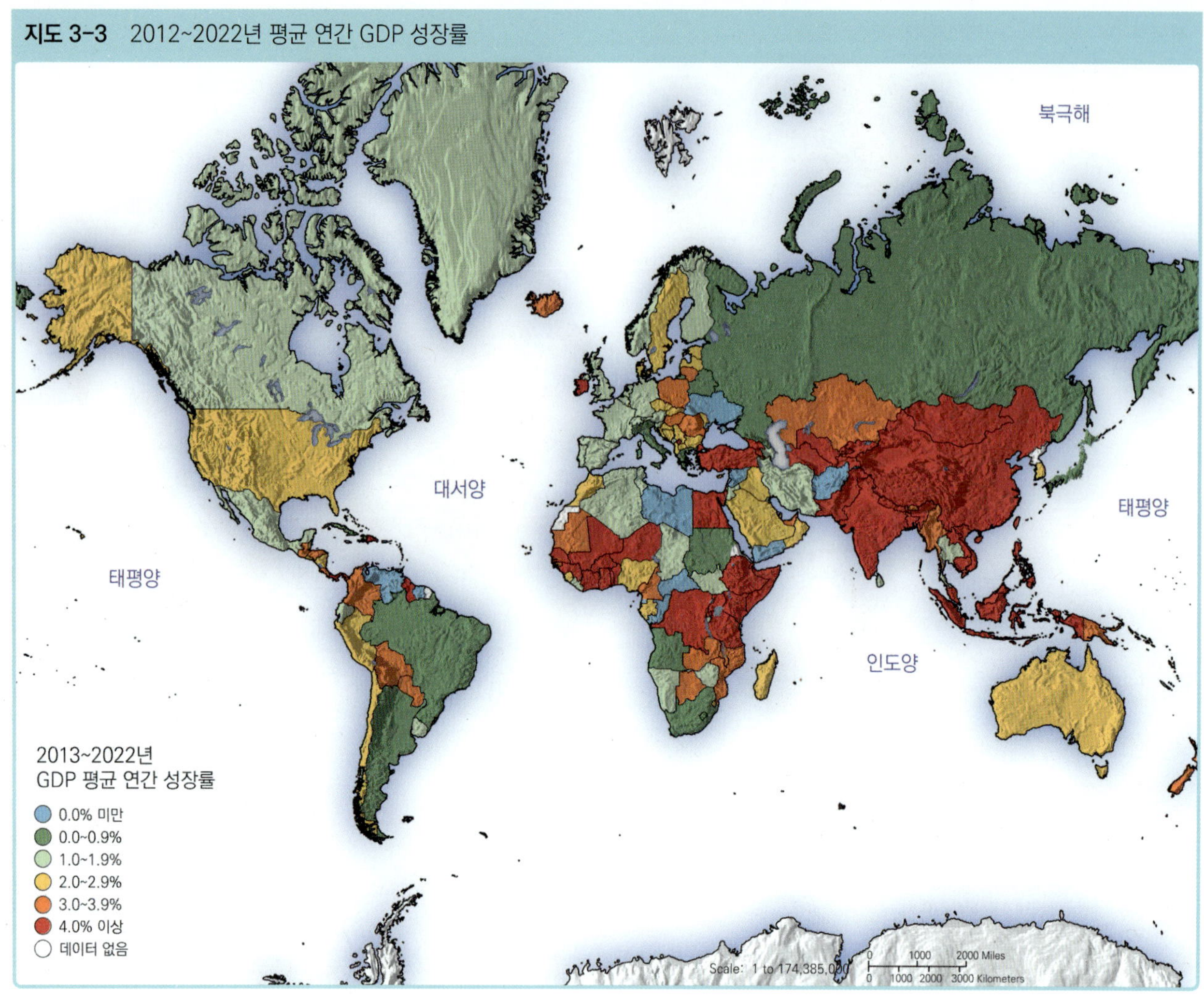

번째로 큰 경제 대국이 되었다. 실제로 중국과 미국이 현재의 경제 성장률을 유지한다면, 중국은 20년 안에 세계 최대 경제 대국이 될 것이다. 현재의 추세에 따르면, 인도도 10년 안에 세계 최대 경제 대국 중 하나가 될 것이다. 이러한 잠재력을 감안할 때, 많은 국제 기업들이 이 두 시장에 강력한 입지를 구축하기 위해 노력하고 있다. 물론, 중국과 인도가 계속해서 빠르게 성장할 수 있을지는 추가적인 경제 자유화와 친성장 정책의 추구와 같은 여러 가지 요인에 달려 있다.

globalEDGE

국가 비교 도구

globalEDGE™의 '국가 비교' 도구(globaledge.msu.edu/comparator)는 1960년부터 최신 연도까지의 데이터를 제공한다. 이 도구를 활용하면 다양한 거시 경제 변수를 기준으로 국가 간 비교가 가능하며, 각국의 경제 변화를 보다 쉽게 이해할 수 있다. 이 장에서 다루는 내용과 관련하여, globalEDGE™의 국가 비교 도구는 전 세계 국가별 정치 경제 및 경제 발전 수준을 통계적으로 한눈에 파악하는 데 유용한 도구다. 한 번에 최대 20개국까지 비교할 수 있으며, 결과는 표 형식으로 제공된다. 흔히 브라질, 러시아, 인도, 중국(BRIC) 을 '슈퍼스타 신흥 시장'으로 묶어 분류하지만, 과연 이 국가들은 경제적으로 비슷한 특징을 가지고 있을까? globalEDGE™의 국가 비교 도구를 이용해 보면, 구매력 평가(PPP) 기준 GDP가 러시아에서 가장 높은 것으로 나타난다. 그렇다면 브라질, 인도, 중국은 PPP 기준 GDP 규모에서 어떤 위치에 있을까?

개발에 대한 더 폭넓은 개념: Amartya Sen

노벨 경제학상 수상자인 Amartya Sen은 개발이 1인당 GDP와 같은 물질적 산출량을 기준으로 평가되는 것이 아니라, 사람들이 누리는 능력(capabilities)과 기회(opportunities)를 중심으로 평가되어야 한다고 주장했다.[3] Sen에 따르면, 개발은 사람들이 경험하는 실질적인 자유(real freedoms)를 확장하는 과정으로 간주되어야 한다. 따라서 개발을 위해서는 빈곤과 폭정, 열악한 경제적 기회와 체계적인 사회적 박탈, 공공시설의 방치와 억압적인 국가의 불관용과 같은 자유를 제한하는 주요 장애물이 제거되어야 한다. Sen의 견해에 따르면, 개발은 단순한 경제적 과정이 아니라 정치적 과정이기도 하며, 성공적인 개발을 위해서는 정치 공동체의 '민주화'를 통해 시민들에게 공동체를 위한 중요한 의사 결정에 대한 발언권이 주어져야 한다. 이러한 관점에서 Sen은 특히 아동을 위한 기본적인 의료 서비스와 여성의 기초 교육의 중요성을 강조한다. 이러한 요소들은 소득 수준을 높이는 도구적 가치(value as an instrument)를 지닐 뿐만 아니라, 그 자체로도 중요한 의미를 갖는다. 만성 질환을 앓거나 교육을 받지 못한 사람들은 자신의 역량(capabilities)을 충분히 개발할 수 없다.

지도 3-4 2022년 인간 개발 지수

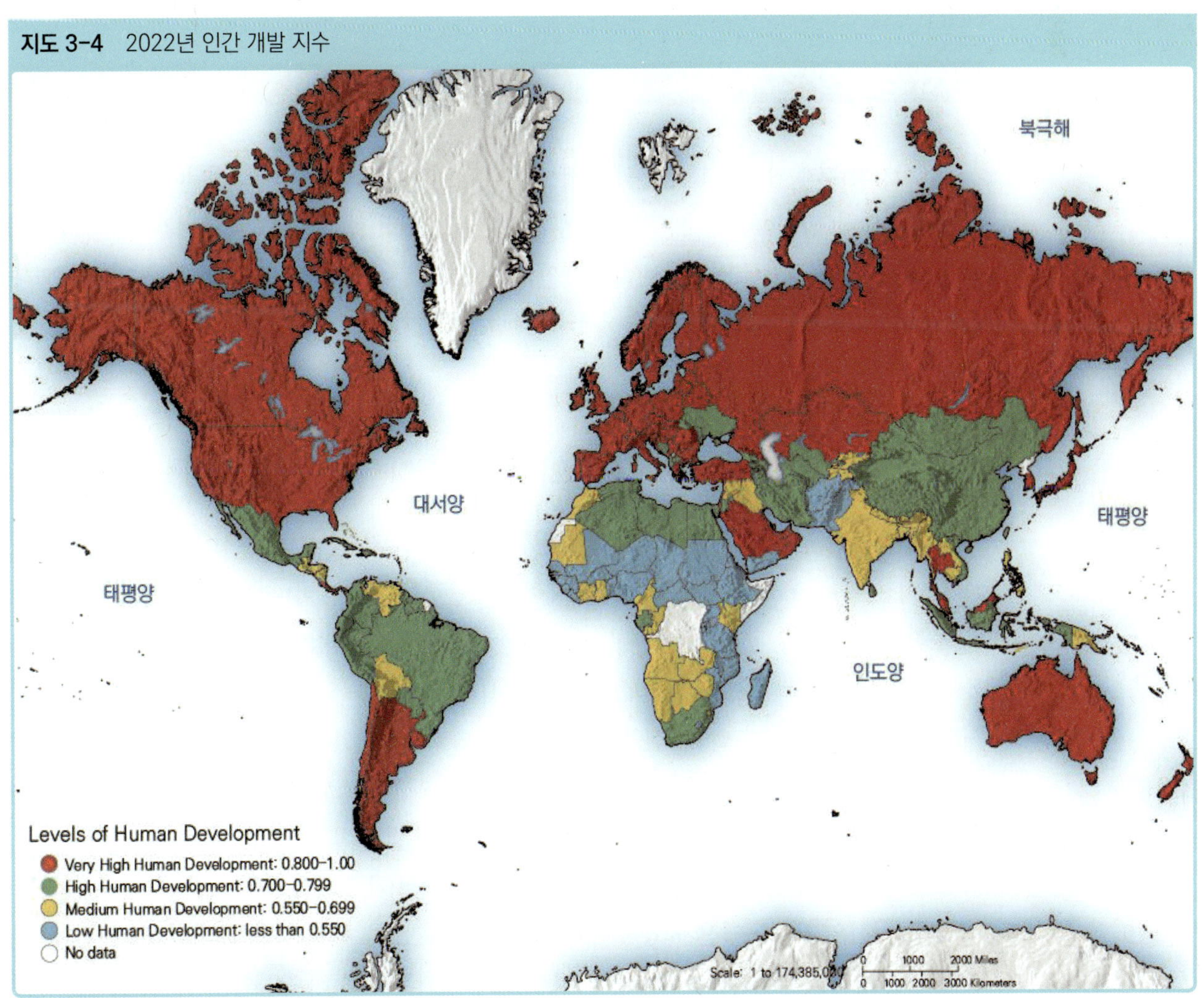

인간 개발 지수(HDI)
UN이 한 국가 내의 인간 삶의 질에 영향을 미치는 여러 요소들의 영향을 평가하려는 시도.

UN은 센의 영향력 있는 논문를 반영하여 각국의 삶의 질을 측정하기 위해 **인간 개발 지수(Human Development Index, HDI)**를 개발했다. HDI는 출생 시 기대 수명, 교육 수준, 그리고 PPP 기준 평균 소득 수준을 바탕으로 측정된다. 출생 시 기대 수명은 해당 국가의 보건 의료 수준을 반영하며, 교육 수준은 성인 문해율과 초·중·고·대학 교육 등록률을 종합적으로 측정하여 평가된다. 또한, PPP 기준 평균 소득 수준은 해당 국가에서 기본적인 생활 수요인 식량, 주거, 의료 서비스를 충족할 수 있는지를 기준으로 평가된다. 따라서 HDI는 1인당 GDP와 같은 제한적인 경제 지표보다 개발 수준을 측정하는 데 있어 Sen의 개념에 훨씬 더 가깝다. 그러나 Sen의 논문에 따르면 정치적 자유 또한 개발의 중요한 요소로 포함되어야 하지만, HDI에는 반영되지 않았다. HDI는 0에서 1까지의 범위로 측정되며, 점수에 따라 네 가지 개발 수준으로 분류된다. 0.55 미만의 점수를 받은 국가는 인간 개발 수준이 낮은 국가로 분류되며, 0.55에서 0.699 사이의 점수를 받은 국가는 인간 개발 수준이 중간 정도인 국가로 분류된다. 0.7에서 0.799 사이의 점수를 받은 국가는 인간 개발 수준이 높은 국가로 분류되고, 0.8 이상의 점수를 받은 국가는 인간 개발 수준이 매우 높은 국가로 분류된다. 지도 3-4는 2021년 기준 HDI 점수를 요약한 것이다.

정치 경제와 경제 발전

한 국가의 경제 발전은 그 나라의 경제 시스템과 정치 시스템에 의해 결정된다는 주장이 자주 제기된다. 그렇다면 정치 경제와 경제 발전 간의 관계는 어떤 성격을 띠고 있을까? 이 문제에 대해 학자들과 정책 결정자들 사이에서 오랜 논쟁이 이어져 왔지만, 명확한 정답을 제시하기는 어렵다. 그러나 주요 논점을 정리하고, 정치 경제와 경제 발전 간의 관계에 대한 몇 가지 일반적인 결론을 도출하는 것은 가능하다.

혁신과 기업가 정신이 경제 성장의 원동력이다

혁신
신제품, 공정, 조직, 경영 방식, 전략 등을 개발하는 것.

대부분의 경제학자들은 혁신과 기업가 정신이 장기적인 경제 성장의 핵심 동력이라는 데 동의한다.[4] **혁신(innovation)**은 단순히 새로운 제품을 창출하는 것뿐만 아니라, 새로운 생산 방식, 새로운 조직 형태, 새로운 경영 방식, 새로운 전략까지도 포함하는 광범위한 개념으로 정의된다. 예를 들어, Uber가 스마트폰 애플리케이션을 통해 택시를 호출할 수 있도록 한 전략은 기존 업계에서 시도되지 않았던 방식이므로 혁신적인 비즈니스 모델로 볼 수 있다. 마찬가지로, Amazon이 대중 시장을 대상으로 한 온라인 소매업을 개척한 것도 하나의 혁신으로 평가된다. 혁신과 기업가 정신은 이전에 존재하지 않았던 제품과 시장을 창출함으로써 경제 활동을 증가시키고, 생산과 비즈니스 프로세스의 혁신을 통해 노동과 자본의 생산성을 향상시켜 경제 성장률을 더욱 끌어올린다.[5]

기업가 정신
혁신을 최초로 상업화하는 사람들.

또한, 혁신은 **기업가 정신(entrepreneurs)**의 결과물로도 간주된다. 기업가들은 종종 새로운 제품과 생산 방식을 상업화하는 역할을 하며, 기업가 정신은 경제 내에서 역동성을 부여하는 핵심 요소로 작용한다. 예를 들어, 미국 경제는 높은 수준의 기업가 정신 덕분에 급속한 제품 및 프로세스 혁신을 이루었다. Amazon, Apple, Dell, Facebook, Microsoft, Oracle, Uber 등의 기업들은 모두 새로운 기술을 활용하기 위해 창업된 기업들이다. 이들 기업은 혁신적인 제품과 프로세스를 상업화함으로써 막대한 경제적 가치를 창출하고 생산성을 향상시키는 데 기여했다. 결론적으로, 한 국가의 경제가 지속적인 장기 성장을 이루려면, 기업 환경이 지속적인 제품 및 프로세스 혁신과 기업가 정신을 촉진할 수 있도록 조성되어야 한다.

혁신과 기업가 정신은 시장 경제를 필요로 한다

이제 다음과 같은 논리적인 질문이 이어진다. 한 국가의 기업 환경이 혁신과 기업가 정신을 촉진하기 위해서는 무엇이 필요할까? 이에 대해 연구한 학자들은 시장 경제의 장점을 강조한다.[6] 시장 경제에서는 경제적 자유(economic freedom)가 보장되며, 이는 계획 경제나 혼합 경제보다 혁신과 기업가 정신을 더욱 장려하는 요인으로 작용한다. 시장 경제에서는 혁신적인 아이디어를 가진 개인이 기업을 창업하여 그 아이디어를 통해 수익을 창출할 자유가 있다. 마찬가지로, 기존 기업들도 혁신을 통해 운영 방식을 개선할 자유를 누릴 수 있다. 성공한 개인 기업가와 기존 기업들은 높은 이윤의 형태로 보상을 받을 수 있으므로, 시장 경제는 혁신을 촉진하는 강력한 동기를 제공한다.

반면, 계획 경제(planned economy)에서는 국가가 모든 생산 수단을 소유한다. 따라서 기업가적 개인들은 새로운 혁신을 개발할 경제적 유인이 거의 없다. 혁신을 통해 발생한 이익이 개인에게 돌아가는 것이 아니라 국가가 대부분을 자시하기 때문이다. 이러한 경제적 자유의 부족과 혁신에 대한 낮은 인센티브는 과거 공산주의 국가들의 경제 정체를 초래한 주요 요인으로 지목되며, 결국 1980년대 후반 공산주의 체제의 붕괴를 초래한 원인 중 하나로 분석된다. 이와 유사한 경제 정체는 혼합 경제(mixed economy)를 채택한 여러 국가에서도 나타났다. 예를 들어, 영국의 석탄 산업과 통신 산업과 같은 국가 독점 산업 부문에서 유사한 정체 현상이 발생했다. 이러한 정체를 타개하기 위해 1980년대 중반부터 많은 혼합 경제 국가들에서 대규모 국영 기업의 민영화가 이루어졌다. 민영화란 국유 기업을 민간 투자자에게 매각하는 과정을 의미하며, 이에 대한 자세한 내용은 제2장에서 다루었다. 현재도 이러한 민영화 과정은 계속 진행 중이다.

102개국을 대상으로 20년 동안 진행된 연구에서는 시장 경제가 제공하는 경제적 자유와 경제 성장 간의 강한 상관관계가 있음을 확인했다.[7] 연구 결과에 따르면, 1975년부터 1995년까지 경제적 자유 수준이 높은 국가일수록 경제 성장률이 높았으며, 국민들의 생활 수준 또한 향상되었다. 1975년부터 1995년까지 지속적으로 높은 경제적 자유를 유지한 6개국인 홍콩, 스위스, 싱가포르, 미국, 캐나다, 독일은 경제 성장률에서도 상위 10개국 안에 포함되었다. 반면, 경제적 자유가 낮았던 국가들 중에서는 괄목할 만한 경제 성장을 달성한 사례가 없었다. 특히, 1975년부터 1995년 사이에 경제적 자유 지수가 가장 많이 감소한 16개국에서는 연평균 GDP가 0.6%씩 감소한 것으로 나타났다. 이와 유사한 결론을 도출한 다른 연구들도 다수 존재한다.

혁신과 기업가 정신은 강력한 재산권 보호를 필요로 한다

강력한 법적 재산권 보호는 혁신, 기업가 정신, 그리고 궁극적으로 경제 성장을 촉진하는 기업 환경을 조성하기 위한 또 다른 필수 요건이다.[8] 개인과 기업은 혁신적인 아이디어를 통해 이익을 얻을 기회를 보장받아야 한다. 재산권 보호가 약하면 기업과 개인은 자신들의 혁신적 노력에서 발생한 이윤이 범죄 조직이나 국가에 의해 수탈될 위험에 처하게 된다. 국가는 법적 수단(과도한 과세) 또는 불법적 수단(예: 특정 지역에서 사업을 할 수 있도록 허가를 내주는 대가로 관료들이 뇌물을 요구하는 형태의 부패)을 통해 혁신으로부터 발생한 이익을 착취할 수 있다. 노벨 경제학상 수상자인 Douglass North에 따르면, 역사적으로 많은 정부가 이러한 행태를 보이는 경향이 있었다.[9] 재산권이 제대로 보호되지 않으면 혁신과 기업가 정신을 추구할 유인이 줄어들게 된다. 이는 혁신으로 인한 이익이 '도난당하는' 것이나 다름없기 때문이며, 결과적으로 경제 성장률이 저하된다.

영향력 있는 페루 출신 개발 경제학자인 Hernando de Soto는 재산권이 보다 명확하게 정의되고 보호받기 전까지는 개발도상국의 많은 국가들이 자본주의의 혜택을 누리지 못할 것이라고 주장했다.[10] de Soto의 주장은 흥미로운데, 그는 핵심적인 문제가 수탈의 위험이 아니라, 재산권을 보유한 사람들이 자신의 재산에 대해 법적으로 인정받을 권리를 확보하는 것 자체가 극도로 어렵다는 점에 있다고 본다. 예를 들어, 아이티에서는 개인이 토지를 법적으로 소유하기까지 176단계를 거쳐야 하며, 이 과정에만 19년이 걸린다고 한다. 많은 저소득 국가에서 재산은 비공식적으로 '소유'되고 있으며, 법적으로 소유권을 증명할 수 있는 문서가 없기 때문에 재산 보유자들은 자신의 자산을 자본으로 전환할 수 없다. 이러한 자본은 원래 사업 자금을 조달하는 데 활용될 수 있어야 하지만, 은행들은 가난한 사람들이 자신이 소유한 재산(예: 농지)에 대한 법적 증명이 없기 때문에 이를 담보로 대출을 해 주지 않는다. de Soto의 계산에 따르면, 2000년 기준으로 제3세계 국가 및 구공산권 국가에서 빈곤층이 보유한 부동산의 총가치는 9조 3천억 달러 이상에 달했다. 만약 이러한 자산을 자본으로 전환할 수 있다면, 빈곤층이 스스로 빈곤에서 벗어날 수 있도록 돕는 경제적 혁명이 가능해질 것이다. 흥미롭게도, 중국은 de Soto의 주장을 받아들인 것으로 보인다. 여전히 명목상 공산주의 국가이지만, 중국 정부는 2007년 10월, 민간 재산 소유자에게 국가와 동일한 권리를 부여하는 법을 통과시켰다. 이는 도시 및 농촌 지역의 토지 소유자들이 자신이 사용하는 토지에 대한 권리를 크게 개선한 중요한 조치였다(관련 내용은 'COUNTRY FOCUS'에서 다룬다).

요구되는 정치 시스템

어떤 정치 시스템이 시장 경제를 원활하게 운영하고 강력한 재산권 보호를 보장하는 데 가장 적합한지에 대한 논쟁은 지속되고 있다.[11] 서구 국가들은 일반적으로 대의 민주주의를 시장 경제, 강력한 재산권 보호, 그리고 경제 발전과 연관 짓는 경향이 있다. 이러한 관점에서 민주주의가 경제 성장에 유리하다는 주장이 자주 제기된다. 그러나 일부 전체주의 국가들도 시장 경제와 강력한 재산권 보호를 기반으로 빠른 경제 성장을 이룬 사례가 있다. 지난 40년 동안 세계에서 매우 빠르게 성장한 다섯 개 국가인 중국, 한국, 대만, 싱가포르, 홍콩은 경제 성장의 초기 단계에서 비민주

COUNTRY FOCUS

중국의 재산권

2007년 10월 1일, 중국에서 새로운 재산권법이 시행되면서 도시 및 농촌 지역의 토지 소유자들에게 보다 안정적인 재산권이 부여되었다. 이 법은 지난 30년 동안 중국 경제가 중앙 계획 경제에서 혼합 경제로 전환되면서, 경제 활동의 3분의 2가 민간 기업의 손에 의해 이루어지는 현실을 반영한 조치였다.

그러나 중국 내 모든 토지는 여전히 법적으로 국가 소유로 남아 있다. 이는 마르크스주의를 이념적으로 따르는 중국 정부의 체제상 필수적인 요소였다. 다만, 도시 지역의 토지 소유자는 40년에서 70년간의 사용권을, 농촌 지역의 농민들은 30년간의 사용권을 부여받았다. 그러나 법적 소유권 증명서가 없었기 때문에, 토지 소유자들은 국가의 결정에 따라 언제든 토지를 잃을 위험에 처해 있었다. 특히, 주택 및 공장 건설을 위한 대규모 농촌 토지 수용으로 인해 수백만 명의 농민이 토지를 잃었으며, 이들 중 상당수는 적절한 보상을 받지 못한 채 도시로 유입되어 빈곤층을 형성했다. 도시와 농촌을 막론하고 재산권 및 토지 분쟁은 사회적 불안을 초래하는 주요 원인이 되었다. 중국 정부 자료에 따르면, 2006년 한 해 동안 약 23,000건의 '대규모 사회적 소요'가 발생했으며, 그중 상당수가 재산권 분쟁과 관련된 것이었다.

2007년 재산권법은 이념적 이유로 반대한 공산당 내 좌파 세력의 저항으로 인해 14년간 논의된 끝에 제정되었다. 이 법은 도시 및 농촌 지역의 토지 사용자가 30년에서 70년의 사용 기간이 만료된 후에도 자동으로 갱신할 권리를 보장했다. 또한, 국가가 다른 용도로 토지를 사용해야 할 경우, 토지 사용자에게 공정한 보상을 제공할 것을 명시했으며, 개인의 재산이 국가 재산과 동일한 법적 보호를 받도록 규정했다. 이 법은 2004년 개정된 중국 헌법의 "개인 재산은 침해 받아서는 안 된다"는 조항과 결합되어, 중국 내 재산권 보호를 상당히 강화하는 계기가 되었다.

그럼에도 불구하고, 이 법안에는 여전히 한계가 존재한다. 가장 큰 문제는 농민들이 자신이 경작하는 토지를 자유롭게 사고 팔 수 있는 시장 거래권을 부여 받지 못했다는 점이다. 만약 농민들이 토지를 매매할 수 있다면, 수천만 명의 저소득층이 보다 생산적인 일자리를 찾아 이동할 기회를 얻을 수 있으며, 남아 있는 농민들은 더 넓은 경작지를 확보하여 보다 효율적으로 농업을 운영할 수 있을 것이다. 또한, 농민들은 자신이 소유한 토지를 담보로 대출을 받아 생산성을 향상시키기 위한 투자 자금을 마련할 수도 있다.

이러한 한계를 인식한 중국 공산당은 2016년 재산권 보호를 더욱 강화하기 위한 지침을 발표했으며, 여기에는 법적 재산권 보호를 보다 철저히 시행하는 방안이 포함되었다. 그러나 여전히 추가적인 보호 조치가 필요하다. 중국 기업과 주민들은 미흡한 재산권 보호로 인해 지속적으로 어려움을 겪고 있으며, 새로운 개발 프로젝트를 위해 강제 퇴거를 당하거나, 특허 및 저작권 침해가 빈번하게 발생하면서 심각한 경쟁 압박에 직면하고 있다. 이 새로운 지침이 실질적인 변화를 가져올지는 아직 불확실하다.

Sources: "China's Next Revolution—Property Rights in China," *The Economist*, March 10, 2007, p. 11; "Caught between the Right and Left," *The Economist*, March 10, 2007, pp. 25–27; Z. Keliang and L. Ping, "Rural Land Rights under the PRC Property Law," *China Law and Practice*, November 2007, pp. 10–15; S. Hsu, "China Is Finally Improving Property Rights Protection," *Forbes*, November 30, 2016.

적인 정부를 유지했다는 공통점이 있다. 반면, 안정적인 민주주의 정부를 유지한 인도와 같은 국가는 오랫동안 경제 성장 부진을 겪었다. 1992년, 싱가포르의 지도자로 오랫동안 재임했던 Lee Kuan Yew는 대중 연설에서 다음과 같이 말했다. "나는 민주주의가 반드시 발전을 가져온다고 믿지 않습니다. 한 나라가 민주주의보다 더 필요한 것은 '규율'입니다. 민주주의의 과도한 자유는 무질서한 행동을 유발하며, 이는 발전에 해롭습니다."[12]

그러나 전체주의 정권의 가치를 옹호하는 사람들은 중요한 한 가지 사실을 간과하고 있다. 만약 독재 체제가 국가를 부유하게 만든다면, 1960년부터 1990년 사이 아프리카, 아시아, 라틴 아메리카 대부분의 국가들이 빠른 경제 성장을 이루었어야 하지만, 실제로는 그렇지 않았다. 시장 경제를 도입하고 강력한 재산권 보호를 보장하는 전체주의 정권만이 경제 성장을 촉진할 수 있다. 그러나 독재 체제가 지속적으로 이러한 진보적인 정책을 유지할 것이라는 보장은 없다. 대부분의 독재자는 선의의 지도자가 아니다. 많은 독재자는 국가 기구를 사적으로 이용하여 권력을 유지하고, 개인적인 이익을 추구하며, 재산권을 침해하고, 결국 경제 성장을 저해하는 유혹에 빠지게 된다. 이러한 경향을 고려할 때, 장기적인 경제 성장에 있어서는 민주주의 체제가 독재 정권보다 훨씬 더 유리할 가능성이 크다. 비록 일부 독재 정권이 일정 기간 경제 성장을 달성할 수는 있지만, 진정으로 안정적인 재산권 보호는 성숙한 민주주의 체제에서만 가능하다.[13] 또한, 앞서 살펴본 Amartya Sen의 주장을 잊어서는 안 된다. 전체주의 국가는 인간의 자유를 제한함으로써 인간 발전을 저해하며, 이는 궁극적으로 경제 발전에도 해로운 영향을 미친다.

경제 발전과 민주주의의 관계

민주주의가 재산권이 보호되는 시장 경제의 필수 전제 조건은 아닐 수 있지만, 경제 성장이 이루어진 후에는 민주주의 체제가 확립되는 경우가 많다. 예를 들어, 한국과 대만을 포함한 아시아의 몇몇 고속 성장 경제권 국가들은 지난 30년 동안 보다 민주적인 정부 체제를 도입했다. 따라서 민주주의가 반드시 초기 경제 발전의 원인은 아닐 수 있지만, 경제 발전의 결과로 민주주의가 정착되는 경향이 강하다고 볼 수 있다.

경제 발전이 민주주의로 이어진다는 강한 믿음은, 많은 서구 정부들이 중국의 인권 침해에 대해 비교적 관대한 태도를 보이는 근거가 되고 있다. 중국은 전체주의 정부 아래에서 인권 침해가 발생하고 있지만, 서구 국가들은 이를 지나치게 비판하는 데 조심스러운 입장을 취해 왔다. 이는 과도한 비판이 중국의 시장 경제로의 전환을 저해할 수 있다는 우려 때문이다. 서구 국가들은 중국이 자유 시장 경제를 확립하면, 더 큰 개인적 자유와 민주주의가 뒤따를 것이라고 믿고 있다. 그러나 이러한 낙관적인 전망이 현실이 될지는 아직 확실하지 않다.

지리적 요인과 경제 발전

한 국가의 정치 및 경제 시스템이 경제 발전의 주요 원동력이라는 점에는 이견이 없지만, 이 외에도 중요한 요인들이 존재한다. 그중 하나로 지리적 요인이 주목받고 있다.[14] 지리적 요인이 경제 정책에 영향을 미치고, 나아가 경제 성장률에도 영향을 줄 수 있다는 견해는 Adam Smith 시절부터 제기되어 왔다. 영향력 있는 경제학자인 Jeffrey Sachs는 이에 대해 다음과 같이 주장한다.

> 역사적으로 해안 국가들은 오랜 국제 무역의 경험을 통해 시장 경제 제도를 더욱 지지하는 경향을 보여 왔다. 반면, 내륙 국가들은 중앙 집권적이며, 종종 군사화된 사회 구조를 갖추는 경우가 많았다. 산악 지형을 가진 국가는 물리적 고립으로 인해 시장 기반의 무역을 소홀히 하는 경향이 있었다. 또한, 온대 기후 지역은 일반적으로 인구 밀도가 높아 노동 분업이 더욱 활성화되는 반면, 열대 지역은 이러한 경제적 구조를 발전시키기 어려운 경향이 있었다.[15]

Sachs는 지리적 요건이 유리한 사회일수록 무역에 적극적으로 참여할 가능성이 높으며, 따라서 시장 기반 경제 시스템을 받아들이고 발전시킬 가능성이 크다, 그리고 이는 더 빠른 경제 성장을 촉진할 수 있다고 주장한다. 그는 또한, 한 국가가 어떤 경제 및 정치 제도를 채택하든, 불리한 지리적 조건은 경제 발전에 부정적인 영향을 미칠 수 있다고 강조한다. 예를 들어, 열대 지역에서 흔히 나타나는 높은 질병률, 척박한 토양, 가혹한 기후 조건은 경제 발전을 저해하는 요인이 될 수 있다. 하버드 국제개발연구소(Harvard's Institute for International Development) 동료들과 함께 진행한 연구에서, Sachs는 1965년부터 1990년까지 국가별 경제 성장률에 대한 지리적 요인의 영향을 분석했다. 연구 결과, 내륙 국가의 경제 성장률이 해안 국가보다 느리며, 국가가 완전히 내륙에 위치할 경우 연간 성장률이 약 0.7% 감소하는 경향이 나타났다. 또한, 열대 지역 국가들의 경제 성장률이 온대 지역 국가보다 연평균 1.3% 낮았다는 사실도 밝혀졌다.

교육, 인구 구조, 그리고 경제 발전

교육과 인구 구조 또한 경제 발전을 결정짓는 주요 요인이며, 이는 Amartya Sen이 강조한 바 있다. 일반적으로 교육에 더 많이 투자하는 국가일수록 경제 성장률이 높다는 주장이 제기된다. 이는 교육이 본질적으로 인적 자본에 대한 투자이며, 교육 수준이 높은 인구가 더 높은 생산성을 발휘하기 때문이다. 여러 사례를 비교해 보면 이러한 주장이 타당하다는 것을 알 수 있다. 1960년 당시, 파키스탄과 한국은 경제적으로 비슷한 수준에 있었지만, 당시 초등학교 취학률은 파키스탄이 30%에 불과했던 반면, 한국은 94%에 달했다. 그 결과, 1980년대 중반에는 한국의 1인당 국민총생산(GNP)이 파키스탄의 세 배 수준으로 증가했다.[16] 또한, 14개의 통계 연구를 종합 분석한 결과, 교육 투자와 경제 성장률 간에는 긍정적이고 통계적으로 유의미한 상관관계가 있는 것으로 나타났다.[17] 앞서 언급된 Jeffrey Sachs의 연구에서도 이와 유사한 결론이 도출되었다. 동남아시아 국가들, 예를 들어 인도네시아, 말레이시아, 싱가포르 등은 열대 지역이라는 지리적 불리함을 극복하고 빠른 경제 성장을 이룰 수 있었는데, 이는 교육에 대한 적극적인 투자가 주요 요인 중 하나로 작용했기 때문이라는 것이다.

경제학자들은 기본적인 인구 구조 또한 경제 성장률을 결정하는 중요한 요인이라고 주장한다. 한 국가가 기업가 정신과 혁신을 촉진하는 제도를 갖추고 있다고 가정할 때, 젊고 성장하는 인구를 가진 국가가 고령화되고 정체된 인구를 가진 국가보다 더 높은 성장 잠재력을 가진다.[18] 인구가 증가하면 노동 공급이 확대되며, 젊은 근로자들은 고령층보다 소비 성향이 높아 상품과 서비스에 대한 수요를 증가시킨다. 반면, 고령화가 진행된 국가에서는 일하는 인구가 줄어드는 동시에 연금과 복지 지출이 증가하며, 정부 재정에 부담을 가중시킨다. 1970년대와 1980년대 일본은 세계에서 가장 역동적인 경제였지만, 출산율 저하와 인구 고령화로 인해 21세기 들어 경제 성장 둔화를 겪고 있다. 반면, 베트남은 시장 기반 경제 개혁, 국제 무역 개방, 그리고 인구 증가가 맞물리면서 강한 경제 성장을 이루었다(OPINING CASE 참조).

향후 출산율 저하와 인구 고령화는 중국, 독일, 미국을 포함한 세계 주요 경제국에서 노동력 부족과 경제 성장 둔화를 초래할 가능성이 있다. 중국의 인구는 2022년을 정점으로 감소세에 접어들었다. 2020년 기준, 중국의 여성 1인당 출산율은 1.28명으로, 인구를 안정적으로 유지하는 데 필요한 2.1명보다 훨씬 낮았다. 출산율 감소로 인해 일부 인구학자들은 세기 말까지 중국의 인구가 40% 감소할 가능성이 있으며, 이는 경제 성장률을 크게 둔화시킬 것이라고 전망하고 있다. 출산율 감소 문제를 해결하는 한 가지 방법은 고령화가 진행 중인 국가들이 더 많은 이민을 허용하는 것이다. 예를 들어, 폴란드는 2014년부터 우크라이나 출신 이민을 증가시키는 정책을 시행했으며, 이는 노동력 부족 문제를 해결하기 위한 전략적 조치였다. (특히 2022년 2월 이후 우크라이나 전쟁으로 인해 난민들이 대거 유입되면서 이민율이 더욱 증가했다.) 마찬가지로, 미국에서는 이민이 인구 증가를 유지하는 주요 요인으로 작용하고 있다. 미국 내 출생률은 21세기 초부터 인구 유지에 필요한 수준을 밑돌고 있지만, 지속적인 이민 유입이 이를 보완하고 있다. 그러나 이민 정책은 정치적 논란을 불러일으킬 수 있으며, 여러 국가에서 반대에 직면하고 있다.예를 들어, 일본은 극도로 낮은 출산율로 인해 향후 40년 동안 인구가 30% 감소할 것으로 예상되지만, 여전히 강력한 이민 제한 정책을 유지하고 있다.

전환기에 있는 국가

[학습 목표 2] 전 세계에서 발생하는 거시 정치적 및 거시 경제적 변화를 식별한다.

1980년대 후반 이후, 세계 각국의 정치 경제 체제는 큰 변화를 겪었다. 이러한 변화에서 세 가지 주요 흐름이 두드러진다. 첫째, 1980년대 후반과 1990년대 초반에 걸쳐 민주화 혁명의 물결이 전 세계를 휩쓸었다. 많은 전체주의 정부가 붕괴하고, 민주적으로 선출된 정부가 들어서면서 자유 시장 자본주의에 대한 지지가 이전보다 강해졌다. 둘째, 같은 시기 동안 더 많은 국가들이 중앙 계획 경제 및 혼합 경제 체제에서 벗어나 자유 시장 경제 모델로 전환하는 경향을 보였다. 셋째, 앞선 두 가지 흐름과는 반대로, 2005년 이후 일부 국가들은 다시 권위주의 체제로 회귀하는 모습을 보이고 있다. 특히 국제 무역 분야에서 보호주의가 다시 확산되면서, 자유 시장 경제 모델에서 후퇴하는 조짐을 보이는 국가들도 있다.

민주주의의 확산

지난 30년 동안 민주주의 정치 제도의 확산(그리고 그에 따른 전체주의의 쇠퇴)은 중요한 변화 중 하나였다. 지도 3-5는 Freedom House가 평가한 2022년 세계 각국의 정치적 자유 수준을 보여 준다.[19] 이 지도에서는 국가들을 세 가지 범주로 분류하고 있다. '자유로운' 국가에서는 시민들이 높은 수준의 정치적·시민적 자유를 누린다. '부분적으로 자유로운' 국가는 정치적 권리와 시민적 자유가 일부 제한된 국가로, 부패, 법치의 약화, 민족 갈등, 내전 등의 문제가 동반되는 경우가 많다. '자유롭지 않은' 국가에서는 정치적 과정이 강하게 통제되며, 기본적인 자유가 보장되지 않는다.

Freedom House에 따르면, 2022년 기준으로 83개국이 '자유로운 국가'로 분류되었으며, 이는 전 세계 국가의 약 43%에 해당한다. 이들 국가에서는 광범위한 정치적 권리가 보장된다. 또한, 56개국

지도 3-5 2022년 세계 자유도

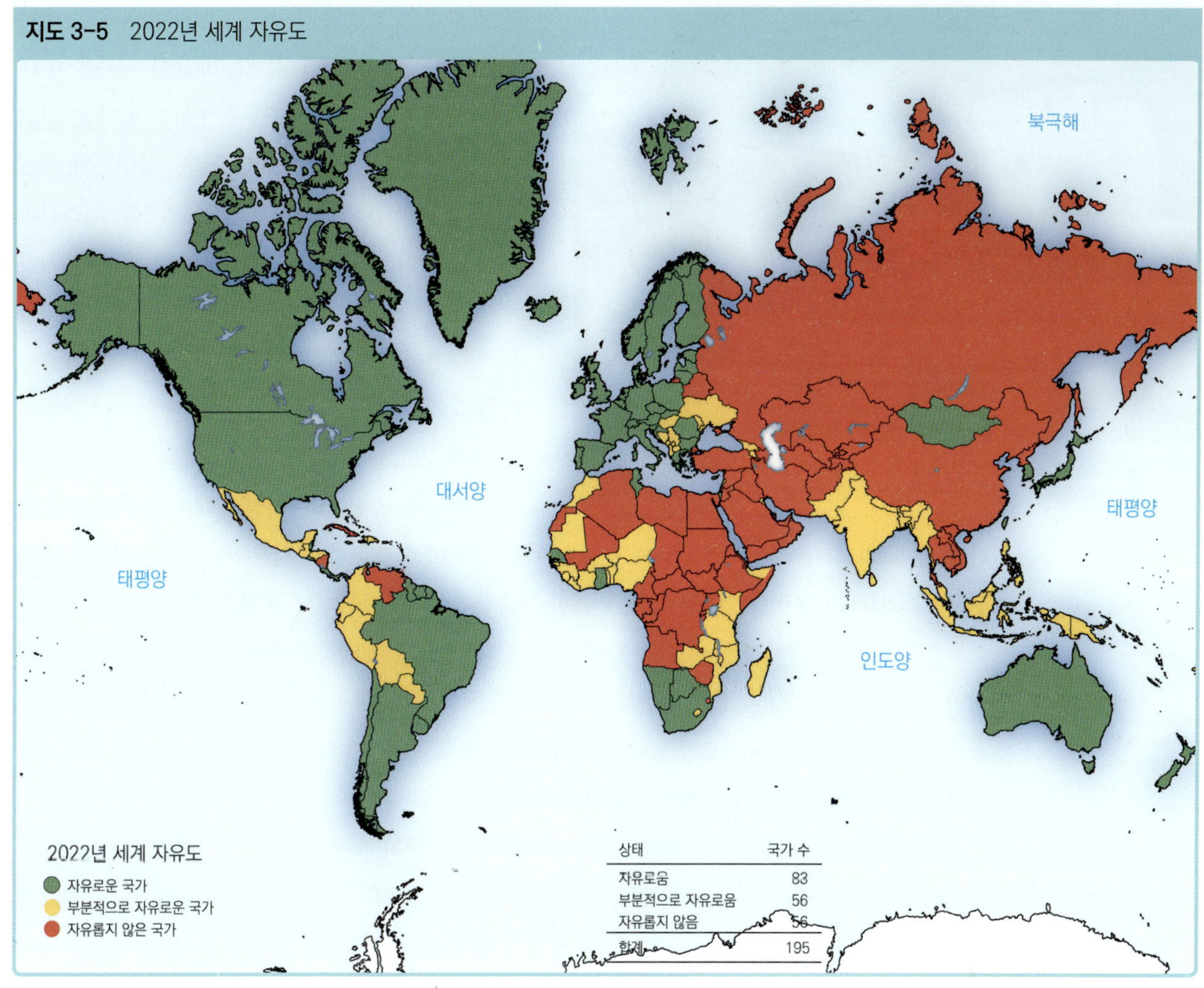

Source: Freedom House, 2022, https://freedomhouse.org/explore-the-map?type=fiw&year=2022.

(약 29%)은 '부분적으로 자유로운 국가'로 분류되었으며, 정치적 권리와 시민적 자유에 일부 제한이 있는 국가들이다. 나머지 56개국(약 29%)은 '자유롭지 않은 국가'로 평가되었으며, 정치적 과정이 강하게 통제되고, 기본적인 자유가 보장되지 않는 국가들이다.

새롭게 민주주의를 도입한 국가들은 동유럽과 라틴 아메리카에서 많이 찾아볼 수 있으며, 같은 기간 동안 남아프리카공화국과 나이지리아를 포함한 아프리카 지역에서도 중요한 민주화 성과가 나타났다. 지난 30년 동안 민주주의 국가로 전환한 사례로는 멕시코, 세네갈, 나이지리아 등이 있다. 멕시코는 1997년과 1998년의 자유롭고 공정한 의회 및 주(州) 선거에 이어 2000년 최초로 완전한 자유 선거를 통한 대통령 선거를 실시했다. 세네갈에서는 자유롭고 공정한 대통령 선거가 이루어졌으며, 평화적인 정권 교체가 이루어졌다. 나이지리아에서는 2015년 최초로 야당이 선거에서 승리했으며, 권력이 평화적으로 이양되었다.

민주주의가 확산된 주요 이유는 세 가지로 요약할 수 있다.[20] 첫째, 많은 전체주의 정권이 국민 대다수에게 경제적 발전을 제공하는 데 실패했다. 예를 들어, 동유럽 공산주의 체제의 붕괴는 서방의 활기차고 부유한 경제와 공산주의 동유럽의 침체된 경제 간의 격차가 점점 커지면서 촉진되었

Anadolu Agency/Getty Images

유권자들이 나이지리아 라고스 시의 선거센터 앞에서 줄을 서서 기다리고 있다.

다. 사회주의 모델의 대안을 모색하던 동유럽 국가들의 국민들은, 강력한 경제를 보유한 국가들이 대부분 대의 민주주의 체제를 운영하고 있다는 사실을 인지하지 않을 수 없었다. 오늘날 폴란드와 체코(구 체코 공화국) 같은 구 공산권 국가들, 필리핀과 대만 같은 아시아 국가들, 칠레 같은 라틴 아메리카 국가들이 민주주의를 도입한 후 경제적으로 성공을 거두면서, 민주주의가 경제 발전의 핵심 요소라는 주장이 더욱 강화되었다.

둘째, 새로운 정보 및 통신 기술의 발전이 민주주의 확산을 촉진했다. 위성 텔레비전, 데스크톱 출판 기술, 그리고 가장 중요한 인터넷과 소셜 미디어의 발전은 국가가 검열 되지 않은 정보에 대한 접근을 통제하는 능력을 약화시켰다. 이러한 기술들은 자유 사회에서 생성된 민주주의 이념과 정보를 보다 쉽게 확산시키는 새로운 경로를 제공했다. 오늘날 인터넷을 통해 민주주의 이념이 폐쇄적인 사회로 전례 없이 깊숙이 침투하고 있다.[21] 예를 들어, 2011년 이집트 반정부 시위는 페이스북과 트위터를 활용하여 대규모 인원을 신속하게 조직하고 행동을 조율한 젊은이들에 의해 주도되었으며, 결국 이 시위는 이집트 정부의 붕괴로 이어졌다.

셋째, 많은 국가에서 경제 발전이 이루어지면서 중산층과 노동 계층이 성장하였고, 이들이 민주주의 개혁을 요구하는 중요한 세력이 되었다. 이러한 흐름은 한국의 민주화 과정에서도 중요한 역할을 했다. 또한, 자신의 재산권 보호와 공정한 계약 집행을 원했던 기업가 및 경제 지도층 역시 책임감 있고 개방적인 정부를 요구하는 또 다른 중요한 세력으로 작용했다.

1980년대 후반 민주화 혁명 이후 민주주의 제도가 전 세계적으로 확산되었지만, 2005년 이후 많은 국가들이 다시 권위주의적 정부 형태로 회귀하는 경향을 보이고 있다고 Freedom House는 지적하고 있다. 1988년부터 2005년까지 '자유롭지 않은' 국가의 비율은 37%에서 23%로 감소했으며, '자유로운' 국가의 비율은 36%에서 46%로 증가했다. 그러나 2005년부터 2022년까지 '자유롭지 않은' 국가의 비율은 29%로 다시 증가한 반면, '자유로운' 국가의 비율은 43%로 감소했다. 2005년 이후 26개국이 민주주의 수준이 낮아지는 방향으로 변화했다. 이들 국가 중 상당수는 1988년~1990년 전 세계적인 민주화 물결로 인해 혜택을 받았지만, 이후 점진적으로 권위주의 체제로 회귀했다. 일반적으로, 이러한 국가들에서는 선거가 공정성을 잃었으며, 표현의 자유와 결사의 자유를 포함한 시민적 자유가 제한되었다. 또한, 독립 언론이 탄압 또는 억압되었으며, 야당 정치 활동도 제한을 받았다.

튀르키예의 경우, 2014년 Recep Tayyip Erdogan이 대통령으로 선출된 이후 권위주의적 통치가 강화되었다. 특히 2016년 발생한 쿠데타 시도를 계기로 Erdogan은 국가에 대한 통제를 더욱 강화하고 대통령 권력을 공고히 했다. 야당 정치인들이 종종 불분명한 혐의로 체포 및 수감되었으며, 정부를 비판한 언론인과 소셜 미디어 이용자들도 자주 체포 및 유죄 판결을 받았다. 또한, 100년 된 법률을 근거로 '대통령 모독죄'를 적용한 기소 건수가 급증했다. 2017년에는 해당 혐의로 기소된 사람이 6,000명을 넘었으며, 이는 이전과 비교해 거의 전례 없는 수준이었다. 같은 해, Erdogan은 대통령의 권한을 확대하는 내용의 개헌 국민 투표를 실시했으며, 51.4% 대 48.6%의 근소한 차이로 승리했다. 개헌을 통해 대통령이 의회의 승인 없이 판사 및 내각 구성원을 임명하고, 부처를 신설 및 규제하며, 예산을 편성하고 공무원을 임명·해임할 수 있는 권한을 갖게 되었다. 또한, 이 개헌으로 인해 에르도안은 추가로 세 번 더 출마할 수 있게 되었다. 물론, 국민 투표를 통해 이러한 권한이 민주적으로 부여되었다는 점은 사실이지만, 비판가들은 튀르키예가 '일인 통치' 체제로 이동하고 있으며, 국민들이 근소한 차이로 민주주의를 스스로 포기한 셈이라고 주장하고 있다. 현재 Freedom House는 튀르키예를 '자유롭지 않은' 국가로 분류하고 있다.

튀르키예와 마찬가지로, 최근 몇 년 동안 여러 국가에서 정치적·시민적 자유가 점진적으로 제한되면서 권위주의가 확산되고 있다. 이러한 경향은 러시아, 우크라이나, 인도네시아, 에콰도르, 베네수엘라 등에서도 뚜렷하게 나타나고 있다. 러시아는 점점 더 권위주의적인 국가로 변모하고 있으며, 2014년 우크라이나로부터 크림 반도를 강제 합병하고, 우크라이나 동부의 친러 반군을 적극적으로 지원했다. 또한 2022년 2월에는 우크라이나를 전면 침공했으나, 당시 기준으로 전쟁이 교착 상태에 빠진 것으로 보인다. 한편, 리비아는 민주주의가 정착될 가능성이 있었지만, 결국 무정부 상태에 빠졌다. 이집트에서는 짧은 민주주의 실험 이후 군부가 개입하여 Mohamed Morsi 정부를 축출했다. 이는 Morsi와 그가 속한 무슬림 형제단(Muslim Brotherhood)이 자체적인 권위주의적 경향을 보였기 때문이었다. 그러나 군부가 지원하는 새로운 정부 또한 권위주의적인 통치를 이어갔으며, 2011년 혁명 이후 이루어진 민주주의적 진전의 상당 부분을 사실상 되돌렸다. Freedom House는 Donald Trump 행정부 시기 미국이 전통적으로 수행해 온 민주주의 및 인권 보호 촉진 역할에서 한 걸음 물러선 것에 대해 우려를 표명했다. 이는 역사적으로 미국이 민주주의 이념 확산에 중요한 역할을 해 왔다는 점에서 심각한 문제로 인식되었다.[22]

신세계 질서와 다극 체제로의 진화

냉전이 끝나고 동유럽 및 구소련에서 공산주의가 붕괴하면서 새로운 세계 질서가 등장했다. 여기에 더해 라틴 아메리카에서 많은 권위주의 정권이 몰락하면서, 세계 지정학의 미래에 대한 다양한 전망과 논쟁이 활발해졌다. 30년 전 출간된 영향력 있는 저서에서 Francis Fukuyama는 다음과 같이 주장했다. "우리는 역사의 종말을 목격하고 있을지도 모릅니다. 즉, 인류의 이념적 발전이 끝나고, 서구 자유 민주주의가 인간 정부의 최종 형태로 보편화되는 시점에 도달했습니다."[23] Fukuyama는 이어서 이념 간의 전쟁이 끝났으며, 결국 자유 민주주의가 승리했다고 주장했다.

많은 사람들은 민주주의 체제와 자유 시장 자본주의로 대표되는 보편적 문명이 지배하는 조화로운 세계라는 Fukuyama의 비전에 대해 의문을 제기했다. 이에 반해, 영향력 있는 정치학자였던 Samuel Huntington은 논란이 된 저서에서 서구 자유 민주주의 이념이 보편적으로 받아들여진 '보편' 문명은 존재하지 않는다고 주장했다.[24] Huntington은 많은 사회가 현대화 과정을 겪고 있음에도, 그것이 서구화를 의미하는 것은 아니라고 보았다. 그의 주장에 따르면, 비서구 사회에서의 현대화는 오히려 전통으로의 회귀를 초래할 수 있으며, 실제로 많은 이슬람 국가에서는 이슬람 문화와 종교적 전통이 다시 강하게 부활하고 있다. 그는 다음과 같이 썼다.

> 이슬람 부흥은 현대화의 결과이자, 동시에 현대화에 적응하려는 노력의 일환입니다. 비서구 사회에서 토착화 경향을 유발하는 주요 요인에는 다음과 같은 것들이 있습니다. 도시화, 사회 이동, 높아진 문해율과 교육 수준, 강화된 커뮤니케이션과 미디어 소비, 서구 및 타 문화와의 교류 확대. 이러한 변화들은 전통적인 마을 공동체와 씨족 간 유대를 약화시키며, 소외감과 정체성 위기를 초래합니다. 이슬람주의의 상징, 신념, 가치가 이러한 심리적 필요를 충족시키며, 이슬람 복지 단체는 현대화 과정에서 혼란을 겪는 무슬림들에게 사회적·문화적·경제적 지원을 제공합니다. 결국, 이슬람 사회에서는 현대화를 추진하는 과정에서 방향성을 설정하고 동력을 제공하기 위해 이슬람 사상, 관습, 제도로 회귀하려는 경향이 나타나고 있습니다.[25]

따라서, 이슬람 근본주의의 부상은 현대화로 인해 초래된 소외감에 대한 반응으로 설명될 수 있다.

Fukuyama와 달리, Huntington은 세계가 서로 다른 문명권으로 분열되어 있으며, 각 문명은 고유한 가치 체계와 이념을 가지고 있다고 보았다. 그는 서구와 이슬람 간의 충돌, 그리고 서구와 중국 간의 충돌을 예측했다. 초기에는 Huntington의 이론을 회의적으로 바라보는 시각도 많았지만, 2001년 9월 11일 미국에서 발생한 테러 공격 이후 그의 주장이 다시 주목받기 시작했다. 또한, 2014~2015년 시리아와 이라크에서 극단주의 무장 단체 이슬람 국가(ISIS)가 급부상하면서 Huntington의 논의가 다시 조명되었다. 뿐만 아니라, 국제 무대에서 중국이 더욱 적극적으로 영향력을 행사하면서 서구와 중국 간 긴장이 고조되고 있으며, 2022년 러시아의 우크라이나 침공 이후 서구와 러시아 간의 갈등이 심화되면서 Huntington의 예측이 다시 관심을 받고 있다.

ISIS 전투원들은 냉전 이후 세계에서 글로벌 테러리즘이 부상한 대표적인 상징적 존재이다.

만약 Huntington의 주장이 부분적으로라도 타당하다면, 이는 국제 비즈니스에 중요한 시사점을 제공한다. 그의 이론에 따르면, 일부 국가들은 폭력적인 분쟁이 만연하거나, 특정 문명권이 기업의 본국과 갈등을 겪고 있기 때문에 비즈니스를 하기 어렵거나 위험한 환경일 수 있다. 예를 들어, 2022년 러시아의 우크라이나 침공 이후, 서구의 대러시아 제재를 준수하기 위해 많은 서구 기업들이 러시아에서 철수해야 했으며, 이 과정에서 수십억 달러에 달하는 누적 투자금을 손실했다. 비슷한 상황은 중국이 대만을 독립 국가가 아닌 반란을 일으킨 자국의 한 지방으로 간주하며 군사적 행동을 개시할 경우에도 발생할 수 있다. 만약 중국이 대만을 침공한다면, 그로 인한 갈등은 서방 기업들이 중국 본토에서 수십 년간 쌓아온 투자 자산을 위험에 빠뜨릴 가능성이 크다.

Huntington의 주장은 가설적이며 논란의 여지가 많다. 그가 예측한 극단적인 시나리오가 현실화될 가능성보다는, 다극화된 세계가 점진적으로 형성될 가능성이 더 크다. 이러한 다극적 세계는 Fukuyama가 주장한 자유 민주주의 이념을 기반으로 한 보편적 세계 질서와, Huntington이 예측한 분열된 세계 사이 어딘가에 위치할 것으로 보인다. 주요 국가들 중에서 중국, 인도, 러시아는 오랫동안 지속된 서구의 경제·정치적 지배에 맞서 영향력을 확대하려 하고 있다. 이들 국가는 서구에 종속되기를 원하지 않으며, 각국의 국익이 서구의 이해관계와 항상 일치하지 않는다고 보고 있다. 결과적으로, 이와 같은 다극적 세계 질서 속에서 국제 기업들이 국경을 넘어 운영하는 과정에서 직면하는 위험은 더욱 증가할 것으로 보인다.

Huntington의 이론에 따르면, 전 세계적 테러리즘은 문명 간의 긴장과 가치관·이념의 충돌에서 비롯된 현상이다. 알카에다(al-Qaeda)와 ISIS(이슬람 국가)가 저지른 테러 공격들은 이러한 관점을 뒷받침하는 사례로 볼 수 있다. 그러나 일부 학자들은 테러리즘이 해결되지 않는 장기적인 분쟁에서 기원한다고 주장한다. 대표적인 예로, 팔레스타인 분쟁, 카슈미르 분쟁, 북아일랜드 분쟁 등이 있다. 또한, 2000년대 이라크에서 활동한 알카에다 계열 조직과, 최근 이라크 및 시리아에서 활동한 ISIS의 테러 행위는 이슬람 내 수니파와 시아파 간의 급진적인 종파 갈등 과도 밀접한 관련이 있다. 더 나아가, 콜롬비아와 같은 일부 지역에서는 테러 활동이 불법 마약 거래와 결합되어 있는 경우도 많다. 미국 전 국무장관 Colin Powell은 "테러리즘은 21세기 세계 평화와 경제 발전에 대한 주요 위협 중 하나"라고 경고한 바 있다.[26]

시장 기반 경제 시스템의 확산

1980년대 이후 민주주의 확산과 함께 중앙 계획 경제에서 시장 기반 경제로의 전환이 진행되었다. 구소련 및 동유럽 공산권에 속했던 30개 이상의 국가가 경제 체제를 변경했으며, 현재 경제 개혁이 진행 중인 국가 목록에는 중국과 베트남과 같은 아시아 국가뿐만 아니라, 앙골라, 에티오피아, 모잠비크와 같은 아프리카 국가들도 포함된다.[27] 이와 동시에, 혼합 경제에서의 이탈도 이루어지고 있다. 아시아, 라틴 아메리카, 서유럽의 많은 국가들은 국영 기업을 민간 투자자들에게 매각(민영화)하고, 경제를 규제 완화하여 경쟁을 촉진하는 방향으로 나아가고 있다. 이들 국가들은 여전히 혼합 경제의 요소를 유지하고 있지만, 경제 스펙트럼에서 자유 시장 경제 쪽으로 점진적으로 이동하고 있다.

전 세계적으로 경제 체제 전환의 이유는 동일했다. 일반적으로, 국가 소유가 크고 가격 규제가 강한 중앙 계획 경제 및 혼합 경제는 지속적인 경제 성장을 달성하는 데 실패했다. 반면, 미국, 스위스, 홍콩, 대만과 같이 시장 기반 경제 시스템을 채택한 국가들은 높은 경제 성과를 달성했다. 그 결과, 더 많은 국가들이 시장 기반 경제 모델을 선택하는 방향으로 이동하고 있다.

지도 3-6은 미국의 보수 성향 연구 기관인 Heritage Foundation의 데이터를 기반으로 세계가 시장 기반 경제 시스템으로 얼마나 전환되었는지를 보여 준다. Heritage Foundation의 경제적 자유도 지수(Index of Economic Freedom)는 정부의 경제 개입 정도, 무역 정책, 재산권 보호 수준, 외국인 투자 규제, 세금 제도, 부패로부터의 자유, 노동 시장 자유도를 포함하여 열 가지 지표를 기준

지도 3-6 2022년 경제적 자유도 지수

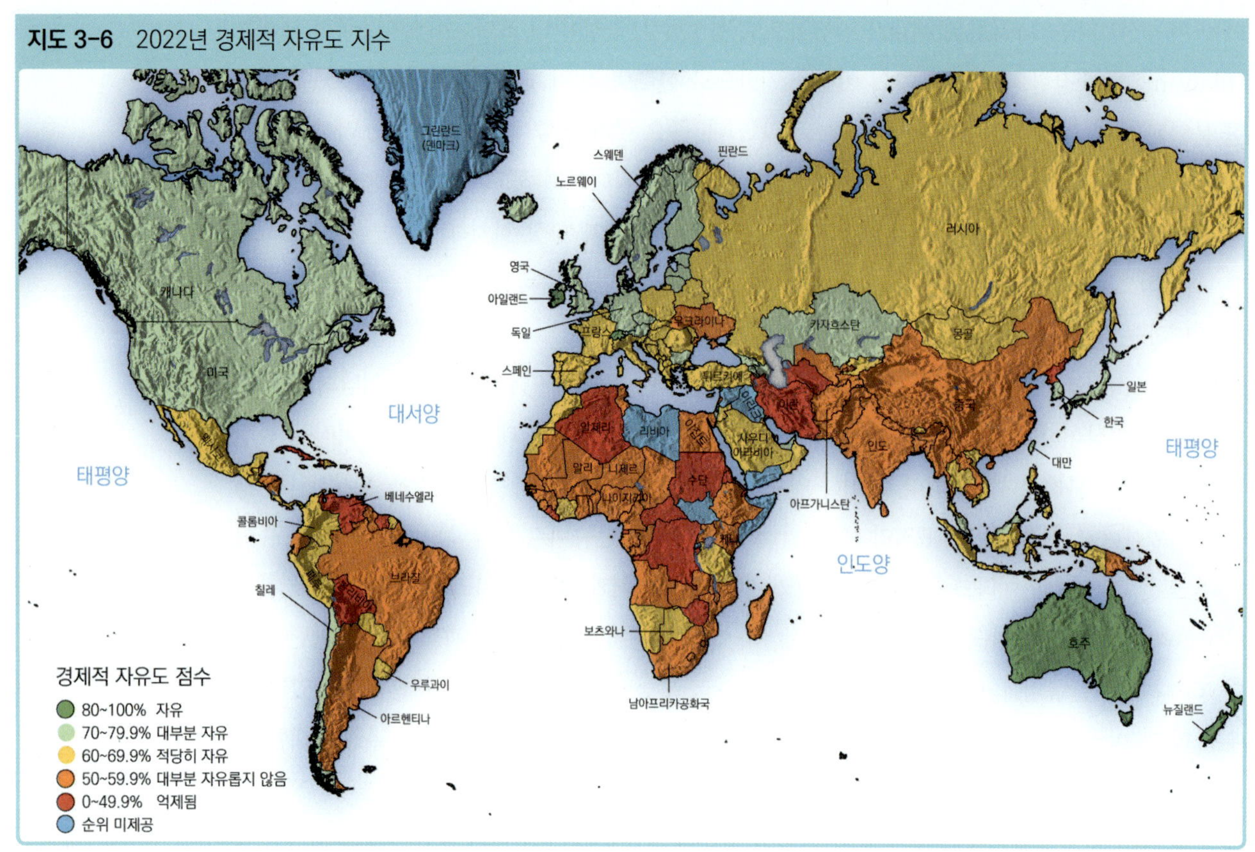

Source: "Interactive Heat Map," The Heritage Foundation, 2022, https://www.heritage.org/index/heatmap.

으로 평가된다. 각 지표에서 국가는 100점(가장 자유로운 경제)에서 0점(가장 자유롭지 않은 경제)까지의 점수를 받을 수 있다. 10개 지표의 평균 점수가 높을수록 해당 국가의 경제가 순수한 시장 경제 모델에 가깝다는 것을 의미한다.

2022년 Heritage Foundation의 지수에 따르면, 세계에서 경제적으로 자유로운 국가는 싱가포르, 스위스, 아일랜드, 뉴질랜드 순이었다. 미국은 25위에 올랐으며, 독일은 16위, 일본은 35위, 프랑스는 52위, 멕시코는 67위, 인도는 131위, 브라질은 133위, 중국은 158위를 기록했다. 경제 자유도가 낮은 국가는 짐바브웨, 베네수엘라, 쿠바, 수단, 북한이었다. 특히 중국은 2020년 이후 경제 자유도가 급격히 하락했다. 이는 정부가 민간 기업에 대한 통제를 강화한 결과이며, 특히 기술 산업에서의 국가 개입이 두드러졌다. 중국 Xi Jinping 국가주석은 이러한 민간 기술 산업이 중국 공산당의 경제 및 정치적 지배력을 위협할 수 있다고 판단한 것으로 보인다.[28]

경제적 자유가 반드시 정치적 자유와 일치하는 것은 아니다. 이는 지도 3-6에서 자세히 확인할 수 있다. 예를 들어, Heritage Foundation의 경제적 자유도 지수에서 1위를 기록한 싱가포르는 정치적으로 자유로운 국가로 분류되지 않는다. Freedom House의 정치적 자유 지수에 따르면, 싱가포르는 부분적으로 자유로운 국가로 평가되었으며, 그 이유는 광범위한 언론 검열과 같은 제약이 존재하기 때문이다.

경제 전환의 본질

[학습 목표 3] 전환 경제가 어떻게 시장 기반 시스템으로 이동하고 있는지 설명한다.

시장 기반 경제 시스템으로의 전환은 종종 여러 단계를 수반한다. 규제 완화, 민영화, 그리고 재산권을 보호하기 위한 법률 시스템의 구축이 그 과정에 포함된다.[29]

규제 완화

규제 완화(deregulation)는 시장 기능이 자유롭게 작동할 수 있도록 법적 제한을 제거하고, 민간 기업의 설립 및 운영 방식을 자유롭게 하는 과정을 포함한다. 공산주의가 붕괴하기 이전, 대부분의 중앙 계획 경제에서는 정부가 가격과 생산량을 철저히 통제하며, 국가의 세밀한 계획에 따라 이를 결정했다. 또한, 대부분의 산업에서 민간 기업의 운영을 금지했으며, 외국 기업의 직접 투자를 엄격히 제한하고, 국제 무역을 통제했다. 이러한 국가들에서의 규제 완화 과정은 가격 통제를 폐지하여 시장에서 수요와 공급의 상호 작용에 따라 가격이 결정되도록 하고, 민간 기업의 설립 및 운영을 제한하는 법률을 철폐하며, 외국 기업의 직접 투자와 국제 무역에 대한 규제를 완화하거나 제거하는 조치들을 포함했다.

규제 완화
기업 운영과 관련된 정부 규제를 철폐하는 것.

혼합 경제에서는 국가의 역할이 보다 제한적이었지만, 일부 산업에서는 여전히 정부가 가격을 설정하고, 기업을 소유하며, 민간 기업의 활동을 제한하고, 외국인 투자를 규제하며, 국제 무역을 통제했다. 이러한 국가들에서도 규제 완화는 기존의 중앙 계획 경제 국가에서 이루어진 것과 유사한 방식으로 진행되었지만, 변화 과정은 상대적으로 수월했다. 이는 이들 국가가 기존에 활발한 민간 부문을 보유하고 있었기 때문이다. 인도는 지난 20년 동안 경제를 규제 완화한 대표적인 국가 중 하나로, 이에 대한 자세한 내용은 다음의 COUNTRY FOCUS에서 다룬다.

COUNTRY FOCUS

인도의 경제 전환

1947년 영국으로부터 독립한 후, 인도는 민주주의 정부 체제를 채택했다. 그러나 1947년 이후 발전한 경제 시스템은 국영 기업이 다수를 차지하고, 중앙 계획 경제가 운영되며, 정부 보조금이 광범위하게 지급되는 혼합 경제 형태였다. 이러한 시스템은 민간 부문의 성장을 제약했다. 민간 기업이 사업을 확장하려면 정부의 허가를 받아야 했으며, 새로운 제품으로 사업을 다각화하는 승인 절차는 수년이 걸릴 수 있었다. 자동차, 화학, 철강 산업과 같은 중공업 분야는 대부분 국영 기업이 독점적으로 운영했다. 또한, 생산 할당제와 높은 수입 관세는 건강한 민간 부문의 발전을 저해했으며, 노동법 역시 기업이 직원을 해고하는 것을 어렵게 만들어 경제 성장을 가로막았다.

1990년대 초반에 이르러, 인도의 경제 시스템은 동남아시아 여러 국가가 누리기 시작한 경제 발전을 달성하기에는 역부족이라는 것이 명확해졌다. 1994년, 인도의 경제 규모는 인구가 9억 5천만 명에 달했음에도 불구하고 벨기에보다도 작았다. 1인당 GDP는 310달러에 불과했으며, 문해율은 50%를 밑돌았고, 전화 사용자는 600만 명에 불과했으며, 깨끗한 위생 시설을 이용할 수 있는 인구 비율도 14%에 그쳤다. 세계은행에 따르면, 세계에서 극심한 빈곤에 처한 인구의 40%가 인도에 거주하고 있었으며, 연간 가구 소득이 2,484달러를 초과하는 가구는 전체 인구의 2.3%에 불과했다.

경제 발전이 지체되자, 인도 정부는 야심찬 경제 개혁 프로그램을 추진하기 시작했다. 1991년부터 대부분의 산업 허가 제도가 폐지되었으며, 민간 부문에 개방되지 않았던 여러 산업이 새롭게 개방되었다. 개방된 분야에는 전력 생산, 철강 제조, 항공 운송, 석유 산업의 일부, 그리고 통신 산업의 일부가 포함되었다. 이전까지 제한적으로 허용되었으며 임의적인 상한선이 적용되었던 외국 기업의 투자가 갑작스럽게 적극적으로 환영받기 시작했다. 외국 기업의 지분율이 최대 51%까지는 자동 승인되었고, 특정 조건하에서는 100% 외국인 소유도 허용되었다. 또한 원자재와 많은 산업 제품들은 자유롭게 수입할 수 있게 되었으며, 수입에 부과되는 최고 세율은 400%에서 65%로 인하되었다. 소득세 최고 세율은 낮아졌고, 법인세는 1994년에 57.5%에서 46%로 인하되었으며, 1997년에는 35%로 추가로 인하되었다. 정부는 또한 국영 기업의 민영화 계획을 발표했으며, 1990년대 초반 국영 기업의 약 40%는 적자를 보고 있었다.

몇 가지 지표로 평가했을 때, 이 경제 개혁에 대한 반응은 인상적이었다. 인도 경제는 1997년부터 2022년까지 연평균 약 7%의 성장률을 기록했다. 외국인 투자는 인도 경제가 외국 기업들에게 얼마나 매력적인지를 보여 주는 중요한 지표로, 1991년 1억 5천만 달러에서 2022년에는 거의 850억 달러로 급증했다. IT 분야에서 인도는 소프트웨어 개발의 글로벌 중심지로 떠오르며, 2022년에는 2,270억 달러의 매출과 1,780억 달러의 수출을 기록했다. 이는 1990년 매출 1억 5천만 달러에서 크게 증가한 수치이다. 제약 분야에서도 인도 기업들은 저렴한 가격의 제네릭 의약품을 판매하며, 글로벌 시장에서 신뢰할 수 있는 주요 기업으로 자리잡고 있다. 이는 개발된 국가에서 특허가 만료된 약품을 기반으로 한 전략이다.

그러나 인도는 여전히 갈 길이 멀다. 수입 관세를 추가로 낮추려는 시도는 종종 고용주, 직원, 정치인들의 정치적 반대에 의해 지연되고 있다. 이들은 장벽이 제거되면 값싼 중국 제품들이 인도로 밀려들 것을 우려하고 있다. 민영화 프로그램은 여전히 진전을 이루는 데 어려움을 겪고 있다. 국영 기업은 여전히 비농업 부문에서 국가 생산의 35%를 차지하고 있지만, 인도의 민간 기업은 국영 기업보다 30~40% 더 생산성이 높다. 또한, 정치인, 소기업 소유자, 조직된 노동자들은 인도의 많은 법률을 개혁하는 데 강하게 반대하고 있다. 이 법들은 대형 민간 기업들이 효율적으로 운영되는 것을 어렵게 만든다. 예를 들어, 노동법은 100명 이상의 직원이 있는 기업이 직원들을 해고하는 것을 거의 불가능하게 만들어, 기업가들이 100명 이상의 직원을 두고 회사를 확장하는 데 대한 유인을 줄인다. 또 다른 법률은 특정 제품이 소기업에서만 제조될 수 있도록 규정하고 있어, 이들 산업에 속한 기업들이 국제적으로 경쟁하기 위한 규모를 달성하는 것을 사실상 불가능하게 만든다.

2014년부터 Narendra Modi 정부는 일반적으로 시장 기반 개혁을 지지하고 추진해 왔다. 여기에는 2022년 새로운 민영화 추진, 오랫동안 더 작은 기업을 보호해온 규제들의 폐지, 그리고 인도 내 주(州) 간 무역 장벽을 제거하여 보다 효율적인 국가 시장을 만드는 조치들이 포함된다. 인도는 또한 공급망이 중국에 너무 의존하게 된 것에 대한 국제 기업들의 우려로 혜택을 보고 있다. 중국에서의 문제에 대비해 일부 생산을 인도로 이전하고 있는 서구 기업(예: Apple)이 점점 늘고 있다.

Sources: "India's Breakthrough Budget?" *The Economist*, March 3, 2001; "America's Pain, India's Gain," *The Economist*, January 11, 2003, p. 57; J. Slater, "In Once Socialist India, Privatizations Are Becoming More Like Routine Matters," *The Wall Street Journal*, July 5, 2002, p. A8; "India's Economy: Ready to Roll Again?" *The Economist*, September 20, 2003, pp. 39–40; J. Slater, "Indian Pirates Turned Partners," *The Wall Street Journal*, November 13, 2003, p. A14; "The Next Wave: India," *The Economist*, December 17, 2005, p. 67; M. Dell, "The Digital Sector Can Make Poor Nations Prosper," *Financial Times*, May 4, 2006, p. 17; "What's Holding India Back," *The Economist*, March 8, 2008, p. 11; "Battling the Babu Raj," *The Economist*, March 8, 2008, pp. 29–31; R. Iyengar, "India Tops Foreign Investment Rankings Ahead of U.S. and China," *Time*, October 11, 2015; "FDI in India," Indian Brand Equity Foundation, March 2018; "India among Top 10 FDI Recipients," *The Hindu*, January 20, 2020; "India Is Likely to Be the World's Fastest Growing Big Economy This Year," *The Economist*, May 14, 2022.

민영화

민영화는 규제 완화와 함께 급격히 증가하게 된다. 민영화는 2장에서 논의한 바와 같이, 국유 자산을 민간 개인에게 이전하는 과정으로, 종종 국유 자산을 경매를 통해 판매하는 방식으로 이루어진다.[30] 민영화는 경제 효율성을 증대시키는 방법으로 간주된다. 민간 소유자에게 더 큰 이익을 얻을 수 있다는 강력한 유인을 제공함으로써, 생산성 증가를 추구하고, 새로운 시장에 진입하며, 손실이 나는 시장에서 철수하도록 유도한다.[31]

민영화 운동은 1980년대 초 영국에서 시작되었으며, 당시 총리였던 Margaret Thatcher가 영국 통신 회사인 British Telecom(BT)과 같은 국유 자산을 매각하기 시작했다. 전 세계에서 반복된 패턴에 따라, 이 매각은 영국 통신 산업의 규제 완화와 연결되었다. BT와 직접 경쟁할 수 있는 다른 기업들이 등장하도록 허용함으로써, 규제 완화는 민영화가 국유 독점을 민간 독점으로 대체하는 것에 그치지 않도록 했다. 1980년대 이후, 민영화는 전 세계적인 현상이 되었다. 1995년과 1999년 사이에 전 세계에서 8,000건이 넘는 민영화가 이루어졌다.[32] 가장 극적인 민영화 프로그램은 구소련과 그의 동유럽 위성 국가들의 경제에서 발생했다. 예를 들어, 체코슬로바키아에서는 1989년에서 1996년 사이에 모든 국유 기업의 4분의 3이 민영화되었으며, 그 결과 민간 부문이 차지하는 국내총생산(GDP) 비율이 1989년 11%에서 1995년 60%로 증가했다.[33]

민영화는 오늘날에도 여전히 진행되고 있다. 예를 들어, 2017년 브라질 정부는 국영 전력 회사, 공항, 고속도로, 항구, 복권 등을 민영화한다고 발표했다. 사우디아라비아 정부는 국영 석유 회사인 사우디 아람코를 부분적으로 민영화했다. 반대로, 중국에서는 국가가 '혼합 소유' 전략을 추구함에 따라 비효율적인 국영 기업들의 민영화가 다소 둔화되었다.[34]

30년 동안의 이러한 추세에도 불구하고, 많은 국가에서 여전히 많은 경제 활동이 국유 기업의 손에 달려 있다. 예를 들어, 중국에서는 국유 기업이 여전히 은행, 에너지, 통신, 의료, 기술 분야를 지배하고 있다. 전체적으로, 이 부문은 중국 GDP의 약 40%를 차지한다. 세계은행은 중국에 대해 이러한 부문을 개혁하지 않으면, 즉 자유화하고 많은 국유 기업을 민영화하지 않으면, 심각한 경제 위기를 겪을 위험에 처할 것이라고 경고했다.[35]

민영화가 진행됨에 따라, 국유 자산을 민간 투자자에게 단순히 매각하는 것만으로는 경제 성장을 보장할 수 없다는 사실이 분명해졌다. 민영화에 대한 연구에 따르면, 새로 민영화된 기업이 계속해서 국가로부터 보조금을 받거나, 국가의 무역 장벽이나 해외직접투자 장벽으로 인해 완전 경쟁에서 보호받을 경우, 민영화 과정이 예상되는 혜택을 제공하지 못하는 경우가 많다고 한다.[36] 이러한 경우, 새로 민영화된 기업들은 지속적으로 경쟁으로부터 보호받으며, 국가 독점 기업처럼 행동한다. 이러한 상황이 만연하면, 새로 민영화된 기업들은 운영을 효율적으로 재구성할 동기가 거의 없다. 민영화가 제대로 이루어지기 위해서는 보다 일반적인 규제 완화 및 경제 개방이 수반되어야 한다. 따라서 브라질은 국영 통신 독점 기업인 Telebrás Brazil을 민영화하기로 결정했을 때, 정부는 회사를 서로 경쟁할 수 있는 네 개의 독립된 단위로 분할하고, 통신 서비스에 대한 해외직접투자에 대한 장벽을 제거했다. 이러한 조치는 새로 민영화된 기업들이 상당한 경쟁에 직면하게 만들어, 생존을 위해 운영 효율성을 향상시킬 수밖에 없도록 했다.

법률 시스템

2장에서 언급한 바와 같이, 잘 기능하는 시장 경제는 개인 재산권을 보호하고 계약 집행을 위한 메커니즘을 제공하는 법률을 필요로 한다. 재산권을 보호하는 법률 시스템과 이를 실행할 기구가 없다면, 조직 범죄 등의 이익 침탈로 인해 민간 및 공공 기관들이 경제 활동에 참여할 유인을 크게 상실할 수 있다. 그 예로 동유럽에서 공산주의가 붕괴되었을 때, 많은 국가들이 재산권을 보호할 법적 체계가 부족했고, 모든 재산은 국가가 소유하고 있었다. 많은 국가들이 필요한 시스템을 구축하기 위해 큰 진전을 이루었지만, 법 체계가 서구처럼 원활하게 작동하기까지는 몇 년이 걸릴 수 있다. 구체적으로, 대부분의 동유럽 국가들에서는 도시 및 농업 재산에 대한 소유권이 불확실한 경우가 많다. 이는 불완전하고 부정확한 등기 기록, 동일 재산에 대한 중복된 담보 설정, 그리고 공산주의 이전 소유자의 반환 청구로 인한 미해결 분쟁들 때문이기도 하다. 또한 대부분의 국가들이 상법을 개선했음에도 불구하고, 여전히 제도적 취약성이 계약 집행을 저해하고 있다. 법원의 역량이 충분하지 않은 경우가 많고, 법정 밖에서 계약 분쟁을 해결할 수 있는 절차도 미비하거나 제대로 개발되지 않은 경우가 많다.[37] 그럼에도 불구하고 일정한 진전은 이루어지고 있다. 예를 들어, 2004년 중국은 헌법을 개정하여 "사유 재산은 침해되지 않아야 한다"고 명시하였고, 2007년에는 재산권에 관한 새로운 법률을 제정하여 재산 소유자들에게 국가가 누리는 것과 유사한 많은 보호를 제공했다(COUNTRY FOCUS '중국의 재산권' 참조).

변화하는 정치 경제에 대한 시사점

앞서 논의한 정치 및 경제 시스템의 세계적인 변화는 국제 경영에 여러 가지 시사점을 가진다. 20세기를 정의했던 집단주의와 개인주의 간의 오랜 이념적 갈등은 오늘날 그 흔적이 거의 보이지 않는다. 앞서 논의한 정치 및 경제 체제의 세계적인 변화는 국제 비즈니스에 여러 가지 영향을 미친다. 20세기를 정의했던 집단주의와 개인주의 사이의 오랜 이념적 갈등은 오늘날 그 흔적이 거의 보이지 않는다. 서방이 냉전에서 승리했고, 서방 이데올로기가 더 널리 퍼졌다. 비록 계획 경제 체제가 남아 있고 전 세계적으로 전체주의 독재 정권이 여전히 존재하며, 일부 국가들이 민주적 제도에서 후퇴했지만, 세계는 좀 더 민주적인 곳으로 남아 있으며, 1988년 이전보다 시장 기반 경제 체제에 더욱 충실하게 따르고 있다.

약 50년 동안, 세계의 절반은 서구 기업들에게 접근이 금지되었다가, 1980년대 후반부터 그 많은 부분이 변화했다. 동유럽, 라틴 아메리카, 아프리카, 아시아의 많은 국가 시장은 여전히 개발되지 않았지만, 잠재력은 엄청나다. 중국 시장만 해도 13억 명 이상의 인구를 바탕으로 미국, EU, 일본의 시장을 합친 것보다 더 큰 잠재력을 가지고 있다. 마찬가지로, 14억 명의 인구를 가진 인도 역시 잠재적인 거대 시장이다. 라틴 아메리카는 또 다른 6억 명의 잠재 소비자를 보유하고 있다. 중국, 인도, 베트남 또는 현재 시장 경제 체제로 전환 중인 다른 국가들이 서구 수준의 생활 수준을 곧 달성할 가능성은 낮다. 그럼에도 불구하고 그 잠재력은 매우 크기 때문에 기업들은 그곳에 대한 투자를 고려해야 한다. 예를 들어, 만약 중국, 인도, 미국이 1996년부터 2022년까지와 같은 성장률을 유지한다면, 중국은 향후 20년 이내에 미국을 제치고 세계에서 가장 큰 국가 경제가 될 것이며, 인도는 세계에서 세 번째로 큰 경제 대국이 될 것이다. 잠재적 이익이 큰 만큼 위험도 크다. 새로운 민주주의 국가들 중 많은 곳에서 민주주의가 번영할 것이라고 아무도 장담할 수 없다. 특히 이 국가들이 심각한 경제적 난관에 부딪히게 된다면 더욱 그렇다. 전체주의가 다시 부상하고 있으며, 독재주의가 다시 돌아올 가능성도 있지만, 사회주의적 독재주의가 되지는 않을 것이다. 냉전 시대의 양극 세계는 사라졌지만, 서방 국가들 외에 중국과 인도를 비롯한 여러 나라가 지배하는 다극 세계로 대체되고 있다는 뚜렷한 징후가 있다. 이러한 세계에서 시장 기반 경제 시스템으로의 글로벌 전환에 수반되는 수많은 경제적 가능성은 강대국 간의 갈등으로 인해 지체될 수 있다.

세계의 신흥 시장 경제에 대한 투자가 장기적으로 경제적 이익을 가져다 줄 잠재력은 크지만, 이와 같은 투자와 관련된 위험도 상당하다. 이러한 위험을 무시하는 것은 어리석은 일이다. 예를 들어, 중국을 고려해 보자. COVID 팬데믹 이후, Xi Jinping 대통령의 권위주의 강화와 대만을 중국 국가에 다시 통합하려는 중국의 움직임 등으로 많은 다국적 기업들이 중국에 과도하게 의존하는 것과 관련된 위험을 인식하게 되었다. 이에 따라 그들은 공급망을 다각화하기 시작하며 생산을 베트남과 인도와 같은 국가로 이전하고 있다. 이와 동시에, 그들은 여전히 중국 시장에 투자하고 있는데, 2021년, 외국 기업들은 중국에 3,340억 달러라는 기록적인 투자를 한 것이 그 예이다. 이는 중국에 과도하게 의존하는 위험을 재평가하면서도 이루어진 투자였다. '참여하되 리스크를 헤지하라(engage but also hedge)'는 접근법이 많은 다국적 기업들이 현재 중국과 관련하여 취하고 있는 방식으로 보인다.

360° 관점: 경영에의 시사점

[학습 목표 4] 성치 경제 세제의 국가 간 차이기 경영 실무에 미치는 영향을 이해한다.

비즈니스 국제화의 혜택, 비용, 위험 및 매력도

2장에서 언급했듯이, 한 국가의 정치적, 경제적, 법적 환경은 그 국가가 시장 또는 투자지로서 얼마나 매력적인지에 명확한 영향을 미친다. 이 장에서는 민주주의 체제, 시장 기반 경제 정책, 강력한 재산권 보호, 유리한 인구학적 추세를 가진 국가들이 더 높은 지속적인 경제 성장률을 달성할 가능성이 높으며, 따라서 국제 경영에 더 매력적인 장소라고 주장한다. 이는 한 국가에서 경영을 수행하는 데 따른 혜택, 비용 및 위험이 그 국가의 정치적, 경제적, 법적 시스템과 인구학적 특성에 달려 있다는 것을 의미한다. 국가가 시장 또는 투자지로서의 전반적인 매력은 그 국가에서 경영을 수행함으로써 얻을 수 있는 장기적인 이점과 예상되는 비용 및 위험을 균형 있게 고려하는 데 달려 있다. 여기서는 혜택, 비용 및 위험의 결정 요인에 대해 살펴본다.

혜택

일반적인 의미에서, 한 국가에서 사업을 수행함으로써 얻을 수 있는 장기적인 금전적 혜택은 시장의 크기, 해당 시장 내 소비자의 현재 자산(구매력)과 그들의 미래 자산에 달려 있다. 일부 시장은 소비자의 규모로 측정할 때 매우 큰 시장이지만(예: 인도), 상대적으로 낮은 생활 수준은 구매력이 제한적임을 의미하므로 경제적 관점에서 보면 상대적으로 소규모의 시장일 수 있다. 다국적 기업들은 이러한 차이를 인식해야 하며, 동시에 한 국가의 미래 전망도 고려해야 한다. 1960년 당시 한국은 빈곤한 개발도상국 중 하나로 여겨졌다. 그러나 2022년에는 세계 10위의 경제 규모를 보유한 국가로 성장했다. 1960년에 한국의 잠재력을 인식하고, 한국에서 사업을 시작한 다국적 기업들은 한국을 외면했던 기업들보다 더 큰 이득을 얻었을 가능성이 크다.

미래의 경제 스타가 될 잠재력이 있는 국가를 일찍이 식별하고 투자함으로써, 다국적 기업들은 브랜드 충성도를 쌓고 그 나라의 사업 관행에 대한 경험을 얻을 수 있다. 이 경험은 해당 국가가 지속적으로 높은 경제 성장률을 달성할 경우 상당한 이윤을 가져올 것이다. 반면, 늦게 시장에 진입한 기업들은 시장에서 중요한 존재감을 확보하기 위해 필요한 브랜드 충성도와 경험이 부족할 수 있다. 비즈니스 전략의 언어로 말하면, 잠재적인 미래 경제 스타에 대한 조기 진입자들은 상당한 선발자 이점을 얻을 수 있는 반면, 늦게 진입한 기업들은 후발자 불이익을 겪을 수 있다.[39] (**선발자 이점**(first-mover advantages)은 시장에 먼저 진입한 기업들이 얻는 이점이며, **후발자 난점**(late-mover disadvantages)은 늦게 진입한 기업들이 겪을 수 있는 단점이다.) 이러한 논리는 중국에 대한 상당한 해외 투자를 이끌어왔다. 20년 이상 동안 중국은 개발도상국 중 가장 큰 해외직접투자 수혜국으로, GM, Volkswagen, Coca-Cola, Unilever와 같은 다국적 기업들이 이 나라에서 지속 가능한 경쟁 우위를 확립하려고 노력해 왔다.

선발자 이점
시장에 처음 진입한 기업이 얻는 이점.

후발자 불이익
시장에 늦게 진입함으로써 경험하는 단점.

코카콜라는 약 40년 동안 중국에 진출해 있으며, 회사 제품의 약 1억 4천만 회분이 매일 중국에서 소비되고 있다.

한 국가의 경제 시스템, 재산권 제도, 교육 시스템, 인구 동향은 경제 전망을 예측하는 주요 지표들이다. 재산권이 보호되고 교육이 인적 자본을 향상시키며 인구가 증가하는 시장 경제를 가진 국가들은 명백히 계획 경제나 재산권 보호가 미비한 경제, 또는 인구가 고령화되고 감소할 것으로 예상되는 국가들보다 더 높은 경제 성장률을 달성하는 경향이 있다(예: 일본의 경우). 따라서 국가의 경제 시스템, 재산권 제도, 시장 크기(현재와 미래의 인구 규모)는 아마도 그 국가에서 사업을 진행하는 것의 장기적인 잠재적 이점을 예측할 수 있는 좋은 지표일 것이다. 반면, 재산권이 잘 보호되지 않고 부패가 만연한 국가들은 경제 성장 수준이 낮은 경향이 있다. 하지만 이에 대해 지나치게 일반화하지 않도록 주의해야 한다. 왜냐하면 중국과 인도 모두 시장 기반 경제 시스템으로의 전환이 재산권이 약하고 부패가 만연한 상황에서도 큰 성과를 거두었기 때문이다.

비용

국가에서 사업을 수행하는 비용은 정치적, 경제적, 법적 요인에 의해 결정된다. 정치적 요인에 대해 말하자면, 기업은 정부가 그 나라에서 사업을 하도록 허용하기 전에 정치적으로 영향력 있는 단체들에게 금전적 대가를 지불해야 할 수도 있다. 본질적으로 뇌물을 지불해야 하는 필요성은 개방적인 민주 사회보다는 폐쇄적인 전체주의 국가에서 더 크다(하지만 이것은 확고한 구분이 아니다). 기업이 시장 접근을 위해 실제로 뇌물을 지불해야 하는지 여부는 그러한 행위의 법적 및 윤리적 시사점을 바탕으로 결정되어야 한다. 이러한 고려 사항은 5장에서 비즈니스 윤리에 대해 자세히 논의할 때 다룰 것이다.

경제적 요인과 관련하여, 가장 중요한 변수 중 하나는 국가 경제의 복잡성이다. 상대적으로 덜 개발되거나 개발되지 않은 경제에서 사업을 하는 것은 인프라와 지원 사업의 부족으로 인해 더 비용이 많이 들 수 있다. 극단적인 경우, 다국적 기업은 자체적으로 인프라와 지원 사업을 제공해야 할 수도 있는데, 이는 분명히 비용을 증가시킨다. 예를 들어, McDonald's가 모스크바에 첫 번째 매장을 열기로 결정했을 때, 다른 McDonald's 매장에서 제공하는 음식과 음료와 동일한 품질을 제공하기 위해서는 자체적으로 필요한 인프라를 공급하기 위해 수직적으로 통합해야 했다. 러시아산 감자와 고기의 품질이 너무 나빴기 때문이다. 따라서 제품 품질을 보호하기 위해 McDonald's는 러시아 내에서 자체적으로 낙농 농장, 소 농장, 채소밭, 가공 공장을 설립했다. 이는 고급 품질의 원재료를 자유 시장에서 구매할 수 있는 더 발달된 경제에서 사업을 하는 것보다 러시아에서 사업을 하는 비용을 높였다.

법적 요인과 관련해서, 제품 안전, 근로자 안전, 환경 오염 등과 관련하여 지역 법률과 규세가 엄격한 기준을 설정한 국가에서는 사업을 하는 것이 더 비용이 많이 든다. 이는 이러한 규정을 준수하는 데 비용이 들기 때문이다. 또한 손해 배상 상한선이 없기 때문에 배상금이 급증하는 국가인 미국과 같은 국가에서는 사업을 하는 것이 더 비용이 많이 든다. 많은 전 사회주의 국가들처럼 사업 관행을 규제하는 법률이 정립되지 않은 국가에서는 사업을 하는 것이 더 비용이 많이 든다. 완비된 사업 계약법이 없으면 다국적 기업은 계약 분쟁을 해결할 적절한 방법을 찾을 수 없으며, 그 결과 계약 위반으로 인한 큰 손실을 일상적으로 겪을 수 있다. 마찬가지로, 지식재산권을 적절히 보호하지 않는 현지 법률은 다국적 기업의 지식재산권 도용과 수입 손실을 초래할 수 있다.

위험

비용과 마찬가지로, 한 국가에서 사업을 할 때의 위험은 정치적, 경제적, 법적 여러 요인에 의해 결정된다. **정치적 위험**(political risk)은 정치적 힘이 국가의 비즈니스 환경에 급격한 변화를 일으켜 사업의 이익과 기타 목표에 부정적인 영향을 미칠 가능성으로 정의된다.[40] 이렇게 정의할 때, 정치적 위험은 사회적 불안과 혼란을 겪고 있는 국가나 사회의 기본적인 성격이 사회적 불안의 가능성을 높이는 국가에서 더 크게 나타난다. 사회적 불안은 일반적으로 파업, 시위, 테러, 폭력적 충돌 등으로 나타난다. 이러한 불안은 여러 민족이 공존하는 국가나 정치적 지배권을 두고 경쟁하는 이데올로기가 존재하는 국가, 잘못된 경제 정책으로 인해 높은 인플레이션과 생활 수준 하락을 겪고 있는 국가, 또는 문화적 갈등의 경계선에 놓인 국가들에서 더 자주 발생한다.

정치적 위험
특정한 기업의 이익과 다른 목표에 부정적인 영향을 미칠 수 있는 정치적 세력이 국가의 비즈니스 환경에 급격한 변화를 일으킬 가능성.

사회적 불안은 정부와 정부 정책에 급격한 변화를 초래하거나, 경우에 따라 장기적인 내전으로 이어질 수 있다. 이러한 갈등은 기업의 이익 목표에 부정적인 경제적 영향을 미친다. 예를 들어,

1979년 이란의 이슬람 혁명 후, 수많은 미국 기업들의 이란 자산은 새로운 이란 정부에 의해 보상 없이 압수되었다. 마찬가지로, 유고슬라비아 연방 체제의 붕괴로 보스니아, 크로아티아, 세르비아를 포함한 여러 국가가 전쟁을 일으켰고, 이로 인해 현지 경제와 해당 국가들에 대한 투자 수익성의 붕괴를 초래했다.

보다 일반적으로, 정치 체제의 변화는 국제 경영에 불리한 법률을 제정하는 결과를 초래할 수 있다. 예를 들어, 베네수엘라에서는 포퓰리즘 사회주의 정치인인 Hugo Chávez가 1998년부터 2013년 사망할 때까지 집권했다. Chávez는 자신을 쿠바의 피델 카스트로의 추종자 피델리스타(Fidelista)라고 선언했다. 그는 민간 기업에 대한 정부 개입을 통해 베네수엘라의 빈곤층을 개선하겠다고 약속했으며, 미국 제국주의를 자주 비난했다. 이는 해당 국가에서 사업을 하는 서방 기업들에게 불안 요인이었다. 또한 Chávez는 베네수엘라에서 활동하는 외국 석유 회사들이 정부에 지급해야 하는 로열티를 매출의 1%에서 30%로 대폭 인상하는 등의 조치를 취했다.

경제적 위험
한 국가의 경제적 오판이나 기타 사건으로 인해 그 나라의 경영 환경에 급격한 변화가 발생하고, 이로 인해 특정 기업의 수익성과 경영 목표가 부정적인 영향을 받게 될 가능성.

국가의 경제 정책의 잘못된 운영에서도 문제는 발생할 수 있다. **경제적 위험**(economic risk)은 경제 정책의 잘못된 운영으로 특정 기업의 이익과 다른 목표에 해를 끼치는 국가의 비즈니스 환경의 급격한 변화로 정의할 수 있다. 경제적 위험은 정치적 위험과 분리될 수 없다. 경제 정책의 잘못된 운영은 중대한 사회적 불안과, 이로 인한 정치적 위험이 발생할 수 있다. 그럼에도 불구하고 경제적 위험은 별개의 범주로 강조할 가치가 있다. 왜냐하면 잘못된 경제 정책 운영과 사회적 불안 사이에는 항상 일대일 관계가 존재하지 않기 때문이다. 경제 정책 관리 부실을 나타내는 한 가지 뚜렷한 지표는 국가의 인플레이션율이다. 또 다른 지표는 국가의 기업 및 정부 부채 수준이다.

2014~2015년에 발생한 유가 폭락은 방만한 정부 지출을 충당하기 위해 지나치게 석유 수입에 의존해 온 여러 나라에서의 경제 정책의 부실함을 드러냈고, 경제적 위험을 야기시켰다. 러시아, 사우디아라비아, 베네수엘라와 같은 국가들에서는 높은 유가 덕분에 국가 정부가 사회 프로그램과 공공 부문 인프라에 대규모로 지출할 수 있었다. 그러나 유가가 폭락하면서 이들 국가는 정부 수입이 급격히 감소했다. 예산 적자가 급증하고, 자국 통화는 외환 시장에서 하락했으며, 수입 가격 상승으로 인플레이션이 가속화되었고, 경제는 위축되기 시작했다. 이는 실업률을 증가시켰으며, 사회 혼란의 가능성을 높였다. 이 모든 상황은 해당 국가들과 이들 경제에 투자한 외국 기업들에게 전혀 도움이 되지 않았다.

법적 측면에서, 한 국가의 법 시스템이 재산권을 보호하지 않거나 계약 위반에 대한 적절한 안전장치를 제공하지 못할 때 위험이 발생한다. 법적 보호 장치가 약할 경우, 기업들은 이익이 된다고 판단할 때 계약을 위반하거나 지적 재산을 훔칠 가능성이 더 커진다. 따라서 **법적 위험**(legal risk)은 거래 상대방이 기회주의적으로 계약을 파기하거나 재산권을 수탈할 가능성으로 정의될 수 있다. 만약 특정 국가에서 법적 위험이 높다면, 다국적 기업은 해당 국가의 기업과 장기 계약이나 합작 투자 계약을 체결하는 데 주저할 수 있다. 예를 들어, 1970년대에 인도 정부가 모든 외국 투자자가 인도 기업과 합작 투자해야 한다는 법을 통과시켰을 때, IBM과 코카콜라와 같은 미국 기업들은 인도에서의 투자를 철회했다. 그 이유는 인도의 법적 시스템이 지식재산권(IBM과 코카콜라의 경쟁 우위 핵심)을 충분히 보호하지 못한다고 믿었으며, 이로 인해 인도 파트너들이 IBM과 코카콜라

법적 위험
거래 상대방이 계약을 기회주의적으로 위반하거나, 지식재산권을 침해·몰수할 가능성.

의 지적 재산을 수탈할 실질적인 위험이 존재한다 여겼기 때문이다.

마지막으로, 인구통계학적 변화와 관련된 위험을 평가하는 것이 점점 더 중요해지고 있다. 젊은 노동 인구 증가 국가(예: 베트남)는 노동 인구가 고령화되고 감소하는 국가(예: 일본)보다 더 큰 경제 성장을 지원할 것이다. 인구가 감소하고, 고령 인구를 지원할 수 있는 충분한 젊은 노동 인구가 유입되지 않는 국가는 경제 쇠퇴의 위험이 증가한다. 지난 70년 동안 전 세계 대부분의 나라에서 인구는 증가해 왔다. 예를 들어, 저자의 생애 동안 전 세계 인구는 25억 명에서 80억 명으로 증가했다. 이러한 인구 증가가 경제 성장을 이끄는 원동력이 되었다. 그러나 이제 인구 증가율이 감소하는 시대에 접어든 것뿐만 아니라, 일부 국가에서는 마이너스 성장으로 접어들고 있는 것처럼 보인다. 대부분의 선진국에서는 출생률이 대체 수준 이하로 떨어졌고, 인구는 고령화되고 있다. 유럽의 출산율은 현재 여성 1인당 1.5명으로, 안정적인 인구를 유지하기 위해 필요한 여성 1인당 2.1명보다 훨씬 낮다. 최근 계산에 따르면, 유럽의 인구는 2020년부터 감소하기 시작했으며, 7억 4,700만 명에서 정점에 달한 유럽은 2050년에 오늘날보다 4천만 명 감소할 것이다. 중국의 인구는 2022년에 정점을 찍은 후, 감소세에 접어들었다. 2050년까지 중국의 인구는 8% 감소할 것으로 예상된다. 반면, 인도는 인구가 계속 증가하여 2064년에는 17억 명에 달할 것으로 예상되며, 세계에서 가장 인구가 많은 나라가 될 것이다. 나이지리아는 2050년까지 1억 6천만 명의 인구가 증가할 것이며, 미국과 함께 세계에서 세 번째로 인구가 많은 나라가 될 것이다. 이러한 차이는 중요하다.[41]

종합적인 투자 매력도

한 국가가 국제 경영의 잠재적 시장 또는 투자처로서 얼마나 매력적인지는, 그 국가에서 사업을 수행할 때 얻을 수 있는 혜택, 비용, 그리고 위험을 균형 있게 고려한 결과에 달려 있다(그림 3-1 참조). 일반적으로, 경제적으로 발전된 국가와 정치적으로 안정된 민주 국가에서 사업을 하는 데 드는 비용과 위험은 상대적으로 낮고, 개발이 덜 된 국가와 정치적으로 불안정한 국가에서는 비용과 위험이 더 크다. 그러나 사업의 잠재적인 장기적 이점은 한 국가의 현재 경제 발전 수준이나 정치적 안정성 뿐만 아니라 미래의 경제 성장률에 대해서도 좌우되기 때문에, 계산이 복잡해질 수 밖

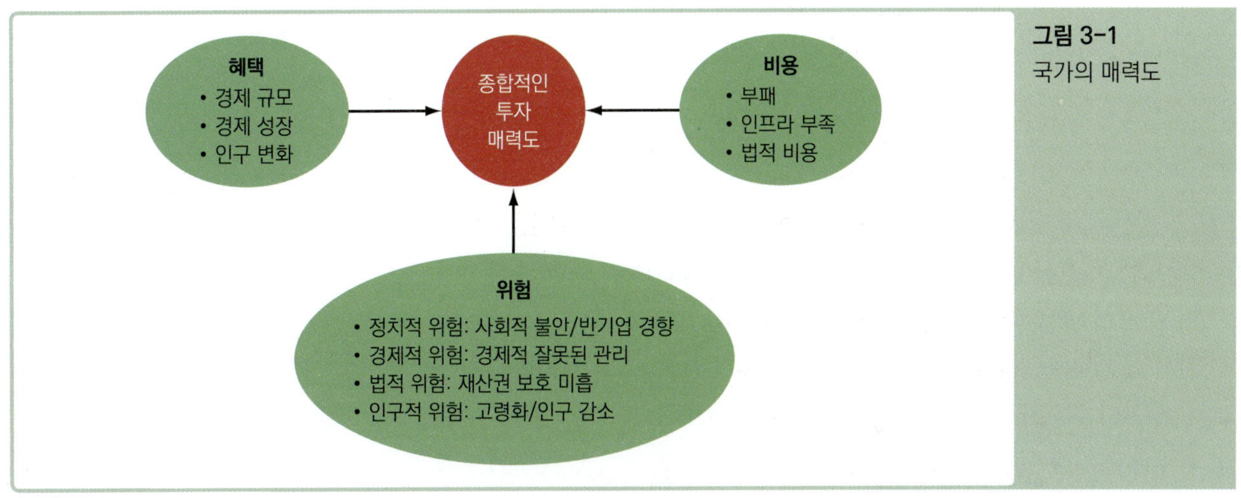

그림 3-1
국가의 매력도

에 없다. 경제 성장은 자유 시장 시스템과 국가의 성장 잠재력(인구 증가율이 높고, 개발 수준이 낮은 국가에서 더 높을 수 있음)의 함수이기 때문이다. 이것을 종합해 볼 때, 다른 조건이 동일하다면, 시장 기반 경제 체제를 갖추고 있고, 인플레이션이나 민간 부문의 부채가 급격하게 증가하지 않는 정치적으로 안정된 선진국과 개발도상국에서 비용-편익-위험의 균형이 가장 유리할 가능성이 높다. 반면, 정치적으로 불안정한 개발도상국에서는 혼합 경제나 계획 경제 시스템을 운영하고, 인구통계학적 추세가 불리한 경우 비용-편익-위험의 균형이 가장 불리할 가능성이 크다.

주요 용어

국내총생산(GDP)	규제 완화	후발자 불이익	경제적 위험
구매력 평가(PPP)	선발자 이점	정치적 위험	법적 위험

요약

이 장에서는 국가의 정치적, 경제적, 법적 시스템이 어떻게 다른지를 다루었다. 한 국가에서 사업을 하는 데 있어 잠재적인 이익, 비용, 위험은 그 나라의 정치적, 경제적, 법적 시스템에 따라 달라진다. 이 장에서는 다음과 같은 점을 설명했다:

1. 한 국가의 경제 발전 속도는 그 나라의 재산권 보호가 잘 기능하는 시장 경제를 가지고 있는 정도에 따라 달라진다.
2. 많은 국가가 현재 과도기이다. 전체주의 정부와 명령 경제 체제, 혼합 경제 체제에서 민주적 정치 제도와 자유 시장 경제 체제로의 뚜렷한 전환이 있었다.
3. 지난 10년 동안 일부 국가에서는 반(反) 추세로 돌아서, 다시 전체주의적인 체제로 돌아가고 있다.
4. 국가의 시장이나 투자처로서의 매력도는 그 나라에서 사업을 할 때 예상되는 장기적인 이익과 예상되는 비용 및 위험을 균형 있게 고려한 결과에 달려 있다.
5. 한 나라에서 사업을 할 때의 이익은 시장의 크기(인구), 현재의 부(구매력), 그리고 미래의 성장 전망에 따라 달라진다. 현재 가난하지만 빠르게 성장하는 국가에 일찍 투자함으로써 기업들은 선발자 이점을 얻을 수 있으며, 이는 미래에 상당한 배당을 가져올 것이다.
6. 한 나라에서 사업을 할 때의 비용은 시장 접근을 위해 정치적 보상이 요구되는 경우, 지원 인프라가 부족하거나 저개발된 경우, 현지 법률과 규정을 준수하는 데 비용이 많이 드는 경우에 더 많이 발생한다.
7. 한 나라에서 사업을 할 때의 위험은 정치적으로 불안정하거나, 경제 정책이 부실하게 관리되거나, 계약 또는 재산권 침해 시 적절한 보호를 제공할 법적 시스템이 부족하거나, 고령화 및 인구 감소가 진행 중인 국가에서 더 크다.

비판적 사고와 토론을 위한 질문

1. 재산권, 부패, 그리고 경제적 발전 사이의 관계는 무엇인가? 부패 방지 노력은 국가의 경제 발전 수준을 개선하는 데 얼마나 중요한가?
2. 당신은 미국의 자동차 회사에서 고위 관리자로, 중국, 브라질, 독일에 생산 시설을 투자하려고 한다. 이 시설들은 국가 및 지역 시장 수요를 충족할 것이다. 각 국가에서 사업을 운영하는 데 따른 이점, 비용, 위험을 평가하라. 어떤 국가가 해외직접투자의 가장 매력적인 대상인가? 그 이유는 무엇인가?
3. '인도의 경제 전환'이라는 COUNTRY FOCUS를 다시 읽

고 다음 질문에 답하라.

a. 인도는 1947년부터 1990년까지 어떤 종류의 경제 체제를 운영했는가? 오늘날 어떤 종류의 체제로 나아가고 있는가? 이 변혁을 완수하는 데 있어 어떤 장애물이 있는가?

b. 1947~1990년 동안 광범위한 공공 소유와 광범위한 정부 규제가 (i) 국가와 민간 기업의 효율성에 어떤 영향을 미쳤는가? (ii) 인도에서 신규 사업 창출률에 어떤 영향을 미쳤는가?

c. 민영화, 규제 완화 및 해외직접투자에 대한 장벽 제거가 1990년 이후 인도의 비즈니스 효율성, 새로운 사업 형성, 경제 성장률에 어떤 영향을 미칠까?

d. 인도는 현재 소프트웨어 산업이나 제약 산업과 같은 핵심 첨단 기술 산업에서 강점을 보유하고 있다. 인도가 왜 이러한 분야에서 강점을 개발하고 있다고 생각하는가? 이러한 산업의 성공이 인도 경제의 다른 부문에서 성장을 촉진하는 데 어떻게 기여할 수 있을까?

e. 현재 인도 경제에서 일어나고 있는 상황을 고려할 때, 인도가 소비재를 판매하는 외국의 다국적 기업의 매력적인 투자 대상이라고 생각하는가? 그렇다면 왜 그렇게 생각하는가?

4. 인구통계학적 추세가 한 국가의 경제 발전에 얼마나 중요한 영향을 미칠까? 현재 UN의 인구 성장 예측은 다국적 기업의 투자 유치 측면에서 각국의 경제적 매력을 어떻게 보여 주는지 알고 싶은가? 유엔의 인구 성장 예측은 https://population.un.org/wpp/에서 확인할 수 있다.

남아프리카공화국의 경제 발전

남아프리카공화국은 영국과 네덜란드의 남아프리카 식민지 야망의 결과물이다. 이 역사는 1652년 네덜란드 상인들이 향신료 노선의 중요한 중간 기착지로 케이프타운을 세운 때로 거슬러 올라간다. 1802년 영국은 케이프타운과 그 주변 지역을 점령했다. 그들은 1879년과 1902년에 각각 원주민 줄루족과 네덜란드 정착민(아프리카너족)이 세운 국가들을 물리치고, 그 영토를 남아프리카 연방에 포함시켰다. 1934년 남아프리카공화국은 영국 제국 내에서 완전 독립적인 주권 국가가 되었다. 1961년, 남아프리카공화국이 공식적으로 수립되었으며, 사실상 영국과의 모든 법적 관계가 끊어졌다.

수십 년 동안, 남아프리카공화국 국민당에 의해 지배되었다. 1948년, 국민당은 정치적 권력을 전체 인구의 10% 미만을 차지하는 소수 백인 인구에게 정치적 권력을 부여하는 아파르트헤이드를 시행했다. 외국 다국적 기업의 무역과 해외직접투자를 제한하는 중대한 국제 제재가 가해졌고, 이로 인해 심각한 경제적 어려움이 야기된 후, 1992년 아파르트헤이드 정책은 폐지되었다. 1994년, 남아프리카공화국은 첫 번째 민주적 선거를 실시했다. 아프리카민족회의(ANC)가 이 선거에서 과

Greg Balfour Evans/Alamy Stock Photo

반수를 차지했고, 그 이후의 모든 선거마다 승리하며, Nelson Mandela는 남아프리카공화국의 첫 흑인 대통령이 되었다.

명목상 ANC는 혼합 경제를 지향했다. 1994년 이후, 남아프리카공화국은 이전 정권으로부터 상속받은 국영 기업 중 일부를 민영화했지만, 약 700개의 국영 기업(전기 회사와 국영 항공사 포함)이 여전히 남아 있다. Mandela의 후임자인 Thabo Mbeki는 정부의 재정 적자를 줄이고 인플레이션을 억제하기 위한 전통적인 거시 경제 정책을 추구했다. 동시에 국제 제재의 해제는

해외직접투자를 늘리고 국제 무역의 기회를 확대하는 계기가 되었다. 이러한 정책과 발전의 결과로 2000년대 초반까지 남아프리카공화국의 경제는 연간 약 5%씩 성장했다.

2009년, Mbeki의 뒤를 이어 Jacob Zuma가 대통령이 되었다. 그의 지도력 아래 부패가 만연했고, 공공 지출이 폭증했다. Zuma 자신도 여러 부패 스캔들과 강간 혐의에 휘말렸다. 2018년 초, 의회에서 불신임 결의안이 발의되자 Zuma는 사임했다. Cyril Ramaphosa가 후임으로 취임했지만, 이미 상당한 피해가 발생한 뒤였다. 경제 성장률은 거의 제자리걸음을 하고 있었고, 2014년 이후 1인당 실질 GDP는 매년 감소했으며, GDP 대비 공공 부채 비율은 2008년 26%에서 2018년 56%로 증가했다. 남아프리카공화국 기업을 대상으로 한 설문 조사에 따르면, 남아프리카공화국에서 사업을 하는 데 큰 장애물 다섯 가지는 비효율적인 정부 관료제, 제한적인 노동 규제, 기술 부문에서 숙련 노동자 부족, 정치적 불안정, 그리고 부패였다. 부패와 관련하여, 2021년 국제투명성기구는 남아프리카공화국에 100점 만점 중 44점을 부여했다(100점이 가장 깨끗함). 남아프리카공화국은 180개국 중 70위를 차지했다.

게다가 남아프리카공화국은 세계에서 가장 심각한 에이즈 전염병을 앓고 있다. 전체 인구의 20%에 해당하는 770만 명이 HIV 양성 판정을 받았다. 남아프리카공화국에서 발생하는 전체 사망자의 3분의 1의 원인이 에이즈와 관련이 있다. 문제는 남아프리카공화국의 지도자들이 위기의 본질을 인식하지 못했다는 것이다. Mbeki 대통령은 HIV와 에이즈의 연관성에 대해 공개적으로 의문을 제기했다. Zuma 대통령은 기자들에게 자신이 HIV 양성인 여성과 성관계를 가졌지만, 샤워를 해서 에이즈에 걸리지 않을 것이라고 언급했다. 전염병의 책임이 어디에 있든, 그것은 의심할 여지 없이 남아프리카 경제에 부정적인 영향을 미쳤다.

약 30년 간의 ANC 통치에도 불구하고, 남아프리카의 여러 만성적인 문제는 해결되지 않았다. 이 문제들에는 세계에서 가장 높은 수준의 소득 불평등, 특히 흑인 청년층 사이에서 지속적인 높은 실업률, 높은 범죄율(세계에서 가장 높은 수준), 그리고 광범위한 빈곤이 포함된다. 2022년까지 실질 GDP는 14년 전보다 낮았고, 약 30%의 인구가 극심한 빈곤에 처해 있었다. 남아프리카공화국의 많은 문제는 수십 년에 걸친 아파르트헤이트로 거슬러 올라갈 수 있지만, 30년 가까이 지속된 ANC의 통치 이후에도 여전히 남아 있는 것은 놀랍다.

문제를 더욱 악화시킨 것은 2020~2022년 남아프리카공화국이 세계에서 가장 심각한 COVID19 전염병을 겪었다는 사실이다. 공식적인 통계에 따르면 남아프리카공화국의 확진자 수는 미국과 영국보다 적지만, 초과 사망자 수를 보면 실제 전염병의 영향은 공식 수치보다 2~3배 컸다는 것을 알 수 있다. 이 전염병으로 인해 2022년까지 실업률은 30% 이상 급증했고, 정부 예산 적자는 두 배 이상 증가했다. 2020년에 남아프리카 경제는 8% 축소되었고, 2021년과 2022년에는 다시 성장했지만 2023년에는 여전히 2019년 수준을 밑돌았다. 분명히 Cyril Ramaphosa 대통령은 해결할 것이 많아 보인다. 하지만 설상가상으로 2022년 말 Cyril Ramaphosa 대통령이 부패 스캔들에 휘말렸다. 이 스캔들은 그가 수단의 사업가에게 58만 달러 이상의 금액을 받았다고 주장하는 것과 관련이 있으며, 그의 반대 세력은 그것이 뇌물이었다고 주장한다.

Sources: K. Wilson, "Has Jacob Zuma Hurt the Fight Against AIDS More Than Thabo Mbeki?" *Africa Check*, September 23, 2014; P. Bax, "South Africa Excess Deaths Reach Record as Covid Resurges," *Bloomberg*, January 7, 2021; "South Africa Borrows from the IMF for the First Time Since Apartheid," *The Economist*, August 1, 2020; "Covid-19 Has Throttled South Africa's Economy," *The Economist*, July 18, 2020; "The Global Competitiveness Report," *World Economic Forum*, September 22, 2015; "How to Save South Africa," *The Economist*, December 15, 2022.

CLOSING CASE 토론을 위한 질문

1. 남아프리카공화국과 그 경제에 대한 아파르트헤이트 정책의 영향은 무엇이었는가? 남아프리카공화국은 왜 이러한 정책을 포기했는가? 아파르트헤이트 시대의 정책이 남아프리카공화국의 현대에 미치는 영향은 무엇인가?
2. 남아프리카공화국의 경제에 대한 에이즈 전염병과 코로나19 팬데믹의 영향은 얼마나 컸는가? 질병의 부담을 줄이는 데 공중 보건 정책이 어떤 역할을 할

수 있다고 생각하는가? 이것이 경제 성장에 어떤 영향을 미칠 수 있을까?

3. 남아프리카공화국에서 심각한 부패가 발생한다면, 비즈니스 투자와 경제 성장에 어떤 영향을 미칠까?
4. 오늘날 남아프리카공화국 경제의 발전을 가로막고 있는 주요 요인은 무엇인가? 정부는 경제 성장을 저해하는 이러한 장애물을 줄이기 위해 무엇을 할 수 있을까?
5. 남아프리카공화국에서 부패가 만연하게 된 이유는 무엇인가?

미주(endnotes)는 한경사 홈페이지 www.hankyungsa.co.kr의 공지 사항에서 PDF 파일로 다운로드 할 수 있습니다.

Image Source/Alamy Stock Photo

4 국가 간 문화 차이

학습 목표

이 장을 학습하면,

1. 사회 내의 문화가 무엇을 의미하는지 설명할 수 있다.
2. 사회문화의 차이를 초래하는 요인을 식별할 수 있다.
3. 문화적 차이가 비즈니스와 경제에 미치는 영향을 분석할 수 있다.
4. 사회문화의 차이가 비즈니스 가치에 미치는 영향을 인식할 수 있다.
5. 문화적 변화가 경제와 비즈니스에 미치는 영향을 이해하고 평가할 수 있다.

OPENING CASE 케냐에서의 비즈니스

몇 년 전, 케냐 친구가 시애틀에 있는 워싱턴 대학교 내 사무실을 방문한 적이 있다. 내 사무실은 새로 지어진 건물의, 꼭대기 층의 한 층 아래에 있었다. 창문 밖으로는 눈 덮인 캐스케이드 산맥이 한눈에 펼쳐지는 멋진 전망을 자랑했다. 나는 그가 감탄할 것이라 기대했지만, 그렇지 않았다. 그는 오히려 "왜 꼭대기 층에 있지 않습니까? 당신은 유명한 교수인데."라고 하였나. 그의 반응은 케냐 문화의 중요한 측면을 반영한다. 케냐 사회는 위계적인 구조를 갖고 있으며, 사회 및 비즈니스 계층에서 자신보다 높은 위치에 있는 사람들에게 존경을 표해야 한다고 여긴다. 그는 내가 정교수라는 직함을 가지고 있기 때문에 학문적 위계에서 높은 위치에 있다고 생각했고, 따라서 꼭대기 층에 있어야 한다고 여겼다.

그 케냐 친구는 잘 알려진 사회적 기업가이다. 그가 시애틀을 방문하기 얼마 전, 나는 그와 함께 케냐 서부 지역을 여행한 적이 있다. 우리는 그의 비영리 단체가 투자하고 있는 여러 작은 농촌 마을을 방문했다. 이 마을들은 전력 공급이 이루어지지 않는 곳으로, 그는 주민들에게 태양광 램프를 제공하여 기존의 등유 램프를 대체하도록 했다. 등유는 비용 부담이 크고 가계 소득에서 상당한 비중을 차지할 수 있었기 때문이다. 대신, 주민들은 태양광 램프를 사용하면서 절약한 돈을 농업 생산성을 높이는 프로젝트에 투자하기로 약속해야 했다. 매 방문이 끝날 때마다, 거래가 성사되거나 프로젝트 점검이 완료되면, 우리는 떠나기 전에 마을 주민들과 함께 춤을 추곤 했다. 이는 특히 전통적인 생활 방식을 유지하는 농촌 지역에서 방문을 무사히 마무리하는 관습적인 방법으로 알려져 있다. 서구인인 나에게는 다소 어색한 경험이었지만, 현지에서는 당연한 일이었다.

이러한 개인적인 일화들은 케냐의 사회문화적 특징을 잘 보여 준다. 케냐에서 비즈니스 거래를 마친 후 반드시 춤을 춰야 하는 것은 아니지만(실제로 방문한 몇몇 국가 원수는 춤을 추기도 했다), 케냐 문화에서 기억해 두면 유익한 중요한 요소들이 있다.

케냐는 13개의 주요 민족과 여러 소수 민족이 어우러진 모자이크 같은 국가이다. 그 중 가장 큰 집단은 키쿠유족(Kikuyu)으로, 전체 인구의 약 22%를 차지한다. 키쿠유족은 반투(Bantu) 계열의 민족이며, 반투족은 2,000~3,000년 전에 사하라 사막 이남 아프리카 전역으로 퍼져 나간 농경민들의 후손이다. 이 외에도 잘 알려진 민족으로는 루오족(Luo)과 마사이족(Maasai)이 있다. 이들은 모두 나일강 유역에서 기원한 나일로틱(Nilotic) 유목민의 후손입니다. 반투족과 나일로틱족은 서로 매우 다른 언어를 사용한다.

키쿠유족은 1963년 케냐가 영국으로부터 독립하는 과정에서 중요한 역할을 했으며, 이후로도 국가의 정치 권력을 주도해 왔다. 이러한 다양한 민족 구성이 서로 다른 집단 간 갈등을 일으킬 가능성을 내포하고 있지만, 대부분의 경우 큰 충돌로 이어지지는 않는다. 가장 심각한 갈등은 2007~2008년 대통령 선거를 둘러싼 분쟁 이후에 발생했는데, 키쿠유족 출신의 Mwai Kibaki가 루오족 출신의 Raila Odinga를 제치고 당선자가 되었다. 그러나 국제 감시단이 선거 조작을 확인할 정도로 광범위한 부정선거 정황이 드러났다. 그 여파로 키쿠유족을 대상으로 한 민족 간 폭력이 발생하였고, 800~1,500명이 목숨을 잃었다. 이후 서방 국가들의 국제적 압력과 UN의 중재로 협상이 이루어졌으며, Kibaki와 Odinga는 국가의 안정을 위해 권력 공유 협정에 합의하면서 폭력 사태는 종결되었다.

민족 갈등의 가능성이 있음에도 불구하고, 케냐는 강력한 국가 정체성을 형성해 왔다. 이는 부분적으로 스와힐리어와 영어라는 두 개의 공식 언어의 광범위한 사용 덕분이며, 이 언어들은 다양한 민족 집단을 하나로 묶는 역할을 한다. 비즈니스 회의는 일반적으로 영어로 진행되며, 특히 외국인이 참석하는 경우 영어가 기본적으로 사용된다.

케냐는 종교적으로도 다양한 국가이다. 대다수의 인구가 기독교를 신봉하지만, 해안 지역, 특히 나이로비에 이어 두 번째로 큰 도시인 몸바사에는 상당한 무슬림 인구가 거주하고 있다. 이슬람교는 8세기 아랍 상인들에 의해 해안 지역에 전해졌으며, 이후 지속적으로 유지되어 왔다.

나의 경험에서 볼 수 있듯이, 케냐인들은 위계 질서를 매우 중요하게 여긴다. 학위와 같은 직함이나 업적도 중요시하는데, 이는 케냐 사회에서 교육이 매우 중요하게 여겨지기 때문이다. 지위가 높은 사람에게 존경을 표하는 것이 당연시된다. 예를 들어 높은 지위의 사람과 인사할 때는 존경의 표시로 눈을 내리고, 악수할 때 상대의 오른쪽 팔뚝을 받쳐주는 것이 예의이다. 또한, 인사할 때는 상대방의 안부뿐만 아니라 가족과 사업에 대한 질문을 함께 건네는 것이 일반적이다. 이러한 의례적인 인사가 끝나기 전에는 비즈니스 회의가 시작되지 않으며, 외국 방문객이 이를 생략하고 곧바로 본론으로 들어가려 한다면 실례로 간주될 수 있다. 위계적 구조의 또 다른 중요한 양상은 회의에서 모든 참석자가 의견을 낼 기회는 주어지지만, 최종 결정은 계층적 권한을 가진 사람이 내린다는 점이다.

케냐인들은 개인주의보다 집단 중심적인 성향을 띠는 경향이 있다. 이러한 특성의 역사적 뿌리는 협력적 농업 및 목축 문화에서 비롯되었다. 케냐 사회에서는 상호 지원, 공동 노력, 공동 책임, 그리고 지역사회 자립이 중요한 가치로 강조된다. 이러한 정신은 'Harambee'라는 반투어에 잘 담겨 있습니다. 'Harambee'는 '함께 힘을 모으다'라는 의미를 가지며, 공동체 정신을 상징한다. 2008년, Kibaki와 Odinga는 국가의 안정을 위해 'Harambee' 정신을 실천하며 협력에 합의함으로써, 케냐를 심각한 분쟁의 위기에서 구해 냈다.

집단 중심적인 문화에서 예상할 수 있듯이, 케냐에서는 대가족이 사회 구조의 중요한 기반을 형성한다. 가족 구성원뿐만 아니라 가까운 가족 친구까지도 서로 돕고 지원하는 것이 당연한 의무로 여겨진다. 이러한 집단 중심적 사고방식은 비즈니스 환경에서도 중요한 역할을 한다. 예를 들어, 새로운 아이디어나 투자, 혹은 새로운 방식이 도입될 때, 그것이 집단 전체에 이익이 되고 공동체에서 받아들일 만한 것으로 인식되면 더 쉽게 채택된다. 또한, 관계를 중시하는 문화에서는 비즈니스를 진행하기 전에 상대방과 충분한 시간을 들여 신뢰를 형성하는 것이 필수적이다. 상대를 충분히 알기 위한 과정 없이 곧바로 거래로 넘어가는 것은 바람직하지 않으며, 신뢰를 쌓는 과정이 성공적인 비즈니스 협력에 중요한 역할을 한다.

Sources: Charles W.L. Hill, personal experience; Chara Scroope, "Business Culture," *Kenyan Culture*, Cultural Atlas, 2018, https://culturalatlas.sbs.com.au/kenyan-culture/kenyan-culture-business-culture#kenyan-culture-business-culture; "Kenya—Culture, Etiquette and Business Practices," *Commisceo Global*, https://www.commisceo-global.com/resources/country-guides/kenya-guide.

서론

2장과 3장에서는 각국의 정치, 경제, 법률 체제의 차이가 세계 여러 나라에서 비즈니스를 수행할 때 발생하는 이익, 비용, 그리고 위험에 어떤 영향을 미치는지 살펴보았다. 이번 장에서는 국가 간 뿐만 아니라 국가 내에서도 존재하는 문화적 차이가 기업의 국제 비즈니스 거래, 운영, 그리고 전략에 어떤 영향을 미칠 수 있는지를 탐구한다.

이 장에서는 몇 가지 핵심 주제를 다룬다. 첫 번째는 국제 경영에서 성공하기 위해서는 문화 간

문화 간 이해력
한 국가의 문화가 비즈니스 관행에 어떤 영향을 미치는지를 이해하는 능력.

이해력이 필수적이라는 점이다. 여기서 **문화 간 이해력**(cross-cultural literacy)이란, 국가 간 및 국가 내의 문화적 차이가 비즈니스 관행에 어떤 영향을 미치는지를 이해하는 것을 의미한다. 글로벌 소통과 빠른 교통, 세계 시장의 확대, 그리고 글로벌 브랜드가 일상화된 오늘날에는 서로 다른 문화의 차이를 놓치기 쉽다. 그러나 현대적인 외형 아래에는 여전히 깊은 문화적 차이가 존재한다.[1] 이러한 차이는 동시에 하나의 공통된 유대를 형성하기도 한다. 즉, 특정한 가치 체계(value system)가 국가 내 사람들을 결속시키며, 이는 국가가 존재하는 이유가 되기도 한다. 문화적으로 형성된 가치 체계는 가족, 기업, 지역사회에도 존재할 수 있으며, 때로는 특정 산업 자체가 독자적인 가치 체계를 가지기도 한다.[2]

OPENING CASE는 이러한 문화적 차이의 몇 가지 측면을 보여 준다. 케냐는 위계적 지위와 공동체의 이익을 위한 협력을 중시하는 문화를 가지고 있다. 따라서 케냐에서 비즈니스를 하려는 외국인은 이러한 가치에서 비롯된 미묘한 문화적 차이를 이해하는 것이 중요하다. 동시에, 케냐는 많은 국가들과 마찬가지로 다양한 민족 집단으로 구성되어 있으며, 각 집단은 고유한 문화적 전통을 가지고 있다. 이를 통해 우리는 한 국가 내에도 여러 개의 서로 다른 문화가 공존할 수 있음을 알 수 있다.

두 번째로 다룰 주제는 특정 국가나 지역에서 사업을 할 때 현지의 문화와 비용, 편익, 위험 사이에 관계가 존재할 수 있다는 것이다. 문화에 따라 기업가 정신, 혁신, 시장 경제의 기본 원칙을 지지하는 정도가 다를 수 있다.[3] 예를 들어, 일부 학계에서는 강한 집단 정체성, 소속감과 소속 공동체, 기업과 국가에 대한 충성심과 같은 문화적 세 가지 요소가 일본에서의 사업 비용을 낮추고, 1960년대부터 1980년대까지 일본의 급속한 경제 성장을 설명하는 데 도움이 되었다고 주장했다.[4] 마찬가지로 문화적 요인으로 인해 사업 운영 비용이 증가할 수 있다. 예를 들어, 역사적으로 신분 제도는 영국 문화에서 중요한 측면이었으며, 이 때문에 영국에서 오랫동안 운영된 기업들은 경영진과 노동자 간의 협력을 이루기가 어려웠다. 그 결과, 20세기 중반 영국에서는 신분 제도로 인한 산업 분쟁을 일으켰고, 역사적으로 신분 갈등이 덜한 스위스, 노르웨이, 독일, 일본과 같은 국가에 비해 사업 운영 비용을 증가시켰다.

영국의 사례는 이 장에서 우리가 살펴볼 또 다른 주제를 제시한다. 문화는 정적인 것이 아니라 동적인 특성을 지닌다는 점이다. 문화는 시간이 지나면서 변화할 수 있으며, 실제로 변화해 왔다. 다만, 문화가 변화하는 속도에 대해서는 의견이 분분하다. 영국 문화의 중요한 측면은 지난 30년 동안 상당한 변화를 겪었는데, 이는 50년 전보다 다소 약화된 신분 제도와 크게 줄어든 산업 분쟁에서 나타난다. 마지막으로, 다국적 기업 자체가 문화 변화의 원동력이 될 수 있다는 점도 주목해야 합니다. 예를 들어, McDonald's와 같은 서구 패스트푸드 기업들은 각국의 식문화에 영향을 미치며, 전통적인 레스토랑보다 패스트푸드점으로 사람들을 끌어들이는 방식으로 식문화의 변화를 촉진할 수 있다.

문화란 무엇인가

[학습 문화 1] 사회 내의 문화가 무엇을 의미하는지 설명한다.

국제 경영에서 문화 간 차이 연구의 최고 권위자인 Geert Hofstede가 튀르키예 이스탄불에서 열린 국제비즈니스학회(AIB)에서 자신의 연구를 발표하고 있다.

문화에 대한 명확한 정의를 내리는 데 있어 학자들 간에는 여전히 의견이 분분하다. 1870년대 인류학자 Edward Tylor는 문화를 "지식, 신념, 예술, 도덕, 법, 관습, 그리고 사회의 구성원으로서 개인이 습득하는 기타 능력을 포함하는 복합적 전체"라고 정의했다.[5] 이후 수많은 학자가 다양한 정의를 제시해 왔다. 국제 비즈니스에서 문화 간 차이 연구의 권위자인 Geert Hofstede는 문화를 "한 인간 집단의 구성원을 다른 집단과 구별하는 정신의 집단적 프로그래밍"이라고 설명하며, 이 개념 속에서 가치체계(value systems)가 문화의 중요한 구성 요소라고 보았다.[6] 또한, 사회학자인 Zvi Namenwirth와 Robert Weber는 문화를 하나의 아이디어 체계로 정의하며, 이러한 아이디어가 인간의 삶의 방식을 형성한다고 주장했다.[7]

문화
한 집단의 구성원들이 공유하는 가치와 규범의 체계로, 이들이 결합되어 생활 방식을 형성함.

가치
어떤 사회가 선하고, 옳으며, 바람직하다고 믿는 것에 대한 추상적 개념.

규범
특정 상황에서 적절한 행동을 규정하는 사회적 규칙과 지침.

사회
공통된 가치와 규범을 공유하는 사람들의 집단.

이 책에서는 Hofstede, Namenwirth와 Weber의 개념을 따라 **문화(culture)**를 한 집단이 공유하는 가치와 규범의 체계로 정의하며, 이러한 가치와 규범이 결합되어 생활 방식을 형성한다고 본다. **가치(values)**는 특정 집단이 선하고, 옳으며, 바람직하다고 믿는 개념을 의미한다. 다시 말해, 가치는 사물이나 행동이 어떻게 되어야 하는가에 대한 공유된 신념을 반영한다.[8] **규범(norms)**은 특정 상황에서 적절한 행동을 규정하는 사회적 규칙과 지침을 뜻한다. **사회(society)**란 공통된 가치와 규범을 공유하는 사람들의 집단을 의미한다. 사회는 하나의 국가와 동일할 수도 있지만, 일부 국가에는 여러 개의 사회 또는 하위문화(subculture)가 존재할 수 있으며, 반대로 하나의 사회가 여러 국가를 포괄할 수도 있다. 예를 들어, 덴마크, 핀란드, 아이슬란드, 노르웨이, 스웨덴과 같은 북유럽 국가들은 문화적으로 하나의 사회로 간주되는 경우가 많다. 비즈니스 관점에서 보면, 북유럽 국가 중 하나에서 특정 제품이 인기를 얻는다면, 다른 북유럽 국가에서도 유사한 소비자 반응을 보일 가능성이 높다는 점을 시사한다.

가치와 규범

가치는 사회의 규범이 형성되고 정당화되는 기본적인 토대를 제공하며, 문화의 핵심을 이룬다. 사회의 가치는 개인의 자유, 민주주의, 진실, 정의, 정직, 충성, 사회적 의무, 집단적 책임, 성 역할, 사랑, 성, 결혼 등과 같은 개념에 대한 태도를 포함할 수 있다. 가치는 단순한 추상적 개념이 아니라, 강한 감정적 의미를 지니고 있으며, 때로는 이를 둘러싼 논쟁, 갈등, 심지어 전쟁까지도 발생할 수 있다. 예를 들어, 자유와 같은 가치를 두고 사람들은 논쟁을 벌이고, 싸우며, 심지어 목숨을 걸기도 한다. 자유와 안전은 종종 선진국 정치 지도자들이 국제적으로 개입하는 결정을 정당화하는 핵심 이유로 사용된다. 미국과 같은 국가에서는 자유와 안전을 중요한 가치로 내세워 세계 여러 지역에서의 개입을 정당화하는 경우가 많다. 가치는 또한 사회의 경제 시스템에도 반영된다. 예를 들어, 2장에서 살펴보았듯이, 민주적 자유 시장 자본주의는 개인의 자유를 강조하는 철학적 가치 체계를 반영하는 경제 시스템이다.[9]

규범은 사람들이 서로에게 하는 행동에 적용되는 사회적 규칙이다. 이러한 규범은 풍습과 금기라는 두 가지 주요 범주로 나눌 수 있다. 미국 사회학자 William Graham Sumner는 1906년에 이 개념을 정립했으며, 이는 오늘날에도 여전히 유효하며 사회에 깊이 자리 잡고 있다. **풍습(folkways)**은 일상생활에서의 관습적 규범을 의미한다. 일반적으로 풍습은 도덕적으로 큰 의미를 가지지 않으며, 주로 적절한 복장, 사회적 예절, 식사 예절, 이웃과의 관계 등과 같은 사회적 관습을 다룬다. 풍습은 사람들이 기대하는 행동 방식을 정의하지만, 이를 위반한다고 해서 심각한 문제로 간주되지는 않는다. 풍습을 어긴 사람은 괴짜나 무례한 사람으로 여겨질 수 있지만, 도덕적으로 나쁘거나 비난받아야 할 존재로 취급되지는 않는다. 많은 나라에서는 외국인이 처음에는 이러한 풍습을 위반하더라도 어느 정도 용인해 주는 경향이 있다. 그러나 최근에는 해외에서 활동하는 경영인들에게 특정한 복장 규정, 사회적 및 직업적 예절, 올바른 식사 도구 사용법, 비즈니스 에티켓 등을 숙지할 것이 요구되고 있다. 오늘날 규범의 발전은 비즈니스 파트너가 최소한 해당 국가의 빈속에 맞추려는 노력을 기울일 것을 기대하는 방향으로 변화하고 있다.

풍습
생활의 일상적인 관행.

풍습의 대표적인 예는 시간에 대한 태도이다. 미국, 독일, 네덜란드 및 북유럽 국가와 같은 문화권에서는 사람들이 시간의 흐름과 중요성을 매우 인식하고 있다. 이러한 문화에서는 비즈니스 관계자들이 일정을 철저히 관리하며, 회의에 늦거나 어떤 이유로든 기다려야 하는 상황이 발생하면 쉽게 불쾌감을 느낀다. 이들에게 시간은 곧 돈과 같으며, 효율적인 시간 관리는 중요한 비즈니스 가치로 여겨진다.

비즈니스 환경에서 아랍, 라틴 아메리카, 아프리카 문화권에서는 시간을 보다 유연하게 인식하는 경향이 있다. 이들은 일정 준수보다 인간관계를 형성하거나 대화를 마무리하는 것을 더 중요하게 여긴다. 예를 들어, 미국의 비즈니스 관계자가 라틴 아메리카의 경영자와 회의를 앞두고 사무실 밖에서 30분 동안 기다려야 한다면 무시당했다고 느낄 수 있다. 그러나 라틴 아메리카의 경영자는 단순히 이전 미팅을 마무리하면서 중요한 정보를 얻고 있을 뿐이며, 엄격하게 일정에 맞추는 것보다 이러한 상호 작용을 더 중요하게 생각한다. 이는 상대를 존중하지 않는 것이 아니라, 시간에 대한 서로 다른 인식 차이에서 비롯된 오해일 뿐이다. 마찬가지로, 사우디아라비아의 시간 개념 역시 베두인(Bedouin) 문화의 영향을 받아 훨씬 유동적이다. 베두인 문화에서는 정확한 시간 개념이 거의 없었으며, '내일'이 실제로는 다음 주를 의미할 수도 있었다. 라틴 아메리카와 마찬가지로, 많은 사우디아라비아인들은 서구 비즈니스 관계자들이 엄격한 일정과 시간을 중요하게 여기는 것을 자연스럽게 받아들이지 않을 수도 있다.

풍습에는 의례적인 행동과 상징적인 행위도 포함된다. 이러한 의례와 상징은 문화가 가장 눈에 띄게 드러나는 요소이며, 사회의 깊은 가치관을 외적으로 표현하는 방식이다. 예를 들어, 일본의 경영자는 외국 비즈니스 관계자를 만날 때 양손으로 명함을 정중하게 건네며 고개를 숙여 인사하는 모습을 보인다.[10] 이러한 의례적 행동은 일본 문화에서 중요한 상징적 의미를 지닌다. 일본과 같은 위계적인 사회에서는 직급이 매우 중요한 정보이며, 명함에 표시된 직급이 상대의 사회적 지위를 나타낸다. 또한, 고개를 숙이는 정도가 상대방에 대한 존경의 깊이를 반영한다. 명함을 받은 사람은 이를 신중하게 살펴보는 것이 예의이며, 이는 상대의 지위를 인정하고 존중을 표하는 행동으로 여겨진다. 일본의 비즈니스 관계자들은 보통 명함의 한쪽에는 일본어, 다른 한쪽에는 영어를 인쇄해 두는 경우가 많다. 명함을 받을 때는 고개를 숙이며 정중하게 받아야 하며, 자신의 명함을 건넬 때도 같은 방식으로 인사를 해야 한다. 이러한 절차를 따르지 않고, 받은 명함을 곧바로 주머니나 가방에 넣거나 내용을 읽어 보지도 않는 행동은 일본의 중요한 풍습을 무시하는 것으로 간주되며, 무례하다고 여겨질 수 있다.

금기
사회의 작동과 사회적 삶에 있어 핵심적인 것으로 간주되는 규범들.

금기(mores)는 사회에서 널리 인정되며, 풍습보다 강한 도덕적 의미를 지니고 있으며, 사회의 기능과 질서를 유지하는 데 핵심적인 역할을 하는 규범이다. 금기를 어길 경우 심각한 처벌이나 부정적인 반응을 초래할 수 있으며, 때로는 비즈니스 거래가 무산될 수도 있다. 이러한 중요성 때문에 금기는 종종 법으로 제정되기도 한다. 금기와 관련된 규범과 법률은 문화마다 다르게 적용된다. 예를 들어, 미국에서는 법적 음주 연령에 도달한 후 적당히 술을 마시는 것이 일반적으로 허용된다. 반면, 사우디아라비아에서는 술을 마시는 행위가 중요한 사회적 금기를 어기는 것으로 간주되며, 이를 위반하면 징역형에 처해질 수도 있다. 실제로, 사우디아라비아에서 일하는 일부 서구인들이 이 점을 간과했다가 낭패를 본 사례도 있다. 그러나 사우디아라비아나 아랍에미리트와 같은 국가에서도 외국인들에게 무조건 엄격한 것은 아니다. 현지 문화를 따르지 않는 외국인이라 하더라도, 금기를 노골적으로 위반하지 않는 한 어느 정도 관용을 베푸는 경향이 커지고 있다. 시간이 지나면서 금기의 적용 방식은 지역, 상황, 그리고 개인의 신분에 따라 다르게 변화할 수 있다. 따라서 각 나라에서 어떤 금기가 존재하는지 미리 파악하고 이에 대비하는 것이 중요하다.

문화, 사회, 그리고 국민국가

앞서 사회를 공통된 가치와 규범을 공유하는 사람들의 집단, 즉 공통된 문화를 기반으로 결속된 공동체로 정의했다. 그러나 사회와 국가 사이에는 엄격한 일대일 대응 관계가 존재하지 않는다. 국가는 정치적 개념이며, 종종 '국가 정체성', '국민성', '국가 경쟁력'과 같은 개념과 연관되어 연구된다. 하지만 실제로 하나의 국가 안에는 단일 문화가 존재할 수도 있고, 여러 개의 하위문화가 공존할 수도 있다.[11] 예를 들어, 프랑스는 프랑스 문화를 정치적으로 구현한 국가라고 볼 수 있지만, 프랑스 내부에도 지역별로 다양한 문화적 차이가 존재한다. 반면, 캐나다는 하나의 국가이지만, 최소 세 개의 주요 문화를 포함하고 있다. 즉, 영어권 문화, 프랑스어를 사용하는 퀘벡 문화, 그리고 원주민 문화가 공존한다. 이와 유사하게, 아프리카의 54개 국가 대부분은 서로 다른 민족 집단 간의 중요한 문화적 차이를 지니고 있다. 예를 들어, 1990년대 초 르완다에서는 투치족(Tutsis)과 후투족(Hutus) 간의 내전이 발생하며 극심한 유혈 사태가 벌어졌다. 이는 아프리카 대륙 내 문화적 차이가 국가 내 갈등으로 이어질 수 있음을 보여 주는 대표적인 사례이다. 이에 대한 또 다른 예는 케냐 사례 연구에서 확인할 수 있다. 아프리카뿐만 아니라 인도 역시 다양한 문화적 집단으로 구성된 국가이다. 안드라족(Andhras), 곤드족(Gonds), 구자라트족(Gujaratis), 마라타족(Marathas), 오리야족(Oriya), 라지푸트족(Rajputs), 타밀족(Tamils) 등 각 집단은 고유한 역사와 전통을 지니고 있으며, 인도 내에서도 다채로운 문화적 정체성이 공존한다.

문화는 하나의 국가에 한정되지 않고 여러 국가를 포괄할 수도 있다. 덴마크, 핀란드, 아이슬란드, 노르웨이, 스웨덴과 같은 북유럽 국가들은 수세기 동안 공통된 문화적 가치와 규범을 공유해 왔으며, 이러한 문화적 사고방식은 여전히 대부분의 북유럽 사람들에게 깊이 자리 잡고 있다. 이와 마찬가지로, 이슬람 사회 역시 중동, 아시아, 아프리카에 걸쳐 여러 국가의 시민들이 공유하는 하나의 문화로 볼 수 있다. 물론, 이슬람 세계 내부에서도 다양한 정도의 신앙 실천 방식이나 해석 차이에 따른 문화적 차이가 존재한다. 3장에서 다룬 바와 같이, 하나의 광범위한 문화가 여러 국가를 포괄할 수 있다는 관점은 Samuel Huntington의 세계관과 연결된다. Huntington은 세계가 서구, 이슬람, 중화 문명을 포함한 여러 개의 문명으로 분열되어 있으며, 각 문명이 고유한 가치 체계와 규범을 형성하고 있다고 주장했다.[12] 실제로, 국제 경영학자들 중 일부는 전통적인 다국적 전략에서 벗어나, 개별 국가를 목표 시장으로 설정하는 대신, 문화적으로 유사한 지역을 하나의 비즈니스 시장으로 묶어 공략해야 한다고 주장한다. 이러한 접근 방식은 세계 195개국을 개별 국가 단위로 나누는 것이 아니라, 공통된 가치와 사고방식을 공유하는 문화적으로 유사한 비즈니스 지역으로 구분하는 것이 더 효과적일 수 있다는 관점에 기반한다.

상황을 더욱 복잡하게 만드는 요소는 한 국가 내에서도 다양한 수준에서 문화를 논의할 수 있다는 점이다. 예를 들어, 사람들은 흔히 '미국 사회(American society)'와 '미국 문화(American culture)'에 대해 이야기하지만, 실제로 미국에는 서로 다른 문화를 가진 여러 사회가 공존하고 있다. 아프리카계 미국인 문화, 케이준 문화, 중국계 미국인 문화, 라틴계 문화, 인도 문화, 아일랜드계 미국인 문화, 그리고 미국 남부 문화 등 다양한 문화적 집단이 존재하고 있는 것이다. 이처럼 문화와 국가의 관계는 반드시 명확하지 않을 수 있다. 어떤 국가가 단일하고 동질한 문화를 가지고 있는 것처럼 보일 수도 있지만, 그 문화는 종종 여러 하위문화로 이루어진 모자이크 같은 구조를 형성한다. 이러한 문화적 차이를 존중하기 위해 비즈니스 관계자들은 각 문화의 풍습과 관련된 미묘한 차이를 이해해야 하며, 또한 자신이 비즈니스를 진행하려는 국가나 문화에서 금기를 어기지 않도록 주의해야 한다. 세계화가 확대되면서 국가와 문화 간 비즈니스 관계는 더욱 증가하고 있지만, 그에 따른 문화적 이해가 자연스럽게 깊어지는 것은 아니다. 문화는 다차원적이고 복합적인 개념이며, 다양한 수준에서 연구할 가치가 있는 중요한 요소이다.[13]

문화의 결정 요인

문화의 가치와 규범은 처음부터 완전히 형성된 상태로 존재하는 것이 아니다. 앞서 설명한 것처럼, 문화적 가치와 규범은 시간이 흐르면서 다양한 요인의 영향을 받아 변화하고 발전한다. 이러한 요인에는 지배적인 정치·경제 철학, 사회 구조, 주요 종교, 언어, 교육 수준 등이 포함되며(그림 4-1

그림 4-1
문화의 결정 요인

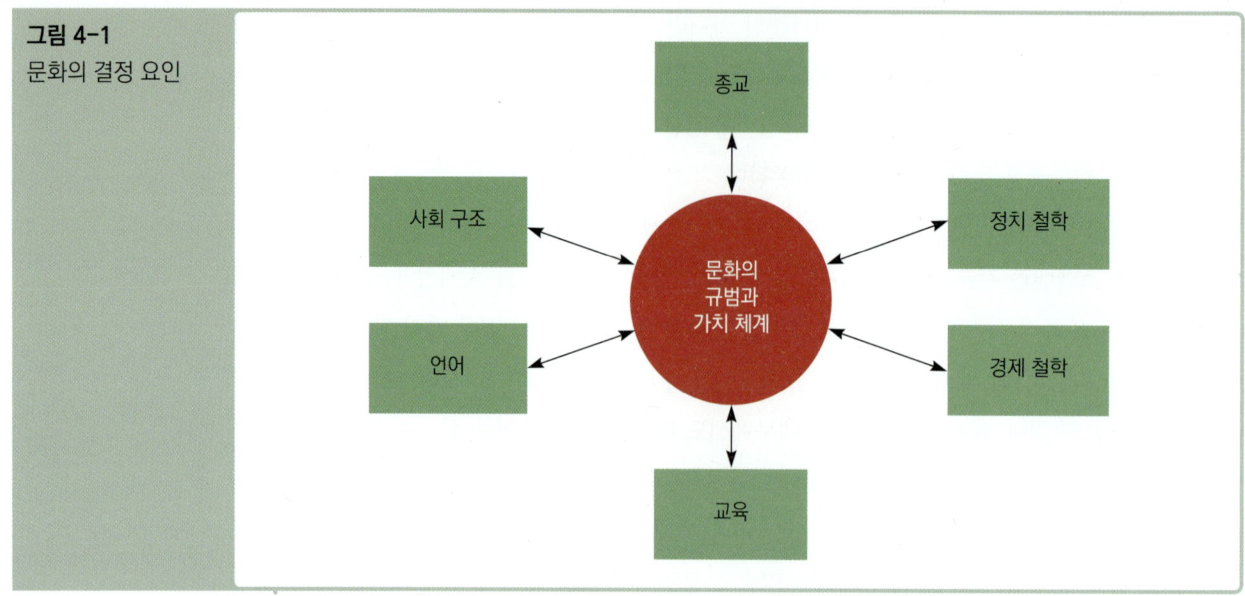

참고), 이러한 요소들이 복합적으로 작용하면서 사람들의 행동이 일상의 습관과 행동 패턴으로 자리 잡을 때 하나의 문화가 형성된다.

정치 및 경제 철학은 사회의 가치 체계에 직접적인 영향을 미친다. 예를 들어, 사회주의 체제인 북한에서는 자유, 정의, 개인적 성취에 대한 가치관이 미국과는 상당히 다르다. 미국에서는 개인의 자유와 개인주의가 중요한 가치로 여겨지는 반면, 북한에서는 집단주의적 가치가 강조된다. 이러한 차이는 두 사회가 서로 다른 정치·경제 철학을 기반으로 운영되기 때문이다. 이 장의 다음 절에서는 사회 구조, 종교, 언어, 교육이 문화에 미치는 영향을 구체적으로 살펴볼 것이다. 다만, 문화 형성의 인과 관계는 상호 작용하는 과정임을 기억해야 한다. 즉, 사회 구조와 종교가 사회의 가치와 규범을 형성하는 동시에, 사회의 가치와 규범 역시 사회 구조와 종교에 영향을 미칠 수 있다.

사회 구조

[학습 목표 2] 사회문화의 차이를 초래하는 요인을 식별할 수 있다.

사회 구조
한 사회의 기본적인 조직 형태.

한 사회의 **사회 구조**(social structure)란 그 사회의 기본적인 사회적 조직을 의미한다. 이는 그 사회가 가치, 규범, 그리고 관계 측면에서 어떻게 조직되어 있는지를 나타낸다. 사회가 어떻게 운영되는지, 그리고 사람, 집단, 기업들이 서로를 어떻게 대하는지는 그 사회의 개인이 보이는 행동에서 비롯되며, 동시에 그 행동을 형성하는 요소이기도 하다.

사회 구조의 차이를 설명할 때 특히 중요한 두 가지 차원이 있다(물론 이 외에도 다양한 요인이 존재한다). 첫 번째 차원은 사회 조직의 기본 단위가 개인인지, 혹은 집단이나 기업과 같은 조직인지의 여부이다. 일반적으로 서구 사회는 개인의 중요성을 강조하는 경향이 강한 반면, 비서구 사회에서는 집단이 보다 중심적인 역할을 한다. 두 번째 차원은 사회가 계층(계급 또는 카스트)으로 얼마나 분화되어 있으며, 계층 간 이동이 얼마나 가능한지의 정도이다. 일부 사회는 사회적 계층화가 심하고 계층 간 이동성이 낮은 특징을 가지며(예: 인도), 반면 다른 사회는 계층화가 덜하고 계층 간 이동성이 상대적으로 높은 특징을 보인다(예: 미국).

개인과 집단

집단
공통된 정체성을 공유하며, 서로에 대한 기대를 바탕으로 구조화된 방식으로 상호 작용하는 두 명 이상의 개인으로 이루어진 공동체.

집단(group)이란 공통된 정체성을 공유하며, 서로에 대한 기대를 바탕으로 구조화된 방식으로 상호 작용하는 두 명 이상의 개인으로 이루어진 공동체를 의미한다.[14] 인간 사회는 본질적으로 집단 중심적인 삶을 기반으로 하며, 개인은 가족, 직장, 사회적 모임, 여가 활동 그룹 등 다양한 집단에 속하게 된다. 또한, 하나의 개인이 여러 집단에 동시에 속할 수도 있다. 최근 소셜 미디어의 발전은 집단의 경계를 확장시키고, 사회적 관계망의 중요성을 더욱 강조하는 역할을 하고 있다. 특히, 소셜 미디어는 개인뿐만 아니라 집단에도 영향을 미칠 수 있는 강력한 도구가 되고 있다. 예를 들어, 소셜 미디어(예: Instagram, Twitter, Facebook, LinkedIn)에서 특정 브랜드를 팔로우하거나, Snapchat을 통해 브랜드를 접하는 소비자는 해당 브랜드의 제품을 구매할 가능성이 훨씬 높아진다. 이는 집단의 영향력이 소비자 행동에 직접적인 영향을 미칠 수 있음을 보여 준다. 그러나 모든 사회에서 집단이 존재하더라도, 집단이 사회 조직에서 차지하는 중요성은 사회마다 다를 수 있다. 일부 사회에서는 개인의 특성과 성취가 집단 소속보다 더 중요한 가치로 여겨지는 반면,[15] 또 다른 사회에서는 개인의 정체성과 행동이 집단 소속을 통해 정의되며, 집단이 개인보다 우선시된다.

개인

2장에서 개인주의를 정치 철학의 개념으로 다룬 바 있다. 그러나 개인주의는 단순한 정치 철학을 넘어, 사회 조직의 기본 단위로서 개인의 역할과 가치를 강조하는 문화적 특성으로도 나타난다. 이러한 특성은 정치·경제 체제뿐만 아니라, 사람들이 자신을 어떻게 인식하고 사회 및 비즈니스 환경에서 타인과 어떻게 관계를 형성하는 지에도 반영된다. 예를 들어, 서구 사회는 개인의 성취를 중요한 가치로 여긴다. 개인의 사회적 지위는 그들이 어떤 조직에 속해 있는지가 아니라, 자신이 선택한 분야에서 어떤 성과를 내느냐에 따라 결정되는 경우가 많다. 또한, 현대 사회에서는 개인이 특정 기업에 소속되어 있더라도 독립적인 전문가로 인식되는 경향이 강해지고 있다. 이러한 개인들은 자신의 지식, 기술, 경험을 활용하여 개인 브랜드를 구축하며, 이를 통해 더 높은 급여, 승진, 또는 더 좋은 조건을 제시하는 기업으로의 이직 기회를 얻는다. 특히 과학 분야에서는 '스타 과학자'라는 용어가 널리 사용되며, 이는 지식, 기술, 경험을 바탕으로 혁신적인 제품을 개발하고 탁월한 성과를 내는 개인을 의미한다.[16]

개인의 성과를 중시하는 문화는 긍정적인 측면과 부정적인 측면을 모두 가질 수 있다. 미국에서는 개인주의적 가치가 강한 독립심, 기업가 정신, 그리고 혁신에 대한 존중으로 나타난다. 이러한 문화의 대표적인 이점 중 하나는 높은 수준의 기업가적 활동이다. 미국에서는 기업가 정신이 강한 개인들이 지속적으로 새로운 제품과 비즈니스 모델을 창출하며 산업을 발전시켜 왔다. 예를 들어, 개인용 컴퓨터, 복사기, 소프트웨어, 바이오 기술, 슈퍼마켓, 할인 소매점, 소셜 미디어 등은 이러한 혁신적인 기업가 정신에서 탄생한 대표적인 사례이다. 미국 경제의 역동성은 개인주의 철학에 크게 기반하고 있다. 개인주의 성향이 강한 사회일수록 새로운 제품과 서비스를 위한 창의적인 아이디어가 끊임없이 등장하며, 지속적인 혁신이 가능하다. 이러한 높은 수준의 기업가적 활동은 미국뿐만 아니라 유럽을 비롯한 여러 선진국에서도 공통적으로 나타나는 특징이다.

개인주의 문화에서는 관리자들이 기업 간 이동을 활발하게 하는 경향이 있다. 이는 개인적인 경력 개발과 급여 인상을 원하는 관리자들에게는 유리할 수 있지만, 기업 입장에서는 반드시 긍정적인 요소가 아닐 수도 있다. 기업에 대한 충성심과 장기적인 헌신이 부족하고, 더 나은 조건을 찾아 이직하는 경향이 강하면, 관리자들이 일반적인 경영 역량은 갖추고 있어도 특정 기업에 대한 깊이 있는 이해와 장기적 관계 형성이 부족할 수 있다. 한 기업에서 오랜 기간 근무하며 쌓인 조직 내 경험, 지식, 인적 네트워크는 효과적인 문제 해결에 중요한 역할을 하며, 이를 갖추지 못한 관리자가 많을 경우 기업은 어려움을 겪을 수 있다. 그러나 높은 관리자의 이동성은 긍정적인 측면도 존재한다. 다양한 기업에서 근무한 경험이 있는 경영진은 다양한 비즈니스 방식을 접할 기회를 가지며, 이를 바탕으로 우수한 경영 기법이나 실무 방식을 비교·분석할 수 있다. 이를 통해 한 기업에서 효과적으로 활용된 전략과 기술이 다른 기업에서도 유용하게 적용될 수 있는지를 판단할 수 있으며, 이는 기업 간 혁신 확산에도 기여할 수 있다.

집단

서구 사회가 개인을 강조하는 것과 달리, 많은 다른 사회에서는 집단이 사회 조직의 기본 단위가 된다. 예를 들어, 일본에서는 개인의 사회적 지위가 개인의 성과에 의해서도 결정되지만, 그들이 속한 집단의 위상에 의해서도 결정되어 왔다.[17] 전통적인 일본 사회에서 집단은 개인이 속한 가족이나 마을을 의미했다. 하지만 오늘날에는 집단이 작업 팀이나 기업 조직과 연관되는 경우가 많다. 일본 사회에 대한 고전적 연구에서 Nakane는 이러한 특징이 일상생활에서 어떻게 표현되는지 주목했다.

> 일본인은 다른 사람과 대면하고 자신의 사회적 위치를 표현할 때 직업의 종류보다 소속 기관을 앞세우는 경향이 있다. 즉, "나는 조판사입니다." 또는 "나는 서류 정리 사원입니다."라고 말하기보다, "나는 B 출판 그룹 소속입니다." 혹은 "나는 S 회사에 다닙니다."라고 말하는 경우가 많다.[18]

Nakane는 집단의 우선성이 종종 깊은 감정적 애착으로 이어지며, 개인이 자신의 삶에서 집단과의 동일시를 매우 중요하게 여기게 된다고 지적한다. 일본 문화에서 집단 소속은 핵심 가치 중 하나이며, 이는 기업에도 긍정적인 영향을 미칠 수 있다. 집단에 대한 강한 동일시는 구성원들 사이에서 상호 협력과 집단 행동을 촉진하는 압력으로 작용한다. Nakane가 설명했듯이, 일본에서는 개인의 가치가 집단의 성과와 밀접하게 연결되어 있기 때문에, 집단 구성원들은 공동 목표를 달성하기 위해 협력할 강한 동기를 갖게 된다. 일부 학자들은 일본 기업이 글로벌 경제에서 성공한 요인 중 하나로 기업 내 개인 간, 그리고 기업 간 긴밀한 협력을 꼽는다. 이러한 협력 문화는 일본 조직 내 자율적으로 운영되는 자기 관리형 팀의 확산, 기업 내 다양한 부서(예: 제조, 마케팅, 연구·개발)

간 긴밀한 협력, 그리고 디자인, 품질 관리, 재고 감소와 같은 문제에 대한 기업과 공급 업체 간의 협력 등에서 두드러지게 나타난다.[19] 이 모든 협력은 결국 집단의 성과를 극대화하려는 필요에서 비롯된다.

집단 동일시를 중시하는 문화는 관리자와 근로자들이 이직하는 것을 어렵게 만드는 요인으로 작용한다. 일본 경제의 일부 부문에서는 오랫동안 한 회사에서 평생 고용되는 것이 일반적인 관행이었다. 추정에 따르면, 일본 근로자의 20~40%가 공식적 또는 비공식적으로 평생 고용 보장을 받는다. 그러나 최근 몇 십 년 동안 이러한 관행은 크게 변화하여, 기업 간 인력 이동이 훨씬 더 활발해졌다. 시간이 지나면서 관리자와 근로자들은 업무에 필요한 지식과 경험을 쌓고, 인적 네트워크를 구축하게 된다. 이러한 요소들은 관리자들이 업무를 보다 효과적으로 수행하고, 동료들과 원활하게 협력하는 데 중요한 역할을 한다.

그러나 집단을 우선시하는 문화가 항상 긍정적인 것은 아니다. 미국 사회가 개인주의적 가치를 반영하여 높은 수준의 기업가 정신을 특징으로 하는 것처럼, 일부는 일본 사회가 기업가 정신이 부족하다는 점에서 대조적이라고 주장한다.

집단 지향성이 혁신에 미치는 영향은 명확하지 않다. 일반적으로 미국은 오랫동안 세계에서 혁신을 주도해 왔으며, 특히 급진적인 신제품과 서비스 개발에서 두각을 나타냈다. 미국의 개인수의 문화는 이러한 혁신적인 사고방식을 촉진하는 중요한 요소로 작용해 왔다. 그러나 GE Global Innovation Barometer에 따르면, 일본과 같은 일부 집단 지향적 국가들도 혁신에서 강한 경쟁력을 보이며, 특히 점진적인 혁신이나 기존 기술을 개선하는 데 뛰어난 성과를 내고 있다.[20] 이는 혁신을 이루는 방법이 개인주의적 문화와 집단 지향적 문화에서 각각 다를 수 있으며, 각 문화의 특성과 핵심 역량이 혁신 방식에 반영된다는 점을 시사한다.[21] 일부 전문가들은 개인주의적 사회가 혁신적인 아이디어를 창출하는 데 강점을 보이는 반면, 집단주의적 사회는 이러한 아이디어를 실행하여 시장에 성공적으로 도입하는 데 더 유리하다고 본다. 장기적인 결과는 아직 불확실하지만, 미국이 앞으로도 집단을 중심으로 한 새로운 산업을 창출하고, 급진적인 신제품과 새로운 비즈니스 모델을 개척하는 데 강점을 유지할 가능성이 크다는 점이 시사된다.

사회 계층

모든 사회는 위계적인 기준에 따라 사회적 범주, 즉 **사회 계층**(social strata)으로 나뉜다. 이러한 계층은 일반적으로 가족 배경, 직업, 소득과 같은 사회경제적 특성에 따라 정의된다. 개인은 특정한 계층에서 태어나며, 부모나 친척이 속한 사회적 범주의 구성원이 된다. 사회 계층의 상위에서 태어난 사람들은 하위 계층에서 태어난 사람들보다 더 나은 삶의 기회를 가질 가능성이 크다. 이들은 더 나은 교육, 건강, 생활 수준, 그리고 취업 기회를 가질 가능성이 높다. 모든 사회는 어느 정도 계층화되어 있지만, 두 가지 측면에서 서로 차이를 보인다. 첫째, 사회마다 사회 계층 간 이동성이 다르다. 둘째, 사회마다 사회 계층이 비즈니스 환경에서 가지는 중요성이 다르다. 사회 계층화는 다음 네 가지 원칙에 기반한다.[22]

사회 계층
가족 배경, 직업, 소득 등을 기반으로 형성된 위계적 사회 범주.

1. 사회 계층화는 개인의 능력이나 성향이 아니라 사회적 구조에서 비롯된다.
2. 사회 계층화는 세대 간에 지속적으로 이어진다.
3. 사회 계층화는 모든 사회에서 존재하지만, 형태와 정도는 다를 수 있다.
4. 사회 계층화는 단순한 불평등이 아니라, 사회적 신념과 가치관과도 연결된다.

사회 이동성

사회 이동성
개인이 태어난 사회 계층에서 벗어나 다른 계층으로 이동할 수 있는 정도.

카스트 제도
개인이 태어난 가문에 의해 사회적 지위가 결정되며, 개인의 평생 동안 그 지위를 변경하는 것이 거의 불가능한 사회 계층 구조.

사회 이동성(social mobility)은 개인이 태어난 사회적 계층에서 벗어나 이동할 수 있는 정도를 의미하며, 이는 사회마다 크게 다르게 나타난다. 가장 경직된 계층 구조로 카스트 제도가 있다. **카스트 제도**(caste system)는 폐쇄적인 사회 계층 구조로, 개인의 사회적 지위가 출생한 가정에 의해 결정되며, 평생 동안 그 지위를 바꾸는 것이 거의 불가능하다. 일반적으로, 카스트는 특정 직업과 연결되어 있다. 예를 들어, 한 카스트는 구두 제작자가 되고, 또 다른 카스트는 도축업을 담당하는 식이다. 이러한 직업은 카스트 내부에서 대대로 계승되며, 부모가 하던 일을 자녀가 물려받는다. 20세기 들어 카스트 제도를 유지하는 사회는 급격히 줄었지만, 여전히 일부 남아 있는 사례가 있다. 대표적인 예로, 인도에는 네 개의 주요 카스트와 수천 개의 하위 카스트가 존재한다. 인도 정부는 독립한 후 2년이 지난 1949년, 공식적으로 카스트 제도를 폐지했지만, 오늘날에도 인도의 농촌 사회에서는 여전히 카스트의 영향력이 남아 있다. 특히, 직업 선택과 결혼 기회가 여전히 카스트에 의해 부분적으로 결정되는 경우가 많다(자세한 내용은 '오늘날 인도의 카스트 제도' 관련 COUNTRY FOCUS를 참조).[23]

계급 제도
개인이 태어난 가문뿐만 아니라 이후의 사회·경제적 성취에 따라 사회적 지위가 결정되며, 계층 간 이동이 가능한 사회 계층 구조.

계급 제도(class system)는 사회 계층 구조 중 비교적 유연한 형태로, 개인이 태어난 계층에서 자신의 노력이나 운에 따라 지위를 변화시킬 수 있다. 즉, 하위 계층에서 태어난 사람도 노력하면 상위 계층으로 올라갈 수 있고, 반대로 상위 계층에서 태어난 사람도 지위가 하락할 수 있다.

많은 사회가 계급 제도를 따르지만, 계층 간 이동의 가능성은 사회마다 다르게 나타난다. 예를 들어, 일부 사회학자들은 영국이 미국과 같은 다른 서구 사회보다 계급 구조가 더 경직되어 있다고 주장한다.[24] 역사적으로 영국 사회는 세 개의 주요 계층으로 나뉘었다. 상류층은 여러 세대에 걸쳐 부와 명망을 쌓았으며, 때때로 정치적 권력을 행사하는 가문 출신의 사람들이 포함되었다. 중산층은 전문직, 관리직, 사무직 종사자로 구성되었으며, 노동 계층은 육체노동을 통해 생계를 유지하는 사람들로 이루어졌다. 중산층은 다시 두 계층으로 나뉘었다. 상위 중산층에는 변호사, 회계사, 의사처럼 사회적으로 중요한 직업을 가진 전문가와 관리자들이 포함되었고, 하위 중산층에는 은행원과 같은 사무직 종사자 및 사회적으로 덜 명망이 있는 직업(예: 교사)에 종사하는 사람들이 포함되었다.

영국의 계급 제도는 계층 간 삶의 기회에 큰 차이를 만들어 냈다. 상류층과 중상류층은 일반적으로 자녀를 엄선된 사립 학교에 보냈다. 그곳에서 자녀들은 하층 계급의 아이들과 어울리지 않고, 사회에서 상류층으로 분류되는 데 필요한 언어와 사회적 규범을 익혀 자연스럽게 사회적 지위를 유지했다. 이러한 명문 사립 학교들은 옥스퍼드, 케임브리지 같은 최고 대학들과 긴밀한 관계를 맺고 있었으며, 비교적 최근까지도 이들 학교 출신 학생들에게 일정 수의 입학 자리를 보장했다. 이에

COUNTRY FOCUS

출생에 따라 결정되는 사회 계급

현대 인도는 극명한 대비를 이루는 나라이다. 인도의 IT 산업은 세계적으로 활발한 분야 중 하나이며, Tata Consultancy Services, Cognizant Technology Solutions, Infosys, Wipro와 같은 기업들이 글로벌 시장에서 강한 영향력을 발휘하고 있다. 특히 Cognizant는 독특한 사례로, 본래 미국의 Dun & Bradstreet 소속의 기술 부문으로 시작했으나, 현재는 직원 대부분이 인도에 근무하고 있어 일반적으로 인도 IT 기업으로 여겨진다. 실제로 많은 IT 기업들이 인도의 뛰어난 IT 역량, 우수한 인재, 그리고 IT 친화적인 문화 덕분에 이곳에 거점을 마련하거나 사업을 운영하고 있다.

인도는 전통적으로 세계에서 가장 강력한 카스트 제도를 유지해 온 나라이다. 비록 1949년에 공식적으로 폐지되었지만, 여전히 그 흔적이 남아 있다. 현재 카스트 제도는 법적으로 효력이 없으며, 하위 카스트 계급에 대한 차별은 불법이다. 또한, 인도 정부는 하위 카스트 계급의 삶의 질을 보호하고 개선하기 위해 다양한 법률과 사회 정책을 시행해 왔다.

1949년 이전, 인도의 카스트 제도는 사회적 이동을 크게 제한하는 장벽이었다. 오늘날에도 계층 간 이동이 쉽지 않다는 의견이 있지만, 첨단 기술 산업에서 일하는 고학력 도시 중산층 사이에서는 카스트 제도가 경제적·사회적 조건을 결정짓던 과거의 영향력이 점차 희미해지고 있다. 하지만 전체 인구의 약 64%가 거주하는 농촌 지역에서는 상황이 다르다. 농촌에서는 여전히 카스트 제도가 사회에 깊이 뿌리내려 강한 영향을 미치고 있다.

예를 들어, Infosys에서 일하는 한 젊은 엔지니어는 자신이 시골 마을에서 성장한 달리트(Dalit, 불가촉천민)라고 이야기한다. 달리트는 때때로 '지정 카스트(scheduled caste)'라고도 불리며, 인도의 하층 계급을 의미한다. 그는 마을 인구의 절반이 브라만(Brahmin, 인도의 엘리트 사제 계층)이었음에도 불구하고, 달리트들은 결코 브라만의 집에 들어가지 않았다고 회상한다. 또한, 학교에서 달리트 출신이 요리사로 고용되자, 브라만들은 자녀를 학교에서 자퇴시켰다. 달리트 계층은 인도 전체 인구의 약 16%, 즉 약 2억 1,200만 명을 차지하며, 인도에서 가장 가난한 계층으로 꼽힌다. 실제로 이들 중 약 91%는 월 소득이 100달러 미만에 불과하다.

역사적으로 지속된 불평등을 해소하기 위해, 정치인들은 오랫동안 민간 기업에도 고용 할당제를 확대하는 방안을 논의해 왔다. 정부는 민간 기업들이 더 많은 달리트와 부족(tribal) 공동체 출신 인력을 고용하도록 요구하며, 이를 따르지 않을 경우 '강력한 조치'를 취하겠다고 경고했다. 그러나 민간 기업들은 이에 반발하고 있다. 이들은 할당제로 인해 보장된 일자리를 가진 사람들이 성실하게 일할 가능성이 낮아질 것이라는 논리를 내세우며, 일정 부분 타당한 이유를 제시하고 있다.

한편, 진보적인 기업들은 불평등 해소를 위한 노력이 필요하다는 짐을 인식하고 있다. 또한, 하층 카스트 인력을 적극 활용하지 않는다면, 빠르게 성장하는 첨단 기술 산업에서 필요한 인력을 충분히 확보하기 어려울 것이라는 현실도 고려해야 한다. 이러한 변화의 일환으로, 인도 산업 연맹은 달리트 친화적인 정책을 도입했다. 대표적인 예로, 우수한 하층 카스트 아동을 위한 장학금 프로그램을 마련했다. 이러한 흐름을 주도하는 기업 중 하나가 바로 Infosys이다. 인포시스는 졸업 후 업계에서 일자리를 구하지 못한 하층 카스트 출신 공학 전공자들에게 특별 교육 프로그램을 제공하고 있다. 이 교육 과정이 취업을 보장하는 것은 아니지만, 현재까지 7개월간의 교육을 마친 대부분의 수료생들이 Infosys 및 다른 기업에 채용되었다. 고무적인 것은 Infosys의 프로그램은 인도의 카스트 제도를 타파하기 위해 인도에서 제공되는 교육의 민영화 버전이라는 점이다.

Sources: M. M. Thekaekara, "India's Caste System Is Alive and Kicking—and Maiming and Killing," *The Guardian*, August 15, 2016; N. Feldman, "India's High Court Favors Nationalism over Democracy," *Bloomberg View*, January 8, 2017; "Why Some of India's Castes Demand to Be Reclassified," *The Economist*, February 16, 2016.

따라 상류층과 중상류층 자녀들은 명문 대학 졸업 후, 자연스럽게 상류층이 운영하는 기업, 은행, 증권사, 법률 회사 등에서 유망한 직업을 얻을 가능성이 매우 높았다.

영국의 많은 사람이 오늘날 영국 사회가 급속하게 계급 구조를 벗어나 계급이 없는 사회로 나아가고 있다고 주장한다. 그러나 사회학자들은 이 주장에 대해 계속해서 의문을 제기하고 있다. 예를 들어, 1990년대 연구에 따르면, 당시 인구 15만 명이 넘는 런던자치구의 이즐링턴(Islington)에 있는 공립 학교의 대학 지원자는 79명에 불과한 반면, 명문 사립 학교인 이튼(Eton)의 지원자는 그보다 훨씬 많았다.[25] 학자들은 '돈이 돈을 낳는다'는 현실이 여전히 존재한다고 강조했다. 그들은 좋은 학교는 좋은 대학으로 이어지고, 좋은 대학은 좋은 직업으로 연결되며, 능력만으로 이 구조를 뚫고 들어갈 기회는 제한적이라고 분석하며, 결국 이런 구조가 사회적 불평등을 지속시키고 있다고 지적했다. 2010년에 발표된 또 다른 논문에서 한 사회학자는 "교육 성취에서 나타나는 계층 격차는 지난 수십 년 동안 크게 변하지 않았다"고 주장하며, 현대 사회에서도 여전히 계급 차이가 유지되고 있음을 보여 주었다.[26]

역사적으로 계급 차이가 중요한 사회 중 하나가 중국이다. 중국에서는 오랫동안 농촌 농민과 도시 거주자 간의 삶의 기회에서 큰 격차가 존재해 왔다. 아이러니하게도, 이러한 격차는 공산주의 통치가 절정에 달했던 시기 오히려 더욱 심화되었다. 이는 호구(戶口) 제도라는 엄격한 신분 등록 제도 때문이었다. 이 제도로 인해 대부분의 중국인들은 태어난 지역을 벗어나기 어려웠다. 집단 농업에 얽매여 있던 농민들은 의무 교육, 양질의 학교, 의료 서비스, 공공 주택, 다양한 식단 등 많은 도시의 특권에서 단절되어 있었고, 대부분 빈곤한 삶을 살았다. 사회적 이동 역시 거의 불가능했다. 그러나 수십 년 전 개혁이 이후, 이 체제가 무너지면서 수많은 이주 농민 노동자들이 일자리를 찾아 대도시로 이동하게 되었다. 사회학자들은 오늘날 중국에서 과거처럼 농촌과 도시 간의 격차가 아닌 도시의 직업에 기반한 새로운 계급 격차가 생겨나고 있다고 지적했다.[27]

미국의 계급 체제는 인도, 영국, 중국보다 덜 두드러지며, 계층 이동도 더 자유로운 편이다. 영국과 마찬가지로 미국에도 상류층, 중산층, 노동자 계급이 존재하지만, 계급이 배경이나 학력보다는 개인의 경제적 성취에 따라 결정되는 경향이 크다. 따라서 한 개인이 노동자 계급에서 출발해 상류층으로 올라가는 것이 비교적 원활하게 이루어질 수 있다. 물론, 이 과정은 인종적 배경 등의 요인에 따라 영향을 받을 수도 있다. 미국 사회에서는 가난한 가정에서 태어나 태어나 성공한 사람들이 높은 존경을 받는 경향이 있다. 예를 들어, Andrew Carnegie, Henry Ford, Oprah Winfrey, Bill Gates, Steve Jobs 등 혁신적인 제품, 서비스, 아이디어를 개발하고 시장에서 큰 성공을 거둔 기업가들은 미국 사회에서 높은 평가를 받는다.

중요성

[학습 목표 3] 문화적 차이가 비즈니스와 경제에 미치는 영향을 분석할 수 있다.

비즈니스 관점에서 한 사회의 계층 구조가 기업 운영에 영향을 미친다면, 이는 중요한 요소로 작용할 수 있다. 미국에서는 사회 이동성이 높고, 개인주의가 강조되기 때문에 계급 배경이 기업 운영에 미치는 영향이 상대적으로 적다. 일본도 비슷하게, 대다수의 국민이 자신을 중산층으로 인식하기 때문에 계급 차이가 뚜렷하게 드러나지 않는다. 반면, 영국과 인도에서는 계층 간 이동성이 낮고 계급 간 격차가 크기 때문에 계급 의식이 형성되었다. **계급 의식**(class consciousness)이란, 사람들이 자신의 계층적 배경을 기준으로 스스로를 인식하고, 이러한 인식이 타 계층과의 관계에 영향을 미치는 현상을 의미한다. 또한, 앞서 언급했듯이 중국의 도시 지역에서도 계급 의식이 다시 부상하고 있으며, 이는 향후 중국 사회에서 중요한 요소가 될 가능성이 크다.

계급 의식
개인이 자신의 사회적 계층을 기준으로 정체성을 형성하고 인식하는 경향.

이러한 패턴은 영국 사회에서 상류층, 중산층 관리자와 노동자 계급 직원 사이의 전통적인 적대감으로 나타났다. 과거에는 서로에 대한 적대감과 존중 부족으로 인해 영국 기업 내에서 경영진과 노동자 간 협력이 어려웠으며, 이로 인해 산업 분쟁이 빈번하게 발생했다. 그러나 지난 30년 동안 산업 분쟁이 크게 줄어들면서, 영국이 계급 없는 사회로 변화하고 있다는 주장에 힘이 실리고 있다. 전반적으로, 경영진과 노동자 계급 간의 적대적 관계, 협력 부족, 그리고 높은 산업 분쟁 수준은 사회적 계층이 뚜렷한 국가에서 생산 비용을 증가시키는 요인이 된다. 결국, 이러한 비용 증가는 이런 국가의 기업들이 글로벌 경제에서 경쟁력을 확보하는 데 어려움을 겪게 만들 수 있다.

종교와 윤리 체계

[학습 목표 2] 사회문화의 차이를 초래하는 요인을 식별할 수 있다.

종교(religion)는 신성한 영역과 관련된 공유된 신념과 의식 체계로 정의될 수 있다.[28] **윤리 체계(ethical system)**는 행동의 기준이 되는 도덕적 원칙이나 가치 체계를 의미한다.[29] 대부분의 윤리 체계는 종교에서 비롯되었기 때문에, 우리는 기독교 윤리나 이슬람 윤리의 개념에 대해 논할 수 있다. 그러나 모든 윤리 체계가 반드시 종교에 기반하는 것은 아니다. 예를 들어, 유교와 유교 윤리는 아시아 일부 지역에서 사람들의 행동에 영향을 미치고 문화를 형성하지만, 유교를 종교로 규정하는 것은 적절하지 않다.

종교
신성한 영역과 관련된 공유된 신념과 의식의 체계.

윤리 체계
행동을 인도하고 형성하는 기준이 되는 도덕적 원칙이나 가치들의 집합

종교, 윤리, 사회 간의 관계는 매우 복잡하고 미묘하다. 오늘날 전 세계에 존재하는 수많은 종교 중에서, 기독교(약 22억 명의 신도), 이슬람(약 16억 명의 신도), 힌두교(주로 인도에 거주하는 11억 명의 신도), 불교(약 5억 3,500만 명의 신도), 이 네 종교가 신도 수의 측면에서 지배적이다(지도 4-1 참조). 이 외에도 특정 지역에서 중요한 영향을 미치는 종교들이 존재하지만, 신자 수로만 보면 이 네 가지의 지배적인 종교에 비해 상대적으로 적은 규모이다. 예를 들어, 일본의 신도교는 약 4천만 명의 신자가 있으며, 유대교는 약 1,800만 명의 신자를 보유하고 있는데, 이는 이스라엘 인구의 75%를 차지한다. 이 절에서는 이 네 개의 주요 종교와 함께 유교를 검토하며, 이들이 비즈니스 환경에 미칠 수 있는 영향을 중점적으로 살펴볼 것이다.

일부 학자들은 종교가 비즈니스에 미치는 주요 영향을 다음과 같이 설명한다. 종교적 신념이 노동과 기업가 정신에 대한 태도를 형성하는 방식과 종교 윤리가 비즈니스 운영 비용에 미치는 영향이 그것이다. 그러나 종교, 윤리 체계, 그리고 비즈니스 관행 간의 관계를 지나치게 일반화하는 것은 위험하다. 가톨릭, 개신교, 이슬람, 힌두교, 불교가 주요 종교인 국가들에서도 각각 다양한 방식으로 기업 활동과 경제 성장이 이루어지고 있기 때문이다.

흥미롭게도, 경제학자 Robert Barro와 Rachel McCleary의 연구에 따르면, 강한 종교적 신념, 특히 천국, 지옥, 사후 세계에 대한 믿음은 특정 종교와 관계없이 경제 성장률에 긍정적인 영향을 미친다고 한다.[30] Barro와 McCleary는 59개국의 종교적 신념과 경제 성장률 간의 관계를 분석했으며, 그 결과 종교적 신념이 높은 사회일수록 경제 성장이 촉진되는 경향이 있다는 것을 발견했다. 이는 종교적 신념이 개인의 행동을 보다 생산적인 방향으로 유지하는 데 기여하기 때문이라고 설명

지도 4-1 주요 종교 분포 지도

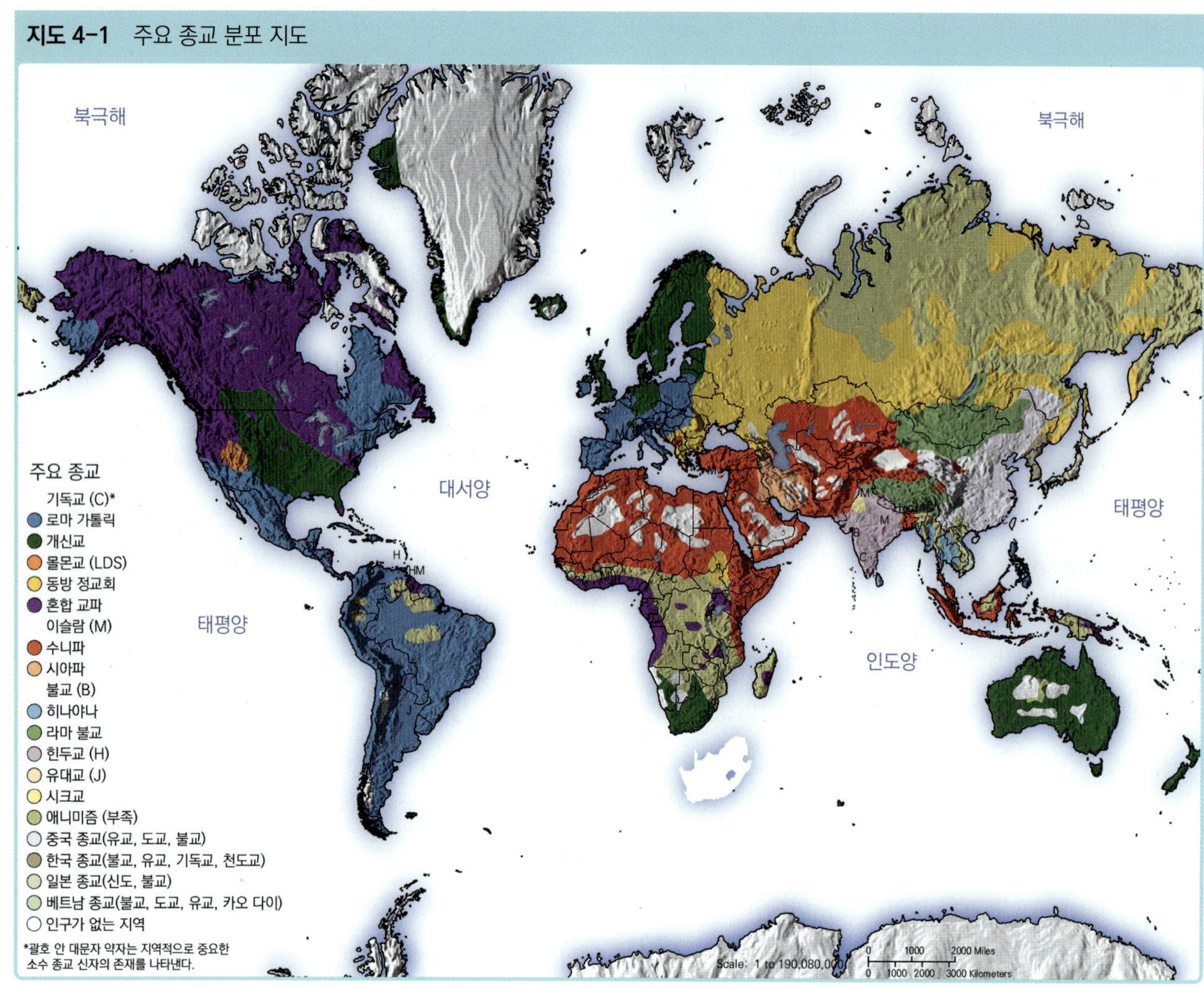

Source: "Map 14," in Allen, John L., and Sutton, Christopher J., *Student Atlas of World Politics*, 10th ed. (New York: McGraw-Hill Companies, Inc., 2013).

했다. 그러나 일부 전문가들은 이러한 경제 성장이 종교나 종교 윤리 때문이 아니라, 오히려 건전한 경제 정책의 결과일 가능성이 크다고 주장한다.

기독교

기독교는 약 22억 명의 신자를 보유한 세계에서 가장 널리 퍼진 종교이다. 기독교 신자의 대부분은 주로 유럽과 미주에 거주하지만, 최근 아프리카에서도 그 수가 빠르게 증가하고 있다. 기독교는 유대교에서 비롯된 종교로, 유대교와 마찬가지로 유일신(일신교)을 따른다. 11세기에 일어난 종교 분열로 인해 로마 가톨릭 교회(Roman Catholic Church)와 동방 정교회(Orthodox Church)라는 두 개의 주요 기독교 종파가 형성되었다. 현재 로마 가톨릭 교회는 전 세계 기독교인의 절반 이상을 차지하며, 특히 남유럽과 라틴 아메리카에서 강한 영향력을 가진다. 반면, 동방 정교회는 상대적으로 규모가 작지만, 여전히 그리스와 러시아를 비롯한 여러 국가에서 중요한 위치를 차지하고 있다. 16세기에는 종교 개혁이 일어나면서 로마 가톨릭과 또 한 차례 분열이 발생했고, 그 결과 개신교

(Protestantism)가 등장했다. 개신교는 전통적인 교리에서 벗어나려는 특성이 강해, 루터교(Lutheran), 성공회(Anglican), 장로교(Presbyterian), 감리교(Methodist), 침례교(Baptist) 등 다양한 교파가 형성되는 계기가 되었다.

기독교가 경제에 미치는 영향

[학습 목표 3] 문화적 차이가 비즈니스와 경제에 미치는 영향을 분석할 수 있다.

몇몇 사회학자들은 기독교의 주요 분파인 가톨릭, 정교회, 개신교 중에서 개신교가 경제에 가장 큰 영향을 미쳤다고 주장한다. 1904년, 독일의 저명한 사회학자 Max Weber는 개신교 윤리와 자본주의 정신 간의 연관성을 제시했으며, 이 이론은 이후 매우 중요한 개념으로 자리 잡았다.[31] Weber는 자본주의가 서유럽에서 발전했으며, 당시 기업가, 자본가, 고급 기술 노동자, 그리고 현대 기업의 상업 및 기술 교육을 받은 고위 관리자들이 대부분 개신교 신자였다는 점을 지적했다.[32]

그는 개신교 윤리가 근면과 신의 영광을 위한 부의 창출을 강조하고, 검소한 삶(세속적 쾌락을 멀리하는 절제)을 중시하기 때문에 자본주의 발전에 기여했다고 설명했다. 베버에 따르면, 개신교 신자들은 부를 축적하기 위해 체계적으로 노력했으며, 그들의 금욕적 신념은 세속적인 쾌락에 탐닉하여 부를 소비하는 것보다 기업의 확장에 투자해야 한다고 믿었다. 이처럼 근면한 노동을 통한 자본 축적은 투자와 확장을 가능하게 했으며, 결국 서유럽에서 자본주의 발전의 기반이 되었고, 이후 미국으로도 확산되었다. 반면, Weber는 가톨릭이 내세의 구원을 강조했기 때문에, 개신교와 같은 노동 윤리를 형성하지 못했다고 주장했다.

개신교는 자본주의 발전을 촉진하는 또 다른 역할을 했을 가능성이 있다. 가톨릭 교회가 오랜 기간 종교적·사회적 생활을 위계적으로 지배했던 구조에서 벗어나면서, 개신교는 개인들이 신과의 관계를 독립적으로 형성할 수 있는 더 많은 자유를 제공했다. 초기 개신교의 핵심 특징 중 하나는 예배 방식을 자유롭게 선택할 권리였다. 이러한 종교적 자유에 대한 강조는 이후 개인의 경제적·정치적 자유를 중시하는 흐름으로 이어졌고, 개인주의가 경제 및 정치 철학으로 발전하는 데 영향을 미쳤을 가능성이 크다. 앞서 2장에서 논의했듯이, 개인주의 철학은 기업가 정신을 기반으로 한 자유 시장 자본주의의 핵심 요소이다. 이에 따라, 일부 학자들은 개신교에서 비롯된 개인주의와 국가의 기업 활동 수준 사이에 밀접한 연관성이 있다고 주장한다.[33] 그러나 이러한 역사적·사회학적 관점을 지나치게 일반화하는 것은 위험하다. 영국, 독일, 미국과 같은 개신교 전통이 강한 국가들이 산업혁명을 주도한 것은 사실이지만, 가톨릭이나 정교회가 다수를 차지하는 국가들에서도 현대 사회에서 활발한 기업 활동과 지속적인 경제 성장이 이루어지고 있다.

이슬람교

약 16억 명의 신자를 보유한 이슬람교는 세계에서 두 번째로 큰 종교이다. 이슬람교는 서기 610년 예언자 무함마드가 가르침을 전파하기 시작하면서 등장했다. 그러나 이슬람력(무슬림 달력)으로는 서기 622년에 시작되는데, 이는 무함마드가 점점 거세지는 반대 세력을 피해 메카(Mecca)를 떠나 나중에 메디나(Medina)로 알려진 야스리브(Yathrib)로 이주한 해를 기점으로 한다. 이슬람교 신자들을 무슬림이라고 하는데, 이들은 40개국 이상에서 다수를 차지하고 있으며, 아프리카 북서부 해안에서 남서아시아를 거쳐 중국과 동아시아의 말레이시아에 이르는 거의 인접한 지역에 거주하고 있다.

이슬람교는 유대교와 기독교의 뿌리를 공유하며, 아브라함과 예수 역시 신의 예언자로 여긴다. 또한, 기독교 및 유대교와 마찬가지로 유일신(일신교)을 따른다. 이슬람의 가장 중요한 원칙은 하나의 전능한 신, 즉 '알라(Allah)'만이 존재한다는 믿음이다. 신의 독창성과 권능을 절대적으로 받아들이고, 삶의 목표는 신의 뜻을 따르는 것이라고 가르친다. 이를 통해 천국에 들어가는 것이 신자의 궁극적인 목표이다. 이슬람교에서는 세속적인 부와 권력은 일시적인 것이며, 세속적 부를 추구하는 사람은 그것을 얻을 수도 있지만, 신의 은총을 구하며 세속적 욕망을 절제하는 사람은 더 큰 보상을 받는데, 그것이 바로 천국에 들어가는 것이라고 본다. 이슬람교의 주요 가르침은 다음과 같다. (1) 부모를 공경하고 존중할 것, (2) 타인의 권리를 존중할 것, (3) 관대하되 낭비하지 말 것, (4) 정당한 이유 없이 살인을 하지 말 것, (5) 간음을 하지 말 것, (6) 타인을 공정하고 정의롭게 대할 것, (7) 마음과 정신을 순수하게 유지할 것, (8) 고아의 재산을 보호할 것, (9) 겸손하고 검소한 삶을 실천할 것.[34] 이러한 원칙들은 유대교나 기독교의 핵심 가르침과도 많은 공통점을 가지고 있다.

이슬람교는 무슬림의 삶 전반을 지배하는 포괄적인 생활 방식이다.[35] 무슬림은 신의 대리자로서, 완전히 자유로운 존재가 아니라 종교적 원칙과 대인 관계의 행동 규범에 따라 사회·경제 활동을 해야 한다. 이슬람 사회에서는 종교가 삶의 모든 측면에서 가장 중요한 역할을 하며, 무슬림은 이슬람교의 가치와 도덕적 규범이 반영된 사회 구조 속에서 살아간다. 일부 무슬림 국가, 특히 중동 지역에서는 일상생활의 종교적 의식이 서구 방문객들에게 이색적으로 보일 수 있다. 예를 들어, 정통 이슬람교(orthodox Islam)에서는 하루에 다섯 번 기도를 해야 하며, 이에 따라 비즈니스 미팅 중에도 무슬림 참가자들은 기도를 위해 회의를 잠시 중단할 수 있다. 또한, 돼지고기와 알코올 섭취가 엄격히 금지되며, 여성은 반드시 단정한 복장을 갖추어야 한다.

이슬람 근본주의

지난 30년 동안 이슬람 근본주의(Islamic fundamentalism)로 불리는 사회 운동이 크게 성장했다.[36] 서구에서는 이슬람 근본주의를 무장 세력, 테러리즘, 폭력적 사회 혼란과 연관짓는 경향이 있다. 예를 들어, 알제리 내전, 이집트에서 발생한 외국인 관광객 살해 사건, 2001년 9·11 테러(미국 세계 무역센터·펜타곤 공격), 그리고 시리아 내전 중 등장한 ISIS(Islamic State of Iraq and Syria) 등이 대표적으로 언급된다.

그러나 이러한 시각은 이슬람 근본주의를 단순히 폭력과 동일시하는 오해를 불러일으킬 수 있다. 기독교 근본주의자가 자신들의 신앙적 가치를 바탕으로 행동하는 것처럼, 이슬람 근본주의자들 역시 신앙을 중심으로 한 가치관을 따른다. 하지만 서구 언론이 이슬람 근본주의와 연관 짓는 폭력 행위는 일부 급진적 근본주의자들이 종교를 정치적·폭력적 목적을 위해 이용한 결과이다. 오늘날 급진적 이슬람 근본주의 세력은 다양한 형태로 존재하지만, 가장 악명 높은 집단은 ISIS일 것이다.

그러나 급진적 이슬람 근본주의자들의 폭력은 이슬람만의 문제가 아니다. 일부 기독교 근본주의자들 역시 과거 정치적 개입과 폭력의 역사를 가지고 있다. 대다수의 무슬림들은 이슬람이 폭력과 배척이 아닌, 평화, 정의, 관용을 가르친다는 점을 강조한다. 이슬람 근본주의가 등장한 원인은 단 하나가 아니다. 이는 부분적으로 이슬람 전통 사회가 근대화와 서구적 가치(자유 민주주의, 물질주의, 성 평등, 성과 결혼에 대한 개방적 태도, 알코올 소비 등)의 확산으로 인해 겪는 사회적 압력에 대한 반응이다. 많은 무슬림 국가에서는 근대화가 진행되면서 부유한 도시 소수 계층과 빈곤한 도시·농촌 대다수 계층 간의 격차가 점점 커지고 있다. 빈곤층의 입장에서 근대화는 경제적 발전의 기회를 거의 제공하지 못했으며, 오히려 기존의 전통적 가치 체계를 위협하는 요소로 작용했다. 따라서 자신들의 전통을 소중히 여기고, 서구적 가치의 침투로 인해 정체성이 위협받는다고 느끼는 무슬림들에게, 이슬람 근본주의는 문화적 정체성을 지키는 중요한 기반이 되고 있다.

근본주의자들은 엄격한 종교적 신념과 의식을 철저히 준수할 것을 요구하며, 그 결과 일부 국가에서는 이슬람 가치를 강조하는 상징적인 행위들이 두드러지게 증가했다. 근본주의가 강한 지역에서는 여성이 다시 전통적인 긴 소매 드레스를 입고 머리를 가리는 복장을 착용하기 시작했다. 또한, 대학에서 종교학 연구가 증가하고, 종교 서적 출판이 활발해졌으며, 공공장소에서의 종교 연실도 더욱 빈번해졌다.[37] 이와 함께, 일부 근본주의 단체들은 강한 반서구적 정서를 보인다. 서구 문화가 다양한 사회 문제를 초래했다고 비난하며, 서구 정부, 문화적 상징, 기업, 개인 등을 대상으로 한 반서구적 행동을 보이는 경우가 많다.

일부 이슬람 국가에서는 근본주의 세력이 정치적 권력을 얻으면서, 이슬람 율법(샤리아)을 국가법으로 도입하려는 움직임이 나타나고 있다. 이는 이슬람 교리와 깊은 연관이 있다. 이슬람은 단순한 종교가 아니라 법률의 근원, 국가 운영의 지침, 사회적 행동의 기준 역할을 한다. 무슬림들은 모든 인간의 행위가 신앙의 영역에 포함된다고 여기며, 정치 활동 또한 신의 뜻을 실현하는 과정으로 본다.[38] 이슬람 근본주의가 가장 강하게 자리 잡은 국가는 이란으로, 1979년 이래 근본주의 정당이 권력을 유지하고 있다. 또한, 아프가니스탄(탈레반이 재집권), 알제리, 이집트, 파키스탄, 사우디아라비아, 수단 등에서도 근본주의 세력의 영향력이 크다.

한편, 이슬람 국가들 사이에서도 근본주의 해석을 따르는 정도에는 상당한 차이가 존재한다. 예를 들어, 튀르키예는 최근 몇 년 동안 정부가 이슬람을 적극 장려하고 있는 무슬림 국가이다. 그러나 최근 여론 조사에 따르면 튀르키예 내에서 종교적 신념이 약해지는 현상을 보이는 것으로 나타났다. 자신을 '독실한 신자(pious)'라고 응답한 비율이 2008년 13%에서 2018년 10%로 감소했으며, '종교적인 사람(religious)'이라고 응답한 비율도 55%에서 51%로 줄어들었다.[39] 또 다른 예로, 세계에서 가장 많은 무슬림 인구를 보유한 인도네시아는 약 2억 8천만 명이 무슬림으로, 인구의 85% 이상이 자신이 무슬림이라고 이야기하는 나라다. 사우디아라비아와 달리 오랜 다원주의 전통을 유지하고 있으며, 무슬림들 역시 대체로 온건한 종교적 신념을 가지고 있다. 따라서 인도네시아에는 강경한 종교적 신념을 가진 사우디아라비아에서는 일반적으로 볼 수 없는, 여성 소유 및 관리 기업이 많이 존재한다. 실제로 전체 소규모·중소기업의 약 40%가 여성 소유이다.[40]

이슬람교가 경제에 미치는 영향

[학습 목표 3] 문화적 차이가 비즈니스와 경제에 미치는 영향을 분석할 수 있다.

이슬람교의 경전인 코란(Koran)은 명확한 경제 원칙을 제시하고 있으며, 그중 상당 부분이 자유기업을 지지한다.[41] 코란에서는 무역과 상업을 통해 정당하게 이윤을 창출하는 것을 긍정적으로 평가하며, 이는 예언자 무함마드(Muhammad) 역시 한때 상인이었기 때문이다. 이슬람에서는 사유 재산권 보호 역시 중요한 원칙으로 자리 잡고 있지만, 모든 재산은 알라(Allah)의 은혜이며, 신이 창조하고 소유한 것이라고 본다. 즉, 재산을 소유한 사람들은 실제 소유자가 아니라 신의 위탁을 받은 관리자로 간주되며, 재산에서 발생하는 이윤을 받을 권리는 있지만, 이를 올바르고 사회적으로 유익하며 신중한 방식으로 사용해야 한다. 이는 이슬람이 사회 정의를 중시한다는 점을 반영한다. 이슬람에서는 타인을 착취하여 이익을 얻는 행위를 비판하며, 인간을 공동체의 일원으로 보고, 부유한 사람들에게 어려운 이들을 돕는 책임이 있다고 강조한다. 즉, 무슬림 국가에서는 이윤을 추구하는 것이 허용되지만, 정당한 방식으로 얻어진 것이어야 하며 타인의 착취에 기반해서는 안 된다. 또한, 이윤을 얻은 사람들은 가난한 이들을 돕기 위해 자선 활동을 하는 것이 장려된다. 이슬람은 계약을 성실히 이행하고, 약속을 지키며, 기만적인 행위를 하지 않는 것의 중요성을 강조하며, 이는 건전한 비즈니스 윤리와도 부합한다. 이슬람과 자본주의, 그리고 세계화가 어떻게 공존할 수 있는지에 대해 더 자세히 알아보려면 튀르키예의 카이세리(Kayseri) 지역을 다룬 COUNTRY FOCUS를 참고하길 바란다.

이슬람 사회는 시장 중심 경제 시스템을 선호하는 경향이 강하기 때문에, 국제 기업이 이슬람 윤리, 관습, 비즈니스 원칙을 존중하는 방식으로 운영된다면 무슬림 국가들은 비교적 개방적인 태도를 보일 가능성이 높다. 그러나 이슬람 근본주의가 강해지는 국가에서는 서구 기업에 대한 적대감이 커질 가능성도 있다. 무슬림이 다수인 국가에서 외국 기업이 직면할 수 있는 중요한 경제 원칙 중 하나는 이슬람에서 이자 지급과 수취를 금지한다는 점이다. 이슬람에서는 이자가 불법으로 간주되며, 이는 단순한 신학적 문제가 아니라 일부 국가에서는 법적으로도 금지된 사항이다. 코란은 이자를 '리바(riba)'라고 하며, 이를 착취적이고 불공정한 행위로 규정하고 강력히 비판한다. 과거에는 이슬람 국가에서 운영되는 은행들이 이러한 금지 조항을 무시하는 경우가 많았으나, 1970년대 이집트에서 첫 번째 이슬람 은행이 설립된 이후, 무슬림이 다수인 국가에서 이슬람 은행들이 빠르게 성장했다. 현재 50개국 이상에서 수백 개의 이슬람 은행이 운영 중이며, 총자산 규모는 약 1.6조 달러에 이른다. 또한, 이슬람 금융 원칙을 따르는 뮤추얼 펀드들(mutual funds)도 1조 달러 이상의 자산을 운용하고 있다.[42] 일반적인 금융 기관들도 이슬람 금융 시장에 적극적으로 진출하고 있다. 세계적인 금융 기업인 Citigroup과 HSBC도 이슬람 금융 서비스를 제공하고 있다. 현재까지 이란과 수단만이 완전한 이슬람 은행 시스템을 운영하고 있지만, 점점 더 많은 국가에서 일반 은행과 이슬람 은행 중 고객이 선택할 수 있는 환경이 조성되고 있다.

일반적인 은행은 이자율 차이를 통해 수익을 창출하지만, 이슬람 은행은 이자를 받을 수도, 지급할 수도 없기 때문에 새로운 방식으로 수익을 창출해야 한다. 이를 위해 무다라바와 무라바하라는 두 가지 금융 방식이 도입되었다. 무다라바 계약은 이자 대신 투자 이익을 공유하는 방식이며,

COUNTRY FOCUS

튀르키예의 종교와 정치

수십 년 동안, 튀르키예는 유럽연합(EU) 가입을 위해 지속적으로 로비를 해 왔다. 최근 영국이 EU를 탈퇴하고 일부 회원국들이 EU에 불만을 제기하는 상황에서도, 튀르키예는 여전히 가입을 강하게 희망하고 있다. 만약 튀르키예가 EU 가입에 성공한다면, EU 내 첫 번째 무슬림 국가가 될 것이다. 그러나 이것이 조만간 실현될 것 같지는 않다. 이미 이 문제에 대한 논의는 반세기 동안 이어져 왔기 때문이다.

EU 내 일부 비판자들은 이슬람과 서구식 자본주의가 조화를 이루기 어렵다고 우려하며, 따라서 튀르키예의 EU 가입이 실수가 될 것이라고 주장한다. 그러나 튀르키예 내 상황을 좀 더 면밀히 살펴보면, 이러한 우려가 과장되었을 수도 있다. 예를 들어, 튀르키예 중부의 카이세리(Kayseri) 지역을 보면 이를 확인할 수 있다. 이 지역은 흔히 농업 중심의 낙후된 지역으로 간주되며, 이스탄불과 같은 세속적인 대도시와는 전혀 다른 분위기를 가진 곳이다. 여전히 전통적인 이슬람 가치관이 강하게 자리 잡고 있는 지역이지만, 경제적으로는 매우 역동적인 성장세를 보이고 있다. 실제로 이 지역에서 탄생한 수많은 성공적인 무슬림 기업들 덕분에, 이곳은 '아나톨리아의 호랑이(Anatolian Tiger)'라는 별칭을 얻었다. 아나톨리아(Anatolia)는 튀르키예의 아시아 대륙 부분을 이루는 반도를 의미한다. 이 지역에는 대형 식품 제조업체, 섬유 회사, 가구 제조업체, 엔지니어링 기업 등이 자리 잡고 있으며, 이들 기업 중 상당수가 생산량의 상당 부분을 해외로 수출하고 있다.

지역 사업가들은 카이세리 지역 기업들의 성공이 강한 기업가 정신 덕분이며, 이는 이슬람의 가르침과 밀접한 관련이 있다고 주장한다. 그들은 예언자 무함마드 역시 상인이었으며, 정직한 상업 활동을 강조했고, 무슬림은 삶의 90%를 가족의 생계를 위해 일하는 데 바쳐야 한다고 설교했다고 지적한다. 일부 외부 관찰자들은 카이세리에서 일어나고 있는 현상이 '이슬람 칼빈주의(Islamic Calvinism)'의 사례라고 주장한다. 즉, 전통적인 이슬람 가치관과 개신교, 특히 칼빈주의와 연관된 근면한 노동 윤리가 융합된 형태라는 것이다.

그러나 모두가 이슬람교가 이 지역의 성공을 이끄는 핵심 요인이라고 보는 것은 아니다. 이 지역 최대 가구 제조업체인 Ipek사의 대표 Saffet Arslan은 이슬람보다는 '세계화(globalization)'가 더 큰 영향을 미쳤다고 주장한다. Arslan에 따르면, 지난 30년 동안, 과거에는 종교에 집중하기 위해 돈을 버는 것을 꺼려 했던 지역 무슬림들이 이제는 비즈니스에 집중하고 있다. 그들은 이슬람이 아니라 서구 세계와 서구 자본주의를 모델로 삼고 있으며, 세계화와 그로 인해 창출된 기회들 때문에 성공하기를 기대한다.

가이세리와 같은 지역에서 발전하고 있는 이슬람식 비즈니스 모델의 약점이 있다면, 그것은 여성의 직장 내 역할에 대한 전통적인 태도와 낮은 여성 고용률일 것이다. European Stability Initiative는 카이세리 지역을 '이슬람 칼빈주의'의 대표적 사례로 평가하는 동시에, 여성의 낮은 경제 참여율이 지역 경제의 취약점이라고 지적했다. 보고서는 낮은 여성 노동 참여율이 지역 경제 발전의 장애 요소가 될 수 있으며, 이로 인해 카이세리가 EU 국가들과의 경제 격차를 좁히려는 노력에 제동이 걸릴 가능성이 있다고 경고했다.

Sources: M. Champion, "Turkey's President Is Close to Getting What He's Always Wanted," *Bloomberg Businessweek*, February 8, 2017; "Dress in a Muslim Country: Turkey Covers Up," *The Economist*, January 26, 2017; "Turkey's Future Forward to the Past: Can Turkey's Past Glories Be Revived by Its Grandiose Islamist President?" *The Economist*, January 3, 2015.

무라바하 계약은 은행이 직접 물품을 구매한 후 일정 마진을 붙여 대출자에게 재판매하는 방식이다. 무라바하 방식은 전통적인 금융 방식과 유사하여, 이슬람 은행들이 가장 쉽게 채택할 수 있는 모델로 자리 잡았다.[43]

무다라바(mudarabah) 계약은 이익 공유 방식과 유사한 금융 모델이다. 이슬람 은행이 기업에 대출을 해줄 때, 이자를 부과하는 대신 해당 투자를 통해 발생한 이윤의 일정 비율을 공유하는 방식이다. 마찬가지로, 개인이나 기업이 이슬람 은행에 돈을 예치할 경우, 해당 자금은 은행이 투자하는 사업의 지분으로 간주된다. 즉, 예금자는 은행의 투자에서 발생하는 이윤의 일부를 사전에 합의된 비율에 따라 배당금 형태로 지급받는다. 이는 전통적인 이자 지급 방식과 차별화되어 있다. 일부 무슬림들은 이 방식이 서구식 은행 시스템보다 더 효율적이며, 장기적인 저축과 투자를 촉진할 수 있다고 주장한다. 그러나 이를 입증할 확실한 증거는 없으며, 많은 사람들은 무다라바 시스템이 서구식 금융 시스템보다 덜 효율적이라고 생각한다.

두 번째 방식인 무라바하(murabaha) 계약은 세계 이슬람 은행에서 가장 널리 사용되는 금융 방식이며, 실행이 간편하다는 점에서 선호된다. 무라바하 계약에서는, 기업이 특정 물품(예: 1,000 달러짜리 장비)을 대출을 이용해 구매하고자 할 때, 먼저 장비 제조업체와 가격을 협상한 후 은행에 이를 알린다. 그 후, 은행이 해당 장비를 1,000달러에 구매한 뒤, 차용인은 나중에 은행으로부터 1,100 달러에 다시 구매한다. 여기서 100달러는 은행의 마진이다. 비판적인 시각에서는 이 방식이 사실상 이자를 부과하는 것과 다름없다고 주장할 수도 있다. 그러나 이 방식이 전통적인 금융 시스템과 유사하기 때문에, 이슬람 은행들이 비교적 쉽게 채택할 수 있었으며, 현재 널리 활용되는 금융 모델 중 하나가 되었다.

힌두교

힌두교는 약 11억 명의 신자를 보유하고 있으며, 대부분 인도 아대륙(Indian subcontinent)에 거주하고 있다. 힌두교는 인도 인더스 계곡에서 4,000년 이상 전에 시작된 세계에서 가장 오래된 주요 종교이다. 기독교나 이슬람과 달리, 힌두교는 특정한 창시자가 없으며, 하나의 공식적인 성서(holy book)도 존재하지 않는다. 힌두교에는 찬송가, 의식, 이야기 등이 포함된 여러 고대 경전이 있지만, 이들은 기독교의 성경이나 이슬람의 코란처럼 절대적인 경전으로 여겨지지는 않는다. 힌두교에서는 사회 질서를 유지하기 위해 각자가 수행해야 할 의무(dharma, 다르마)가 존재한다고 믿는다. 또한, 힌두교도들은 환생(reincarnation, 죽음 후 새로운 몸으로 다시 태어나는 것)을 믿으며, 사람이 어떻게 살아가느냐에 따라 카르마(karma, 영혼의 발전 과정)가 영향을 받는다고 여긴다. 카르마의 도덕적 상태는 다음 생에서 겪게 될 삶의 도전과 조건을 결정한다. 힌두교에서는 각 생애를 통해 영혼을 점진적으로 완성해 나가면, 궁극적으로 '열반(nirvana)'이라는 완전한 영적 상태에 도달할 수 있다고 믿는다. 열반에 이르면 더 이상 환생할 필요가 없게 된다. 많은 힌두교도들은 열반에 이르는 길이 금욕적인 삶을 사는 것이라고 믿는다. 즉, 물질적·육체적 욕망을 절제하고, 영적인 탐구에 헌신하는 것이 중요하다고 여긴다.

globalEDGE

globalEDGE에서 제공하는 문화 정보

globalEDGE™의 '문화' 섹션(globaledge.msu.edu/global-resources/culture)에서는 문화와 국제 비즈니스에 대한 다양한 자료와 정보를 제공한다. 또한, '국가별 인사이트' 섹션(globaledge.msu.edu/global-insights/by/country)에서는 200개 이상의 국가 및 지역을 다루며, 특정 국가에서 해야 할 일과 피해야 할 행동에 대한 정보를 제공한다. 이 장에서는 문화와 관련된 다양한 개념을 설명하며, 지난 50년 동안 문화와 비즈니스 연구에서 가장 영향력 있는 학자로 평가받는 Geert Hofstede의 연구도 포함되어 있다. globalEDGE™는 'The Hofstede Centre'를 문화 참고 자료로 제공하며, 여기에서는 Hofstede의 문화 차원(cultural dimensions) 연구를 바탕으로, 국가별·지역별 점수, 차트, 그래프 등을 확인할 수 있다. 표 4-1에서 다루지 않는 국가의 문화 점수가 궁금한가? 그렇다면, 'The Hofstede Centre'와 'Culture Compass'를 방문하여 원하는 국가의 점수를 직접 확인해 보자.

힌두교가 경제에 미치는 영향

[학습 목표 3] 문화적 차이가 비즈니스와 경제에 미치는 영향을 분석할 수 있다.

개신교의 직업 윤리를 설명한 것으로 유명한 Max Weber는 힌두교에 내재된 금욕주의 원칙이 개신교에서 볼 수 있는 부의 창출을 위한 기업가적 활동을 장려하지 않는다고 주장했다.[44] Weber에 따르면, 전통적인 힌두교에서는 물질적 성취보다 영적 성취가 중요하며, 물질적 풍요를 추구하는 것은 열반에 도달하는 것을 더욱 어렵게 만든다고 여겨진다. 이러한 이유로 Weber는 독실한 힌두교도들이 개신교도들보다 기업가적 활동에 참여하지 않을 가능성이 더 높을 것이라고 생각했다.

인도의 독립운동가이자 정신적 지도자인 Mahatma Gandhi는 힌두교 금욕주의의 대표적인 사례였다. 일부 학자들은 Gandhi가 강조한 금욕주의와 자립 정신이 인도의 독립 이후 경제 발전을 저해했다고 주장하기도 한다.[45] 그러나 Weber의 오래된 주장을 현대 인도 사회에 그대로 적용하는 것은 무리가 있다. 오늘날 인도는 매우 역동적인 기업가 사회로 발전했으며, 수많은 기업가가 인도 경제의 성장 동력이 되고 있다. 특히 정보 기술 산업에서는 강한 기업가 정신이 두드러진다.[46]

역사적으로, 힌두교는 인도의 카스트 제도를 정당화하는 역할을 해 왔다. 전통적인 힌두교에서는 개인이 평생 동안 카스트, 즉 계급을 바꿀 수 없으며 카스트 이동은 현생에서 영적으로 성장한 후, 환생을 통해 다음 생에서 더 높은 카스트로 태어나면서 이루어진다고 여겨진다. 앞서 언급했듯이, 카스트 제도는 공식적으로 폐지되었지만, 여전히 인도 사회 전반에 깊은 영향을 미치고 있다.

불교

불교는 기원전 6세기 석가모니가 지금의 네팔에서 창시한 종교로, 약 5억 3,500만 명의 신자가 있다. 석가모니는 금욕적인 생활 방식과 영적 완성을 추구하기 위해 자신의 부를 포기했다. 그의 제자들은 그가 열반(nirvana, 궁극적인 영적 깨달음의 경지)에 도달했으나, 제자들에게 깨달음의 길을 가르치기 위해 이 세상에 머물렀다고 믿었다. 이후 석가모니는 부처로 불리게 되었으며, 이는 '깨달은 자'라는 뜻이다. 오늘날 불교 신자들은 중앙아시아, 동남아시아, 중국, 한국, 일본 등에 주로 분포해 있다. 불교에서는 고통의 원인이 인간의 욕망과 집착에서 비롯된다고 보며, 이를 극복하는 길이 존재한다고 가르친다. 이를 위해 석가모니는 고귀한 여덟 가지의 길을 제시했다. 이것은 올바른 시각, 사고, 말, 행동, 생활, 노력, 마음가짐, 명상을 실천함으로써 변화를 이루길 의미한다. 힌두교와 달리, 불교는 카스트 제도를 인정하지 않으며, 극단적인 금욕주의를 강요하지도 않는다. 그러나 불교도들은 힌두교도들과 마찬가지로 현세의 삶보다 내세와 영적 성취를 더 중요하게 여긴다.

불교가 경제에 미치는 영향

[학습 목표 3] 문화적 차이가 비즈니스와 경제에 미치는 영향을 분석할 수 있다.

개신교에 내재된 부의 창출에 대한 강조는 역사적으로 불교에서는 찾아볼 수 없다. 따라서 불교 사회에서는 개신교 서구에서 볼 수 있는 기업가적 행동에 대한 문화적 강조를 찾을 수 없다. 그러나 힌두교와 달리 불교는 카스트 제도를 지지하지 않으며, 극단적인 금욕주의도 요구하지 않는다. 이러한 특성은 불교 사회가 힌두교 사회보다 기업 활동이 더 활발하게 이루어질 수 있는 환경을 조성할 가능성이 높다는 것을 의미한다. 즉, 혁신적인 아이디어와 기업 활동이 개인의 카스트와 무관하게 사회 전반에 걸쳐 확산될 수 있는 여지가 더 크다. 그러나 각 문화는 고유한 방식으로 기업가 정신을 형성하며, 그 형태는 문화적 특성에 따라 다르게 나타난다.

불교에서는 사회가 역사적으로 자연 세계와 밀접하게 연결된 지역적 기반에 더욱 깊이 뿌리 내리고 있었다.[47] 이는 경제 활동이 지역 중심으로 이루어졌으며, 인간 간의 관계뿐만 아니라 문화와 자연 간의 관계도 비교적 직접적이었음을 의미한다. 현대 경제에서는 복합한 기술과 대규모 사회 기관의 발전이 사람들 사이뿐만 아니라 사람과 자연 세계 사이의 분리를 초래했다. 또한, 경제가 성장함에 따라 인간이 자연 세계에 미치는 잠재적 영향을 이해하고 인식하는 것이 점점 어려워지고 있다. 이러한 두 가지 분리는 부처의 가르침과 상반되는 것이다.

흥미롭게도, 최근의 경향은 서구 세계의 비즈니스에 불교의 '젠(禅, Zen)'적 성향을 도입하고 있다는 것이다.[48] 젠은 명상을 기반으로 한 불교의 한 형태로, 20세기 후반 서구에서 점점 더 인기를 끌게 되었다. 현재 미국 특허청에 따르면, 미국 내에서만 약 700개의 상표에 Zen이라는 단어가 포함되어 있다. 기업 브랜드 컨설턴트이자 카피라이터인 Nancy Friedman은 자신의 블로그에서, 비즈니스에서 '젠'은 종종 '아무것도 없는 상태'와 동의어로 사용된다고 설명했다. 그녀는 젠 메일(Zen mail)은 본문이나 첨부 파일이 없는 이메일을 뜻하며, 젠스핀(Zen spin)은 아무 말없이 이야기를 전달하는 것을 의미하는 동사이다. 컴퓨터 문제를 젠한다(Zen a computing problem)는 것은 직관적으로 문제를 즉시 해결하는 것을 의미하는데, 이는 아마도 Creative에서 제공하는 Zen 시스템의 이어폰을 꽂고 있을 때 떠오르는 해결 방식일지도 모른다고 덧붙였다.[49]

유교

유교는 기원전 5세기에 공자에 의해 창시되었다. 1949년 중국 공산 혁명이 일어나기 전까지 2000년 이상 유교는 중국의 공식 윤리 시스템이었다. 1949년 이후 중국에서 유교 윤리의 영향력이 약화되었지만, 여전히 중국, 한국, 일본을 중심으로 많은 사람들이 공자의 가르침을 따르고 있다. 유교는 올바른 행동을 통해 도덕적 성품을 개발하는 것이 중요하다고 가르친다. 종교는 아니지만, 유교 사상은 수세기 동안 중국, 한국, 일본 문화 깊숙이 자리 잡았으며, 현재도 수많은 사람들의 삶에 영향을 미치고 있다.[50] 유교는 타인과의 관계에 대한 지침을 제시하는 포괄적인 윤리 규범으로 이루어져 있다. 높은 도덕적·윤리적 행동과 타인에 대한 충성심이 유교의 핵심 가치이다. 또한 종교와 달리 유교는 초자연적인 존재에 대해 다루지 않으며, 신이나 내세 개념에 대해서도 거의 언급하지 않는다.

유교가 경제에 미치는 영향

[학습 목표 3] 문화적 차이가 비즈니스와 경제에 미치는 영향을 분석할 수 있다.

일부 학자들은 유교가 개신교에서 발견된 것과 같은 심오한 경제적 영향을 미칠 수 있다고 주장한다.[51] 그러나 그 성격은 개신교와 다르다. 유교의 기본적 논지는 유교 윤리가 중국, 일본, 한국, 대만의 문화에 영향을 미치면서, 이들 국가에서의 비즈니스 비용을 낮추었고, 이것들이 이들의 경제적 성공을 설명하는데 중요한 역할을 했을 수 있다는 것이다. 이와 관련하여 유교 윤리 체제에서 핵심적인 세 가지 가치, 충성심, 상호 의무, 타인과의 거래에서의 정직성이 특히 주목할 만하다.

유교 사상에서는 윗사람에 대한 충성이 신성한 의무로 여겨지며, 이는 절대적인 책무이다. 유교 문화에 기반을 둔 조직에서, 직원과 조직의 수장을 이어주는 충성심이 경영진과 노동자 간의 갈등을 완화할 수 있으며, 이는 계층 의식이 강한 사회에서 흔히 발생하는 갈등과 비교해볼 때, 갈등 비용을 줄이는 요인이 될 수 있다. 즉, 충성심이 강조되는 문화에서는 경영진과 노동자 간 협력이 보다 낮은 비용으로 이루어질 수 있다. 그러나 유교 문화에서 윗사람에 대한 충성심, 예를 들어 노동자가 경영진에게 보이는 충성심은 맹목적인 복종을 의미하는 것은 아니다.

상호 의무의 개념 또한 중요하다. 유교 윤리에서는 윗사람이 부하 직원의 충성심에 대한 보상으로 그들에게 혜택을 베풀 의무가 있다고 강조한다. 만약 이러한 혜택이 주어지지 않으면, 부하의 충성 또한 지속되지 않는다. 이러한 유교 윤리는 관시(guanxi)라는 개념의 핵심이 되며, 이는 상호의무로 유지되는 관계망을 의미한다.[52] 관시는 일반적으로 관계(relationship)를 뜻하지만, 비즈니스 환경에서 인맥(connections)이라는 의미로 이해하는 것이 더 적절하다. 오늘날 중국인들은 흔히 관시왕(quanxiwang), 즉 관계망을 구축하여 도움을 얻는다. 상호 의무는 이러한 네트워크를 유지하는 핵심 요소이다. 만약 이러한 의무가 이행되지 않으면(호의를 베풀고 보답을 받지 못하면) 의무를 저버린 사람의 평판은 훼손되며, 그 사람은 앞으로 관시왕을 통해 도움을 받기 어려워진다. 따라서 암묵적인 사회적 제재의 위협만으로도 호의가 갚아지고, 의무가 이행되며, 관계가 유지되는 경우가 많다. 법을 기반으로 한 법률 전통이 부족하여 비즈니스 계약 위반과 같은 문제를 법적으로 해결한 방법이 제한된 사회에서는, 관시는 장기적인 관계를 구축하고 중국에서 비즈니스를 원활하게 수행하는 중요한 메커니즘이 된다. 관시의 중요성에 대한 실제 사례는 다음의 MANAGEMENT FOCUS를 참고하라.

MANAGEMENT FOCUS

중국과 관시

몇 년 전, DMG는 중국에서 가장 빠르게 성장하는 광고 대행사로 떠올랐다. 이 회사의 고객 목록에는 Unilever, Sony, Nabisco, Audi, Volkswagen과 China Mobile을 비롯한 수십 개의 중국 브랜드가 포함된다. 회사의 창립자인 Dan Mintz는 DMG의 성공이 중국에서 '관시'라고 부르는 개념과 깊이 연관되어 있다고 말했다.

관시는 관계 또는 비즈니스 연결을 의미한다. 이 개념은 사회적 위계 질서와 상호 의무를 중시하는 유교 철학에 뿌리를 두고 있다. 유교 사상은 2,500년의 역사를 가지고 있으며, 가족 내 관계뿐만 아니라 '주인과 하인' 사이에서도 관계의 중요성을 강조한다. 또한, 유교는 사람들이 평등하게 창조되지 않았다고 가르친다. 유교 사상에서는 윗사람 또는 가족에 대한 충성과 의무가 신성한 의무로 간주되지만, 동시에 이 충성에는 대가가 따른다. 사회적 상위 계층은 하위 계층의 충성에 대한 보상으로 '혜택'을 베풀어야 하며, 따라서 이 관계는 상호적인 것이다. 중국인들은 흔히 '관시왕', 즉 '관계망'을 구축하여 도움을 얻는다. 그리고 올바른 관시를 가지고 있다면, 법적 규칙이 깨지거나 최소한 완화될 수 있다는 암묵적인 인식이 존재한다.

Mintz는 중국어에 능통하며, 관시왕을 구축하기 위해 인맥이 있는 두 명의 젊은 중국인 Bing Wu와 Peter Xiao와 함께 사업을 시작했다. Wu는 제작 분야에서 일하고 있으며, 전직 국가대표 체조 챔피언으로서 사회적 명성과 함께 비즈니스 및 정부 관계자들과의 인맥을 보유하고 있다. Xiao는 군인 가문 출신으로 강력한 정치적 인맥을 가지고 있다. 이 세 사람은 서구 광고 대행사들이 오랫동안 뚫지 못했던 시장의 문을 여는 데 성공했다. 이들은 Wu와 Xiao의 인맥을 적극 활용하면서도, 이를 단순한 관계에 의존하는 것이 아니라, '시리(좋은 일을 할 수 있는 능력)'를 통해 그들의 인맥을 뒷받침함으로써 신뢰를 구축했다.

대표적인 사례로 DMG가 Volkswagen을 위한 광고 캠페인을 진행한 일이 있다. 이 캠페인은 독일 자동차 회사인 Volkswagen을 중국 전역에 널리 알리는 데 큰 역할을 했다. 이 광고에서는 문화대혁명 당시 Mao 주석이 간체자로 대체하며 사용을 금지했던 번체자(전통 한자)를 사용했다. 현대 중국에서 광고 필름과 인쇄물에 번체자를 사용하는 것은 처음 있는 일이었으며, 이를 허가받기 위해 이들은 베이징의 고위급 정부 인맥을 활용해야 했다. 이들은 전통 한자를 단순한 '문자'가 아니라 예술로 봐야 한다는 논리로 정부 관계자들을 설득하는 데 성공했다. 이후, 상하이의 유명한 외탄 거리에서 광고 영상을 촬영하는 과정에서도 정부 인맥을 활용했다. 외탄 거리는 구시가지의 해안가를 따라 형성된 번잡한 대로이지만, 이들은 정부의 협조를 얻어 촬영을 위해 도로를 통제할 수 있었다. DMG는 베이징의 자금성 내부에서 촬영을 진행한 적도 있는데, 이는 원칙적으로 법에 어긋나는 일이었다. 그러나 Mintz는 인맥을 이용해 정부를 설득했고, 결국 하루 동안 법을 유예하는 허가를 받아냈다. Mintz는 이에 대해 "우리는 규제를 만나더라도 멈추지 않는다. 어디를 가든 제한은 존재한다. 중요한 것은 그 제한을 어떻게 우회하고 목표를 이루느냐에 있다"*고 말했다.

현재 DMG 엔터테인먼트는 중국을 기반으로 한 영화 제작 및 배급 회사로 확장되었다. 초기에는 광고 대행사로 시작했지만, 2000년대 후반부터 중국 시장에서 비(非)중국 영화 배급을 시작했으며, 대표적으로 중국에서 역대 흥행 6위를 기록한 '아이언맨 3'가 있다. 또한, 중국 영화 제작에도 참여했으며, 첫 번째 작품은 '건국대업'으로, 이는 중화인민공화국 수립 60주년을 기념하는 영화였다. 이러한 활동을 통해 DMG는 중국 내에서 관시를 적극 활용하고 있다. 업계 전문 매체인 버라이어티(Variety)는 DMG가 중국 정부 관계자들과 국영 기업인 중국영화그룹공사와의 강력한 인맥 덕분에 많은 혜택을 누리고 있다고 보도했다.

* M. Graser, "Featured Player," *Variety*, October 18, 2004.

Sources: R. Cain, "Chinese Studio DMG Emerges as Bidder for Major Stake in Paramount Pictures," *Media and Entertainment*, March 15, 2016; A. Jaafar, "China's DMG Inks Deal with Hasbro to Launch First 'Transformers' Live Action Attraction," *Deadline Hollywood*, January 16, 2016; A. Busch, "China's DMG and Valiant Entertainment Partner to Expand Superhero Universe," *Deadline Hollywood*, March 12, 2015; C. Coonan, "DMG's Dan Mintz: Hollywood's Man in China," *Variety*, June 5, 2013; S. Montlake, "Hollywood's Mr China: Dan Mintz, DMG," *Forbes*, August 29, 2012.

언어

[학습 목표 2] 사회문화의 차이를 초래하는 요인을 식별할 수 있다.

언어는 각 나라의 차이를 구분하는 분명한 방법 중 하나이다. 여기서 언어란 단순히 말로 표현되는(spoken) 것뿐만 아니라 말 이외의 방법으로 표현되는(unspoken) 의사소통 방식도 포함한다. 언어는 또한 문화의 중요한 특징 중 하나이다. 언어를 배우는 과정은 문화를 배우는 과정과 연결되며, 어떤 사람들은 한 문화에 깊이 들어가려면 그 사회에서 주로 사용되는 언어를 알아야 한다고 주장하기도 한다.

말로 표현되는 언어

언어는 단순히 사람들 간의 의사소통을 가능하게 하는 역할 이상을 한다. 언어의 본질은 우리가 세상을 인식하는 방식에도 영향을 미친다. 한 사회의 언어는 그 사회 구성원들이 세상의 특정 요소에 주목하도록 이끌 수 있다.[54] 즉, 언어는 사람들이 세상을 바라보는 방식을 형성하며, 이는 곧 문화를 정의하는 데 중요한 역할을 한다. 하나의 국가에 여러 개의 언어가 존재하는 경우, 종종 여러 개의 문화가 공존하게 된다. 예를 들어, 캐나다에는 영어권 문화, 프랑스어권 문화, 원주민(First Nations) 문화가 존재한다. 영어권과 프랑스어권 문화 간의 갈등은 상당히 심하며, 프랑스어를 사용하는 소수 집단의 많은 사람들이 영어권이 지배하는 캐나다에서 독립을 요구하고 있다. 비슷한 현상은 다른 나라에서도 찾아볼 수 있다. 벨기에는 플랑드르어(Flemish)와 프랑스어(French) 사용 인구로 나뉘어 있으며, 두 집단 간에 긴장이 존재한다. 스페인에서는 바스크어(Basque)를 사용하는 소수 집단이 독특한 문화를 가지고 있으며, 수십 년 동안 스페인어를 사용하는 다수 집단으로부터의 독립을 요구해 왔다. 지중해의 키프로스 섬에서는 그리스어를 사용하는 집단과 튀르키예어를 사용하는 집단 간의 문화적 갈등이 지속되어 왔으며, 결국 이 섬은 두 개의 지역으로 분리되었다. 하지만 언어의 차이가 반드시 문화의 차이와 독립 운동으로 이어지는 것은 아니다. 예를 들어, 스위스에서는 네 개의 언어가 공존하고 있지만 사회적 조화가 유지되고 있다. 그럼에도 불구하고, 전 세계적으로 볼 때 언어적 차이가 문화적 차이와 분리 독립 운동으로 이어지는 경향이 존재하는 것은 사실이다.[55]

중국어(만다린)은 세계에서 가장 많은 사람이 모국어로 사용하는 언어이며, 그 다음으로 영어와 힌디어(주로 인도에서 사용됨)가 뒤를 잇는다. 그러나 전 세계에서 가장 널리 사용되는 언어는 영어이며, 많은 사람이 이를 제2언어로 사용한다. 그 다음으로 프랑스어, 스페인어, 중국어(만다린)가 널리 쓰인다. 영어는 국제 비즈니스의 공용어로 자리 잡고 있으며, 오랜 기간 동안 선진국에서 주요 비즈니스 언어로 사용되어 왔다. 예를 들어, 일본과 독일의 비즈니스 관계자들이 만나면 대부분 영어로 의사소통을 한다. 그러나 영어가 널리 사용되더라도, 현지 언어를 배우는 것은 비즈니스 관계에서 큰 이점을 제공한다. 대부분의 사람들은 자신의 모국어로 대화하는 것을 선호하므로, 현지 언어를 구사할 수 있다면 신뢰를 쌓고 우호적인 관계를 형성하는 데 유리하다. 현지 언어를 이해하지 못하는 국제 기업들은 종종 잘못된 번역으로 실수를 범하거나, 협상에 시간이 오래 걸리거나, 심지어 중요한 거래를 놓칠 위험이 있다. 예를 들어, 과거 Sunbeam사는 'Mist-Stick'이라는 이름의 헤어 컬링 아이언을 독일 시장에 출시했다. 그러나 비싼 광고 캠페인을 진행한 후에야 'mist'가 독일어로 '배설물'을 의미한다는 사실을 알게 되었다.[56] 비슷한 사례로, Pepsi의 슬로건 'Pepsi 세대와 함께 살아가세요(Come alive with the Pepsi Generation)'는 중국 시장에서 문제가 되었다. 중국 소비자들은 이를 '조상을 무덤에서 되살리세요'라는 의미로 받아들였기 때문이다.

말 이외의 방법으로 표현되는 언어

말 이외의 방법으로 표현되는 언어는 비언어적 의사소통(nonverbal communication)을 의미한다. 우리는 모두 다양한 비언어적 신호를 통해 서로 소통한다. 예를 들어, 눈썹을 올리는 것은 대부분의 문화에서 인식의 표시이며, 미소는 기쁨을 나타낸다. 그러나 특정 문화에 따라 다르게 해석되는 비언어적 신호도 많다. 따라서 타문화의 비언어적 신호를 이해하지 못하면 의사소통이 실패할 수 있다. 예를 들어, 미국에서는 엄지와 검지를 원형으로 만들어 OK 사인을 보내는 것이 친근한 제스

처이지만, 그리스와 튀르키예에서는 외설적인 성적 의미를 담고 있는 신호로 간주된다. 마찬가지로, 미국과 유럽에서는 엄지손가락을 치켜드는 제스처가 '괜찮다'는 의미이지만, 그리스에서는 모욕적인 의미로 해석된다.

비언어적 의사소통의 또 다른 중요한 요소는 개인적 공간이다. 개인적 공간이란 대화 중 상대방과의 적절한 거리를 의미한다. 예를 들어, 미국에서는 비즈니스 대화 시 보통 5~8피트(약 1.5~2.4m)의 거리를 유지하는 것이 일반적이다. 반면, 라틴 아메리카에서는 대화 시 3~5피트(약 0.9~1.5m)의 거리가 일반적이다. 이로 인해, 라틴 아메리카인과 이야기할 때 자신의 개인적 공간을 침범한다고 느껴 무의식적으로 뒤로 물러서는 북아메리카인이 많다. 그러나 북아메리카인이 뒤로 물러나는 행동을 라틴 아메리카인은 거리감을 두려는 태도로 해석할 수 있다. 결과적으로, 서로의 문화적 차이를 이해하지 못하면, 두 문화권의 비즈니스 관계자들이 원활한 관계를 형성하는 데 어려움을 겪을 수 있다.

교육

[학습 목표 2] 사회문화의 차이를 초래하는 요인을 식별할 수 있다.
[학습 목표 3] 문화적 차이가 비즈니스와 경제에 미치는 영향을 분석할 수 있다.

공식 교육(formal education)은 한 사회에서 중요한 역할을 하며, 개인이 현대 사회에서 필수적인 언어, 지식, 기술을 배우는 주요 매개체가 된다. 또한, 공식 교육은 가족이 담당하는 사회화 역할을 보완하며, 젊은 세대가 사회의 가치와 규범을 익히도록 돕는다. 이러한 가치와 규범은 직접적으로도, 간접적으로도 전달된다. 학교에서는 일반적으로 사회와 정치적 구조에 대한 기본적인 사실을 가르치며, 시민으로서의 기본적인 의무에 초점을 맞춘다. 또한, 문화적 규범(cultural norms)은 학교에서 간접적으로 학습된다. 예를 들어, 타인을 존중하는 태도, 권위에 대한 복종, 정직성, 청결, 시간 엄수 등의 가치가 학교 교육을 통해 전달된다. 이러한 요소들은 학교의 '숨겨진 교육 과정'의 일부이다. 또한, 성적 평가를 통해 학생들은 개인적 성취와 경쟁의 가치를 배우게 된다.[57]

국제 비즈니스 관점에서 교육의 중요한 역할 중 하나는 국가 경쟁력의 결정 요인이라는 점이다.[58] 숙련된 인재와 지식을 갖춘 노동력의 확보 여부는 한 국가의 경제적 성공 가능성을 결정짓는 핵심 요소이다. 예를 들어, 일본의 경쟁력 있는 경제 성장을 분석하면서, 하버드 경영대학원 교수인 Michael Porter는 제2차 세계대전 이후 일본은 숙련되고 교육받은 인적 자원을 제외하고는 거의 아무것도 없었다고 지적했다.

> 일본은 교육에 대한 깊은 존중과 거의 숭배에 가까운 전통을 가지고 있으며, 높은 문해력을 갖춘 교육받은 인력과 점점 더 숙련된 인적 자원을 보유하고 있었다. 특히, 일본은 훈련된 엔지니어의 대규모 인력을 확보하면서 큰 혜택을 보았다. 일본 대학에서는 1인당 기준으로 미국보다 훨씬 더 많은 엔지니어를 배출하고 있다. 일본의 초·중등 교육 시스템은 높은 기준을 기반으로 운영되며, 수학과 과학 교육을 강조한다. 초·중등 교육은 매우 경쟁이 치열하며, 일본의 교육 시스템은 전국 대부분의 학생들에게 이후 교육과 훈련을 위한 탄탄한 기초를 제공한다. 일본 고등학교 졸업

생은 수학에 대한 지식 수준이 미국 대학 졸업생과 맞먹을 정도이다.[59]

Porter의 요지는 일본의 우수한 교육 시스템이 일본의 전후 경제 성공을 설명하는 중요한 요소라는 것이다. 우수한 교육 시스템은 국가 경쟁력의 결정 요인일 뿐만 아니라, 국제 기업이 사업 위치를 선택할 때도 중요한 기준이 된다. 예를 들어, 정보 기술(IT) 일자리를 인도로 아웃소싱하는 경향이 증가한 이유 중 하나는, 인도에 훈련된 엔지니어가 많기 때문이다. 그리고 이는 인도의 교육 시스템이 양질의 엔지니어를 배출한 결과이다. 같은 논리로 볼 때, 고도로 숙련된 노동력이 필요한 생산 시설을 교육 수준이 낮아 숙련된 인력이 부족한 국가에 설립하는 것은 합리적인 선택이 아니다. 그 국가가 비용 절감과 같은 다른 요인에서 매력적일 수는 있지만, 교육 수준이 낮다면 장기적으로 경쟁력을 유지하기 어렵다.

한 국가의 전반적인 교육 수준은 해당 국가에서 어떤 제품이 잘 판매될지를 예측하는 지표가 될 수 있으며, 또한 어떤 유형의 마케팅 전략과 홍보 자료를 사용할 것인지 결정하는 데도 중요한 역할을 한다. 예를 들어, 인구의 50% 이상이 문맹인 국가에서는 대중 서적이 잘 팔리지 않을 가능성이 높다. 하지만 더 중요한 것은, 대량 소비 제품의 홍보 자료가 문자 설명 위주로 구성될 경우, 해당 국가에서 효과가 떨어질 수 있다는 점이다. 이런 경우, 시각적(그림 중심) 홍보 자료를 활용하는 것이 훨씬 더 효과적인 전략이 될 수 있다.

문화와 비즈니스

[학습 목표 4] 사회문화의 차이가 비즈니스 가치에 미치는 영향을 인식할 수 있나.

다국적 기업뿐만 아니라 여러 국가에서 운영되는 모든 기업(대기업, 중견기업, 소기업 포함)에 있어서 중요한 점은, 한 사회의 문화가 직장에서의 가치관에 어떤 영향을 미치는가이다. 경영 프로세스와 실무는 각 문화에서 형성된 업무 관련 가치에 따라 달라질 필요가 있을 수 있다. 예를 들어, 브라질과 영국, 또는 미국과 스웨덴의 문화 차이가 업무 가치관에 영향을 미친다면, 이들 국가에서 운영하는 기업은 각 국가의 문화적 차이를 고려하여 경영 프로세스와 실무를 조정해야 한다.

직장에서의 문화가 가치에 미치는 영향을 연구한 가장 유명한 연구는 Geert Hofstede의 연구이다.[60] IBM에서 심리학자로 근무하던 Hofstede는 11만 6,000명 이상의 직원으로부터 태도와 가치에 대한 데이터를 수집했다. 응답자들은 직업, 연령, 성별이 일치하도록 조정되었으며, 이를 통해 50개국의 문화적 차원을 비교할 수 있었다. Hofstede는 처음에 네 가지 문화 차원을 도출했다. 권력 거리, 불확실성 회피, 개인주의 대 집단주의, 남성성 대 여성성이다. 이후, 유교 사상에서 영감을 받아 장기 지향 대 단기 지향이라는 다섯 번째 차원을 추가했다.[62]

이 다섯 번째 차원은 중국 가치 조사에서 얻은 데이터를 바탕으로 추가되었다. 이 조사는 Michael Harris Bond가 Hofstede와의 논의를 바탕으로 개발한 연구 도구이다.[63] Bond는 Hofstede가 '동양의 사고방식'이라고 표현한 중국 학자들의 의견을 반영하여 이 조사 도구를 만들었다. 또한, 본드는 이 새로운 장기 지향 대 단기 지향 차원을 구체화하는 데 중국 학자들이 중요한 역할을 했다고 언급했다. 본래 Bond는 이 다섯 번째 차원을 '유교적 직업 역동성'이라고 불렀지만, Hofstede는 실질적으로 이 개념이 장기 지향 대 단기 지향을 의미한다고 정리했다.

권력 거리
사회가 신체적·지적 능력의 불평등을 어떻게 다루는지에 관한 것. 권력 거리 지수가 높은 문화에서는 불평등이 시간이 지나면서 권력과 부의 격차로 확대되는 경향이 있는 반면, 권력 거리 지수가 낮은 문화에서는 이러한 불평등을 가능한 한 완화하려는 노력이 이루어짐.

개인주의 대 집단주의
개인이 다른 사람들과 맺는 관계에 초점을 둔 것. 개인주의적인 사회에서는 개인 간의 유대가 느슨하며, 개인의 성취가 중요하게 여겨지는 반면, 집단주의가 강조되는 사회에서는 개인 간의 유대가 강하며, 사람들은 대가족과 같은 집단 속에서 태어나며, 집단의 이익을 보호하는 것이 중요한 의무로 간주됨.

불확실성 회피
사회가 구성원들에게 불확실한 상황을 수용하고, 이를 얼마나 용인하도록 사회화하는지를 나타냄. 불확실성 회피 성향이 높은 문화에서는 명확한 규칙과 질서를 중시하며, 위험을 회피하려는 경향이 강한 반면, 불확실성 회피 성향이 낮은 문화에서는 위험을 감수하려는 태도가 강하며, 변화에 대한 저항이 상대적으로 적음.

남성성 대 여성성
성별과 직업 역할의 관계에 관한 것. 남성성이 강한 문화에서는 성 역할이 뚜렷하게 구분되며, 성취와 권력 행사 같은 전통적인 '남성적 가치'가 중요하게 여겨지는 반면, 여성성이 강한 문화에서는 성 역할의 구분이 덜 뚜렷하며, 동일한 직업에서 남성과 여성 간의 차별이 거의 존재하지 않음.

Hofstede의 **권력 거리**(power distance) 차원은 사회가 신체적, 지적 능력의 불평등을 어떻게 다루는지에 초점을 맞추었다. 그에 따르면, 권력 거리 지수가 높은 문화에서는 시간이 지나면서 불평등이 점점 심화되어 권력과 부의 격차로 이어지는 경향이 있다. 반면, 권력 거리 지수가 낮은 문화에서는 이러한 불평등을 가능한 한 줄이려는 노력이 이루어진다.

개인주의 대 집단주의(individualism versus collectivism) 차원은 개인이 다른 사람들과 맺는 관계에 초점을 맞추었다. 개인주의적 사회에서는 개인 간의 유대가 느슨하며, 개인의 성취와 자유가 매우 중요하게 여겨진다. 반면, 집단주의가 강조되는 사회에서는 개인 간의 유대가 강하다. 이러한 사회에서는 사람들이 대가족과 같은 집단 속에서 태어나며, 집단의 이익을 보호하는 것이 중요한 의무로 여겨진다.

불확실성 회피(uncertainty avoidance) 차원은 각 문화가 불확실한 상황을 받아들이고 이를 어떻게 용인하는지 측정했다. 불확실성 회피 성향이 높은 문화에서는 직업 안정성, 경력 관리, 퇴직 연금 등의 요소가 중요하게 여겨진다. 또한, 명확한 규칙과 규정을 필요로 하며, 관리자에게는 명확한 지시가 요구되고, 부하 직원들의 자율성은 제한되는 경향이 있다. 반면, 불확실성 회피 성향이 낮은 문화에서는 위험을 감수하려는 태도가 강하며, 변화에 대한 정서적 저항이 상대적으로 적다.

남성성 대 여성성(masculinity versus femininity) 차원은 성별과 직업 역할의 관계를 분석했다. Hofstede가 이 연구를 수행한 시기는 수십 년 전으로, 당시에는 성 역할이 현재보다 훨씬 더 엄격하게 정의되어 있었으며, 비이분법적인 성별에 대한 사회적 인식도 지금보다 낮았다. 따라서, 이 차원은 문화를 분석하는 도구로 사용될 뿐, 개인의 성 역할이나 정체성을 규정하는 것이 아님을 염두에 둘 필요가 있다. Hofstede가 '남성적인 문화'라고 부른 사회에서는 성 역할이 뚜렷하게 구분되며, 성취와 권력 행사와 같은 전통적인 '남성적 가치'가 문화적 이상을 형성했다. 반면, '여성적인 문화'에서는 성 역할의 구분이 덜 뚜렷하며, 동일한 직업에서 남성과 여성 간의 차별이 거의 존재하지 않았다.

장기 지향 대 단기 지향(long-term versus short-term orientation) 차원은 한 문화가 시민들에게 물질적, 사회적, 정서적 욕구를 지연시키는 것에 대해 얼마나 수용하도록 영향을 미치는지를 나타낸다. 이 차원은 시간에 대한 태도, 끈기, 위계 질서, 체면 유지(사회적 명예), 전통 존중, 선물과 호의에 대한 보답과 같은 요소를 포함한다. 이 차원의 명칭은 이러한 가치들이 유교적 가르침에서 유래했기 때문에 붙여진 것이다.

Hofstede는 각 문화 차원에 대해 0에서 100까지의 지수 점수를 생성했다.[64] 점수가 100에 가까울수록 해당 차원의 강도가 높은 것을 의미한다. 그는 IBM이라는 단일 기업 내에서만 연구를 진행함으로써 기업 문화의 영향을 통제할 수 있었다. 즉, 각국 간 차이가 나타난다면, 이는 기업 문화가 아니라 국가 문화의 차이에 기인한 것으로 해석될 수 있도록 설계되었다. Hofstede는 각 국가의 직원들로부터 수집한 데이터를 평균 내어, 각 차원의 지수 점수를 산출했다.

표 4-1은 개인주의 대 집단주의, 권력 거리, 불확실성 회피, 남성성 대 여성성, 장기 지향 대 단기

지향이라는 다섯 가지 문화 차원에 대해 15개국의 데이터를 요약한 것이다. Hofstede는 50개국에서 데이터를 수집했으며, Bond의 연구에서는 23개국의 데이터가 추가되었다. 또한, 다른 연구자들도 다양한 국가 샘플을 추가하며 연구를 확장했다. 서구 국가들인 미국, 캐나다, 영국은 개인주의 점수가 높고, 권력 거리 점수가 낮은 경향을 보였다. 반면, 라틴 아메리카 및 아시아 국가들은 개인주의보다 집단주의를 강조하며, 권력 거리 점수가 높았다. 또한, 일본 문화는 불확실성 회피 성향이 강하고, 남성성이 높은 특징을 가지고 있다. 스웨덴과 덴마크는 불확실성 회피와 남성성이 모두 낮은 국가로, 여성적 가치가 강조되는 특징을 보였다.

Hofstede의 연구 결과는 문화 간 차이에 대한 전반적인 경향을 이해하는 데 유용하다. 그의 연구는 일반적으로 널리 알려진 문화적 차이와 일치하는 부분이 많다. 예를 들어, 많은 사람들이 미국이 일본보다 개인주의적이며 평등주의적이라고 생각하는데, 이는 미국이 일본보다 권력 거리 점수가 낮다는 Hofstede의 연구 결과와 부합한다. 또한, 일본은 멕시코보다 개인주의적이며 평등주의적 성향을 보인다. 비슷하게, 라틴 아메리카 국가들은 남성적 가치가 강조되는 마초 문화의 특징을 가지며, 덴마크와 스웨덴 같은 북유럽 국가들은 상대적으로 여성적 가치를 중시한다. 예상대로, 일본과 태국과 같은 동아시아 국가들은 장기 지향 점수가 높은 반면, 미국과 캐나다는 단기 지향 점수가 높은 경향을 보였다.

그러나 Hofstede의 연구를 지나치게 해석하는 것은 경계해야 한다. 이 연구는 여러 측면에서 비판을 받아 왔다.[65] 첫째, Hofstede는 문화와 국가가 일대일로 대응한다고 가정했지만, 앞서 논의했듯이 많은 국가가 하나 이상의 문화를 포함하고 있다. 둘째, Hofstede의 연구는 특정 문화에 편향되었을 가능성이 있다. 연구팀은 유럽인과 미국인으로 구성되었으며, IBM 직원들에게 던진 질문

장기 지향 대 단기 지향
문화가 구성원들에게 물질적, 사회적, 정서적 욕구의 만족을 지연시키는 것을 얼마나 수용하도록 영향을 미치는지를 설명하는 차원. 이 차원은 시간에 대한 태도, 인내, 위계 질서, 체면 유지, 전통 존중, 선물과 호의의 보답 등에 대한 문화적 태도를 포함함. 장기 지향적인 문화에서는 미래를 중시하며, 인내와 지속적인 노력, 전통과 사회적 조화를 중요하게 여기는 반면, 단기 지향적인 문화에서는 즉각적인 결과를 중시하며, 개인적 성취와 현재의 만족을 우선시하는 경향이 있음.

표 4-1
15개국의 업무 관련 가치

국가	권력 거리	불확실성 회피	개인주의	남성성	장기 지향성
호주	36	51	90	61	31
브라질	69	76	38	49	65
캐나다	39	48	80	52	23
독일(서독)	35	65	67	66	31
영국	35	35	89	66	25
인도	77	40	48	56	61
일본	54	92	46	95	80
네덜란드	38	53	80	14	44
뉴질랜드	22	49	79	58	30
파키스탄	55	70	14	50	50
필리핀	94	44	32	64	19
싱가포르	74	8	20	48	48
스웨덴	31	29	71	5	33
태국	64	64	20	34	56
미국	40	46	91	62	29

Source: Hofstede Insights; www.hofstede-insights.com/product/compare-countries, accessed March 7, 2019.

과 그에 대한 분석이 연구팀의 문화적 편견과 관심사에 의해 영향을 받았을 가능성이 크다. 장기 지향 대 단기 지향 차원이 후에 추가된 것만 보더라도 이러한 가능성을 시사한다. 셋째, Hofstede의 연구 대상은 컴퓨터 산업이라는 단일 산업군에 속했으며, 그중에서도 IBM이라는 한 기업의 직원만을 대상으로 했다. 당시 IBM은 강한 기업 문화와 엄격한 직원 선발 기준으로 유명했기 때문에, IBM 직원들의 가치관이 각국의 일반적인 문화적 가치와 다를 가능성이 있다. 넷째, Hofstede의 연구는 남성성과 여성성에 대한 성별 고정 관념에 기초한 것으로 보이며, 이러한 고정 관념은 현재의 시각에서 보면 시대에 뒤떨어진 것일 수 있다. Hofstede가 남성성과 여성성에 대해 가지고 있던 개인적 편견이 연구와 결론에 영향을 미쳤을 가능성이 있으며, 그가 사용한 성별 고정 관념이 얼마나 정확한지에 대해서도 의문을 제기할 수 있다.

그럼에도 불구하고, Hofstede의 연구는 문화적 차이를 이해하고 이러한 차이가 경영 실무에 어떤 영향을 미칠 수 있는지 파악하려는 관리자들에게 좋은 출발점이 된다. 또한, 다른 여러 학자들도 문화적 차이가 직장에서의 가치와 실무에 영향을 미친다는 강력한 증거를 발견했으며, Hofstede의 기본적인 연구 결과는 다양한 환경에서 더 폭넓은 표본을 사용하여 반복적으로 검증되었다.[66] 그러나 관리자들은 이 연구 결과를 신중하게 활용해야 한다. 그 이유 중 하나는 Hofstede의 연구에 더해 최근 새롭게 등장한 다양한 문화 가치 조사와 데이터들이 점점 더 중요해지고 있기 때문이다. Hofstede의 연구를 보완하며 직장 및 비즈니스 문제와 관련하여 분석된 두 가지 주요 문화 가치 프레임워크는 GLOBE 연구와 World Values Survey이다.

GLOBE(Global Leadership and Organizational Behavior Effectiveness) 연구는 리더의 효과성이 상황에 따라 달라진다는 개념을 다루기 위해 설계되었다.[67] 즉, 리더십은 구성원들이 속한 사회적·조직적 가치 및 규범의 영향을 받는다는 것이다. GLOBE 연구의 초기 결과는 62개 사회에서 951개 조직에 속한 17,300명의 중간 관리자들을 대상으로 진행되었으며, Hofstede 및 다른 문화 연구자들의 연구를 바탕으로 확장되었다. GLOBE 연구는 권력 거리, 불확실성 회피, 인간 중심, 제도적 집단주의, 집단 내 집단주의, 적극성, 성 평등주의, 미래 지향, 성과 지향이라는 아홉 가지 문화 차원을 확립했다.

세계가치조사(World Values Survey, WVS)는 100개국 이상을 대상으로 진행되는 연구 프로젝트로, 사람들의 가치관과 규범, 그것이 시간에 따라 어떻게 변화하는지, 그리고 이러한 변화가 사회와 비즈니스에 어떤 영향을 미치는지를 탐구한다.[68] WVS는 민주주의에 대한 지지, 외국인 및 소수 민족에 대한 관용, 성평등에 대한 지지, 종교의 역할과 종교성의 변화, 세계화의 영향, 환경, 노동, 가족, 정치, 국가 정체성, 문화, 다양성, 불안정성에 대한 태도, 그리고 주관적 행복감 등의 다양한 차원을 포함한다.

다시 강조하자면, 문화는 국가의 경제적 성공에 영향을 미칠 수 있는 여러 요인 중 하나일 뿐이다. 문화의 중요성을 간과해서는 안 되지만, 그렇다고 과대평가해서도 안 된다. Hofstede의 프레임워크는 직장 가치와 비즈니스와 관련된 문화 연구에서 가장 중요한 연구이며, 가장 많이 연구된 모델이다. 그러나 GLOBE나 WVS와 같은 새로운 문화 연구 프레임워크들도 학계에서 점점 더 주목받고 있으며, 이들은 Hofstede의 연구를 보완할 뿐만 아니라, 추가적인 검증을 통해 직장 가치, 비즈니스, 시장 문제와의 연관성을 더욱 강화하면서 이를 대체할 가능성도 있다. 동시에, 2장과 3장에서 논의한 경제, 정치, 법적 시스템과 같은 요인들이 장기적인 경제 성장률의 차이를 설명하는 데 있어 문화보다 더 중요한 요소일 가능성이 크다.

문화의 변화

[학습 목표 5] 문화적 변화가 경제와 비즈니스에 미치는 영향을 이해하고 평가할 수 있다.

이 장에서 강조하고 싶은 중요한 점은 문화는 고정된 것이 아니라 시간이 지나면서 변화한다는 것이다.[69] 가치 체계의 변화는 사회에 있어 느리고 고통스러울 수도 있지만, 결국 변화는 일어나며 때로는 매우 급격한 방식으로 이루어진다. 예를 들어, 1960년대 초반만 해도 여성들이 대기업의 고위 경영직을 맡을 수 있다는 생각은 일반적으로 받아들여지지 않았다. 그러나 오늘날 이는 자연스럽고 환영받는 현실이 되었으며, 미국 사회에서 이를 다르게 생각하는 것은 상상하기 어려운 일이다. 예를 들어, 2012년 Virginia Rometty가 IBM의 CEO가 되었고, 2014년 Mary Barra가 GM의 CEO가 되었으며, 2019년 Corie Barry가 Best Buy의 CEO가 되었고, 2021년 Jane Fraser가 Citigroup의 CEO가 되었다. 이들 기업은 모두 연간 매출 400억 달러 이상을 기록하는 대기업들이다. GM은 1,470억 달러, IBM은 800억 달러, Best Buy는 400억 달러의 매출을 올렸다. GM의 Mary Barra는 Time 100에 선정되었으며, Forbes가 선정한 '세계에서 영향력 있는 100인의 여성'에도 포함되었다. 또한, 2022년 S&P 500 기업 중 33개 회사에서 여성 CEO가 재직하고 있었다. 여전히 남성과의 기회 차이가 크지만, 과거에 비하면 상당한 발전이 있었으며, 앞으로도 지속적으로 개선될 가능성이 크다. 현재 미국의 주류 사회에서는 여성의 경영 능력이나 비즈니스 세계에서의 성취를 의심하는 사람이 거의 없다. 과거에는 이러한 변화가 불가능하다고 여겨졌다는 점을 생각하면, 문화가 얼마나 크게 변화할 수 있는지 놀랍다.

Alex Wong/Getty Images

Citigroup의 CEO Jane Fraser

또 다른 문화 변화의 사례로 일본을 살펴보자. 일부 비즈니스 전문가들은 일본에서 개인주의 성향이 강해지는 방향으로 문화적 변화가 일어나고 있다고 주장한다.[70] 전통적으로 일본의 직장인은 상사와 조직에 대한 충성심이 강하며, 이를 위해 저녁 시간, 주말, 휴가까지 반납하면서 회사에 헌신하는 것으로 묘사된다. 그러나 새로운 세대의 직장인들은 이와 같은 기존의 모델에 반드시 맞지 않을 수 있다. 새로운 세대의 직장인은 전통적인 일본의 가치관과 역할을 따르는 사람보다 더 직접적인 태도를 보이는 경향이 있다. 이들은 서구인, 즉 외국인과 비슷한 방식으로 행동하며, 회사를 위해 자신의 삶을 희생하지 않는다. 더 나은 일자리 제안을 받거나 초과 근무가 지나치게 많아지면 망설이지 않고 퇴사하는 경향이 있다.[71]

여러 연구에 따르면 경제 발전과 세계화가 사회적 변화의 중요한 요인이 될 수 있다.[72] 경제 발전이 이루어지면 집단주의에서 개인주의로 가치관이 이동하는 경향이 있다는 증거가 존재한다.[73] 일본의 경우, 경제적으로 부유해지면서 집단주의에 대한 문화적 강조가 줄어들고 개인주의가 점점 더 두드러지고 있다. 이러한 변화의 한 가지 이유는 부유한 사회일수록 가족이나 기업과 같은 집단을 기반으로 한 사회적·물질적 지원에 대한 필요성이 줄어들기 때문이다. 제적 안정성이 높아지면서 사람들은 자신의 필요를 스스로 충족할 수 있는 능력이 향상되었으며, 그 결과 집단주의의 중요성이 감소하는 반면, 경제적 자유가 확대되면서 개인주의를 표현할 기회는 더욱 증가하고 있다.

사회가 경제적으로 부유해지면서 문화가 변화하는 또 다른 이유는 경제 발전이 여러 다른 요인에 영향을 미치고, 이러한 요인들이 다시 문화에 영향을 주기 때문이다. 예를 들어, 도시화의 증가와 교육의 질 및 접근성 향상은 경제 발전의 결과이며, 이러한 변화는 전통적으로 가난한 농촌 사회에서 중요하게 여겨졌던 가치관을 약화시키는 경향이 있다. 앞서 언급한 WVS에서는 가치관이 어떻게 변화하는지를 분석하였으며, 이러한 변화가 국가의 경제 발전 수준과 밀접한 관련이 있음을 밝혀 냈다.[74] 조사에 따르면, 국가가 경제적으로 부유해질수록 종교, 가족, 국가와 연관된 '전통적 가치'에서 벗어나, '세속-합리적 가치'로 이동하는 경향이 나타난다. 전통적인 가치관을 중시하는 사람들은 종교가 삶에서 중요하다고 여기며, 강한 국가적 자부심을 가지는 경향이 있다. 또한, 아이들은 복종을 배워야 하며, 자녀의 가장 중요한 의무는 부모를 자랑스럽게 만드는 것이라고 생각하는 경향이 있다. 반면, 세속-합리적 가치를 중시하는 사회에서는 전통적인 가치관과는 반대되는 경향을 보인다. 이들은 종교, 전통적인 가족 가치, 권위에 대한 중요성을 상대적으로 덜 강조한다.

문화의 융합 또는 수렴 현상은 오늘날 세계가 과거보다 더 글로벌화된 환경에 놓여 있다는 점에서 설명될 수 있다. 운송과 통신 기술의 발전, 국제 무역의 활성화는 디즈니, Microsoft, Google과 같은 글로벌 기업들이 다양한 문화를 하나로 통합하는 데 중요한 역할을 하도록 만들었다. 이러한 변화는 과거에는 볼 수 없었던 문화적 동질성을 형성하는 흐름을 주도하고 있다.[75] 글로벌 기업들은 소셜 미디어를 기반으로 한 보편적인 청년 문화를 조성하는 데 기여하고 있으며, 세계 각국이 경제적으로 성장함에 따라 문화적 차이가 점점 줄어들고 있다는 주장도 제기되고 있다. 이는 문화가 점진적으로 보편적인 가치와 규범을 향해 수렴하는 '수렴 가설(convergence hypothesis)'로 설명된다. 이러한 변화는 특히 젊은 세대에서 두드러지게 나타나고 있으며, 반면 기성세대는 여전히 문화적으로 차이를 보이는 경향이 있다.[76]

동시에, 문화 수렴에 반하는 중요한 반대 흐름도 무시해서는 안 된다. 여러 국가에서 나타나는 이슬람 근본주의의 부상, 캐나다 퀘벡의 분리 독립 운동, 러시아 체첸과 같은 지역에서 발생한 민족 갈등과 분리주의 운동, 영국의 브렉시트(Brexit)로 이어진 민족주의 운동, 미국에서 토착주의적 포퓰리스트인 Donald Trump가 제45대 대통령으로 선출된 사례 등이 대표적이다. 이러한 반대 흐름은 문화적 수렴 압력에 대한 반작용의 일부로 볼 수 있다. 점점 더 현대적이고 물질주의적인 세계에서 일부 사회는 자신들의 문화적 뿌리와 고유성을 다시 강조하려는 움직임을 보이고 있다. 또한, 문화의 일부 요소는 매우 빠르게 변화하지만(특히 물질적인 상징의 사용), 다른 요소들은 느리게 변화한다는 점을 유의해야 한다. 예를 들어, 전 세계 사람들이 청바지를 입고, McDonald's에서 식사하며, 스마트폰을 사용하고, 각국의 '행운의 수레바퀴' 프로그램을 시청하며, Ford 자동차를 타고 출근한다고 해서 그들이 미국(또는 서구)의 가치관을 받아들였다고 단정할 수는 없다. 대부분의 경우 그렇지 않다.[77] 따라서, 우리는 문화의 가시적인 물질적 요소와 그 깊은 구조를 구분해야 한다. 특히 핵심적인 사회적 가치와 규범은 서서히 변화하며, 문화적 차이는 여전히 깊이 자리 잡고 지속되는 경우가 많다.

360° 관점: 경영에의 시사점

문화적 이해력과 경쟁 우위

국내 비즈니스와 국제 비즈니스는 다르다. 그 이유는 각 국가와 사회가 서로 다르기 때문이며, 이러한 차이는 문화적 차이에서 비롯된다. 문화는 사회 구조, 종교, 언어, 교육, 경제 철학, 정치 철학의 차이로 인해 다양하게 나타난다. 이러한 문화적 차이가 국제 비즈니스에 미치는 중요한 영향은 세 가지로 정리할 수 있다. 첫째, 문화 간 이해력(cross-cultural literacy)을 개발할 필요성이 있다. 비즈니스 종사자들은 단순히 문화적 차이가 존재한다는 사실을 아는 것뿐만 아니라, 이러한 차이가 국제 비즈니스에서 어떤 의미를 가지는지도 이해해야 한다. 둘째, 문화와 국가 경쟁력의 관계를 이해하는 것이 중요하다. 셋째, 문화와 윤리적 의사 결정의 관계를 고려해야 한다. 이 장에서는 첫 번째와 두 번째 이슈를 심도 있게 탐구하고, 문화와 윤리의 관계는 5장에서 다룬다.

문화 간 이해력

해외에 처음 진출하는 기업이 직면하는 큰 위험 중 하나는 정보 부족의 위험이다. 다른 문화에 대해 제대로 알지 못하는 국제 기업은 실패할 가능성이 높다. 서로 다른 문화권에서 비즈니스를 수행하려면, 해당 문화의 가치관과 규범에 맞게 적응하는 것이 필요하다. 이러한 적응은 외국 시장에서 국제 기업의 모든 운영 측면에 걸쳐 이루어질 수 있다. 예를 들어, 거래 협상 방식, 영업사원에게 적절한 인센티브 제도, 조직 구조, 제품명, 노사 관계의 분위기, 제품의 마케팅 방식 등은 모두 문화적 차이에 민감한 요소들이다. 어느 한 문화에서 효과적인 방식이 다른 문화에서는 전혀 통하지 않을 수 있다.

정보 부족의 위험을 극복하기 위해, 국제 기업은 현지 문화를 이해하는 현지인을 고용하여 비즈니스를 운영하는 데 도움을 받을 필요가 있다. 또한, 본국의 경영진이 문화적 차이가 비즈니스 운영 방식에 어떤 영향을 미치는지 충분히 이해할 수 있도록 교육해야 한다. 정기적으로 임원들을 해외로 파견하여 다양한 문화를 접하게 하면, 국제적 감각을 갖춘 경영진을 양성하는 데 도움이 된다. 국제 기업은 자문화 중심주의의 위험을 항상 경계해야 한다. **자문화 중심주의(ethnocentrism)**란 자신의 민족이나 문화가 우월하다고 믿는 태도를 의미한다. 이러한 태도와 함께 다른 국가의 문화를 무시하거나 경멸하는 경향도 나타날 수 있다. 안타깝게도, 자문화 중심주의는 흔히 나타나는 현상이며, 미국인뿐만 아니라 프랑스인, 일본인, 영국인 등 많은 사람들이 이러한 태도를 보일 수 있다.

자문화 중심주의
자신의 민족이나 문화가 우월하다는 믿음에 기반한 행동으로, 종종 다른 국가의 문화를 무시하거나 경멸하는 태도를 동반함.

인류학자 Edward T. Hall은 미국인들이 대체로 격식을 덜 차리는 성향을 가지며, 공개적으로 지적을 받거나 질책당하는 것에 강한 거부감을 보인다고 설명했다.[78] 이러한 특성은 낯선 사람을 바로잡는 경향이 있는 독일 문화에서 문제가 될 수 있으며, 대부분의 미국인들에게 충격과 불쾌감을 줄 수도 있다. 반대로, 독일인들은 미국인들이 사람들을 이름으로 쉽게 부르는 경향에 당황할 수 있다. 동등한 직급의 경영진들 사이에서도 이러한 태도는 불편함을 줄 수 있지만, 미국의 하급 임원이 독일의 고위급 관리자에게 허락 없이 이름을 부르면 모욕적으로 받아들여질 수도 있다. Hall은 독일 경영진과 이름을 부르며 친밀해지는 데는 시간이 걸린다고 결론 내렸으며, 이를 성급하게 진행하면 지나치게 친근하고 무례하다는 인상을 주게 되어 비즈니스에 부정적인 영향을 미칠 수 있다고 경고했다.

Hall은 또한 시간에 대한 문화적 태도 차이가 다양한 문제를 초래할 수 있다고 지적했다. 미국에서는 마감 기한을 설정하는 것이 업무의 긴급성과 중요성을 강조하는 방식으로 사용된다. 그러나 중동에서는 마감 기한을 제시하는 것이 정반대의 효과를 가져올 수도 있다. 미국인이 아랍 사업 파트너에게 빠른 결정을 요구하면, 이는 지나치게 강요하고 압력을 가하는 태도로 인식될 수 있다. 그 결과, 아랍 측은 미국인의 무례함에 대한 반발로 오히려 결정을 지연시키는 반응을 보일 수도 있다. 또한, 미국인은 아랍 파트너가 길에서 친구를 만나 대화를 나누느라 미팅에 늦는 것을 무례하다고 생각할 수 있다. 미국인들에게 시간과 일정 관리는 매우 중요한 요소이지만, 아랍인들에게는 친구와의 대화를 마치는 것이 엄격한 일정 준수보다 더 중요할 수 있다. 아랍인은 오히려 미국인이 시간과 일정에 지나치게 집착하는 것을 이해하지 못할 수도 있다.

문화와 경쟁 우위

이 장에서 다루는 주요 주제 중 하나는 문화와 국가 경쟁력의 관계이다.[79] 간단히 말해, 한 국가의 가치 체계와 규범은 해당 국가에서의 비즈니스 비용에 영향을 미치며, 비즈니스 비용은 기업이 경쟁 우위를 확보하는 능력에 영향을 준다. 우리는 경영진과 노동자 간의 협력, 노동에 대한 태도, 이자 지급에 대한 관점 등이 사회 구조와 종교의 영향을 받는 방식을 살펴보았다. 일부 학자들은 계층 의식이 강한 사회에서 노동자와 경영진 간의 계급 갈등이 심화되면, 비즈니스 비용이 증가할 수 있다고 주장한다. 또한, 일부 사회학자들은 힌두교의 금욕적이고 내세 지향적인 윤리가 개신교와 유교에 내재된 윤리보다 자본주의를 덜 지지할 가능성이 있다고 본다. 이슬람 법에서 이자 지급을 금지하는 규정은 국가의 은행 시스템을 제약함으로써 비즈니스 비용을 증가시킬 수도 있다.

반대로, 일부 학자들은 현대 일본의 문화가 대부분의 서구 국가들보다 비즈니스 비용을 낮추는 역할을 한다고 주장한다. 일본의 집단 소속감, 충성심, 상호 의무, 정직성, 교육에 대한 강조는 일본 기업의 경쟁력을 높이는 요소로 작용한다는 것이다. 특히 집단 소속감과 충성심에 대한 강조는 개인이 자신이 속한 기업과 강한 유대감을 형성하도록 장려하며, 이는 '기업의 이익을 위해' 열심히 일하고 경영진과 노동자가 협력하는 문화를 조성하는 경향이 있다. 또한, 특히 엔지니어를 포함한 숙련된 노동력이 풍부한 점은 일본 기업들이 비용 절감형 프로세스 혁신을 개발하고 생산성을 향상시키는 데 기여했다.[80] 따라서, 일본 기업들이 누려온 성공은 문화적 요인으로 설명될 수도 있으며, 특히 20세기 후반 일본이 경제 강국으로 부상한 배경에는 일본 문화의 경제적 영향이 부분적으로 작용했을 가능성이 제기되고 있다.[81]

그러나 일본 문화가 미국 사회보다 기업가 정신(entrepreneurship)을 덜 지지한다는 주장도 있다. 기업가 정신은 개인주의적 사고방식에서 비롯되는 경향이 있으며, 이는 전통적인 일본 문화의 특징과는 거리가 있다. 이러한 이유로, 컴퓨터 소프트웨어나 바이오테크와 같이 기업가 정신과 혁신이 중요한 산업에서는 일본 기업보다 미국 기업들이 우위를 점하고 있다는 해석이 가능하다. 물론, 이러한 일반론에 대한 예외도 존재한다. 예를 들어, 소프트웨어 산업의 가능성을 일본 대기업들보다 훨씬 먼저 인식한 Masayoshi Son(손정의)은 1981년 Softbank를 설립했으며, 지난 40년 동안 일본 최고의 소프트웨어 유통 기업으로 성장시켰다. 또한, Sony와 Matsushita(현재 파나소닉)는 기업가 정신을 가진 개인들이 창업한 대표적인 일본 기업들이다.

국제 비즈니스에서 문화와 경쟁 우위의 관계는 두 가지 이유로 중요하다. 첫째, 이 관계는 어느 나라가 가장 경쟁력 있는 기업을 배출할 가능성이 높은지를 예측할 수 있다. 예를 들어, 미국 기업들은 자유 시장 경제, 유교 사상과 집단 중심의 사회 구조, 그리고 선진 교육 시스템이 결합된 태평양 연안 국가들(예: 한국, 대만, 일본, 그리고 점점 더 성장하는 중국)의 공격적이고 비용 효율적인 경쟁자들과 맞서야 할 가능성이 크다. 둘째, 문화와 경쟁 우위의 관계는 기업이 생산 시설을 어디에 위치시킬 것인지, 그리고 어떤 국가에서 비즈니스를 운영할 것인지에 대한 중요한 시사점을 제공한다.

이를 가정적인 사례를 통해 살펴보자. 한 기업이 생산 시설을 국가 A와 국가 B 중 한 곳에 두려고 한다고 가정하자. 두 국가 모두 낮은 노동 비용과 세계 시장에 대한 좋은 접근성을 갖추고 있으며, 인구 규모도 비슷하고 경제 발전 수준도 유사하다. 그러나 국가 A는 교육 시스템이 잘 발달되어 있지 않고, 상류층과 하류층 간의 사회적 격차가 크며, 6개의 주요 언어 집단으로 나뉘어 있다. 반면, 국가 B는 교육 시스템이 잘 발달되어 있고, 사회적 계층 구분이 거의 없으며, 집단 정체성을 중요하게 여기며, 단일 언어를 사용한다. 이 경우 어떤 국가가 더 나은 투자처가 될 것인가?

국가 B가 더 나은 선택일 가능성이 크다. 국가 A에서는 경영진과 노동자 간의 갈등뿐만 아니라 다양한 언어 그룹 간의 충돌이 사회적·산업적 혼란을 초래할 가능성이 높으며, 이는 비즈니스 비용을 증가시키는 요인이 될 수 있다. 또한, 좋은 교육 시스템의 부재 또한 기업이 사업 목표를 달성하는 데 불리하게 작용할 가능성이 크다. 같은 방식으로, 국제 기업이 제품을 어느 국가에서 판매할지를 결정할 때도 국가 A와 B를 비교할 수 있다. 이 경우에도 장기적으로 볼 때 경제 성장 가능성이 높은 국가 B가 더 합리적인 선택이 될 것이다.

그러나 문화가 개인, 기업, 사회에 중요한 요소이긴 하지만, 국가 간 경제 성장률의 차이를 설명하는 데 있어 경제, 정치, 법적 시스템보다는 중요하지 않을 수 있다. 즉, 문화적 차이가 중요한 영향을 미치기는 하지만, 경제적 측면에서 그 중요성을 과대평가해서는 안 된다. 예를 들어, 앞서 Max Weber는 힌두교의 금욕주의가 기업가 정신을 저해한다고 주장한 바 있다. 이는 흥미로운 가설이지만, 최근 몇 년 동안 인도에서는 기업가 정신이 활성화되고 있으며, 특히 IT 부문에서는 인도가 글로벌 시장에서 중요한 플레이어로 자리 잡고 있다. 힌두교의 금욕적 가치관과 카스트 기반의 사회 계층 구조가 IT 산업에서 기업 활동을 저해하는 요소로 작용하지는 않은 것으로 보인다.

주요 용어

문화 간 이해력	금기	계급 제도	불확실성 회피
문화	사회 구조	계급 의식	남성성 대 여성성
가치	집단	종교	장기 지향 대 단기 지향
규범	사회 계층	윤리 체계	자문화 중심주의
사회	사회 이동성	권력 거리	
풍습	카스트 제도	개인주의 대 집단주의	

요약

이 장에서는 문화의 본질을 살펴보고, 비즈니스 관행에 대한 여러 가지 시사점을 논의했다. 이 장에서는 다음과 같은 내용을 다루었다.

1. 문화는 사람들이 사회의 구성원으로서 습득하는 지식, 신념, 예술, 도덕, 법, 관습 및 기타 능력을 포함하는 복합적인 현상이다.
2. 가치와 규범은 문화의 중심적인 구성 요소이다. 가치는 사회가 선하고, 옳으며, 바람직하다고 믿는 추상적인 이상이다. 규범은 특정 상황에서 적절한 행동을 규정하는 사회적 규칙과 지침이다.
3. 가치와 규범은 정치적 요인, 경제 철학, 사회 구조, 종교, 언어, 교육의 영향을 받는다. 또한 한 국가의 가치 체계와 규범은 해당 국가에서 비즈니스를 운영하는 비용에 영향을 미칠 수 있다.
4. 사회 구조는 사회의 기본적인 조직 방식을 의미한다. 사회 구조가 다른 두 가지 주요 차원은 개인-집단 차원과 계층화 차원이다.
5. 어떤 사회에서는 개인이 사회 조직의 기본 단위이며, 개인의 성취가 가장 중요한 요소로 여겨진다. 다른 사회에서는 집단이 사회 조직의 기본 단위이며, 집단의 소속과 집단적 성취가 가장 중요하게 여겨진다.
6. 거의 모든 사회는 서로 다른 계층으로 나뉘어져 있다. 계층 의식이 강한 사회에서는 사회 이동성이 낮고 높은 수준의 계층화가 특징적이다. 반면 계층 의식이 낮은 사회에서는 사회 이동성이 높으며 계층화의 정도가 낮다.
7. 종교는 신성한 영역과 관련된 공유된 신념과 의식의 체계로 정의될 수 있다. 윤리 체계는 행동을 이끌고 형성하는 데 사용되는 일련의 도덕적 원칙이나 가치의 집합이다. 세계 주요 종교에는 기독교, 이슬람교, 힌두교, 불교가 있으며, 유교는 주요 윤리 체계이다. 다양한 종교와 윤리 체계의 가치 체계는 비즈니스 관행에 서로 다른 영향을 미친다.
8. 언어는 문화를 정의하는 중요한 특징 중 하나이다. 언어에는 말로 표현되는 차원과 비언어적 차원이 모두 포함된다. 하나 이상의 언어가 사용되는 국가에서는 일반적으로 하나 이상의 문화가 존재하는 경향이 있다.
9. 정규 교육은 개인이 지식과 기술을 습득하고, 사회적 가치와 규범을 내면화하는 매개체 역할을 한다. 교육은 국가 경쟁력을 결정하는 주요 요소 중 하나이다.
10. Geert Hofstede는 문화가 직장 내 가치에 어떻게 영향을 미치는지를 연구했다. 그는 문화를 요약하는 다섯 가지 차원을 도출했는데, 이는 권력 거리, 불확실성 회피, 개인주의 대 집단주의, 남성성 대 여성성, 그리고 장기 지향 대 단기 지향이다.
11. 문화는 고정된 것이 아니며, 시간이 지나면서 변화한다. 경제 발전과 세계화는 문화 변화를 일으키는 두 가지 중요한 원동력이다.
12. 해외로 진출하는 기업이 직면하는 큰 위험 중 하나는 문화적 이해 부족이다. 문화 간 이해력을 키우기 위해 글로벌 기업은 현지 직원 고용하고, 국제적 감각을 갖춘 경영진을 양성하며, 자문화 중심주의적 태도의 위험을 경계해야 한다.

비판적 사고와 토론을 위한 질문

1. 한 국가의 문화가 해당 국가에서의 비즈니스 비용에 영향을 미칠 수 있는 이유를 설명하라. 국가 및 기업의 예시를 들어 답하라.
2. 이슬람 국가에서의 비즈니스 관행이 기독교 국가에서의 비즈니스 관행과 다를 가능성이 있다고 생각하는가? 그렇다면 어떻게 다른가? 그렇지 않다면 그 이유는 무엇인가?
3. 문화적으로 상이한 두 국가(예: 스웨덴과 콜롬비아)를 선택하여 비교하라. 그리고 다음 사항에 대한 문화적 차이의 영향을 논의하라.
   a. 각국에서의 비즈니스 비용
   b. 각국의 미래 경제 발전 가능성
   c. 각국에서의 비즈니스 관행 차이
4. '튀르키예의 종교와 정치' COUNTRY FOCUS를 다시 읽고 다음 질문에 답하라.
   a. 이슬람의 가치와 규범에서 비즈니스에 적대적인 요소가 있는가? 설명하라.
   b. 카이세리 지역의 사례를 통해 이슬람과 비즈니스 간의 관계에 대해 무엇을 배울 수 있는가?
   c. 이슬람의 비즈니스 가치관이 튀르키예의 글로벌 경제 참여 또는 EU 가입에 미치는 영향은 무엇인가?
5. '중국과 관시' MANAGEMENT FOCUS를 다시 읽고 다음 질문에 답하라.
   a. 중국에서 관시와 관시왕을 구축하는 것이 왜 중요한가?
   b. DMG의 사례는 중국에서 비즈니스가 어떻게 운영되는지를 보여 주는가? Dan Mintz가 한 것처럼 규칙을 우회하지 않고 모든 법과 규정을 준수하는 기업이 중국에서 사업을 운영한다면 어떤 일이 발생할 가능성이 높은가?
   c. 관시왕을 활용하여 업무를 진행할 때 발생할 수 있는 윤리적 문제는 무엇인가? 윤리적 기준을 엄격히 준수하는 서구 기업이 관시왕을 사용하는 데 있어 한계가 있다는 점을 시사하는가?

CLOSING CASE

브라질에서의 비즈니스

브라질은 광대한 영토를 가진 나라로, 남아메리카에서 가장 큰 국가이며, 세계에서 여섯 번째로 넓은 국토를 보유하고 있다. 또한 인구 2억 1,400만 명으로 세계에서 일곱 번째로 인구가 많은 국가이다. 경제적으로도 남아메리카 최대 경제국이며, 세계 12위 규모의 경제를 보유하고 있어 다국적 기업들에게 매력적인 시장이 되고 있다. 브라질은 포르투갈인들이 세운 나라로, 300년 이상 포르투갈의 식민지로 존재하다가 1822년 독립을 얻었다. 독립 이후 브라질은 군주제와 권위주의적 군사 정권 및 포퓰리스트 정권의 통치를 거쳤으며, 1985년 군부가 평화적으로 권력을 이양하면서 민주적으로 선출된 민간 정부가 출범하게 되었다.

포르투갈인들은 그들의 문화, 언어, 종교를 브라질에 전파하였고, 오늘날 로마 가톨릭교가 브라질의 주요 종교로 자리 잡고 있으며, 국민의 99%가 포르투갈어를 사용한다. 그러나 브라질 문화는 다양한 요소가 결합된 독특한 사회를 형성하고 있다. 초기 포르투갈 정착민들은 원주민들과 많은 접촉을 가졌으며, 그 결과 브라질 문화에는 원주민의 영향이 남아 있으며, 특히 음식과 언어(브라질 포르투갈어에는 원주민 기원의 단어 수백 개가 포함됨)에 영향을 주었다. 또한, 사하라 사막 이남 아프리카에서 끌려온 노예 노동자들도 브라질 문화에 강한 영향을 미쳤으며, 그 결과 아프리카 음악, 요리, 춤, 종교 요소가 다양한 인종적 배경을 가진 브라질인들에게 받아들여졌다. (브라질은 1888년에 노예제를 폐지했다.) 특히 브라질 북동부의 바이아(Bahia) 주는 아프리카 문화의 영향을 가장 많이 받은 지역으로 유명하다. 이처럼 다양한 인종 간의 융합을 반영하듯이, 오늘날 브라질인의 43%가 자신을 혼혈로 인식한다. 또한 19세기와 20세기에 이탈리아, 독일, 일본 등 다양한 국가에서 이민자들이 유입되면서 브라질의 인종적·문화적 다양성이 더욱 풍부해졌다. 이후에 유입된 이민자들은 주로 브라질 남부와 남동부 지역에 정착했으며, 현재도 이 지역에서는 독일어와 이탈리아어가 사용되는 공동체가 남아 있다.

브라질은 매우 다양한 문화를 가진 국가이기 때문에, 국가적 특성과 그것이 비즈니스 거래에 미치는 영향을 일반화하는 것은 위험할 수 있다. 그럼에도 불구하고, 브라질의 비즈니스 문화에 대한 전문가들은 몇 가지 일반적인 특징을 언급하며, 이는 모든 경우에 해당하지는 않지만 브라질 비즈니스 문화를 이해하는 데 도움이 될 수 있다.

브라질인의 시간 개념은 미국이나 독일과 같은 국가와 다를 수 있다. 미국과 독일에서는 시간이 매우 명확한 의미를 가지며, 약속 시간을 철저히 지키는 것이 일반적이다. 반면, 브라질인들은 시간에 대해 더 유연한 태도를 가지며, 회의에 늦게 도착하거나 갑작스럽게 일정 변경을 요청하는 경우가 많다. 그러나 이러한 일반화에 대한 예외도 존재한다. 예를 들어, 상파울루에서는 비즈니스 관련 행사에 늦는 것이 무례하다고 여겨질 수 있다. 그 이유는 출퇴근 시간이 길어 약속 시간의 중요성이 더욱 강조되기 때문이다. 또한, 브라질의 위도에 따라 시간에 대한 태도가 다를 수도 있으며, 북부 지역의 사람들은 시간에 대해 더 느긋한 태도를 보이는 경향이 있다는 의견도 있다.

브라질인들은 특히 비즈니스 환경에서 자기 표현과 외모를 매우 중요하게 여긴다. 세련되고 전문적인 옷차림이 선호되며, 개인 위생 관리 또한 중요한 요소로 간주된다. 이는 반드시 정장을 입어야 한다는 의미는 아니지만, 세련되고 잘 맞는 옷을 입는 것이 상대방에게 긍정적인 인상을 줄 수 있다는 것을 의미한다.

브라질인들은 스페인어로 말을 걸 경우 불쾌감을 느낄 수도 있다. 브라질의 공식 언어는 브라질 포르투갈어이며, 스페인어가 아니다. 따라서 대화를 시작할 때 스페인어를 사용하는 것은 상대방에 대한 배려와 존중이 부족하다는 인상을 줄 수 있다. 이는 좋은 대화의 시작이 되지 않을 것이다. 반면, 브라질 포르투갈어를 배우려는 노력을 보이면 긍정적으로 받아들인다. 특히, 브라질 포르투갈어는 유럽 포르투갈어와는 다른 고유한 방언이므로 이를 고려하는 것이 좋다.

브라질에서는 기업보다는 '사람'과 거래하는 문화가 강하다. 즉, 비즈니스 관계를 맺을 때 상대방과의 인간적인 유대가 매우 중요하다. 따라서 비즈니스 파트너의 개인적인 삶에 대해 관심을 가지고 대화를 나누는 것이 도움이 될 수 있다. 브라질인들은 관계와 확장된 가족 그룹을 중요하게 여기며, 미국인보다 개인주의 성향이 다소 낮은 편이다.

브라질의 비즈니스 문화는 비교적 위계적이며, 최종 결정은 가장 높은 직급의 사람이 내리는 경우가 많다. 이러한 이유로 협상 과정이 다소 시간이 걸릴 수 있다. 일반적으로, 브라질인들은 위계를 존중하는 문화를 가지고 있다. 그러나 대화 도중 상대방의 말을 끊고 의견을 말하는 것은 무례한 행동이 아니다. 오히려 대화에 적극적으로 참여하고 관심을 보이는 행동으로 받아들여질 수 있다.

SJ Travel Photo and Video/Shutterstock

브라질인들은 개인적인 상호 작용에서 표현력이 풍부하고 외향적인 성향을 보인다. 대체로 개방적이고 친근한 사람들로 알려져 있다. 브라질에서는 악수, 양쪽 볼에 키스, 포옹, 그리고 등을 두드리는 행동이 일반적인 인사 방식으로 사용된다.

Sources: R. Dossantos, "11 Business Brazil Culture Differences," *Colibri*, July 26, 2019; Hofstede Insights, www.hofstede-insights.com; Country Report: Brazil; T. Meade, A Brief History of Brazil, Infobase Publishing, 2009; "A Guide to Brazil: Etiquette, Customs, Clothing and More," *Kwintessential*, www.kwintessential.co.uk/resources/guide-to-brazil-etiquette-customs-culture-business.

CLOSING CASE 토론을 위한 질문

1. 브라질 문화를 형성한 주요 요인은 무엇인가? 브라질 문화는 얼마나 동질적이라고 생각하는가? 지역별 문화적 차이가 존재하는 이유는 무엇인가?
2. 브라질인들은 Hofstede의 네 가지 주요 문화 차원—권력 거리, 불확실성 회피, 개인주의 대 집단주의, 남성성 대 여성성—에서 평균적으로 어떤 점수를 받을 것으로 예상되는가? 이를 통해 브라질 문화에 대해 어떤 것을 알 수 있는가?
3. 브라질 문화의 특징이 국가 내 비즈니스 활동에 어떤 영향을 미칠 것으로 예상되는가?
4. 브라질을 처음 방문하여 비즈니스 협상을 진행하려는 미국 기업의 관리자들에게, 미국과 브라질 간의 문화적 차이에 대해 어떤 조언을 해줄 수 있는가?

미주(endnotes)는 한경사 홈페이지 www.hankyungsa.co.kr의 공지 사항에서 PDF 파일로 다운로드 할 수 있습니다.

AAMIR QURESHI/AFP/Getty Images

5
윤리, 기업의 사회적 책임, 지속 가능성

학습 목표

이 장을 학습하면,

1. 국제 비즈니스가 직면하는 윤리, 기업의 사회적 책임, 그리고 지속 가능성 관련 이슈를 이해할 수 있다.
2. 윤리적 딜레마, 기업의 사회적 책임 문제, 그리고 지속 가능성 문제를 인식할 수 있다.
3. 경영자의 비윤리적 행동이 비즈니스, 기업의 사회적 책임, 또는 지속 가능성과 어떻게 관련되는지 그 원인을 식별할 수 있다.
4. 글로벌 환경에서 적용되는 다양한 비즈니스 윤리의 철학적 접근 방식을 설명할 수 있다.
5. 글로벌 경영자가 의사 결정 과정에서 윤리적 고려 사항을 반영하는 방법과 기업의 사회적 책임 및 지속 가능성 관련 계획을 실행하는 방안을 설명할 수 있다.

OPENING CASE 축구공 생산과 윤리적 문제

축구와 관련된 흥미로운 사실 중 하나는 세계 축구공의 70%가 파키스탄 북동부 도시인 시알코트(Sialkot)에서 생산된다는 점이다. 여기에는 2022년 카타르 FIFA 월드컵의 공식 공인구인 Adidas의 알 릴라(Al Rihla)도 포함된다. 인구 약 70만 명 규모의 이 도시에만 약 1,000개의 공장이 있으며, Nike, Adidas, Reebok, Puma 등의 글로벌 스포츠 브랜드가 자사의 축구공 생산을 시알코트 공장에 아웃소싱하고 있다. 약 6만 명의 근로자가 축구공 제조업에 종사하며, 이는 시알코트와 주변 지역에서 가장 큰 산업이다. 시알코트에서 생산되는 축구공의 80% 이상은 손으로 꿰매는 방식을 사용한다. 이 방식은 노동 집약적이지만, 기계로 봉제한 공보다 내구성이 뛰어나고 공기역학적 안정성이 높아 경쟁 경기가 요구하는 고품질 축구공 제작에 적합하다. 손으로 꿰맨 공의 이음매는 더 깊고, 실밥의 장력이 강해 프로 경기에서 선호된다.

축구공은 20개의 육각형과 12개의 오각형 패널로 구성되며, 총 690개의 바느질로 연결된다. 축구공을 꿰매는 노동자들은 주로 여성이며, 공 하나를 만들면 약 160파키스탄 루피(2023년 1월 환율 기준 약 $0.60, 한화 약 800원)를 받는다. 축구공 한 개를 만드는 데 약 3시간이 소요되므로, 하루 약 3개를 제작하면 한 달에 9,600루피(약 $35, 한화 약 46,000원)를 벌 수 있다. 이는 시알코트 지역의 비숙련 노동자 최저 임금(15,000루피/월)보다 낮으며, Global Living Wage Coalition(글로벌생활 임금연합)이 정의한 생활 임금(30,000루피/월)에도 한참 못 미치는 수준이다.

한편, 남성 노동자들은 주로 재료 준비 및 품질 테스트와 같은 제조 공정의 다른 단계에서 일하며, 여성 봉제 노동자들보다 높은 임금을 받는다. 1997년까지 시알코트 공장에서는 어린이 노동자들이 부모와 함께 일하는 경우가 많았다. 하지만 아동 노동 금지법이 시행되면서 공장들은 아동 고용을 중단해야 했다. 일부 고용주들은 이러한 규제가 업계에 위협이 되며, 가정의 주요 소득원을 없애고, 숙련된 노동자의 공급을 제한한다고 주장했다.

시알코트의 노동 환경 문제를 인지한 글로벌 스포츠 브랜드들은 자체적인 공급 업체 행동 강령을 도입하여 최소한의 노동 기준을 준수하도록 요구하고, 제3자 감사기관을 통해 이를 감독하고 있다. 그러나 일부 주요 하청 업체들은 이 기준을 회피하기 위해 감사 대상이 아닌 소규모 작업장에 하청을 주는 방식을 활용하고 있다.

예를 들어, 1996년 Nike는 시알코트에 위치한 Saga Sports와 계약을 맺고 축구공을 공급받기 시작했다. Saga Sports의 주 공장은 노동 기준을 준수하고 직원들에게 다양한 혜택을 제공하는 모범적인 시설이었으나, Nike는 Saga가 외곽 마을의 가정 기반 작업장에 하청을 주고 있으며, 그곳에서 아동 노동이 이뤄지고 있음을 발견했다. Nike는 2007년까지 지속적인 시정 요청을 했으나, 문제가 해결되지 않자 결국 Saga Sports와의 계약을 해지했다.

이로 인해 약 8,000명의 노동자가 일자리를 잃었으며, 시알코트 지역 경제에 심각한 타격을 입혔다. 이후 Nike는 시알코트의 다른 공급 업체인 Silver Star Group으로 생산을 이전하는 한편, 중국과 태국에서 기계로 봉제한 축구공을 더 많이 구매하여 파키스탄에 대한 의존도를 줄였다. 그러나 Saga Sports의 계약 해지 이후, 8,000명의 실직자들이 대체 일자리를 구할 수 있었는지는 불분명하다. 일부 보고서에 따르면, 노동을 잃은 어린이들 중 일부는 더 나은 생계 수단이 없어 거리에서 구걸하거나 성매매에 내몰리는 경우도 있었다는 충격적인 주장도 제기되었다(단, 해당 보고서는 검증되지 않음).

Sources: "Living Wage for Rural Sialkot, *Pakistan*," https://globallivingwage.org/living-wage-benchmarks/rural-Pakistan/; Robert W. McGree, "Abolishing Child Labor: Some Overlooked Ethical Issues," *SSRN Research Paper*, May 22, 2016; Jun Michael Park, "The Is Where Most of the World's Soccer Balls Come From," *Bloomberg Businessweek*, November 22, 2022; Karin Siegmann, "Soccer Ball Production for Nike in Pakistan," *Economic and Political Weekly*, May 31, 2008; "Production of Soccer Balls by Nike in Pakistan," *Sustainable Development Policy Institute*, 2008, https://sdpi.org/production-of-soccer-balls-by-nike-in-Pakistan/project_detail.

서론

국제 비즈니스는 의사 결정 과정에서 윤리적 문제에 직면하는 경우가 많다. 어떤 경우에는 윤리적이거나 도덕적으로 올바른 행동이 분명하게 드러난다. 예를 들어, 암을 유발하는 유독성 오염 물질을 대량 배출하는 해외 공장에 생산을 아웃소싱하는 것은 명백히 비윤리적인 행위이다. 그러나 항상 윤리적·도덕적으로 올바른 선택이 명확한 것은 아니다. 어떤 선택이 옳은지 판단하기 어려운 상황도 존재한다. 예를 들어, 앞서 살펴본 사례와 같이 파키스탄에서 축구공을 제조하는 과정을 생각해 보자. 축구공을 생산하는 주요 글로벌 기업들은 모두 일부 생산을 파키스탄에 아웃소싱하고 있다. 이 경우, 기업들은 저렴한 노동력을 활용해 비용을 절감하는 한편, 노동 환경 및 임금 수준이 적절한가에 대한 윤리적 고민도 함께 해야 한다. 기업들은 풍부한 숙련된 노동력과 저렴한 인건비를 활용하기 위해 파키스탄에 축구공 생산을 아웃소싱해 왔다. 이로 인해 소비자들은 고품질 축구공을 더 낮은 가격에 구매할 수 있는 혜택을 누리게 된다. 또한, 파키스탄의 생산업체들도 일자리와 소득 창출을 통해 지역 경제에 기여할 수 있다. 그러나 이 전략에는 몇 가지 문제점이 있다. 임금이 현지 최저 임금보다 낮은 경우가 많으며, 공식적으로 금지되었음에도 불구하고 아동 노동이 보고되고 있다. 또한, 직장에서의 성별 다양성이 부족한 문제도 존재한다. Nike와 같은 글로벌 기업들은 노동 환경을 개선하기 위해 공급 업체 행동 강령(supplier codes of conduct)을 도입해 이를 준수하도록 노력했지만, 항상 성공적인 것은 아니었다. 이러한 문제를 해결하기 위한 한 가지 합리적인 대응은 비윤리적 관행을 저지르는 하청 업체와의 계약을 해지하고, 생산을 다른 제조업체나 국가로 이전하는 것이다. 실제로 Nike는 이러한 조치를 취했지만, 다음과 같은 예기치 못한 부작용을 초래했다. 축구공 봉제 작업이 이 지역 여성들에게 거의 유일한 일자리라면, 이들이 일자리를 잃게 되는 것은 아닐까? 아동 노동이 불법이기는 하지만, 일부 가정에서는 아이들의 수입이 가족의 생계를 유지하는 데 중요한 역할을 했다면, 이들의 생계는 어떻게 될까? 실제로 보고된 바에 따르면, 소득을 잃은 일부 아동들이 거리에서 구걸하거나 성매매에 내몰린 경우도 있었다. 그렇다면, Nike가 도덕적으로 옳은 결정을 내렸다고 생각했지만, 결과적으로 상황을 더 악화시킨 것은 아닐까?

이 장에서는, 앞서 살펴본 사례와 같은 윤리적 문제를 분석하는 개념과 의사 결정의 틀을 학습할 것이다. 또한, 기업이 윤리적 문제를 사전에 인지하고, 최적의 해결책을 모색할 수 있도록 돕는 방법을 다룰 것이다. 국제 비즈니스 환경에서는 경제 발전 수준, 비즈니스 관행, 규제, 전통 등이 국가마다 다르기 때문에 윤리적 딜레마가 빈번하게 발생한다. 이러한 차이로 인해, 기업들은 어떤 선택도 완전히 윤리적으로 옳다고 볼 수 없는 상황, 즉 **윤리적 딜레마**(ethical dilemma)에 직면할 수 있다. 파키스탄에서의 Nike 사례가 대표적인 예시이다. 국제 비즈니스에서 이해관계가 충돌하는 상황에서 최선의 결정을 내리는 능력은 글로벌 경영자들에게 중요한 역량이다. 이 장을 통해, 윤리적 딜레마의 본질을 이해하고, 도덕적 관점에서 완벽하지 않은 선택지들 사이에서 어떤 행동을 취할지 결정하는 방법을 배우게 될 것이다.

윤리적 딜레마
윤리적으로 완벽하게 받아들여질 수 있는 해결책이 존재하지 않는 상황.

globalEDGE

Online Course Module

globalEDGE™는 비즈니스 종사자, 정책 담당자, 학생들을 위한 무료 교육 학습 기회를 제공하는 '온라인 코스 모듈' 시리즈를 운영한다. 이 모듈들은 국제 비즈니스에 중요한 이슈들에 초점을 맞추고 있다. 각 모듈은 풍부한 내용, 사례 연구나 일화, 용어집, 고려해야 할 질문들, 참고 문헌 목록 등을 포함하고 있다. 더 자세한 내용은 globaledge.msu.edu/reference-desk/online-course-modules에서 확인할 수 있다. 교과서와 globalEDGE™ 온라인 코스 모듈을 결합하면 NASBITE의 공인 글로벌 비즈니스 전문가(CGBP) 자격을 준비하는 데 훌륭한 자료가 된다. CGBP 자격을 취득하면 오늘날 경쟁이 치열한 글로벌 환경에서 요구되는 윤리, 기업의 사회적 책임, 지속 가능성 등을 포함하여 전문적인 수준에서 글로벌 비즈니스를 실천할 수 있는 능력을 보장받을 수 있다. 모듈의 질문들을 CGBP 자격을 달성할 준비가 되었는지 테스트하는 기회로 활용하디 비란디.

이 장에서는 윤리 문제를 다룬다. **윤리**(ethics)라는 용어는 개인, 직업의 구성원, 또는 조직의 행동을 규율하는 옳고 그름에 대한 승인된 원칙을 의미한다. **경영 윤리**(business ethics)는 비즈니스 종사자의 행동을 규율하는 옳고 그름에 대한 승인된 원칙이며, **윤리적 전략**(ethical strategy)은 이러한 승인된 원칙을 위반하지 않는 전략이나 행동 방침을 말한다. 이 장에서는 국제 비즈니스에서 의사 결정에 윤리적 문제를 어떻게 반영해야 하는지에 대해 다룬다. 또한 윤리적 의사 결정을 잘못 내리는 이유를 살펴보고, 다양한 철학적 접근을 통해 경영 윤리를 논의하며, 기업의 사회적 책임과 지속 가능성을 포함한 윤리 문제를 확장하여 다룬다. 마지막으로, 이 장에서는 경영자들이 국제 비즈니스에서 의사 결정 과정에 윤리적 고려 사항을 반영하고, 기업의 행동이 윤리적이며 사회적으로 책임 있고 지속 가능하도록 보장하기 위해 채택할 수 있는 다양한 프로세스를 살펴본다.

윤리
개인, 직업의 구성원, 또는 조직의 행동을 규율하는 옳고 그름에 대한 받아들여지는 원칙.

경영 윤리
비즈니스 종사자의 행동을 규율하는 옳고 그름에 대한 받아들여지는 원칙.

윤리적 전략
회사의 경영 윤리를 위반하지 않는 행동 방침.

윤리와 국제 비즈니스

[학습 목표 1] 국제 비즈니스가 직면하는 윤리, 기업의 사회적 책임, 그리고 지속 가능성 관련 이슈를 이해한다.

국제 비즈니스에서 많은 윤리적 문제는 정치 시스템, 법률, 경제 발전, 문화가 국가마다 크게 다르다는 사실 때문에 발생한다. 한 국가에서 정상적인 관행으로 여겨지는 것이 다른 국가에서는 비윤리적인 것으로 간주될 수 있다. 다국적 기업의 경영진은 국경과 문화를 초월한 기관에서 일하기 때문에 이러한 차이에 특히 민감할 필요가 있다. 국제 비즈니스 환경에서 가장 흔한 윤리적 문제는 고용 관행, 인권, 환경 규제, 그리고 다국적 기업의 도덕적 의무와 관련된 것이다.

고용 관행

다국적 기업이 해외(현지 국가)에서 운영할 때, 그곳의 노동 환경이 본사(모국)의 기준보다 열악하다면 어떤 기준을 적용해야 할까? 모국의 기준을 적용해야 할까, 아니면 현지 국가의 기준을 따라야 할까, 혹은 그 중간 지점에서 타협해야 할까? 물론 모든 국가에서 임금과 근무 환경이 동일해야 한다고 주장하는 사람은 거의 없다. 그러나 어느 정도까지 차이가 있어야 받아들일 수 있는 수준이며, 그 한계를 넘어서면 윤리적으로 문제가 되는가? 예를 들어, 일부 저개발국가나 신흥국에서는 하루 12시간 노동, 극도로 낮은 임금, 유독성 화학 물질에 대한 보호 부족이 일반적일 수 있다. 그렇다면 다국적 기업이 해당 국가에서 운영하는 자회사 또는 하청 업체들이 이러한 노동 조건을 유지하는 것이 정당화될 수 있을까? 재정적 영향과 관계없이 단순히 윤리적 관점에서만 본다면, 모든 기업이 본사가 위치한 국가의 윤리 기준, 사회적 책임, 지속 가능성 기준을 따라야 한다고 주장할 수도 있다. 하지만 실제로 이 문제는 그렇게 단순하지 않다.

과거 Nike는 하청 업체의 노동 환경 문제로 인해 거센 비판을 받은 바 있다. CBS 방송의 「48 Hours」 보도에 따르면, Nike의 베트남 하청 업체에서 젊은 여성 노동자들이 독성 물질을 취급하며 열악한 환경에서 주 6일 근무했으며, 시간당 20센트의 저임금을 받았다. 당시 베트남에서 생활임금(living wage)은 하루 최소 3달러로 추정되었으며, 노동자들은 이 수준의 수입을 얻기 위해 상당한 초과 근무를 해야 했다. Nike와 하청 업체들은 법을 위반한 것은 아니었다. 그러나 선진국 기준에서 볼 때, 노동자를 착취하는 것처럼 보이는 관행이 윤리적으로 정당한가라는 논란이 일었다. Nike의 비판자들은 이에 반대했으며, 소비자 불매 운동과 대규모 시위가 벌어졌다. 이 사건 이후, Nike는 자사의 하청 업체 정책을 재검토했다. 법적으로 문제는 없었지만, 소비자들은 Nike의 하청 업체 운영 방식이 윤리적이지 않다고 인식했다. 이에 따라 Nike는 공급 업체 행동 강령을 마련하고, 모든 하청 업체에 대해 독립 감사 기관의 연례 감사를 도입하는 등의 조치를 취했다.[1]

Nike 사례에서 볼 수 있듯이, 다국적 기업이 해외 자회사나 하청 업체의 열악한 노동 환경을 용인하는 것은 바람직하지 않다는 강력한 주장이 제기될 수 있다. 그러나 여전히 어떤 기준을 적용해야 하는지에 대한 명확한 답은 존재하지 않는다. 이 장에서는 이 문제를 더 깊이 탐구할 것이다. 지금까지 논의한 바와 같이, 기업이 윤리적 문제를 방지하기 위해 할 수 있는 중요한 조치들은 다음과 같다.

- 근로자의 기본적인 권리와 존엄성을 보호하는 최소한의 기준을 마련하는 것
- 해외 자회사 및 하청 업체를 정기적으로 감사하여 윤리적 기준을 준수하는지 확인하는 것
- 기준을 충족하지 못하는 업체에 대해 시정 조치를 취하는 것

이러한 조치는 기업이 윤리적 논란에 휘말리지 않도록 하는 데 중요한 역할을 한다. 이와 관련된 또 다른 공급 업체의 노동 관행 문제는 MANAGEMENT FOCUS에 소개된 Volkswagen 사례에서도 찾아볼 수 있다. Volkswagen은 배기가스 배출량을 조작하는 소프트웨어를 사용하여 환경 오염 데이터를 부당하게 낮춘 비윤리적이고 불법적인 행위로 큰 파문을 일으켰다. 이 사례 또한 기업 윤리와 사회적 책임의 중요성을 강조하는 대표적인 사례 중 하나이다.

Volkswagen의 '배기가스 게이트'

Volkswagen(VW)은 독일 노동전선(German Labor Front)에 의해 설립된 독일 자동차 제조업체로, 본사는 볼프스부르크(Wolfsburg)에 위치해 있다. Volkswagen은 Volkswagen 그룹의 대표 브랜드이자 세계적인 자동차 회사 중 하나로, 매년 글로벌 판매량 1위를 두고 Toyota와 경쟁하고 있다. 그러나 최근 몇 년간 Volkswagen의 평판은 일부 비윤리적인 경영 관행으로 인해 손상되었다.

일명 '배기가스 게이트(emissionsgate)' 또는 '디셀 게이트(dieselgate)'라고 불리는 Volkswagen 배기가스 조작 스캔들은 2015년 9월 미국 환경보호청(EPA)이 Volkswagen에 대해 청정대기법(Clean Air Act) 위반 통지를 하면서 시작되었다. EPA는 미국 연방 정부 기관으로, 미국 의회가 제정한 법률을 기반으로 환경 보호 및 공중 보건을 위한 규정을 제정하고 집행하는 역할을 한다. 이 기관은 1970년에 설립되었다.

EPA의 조사 결과, Volkswagen은 차량의 엔진이 실험실 테스트 중일 때만 배기가스 저감 장치가 작동하도록 의도적으로 프로그램을 조작한 것으로 드러났다. 이로 인해 차량의 질소산화물(NO_2) 배출량이 실험실 테스트에서는 미국의 엄격한 환경 기준을 충족하는 것처럼 보였으나, 실제 도로 주행 시에는 최대 40배 더 많은 질소산화물을 배출하고 있었다. Volkswagen은 이 정교하고 비윤리적인 소프트웨어를 전 세계적으로 약 1,100만 대의 차량에 적용했으며, 이 중 50만 대는 2009년부터 2015년까지 미국에서 판매된 차량이었다.

Volkswagen은 이 조작을 철저하게 실행하기 위해 차량의 소프트웨어를 정교하게 설계했다. 해당 소프트웨어는 차량이 실험실에서 규제 테스트를 받고 있을 때 이를 감지하고, 배기가스 저감 장비를 자동으로 활성화하도록 설정되어 있었다. 이러한 비윤리적인 결정을 내리는 과정에서 어떤 의사 결정이 이루어졌을지 생각해 볼 만하다. 또한, 이 소프트웨어는 차량이 일반 도로에서 주행할 때는 배기가스 저감 장비를 비활성화하여 배출량이 법적 한도를 훨씬 초과하도록 했다. 이는 연료 절감, 차량의 토크 및 가속 성능 향상을 위한 조치였다. 즉, 배기가스 수치가 조작되었을 뿐만 아니라 차량 성능도 조작되어 긍정적인 효과를 보이게 만들었다는 점에서 또 다른 비윤리적 결정이거나 부작용으로 볼 수 있다.

이 소프트웨어는 촉매 변환기나 배기가스의 일부를 재순환하는 밸브 등의 부품을 조정하도록 설계되었다. 이러한 부품들은 질소산화물 배출을 줄이기 위한 장치인데, 질소산화물은 폐기종, 기관지염 등 여러 호흡기 질환을 유발할 수 있는 대기 오염 물질이다. 또한, 이산화탄소(CO_2)나 메탄(CH_4)과 함께 온실가스로 작용하여 기후 변화에도 영향을 미친다. 이로 인해 발생한 질소산화물 오염 문제의 심각성으로 Volkswagen은 미국 규제 당국과 43억 달러(약 5조 7천억 원) 규모의 합의금을 지급하는 데 동의했다. 또한, Volkswagen은 대대적인 개혁 조치와 새로운 감사 제도 도입, 3년간 독립적인 감시 기구의 감독을 받기로 했다. 내부적으로는 수십 명의 엔지니어를 징계했는데, 이는 최고 경영진이 해당 소프트웨어 설치 및 비윤리적 사용에 대해 인지하지 못했을 가능성을 시사하는 점에서 흥미로운 부분이다.

Raymond Boyd/Michael Ochs Archives/Getty Images

Sources: N. Bomey, "Volkswagen Passes Toyota as World's Largest Automaker Despite Scandal," *USA Today*, January 30, 2017; B. Schmitt, "It's Official: Volkswagen Is World's Largest Automaker in 2016. Or Maybe Toyota," *Forbes*, January 30, 2017; R. Davis, "Here Are 42 of President Donald Trump's Planned EPA Budget Cuts," *The Oregonian*, March 2, 2017; "VW Expects to Sanction More Employees in Emissions Scandal: Chairman," *CNBC*, March 7, 2017.

인권

국제 비즈니스에서 인권 문제가 발생할 수 있다. 기본적인 인권이 여전히 많은 국가에서 존중받지 않고 있으며, 이를 입증하는 여러 역사적, 현대적 사례들이 존재한다. 예를 들어, 선진국에서는 당연하게 여겨지는 결사의 자유, 언론의 자유, 집회의 자유, 이동의 자유, 정치적 억압으로부터의 자유와 같은 권리들이 전 세계적으로 보편적으로 인정받고 있지 않다(자세한 내용은 2장을 참고). 대표적인 역사적 사례 중 하나는 1994년까지 끝나지 않았던 남아프리카공화국의 백인 지배와 아파르트헤이트 시대였다. 아파르트헤이트 체제는 남아프리카공화국의 대다수 비백인 인구에게 기본적인 정치적 권리를 부정하고, 백인과 비백인 간의 분리를 강제했으며, 특정 직업을 백인에게만 독점적으로 배정하고, 흑인이 백인을 관리하는 직위에 임명되는 것을 금지했다. 이 체제의 혐오스러운 특성에도 불구하고, 서구 기업들은 남아프리카에서 운영을 계속했다. 그러나 1980년대에 접어들면서 많은 사람이 그 윤리에 대해 의문을 제기하기 시작했다. 그들은 외국 다국적 기업들의 내국인 투자가 남아프리카 경제를 촉진시켜 아파르트헤이트 억압 체제를 지원한다고 주장했다.

1970년대 후반과 1980년대 초반, 여러 서구 기업이 정책을 바꾸기 시작했다.[2] 그중 General Motors(GM)는 이 변화의 선두에 있었다. GM은 남아프리카에서 중요한 활동을 하고 있었으며, Leon Sullivan이라는 흑인 침례교 목사이자 GM 이사회의 일원이 제시한 '설리반 원칙'을 채택했다. Sullivan은 GM이 남아프리카에서 운영을 계속하는 것이 윤리적으로 정당화될 수 있다고 주장했으며, 그 조건은 두 가지였다. 첫째, GM은 남아프리카에서의 자체 운영에서 아파르트헤이트 법을 준수하지 않아야 한다(일종의 수동적 저항). 둘째, GM은 아파르트헤이트 법을 폐지하기 위해 할 수 있는 모든 노력을 다해야 한다. 설리반의 원칙은 남아프리카에서 활동하는 미국 기업들에 의해 널리 채택되었다. 하지만 그들의 아파르트헤이트 법 위반은 남아프리카 정부에 의해 묵인되었는데, 이는 정부가 중요한 외국 투자자들을 적대시하고 싶지 않았기 때문이다.

10년 후, Leon Sullivan은 두 원칙만 따르는 것으로는 아파르트헤이트 체제를 무너뜨리기에 충분하지 않다고 결론지었으며, 미국 기업들이 그의 원칙을 따르더라도 남아프리카에서의 사업 영위를 윤리적으로 정당화할 수 없다고 보았다. 그 후 몇 년간, Exxon, General Motors, IBM, Xerox 등을 포함한 많은 기업이 남아프리카에서 철수했다. 동시에 많은 국가의 연금 기금들이 남아프리카에서 활동하는 기업들의 주식을 더 이상 보유하지 않겠다고 의사를 표했으며, 이는 여러 기업이 남아프리카에서의 사업을 철수하는 데 영향을 미쳤다. 이러한 철수와 함께 미국을 비롯한 여러 정부가 경제 제재를 부과하면서, 남아프리카는 백인 소수 지배와 아파르트헤이트를 포기하고 1994년에 민주 선거를 도입하게 되었다. 그 해, 남아프리카 백인 정부를 전복시키기 위한 음모와 파괴 활동으로 27년간 수감되어 있던 Nelson Mandela가 남아프리카공화국의 대통령으로 선출되었다. (만델라는 1993년에 노벨 평화상을 수상하고, 2013년에 별세했다.) 궁극적으로 이러한 대형 다국적 기업들이 채택한 윤리적 입장은 남아프리카의 인권 개선에 기여했다고 주장된다.[3]

남아프리카에서 이러한 변화가 일어났음에도, 여전히 인권에 있어 억압적인 정권이 이 세상에 많이 존재한다. 실제로, Freedom House에 따르면, 전 세계 80억 명의 인구 중 약 20%만이 자유 민주주의 국가에서 살고 있으며(41%는 부분적으로 자유롭고, 38%는 자유롭지 않다), Freedom House가 자유롭지 않다고 평가하는 국가들 — 중국, 러시아, 이란 등 — 에서는 사람들이 자신의 기본적인 권리(예: 의견을 표현하거나, 평화롭게 집회를 하거나, 독립적으로 단체를 조직할 권리)를 행사하려 하면 부정적인 결과를 맞을 수 있다.

이렇게 많은 국가에서 보편적인 자유가 부족하다는 점은 다음과 같은 질문을 제기한다. 인권에 있어 억압적인 국가에서 다국적 기업들이 비즈니스를 하는 것이 윤리적인가? 이에 대한 답변으로는 다국적 기업의 내국인 투자가 경제적, 정치적, 사회적 발전의 원동력이 되어 궁극적으로 억압적인 정권에서 사람들의 권리를 개선할 수 있다는 주장이 있다. 이 입장은 2장에서 처음 언급되었으며, 경제 발전이 한 나라에서 민주화 압력을 행사할 수 있다는 점을 지적했다. 일반적으로, 이는 민주적 구조와 인권 기록이 부족한 국가에서 비즈니스를 하는 것이 다국적 기업에게 윤리적으로 정당화될 수 있다는 믿음을 나타낸다. 예를 들어, 중국에 대한 투자는 종종 중국의 인권 기록이 인권 단체들에 의해 자주 비판받고, 중국이 민주주의 국가가 아니더라도, 계속된 내국인 투자가 경제 성장을 촉진하고 생활 수준을 향상 시킬 것이라는 논리로 정당화된다. 이러한 발전들은 궁극적으로 중국 국민들로 하여금 더 참여적인 정부, 정치적 다원주의, 표현의 자유와 발언의 자유를 요구하는 압력을 행사할 것이다.

그러나 이 주장에는 한계가 있다. 남아프리카와 같은 경우처럼 일부 정권은 너무나 억압적이어서 투자가 윤리적 근거로 정당화될 수 없는 경우가 있다. 또 다른 예로는 동남아시아의 미얀마가 있다. 1962년부터 군사 독재 정권하에 있었던 미얀마는 매우 열악한 인권 기록을 가진 국가 중 하나였다. 1990년대 중반부터 많은 기업이 미얀마에서 철수했으며, 그 이유는 인권 침해가 너무 심각해 그곳에서 사업을 하는 것이 윤리적으로 정당화될 수 없다고 판단했기 때문이다. 그러나 이에 대해 일부 회의적인 사람들은 미얀마의 경제 규모가 작고, 미얀마에서의 철수가 기업에 큰 경제적 불이익을 주지 않는다는 점을 지적한다. 반면, 예를 들어 중국에서의 철수는 훨씬 더 큰 경제적 영향을 미칠 수 있다. 흥미롭게도, 국제 사회의 수십 년간의 압박 끝에 미얀마의 군사 정부는 마침내 수용하고 제한적인 민주 선거를 허용했으며, 그 결과 미얀마는 Freedom House에서 '부분적으로 자유로운' 국가로 평가되었다. 그러나 안타깝게도 2021년 2월 군사 쿠데타로 인해 Freedom House는 다시 미얀마를 '자유롭지 않은' 국가로 분류하게 되었다.

환경 오염

윤리, 사회적 책임, 그리고 지속 가능성 문제는 거주 국가의 환경 규제가 본국의 규제보다 미흡할 때 발생할 수 있다. 윤리는 사람들이 무엇을 할지 결정하는 데 영향을 미치며, 기업의 사회적 책임과 지속 가능성은 기업이 궁극적으로 무엇을 할지 결정하는 데 영향을 미친다. 선진국은 오염물질 배출, 독성 화학 물질 투기, 직장에서의 독성 물질 사용 등에 대한 규제가 상당히 엄격하다. 그러나 이러한 규제는 개발도상국에서는 종종 부족하며, 비판자 여론에 따르면 그 결과는 다국적 기업들의 운영에서 발생하는 오염 수준이 본국에서 허용되는 수준을 초과하는 경우가 많다.

실용적이고 경제적인 관점에서 다음과 같은 질문을 할 수 있다. 다국적 기업은 개발도상국에서 자유롭게 오염을 일으켜도 되는가? 답은 간단하다. 그렇게 하는 것은 윤리적으로 맞지 않는 것처럼 보인다. 비윤리적인 경영진이 오염 방지 규제가 요구되지 않는 개발도상국으로 생산을 이전하여, 생산비를 줄이고 경쟁 우위를 얻기 위해 환경을 파괴하거나 지역 주민들을 위험에 빠뜨릴 가능성이 존재할까? 이런 상황에서 윤리적이고 도덕적인 올바른 행동은 무엇일까? 경제적 이점을 얻기 위해 오염을 일으키는 것일까, 아니면 외국 자회사가 오염 방지 규제에 대한 공통 기준을 준수하도록 하는 것일까?

이런 고민은 환경의 일부가, 누구도 소유하지는 않지만 누구나 훼손할 수 있는 공공재라는 사실 때문에 더 중요해진다. 그럼에도 불구하고 많은 기업들은 일부 오염은 허용할 수 있다는 비합리적인 답을 내놓는다. 쟁점이 오염의 정도가 아니라 가능한 많은 오염을 방지하는 것이 되어버리면, 전략적 결정이 뒤바뀌게 된다. 모두가 오염을 방지하는 방법보다는 허용 가능한 오염의 정도에 대해 논쟁을 벌이게 될 것이다. 이러한 논쟁과 오염 측정을 위한 공식의 문제점은 대기나 바다는 누구의 소유도 아니지만, 이들에 대한 오염이 어디서 오든지 모두에게 피해를 준다는 점이다.[4] 이와 같은 경우, '공유지의 비극'이라는 현상이 적용된다. 공유지의 비극은 모두가 소유하지만 누구도 소유하지 않는 자원을 개인들이 과도하게 사용하여 그 자원이 황폐화되는 현상을 말한다. 이 현상은 16세기 영국에서 발생한 특정 문제를 설명하면서 Garrett Hardin이 처음 명명했다. '공유지'라고 불리는 넓은 지역은 모두가 무료로 풀밭으로 사용할 수 있었다. 가난한 사람들은 이 공유지에서 가축을 기르며 부족한 수입을 보충했다. 각자 더 많은 가축을 풀어놓는 것이 유리했지만, 사회적 결과는 공유지가 처리할 수 있는 것보다 훨씬 많은 가축들이 풀어 놓이게 되는 것이었다. 그 결과는 과도한 방목, 공유지의 황폐화, 그리고 그로 인해 얻을 수 있었던 중요한 보충물의 상실이었다.[5]

Kevin Frayer/Getty Images
중국 베이징 천안문 광장에서 마스크를 착용한 사람들 모습.

기업들은 생산 활동을 오염 물질을 대기 중에 방출하거나 바다나 강에 버릴 수 있는 지역으로 이전함으로써 글로벌 공유지의 비극에 기여한다. 그 결과로 이 소중한 글로벌 공유지들을 해치게 된다. 이러한 행동이 법적으로는 문제가 없을 수 있지만, 윤리적으로는 어떨까? 이러한 행동은 기본적인 사회적 윤리 개념과 기업의 사회적 책임을 위반하는 것으로 보인다. 이 문제는 인간이 초래한 지구 기후 변화에 대한 우려가 중심으로 떠오르면서 더욱 중요해지고 있다. 대부분의 기후 과학자들은 인간의 산업적 및 상업적 활동이 대기 중 이산화탄소의 양을 증가시키고 있다고 주장한다. 이산화탄소는 온실가스로, 지구 표면으로 반사되는 열을 가두어 지구를 따뜻하게 만든다. 그 결과로 지구의 평균 기온이 상승하고 있다. 여러 데이터베이스에서 축적된 과학적 증거들은 이 주장을 뒷받침하고 있다.[6] 따라서 전 세계 여러 국가는 산업적 및 상업적 활동의 부산물로 대기 중에 배출될 수 있는 이산화탄소의 양을 제한하려고 노력하고 있다. 그러나 국가마다 규제가 다르다. 그렇다면, 한 기업이 규제가 느슨한 국가로 생산을 이전하여 엄격한 배출 한도를 피하려는 것이 윤리적인가? 이는 결국 글로벌 기후 변화에 기여할 것이다. 다시 말해, 많은 사람들이 이것이 기본적인 윤리 원칙을 위반한다고 주장할 것이다.

부패

앞서 2장에서 언급했듯이, 부패는 역사상 거의 모든 사회에서 문제가 되어 왔으며 오늘날에도 여전히 존재하는 문제이다.[7] 부패한 정부 공무원은 항상 존재해 왔으며 앞으로도 계속 존재할 것이다. 국제 기업은 이러한 공무원에게 금품을 제공함으로써 경제적 이점을 얻을 수 있었으며, 실제로 그들은 이러한 이점을 얻었다. 대표적인 사례로, 당시 미국 항공우주 기업인 Lockheed의 사장이었던 Carl Kotchian이 일본의 에이전트 및 정부 관계자들에게 1,260만 달러를 지급하여 일본 항공사인 Nippon Air로부터 Lockheed의 트라이스타 제트기 대규모 주문을 확보한 사건이 있다. 이 금액이 발각되자, 미국 정부는 Lockheed를 회계 기록 조작과 세금 위반 혐의로 기소했다. 일본에서는 이러한 금품이 일반적으로 비즈니스 관행으로 받아들여졌었지만(이는 매우 호화로운 형태의 선물 제공으로 여겨질 수 있음), 이 사건은 일본 내에서도 큰 스캔들을 일으켰다. 관련 정부 각료들은 형사 기소되었고, 그중 한 명은 자살했으며, 정부는 불명예를 얻었고 일본 국민은 분노했다. 사실, 이러한 지불은 일본에서 받아들여지는 비즈니스 방식이 아니었던 것이다. 이 금품 지급은 다른 제조업체인 Boeing으로 갔을 수도 있는 대규모 주문을 확보하기 위한 부패한 공무원들에게 지급된 뇌물에 불과했다. Kotchian은 명백히 비윤리적인 행동을 했으며, '일본에서 받아들여지는 비즈니스 방식'이라는 주장은 변명일 뿐이고 잘못된 주장이다.

Lockheed 사건은 미국에서 **해외부패방지법**(Foreign Corrupt Practices Act, FCPA)을 제정하는 계기가 되었다. 이 법은 기업들이 비즈니스를 얻기 위해 외국 정부 공무원에게 뇌물을 지급하는 행위를 불법으로 규정하며, 다른 국가 기업들이 뇌물을 지급할 수 있다고 해도 이 법은 여전히 유효하다. 일부 미국 기업들은 이 법이 미국 기업들을 경쟁에서 불리하게 만들 것이라고 즉각적으로 반대했으나, 그로 인해 불리해졌다는 실질적은 근거는 없다.[8] 이 법은 이후 '급행료(facilitating payments)'을 허용하는 방식으로 개정되었다. 때때로 '스피드 머니(speed money)' 또는 '급행비(grease payments)'라고도 불리는 편의적 지불은 계약을 확보하기 위한 금품이 아니라, 외국 정부로부터 본래 받아야 할 표준적인 처리를 보장받기 위한 지불이다. 즉, 다른 공무원의 방해로 인해 본래 받아야 할 처리를 받지 못할 경우에 지급되는 금액이다.

해외부패방지법(FCPA)
국제 비즈니스에서 뇌물 수수 및 기타 비윤리적 행동에 대한 규제를 다루는 미국 법률.

그 후, 경제협력개발기구(OECD) 회원국들의 무역 및 금융 장관들은 미국의 뒤를 따라 국제 비즈니스 거래에서 **국제 상거래에 있어서 외국공무원에 대한 뇌물방지법(Convention on Combating Bribery of Foreign Public Officials in International Business Transactions)**을 채택했다.[9] 이 협약은 1999년에 발효되었으며, 회원국 및 서명국들에게 외국 공공 공무원에게 뇌물을 주는 것을 범죄로 규정하도록 의무화했다. 다만, 협약은 일상적인 정부 행정 절차를 촉진하기 위해

국제 상거래에 있어서 외국공무원에 대한 뇌물방지법
OECD 협약으로, 국제 비즈니스 거래에서 외국 공무원에게 뇌물을 주는 행위를 범죄로 규정하는 법적 구속력이 있는 기준을 설정하며, 이를 효과적으로 실행하기 위한 다양한 관련 조치를 제공함.

이루어진 편의적 지불은 제외했다.

편의적 지불이나 '스피드 머니'가 FCPA와, OECD의 뇌물 방지 협약에서 제외되었지만, 이러한 지불의 윤리적 의미는 명확하지 않다. 실용적인 관점에서 보면, 뇌물을 주는 것이 더 큰 선을 이루기 위한 대가일 수 있다(즉, 투자로 일자리가 창출되고 이 관행이 불법이 아닌 경우). 경제학자들은 이런 논리를 옹호하며, 개발도상국의 복잡하고 지나치게 규제된 환경에서 부패가 효율성을 높이고 성장을 도울 수 있다고 주장한다. 이런 경제학자들은 기존의 정치 구조가 시장 메커니즘의 기능을 왜곡하거나 제한하는 국가에서, 밀매, 밀수, 정부 관료들에게 '사업 투자 승인을 빠르게' 해 주기 위해 지불하는 금품이 복지 향상에 기여할 수 있다는 이론을 제시한다.[10] 이런 주장은 미국 의회가 FCPA에서 편의적 지불을 면제하도록 설득하는 데 중요한 역할을 했다.

반면, 다른 경제학자들은 부패가 비즈니스 투자에 대한 수익을 감소시키고 경제 성장률을 낮춘다고 주장한다.[11] 부패가 만연한 국가에서는, 기업이 운영 허가를 받기 위해 뒷돈을 요구하는 비생산적인 관료들이 비즈니스 활동에서 발생하는 이익을 가로챌 수 있다. 이는 기업들이 투자할 유인을 줄이고, 그 결과로 국가의 경제 성장률이 둔화될 수 있다. 70개 국가를 대상으로 한 부패와 경제 성장 간의 관계에 대한 연구에서는 부패가 국가 성장률에 미치는 부정적인 영향이 크게 나타났다.[12] 또 다른 연구에서는 뇌물을 더 많이 지불한 기업들이 관료들과 규제 협상에 더 많은 시간을 소비하며, 이로 인해 기업의 비용이 증가하는 경향이 있음을 발견했다.[13]

따라서 많은 다국적 기업들은 무관용(zero-tolerance) 정책을 채택했다. 예를 들어, 대형 석유 다국적 기업 BP는 편의적 지불에 대해 무관용 접근 방식을 취하고 있다. 좀 더 미세한 접근 방식을 취하는 기업도 있다. Dow Corning은 몇 년 전 자사의 행동 강령에서 "현지 비즈니스 관행이 이러한 편의적 지불을 요구하고 대안이 없는 경우, 최소한의 금액으로 편의적 지불을 하되, 이를 정확히 문서화하고 기록해야 한다"고 명시한 바 있다. 이 성명은 국가마다 비즈니스 관행과 풍습이 다르다는 점을 인식한 것이다. 동시에, Dow Corning은 '대안이 없을 경우' 편의적 지불을 허용하였으나, 이는 강력히 권장되지 않는다고 명시했다. Dow Corning은 최신 행동 강령에서 '국제 비즈니스 지침'에 대한 항목을 완전히 삭제했으므로, 이 회사가 더욱 강력한 무관용 접근 방식을 채택하고 있다고 가정할 수 있다.

많은 기업들과 마찬가지로 Dow Corning도 뇌물과 편의적 지불 간의 차이가 불명확하다는 점을 인식했을 수 있다. 많은 미국 기업이, 편의적 지불을 실행했지만 그 지불이 일반적인 규칙 내에서 허용되는 범위에 포함되지 않아 해당 기업들은 FCPA를 위반했다. 예를 들어, 글로벌 운송업체인 Con-way는 필리핀의 여러 세관 공무원에게 수백 건의 작은 금액을 지불한 대가로 30만 달러의 벌금을 부과받았다. 총 24만 4천 달러가 관 규정을 위반하고 분쟁을 해결하며 행정 위반에 대한 벌금을 부과하지 않도록 설득된 공무원에게 배분되었다.[15]

윤리적 딜레마

[학습 목표 2] 윤리적 딜레마, 기업의 사회적 책임 문제, 그리고 지속 가능성 문제를 인식한다.

다국적 기업이 고용 조건, 인권, 부패, 환경 오염 등에 대해 갖는 윤리적 의무는 항상 명확하지 않다. 그러나 점차 명확해지고 있는 것은, 경영진과 그들의 기업이 고객과 기타 이해관계자들로부터 윤리적 의사 결정에서 투명성을 요구하는 시장의 압박을 더 강하게 느끼고 있다는 점이다. 이 와중에, 무엇이 수용 가능한 윤리적 원칙인지를 규정하는 보편적인 국제적 합의는 존재하지 않는다. 국제 비즈니스 관점에서 일부는 윤리가 무엇인지가 각자의 문화적 관점에 따라 달라진다고 주장한다.[16] 미국에서는 살인자에 대한 사형 집행이 용인되지만, 많은 문화에서는 이러한 처벌이 받아들여지지 않는다. 사형은 인간의 존엄성에 대한 모독으로 여겨지며, 사형이 법으로 금지된 경우도 많다. 이러한 태도를 이상하게 생각하는 미국인이 많지만, 유럽인들은 미국의 접근 방식을 야만적이라고 여긴다. 비즈니스에 초점을 맞춘 예시로, 사업 협상에서 '선물 제공' 관행을 들 수 있다. 아시아 문화에서는 대체적으로 이것이 적절한 행동으로 여겨지지만, 일부 서양 사람들은 이를 뇌물의 한 형태로 보고, 특히 이러한 '선물 제공'이 지나칠 경우 비윤리적이라고 간주한다.

국제 경영자들은 종종 적절한 행동 방침이 명확하지 않은 매우 현실적인 윤리적 딜레마에 직면한다. 예를 들어, 가난한 국가의 자회사에 방문한 미국인 경영자가, 자회사에서 12세 소녀를 공장 바닥에서 일하도록 고용한 사실을 알게 되었다고 가정해 보자. 회사의 윤리 강령에 따라 아동 노동을 사용하는 것이 직접적으로 금지되어 있다는 사실에 충격을 받은 미국인은 현지 관리자에게 그 소녀를 성인으로 교체하라고 지시한다. 현지 관리자는 이에 충실히 따르고, 그 소녀는 고아로서 자신과 여섯 살 난 남동생을 부양하는 유일한 사람이었기 때문에 다른 일을 찾지 못하고 결국 매춘에 의존하게 되었고, 2년 후 그녀는 에이즈로 사망한다. 이 미국인이 그 소녀의 처지를 이해했다면, 해당 직원의 교체를 요청했을까? 그녀가 계속 일할 수 있도록 현재의 상태를 유지하는 것이 더 나았을까? 아마도 그렇지 않았을 것이다. 왜냐하면 그것은 회사의 윤리 강령에서 아동 노동을 금지한 합리적인 규정을 위반하는 일이기 때문이다. 그렇다면 무엇이 옳은 일이었을까? 이 윤리적 딜레마에서 경영자의 의무는 무엇이었을까?

Angela N Perryman/Shutterstock

미얀마 바간에서 담배를 만들고 있는 소녀.

이러한 질문에 대한 쉬운 답은 없다. 그것이 바로 윤리적 딜레마의 본질이며, 이는 어떤 대안도 윤리적으로 받아들여지지 않는 상황이다.[17] 이 경우 아동 노동을 사용하는 것은 받아들여지지 않았지만, 그 소녀가 일을 계속하는 것을 허용하는 것도 그녀의 유일한 수입원을 빼앗는 것과 마찬가지였다. 이 미국인 경영자가 필요로 하는 것은 무엇일까? 모든 경영자가 필요로 하는 것은 도덕적인 나침반, 혹은 윤리적인 알고리즘일 것이다. 그것은 이러한 윤리적 딜레마를 통해 수용 가능한 해결책을 찾도록 돕는 역할을 한다. 나중에 우리는 이러한 도덕적인 나침반이나 윤리 알고리즘이 어떤 모습일지 개요를 제시할 것이다. 지금은 윤리적 딜레마가 존재하는 이유를 언급하는 것으로 충분하다. 그것은 많은 현실적인 결정이 복잡하고, 틀을 잡기 어렵고, 1차, 2차, 3차 결과를 포함하고 있으며, 그 결과는 정량화하기 어렵기 때문이다. 옳은 일을 하는 것, 또는 옳은 일이 무엇일지 아는 것은 종종 결코 쉽지 않다.[18]

비윤리적 행동의 기원

[학습 목표 3] 경영자의 비윤리적 행동이 비즈니스, 기업의 사회적 책임, 지속 가능성과 어떻게 관련되는지 그 원인을 식별한다.

국제 비즈니스 환경에서 비윤리적이라고 판단될 수 있는 방식으로 행동하는 국제 경영자의 사례는 매우 많다. 왜 경영자들은 비윤리적인 방식으로 행동할까? 이 질문에 대한 간단한 답을 찾기는 어렵지만, 몇 가지 일반적인 설명은 할 수 있다. 이러한 문제들은 윤리적 행동의 여섯 가지 결정 요인에 뿌리를 두고 있다. 그것은 개인 윤리, 의사 결정 과정, 조직 문화, 비현실적인 성과 목표, 리더십, 그리고 사회문화이다(그림 5-1 참조).[19]

개인 윤리

사회적 차원의 비즈니스 윤리는 개인 윤리와 분리될 수 없다. 개인 윤리는 일반적으로 받아들여지는 옳고 그름의 원칙으로, 개인의 행동을 규율하는 기준이다. 개인 윤리는 비즈니스 윤리에 영향을 미치며, 이 장의 '360° 관점: 경영에의 시사점' 섹션에서 살펴볼 수 있듯이, 궁극적으로는 기업의 사회적 책임 활동과 지속 가능 경영에도 영향을 미친다. 우리는 일반적으로 거짓말을 하거나

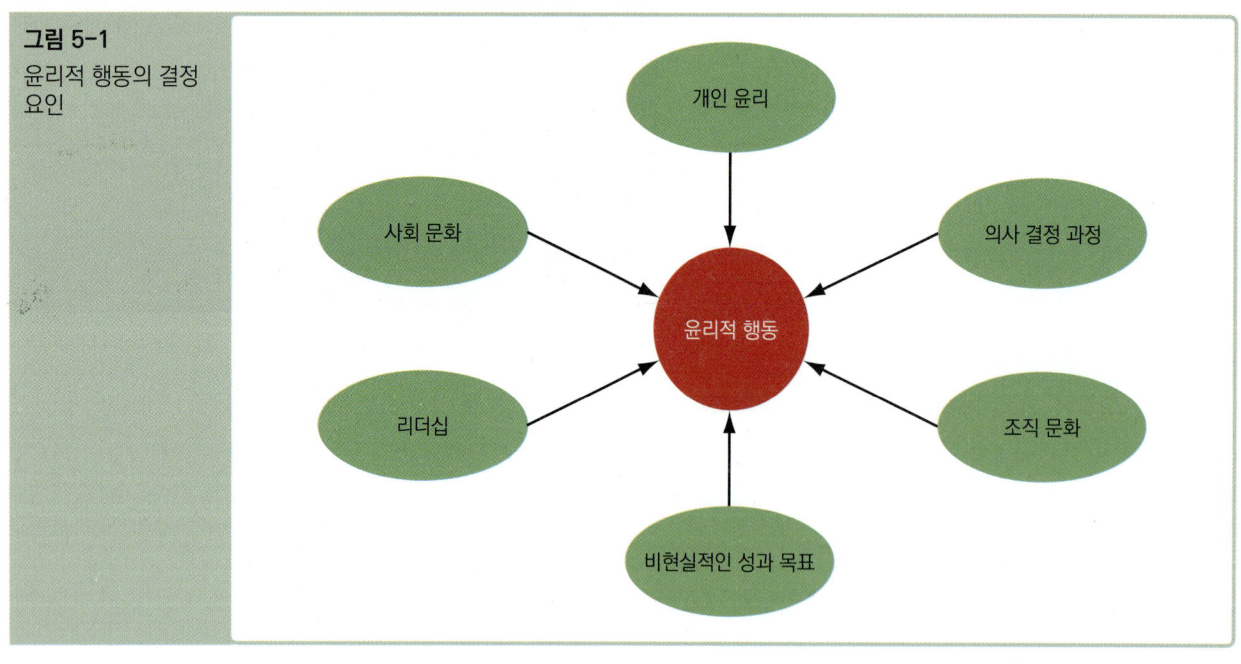

그림 5-1
윤리적 행동의 결정 요인

부정행위를 하는 것이 윤리적으로 잘못된 행동이라는 가르침을 받는다. 반대로, 진정성과 명예를 지키고, 스스로 옳다고 믿는 바를 주장하는 것은 도덕적이며 윤리적인 행동으로 간주된다. 이러한 신념은 대체로 사회 전반에서 공유된다. 우리의 행동을 이끄는 개인 윤리는 부모, 학교, 종교, 미디어 등 다양한 원천에서 형성된다. 이러한 개인 윤리는 비즈니스 환경에서도 중요한 영향을 미치며, 강한 개인 윤리를 가진 사람일수록 기업 내에서 비윤리적 행동을 할 가능성이 낮다. 따라서 비즈니스 윤리를 확립하는 첫 번째 단계는 사회가 개인 윤리를 강조하는 것이다.

해외에서 근무하는 다국적 기업의 본국 출신 관리자(주재원 관리자)는 개인 윤리를 위반해야 하는 압박을 평소보다 더 강하게 받는다. 이들은 익숙한 사회적 환경과 지지적 문화에서 벗어나 있으며, 심리적으로나 지리적으로 본사와 떨어져 있다. 또한, 해당 국가의 문화가 본국에서 중요하게 여기는 윤리적 기준을 동일하게 평가하지 않을 수도 있고, 현지 직원들이 상대적으로 느슨한 윤리적 기준을 가질 가능성도 있다. 본사는 주재원 관리자에게 비현실적인 목표를 요구할 수도 있으며, 이를 달성하기 위해 편법을 쓰거나 비윤리적 행동을 하도록 압박할 가능성이 있다. 예를 들어, 본사가 설정한 성과 목표를 맞추기 위해 주재원 관리자가 계약을 따내기 위한 뇌물을 제공한다거나, 최소한의 기준에도 미치지 못하는 근무 환경 및 환경 규제를 적용할 수도 있다. 현지 관리자들 역시 이러한 행동을 부추길 수 있다. 본사가 지리적으로 떨어져 있기 때문에 주재원 관리자가 목표를 달성하는 방식에 대한 감독이 어려울 수 있으며, 때로는 이러한 현실을 알면서도 묵인함으로써 비윤리적 관행이 지속될 가능성이 있다.

의사 결정 과정

비즈니스 환경에서의 비윤리적 행동을 연구한 여러 연구에 따르면, 경영자는 때때로 자신이 비윤리적으로 행동하고 있다는 사실을 인식하지 못하는 경우가 있다. 이는 주로 '이 결정이나 행동이 윤리적인가?'라는 질문을 스스로 던지지 않기 때문이다.[20] 대신, 이들은 단순히 비즈니스 의사 결정으로만 인식하고 경제적 논리에 따라 판단하며, 해당 결정이 윤리적 측면에서도 중요한 의미를 가질 수 있다는 점을 간과하는 경우가 많다. 이는 윤리적 고려 사항을 비즈니스 의사 결정 과정에 포함하지 않는 의사 결정 구조의 문제에서 비롯된다. 이러한 사례는 Nike의 하청 계약 사례에서도 찾아볼 수 있다. 당시 경영진은 경제적 논리에 따라 합리적인 판단을 내렸을 가능성이 크다. 하청업체 선정 시 비용, 납기, 제품 품질 등과 같은 사업적 요소를 기준으로 판단했을 것이며, '이 하청업체는 근로자를 어떻게 대우하는가?'라는 질문을 아예 고려하지 않았거나, 고려하더라도 이는 하청 업체의 문제이지 자사의 책임이 아니라고 여겼을 것이다.

다국적 기업에서 윤리적 의사 결정을 개선하기 위해서는, 조직 환경에서 개인이 윤리적 혹은 비윤리적 결정을 내리는 방식을 보다 깊이 이해하는 것이 출발점이 될 수 있다.[21] 이를 위해 두 가지 가정을 유념해야 한다. 첫째, 사람들은 직장에서 내리는 윤리적 의사 결정이 가정에서 내리는 의사 결정과 동일할 것이라고 가정하지만, 이는 잘못된 생각이다. 조직 내에서는 개별 구성원이 윤리적 문제를 독립적으로 판단할 수 있는 자유(즉, 권한)를 가지는 경우가 드물며, 조직적 압박 속에서 결정이 내려지는 경우가 많다. 예를 들어, '우리는 편의성 급행료를 제공해야 하는가, 아니면 뇌물을 줘야 하는가?'와 같은 문제에 대해 조직의 압력과 환경이 개입할 수 있다. 둘째, 문화가 다른 사람들 또한 비슷한 의사 결정 과정을 따를 것이라는 가정도 문제가 있다. 윤리적 의사 결정의 과정 자체는 여러 국가에서 유사할 수 있지만, 특정 요소에 대한 중요도는 각 문화마다 다르게 적용된다. 예를 들어, 일본에서는 조직적 요소가 중요한 반면, 미국에서는 개인적 요인이 더 강조될 가능성이 크다. 미얀마와 같은 일부 국가에서는 단순히 특정 상황에서 찾아오는 기회를 중심으로 의사 결정이 이루어질 수 있으며, 인도에서는 상사가 가지는 기대가 의사 결정의 중요한 기준이 될 수 있다.

조직 문화

조직 문화
조직 내 구성원들이 공유하는 가치와 규범.

일부 기업에서는 비즈니스 의사 결정의 윤리적 결과를 고려하도록 충분히 권장하지 않는다. 이는 기업 내 비윤리적 행동의 세 번째 원인, 즉 비즈니스 윤리를 경시하고 모든 의사 결정을 경제적 논리에만 국한시키는 조직 문화로 이어진다. **조직 문화**(organizational culture)란 특정 조직의 구성원들이 공유하는 가치와 규범을 의미한다. 4장에서 설명한 바와 같이, 가치는 특정 집단이 옳고 바람직하다고 믿는 추상적인 개념이며, 규범은 특정 상황에서 적절한 행동을 규정하는 사회적 규칙과 지침이다. 사회마다 고유한 문화가 존재하듯, 기업도 고유한 문화를 형성한다. 가치와 규범은 기업 조직의 문화를 형성하며, 이는 기업의 윤리적 의사 결정에 중요한 영향을 미친다.

예를 들어, 일부 기업에서는 사업 계약을 성사시키기 위해 뇌물을 지급하는 것이 오랫동안 관행으로 여겨졌다. 미국 정부와 독일 자동차 제조업체 Daimler AG 사이의 한 사례에서 조사관은, 이러한 관행이 조직 전반에 걸쳐 '표준적인 비즈니스 관행'으로 자리 잡았으며, 내부 감사를 담당하는 부서나 재무 부서조차 이를 방지하지 않았다고 언급했다.[22] 이는 기업의 가치와 규범이 암묵적으로 뇌물 제공을 용인했기에 가능했던 것으로 볼 수 있다.

비현실적인 성과 목표

비윤리적 행동의 네 번째 원인은 본사가 요구하는 비현실적인 성과 목표에 대한 압박이다. 이러한 목표는 윤리적 기준을 희생하거나 편법을 동원해야만 달성할 수 있는 경우가 많다. 이와 같은 환경에서는 뇌물이 높은 성과 목표를 달성하기 위한 수단으로 정당화될 수도 있다. 특히, 조직 문화가 비윤리적 행동을 묵인하거나 조장하는 분위기를 형성하는 경우, 비현실적인 성과 목표와 결합하여 더욱 심각한 문제를 초래할 수 있다. 이러한 상황에서는 관리자들이 개인적으로는 윤리적 가치를 중요하게 생각하더라도, 조직의 압박으로 인해 비윤리적 행동에 가담할 가능성이 커진다. 반면, 조직 문화가 윤리적 행동을 강조하는 방향으로 형성될 수도 있다. 예를 들어, Hewlett-Packard에서는 창립자 Bill Hewlett과 David Packard가 'HP Way'라고 불리는 가치 체계를 구축했다. 이 가치 체계는 기업 내부뿐만 아니라 기업이 외부와 거래하는 방식에도 영향을 미치며, 윤리적 요소를 중요한 기준으로 삼고 있다. 'HP Way'는 직원에 대한 신뢰와 존중, 개방적인 커뮤니케이션, 그리고 개개인에 대한 배려를 강조한다.

리더십

Hewlett-Packard 사례는 비윤리적 행동의 다섯 번째 주요 원인인 리더십을 보여 준다. 조직의 문화는 리더에 의해 형성되며, 리더는 조직 구성원들이 따르는 규칙과 지침을 설정할 뿐만 아니라, 전략적 운영 및 일상적인 업무 수행을 위한 구조와 프로세스를 구축한다. 직원들은 일반적으로 조직의 전반적인 문화에 맞춰 사고하고 행동하는 경향이 있다.

또한, 기업 구성원들은 종종 경영진의 행동을 보고 이를 모방한다. 따라서 리더가 윤리적 행동을 하지 않는다면, 직원들도 윤리적 기준을 지키지 않을 가능성이 높다. 리더의 말뿐만 아니라 행동(혹은 행동하지 않는 것)도 중요한 의미를 가진다. 예를 들어, Daimler 경영진은 조직 내 만연한 부패 관행에 대해 어떠한 메시지를 전달했을까? 조사 결과, 이 기업에서는 부패 행위가 '표준적인 비즈니스 관행'이었다. 이는 경영진이 이를 방관했거나, 심지어 조장했을 가능성이 있음을 시사한다.

사회문화

사회문화 역시 개인과 조직이 비윤리적 행동을 할 가능성에 영향을 미칠 수 있다. 24개국 2,700개 기업을 대상으로 한 연구에 따르면, 본사가 위치한 국가에 따라 윤리 정책에 상당한 차이가 나타났다.[23] 이 연구는 Hofstede의 문화 차원 이론(4장에서 설명)을 활용하여 분석한 결과, 개인주의와 불확실성 회피 성향이 강한 국가에 본사를 둔 기업일수록 윤리적 행동의 중요성을 강조하는 경향이 높았다. 반면, 남성성이 강하고 권력 거리가 먼 국가의 기업들은 상대적으로 윤리적 행동을 덜 강조하는 경향이 있었다. 이 분석에 따르면, 남성성과 권력 거리 지수가 높은 러시아와 같은 국가에 본사를 둔 기업은 스웨덴과 같은 국가에 본사를 둔 기업보다 비윤리적 행동에 가담할 가능성이 더 크다. 실제로 러시아에서는 부패가 만연해 있다는 점이 이러한 분석을 뒷받침한다.

윤리의 철학적 접근법

[학습 목표 4] 글로벌 환경에서 적용되는 다양한 비즈니스 윤리의 철학적 접근 방식을 설명한다.

여기서는 글로벌 시장에서 비즈니스 윤리를 바라보는 여러 철학적 접근 방식을 살펴본다. 기본적으로 모든 개인은 윤리적(혹은 비윤리적) 결정을 내리는 자신만의 과정이 있으며, 이는 개인이 따르는 윤리 철학, 즉 그 사람이 가진 근본적인 도덕적 가치 체계에 기반을 둔다.

먼저, 허수아비 논법(straw men)에 해당하는 접근 방식을 살펴보겠다. 이는 논리적으로 약한 주장으로, 상대가 쉽게 반박할 수 있도록 설정된 논거를 의미한다. 이러한 주장을 먼저 제시한 후 반박함으로써, 자신의 입장이 상대적으로 더 강력해 보이도록 하는 전략이다. 이러한 허수아비 논법 접근은 기업 윤리의 가치를 부정하거나 이를 매우 불완전한 방식으로 적용하는 특징이 있다. 앞서 설명한 내용을 통해 이러한 접근법들이 적절한 윤리적 의사 결정 지침이 될 수 없다는 점을 이해하기를 바란다. 이후 다수의 윤리학자가 선호하며, 국제 비즈니스 환경에서 윤리적 행동 모델의 기초를 이루는 접근법을 살펴보겠다.

허수아비 논법

기업 윤리에 대한 허수아비 논법 접근법은 학자들이 주로 다국적 기업에서 윤리적 의사 결정에 대한 부적절한 지침을 제공한다는 점을 보여 주기 위해 주장한다. 문헌에서 흔히 논의되는 네 가지 기업 윤리 접근법은 프리드먼 독트린, 문화적 상대주의, 의로운 도덕주의자, 순진한 비윤리주의자이다. 이 모든 접근법들은 고유한 가치를 갖고 있지만, 결점을 가지고 있기도 하다. 그럼에도 불구하고, 일부 기업들은 이러한 접근법을 채택하기도 한다.

프리드먼 독트린

1970년 노벨 경제학상을 수상한 경제학자 Milton Friedman은 뉴욕 타임스에 기고한 기사에서 기업의 사회적 책임에 대해 논의하며, 이는 이후 기업 윤리학자들이 흔히 다루는 고전적인 허수아비 논법 예시가 되었다.[24] Friedman의 기본적인 입장은 "기업의 사회적 책임은 이익을 증대시키는 것"이며, 이는 회사가 법의 규정을 준수하는 한에서만 유효하다는 것이다. 그는 기업이 법으로 요구된 범위와 효율적인 운영을 위해 필요한 사회적 지출 외에 추가적인 지출을 해야 한다는 생각을 명확하게 거부한다. 예를 들어, 법으로 요구되는 수준을 넘는 근로 조건 개선이나 직원 생산성을 극대화하기 위해 필요한 조치가 이익을 감소시킬 수 있기 때문에 이는 적절하지 않다는 것이 그의 주장이다. Friedman은 기업이 이익을 극대화해야 한다고 믿는데, 이는 기업의 주주들에게 돌아가는 수익을 최대화하는 방법이라고 한다. 만약 주주들이 이 수익을 사회적 투자에 사용하고 싶다면, 그것은 그들의 권리지만 기업의 관리자는 그 결정을 대신해서는 안 된다고 주장한다.

Friedman은 사회적 책임과 '윤리적 관습'에 대해 이야기하고 있지만, 기업 윤리학자들은 사회적 책임을 윤리적 행동과 동일시하고, 따라서 그가 기업 윤리에 반대하는 것이라고 본다. 하지만 Friedman이 윤리에 반대한다고 보는 것에는 오류가 있다. 그는 기업의 유일한 사회적 책임은 법을 준수하며 기업의 수익성을 증가시키는 활동에 자원을 사용해야 하는 것이라 주장한다. 이는 곧 기업이 부정행위나 사기 없이 개방적이고 자유로운 경쟁에 참여해야 한다는 것을 의미한다.[25]

> 기업의 사회적 책임은 단 하나뿐이다. 기업이 속임수나 사기를 이용하지 않고 자유로운 경쟁을 통해 게임의 규칙을 지키는 선에서 이윤을 극대화하는 것이다.[26]

즉, Friedman은 기업이 윤리적 관습에 따라 부정행위 없이 사회적 책임을 다해야 한다고 주장한다.

비판자들은 Friedman의 주장을 면밀히 살펴보면 결함이 있다고 지적한다. 왜냐하면 그의 주장은 기업이 주주들뿐 아니라 모든 이해관계자, 즉 직원, 고객, 그리고 일반 대중에 대해 도덕적 책임을 지닌다는 점을 무시하고 있기 때문이다. 이 결함은 특히 국제 비즈니스에서 더욱 두드러진다. 왜냐하면 '게임의 규칙'이 명확히 확립되지 않았고 국가마다 다르기 때문이다. 예를 들어, 아동 노동은 개발도상국에서는 불법이 아닐 수 있으며, 생산성 극대화를 위해 다국적 기업이 아동 노동을 사용하는 것이 법적으로 문제가 되지 않을 수 있다. 그러나 아동 노동은 여전히 부도덕한 것으로 간주된다. 왜냐하면 이는 무엇이 옳고 바른 일인가에 대한 널리 퍼져 있는 가치관과 상충하기 때문이다. 마찬가지로, 개발도상국에서는 오염에 대한 법적 규제가 없을 수 있고, 오염 방지 조치에 돈을 쓰는 것이 기업의 이익률을 낮출 수 있지만, 일반적인 도덕 관념에 따르면 유독 물질을 강에 방류하거나 공기 중에 가스를 배출하는 것은 여전히 비윤리적이다. 이러한 오염이 주변 주민들에게 심각한 건강 문제를 일으킬 수 있는 지역적 결과뿐만 아니라, 해당 행동은 대기와 바다라는 두 가지 중요한 글로벌 공공 자원을 훼손시키는 결과를 초래한다.

문화 상대주의

비즈니스 윤리 학자들 사이에서 자주 언급되는 또 하나의 오류는 **문화 상대주의**(cultural relativism)이다. 이는 윤리가 단순히 문화의 반영일 뿐이며, 모든 윤리는 문화에 의해 결정된다는 신념이다. 따라서 기업은 운영하고 있는 문화권의 윤리를 따라야 한다는 것이다.[27] 이러한 접근법은 흔히 '로마에 가면 로마법을 따르라'는 격언으로 요약된다. 하지만 Friedman의 접근법과 마찬가지로, 문화 상대주의는 더 깊이 들여다보면 타당하지 않다. 극단적으로 해석될 경우, 문화 상대주의는 특정 문화가 노예 제도를 지지할 경우, 그 나라에서 노예 노동을 사용하는 것이 괜찮다는 결론을 가져다준다. 분명히 이는 용납될 수 없다. 문화 상대주의는 보편적 도덕 개념이 모든 문화를 초월할 수 있다는 의견을 암묵적으로 거부하지만, 이 장 후반부에서 논의하듯, 몇몇 보편적 도덕 개념은 여러 문화에서 공통적으로 발견된다.

문화 상대주의
윤리가 문화에 의해 결정되며, 기업은 자신이 운영하는 문화권의 윤리를 따라야 한다는 신념.

문화 상대주의를 가장 강렬한 형태로 무시하는 동시에, 일부 윤리학자들은 이 접근법이 일부 잔존 가치를 지닌다고 주장한다.[28] 3장에서 언급했듯, 사회적 가치와 규범은 문화마다 다르며, 관습 또한 차이가 있기 때문에, 일부 비즈니스 관행은 한 국가에서는 윤리적이지만 다른 국가에서는 그렇지 않을 수 있다. 실제로, 미국의 FCPA에서 허용하는 소액의 급행료는 일부 국가에서는 정부 관료에게 스피드 머니를 지불해야만 사업이 진행될 수 있음을 인정하는 사례로 볼 수 있다. 이는 윤리적으로 바람직하지는 않더라도 적어도 윤리적으로 수용할 수는 있는 관행으로 해석될 수 있다.

정의로운 도덕주의자

정의로운 도덕주의자(righteous moralist)는 다국적 기업이 자국의 윤리 기준을 외국에서도 그대로 따라야 한다고 주장한다. 이 접근법은 일반적으로 선진국의 관리자와 관련이 깊다. 처음에는 타당해 보이지만, 이는 몇 가지 문제를 일으키는 경우가 있다. 예를 들어, 한 미국 은행 관리자가 이탈리아로 파견되었을 때, 현지 지점의 회계 부서가 절세 목적으로 은행의 수익을 과소 보고하라고 권고한 사실에 크게 놀랐다.[29] 이 관리자는 은행이 미국식으로 정확하게 수익을 보고해야 한다고 주장했다. 그러나 세무청에 소환된 후, 세무 당국은 은행이 보고한 금액의 세 배에 해당하는 세금을 부과했다. 이는 모든 기업이 수익을 3분의 1로 축소 보고한다고 가정하는 이탈리아 세무 당국의 표준 가정 때문이었다. 항의에도 불구하고 세금 고지서는 유효했다. 이 경우 정의로운 도덕주의자들은 그들이 비즈니스를 하고 있는 나라의 문화적 규범 때문에 문제에 봉착하게 된다. 이러한 경우에는 어떻게 대응해야 할까? 정의로운 도덕주의자는 기존 입장을 고수할 것을 주장할 것이다.

정의로운 도덕주의자
다국적 기업이 자국의 윤리 기준을 외국에서도 따라야 한다고 주장하는 사람.

반면, 좀 더 실용적인 관점에서는 이 경우 기존 문화 규범을 따르는 것이 옳다고 볼 수 있다. 그렇지 않으면 회사는 큰 벌금을 물게 될 수 있기 때문이다.

원칙론적 도덕주의 접근법에 대한 주요 비판은 때로는 그들이 너무 고지식하다는 것이다. 일부 보편적 도덕 원칙은 절대 위반해서는 안 되지만, 그렇다고 자국의 기준을 무조건 적용해야 한다는 것은 아니다. 예를 들어, 미국 법은 최저 임금과 근로 조건에 대해 엄격한 지침을 제공한다. 그렇다면 외국에서도 동일한 임금을 지급하고 동일한 혜택과 근로 조건을 제공해야 하는가? 아마도 그렇지 않을 것이다. 그렇게 하면 해당 국가에 투자하는 이유가 무의미해질 수 있으며, 이는 결과적으로 현지인들이 다국적 기업의 투자로부터 얻을 수 있는 혜택을 부정하게 될 수 있다. 따라서 더 세련된 접근 방식이 필요하다.

순진한 부도덕자

순진한 부도덕자
주재국에서 다른 국가의 기업들이 윤리적 규범을 따르지 않는다면 자신도 따르지 않아야 한다고 주장하는 사람.

순진한 부도덕자(naive immoralist)는 다국적 기업의 관리자가 주재국에서 다른 국가의 기업들이 윤리적 규범을 따르지 않는 것을 본다면, 자신도 따르지 않아야 한다고 주장한다. 이 접근법을 설명하는 고전적 사례는 이른바 마약왕 문제(drug lord problem)이다. 한 사례로, 콜롬비아의 미국 관리자들은 공장이 폭파당하거나 직원이 납치되지 않도록 현지 마약왕에게 돈을 지불했다. 이 관리자는 모든 사람이 그렇게 하고 있기 때문에 이러한 행위는 윤리적으로 정당화될 수 있다고 주장했다.

이러한 주장에 대한 반론은 두 가지이다. 첫째, 모두가 하고 있다고 해서 윤리적으로 정당하다는 것은 충분한 이유가 될 수 없다. 만약 한 국가의 기업들이 12세 아이를 고용하고 하루 10시간씩 일하게 한다면, 같은 일을 하는 것이 윤리적으로 정당화될 수 있을까? 당연히 그렇지 않다. 기업은 분명한 선택권을 가지고 있다. 현지 관행을 따를 필요는 없으며, 특히 윤리적으로 끔찍한 관행이 만연한 국가에 투자하지 않기로 결정할 수도 있다. 둘째, 다국적 기업은 특정 국가의 기존 관행을 변화시킬 수 있는 능력이 있다는 점을 인식해야 한다. 이는 긍정적인 도덕적 목적을 위해 그들의 힘을 사용할 수 있음을 의미한다. 일부는 이러한 접근이 도덕적 제국주의나 문화적 민감성 부족으로 보일 수 있다고 주장할 수 있지만, 다국적 기업의 행동이 글로벌 커뮤니티의 기준과 일치한다면 이러한 접근은 윤리적으로 정당화될 수 있다.

공리주의와 칸트 윤리학

앞서 논의한 형식적인 논의와 달리, 대부분의 도덕 철학자들은 공리주의와 칸트 윤리학이 기업 윤리에 가치를 제공한다고 본다. 이러한 접근법은 18세기와 19세기에 발전하였으며, 비록 현대적인 접근법들에 의해 상당 부분 대체되었지만, 여전히 새로운 이론들이 구축되는 전통의 일부로 남아 있다.

공리주의 윤리학
행동이나 관행의 도덕적 가치는 그 결과에 의해 결정된다고 보는 관점.

공리주의적 기업 윤리 접근법은 David Hume(1711~1776), Jeremy Bentham(1748~1832), John Stuart Mill(1806~1873)과 같은 철학자들로 거슬러 올라간다. **공리주의 윤리학**(utilitarian

approaches to ethics)에서는 행동이나 관행의 도덕적 가치는 그 결과에 의해 결정된다고 본다.[30] 즉, 어떤 행동이 바람직한 것으로 평가되려면 좋은 결과가 나쁜 결과보다 더 많이 발생해야 한다. 공리주의는 이익을 극대화하고 해악을 최소화하는 것에 중점을 둔다. 또한 공리주의는 모든 행동이 여러 결과를 초래하며, 그중 일부는 사회적으로 긍정적인 영향을 미치는 반면, 일부는 해로운 영향을 미칠 수 있음을 인식한다. 따라서 기업 윤리의 철학으로서 공리주의는 기업 활동이 사회에 미치는 모든 이익과 비용을 신중하게 평가하고, 이익이 비용을 초과하는 행동만을 선택할 것을 강조한다. 공리주의 관점에서 최선의 의사 결정이란 가장 많은 사람에게 가장 큰 이익을 제공하는 결정이다.

많은 기업들은 공리주의 철학에 근거한 비용-편익 분석(cost/benefit analysis)과 위험 평가(risk assessment)와 같은 도구를 적극적으로 활용하고 있다. 경영자들은 특정 행동을 수행할지 여부를 결정하기 전에 그로 인해 발생할 이익과 비용을 면밀히 검토하는 경우가 많다. 예를 들어, 한 석유 회사가 알래스카 야생동물 보호구역에서 시추를 고려할 경우, 원유 생산 증가와 일자리 창출이라는 경제적 이익과 생태계 파괴라는 환경적 비용을 비교해야 한다. 또한, 농업 생명공학 기업인 Monsanto는 자연 살충제를 생성하는 유전자 변형 작물이 가져올 이익과 위험을 고려해야 한다. 이익에는 작물 수확량 증가 및 화학 비료 사용 감소가 포함되지만, 위험으로는 Monsanto의 해충 저항성 작물이 시간이 지나면서 해충이 내성을 가지게 되어 새로운 형태의 해충이 등장할 가능성이 있다.

그러나 공리주의 철학에는 기업 윤리의 접근법으로서 몇 가지 심각한 단점이 존재한다. 첫 번째 문제는 특정 행동이 초래하는 이익, 비용, 위험을 어떻게 측정할 것인가 하는 점이다. 예를 들어, 석유 회사가 알래스카에서 시추를 고려할 때, 해당 지역의 생태계에 미칠 잠재적 피해를 어떻게 정량화할 것인가? 두 번째 문제는 공리주의가 정의(justice)의 고려를 배제할 가능성이 있다는 점이다. 가장 많은 사람에게 가장 큰 이익을 제공하는 행동이 소수 집단에게 부당한 대우를 초래할 수도 있다. 이러한 경우, 해당 행동은 정의롭지 않기 때문에 윤리적이라고 볼 수 없다. 예를 들어, 정부가 건강보험 비용을 절감하기 위해 HIV 바이러스 검사를 의무화하고, HIV 양성 반응이 나온 사람들에게 보험 혜택을 거부한다고 가정해 보자. 이러한 조치는 전체적으로 건강보험 비용을 절감하여 다수에게 혜택을 제공할 수 있지만, 특정 소수 집단을 불공정하게 차별하는 결과를 초래하기 때문에 윤리적으로 정당화될 수 없다.

칸트 윤리학은 Immanuel Kant(1724~1804)의 철학에 기반을 둔다. **칸트 윤리학(Kantian ethics)**에서는 인간을 단순히 다른 사람들의 목적을 위한 수단으로 취급해서는 안 되며, 그 자체로 존중해야 한다고 주장한다. 인간은 기계처럼 단순한 도구가 아니며, 존엄성을 지닌 존재로 대우받아야 한다. 따라서 노동자를 착취하는 환경, 예를 들어 열악한 작업 환경에서 낮은 임금으로 장시간 노동을 강요하는 것은 칸트 윤리학에 따르면 비윤리적인 행위이다. 이는 노동자를 단순한 기계 부품처럼 취급하고, 존엄성과 도덕적 판단력을 지닌 존재로 인정하지 않기 때문이다. 현대의 도덕 철학자들은 칸트의 윤리 철학이 불완전하다고 보는 경향이 있다. 예를 들어, 그의 체계는 공감이나

칸트 윤리학
인간은 타인의 목적을 위한 수단이 아니라, 그 자체로 존중받아야 한다는 신념.

배려와 같은 도덕적 감정의 역할을 고려하지 않는다. 그럼에도 불구하고 인간을 존중하고 존엄성을 유지해야 한다는 칸트의 개념은 현대 사회에서도 여전히 중요한 의미를 지닌다.

인권 이론

인권 이론
국가나 문화의 경계를 넘어 인간이 보편적으로 기본적인 권리와 특권을 가지고 있다고 여기는 윤리 이론.

20세기에 발전한 **인권 이론**(rights theories)은 인간이 국가나 문화의 경계를 넘어서는 기본적인 권리와 특권을 지닌다고 인정한다. 이러한 권리는 도덕적으로 허용 가능한 최소한의 행동 기준을 설정한다. 기본권에 대한 한 가지 널리 알려진 정의는, 기본권이 집단의 이익보다 우선한다는 개념이다. 예를 들어, 표현의 자유는 가장 강력한 집단적 목표를 제외하고는 국가의 사회적 조화나 도덕적 합의보다 우선하는 기본권으로 간주될 수 있다.[31] 도덕 철학자들은 기본적인 인권이 윤리적 판단을 내리는 과정에서 경영자가 따라야 할 도덕적 기준을 형성한다고 주장한다. 즉, 경영자는 이러한 권리를 침해하는 행동을 해서는 안 된다.

세계인권선언
UN에서 제정한 문서로, 모든 인간이 준수해야 할 기본적인 인권 원칙을 명시한 선언.

국가와 문화적 차이를 초월하는 기본권이 존재한다는 개념은 1948년 채택된 UN **세계인권선언**(Universal Declaration of Human Rights)의 근본적인 동기가 되었다. 이 선언은 거의 모든 국가가 비준하였으며, 특정한 문화에서 사업을 수행하는 경우에도 반드시 준수해야 할 원칙을 제시하고 있다.[32] 칸트 윤리학의 영향을 반영하는 이 선언의 제1조는 다음과 같이 명시하고 있다.

> 모든 인간은 태어날 때부터 자유롭고 존엄성과 권리에 있어 평등하다. 그들은 이성과 양심을 부여받았으며, 서로에게 형제애의 정신으로 행동해야 한다.[33]

또한, 노동권과 관련된 제23조에서는 다음과 같이 규정하고 있다.

1. 모든 사람은 노동할 권리, 직업을 자유롭게 선택할 권리, 공정하고 유리한 근로 조건에서 일할 권리, 실업으로부터 보호받을 권리를 가진다.
2. 모든 사람은 차별 없이 동일한 노동에 대해 동일한 보수를 받을 권리를 가진다.
3. 노동자는 자신과 가족이 인간의 존엄에 부합하는 삶을 영위할 수 있도록 공정하고 적절한 보상을 받을 권리가 있으며, 필요할 경우 사회적 보호 수단으로 이를 보완 받을 권리를 가진다.
4. 모든 사람은 자신의 이익을 보호하기 위해 노동조합을 결성하고 가입할 권리를 가진다.[34]

이 선언의 제23조에 명시된 '공정하고 유리한 근로 조건,' '동일 노동에 대한 동일 임금,' 그리고 '인간의 존엄에 부합하는 보수'라는 권리는 아동 노동을 착취하거나 최저 생계비에도 못 미치는 임금을 지급하는 것이 일부 국가에서 일반적으로 행해지는 관행이라 하더라도, 비윤리적이라는 것을 시사한다. 이러한 권리는 국가의 경계를 넘어서는 기본적인 인권이다.

권리에는 반드시 의무가 따른다는 점도 중요하다. 예를 들어, 표현의 자유를 가질 권리가 있다면, 타인의 표현의 자유를 존중해야 할 의무도 존재한다. 세계 인권 선언 제29조에서는 이러한 의무를 다음과 같이 설명하고 있다.

> 모든 사람은 자신의 인격이 자유롭고 온전히 발전할 수 있는 공동체에 대한 의무를 가진다.[35]

인권 이론의 틀 내에서, 특정한 사람이나 기관은 타인의 권리를 보장하기 위해 혜택이나 서비스를 제공해야 할 의무를 지닌다. 이러한 의무는 정부나 기업과 같은 도덕적 행동이 가능한 모든 행위자(moral agent)에게 적용된다.

예를 들어, 서구 국가의 몇몇 기업들은 독성 폐기물 처리 비용을 절감하기 위해 아프리카 국가로 폐기물을 대량으로 수출한 사례가 있다. 과거 유럽 선박 5척이 나이지리아에 맹독성 물질이 포함된 폐기물을 하역한 적이 있었다. 현지 노동자들은 샌들과 반바지만 착용한 채 하루 2.5달러의 임금을 받고 이 폐기물 통을 주거 지역의 공터에 옮겼으며, 폐기물의 내용물에 대한 정보조차 제공받지 못했다.[36] 이 경우, 노동자와 주민들의 안전을 보호할 의무는 누구에게 있는가? 인권 이론에 따르면, 이 의무는 단 하나의 도덕적 행위자에게만 부과되는 것이 아니라, 노동자와 주민들에게 해를 끼치거나 해를 유발할 가능성이 있는 모든 도덕적 행위자가 함께 부담해야 한다. 즉, 나이지리아 정부뿐만 아니라 이 폐기물을 수출한 다국적 기업들 또한 주민들의 기본적인 인권을 보호할 책임이 있었다. 그러나 이 사례에서 정부와 기업 모두 이러한 기본적 의무를 인식하거나 준수하지 않은 것으로 보인다.

정의 이론

정의 이론은 경제적 재화와 서비스의 공정한 분배를 목표로 한다. 여기서 **정의로운 분배(just distribution)**란 공정하고 형평성 있는 분배를 의미한다. 그러나 정의에 대한 단일한 이론이 존재하는 것은 아니며, 여러 정의 이론이 서로 중요한 방식에서 충돌하기도 한다. 이 가운데 특히 영향력이 크고 윤리적 함의가 중요한 이론이 철학자 John Rawls에 의해 제시되었다.[38] Rawls는 모든 경제적 재화와 서비스가 균등하게 분배되어야 하며, 단, 불평등한 분배가 모두에게 이익이 되는 경우에는 예외적으로 허용될 수 있다고 주장한다.

정의로운 분배
재화와 서비스가 공정하고 형평성 있게 분배되는 것.

Rawls에 따르면, 정의로운 원칙이란 사람들이 자유롭고 공정하게 고려할 수 있는 상황에서 동의할 수 있는 원칙이어야 한다. 이를 위해 그는 '무지의 베일(veil of ignorance)'이라는 개념적 장치를 제안한다. 무지의 베일 아래에서는 모든 사람이 자신의 특정한 특성(예: 인종, 성별, 지능, 국적, 가정환경, 특수한 재능 등)을 모른다고 가정한다. 이러한 조건에서 사람들이 설계할 사회 제도는 공정한 것으로 간주될 수 있다. Rawls는 이러한 무지의 베일 개념을 바탕으로 두 가지 기본 정의 원칙을 제시한다.

첫째, 모든 사람은 다른 사람의 자유와 양립할 수 있는 최대한의 기본적 자유를 누려야 한다. Rawls가 정의하는 기본적 자유에는 정치적 자유(예: 투표권), 언론과 집회의 자유, 양심의 자유와 사상의 자유, 개인 재산을 소유할 권리, 자의적 체포와 압류로부터의 자유 등이 포함된다.

둘째, 기본적 자유가 보장된 이후에는 사회적 재화(예: 소득, 부의 분배, 기회)의 불평등이 허용될 수 있지만, 그러한 불평등은 모두에게 이익이 되는 경우에 한해 정당화될 수 있다. Rawls는 이를 '차등 원칙(difference principle)'이라 명명하며, 불평등이 정당화되기 위해서는 그것이 사회에서 가장 불리한 위치에 있는 사람들에게도 이익이 되어야 한다고 설명한다. 예를 들어, 시장 경제와 자유무역이 경제 성장을 촉진하여 사회의 가장 불리한 계층까지 혜택을 볼 수 있다면, 소득과 부의 불평등이 정의로운 것으로 간주될 수 있다. 즉, 시장 경제와 자유무역이 만들어 내는 부의 증가가 사회 전체의 삶의 질을 향상시킨다면, 이는 정의로운 체계로 볼 수 있다는 것이다.

국제 비즈니스 윤리의 맥락에서 Rawls의 이론은 흥미로운 시사점을 제공한다. 예를 들어, 기업이 해외에서 운영할 때 채택하는 정책이 무지의 베일 아래에서도 정의로운 것으로 간주될 수 있을지를 자문해 볼 수 있다. 해외 노동자에게 본국 노동자보다 낮은 임금을 지급하는 것이 정의로운가? Rawls의 이론에 따르면, 이러한 불평등이 전 세계에서 가장 불리한 위치에 있는 사람들에게 이익이 된다면 정당화될 수 있다(이는 경제학 이론과도 일맥상통한다). 그러나 외국 노동자들에게 최저 생계비 수준의 임금을 지급하고 장시간 노동을 강요하며, 위험한 환경에서 일하도록 하는 것은 정의롭지 않으며, 따라서 비윤리적이다. 또한, 무지의 베일 아래에서 제도를 설계한다면, 대다수의 사람은 해양, 대기, 열대우림과 같은 중요한 글로벌 공유 자산이 환경 파괴로부터 일정 수준 보호받아야 한다고 여길 것이다. 따라서 기업이 이러한 공유 자산을 심각하게 훼손하는 행동을 한다면 이는 정의롭지 않으며, 결과적으로 비윤리적인 행위로 간주될 수 있다. 이처럼 Rawls의 무지의 베일 개념은 윤리적 딜레마를 해결하는 데 있어 경영자가 활용할 수 있는 도덕적 나침반 역할을 할 수 있다.

360° 관점: 경영에의 시사점

[학습 목표 5] 글로벌 경영자가 의사 결정 과정에서 윤리적 고려 사항을 반영하는 방법과 기업의 사회적 책임 및 지속 가능성 관련 계획을 실행하는 방안을 설명한다.

국제적으로 윤리적인 의사 결정 내리기

그렇다면 다국적 기업의 관리자들은 국제 비즈니스 의사 결정에서 윤리적 고려 사항을 반영하기 위해 어떤 방법을 사용해야 할까? 노동 환경, 인권, 부패, 환경오염과 관련된 의사 결정을 해야 할 때, 관리자는 어떤 윤리적 행동 방침을 선택해야 할까? 또한, 다국적 기업이 가진 영향력으로부터 발생하는 도덕적 의무는 어떻게 결정해야 하는가? 이러한 질문들에 대한 명확한 정답이 존재하지 않는 경우가 많다. 윤리적 문제 중 상당수는 명백한 정답이 없는 복잡한 딜레마에서 비롯되기 때문이다. 그럼에도 불구하고, 관리자는 기본적인 윤리 원칙을 준수하고 국제 비즈니스 의사 결정에 윤리적 관점을 일상적으로 반영하기 위해 다양한 노력을 기울일 수 있다.

여기서는 국제 비즈니스와 그 관리자가 윤리적 문제를 비즈니스 의사 결정에 반영하기 위해 취할 수 있는 일곱 가지 실천 방안을 살펴본다. (1) 개인적으로 확고한 윤리 의식을 가진 인재를 채용하고 승진시키는 것, (2) 윤리적 행동을 중시하는 조직 문화를 구축하고 리더가 이를 실천하는 것, (3) 비즈니스 의사 결정 과정에서 윤리적 요소를 반드시 고려하도록 하는 의사 결정 절차를 마련하는 것, (4) 조직 내 윤리 담당 책임자를 두는 것, (5) 도덕적 용기를 함양하는 것, (6) 기업의 사회적 책임을 핵심 정책으로 삼는 것, (7) 지속 가능한 전략을 추구하는 것이다.

채용과 승진. 기업이 윤리 의식이 강하고 비윤리적이거나 불법적인 행동을 하지 않을 사람을 채용하려 한다는 것은 당연한 일처럼 보인다. 마찬가지로, 윤리적 기준에 맞지 않는 행동을 하는 사람을 승진시키지 않거나 심지어 해고하는 것이 합리적일 것이다. 그러나 실제로 이를 실천하는 것은 쉽지 않다. 어떻게 하면 지원자가 윤리적으로 부족한 사람인지 알 수 있을까? 사회적으로 우리는 자신의 윤리적 결함을 감추려는 경향이 있다. 비윤리적인 사람이라는 사실이 알려지면 신뢰를 얻기 어렵기 때문이다.

그렇다면 기업은 어떻게 해야 비윤리적인 사람이 채용되는 것을 막을 수 있을까? 특히 지원자들이 자신의 본성을 감추려 하거나, 심지어 거짓말을 할 수도 있는 상황에서 말이다. 기업은 지원자의 윤리적 성향을 파악하기 위해 심리 검사를 실시할 수 있으며, 이전 고용주나 동료들에게 지원자의 평판을 확인할 수도 있다. 예를 들어, 추천서를 요구하거나 지원자와 함께 일했던 사람들과 직접 대화하는 방식이 이에 해당한다. 이러한 평판 조회는 일반적으로 널리 활용되며 채용 과정에 영향을 미친다. 또한, 조직 문화가 윤리적 행동을 중시하고 리더가 이를 실천하는 기업이라면, 비윤리적인 행동을 한 직원이 승진하는 일은 발생하지 않을 것이다.

기업이 윤리적으로 올바른 인재를 채용하는 것이 중요하지만, 동시에 지원자들도 자신이 입사하려는 조직의 윤리적 환경을 충분히 조사해야 한다. 예를 들어, Enron과 같이 최고 경영진이 자신들의 이익을 극대화하기 위해, 공공으로부터 감춰 둔 위험한 파트너십의 형성 때문에 파산에 이른 다국적 기업에서 일하고 싶어 하는 사람이 있을까?

조직 문화와 리더십

윤리적 행동을 촉진하려면 기업은 윤리적 행동을 중시하는 조직 문화를 구축해야 한다. 이를 위해 특히 중요한 세 가지 요소가 있다. 첫째, 기업은 윤리적 행동을 강조하는 가치를 명확하게 규정해야 한다. 대부분의 우수 기업은 이를 실천하기 위해 **윤리 강령**(code of ethics)을 수립하는데, 이는 기업이 준수해야 할 윤리적 우선순위를 공식적으로 명시한 문서이다. 윤리 강령은 칸트 윤리학과 권리 기반 윤리 이론을 바탕으로 한 UN 세계인권선언 등의 문서를 참고하여 작성되는 경우가 많다. 일부 기업은 윤리 강령을 별도로 마련하기보다 기업의 가치나 미션을 담은 문서에 윤리적 원칙을 포함시키기도 한다. 예를 들어, 국제경영학회(Academy of International Business, AIB)는 조직 리더십과 회원을 위한 윤리 강령을 두고 있다.[39]

윤리 강령
기업이 준수해야 할 윤리적 우선순위를 공식적으로 명시한 문서.

> **AIB 리더십 윤리 강령의 취지:** 조직의 리더십은 조직 전체와 그 구성원에게 영향을 미치는 가치, 규범, 관행을 형성하는 최종적인 책임을 진다. 윤리적으로 확립된 강한 조직은 강력한 윤리위원회에 의해 운영될 때만 가능하다. 여기서 '위원회(committee)'라는 용어는 간결함을 위해 사용된 것이며, 이는 조직 내에서 관리, 감독, 의사 결정, 재무 권한을 가진 모든 조직 구조를 포함한다.[40]

둘째, 기업이 윤리적 가치를 명문화했다고 해서 그것이 자동적으로 실천되는 것은 아니다. 따라서 리더들은 윤리적 가치를 지속적으로 강조하고 실천함으로써 이러한 가치에 생명력을 불어넣어야 한다. 즉, 윤리적 행동의 중요성을 모든 기회에서 강조하고, 주요 의사 결정이 경제적으로 합리적일 뿐만 아니라 윤리적으로도 타당한지 검토해야 한다. 일부 기업은 윤리 강령이 실질적으로 준수되고 있는지를 확인하기 위해 독립적인 감사인을 고용하기도 한다. 예를 들어, Nike는 외부 감사 기관을 통해 자사의 하청 업체들이 Nike의 윤리 강령을 준수하고 있는지를 점검하도록 하고 있다.

셋째, 윤리적 행동을 강조하는 조직 문화를 구축하려면 보상 및 인센티브 시스템을 활용해야 한다. 윤리적 행동을 실천한 직원에게는 승진이나 보상을 제공하고, 그렇지 않은 경우에는 제재를 가하는 방식이다. 예를 들어, General Electric의 전 CEO Jack Welch는 관리자들의 성과를 평가할 때 윤리적 가치를 기준으로 여러 그룹으로 나누었다. 그중에서도 높은 성과를 내면서도 올바른 가치를 실천한 관리자들은 승진과 보너스의 기회를 얻었지만, 반대로 높은 성과를 내더라도 윤리적 가치에 부합하지 않는 관리자들은 퇴출되었다. Welch는 기업의 핵심 가치를 지키지 않는 리더를 용인하지 않았으며, 이는 조직 문화가 윤리적으로 확립되도록 하는 중요한 원칙이었다.[41]

의사 결정 과정

윤리적인 조직 문화를 조성하는 것뿐만 아니라, 기업인은 의사 결정 과정에서도 윤리적 영향을 체계적으로 고려할 수 있어야 한다. 이를 위해 윤리적 나침반이 필요하며, 인권 이론이나 Rawls의 정의 이론은 이러한 방향성을 제시할 수 있다. 뿐만 아니라, 일부 윤리 전문가들은 의사 결정이 윤리적으로 타당한지를 판단할 수 있는 실용적인 가이드라인, 즉 윤리적 알고리즘을 제안하기도 한다.[42] 이에 따르면, 기업인은 다음 세 가지 질문에 모두 '예'라고 답할 수 있어야 해당 의사 결정이 윤리적으로 수용될 수 있다고 본다.

- 내 결정이 조직의 윤리 강령이나 기타 기업 문서에서 명시한 가치 및 기준에 부합하는가?
- 내 결정이 관련 이해관계자들에게 공개될 경우(예: 신문, TV, 소셜 미디어 보도) 수용될 수 있는가?
- 가족, 친구, 다른 기업의 경영진 등 나와 중요한 관계를 맺고 있는 사람들이 이 결정을 승인할 것인가?

또한, 윤리적 문제를 체계적으로 검토하기 위한 또 다른 윤리적 알고리즘으로 다섯 단계 프로세스가 제안되기도 한다.[43] 첫 번째 단계에서는 특정 의사 결정이 어떤 이해관계자에게 영향을 미칠지, 그리고 그 영향이 무엇인지 식별해야 한다. **이해관계자(stakeholders)**는 기업의 활동과 성과에 이해관계, 권리, 지분을 가진 개인이나 집단을 의미하며,[44] 내부 이해관계자와 외부 이해관계자로 구분할 수 있다. **내부 이해관계자(internal stakeholders)**는 기업에서 근무하거나 기업을 소유한 개인이나 집단(직원, 이사회, 주주 등)이다. **외부 이해관계자(external stakeholders)**는 기업과 직접적 또는 간접적으로 이해관계를 가지는 개인 및 집단(고객, 공급 업체, 정부, 지역사회 등 주요 이해관계자와 특수 이익 집단, 경쟁사, 무역 협회, 대중 매체, 소셜 미디어 등의 2차 이해관계자 포함)이다.

이해관계자
기업의 활동과 전반적인 성과에 이해관계, 권리, 또는 지분을 가진 개인이나 집단.

내부 이해관계자
기업을 위해 일하거나 기업을 소유하고 있는 개인이나 단체.

외부 이해관계자
고객, 공급자, 채무자, 정부, 노조, 지역 사회, 일반 대중 등 기업에 대해 의견을 제시할 수 있는 모든 개인이나 단체.

모든 이해관계자는 기업과 교환 관계(exchange relationship)를 맺고 있다.[45] 각 이해관계자 집단은 기업에 중요한 자원(또는 기여)을 제공하며, 대가로 자신의 이익이 충족되기를 기대한다.[46] 예를 들어, 직원은 노동, 기술, 지식, 시간 등을 기업에 제공하고, 그에 상응하는 임금, 직무 만족도, 고용 안정성, 양호한 근로 환경 등을 기대한다. 또한, 고객은 기업의 주요 수익원이 되며, 대가로 가격 대비 품질이 우수한 제품과 서비스를 원한다. 지역사회 역시 기업에 지역 인프라를 제공하고, 기업이 지역사회에 기여하고 책임 있는 시민으로서 역할을 수행하기를 기대한다. 나아가, 기업의 존재로 인해 지역사회의 삶의 질이 향상될 것이라는 보장도 원한다.

이해관계자 분석은 일정 수준의 도덕적 상상력(moral imagination)을 요구한다.[47] 이는 이해관계자의 입장에서 생각해 보고, 특정 의사 결정이 해당 이해관계자에게 어떤 영향을 미칠지를 고려하는 것이다. 예를 들어, 기업이 하청 업체에 업무를 아웃소싱하는 방안을 검토할 때, 경영자는 열악한 근로 환경에서 장시간 근무하는 근로자의 입장에서 어떤 기분일지를 고민해봐야 한다.

2단계에서는 1단계에서 얻은 정보를 바탕으로 제안된 전략적 의사 결정의 윤리성을 평가해야 한다. 경영자는 제안된 의사 결정이 이해관계자의 기본적인 권리를 침해하는지 여부를 판단해야 한다. 예를 들어, 근로자가 작업 환경 내 건강 위험에 대한 정보를 알 권리는 기본적인 권리라고 볼 수 있다. 마찬가지로, 소비자가 제품의 잠재적인 위험성에 대한 정보를 알 권리도 기본적인 권리에 해당한다. 이는 과거 담배 회사들이 흡연의 건강 위험성을 알면서도 소비자에게 이를 숨겼던 사례에서 볼 수 있듯이, 이러한 권리를 침해하는 것은 심각한 윤리적 문제가 된다. 또한, 경영자는 John Rawls의 '무지의 베일(veil of ignorance)' 개념을 적용해 의사 결정을 다시 한번 고민할 필요가 있다. 예를 들어, 낮은 임금과 열악한 근무 환경을 가진 하청 업체에 업무를 아웃소싱할지를 고려할 때, 경영자는 자신이 하청 업체 근로자가 될 수도 있다는 가정 하에 이러한 결정을 수용할 수 있을지 자문해야 한다.

이 단계에서 내리는 판단은 위반해서는 안 되는 다양한 도덕적 원칙에 의해 이뤄져야 한다. 이 원칙들은 기업의 윤리 강령이나 기타 기업 문서에 명시되어 있을 수 있다. 또한, 사회 구성원으로서 우리가 받아들인 특정 도덕적 원칙, 예를 들어 도둑질 금지와 같은 기본적인 규범 역시 반드시 준수해야 한다. 이 단계에서의 판단은 또한 제안된 전략적 의사 결정을 평가하기 위해 선택된 의사 결정 규칙에 의해 좌우된다. 대부분의 기업들은 장기적인 수익 극대화를 중시하지만, 이는 반드시 도덕적 원칙을 위반하지 않는 범위 내에서 적용되어야 한다.

3단계에서는 경영진이 도덕적 의지(moral intent)를 확립해야 한다. 이는 기업이 의사 결정을 내릴 때, 이해관계자의 기본적 권리나 핵심 도덕 원칙이 침해되는 상황에서는 도덕적 고려 사항을 다른 모든 고려 사항보다 우선시해야 함을 의미한다. 이 단계에서는 특히 최고 경영진의 의견이 중요할 수 있다. 최고 경영진의 적극적인 지지와 격려가 없다면, 중간 관리자들은 기업의 경제적 이익을 이해관계자의 이익보다 우선시할 가능성이 있다. 이는 종종 최고 경영진이 이러한 접근 방식을 선호할 것이라는 잘못된 믿음에서 비롯된다.

4단계에서는 기업이 윤리적인 행동을 해야 한다. 5단계에서는 기업이 의사 결정에 대한 감사를 실시해야 한다. 이는 기업의 의사 결정이 윤리 강령 등에서 규정한 윤리 원칙에 부합했는지를 점검하는 과정이다. 이 최종 단계는 매우 중요하지만, 종종 간과되기도 한다. 만약 기업이 과거의 의사 결정을 점검하지 않는다면, 의사 결정 과정이 제대로 작동했는지, 또는 윤리 강령 준수를 강화하기 위해 개선이 필요한지 여부를 파악할 수 없다.

윤리 책임자

기업이 윤리적으로 운영되도록 보장하기 위해, 기업들은 법적·윤리적 기준을 준수하는 고위급 관리자(ethics officers)를 두고 있다. 윤리 책임자는 기업의 윤리 및 법규 준수 프로그램을 총괄하며, 다음과 같은 역할을 수행한다. (1) 윤리 프로그램이 다뤄야 할 필요성과 위험 요소를 평가, (2) 윤리 강령 개발 및 배포, (3) 직원 대상 윤리 교육 프로그램 시행, (4) 윤리적 또는 비윤리적 문제에 대한 직원 문의를 비공개로 처리하는 서비스 운영, (5) 정부 법률 및 규제 준수 여부 점검, (6) 윤리적 행동 감시 및 감사, (7) 윤리 강령 위반 가능성이 있는 사항에 대한 적절한 조치, (8) 윤리 강령을 정기적으로 검토 및 업데이트.[48] 이처럼 윤리 책임자는 다양한 윤리적 이슈를 다루기 때문에, 많은 기업에서 내부 옴부즈퍼슨(ombudsperson) 역할도 겸하고 있다. 즉, 이들은 직원들의 익명 문의를 처리하고, 내부 고발을 조사하며, 보고서를 작성하여 필요한 변화를 제안하는 업무를 수행한다.

예를 들어, 다국적 항공우주 기업인 United Technologies는 1990년부터 공식적인 윤리 강령을 운영해 왔다.[49] 이 기업은 약 450명의 비즈니스 실천 책임자(Business Practice Officers, 윤리 책임자의 사내 명칭)를 두고 있으며, 이들은 윤리 강령 준수를 감독하는 역할을 맡고 있다. 또한, United Technologies는 1986년부터 '옴부즈퍼슨' 프로그램을 운영하여, 직원들이 윤리적 문제에 대해 익명으로 문의할 수 있도록 하고 있다. 이 프로그램을 통해 1986년 이후 약 60,000건의 문의가 접수되었으며, 10,000건 이상의 사례가 공식적으로 처리되었다. 이러한 조기 윤리 경영 도입 노력 덕분에, United Technologies는 견고하고 책임감 있는 윤리적 기업 구조를 구축할 수 있었다.

도덕적 용기

국제 비즈니스 환경에서 근무하는 직원들은 상당한 수준의 도덕적 용기를 필요로 할 수 있다는 점을 인식해야 한다. 도덕적 용기는 윤리적으로 부적절하지만 수익성이 높은 의사 결정에서 벗어날 수 있도록 관리자에게 힘을 준다. 또한, 도덕적 용기는 상사가 비윤리적인 행동을 지시할 때 이에 대해 단호히 거부할 수 있는 능력을 직원에게 부여한다. 나아가, 기업 내 지속적인 비윤리적 행동을 외부에 알리고 언론에 제보할 수 있는 정직성과 책임감을 제공한다. 그러나 도덕적 용기를 실천하는 일은 쉽지 않다. 실제로, 기업의 비윤리적 행동을 문제 삼아 언론에 알린 직원들이 결국 직장을 잃은 사례도 존재한다.[50]

그러나 기업은 도덕적 용기를 발휘하는 직원들에게 보복하지 않을 것을 약속함으로써, 즉 상사의 지시에 반대하거나 비윤리적 행위를 문제 삼는 직원들을 보호함으로써 그들의 도덕적 용기를 강화할 수 있다. 예를 들어, AIB의 윤리 강령에서 발췌한 다음 내용을 고려해볼 수 있다.

> **국제 경영학회(AIB) 지도부의 서약문:** AIB 회원들을 위한 정책을 수립함에 있어, 나는 이 조직의 자산을 신뢰 속에서 관리하는 책임을 지고 있다. AIB 회원들은 조직을 위해 헌신하고 유능한 선출 위원들의 필요성을 인식하고 있으며, 나의 성실성과 역량에 신뢰를 보내고 있다. 이에 대한 보답으로, 회원들은 나의 최선의 노력, 헌신, 그리고 지원을 받을 자격이 있다. 따라서, AIB 위원회 구성원으로서 나는 높은 수준의 윤리와 행동 기준을 준수할 것을 인정하며 이를 준수할 것을 서

약한다. 나는 AIB와 그 회원들의 이익을 위해 최선을 다해 노력하고, 나의 역량과 자원을 투입할 것이다. 또한, AIB 위원회 구성원으로서의 역할을 수행함에 있어 조직의 청렴성, 객관성, 그리고 공정성에 대한 회원들의 신뢰가 유지되고 더욱 강화될 수 있도록 행동할 것이다. 만약 그렇지 못할 경우, 이는 회원들이 내게 부여한 신뢰를 저버리는 행위가 될 것이다.[51]

이 서약문은 AIB 내 지도적 위치에 있는 모든 구성원이 AIB의 리더십 활동에서 최고 수준의 윤리적 책임과 헌신을 준수하고 유지하도록 보장한다. 또한, 독립적인 AIB 옴부즈 위원회(AIB Ombuds Committee)는 모든 윤리적 문제와 위반 사항을 처리하며, 이를 통해 조직의 독립성과 최고 수준의 도덕적 기준이 유지될 수 있도록 한다.

기업의 사회적 책임(CSR)

다국적 기업은 자원을 통제하고 생산을 국가 간에 이동시킬 수 있는 능력에서 비롯된 강력한 영향력을 가지고 있다. 이러한 영향력은 법과 규제뿐만 아니라 시장의 규율과 경쟁 과정에 의해 일정 부분 제한되지만, 여전히 상당한 수준이다. 일부 도덕 철학자들은 이러한 영향력을 가진 다국적 기업이 자신들을 성장하고 번영하게 만든 사회에 기여할 사회적 책임을 져야 한다고 주장한다.

기업의 사회적 책임(corporate social responsibility, CSR) 개념은 기업 경영자가 비즈니스 의사 결정을 내릴 때 경제적 행동이 미치는 사회적 영향을 고려해야 하며, 경제적 이익과 사회적 이익을 동시에 가져오는 의사 결정을 우선적으로 고려해야 한다는 원칙을 포함한다.[52] CSR을 가장 순수한 형태로 해석하면, 단순히 윤리적으로 올바른 행동이기 때문에 기업이 사회적 책임을 다해야 한다는 논리가 성립한다. 이러한 접근 방식을 지지하는 사람들은 특히 대기업이 노블레스 오블리주(noblesse oblige) 정신을 인식하고, 자신의 성공을 가능하게 한 사회에 기여해야 한다고 주장한다. 노블레스 오블리주는 원래 프랑스어로, 높은 신분을 가진 사람이 명예롭고 자선적인 행동을 해야 한다는 개념을 의미한다. 기업 환경에서 이 개념은 성공한 기업이 사회적 책임을 다해야 한다는 의미로 확장되며, 이는 기업이 운영하는 지역사회의 복지를 증진하기 위한 사회적 투자로 이어져 왔다.

기업의 사회적 책임(CSR)
기업 경영자는 비즈니스 의사 결정을 내릴 때 경제적 행동이 초래하는 사회적 영향을 고려해야 한다는 개념. 또한, 경제적 이익뿐만 아니라 사회적으로도 긍정적인 영향을 미치는 의사 결정이 우선적으로 고려되어야 한다는 원칙을 포함함.

권력 자체는 도덕적으로 중립적이지만, 그것을 어떻게 활용하느냐가 중요한 문제이다. 권력은 사회 복지를 증진하는 긍정적인 방향으로 사용될 수도 있고, 윤리적으로나 도덕적으로 문제가 될 방식으로 사용될 수도 있다. 일부 다국적 기업의 경영진은 기업이 운영하는 지역사회의 복지를 증진할 도덕적 의무가 있다고 인정하고 있다. 예를 들어, 세계적인 석유 기업 중 하나인 BP는 기업 정책의 일환으로 사업을 운영하는 국가에서 사회적 투자(social investment)를 진행하고 있다.[53] BP는 알제리의 사막 도시 살라(Salah) 근처에서 가스전 개발 프로젝트를 진행하면서, 해당 지역에 깨끗한 식수가 부족하다는 문제를 발견했다. 이에 따라 BP는 지역사회를 위해 두 개의 해수 담수화 시설을 건설하고, 주민들이 식수를 집으로 운반할 수 있도록 물통을 배포했다. BP는 이러한 사회적 투자가 직접적인 경제적 이익을 주지는 않지만, 자신들의 영향력을 긍정적인 방식으로 사용해야 한다는 도덕적 책임을 인식하고 있었던 것이다. BP에게는 작은 일이었지만, 지역 주민들에게는 매우

Stora Enso의 CSR

Stora Enso는 핀란드의 제지 및 펄프 제조 기업으로, 1998년 스웨덴의 광산 및 임업 제품 기업 Stora와 핀란드의 임업 제품 기업 Enso-Gutzeit Oy가 합병하여 설립되었다. 본사는 핀란드 수도 헬싱키에 위치하며, 약 25,000명의 직원을 고용하고 있다. 2000년, Stora Enso는 북아메리카의 Consolidated Papers를 인수하며 사업을 확장하였고, 이후 남미, 아시아, 러시아로도 진출하였다. 2005년까지 Stora Enso는 생산 능력 기준으로 세계 최대의 제지 및 펄프 제조 기업이 되었으나, 2007년 북아메리카 사업부를 NewPage Corporation에 매각하였다.

현재까지도 Stora Enso는 글로벌 차원에서 기업의 사회적 책임(CSR)을 실천하는 전통을 이어오고 있다. 회사의 CSR 정책을 담은 'Stora Enso의 글로벌 책임(Global Responsibility in Stora Enso)'에서는 다음과 같이 명시하고 있다. "Stora Enso에게 글로벌 책임이란, 우리 기업의 목적을 실현하기 위한 구체적인 행동을 의미하며, 이는 사람과 우리가 사는 지구를 위해 선한 영향을 미치는 것이다."* Stora Enso는 이에 대해 다음과 같이 추가적으로 설명하고 있다.

> 우리의 목적인 '사람과 우리가 사는 지구를 위해 선한 영향을 미친다'는 우리가 비즈니스를 운영하는 궁극적인 이유이다. 이는 우리가 수행하는 모든 활동을 이끄는 최우선 원칙이며, 이를 기반으로 사업을 운영한다. 예를 들어, 재생 가능한 제품을 생산 및 판매하고, 핀란드의 지역 산주(山主)로부터 나무를 구매하며, Stora Enso Skoghall Mill에서 생성된 전력을 판매하거나, 글로벌 규모의 물류 운영을 관리하는 모든 과정에서 이 원칙이 적용된다.**

흥미롭게도, Stora Enso는 이와 같은 주장이 다소 대담하며 심지어 완전히 신뢰하기 어렵게 받아들여질 수도 있음을 인지하고 있다고 설명한다. 그러나 Stora Enso는 이러한 선언을 문서화함으로써 자사의 행동에 대한 책임을 강화하는 역할을 한다고 주장한다. 동시에, Stora Enso는 마치 항상 '사회적 책임'을 고려하여 사람과 지구를 위한 선한 행동을 실천해 온 기업인 것처럼 자사를 포지셔닝한다. 이를 뒷받침하는 사례로는, 자사 공장 주변 지역사회를 조성하고 발전시켜 온 점, 희소한 자원의 사용을 줄이기 위한 혁신적인 시스템을 개발한 점, 산림 소유주, 자사 직원, 정부, 그리고 공장 인근 지역사회와의 긍정적인 관계를 유지해 온 점 등이 있다. Stora Enso는 자사의 과거를 되돌아보고 미래를 전망하는 과정에서, 글로벌 책임 전략의 세 가지 핵심 영역으로 인적·윤리적 책임, 산림 및 토지 이용, 환경 및 효율성을 설정하였다. 인적·윤리적 책임 측면에서, Stora Enso는 전 세계 가치사슬 전반에 걸쳐 사회적으로 책임 있는 방식으로 사업을 운영하는 데 주력하고 있다. 산림 및 토지 이용 측면에서는, 혁신적이고 책임감 있는 임업 및 토지 이용 방식을 통해 신뢰받는 협력 파트너이자 지역사회에 기여하는 기업으로 자리매김하는 것을 목표로 한다. 환경 및 효율성 측면에서는, 자원 효율적인 운영을 통해 자사 제품과 관련된 환경 성과를 극대화하는 데 초점을 맞추고 있다.

많은 기업이 자사의 웹사이트, 연례 보고서, 기업 홍보 자료 등에 CSR 관련 내용을 포함하고 있지만, Stora Enso는 이에 더해 명확한 목표와 성과 지표를 설정하고 이를 체계적으로 평가하고 있다. Stora Enso의 전반적인 경영 활동은 기업 차원의 환경 및 사회적 성과 목표에 따라 운영되며, 이러한 목표는 Stora Enso 글로벌 책임 핵심 성과 지표(Global Responsibility Key Performance Indicators, KPIs)로 명명되었다. 이 목표들은 '목표와 성과(Targets and Performance)'라는 공식 문서에 공개적으로 명시되어 있으며, 각 핵심 영역별로 후술할 두세 개의 주요 측정 기준이 포함된다. (1) 인적·윤리적 책임: 보건 및 안전, 인권, 윤리 및 준법, 지속 가능한 리더십, 책임 있는 조달. (2) 산림 및 토지 이용: 토지 이용의 효율성, 지속 가능한 임업. (3) 환경 및 효율성: 기후 및 에너지, 자원 효율성, 공정 폐수 배출. 또한, '목표와 성과' 문서에는 전년도 성과, 당해 연도 목표, 각 측정 기준과 관련된 전략적 목표가 포함되어 있다.

Sources: "Global Responsibility in Stora Enso," www.storaenso.com; K. Vita, "Stora Enso Falls as UBS Plays Down Merger Talk: Helsinki Mover," Bloomberg Businessweek, September 30, 2013; M. Huuhtanen, "Paper Maker Stora Enso Selling North American Mills," USA Today, September 21, 2007.

*Hult, G. Tomas M. "Market-Focused Sustainability: Market Orientation Plus!" *Journal of the Academy of Marketing Science*, 39, no. 1 (2011).

**G. Tomas M. Hult, "Market-Focused Sustainability: Market Orientation Plus!" *Journal of the Academy of Marketing Science*, 39, no. 1 (2011).

중요한 변화였다. CSR이 실제로 기업 경영에 어떻게 적용되는지에 대한 또 다른 사례로는, 핀란드 기업 Stora Enso를 참고할 수 있다(MANAGEMENT FOCUS 참조).

지속 가능성

국제 기업의 경영자들은 기업의 사회적 책임(CSR)에 대한 개념을 전략적 행동으로 전환하기 위해 노력하면서, 지속 가능한 전략으로 점점 더 관심을 돌리고 있다. 여기서 **지속 가능한 전략(sustainable strategies)**이란, 다국적 기업이 수익을 창출하는 동시에 환경을 해치지 않으며, 기업이 이해관계자들에 대해 사회적으로 책임 있는 방식으로 운영되도록 하는 전략을 의미한다.[54] 지속 가능성의 핵심 개념은 기업의 활동이 미래 세대가 경제적 필요를 충족할 능력을 저해하지 않으며, 오히려 장기적으로 경제적·사회적 이익을 이해관계자들에게 제공해야 한다는 것이다.[55]

지속 가능한 전략
다국적 기업이 수익을 창출하는 동시에 환경을 해치지 않으며, 다양한 이해관계자에 대해 사회적으로 책임 있는 방식으로 운영되도록 하는 전략.

지속 가능성 개념은 또한 경영자가 특정 행동 방안을 평가할 때 **사전 예방 원칙(precautionary principle)**을 적용해야 한다는 점을 포함한다. 사전 예방 원칙이란, 특정 행동의 영향에 대한 과학적 지식이 불충분하거나, 이 행동이 환경이나 인간·동물·식물의 건강에 잠재적으로 위험한 영향을 미칠 수 있다는 합리적인 우려가 존재하는 경우, 해당 행동의 실행을 우리의 지식이 향상될 때까지 보류하거나 연기해야 한다는 원칙을 의미한다.[56]

사전 예방 원칙
특정 행동의 영향에 대한 과학적 지식이 불충분하거나, 이 행동이 환경이나 인간·동물·식물의 건강에 잠재적으로 위험한 영향을 미칠 가능성이 있다는 합리적인 우려가 존재하는 경우, 해당 행동을 우리의 지식이 향상될 때까지 보류하거나 연기해야 한다는 원칙.

지속 가능한 전략을 추구하는 기업은 단기적인 경제적 이익을 위해 환경을 훼손하는 사업 관행을 채택하지 않는다. 이는 결국 미래 세대에 비용을 전가하는 결과를 초래할 수 있기 때문이다. 즉, 지속 가능한 전략을 추진하는 국제 기업은 공유지의 비극(tragedy of the commons)을 유발하거나 이에 가담하는 상황을 피하려 한다. 예를 들어, 지속 가능한 전략을 추구하는 기업은 탄소 배출량(CO_2 배출량)을 줄이는 노력을 통해 기후 변화에 영향을 주지 않으려 한다. 물론, 일부 비판가들은 CO_2 배출과 기후 변화 간의 연관성에 대한 과학적 불확실성을 주장하기도 한다. 하지만 이러한 비판들은 과학적 불확실성을 과장하는 경향이 있으며, 사전 예방 원칙에 따르면 설령 과학적 지식이 완전히 확립되지 않았다 하더라도 기업은 탄소 배출을 줄이려는 노력을 기울여야 한다.

또한, 지속 가능한 전략을 채택한 기업은 핵심 이해관계자(예: 직원, 공급 업체)의 복지에 부정적인 영향을 미치는 정책을 시행하지 않는다. 이는 장기적으로 기업에 부정적인 영향을 미칠 수 있기 때문이다. 예를 들어, 직원에게 지나치게 낮은 임금을 지급하여 빈곤에 빠지게 만들 경우, 기업은 향후 인재 채용에 어려움을 겪고 높은 이직률로 인해 추가적인 비용 부담을 안게 될 것이다. 마찬가지로, 공급 업체에 지나치게 낮은 가격을 강요하여 그들이 운영을 개선할 투자 여력을 잃게 만들 경우, 결국 기업은 저품질 원자재 사용과 공급 업체의 혁신 부족으로 인해 경쟁력이 저하될 위험에 직면하게 된다.

지속 가능한 전략을 추구하는 기업의 사례로 Starbucks를 살펴보자. Starbucks는 자사가 구매하는 커피 원두의 100%를 윤리적으로 조달하는 것을 목표로 삼고 있다. 이는 곧, Starbucks가 구매하는 커피 원두를 재배하는 농가들이 환경을 해치지 않는 지속 가능한 농업 방식을 사용하며, 노동자들을 정당하게 대우하고 적절한 임금을 지급하도록 보장하는 것을 의미한다. 이를 위해 Starbucks의 농업 전문가(agronomists)들은 코스타리카, 르완다 등의 생산지에서 직접 농부들과 협력하며 환경적으로 책임 있는 농업 방식을 적용할 수 있도록 지원하고 있다. 또한, 농부들이 생산 방식을 개선할 수 있도록 대출을 해 주어 지속 가능한 농업을 돕는다. 이러한 정책의 결과, Starbucks의 커피 원두 중 약 9%는 공정 무역(fair trade) 방식으로 조달되며, 나머지 91%도 윤리적 조달 기준을 충족하는 원두로 확보되고 있다.

주요 용어

윤리적 딜레마
윤리
경영 윤리
윤리적 전략
해외부패방지법(FCPA)
국제 상거래에 있어서 외국공무원에 대한 뇌물 방지법
조직 문화
문화 상대주의
정의로운 도덕주의자
순진한 부도덕자
공리주의 윤리학
칸트 윤리학
인권 이론
세계인권선언
정의로운 분배
윤리 강령
이해관계자
내부 이해관계자
외부 이해관계자
기업의 사회적 책임(CSR)
지속 가능한 전략
사전 예방 원칙

요약

이 장에서는 국제 비즈니스에서 발생하는 윤리적 문제의 원천과 본질, 기업 윤리에 대한 다양한 철학적 접근법, 경영자가 국제 비즈니스 의사 결정에서 윤리적 문제를 고려하기 위해 취할 수 있는 조치, 그리고 기업의 사회적 책임(CSR)과 지속 가능성이 실제로 어떻게 적용되는지를 다루었다. 이 장에서 논의된 주요 내용은 다음과 같다.

1. 윤리란 개인, 특정 직업 집단, 또는 조직의 행동을 규율하는 옳고 그름에 대한 일반적으로 받아들여지는 원칙을 의미한다. 기업 윤리는 기업인의 행동을 지배하는 옳고 그름의 윤리적 원칙을 의미하며, 윤리적 전략이란 이러한 원칙을 위반하지 않는 전략을 의미한다.
2. 국제 비즈니스에서 발생하는 윤리적 문제와 딜레마는 국가별 정치 체제, 법률, 경제 발전 수준, 문화의 차이에서 비롯된다.
3. 국제 비즈니스에서 가장 흔히 발생하는 윤리적 문제는 고용 관행, 인권, 환경 규제, 부패, 다국적 기업의 사회적 책임과 관련된 문제들이다.
4. 윤리적 딜레마란 사용 가능한 모든 선택지가 윤리적으로 받아들이기 어려운 상황을 의미한다.
5. 비윤리적 행동은 개인의 윤리 의식, 사회적 문화, 본사와 해외 자회사 간의 심리적·지리적 거리, 윤리적 문제를 전략적·운영적 의사 결정에 반영하지 않는 경영 방식, 조직 문화의 문제, 리더의 윤리적 실패 등에서 비롯된다.
6. 도덕 철학자들은 프리드먼 독트린, 문화 상대주의, 정의로운 도덕주의자, 순진한 부도덕자와 같은 기업 윤리 접근 방식이 중요한 측면에서 불완전하다고 주장한다.
7. 프리드먼 독트린은 기업의 유일한 사회적 책임은 법의 테두리 내에서 이윤을 극대화하는 것이라고 주장한다. 문화 상대주의는 사업을 운영하는 국가의 윤리 기준을 따라야 한다고 본다. 원칙론적 도덕주의는 자국의 윤리 기준을 외국에서도 동일하게 적용해야 한다고 주장한다. 순진한 비도덕주의는 다른 외국 기업들이 해당 국가에서 윤리적 규범을 따르지 않는다면, 자사도 따를 필요가 없다고 본다.
8. 공리주의적 윤리는 행동이나 관행의 도덕적 가치는 그 결과에 의해 결정되며, 최선의 의사 결정은 최대 다수에게 최대 이익을 제공하는 결정이라고 본다.
9. 칸트 윤리는 사람을 단순히 목적을 위한 수단으로 취급해서는 안 되며, 인간은 존엄성을 지닌 존재로서 존중받아야 한다고 주장한다.
10. 인권 이론은 인간은 국가나 문화의 차이를 초월하는 기

본적인 권리와 특권을 가지며, 이러한 권리는 최소한의 도덕적으로 수용 가능한 행동 기준을 설정한다고 본다.

11. John Rawls의 정의 이론은 어떤 결정이 정의롭고 윤리적인지는 사람들이 '무지의 베일' 아래에서 사회 시스템을 설계할 때 이를 받아들일 수 있는지 여부로 판단할 수 있다고 제안한다.
12. 국제 비즈니스 의사 결정에서 윤리적 문제가 고려되도록 하기 위해, 경영자는 다음과 같은 조치를 취해야 한다.
    (a) 개인 윤리 의식이 확고한 인재를 채용하고 승진을 고려할 것
    (b) 윤리적 행동을 중시하는 조직 문화를 구축하고, 리더로서 모범을 보일 것
    (c) 비즈니스 의사 결정 과정에서 윤리적 요소를 반드시 고려하도록 하는 절차를 마련할 것
    (d) 조직 내 윤리 담당 책임자를 지정하여 윤리적 의사 결정을 총괄하도록 할 것
    (e) 도덕적 용기를 갖고 이를 타인에게도 장려할 것
    (f) 기업의 사회적 책임(CSR)을 기업 정책의 핵심 요소로 삼을 것
    (g) 지속 가능한 전략을 추진할 것
13. 비즈니스 중심의 지속 가능성을 실천하는 다국적 기업은 시장 지향적 사고를 바탕으로 다양한 이해관계자의 요구를 충족시키고, CSR 원칙을 준수하는 경영 전략을 통합적으로 운영한다.

비판적 사고와 토론을 위한 질문

1. 한 미국인 임원이 개발도상국의 해외 자회사에서 12세 소녀가 공장 바닥에서 일하고 있는 것을 발견했다. 이는 회사의 아동 노동 금지 규정을 위반하는 사항이다. 미국인은 현지 관리자에게 그 소녀를 교체하고 학교로 돌아가도록 지시했다. 그러나 현지 관리자는 해당 소녀가 고아로서 다른 생계 수단이 없으며, 일자리를 잃으면 길거리를 방황하는 아이가 될 가능성이 높다고 설명했다. 이 상황에서 미국인 임원은 어떻게 해야 하는가?
2. John Rawls의 무지의 베일 개념을 바탕으로 다음과 같은 윤리 강령을 개발하라.
    (a) 대형 석유 다국적 기업의 환경 보호 결정을 안내하는 윤리 강령
    (b) 의류 회사가 제조 운영을 해외로 아웃소싱하는 의사 결정에 영향을 미치는 윤리 강령
3. 한 기업이 노동 비용이 낮은 개발도상국으로 생산을 아웃소싱하는 것을 고려하고 있다. 하지만 이 결정으로 인해 본국에서 장기 근속한 직원들이 해고될 가능성이 있다. 어떤 조건에서 이 결정이 윤리적으로 정당화될 수 있는가?
4. 급행비는 윤리적으로 정당화될 수 있는가? 해당 비용이 지불되는 국가나 지역에 따라 그 윤리적 판단이 달라질 수 있는가?
5. 개발도상국 출신의 한 관리자가 한 다국적 기업의 현지 운영을 감독하고 있다. 그러나 해당 국가는 마약 밀매와 무법 상태가 만연한 지역이다. 어느 날, 지역 유력 인사가 관리자에게 접근하여 가난한 사람들을 위한 주택을 제공하기 위한 '기부금'을 요청했다. 그 지역 인사는 이 기부금을 제공하면 관리자가 해당 국가에서 생산적인 체류를 할 수 있도록 지원하겠다고 말했다. 직접적인 위협은 없었지만, 관리자는 이 '지역 인사'가 마약 밀매를 포함한 범죄 조직을 운영하고 있음을 잘 알고 있다. 그러나 동시에 그는 실제로 빈민 지역사회를 돕고 있기도 하다. 이 상황에서 관리자는 어떻게 해야 하는가?
6. Milton Friedman은 1970년 뉴욕 타임스에 게재한 유명한 기사에서 '기업의 사회적 책임은 이윤을 증가시키는 것'이라고 주장했다. 이에 동의하는가? 기업이 사회적 책임이 있는 사업 관행을 도입시키기 위해 낮은 이윤을 받아들이는 것이 윤리적으로 정당화될 수 있다고 생각하는가?
7. 기업이 사회적 책임을 잘 수행하지만 지속 가능성을 지향적하지 않을 수 있는가? 반대로, 지속 가능성을 중시하면서도 기업의 사회적 책임을 소홀히 할 수 있는가? '360° 관점: 경영에의 시사점' 섹션을 참고하여 CSR과 지속 가능성이 얼마나 관련이 있으며, 두 개념이 어떻게 차이가 있는지 토론하라.

CLOSING CASE

Gucci의 윤리 강령

Budrul Chukrut/SOPA Images/Shutterstock

이탈리아 패션 하우스인 Gucci는 세계적으로 유명하고 전통 있는 럭셔리 브랜드 중 하나이다. 의류, 핸드백, 신발, 액세서리, 화장품, 향수로 잘 알려진 Gucci는 피렌체에 본사를 두고 있으며, 전 세계에 걸쳐 487개의 직영 매장을 통해 제품을 판매한다. 패션 산업의 일반적인 관행에 따라, 제조는 외부 공급 업체에 위탁되지만, 다른 많은 패션 브랜드와 달리 Gucci의 공급 업체 중 약 95%가 동남아시아가 아닌 이탈리아에 기반을 두고 있다. 2021년 기준으로 Gucci는 97억 3,000만 유로의 매출을 기록했으며, 약 1만 7,000명의 직원을 고용하고 있다. 1999년부터 Gucci는 프랑스에 본사를 둔 다국적 럭셔리 기업 Kering의 소유로 운영되고 있다.

지난 20년 동안 Gucci와 그 모기업 Kering은 윤리성, 다양성, 환경 지속 가능성 분야에서 높은 평판을 구축하기 위해 노력해 왔다. Gucci는 2005년부터 윤리 강령을 시행하고 있으며, 이를 통해 회사 및 임직원이 어떠한 형태의 부패 행위에도 관여하지 못하도록 규정하고 있다. 여기에는 영향력 행사 및 행정 절차를 촉진, 보장 또는 신속히 처리하기 위한 급행료 제공이 포함된다. 또한, Gucci는 공급 업체에도 엄격한 행동 강령을 적용하며, 이에 따라 다음과 같은 행위를 금지하고 있다. (1) 만 15세 미만 아동의 노동, (2) 인신매매, 채무 노동, 강제 노동 및 의무 노동, (3) 인종, 민족, 성별을 이유로 한 차별, (4) 심리적 괴롭힘, 특히 성희롱을 포함한 모든 형태의 괴롭힘.

환경 지속 가능성과 관련하여, Gucci는 2025년까지 이산화탄소(CO_2) 배출량을 50% 감축하는 것을 목표로 하고 있으며, 이는 직영 사업뿐만 아니라 공급망 전체에 걸쳐 적용된다. 또한, Gucci는 모든 셀룰로오스 섬유를 지속 가능한 방식으로 관리되는 숲에서 조달할 것을 약속하고 있다. 2018년에는 '퍼 프리(fur free)' 정책을 도입하여 동물 모피 사용을 전면 중단했다. 더불어, Gucci는 사전 예방 원칙을 준수하며, 과학적으로 확실한 증거가 없더라도 환경에 심각하고 돌이킬 수 없는 피해를 줄 가능성이 있는 경우 보호 조치를 시행하는 것을 원칙으로 삼고 있다.

이러한 원칙을 실질적으로 적용하고 준수하도록 하기 위해, Gucci는 공식적인 모니터링 시스템을 운영하고 있다. 예를 들어, 공급 업체는 Gucci의 윤리 원칙에 대한 교육을 받으며, Kering의 특별 감사팀과 독립적인 외부 기관으로부터 정기적인 감사를 받는다. 만약 규정 위반 사례가 발견되면, 감사 후 시정 조치 계획이 수립되며, 이후 후속 감사를 통해 위반 사항이 제대로 시정되었는지 확인한다. 또한, Gucci는 환경 손익(Environmental Profit and Loss, EP&L) 회계 기법을 활용하여 자사의 활동이 환경에 미치는 경제적 영향을 측정한다. 이 정보는 대외적으로 공개되며, 이산화탄소 배출 및 플라스틱 사용과 같은 외부 효과를 줄이기 위한 환경 개선 전략 수립에 활용된다.

이러한 노력 덕분에 Gucci는 윤리적 경영의 모범 사례로 평가받고 있다. 그러나 윤리 강령 준수가 얼마나 어려운 과제인지 보여 주는 사례가 있다. 2011년, 중국 선전(Shenzhen)의 한 Gucci 플래그십 스토어에서 근무했던 전 직원 5명이 '비인도적' 근무 환경에 대한 불만을 제기했다. 이들은 공개 서한을 통해 해당 매장이 직원들의 행동을 통제하는 약 100개의 규정을 운영하고 있으며, 이 중 다수가 과도하게 엄격하고 Gucci의 행동 강령에도 위배된다고 주장했다. 주요 불만 사항으로는 초과 근무에 대한 보상 없이 장시간 근무를 강요받은 점(직원들은 하루 12시간 근무 후 추가로 재고 정리를 해야 했다고 주장), 물을 마시거나 화장실을 가기 전에 허락을 받아야 하는 규정, 화장실 이용 시간이 5분을 초과할 수 없다는 제한 등이 포함되었다. 또한, 베이징 Gucci 지사의 전직 관리자는 한 기자에게 Gucci의 중국 내 매장 전반에서 직원 처우 문제가 광범위하게 발생했으며, 이는 브랜드 자체의 문제라기보다는 "Gucci 중국 지사의 운영 관리 실패"에서 비롯된 것이라고 밝혔다.

이 사례를 면밀히 분석한 결과, 문제의 근본 원인은 중국에서 널리 활용되는 '파견 근로(labor dispatch)' 시스템에 있다는 결론이 내려졌다. 이 시스템에서는 Gucci 차이나와 같은 기업이 근로자를 직접 고용하는 것이 아니라 인력 파견 업체로부터 근로자를 임대하며, 이때 근로자의 고용 계약은 Gucci가 아닌 인력 파견 업체와 체결된다. 따라서 근무 조건 역시 Gucci가 아닌 파견 업체에 의해 결정되었다. 이에 대해 Gucci는 즉각 대응하며, "Gucci는 해당 불법 관행을 용인하지 않으며, 앞으로도 절대 용납하지 않을 것"이라고 공식 성명을 발표했다. 또한, 회사 차원의 철저한 조사를 진행했으며, 선전 매장의 점장과 부점장을 교체하는 등의 조치를 취했다고 밝혔다.

Sources: L. Wang and R. Snell, "A Case Study of Ethical Issue at Gucci in Shenzhen, China," *Asian Journal of Business Ethics*, 2013, pp. 173–83; Z. Shanshan, "Gucci Accused of Staff Abuse," *Global Times*, October 9, 2011; Kering, Code of Ethics, 2020. Also see https://equilibrium.gucci.com/environmental-profit-and-loss-accounting; E. Alexandra, "Gucci Action," *British Vogue*, October 13, 2011.

CLOSING CASE 토론을 위한 질문

1. Gucci의 윤리 강령이 가지는 강점은 무엇인가? Gucci의 접근 방식이 비윤리적 행동을 제한하는 데 얼마나 효과적일 것으로 생각하는가?
2. 중국 선전의 Gucci 매장에서 발생한 사건은 행동 강령을 실행하는 데 있어 어떤 어려움을 보여 주는가? 이 사건은 Gucci의 시스템이 실패했다는 것을 의미하는가, 아니면 오히려 효과적으로 작동했다는 것을 의미하는가?
3. Gucci와 같은 럭셔리 브랜드가 Nike와 같은 기업보다 윤리 강령을 실행하기 더 쉬운 이유는 무엇인가? 이러한 차이가 Nike와 같은 기업에 주는 시사점은 무엇인가?
4. Gucci의 상세한 윤리 강령이 본 장의 OPENING CASE에서 제시된 윤리적 딜레마를 신속히 해결하는 데 도움이 될 수 있는가? Gucci와 같은 기업이 명확한 해결책이 존재하지 않으며, 어떤 선택을 하든 도덕적 문제가 수반되는 윤리적 딜레마에 직면했을 때 어떻게 대응하는 것이 바람직한가?

미주(endnotes)는 한경사 홈페이지 www.hankyungsa.co.kr의 공지 사항에서 PDF 파일로 다운로드 할 수 있습니다.

xPACIFICA/Getty Images

6

국제 무역 이론

학습 목표

이 장을 학습하면,

1. 국가 간 교역이 이루어지는 이유를 설명할 수 있다.
2. 국가 간 무역 흐름을 설명하는 다양한 이론을 정리할 수 있다.
3. 많은 경제학자들이 국가 간 자유로운 무역이 경제적 복리를 증진한다고 믿는 이유를 설명할 수 있다.
4. 특정 산업에서 국가 경쟁력을 강화하기 위해 정부가 적극적인 역할을 수행할 수 있다고 주장하는 이들의 논거를 설명할 수 있다.
5. 국제 무역이론이 경영 실무에 미치는 중요한 시사점을 이해할 수 있다.

OPENING CASE

대만의 부상

대만은 세계화의 혜택을 많이 누린 국가 중 하나다. 중국 본토 해안에서 약 100마일 떨어진 이 섬나라는 약 2,400만 명의 인구를 보유하고 있으며, 세계적인 전자 기업들이 자리하고 있다. 대표적으로 첨단 반도체 제조 분야에서 세계를 선도하는 TSMC와 Apple의 아이폰 주요 하청업체인 Foxconn이 있다. 대만의 생활 수준은 높은 편으로, 1인당 국내총생산(GDP) 구매력 평가(PPP) 기준 약 6만 5천 달러에 달해 네덜란드나 스웨덴과 비슷한 수준을 기록하고 있다.

하지만 대만이 처음부터 이러한 경제적 번영을 누린 것은 아니었다. 1950년대만 해도 대만은 가난한 국가 중 하나였으며, 농업 중심의 경제 구조를 가지고 있었다. 이 섬은 1800년대 후반부터 1945년까지 일본의 지배를 받으며 많은 어려움을 겪었다. 제2차 세계대전이 끝난 후 대만은 일본으로부터 해방되어 중국으로 반환되었다. 이후 중국 공산당이 수년간의 내전을 거쳐 1949년 중국 본토를 장악하자, 패배한 중화민국 정부는 대만으로 피신하여 군사 독재 정권을 수립했다.

1950년대 동안 대만 정부는 수입 상품에 약 30~40%의 관세를 부과했는데, 이는 오늘날 기준으로 보면 상당히 높은 수준이었다. 이러한 정책의 목표는 수입업자에게 부과되는 세금인 관세를 통해 정부 수입을 증가시키고, 국내 생산업체를 외국 경쟁자로부터 보호하는 것이었다. 또한, 대만 기업이 수입할 수 있는 외국 제품의 양을 제한하는 허가 제도가 운영되면서 수입이 더욱 어려워졌다. 당시 대만의 수출 비중은 GDP의 약 5%에 불과했으며, 주로 쌀과 설탕과 같은 농산물이 수출품의 대부분을 차지했다. 이 시기 대만의 통화인 대만 달러는 미국 달러에 고정 환율로 연동되어 있었다. 그러나 대만 내의 높은 인플레이션과 강세를 보이던 미국 달러(이에 따라 대만 달러도 강세를 보임)의 영향으로 인해 대만 제품의 가격 경쟁력이 떨어지면서 국제 시장에서의 수출이 어려워졌다. 이러한 정책의 결과로 대만은 극히 낮은 경제 성장률을 기록했으며, 재정 및 무역 적자가 심화되었다.

이러한 경제 침체에 직면한 대만 정부는 1950년대 후반 경제 정책의 전환을 결정했다. 해외에서 경제학을 공부한 한 대만 경제학자의 조언에 따라 정부는 점진적으로 국제 무역에 개방적인 경제 체제로 전환하기 시작했다. 대만 달러의 가치는 미국 달러 대비 크게 절하되었으며, 이를 통해 대만의 수출품 가격이 더욱 경쟁력을 갖게 되었다. 또한, 정부는 수출 가공 구역을 신설하여 해당 지역에 공장을 설립한 기업들이 부품과 같은 중간재를 훨씬 낮은 관세율로 수입할 수 있도록 허용했다. 이러한 조치는 기업들의 생산성을 높이는 데 기여했다.

정부는 이러한 개혁이 기존 생산업체들의 농산물 수출 증가로 이어질 것으로 예상했다. 실제로 그러한 효과가 나타났지만, 예상치 못한 또 다른 변화도 있었다. 새로운 수출 업체들이 시장에 진입하여 이전에는 해외에 판매하지 않던 제품을 수출하기 시작한 것이다. 초기에는 합판이나 면직물과 같은 기초적인 가공 제품이 주를 이루었지만, 시간이 지나면서 기존 및 신규 생산업체들은 점차 고부가가치 제품으로 진출했다. 이들은 기계, 자동차 부품, 오디오·비디오 통신 장비, 자동차 등을 생산하기 시작했으며, 결국 첨단 전자 제품 분야까지 발전했다. 대만이 경제 발전의 사다리를 오르는 데 중요한 역할을 한 또 다른 요인은 외국 다국적 기업들의 투자였다. 이들은 대만을 주변 지역에 제품을 생산·수출하는 거점으로 인식하기 시작했다. 그 결과, 수출뿐만 아니라 수입도 급격히 증가했으며, 경제 성장률 또한 크게 상승했다.

경제가 성장하고 무역 확대의 이점이 분명해지면서, 정부는 전반적으로 수입 관세를 인하하고 많은 수입 허가 요건을 철폐했다. 1979년에는 미국 달러에 대한 고정 환율제를 폐지하고, 시장의 수요와 공급에 따라 대만 달러의 가치가 결정되는 변동환율제를 도입했다. 현재 대만의 공산품 평균 수입 관세율은 4.13% 수준으로 낮아졌지만, 농업 부문에서는 여전히 15%의 관세가 유지되고 있다. 이는 자국 농민들의 보호를 위한 로비 활동의 결과였다. 대만의 무역 규모(GDP 대비 무역 비중)는 1961년 28.6%에서 2022년 134%로 증가했으며, 이는 대만을 무역 의존도가 높은 국가 중 하나로 만들었다. 국제 무역 확대를 통해 얻은 경제적 성과는 대만 경제를 비약적으로 성장시켰으며, 대만이 1인당 GDP PPP 기준으로 매우 부유한 국가 중 하나로 자리 잡는 데 기여했다.

Sources: Taiwan Trade Data from ceicdata.com/en; Chad Brown, "Taiwan's Risky Trade Opening and How it Paid Off," *Trade Talks*, October 25, 2022; Douglass Irwin, "How Economic Ideas Led to Taiwan's Shift to Export Promotion in 1958," Working Paper, Peterson Institute for International Economics, July 2021.

서론

지난 70년 동안 국가 간 교역량은 급격히 증가해 왔다. 역사적으로 이러한 무역 성장의 대부분은 원자재, 농산물, 반도체 칩과 같은 제조업 제품을 포함한 물리적 상품의 국경 간 거래 증가에 기인했다. 그러나 최근 들어 국경을 넘어 거래되는 서비스의 가치가 빠르게 증가하고 있다. 세계적으로 거래되는 서비스에는 금융 서비스, 엔터테인먼트, 소프트웨어, 통신 서비스, 컴퓨팅 서비스, 교육 등이 포함된다. 지난 10년 동안 서비스 부문의 국경 간 거래는 제조업 제품의 국경 간 거래보다 세 배 빠른 속도로 성장하고 있다.

무역의 이익
각국이 자국이 가장 효율적으로 생산할 수 있는 상품과 서비스를 전문적으로 생산하여 수출하고, 상대적으로 효율적으로 생산할 수 없는 상품과 서비스를 다른 나라로부터 수입함으로써 실현되는 경제적 이익.

물리적 상품과 서비스의 거래가 이루어지는 이유는 경제학자들이 말하는 **무역의 이익(gains from trade)**을 실현하기 위해서다. 경제학에서 무역의 이익이란, 각국이 가장 효율적으로 생산할 수 있는 상품과 서비스를 특화하여 생산하고(그리고 이를 수출하고), 상대적으로 비효율적인 상품과 서비스는 다른 국가로부터 수입함으로써 얻을 수 있는 경제적 이점을 의미한다. 국제 무역은 글로벌 경제에서 자원의 활용 효율성을 높여 경제 성장을 촉진하며, 세계 무역 시스템에 참여하는 모든 국가에 경제적 이익을 제공한다고 경제학자들은 이론적으로 설명한다. 즉, 상품과 서비스의 교역 확대는 '모든 배를 떠오르게 하는 밀물'과 같은 역할을 한다. 이러한 이론과 이를 뒷받침하는 많은 실증적 연구 결과(OPENING CASE에서 제시된 대만의 사례 등)를 바탕으로, 경제학자들은 오랫동안 국가 간 무역 장벽을 낮출 것을 주장해 왔다. 초기에는 주로 물리적 상품의 무역 장벽 완화에 초점이 맞춰졌으나, 최근에는 여전히 많은 장벽이 남아 있는 서비스 무역 분야에서도 개방이 강조되고 있다.

OPENING CASE에서 언급된 대만의 사례는 국제 무역을 제한하는 정책에서 벗어나, 무역을 장려하고 경제를 개방하는 정책으로 전환하면서 어떻게 경제적 이익을 실현할 수 있었는지를 보여준다. 대만은 50여 년 동안 농업 중심의 빈곤 국가에서 첨단 기술 중심의 선진 경제로 도약했으며, 이는 부분적으로 무역의 이익을 적극 활용한 결과였다.

지난 70년 동안, 국경을 넘는 상품 및 서비스의 흐름에 대한 장벽을 낮춰 무역을 촉진해야 한다는 주장은 세계 주요 선진국 정책 입안자들 사이에서 널리 받아들여졌다. 미국, 영국, 독일, 일본 등의 주도로 전 세계 각국은 점진적으로 물리적 상품의 국경 간 무역 장벽을 완화했으며, 최근에는 서비스 무역의 개방도 확대되었다. 정책 입안자들은 자유무역을 적극 지지했으며, 상당 부분 성공을 거두어 세계는 세계무역기구(WTO)가 감독하는 다자간 자유무역 체제로 나아갔다. 그러나 2017년 이후 이러한 추세는 부분적으로 반전되었다. 미국의 Donald Trump 대통령이 다자간 자유무역 체제 구축에 대한 전통적인 미국의 입장을 철회하고, 시장 원리에만 의존하지 않고 정부의 개입과 협상을 통해 무역의 범위와 규모를 결정하는 관리 무역(managed trade) 정책을 채택했기 때문이다. 예를 들어, 2020년 초 Trump 행정부는 중국과 무역 합의를 체결했는데, 이 합의에서 중국은 미국산 상품과 서비스 2,000억 달러어치를 구매하기로 약속했으며, 여기에는 400억 달러 규모의 농산물도 포함되었다. 이에 대한 대가로 Trump 행정부는 추가적인 대중국 수입 관세 부과를 보류했다. 일각에서는 미국의 새 행정부가 들어서면 다시 자유무역을 장려하는 정책으로 돌아갈 것이라는 기대가 있었으나, 이러한 기대는 실현되지 않았다. Biden 행정부는 Trump 행정부의 무역 정책을 철회하기는커녕 이를 지속적으로 추진했으며, 오히려 중국과의 무역 갈등을 심화시켰을 뿐만 아니라 유럽연합(EU)과의 무역 마찰 가능성까지 높였다. (이와 관련된 보다 구체적인 내용은 7장에서 다룰 예정이다.)

자유무역에서 관리 무역과 보호무역주의로의 정책 변화는 무역 정책을 다시 정치적 논쟁의 중심으로 떠오르게 만들었다. 미국이 부과한 관세 및 기타 무역 제한 조치와 이에 대한 대응으로 중국을 비롯한 여러 국가들이 시행한 보복 관세는 국제 무역의 성장을 저해하고 글로벌 공급망을 교란하거나 교란할 위험을 초래했다. 또한, 다른 국가에서 원자재나 부품을 조달하는 기업들의 비용을 증가시키고, 수출 시장을 제한하며, 경제학자들의 주장에 따르면 무역의 이익이 줄어들면서 경제 성장률이 낮아지는 결과를 초래했다. 반면, Trump 및 Biden 행정부에서 이러한 정책을 추진하는 이들은 이러한 정책 변화가 단기적으로는 어려움을 초래할 수 있지만, 장기적으로는 상당한 경제적 이익을 가져오고 미국의 국가 안보를 강화할 것이라고 주장한다. 중국과 유럽연합(EU)의 정치인들 또한 자국의 이익을 보호한다는 명목으로 유사한 논리를 내세우고 있으며, 이는 세계 경제 정책이 자유무역을 기본 원칙으로 삼던 기조에서 점차 이탈하고 있음을 시사한다.

이러한 논의를 완전히 이해하고, 국제 무역 정책이 대기업과 중소기업에 미치는 영향을 제대로 파악하기 위해서는 먼저 상품 및 서비스 무역에 대한 다양한 접근 방식을 깊이 있게 이해할 필요가 있다. 이것이 바로 본 장의 주요 목적이다. 본 장에서는 무역 정책의 이론적 기초를 중점적으로 다룰 것이다. 또한, 무역 정책과 경제 성장 간의 관계에 대한 경제적 실증 연구 결과를 살펴볼 것이다. 7장에서는 세계 무역 체제의 발전 과정을 정리하고, 다양한 무역 정책의 측면을 논의하며, 국가 및 국제기구가 무역 정책을 어떻게 관리하는지를 살펴본다. 8장에서는 해외직접투자(FDI)의 이유와 각국 정부가 이를 관리하기 위해 채택한 정책을 다룰 것이다. 해외직접투자는 종종 무역의 대안으로 활용되거나 국경 간 무역을 촉진하기 위한 수단으로 이루어지기 때문이다. 9장에서는 유EU, 북미자유무역협정(NAFTA) 및 그 후속 협정인 미국-멕시코-캐나다 협정(USMCA)과 같은 지역 무역 블록이 형성된 이유를 분석하고, 이러한 초국가적 협정이 실제로 어떻게 운영되고 있는지를 논의할 것이다. 이 네 개의 장을 마치면 국제 무역 및 투자 환경에 대한 탄탄한 이해를 갖출 수 있을 것이며, 무역 및 투자 정책이 국제 비즈니스 실무에 미치는 중대한 영향을 깊이 이해할 수 있을 것이다.

무역 이론 개관

이 장은 중상주의에 대한 논의로 시작한다. 16세기와 17세기에 등장한 중상주의 이론은 국가가 수출을 장려하는 동시에 수입을 억제해야 한다고 주장했다. 비록 중상주의는 오늘날 대부분 폐기된 이론이지만, 그 영향은 여전히 현대 정치적 논쟁과 여러 국가의 무역 정책에서 찾아볼 수 있다. 다음으로, Adam Smith의 절대 우위론을 살펴본다. 1776년에 제시된 Smith의 이론은 왜 자유무역이 국가에 이로운지를 최초로 설명한 이론이다. **자유무역**(Free trade)이란 정부가 자국민이 다른 나라에서 구매하거나 자국에서 생산하여 해외에 판매하는 것을 쿼터나 관세 등의 방식으로 간섭하지 않는 상황을 의미한다. Smith는 정부 정책이 아니라 시장의 보이지 않는 손이 국가의 수출과 수입을 결정해야 한다고 주장했다. 이러한 그의 주장은 자유로운 무역 정책이 국가의 최선의 이익에 부합한다는 점을 시사한다. Smith의 이론을 바탕으로 추가적으로 검토할 두 가지 이론이 있다. 하나는 19세기 영국 경제학자 David Ricardo가 제시한 비교 우위론으로, 이는 현대 자유무역론의 지적 근거를 제공한다. 20세기에 들어와 Ricardo의 연구는 스웨덴 경제학자 Eli Heckscher와 Bertil Ohlin에 의해 더욱 발전되었으며, 이들의 이론은 Heckscher-Ohlin 이론으로 알려져 있다.

자유무역
국가 간 상품과 서비스의 자유로운 이동을 방해하는 장벽이 존재하지 않는 상태.

무역의 이익

[학습 목표 1] 국가 간 교역이 이루어지는 이유를 설명한다.

Smith, Ricardo, Heckscher-Ohlin 이론의 가장 큰 강점은 국제 무역을 통해 얻을 수 있는 구체적인 이익, 즉 무역의 이익을 정확하게 식별한다는 점이다. 상식적으로도 국제 무역이 일정 부분 유익하다는 것은 자명하다. 예를 들어, 아이슬란드가 자체적으로 오렌지를 재배해야 한다고 주장하는 사람은 없다. 아이슬란드는 저비용으로 생산할 수 있는 상품(예: 생선)을 교환하여 전혀 생산할 수 없는 상품(예: 오렌지)을 얻음으로써 무역의 혜택을 누릴 수 있다. 즉, 국제 무역을 통해 아이슬란드 국민들은 생선 위주의 식단에 오렌지를 추가할 수 있다.

그러나 Smith, Ricardo, Heckscher-Ohlin의 이론은 이러한 상식적인 개념을 넘어, 자국에서 생산할 수 있는 제품조차도 국제 무역을 통해 얻는 것이 더 유리할 수 있음을 설명한다. 이는 많은 사람이 이해하기 어려워하는 개념이다. 예를 들어, 미국에서는 외국과의 경쟁으로부터 미국 내 일자리를 보호하기 위해 소비자가 가능한 한 미국 기업이 생산한 미국산 제품을 구매해야 한다고 믿는 사람이 많다. 이와 같은 국가주의적 정서는 다른 국가에서도 많이 찾아볼 수 있다.

그러나 Smith, Ricardo, Heckscher-Ohlin의 이론에 따르면, 자국에서 생산할 수 있는 일부 제품을 다른 나라에서 수입할 경우 오히려 국가 경제가 이익을 얻을 수 있다. 이러한 이익은 국제 무역을 통해 각 국가가 가장 효율적으로 생산할 수 있는 제품의 제조와 수출에 집중하면서, 다른 국가에서 더 효율적으로 생산할 수 있는 제품을 수입할 수 있기 때문에 발생한다.

globalEDGE

무역 튜토리얼

이 장에서는 자유무역과 관련된 이점과 비용을 논의하고, 국제 무역의 이점을 설명하며, 현대 세계 경제에서 국제 무역이 이루어지는 패턴을 살펴본다. 국제 무역 이론의 기본 개념은, 각국이 서로 다른 발전 단계에 있고, 서로 다른 제품을 필요로 하며, 다양한 유형의 제품을 생산하더라도 국가 간 무역이 여전히 이익이 될 수 있음을 설명하는 데 있다. 국제 무역 이론은 각국 정부가 법률과 규제를 통해 무역을 장려하거나 제한할 수 있음을 전제로 한다. 이 장과 관련하여, 국제 무역과 관련된 다양한 정보, 데이터, 도구를 제공하는 globalEDGE™의 '무역 튜토리얼' 섹션을 참고해 보자(globaledge.msu.edu/global-resources/trade-tutorials). 이곳에서는 수출 튜토리얼, 온라인 교육 모듈, 용어집, 자유무역협정(FTA) 관세 도구 등 다양한 무역 자료를 확인할 수 있다. 예를 들어, 용어집에서는 무역 수지 관련 개념도 찾아볼 수 있다. '무역 흑자(trade surplus)'는 한 국가의 수출이 수입을 초과하는 상황을 의미하며, 이는 해외 시장으로부터 국내 통화가 순유입됨을 나타낸다. 반대로 '무역 적자(trade deficit)'는 순유출을 의미하는데, 정확한 정의는 무엇일까? 이에 대한 답을 알고 싶다면 globalEDGE™ 용어집을 활용해 보자.

따라서 미국이 상업용 제트기 생산 및 수출에 특화하는 것은 타당하다. 상업용 제트기를 효율적으로 생산하기 위해서는 미국에 풍부한 고도로 숙련된 노동력과 첨단 기술력이 필요하기 때문이다. 반면, 방글라데시산 섬유의 수입은 섬유 생산에 상대적으로 저렴한 노동력이 요구되기 때문에 미국에서는 비효율적일 수 있다.

물론, 이러한 경제적 주장은 국가 내 일부 계층에게 받아들이기 어려운 경우가 많다. 미래가 수입에 의해 위협받는다고 느낀 미국의 섬유 기업과 그 종업원들은 할당량과 관세를 요구하며 정부가 섬유 수입을 제한하도록 노력해 왔다. 이러한 수입 규제가 섬유 산업 종사자 등 특정 집단에게는 혜택을 줄 수 있으나, Smith, Ricardo, Heckscher-Ohlin의 이론에 따르면 전체 경제와 국민에게는 부정적인 영향을 미칠 가능성이 크다. 국제 무역 이론의 핵심 통찰 중 하나는, 수입 제한이 국내 생산자에게는 이익이 될 수 있으나 소비자에게는 오히려 손해가 될 수 있다는 점이다.

국제 무역의 패턴

Smith, Ricardo, Heckscher-Ohlin의 이론은 세계 경제에서 관찰되는 국제 무역의 패턴(즉, 지리적 분포)을 설명하는 데 도움을 준다. 일부 무역 패턴은 비교적 쉽게 이해할 수 있다. 예를 들어, 기후와 천연자원의 보유량은 가나가 코코아를, 브라질이 커피를, 사우디아라비아가 석유를, 중국이 가재를 수출하는 이유를 설명해 준다. 그러나 국제 무역에서 관찰되는 많은 패턴은 단순한 자원 보유량만으로 설명하기 어렵다. 예를 들어, 일본은 왜 자동차, 가전제품, 전동 공구를 수출하는가? 스위스는 왜 화학 제품, 의약품, 시계, 보석을 수출하는가? 방글라데시는 왜 의류를 수출하는가? 미

Bloomberg/Getty Images
오스트리아 빈에 위치한 한 고급 시계 매장 위에 Rolex Group의 로고가 걸려 있다.

국은 왜 대형 상업용 제트 항공기를 수출하는가? 이에 대해 David Ricardo의 비교 우위 이론은 국가 간 생산성 차이에 따른 설명을 제시한다. 보다 정교한 Heckscher-Ohlin 이론은 토지, 노동, 자본과 같은 생산 요소가 각국에서 어떤 비율로 제공되는지, 그리고 특정 재화를 생산하는 데 어떤 비율로 필요한지를 고려하여 무역 패턴을 설명한다. 이 이론은 국가별로 생산 요소의 보유량이 다르다는 가정에 기반을 두고 있다. 그러나 실증 연구 결과, 이 이론의 실제 세계 무역 패턴에 대한 설명이 과거에 생각했던 것보다 덜 강력함을 시사하고 있다.

Heckscher-Ohlin 이론이 실제 국제 무역 패턴을 충분히 설명하지 못한다는 한계를 보이자, 이에 대한 초기 대응 중 하나로 제품 수명 주기 이론이 제시되었다. 이 이론은 Raymond Vernon에 의해 제안된 것으로, 대부분의 신제품은 개발된 국가에서 먼저 생산되고 수출된다고 설명한다. 그러나 해당 제품이 국제적으로 널리 받아들여지면, 생산이 다른 국가에서도 이루어지기 시작한다. 결과적으로, 이 이론에 따르면 제품이 궁극적으로는 최초로 개발된 국가로 다시 역수출될 가능성이 있음을 시사한다.

신무역 이론
세계 경제에서 관찰되는 무역 패턴은 부분적으로 특정 시장의 기업들이 선발자 이점을 확보할 수 있는 능력에 의해 결정된다고 주장하는 이론.

생산 요소
한 국가가 보유한 토지, 노동력, 자본 등 생산에 필요한 자원을 보유한 수준.

이와 유사한 맥락에서, 1980년대에는 Paul Krugman과 같은 경제학자들이 **신무역 이론(New Trade Theory)**을 발전시켰다. Krugman은 이 이론을 통해 2008년 노벨 경제학상을 수상했으며, 신무역 이론은 일부 산업에서 국가들이 특정 제품의 생산과 수출에 특화되는 이유가 단순히 **생산 요소(factor endowments)** 차이에 의한 것이 아니라, 세계 시장이 제한된 수의 기업만을 수용할 수 있기 때문이라고 설명한다. 예를 들어, 상업용 항공기 산업과 첨단 반도체 산업에서는 진입 기업의 수가 자연스럽게 제한되며, 먼저 시장에 진입한 기업들이 경쟁 우위를 확보하면 이를 후발 기업이 따라잡기가 어렵다. 따라서 국가 간 무역 패턴은 특정 국가의 기업들이 선발자 이점(first-mover advantage)를 확보할 수 있었느냐에 따라 결정될 수도 있다. 미국이 상업용 제트기를 주요 수출하는 이유는 Boeing과 같은 미국 기업들이 세계 시장에서 선발자로 자리 잡았기 때문이다. Boeing은 경쟁 우위를 구축했고, 이후 유리한 생산 요소를 갖춘 다른 국가의 기업들도 이를 극복하기 어려운 상황이 되었다(그러나 유럽의 Airbus는 이러한 진입 장벽을 극복하는 데 성공했다). 비슷한 사례로, 미국이 첨단 반도체 기술 개발과 고급 반도체 수출에서 중요한 위치를 유지하는 이유도 들 수 있다. 실리콘밸리에 기반을 둔 Intel과 같은 미국 기업들이 선발자 이점을 확보했기 때문이다. 신무역 이론과 관련하여, Michael Porter는 국가 경쟁 우위 이론(theory of national competitive advantage)을 제시하였다. 이 이론은 특정 국가가 특정 산업에서 국제적 성공을 거두는 이유를 설명하는데, Porter는 단순한 생산 요소뿐만 아니라 국내 시장의 수요, 국내 기업 간 경쟁, 지역 내 공급 업체 네트워크 등의 국가적 요인이 특정 산업에서 국가 경쟁력을 형성하는 데 중요한 역할을 한다고 강조했다.

무역 이론과 정부 정책

이러한 모든 무역 이론은 국제 무역이 한 국가에 이익을 가져다준다는 점에 동의하지만, 정부 정책에 대한 입장에서는 차이를 보인다. 다음에서 살펴보겠지만, 중상주의는 정부가 수출을 장려하고 수입을 제한해야 한다는 입장을 지지한다. 반면, Smith, Ricardo, Heckscher-Ohlin의 이론은 무역 자유화를 옹호하며, 수입 규제나 수출 장려 정책(예: 보조금 지급)은 결국 비효율적인 자원 낭비를 초래할 뿐이라는 주장을 뒷받침한다. 그러나 신무역 이론과 Porter의 국가 경쟁 우위 이론은 특정 수출 산업의 육성을 위해 일부 정부 개입이 필요할 수 있다는 해석을 가능하게 한다. 이와 관련하여, 전략적 무역 정책으로 알려진 개입 방식의 장단점과, 완전한 자유무역을 지지하는 논리의 장단점을 7장에서 심도 있게 논의할 것이다.

중상주의

[학습 목표 2] 국가 간 무역 흐름을 설명하는 다양한 이론을 정리한다.

국제 무역에 관한 최초의 이론인 중상주의는 16세기 중반 영국에서 등장하였다. 중상주의의 핵심 주장은 금과 은이 국가의 부의 근간이며, 활발한 상업 활동을 위해 필수적이라는 것이었다. 당시 금과 은은 국가 간 무역에서 통용되는 통화였으며, 국가가 재화를 수출함으로써 금과 은을 획득할 수 있었다. 반대로, 해외에서 재화를 수입하면 금과 은이 외국으로 유출되는 결과를 초래하였다. **중상주의**(mercantilism)의 주요 원칙은 무역 흑자를 유지하는 것이 국가의 이익에 부합한다는 점이었다. 즉, 수입보다 수출을 더 많이 함으로써 금과 은을 축적하고, 이를 통해 국가의 부, 위신, 그리고 국력을 강화할 수 있다고 보았다. 영국의 중상주의 경제학자 Thomas Mun은 1630년에 이를 다음과 같이 표현하였다.

중상주의
한 국가가 수출을 장려하면서 동시에 수입을 제한해야 한다고 주장하는 경제 철학.

> 따라서 우리의 부와 재화를 증가시키는 일반적인 방법은 외국과의 무역을 통해 이루어진다. 이를 위해 우리는 항상 다음과 같은 원칙을 지켜야 한다. 외국인에게 판매하는 상품의 가치가 우리가 소비하는 외국산 상품의 가치를 초과하도록 해야 한다.[1]

이러한 신념에 따라, 중상주의 학설은 무역 수지 흑자를 달성하기 위해 정부의 개입을 옹호하였다. 중상주의자들은 단순히 무역 규모가 커지는 것에는 가치를 두지 않았으며, 수출을 극대화하고 수입을 최소화하는 정책을 권장하였다. 이를 실현하기 위해 수입은 관세와 수입 할당제(쿼터)로 제한하고, 반대로 수출은 보조금을 통해 장려하는 정책을 도입하였다.

그러나 고전 경제학자 David Hume은 1752년에 중상주의 이론이 내재적으로 모순을 가지고 있음을 지적하였다. Hume에 따르면, 만약 영국이 프랑스와의 무역에서 흑자를 기록하여 수출이 수입을 초과한다면, 그 결과로 금과 은의 유입이 증가하면서 영국 내 통화 공급이 확대되고 인플레이션이 발생할 것이다. 반면, 프랑스에서는 금과 은의 유출로 인해 통화 공급이 축소되고 물가가 하락하는 반대 현상이 나타나게 된다. 이러한 상대 가격 변화로 인해 프랑스 소비자는 가격이 상승한 영국 상품을 덜 구매하게 되고, 반대로 가격이 저렴해진 프랑스 상품을 영국 소비자가 더 많이 구매하게 된다. 결국, 영국의 무역 수지 흑자는 점차 감소하고, 프랑스의 무역 수지는 개선되면서 균형을 이루게 된다. 따라서 Hume은 장기적으로 어떤 국가도 지속적으로 무역 흑자를 유지하며 금과 은을 축적할 수 없다는 점을 주장하였다. 이는 중상주의자들이 예상했던 지속적인 부의 축적이 현실적으로 불가능함을 의미한다.

제로섬 게임
한 국가의 경제적 이득이 다른 국가의 경제적 손실로 이어지는 상황.

중상주의의 문제점은 무역을 **제로섬 게임**(zero-sum game), 즉 경제적 파이의 크기가 고정되어 있어 한 국가의 이익이 다른 국가의 손실로 이어지는 게임으로 간주했다는 점이다. 그러나 경제학자 Adam Smith와 David Ricardo는 이러한 접근 방식의 한계를 지적하며, 무역은 모든 국가가 이익을 얻을 수 있는 포지티브섬 게임(positive-sum game)이라는 점을 입증하였다. 그럼에도 불구하고, 중상주의적 사상은 완전히 사라지지 않았다. 예를 들어, Donald Trump 전 미국 대통령은 신중상주의적 정책을 옹호한 것으로 보인다.[2] 신중상주의자들은 정치적 힘을 경제적 힘과 동일시하며, 경제력을 무역 수지 흑자와 연결짓는다. 비판론자들은 여러 국가가 수출을 촉진하면서 동시에 수입을 제한하는 신중상주의 전략을 채택했다고 주장한다.[3] 예를 들어, 중국은 신중상주의 정책을 오랫동안 추구해 왔다는 점에서 비판을 받았다. 중국 정부가 자국 통화 가치를 의도적으로 낮게 유지하여 미국 및 기타 선진국에 더 많은 상품을 수출하고, 이를 통해 무역 흑자와 외환 보유액을 축적하려 했다는 주장도 제기되어 왔다(다음의 COUNTRY FOCUS 참조).

절대 우위

[학습 목표 2] 국가 간 무역 흐름을 설명하는 다양한 이론을 정리한다.

Adam Smith는 1776년 출간한 그의 대표작 『국부론(The Wealth of Nations)』에서, 무역이 제로섬 게임이라는 중상주의적 가정을 비판했다. Smith는 국가마다 상품을 효율적으로 생산할 수 있는 능력이 다르다고 주장했다. Smith가 살던 당시, 영국은 우수한 제조 공정을 보유하여 세계에서 가장 효율적인 섬유 생산국이었다. 반면, 프랑스는 기후, 토양, 축적된 전문 지식의 조합으로 인해 세계에서 가장 효율적인 와인 생산국이었다. 즉, 영국은 섬유 생산에서 절대 우위를 가지고 있었고, 프랑스는 와인 생산에서 절대 우위를 보유하고 있었다. 한 국가가 특정 제품을 다른 어떤 국가보다 더 효율적으로 생산할 수 있을 때, 그 국가가 해당 제품에 대한 **절대 우위**(absolute advantage)를 가진다고 할 수 있다.

절대 우위
어떤 국가가 특정 제품을 다른 어떤 국가보다 더 효율적으로 생산할 수 있을 때, 그 국가는 해당 제품에 대해 절대 우위를 가진다고 함.

Smith에 따르면, 각국은 절대 우위를 가진 제품의 생산에 특화하고, 이를 다른 국가와 교환해야 한다. 그의 주장에 따르면, 영국은 섬유 생산에 집중하고 프랑스는 와인 생산에 특화해야 하며, 영국은 섬유를 프랑스에 판매하고 프랑스로부터 와인을 수입하면 된다. 반대로, 프랑스는 와인을 영국에 판매하고 영국으로부터 섬유를 구매하면 된다. Smith의 기본 주장은 한 국가가 자국에서 더 높은 비용으로 생산할 수밖에 없는 제품을 생산하기보다는, 이를 더 낮은 비용으로 생산하는 국가로부터 수입하는 것이 바람직하다는 것이다. 그는 각국이 절대 우위를 가진 제품의 생산에 특화하고 무역을 하면, 모든 국가가 더 큰 이익을 얻을 수 있음을 보여 주었다.

중국은 신중상주의 정책을 위해 자국 통화를 조작하고 있는가?

중국의 급속한 경제 성장은 수출 주도형 성장 전략에 기반하고 있다. 수십 년 동안 중국의 수출은 수입보다 더 빠른 속도로 증가해 왔으며, 이로 인해 일부 비판가들은 중국이 신중상주의적 정책을 추구하면서 사상 최대의 무역 흑자와 외환 보유액을 축적하고 있으며, 이를 통해 선진국에 대한 경제적 우위를 확보하려 한다고 주장해 왔다. 2014년 말, 중국의 외환 보유액은 3.8조 달러를 초과했으며, 이 중 약 60%가 미국 국채 등 미국 달러 표시 자산으로 보유되었다. 일각에서는 만약 중국이 보유한 미국 달러 자산을 대규모로 매도할 경우, 달러 가치가 하락하고 미국의 수입 물가가 상승할 것이라는 우려가 제기되었다.

특히, 미국의 대중국 무역 적자는 지속적인 논란거리였다. 2017년, 이 적자는 사상 최대치인 3,750억 달러에 달했다. 또한, 중국은 자국 통화가 미국 달러 대비 자유롭게 변동하도록 허용하라는 압력에 오랫동안 저항해 왔다. 비판가들은 중국이 자국 통화 가치를 인위적으로 낮게 유지함으로써 중국산 제품의 가격을 비정상적으로 저렴하게 만들어 수출을 촉진하고 있다고 주장하며, 중국이 통화 조작(currency manipulation)을 저지르고 있다고 비판하고 있다.

그렇다면 중국은 자국 통화 가치를 조작하여 수출 가격을 인위적으로 낮게 유지하고 있는가? 이에 대한 사실관계는 말처럼 분명하지만은 않다. 실제로 중국은 2005년 7월부터 위안화 가치가 미국 달러 대비 점진적으로 상승하도록 허용하기 시작했다. 2005년 7월 당시 1달러로 8.11위안을 구매할 수 있었으나, 2014년 1월에는 1달러로 6.05위안을 구매할 수 있게 되었다. 이는 위안화 가치가 상승하면서 중국 제품의 가격이 25% 인상된 효과를 낳았으며, 이는 오히려 중국이 통화 조작을 통해 수출 가격을 낮추려 한다는 주장과는 다소 반대되는 결과였다.

게다가, 2015년과 2016년 중국의 경제 성장률이 급격히 둔화하기 시작했다. 중국 증시는 큰 폭으로 하락했으며, 투자자들이 위안을 팔고 미국 달러를 매입하면서 자본이 해외로 유출되었다. 위안화 가치가 미국 달러 대비 하락하는 것을 막기 위해, 중국 정부는 매월 약 1,000억 달러의 외환 보유액을 사용하여 공개 시장에서 위안을 매입했다. 중국이 위안화 가치를 인위적으로 낮춰 수출을 촉진하기보다는 오히려 통화 가치를 유지하려 했다는 점에서, 이러한 조치는 신중상주의 정책을 추구하며 위안화 가치를 의도적으로 절하하고 있다는 비판과 모순되는 것으로 보인다. 이러한 상황을 반영하여, 2017년 말 미국 재무부는 중국을 환율 조작국으로 지정하지 않기로 결정하고, 중국의 외환 정책에 대한 비판의 강도를 완화했다. 그러나 미국 재무부는 중국이 미국과의 무역 흑자를 줄이는 데 있어 뚜렷한 진전을 보이지 않고 있다는 점에 대해 여전히 우려를 표명했다.

Sources: S. H. Hanke, "Stop the Mercantilists," *Forbes*, June 20, 2005, p. 164; G. Dyer and A. Balls, "Dollar Threat as China Signals Shift," *Financial Times*, January 6, 2006; R. Silk, "China's Foreign Exchange Reserves Jump Again," *The Wall Street Journal*, October 15, 2013; T. Jeffrey, "U.S. Merchandise Trade Deficit with China Hit Record in 2015," cnsnews.com, February 9, 2016; "Trump's Chinese Currency Manipulation," *The Wall Street Journal*, December 7, 2016; E. Holodny, "The Treasury Department Backs Down on Some of Its Criticisms of China's Currency Policies," *Business Insider*, October 18, 2017; A. Swanson, "U.S.-China Trade Deficit Hits Record, Fueling Trade Fight," *The New York Times*, February 6, 2018.

가나와 한국 간 무역이 미치는 영향을 고려해 보자. 어떤 상품(산출물)을 생산하려면 토지, 노동, 자본과 같은 자원(투입물)이 필요하다. 여기서 가나와 한국이 동일한 양의 자원을 보유하고 있으며, 이 자원을 쌀 또는 코코아 생산에 사용할 수 있다고 가정하자. 또한, 각 국가에는 200단위의 자원이 있다고 가정한다. 가나에서는 코코아 1톤을 생산하는 데 10단위의 자원, 쌀 1톤을 생산하는 데 20단위의 자원이 필요하다고 하자. 따라서 가나는 코코아만 생산할 경우 최대 20톤, 쌀만 생산할 경우 최대 10톤을 생산할 수 있다. 또는 두 제품을 혼합하여 생산할 수도 있다. 가나가 생산할 수 있는 다양한 조합은 생산 가능 한계선(production possibility frontier, PPF) GG′로 나타낼 수 있다(그림 6-1 참조). 마찬가지로, 한국에서는 코코아 1톤을 생산하는 데 40단위의 자원, 쌀 1톤을 생산하는 데 10단위의 자원이 필요하다고 하자. 따라서 한국은 코코아만 생산할 경우 최대 5톤, 쌀만 생산할 경우 최대 20톤을 생산할 수 있으며, 두 제품을 혼합하여 생산할 수도 있다. 한국이 생산할

그림 6-1
절대 우위 이론

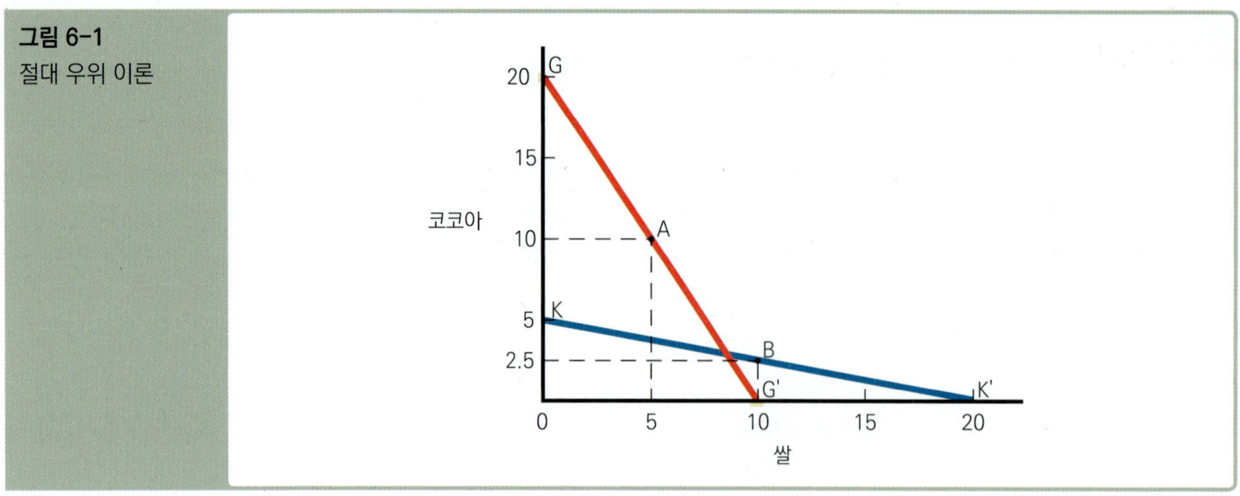

수 있는 다양한 조합은 생산 가능 한계선 KK'로 나타낼 수 있다. 위의 정보를 바탕으로 보면, 가나는 코코아 생산에서 절대 우위를 가진다. 코코아 1톤을 생산하는 데 필요한 자원이 한국보다 적기 때문이다. 반면, 한국은 쌀 생산에서 절대 우위를 가진다. 한국은 가나보다 적은 자원으로 쌀을 생산할 수 있기 때문이다.

이제 각 국가가 무역을 전혀 하지 않는 상황을 가정해 보자. 각 국가는 보유한 자원의 절반을 쌀 생산, 나머지 절반을 코코아 생산에 할당한다고 가정하며, 생산한 만큼만 소비할 수 있다고 하자. 이 경우, 가나는 코코아 10톤과 쌀 5톤을 생산할 수 있다(그림 6-1의 A 지점). 한국은 쌀 10톤과 코코아 2.5톤을 생산할 수 있다(그림 6-1의 B 지점). 즉, 무역 없이 두 국가의 총생산량은 코코아 12.5톤(가나 10톤 + 한국 2.5톤), 쌀 15톤(가나 5톤 + 한국 10톤)이 될 것이다. 각 국가가 자신이 절대적 우위를 가진 재화의 생산에 특화한 후, 부족한 재화를 상대국과 교역한다면, 가나는 코코아 20톤을 생산하고, 한국은 쌀 20톤을 생산할 수 있다. 따라서 특화를 통해 두 재화의 생산량이 증가할 수 있다. 코코아 생산량은 12.5톤에서 20톤으로 증가하고, 쌀 생산량은 15톤에서 20톤으로 증가한다. 특화로 인해 증가하는 생산량은 코코아 7.5톤과 쌀 5톤이다. 표 6-1은 이러한 수치를 요약하여 보여준다.

무역을 통해 코코아 1톤과 쌀 1톤을 교환하면, 양국의 생산자는 두 재화를 모두 더 많이 소비할 수 있다. 가령, 가나와 한국이 코코아와 쌀을 1:1 비율로 교환한다고 가정하면, 즉 코코아 1톤의 가격이 쌀 1톤의 가격과 동일하다고 하면, 가나가 한국에 코코아 6톤을 수출하고 그 대가로 쌀 6톤을 수입한다면, 무역 후 가나의 최종 소비량은 코코아 14톤, 쌀 6톤이 된다. 이는 특화와 무역 이전보다 코코아 4톤, 쌀 1톤을 더 소비할 수 있는 결과를 가져온다. 마찬가지로, 무역 후 한국의 최종 소비량은 코코아 6톤, 쌀 14톤이 된다. 이는 특화와 무역 이전보다 코코아 3.5톤, 쌀 4톤을 더 소비할 수 있는 결과를 가져온다. 따라서 특화와 무역을 통해 코코아와 쌀의 생산량이 증가하며, 양국의 소비자들은 더 많은 재화를 소비할 수 있게 된다. 이처럼 무역은 모든 참여국에 순이익을 가져다주는 포지티브섬 게임임을 알 수 있다.

표 6-1
절대 우위와 무역의 이익

	코코아 1톤, 쌀 1톤을 생산하기 위해 필요한 자원	
	코코아	쌀
가나	10	20
한국	40	10
무역 없는 생산 및 소비		
가나	10.0	5.0
한국	2.5	10.0
총생산	12.5	15.0
특화 없는 생산		
가나	20.0	0.0
한국	0.0	20.0
총생산	20.0	20.0
가나 코코아 6톤, 한국 쌀 6톤 거래 후의 소비량		
가나	14.0	6.0
한국	6.0	14.0
특화와 무역의 결과로 인한 소비 증가		
가나	4.0	1.0
한국	3.5	4.0

비교 우위

[학습 목표 2] 국가 간 무역 흐름을 설명하는 다양한 이론을 정리한다.

David Ricardo는 Adam Smith의 이론을 한 단계 발전시켜, 한 국가가 모든 재화의 생산에서 절대적 우위를 가지고 있을 경우 어떤 일이 발생할지를 탐구했다.[4] Smith의 절대적 우위 이론에 따르면, 이러한 국가는 국제 무역에서 아무런 이익도 얻지 못할 가능성이 있다. 그러나 Ricardo는 1817년 저서 『정치경제학과 과세의 원리(Principles of Political Economy and Taxation)』에서 이러한 가정이 사실이 아님을 보여 주었다. Ricardo의 비교 우위 이론에 따르면, 국가는 자신이 가장 효율적으로 생산할 수 있는 재화의 생산에 특화하고, 상대적으로 덜 효율적인 재화는 다른 나라로부터 수입하는 것이 합리적이다. 이는 비록 한 국가가 특정 재화를 다른 국가보다 더 효율적으로 생산할 수 있다고 하더라도, 해당 재화를 직접 생산하기보다는 무역을 통해 얻는 것이 더 유리할 수 있음을 의미한다.[5] 이러한 개념은 직관적으로 다소 낯설게 느껴질 수 있으나, 간단한 예시를 통해 논리를 설명할 수 있다.

가나가 코코아와 쌀 생산 모두에서 더 효율적이라고 가정해 보자. 즉, 가나는 두 제품의 생산에서 절대적 우위를 가지고 있다. 가나에서는 코코아 1톤을 생산하는 데 10개의 자원이 필요하고, 쌀 1톤을 생산하는 데 13.33개의 자원이 필요하다. 따라서 가나가 보유한 200개의 자원을 고려하면, 가나는 코코아만 생산할 경우 20톤을 생산할 수 있고, 쌀만 생산할 경우 15톤을 생산할 수 있으며,

그림 6-2
비교 우위 이론

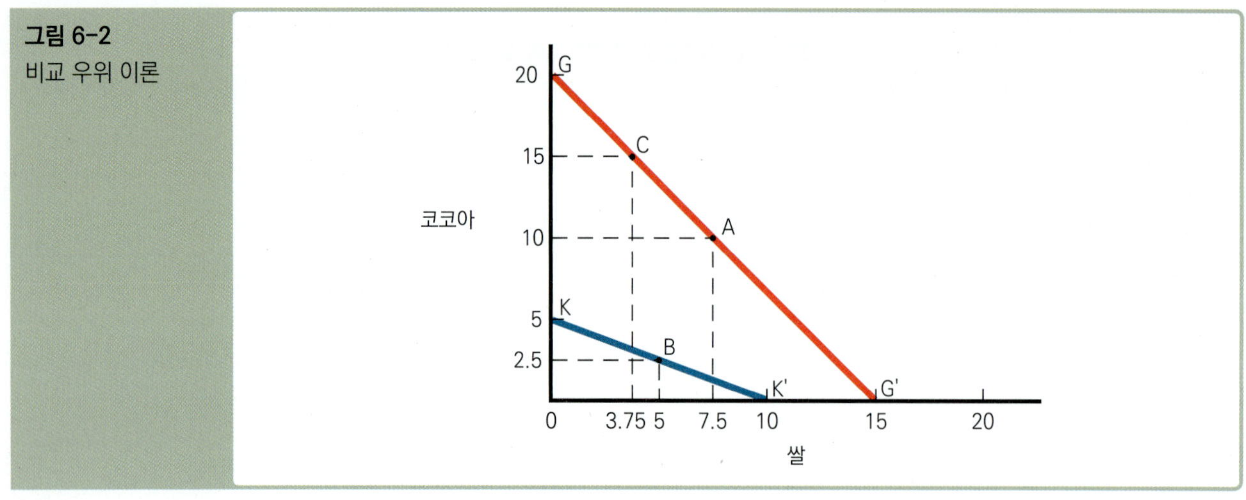

PPF에서 이 둘의 조합을 선택할 수 있다(그림 6-2의 GG′ 선). 한편, 한국에서는 코코아 1톤을 생산하는 데 40개의 자원이 필요하고, 쌀 1톤을 생산하는 데 20개의 자원이 필요하다. 따라서 한국이 코코아만 생산할 경우 5톤을 생산할 수 있고, 쌀만 생산할 경우 10톤을 생산할 수 있으며, 이 둘의 조합을 PPF에서 선택할 수 있다(그림 6-2의 KK′ 선). 여기서 무역이 없는 상태에서 각국이 보유한 자원의 절반을 쌀 생산에, 나머지 절반을 코코아 생산에 사용한다고 가정하자. 그러면 가나는 코코아 10톤과 쌀 7.5톤을 생산할 것이며(그림 6-2의 A 지점), 한국은 코코아 2.5톤과 쌀 5톤을 생산할 것이다(그림 6-2의 B 지점).

가나가 두 제품 모두에서 절대적 우위를 가지고 있음에도 불구하고, 왜 한국과 무역을 해야 할까? 가나는 코코아와 쌀 생산에서 절대적 우위를 가지고 있지만, 코코아 생산에서 비교 우위를 가진다. 즉, 가나는 한국보다 코코아를 4배 더 생산할 수 있는 반면, 쌀은 1.5배 더 생산할 수 있다. 따라서 가나는 쌀보다는 코코아 생산에서 상대적으로 더 효율적이다.

무역이 없는 경우, 두 국가의 총 코코아 생산량은 12.5톤(가나 10톤, 한국 2.5톤)이고, 총 쌀 생산량도 12.5톤(가나 7.5톤, 한국 5톤)이다. 무역이 없는 상태에서는 각국이 자국에서 생산한 것만 소비해야 한다. 그러나 무역을 통해 두 국가는 코코아와 쌀의 총생산량을 증가시킬 수 있으며, 그 결과 양국의 소비자들은 두 제품을 더 많이 소비할 수 있다.

무역을 통한 이익

가나가 코코아 생산에서의 비교 우위를 활용하여 생산량을 10톤에서 15톤으로 증가시킨다고 가정해 보자. 이를 위해 150단위의 자원을 사용하면, 남은 50단위의 자원으로 쌀 3.75톤을 생산할 수 있다(그림 6-2의 점 C). 한편, 한국은 쌀 생산에 특화하여 10톤을 생산한다. 이로 인해 코코아와 쌀의 총 생산량이 증가하게 된다. 특화 이전에는 두 국가의 총 생산량이 각각 12.5톤이었지만, 특화 이후에는 코코아가 15톤, 쌀이 13.75톤(가나 3.75톤, 한국 10톤)으로 증가했다. 생산량 증가의 원인은 표 6-2에 요약되어 있다.

표 6-2
비교 우위와 무역의 이익

	1톤의 코코아와 쌀을 생산하는데 필요한 자원	
	코코아	쌀
가나	10	13.3
한국	40	20
무역 없는 생산과 소비		
가나	10.0	7.5
한국	2.5	5.0
총생산	12.5	12.5
특화 없는 생산		
가나	15.0	3.75
한국	0.0	10.0
총생산	15.0	13.75
가나가 코코아 4톤과 한국 쌀 4톤을 거래한 후 소비		
가나	11.0	7.75
한국	4.0	6.0
특화와 무역의 결과로 인한 소비 증가		
가나	1.0	0.25
한국	1.5	1.0

생산량이 증가했을 뿐만 아니라, 양국은 이제 무역을 통해 추가적인 이익을 얻을 수 있다. 가나와 한국이 코코아와 쌀을 1:1 비율로 교환하고, 각각 4톤의 수출품을 4톤의 수입품과 교환한다고 가정하면, 양국은 특화와 무역 이전보다 더 많은 코코아와 쌀을 소비할 수 있게 된다(표 6.2 참조). 가나가 한국과 코코아 4톤을 교환하여 쌀 4톤을 얻으면, 가나는 여전히 11톤의 코코아를 보유하게 되며, 이는 무역 이전보다 1톤 더 많은 양이다. 또한, 한국으로부터 받은 4톤의 쌀에 가나가 자체 생산한 3.75톤을 더하면 총 7.75톤이 되어, 특화 이전보다 0.25톤 더 많아진다. 마찬가지로, 한국이 가나와 4톤의 쌀을 교환한 후에도 여전히 6톤의 쌀을 보유하게 되며, 이는 특화 이전보다 더 많은 양이다. 또한, 가나와의 교환을 통해 4톤의 코코아를 확보하게 되며, 이는 무역 이전에 한국이 직접 생산했던 코코아보다 1.5톤 더 많은 양이다. 따라서, 특화와 무역을 통해 두 국가 모두 코코아와 쌀을 이전보다 더 많이 소비할 수 있다.

비교 우위 이론의 핵심 메시지는 자유무역이 제한된 무역보다 세계 전체의 생산량을 증가시킨다는 것이다. Ricardo의 이론에 따르면, 모든 국가의 소비자들은 무역 장벽이 없는 경우 더 많은 상품을 소비할 수 있다. 이는 어떠한 재화의 절대 우위가 없는 국가라도 비교 우위를 활용하여 무역에서 이익을 얻을 수 있음을 의미한다. 즉, 비교 우위 이론은 절대 우위 이론보다 더 강력하게 '무역은 포지티브섬 게임'이라는 점을 강조하며, 무역에 참여하는 모든 국가가 경제적 이익을 얻을 수 있음을 보여 준다. 이러한 논리는 자유무역을 촉진해야 한다는 강력한 근거를 제공하며, Ricardo의 이론은 자유무역을 주장하는 주요한 이론적 기반으로 여전히 활용되고 있다.

가정과 한계

[학습 목표 3] 많은 경제학자가 국가 간 자유로운 무역이 경제적 복리를 증진한다고 믿는 이유를 설명한다.

자유무역이 보편적으로 이롭다는 결론을 이렇게 단순한 모델에서 도출하는 것은 다소 과감한 주장이다. 우리의 단순한 모델은 여러 비현실적인 가정을 포함하고 있다.

1. 단 두 개의 국가와 두 개의 재화만 존재하는 단순한 세계를 가정했다. 그러나 실제 세계에는 수많은 국가와 다양한 재화가 존재한다.
2. 국가 간의 운송 비용을 고려하지 않았다.
3. 국가별 자원의 가격 차이를 무시했다. 또한 환율에 대한 고려 없이 코코아와 쌀이 1:1 비율로 교환될 수 있다고 가정했다.
4. 한 국가 내에서 자원이 한 재화의 생산에서 다른 재화의 생산으로 자유롭게 이동할 수 있다고 가정했다. 하지만 현실에서는 항상 그렇지 않다.
5. 규모에 대한 수익이 일정하다고 가정했다. 즉, 가나나 한국이 특화를 하더라도 1톤의 코코아나 쌀을 생산하는 데 필요한 자원의 양에는 변화가 없다고 보았다. 그러나 현실에서는 특화에 따라 체감 또는 체증하는 수익이 존재할 수 있으며, 특정 재화를 생산하는 데 필요한 자원의 양이 감소하거나 증가할 수 있다.
6. 각 국가의 자원 보유량이 고정되어 있으며, 자유무역이 국가의 자원 활용 효율성에 변화를 주지 않는다고 가정했다. 하지만 이와 같은 정적인 가정은 자유무역으로 인해 국가의 자원 보유량과 자원 활용 효율성이 변화하는 동적인 요소를 반영하지 못한다.
7. 무역이 한 국가 내 소득 분배에 미치는 영향을 고려하지 않았다.

이러한 가정을 고려할 때, 자유무역이 상호 이롭다는 결론을 다수의 국가와 다양한 재화가 존재하며, 운송 비용이 발생하고, 환율이 변동하며, 국내 자원이 이동할 수 없고, 특화에 따른 수익이 일정하지 않으며, 동적인 변화가 발생하는 현실 세계로 확장할 수 있을까? 비교 우위 이론의 자세한 설명은 본 교재의 범위를 벗어나지만, 경제학자들은 단순한 모델에서 도출된 기본적인 결과가 여러 국가가 다양한 재화를 생산하는 세계에서도 일반화될 수 있음을 보여 주었다.[6] Ricardo 모형의 한계에도 불구하고, 연구 결과에 따르면 각국은 자신이 가장 효율적으로 생산할 수 있는 재화를 수출한다는 기본적인 명제가 실제 데이터에서도 확인된다.[7]

그러나 '신무역 이론'과 관련하여 일부 경제학자들은 모든 가정을 제거할 경우, 자유무역을 제한 없이 추진해야 한다는 주장이 여전히 긍정적인 의미를 가지지만, 그 강도가 다소 약해진다고 주장했다.[8] 이 문제를 본 장과 다음 장에서 신무역 이론을 논의하는 과정에서 다시 다룰 것이다. 한편, 최근 널리 논의된 연구에서 노벨 경제학상 수상자인 Paul Samuelson은 일반적인 해석과 달리, 특정한 상황에서는 비교 우위 이론이 부유한 국가가 빈곤한 국가와 자유무역 체제로 전환할 경우 오히려 더 불리해질 수 있다고 주장했다.[9] 다음 절에서 Samuelson의 비판을 살펴볼 것이다.

Ricardo 모델의 확장

이제 단순 비교 우위 모형에서 앞서 확인한 세 가지 가정을 완화할 경우 나타나는 효과를 살펴보자. 이를 위해 우리는 다음과 같은 가정을 완화할 것이다. 즉, 자원이 한 국가 내에서 한 재화의 생산에서 다른 재화의 생산으로 자유롭게 이동할 수 있다는 가정, 규모에 대한 수익이 일정하다는 가정, 그리고 무역이 한 국가의 자원 보유량이나 자원의 활용 효율성에 영향을 미치지 않는다는 가정이다.

고정 자원

가나와 한국을 비교한 단순 모델에서는 생산자(농부)들이 코코아 생산지와 쌀 생산지 간의 전환을 쉽게 할 수 있다고 가정했다. 이러한 가정은 일부 농산물의 경우에 적용될 수 있지만, 모든 경우에 자원이 이렇게 쉽게 전환되는 것은 아니다. 실제로는 일정 수준의 마찰이 존재한다. 예를 들어, 미국과 같은 선진국이 자유무역 체제를 채택할 경우, 일반적으로 일부 노동 집약적 제품(예: 섬유 제품)의 생산이 줄어들고, 대신 컴퓨터 소프트웨어나 바이오 기술 제품과 같은 지식 집약적 제품의 생산이 증가하게 된다. 국가 전체적으로 보면 이러한 전환으로 이익을 얻을 수 있지만, 섬유 산업에 종사하는 생산자들은 손해를 볼 수 있다. 예를 들어, 사우스캐롤라이나에서 일하는 섬유 노동자는 Microsoft에서 소프트웨어를 개발할 자격을 갖추지 못했을 가능성이 크다. 따라서 자유무역으로의 전환은 해당 노동자가 실직하거나 패스트푸드점과 같은 덜 매력적인 일자리를 선택해야 하는 상황을 초래할 수 있다.

자원은 항상 한 경제 활동에서 다른 활동으로 쉽게 이동하지 않는다. 이러한 전환 과정에는 마찰이 발생하며, 이로 인해 인간의 고통도 수반된다. 이론적으로는 자유무역의 이점이 비용을 크게 초과한다고 예측하지만, 이러한 예측은 실질적인 피해를 입는 이들에게는 아무런 위안이 되지 않는다. 따라서 자유무역 체제 도입에 대한 정치적 반대는 주로 일자리를 잃을 위험이 가장 큰 집단에서 발생한다. 예를 들어, 미국에서는 섬유 노동자들과 그들의 노동조합이 자유무역에 반대해 왔는데, 이는 이들이 자유무역으로 인해 가장 큰 손실을 입을 가능성이 높기 때문이다. 이에 따라 정부는 자유무역으로 인해 일자리를 잃은 근로자들이 새로운 직업을 얻을 수 있도록 재교육을 지원하는 등 전환 과정을 완화하려 노력한다. 자유무역 체제로의 전환 과정에서 발생하는 고통은 단기적인 현상이지만, 일단 전환이 완료되면 무역을 통해 얻는 이익은 크고 지속적이다.

수확 체감

앞서 설명한 단순 비교 우위 모델은 **특화에 따른 수확 불변**(constant returns to specialization)을 가정하고 있다. 이는 한 국가의 PPF의 어디에서든 코코아나 쌀과 같은 재화를 생산할 때 필요한 자원의 단위량이 일정하다는 의미다. 예를 들어, 가나가 코코아 1톤을 생산하는 데 항상 10단위의 자원이 필요하다고 가정한 것이다. 하지만 현실적으로는 특화에 대한 수확 체감을 고려하는 것이 더 타당하다. 수확 체감(diminishing returns to specialization)이란 추가적인 제품을 생산할

특화에 따른 수확 불변
한 국가의 생산 가능 한계선상 어디에 위치하든지 간에 특정 재화를 생산하는 데 필요한 자원의 단위량이 변하지 않는다는 가정. 이는 생산량이 증가하거나 감소하더라도, 제품 1단위를 생산하기 위해 투입해야 하는 자원의 양이 일정하게 유지된다는 의미임.

그림 6-3
수확 체감에서의 가나의 생산 가능 한계선

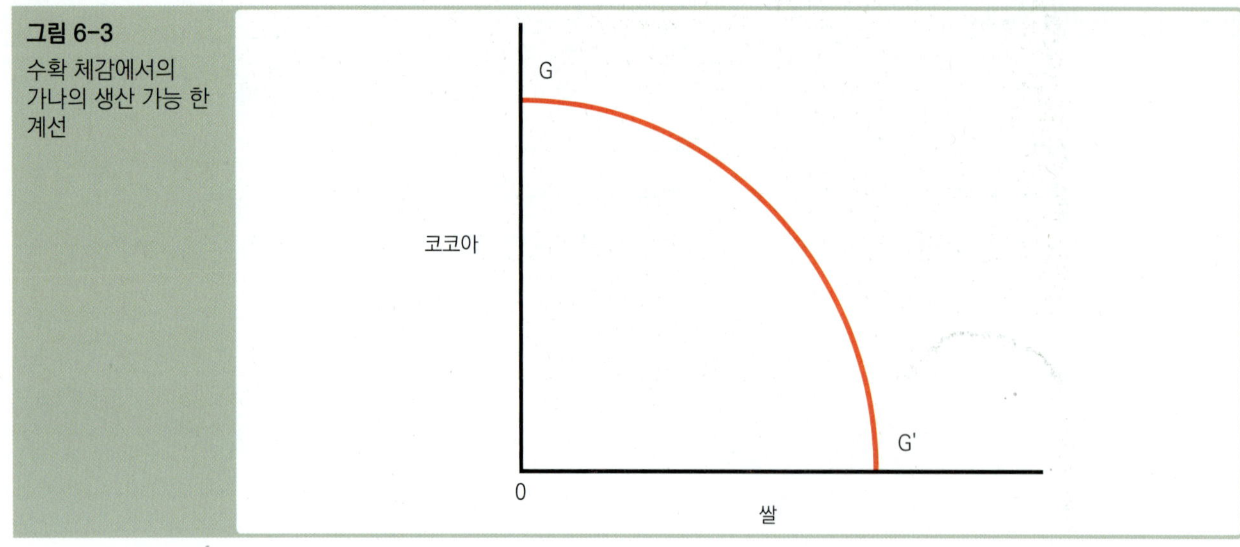

때마다 점점 더 많은 자원이 필요하게 되는 현상을 말한다. 예를 들어, 가나가 코코아 생산량을 12톤에서 13톤으로 늘리기 위해서는 10단위의 자원이 충분할 수 있지만, 13톤에서 14톤으로 늘리기 위해서는 11단위, 14톤에서 15톤으로 늘릴 때는 12단위의 자원이 필요할 수 있다. 이러한 수확 체감의 개념에 따르면, 가나의 PPF는 직선이 아닌 볼록한 곡선 형태를 띠게 된다(그림 6-3 참고). 이는 앞서 제시한 직선 형태(그림 6-2)와 대비된다.

수확 체감에 대한 가정이 더 현실적인 이유는 두 가지가 있다. 첫째, 모든 자원이 동일한 품질을 가지지는 않는다는 점이다. 한 국가가 특정 재화의 생산량을 늘리려 할 때, 초기에는 생산성이 높은 자원을 활용하지만, 생산을 계속 확장하다 보면 점차 생산성이 낮은 주변 자원(marginal resources)까지 사용하게 된다. 이러한 자원들은 초기 자원만큼 효율적이지 않기 때문에 동일한 생산량 증가를 달성하기 위해 점점 더 많은 자원이 필요하게 된다. 이처럼 자원의 품질 차이로 인해 일정 수준 이상의 생산 확대가 이루어질 때 수확 체감이 발생하게 된다. 이는 단순한 모델에서 가정한 일정한 수익보다 현실적인 시나리오를 반영한다.

예를 들어, 일부 토지는 다른 토지보다 비옥하다. 가나가 코코아 생산량을 늘리려 할 때, 초기에는 가장 비옥한 토지를 사용하지만, 생산 확대가 계속되면 점차 덜 비옥한 주변 토지까지 활용해야 한다. 이로 인해 에이커당 수확량이 감소하게 되고, 코코아 1톤을 생산하기 위해 더 넓은 토지를 사용해야 한다.

두 번째 이유는 재화별 자원 사용 비율의 차이 때문이다. 예를 들어, 코코아 재배는 쌀 재배에 비해 상대적으로 토지를 더 많이 사용하고 노동력은 적게 필요하다고 가정하자. 가나가 쌀 생산에서 코코아 생산으로 자원을 전환하려 할 때, 쌀 산업에서 방출되는 자원은 노동력은 과잉, 토지는 부족한 상태가 된다. 이로 인해 코코아 산업은 방출된 자원을 활용하기 위해 더 노동 집약적인 생산 방식을 채택해야 하며, 이는 노동력 사용 효율성을 떨어뜨리고 결국 수확 체감을 초래한다.

수확 체감의 개념은 단순 Ricardo 모델에서 제시된 것처럼 한 국가가 특정 재화에 완전히 특화하는 것이 현실적으로 불가능하다는 점을 보여 준다. 특화를 진행할수록 초기에는 무역으로 인한 이익을 얻지만, 일정 시점에 도달하면 수확 체감으로 인해 특화의 이점이 줄어들게 된다. 결국, 특화의 이익이 더 이상 수확 체감을 초과하지 못하면 특화를 멈추게 된다. 실제로 대부분의 국가는 완전한 특화를 선택하지 않고, 다양한 재화를 생산한다. 그럼에도 불구하고 이론은 자유무역이 유익하다는 기본 결론을 유지한다. 다만, 수확 체감으로 인해 자유무역의 이익은 일정 수익을 가정한 경우보다 크지 않을 수 있다.

동적인 효과와 경제 성장

[학습 목표 3] 많은 경제학자가 국가 간 자유로운 무역이 경제적 복리를 증진한다고 믿는 이유를 설명한다.

단순한 비교 우위 모형에서는 무역이 한 국가의 자원 보유량이나 자원 활용 효율성에 변화를 가져오지 않는다고 가정했다. 그러나 이러한 정적인 가정은 무역으로 인해 발생할 수 있는 동적인 변화를 반영하지 않는다. 이 가정을 완화하면, 경제를 무역에 개방할 경우 두 가지 형태의 동적 이익이 발생할 가능성이 있음을 알 수 있다.[10] 첫째, 자유무역은 해외에서 유입된 노동력과 자본이 국내에서 활용될 수 있도록 하여 한 국가의 자원 보유량을 증가시킬 수 있다. 예를 들어, 1990년대 초반 이후 동유럽에서는 많은 서방 기업들이 자본을 투자하면서 이러한 현상이 나타나고 있다.

둘째, 자유무역은 국가가 자원을 활용하는 효율성을 높일 수 있다. 자원 활용 효율성의 증가는 여러 요인에 의해 발생할 수 있다. 예를 들어, 무역을 통해 국내 기업이 접근할 수 있는 전체 시장의 규모가 확장되면서 규모의 경제(economies of scale)를 실현할 수 있다. 이는 기업이 생산량을 늘림으로써 단위당 생산 비용을 줄이고, 자원을 보다 효율적으로 사용할 수 있게 만든다. 또한, 무역은 해외의 우수한 기술을 국내 기업에 도입할 수 있는 기회를 제공한다. 이러한 기술 도입은 노동 생산성이나 토지 생산성을 향상시킬 수 있다. 대표적인 사례로는 녹색 혁명(green revolution)을 들 수 있다. 이 혁명은 개발도상국의 농업 생산성을 크게 증가시켰으며, 이는 해외에서 도입된 농업 기술과 기법 덕분이었다. 더불어, 경제를 외부 경쟁에 개방하면 국내 기업들은 자원의 활용 효율성을 높이기 위한 방안을 모색하게 된다. 해외 기업과의 경쟁은 기업들로 하여금 생산성을 향상시키고, 비용을 절감하며, 품질 개선에 힘쓰도록 만든다. 이러한 현상은 한때 보호받던 동유럽의 시장에서도 나타났다. 과거 국영 독점 기업들은 경쟁이 없던 환경에서 운영되었지만, 시장이 개방된 이후에는 세계 시장에서 살아남기 위해 운영 효율성을 높여야만 했다.

국가의 자원 규모와 자원 활용의 효율성이 동적으로 증가하면, 해당 국가의 생산 가능 한계선(PPF)이 외부로 이동하게 된다. 이러한 변화를 그림 6-4에서 확인할 수 있는데, 자유무역으로 인해 발생한 동적 이익으로 PPF_1에서 PPF_2로 이동하게 된다. 이 곡선의 외부 이동으로 인해, 해당 국가는 자유무역 도입 이전보다 두 재화를 모두 더 많이 생산할 수 있게 된다. 이 이론은 자유무역이 이전에 논의된 정적 이익뿐만 아니라 경제 성장을 촉진하는 동적 이익도 가져온다고 설명한다. 만약 이러한 주장이 사실이라면, 자유무역을 지지하는 논거는 더욱 강력해질 수 있다. 실제로 일반적인 경우에 이는 옳은 주장이다. 그러나 20세기 대표적인 경제학자인 Paul Samuelson은 특정 상황에서는 이러한 동적 이익이 반드시 바람직한 결과로 이어지지 않을 수 있다고 주장했다. 이는 자유무역의 효과가 항상 긍정적이지만은 않을 수 있음을 시사한다.

그림 6-4
자유무역이 PPF에 미치는 영향

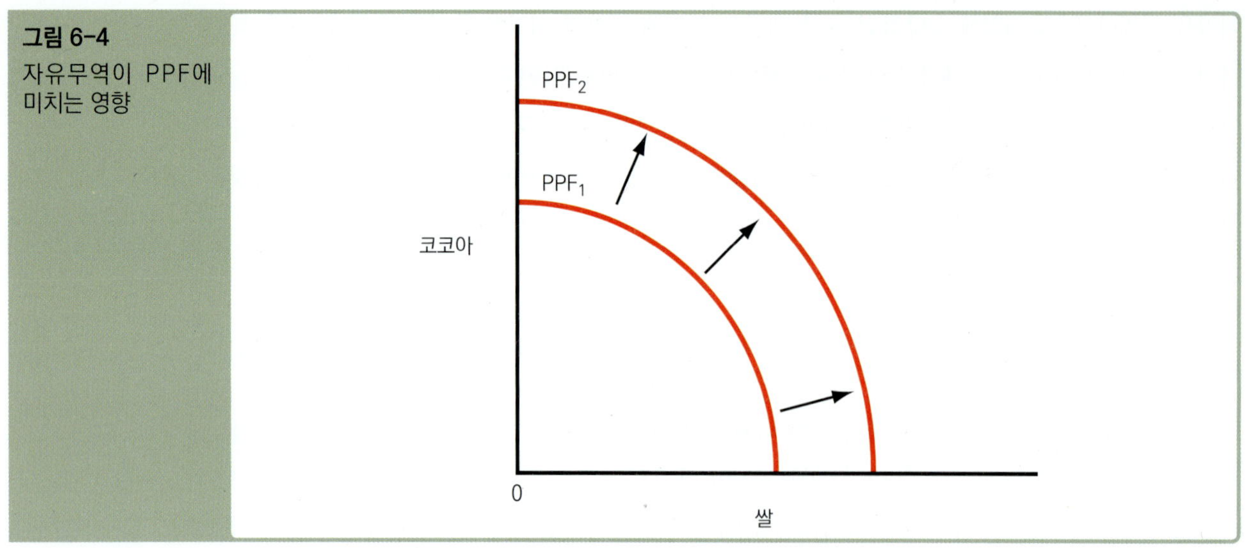

무역, 일자리, 임금: Samuelson의 비판

Paul Samuelson의 비판은 부유한 국가인 미국이 자유무역 체제를 도입한 이후 생산성이 빠르게 향상되는 중국과 같은 저소득 국가와 자유무역협정을 체결할 때 발생할 수 있는 상황을 다룬다. 이는 곧 저소득 국가에서 자원 활용 효율성이 동적으로 증가하는 경우를 의미한다. Samuelson의 모형에 따르면, 이러한 상황에서는 자유무역 체제 도입 이후 중국에서 수입되는 상품의 가격이 낮아져 미국 소비자들이 더 저렴하게 상품을 구매할 수 있게 되더라도, 미국 경제 전체에 순이익이 발생하지 않을 수 있다. 이는 자유무역의 동적 효과로 인해 미국 내 실질 임금이 하락할 가능성이 있기 때문이다. Samuelson은 뉴욕타임스와의 인터뷰에서 다음과 같이 언급했다. "Walmart에서 식료품을 20% 더 저렴하게 살 수 있다고 해서 (국제 무역 덕분에) 미국 내 임금 하락을 반드시 보상받을 수 있는 것은 아니다."[11] 이러한 주장은 자유무역의 혜택이 단순히 소비자 가격 인하로만 평가되어서는 안 되며, 노동자들의 임금과 같은 보다 광범위한 경제적 영향을 고려해야 함을 보여 준다.

Samuelson은 소프트웨어 디버깅, 콜센터 업무, 회계 업무, 심지어 MRI 스캔의 의료 진단과 같은 전통적으로 국제적으로 이동할 수 없었던 서비스 직무의 오프쇼어링 가능성에 대해 특히 우려했다. 1990년대 초 월드와이드웹의 발전 이후, 통신 기술의 급격한 발전은 이러한 오프쇼어링을 가능하게 하여, 인도, 필리핀, 중국과 같이 교육을 받은 인력을 보유한 국가들까지 노동 시장을 실질적으로 확대하는 효과를 가져왔다. Samuelson에 따르면, 외국 노동자의 생산성이 교육 수준 향상으로 인해 급격히 증가하는 상황에서, 이러한 변화가 미국 중산층의 임금 수준에 미치는 영향은 대규모 이민 유입과 유사할 수 있다. 즉, 노동 시장에서 균형 임금(market clearing wage rate)이 하락할 가능성이 있으며, 이는 국제 무역이 가져오는 긍정적인 효과를 상쇄할 정도로 클 수도 있다.

그럼에도 불구하고, Samuelson은 자유무역이 역사적으로 부유한 국가들에 이익을 가져다주었음을 인정한다(이는 후에 논의될 데이터에서도 확인된다). 또한, 그는 자유무역이 향후 미국에 부정적인 영향을 미칠 수 있다는 이론적 가능성을 이유로 보호무역 조치(예: 무역 장벽)를 도입하는 것은 오히려 문제를 악화시킬 수 있다고 경고한다. Samuelson은 다음과 같이 언급했다. "자유무역은 각 지역에 있어 여전히 가장 실용적인 선택일 수 있다. 이는 민주주의를 왜곡하고, 비효율적 손실을 초래하는 로비스트 주도의 관세와 쿼터보다 더 나은 대안이다."[12]

최근 MIT의 경제학자 David Autor와 연구진의 연구는 Samuelson의 논지를 뒷받침하는 결과를 보여 주었다. 이 연구는 다양한 언론 매체에서 인용되었으며, 여러 정치인들에 의해 논의되었다. Autor와 연구진은 미국 내 모든 카운티(county)를 대상으로 해당 지역 제조업체들이 중국과의 경쟁에 얼마나 노출되었는지를 분석했다.[13] 연구 결과, 중국과의 경쟁에 더 많이 노출된 지역일수록 제조업 일자리를 더 많이 잃었으며, 전반적인 고용도 감소한 것으로 나타났다. 또한, 이러한 지역에서는 실업 수당, 푸드 스탬프(food stamps), 장애 급여를 받는 근로자의 수가 크게 증가했다. 이로 인해 정부가 부담한 추가 비용은 중국과의 무역을 통해 얻은 이익의 약 3분의 2에 해당했다. 즉, 중국과의 무역으로 미국 소비자들이 저렴한 상품을 구매할 수 있게 된 이점은 이러한 부정적 비용으로 상당 부분 상쇄되었다. 그럼에도 불구하고, Autor와 연구진은 Samuelson과 마찬가지로 장기적으로 자유무역은 긍정적인 효과를 가져온다고 주장한다. 하지만 중국의 급격한 경제 성장으로 인해 단기적으로 상당한 조정 비용이 발생했으며, 이는 자유무역으로 인한 이익을 일시적으로 감소시켰다고 강조한다.

일부 경제학자들은 Samuelson의 우려에 동의하지 않는다.[14] 이들은 Samuelson의 이론적 분석 자체에는 이의를 제기하지 않으면서도, 현실적으로 개발도상국들이 Samuelson의 모델에서 가정한 것처럼 노동력의 기술 수준을 급격히 향상시키는 것은 어려울 것이라고 주장한다. 다시 말해, 이들 국가는 수확 체감에 빠르게 직면하게 될 가능성이 높다는 것이다. 그러나 이러한 반론은 아시아 국가들이 교육 시스템을 빠르게 개선하고 있다는 데이터와 상충한다. 예를 들어, 2008년 전 세계에서 수여된 공학 학위의 약 56%가 아시아에서 배출된 반면, 미국의 비율은 4%에 불과했다.[15]

무역과 경제 성장 간의 연관성에 대한 증거

많은 경제 연구가 무역과 경제 성장 간의 관계를 분석해 왔다.[16] 일반적으로 이러한 연구들은 비교 우위 이론의 표준 예측과 일치하는 결과를 보여 주는데, 즉, 국제 무역에 대해 개방적인 정책을 채택한 국가들이 무역을 제한하는 국가들보다 더 높은 경제 성장률을 기록한다는 것이다. 예를 들어, Jeffrey Sachs와 Andrew Warner는 한 국가의 경제가 국제 무역에 대해 얼마나 '개방적'인지 측정하는 지표를 개발한 후, 1970년부터 1990년까지 100개 이상의 국가를 대상으로 경제 개방성과 경제 성장 간의 관계를 분석했다.[17] 그들의 보고에 따르면 다음과 같다.

> 이 연구에서는 개방성과 경제 성장 간의 강한 연관성을 발견했다. 개발도상국 그룹 내에서 개방 경제(open economies)는 연평균 4.49%의 성장률을 기록한 반면, 폐쇄 경제(closed economies)는 연평균 0.69% 성장하는 데 그쳤다. 선진국 그룹에서도 개방 경제는 연평균 2.29% 성장한 반면, 폐쇄 경제는 연평균 0.74%의 성장률을 보였다.[18]

Wacziarg와 Welch는 Sachs와 Warner의 데이터를 1990년대 후반까지 업데이트하였다. 이들은 1950년부터 1998년까지의 기간 동안 무역 체제를 자유화한 국가들이 자유화 이전보다 연평균 성장률이 1.5~2.0% 증가했음을 발견했다.[19] 또한, 1967년부터 2009년까지 발표된 61개의 연구를 종합적으로 분석한 결과, '거시 경제적 증거는 무역이 생산과 성장에 미치는 긍정적이고 유의미한 효과를 강하게 지지한다'고 결론지었다.[20]

최근 경제학자들은 Trump 대통령이 시행한 관세 장벽이 경제에 미친 영향을 측정하기 시작했다(Trump의 무역 정책에 대한 자세한 내용은 COUNTRY FOCUS 참조). Trump는 다른 국가에서 수입하는 알루미늄과 철강뿐만 아니라 중국산 다양한 상품에 대해 관세 장벽을 부과했다. 여기서 검토한 이론이 맞다면, 이러한 장벽은 미국의 경제 성장률을 둔화시켰을 것으로 예상할 수 있다. 2019년 말 미국 연방준비제도 소속 경제학자 두 명이 발표한 연구는 이에 대한 실마리를 제공한다.[21] 연구자들은 결과가 아직 예비적인 것임을 경고하면서도, Trump의 관세가 미국 제조업 고용 감소 및 생산자 가격 상승과 연관되어 있음을 발견했다. 제조업 고용의 경우, 수입 보호로 인한 미미한 긍정적 효과는 원자재 비용 상승과 보복 관세로 인해 상쇄되었으며, 결국 전체적으로 제조업 고용이 감소하는 결과를 초래했다. 다시 말해, 관세 정책이 제조업 고용을 증가시키려는 의도와는 반대로 작용한 것이다. 또한 연구자들은 미국 수입업자들이 상승한 원자재 비용의 일부를 소비자 가격 인상을 통해 전가했음을 밝혀 냈다. 이에 따라 소비자들은 다른 상품과 서비스에 지출할 수 있는 돈이 줄어들었고, 소비 구매력이 감소했다. 이러한 예비적 연구 결과는 Trump의 무역 전략에 부정적인 신호를 보내는 것으로, 경제학자들의 예상과 일치한다. 그러나 보다 완전한 평가를 위해서는 더 많은 시간이 필요하며, 추가적인 데이터 분석이 요구된다.

COUNTRY FOCUS

무역 전쟁은 좋고, 이기기 쉽다

2018년 3월 2일 새벽 3시 50분, 미국의 45대 대통령 Donald Trump는 다음과 같은 트윗을 올렸다. "한 나라(미국)가 거래하는 거의 모든 국가와의 무역에서 수천억 달러를 잃고 있다면, 무역 전쟁은 우리에게 좋고 이기기 쉽다. 특정 국가와의 무역에서 1,000억 달러의 적자를 보고 있는데 그들이 얄밉게 군다면, 더 이상 거래하지 않으면 된다—우리가 크게 이기는 것이다. 이건 쉬운 일이다!"*

Trump의 트윗은 수입 철강에 25%, 수입 알루미늄에 10%의 관세를 부과하기로 한 결정에 대한 비판에 대한 응답이었다. Trump 행정부는 이러한 관세가 국가 안보에 중요한 두 산업을 보호하기 위해 필요하다고 주장했다. 하지만 비판론자들은 다른 시각을 보였다. 이들은 관세 부과가 철강과 알루미늄을 사용하는 기업들의 원자재 비용을 상승시킬 것이라고 경고했다. 이에 영향을 받는 기업으로는 건설사, 건설 장비 제조업체, 가전제품 제조업체, 자동차 제조사, 용기 및 포장재 생산업체(예: 맥주 캔), 그리고 항공우주 기업 등이 포함된다. 특히 Boeing과 Caterpillar Tractor처럼 미국을 대표하는 대형 수출 기업들 또한 높은 원가 부담을 피할 수 없게 되었다. 비판론자들은 또 다른 문제를 제기했다. 철강 및 알루미늄 산업 종사자는 약 14만 명에 불과하지만, 이들 자재를 사용하는 산업에는 650만 명의 미국인이 고용되어 있다는 점이다. 이들에게는 원자재 가격 인상으로 인한 직접적인 타격이 불가피했다.

Trump의 이러한 행동은 결코 놀라운 일이 아니었다. Donald Trump는 오랜 기간 동안 관세 장벽을 낮추고 미국과 교역 파트너 간의 자유로운 상품 및 서비스 흐름을 촉진하기 위

* Donald John Trump, Twitter, March 2, 2018, https://twitter.com/realdonaldtrump.

한 무역협정에 강력히 반대해 왔다. 대통령 선거 운동 당시, 그는 북미자유무역협정(NAFTA)을 두고 "역사상 최악의 무역협정일지도 모른다"고 비판했다. 대통령에 취임한 후에는 미국에 더 유리한 방향으로 NAFTA를 재협상하기 위해 관련 절차를 시작했다. 또한, 그는 후보 시절 Obama 행정부가 주도하여 체결한 환태평양경제동반자협정(TPP)을 '폐기하겠다'고 공언했다. TPP는 미국을 포함한 12개 태평양 연안 국가 간의 자유무역협정으로, 중국은 제외되었다. 결국 그는 취임 첫 주에 TPP 탈퇴 행정명령에 서명하며 미국을 공식적으로 협정에서 철회시켰다. 심지어 그는 세계무역기구(WTO)가 자신의 관세 부과 계획을 방해할 경우, 미국을 WTO에서 탈퇴시키겠다고 경고하기도 했다.

Trump의 입장은 무역을 승패가 있는 게임으로 인식하는 데서 비롯된 것으로 보인다. 그는 무역에서의 승리를 무역 수지 흑자로 해석했으며, 미국의 지속적인 무역 적자를 국가적 약점의 신호로 보았다. Trump는 "우리의 무역 적자만 봐도, 우리는 교역 파트너들에게 완전히 이용당하고 있다"**고 주장하며, 미국이 불리한 무역 관계에 놓여 있다고 강조했다. 그는 특히 중국과 멕시코가 미국을 이용해 왔다고 지적해 왔다. Trump에 따르면, 미국 내 제조업 일자리의 급감은 불공정한 무역협정의 결과이며, 이는 다른 국가들이 미국과의 거래에서 이득만 챙겼기 때문이라고 보았다. 그는 중국의 무역 흑자가 환율 조작에 기인한다고 비판했으며, 이를 통해 중국산 제품의 가격이 인위적으로 낮아졌다고 주장했다. Trump는 미국이 더 강경한 협상 전략을 취한다면 무역에서 승리할 수 있다고 믿었다. 그는 미국 시장 접근권을 원하는 외국에 더 유리한 조건을 요구해야 한다고 강조했다. 이 과정에서 그는 기존 미국 무역 협상가들을 '멍청이들', '정치꾼과 외교관', '얼간이들'이라 부르며 신랄하게 비난했다. 더 나아가 스스로를 '최고 협상가'로 자처하기도 했다.

Donald Trump의 입장과는 달리, 기존 무역 시스템을 지지하는 이들은 지난 70년간의 자유무역 정책이 경제 이론과 실증적 연구에 근거해 마련되었다고 주장한다. 이들에 따르면, 자유무역은 무역에 참여하는 모든 국가의 경제 성장률을 높이는 긍정적인 효과를 가져온다. 이러한 관점에서는, 자유무역이 일자리를 파괴하는 것이 아니라 오히려 창출하며, 국민 소득 또한 증가한다고 본다. 물론, 자유무역 체제로 전환할 때 일부 산업 분야에서는 일자리 손실이 발생할 수 있다. 그러나 경제 내 다른

Ron Sachs - Pool/Getty Images News/Getty Images

부문에서 새롭게 창출되는 일자리가 이러한 손실을 충분히 보완하고, 결과적으로 국가 전체가 더 나은 방향으로 나아갈 것이라는 주장이다.

미국은 오랫동안 세계 최대 경제 대국, 최대 해외 투자국, 그리고 중국과 독일과 함께 세계 3대 수출국 중 하나로 자리매김해 왔다. 미국 기업들은 해외 수출과 해외직접투자(FDI)를 통해 글로벌 시장에 깊이 진출했으며, S&P 500 지수에 포함된 미국 기업들의 매출 중 43%가 해외 시장에서 발생하고 있다. 이러한 경제적 영향력을 바탕으로, 미국의 자유무역 정책은 세계 무역 시스템의 방향성을 설정하는 데 핵심적인 역할을 해 왔다. 특히, 제2차 세계대전 이후 미국의 적극적인 리더십 덕분에 국제 무역과 투자 장벽을 낮추는 데 초점을 맞춘 세계 무역 체계가 구축될 수 있었다. 그러나 Donald Trump의 대통령 취임 이후, 이러한 흐름에 변화가 감지되었다. 자유무역을 지지하는 이들은 Trump가 보호무역 정책을 강력히 추진할 경우, 의도치 않은 부작용이 발생할 수 있다고 경고했다. 구체적으로는, 미국의 주요 교역국들의 보복 조치, 관세 인상으로 인한 무역 전쟁, 세계 무역량 감소, 미국 내 일자리 손실, 전 세계 경제 성장 둔화 등의 부정적인 결과가 초래될 수 있다는 우려였다. 이러한 주장을 뒷받침하는 사례로, 이들은 1930년대 초반을 언급한다. 당시 각국이 보호무역주의를 채택하며 무역 전쟁이 발생했고, 이는 대공황을 심화시키는 결과를 낳았다.

Sources: "Donald Trump on Free Trade," *On the Issues*, www.ontheissues.org/2016/Donald_Trump_Free_Trade.htm; K. Bradsher, "Trump's Pick on Trade Could Put China in a Difficult Spot," *The New York Times*, January 13, 2017; W. Mauldin, "Trump Threatens to Pull U.S. Out of World Trade Organization," *The Wall Street Journal*, July 24, 2016; "Trump's Antitrade Warriors," *The Wall Street Journal*, January 16, 2017; "Donald Trump's Trade Bluster," *The Economist*, December 10, 2016; C. Brown, "Trump's Steel and Aluminum Tariffs Are Counterproductive," Peterson Institute for International Economics, March 7, 2018.

** Donald J. Trump and Dave Shiflett, *The America We Deserve: on Free Trade* (New York: Renaissance Books, 2000).

연구 데이터의 결론은 분명하다. 개방 경제를 채택하고 자유무역을 수용하면, 그 국가에는 더 높은 경제 성장률이라는 보상이 주어진다. 높은 성장률은 소득 수준과 생활 수준을 향상시킨다. 이 마지막 점은 무역과 소득 성장 간의 관계를 조사한 연구에서 확인되었다. Jeffrey Frankel과 David Romer가 수행한 연구에 따르면, 한 국가의 무역 규모가 국내총생산(GDP)에 대한 비율이 1% 포인트 증가할 때마다 1인당 소득은 최소 0.5% 상승한다. 경제에서 국제 무역의 중요성이 10% 증가할 때마다 평균 소득 수준은 최소 5% 상승한다.[22] 비록 자유무역 체제 채택에 따른 단기적인 조정 비용이 상당할 수 있지만, 장기적으로는 Ricardo의 이론이 예측한 것처럼 무역이 더 큰 경제 성장과 더 높은 생활 수준을 가져다주는 것으로 보인다.[23]

Heckscher-Ohlin 이론

[학습 목표 2] 국가 간 무역 흐름을 설명하는 다양한 이론을 정리한다.

Ricardo의 이론은 비교 우위가 생산성 차이에서 비롯된다고 강조한다. 따라서 가나가 한국보다 코코아 생산에서 더 효율적인지는 자원을 얼마나 생산적으로 활용하는지에 달려 있다. Ricardo는 노동 생산성을 강조하며, 국가 간 노동 생산성의 차이가 비교 우위 개념의 근본적인 원인이라고 주장했다. 스웨덴 경제학자인 Eli Heckscher(1919)와 Bertil Ohlin(1933)은 비교 우위를 설명하는 또 다른 이론을 제시했다. 그들은 비교 우위가 국가 간 생산 요소 보유량의 차이에서 발생한다고 주장했다.[24] 여기서 생산 요소 보유량이란 한 국가가 토지, 노동, 자본과 같은 자원을 얼마나 보유하고 있는지를 의미한다. 각국의 생산 요소 보유량은 다르며, 이러한 차이는 요소 비용의 차이를 설명한다. 구체적으로, 어떤 요소가 풍부할수록 그 요소의 비용은 낮아진다. Heckscher-Ohlin 이론은 한 국가가 풍부하게 보유한 생산 요소를 집중적으로 사용하는 상품을 수출하고, 희소한 요소를 집중적으로 사용하는 상품을 수입할 것이라고 예측한다. 따라서 이 이론은 세계 경제에서 관찰되는 국제 무역의 패턴을 설명하려고 한다. Ricardo의 이론과 마찬가지로 Heckscher-Ohlin 이론도 자유무역이 유익하다고 주장한다. 그러나 Ricardo의 이론이 생산성 차이를 국제 무역 패턴의 결정 요인으로 본 반면, Heckscher-Ohlin 이론은 생산 요소 보유량의 차이를 그 핵심 요인으로 본다는 점에서 차이가 있다.

Heckscher-Ohlin 이론은 직관적으로도 타당성이 있어 보인다. 예를 들어, 미국은 오랫동안 농산물의 주요 수출국이었는데, 이는 부분적으로 미국이 경작 가능한 토지를 풍부하게 보유하고 있기 때문이다. 반면, 중국은 노동 집약적 제조업 제품의 수출에서 강세를 보여 왔으며, 이는 중국이 상대적으로 저비용 노동력을 풍부하게 보유하고 있기 때문이라고 설명할 수 있다. 미국은 저비용 노동력이 풍부하지 않기 때문에 이러한 노동 집약적 제품을 주로 수입해 왔다. 여기서 중요한 점은 절대적인 생산 요소 보유량이 아니라 상대적인 보유량이라는 것이다. 한 국가가 다른 국가보다 절대적으로 더 많은 토지와 노동력을 가질 수 있지만, 그중 하나가 상대적으로 더 풍부하다면 해당 요소를 집중적으로 활용하는 제품의 생산과 수출에서 비교 우위를 가지게 된다.

Leontief의 역설

Heckscher-Ohlin 이론은 국제 경제학에서 영향력 있는 이론 중 하나로 평가받는다. 대부분의 경제학자들은 이 이론이 Ricardo의 이론보다 단순화된 가정을 덜 사용하기 때문에 선호한다. 그 영향력으로 인해 Heckscher-Ohlin 이론은 수많은 실증적 검증을 거쳤다. 이러한 검증의 시작점이 된 것은 1953년 Wassily Leontief(1973년 노벨 경제학상 수상자)가 발표한 유명한 연구이다.[25] Leontief는 Heckscher-Ohlin 이론을 바탕으로, 미국이 다른 국가들에 비해 상대적으로 풍부한 자본을 보유하고 있으므로 자본 집약적인 재화를 수출하고, 노동 집약적인 재화를 수입할 것이라고 가정했다. 그러나 그의 연구 결과는 예상과 달랐다. 미국의 수출품이 미국의 수입품보다 자본 집약도가 낮았던 것이다. 이러한 결과는 이론의 예측과 상반되었기에, 이는 Leontief의 역설로 불리게 되었다.

이러한 현상이 나타나는 이유에 대해서는 아직 명확히 밝혀지지 않았다. 한 가지 가능한 설명은 미국이 신제품이나 혁신적인 기술로 제조된 제품 생산에 있어 특수한 강점을 지니고 있기 때문이라는 것이다. 이러한 제품들은 시간이 지나 대량 생산에 적합해진 기존 제품들에 비해 자본 집약도가 낮을 수 있다. 따라서 미국은 컴퓨터 소프트웨어와 같이 숙련 노동력과 혁신적인 기업가 정신이 많이 투입된 재화를 수출하고, 자본이 대규모로 필요한 중공업 제품을 수입할 가능성이 있다. 일부 실증 연구들은 이러한 설명을 뒷받침하는 결과를 보여 주고 있다.[26] 그럼에도 불구하고, 다수의 국가 데이터를 이용한 Heckscher-Ohlin 이론 검증 결과는 여전히 Leontief의 역설이 존재함을 확인시켜 준다.[27]

이로 인해 경제학자들은 어려운 딜레마에 직면하게 되었다. 이론적인 관점에서는 Heckscher-Ohlin 이론을 선호하지만, 실제 국제 무역 패턴을 예측하는 데에는 상대적으로 정확도가 떨어진다. 반면, 제한적이라고 여겨지는 Ricardo의 비교 우위 이론은 오히려 현실의 무역 패턴을 더 정확히 예측한다. 이러한 딜레마에 대한 최선의 해결책은 무역 패턴이 국가 간 생산성 차이에 의해 주로 결정된다는 Ricardian 관점으로 돌아가는 것일 수 있다. 따라서 미국이 상업용 항공기를 수출하고 섬유 제품을 수입하는 이유는 자국의 생산 요소가 항공기 제조에 적합하고 섬유 제조에는 부적합하기 때문이 아니라, 항공기 생산에서 섬유 생산보다 상대적으로 더 높은 효율성을 보이기 때문이라고 볼 수 있다. Heckscher-Ohlin 이론의 핵심 가정 중 하나는 모든 국가가 동일한 기술을 보유하고 있다는 점인데, 이는 현실과 다를 수 있다. 기술의 차이는 생산성의 차이를 초래할 수 있으며, 이는 다시 국제 무역 패턴에 영향을 미친다.[28] 예를 들어, 일본이 1970년대 이후 자동차 수출에서 성공을 거둔 이유는 단순히 자본이 풍부했기 때문만이 아니라, 혁신적인 제조 기술을 개발하여 자동차 생산에서 다른 자본 풍부국들보다 높은 생산성을 달성했기 때문이다. 실증 연구 결과에 따르면 이러한 이론적 설명이 타당할 수 있음을 보여 준다.[29] 최근 연구에 따르면, 국가 간 기술 차이를 통제했을 때, 각국은 자국 내에 풍부한 생산 요소를 집중적으로 사용하는 재화를 수출하고, 희소한 요소를 사용하는 재화를 수입하는 경향이 뚜렷하게 나타난다. 다시 말해, 기술 차이에 따른 생산성 영향을 통제할 경우, Heckscher-Ohlin 이론의 예측력이 향상되는 것으로 보인다.

제품 수명 주기 이론

[학습 목표 2] 국가 간 무역 흐름을 설명하는 다양한 이론을 정리한다.

Raymond Vernon은 1960년대 중반에 제품 수명 주기(product life-cycle) 이론을 제안했다.[30] Vernon의 이론은 20세기 대부분의 기간 동안 세계의 신제품들이 주로 미국 기업들에 의해 개발되어 먼저 미국 시장에서 판매되었다는 관찰에 근거하고 있다. 대표적인 사례로는 대량 생산 자동차, 텔레비전, 즉석 카메라, 복사기, 개인용 컴퓨터, 반도체 칩 등이 있다. Vernon은 미국 시장의 부유함과 규모가 미국 기업들에게 신제품 개발에 대한 강력한 동기를 부여했다고 설명했다. 또한, 미국 내 높은 인건비는 비용 절감형 공정 혁신을 추진하는 유인을 제공했다.

그러나 신제품이 미국 기업에 의해 개발되고 미국 시장에서 처음 판매되었다고 해서 반드시 미국 내에서만 생산해야 하는 것은 아니다. 저비용 생산 거점에서 제품을 제조한 뒤, 미국으로 수출할 수도 있다. 그럼에도 불구하고 Vernon은 대부분의 신제품이 초기에는 미국에서 생산된다고 주장했다. 이는 새로운 제품 출시 과정에서의 불확실성과 위험성을 고려할 때, 선도 기업들이 생산 시설을 시장과 의사 결정 본부 근처에 두는 것이 더 유리하다고 판단했기 때문이다. 또한, 신제품에 대한 초기 수요는 가격보다는 비가격적 요인에 의존하는 경우가 많아, 기업들은 높은 가격을 책정할 수 있었고, 이는 저비용 생산지를 찾을 필요성을 줄였다.

Vernon은 신제품의 수명 주기 초기 단계에서는 미국 내 수요가 빠르게 증가하는 반면, 다른 선진국에서는 주로 고소득층에 한정된 수요가 발생한다고 설명했다. 이러한 제한적인 초기 수요로 인해 외국 기업들이 신제품 생산에 나설 유인이 부족했으며, 이에 따라 미국으로부터의 수출이 필요하게 되었다.

시간이 지나면서 영국, 프랑스, 독일, 일본과 같은 다른 선진국에서도 신제품에 대한 수요가 증가하기 시작한다. 이와 함께 해당 국가의 기업들이 자국 시장을 위해 직접 제품을 생산할 유인이 생긴다. 또한, 미국 기업들 역시 수요가 증가하는 선진국에 현지 생산 시설을 설립할 수 있다. 그 결과, 이러한 선진국 내에서의 생산은 미국으로부터의 수출 가능성을 점차 제한하게 된다.

미국과 기타 선진국의 시장이 성숙함에 따라 제품은 점차 표준화되고, 가격이 주요 경쟁 수단으로 자리 잡는다. 이 단계에 이르면 비용 절감이 경쟁에서 중요한 요소가 되기 시작한다. 미국보다 인건비가 낮은 이탈리아나 스페인과 같은 선진국의 생산자들이 미국으로 수출할 수 있게 된다. 만약 비용 압박이 더욱 심화된다면, 이 과정은 여기서 멈추지 않는다. 미국이 다른 선진국에 경쟁 우위를 잃었던 과정이 다시 반복되며, 이번에는 태국과 같은 개발도상국이 선진국에 비해 생산상 이점을 가지게 될 수 있다.

결국, 세계 생산의 중심지는 처음에는 미국에서 다른 선진국으로, 이후에는 개발도상국으로 옮겨가게 된다. 이러한 변화의 결과로, 시간이 지남에 따라 미국은 해당 제품의 수출국에서 수입국으로 전환되며, 생산은 보다 저렴한 해외 지역에 집중된다.

21세기의 제품 수명 주기 이론

역사적으로 제품 수명 주기 이론은 국제 무역 패턴을 합리적으로 설명해 왔다. 예를 들어, 복사기는 1960년대 초 미국의 Xerox에 의해 처음 개발되어 미국 내 사용자들에게 판매되었다. 초기에는 미국에서 일본과 서유럽의 선진국으로 복사기를 수출했으나, 해당 국가들에서 수요가 증가함에 따라 Xerox는 일본(Fuji-Xerox)과 영국(Rank-Xerox)에 합작 회사를 설립해 현지 생산을 시작했다. 이후, Xerox의 복사기 관련 특허가 만료되면서 일본의 Canon과 이탈리아의 Olivetti와 같은 해외 경쟁 업체들이 시장에 진입했다. 그 결과, 미국의 복사기 수출은 감소했고, 미국 내 소비자들은 일본 등 생산비가 저렴한 외국에서 제조된 복사기를 구매하기 시작했다. 최근에는 일본 기업들조차 자국 내 높은 생산비를 감당하기 어려워지면서 태국과 같은 개발도상국으로 생산 거점을 이전하고 있다. 이처럼 미국과 일본, 영국 등 선진국들은 복사기 수출국에서 수입국으로 전환되었으며, 이는 제품 수명 주기 이론이 예측한 바와 같이 성숙한 산업이 미국에서 저비용 조립 지역으로 이동하는 경향과 일치한다.

하지만 제품 수명 주기 이론에도 한계가 있다. 아시아나 유럽의 관점에서 볼 때, 대부분의 신제품이 미국에서 개발되고 처음 출시된다는 Vernon의 주장은 미국 중심적이고 시대에 뒤떨어진 것으로 보일 수 있다. 미국이 세계 경제를 주도했던 1945년부터 1975년까지는 이 이론이 타당했을 수 있으나, 그 당시에도 일부 예외는 존재했고, 최근에는 이러한 예외가 더욱 빈번해지고 있다. 예를 들어, 비디오 게임 콘솔은 일본에서, 삼성 스마트폰은 한국에서 처음 출시되었다. 나아가, 세계 경제의 글로벌화와 통합이 심화되면서, 태블릿 컴퓨터, 스마트폰, 디지털 카메라 등 많은 신제품이 미국과 유럽, 아시아 여러 국가에서 동시에 출시되는 사례가 늘어나고 있다. 또한, 신제품의 특정 부품들이 생산비와 기술력의 조합이 가장 유리한 전 세계 다양한 지역에서 생산되는 등, 생산 거점이 글로벌하게 분산되는 경향이 두드러지고 있다. 이는 비교 우위 이론이 예측한 바와 일치한다. 결론적으로, Vernon의 제품 수명 주기 이론은 미국이 세계 경제를 주도했던 시기의 국제 무역 패턴을 설명하는 데 유용했지만, 현대 글로벌 경제에서는 그 적용 범위가 제한적이라고 볼 수 있다.

신무역 이론

[학습 목표 2] 국가 간 무역 흐름을 설명하는 다양한 이론을 정리한다.

신무역 이론은 1970년대에 등장하기 시작했으며, 당시 여러 경제학자는 기업이 규모의 경제를 달성할 수 있는 능력이 국제 무역에 중요한 영향을 미칠 수 있다고 지적했다.[31] **규모의 경제(economies of scale)**란 생산 규모가 커질수록 단위당 생산 비용이 감소하는 현상을 의미한다. 규모의 경제는 고정비를 대량 생산에 분산시킬 수 있는 능력, 그리고 대규모 생산자가 보다 전문화된 인력과 장비를 활용할 수 있는 능력 등 다양한 요인에서 비롯된다. 규모의 경제는 컴퓨터 소프트웨어, 자동차, 의약품, 항공우주 산업 등 많은 산업에서 비용 절감의 주요 원천이 된다. 예를 들어, Microsoft는 윈도 운영 체제의 새로운 버전을 개발하는 데 약 100억 달러의 고정 비용이 들지만,

규모의 경제
대량 생산으로 인하여 단위 생산 비용이 줄어드는 현상.

이를 전 세계 약 20억 대의 개인용 컴퓨터에 설치함으로써 규모의 경제를 실현한다. 마찬가지로, 자동차 기업들은 각 근로자가 전문화된 작업을 수행하는 조립라인에서 대량의 자동차를 생산함으로써 규모의 경제를 달성한다.

신무역 이론은 두 가지 중요한 점을 강조한다. 첫째, 규모의 경제에 미치는 무역의 영향으로 인해 소비자들은 더 다양한 상품을 더 저렴한 가격으로 구매할 수 있게 된다. 둘째, 규모의 경제를 달성하기 위해 요구되는 생산량이 세계 총수요에서 상당한 비중을 차지하는 산업의 경우, 전 세계 시장은 소수의 기업만을 수용할 수 있다. 따라서 특정 제품의 세계 무역은 해당 제품의 생산에서 '선발자 이점(first-mover advantage)'을 가진 국가들의 기업들이 주도할 가능성이 크다.

제품 다양성 증대와 비용 절감

[학습 목표 3] 많은 경제학자가 국가 간 자유로운 무역이 경제적 복리를 증진한다고 믿는 이유를 설명한다.

먼저 무역이 없는 세상을 상상해 보자. 규모의 경제가 중요한 산업에서는 시장 규모에 따라 한 국가가 생산할 수 있는 제품의 다양성과 생산 규모가 제한된다. 만약 국내 시장이 작다면 특정 제품에 대해 규모의 경제를 실현할 수 있을 만큼 충분한 수요가 존재하지 않을 수 있다. 따라서 이러한 제품은 생산되지 않을 수 있으며, 이는 소비자에게 제공되는 제품의 다양성을 제한하게 된다. 또는 생산이 이루어지더라도 매우 낮은 생산량으로 인해 단위당 비용과 가격이 규모의 경제가 실현될 때보다 상당히 높아질 수 있다.

이제 국가 간 무역이 이루어질 때를 고려해 보자. 개별 국가 시장이 더 큰 세계 시장으로 통합된다. 무역으로 인해 시장 규모가 확대되면, 개별 기업들은 규모의 경제를 실현할 수 있는 가능성이 커진다. 신무역 이론에 따르면, 이러한 결과로 각 국가는 무역이 없을 때보다 더 좁은 범위의 제품에 특화할 수 있으며, 동시에 자국에서 생산하지 않는 제품을 다른 국가로부터 수입함으로써 소비자에게 제공되는 제품의 다양성을 확대하고 제품 비용을 절감할 수 있다. 따라서 무역은 자원 보유량이나 기술에서 차이가 없더라도 상호 이익을 얻을 수 있는 기회를 제공한다.

두 나라가 각각 연간 100만 대의 자동차 시장을 보유하고 있다고 가정해 보자. 이 두 나라가 상호 무역을 통해 연간 200만 대 규모의 통합 시장을 형성하면, 규모의 경제를 더 잘 실현할 수 있게 되어 각국 개별 시장에서보다 더 다양한 자동차 모델을 생산할 수 있으며, 평균 생산 비용도 낮출 수 있다. 예를 들어, 스포츠카에 대한 수요가 각 국가별로 5만 5,000대에 불과하지만, 의미 있는 규모의 경제를 실현하기 위해서는 연간 최소 10만 대의 생산이 필요하다고 하자. 마찬가지로, 미니밴에 대한 각 국가의 수요가 8만 대이지만, 이 역시 최소 연간 10만 대 이상을 생산해야 규모의 경제를 실현할 수 있다. 각국 기업들은 자국 내 한정된 수요를 고려할 때, 스포츠카를 생산하지 않기로 결정할 수 있는데, 이는 낮은 생산량으로 인한 높은 생산 비용 때문이다. 미니밴을 생산할 수는 있겠지만, 규모의 경제를 실현하지 못하기 때문에 생산 비용과 판매 가격이 상대적으로 높아질 것이다. 그러나 두 나라가 무역을 시작하면, 한 국가는 스포츠카 생산에 특화하고 다른 국가는 미니밴 생산에 집중할 수 있다. 이 경우, 스포츠카에 대한 통합 수요는 11만 대, 미니밴에 대한 수요는 16만

대로 증가하여 두 기업 모두 규모의 경제를 실현할 수 있게 된다. 결과적으로 소비자들은 무역 이전에는 구매할 수 없었던 스포츠카를 구매할 수 있게 되고, 미니밴 역시 더 낮은 가격에 구매할 수 있게 된다. 이처럼 무역은 생산 특화, 규모의 경제 실현, 제품 다양성 확대, 가격 인하를 가능하게 하여 상호 이익을 가져다준다.

규모의 경제, 선발자 이점, 무역 패턴

신무역 이론의 두 번째 핵심 주제는 세계 경제에서 관찰되는 무역 패턴이 규모의 경제와 선발자 이점의 결과일 수 있다는 것이다. **선발자 이점**(first-mover advantages)란 산업에 가장 먼저 진입한 기업이 얻는 경제적·전략적 이점을 의미한다.[32] 규모의 경제를 후발 기업들보다 먼저 확보하여 보다 낮은 비용 구조를 실현하는 능력은 중요한 선발자 이점 중 하나이다. 신무역 이론에 따르면, 규모의 경제가 상당하고 전 세계 수요의 상당 부분을 차지하는 제품의 경우, 해당 산업에 먼저 진입한 기업들은 후발 기업들이 따라잡기 어려운 비용상의 우위를 확보할 수 있다. 이러한 이유로 특정 제품의 무역 패턴은 선발자 이점에 의해 결정될 수 있다. 특정 국가들이 일부 상품의 수출에서 우위를 점하는 이유는 해당 제품 생산에 규모의 경제가 중요하게 작용하고, 그 국가에 위치한 기업들이 먼저 규모의 경제를 실현했기 때문일 수 있다.

선발자 이점
특정 산업 및 시장에 먼저 진입함으로써 얻는 경제적, 전략적 우위.

예를 들어, 상업용 항공기 산업을 생각해 보자. 항공기 산업에서는 새로운 제트기를 개발하는 데 드는 막대한 고정비를 많은 판매량에 걸쳐 분산시킬 수 있을 때 상당한 규모의 경제가 발생한다. Airbus는 2007년에 상용화된 550석 규모의 초대형 항공기 A380 개발에 약 250억 달러를 투자했다. Airbus가 이 비용을 회수하고 손익분기점을 넘기려면 최소 250대를 판매해야 했다. 2018년까지 약 240대가 판매되었으며, 350대 이상 판매될 경우 수익성이 확보될 것으로 보였다.

이런 대형 항공기 시장은 20년간 전 세계적으로 400~600대 정도의 수요가 예상되었기 때문에, 사실상 이 시장을 수익성 있게 유지할 수 있는 기업은 한두 곳에 불과했다. 이러한 시장 구조로 인해 초대형 항공기 부문에서는 Airbus가 선발자 이점을 차지하며 유럽연합(EU)이 수출을 주도하게 되었다. Boeing과 같은 경쟁사들은 Airbus가 누리는 규모의 경제를 확보하지 못해 이 시장에서 배제될 가능성이 높았다. Airbus는 이 시장을 개척함으로써 경쟁사들이 따라오기 힘든 선발자 이점을 확보했고, 이로 인해 EU이 초대형 항공기 부문의 주요 수출국이 되었다. 하지만 결과적으로 초대형 항공기 시장의 수요가 예상보다 적어, 2019년 초 Airbus는 A380 생산을 2021년에 중단한다고 발표했다.

신무역 이론의 시사점

신무역 이론은 국제 무역에 대해 중요한 시사점을 제공한다. 이 이론은 국가 간에 자원 분포나 기술력의 차이가 없더라도 무역을 통해 이익을 얻을 수 있다고 주장한다. 무역을 통해 각 국가는 특정 제품 생산에 특화함으로써 규모의 경제를 실현하고 생산 비용을 낮출 수 있으며, 동시에 다른 국가로부터 자국에서 생산하지 않는 제품을 수입할 수 있다. 이러한 메커니즘을 통해 각국 소비자들은 더 다양한 제품을 접할 수 있으며, 평균 비용과 가격이 낮아져 자원이 다른 재화와 서비스 생산에 활용될 수 있다.

또한, 신무역 이론은 단순히 자원의 풍부함이나 기술력의 차이 때문이 아니라, 단지 특정 국가의 기업이 해당 제품을 가장 먼저 생산했기 때문에 그 국가가 특정 제품의 수출을 주도할 수 있다고 설명한다. 산업에 가장 먼저 진입한 선도 기업들은 규모의 경제를 확보하며, 이는 후발 기업들의 진입을 어렵게 만드는 진입 장벽으로 작용한다. 예를 들어, Boeing과 Airbus는 이미 막대한 규모의 경제를 실현했기 때문에 새로운 경쟁 기업의 시장 진입을 어렵게 만들었고, 이로 인해 미국과 유럽이 중·대형 제트기 시장에서 우위를 점하게 되었다. 전 세계 수요가 또 다른 제조사를 수익성 있게 지원할 만큼 크지 않기 때문에 이러한 시장 지배력은 더욱 강화된다. 일본 기업들도 이 시장에 직접 진입하기보다는 Boeing과 같은 주요 제조사와 협력하여 부품 공급 업체로 활동하는 전략을 선택했다. 예를 들어, Mitsubishi Heavy Industries은 Boeing 777과 787 프로그램의 주요 부품 공급 업체로 참여하고 있다.

신무역 이론은 특정 제품을 생산하는 데 필요한 생산 요소를 풍부하게 보유한 국가가 해당 제품의 수출을 주도한다고 설명하는 Heckscher-Ohlin 이론과는 상반된 입장을 취한다. 신무역 이론에 따르면, 미국이 상업용 제트기의 주요 수출국이 된 이유는 항공기 제조에 적합한 생산 요소를 풍부하게 보유했기 때문이 아니라, 단지 Boeing이라는 선도 기업이 미국에 있었기 때문이라는 것이다. 그러나 신무역 이론은 비교 우위 이론과는 충돌하지 않는다. 규모의 경제를 통해 생산성이 증가하기 때문에, 신무역 이론은 비교 우위의 중요한 원천을 밝히는 역할을 한다.

실제로 여러 실증 연구는 신무역 이론의 예측을 뒷받침한다. 무역을 통해 산업 내 생산이 특화되고, 소비자들이 이용할 수 있는 제품의 다양성이 증가하며, 평균 가격이 하락하는 경향이 관찰된다.[33] 하버드 대학의 경영사학자 Alfred Chandler의 연구에 따르면, 선발자 이점이 특정 국가의 기업들이 특정 산업을 지배하는 중요한 요인임을 보여 준다.[34] 화학 산업, 중장비 산업, 대형 트럭 산업, 타이어 산업, 가전제품 산업, 제트엔진 산업, 컴퓨터 소프트웨어 산업 등 많은 글로벌 산업에서 소수의 기업들만이 시장을 지배하고 있다는 사실이 이를 뒷받침한다.

신무역 이론의 가장 논란이 되는 시사점은 정부 개입과 전략적 무역 정책에 대한 논거를 제공한다는 점이다.[35] 신무역 이론은 선발자 이점을 확보하기 위해 기업의 운, 기업가 정신, 혁신이 중요한 역할을 한다고 본다. 예를 들어, Boeing이 상업용 제트기 시장의 선발자가 될 수 있었던 이유는 단순히 기술력이 뛰어났기 때문이 아니라, 일정 부분 운이 따랐기 때문이다. 영국의 De Havilland는 Boeing보다 2년 먼저 코멧(Comet) 제트기를 출시했지만, 치명적인 기술적 결함으로 시장에서 실패했다. 만약 De Havilland가 이런 실수를 하지 않았다면, 영국이 상업용 제트기 수출을 주도했을 가능성도 있었다. 또한, Boeing의 혁신성은 상업용 제트기 제작에 필요한 기술을 독자적으로 개발한 점에서 드러났지만, 이 과정에서 미국 정부의 연구·개발(R&D) 지원이 큰 역할을 했다. Boeing 707은 정부가 지원한 군용기 프로그램에서 파생된 결과물이었다. Airbus 역시 상당한 정부 보조금을 통해 시장에 진입했다. 이러한 사례들은 정부 개입의 정당성을 뒷받침한다. 즉, 정부가 보조금과 같은 전략적 지원을 통해 자국 기업들이 신흥 산업의 선발자가 될 가능성을 높일 수 있으며, 이는 신무역 이론이 제시하는 중요한 정책적 시사점이다. 만약 이러한 정부 개입이 가능하다면, 이는 지금까지 살펴본 자유무역 이론과는 다른 방향의 적극적인 무역 정책을 정당화하는 근거가 될 수 있다. 이에 대한 구체적인 정책 논의는 7장에서 다룬다.

국가 경쟁 우위: Porter의 다이아몬드 모델

[학습 목표 2] 국가 간 무역 흐름을 설명하는 다양한 이론을 정리한다.

Michael Porter는 산업 분석을 위한 '5 요소 프레임워크'를 개발한 하버드 대학교의 저명한 전략 교수로서 국제 무역에 관해서도 폭넓게 연구하였다.[36] Porter와 그의 연구팀은 10개국의 100개 산업을 조사하였다. 새로운 무역 이론가들과 마찬가지로, Porter 역시 기존의 국제 무역 이론이 무역 패턴의 일부만을 설명한다고 보았다. Porter가 해결하고자 한 핵심 과제는 특정 산업에서 한 국가가 국제적으로 성공을 거두는 이유를 밝히는 것이었다. 왜 일본은 자동차 산업에서 두각을 나타내는가? 왜 스위스는 정밀 기기와 의약품 생산 및 수출에서 우위를 점하는가? 왜 독일과 미국은 화학 산업에서 성공을 거두는가? 이러한 질문에 대해 Heckscher-Ohlin 이론으로는 명확한 답을 얻기 어렵다. 또한 비교 우위 이론 역시 부분적인 설명만을 제공한다. 비교 우위 이론에 따르면, 스위스가 정밀 기기 생산 및 수출에 강한 이유는 이 산업에서 자원을 매우 생산적으로 활용하기 때문이라고 설명할 수 있다. 그러나 이러한 설명만으로는 왜 스위스가 영국, 독일, 스페인보다 해당 산업에서 더 높은 생산성을 보이는지를 충분히 설명할 수 없다. Porter는 이 의문을 해결하고자 하였다.

Porter는 한 국가의 경쟁 환경을 형성하는 네 가지 광범위한 속성이 있으며, 이러한 속성들이 경쟁 우위의 창출을 촉진하거나 방해한다고 이론화하였다(그림 6-5 참조). 이 네 가지 속성은 다음과 같다.

- 생산 요소(factor endowments): 특정 산업에서 경쟁하기 위해 필요한 숙련된 노동력이나 인프라 등 생산 요소 측면에서의 국가적 여건.

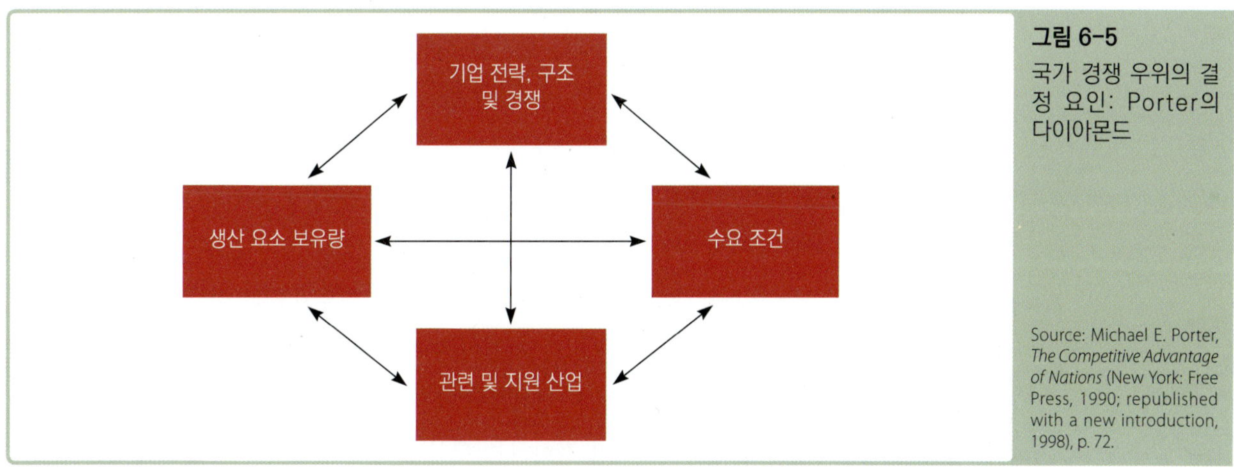

그림 6-5
국가 경쟁 우위의 결정 요인: Porter의 다이아몬드

Source: Michael E. Porter, *The Competitive Advantage of Nations* (New York: Free Press, 1990; republished with a new introduction, 1998), p. 72.

- 수요 조건(demand conditions): 자국 내에서 해당 산업의 제품이나 서비스에 대한 수요의 특성.
- 관련 및 지원 산업(related and supporting industries): 국제적으로 경쟁력 있는 공급 업체 산업과 관련 산업의 존재 여부.
- 기업 전략, 구조 및 경쟁(firm strategy, structure, and rivalry): 기업이 어떻게 설립되고, 조직되며, 경영되는지에 관한 조건과 국내 기업 간 경쟁의 특성.

Porter는 이 네 가지 속성을 '다이아몬드'라고 명명하였다. 그는 다이아몬드가 가장 유리한 산업 또는 산업 부문에서 기업이 성공할 가능성이 가장 크다고 주장한다. 또한, 다이아몬드는 상호 보완적인 시스템으로 작용한다고 보았다. 즉, 한 속성의 효과는 다른 속성들의 상태에 따라 달라진다는 것이다. 예를 들어, Porter는 자국 내 수요 조건이 아무리 유리하더라도 기업 간 경쟁이 충분히 치열하지 않다면 경쟁 우위로 이어지지 않을 것이라고 설명한다.

Porter는 국가 경쟁 우위를 결정하는 다이아몬드 모델에 추가적으로 영향을 미칠 수 있는 두 가지 변수를 제시했다. 바로 우연한 사건(chance)과 정부이다. 우연적 사건은 산업 구조를 변화시키고 한 국가의 기업이 다른 국가의 기업을 대체할 수 있는 기회를 제공할 수 있다. 예를 들어, 중요한 기술 혁신이 발생하면 특정 국가의 기업이 글로벌 시장에서 경쟁 우위를 확보할 수 있다. 정부는 정책 선택을 통해 국가 경쟁 우위를 저해하거나 강화할 수 있다. 예를 들어, 규제 정책은 국내 수요 조건을 변화시킬 수 있으며, 반독점 정책은 산업 내 경쟁의 강도를 조정할 수 있다. 또한, 정부가 교육에 투자하면 생산 요소의 질을 향상시켜 국가 경쟁력을 높일 수 있다.

생산 요소

생산 요소는 Heckscher-Ohlin 이론의 핵심 개념이다. Porter는 이 이론에 근본적으로 새로운 내용을 추가하지는 않았지만, 생산 요소의 특성을 보다 세분화하여 분석하였다. 그는 생산 요소를 기본 요소와 고급 요소로 구분한다. 기본 요소(basic factors)는 천연자원, 기후, 지리적 위치, 인구 통계 등과 같이 자연적으로 주어진 자원이다. 반면 고급 요소(advanced factors)는 통신 인프라, 숙련된 노동력, 연구 시설, 기술적 전문 지식 등과 같이 개인, 기업, 정부의 투자로 형성된 자원이다. Porter는 경쟁 우위를 결정하는 데 있어 고급 요소가 가장 중요하다고 주장한다. 이는 단순히 자연적으로 주어진 기본 요소가 아니라, 지속적인 투자와 개발을 통해 형성되기 때문이다. 예를 들어, 정부가 기초 및 고등 교육에 투자하면 인구 전체의 기술 수준과 지식을 향상시킬 수 있으며, 이는 연구·개발 활동을 촉진하여 고급 요소를 강화하는 효과를 낳는다.

기본 요소와 고급 요소의 관계는 단순하지 않다. 기본 요소가 경쟁 우위의 초기 기반을 제공할 수 있지만, 장기적인 경쟁력 강화를 위해서는 고급 요소에 대한 투자가 필수적이다. 반대로, 기본 요소의 부족은 고급 요소에 대한 투자를 촉진할 수 있다. 일본은 이러한 현상의 대표적인 사례이다. 일본은 경작 가능한 토지나 풍부한 광물 자원이 부족하지만, 지속적인 교육과 연구·개발 투자로 고급 요소를 확충하였다. 특히, 일본은 세계에서 가장 높은 수준의 공학 전공자 비율을 보유하고 있으며, 이는 일본 제조업의 경쟁력을 강화하는 핵심 요인으로 작용해 왔다.

수요 조건

Porter는 자국 내 수요가 경쟁 우위를 강화하는 데 중요한 역할을 한다고 강조한다. 기업은 일반적으로 가장 가까운 고객의 요구에 가장 민감하기 때문에, 국내 시장의 특성이 제품의 속성을 결정하고, 혁신과 품질 개선을 촉진하는 압력을 만든다고 본다. Porter는 국내 소비자가 까다롭고, 높은 기대치를 가지며, 제품에 대한 지식 수준이 높을수록 기업이 경쟁 우위를 확보할 가능성이 커진다고 주장한다. 이러한 소비자들은 더 나은 품질과 혁신적인 제품을 요구하며, 이는 기업이 국제 시장에서도 경쟁력을 갖출 수 있도록 만든다. 예를 들어, Porter는 일본의 카메라 산업을 사례로 든다. 일본의 소비자들은 카메라에 대한 지식이 풍부하고 제품 품질에 대한 기대 수준이 높았기 때문에, 일본 기업들은 더 높은 품질을 유지하고, 혁신적인 모델을 개발해야 하는 압력을 받았다. 이러한 환경이 일본 카메라 산업의 발전을 촉진했고, 결과적으로 일본 기업들이 글로벌 시장에서도 경쟁력을 확보하는 데 기여했다.

관련 및 지원 산업

산업 내 국가 경쟁 우위를 결정짓는 세 번째 요인은 국제적으로 경쟁력 있는 공급 업체 또는 관련 산업의 존재이다. 관련 및 지원 산업이 고급 생산 요소에 투자함으로써 얻은 혜택은 본 산업에도 긍정적인 파급 효과를 가져와 국제적인 경쟁력을 확보하는 데 도움을 줄 수 있다. 예를 들어, 스웨덴의 특수강 산업의 경쟁력은 스웨덴의 철강 가공 제품(예: 볼 베어링, 절삭 공구) 산업의 성공에 기여하였다. 마찬가지로, 미국의 반도체 산업이 기술적 선도권을 확보함으로써 미국의 개인용 컴퓨터(PC)와 기타 첨단 전자 제품 산업의 성장 기반이 마련되었다. 또한, 스위스의 제약 산업의 성공 역시 이전에 국제적으로 경쟁력을 가졌던 염료 산업과의 기술적 연관성 덕분에 가능했다.

이러한 상호 연관성의 결과로, 한 국가 내의 성공적인 산업들은 서로 연계된 산업들끼리 클러스터를 형성하는 경향이 있다. 이는 Porter의 연구에서 두드러진 발견 중 하나였다. 예를 들어, Porter는 독일의 섬유 및 의류 산업 클러스터를 확인했는데, 이 클러스터에는 고급 면직물, 양모, 합성섬유, 재봉틀 바늘, 다양한 섬유 기계 등이 포함되었다. 이러한 산업 클러스터는 기업 간에 지식의 흐름이 활발히 이루어질 수 있는 환경을 제공하기 때문에 매우 중요하다. 지식의 흐름은 동일 지역 내 기업 간 인력 이동을 통해 이루어질 수 있으며, 또한 산업 협회가 주최하는 각종 세미나나 워크숍을 통해 서로 다른 기업 소속의 직원들이 교류함으로써 촉진된다. 이러한 지식 공유는 클러스터 내 모든 기업들에게 혜택을 제공하여, 전체 산업의 경쟁력을 강화하는 역할을 한다.[37]

기업 전략, 구조 및 경쟁

Porter의 모형에서 국가 경쟁 우위의 네 번째 주요 속성은 기업의 전략, 구조, 그리고 경쟁이다. 이에 대해 Porter는 두 가지 중요한 점을 강조한다. 첫째, 각 국가의 경영 이념은 서로 다르며, 이러한 차이가 국가 경쟁력을 강화하거나 저해할 수 있다. 예를 들어, Porter는 독일과 일본 기업의 최고 경영진에 엔지니어 출신이 많은 경향이 있다고 지적했다. 그는 이를 이들 기업이 제조 공정 개선과 제품 설계에 집중하기 때문이라고 설명했다. 반면, 미국 기업의 경우, 재무 분야 출신이 경영진을 주도하는 경우가 많았다. Porter는 이로 인해 미국 기업들이 제조 공정 개선과 제품 설계에 상대적으로 적은 관심을 보였다고 분석했다. 특히, 단기적인 재무 성과 극대화에 지나치게 집중한 것이 경쟁력 약화로 이어졌다고 주장했다. 이러한 경영 이념의 차이로 인해, Porter는 자동차 산업과 같이 엔지니어링 중심 산업에서 미국 기업의 경쟁력이 상대적으로 약화되었다고 설명했다.

둘째, Porter는 국내 경쟁의 치열함이 산업 내 경쟁 우위의 창출과 지속성에 강한 영향을 미친다고 주장한다. 격렬한 국내 경쟁은 기업들이 효율성을 개선하려는 노력을 유도하며, 이는 곧 국제 경쟁력 강화로 이어진다. 또한, 기업들은 혁신, 품질 개선, 비용 절감 및 고급 생산 요소에 대한 투자 압박을 받게 되며, 이러한 요인들이 결합되어 세계적 수준의 경쟁력을 확보할 수 있다. Porter는 일본의 사례를 통해 이를 뒷받침한다.

> 국내 경쟁의 역할은 일본에서 가장 뚜렷하게 드러난다. 일본 기업들 간의 경쟁은 총력전에 가깝고, 이로 인해 많은 기업들이 수익성 확보에 실패하기도 한다. 시장 점유율을 중시하는 목표 아래, 일본 기업들은 끊임없이 서로를 능가하려는 치열한 경쟁을 벌인다. 이 과정에서 시장 점유율은 크게 변동하며, 이러한 경쟁 상황은 경제 전문 언론에서 집중적으로 보도된다. 또한, 대학 졸업생들에게 인기 있는 기업을 평가하는 정교한 순위 시스템도 존재해 기업 간의 경쟁을 더욱 부추긴다. 이러한 환경 속에서 신제품 개발과 생산 공정 개선의 속도는 매우 빠르게 진행되며, 이는 일본 기업들이 혁신과 품질 향상을 지속적으로 추구하도록 만든다.[38]

Porter 이론의 평가

[학습 목표 4] 특정 산업에서 국가 경쟁력을 강화하기 위해 정부가 적극적인 역할을 수행할 수 있다고 주장하는 이들의 논거를 설명한다.

Porter는 한 국가가 특정 산업에서 국제적인 성공을 거둘 가능성은 생산 요소, 국내 수요 조건, 관련 및 지원 산업, 국내 경쟁이라는 네 가지 요소가 결합된 결과라고 주장한다. 그는 이 네 가지 요소가 모두 충족될 때 경쟁력을 높이는 데 가장 효과적이라고 보지만, 일부 예외도 존재한다고 언급한다. 또한, Porter는 정부가 이 다이아몬드 모형의 네 가지 요소 각각에 긍정적이거나 부정적인 영향을 미칠 수 있다고 주장한다. 예를 들어, 생산 요소는 보조금, 자본 시장에 대한 정책, 교육 정책 등을 통해 영향을 받을 수 있다. 정부는 현지 제품 기준이나 소비자 요구를 규정하거나 영향을 미치는 규제를 통해 국내 수요를 조성할 수 있다. 또한, 정부는 규제를 통해 지원 및 관련 산업에 영향을 미칠 수 있으며, 자본 시장 규제, 세금 정책, 독점 금지법 등을 통해 기업 간 경쟁에도 영향을 줄 수 있다.

만약 Porter의 주장이 옳다면, 그의 모형은 실제 세계에서 관찰되는 국제 무역 패턴을 예측할 수 있어야 한다. 즉, 네 가지 요소가 모두 유리한 산업에서는 수출이 이루어지고, 그렇지 않은 산업에서는 수입이 이루어져야 한다. 그러나 Porter의 이론은 아직까지 구체적인 실증 연구를 통해 충분히 검증되지 않았다. 이론의 논리가 타당하게 들리지만, 이는 신무역 이론, 비교 우위 이론,

Heckscher-Ohlin 이론에도 해당된다. 어쩌면 이들 이론은 상호 보완적인 역할을 하며, 국제 무역의 패턴을 각각 부분적으로 설명할 수 있을지도 모른다.

360° 관점: 경영에의 시사점

입지, 선발자 이점, 정부 정책, 투자, 전략

[학습 목표 5] 국제 무역이론이 경영 실무에 미치는 중요한 시사점을 이해한다.

이 모든 내용이 비즈니스에 왜 중요한가? 이번 장에서 논의한 내용은 국제 비즈니스에 적어도 네 가지 주요 시사점을 가진다. 이는 입지 선택, 선발자 이점, 정부 정책, 그리고 정부 정책 변화로부터 파생되는 비즈니스 투자 및 기업 전략에 대한 시사점이다.

입지

우리가 논의한 대부분의 이론의 근간에는 각국이 특정 생산 활동에서 고유한 강점을 가진다는 개념이 있다. 따라서 수익성 관점에서 기업은 국제 무역 이론에 따라 생산 활동을 가장 효율적으로 수행할 수 있는 국가에 이를 분산시키는 것이 합리적이다. 예를 들어, 프랑스에서 디자인 작업을 가장 효율적으로 수행할 수 있다면 디자인 시설은 프랑스에 위치해야 한다. 기본 부품의 제조가 싱가포르에서 가장 효율적으로 이루어진다면 부품 생산은 싱가포르에서 수행되어야 하며, 최종 조립이 중국에서 가장 효율적이라면 최종 조립 공정은 중국에 두어야 한다. 이러한 결과로 전 세계적으로 생산 활동이 분산된 글로벌 네트워크가 형성된다. 이 네트워크는 비교 우위, 생산 요소의 보유 현황 등 다양한 요소를 고려하여 각 활동이 가장 적합한 지역에서 수행되도록 구성된다. 만약 기업이 이러한 전략을 따르지 않는다면, 이를 실행하는 경쟁 기업들에 비해 경쟁력에서 뒤처질 위험이 있다.

선발자 이점

신무역 이론에 따르면, 특정 신제품 생산에서 선발자 이점을 확보한 기업은 이후 해당 제품의 국제 무역을 지배할 가능성이 크다. 이러한 이점은 항공우주 산업이나 최첨단 마이크로프로세서 시장처럼 전 세계적으로 소수의 기업만이 수익을 낼 수 있는 산업에서 특히 두드러진다. 그러나 상대적으로 경쟁이 덜 치열한 산업에서도 초기 진입은 중요한 전략이 될 수 있다. 개별 기업의 관점에서 핵심 메시지는 선발자 또는 조기 진입자(early mover) 이점을 확보하기 위해 상당한 재원을 투자하는 것이 장기적으로 이익이 된다는 점이다. 이는 신규 사업이 수익을 내기까지 몇 년간 손실을 감수해야 할 수도 있음을 의미한다. 초기 진입을 통해 잠재 수요를 선점하고, 생산량 증가에 따른 비용 절감 효과를 얻으며, 후발 기업들보다 먼저 강력한 브랜드를 구축함으로써 장기적인 경쟁 우위를 확보할 수 있다. 이러한 선발자 이점을 활용하는 구체적인 전략이나 선도 기업이 직면할 수 있는 위험(선발자 난점)을 피하는 방법에 대한 논의는 이 책의 범위를 벗어나지만, 관련 전략을 다룬 다양한 자료가 존재한다.[39]

정부 정책

국제 무역 이론은 기업에도 중요한 의미를 가진다. 기업은 국제 무역의 주요 주체로서, 제품을 수출하고 타국의 제품을 수입하는 역할을 한다. 이러한 중심적인 위치 덕분에 기업들은 정부의 무역 정책에 상당한 영향을 미칠 수 있으며, 자유무역을 지지하거나 무역 규제를 요구하는 로비 활동을 통해 정책에 개입하기도 한다. 국제 무역 이론은 자유무역이 일반적으로 국가 전체의 이익에 부합한다고 주장하지만, 이는 반드시 개별 기업의 이익과 일치하지는 않는다. 그럼에도 불구하고 많은 기업들은 개방 시장의 이점을 인식하고 자유무역을 지지하는 입장을 취한다.

예를 들어, 1990년대 미국 정부가 일본산 액정 디스플레이(LCD) 패널에 관세를 부과하려 했을 때, IBM과 Apple은 강하게 반대했다. 이들은 다음과 같은 이유를 들었다. (1) 일본이 LCD 패널을 가장 저렴하게 공급할 수 있는 국가라는 점, (2) 이 패널들이 자사의 노트북 컴퓨터 생산에 필수적이라는 점, (3) 관세가 부과될 경우 LCD 패널 가격이 상승해 IBM과 Apple의 노트북 가격도 오르게 되며, 이는 세계 시장에서 경쟁력을 약화시킨다는 점이었다. 다시 말해, 미국 기업을 보호하려는 관세 정책이 오히려 미국 기업에 불리하게 작용할 수 있었던 것이다. 이러한 반발에 따라 미국 정부는 관세 부과 계획을 철회했다.

그러나 IBM과 Apple의 사례와 달리, 기업들이 항상 자유무역을 지지하는 것은 아니다. 예를 들어, 미국에서는 국내 철강 기업들의 압력으로 수입 철강에 대한 규제가 반복적으로 시행되었으며, 2018년 Trump 행정부가 외국산 철강에 25% 관세를 부과한 것이 대표적인 사례이다. 때로는 정부가 자국 기업의 보호를 위해 외국 기업에 '자발적인' 수출 제한을 요구하기도 한다. 이러한 제한은 본격적인 무역 장벽의 시행을 암시하며, 이를 피하기 위해 외국 기업들이 제한에 동의하게 만든다(역사적으로 자동차 산업에서 이러한 사례가 발생했다). 또한, 정부는 '반덤핑' 조치를 통해 외국 제품에 대한 관세를 정당화하기도 하는데, 이러한 메커니즘은 7장에서 자세히 설명할 예정이다.

국제 무역 이론이 예측하듯, 이러한 보호무역 조치들은 종종 역효과를 낳았다. 예를 들어, 1985년 미국이 일본산 공작 기계 수입을 자발적으로 제한했던 경우가 그랬다. 수입 장벽으로 국제 경쟁에서 벗어난 미국 공작 기계 산업은 효율성을 높일 유인이 줄어들었고, 결국 더 효율적인 해외 경쟁자들에게 수출 시장을 빼앗겼다. 그 결과, 오히려 미국 공작 기계 산업은 해당 기간 동안 위축되었다. 국제 무역 이론에 정통한 사람들에게 이러한 결과는 놀라운 일이 아니었다.[40]

Porter의 국가 경쟁 우위 이론은 기업이 고려해야 할 정책적 시사점을 제공한다. Porter에 따르면, 기업은 고급 생산 요소에 대한 투자(예: 직원 교육 등)를 확대하고 연구·개발(R&D)에 적극적으로 투자해야 한다. 아울러, 정부가 국가 경쟁력을 강화할 수 있는 정책을 채택하도록 로비를 펼치는 것이 기업의 이익에 부합한다. 구체적으로는, 고급 생산 요소를 강화할 수 있는 교육, 인프라, 기초 연구에 대한 정부 투자를 촉구하고, 국내 시장 내 경쟁을 활성화할 수 있는 정책을 지지해야 한다. Porter의 연구에 따르면, 이러한 경쟁 환경은 기업이 글로벌 시장에서 경쟁력을 갖추는 데 도움이 되기 때문이다.

정부 정책, 투자, 그리고 기업 전략의 변화

지난 30여 년 동안 국제 무역에 대한 정부 정책은 대체로 안정적이고 예측 가능했다. 다음 장에서 자세히 다루겠지만, 세계무역기구(WTO)의 주도 아래, 무역을 규율하는 합의된 규칙에 기반한 국제 질서가 확립되었고, 주요 교역국들은 모두 이 기구의 회원국이 되었다. 세계 각국은 재화와 서비스의 국경 간 교역 장벽을 낮추기 위해 협력해 왔으며, 이러한 공통된 목표와 규칙 기반 질서에 대한 합의는 예측 가능한 환경을 조성하여 국경을 넘는 기업 투자의 위험을 줄였다. 기업들은 명확한 규칙 속에서 전략을 세울 수 있었고, 이에 따라 자사의 가치 사슬을 가장 효율적인 국가에 분산시키는 방식으로 운영해 왔다. 예를 들어, Apple은 캘리포니아에서 아이폰의 디자인과 운영 소프트웨어를 개발하면서도, 독일, 말레이시아, 일본에서 하드웨어 부품을 조달하고, 중국에서 최종 조립을 진행한 뒤 완성품을 전 세계 시장에 공급한다. 이러한 글로벌 가치 사슬은 무역 환경이 안정적일 때 가장 효과적이었다.

그러나 Donald Trump 전 미국 대통령의 당선과 그가 주도한 무역 정책의 변화는 기존 질서에 큰 어려움을 줬다. Biden 행정부 역시 중국산 제품에 대한 관세와 같은 일부 Trump 시대의 무역 정책을 유지하면서, 이전보다 예측하기 어려운 무역 환경이 조성되었다. 그 결과, 기업들은 현재의 투자가 향후 무역 장벽 강화로 인해 수익성을 잃을 가능성에 직면하게 되었다. 과거에는 경제적 논리에 부합했던 글로벌 공급망도 이제는 더 이상 지속 가능하지 않을 수 있다. 예를 들어, 2007년 Apple이 아이폰 조립 공장을 중국에 두기로 한 결정은 합리적이었다. 그러나 미국이 중국산 제품에 높은 관세를 계속 부과한다면, 이 전략은 비경제적이며 기업에 불리한 요소로 작용할 수 있다. 또 다른 사례로, 중국을 주요 성장 시장으로 삼은 Starbucks와 같은 미국 기업들은 미국 정부의 무역 장벽에 대한 보복으로 중국 정부가 외국인 투자를 제한할 경우, 중국 내 확장 계획에 차질을 빚을 수 있다.

무역 정책의 변화는 미래에 대한 큰 불확실성을 초래하여, 국제 무역을 지원하는 국경 간 투자에 대한 리스크를 증가시킨다. 즉, 기업들이 익숙했던 경쟁 환경이 더 이상 명확하지 않으며, 매몰투자(stranded investment)의 위험이 높아졌다. 몇 년 전에 이루어진 투자의 가치가 현재 상당히 감소했을 가능성이 크다. 기업은 이러한 상황에 어떻게 대응해야 하는가? 이 문제는 이후 장에서 다시 다루겠지만, 여기서 주목할 점은 투자 리스크가 증가할 때 기업들이 일반적으로 취하는 세 가지 대응 전략이다. 첫째, 위험이 높은 프로젝트에 대한 투자를 줄인다. 이는 무역 전쟁에 연루된 국가들에 대한 투자가 감소할 가능성이 높음을 의미한다. 둘째, 리스크를 분산하기 위해 헤징 전략을 활용한다. 예를 들어, Apple과 같은 기업은 특정 부품을 여러 지역에서 조달하거나, 여러 국가에서 조립하는 방식으로 공급망을 다변화할 수 있다. 이렇게 하면 특정 지역에서 무역 분쟁과 높은 관세 장벽이 발생하더라도, 생산을 다른 지역으로 이전하는 것이 가능해진다. 또한, 기업은 비용이 증가하더라도 국내 생산을 확대하는 전략을 선택할 수도 있다. 하지만 이러한 투자 리스크 감소 및 공급망 다변화 전략은 자원의 효율적 배분을 저해하고, 국제 무역 흐름을 왜곡하며, 향후 경제 성장률을 둔화시키는 요인이 될 수 있다. 셋째, 기업들은 정부를 대상으로 로비 활동을 전개하여, 무역 분쟁 해결과 보다 안정적이고 예측 가능한 환경 조성을 촉진한다.

주요 용어

무역의 이익	생산 요소	절대 우위	선발자 이점
자유무역	중상주의	특화에 따른 수확 불변	
신무역 이론	제로섬 게임	규모의 경제	

요약

이 장에서는 국가가 국제 무역에 참여함으로써 얻는 이점을 설명하는 여러 이론들과 세계 경제에서 관찰되는 국제 무역 패턴을 설명하였다. Smith, Ricardo, Heckscher-Ohlin의 이론은 모두 자유무역을 강력히 지지한다. 반면, 중상주의 이론과 어느 정도 신무역 이론은 보조금을 통해 수출을 장려하고 관세와 수입 할당제를 통해 수입을 제한하는 정부 개입을 지지하는 것으로 해석될 수 있다.

이 장에서는 국제 무역 패턴을 설명하면서, 중상주의를 제외하고 대부분의 이론들이 상호 보완적인 설명을 제공한다는 점을 보여 주었다. 비록 단일 이론으로 국제 무역의 명확한 패턴을 모두 설명할 수는 없지만, 비교 우위 이론, Heckscher-Ohlin 이론, 제품 수명 주기 이론, 신무역 이론, Porter의 국가 경쟁 우위 이론을 종합하면 어떤 요소가 중요한지 알 수 있다. 비교 우위 이론은 생산성 차이가 중요하다고 말하며, Heckscher-Ohlin 이론은 요소 부존이 중요하다고 설명한다. 제품 수명 주기 이론은 신제품이 어디에서 처음 도입되는지가 중요하다고 말하며, 신무역 이론은 전문화에 따른 수익 증가와 선발자 이점이 중요하다고 주장한다. Porter는 이러한 모든 요인이 국가 경쟁력의 네 가지 요소에 영향을 미치는 만큼 중요하다고 설명한다.

이 장에서는 다음과 같은 요점을 다루었다.

1. 중상주의자들은 국가가 무역 수지 흑자를 유지하는 것이 가장 이익이라고 주장하였다. 이들은 무역을 제로섬 게임으로 보았으며, 한 국가의 이익은 다른 국가의 손실을 의미한다고 보았다.
2. 절대 우위 이론은 국가마다 상품을 효율적으로 생산하는 능력이 다르다고 주장한다. 이 이론은 한 국가가 절대 우위를 가진 분야에 특화하고, 다른 국가가 절대 우위를 가진 상품은 수입해야 한다고 본다.
3. 비교 우위 이론은 국가가 가장 효율적으로 생산할 수 있는 상품에 특화하고, 상대적으로 덜 효율적인 상품은 다른 국가에서 수입하는 것이 타당하다고 주장한다. 이는 자국이 더 효율적으로 생산할 수 있는 상품일지라도, 상대적으로 효율성이 낮다면 수입하는 것이 이득이 될 수 있음을 의미한다.
4. 비교 우위 이론은 무제한 자유무역이 세계 생산량을 증가시킨다고 주장한다. 이는 무역이 포지티브섬이라는 것을 의미한다.
5. 비교 우위 이론은 또한 자유무역이 경제 성장을 촉진하여 무역으로부터 동적 이익을 창출한다고 주장한다. 실증적 증거는 이 주장과 일치하는 것으로 보인다.
6. Heckscher-Ohlin 이론은 국제 무역의 패턴이 요소 부존의 차이에 의해 결정된다고 주장한다. 이 이론은 각국이 자국 내에서 풍부한 생산 요소를 집중적으로 사용하는 상품을 수출하고, 부족한 요소를 많이 사용하는 상품은 수입할 것이라고 예측한다.
7. 제품 수명 주기 이론은 무역 패턴이 신제품이 처음 도입되는 위치에 영향을 받는다고 주장한다. 그러나 세계 경제가 점점 통합됨에 따라 이 이론의 예측력은 과거에 비해 약화된 것으로 보인다.
8. 신무역 이론은 무역을 통해 국가가 특정 상품의 생산에 특화할 수 있게 되어 규모의 경제를 달성하고 생산비를 낮출 수 있다고 설명한다. 또한, 자국에서 생산하지 않는 상품은 유사하게 특화된 다른 국가들로부터 수입함으로써 소비자들이 선택할 수 있는 상품의 다양성이 증가하며, 이러한 상품들의 평균 비용은 감소할 것이라고 본다.
9. 신무역 이론은 또한, 규모의 경제가 크고 세계 시장이 소수의 기업만을 수익성 있게 지원할 수 있는 산업의 경우, 특정 국가가 단순히 해당 산업에서 선도 기업을

보유했다는 이유만으로 특정 제품의 수출에서 우위를 점할 수 있다고 설명한다.

10. 일부 신무역 이론 학자들은 전략적 무역 정책의 개념을 주장한다. 이들은 정부가 보조금의 정교하고 신중한 활용을 통해 국내 기업이 신흥 산업에서 선도 기업이 될 가능성을 높일 수 있다고 본다.
11. Porter의 국가 경쟁 우위 이론은 무역 패턴이 네 가지 국가적 요인에 의해 영향을 받는다고 주장한다. 이는 (a) 생산 요소의 보유 수준, (b) 국내 수요 조건, (c) 관련 및 지원 산업, (d) 기업의 전략, 구조 및 경쟁이다.
12. 국제 무역 이론은 기업이 생산 활동을 어디에 위치시킬지를 결정하는 데 도움을 줄 수 있기 때문에 개별 기업에 중요하다.
13. 국제 무역에 참여하는 기업들은 정부의 무역 정책에 강한 영향을 미칠 수 있으며, 실제로 그렇게 해 왔다. 기업들은 정부에 로비를 통해 자유무역 또는 무역 제한을 지지할 수 있다.

비판적 사고와 토론을 위한 질문

1. 중상주의는 현대 사회에 더 이상 적용될 수 없는 설득력을 잃은 이론이다. 이에 대해 논의하라.
2. 자유무역은 공정한가? 이에 대해 논의하라.
3. 선진국의 노동조합들은 종종 저임금 국가로부터의 수입에 반대하며, '불공정한' 수입 경쟁으로부터 일자리를 보호하기 위해 무역 장벽을 주장한다. 이러한 경쟁은 정말로 '불공정'한가? 이러한 주장이 (a) 노동조합, (b) 노동조합이 대표하는 사람들, (c) 국가 전체의 이익에 부합한다고 생각하는가?
4. 자유무역 체제를 채택함으로써 발생할 수 있는 잠재적 비용은 무엇인가? 정부는 이러한 비용을 줄이기 위해 어떤 조치를 취해야 하는가? 그 이유는 무엇인가?
5. COUNTRY FOCUS '중국은 신중상주의 정책을 위해 자국 통화를 조작하고 있는가?'를 다시 읽어 보라.
   a. 중국이 신중상주의로 분류될 수 있는 통화 정책을 추진하고 있다고 생각하는가?
   b. 미국 및 기타 국가는 이에 대해 어떤 조치를 취해야 하는가?
6. 고임금의 화이트칼라 직업(예: 컴퓨터 프로그래밍, 회계 등)이 개발도상국으로 이전되는 것과 저임금 블루칼라 직업이 이전되는 것 사이에 차이가 있는가? 차이가 있다면 그 차이는 무엇이며, 정부는 인도와 같은 국가로 화이트칼라 직업이 이전되는 것을 막기 위해 어떤 조치를 취해야 하는가?
7. 신무역 이론과 Porter의 국가 경쟁 우위 이론을 바탕으로, 생명공학 분야에서 국가 경쟁 우위를 구축하기 위한 정부 정책의 필요성을 논하라. 정부가 채택해야 할 정책으로는 어떤 것이 있는가? 이러한 정책들은 기본적인 자유무역 철학과 상충하는가?
8. 세계 극빈국들은 경제의 모든 부문에서 경쟁력이 부족하다. 이들 국가는 수출할 자원이 부족하고, 자본도 없으며, 토지의 질도 낮다. 또한 가용 일자리에 비해 인구가 과도하게 많으며, 교육 수준도 낮다. 이러한 상황에서 자유무역이 이들 국가의 이익에 부합할 수 없다는 주장에 대해 논의하라.

CLOSING CASE 반도체 산업의 국제 무역 전쟁

글로벌 반도체 산업은 첨단 기술을 대표하는 거대한 산업이다. 이 산업에서 생산되는 마이크로프로세서와 메모리 칩은 컴퓨터, 통신 장비, 휴대폰, 자동차, 항공기, 산업 기계 등 다양한 곳에 사용된다. 전 세계적으로 매년 약 1조 개의 칩이 생산되며, 이는 지구상의 모든 사람에게 128개씩 돌아가는 수치다. 하나의 아이폰에는 25개 이상의 칩이 들어가며, 전기차에는 최대 3,000개의 칩이 사용된다. 2019년, 이 산업의 매출은 약 4,120억 달러에 달했다. 2020년 COVID-19 팬데믹으로 전 세계가 경기 침체를 겪었음에도 불구하고, 반도체 수요는 감소하지 않았다. 재택근무 확산과 더불어 비디오 게임이나 스트리밍 콘텐츠 이용 증가로 인해 반도체 수요는 오히려 4,350억 달러로 급증했다. 앞으로도 고속 5G 통신망, 사물인터넷(IoT), 클라우드 컴퓨팅 기술의 결합으로 반도체 칩에 대한 수요는 지속적으로 증가할 전망이다.

미국 기업들은 오랜 기간 이 산업에서 강력한 입지를 유지해 왔다. 반도체 산업은 1960년대 캘리포니아 실리콘밸리에서 태동했으며, Fairchild Semiconductor가 최초의 대규모 기업으로 등장했다. 현재도 Intel, Nvidia, Qualcomm 등 세계적인 기업들이 캘리포니아에 본사를 두고 있다. 2021년 미국 반도체 산업의 수출액은 750억 달러에 달했으며, 특히 동남아시아의 해외 전자기기 제조업체에 칩을 공급했다. 이는 반도체 산업이 자동차 산업과 함께 미국의 주요 수출 산업임을 보여 준다.

그러나 1980년대 이후 이 산업의 지리적 분포는 크게 변화했다. 미국 기업들은 여전히 자국에서 설계한 반도체 칩의 약 44%를 미국 내에서 생산하지만, 상당 부분의 생산이 일본, 대만, 한국으로 이전되었다. 특히 첨단 마이크로프로세서 분야에서는 전 세계적으로 대규모 생산을 효율적으로 수행할 수 있는 기업이 단 3곳뿐이다. 이 중 Intel은 미국 내에 주요 생산 시설을 보유하고 있으며, 나머지 두 곳은 대만의 TSMC(Taiwan Semiconductor Manufacturing Company)와 한국의 삼성전자이다. Intel은 칩을 직접 설계하고 생산하는 반면, 엔비디아나 퀄컴과 같은 기업들은 칩 설계에 집중하고, 생산은 TSMC나 삼성전자 같은 위탁 생산 업체에 맡긴다. 이처럼 미국은 여전히 칩 설계 소프트웨어의 85%, 칩 설계 관련 지식재산권과 제조 장비의 약 50%를 보유하고 있지만, 전 세계 반도체 제조에서 차지하는 미국의 비중은 1990년대 50% 이상에서 현재는 12%로 감소했다.

생산 거점이 동남아시아로 이동한 이유는 여러 가지가 있다. 미국 외 국가들은 반도체 제조업체들에게 막대한 재정적 인센티브를 제공해 왔다. 이는 새로운 반도체 생산 시설(팹, fab) 건설에 50억 달러 이상의 비용이 소요된다는 점에서 매우 중요하다. 실제로 2020년에 개장한 TSMC의 최첨단 공장은 건설 비용만 195억 달러에 달했다. 또한, 칩 제조업체들은 미국 외 지역에 형성된 방대한 공급망과 첨단 제조 설비를 다룰 수 있는 숙련된 엔지니어 인력에 매력을 느껴 생산 거점을 옮기게 되었다.

MS Mikel/Shutterstock

향후 반도체 생산은 소비자 기술분만 아니라 군사 및 사이버 전쟁에서 반도체가 가지는 막강한 영향력으로 인해 전 세계적으로 국가 안보의 핵심 사안으로 간주되고 있다. 특히 중국에 대한 반도체 판매는 정치적 논란의 중심에 서 있다. Trump 행정부는 중국 산업에 대한 새로운 규제를 도입했으며, 중국의 통신 대기업 Huawei Technologies Co.를 금지하고, 일부 중국 반도체 제조업체들이 미국산 제조 장비를 구매하기 위해서는 별도의 허가를 받도록 제한했다. 중국은 세계 최대 반도체 수입국으로, 2019년 한 해 동안 3,000억 달러 규모의 외산 반도체를 구매했다. 그러나 생산 측면에서 중국의 영향력은 미미하다. 중국 기업들은 전 세계 반도체 시장의 5%만을 공급하며, 전문가들에 따르면 기술력 면에서도 대만과 미국 기업들에 비해 5년 이상 뒤처져 있다.

Trump 행정부가 중국에 대한 반도체 칩과 기술 수출을 차단하자, 중국 정부는 이에 강하게 반발했다. Xi Jinping 주석은 반도체를 포함한 핵심 산업의 개발을 가속화할 것을 촉구했다. 이에 따라 2020년, 중국의 반도체 기업들은 공개 모집, 사모 투자, 자산 매각 등을 통해 약 380억 달러를 조달했다. 또한 중국의 6개 성과 지역이 반도체 산업에 약 130억 달러를 투자하겠다고 발표했으며, 「이코노미스트」는 중국 정부가 반도체 산업에

1,000억 달러 규모의 보조금을 투입할 계획이 있을 수 있다고 보도했다.

중국 대학들도 새로운 반도체 전문가를 양성하기 위한 프로그램에 우선순위를 두고 있다. 정부는 반도체 관련 학위의 지위를 높이며 추가적인 예산과 지원을 약속했다. 베이징대, 칭화대, 푸단대 등 중국의 명문 대학들은 반도체 연구 프로그램에 더 많은 자원을 투입하고 있다. 중국은 반도체 기술과 칩에서 외국, 특히 미국에 대한 의존도를 줄이겠다는 강한 의지를 보이고 있다. 한 중국 반도체 전문가의 말에 따르면, "공급망의 안전을 지키는 문제다. 언제든 미국의 블랙리스트에 오를 수 있다"는 우려 때문이다. 만약 중국이 이러한 계획에 성공한다면, 반도체 산업의 국제 무역 지형은 다시 한 번 변화할 가능성이 있다. 중국 생산업체들이 세계 시장 점유율을 확대할 경우, 가장 큰 피해를 입는 국가는 미국이 될 수 있다는 우려가 제기되고 있다. 미국 정치권은 또 다른 리스크로 중국이 대만을 점령하려 할 가능성에 대해 우려하고 있다. 중국은 대만을 독립 국가가 아닌 자국의 반항적인 지방으로 간주한다. 만약 중국이 대만을 점령한다면, 세계 최대 반도체 제조사인 TSMC는 중국의 통제 아래에 놓이게 된다.

이러한 위협에 대응하기 위해 Biden 행정부는 2022년 '반도체 및 과학법(Chips and Science Act)'을 통과시켰다. 이 법안은 초당적 지지를 받아 2022년 8월에 서명되었으며, 미국 내 반도체 공장과 연구 시설을 건설하는 기업에 520억 달러의 보조금을 지원한다. Biden 대통령은 이 법안을 '국가 안보를 위한 필수 조치'라고 강조하며 의회를 설득했다. 이 법안으로 인해 TSMC와 Intel을 포함해 미국 내 주요 반도체 제조 시설이 다수 건설될 것으로 예상되며, 이는 정보화 시대의 핵심 부품인 반도체의 미국 내 공급을 확대할 전망이다. 한편, Xi Jinping 주석은 미국의 이러한 움직임이 중국의 핵심 기술 확보를 더욱 가속화할 뿐이라고 경고했다. 2022년 11월, EU도 466억 달러 규모의 반도체 산업 보조금 계획을 승인해, 아시아와 미국에 대한 의존도를 줄이고자 했다. 그러나 아이러니하게도 이러한 정부 차원의 적극적인 개입이 이루어지는 가운데, 2022년 말에는 반도체 수요가 급격히 감소했다. 팬데믹 시기의 기술 제품 구매 붐이 끝나면서 경기 침체가 시작된 것이다. 이에 따라 막대한 보조금이 과연 새로운 국내 생산을 촉진할 수 있을지, 또는 이미 과잉 생산 능력을 가진 산업에 불필요한 투자가 될지에 대한 의문이 제기되고 있다.

Sources: State of the U.S. Semiconductor Industry, Semiconductor Industry Association, 2020; L. Lin, "Tech War with the U.S. Turbocharges China's Chip Development Resolve," *The Wall Street Journal*, November 16, 2020; A. Fitch and L. Santiago, "Why Fewer Chips Say 'Made in the USA,'" *The Wall Street Journal*, November 3, 2020; "Chipmaking Is Being Redesigned. Effects Will Be Far Reaching," *The Economist*, January 23, 2021; J. Whalen, "A New Era of Industrial Policy Kicks off with Signing of the Chips Act," *Washington Post*, August 9, 2022; "The American Chip Industry's $1.5 Trillion Meltdown," *The Economist*, October 17, 2022.

CLOSING CASE 토론을 위한 질문

1. 최근 몇 년 동안 왜 반도체 제조가 아시아로 이전했을까? 이러한 이전이 미국 소비자들에게는 이익이 되었을까? 미국 생산자들에게는 어떤 영향을 미칠까?
2. 2020~2022년 COVID 팬데믹 이전 기간 동안, 글로벌 반도체 산업의 지리적 분포를 가장 잘 설명할 수 있는 무역 이론은 무엇인가?
3. COVID 팬데믹은 반도체 산업의 수요와 공급 조건에 어떤 변화를 가져왔을까? 팬데믹을 통해 산업이 배운 교훈은 무엇인가?
4. Trump 행정부는 왜 특정 반도체 칩과 기술의 중국 수출을 제한했을까? 이러한 조치가 올바른 결정이었을까? 이에 대해 중국은 어떻게 대응할 것으로 예상하는가?
5. Biden 행정부의 반도체법은 생산자들에게 이로울까? 소비자들에게는 어떤 영향을 줄 것 인가? 이 법안이 미국의 국가 안보에 꼭 필요한 조치라고 생각하는가?
6. 중국과 미국 간의 갈등 심화가 향후 글로벌 반도체 산업에 어떤 영향을 미칠 것인가? 보조금과 수출 제한이 생산지의 지리를 결정하는 산업에서, 무역을 통해 얻을 수 있는 이익은 어떻게 변화할까?

미주(endnotes)는 한경사 홈페이지 www.hankyungsa.co.kr의 공지 사항에서 PDF 파일로 다운로드 할 수 있습니다.

부록

국제 무역과 국제수지

국제수지 계정
외국에 대한 지급과 외국으로부터의 수취를 모두 기록하는 국가 단위의 회계 장부.

국제 무역은 상품과 서비스를 해외 거주자에게 판매하는 수출(export)과 해외 거주자로부터 상품과 서비스를 구매하는 수입(import)으로 구성된다. 한 국가의 **국제수지 계정(balance-of-payments accounts)**은 특정 기간 동안 외국으로부터 받은 지급(receipts)과 외국에 대한 지급(payments)을 기록하는 회계 장부이다. 여기에는 수입 대금으로 외국에 지급한 금액과, 수출 대금으로 외국으로부터 받은 금액이 포함된다. 미국의 2021년 국제수지 계정 요약본이 표 A-1에 제시되어 있다. 본 부록에서는 국제수지 계정의 구조를 간략히 설명하고, 대중 매체에서 종종 논란이 되는 경상 계정 적자가 실제로 우려할 만한 문제인지에 대해 논의한다.

표 A-1
2021년 미국의 국제수지표

경상 계정	금액(100만 달러)
재화, 서비스 및 소득 수지	3,780,154
재화	1,761,364
서비스	795,273
본원 소득 수입	1,052,080
이전소득 수입	171,436
재화, 서비스 및 소득 지출 총액	4,626,508
재화	2,851,660
서비스	550,025
본원 소득 지급	912,587
이전소득 지급	312,236
자본 계정	
자본 이전 수입	3,864
자본 이전 지출	6,338
금융 계정	
순 해외 금융 자산 취득	1,278,599
순 해외 부채 부담	1,977,294
순 금융파생상품	−41,902
통계적 불일치	108,231
수지 항목	
경상 계정 잔액	−846,354
자본 계정 잔액	−2,474
본원 소득 수지	139,492
이전소득 수지	−140,800

Source: Bureau of Economic Analysis.

국제수지표

국제수지 계정은 경상 계정(current account), 자본 계정(capital account), 금융 계정(financial account)의 세 가지 주요 부문으로 구성된다. (혼란스럽게도, 현재의 자본 계정는 과거에는 경상 계정의 일부였으며, 현재의 금융 계정는 과거에 자본 계정로 불렸다.) **경상 계정(current account)**는 네 가지 범주의 거래를 기록하며, 이는 표 A-1에서 확인할 수 있다.

경상 계정
국제수지에서 재화와 서비스의 수출과 수입과 관련된 계정.

1. 상품(goods): 물리적 상품의 수출 및 수입을 의미하며, 예를 들어 농산물, 항공기, 자동차, 컴퓨터, 화학 제품 등이 포함된다.
2. 서비스(services): 무형 상품의 수출 및 수입을 의미하며, 예를 들어 은행 및 보험 서비스, 지식재산권 사용료, 컴퓨터 소프트웨어 서비스 판매, 미국을 방문한 외국인 관광객의 소비 지출 등이 포함된다.
3. 본원 소득(primary income) 수취 및 지급: 외국 투자로부터의 소득 또는 외국 투자자에 대한 지급을 의미한다. 예를 들어, 이자 및 배당금의 수취 및 지급이 포함된다. 또한, 미국 거주자가 해외에서 근무하여 외국으로부터 지급받은 급여 및 미국 내 기업이 외국 거주자에게 지급한 급여도 포함된다.
4. 이전 소득(secondary income) 수취 및 지급: 상품, 서비스, 자산을 미국 정부 또는 민간 기관으로 이전하는 경우(수취), 또는 외국 정부나 기관으로 이전하는 경우(지급)를 의미한다. 여기에는 세금 납부, 해외 연금 지급, 현금 송금 등이 포함된다.

경상 계정 적자(current account deficit)는 한 국가가 수출보다 더 많은 상품, 서비스, 소득을 수입할 때 발생한다. 반대로, **경상 계정 흑자(current account surplus)**는 수출이 수입보다 많을 때 발생한다. 표 A-1에 따르면, 2021년 미국의 경상 계정 적자는 8,563억 5,400만 달러였다. 이 수치는 언론에서 자주 보도되며 큰 관심을 받는다. 미국의 경상 계정 적자는 주로 물리적 상품(physical goods) 수입이 수출보다 훨씬 많기 때문이다. 2021년 기준, 미국은 수출보다 1조 900억 달러 더 많은 상품을 수입했다. 그러나 이를 상쇄하는 요소로, 미국은 일반적으로 서비스 무역과 본원 소득 거래에서 흑자를 기록한다.

경상 계정 적자
한 국가의 재화, 서비스, 소득의 수입이 수출을 초과할 때 발생.

경상 계정 흑자
한 국가의 재화, 서비스, 소득의 수출이 수입을 초과할 때 발생.

2006년 경상 계정 적자는 8,030억 달러로, 2021년까지 기록된 최대 규모였으며, 이는 당시 미국의 13조 8천억 달러 GDP 대비 약 6.5%에 해당하는 수준이었다. 2021년의 경상 계정 적자는 절대적인 규모로는 더 컸으나, 2006년 이후 경제가 상당히 성장하면서 GDP 대비 비율은 3.72%로 낮아졌다. 미국이 지속적으로 경상 계정 적자를 기록하는 사실을 우려하는 시각이 많다. GDP 대비 비율이 크지 않음에도 불구하고, 일반적으로 수입 증가가 국내 생산을 대체하고, 실업을 초래하며, 미국 경제 성장률을 저해할 것이라는 가정이 존재한다. 그러나 이 문제는 단순히 그렇게만 볼 수 없는 더 복잡한 요소들이 작용한다. 따라서 대규모의 지속적인 경상 계정 적자가 미국 경제에 미치는 영향을 정확히 이해하려면, 국제수지(balance of payments)의 다른 항목들도 함께 분석할 필요가 있다.

자본 계정
특정 시점의 자산 보유량 변화를 기록한 계정.

자본 계정(capital account)은 자산 총량의 일회성 변동을 기록하는 항목이다. 앞서 언급했듯이, 이 항목은 최근까지 경상 계정(current account)에 포함되어 있었다. 자본 계정에는 부채 탕감(debt forgiveness)과 이주자 이전(migrants' transfers)과 같은 자본 이전(capital transfers)이 포함된다. 여기서 이주자 이전이란, 이주자가 국가를 출입할 때 동반하는 재화 및 금융 자산을 의미한다. 그러나 자본 계정의 규모는 전체 국제수지에서 비교적 작은 비중을 차지하며, 2021년 기준 −24억 7천만 달러를 기록하였다.

금융 계정
국제 거래에 따른 자산 및 부채의 증감을 기록한 계정.

금융 계정(financial account)(이전의 자본 계정)은 자산의 매매와 관련된 거래를 기록하는 항목이다. 따라서 독일 기업이 미국 기업의 주식을 매입하거나 미국 채권을 구매할 경우, 해당 거래는 미국 국제수지(balance of payments)에서 금융 계정의 신용(credit) 항목으로 기록된다. 이는 자본이 미국으로 유입되었음을 의미한다. 반대로, 자본이 미국에서 유출될 경우, 해당 거래는 금융 계정의 차변(debit) 항목으로 기록된다.

금융 계정은 여러 요소로 구성된다. 이 중 미국의 순 금융 자산 취득은 미국 정부와 민간 부문이 보유한 해외 자산의 변동을 포함한다. 여기에는 미국 정부의 공식 외환 보유고 변화뿐만 아니라, 민간 개인 및 기업이 해외직접투자(FDI)를 통해 보유한 자산의 변화도 포함된다. 표 A-1에서 확인할 수 있듯이, 2021년 미국의 해외 자산 보유 규모는 1조 2,790억 달러 증가하였다. 이는 미국 정부와 민간 부문이 해외 자산을 매각한 금액보다 더 많이 매입했음을 의미한다. 한편, 미국의 순 부채 발생은 외국인이 보유한 미국 자산의 변화를 나타낸다. 2021년에는 외국인 보유 미국 자산이 1조 9,770억 달러 증가하였으며, 이는 외국인들이 미국 주식, 채권(미국 국채 포함), 부동산 등의 자산을 적극적으로 매입했음을 의미한다.

국제수지 회계의 기본 원칙 중 하나는 복식부기(double-entry bookkeeping)이다. 즉, 모든 국제 거래는 국제수지에 두 번 기록되는데, 한 번은 신용(credit) 항목으로, 한 번은 차변(debit) 항목으로 반영된다. 예를 들어, 미국 소비자가 일본 Toyota에서 생산한 자동차를 2만 달러에 구매한다고 가정해 보자. 이 경우, 미국이 해외로 지불한 금액이므로, 국제수지의 경상 계정(current account)에서 차변(debit)으로 기록된다. 이제 Toyota는 2만 달러를 보유하게 되며, 이를 처리하는 방식에 따라 다른 계정에서 신용(credit) 항목이 발생한다. Toyota가 이 돈을 미국 은행에 예금할 경우, 이는 미국 자산(은행 예금)을 구매한 것으로 간주되며, 금융 계정(financial account)에 2만 달러의 신용(credit)으로 기록된다. Toyota가 해당 금액을 일본 은행에 예치하고 엔화로 환전할 경우, 일본 은행이 이 2만 달러를 어떻게 활용하느냐에 따라 미국 국제수지에서 신용 항목이 발생한다. 예를 들어, 일본 은행이 이 2만 달러를 일본 기업에 대출하고, 해당 기업이 이를 이용해 미국에서 개인용 컴퓨터를 수입한다면, 이 거래는 미국 국제수지의 경상 계정(current account)에서 신용(credit)으로 기록된다. 또는 일본 은행이 이 2만 달러를 이용해 미국 국채를 매입한다면, 이는 미국 국제수지의 금융 계정(financial account)에서 신용(credit)으로 기록된다.

따라서 모든 국제 거래는 국제수지(balance of payments)에서 서로 상쇄되는 두 개의 항목을 자동으로 발생시킨다. 이러한 원칙에 따라, 경상 계정(current account), 자본 계정(capital account), 금융 계정(financial account)의 합은 항상 0이 되어야 한다. 그러나 실제 회계에서는 '통계적 불일치

(statistical discrepancies)'가 존재하기 때문에 이 원칙이 항상 정확히 맞아떨어지지는 않는다. 이러한 불일치는 여러 요인에 의해 발생하지만, 여기에서는 그 세부적인 원인까지 다룰 필요는 없다. 예를 들어, 2021년에는 통계적 불일치가 1,080억 달러에 달했다.

경상 계정 적자는 정말 문제일까?

앞서 살펴본 것처럼, 어떤 나라가 경상 계정(current account)에 적자를 기록하면 이를 우려하는 시각이 있다. 최근 몇 년간, 특히 미국을 포함한 여러 선진국들이 지속적인 경상 계정 적자를 경험해 왔다. 경상 계정에 적자가 발생하면, 그 나라에서 다른 나라로 유출된 자금은 다시 적자국의 자산을 구매하는 데 사용될 수 있다. 예를 들어, 미국이 중국과의 무역에서 적자를 기록하면, 미국 소비자들이 지불한 돈으로 중국은 미국의 주식, 채권 같은 자산을 살 수 있다. 다시 말해, 경상 계정 적자는 다른 나라에 자산을 판매함으로써 자금을 조달하게 되며, 이는 곧 금융계정(financial account)상의 부채 증가를 의미한다.

결과적으로, 미국처럼 지속적으로 경상 계정 적자를 내는 국가는 점점 순 채무국이 된다. 예를 들어, 미국이 경상 계정 적자를 메우기 위해 자산을 판매함으로써, 외국 채권자에게 이자를 지급하고, 외국인 토지 소유자에게는 임대료를, 외국인 주주에게는 배당금을 지급해야 한다. 이러한 자금 유출은 국내에서 사용할 수 있는 투자 자금을 줄이고, 이는 장기적으로 경제 성장을 저해할 수 있다는 우려가 있다. 이런 논리를 바탕으로, 일부에서는 지속적인 경상 계정 적자가 국가 경제에 부정적인 영향을 줄 수 있다고 주장한다.

하지만 현실은 그리 단순하지 않다. 글로벌 자본 시장이 발달한 오늘날에는 자금이 가장 효율적인 곳으로 흘러간다. 지난 25년 동안, 자본이 높은 가치를 창출할 수 있는 곳 중 하나가 바로 미국이었다. 따라서 외국인들에게 이자나 배당금을 지급하면서 자본이 해외로 유출되더라도, 많은 경우 이 자금은 다시 미국으로 돌아와 생산적인 투자에 사용된다. 즉, 경상 계정 적자가 반드시 미국 경제 성장을 막는 요소라고 단정할 수는 없다. 실제로 2008~2009년 금융 위기를 제외하면, 미국 경제는 지난 30년간 꾸준히 성장해 왔다. 이는 지속적인 경상 계정 적자와 외국인에게 자산을 판매해 이를 메꿨음에도 불구하고 이루어진 성과다. 물론 2020년 코로나19 팬데믹으로 인해 미국 경제는 큰 타격을 입었지만, 2021년 중반에는 팬데믹 이전 수준으로 회복했고, 2022년에는 다시 강한 성장세를 보였다. 미국경제가 장기적으로 성장할 수 있었던 이유 중 하나는, 외국인 투자자들이 미국에서 얻은 수익과 미국에 수출한 대금의 상당 부분을 다시 미국에 재투자했기 때문이다. 최근에는 이러한 관점이 점차 확산되고 있으며, 과거에 비해 지속적인 경상 계정 적자를 덜 부정적으로 보는 시각이 늘어나고 있다. 결론적으로, 경상 계정 적자가 반드시 국가 경제에 해롭다고 단정짓기는 어렵다. 자본의 재유입과 글로벌 자본 흐름을 고려할 때, 경상 계정 적자가 경제 성장에 미치는 영향은 생각보다 복잡한 문제다.

그렇다 하더라도, 여전히 마음 한켠에는 외국인들이 미국 자산에 대한 투자 의욕을 줄이는 순간이 올 수 있다는 불안감이 남아 있다. 만약 외국인 투자자들이 갑자기 미국 내 투자를 줄인다면 어떤 일이 벌어질까? 간단히 말해, 외국인들은 미국에서 수출과 투자를 통해 벌어들인 달러를 다시 미국에 재투자하는 대신, 이 달러를 유로화, 엔화, 위안화 같은 다른 통화로 바꾸어 해당 통화로 표시된 자산에 투자하게 된다. 이런 움직임은 외환 시장에서 달러의 가치 하락을 초래하게 된다. 달러 가치가 하락하면, 미국이 수입하는 외국 제품의 가격은 오르고, 반대로 미국 제품의 가격 경쟁력이 높아져 수출이 증가하게 된다. 이로 인해 경상 계정 적자가 자연스럽게 줄어드는 효과가 나타날 수 있다. 즉, 장기적으로는 달러 약세가 경상 계정 적자를 완화할 수 있는 하나의 조정 메커니즘이 될 수 있는 것이다. 하지만 문제는 이 조정 과정이 순조롭게 진행되지 않을 가능성이다. 이상적인 상황이라면, 달러 가치는 서서히 조정되어 시장에 큰 충격을 주지 않겠지만, 만약 시장의 신뢰가 급격히 무너지면 달러 가치는 단기간에 급격히 폭락할 수 있다. 이런 상황이 발생하면 이른바 '달러 위기(dollar crisis)'가 발생하게 된다. 달러 위기의 위험성이 더욱 심각한 이유는 미국 달러가 전 세계 주요 기축통화라는 점 때문이다. 수많은 외국 정부와 은행들이 달러를 준비자산으로 보유하고 있기 때문에, 달러 가치가 급락하면 단순히 미국만의 문제가 아니라 세계 경제 전반에 심각한 충격을 줄 수 있다. 글로벌 금융 시장의 혼란과 함께 세계 경제 둔화를 초래할 가능성이 크다. 따라서, 경상 계정 적자가 단순히 환율 조정을 통해 해결될 것이라고 낙관할 수만은 없다. 급격한 조정은 전 세계 경제에 부정적인 영향을 미칠 위험성이 있으며, 이는 결코 바람직한 시나리오가 아니다.

미주(endnotes)는 한경사 홈페이지 www.hankyungsa.co.kr의 공지 사항에서 PDF 파일로 다운로드 할 수 있습니다.

7

정부 정책과 국제 무역

학습 목표

이 장을 학습하면 다음과 같은 능력을 갖출 수 있다.

1. 정부가 국제 무역에 영향을 미치기 위해 사용하는 정책 수단을 이해할 수 있다.
2. 정부가 국제 무역에 개입하는 동기를 이해할 수 있다.
3. 전략적 무역 정책에 대한 반대적 논거를 요약하고 설명할 수 있다.
4. 세계 무역 체제의 발전 과정과 현재의 무역 이슈를 설명할 수 있다.
5. 세계 무역 체제의 변화가 기업 경영에 미치는 영향을 설명할 수 있다.

Mariusz Burcz/Alamy Stock Photo

OPENING CASE 미국의 인플레이션 감축법과 전기차 보조금

과거 미국은 자유무역을 옹호하며 외국 정부의 국내 생산자 지원과 국제 시장에서 우위를 확보하기 위해 보조금을 사용하는 것을 비판해 왔다. 1980~1990년대에는 주로 유럽연합(Airbus 보조금)과 일본(신흥 반도체 기업 지원)이, 2000년대에는 중국(국영 기업 지원 및 Huawei 등 민간 기업의 글로벌 시장 점유율 확대 지원)이 미국의 비판 대상이었다. 1990년대 중반부터 미국은 WTO와 반덤핑 조치를 통해 대응했으나, 2017년 Trump 대통령 취임 이후 더욱 공격적인 관세 장벽과 자국 생산자 지원 보조금 정책을 펼쳤으며, Biden 행정부도 이러한 기조를 유지했다.

미국의 신흥 산업 정책의 대표적 사례는 2022년 8월 제정된 인플레이션 감축법(Inflation Reduction Act, IRA)이다. IRA는 전기차(EV) 보급과 재생 에너지 발전 시설 확대 등 친환경 기술 전환 가속화를 목표로 하며, 향후 10년간 북아메리카 생산자들에게 3,700억 달러의 직간접 지원을 포함하고 있다. 이에 대해 미국의 무역 파트너들은 국제 무역 왜곡과 외국 생산자들의 불이익을 우려하고 있다.

IRA에 따라, 미국 소비자들은 북아메리카에서 조립된 EV 구매 시 최대 7,500달러의 세금 공제를 받을 수 있는데, 이는 EV 수요를 증가시켜 간접적으로 보조금 효과를 창출하는 역할을 한다. 세금 공제는 차량 가격 50,000달러(SUV와 픽업트럭은 80,000달러) 미만이고, 구매자의 소득이 부부 공동신고 기준 300,000달러, 독신 기준 150,000달러 미만인 경우에만 적용된다. 이러한 제도는 미국 중산층의 북아메리카산 EV 구매를 장려하기 위한 것이다.

IRA는 완성차 외에도 배터리 부품의 북아메리카 조달을 규정하고 있어, 중국에 대한 EV 배터리에 대한 중국 의존도를 낮추는 것을 목표로 한다. 그러나 2021년 기준 중국이 세계 첨단 배터리 생산 능력의 80%, 리튬 정제 능력의 60%를 보유하고 있어 미국의 정책 목표 달성은 쉽지 않은 과제로 보인다.

유럽의 무역 전문가들은 IRA의 보조금이 자국 EV 기업들을 경쟁적으로 불리하게 만들고, WTO 규정을 위반한다고 경고했다. 프랑스의 마크롱 대통령은 IRA를 '우리 산업의 킬러'라고 표현했으며, 유럽 자동차 기업들의 북아메리카 투자 증가로 유럽 내 일자리 감소 우려도 제기되고 있다.

Trump 집권 이전 시대라면 미국의 조치로 불이익을 받은 국가들이 WTO에 이의를 제기했을 것이다. 그러나 현재 WTO 분쟁 해결 기구는 Trump 행정부가 7인 상소기구의 신규 위원 임명을 거부한 이후 제 기능을 하지 못하고 있다. Biden 행정부 역시 새 위원

임명을 계속 저지하고 있는데, 이는 상소기구가 IRA와 같은 Biden 행정부 정책에 불리한 판결을 내릴 수 있다는 우려 때문일 수 있다.

이러한 상황에서 유럽과 아시아 정부들은 자국의 EV 및 배터리 생산 업체에 대한 보조금 확대로 IRA에 대응하려 한다. 유럽에서는 '전략적 산업'에 대한 정부 지원 확대를 위해 EU 국가 보조금 규정 완화를 검토 중이고, 한국은 환경부가 자체 서비스 센터를 운영하는 기업에 한해 EV 보조금을 지급할 수 있다고 발표했다. 이는 대부분의 외국 자동차 회사들을 배제하는 효과가 있을 수 있으나, 동시에 EV와 배터리 생산의 현지화를 촉진하는 국가 및 지역 보조금 지원과 같은 새로운 흐름을 만들어 낼 수 있다. Trump 이전 시대의 무역 정책을 지지하는 이들은 이러한 변화가 무역 이익 감소와 전반적인 경제 성장 둔화로 이어질 것이라고 경고한다. 하지만 과거 체제로의 복귀를 주장하는 목소리는 약해지고 있다.

Sources: Chad Brown, "Why US Allies Are Upset Over Electric Vehicle Subsidies in the Inflation Reduction Act," *Peterson Institute for International Economics*, December 2, 2022; "What America's Protectionist Turn Means for the World," *The Economist*, January 9, 2023; S. Lester, "Ending the WTO Dispute Settlement Crisis: Where to From Here," *International Institute for Sustainable Development*, March 2, 2022.

서론

6장에서 Smith, Ricardo, Heckscher-Ohlin의 고전적 무역 이론을 통해 무역 장벽이 없는 세계에서 무역 패턴이 각 국가 생산 요소의 상대적 생산성에 따라 결정됨을 살펴보았다. 각국은 자국에서 가장 효율적으로 생산할 수 있는 제품에 특화하고, 상대적으로 비효율적인 제품은 수입하게 된다. 또한 6장은 자유무역의 이론적 근거를 제시했다. **자유무역(free trade)**이란 정부가 국민의 국제 거래에 제한이나 영향을 미치지 않는 상황을 의미한다. 이들 이론은 자유무역의 결과로 정태적 경제 이익(높은 국내 소비와 효율적 자원 활용)과 동태적 경제 이익(경제 성장과 부의 창출 촉진)이 모두 발생함을 보여 준다.

자유무역
국가 간 재화와 용역의 자유로운 이동을 막는 쿼터제와 같은 무역 장벽이 없는 상태.

본 장에서는 국제 무역의 정치적 현실을 조명한다. 많은 국가가 표면적으로는 자유무역을 지지하지만, 실제로는 정치적으로 중요한 집단의 이익 보호, 주요 국내 생산자의 이익 증진, 또는 국가 안보를 이유로 국제 무역에 개입하는 경향이 있다. 예를 들어, 미국 정부는 오랫동안 철강 산업에 개입해 왔으며, 저렴한 외국산 철강 수입으로 인한 국내 생산자의 시장 점유율 손실을 방지하기 위해 수입 관세를 부과해 왔다. 최근 Bush, Obama, Trump 대통령 모두 외국산 철강 수입에 대한 관세를 승인했으며, Biden 대통령도 일부 완화했지만 여전히 많은 국가로부터의 철강 수입에 대한 관세를 유지하고 있다.

또한, OPENING CASE에서 언급한 바와 같이, 2022년 8월 Biden 행정부는 인플레이션 감축법(IRA)을 제정했다. 이 법은 10년에 걸쳐 북아메리카의 전기차, 리튬이온 배터리, 재생에너지 생산 업체들에게 약 3,700억 달러의 보조금을 제공하며, 현지 조달 요구 사항을 포함하고 있다. IRA의 목표는 중국에 대한 의존도 감소, 북아메리카 자동차 산업의 일자리 창출, 그리고 기후 변화 대응을 위한 친환경 기술 채택을 가속화하는 것이다.

본 장은 정부의 국제 무역 개입 수단을 설명하고, 개입의 정치, 경제적 동기를 상세히 검토한다. 이어서 자유무역 주장의 타당성을 살펴본다. 그리고 **관세 및 무역에 관한 일반 협정(General Agreement on Tariffs and Trade, GATT)**과 그 후속 기구인 세계무역기구(WTO)를 중심으로 한 현대 국제 무역 체제의 발전을 검토한다. 또한 양자 간 무역협정, 관리 무역, 그리고 미국의 보호무

관세 및 무역에 관한 일반 협정(GATT)
서명국들이 국경을 넘나드는 상품의 자유로운 흐름에 대한 장벽을 낮추는 데 동의한 국제 조약으로 세계무역기구(WTO)의 설립으로 이어짐.

역주의 정책 변화를 살펴본다. 마지막으로 이러한 내용이 기업 경영에 미치는 영향을 논의한다.

무역 정책의 수단

[학습 목표 1] 정부가 국제 무역에 영향을 미치기 위해 사용하는 정책 수단을 이해할 수 있다.

정부의 무역 정책은 주로 여덟 가지 주요 수단을 사용한다. 이는 관세, 금지, 보조금, 수입 할당, 자율적 수출 규제, 국산 부품 사용 요건, 행정 정책, 그리고 반덤핑 관세이다. 관세는 가장 오래되고 단순한 무역 정책 수단이다. 본 장에서 후술하겠지만, GATT와 그 후속 기구인 WTO는 관세에 대한 규제를 상당 부분 철폐하는 데 성공했다. 최근 수십 년간 관세 장벽의 하락은 보조금, 할당, 자율적 수출 규제, 반덤핑 관세와 같은 비관세 장벽의 증가를 동반했다.

수입 관세

수입 관세(import tariff)는 수입품(또는 수출품)에 부과되는 세금을 말한다. 관세는 크게 두 가지 범주로 나눌 수 있다. **종량 관세**(specific tariff)는 수입되는 상품의 각 단위(unit)에 대해 고정 요금으로 부과되고(예: 석유 1배럴당 3달러), **종가 관세**(ad valorem tariff)는 수입품 가치의 일정 비율로 부과된다. 대부분의 경우, 수입 관세는 수입품의 가격을 높임으로써 국내 생산자를 외국 경쟁으로부터 보호하기 위해 수입품에 부과된다. 또한 관세는 정부의 세입에 도움을 준다. 예를 들어, 미국 정부는 소득세가 도입되기 전까지 징부 수입의 대부분의 관세에서 얻었다.

수입 관세
상품이나 서비스의 수입에 부과되는 세금.

종량 관세
수입되는 상품의 단위에 대해 고정 요금으로 부과되는 관세.

종가 관세
수입품 가치의 일정 비율로 부과되는 관세.

수입 관세는 수입업자가 지불한다(수출 관세는 수출업자가 지불). 따라서 2018년 Trump 대통령이 외국산 철강 수입에 부과한 25% 종가 관세는 외국 철강 생산자가 아닌 외국산 철강의 미국 수입업자가 지불한다. 이러한 수입 관세는 사실상 미국 철강 소비자에 대한 세금이다. 수입 관세에 대해 이해해야 할 중요한 점은 누가 손해를 보고 누가 이득을 보는가이다. 관세는 정부의 세입을 증가시키기 때문에 정부는 이득을 본다. 국내 생산자는 수입된 외국 상품의 비용을 증가시켜 외국 경쟁자로부터 어느 정도 보호를 받기 때문에 이득을 보게 된다. 하지만 소비자는 특정 수입품에 대해 더 많은 비용을 지불해야 하기 때문에 손해를 보게 된다.

예를 들어, 2018년 외국산 철강 수입에 대한 관세 부과는 국내 철강 생산자를 외국의 저가 수입 철강제품으로부터 보호하고 미국 내 철강 제조 일자리를 늘리기 위한 것이었다. 연구 결과에 따르면, 관세 시행 후 첫 18개월 동안 철강 제조 분야에서 약 1,000개 일자리만이 창출되었다. 반면, 철강 비용 증가의 약 절반이 고가로 철강 소비자에게 전가되었다. 이는 철강을 많이 사용하는 제조 기업들의 비용을 증가시켜 국제 경쟁력을 약화시켰다. 결과적으로, 같은 기간 동안 철강 소비 제조 기업에서 약 75,000개의 일자리가 사라진 것으로 추정된다.[1] 이는 철강 가격 상승으로 인한 소비자의 손실이 미국 철강 제조업체가 외국 생산자로부터의 보호로 얻는 이익을 크게 상회함을 보여 준다.

일반적으로 수입 관세의 효과에 대한 경제 분석에서 두 가지 결론을 도출할 수 있다.[2] 첫째, 관세는 일반적으로 생산자에게 유리하지만 소비자에게는 불리하다. 관세가 생산자를 외국 경쟁자로부터 보호하는 반면, 이러한 공급 제한은 국내 가격을 상승시킨다. 예를 들어, 일본 경제학자들의 연구에 따르면 일본의 식품, 화장품, 화학제품 수입에 대한 관세로 인해 평균적인 일본 소비자는 연간 약 890달러의 추가 비용을 더 높은 가격으로 지불하고 있다. 대다수 연구 결과는 수입 관세가 높은 가격 형태로 국내 소비자에게 상당한 비용을 부과한다는 점을 보여 준다. 둘째, 수입 관세는 세계 경제의 전반적인 효율성을 저하시킨다. 보호 관세가 국내 기업으로 하여금 해외에서 더 효율적으로 생산될 수 있는 제품을 국내에서 생산하도록 유도하기 때문이다. 이는 결과적으로 자원의 비효율적 활용과 무역으로 인한 이익 실현 실패로 이어진다.[3]

수출 관세와 수출 금지

수출 관세
상품의 수출에 부과되는 세금.

수출 관세(export tariff)는 상품의 수출에 부과되는 세금이다. 수출 관세의 목적은 국내에 충분한 상품 공급을 확보하기 위해 수출을 억제하는 것이다. 예를 들어, 과거 중국은 자국 내 충분한 공급을 확보하기 위해 곡물 수출에 관세를 부과했다. 마찬가지로, 인프라 건설 호황기에 중국은 국내 철강 공급을 확보하기 위해 특정 철강 제품에 수출 관세를 부과했다. 이 철강 관세는 2015년 말에 철폐되었다. 대부분의 국가가 수출을 장려하려 하기 때문에 수출 관세는 상대적으로 드물다. 아르헨티나는 밀, 옥수수, 대두 등 여러 농산물에 수출 관세를 부과하여 수출을 줄이고 국내 소비자들이 더 낮은 가격에 더 많은 농산물을 구매할 수 있게 한다. 이러한 농업 수출 정책은 단기적으로 국내 소비자에게 도움이 될 수 있지만, 수출 기회 부족으로 인해 경제 성장이 저해되어 아르헨티나 농민들과 경제에 부정적인 영향을 미쳤다.

수출 금지
상품의 수출을 부분적 또는 전면적으로 제한하는 정책.

수출 금지(export ban)는 상품의 수출을 부분적 또는 전면적으로 제한하는 정책이다. 잘 알려진 사례로 1975년 미국 의회가 제정한 원유 생산 수출 금지가 있다. 당시 석유수출국기구(OPEC)는 원유 가격을 올리고 아랍-이스라엘 분쟁에서 이스라엘을 지지한 서방 국가들을 처벌하기 위해 석유 공급을 제한하고 있었다. 미국의 수출 금지는 국내 석유의 충분한 공급을 확보하여 국내 가격을 낮추고 국가 안보를 강화하는 방법으로 여겨졌다. 이 금지는 2015년, 미국 석유 생산 업체들의 로비 후에 해제되었다. 최근의 사례로는 2019년 Trump 행정부가 중국 통신 기업 Huawei에 대한 마이크로프로세서 수출을 금지한 것이 있다. 이 사례와 미국 기업 Qualcomm에 미친 영향은 Management Focus에서 논의한다.

보조금

보조금
정부가 국내 생산자에게 지급하는 재무적 지원 수단.

보조금(subsidy)은 정부가 국내 생산자에게 지급하는 지원금이다. 보조금은 현금 지원, 저금리 대출, 세금 감면, 정부의 국내 기업 지분 참여 등 다양한 형태로 지원된다. 보조금은 생산 비용을 낮춤으로써 국내 생산자들이 (1) 외국 수입품과 경쟁하고 (2) 수출 시장을 확보하는 데 도움을 준다. 대부분의 국가에서 농업은 보조금의 큰 수혜 분야이다. 유럽연합은 연간 약 540억 유로(640억 달러)의 농업 보조금을 지급하고 있다. 2018년 미국 의회를 통과한 농업 법안은 향후 10년간 연간 약 250억 달러의 생산자 보조금을 포함하고 있다. 일본도 비효율적인 국내 생산자들을 농업 보

MANAGEMENT FOCUS

Huawei 수출 금지가 미국 기업들에 미치는 영향

2019년 5월, 미국 상무장관 Wilbur Ross는 중국 최대 통신 장비 제조업체인 Huawei를 미국의 기업체 리스트에 등재한다고 발표했다. 이 리스트는 미국 시민과 기업들의 거래가 제한되는 외국인, 기업, 정부로 구성된 무역 블랙리스트다. Ross의 조치는 Huawei가 미국 국가 안보에 위협이 된다는 우려에서 비롯됐다. 미국 정부는 Huawei 장비가 중국 정부의 미국인 감시 수단으로 사용될 수 있다고 주장해 왔으며, Huawei는 이를 반복적으로 부인했다. 이 조치로 미국 기업들은 Huawei에 제품을 판매할 수 없게 되었고, Huawei에 안드로이드 운영 시스템을 제공하던 Google과 주요 통신 칩 공급 업체였던 Qualcomm 등이 이 금지 조치에 영향을 받았다.

Huawei는 이 조치가 '정치적 동기'에서 비롯됐다고 주장하며, Trump 행정부가 중국과의 무역 협상에서 유리한 조건을 얻기 위해 Huawei를 협상 카드로 사용한다고 비판했다. Huawei는 이러한 조치가 자유 시장 경쟁의 기본 원칙을 위반하며 누구의 이익에도 부합하지 않는다고 주장했다. 2018년 처음으로 1,000억 달러 이상의 매출(2017년 대비 20% 증가)을 기록한 Huawei는 이 금지 조치로 향후 2년간 매출이 300억 달러 감소할 것으로 추정했다. Huawei의 창업자이자 CEO인 런정페이는 미국 부품에 의존하지 않는 제품 개발을 시작할 것이라고 언급했다. 런정페이는 "앞으로 2년 동안 많은 제품 버전을 전환할 것"이라며, "이러한 전환과 생산량 증대, 제품 테스트에 시간이 걸리겠지만, 이 단계가 지나면 Huawei는 더 강해질 것"이라고 말했다.*

이 금지 조치가 Huawei의 미국 공급 업체들에게 미치는 중요한 영향은 2021년 보고서를 통해 분명해졌다. 보고서에 따르면, Huawei에 대한 제재로 인해 Qualcomm의 2020년 중국 스마트폰 칩 시장 점유율이 급락했다. Qualcomm의 중국 내 출하량은 2020년에 전년 대비 48.1% 감소했으며, 중국 시장 점유율은 2019년 37.9%에서 2020년 25.4%로 하락했다. Qualcomm은 이 수출 금지가 자사 사업에 타격을 주었다고 인정했다. Huawei가 전략적으로 자체 칩 사업 부문인 HiSilicon에 집중하면서 Qualcomm의 중국 시장 점유율 하락은 2020년 내내 지속되었다. Huawei의 고급 기기들은 Huawei(HiSilicon)가 설계하고 대만의 TSMC가 제조한 Kirin 칩을 사용한다.

2020년 5월, 미국은 Huawei의 TSMC 생산 전환 전략에 대응하여 새로운 규정을 발표했다. 이 규정은 미국의 칩 제조 장비를 사용하는 해외 제조업체들이 Huawei와 같은 기업에 반도체를 판매하기 전에 미국 정부의 라이선스를 받도록 요구했다. TSMC를 포함한 대부분의 칩 제조업체들은 Lam Research와 Applied Materials 같은 미국 기업들의 장비에 의존하고 있다. Huawei는 이에 대응해 다른 대체 공급원을 찾고 자체 칩 제조 능력에 대한 투자를 가속화했다. 초기 수혜자는 Qualcomm의 직접적인 경쟁사인 대만의 MediaTek으로, 중국 내 시장 점유율이 급증했다. 중국 정부 또한 반도체 제조 R&D 투자를 확대하는 것으로 대응했다.

*A. Kharpal, "Huawei Slashes Revenue Forecast amid Continuing U.S. Pressure," CNBC, June 17, 2019.

Sources: A. Kharpal, "Huawei Slashes Revenue Forecast amid Continuing U.S. Pressure," CNBC, June 17, 2019; A. Kharpal, "Why New Rules on Selling Chips to Huawei Could Be a Big Blow for the Chinese Giant," CNBC, May 18, 2020; A. Kharpal, "Huawei Calls US Move to Blacklist More Affiliates 'Unjust' and 'Politically' Motivated," CNBC, August 19, 2019; "Qualcomm's Chip Market Share Plunges in China," CNBC, January 21, 2021; "Chipmaking Is Being Redesigned. Effects Will Be Far Reaching," *The Economist*, January 23, 2021; A. Fitch, "Qualcomm Sales Jump on iPhone, 5G Demand Surge," *The Wall Street Journal*, February 3, 2021.

조금으로 지원해 온 오랜 역사가 있다. WTO에 따르면, 2000년대 중반 국가들은 약 3,000억 달러의 보조금을 지출했으며, 그중 2,500억 달러는 21개 선진국이 지출했다.[4] 글로벌 금융 위기 이후 심각한 판매 부진에 대응하여, 2008년 중반부터 2009년 중반까지 일부 선진국들은 자국 자동차 제조사들에게 450억 달러의 보조금을 지급했다. 이 보조금의 목적은 어려운 경제 상황에서 기업들의 생존을 돕는 것이었지만, 그 결과는 보조금 수혜를 받은 기업들에게 글로벌 자동차 산업에서 불공정한 경쟁 우위를 제공한 것이다. 글로벌 금융 위기 동안 미국 정부가 자국 자동차 회사들을 구제한 것을 고려하면 다소 아이러니하게도, 2012년 Obama 행정부는 중국이 자동차 및 자동차 부품

COUNTRY FOCUS

중국은 자동차 수출 업체에게 불법적으로 보조금을 지급하고 있는가?

2012년 말, 대선 캠페인 기간 중 Obama 행정부는 세계무역기구(WTO)에 중국을 제소했다. 이는 중국이 자동차 및 자동차 부품 산업에 수출 보조금을 제공한다는 주장이었다. 보조금에는 수출용 현금 지원, 연구·개발(R&D) 지원금, 대출 이자 지불 보조금, 세금 우대 등이 포함되었다.

미국은 2009년부터 2011년 사이 보조금 가치를 최소 10억 달러로 추정했다. 또한 2002년부터 2011년까지 중국의 자동차 및 자동차 부품 수출 가치가 74억 달러에서 691억 달러로 9배 이상 증가했음을 지적했다. 이 기간 동안 미국은 중국 자동차 부품 수출의 최대 시장이었다. 미국은 이러한 성장이 부분적으로 보조금의 도움을 받았을 것이라고 주장했다. 미국은 중국 정부의 보조금이 80만 명 이상을 고용하고 약 3,500억 달러의 매출을 창출하는 미국 자동차 및 자동차 부품 산업에 피해를 주었다고 제소했다.

노동계는 이 조치를 환영했지만, 미국 자동차 회사들과 부품 생산 업체들의 반응은 미온적이었다. 이는 많은 미국 기업이 중국에서 사업을 하고 있어 중국 정부의 보복을 우려하기 때문일 수 있다. 예를 들어, GM은 중국에서 합작 회사와 두 개의 완전 소유 자회사를 운영하며 성공을 거두고 있다. 또한 일부 미국 생산 업체들은 저렴한 중국산 자동차 부품 구매로 이익을 얻고 있어, 이에 대한 보복 관세가 오히려 미국 기업들의 비용을 높일 수 있다. 일부 비평가들은 이 조치를 정치적 쇼로 평가했다. 제소 일주일 전, 공화당 대선 후보 Mitt Romney가 "미국 노동자들을 저버렸다"고 언급하며, Obama 행정부의 중국 환율 조작국 미지정을 비판한 것과 연관 지어 볼 수 있다.

2014년 2월, 미국은 중국에 대한 WTO 제소를 확대하여 중국이 자동차 부품 외에도 섬유, 의류, 신발, 첨단 소재, 금속, 특수 화학제품, 의료 제품, 농업 등에 대해 불법 수출 보조금 프로그램을 운영한다고 제소했다. 2016년, WTO와 미국의 압박으로 중국은 수출 업체들에 대한 광범위한 정부 보조금을 없애는 데 동의했다. 미국 무역대표부 Michael Froman은 이를 "농업에서 섬유에 이르는 7개 부문에 종사하는 미국 노동자들의 승리"라고 평가했다.

Sources: J. Healey, "U.S. Alleges Unfair China Auto Subsidies in WTO Action," *USA Today*, September 17, 2012; M. A. Memoli, "Obama to Tell WTO That China Illegally Subsidizes Auto Imports," *Los Angeles Times*, September 17, 2012; V. Needham, "US Launches Trade Case against China's Export Subsidy Program," *The Hill*, February 11, 2014; D. J. Lynch, "China Eliminates Subsidies for Its Exporters," *Financial Times*, April 14, 2016.

수출을 불법적으로 보조하고 있다고 주장하며 WTO에 제소했다. 더 자세한 중국의 수출 보조금 사례는 COUNTRY FOCUS에서 다루고 있다.

보조금의 주요 이점은 국내 생산자들에게 돌아가며, 정부 보조금 수혜 기업은 국제 경쟁력을 향상시킬 수 있다. (6장에서 언급한 신무역 이론의 발전된 형태인) 전략적 무역 정책 옹호자들은 규모의 경제가 중요하고 글로벌 시장에서 소수 기업을 제외하고 수익성을 확보하기 힘든 산업(예: 대형 상업용 제트기, 최첨단 반도체)에서 자국 기업의 시장 지배적 지위 획득을 지원하기 위한 정부 보조금을 지지한다. 이러한 주장에 의하면, 정부 보조금은 기업이 신흥 산업에서 선발자 이점(first-mover advantage)을 확보하는 데 도움을 줄 수 있다. 이를 통해 주요 글로벌 기업이 창출하는 고용과 세수로 국내 경제에 추가적인 이익이 발생한다. 그러나 정부 보조금은 일반적으로 개인과 기업에 대한 과세를 통해 조달된다.

보조금이 국가적 비용을 초과하는 이익을 창출하는지에 대해서는 논쟁의 여지가 있다. 실제로 많은 보조금 정책은 국내 생산자의 국제 경쟁력 향상에 그다지 성공적이지 않으며, 오히려 비효율적인 과잉 생산을 촉진시키는 경향이 있다. 한 연구에 따르면 선진국들이 농업 보조금을 폐지할 경우, 농산물의 세계 무역이 50% 증가하고 전 세계적으로 1,600억 달러의 이익을 얻을 수 있을 것으로 추정되었다.[5] 또 다른 연구는 농업 분야의 모든 무역 장벽(보조금과 관세)을 제거하면 세계 소득이 1,820

억 달러 증가할 것으로 추정했다.[6] 이러한 부의 증가는 더 효율적인 농지 사용에서 비롯된다.

수입 할당과 자율적 수출 규제

수입 할당(import quota)은 특정 상품의 수입 수량을 직접적으로 제한하는 정책이다. 이러한 제한 정책은 주로 개인이나 기업 집단에 수입 면허를 발급하는 방식으로 실행된다. 예를 들어, 미국은 치즈 수입에 대한 할당제를 실시하고 있으며, 특정 무역 회사들만이 치즈를 수입할 수 있고 각 회사는 연간 최대 수입 가능한 치즈 수량을 할당받는다. 일부 경우 판매 권리가 수출국 정부에 직접 주어지기도 한다.

수입 할당
한 국가로 수입될 수 있는 상품의 수량을 직접적으로 제한하는 것.

할당과 관세의 일반적인 혼합 형태로 **관세율 할당**(tariff rate quota)이 있다. 이 제도에서는 할당량 내 수입품에 대해 할당량 초과 수입품보다 낮은 관세율이 적용된다. 예를 들어, 그림 7-1에서 보듯이 한국의 쌀 수입 100만 톤에 대해 10%의 종가 관세율이 부과되고, 그 초과분에 대해서는 80%의 할당 외 관세율이 적용될 수 있다. 따라서 한국은 200만 톤의 쌀을 수입할 수 있는데, 100만 톤은 10% 관세율로, 나머지 100만 톤은 80% 관세율로 수입할 수 있다. 관세율 할당은 농업 분야에서 흔히 볼 수 있으며, 그 목적은 할당량 초과 수입을 제한하는 것이다. 2022년 5월, Biden 행정부는 영국과 EU로부터의 철강 수입에 대해 관세율 할당을 실시했다. 이 협정에 따라 미국은 50만 톤의 철강 제품이 무관세로 미국에 들어올 수 있도록 허용했다. 그러나 50만 톤을 초과하는 수입에 대해서는 25%의 수입 관세가 부과된다.

관세율 할당
할당량 내 수입품에 대해 할당량 초과 수입품보다 낮은 관세율을 적용하는 제도.

수입 할당의 변형으로 **자율적 수출 규제**(voluntary export restraint, VER)가 있다. 이는 수출국이 부과하는 무역 할당으로, 일반적으로 수입국 정부의 요청에 따라 이루어진다. 예를 들어, 2012년 브라질은 멕시코에서 브라질로 수출되는 자동차에 대해 실질적인 자율적 수출 규제를 부과했다. 두 나라는 10년 된 자유무역협정을 맺고 있었지만, 멕시코에서 브라질로 향하는 자동차의 급증으로 브라질은 보호주의적 무역 장벽을 높였다. 멕시코는 3년 동안 브라질로 수출하는 자동차

자율적 수출 규제(VER)
수입국이 아닌 수출국 측에서 부과하는 무역 할당. 일반적으로 수입국 정부의 요청에 따라 부과됨.

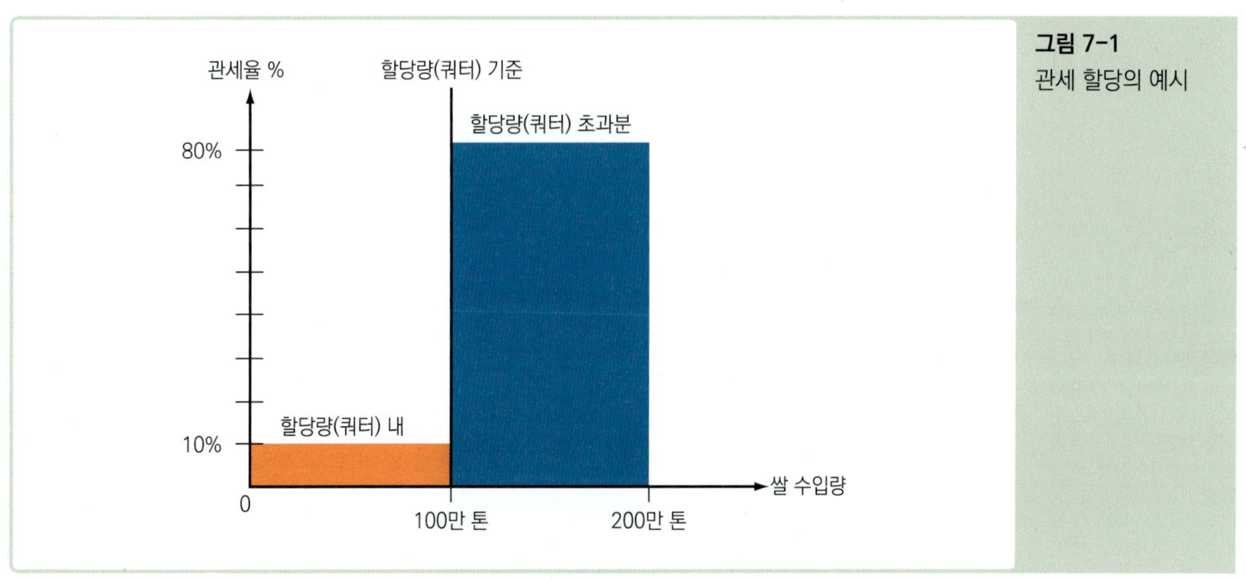

그림 7-1
관세 할당의 예시

에 대한 할당에 동의했다.[7] 외국 생산자들이 VER에 동의하는 이유는 그렇지 않으면 더 큰 피해를 주는 징벌적 관세나 수입 할당이 뒤따를 수 있다고 우려하기 때문이다. VER에 동의하는 것은 한 국가의 보호주의적 압력을 달래면서 난국을 극복하는 방법으로 여겨진다.

관세와 보조금과 마찬가지로, 수입 할당과 VER 모두 수입 경쟁을 제한함으로써 국내 생산자에게 이익을 가져다 준다. 모든 무역 제한과 마찬가지로, 할당은 소비자에게 이익이 되지 않는다. 수입 할당이나 VER은 항상 수입품의 국내 가격을 상승시킨다. 할당이나 VER을 통해 해외로부터의 수입품 시장 점유율을 낮은 수준으로 제한할 경우, 제한된 수준의 해외 공급으로 인해 국내 가격은 상승하게 된다. 수입 할당으로 인해 공급이 인위적으로 제한될 때 생산자가 얻는 추가 이익을 **할당 지대**(quota rent)라고 한다.

할당 지대
수입 할당으로 공급이 인위적으로 제한될 때 생산자가 얻는 추가 이익.

국내 산업이 수요를 충족시킬 능력이 부족한 경우, 수입 할당은 국내 생산품과 수입품 가격을 모두 상승시킬 수 있다. 이와 같은 현상은 미국 설탕 산업에서 발생했는데, 관세율 할당 시스템은 오랫동안 외국 생산자들이 미국 시장에서 판매할 수 있는 수량을 제한해 왔다. 한 연구에 따르면, 수입 할당으로 인해 미국의 설탕 가격이 세계 시장 가격보다 최대 40% 더 높아졌다고 한다.[8] 이러한 가격 상승은 미국 설탕 생산자들의 더 큰 이익으로 이어졌다. 미국의 설탕 생산자들은 수익성 높은 협정을 유지하기 위해 정치인들에게 로비를 해 왔는데, 이들은 할당 시스템이 폐지되면 미국 설탕 산업의 일자리가 외국 생산자들에게 빼앗길 것이라고 주장한다.

국산 부품 사용 요건

국산 부품 사용 요건
상품의 특정 부분이 국내에서 생산되어야 한다는 요구 사항.

국산 부품 사용 요건(local content requirement, LCR)은 특정 상품의 일정 부분이 국내에서 생산되어야 한다는 요구 사항이다. 이는 물리적 조건(예: 제품 부품의 75%가 현지 생산) 또는 가치 조건(예: 제품 가치의 75%가 현지 생산)으로 표현될 수 있다. 현지 조달 규정은 개발도상국에서 제조 기반을 단순 부품 조립에서 부품의 현지 생산으로 전환하기 위해 널리 사용되어 왔다. 또한 선진국에서도 외국 경쟁으로부터 현지 일자리와 산업을 보호하기 위해 활용되고 있다. 예를 들어, 미국의 구매법 'Buy America Act'는 정부 기관이 장비 계약을 입찰할 때, 외국 제품이 상당한 가격 우위를 가지지 않는 한 미국 제품을 우선적으로 구매해야 한다고 규정한다. 이 법은 가치 기준으로 51% 이상의 재료를 사용하여 미국 내에서 생산된 제품을 미국산으로 규정한다.

행정적 무역 정책

공식적인 무역 정책 수단 외에도, 정부는 때때로 비공식적이거나 행정적인 정책을 사용하여 수입을 제한하고 수출을 촉진한다. **행정적 무역 정책**(administrative trade policies)은 수입품의 국내 진입을 어렵게 만들기 위해 설계된 관료적 규정이다. 일본이 이러한 비관세 무역 장벽의 대가라는 주장이 있다. 최근 수십 년 동안 일본의 공식적인 관세 및 비관세 장벽은 세계에서 가장 낮은 수준이었다. 그러나 비평가들은 일본의 비공식적인 행정적 수입 장벽이 이를 충분히 상쇄한다고 주장한다. 예를 들어, 일본의 자동차 시장은 외국 기업들이 진입하기 어려웠다. 2016년에 일본에서

행정적 무역 정책
정부 관료들에 의해 채택되는 행정 정책으로, 수입을 제한하거나 수출을 촉진하는 데 사용될 수 있음.

판매된 490만 대의 자동차 중 외국 차는 6%이고, 미국 차는 1%에 불과했다. 미국 자동차 제조업체들은 수십 년 동안 일본이 세계 어디에도 존재하지 않는 규제 장벽(예: 차량 부품 표준)을 설정하여 경쟁을 어렵게 만들었다고 주장해 왔다. Obama 행정부가 협상한 환태평양경제동반자협정(Trans-Pacific Strategic Economic Partnership, TPP)은 이 문제를 해결하려고 시도했다. TPP 협정의 일환으로, 미국은 일본이 자동차 부품에 대한 미국 표준을 채택하는 대가로 일본산 경트럭 수입에 대한 관세를 낮출 예정이었다. 이 협정이 타결되었다면, 통해 일본 시장에서 미국산 자동차의 수입과 판매를 용이하게 만들 수 있었을 것이다. 그러나 미국 대통령에 당선된 Trump는 2017년 1월 미국을 TPP에서 철수시켰다.[9]

반덤핑 정책

국제 무역에서 **덤핑(dumping)**은 주로 두 가지로 정의된다. 외국 시장에서 생산 원가 이하로 상품을 판매하거나 '공정한' 시장 가치 이하로 판매하는 것이다. 이 두 정의의 차이는 상품의 공정 시장 가치가 일반적으로 생산 원가보다 크다는 점인데, 이는 전자가 '공정한' 이윤 마진을 포함하기 때문이다. 덤핑은 기업이 과잉 생산을 외국 시장에서 처리하는 방법으로 여겨진다. 일부 덤핑은 약탈적 행위의 결과일 수 있는데, 생산자들이 자국 시장에서 얻는 상당한 이익을 이용해 외국에서 시장 가격을 보조함으로써 현지 경쟁자들을 시장에서 퇴출시키려는 의도를 가질 수 있다. 이러한 시도가 성공한다면, 약탈적 기업은 가격을 올리고 상당한 이익을 얻을 수 있다는 것이 이 주장의 요지이다.

덤핑
외국 시장에서 생산 원가 이하 또는 '공정한' 시장 가치 이하로 상품을 판매하는 행위.

반덤핑 정책(anti-dumping policies)은 덤핑에 관여하는 외국 기업을 처벌하기 위해 고안되었다. 이 정책의 궁극적인 목적은 국내 생산자를 불공정한 외국 경쟁으로부터 보호하는 것이다. 반덤핑 정책은 국가마다 다르지만, 대부분은 미국의 정책과 유사하다. 미국에서는 국내 생산자가 외국 기업의 덤핑을 의심할 경우, 상무부와 국제 무역위원회(International Trade Commission, ITC)에 청원을 제출할 수 있다. 불만이 타당하다고 판단되면, 상무부는 위반한 외국 수입품에 대해 **상계 관세(countervailing duties)**라고도 불리는 반덤핑 관세를 부과할 수 있다. 이 특별 관세는 상당히 높을 수 있으며 최대 5년간 유지될 수 있다.

반덤핑 정책
덤핑에 관여하는 외국 기업을 처벌하고 이를 통해 국내 생산자를 불공정한 외국 경쟁으로부터 보호하기 위해 설계된 정책.

상계 관세
반덤핑 관세.

정부 개입의 근거

[학습 목표 2] 정부가 국제 무역에 개입하는 동기를 이해할 수 있다.

지금까지 정부가 취할 수 있는 다양한 무역 정책 수단을 살펴보았다. 이제부터는 국제 무역에 대한 정부 개입의 근거를 살펴볼 것이다. 정부 개입에 대한 주장은 정치적인 부분과 경제적인 부분으로 나뉜다. 개입에 대한 정치적 주장은 한 국가 내 특정 집단(일반적으로 생산자 집단)의 이익 보호와 관련이 있으며, 종종 다른 집단(일반적으로 소비자 집단)의 희생을 동반한다. 또는 환경이나 인권 보호와 같이 경제적 영역 밖에 있는 정치적 목표 달성과 관련이 있다. 정부 개입에 대한 경제적 주장은 일반적으로 국가의 총체적인 부(생산자와 소비자 모두의 이익)의 증진과 관련된 것이다.

정부 개입을 지지하는 정치적 주장

정부 개입에 대한 정치적 주장은 일자리 유지, 국가 안보에 중요한 산업 보호, 불공정한 외국과의 경쟁에 대한 보복, 위험한 제품으로부터 국내 소비자 보호, 외교적 정책 목표 달성, 수출국에서의 개인의 인권 증진 등 다양한 이슈를 포함하고 있다.

일자리와 산업 보호

정부 개입에 대한 가장 일반적인 정치적 주장은 불공정한 외국과의 경쟁으로부터 일자리와 산업을 보호하기 위해 필요하다는 것이다. 수출국의 생산자들이 정부로부터 어떤 형태로든 보조금을 받을 때 경쟁이 불공정하다고 여겨진다. 예를 들어, 알루미늄, 철강, 자동차 부품 등 여러 산업에서 중국 기업들이 정부의 광범위한 보조금 혜택을 받았다는 주장이 반복적으로 제기된 바 있다. 이러한 논리는 2012년 Obama 행정부가 WTO에 중국 자동차 부품 생산 업체들을 제소한 배경이 되었다(본 장의 COUNTRY FOCUS '중국은 자동차 수출 업체에게 불법적으로 보조금을 지급하고 있는가?' 참조). 미국 경제 정책연구소의 Robert Scott은 2001년부터 2015년 사이 대중국 미국의 무역 적자의 증가가 상당 부분 불공정 경쟁의 결과라고 주장했다. 여기에는 중국 생산자들에 대한 직접적인 보조금과 환율 조작이 포함된다. Scott은 이로 인해 최대 340만 개의 미국 일자리가 사라졌다고 분석했다.[10] Donald Trump는 2016년 대선 캠페인에서 중국과의 불공정 무역으로 인한 미국의 일자리 감소에 대한 불안감을 정치적으로 이용했다.

반면, 개입에 대해 반대하는 진영은 불공정 경쟁에 대한 주장이 종종 정치적 이유로 과장된다고 지적한다. 예를 들어, George W. Bush 대통령은 2002년 불공정 경쟁에 대한 대응으로 외국산 철강 수입에 관세를 부과했지만, 비평가들은 이 관세의 수혜를 받은 대다수 미국 철강 생산 업체의 소재지가 조지 부시가 2004년 대선 승리를 위해 표가 필요한 주(states)에 위치했다는 점을 지적했다. 유럽연합의 공동농업정책(Common Agricultural Policy, CAP) 수립에도 정치적 동기가 깔려 있었다. CAP는 수입을 제한하고 가격을 보장함으로써 정치적으로 영향력이 막강한 유럽 농민들의 일자리를 보호하기 위해 고안되었다. 그러나 CAP로 인한 농산품 가격 상승은 유럽 소비자에게 큰 비용을 부담시켰다. 정부의 개입을 통해 일자리와 산업을 보호하려는 다른 수많은 시도에서도 마찬가지로 소비자의 비용 증가가 나타난다. 예를 들어, 2002년 미국에서의 철강 관세 부과는 철강 가격을 인상시켜, 자동차회사와 같은 철강 소비자들의 국제 경쟁력을 약화시켰다.

국가 안보 보호

국가들은 때때로 특정 산업을 보호하는 것이 국가 안보에 중요하기 때문에 특정 산업을 보호하는 조치가 필요하다고 주장한다. 예를 들어, 방위 산업(예: 항공우주, 첨단 전자, 반도체)이 이러한 산업 영역에 해당될 수 있다. 2018년 3월 1일 Trump 행정부가 외국산 철강과 알루미늄 수입에 대한 관세를 발표했을 때, 국가 안보 문제가 정부 개입의 정당화 근거로 인용되었다. 이는 1986년 이후 처음으로 국가 안보 위협이 미국의 관세 부과를 정당화하는 데 사용된 사례였다. 2017년 미국은 자국에서 사용되는 철강의 약 30%를 수입하고 있었으며, 가장 큰 수입원은 캐나다와 멕시코였다. 흥미롭게도 Trump 행정부의 주장과는 반대로, 비평가들은 철강과 알루미늄의 대량 소비자인 대다수 미국 방위 계약 업체들의 투입 가격을 인상시킴으로써, 이 관세가 실제로 미국 방위 산업에 해를 끼치고 국가 안보에 부정적인 영향을 미칠 것이라고 주장했다. Biden 행정부가 2022년 12월 중국의 군사 및 극초음속 무기 프로그램을 지원과 인권 침해와 관련한 대중국 첨단 미국 기술의 상업적 수출 금지를 발표할 때에도 이러한 국가 안보 논리를 근거로 들었다.[11]

globalEDGE

무역법

7장의 핵심 주제는 정부의 정책과 국제 무역이다. 이 주제는 무역 정책, 자유무역, 세계 무역 시스템 등 다양한 측면에서 광범위한 영향을 미친다. 정부, 기업, 개인 차원의 국제 무역과 관련한 활동에 있어서 법률적인 측면에서 무엇이 허용되고 제한되는지에 관한 여러 법적 요소들을 살펴봐야 한다. globalEDGE™의 '무역법(Trade Law)' 섹션(globaledge.msu.edu/global-resources/trade-law)은 국가 및 지역별 무역법, 그리고 다양한 무역법 주제에 대한 무료 온라인 학습 모듈 등 다양하고 유용한 자료를 제공한다. 주목할 만한 자료로는 '위조 및 제품 보호 프로그램(Anti-Counterfeiting and Product Protection Program, A-CAPPP)'이 있다. A-CAPPP에는 위조(counterfeiting)와 관련된 웨비나, 프레젠테이션, 연구 자료, 논문 등이 포함되어 있다. 위조라는 개념에 대해서 알고 있는가? 이 주제에 대해 더 깊이 이해하고 싶다면 globalEDGE™의 '무역법' 섹션, 특히 A-CAPPP 사이트를 참고해 보기 바란다. 국제 사회에서 우려하는 중국의 위조 문제가 정말 심각한지에 대해서도 생각해 볼 수 있을 것이다.

보복

정부가 외국 시장을 개방하고 무역 상대국이 게임의 규칙에 따라 행동하도록 만들기 위한 협상의 도구로 무역 정책에 개입하겠다는 위협을 활용해야 한다는 주장이 있다. 미국 정부는 중국 정부가 지식재산권법을 시행하도록 하기 위해 징벌적 무역 제재 위협을 사용했다. 1990년대에 미국 정부의 지식재산권법의 느슨한 집행으로 인해 중국에서 대규모 저작권 침해가 발생했고, 이로 인해 Microsoft와 같은 미국 기업들은 연간 수억 달러의 판매 수익 손실을 입었다. 미국이 다양한 중국 수입품에 100% 관세를 부과하겠다고 위협하고 양국 관리들이 격한 말을 주고받은 후, 중국은 지식재산권 규정을 더 엄격히 시행하는데 동의했다.[12] 1기 Trump 행정부에서 3,700억 달러 규모의 중국 수입품에 25% 관세를 부과한 두 가지 목적은, 중국이 더 강력한 지식재산권법을 제정하고 국영 기업 보조금 지급을 중단하도록 하는 것이었다. 세 번째 목표는 대중국 미국의 연간 무역 적자를 줄이는 것이었다.

이러한 정치적 동기의 정부 개입 근거가 효과가 있다면, 무역을 자유화하고 그에 따른 경제적 이익을 가져올 수 있다. 그러나 이러한 전략은 위험하다. 압박을 받는 상대국이 물러서지 않고 대신 징벌적 관세 부과에 대응하여 자체적으로 무역 장벽을 높일 수 있기 때문이다. 이것이 Trump의 대중국 관세 사례에서도 발생한 일이다. 중국은 2018년 Trump 행정부의 초기 관세 인상 조치에 신속히 대응하여 미국 농산물 수입에 관세를 부과했다. 이후 1년 동안 미국의 대중국 농산물 수출은 158억 달러에서 59억 달러로 63% 감소했고, 많은 미국 농민들에게 상당히 큰 어려움을 초래했다. 농민들을 돕기 위해 Trump 행정부는 2018년부터 2019년 사이에 미국 농민들에 대한 정부 지원을 280억 달러 증가시켰으며, 이는 미국 납세자들의 부담으로 충당되었다. 미국과 중국은 2020년 초 예비 합의에 도달했다. 이 1단계 합의는 자유무역협정이 아닌 관리무역협정이었다. 이 협정에 따라 중국은 향후 2년 동안 미국 상품 및 서비스 구매를 최소 2,000억 달러 증가하기로 약속했다. Trump 행정부는 이에 대해 중국 수입품에 대한 일부 관세를 제거하거나 줄이기로 동의했다. 그러나 연구에 따르면 시행 첫 2년 동안 중국은 Trump 행정부와의 합의에 따라 구매하기로 한 총 상품의 58%만 구매했고, 이는 합의한 목표치 2,000억 달러에 미달하는 수준이다.[13]

소비자 보호

많은 정부는 소비자를 안전하지 않은 제품으로부터 보호하기 위한 규제를 시행해 왔다. 이러한 규제는 특정 제품의 수입을 제한하거나 금지하는 등 간접적으로 나타난다. 예를 들어, 2003년 일본과 한국을 포함한 다수의 국가는 워싱턴 주에서 광우병 사례가 한 건 발견된 후, 미국산 쇠고기 수입을 금지하기로 결정했다. 이 금지 조치는 안전하지 않다고 여겨지는 제품으로부터 자국의 소비자를 보호하기 위한 것이었다. 일본과 한국은 약 20억 달러의 미국 쇠고기 소비국이었기 때문에, 이러한 금지 조치는 미국 쇠고기 생산자들에게 큰 타격을 주었다. 2년 뒤, 일본과 한국은 금지 조치를 해제했지만, 광우병 쇠고기 수입 위험을 낮추기 위해 미국산 쇠고기 수입에 엄격한 요구 사항을 두었다(예: 일본은 21개월 미만의 미국산 쇠고기 수입을 요구함).

외교 정책 목표 추진

정부는 외교 정책 목표를 달성하기 위해 무역 정책을 이용하기도 한다.[14] 정부는 우호적 관계를 구축하고자 하는 국가에 무역 특혜 조항을 부여할 수 있다. 무역 정책은 또한 국제법이나 규범을 준수하지 않는 불량 국가를 압박하거나 처벌하기 위해 사용하기도 한다. 2022년 2월 러시아가 우크라이나를 침공했을 때, 미국, 캐나다, 프랑스, 독일, 영국, 일본, 한국을 포함한 30개 이상의 국가들이 러시아에 대한 무역 제재를 발표했다. 이 제재에는 러시아의 석유 및 천연가스 수입 중단, 금융 거래 차단, 반도체, 통신 장비 및 기타 전자 제품을 포함한 주요 상품의 러시아 수출 중단 등이 포함되었다. 이러한 제재가 러시아 경제에 타격을 주기 시작했지만, 러시아를 우크라이나에서 철수시키려는 목표를 아직까지 달성하지 못했다. 이 제재로 인해 2022년 러시아 경제는 약 3% 축소되었는데, 2023년에도 추가 위축될 것으로 예상된다. 하지만 지금까지 러시아는 중국과 인도와 같은 국가들 덕분에 무역 제재로 인한 최악의 상황을 면할 수 있었다. 중국과 인도는 러시아산 석유 구매를 늘려 러시아 경제를 지탱하는 데 도움을 주었다.[15]

다른 예로, 미국은 쿠바에 대해 오랫동안 무역 제재를 유지해 왔다(과거 Obama 행정부 쿠바와의 관계 정상화 움직임에도 불구하고 미국의 제재는 계속 유지되고 있음). 이러한 미국의 정책적 목표는 쿠바를 빈곤하게 만드는 것인데, 결과적으로 쿠바의 경제적 어려움이 공산주의 정부의 몰락과 민주적 성향의 친미 정권 교체로 이어지는 것이다. 미국은 또한 리비아와 이란에 대해서도 무역 제재를 가했는데, 이 두 나라는 미국의 이익에 반하는 테러 행위를 지원하고 대량 살상 무기를 제조한다는 혐의를 받았다. 2003년 말, 리비아에 대한 제재는 리비아의 핵무기 프로그램 종료와 같은 일부가시적 성과를 거두기도 했다. 미국 정부는 이에 대응하여 해당 제재를 완화했다. 마찬가지로, 미국 정부는 이란 정부가 주장된 핵무기 프로그램을 중단하도록 압박하기 위해 무역 제재를 사용했다. 2015년 이란의 핵 프로그램을 제한하는 합의 이후, 일부 제재를 완화했다. 그러나 Trump 행정부는 이란이 2015년 합의를 준수하지 않고 있다고 주장하며 무역 제재를 다시 가했다.

일방적인 무역 제재의 효과는 다른 국가들에 의해 약화될 수 있다. 예를 들어, 미국의 쿠바에 대한 제재는 다른 서방 국가들의 대쿠바 무역을 막지 못했다. 미국의 제재 조치는 캐나다와 독일 같은 무역국들이 들어설 수 있는 여지를 만들었을 뿐이다. 마찬가지로, 앞에서 설명한 것처럼 러시아는 에너지 제품 판매를 중국과 인도로 전환함으로써 무역 제재로 인한 가장 심각한 영향을 피할 수 있었다.

쿠바 아바나에서, 쿠에토라는 별명으로 더 잘 알려진 유명한 시가 제조자 호세 카스텔라르 카이로가 시가를 말고 있다.

인권 보호

다른 나라의 인권(human rights)을 보호하고 증진하는 것은 민주주의 국가의 외교 정책에서 중요한 부분이다. 정부는 무역 정책을 사용하여 무역 상대국의 인권 정책을 개선하려고 시도하기도 한다. 예를 들어, 1980년대와 1990년대에 서방 정부들은 남아프리카공화국에 대해 무역 제재를 가했다. 이는 기본적 인권 침해로 여겨진 아파르트헤이트 정책(남아공 국민당이 만들었던 인종차별 정책)을 포기하도록 압박하기 위한 방법이었다. 마찬가지로, 미국 정부는 미얀마의 열악한 인권 관행을 이유로 대미얀마 무역 제재를 지속해오고 있다. 2012년 말, 미국은 미얀마의 민주화 개혁에 화답하여 무역 제재를 해제했다. 그러나 2021년 초 군사 쿠데타로 민주적으로 선출된 정부가 축출되어, 미얀마에 일부 무역 제재가 다시 부과될 가능성이 있다.

정부 개입을 지지하는 경제적 주장

신무역 이론과 전략적 무역 정책의 발전으로(6장 참조), 정부 개입을 지지하는 경제적 주장이 다시 대두되었다. 1980년대 초반까지 대부분의 경제학자들은 정부 개입은 효과가 거의 없다고 보고, 자유무역 정책을 강력히 옹호해 왔다. 이러한 입장은 전략적 무역 정책의 발전으로 인해 다소 바뀌었지만, 여전히 자유무역 입장을 고수해야 한다는 설득력 있는 경제적 논거가 있다.

유치산업 보호론

유치산업 보호론(infant industry argument)은 정부 개입을 옹호하는 가장 오래된 경제적 논거이다. Alexander Hamilton이 1792년에 제안한 유치산업 보호론에 따르면, 많은 개발도상국이 제

유치산업 보호론
개발도상국의 신생 산업은 선진국 기업들과 세계 시장에서 경쟁할 수 있는 위치에 도달할 때까지 일시적으로 국제 경쟁으로부터 보호받아야 한다는 주장.

조업에서 잠재적 비교 우위를 가지고 있지만, 새로운 제조업은 처음부터 선진국의 기존 산업과 경쟁하는 것은 매우 어렵다. 따라서, 제조업이 성장의 발판을 마련할 수 있도록 정부는 이러한 산업들이 국제 경쟁에 맞설 만큼 충분히 강해질 때까지 일시적으로 관세, 수입 할당, 보조금 등을 통해 신생 산업을 지원해야 한다는 것이 이 주장의 요지이다.

이 주장은 지난 60년간 개발도상국 정부들에게 정부 개입을 지지하는 매력적인 논리가 되어 왔으며, GATT는 유치산업 보호론을 보호무역주의의 정당한 이유로 인정해 왔다. 그럼에도 불구하고, 많은 경제학자들은 두 가지 주요 이유로 이 주장에 대해 비판적인 입장을 유지하고 있다. 첫째, 외국 경쟁으로부터의 제조업 보호는 산업을 효율적으로 만들지 않는 한 아무런 도움이 되지 않는다. 하지만 다수의 사례를 보면 유치산업 보호가 세계 시장에서 경쟁 가능성이 거의 없는 비효율적인 산업의 발전을 조장하는 것 이상의 역할을 하지 못한 것으로 보인다. 예를 들어, 브라질은 관세 장벽과 할당제의 보호 아래 세계 10위 규모의 자동차 산업을 일궈 내었다. 그러나 1980년대 후반 이러한 장벽이 제거되자 외국차 수입이 급증했고, 30년간의 보호를 받아왔던 브라질의 자동차 산업은 세계에서 비효율적인 산업 중 하나가 되었다.[16]

둘째, 유치산업 보호론은 기업들이 국내 또는 국제 자본 시장으로부터 자금을 차입하여 효율적인 장기적 투자를 할 수 없다고 가정하고 있다. 따라서 정부는 장기적 투자를 보조해 주어야 했다. 지난 30년간 글로벌 자본 시장의 발전을 감안하면, 이 가정은 더 이상 과거만큼 유효해 보이지 않는다. 오늘날 개발도상국이 제조업에서 잠재적 비교 우위를 가지고 있다면, 그 나라의 기업들은 필요한 투자 자금을 자본 시장에서 빌릴 수 있어야 한다. 재정적 지원이 가능하다면, 잠재적 비교 우위를 가진 국가의 기업들은 정부의 보호 없이도 장기적 이익을 위해 필요한 초기 손실을 견딜 유인이 존재한다. 대만과 한국의 많은 기업이 섬유, 반도체, 공작 기계, 철강, 해운과 같은 산업에서 이렇게 발전해 왔다. 따라서 효율적인 글로벌 자본 시장 체제에서 정부의 보호가 필요한 유일한 산업은 정부의 지원을 받을 가치가 없는 산업일 것이다.

전략적 무역 정책

6장의 신무역 이론에서 일부 신무역 이론가들의 전략적 무역 정책(strategic trade policy) 논거를 살펴보았다.[17] 신무역 이론은 다음과 같이 주장한다. 글로벌 시장에서 상당한 규모의 경제 논리가 작동하는 (소수의 기업만이 이익을 누릴 수 있는) 산업에서 국가들은 단순히 선발자 이점을 누릴 수 있었던 기업을 보유하고 있기 때문에 특정 제품의 수출에서 우위를 차지할 수 있다. 미국 Boeing의 (높은 수준의 규모의 경제가 작동하며 소수의 기업만이 글로벌 시장에서 수익성 창출이 가능한) 상업용 항공기 산업에서의 장기적인 시장 지배력은 이러한 주장을 뒷받침해 준다.

전략적 무역 정책
세계 시장에서 국내 산업 및 국내 기업의 경쟁력 있는 위치를 개선하는 것을 목표로 하는 정부 정책.

전략적 무역 정책(strategic trade policy)의 논거는 크게 두 가지이다. 첫째, 이론가들은 정부가 적절한 조치를 통해 특정 산업에서 외국 기업이 아닌 국내 기업이 선발자 이점을 누릴 수 있도록 지원한다면, 국민소득을 증진시킬 수 있다고 주장한다. 따라서 전략적 무역 정책 논거에 따르면, 정부는 새롭게 부상하는 산업에서 활동하는 유망한 자국 기업들을 보조금 지급을 통해 후원해야 한다. 이 주장의 옹호자들은 1950년대와 1960년대에 미국 정부가 Boeing에 제공한 상당한 R&D 보조금이 새롭게 부상했던 여객기 시장에서 Boeing에게 유리한 경쟁의 장을 만드는데 도움을 주었을 것이라고 지적한다. Boeing의 첫 상업용 제트 여객기 707은 군용기에서 나온 것이다. 일본이 시장에서 지배적 위치를 가지고 있는 LCD 스크린 산업도 유사하다. LCD는 미국에서 발명되었지만, 일본 정부는 일본의 주요 전자 회사들과 협력하여 1970년대 후반과 1980년대 초반에 LCD 분야 연구를 집중적으로 지원했다. 그 결과 미국이 아닌 일본 기업들이 이 시장에서 선발자 이점을 확보하게 되었다.

전략적 무역 정책 논거의 두 번째 논거는 정부가 이미 선발자 이점을 확보한 외국 기업들이 만든 진입 장벽을 국내 기업들이 극복할 수 있도록 지원함으로써 산업에 전략적으로 개입하는 것이 유리할 수 있다는 것이다. 이러한 주장은 Boeing의 주요 경쟁사인 Airbus에 대한 정부 지원의 근거가 된다. 1966년 영국, 프랑스, 독일, 스페인의 4개 회사 컨소시엄으로 설립된 Airbus는 1970년대 중반 생산을 시작했을 때 세계 상업용 항공기 시장의 5% 미만을 차지했지만, 이후 2022년까지 Boeing과 시장을 양분하게 되었다. Airbus의 성과 달성을 어떻게 설명할 수 있을까? 미국 정부에 따르면, 해답은 영국, 프랑스, 독일, 스페인 정부가 제공한 180억 달러의 보조금에 있다. 보조금 지원 없이 Airbus의 세계 시장 진입은 불가능했을 것이다.

위와 같은 주장들이 옳다면, 이는 국제 무역에 대한 정부 개입의 근거를 뒷받침해 준다. 정부는 미래에 유망한 핵심 기술의 개발을 목표로 삼고, 이러한 기술의 혁신과 상용화를 지원하기 위해 보조금을 사용해야 한다. 나아가, 정부는 국내 기업들이 글로벌 시장에서 선발자 이점을 확립할 때까지 수출 보조금을 제공해야 한다. 또한 정부 지원은 국내 기업들이 외국 경쟁사들이 누리고 있는 선발자 이점을 극복하고 글로벌 시장에서 경쟁자로 부상하는 데 도움이 될 수 있다면 정당화될 수 있을 것이다(Airbus와 LCD 스크린 사례 참고). 이 경우, 국내 시장 보호와 수출 증진을 위한 정부 보조금의 정책적 조합이 필요할 수 있다. OPENING CASE에서 소개한 2022년 미국 인플레이션 감축법에 포함된 전기차와 배터리 생산에 대한 미국 정부의 보조금 지원은 전략적 무역 정책을 지지하는 논거와 일치한다. 미국 정부의 보조금 지급은 이 분야에서 중국의 위협에 대응하기 위해 설계되었다고 주장할 수 있다.

자유무역에 대한 수정된 논거

[학습 목표 3] 전략적 무역 정책에 대한 반대적 논거를 요약하고 설명할 수 있다.

신무역 이론가들의 전략적 무역 정책 논거는 국제 무역에 대한 정부 개입의 경제적 정당성을 제시한다. 이들의 주장은 Adam Smith나 David Ricardo와 같은 고전적 이론가들이 주장하는 제약과 간섭이 없는 자유무역의 논거에 도전한다. 이러한 주류 경제학에 대한 도전에 대해, 신무역 이론의 발전에 기여한 Paul Krugman과 같은 경제학자들은 전략적 무역 정책이 이론적으로는 매력적으로 보이지만, 실제로 실행하기 매우 어렵다고 지적한다. 이러한 전략적 무역 정책 논거에 대한 대응은 다음과 같은 자유무역에 대한 수정된 주장을 구성한다.[18]

보복과 무역 전쟁

Krugman은 글로벌 산업에서 국내 기업을 지배적 위치에 확립하려는 전략적 무역 정책이 다른 국가들의 희생을 통해 국민소득을 증가시키는 근린궁핍화 정책(beggar-thy-neighbor policy)이라고 주장한다. 이러한 정책을 사용하려는 국가는 보복(retaliation)을 초래할 수도 있다. 많은 경우, 두 개 이상의 개입주의 정부 간의 결과적인 무역 전쟁은 처음부터 불간섭 접근법을 채택했더라면 모든 관련 국가가 더 나은 상황에 있었을 것보다 더 나쁜 상황에 놓이게 할 수 있다. 예를 들어, 미국 정부가 Airbus 보조금에 대응하여 Boeing에 대한 자체 보조금을 증가시킨다면, 결과적으로 보조금들이 서로 상쇄될 수 있다. 이 과정에서 유럽과 미국의 납세자들은 결국 비용이 많이 들고 무의미한 무역 전쟁을 지원하게 되며, 유럽과 미국 모두 더 악화된 상황에 처하게 될 것이다. 2022년 미국의 인플레이션 감축법은 전기차와 리튬이온 배터리 생산에 있어 이러한 악화된 상황을 만들었을 수도 있다. OPENING CASE에서 일부 언급한 것처럼, EU, 한국, 중국은 전기차와 배터리 생산 업체에 대한 자국의 지원을 늘리는 것을 고려하고 있는 것으로 보인다.

무역 전쟁을 초래할 수도 있는 전략적 무역 정책의 위험성에 대한 Krugman의 주장은 옳을지도 모른다. 그러나 문제는 경쟁자들이 이미 정부 보조금의 지원을 받고 있을 때 필요한 대응 방안이다. Airbus에 대한 보조금 지급에 Boeing과 미국은 어떻게 대응해야 할까? Krugman에 따르면, 답은 보복 조치를 취하는 것이 아니라 무역을 왜곡하는 보조금 사용을 최소화하는 게임의 규칙을 확립하는 것이다. 이 점이 바로 세계무역기구(WTO)가 추구하는 것이다. 또한 반덤핑 정책이 생산원가 이하의 가격으로 상품을 판매하는 보조금 지원을 받는 경쟁자들을 견제하는 데 사용될 수 있다는 점에 주목해야 한다.

국내 정책

정부가 경제에 개입할 때 항상 국가 이익을 위해 행동하는 것은 아니다. 때로는 정치적으로 중요한 이익단체가 정부에 영향력을 발휘하기도 한다. 프랑스와 독일 농민들의 정치적 영향력 때문에 생겨난 유럽연합의 공동농업정책(CAP) 지원이 대표적 사례다. CAP는 비효율적인 농민들과 농민표에 의존하는 정치인들에게는 이익이 되지만, 결국 식품에 더 많은 비용을 지불하게 되는 EU 소비자들에게는 이익이 돌아가지 않는다. 따라서 Krugman에 의하면 전략적 무역 정책을 수용하지 말아야 할 또 다른 이유는 그러한 정책이 경제 체제 내의 특수 이익단체들에 의해 점유될 가능성이 매우 높고, 이들의 목적에 맞게 정책이 왜곡될 수 있기 때문이다. Krugman은 다음과 같이 결론지었다.

> 미국에서 다수의 산업에 대한 세부 정책을 수립하면서 특수한 정치적 이해관계를 무시하라고 상무부에 요구하는 것은 현실적이지 않습니다. 극심한 압력에서만 예외를 인정하는 포괄적인 자유무역 정책을 수립하는 것이 이론에 따르면 최적의 정책이 아닐 수 있지만, 국가가 취할 수 있는 최선의 정책일 수 있습니다.[19]

세계 무역 체제의 발전

[학습 목표 4] 세계 무역 체제의 발전 과정과 현재의 무역 이슈를 설명할 수 있다.

경제학적 주장은 제약이 없는 자유무역을 지지한다. 여러 정부가 이러한 논거의 가치를 인정했지만, 다른 국가들이 자유무역을 따르지 않을까 우려하여 자발적으로 무역 장벽을 낮추기를 꺼려왔다. 예를 들어, 브라질과 아르헨티나 같은 두 이웃 국가가 서로 간 무역 장벽을 낮출지 결정할 때 발생할 수 있는 문제를 생각해 보자. 원칙적으로 브라질 정부는 무역 장벽을 낮추는 정책을 선호할 수 있지만, 아르헨티나가 같은 조치를 취하지 않을 것을 우려하여 일방적으로 장벽을 낮추기를 꺼릴 수 있다. 브라질 정부는 아르헨티나가 브라질의 낮은 장벽을 이용해 브라질 시장에 진입하면서도 높은 무역 장벽을 통해 계속해서 브라질 제품을 자국 시장에서 배제할 것을 우려할 수 있다. 아르헨티나 정부도 같은 딜레마에 직면할 수 있다. 이러한 문제의 본질은 상호 신뢰의 부족이다. 두 정부 모두 양국 간의 낮은 무역 장벽이 각국에 이익이 될 것임을 인식하지만, 어느 정부도 상대방이 따르지 않을 것을 우려하여 장벽을 낮추려 하지 않는다.[20]

이러한 교착 상태는 양국이 국경 간 무역을 관리하고 무역 장벽을 낮추기 위한 일련의 규정을 협상하면 해결될 수 있다. 하지만 양국 정부가 무역 규정을 준수하는지 누가 감시할 것이며, 규정을 어기는 정부에 누가 제재를 가할 것인가? 양국 정부는 심판 역할을 할 독립적인 기구를 설립할 수 있다. 이러한 독립적 심판 기구는 양국 간 무역을 감시하고, 어느 쪽도 속이지 않도록 하며, 국제 무역이라는 게임에서 규칙을 어기는 국가에 제재를 가할 수 있을 것이다.

국가 간 타협을 통해 국가의 주권을 이와 같은 협정에 맡기는 것이 비현실적으로 들릴 수도 있지만, 실제로 제2차 세계대전 이후 이러한 특징을 가진 국제 무역 체제가 발전해 왔다. 초기 50년 동안 이 체제는 관세 및 무역에 관한 일반 협정(GATT)이었고, 1995년 이후에는 세계무역기구(WTO)로 발전되었다. 지금부터 GATT와 WTO의 발전과 작동 방식을 살펴보도록 한다.

Smith에서 대공황까지

6장에서 살펴보았듯이, 자유무역에 대한 이론적 근거는 18세기 후반 Adam Smith와 David Ricardo의 경제학 저서로 거슬러 올라간다. 정부 정책으로서의 자유무역은 1846년 영국 의회가 곡물법을 폐지했을 때 처음 공식적으로 채택되었다. 곡물법은 외국산 곡물 수입에 높은 관세를 부과했었다. 곡물법 관세의 목적은 정부 수입을 늘리고 영국의 곡물 생산자를 보호하는 것이었다. David Ricardo가 의원이었던 1820년대부터 의원들은 매년 의회에서 자유무역을 지지하는 동의안을 제출했었다. 하지만 농업 보호는 영국의 흉년으로 인한 수확 실패와 아일랜드의 심각한 기근 재난이 동시에 발생한 후에 비로소 오랜 논쟁을 거쳐 철회되었다. 국민들의 엄청난 고난과 고통에 직면하면서, 의회는 간신히 오랫동안 유지해 온 입장을 뒤집었다.

이후 약 80년 동안 세계의 지배적인 무역 강국이었던 영국은 무역 자유화를 주장했지만, 주요 무역 상대국들은 영국의 일방적 자유무역 정책에 호응하지 않았다. 영국이 이 정책을 오랫동안 유지했던 유일한 이유는 세계 최대의 수출국으로서 다른 어떤 국가보다 무역 전쟁으로 인한 손실이 훨씬 더 컸기 때문이다. 1930년대까지 자유무역을 전파하려는 영국의 시도는 대공황으로 인해 꺾이게 된다.

스무트-홀리 관세법
1930년 미국 의회가 제정한 법으로, 미국으로의 수입품에 대해 높은 관세 장벽을 세움.

1930년 미국 의회가 **스무트-홀리 관세법**(Smoot-Hawley Act)을 통과시키면서 경제 문제는 더욱 악화되었다. 미국이 자국의 산업을 보호해 실업률 상승을 억제하고 소비자 수요를 외국 제품에서 국내로 전환시키는 것을 목표로 한 스무트-홀리 법은 거대한 관세 장벽을 쌓았다. 모든 산업은 '맞춤형' 관세의 혜택을 받았다. 스무트-홀리 관세법은 외국에서의 고용에 악영향을 끼쳤다. 다른 국가들은 자국의 관세 장벽을 높이는 것으로 대응했고, 미국의 수출은 급락했으며 세계 경제는 더 깊은 대공황 속으로 빠져들었다.[21]

1947~1979년: GATT, 무역 자유화, 그리고 경제 성장

미국 스무트-홀리 관세법으로 초래된 근린궁핍화 무역 정책의 경제적 피해는 제2차 세계대전 이후 세계의 경제 제도와 이념에 깊은 영향을 미쳤다. 미국은 전쟁에서 승리하고 경제적으로 우위를 점하며 전후 시대를 맞이했다. 대공황 이후, 미국 의회의 여론은 자유무역을 강력히 지지하는 방향으로 선회했다. 그리고 미국의 주도하에 1947년 GATT가 설립되었다.

GATT는 관세, 보조금, 수입 할당 등을 제거하여 자유무역화를 추구하는 다자간 협정이었다. 1947년 설립 당시 19개국이었던 회원국은 WTO로 대체될 때까지 120개국 이상으로 증가했다. GATT는 한 번에 모든 무역 규제를 풀려고 하지 않았고, 여덟 차례의 라운드에 걸쳐 관세 인하가 이루어졌다.

초기 GATT는 매우 성공적이었다. 1947년 제네바 라운드부터 1973~1979년 도쿄 라운드를 거치면서 미국의 평균 관세율은 거의 92% 감소했다. Ricardo가 제시했던, 6장에서 다룬 자유무역이론의 주장처럼, GATT 체제에서 자유무역으로의 움직임은 경제 성장을 촉진시켰다.

1980~1993년: 보호무역주의 경향

1980년대와 1990년대 초, GATT가 구축한 무역 체제는 전 세계적으로 보호무역주의자들로부터 압박을 받아 긴장 상태에 놓였다. 1980년대에 보호무역자들의 압박이 증가한 데에는 세 가지 이유가 있었다. 첫째, 당시 일본의 경제적 성공이 세계 무역 체제에 압박을 가했다(오늘날 중국의 성공이 긴장을 야기하는 것과 유사함). GATT가 창설될 당시 일본은 경제적으로 폐허 상태였지만, 1980년대 초까지 일본은 세계 제2위의 경제 대국이자 최대 수출국으로 발돋움한다. 자동차와 반도체 산업에서 일본의 성공만으로도 세계 무역 체제에 압박을 가하기에 충분했을 것이다. 일본 시장이 낮은 관세율과 보조금에도 불구하고 행정적 무역 장벽으로 인해 수입과 외국 투자에 폐쇄적이라는 광범위한 서방의 인식이 상황을 더욱 악화시켰다.

둘째, 세계 최대 경제국인 미국의 지속적인 무역 적자가 세계 무역 체제에 압박을 가했다. 미국의 적자로 인해 자동차, 공작 기계, 반도체, 철강, 섬유 등의 산업에서 미국의 국내 생산자들이 외국 경쟁자들에게 시장 점유율을 내어 주게 된다. 이로 인한 실업률 증가는 미국 의회에서 수입에 대한 보호를 요구하는 목소리를 다시 높이게 만들었다.

보호무역주의 경향의 세 번째 이유는 많은 국가들이 GATT 규정을 우회할 방법을 찾았다는 것이다. 양자 간 자율적 수출 규제(VER)은 GATT 협정을 우회했다. 수입국이나 수출국 어느 쪽도 제네바에 있는 GATT의 관료들에게 불만을 제기하지 않았다. 접수된 불만 제기가 없으면 GATT는 아무 조치도 할 수 없었다. 수출국들은 더 큰 피해를 주는 징벌적 관세를 피하기 위해 VER에 동의했다. 이와 관련해 잘 알려진 사례는 일본과 미국 간의 자동차 VER로, 일본 생산자들이 미국으로의 자동차 수입을 제한하겠다고 약속함으로써 고조되는 무역 마찰을 완화하고자 했다. 세계은행의 한 연구에 따르면 1986년 선진국 수입의 16%가 VER과 같은 비관세 무역 장벽의 대상이었다.[22]

우루과이 라운드와 세계무역기구

보호무역주의에 대한 압력이 높아지는 가운데, 1986년 GATT 회원국들은 관세를 낮추기 위한 여덟 번째 협상 라운드인 우루과이 라운드(우루과이에서 개최되어 이름 붙여짐)에 착수했다. 우루과이 라운드는 자유무역에 관한 가장 야심찬 협상 테이블이었다. 이전까지 GATT 규정은 제조품(manufactured goods)과 상품(commodities) 무역에만 적용되었다. 우루과이 라운드에서 회원국들은 GATT 규정을 서비스 무역으로 확대하고자 했다. 또한 지식재산권(intellectual property) 보호를 위한 규정을 만들고, 농업 보조금을 삭감하며, GATT의 모니터링 및 집행 메커니즘을 강화하고자 했다. 우루과이 라운드 논의는 7년간 지속되다가 1993년 12월 15일에 합의에 도달했고, 1995년 7월 1일부터 발효되었다. 우루과이 라운드는 다음과 같은 조항들을 포함한다.

1. 산업재에 대한 관세는 1/3 이상 감축되고, 제조품의 40% 이상에 대해 관세가 폐지되었다.
2. 선진국이 제조품에 부과하는 평균 관세율은 근대사에서 가장 낮은 수준인 4% 미만으로 감축되었다.
3. 농업 분야의 정부 보조금이 상당한 수준으로 삭감되었다.
4. GATT의 공정 무역 및 시장 접근 규칙을 광범위한 서비스 분야로 확대되었다.
5. GATT 규정을 확대하여 지식재산권(특허, 저작권, 상표)에 대한 보호를 강화했다.
6. 섬유 무역에 대한 장벽이 10년에 걸쳐 크게 줄어들었다.
7. GATT 협정을 이행하기 위해 세계무역기구(WTO)가 창설되었다.

세계무역기구

WTO는 GATT 협정과 서비스 및 지식재산권과 관련된 두 개의 기구를 둔 포괄적 기능을 갖춘 조직이다. WTO의 서비스 무역에 관한 일반 협정(General Agreement on Trade in Services, GATS)은 서비스 분야로 자유무역협정을 확대하는 데 주도적 역할을 하고 있다. WTO의 무역 관련 지식재산권에 관한 협정(Trade-Related Aspects of Intellectual Property Rights, TRIPS)은 전 세계적으로 지식재산권 보호 방식의 격차를 좁히고 이를 공통된 국제 규칙 아래 두려는 시도이다. WTO는 무역 분쟁을 중재하고 회원국들의 무역 정책을 모니터링하는 책임을 맡게 되었다. WTO는 GATT와 마찬가지로 합의에 기반하여 운영되지만, 분쟁 해결 영역에서 회원국들은 더 이상 중재 보고서의 채택을 막을 수 없게 되었다. 회원국 간 무역 분쟁에 대한 중재 패널 보고서는 중재를 거부하는 합의가 존재하지 않는 한 WTO에 의해 자동으로 채택된다. 중재 패널에 의해 GATT 규정을 위반한 것으로 판명된 국가들은 상설 항소 기구에 항소할 수 있지만, 그 판결은 구속력을 갖는다. 위반국이 중재 패널의 권고를 준수하지 않을 경우, 무역 상대국들은 보상을 받거나 최후의 수단으로 (상응하는) 무역 제재를 부과할 권리를 갖는다. 절차의 모든 단계는 엄격한 시간 제한을 받는다. 이렇게 WTO는 GATT가 과거에 갖지 못했던 실질적인 집행력을 갖추도록 설계되었다.[23]

WTO의 집행력은 항소 기구의 구속력 있는 판결에 크게 의존한다. 항소 기구는 4년 임기로 임명되는 7명의 위원으로 구성되며, 최소 3명의 위원이 항소를 심리해야 한다. 미국을 포함한 주요 무역국들은 항소 기구 위원 임명에 대한 거부권을 가지고 있다. 이 거부권은 원래 국익에 치우친 판결을 내릴 수 있는 위원들의 임명을 방지하기 위한 안전장치로 여겨졌다. 그러나 WTO 규정이 처음 협상될 당시에는 예상하지 못했던 상황이 발생하게 된다. 미국의 Trump 행정부와 Biden 행정부에서 미국이 이 거부권을 이용해 새로운 항소 기구 위원의 임명을 저지하기 시작했다. 이로 인해 위원 수가 3명 미만으로 줄어들면서 항소 기구는 사실상 판결을 내릴 수 없는 상태에 이르게 되었다.

WTO: 지금까지의 경험

2022년까지 WTO는 2001년 말에 가입한 중국과 2012년에 가입한 러시아를 포함하여 164개 회원국을 보유하게 되었다. WTO 회원국들의 전체 교역량은 세계 무역의 98%를 차지한다. 설립 이후 WTO는 글로벌 자유무역의 최전선에 있어 왔다. WTO 창설자들은 WTO에 부여된 집행 메커니즘이 GATT보다 국제 무역 규칙 준수를 감시하는 데 더 효과적일 것이라고 믿었다. WTO가 특히 서비스 분야에서 미래의 무역 거래의 효과적인 촉진자로 부상할 수 있다고 기대했다. 지금까지의 경험은 다소 복합적이다. 강력한 초기 출발 이후, 1990년대 후반부터 WTO는 국제 무역과 투자에 대한 장벽을 더 낮추기 위한 합의를 이끌어내지 못했다. 현재의 무역 협상 라운드(도하 라운드)는 매우 느린 진전을 보이고 있으며, 사실상 정체되어 있다고 보아도 무방하다. 2008~2009년의 글로벌 금융 위기 이후 보호무역주의로의 회귀하려는 움직임도 일부 있었다.

최근 영국의 유럽연합 탈퇴(Brexit)와 미국 우선주의를 표방한 Donald Trump의 미국 대통령 당선은 세계가 보호무역주의로 회귀할 수도 있음을 시사한다. 이러한 변화로 인해 WTO의 향후 방향성에 대한 여러 중대한 의문이 제기되었다. Donald Trump는 WTO의 가치에 대해 양면적인 태도를 보였으며, Trump의 리더십하에서 미국은 WTO에 대한 지지를 철회하기 시작했다. 가장 주목할 만한 점은 미국이 4년 임기가 만료되는 대로 항소 기구의 새 위원 임명을 승인하기를 거부했다는 점이며, 예상을 깨고 Biden 행정부도 이러한 정책적 입장을 계속 유지했다. 결과적으로 2022년까지 WTO 항소 기구에는 더 이상 위원이 남아 있지 않게 되었고, 구속력 있는 판결을 내릴 수 없게 되었다. 미국이 보다 국수주의적이고 보호무역주의적 무역 정책 기조로 전환하면서, WTO의 집행 메커니즘을 사실상 무력화시켰다.

WTO의 글로벌 경찰 역할

설립 후 첫 25년간 WTO의 감시 및 집행 메커니즘은 긍정적인 효과를 나타내고 있다.[24] 과거 반 세기 동안 GATT가 처리한 총 196건의 사례와 비교해 보면, WTO에 1995~2022년 동안 157개 회원국을 대상으로 615건의 무역 분쟁이 제기되었다.[25] WTO에 제기된 사례 중 3/4는 분쟁 당사국 간의 비공식 협의를 통해 해결되었다. 나머지 사례는 더 공식적인 절차를 거쳤지만, 대부분 성공적으로 해결되었다. 일반적으로 관련 국가들은 WTO의 권고를 수용했다. 많은 국가들이 WTO를 이용했다는 사실은 이 기구의 무역 분쟁 해결 방식에 대한 신뢰를 보여 준다. 앞서 언급했듯이 미국의 저지 전략으로 인해 WTO의 항소 기구는 더 이상 기능할 수 없게 되었다. 결과적으로 WTO는 더 이상 구속력 있는 판결을 내릴 수 없게 되었고, 이는 WTO의 집행 메커니즘을 약화시켰다. 미국과 다른 국가들은 이러한 상황을 이용하여 WTO 규정에 위배되는 무역 조치를 취하고 있다. 미국과 중국 간의 지속적인 무역 전쟁에서의 관세 부과, 여러 국가들의 반도체, 전기차, 리튬이온 배터리 등 전략적 산업 지원을 위한 정부 보조금 지급이 이러한 조치에 해당된다.

확장된 무역협정

앞서 설명한 바와 같이, GATT의 우루과이 라운드 협상은 국제 무역 규약을 서비스 무역 영역으로 확장시켰다. WTO는 서비스 분야의 국제 무역을 활성화하는 역할을 부여받게 되었다. 또한 WTO는 GATT가 다루지 않았던 해외직접투자에 대한 규제를 처리하는 데까지 역할을 확장하였다. 개혁의 첫 대상이 된 두 산업은 국제 통신과 금융 서비스 분야였다.

1997년 2월, WTO는 국가 간 통신 시장 개방, 외국 사업자의 국내 통신 제공 업체 지분 매입 허용, 그리고 공정 경쟁을 위한 공통 규칙 수립에 관한 협정을 중재했다. 이 협정은 1998년 1월 1일부터 발효되어 미국, 유럽연합, 일본을 포함한 세계 주요 시장의 통신 산업을 완전히 자유화했다. 협정은 음성 전화, 데이터, 위성 및 무선 통신 등 모든 형태의 기본 통신 서비스를 포괄했다. 대부분의 통신 기업들은 이 협정을 긍정적으로 평가했고, 이 협정을 통해 기업 고객들에게 더 나은 서비스를 제공할 수 있을 것으로 전망했다. 특히, 전 세계적으로 통합된 원스톱 서비스 제공이 가능해져, 기업들의 모든 통신 관련 요구 사항을 단일 청구서로 처리할 수 있게 될 것이라고 기대했다.

통신 협정에 이어 1997년 12월, WTO는 금융 서비스의 국경 간 거래를 자유화하는 획기적인 합의를 중재했다. 이 합의는 95% 이상의 세계 금융 서비스 시장에 광범위하게 적용되었다. 1999년 3월 초 발효된 이 협정에 따라 102개국은 자국의 특수성을 고려하면서 은행, 증권, 보험 부문을 외국 경쟁에 개방하기로 약속했다. 통신 협정과 마찬가지로, 이 금융 서비스 협정은 국경 간 거래뿐만 아니라 해외직접투자(FDI)에 대한 규제도 다루었다. 70개국이 금융 서비스 부문에 대한 FDI 장벽을 대폭 낮추거나 철폐하기로 합의했다. 미국과 유럽연합은 일부 예외를 제외하고 외국 금융 기관의 투자에 대해 시장을 완전히 개방했다. 또한 많은 아시아 국가들도 처음으로 자국의 금융 서비스 부문에 상당한 수준의 외국인 투자 참여를 허용하는 등 금융 시장 개방에 동참했다.

WTO: 미해결 과제

1990년대의 성공 이후 세계무역기구(WTO)는 국제 무역 분야에서의 진전에 어려움을 겪고 있다. 2001년 이후 세계 경제 성장 둔화로 인해 많은 국가 정부들이 무역 장벽 완화를 위한 새로운 정책 도입을 주저하고 있다. WTO에 대한 정치적 반대 역시 많은 국가에서 증가하고 있다. 일부 정치인과 비정부 기구들은 세계화의 상징인 WTO를 높은 실업률, 환경 악화, 개발도상국의 열악한 근로 조건, 선진국 저임금 노동자들의 실질 임금 하락, 소득 불평등 심화 등 다양한 문제의 원인으로 지목하고 있다. 중국의 급속한 부상 역시 이러한 상황에 영향을 미쳤다. 35년 전 일본에 대한 인식과 유사하게, 많은 사람들은 중국이 WTO 가입에도 불구하고 국제 무역의 규칙을 제대로 준수하지 않는다고 인식하고 있다.

이러한 어려운 정치적 환경 속에서도 국제 무역 분야에는 여전히 해결해야 할 과제가 산적해 있다. WTO 의제의 최우선 과제 네 가지는 반덤핑 정책, 농업 분야의 높은 보호무역주의, 많은 국가에서의 지식재산권 보호 미흡, 다수 국가에서 여전히 높은 비농업 상품 및 서비스에 대한 관세율 등이다. 이어서 각 이슈에 대해 차례로 살펴보고, 2001년에 시작되어 현재 교착 상태에 빠진 것으로 보이는 WTO 회원국 간의 최신 무역 장벽 감축 협상인 도하 라운드에 대해 논의한다.

반덤핑 조치

1990년대와 2000년대에 반덤핑 조치가 급증했다. WTO 규정은 국내 생산자들이 피해를 입증할 수 있을 경우, 자국보다 저렴하게 판매되거나 생산 원가 이하로 판매되는 외국 상품에 대해 반덤핑 관세를 부과할 수 있도록 허용한다. 그러나 '덤핑'의 요건에 대한 정의가 모호하여 많은 국가들이 보호주의 무역 정책에 악용하고 있다.

1995년부터 2022년 6월까지 WTO 회원국들은 약 6,541건의 반덤핑 조치 시행을 WTO에 보고했다. 인도가 가장 많은 1,109건, 미국이 855건, EU가 545건을 보고했다. 중국이 1,542건의 제소 대상이 되었고, 한국이 484건, 대만이 334건, 미국이 317건, 그리고 238건은 일본의 덤핑이었다.

반덤핑 조치는 기초 금속 산업(예: 알루미늄, 철강), 화학, 플라스틱, 기계 및 전기 장비와 같은 특정 분야에 집중되는 경향이 있다.[26] 이들 산업 분야는 WTO에 보고된 모든 반덤핑 조치의 약 70%를 차지한다. 1995년 이후 이 네 분야는 치열한 경쟁과 초과 생산 설비를 보여 왔고, 이로 인해 해당 산업의 기업들은 낮은 가격과 이익(또는 손실)을 경험했다. 따라서 이러한 산업 부문에서 빈번하게 발생하는 반덤핑 조치는 경영난을 겪고 있는 제조업체들이 외국 경쟁사들이 불공정한 경쟁을 한다는 주장을 근거로, 자국 정부의 정책 결정 과정에 영향을 미쳐 보호를 요청하는 노력의 일환으로 이해할 수 있다.

이러한 주장은 일견 타당해 보이기도 하지만, 반덤핑 조치 과정이 종종 정치화되는 경향이 있다. 기업과 노동자 대표들이 '불공정한 외국 경쟁으로부터 자국의 일자리를 보호해야 한다'고 정부 관리들에게 로비하는 한편, 선거에서의 지지를 고려해야 하는 정부 관료들이 이에 호응하여 반덤핑 조치를 추진하는 경우가 빈번하기 때문이다. 이러한 상황에 대해 WTO는 명확하게 우려를 표명한다. WTO는 반덤핑 정책의 사용이 지속적인 보호무역주의 경향을 반영한다고 판단하며, 회원국들에게 반덤핑 관세 부과에 대한 규제 강화를 촉구하고 있다.

농업 분야의 보호주의

WTO의 또 다른 주요 관심사는 많은 국가들의 농업 부문에서 나타나는 고율 관세와 보조금 수준이다. 농산물에 대한 관세율은 일반적으로 제조품이나 서비스에 비해 현저히 높다. 예를 들어, 선진국의 비농업 제품에 대한 평균 관세율이 가치의 3~5% 수준인 반면, 농산물의 경우 캐나다 15%, 유럽연합 12.8%, 일본 19.3%, 미국 4.9%에 달한다.[27] 이는 고관세 부과 국가의 소비자들이 수입 농산물에 대해 불필요하게 높은 가격을 지불하고 있으며, 결과적으로 다른 상품과 서비스에 대한 지출 여력이 감소함을 의미한다.

역사적으로 농산물에 대한 높은 관세율은 외국 경쟁자로부터 국내 농업과 전통적 농업 공동체를 보호하기 위한 조치이다. 높은 관세율 외에도 농업 생산자들은 상당한 보조금 혜택을 받고 있다. 경제협력개발기구(OECD)의 추정에 따르면, 정부 보조금은 평균적으로 캐나다 농업 생산 비용의 17%, 미국의 21%, 유럽연합의 35%, 일본의 59%를 차지한다.[28] OECD 국가들은 매년 3,000억 달러 이상을 농업 보조금으로 지출하고 있다.

J.M. Larson Dairy 농장

이러한 고관세 장벽과 정부 보조금의 조합은 농산물 생산과 국제 무역에 상당한 왜곡을 초래한다. 그 결과 소비자 가격 상승, 농산물 무역량 감소, 과도한 보조금 지원 제품의 과잉 생산(정부가 일반적으로 잉여분을 구매함)이 발생한다. 현재 농업의 세계 무역이 전체 상품 무역의 약 10%를 차지하고 있어, WTO는 관세 장벽과 보조금 제거가 전체적인 교역량을 크게 확대하고, 소비자 가격을 낮추며, 소비와 투자 자원을 더 생산적인 용도로 전환함으로써 세계 경제 성장을 촉진시킬 수 있다고 주장한다. 2000년대 초 국제통화기금(IMF)의 추정에 따르면, 당시 농산물에 대한 관세와 보조금 제거 시 연간 1,280억 달러의 세계 경제 후생 증가가 예상되었다.[29] 다른 기관에서는 1,820억 달러에 달하는 추정치를 제시하기도 했다.[30] 최근의 정확한 추정치는 구하기 어려우나, 경제 성장과 인플레이션을 고려할 때 현재의 비교 가능한 수치는 3,000억에서 4,000억 달러 사이일 것으로 추정된다.

기존 체제의 주요 옹호자들은 선진국들로, 자국의 농업 부문을 개발도상국의 저비용 생산자들과의 경쟁으로부터 보호하고자 한다. 반면에 개발도상국들은 자국 생산자들이 선진국의 보호된 시장에 더 쉽게 접근할 수 있도록 하는 개혁을 강력히 추진해 왔다. 추정에 따르면 OECD 국가들의 농업 생산에 대한 모든 보조금을 제거하는 것만으로도 개발도상국들에게 현재 OECD 국가들로부터 받는 모든 외국 원조의 3배에 달하는 이익을 줄 수 있다고 한다.[31] 즉, 농업 분야의 자유무역은 세계의 빈곤국들의 경제 성장을 촉진하고 전 세계적 빈곤 퇴치에 상당한 기여를 할 수 있다.

지식재산권 보호

WTO에서 점점 더 중요해지고 있는 또 다른 핵심 이슈는 지식재산권 보호이다. 1995년 WTO 설립의 근간이 된 우루과이 라운드 협정에는 무역 관련 지식재산권에 관한 협정(TRIPS)이 포함되었다. TRIPS 규정은 WTO 회원국들에게 최소 20년간의 특허권과 50년간의 저작권을 부여하고 시행할 것을 의무화한다. 선진국들은 1년 내에 이 규칙을 준수해야 했으나, 지식재산권 보호가 상대적으로 취약했던 개발도상국들에게는 5년의 유예 기간이, 최빈국에는 10년의 유예 기간이 주어졌다. 이 협정의 근간에는 특허, 상표, 저작권을 통한 지식재산권 보호가 국제 무역 체제의 필수 요소라는 서명국들의 강한 신념이 자리잡고 있다. 지식재산권에 대한 불충분한 보호는 혁신의 동기를 저해한다는 인식하에, 옹호자들은 경제 성장과 생활 수준 향상의 핵심 동력인 혁신을 촉진하기 위해 지식재산권 보호를 위한 다자간 협정이 필요하다고 주장해 왔다.

이러한 협정이 부재할 경우, 예를 들어 인도의 생산자들이 미국에서 개발된 특허 기술의 모방품을 시장에 출시할 수 있다. 이는 두 가지 측면에서 국제 무역에 영향을 끼칠 수 있다. 첫째, 미국의 원 혁신자가 인도 시장에서 가질 수 있는 수출 기회가 줄어든다. 둘째, 인도 생산자가 이러한 불법 복제품을 제3국으로 수출할 수 있고, 이는 미국이 그 나라들에 수출할 기회까지도 잃는 것을 의미한다. 또한 이 혁신자가 접근할 수 있는 글로벌 시장의 규모가 축소됨에 따라, 높은 위험과 비용을 수반하는 혁신 활동의 동기가 감소하게 된다. 결과적으로 이는 세계 경제에서의 혁신 활동의 감소와 경제 성장 둔화로 이어질 수 있다.

비농업 상품 및 서비스의 시장 접근성

WTO와 GATT는 비농산물에 대한 관세율 인하에 상당한 진전을 이루었으나, 여전히 해결해야 할 과제가 많이 남아 있다. 대부분의 선진국이 산업재에 대한 관세율을 4% 미만으로 낮추었지만, 일부 예외가 존재한다. 특히 평균 관세율은 낮은 수준이지만, 선진국으로의 특정 수입품에 대해서는 여전히 높은 관세율이 유지되어 시장 접근성과 경제 성장을 제한하고 있다. 예를 들어, OECD 국가인 호주와 한국은 운송 장비 수입에 대해 각각 12.5%와 8.2%의 양허 관세율(bound tariff rates)을 유지하고 있다(양허 관세율은 교역의 예측 가능성과 안정성 확보를 위해 특정품목에 부과할 수 있는 최대 관세율로 일반적인 실행 관세율(applied tariff rates)보다 높게 설정됨). 반면 미국, 유럽연합, 일본의 운송 장비 수입에 대한 양허 관세율은 각각 3%, 4.1%, 0%이다. 개발도상국에서 선진국으로 수입되는 특정 상품에 대한 높은 관세율도 우려되는 부분이다.

서비스에 대한 관세는 산업재보다 여전히 높은 수준이다. 예를 들어, 미국으로 수입되는 비즈니스 및 금융 서비스에 대한 평균 관세율은 8.2%, 유럽연합은 8.5%, 일본은 19.7%이다.[32] 국제 교역 규모가 증가하고 있는 점을 감안하면, 높은 관세율을 낮추게 되면 상당한 경제적 이익을 가져올 것이다.

WTO는 관세율을 더 낮추고 선별적으로 높은 관세율이 적용되는 영역을 축소시키려고 한다.

COUNTRY FOCUS

미국의 자유무역을 통한 이익 추정

국제경제연구소(Institute for International Economics)가 발표한 연구는 자유무역으로부터 미국이 얻는 경제적 이익을 추정했다. 이 연구에 따르면, 1947년 이후 GATT와 WTO 체제하에서 관세 장벽 감소로 인해 2003년 미국의 국내총생산(GDP)은 그렇지 않았을 경우보다 7.3% 높았다. 이로 인한 이익은 연간 약 1조 달러, 또는 미국 가구당 연간 9,000달러의 추가 소득에 해당한다.

국제경제연구소의 연구는 미국이 모든 무역 상대국과 자유무역협정을 체결하여 모든 상품과 서비스에 대한 관세 장벽을 0으로 낮출 경우의 시나리오를 추정했다. 다양한 방법을 사용하여 관세 장벽 제거의 영향을 분석한 결과, 매년 4,500억 달러에서 1조 3천억 달러에 이르는 추가적인 경제적 이익이 발생할 수 있다고 결론지었다. 연구진에 따르면, 이러한 자유무역으로의 진전은 평균적인 미국 가구의 연간 소득을 약 4,500달러 추가적으로 증가시킬 것으로 추정했다.

연구자들은 보편적 자유무역으로의 전환이 고용에 미치는 영향과 비용도 추정했다. 모든 관세 장벽을 폐지할 경우, 일부 부문에서는 일자리가 사라지고 다른 부문에서는 새로운 일자리가 창출될 것이다. 역사적 자료를 토대로, 매년 226,000개의 일자리가 무역 확대로 인해 사라질 것으로 추정되지만, 일자리를 잃은 사람들의 약 2/3는 1년 후 재취업할 것으로 예상했다. 다만 재취업 시 임금은 13~14% 낮아질 것으로 예측했다. 이 연구는 주로 자유무역으로 인해 일자리를 잃은 사람들의 평생 임금 감소로 연간 약 540억 달러의 중단 비용이 발생할 것으로 결론지었다. 그러나 이러한 비용은 자유무역으로 인한 더 높은 경제 성장으로 상쇄되는데, 이는 다수의 새로운 일자리를 창출하며 가계 소득을 증가시켜 매년 순 4,500억 달러에서 1조 3,000억 달러에 달하는 추가적인 경제적 이익을 발생시킨다. 즉, 자유무역으로 인한 연간 예상 이익이 일자리 감소와 관련된 연간 비용을 크게 초과하며, 보편적 자유무역 체제로의 전환은 결과적으로 더 많은 사람들이 혜택을 누릴 수 있게 한다.

Source: S. C. Bradford, P. L. E. Grieco, and G. C. Hufbauer, "The Payoff to America from Global Integration," in *The United States and the World Economy: Foreign Policy for the Next Decade*, C. F. Bergsten, ed. (Washington, DC: Institute for International Economics, 2005).

WTO의 궁극적인 목표는 관세율을 0%로 낮추는 것이다. 이러한 목표가 다소 야심차게 들릴 수도 있지만, 이미 40개국이 정보 기술 제품에 대해 0% 관세를 도입한 선례가 있다. 실증 연구에 따르면 평균 관세율을 0에 가깝게 낮추면 상당한 이익을 얻을 수 있다. 세계은행 경제학자들의 연구에 따르면, 도하 협상으로부터 나온 국제 무역협정의 증가로 연간 2,630억 달러의 세계 소득 증가가 가능하며, 이 중 1,090억 달러가 빈곤국에 돌아갈 수 있고 추정하였다.[33] OECD의 또 다른 연구는 연간 세계 소득 증가가 약 3,000억 달러에 가깝다고 추정한다.[34] 자유무역으로부터 오는 미국의 혜택에 대해서는 COUNTRY FOCUS를 참고하기 바란다.

WTO는 개발도상국으로의 비농산물 수입 관세율을 낮추고자 한다. 많은 국가들이 유치산업 보호론을 근거로 높은 관세율을 지속적으로 부과하고 있지만, 궁극적으로는 국제 무역의 혜택을 충분히 누리기 위해 이러한 관세율을 낮춰야 한다. 예를 들어, 인도의 운송 장비 수입에 대한 53.9%의 양허 관세율과 브라질의 33.6% 관세율은 국내 가격을 높임으로써 비효율적인 국내 생산자를 보호하고, 운송 장비와 관련 서비스에 더 많은 비용을 지불해야 하는 소비자들의 실질 소득을 감소시켜 경제 성장을 저해한다.

도하 라운드

2001년 WTO는 회원국 간 새로운 협상 라운드를 시작했다. 이 회의는 더 자유로운 국제 무역 및 투자 체제로의 진전을 목표로 두었다. 협상 장소로 페르시아 만에 위치한 카타르의 도하가 선정되었다. 당초 3년 동안 진행될 예정이었으나, 21년이 경과한 현재까지 교착 상태가 지속되고 있다.

도하 라운드의 의제는 산업재와 서비스에 대한 관세 인하, 농업 보조금의 단계적 폐지, 국경 간 투자 장벽 감소, 반덤핑법 사용 제한 등을 포함한다. 협상은 현재 진행 중이나, 의견 불일치와 기한 미준수로 인해 진전이 매우 더딘 상황이다. 2003년 9월 멕시코 칸쿤 회의는 주로 농업 보조금과 관세 감축 방안에 대한 합의 실패로 결렬되었다. 유럽연합, 미국, 인도 등은 정치적으로 중요한 농업 부문의 관세와 보조금 감축에 소극적이었던 반면, 브라질과 일부 서아프리카 국가들은 신속한 자유무역 실현을 주장했다. 2004년 미국과 유럽연합은 협상 재개를 위해 노력했으나, 그 이후 진전은 미미했으며 주로 농업 보조금 삭감 폭에 대한 의견 불일치로 교착 상태가 지속되고 있다. 2022년 기준으로 제조업 및 농산물 관세를 60-70% 감축하고 보조금을 현재 수준의 절반으로 줄이는 것을 목표로 삼고 있으나, 회원국들의 합의 도출에 난항을 겪고 있는 실정이다.

양자간/다자간 무역협정

양자간/다자간 무역협정 두 개 이상의 파트너 간 상호 호혜적인 무역협정.

도하 라운드의 진전 실패로 인해 많은 국가들이 **양자간/다자간 무역협정(bilateral or multilateral trade agreements)**을 적극적으로 추진해 왔다. 이러한 협정은 두 개 이상의 국가 간 상호적인 무역 조건을 규정한다. 예를 들어, 2014년 호주와 중국은 양자간 자유무역협정을 체결했으며, 2012년 3월에는 미국과 한국이 양자 자유무역협정(free trade agreement, FTA)을 맺었다. 한미 FTA에 따라 미국의 소비재 및 산업재 수출의 80%가 즉시 무관세 적용되었고, 2017년까지 양국 간 산업재 및 소비재 무역의 95%가 무관세 대상이 될 예정이었다. 이 협정은 2018년에 개정되어 한국 시장을 미국의 수출에 더욱 개방했으며, 미국 GDP를 100억에서 120억 달러 증가시킬 것으로 추정되었다. Obama 행정부에서 미국은 두 개의 주요한 다자간 무역협정을 추진했다. 하나는 호주, 뉴질랜드, 일본, 말레이시아, 칠레를 포함한 11개 태평양 연안국과의 환태평양경제동반자협정(TPP)이었고, 다른 하나는 유럽연합과의 범대서양무역투자동반자협정(Transatlantic Trade and Investment Partnership, TTIP)이었다. 그러나 Trump는 대통령 취임 후, 미국은 TPP에서 탈퇴했으며(나머지 11개국은 포괄적·점진적 환태평양경제동반자협정(Comprehensive and Progressive Agreement for Trans-Pacific Partnership, CPTPP)으로 개정하여 진행함), EU와의 TTIP 협상도 보류되었다.

양자간/다자간 무역협정은 WTO 체제에서 달성 가능한 수준을 넘어서는 국제 무역을 통한 이익의 확보를 목적으로 한다. WTO 규정은 양자간/다자간 자유무역협정을 허용하며, 체결국들은 WTO에 이를 통보해야 한다. 2022년 기준으로 약 355개의 지역 또는 양자간 무역협정이 발효 중인데, 이는 2000년 94개에 비해 크게 증가한 수치이다.

위협받는 세계 무역 체제

2016년, 두 가지 중요한 사건이 전 세계적으로 70년 동안 이어져 온 자유무역과 무역 장벽 완화 체제에 큰 도전을 제기했다. 첫 번째 사건은 영국의 유럽연합 탈퇴 결정(Brexit)이었다. 9장에서 자세히 다루겠지만, 성공적인 자유무역지대 중 하나로 꼽히는 유럽연합에서 영국이 탈퇴한 것은 자유무역 옹호자들에게 큰 후퇴로 받아들여졌다. 또 다른 사건은 Donald Trump의 미국 대선 승리였다. 6장에서 언급했듯이, Trump는 무역에 대해 신중상주의적 입장을 취하며 많은 자유무역 협정에 반대했다. Trump는 취임 직후 비준을 앞둔 12개국 자유무역지대인 환태평양경제동반자협정(TPP)에서 미국을 탈퇴시켰고, 2018년 초에는 태양광 패널, 세탁기, 철강, 알루미늄 수입에 관세를 부과했다. 또한 북미자유무역협정(NAFTA)을 재협상하고 세계무역기구(WTO)에 대한 적대감을 표출했다. 특히 주목할 만한 점은 Trump가 중국과의 무역 분쟁에서 WTO의 규칙 기반 중재 메커니즘을 우회했다는 것이다. 2019년 말, Trump 행정부는 WTO 항소 기구의 두 위원 교체를 차단함으로써 항소 기구의 기능을 사실상 마비시켰다. 이로 인해 WTO의 집행 메커니즘이 크게 약화되었다. 현재까지 Biden 행정부는 WTO와 관련하여 Trump 행정부의 정책 기조를 대체로 유지하고 있다.

이러한 세계 무역 체제의 상황 변화는 영국과 미국이 자유무역의 글로벌 리더였다는 점에서 중요한 의미를 갖는다. Brexit 결정에도 불구하고 영국은 여전히 자유무역에 전념하는 모습을 보이고 있지만, 세계 최대 경제국인 미국의 입장은 불명확하다. Biden 행정부는 전 Trump의 무역 정책 대부분을 유지하고 있으며, 특히 중국으로부터의 수입에 대한 관세를 지속적으로 부과하고 있다. 만약 미국이 새로운 자유무역협정(예: TPP)에 계속 등을 돌린다면, 다른 국가들도 이를 따를 가능성이 있다. 이러한 추세가 더 확산된다면, 세계 경제에 부정적인 영향을 미쳐 보호무역주의 강화, 경제 성장 둔화, 그리고 전 세계적인 일자리 감소로 이어질 수 있다.

2020년 WTO 사무총장은 지난 25년간 국제 무역을 규율하는 구속력 있는 규칙들이 국경 간 경제 활동의 성장을 크게 촉진했다고 평가했다. 1995년 이후 세계 무역의 달러 가치는 약 4배 증가했으며, 실질 세계 무역량은 2.7배 확대되었다. 이는 같은 기간 2배로 증가한 전 세계 GDP 성장률을 크게 웃도는 수치다. 또한 이 기간 동안 WTO 회원국 간 평균 관세율은 10.5%에서 6.4%로 거의 절반 수준으로 낮아졌다. 이러한 괄목할 만한 성과에도 불구하고, WTO 사무총장은 최근 국제 무역 환경의 주요 변화와 직면한 과제들에 대해 다음과 같이 지적했다.

> WTO는 오늘날 역사상 유례없는 도전에 직면해 있습니다. 지난 2년간 각국 정부는 상당한 규모의 국제 교역을 제한하는 무역 규제를 도입했고, 지난 해에만 7,470억 달러 규모의 글로벌 수입에 영향을 미쳤습니다. 시장의 불확실성 증가로 기업들은 투자를 연기하고 있어 경제 성장과 미래 잠재력에 부담을 주고 있습니다. WTO 회원국 정부들이 이러한 도전에 어떻게 대응하느냐가 향후 수십 년간 세계 경제의 방향을 좌우할 것입니다.[35]

이러한 사무총장의 발언은 최근의 관세 인상, 세계 경제대국 미중 간 무역 갈등, 그리고 규칙에 기반한 WTO의 다자간 무역 질서보다 양자 협정과 정부 개입을 선호하는 정치인들의 성향을 반영하고 있다.

360° 관점: 경영에의 시사점

[학습 목표 5] 세계 무역 체제의 변화가 기업 경영에 미치는 영향을 설명할 수 있다.

무역 장벽, 기업 전략, 정책적 함의

지금까지 살펴본 주제들은 국제 경영 환경에 어떤 의미를 지니고 있을까? 글로벌 기업의 관리자들이 자유무역의 정치 경제학적 측면이나 자유무역과 보호무역주의의 장단점을 이해해야 하는 이유는 무엇일까? 이에 대한 답변은 크게 두 가지 측면에서 접근할 수 있다. 첫째, 무역 장벽이 기업의 전략 수립과 실행에 미치는 직접적인 영향을 이해하는 것이 중요하다. 둘째, 기업이 자유무역 지지나 무역 장벽을 지지하는 과정에서 수행할 수 있는 역할을 파악하는 것이 중요하다.

무역 장벽과 기업 전략

무역 장벽이 기업 전략에 미치는 영향을 이해하려면 먼저 6장의 내용을 고려해야 한다. 6장에서 국제 무역 이론을 바탕으로 기업이 다양한 생산 활동을 전 세계에서 가장 효율적으로 수행할 수 있는 국가들로 분산시키는 것이 합리적임을 논의했다. 따라서 한 국가에서 제품을 설계하고, 다른 국가에서 부품을 제조하고, 또 다른 국가에서 최종 조립 작업을 수행한 다음 완성된 제품을 전 세계로 수출하는 것이 기업에게 합리적일 수 있다.

무역 장벽은 기업의 글로벌 생산 활동 분산을 제한한다. 첫째, 관세 장벽은 제품이나 반제품의 국가 간 수출 비용을 증가시킨다. 이로 인해 해당 국가의 현지 기업들과 비교하여 외국 기업은 경쟁력이 약화될 수 있다. 이러한 상황에서 기업은 공정한 경쟁을 위해 해당 국가에 직접 생산 시설을 설립하는 것이 경제적으로 유리할 수 있다. 둘째, 수입 할당(쿼터)은 기업이 해외에서 특정 국가로 서비스를 제공하는 능력을 제한한다. 결과적으로, 기업은 생산 비용이 더 높아지더라도 해당 국가에 생산 시설을 설립하는 전략을 선택할 수 있다. 이러한 방식으로 무역 장벽은 기업의 글로벌 전략 수립에 중요한 영향을 미친다.

이러한 논리는 1980년대와 1990년대 미국 내 일본 자동차 생산 능력이 급속히 확대된 주요 요인 중 하나였다. 이는 미국과 일본 간의 자율적 수출 규제(VER) 협정 체결로 미국의 일본 자동차 수입이 제한된 이후에 발생한 현상이다. 최근에는 Donald Trump 대통령이 비용 절감을 위해 생산 시설을 해외로 이전한 후 미국으로 제품을 재수출하는 기업들에 높은 관세를 부과하겠다고 경고했다. 이로 인해 일부 기업들은 아웃소싱 전략을 재검토하게 되었다. 특히 Ford와 GM 등 주요 미국 자동차 제조사들은 멕시코 공장으로의 생산 이전 계획을 수정하고, 대신 미국 내 생산 시설의 확장 계획을 발표하기도 했다.[36]

셋째, 현지국의 부품 사용 요건을 준수하기 위해 기업은 특정 시장에서 당초 계획보다 더 많은 생산 활동을 배치해야 할 수도 있다. 기업 입장에서 이는 각 생산 활동을 최적의 위치에 분산시켰을 때 달성할 수 있는 수준보다 비용이 상승하는 결과를 초래할 수 있다. 마지막으로, 현재 무역 장벽이 없더라도 기업은 미래에 발생할 수 있는 무역 장벽의 위험을 줄이기 위해 특정 국가에 일부 생산 활동을 전략적으로 배치할 수 있다.

이러한 무역 장벽의 영향은 자유무역 환경에서보다 기업의 운영 비용을 증가시킬 수 있다. 그러나 무역 장벽이 모든 외국 기업에 동등하게 적용된다면, 이로 인한 비용 상승이 반드시 다른 외국 기업들과의 경쟁에서 중요한 불이익으로 작용하지는 않을 수 있다. 반면, 특정 국가의 수출품을 대상으로 하는 무역 장벽은 해당 국가 기업들에게 다른 국가 기업들과 비교하여 경쟁적 불이익을 초래할 수 있다. 기업은 무역 장벽에 대응하기 위해 무역 장벽을 부과하는 국가로 생산 시설을 이전하거나, 해당 무역 장벽의 영향을 받지 않는 제3국으로 생산기지를 이전하는 전략을 택할 수 있다.

마지막으로, 반덤핑 조치의 위협은 한 기업이 공격적인 가격 정책을 통해 특정 국가에서 시장 점유율 확대를 제한한다. 국내 기업은 원가 우위를 지닌 외국 생산 업체들의 경쟁에 대항하기 위해 반덤핑 조치를 전략적으로 활용할 수 있다. 예를 들어, 미국 철강 산업은 글로벌 철강 수요가 약화되어 과잉 생산 능력이 발생한 시기에 외국 철강 제조업체들을 대상으로 적극적인 반덤핑 조치를 취해 왔다. 1998년과 1999년, 아시아의 경기 침체로 인해 생산 업체들의 과잉 생산 능력이 발생하면서 미국으로의 아시아산 저가 철강 수입이 급증했다. 이에 대응하여 미국 생산 업체들은 국제 무역 위원회(ITC)에 여러 건의 불만을 제기했다. 그중 하나는 일본 열연강판 생산 업체들이 미국 시장에서 원가 이하로 제품을 판매하고 있다는 주장이었다. 미국 국제무역위원회(ITC)는 이 주장을 인정하여 일본산 특정 철강 제품 수입에 18%에서 67%에 이르는 관세를 부과했다.[37]

정책적 시사점

6장에서 언급했듯이, 기업은 국제 무역의 핵심 주체이다. 이러한 중요한 역할로 인해 기업들은 정부의 무역 정책에 상당한 영향력을 행사할 수 있다. 이 영향력은 보호무역주의를 조장하거나, 반대로 정부가 WTO를 지지하고 국가 간 개방 시장과 자유무역을 추진하도록 유도할 수 있다. 따라서 국제 무역에 관한 정부 정책은 기업 활동에 직접적인 영향을 미친다.

전략적 무역 정책, 관세, 할당 관세, 반덤핑 조치, 보조금 등을 통해 정부가 기업과 산업의 글로벌 경쟁력 확보를 지원하는 사례를 볼 수 있다. 그러나 본 장과 6장에서 논의한 바와 같이, 정부 개입에는 세 가지 주요 단점이 있다. 정부의 개입은 비효율적인 기업을 보호하는 경향이 있어, 기업의 글로벌 경쟁력 향상보다는 오히려 역효과를 낼 수 있다. 개입은 다른 국가의 보복을 초래하여 무역 전쟁을 촉발할 수 있다. 마지막으로, 특수 이익 집단에 의해 정부 정책이 왜곡될 가능성이 높아, 의도한 효과를 달성하기 어렵다. 그렇다면 이는 기업이 단순히 정부의 자유방임적 무역 정책 채택을 지지해야 한다는 의미일까?

대다수 경제학자들은 국제 비즈니스의 최선의 이익이 자유방임주의가 아닌 적극적인 자유무역 정책을 통해 실현된다고 주장한다. 비즈니스 커뮤니티의 장기적 이익은 정부가 WTO 강화 등을 통해 자유무역을 적극적으로 촉진함으로써 가장 잘 실현될 수 있을 것이다. 기업은 특정 국내 산업을 지원하는 전략적 무역 정책보다는, 보호된 시장을 수입과 해외직접투자에 개방하려는 정부의 노력으로부터 더 큰 혜택을 얻을 수 있을 것이다.

이러한 결론은 1장에서 살펴본 현상, 즉 지난 20년간 진행된 세계 경제의 통합 심화와 생산의 국제화 추세에 의해 더욱 강화된다. 현재 우리는 국적을 불문하고 많은 기업들이 경쟁 우위 확보를 위해 전 세계적으로 분산된 생산 시스템에 점점 더 의존하는 세상에 살고 있다. 이러한 글로벌 시스템은 자유무역의 산물이며, 자유무역은 이를 활용한 기업들과 낮아진 가격의 혜택을 누리는 소비자 모두에게 상당한 이점을 제공해 왔다. 그러나 기업들은 정부에 보호무역 정책을 요구할 때에는 매우 신중하게 접근할 필요가 있다. 한 국가의 보호무역 정책은 다른 국가들의 보복 조치를 유발할 수 있으며, 이는 결과적으로 기업의 글로벌 생산 시스템 구축과 경쟁 우위 확보 기회를 제한할 수도 있다. 자국 정부에 보호무역 정책을 요구함으로써 기업은 의도치 않게 자사의 사업 활동과 해외 판매를 위험에 빠뜨릴 수도 있다. 다른 국가들이 보복 조치를 취할 경우, 해당 기업의 글로벌 시장 접근성이 제한될 수 있기 때문이다. 이는 기업이 반덤핑 조치 등의 보호 수단을 절대 요청해서는 안 된다는 의미는 아니다. 특정 상황에서는 이러한 조치가 필요할 수 있지만, 기업은 신중하게 대안을 검토하고 장기적인 영향을 종합적으로 고려해야 한다.

주요 용어

자유무역
관세 및 무역에 관한 일반 협정 (GATT)
수입 관세
종량 관세
종가 관세
수출 관세
수출 금지
보조금
수입 할당
관세율 할당
자율적 수출 규제
할당 지대
국산 부품 사용 요건
행정적 무역 정책
덤핑
반덤핑 정책
상계 관세
유치산업 보호론
전략적 무역 정책
스무트-홀리 관세법
양자간/다자간 무역협정

요약

이 장에서는 6장에서 논의한 제약이 없는 자유무역의 이론적 이상과 국제 무역의 현실 간의 차이를 설명했다. 우리는 다양한 무역 정책 수단을 살펴보고, 국제 무역에 대한 정부 개입의 정치적, 경제적 논거를 검토했다. 또한 전략적 무역 정책 논거를 고려하여 자유무역의 경제적 사례를 재평가하고, 세계 무역 체제의 발전 과정을 분석했다. 신무역 이론가들의 주장을 고려할 때 자유무역 정책이 항상 이론적으로 최적의 정책이 아닐 수 있지만, 실제로는 정부가 추구해야 할 가장 효과적인 정책일 수 있다. 특히, 기업과 소비자의 장기적 이익은 WTO와 같은 국제기구를 강화함으로써 가장 잘 실현될 수 있다. 고립된 보호주의가 무역 전쟁으로 확대될 위험을 고려할 때, 기업은 정부가 국내 산업을 외국 경쟁으로부터 보호하려는 노력보다는 WTO를 통해 보호된 시장을 수입과 해외직접투자에 개방하려는 노력으로부터 더 큰 이익을 얻을 수 있다. 7장의 요점은 다음과 같다.

1. 관세, 보조금, 반덤핑 규제, 국산 부품 사용 요건 등의 무역 정책은 일반적으로 생산자에게 유리하지만 소비자에게는 불리하다. 생산자는 외국 경쟁으로부터 보호받아 이익을 얻는 반면, 소비자는 수입품과 국내 상품에 더 높은 가격을 지불하게 된다.
2. 국제 무역에 대한 정부 개입 논거는 정치적, 경제적 두 가지로 나뉜다. 정치적 논거는 특정 집단의 이익 보호나 외교 정책, 인권, 소비자 보호 등의 목표 촉진과 관련되며, 경제적 논거는 국가 전체의 부 증대에 초점을 맞춘다.

3. 개입에 대한 일반적인 정치적 논거는 일자리를 보호하기 위해 필요하다는 것이다. 그러나 정치적 개입은 종종 소비자에게 해를 끼치며 자기 패배적일 수 있다. 국가 안보상의 이유로 특정 산업을 보호하거나 정부는 외국 시장을 개방하기 위한 협상 도구로 무역 정책에 개입하겠다는 위협을 활용해야 한다고 주장한다. 이는 위험한 정책일 수 있으며, 실패할 경우 더 높은 무역 장벽이 생길 수 있다.
4. 정부 개입에 대한 유치산업 보호 논거는 정부가 일시적으로 신흥 산업의 발판을 마련하기 위해 정책적 지원이 필요하다고 주장하지만, 실제로 정부는 종종 비효율적인 산업을 보호하게 된다.
5. 전략적 무역 정책은 보조금을 통해 정부가 규모의 경제가 중요한 글로벌 산업에서 국내 기업이 선발자 이점 확보하거나 국내 기업이 그러한 산업의 진입 장벽을 극복하는 데 도움이 될 수 있다고 제안한다.
6. 전략적 무역 정책의 주요 문제점은 두 가지다. 첫째, 다른 국가의 보복을 초래할 수 있어 결국 모든 당사국에 손해를 줄 수 있다. 둘째, 특수 이익 집단이 자신들의 목적에 맞게 정책을 왜곡할 위험이 있다.
7. GATT는 제2차 세계대전 이후 자유무역 운동의 결과물이다. GATT는 제조품과 상품에 대한 무역 장벽을 성공적으로 낮추었으며, 이를 통한 자유무역의 확대는 경제 성장을 촉진하는 것으로 나타났다.
8. 1995년 우루과이 라운드 GATT 협상 완료와 WTO 설립으로 세계 무역 체제가 강화되었다. 이는 GATT 규칙의 서비스 분야 확대, 지식재산권 보호 강화, 농업 보조금 감축, 그리고 모니터링 및 집행 메커니즘 개선을 포함한다.
9. 무역 장벽은 기업이 전 세계적으로 생산 활동을 최적화하는 능력을 제한한다. 이에 대한 대응책으로, 기업은 보호된 시장 내에서 더 많은 생산 활동을 수행하는 방안을 고려할 수 있다.
10. 기업은 정부가 국내 산업을 외국 경쟁으로부터 보호하려는 노력보다 보호된 시장을 수입과 해외직접투자에 개방하려는 정책을 통해 더 큰 이익을 얻을 수 있다.

비판적 사고와 토론을 위한 질문

1. 정부가 특혜 무역협정을 체결할 때 인권을 고려해야 할까? 이러한 입장을 지지하거나 반대하는 논거는 무엇인가?
2. 정부의 무역 정책에서 가장 중요하게 고려해야 할 이해관계자 집단은? 생산자(기업과 근로자)의 이익과 소비자의 이익 중 어느 쪽에 더 무게를 두어야 할까?
3. 신무역 이론과 전략적 무역 정책 관련 논거를 고려할 때, 기업은 정부에 어떤 종류의 무역 정책 채택을 권고해야 할까?
4. 당신이 태국에서 PC를 생산해 미국 등지로 수출하는 미국 기업의 직원이라고 가정해 보자. 태국의 생산 기지는 낮은 인건비와 숙련된 노동력 때문에 선택되었고, 당시 말레이시아와 홍콩도 대안으로 고려되었다. 그런데 미국 정부가 태국의 행정적 무역 장벽을 이유로 태국산 PC에 100% 징벌적 관세를 부과하기로 했다. 이 상황에서 당신의 회사는 어떻게 대응해야 할 것인가? 이 상황이 표적화된 무역 장벽 활용에 대해 시사하는 바는 무엇인가?
5. MANAGEMENT FOCUS 'Huawei 수출 금지가 미국 기업에 미치는 영향' 사례에서, 미국이 자국 기업이나 미국 기술을 사용하는 외국 반도체 업체의 Huawei 거래를 금지하는 것이 정당화될 수 있을까? 이 정책의 장기적 영향은 무엇일까? 누가 이익을 얻고 누가 손해를 볼까? 이 수출 금지와 관련하여 미국 행정부에 어떤 정책을 제안할 수 있을까?

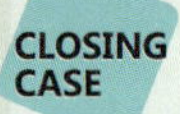

존스법

존스법(The Jones Act)은 1920년 제정된 미국 상선법(The Merchant Marine Act of 1920)의 별칭으로, 워싱턴 주 출신 Wesley Jones 상원의원이 주도하여 입법화되었다. 존스법의 목적은 미국 소유의 상업 해운 산업을 보호하고 육성하는 데 있다. 제1차 세계대전 당시 해상 봉쇄로 인해 해상 무역과 국가 안보의 밀접한 관계가 부각되면서, 미국 해운 산업을 강화해야 할 필요성이 대두되었다. 이 법의 핵심 조항 중 하나는, 미국 내 한 항구에서 다른 항구로 선박을 통해 운송되는 모든 물품은 반드시 미국에서 건조되고, 미국 시민이나 영주권자가 소유하며, 미국 시민으로 구성된 승무원이 운항하는 선박으로만 운송되어야 한다는 것이다. Wesley Jones 상원의원은 이 법을 통해 전쟁이나 비상사태와 같은 위기 상황에서도 미국산 선박과 승무원으로 구성된 선박들을 충분히 확보할 수 있다고 주장했다.

존스법은 외국에서 건조된 선박, 외국인이 소유한 선박, 또는 외국인 승무원이 운항하는 선박이 미국 내 항구 간 화물을 운송하는 연안 운송을 금지한다. 많은 국가들이 유사한 연안 운송 제한 규정을 두고 있지만, 미국은 외국 선박을 철저히 배제하는 11개국 중 하나로 꼽힌다. OECD 분석에 따르면, 존스법은 세계에서 가장 제한적인 연안 운송법이라 평가된다.

존스법에 대해서는 찬반 의견이 엇갈린다. 존스법 지지들은 이 법이 미국의 일자리와 해운 산업의 지속 가능성을 위해 필요하다고 주장한다. 반면 비판론자들은 존스법이 외국과의 경쟁을 제한함으로써 미국 내 연안 운송 비용을 증가시키고, 이로 인해 철도나 트럭 운송과 같은 대안으로 수요가 전환되었다고 지적한다. 실제로 존스법의 영향으로 미국에서는 화물의 2%만이 해상으로 운송되고 있다. 반면, 회원국 간 연안 운송이 허용되는 유럽연합의 40%, 국내 건조 요건이 없는 호주의 15%가 해상으로 운송된다. 주목할 만한 규제 완화 사례로, 뉴질랜드가 1994년 연안 운송 제한을 완화한 후 6년 동안 연안 해운 요금이 20~25% 감소했다.

존스법의 핵심 이슈는 미국에서 건조되고 소유되며, 미국인 승무원이 운항하는 선박은 일반적인 국제 화물선에 비해 건조 및 운영 비용이 훨씬 더 높다는 점이다. 미국산 연안 선박의 건조 비용은 약 1억 9천만~2억 5천만 달러에 이르는 반면, 외국 조선소에서 유사한 선박을 건조하는 데 드는 비용은 약 3천만 달러에 불과하다. 세계적인 화물선 생산국인 한국, 중국, 일본과 비교했을 때, 미국 조선업체들은 전 세계 생산량의 1%에도 미치지 못한다. 미국 내 연안 노선과 내륙 수로용 선박을 제

Yingna Cai/Shutterstock

외하면, 고비용의 미국 조선소 제품에 대한 수요는 거의 없는 실정이다. 또한, 국제 교역에 이용되는 미국 소유 선박의 운영 비용은 높은 인건비와 유지·보수 비용으로 인해 외국 경쟁사보다 약 2.7배 더 높은 것으로 추정된다. 이러한 고비용 구조로 인해 미국 선박은 현재 세계 화물의 약 2%만을 운송하고 있으며, 이는 약 60년 전 25%였던 점유율에서 크게 감소한 수치이다.

존스법의 제정 의도가 번영하는 국내 해운 산업을 육성하는 것이었다면, 그 효과는 기대에 미치지 못했다고 볼 수 있다. 국가 안보 측면에서도 존스법의 영향은 제한적이었다. 이는 걸프전 당시 미군 작전에서 확인할 수 있다. 사막의 방패 작전과 사막의 폭풍 작전 중 사우디아라비아에 미군을 배치할 때, 군 장비와 보급품의 26.6%가 외국 국적 선박으로 운송된 반면, 미국 국적 선박 운송은 12.7%에 그쳤다. 더욱이 이 중 존스법을 완전히 준수한 미국 선박은 단 한 척뿐이었다.

존스법은 알래스카, 하와이, 푸에르토리코, 괌과 같은 지역에 상당한 영향을 미치고 있다. 미국 연방준비제도이사회의 분석에 따르면, 미국 본토에서 푸에르토리코로 컨테이너를 운송하는 비용이 자메이카와 같은 인근 섬으로 운송하는 비용의 두 배에 달한다. 이는 푸에르토리코의 생활비가 본토나 다른 카리브해 섬들보다 높은 주요 원인 중 하나로 꼽힌다. 존스법은 의도치 않게 상당한 물류 수요를 철도와 트럭 운송으로 전환시켰다. 최근 연구에 따르면, 존스법이 철폐된다면 캘리포니아 롱비치에서 테네시 멤피스까지의 해상 운송이 철도보다 1/3 더 저렴할 것으로 나타났다. 이 전체 경로에는 파나마 운하를 통해 뉴올리언스로 운송한 후, 미시시피 강을 따라 400마일 더 올라가는 경로가 포함된다. 이 경우 컨테이너당 운송 비용이 현재의 5,500달러에서 3,500달러로 줄어들 것으로 예상된다. 환경적 측면에서도 육상 운송의 비용이 해상 운송 비용보다 더 높다.

해상 운송은 1톤의 화물을 1킬로미터 운반하는 데 약 10~40그램의 이산화탄소를 배출하는 반면, 철도 운송은 20~150그램, 트럭 운송은 60~150그램을 배출한다. 또한 트럭 운송에 대한 높은 의존도는 교통 혼잡을 악화시키고 도로와 교량 인프라의 마모를 가속화하여 유지·보수 비용을 증가시키는 부작용을 낳는다.

존스법에 대한 비판이 계속되고 있음에도 불구하고, 이 법이 가까운 시일 내에 폐지될 가능성은 낮아 보인다. 2017년 푸에르토리코가 허리케인 피해를 입었을 당시, Trump 대통령은 자연재해 상황에서도 존스법을 일시적으로 유예하는 데 신중한 태도를 보였다. 그는 "많은 해운 산업 종사자들이 이를 해제하기를 원하지 않는다"고 언급하며, 결국 존스법 요건을 단 10일 동안만 완화했다. Biden 행정부 역시 미국 해운 일자리와 국가 안보를 보호해야 한다는 이유로 존스법에 대한 지지를 유지하고 있다.

Sources: M. Yglesias, "The Jones Act, the Obscure 1920 Shipping Regulations Strangling Puerto Rico," Vox, October 9, 2017; H. Valentine, "Comparing Maritime versus Railway Transportation Costs," *The Maritime Executive*, February 2, 2021; S. Shackford, "Biden Administration Affirms Support for Protectionist Jones Act, Throwing Hawaiians, Puerto Ricans to the Sharks," Reason, January 27, 2021; C. Grabow, I. Manak, and D. J. Ikenson, "The Jones Act: A Burden America Can No Longer Bear," Cato Institute, June 28, 2018.

CLOSING CASE 토론을 위한 질문

1. 존스법의 원래 목적과 의도는 무엇이었을까? 당시 상황에서 이러한 의도가 타당했다고 볼 수 있을까? 현재 시점에서 존스법이 원래 목표를 얼마나 달성했다고 평가할 수 있을까?
2. 존스법 시행으로 인해 예상치 못한 결과에는 어떤 것들이 있었는가? 이러한 의도치 않은 결과가 미국 경제와 사회에 미친 영향은 얼마나 컸다고 평가할 수 있을까?
3. 존스법이 국제 무역을 제한한다는 비판을 받는 이유는 무엇일까?
4. 만약 존스법이 폐지되어 미국 항구 간 외국 선박 운항이 자유로워진다면, 어떤 변화가 일어날까? 미국 경제, 물류 산업, 조선업, 그리고 환경에 각각 어떤 영향이 있을까?
5. 여러 비판에도 불구하고 존스법이 계속 유지되는 이유는 무엇일까? 정치적 관점에서 이러한 보호무역 정책이 시사하는 바는 무엇일까? 존스법을 폐지하거나 개정하려면 어떤 조치가 필요할까?

미주(endnotes)는 한경사 홈페이지 www.hankyungsa.co.kr의 공지 사항에서 PDF 파일로 다운로드 할 수 있습니다.

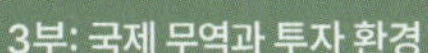

8

해외직접투자

Nadezhda Gerasimova/Shutterstock

OPENING CASE McDonald's의 러시아 진출

1990년 1월, 아직 소비에트 연방이 존재하던 시절 McDonald's는 러시아에 첫 매장을 열었다. 모스크바의 푸시킨 광장에 자리 잡은 이 매장은 개장 첫날 방문객을 5천 명으로 예상했으나, 실제로는 3만 명이 몰려왔다. 이들은 소련 시절 서방으로부터 고립되어 접할 수 없었던 대표적 미국 음식인 햄버거를 맛보러 온 것이었다. 이후 수십 년간 푸시킨 광장점은 전 세계 McDonald's 매장 중 가장 바쁜 곳으로 손꼽혔다. McDonald's는 러시아 전역으로 점차 확장했고, 2022년 초에는 러시아에만 850개의 매장을 운영하며 하루 약 200만 명의 고객을 응대하고 있었다. 그러나 불과 몇 달 사이 상황이 급변했다. 러시아가 우크라이나를 침공하자, McDonald's는 다른 여러 서방 기업들과 함께 러시아에서 철수하기로 결정했고, 이로써 32년에 걸친 해외직접투자를 사실상 포기하게 되었다.

McDonald's의 러시아 투자는 1960년대부터 McDonald's 캐나다 지사를 이끌어 온 George Cohon이 주도했다. 그는 러시아가 아직 개척되지 않은 거대한 시장으로, 서방 브랜드를 경험하고자 하는 강한 수요가 있을 것으로 내다보았다. 러시아에서 인맥을 쌓고 소비에트 체제의 복잡성을 헤쳐나가는 등 10년 넘게 공을 들인 끝에, 1987년 Cohon은 모스크바 시 소비에트 정부와 합작 투자 계약을 체결하여 회사의 첫 러시아 매장을 설립하기로 했다. 이는 당시 러시아에서 체결된 초기 해외 합작 투자 계약 중 하나였다.

당시 소비에트 법률상 외국 기업이 지배 지분을 확보하는 것은 불가능했기 때문에, 모스크바 시 정부는 합작 회사 지분의 51%를 차지했다. 러시아 측은 서방 자본뿐 아니라 경영 및 생산 노하우를 원했고, McDonald's는 이제 막 개방되기 시작한 러시아 시장에 초기 진입할 기회를 얻었다. 또한 현지 파트너로부터 러시아의 인맥, 자원, 지식 등을 지원받을 수 있었다. 1991년 12월 소련이 붕괴한 뒤 합작 투자 관련 법이 완화되면서, McDonald's는 1996년 모스크바 시 정부의 지분을 매입해 러시아 자회사의 지분을 80% 이상으로 늘렸다. McDonald's는, 세계 여러 지역과 달리, 프랜차이즈 방식이 아닌 직접 소유 방식으로 러시아 매장을 계속 운영해 왔으며, 처음으로 러시아에서 프랜차이즈 계약을 맺은 것은 2012년에 이르러서였다. 2022년까지도 러시아 내 매장의 84%는 여전히 회사가 직접 소유하고 있었다.

그러나 첫 매장을 열기 전 McDonald's는 식품에 필요한 고품질 재료를 어떻게 조달할 것인지 해결해야 했다. 전 세계 대부분의 국가에서 McDonald's는 현지 공

학습 목표

이 장을 학습하면,

1. 세계 경제에서 해외직접투자와 관련된 현재의 동향을 파악할 수 있다.
2. 해외직접투자에 대한 다양한 이론을 설명할 수 있다.
3. 정치적 이념이 정부의 해외직접투자에 대한 태도에 어떻게 영향을 미치는지 이해할 수 있다.
4. 해외직접투자가 투자국과 투자 유치국에 미치는 편익과 비용을 설명할 수 있다.
5. 정부가 해외직접투자에 영향을 주기 위해 사용하는 다양한 정책 수단을 설명할 수 있다.
6. 해외직접투자와 관련된 이론과 정부 정책이 경영자에게 제시하는 함의를 파악할 수 있다.

급 업체로부터 재료를 구입했지만, 당시 러시아 공급 업체들은 McDonald's 기준을 충족하는 제품을 생산하지 못했다. 예를 들어, 러시아는 감자의 주요 생산국이지만, 러시아 감자는 작고 질감이 끈적여 McDonald's 표준에 맞는 감자튀김을 만들기 어려웠다. McDonald's는 현지에서 조달할 수 없는 기본 재료를 수입하는 동시에 5천만 달러를 투자해 참깨 번(햄버거 빵), 감자튀김, 햄버거용 소고기 분쇄, 아이스크림 등 필요한 식자재를 직접 가공할 수 있는 생산 시설을 지었다. 이후에는 감자를 비롯한 주요 재료를 생산하는 현지 공급 업체도 육성했고, 그 결과 1998년 25%에 불과했던 현지 조달 비중은 2018년에는 98%까지 증가했다.

이 전략은 성공을 거두었다. 2000년 무렵 McDonald's는 러시아에 100개 이상의 매장을 운영하며 다른 패스트푸드 업체들보다 훨씬 앞서 있었다. 1980년대 중반부터 러시아 진출을 협상했던 Pizza Hut은 당시 매장이 4곳에 불과했다. Taco Bell, Subway, Dunkin Donuts 등도 1990년대에 한때 진출했지만, 몇 년 만에 철수했다. 반면 McDonald's는 지속적으로 성장세를 이어갔다.

2014년 러시아가 우크라이나의 크림반도를 병합하고, 이어 서방이 러시아에 제재를 가하자 러시아 내 반서방 정서가 높아지기 시작했다. 이에 McDonald's는 자사가 얼마나 '러시아적'인지를 강조하며 대응했다. 예컨대 재료의 98%가 현지에서 조달되며, 매장에는 러시아인 5만 명이 근무하고, 현지 공급망을 통해 10만 개 이상의 러시아 일자리가 창출된다는 점을 내세웠다. 러시아 법인은 "우리는 현재 존재하는 기업 중 가장 러시아적인 회사"라고 주장하며 전국적으로 매장을 늘려갔다. 그러나 2022년 2월 러시아가 우크라이나를 침공하자, 미국 본사가 이를 도저히 묵과할 수 없는 사태로 받아들였다. 결국 2022년 5월 McDonald's는 러시아에서 완전히 철수한다고 발표했고, 러시아 사업을 현지 경쟁 업체에 비공개 금액으로 매각하며 약 14억 달러에 달하는 회계상 손실을 떠안았다.

Sources: D. Gura, "An Economic Iron Curtain Is Falling on Russia as Companies like McDonald's Cut Ties," NPR, March 12, 2022; B. Hoyt, "The Evolution of Private Enterprise: Russian McDonald's Edition," *World Bank Blogs*, February 2, 2010; C. Rainey, "How McDonald's Won Russia—and Then Lost It All," *Bloomberg Businessweek*, January 3, 2023; D. Seal and A. Gasparro, "McDonald's to Exit from Russia after Three Decades," *The Wall Street Journal*, May 16, 2022.

서론

해외직접투자(foreign direct investment, FDI)는 기업이 외국에서 상품 혹은 서비스를 생산 및 판매하기 위한 시설에 직접 투자하는 것을 말한다. 미국 상무부에 따르면, 미국 시민, 조직, 또는 관련 단체가 외국 기업체에 10% 이상의 지분을 취득할 때 해외직접투자가 일어난다고 정의한다. 다른 국가들도 유사한 기준을 적용한다. 기업이 해외직접투자를 수행하게 되면, 그 기업은 다국적 기업(multinational enterprise)이 된다. OPENING CASE에서 언급된 McDonald's의 러시아 투자가 대표적인 예다. McDonald's는 미국 외의 100여 개 국가에서 사업을 운영하며, 해외직접투자를 통해 다국적 기업으로 성장했다. 오늘날 McDonald's는 전체 매출의 약 60%를 해외 시장에서 얻고 있다. 해외직접투자 중 상당수는 그린필드(greenfield) 형태로 이루어지는데, 이는 외국에 자회사를 완전히 신설하는 방식이다. 그러나 이미 자리 잡은 외국 법인을 인수하거나, 합작 투자 형태를 취하는 것도 해외직접투자를 수행하는 중요한 방법이다.

이번 장에서는 먼저 세계 경제에서 해외직접투자가 왜 중요한지 살펴본다. 그 다음 기업이 왜 해외직접투자를 수행하는지, 그리고 라이선싱이나 프랜차이징, 합작 투자, 완전 자회사 등 다양한 투자 형태가 어떻게 결정되는지를 설명하는 이론들을 검토한다. 이후에는 각국 정부가 해외직접투자에 대해 취하는 정책과 그 배경을 살펴본다.

OPENING CASE를 다시 보면, McDonald's가 러시아에 투자하게 된 동기는 러시아 시장을 잠재 수요가 풍부하다고 판단했기 때문이다. 초기 투자 형태는 합작 투자였으나, 이후 러시아 자회사의 지분을 다수 확보해 McDonald's가 사실상 전면 통제할 수 있게 되었다. 당시 러시아 정부 정책은 합작 투자를 의무화했으나, 이 합작 투자를 통해 McDonald's는 러시아 현지 파트너의 풍부한 지식과 네트워크를 활용할 수 있었다. 이는 당시 서방 기업들에게 낯설었던 러시아 시장에서 사업을 구축하는 데 매우 큰 가치를 지녔다. 한편, 러시아 또한 McDonald's의 투자로 유입된 자본, 경영 기술, 생산 노하우의 혜택을 누릴 수 있었다. 이렇게 30여 년간 McDonald's와 러시아 모두 상생 관계를 유지했지만, 2022년 러시아의 우크라이나 침공이라는 예기치 못한 사태가 벌어져, McDonald's는 결국 5월에 러시아 시장에서 철수하기로 결정했다.

세계 경제에서의 해외직접투자

[학습 목표 1] 세계 경제에서 해외직접투자와 관련된 현재의 동향을 파악한다.

해외직접투자를 논할 때는 투자 유량과 저량을 구분해야 한다. **해외직접투자 유량**(flow of FDI)이란 특정 기간(보통 1년) 동안 발생한 해외직접투자 금액을 의미하고, **해외직접투자 저량**(stock of FDI)은 특정 시점에 외국 소유 기업자산이 누적으로 어느 정도인지 나타낸다. 또한 각국에서 빠져나가는 **해외직접투자 유출**(outflows of FDI), 그리고 각국으로 유입되는 **해외직접투자 유입**(inflows of FDI)에 대해서도 논의한다.

해외직접투자 유량
일정 기간(통상 1년) 동안 이루어진 해외직접투자액.

해외직접투자 저량
특정 시점을 기준으로 한 국가에 본사를 둔 기업들이 해외에 소유하고 있는 자산의 누적 총가치.

해외직접투자 유출
한 국가에서 해외로 빠져나가는 해외직접투자.

해외직접투자 유입
한 국가로 들어오는 해외직접투자.

해외직접투자 동향

지난 30년간 세계 경제에서 해외직접투자 유량과 저량 모두 증가해 왔다. 인플레이션을 고려했을 때, 해외직접투자 연간 유출액은 1990년 2,430억 달러 수준에서 2007년에 2조 2천억 달러로 정점을 찍은 뒤, 2022년에는 약 1조 5천억 달러 안팎으로 줄어든 상태다(그림 8-1 참조).[1] 2007년 이후

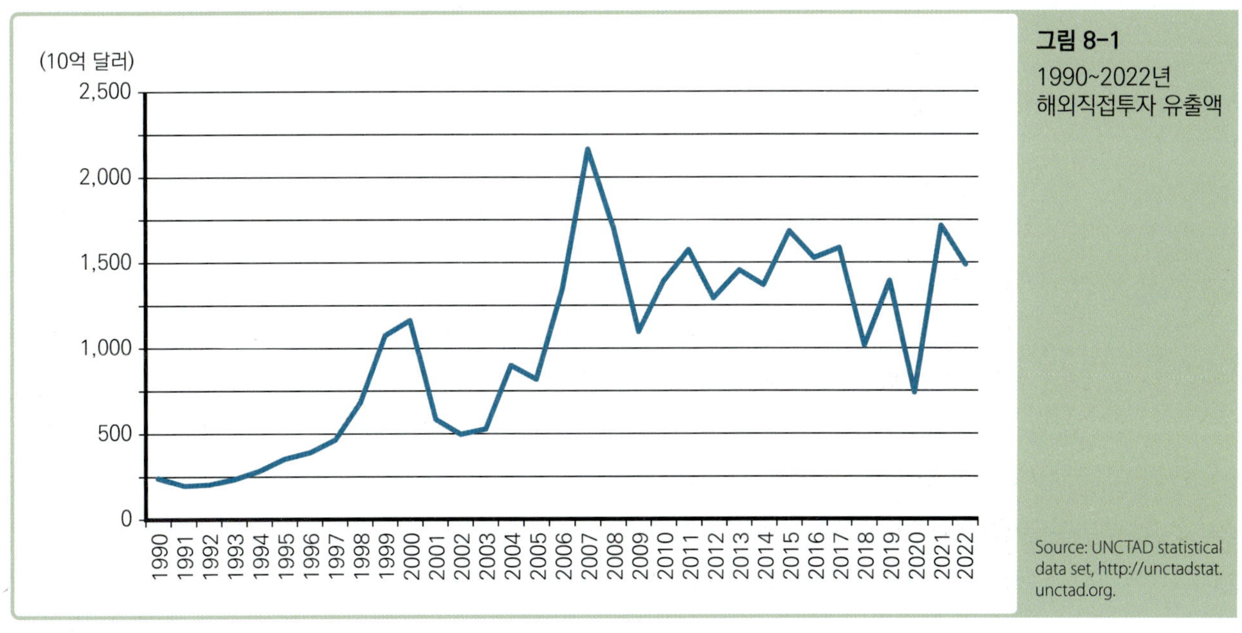

그림 8-1
1990~2022년 해외직접투자 유출액

Source: UNCTAD statistical data set, http://unctadstat.unctad.org.

다소 후퇴는 있었지만, 1990년 이후의 추세를 보면 해외직접투자 유량은 세계 무역이나 세계 생산 증가율보다 훨씬 빠른 속도로 확대되었다. 예컨대 1990년부터 2022년까지, 전 세계 해외직접투자 유량은 7배 정도 늘었지만, 세계 무역액은 약 4배, 세계 생산은 약 60% 증가에 그쳤다. 이러한 강력한 해외직접투자 유량 덕분에 2020년 기준 전 세계 해외직접투자 저량은 약 45조 달러에 달했다.[2] 이처럼 국경 간 투자 증가로 인해 다국적 기업의 해외 자회사 매출은 2020년 기준 33조 달러에 달했는데, 이는 국제 무역 총액보다 1조 달러 이상 많은 수치이며, 이런 자회사들은 약 8,400만 명의 고용을 창출하고 있다.[3] 즉, 해외직접투자는 오늘날 글로벌 경제에서 매우 중요한 현상이다.

해외직접투자가 이렇게 빠르게 증가한 데에는 여러 이유가 있다. 첫째, 지난 30년간 전반적인 무역 장벽이 낮아졌음에도, 기업들은 여전히 보호무역주의가 강화될 수 있다는 우려를 갖고 있다. 해외직접투자는 미래 무역 장벽을 우회하기 위한 수단으로 여겨진다. 2016년 Donald Trump가 미국 대통령에 당선되고, 영국이 유럽연합에서 탈퇴를 결정한 이후에도 보호주의 압력은 계속되었는데, 이는 당분간 해외직접투자가 지속적으로 활용될 여지를 높인다.

둘째, 아시아, 동유럽, 라틴 아메리카 등 여러 개발도상국에서 정치·경제적 변화가 일어났고, 이는 해외직접투자 확대로 이어졌다. 3장에서 다룬 바와 같이, 민주주의적 정치 제도의 확산과 자유 시장 경제로의 전환은 해외직접투자에 우호적인 환경을 만들어 왔다. 이들 지역에서는 경제 성장과 함께 규제 완화, 민영화, 해외직접투자 규제 철폐 등이 이루어져 외국 다국적 기업에게 매력적인 투자처가 되었다. UN 통계에 따르면 2000년 이후 각국이 해외직접투자 관련 법규를 1,500건 넘게 개정했는데, 이 중 약 80%가 더 우호적인 투자 환경을 조성하는 방향이었다.[4]

마지막으로, 세계 경제의 글로벌화 또한 해외직접투자 흐름에 영향을 미쳤다. 많은 기업이 세계 전체를 시장으로 보고 활동하며, 여러 지역에서 의미 있는 점유율을 확보하기 위해 해외직접투자를 실행한다. 예컨대 미국 S&P(Standard & Poor's) 500에 속한 기업들은 매출의 약 43%를 해외에서 창출한다.[5] 여러 이유로, 특히 핵심 고객이 있는 곳 근처에 생산 시설을 두는 것이 중요하다고 보는 기업이 늘면서 해외직접투자가 더욱 촉진되고 있다.

해외직접투자의 투자 유치국

역사적으로 해외직접투자는 선진국을 주 대상으로 이루어져 왔다. 즉, 선진국 기업들이 서로의 시장에 투자해 왔다(그림 8-2 참조). 1980~1990년대에는 미국이 해외직접투자 유입의 최우선 대상이 되었다. 미국은 부유하고 규모가 큰 내수 시장, 역동적이면서 안정적인 경제, 우호적인 정치 환경, 그리고 개방적인 투자 정책으로 인해 해외직접투자에 매력적인 투자처였다. 영국, 일본, 독일, 네덜란드, 프랑스 등의 기업들이 미국에 대규모 투자를 진행했다. 2000년대에도 미국의 해외직접투자 유입은 높은 수준을 유지했으며, 2021년 기준 약 3,670억 달러의 해외 투자가 유입되었다. 유럽 선진국들도 미국과 상호 간, 그리고 유럽 국가들끼리 해외직접투자를 활발히 주고받았다. 2021년 유럽으로의 해외직접투자 유입은 약 2,190억 달러 수준이었다. 영국과 프랑스가 가장 큰 수혜국이었으나, 최근에는 아일랜드와 독일도 상당한 해외직접투자를 유치하고 있다.[6]

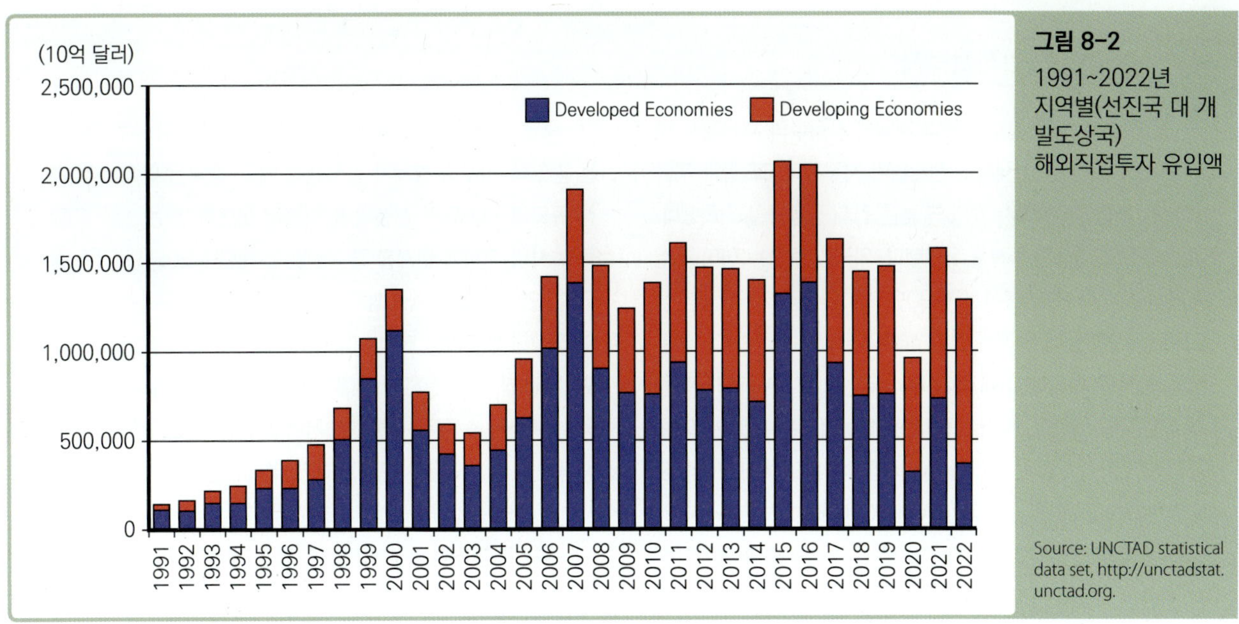

그림 8-2
1991~2022년 지역별(선진국 대 개발도상국) 해외직접투자 유입액

Source: UNCTAD statistical data set, http://unctadstat.unctad.org.

그러나 2000년대 들어서면서 개발도상국으로의 해외직접투자 유입이 급증했다(그림 8-2 참조). 2017~2021년 기준으로, 개발도상국들은 전 세계 해외직접투자 유입의 약 절반을 차지했다. 특히 아시아 신흥국들로의 투자 유입이 두드러지며, 그중에서도 중국이 매우 중요한 해외직접투자 유입국으로 떠올랐다. 중국은 2004년만 해도 연간 600억 달러 수준의 해외직접투자를 유치했으나, 2022년에는 약 1,890억 달러로 증가했다(홍콩은 별도로 1,180억 달러).[7] COUNTRY FOCUS에서 이 같은 중국 투자 증가의 배경을 다룬다. 인도도 최근 들어 중요한 해외직접투자 유입국으로 부상하며, 2016~2022년 동안 총 4,190억 달러가 투자되었다. 라틴 아메리카는 아시아 다음으로 중요한 개발도상국 지역이며, 2022년 이 지역은 2,090억 달러의 해외직접투자를 유치했다. 그중 브라질이 가장 많은 투자를 유치해 왔고, 중앙아메리카에서는 NAFTA(현 USMCA)의 영향과 미국과의 지리적 인접성 때문에 멕시코가 큰 수혜국이었다(2022년에 약 350억 달러). 한편 아프리카는 오랫동안 전 세계에서 가장 적은 해외직접투자를 유치해 온 대륙이다. 2021년에 일시적으로 790억 달러로 유입액이 급등했으나, 5년 전까지 연간 400억 달러 안팎에 머물렀고, 예비 집계에 따르면 2022년에는 다시 450억 달러 수준으로 줄어든 것으로 보인다. 아프리카가 더 많은 투자를 유치하지 못하는 것은 이 지역에서 발생하는 정치적 불안, 무력 분쟁, 미비한 인프라, 잦은 경제 정책 변화 등이 주요 원인으로 꼽힌다. 다만 최근 몇 년간 중국 기업들이 아프리카 자원 확보를 목표로 활발히 투자하는 양상이 보이긴 한다.[8]

해외직접투자의 투자국

2차 세계대전 이후 미국은 지속적으로 세계 최대의 해외직접투자 투자국 역할을 해 왔다. 영국, 프랑스, 독일, 네덜란드, 일본도 중요한 투자국이며, 2000~2022년 기간 동안 이들 6개국이 전 세계 해외직접투자 유출의 약 60%를 차지했다(그림 8-3 참조). 1장에서 설명했듯이 최근에는 중국 본토

COUNTRY FOCUS

중국의 해외직접투자

중국은 1978년 말부터 중앙 계획식 사회주의 체제에서 벗어나 시장 중심 경제 체제로 전환하기 시작했다. 그 결과 지난 40년간 연평균 6%에서 10%의 높은 경제 성장률을 기록했다. 이는 대규모 외국인 투자를 유인했다. 외국인 투자는 미미한 수준에서 시작해 1985년에서 1990년까지 연평균 27억 달러 정도였고, 1990년대 말에는 연간 400억 달러로 급증했다. 이를 통해 중국은 미국에 이어 세계에서 두 번째로 큰 해외직접투자 유입국이 되었다. 이런 성장세는 계속 이어져, 2022년에는 중국 본토가 1,890억 달러의 해외직접투자를 유치했고(홍콩은 1,180억 달러), 20년 넘는 기간 동안 30만 개 이상의 외국계 기업이 중국에 설립되었다. 결과적으로 중국 본토의 해외직접투자 저량은 1978년 거의 0에서 시작해 2022년에는 3조 8천억 달러 규모로 커졌다(홍콩에는 추가로 2조 달러의 해외직접투자가 이뤄짐).

중국이 이렇게 많은 투자를 유치할 수 있었던 이유는 비교적 분명하다. 인구 14억 명 규모의 거대 시장(인도와 더불어 세계 최대)이며, 과거 높은 관세 때문에 수출만으로 이 시장을 공략하기 어려웠기에 현지 생산이 필수적이었다. 중국은 2001년 세계무역기구(WTO)에 가입하면서, 과거 15.4% 수준이던 평균 수입 관세율을 약 8% 정도로 낮추었으나, 미국과의 무역 분쟁으로 인해 대미 수입품에 대해서는 관세가 다시 올라가 있는 상태다. 그래도 8%는 아직도 여타 선진국(3% 정도)보다 높은 편이어서, 관세를 피하기 위해서라도 중국 내 투자가 여전히 유효하다고 판단하는 기업이 많다. 또한 중국에서 사업을 하려면 '관시(guanxi)'로 불리는 인맥과 관계망이 필수인데, 이는 현지에 실질적으로 사업체를 운영해야 구축하기 용이하다. 게다가 상대적으로 저렴한 노동력과 경제특구의 세제 혜택 등으로 인해, 중국은 아시아 혹은 글로벌 시장에 대한 수출 거점으로도 매력적이었다. 최근에는 중국 인건비 상승으로 이 매력이 예전만 못하지만, 한동안 외국 기업들의 중요한 투자 요인이었다.

다만 외국 기업이 중국에서 사업하는 과정이 순탄하지만은 않았다. 아무리 경제가 성장했다 해도, 중국은 아직 소비 시장 규모와 성숙도가 선진국에 미치지 못한다. 이는 서구 기업들의 사업 기회에 한계를 줄 수 있다. 예컨대 2021년 기준 중국의 1인당 GDP(구매력 평가 기준)는 약 19,338달러로, 미국의 69,287달러에 비해 크게 낮다. 실제로 중국 내 소득과 부는 대도시(베이징, 청두, 상하이 등)에 집중되어 있는데, 이 지역의 1인당 실질 가계 소득은 내륙 빈곤 지역보다 4배 정도 높다. 따라서 중국의 도시 지역은 서구 기업에게 매력적인 시장이지만, 농촌 지역은 그렇지 않다.

규제 환경이 여전히 까다로운 점도 문제다. 비즈니스를 수행하는 데 있어 세제나 규제가 자주 바뀌기도 하며, 현지 합작투자 파트너가 미숙하거나 기회주의적이거나, 혹은 정부 보유 기업이라면 서구 기업과는 다른 목표를 추구할 수 있다. 예를 들어, 한 미국인 경영자가, 비용 절감을 위해 200명을 해고했더니 중국 파트너(정부 소유 기업)는 바로 다음 날 같은 인원을 재고용해 버렸다. 미국 경영자가 그 이유를 묻자, 중국 파트너는 "정부 기관으로서 실업을 줄여야 할 의무가 있다"고 답했다고 한다. 서구 기업은 또한 지식재산권 보호에도 유의해야 한다. 과거 중국에서 지식재산권은 상대적으로 보호를 받지 못했으나, 최근에는 조금씩 개선되는 추세다.

Sources: Interviews by the author while in China; United Nations, *World Investment Report*, 2017; L. Ng and C. Tuan, "Building a Favorable Investment Environment: Evidence for the Facilitation of FDI in China," *The World Economy*, 2002, pp. 1095–114; S. Chan and G. Qingyang, "Investment in China Migrates Inland," *Far Eastern Economic Review*, May 2006, pp. 52–57; R. Chang, "Here's What China's Middle Classes Really Earn—and Spend," *Bloomberg*, March 9, 2016; Yi Wen, "Income and Living Standards Across China," *On the Economy Blog*, Federal Reserve Bank of St Louis, January 8, 2018; G. Orr, "A Pocket Guide to Doing Business in China," *McKinsey*, October 2014, archived at www.mckinsey.com/business-functions/strategy-and-corporate-finance/our-insights/a-pocket-guide-to-doing-business-in-china.

기업들의 비중이 빠르게 증가하고 있지만, 이들 국가의 기업들은 오랫동안 세계 최대 다국적 기업 순위에서 상위권을 차지해 왔다.[9] 전통적으로 이들이 선진국이면서 경제 규모가 크고, 전후 시대에 자본력이 풍부한 대기업이 많았다는 사실이 그 배경이다. 또한 역사가 깊은 무역 국가들이며, 해외 시장 진출을 통한 경제 성장을 모색해 온 전통도 크게 작용했다.

그러나 2010년 이후 중국이 빠르게 부상함에 따라 이러한 구도가 바뀔 가능성이 커지고 있다. 2005년 중국 기업들의 해외 투자는 대략 120억 달러 수준이었지만, 이후 꾸준히 증가해 2022년에

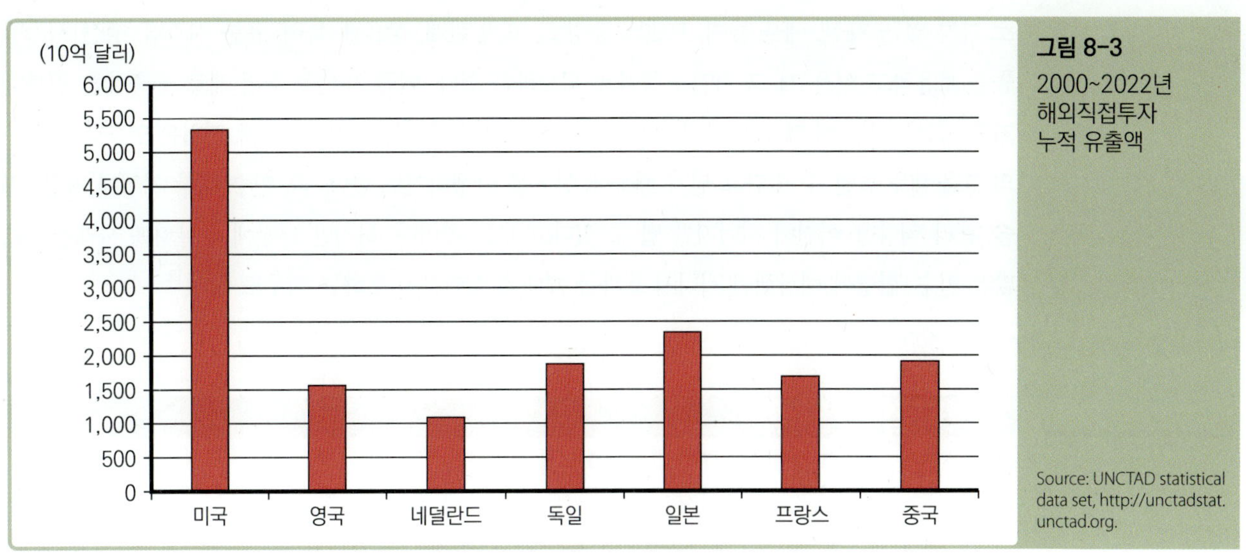

그림 8-3
2000~2022년 해외직접투자 누적 유출액

Source: UNCTAD statistical data set, http://unctadstat.unctad.org.

는 약 1,470억 달러에 달했다. 홍콩 기반 기업들도 2022년에 1,040억 달러를 투자했다. 중국 기업들은 주로 자원 확보가 중요한 신흥국, 특히 아프리카의 채굴·자원산업에 많은 투자를 해 왔다. 세계 최대 원자재 수요국 중 하나인 중국이 원자재 공급을 안정적으로 확보하려는 복석이 크나. 그러나 최근에는 중국 기업들이 선진국으로도 관심을 확대하고 있다. 2016년에는 미국에 약 460억 달러, 2017년에는 추가로 300억 달러를 투자했는데, 이는 2010년 이전까지 거의 없었던 수준이다. 하지만 2017년 이후 미·중 간 무역 분쟁이 격화되면서 양국 관계가 악화함에 따라, 중국의 대미 투자는 연간 100억 달러 이하로 급감했다.[10]

해외직접투자 방식: 인수·합병 대 그린필드 투자

해외직접투자는 크게 두 가지 방식을 구분된다. 첫째는 **그린필드 투자**(greenfield investment)로, 이는 외국에서 새로운 사업체나 생산 시설을 신설하는 것이다. 둘째는 외국에 이미 존재하는 기업을 인수하거나, 그 기업과 인수·합병(mergers & acquisitions, M&A)하는 방식이다. UN의 추정치에 따르면, 1998년부터 2021년까지 전 세계 해외직접투자 유입 중 약 40~80%가 국가 간 인수·합병 방식이었다.[11] 그러나 선진국으로 유입되는 해외직접투자와 개발도상국으로 유입되는 해외직접투자는 큰 차이를 보인다. 개발도상국의 경우, 해외직접투자 중 약 1/3 또는 그 이하만이 인수·합병 방식으로 이뤄진다. 이는 개발도상국에 인수할 만한 기업 자체가 적다는 사실을 반영할 수도 있다.

그린필드 투자
해외에 새로운 사업장을 직접 설립하는 형태의 투자.

기업이 해외직접투자를 고려할 때에 왜 그린필드 투자가 아니라 기존 자산을 인수하는 방식을 택하는가? 이 질문에 대해서는 13장에서 자세히 다룬다. 여기서는 몇 가지 기본적인 논의만 다루자. 첫째, 인수·합병은 그린필드 투자보다 신속하다. 현대 비즈니스 세계에서는 시장이 매우 빠르게 변화하기 때문에, 시간을 단축하는 것이 중요하다. 많은 기업들은 매력적인 인수 대상을 빨리 확보하지 않으면 경쟁사가 먼저 차지하게 될 것이라고 판단한다. 둘째, 인수 대상 기업이 전략적으로 가치 있는 자산, 예를 들어, 브랜드 충성도, 고객 관계, 상표권·특허, 유통 시스템, 생산 시스템 등을 보유하고 있을 때 그 기업을 통째로 확보하기 쉽다. 이런 자산을 직접 새로 구축하는 것보다 기존 기업을 인수해 빠르고 상대적으로 위험이 덜하게 확보할 수 있다. 셋째, 기업은 인수한 사업부의 효율성을 높일 수 있다고 믿기 때문에 인수를 단행하기도 한다. 즉, 인수 대상 기업에 자본, 기술, 관리 역량을 이전해 시너지를 낼 수 있다고 보는 것이다. 하지만 13장에서 살펴볼 사례들처럼, 많은 인수·합병이 예상했던 시너지 효과를 제대로 실현하지 못하는 경우도 많다.[12]

해외직접투자 이론

[학습 목표 2] 해외직접투자에 대한 다양한 이론을 설명한다.

절충 이론
입지 특유 자산 또는 자원과 기업 고유의 자산을 결합하려면 대개 해외직접투자가 필요하다는 주장. 즉, 기업은 그러한 해외 자산이나 자원이 부존하는 곳에 직접 생산 시설을 세워야 함.

이 절에서는 해외직접투자에 관한 여러 이론을 살펴본다. 이들 이론은 해외직접투자 현상을 세 가지 보완적인 관점에서 설명한다. 첫 번째 관점은 기업이 왜 수출이나 라이선싱이 아닌 직접투자를 택하는가를 설명한다. 두 번째 관점은 동일 산업 내 기업들이 왜 같은 시기에 해외직접투자를 실시하고, 특정 지역을 선호하는가를 설명한다. 즉, 이들 이론은 관찰되는 해외직접투자 흐름의 패턴을 해석하고자 한다. **절충 이론**(eclectic paradigm)으로 알려진 세 번째 이론적 관점은 위 두 관점을 하나의 통합적 설명 틀로 결합을 시도한다(이를 절충적 관점이라 칭하는 이유는 다른 이론에서 좋은 요소를 취사선택해 하나의 통합적 설명을 취하기 때문이다).

왜 해외직접투자인가?

수출
한 국가에서 생산된 제품을 다른 국가의 거주민에게 판매하는 행위.

라이선싱
한 기업(라이선서)이 다른 기업(라이선시)에게 자사의 제품을 생산하거나, 생산 공정을 사용하거나, 브랜드명 또는 상표를 사용할 수 있는 권리를 부여하는 계약 방식. 이에 대한 대가로 라이선서는 라이선시가 판매하는 각 제품마다 로열티를 수취함.

기업들이 해외 시장에서 이윤 창출하는 데에 있어서 두 가지 대안, 즉 수출과 라이선싱이 있음에도 불구하고, 왜 굳이 해외직접투자를 통해 현지에 사업체를 설립하는 수고를 감수할까? **수출**(exporting)은 본국에서 상품을 생산한 뒤 해외로 배송해 판매하는 것이고, **라이선싱**(licensing)은 외국 기업(라이선시)에게 일정 로열티(단위당 사용료)를 받는 조건으로 해당 상품을 생산 및 판매할 수 있는 권리를 부여하는 방식이다. 이 질문은 중요하다. 피상적으로 살펴봐도 해외직접투자는 수출이나 라이선싱에 비해 비용이 많이 들고 위험도 높아 보이기 때문이다. 우선 해외직접투자는 기업이 외국에서 새로운 생산 시설을 구축하거나, 이미 존재하는 현지 기업을 인수해야 하므로 막대한 자금을 투입해야 한다. 또한 문화나 제도적 환경이 전혀 다른 국가에서 사업을 하는 과정에서 발생하는 문제들, 즉 게임의 규칙(rules of the game)이 달라서 생길 수 있는 시행착오들 때문에 위험도가 높다. 현지 기업과 비교하면, 처음 해당 국가에 진출하는 외국 기업이 이런 무지로 인해 큰 실수를 저지를 가능성이 더 크다. 반면 기업이 수출을 선택하면 해외직접투자에 필요한 설비 투자 비용이 없으며, 현지 판매 시에도 현지 대리인을 활용해 해외 진출 위험을 줄일 수 있다. 라이선싱의 경우에도, 제품 생산과 관련된 비용이나 위험을 현지 라이선시(licensee)가 부담하므로(예: 패션 소매업자 Burberry가 초기 일본 시장에 진출할 때 일본 현지 유통사와 맺은 라이선싱 계약. 자세한 내용은 MANAGEMENT FOCUS 참조), 라이선서를 제공하는 기업 입장에서 보면 위험이 훨씬 낮다. 그럼에도

Burberry, 일본에서 진출 전략을 바꾸다

영국의 상징적인 명품 아우터웨어로 잘 알려진 패션 기업 Burberry는 일본에서 거의 반세기 동안 사업을 전개해 왔다. 최근까지 일본에서는 Sanyo Shokai와의 라이선싱 계약을 통해 Burberry 제품이 판매되었다. 이 일본 기업은 Burberry 브랜드를 활용하는 데 있어서 상당한 재량권을 가지고 있었는데, 골프 가방부터 미니스커트, 심지어 Burberry 옷을 입은 바비 인형에 이르기까지 다양한 제품을 전국 400여 개 매장에서 판매했으며, 그 가격대는 영국에서 Burberry가 고급 제품에 매기는 가격에 비해 현저히 낮았다.

오랜 기간 동안 이 계약은 Burberry에게는 이익이 되는 거래로 보였다. Sanyo Shokai가 일본 시장에서 모든 마케팅과 유통을 맡아 연간 약 8억 달러의 매출을 올렸고, 이 중 8천만 달러를 로열티로 Burberry에 지급했기 때문이다. 그러나 2007년 무렵, Burberry의 CEO인 Angela Ahrendts는 일본에서의 라이선싱 계약을 비롯해 세계 여러 나라에서 유사하게 맺은 22건의 계약에 점점 불만을 갖게 되었다. Ahrendts의 시각에서, 이런 라이선싱 계약들은 Burberry의 핵심 브랜드 이미지를 훼손하고 있었다. Sanyo Shokai 같은 라이선시들은 Burberry 본사 직영점에 비해 훨씬 저렴한 가격대의 다양한 제품군을 판매했다. Ahrendts는 한 인터뷰에서 "럭셔리 시장에서 어디에나 깔려 있으면 브랜드가 죽는다. 더 이상 진정한 럭셔리가 될 수 없다는 의미이다"라고 말하기도 했다. 게다가 인터넷 쇼핑과 영국 여행을 통해 Burberry 제품을 구매하는 소비자들이 늘면서, Ahrendts는 고급 이미지를 지닌 영국 본토 글로벌 브랜드로서의 일관성을 유지하는 일이 매우 중요하다고 느꼈다.

Ahrendts는 단기적으로 매출이 감소하더라도 라이선시를 통제하고 해외 시장에서 Burberry의 판매를 다시 장악하겠다고 결심했다. 그녀는 2014년 Apple의 소매 부문 책임자로 옮기기 전, 라이선싱 계약 해지 절차를 시작했고, 그녀가 직접 지명한 후임 CEO Christopher Bailey(Burberry의 디자인 부서 출신)도 같은 전략을 이어갔다.

일본에서는 2015년 라이선스 계약이 종료되었고, Sanyo Shokai는 운영하던 Burberry 라이선스 매장 400여 곳을 폐쇄해야 했다. 그렇다고 해서 Burberry가 일본 시장을 포기한 것은 아니다. 어쨌든 일본은 세계에서 두 번째로 큰 명품 시장이기 때문이다. 대신, Burberry는 소수의 직영점만을 통해 제품을 판매하기로 했다. 2022년 기준, Burberry는 일본에 5개의 '플래그십(flagship)' 스토어를 두고 있는데, 이곳에서는 Burberry의 대표 상품인 1,800달러짜리 트렌치코트처럼 고급 제품만 선보인다. 전반적으로 가격대가 기존 Burberry 일본 판매가의 10배 정도에 이른다. 회사 측은 이러한 변화가 위험이 높고, 초기에는 매출이 하락할 것으로 예상하지만, 브랜드 이미지를 재정비한 뒤 다시 상승할 것으로 보고 있다. Bailey는 Burberry의 명품 이미지를 전 세계적으로 통일성 있게 유지하기 위해서는 이러한 전략적 변화가 반드시 필요하다고 강조했다.

Sources: K. Chu and M. Fujikawa, "Burberry Gets a Grip on Brand in Japan," *The Wall Street Journal*, August 15–16, 2015; A. Ahrendts, "Burberry's CEO on Turning an Aging British Icon into a Global Luxury Brand," *Harvard Business Review*, January–February 2013; T. Blanks, "The Designer Who Would Be CEO," *The Wall Street Journal Magazine*, June 18, 2015; G. Fasol, "Burberry Solves Its 'Japan Problem,' at Least for Now," *Japan Strategy*, August 19, 2015. "Burberry Strengthens Its Presence in Japan with New Flagship Store in Ginza Tokyo," *Burberry News Release*, November 18, 2019.

불구하고 왜 그렇게 많은 기업들은 수출이나 라이선싱보다 해외직접투자를 선호하는 것일까? 그 해답은 해외 시장 기회를 활용하는 수단으로서 수출과 라이선싱이 지니는 한계를 살펴보는 데서 찾을 수 있다.

수출의 한계점

수출을 통해 물리적 상품을 판매하는 방식은 종종 운송비와 무역 장벽에 의해 제약을 받는다. 운송비가 생산비에 더해지면, 일부 제품을 먼 거리까지 배송하는 것은 수익성이 낮아진다. 특히 제품의 가치 대비 무게 비율가 낮고, 어느 지역에서든 비교적 쉽게 생산할 수 있는 제품일수록 그러하다. 이러한 제품의 경우, 수출 방식이 해외직접투자나 라이선싱에 비해 매력도가 떨어진다. 예를 들어 시멘트가 그렇다. 이 때문에 멕시코의 대형 시멘트 회사인 Cemex는 시멘트를 수출하기보다 해외직접투자를 통해 해외로 확장해 왔다. 반대로 전자 부품, 개인용 컴퓨터, 의료 기기, 컴퓨터 소프트웨어처럼 가치 대비 무게 비율이 높은 제품은 운송비가 총 양륙 비용에서 차지하는 비중이 적으므로 수출, 라이선싱, 해외직접투자 간 매력도에 큰 영향을 미치지 않는다.

운송비 문제와 별개로, 일부 기업들은 수입 관세나 쿼터(quotas) 같은 이미 존재하거나 도입될 가능성이 있는 무역 장벽에 대응하기 위해 해외직접투자를 단행한다. 수입품에 관세를 부과하면, 정부는 수출에 드는 비용을 높여 해외직접투자나 라이선싱과의 상대적 매력도를 변화시킬 수 있다. 마찬가지로 정부는 수입 쿼터를 통해 수입량을 제한함으로써 해외직접투자와 라이선싱의 매력도를 높일 수 있다. 예를 들어, 1980년대 중반 시작되어 현재까지 계속되고 있는 일본 자동차 회사들의 미국 내 대규모 해외직접투자는 미국 의회의 보호무역 압박과 일본산 차량(특히 라이트 트럭, 즉 SUVs)에 대해 여전히 25% 관세가 부과되는 상황이 일부분 원인이 되었다. 일본 자동차 회사 입장에서는 이러한 요인들로 인해 수출의 수익성이 떨어졌으나, 상대적으로 해외직접투자의 수익성이 높아졌다. 여기에서 무역 장벽이 실제로 존재하지 않아도 해외직접투자가 수출보다 더 나은 대안일 수 있다는 점을 이해하는 것이 중요하다. 무역 장벽이 부과될 수 있는 위협을 완화하고자 하는 점만으로도, 수출의 대안으로 해외직접투자를 정당화하는 데 충분하다.

순위

지난 20여 년간 국경 간 투자가 상당히 증가해 왔다. 2009-2010년과 2020-2021년의 경제 침체기에도 불구하고, 전 세계적으로 기업들의 해외직접투자는 꾸준히 이어졌다. 향후에도 해외직접투자가 중요한 현상이 될 것으로 예상된다. globalEDGE™에서는 해외직접투자에 대해 더 깊이 있는 지식을 얻을 수 있는 다양한 자료를 제공한다. 특히 '순위' 섹션이 좋은 출발점이다(globaledge.msu.edu/global-resources/rankings). 여기에서는 A. T. Kearney가 발표한 여러 보고서를 소개하는데, 그중 하나는 해외직접투자와 해외직접투자에 대한 '신뢰지수(confidence index)'에 초점을 맞춘다. 이 정기 연구에 참여하는 기업들의 연간 글로벌 매출을 합치면 2조 달러가 넘는다! 과연 투자 신뢰지수에서 상위 3개국은 어느 나라인지 알아보라. 당신이 기업을 운영한다면 이 세 국가가 최고의 투자처라는 데에 동의하는가?

라이선싱의 한계점

내부화 이론
해외직접투자를 시장의 불완전성 관점에서 설명하는 이론.

시장 불완전성
시장 메커니즘이 완전하게 작동하지 못해 발생하는 왜곡 또는 제약.

경제 이론의 한 분야인 **내부화 이론**(internalization theory)(**시장 불완전성 접근법**(market imperfections)으로도 알려져 있음)은 기업들이 해외 시장 진출 전략으로 라이선싱보다 해외직접투자를 선호하는 이유를 설명하고자 한다.[13] 이 이론에 따르면, 라이선싱은 해외 시장 기회를 활용하는 전략으로서 세 가지 중대한 단점을 지닌다. 첫 번째 단점은 라이선싱을 통해 기업이 가치 있는 기술적 노하우를 잠재적 해외 경쟁자에게 넘겨줄 위험이 있다는 점이다. 전형적인 예로, 1960년대 RCA가 자사의 첨단 컬러 TV 기술을 Matsushita와 Sony를 포함한 여러 일본 기업에 라이선싱 했던 사례를 들 수 있다. 당시 RCA는 일본 시장에서 직접투자에 따르는 비용과 위험을 감수하지 않고 기술 노하우를 활용해 수익을 얻는 방법으로 라이선싱을 택했다. 그러나 Matsushita와 Sony는 곧 RCA의 기술을 흡수하여 미국 시장에 진출해 RCA와 직접 경쟁을 벌였다. 그 결과 RCA는 자국 시장에서 미미한 점유율로 밀려난 반면에, Matsushita와 Sony는 훨씬 큰 시장 점유율을 확보하게 되었다.

두 번째 단점은 라이선싱이 기업에게 외국 시장에서의 생산, 마케팅, 그리고 전략에 대한 엄격한 통제를 하기 어렵다는 것이다. 라이선싱 계약에서는 로열티(royalty fee)를 대가로 상품 또는 서비스의 생산, 마케팅, 전략에 대한 통제권이 현지 라이선시(licensee)에게 주어진다. 그러나 전략적·운영적 이유로 인해, 어떤 기업은 이러한 기능들을 직접 통제하기를 원할 수 있다. 예컨대 외국 자회사가 공격적인 가격 책정과 마케팅을 펼쳐 현지 경쟁사를 견제하고자 할 수 있다. 하지만 라이선시는 완전 자회사(wholly owned subsidiary)가 아니므로, 이로 인해 자신들의 이익이 줄어들거나 심지어 손실이 발생할 수도 있는 전략을 받아들이지 않을 가능성이 크다. 또 다른 예로는, 현지 법인이 기업의 브랜드를 훼손하지 않도록 하려면 기업이 전략을 직접 통제해야 하는 경우도 있다. 이는 패션 소매업자 Burberry가 최근 일본에서 라이선싱 계약을 종료하고 자사 직영 매장을 통해 판매 전략을 펼치기로 결정한 주된 이유였다(자세한 내용은 Burberry 관련 MANAGEMENT FOCUS 참조).

또한 한 기업이 여러 국가의 생산 요소 비용 차이를 활용하기 위해, 어떤 제품의 일부만 특정 국가에서 생산하고 나머지 부품은 비용이 더 저렴한 다른 국가에서 들여오고 싶어할 수도 있다. 하지만 라이선시 입장에서는 그런 방식이 자율성을 심각하게 침해하므로 수용하기 어려울 것이다. 이런 이유들로 인해, 외국 시장에서 철저한 통제가 필요한 경우에는 라이선싱보다 해외직접투자가 더 적합하다.

세 번째 단점은 라이선싱에서 문제가 생기는 상황으로, 기업의 경쟁 우위가 제품 자체라기보다 그 제품을 만들어 내는 관리, 마케팅, 제조 역량에 기초해 있을 때이다. 이런 역량은 보통 라이선싱하기가 어렵다. 물리적으로는 라이선시가 제품을 복제할 수 있을지라도, 기업 자체가 보유한 역량만큼 효율적으로 생산하기는 쉽지 않다. 그 결과 라이선시는 해당 외국 시장에서 충분한 수익 기회를 온전히 실현하지 못하게 될 가능성이 크다. 예컨대 글로벌 자동차 업계에서 뛰어난 경쟁 우위를 인정받는 Toyota는 자동차를 설계, 엔지니어링, 제조, 판매하는 전 과정, 즉 관리 및 조직 역량에서 강점을 지닌다. 사실 Toyota는 비용을 낮추면서도 더 높은 품질의 자동차를 만들어 내는 린 생산(lean production) 방식의 개척자로 알려져 있다.[14] Toyota가 특정 제품을 라이선싱할 수도 있겠지만, 진정한 경쟁 우위는 관리와 프로세스 역량에 있다. 이런 기술과 역량은 문서화하거나 명확히 규정하기가 어렵고, 단순한 라이선싱 계약서에 담을 수도 없다. 이 능력들은 기업 전체 문화에 스며들어 오랫동안 형성되어 왔으며, 특정 개인 한 명이 아니라 회사 전반에 분산되어 있다. 다시 말해, Toyota의 역량은 조직 문화에 뿌리를 두고 있는데, 문화는 라이선싱으로 이전할 수 없다. 따라서 Toyota가 외국 업체에 자동차 생산 라이선스를 부여한다면, 그 업체가 Toyota만큼 효율적으로 생산하기란 사실상 어려울 것이다. 그 결과 해당 외국 업체는 그 제품의 시장 잠재력을 온전히 실현하기 어려워질 것이다.

이러한 논리가 Toyota가 해외 시장에서 직접투자를 선호하고, 외국 자동차 업체에 라이선스로 생산을 맡기지 않는 이유이다. 결국 다음 세 가지 조건, 즉 (1) 라이선싱 계약으로는 충분히 보호하기 어려운, 가치 있는 노하우가 있는 경우, (2) 해당 국가에서 시장 점유율과 수익을 극대화하기 위해 외국 법인에 대한 엄격한 통제가 필요한 경우, (3) 기업의 역량과 노하우가 라이선싱 형태로 이전하기 어려운 경우 중 하나 이상이 성립하는 경우, 노하우 판매를 위한 시장 메커니즘(라이선싱)이 제대로 작동하지 못하고, 해외직접투자가 라이선싱보다 수익성이 높아진다.

해외직접투자의 이점

이는 운송 비용이나 무역 장벽으로 인해 수출이 매력적이지 않은 경우, 기업이 진입 전략으로 해외직접투자를 더 선호하게 된다는 점을 시사한다. 또한 기업이 기술적 노하우나 운영, 비즈니스 전략에 대한 통제를 유지하려 하거나, (자주 그렇듯이) 기업의 역량이 라이선싱(또는 프랜차이징)에 적합하지 않을 경우에도 해외직접투자가 라이선싱보다 선호된다. 나아가 이미 확립된 기업의 자산(예: 기술, 생산 자산, 시장 점유율, 브랜드 가치, 유통 시스템 등)을 인수하는 방식으로 해외직접투자를 수행함으로써, 시장 진출 속도를 높이고, 본국에서의 생산을 개선하며, 피인수 기업의 기술을 인수 기업으로 이전하는 과정을 쉽게 만들 수도 있다. 13장에서 다양한 진출 전략을 논의할 때 이 주제를 다시 다룰 것이다.

해외직접투자의 패턴

동일 산업에 속한 기업들이 해외직접투자를 거의 같은 시점에 수행하는 사례가 종종 발견된다. 또한 이들 기업은 대체로 동일한 목표 시장에 투자를 집중한다. 이 절에서 살펴볼 두 가지 이론은 이러한 해외직접투자 흐름의 패턴을 설명하려고 시도한다.

전략적 행동

과점
소수의 대규모 기업이 한 산업의 대부분을 지배하는 구조.

한 이론은 해외직접투자의 흐름이 글로벌 시장에서 기업들 간의 전략적 경쟁을 반영한다는 아이디어에 기반한다. 이 주장의 초기 버전은 F. T. Knickerbocker가 과점 산업에서의 경쟁과 해외직접투자 간 관계를 분석하며 제시했다.[15] **과점(oligopolistic)**이란 소수의 대형 기업으로 구성된 산업을 말한다(예: 4개 기업이 국내 시장의 80%를 점유한다면, 그 산업은 과점으로 정의된다). 이런 산업의 중요한 경쟁 특징은 주요 플레이어들 간 상호 의존성이다. 즉, 한 기업의 행동이 다른 기업들에게 즉각적인 영향을 주며, 이에 대응해 비슷한 방식의 행동을 유발한다. 한 기업이 가격을 인하하면 시장 점유율을 빼앗길 것을 우려한 경쟁사들도 가격을 따라 내릴 수밖에 없다. 이렇게 과점 시장에서 기업들은 서로 모방적 행동을 보이게 되며, 한 기업이 취한 행동을 경쟁사들이 빠르게 따라 하는 양상을 띤다.

모방적 행동의 형태는 다양하다. 한 기업이 가격을 올리면 다른 기업들도 동일하게 가격을 인상하고, 한 기업이 설비를 확장하면 경쟁사들도 미래에 불리해지지 않으려고 유사한 확장을 진행한다. Knickerbocker는 이러한 모방적 행동이 해외직접투자에서도 동일하게 나타난다고 주장했다. 예컨대 미국 내 과점 시장에서 A, B, C 세 개 기업이 시장을 장악하고 있다고 하자. 기업 A가 프랑스에 자회사를 설립하면, B와 C는 해당 자회사가 성공할 경우 자신들의 프랑스 수출 사업이 위협받고, A가 선발자 이점을 확보할 수 있다고 본다. 나아가 A가 프랑스에서 획득한 경쟁 자산을 본국으로 가져와 B와 C를 상대로 우위를 확보할 수도 있다는 가능성을 고려하면, B와 C 역시 A를 따라 프랑스에 사업체를 설립하기로 결정한다.

미국 기업들의 해외직접투자를 연구한 결과, 과점적 산업에 속한 기업들이 서로의 해외직접투자를 모방하는 경향이 있다는 사실이 확인되었다.[16] 일본 기업들의 해외직접투자에서도 유사한 현상이 발견된다.[17] 예를 들어 Toyota와 Nissan은 Honda가 미국과 유럽에 투자하자, 이에 대응해 자신들도 미국과 유럽에 해외직접투자를 진행했다. 또 다른 연구에 따르면, 글로벌 과점 시장에서의 전략적 행동 모델이 전 세계 타이어 산업에서의 해외직접투자의 패턴을 설명할 수 있다고 한다.[18]

Knickerbocker의 이론은 다접점 경쟁 개념을 통해 확장될 수 있다. **다접점 경쟁(multipoint competition)**은 두 개 이상의 기업이 여러 지역 시장, 국가 시장, 또는 산업 분야 등에서 서로 마주치는 경우에 발생한다.[19] 경제 이론은 마치 체스 경기에서 선수들이 유리한 위치를 선점하기 위해 수를 맞춰가는 것처럼, 기업들도 여러 시장에서 경쟁사의 움직임에 대응하여 균형을 유지하려 한다고 본다. 한 경쟁자가 특정 시장에서 지배적 지위를 획득한 뒤, 거기서 창출한 이익을 다른 시장에서의 공격적 경쟁에 활용하지 못하도록 견제하는 것이다.

다접점 경쟁
두 개 이상의 기업이 여러 지역 시장, 국가 시장, 또는 산업에서 서로 맞부딪히며 경쟁하는 양상.

Knickerbocker의 이론과 그 확장 모델은 과점 산업에 속한 기업들의 모방적 해외직접투자 행동을 설명하는 데 도움을 줄지라도, 왜 과점 내 최초 기업이 수출이나 라이선싱 대신 해외직접투자를 택하게 되는지는 설명하지 못한다. 내부화 이론은 이러한 현상을 다룬다. 또한 모방 이론은 해외 시장 확장 수단으로서 해외직접투자가 수출이나 라이선싱보다 효율적인지 여부도 다루지 않는다. 이 역시 내부화 이론은 효율성 측면을 다룬다. 이러한 이유로, 많은 경제학자들은 해외직접투자의 설명에 있어 내부화 이론을 더욱 선호하지만, 동시에 모방적 행동 설명이 해외직접투자 이야기에 중요한 역할을 한다는 점에는 대체로 동의한다.

절충 이론

이 이론은 영국 경제학자 고(故) John Dunning에 의해 주창되었다.[20] Dunning은 앞서 언급된 다양한 요인 외에도, 해외직접투자의 근거와 방향을 설명함에 있어 입지 특유 우위가 매우 중요하다고 주장한다. Dunning이 말하는 **입지 특유 우위(location-specific advantages)**란 특정 해외 지역에 묶여 있는 자원이나 자산을 활용해, 해당 지역에서 기업이 보유한 고유 역량(예: 기술 역량, 마케팅 역량, 관리 역량 등)과 결합함으로써 얻을 수 있는 이점이다. Dunning은 내부화 이론이 제시하는, 기업이 자사의 고유 역량과 노하우를 라이선싱으로 이전하기 어렵다는 주장을 수용한다. 따라서 Dunning은 외국 입지에 존재하는 자원이나 자산을 기업 고유 역량과 결합하려면 해외직접투자가 필요하다고 보았다. 즉, 그 자산이나 자원이 위치한 외국에 기업이 직접 생산 시설을 세워야 한다는 것이다.

입지 특유 우위
특정 해외 지역에 부존하는 자원이나 자산을 활용함으로써 얻는 이점으로, 기업이 소유한 독자적 자산(기술, 마케팅, 경영 노하우 등)과 결합할 때 높은 가치를 창출하는 우위.

Dunning의 주장을 분명히 보여 주는 예시는 석유나 기타 광물처럼 특정 지역에 매장되어 있는 천연자원이다. Dunning에 따르면, 이러한 해외 자원을 활용하기 위해서는 해외직접투자가 필수적이다. 실제로 세계적인 석유 회사들이 해당 지역에 투자해, 자신들의 기술·관리 역량을 그 지역 자원과 결합해야 하는 것도 이와 같은 맥락이다. 또 다른 분명한 예로는 저비용, 고숙련 노동력 같은 귀중한 인적 자원을 들 수 있다. 국가별로 노동력의 비용과 숙련도는 다르며, 노동은 국제적으로 자유롭게 이동하기가 어렵다. 따라서 Dunning의 논리에 따르면, 기업은 자사 생산 공정에 가장 적합한 노동 비용과 숙련도를 제공하는 국가에 생산 시설을 두는 것이 합리적이다.

Phillip Bond/Alamy Stock Photo

미국 캘리포니아 마운틴뷰의 Google 본사.

그러나 Dunning의 이론은 광물·노동력 같은 기초 자원 문제를 넘어 더 넓은 함의를 지닌다. 예를 들어 실리콘밸리는 전 세계 컴퓨터·반도체 산업의 중심지로, Apple Computer, Hewlett-Packard, Oracle, Google, Intel 등 주요 컴퓨터·반도체 기업 상당수가 이 지역에 밀집해 있다. 이로 인해 컴퓨터와 반도체 분야에서 최첨단 연구와 제품 개발의 상당 부분이 이 지역에서 이루어진다. Dunning의 주장에 따르면, 컴퓨터와 반도체를 설계·제조하는 데 있어 실리콘밸리에서 생성되는 지식은 세계 어느 곳에서도 얻기 어려운 것이다. 물론 그 지식이 전 세계로 전파되면서 상업화되긴 하지만, 컴퓨터·반도체 업계에서 가장 선도적인 지식 생산은 여전히 이 지역에서 이루어진다. Dunning의 용어로 말하자면, 이는 실리콘밸리가 컴퓨터·반도체 분야 지식 창출 면에서 입지 특유 우위를 갖고 있음을 의미한다. 이 이점은 부분적으로 이 지역에 집중된 풍부한 인재 풀에서 비롯되고, 동시에 기업들이 서로의 지식 창출로부터 혜택을 받을 수 있게 해 주는 비공식 네트워크 덕분에 가능해진다. 경제학에서는 이러한 지식의 '파급 효과(spillover)'를 **외부성**(externalities)라고 부르며, 기업들이 그 발생지 근처에 위치함으로써 그러한 외부성의 이득을 볼 수 있다는 이론이 확립되어 있다.[21]

외부성
한 경제 주체의 활동에서 발생한 지식 또는 정보가 다른 주체로 확산되어 직접적 대가 없이 혜택 또는 비용을 초래하는 현상.

이러한 측면에서 볼 때, 해외 컴퓨터와 반도체 기업들이 아마도 실리콘밸리에 연구소나 생산 시설까지 투자하는 것은 다른 곳에 기반을 둔 기업들보다 앞서서 귀중한 신기술을 배우고 활용해 글로벌 시장에서 경쟁 우위를 확보하기 위한 합리적 선택이라는 것이다.[22] 실제로 유럽, 일본, 한국, 대만의 컴퓨터·반도체 기업들이 실리콘밸리에 투자하는 이유가 바로 여기서 비롯된 외부성을 누리기 위해서라는 증거도 있다.[23] 또 다른 이들은 미국 바이오테크(biotechnology) 산업에 대한 해외 기업의 직접투자가 미국 바이오테크 기업들이 보유한 독특하고 입지-특유의 기술 지식에 접근하기 위한 목적으로 이뤄졌다고 주장한다.[24] 따라서 Dunning의 이론은 입지 요인이 어떻게 해외직접투자의 방향에 영향을 미치는가를 설명해 주며, 앞서 언급된 여러 이론을 보완하는 데 유용한 개념으로 여겨진다.[25]

정치 이념과 해외직접투자

[학습 목표 3] 정치적 이념이 정부의 해외직접투자에 대한 태도에 어떻게 영향을 미치는지 이해한다.

과거에 한 국가가 해외직접투자에 대해 보여 온 정치적 이념은 한쪽 극단에서는 모든 해외 투자 유입에 적대적인 독단적 급진적인 입장에서부터 다른 쪽 극단에서는 자유 시장 경제의 불간섭 원칙을 견지하는 태도에 이르기까지 매우 넓은 스펙트럼을 지녀 왔다. 그리고 이 두 극단 사이에는 실용주의적 민족주의(pragmatic nationalism)이라 부를 수 있는 접근법이 존재한다.

급진적 관점

급진적 관점은 마르크스주의 정치·경제 이론에 그 뿌리를 두고 있다. 급진적 시각을 지지하는 이들은 다국적 기업(Multinational Enterprise, MNE)이 제국주의적 지배의 수단이라고 주장한다. 즉, 다국적 기업은 자본주의·제국주의 국가들의 이익만을 위해 현지국을 착취하는 도구라는 것이다. 이들은 다국적 기업이 현지국에서 이윤을 취해 이를 본국으로 가져가고, 그 대가로 현지국에 아무런 가치도 돌려주지 않는다고 본다. 예컨대 다국적 기업이 핵심 기술을 철저히 통제하며, 다국적 기업의 해외 자회사에서 중요한 일자리는 현지국 국민이 아니라 본국 국민에게 돌아간다는 점을 지적한다. 급진적 관점에 따르면, 선진 자본주의 국가들의 다국적 기업이 수행하는 해외직접투자는 세계 저개발 국가들을 투자·일자리·기술 면에서 선진 자본주의 국가들에게 계속 의존하게 만들어 상대적으로 낙후된 상태로 머무르게 한다. 그래서 이 관점의 극단적 버전에 따르면, 어떤 국가도 해외 기업이 해외직접투자를 하도록 허용해서는 안 되며, 다국적 기업은 경제 발전의 도구가 아니라 경제적 지배의 수단이기 때문이다. 이미 다국적 기업이 존재하는 국가에서는 그것들을 즉시 국유화해야 한다고 주장한다.[26]

1945년부터 1980년대까지 급진적 관점은 세계 경제에서 매우 영향력이 있었다. 1989년에서 1991년 사이에 공산주의가 붕괴하기 전까지 동유럽 국가들은 해외직접투자에 강하게 반대했다. 중국, 캄보디아, 쿠바 같은 다른 공산주의 국가들 역시 원칙적으로는 해외직접투자를 반대했다(다만, 실제로 중국은 1970년대부터 본토에 해외직접투자를 허용하기 시작했다). 특히 아프리카의 여러 사회주의 국가들(새로 독립한 국가들이 가장 먼저 취한 조치 중 하나가 외국 소유 기업의 국유화였음)은 급진적 입장을 수용했다. 사회주의적이라기보다 민족주의 성향이 강한 국가들도 급진적 시각을 추가로 받아들였다. 예컨대 이란과 인도는 해외직접투자를 엄격히 제한하는 정책을 채택하고, 다수의 외국 소유 기업을 국유화했다. 이란의 사례는 특히 흥미로운데, 이슬람 정부가 마르크스주의 이론 자체는 거부하면서도, 다국적 기업의 해외직접투자를 제국주의의 수단이라고 여기는 급진적 관점을 사실상 수용했기 때문이다.

1990년대 초반에 이르러 급진적 입장은 후퇴하기 시작했다. 이는 대체로 다음 세 가지 이유로 설명된다. 첫째, 유럽에서 공산주의가 붕괴했기 때문이다. 둘째, 급진적 입장을 수용했던 국가들의 전반적인 경제 성과가 극도로 저조했으며, 이들 국가 상당수는 해외직접투자가 기술과 일자리의 중요한 원천이 될 수 있고 경제 성장을 촉진할 수 있다는 인식을 점차 갖게 되었기 때문이다. 셋째,

급진적 이념이 아니라 자본주의를 채택한 개발도상국들(예: 싱가폴, 홍콩, 대만)이 강력한 경제 성과를 보였기 때문이다. 그럼에도 불구하고, 급진적 관점은 베네수엘라와 같은 일부 국가에 잔존해 있다. Hugo Chavez와 그의 후임 Nicolas Maduro 정부는 모두 외국 다국적 기업을 지배의 도구로 바라보았다.

자유 시장 관점

자유 시장 관점은 고전경제학 및 Adam Smith와 David Ricardo의 국제 무역 이론(자세한 내용은 6장 참조)에 뿌리를 두고 있다. 이러한 관점에 대한 이론적 근거는 해외직접투자의 내부화 이론에 의해 강화되었다. 자유 시장 관점은 국제 생산은 비교 우위 이론에 따라 각 국가에 분산되어야 한다고 주장한다. 즉, 각국은 가장 효율적으로 생산할 수 있는 재화와 서비스에 특화해야 한다는 것이다. 이런 프레임워크에서 보면, 다국적 기업은 재화와 서비스의 생산을 전 세계에서 가장 효율적인 위치로 분산시키는 수단이다. 이 관점에서 다국적 기업이 수행하는 해외직접투자는 세계 경제 전반의 자원 활용 효율성을 높여 준다.

예를 들어, Dell이 자사 개인용 컴퓨터(personal computer, PC) 조립 공정을 미국에서 멕시코로 이전하기로 결정했다고 하자. 자유 시장 관점에 따르면, 이는 전 세계 자원 사용의 종합적 효율성을 증대시키는 조치로 볼 수 있다. 멕시코는 낮은 인건비로 인해 PC 조립에 비교 우위를 갖고 있다. 따라서 미국에서 PC 생산을 중단하고 멕시코로 이전함으로써, Dell은 미국의 자원을 미국이 비교 우위를 지닌 영역에 더 효율적으로 활용할 수 있다(예: 컴퓨터 소프트웨어 설계, 마이크로프로세서 등 고부가가치 부품 생산, 혹은 기초 R&D 분야 등). 또한 소비자는 PC가 국산 제품보다 저렴해졌을 때 이득을 보게 된다. 이와 동시에, 멕시코는 해외직접투자를 통해 컴퓨터 기업이 가져오는 기술, 기술 인력, 자본 등에서 혜택을 얻는다. 급진적 관점과 달리, 자유 시장 관점은 이처럼 자원 이전이 현지국에 이익을 주고, 그 경제 성장을 자극한다고 강조한다. 결과적으로 자유 시장 관점은 해외직접투자가 투자국(source country)과 투자 유치국(host country) 모두에 이익이라고 본다.

실용주의적 민족주의

실제 정책 면에서 보면, 많은 국가들은 해외직접투자에 대해 극단적 급진주의나 자유 시장 정책 중 어느 한쪽도 택하지 않고, 실용주의적 민족주의라 부를 수 있는 접근법을 활용한다.[27] 실용주의적 민족주의 입장에서는 해외직접투자에 이익과 비용이 모두 존재한다고 본다. 즉, 해외직접투자가 자본·기술·기술 인력·일자리를 제공함으로써 투자 유치국에 이익을 가져올 수 있지만, 그 이익에는 대가가 따른다는 것이다. 예를 들어, 국내 기업이 아닌 외국 기업이 제품을 생산하면 그 투자로 인한 이윤은 해외로 유출되어 버린다. 게다가 외국 소유의 제조 공장이 본국에서 많은 부품을 수입해 온다면 이는 투자 유치국의 국제수지에 부정적인 영향을 미치므로 많은 국가들이 이를 우려한다.

이런 사실을 인식한 실용주의적 국가는 국가의 이익을 극대화하고 국가의 비용을 최소화하기 위한 정책을 추진한다. 이 관점에 따르면, 해외직접투자를 허용할지 여부는 이익이 비용을 상회하느냐에 달렸다. 일본은 실용주의적 민족주의를 채택한 대표적인 예다. 1980년대 이전까지 일본의 해외직접투자 정책은 실용주의적 민족주의 접근을 취하는 국가들 가운데서도 가장 제약이 심한 편이었다. 이는 풍부한 경영 자원을 가진 외국(특히 미국) 기업이 일본 시장에 직접 진출할 경우, 일본 산업과 기술의 발전과 성장을 저해할 수 있다는 인식에서 비롯되었다.[28] 이 같은 믿음 때문에 일본은 대부분의 외국인 투자 신청을 거부했다. 다만 항상 예외는 있었다. 중요한 기술을 보유한 외국 기업이 자신들의 기술을 일본 기업에 라이선싱하거나 일본 기업과 합작 투자를 하지 않겠다고 고수하면, 일본 정부가 그 기업의 해외직접투자를 허용하기도 했다. 예컨대 IBM과 Texas Instruments는 이런 협상 카드를 내세워 일본에 완전 소유 자회사를 설립했다. 일본 정부 관점에서는 이렇게 들어오는 해외직접투자가 일본 경제에 미치는 긍정적 자극이 잠재적 비용보다 더 크다고 판단했기 때문이다.

실용주의적 민족주의의 또 다른 측면은 해외직접투자가 자국의 이익에 부합한다고 여겨질 때 외국 다국적 기업에게 법인세 감면이나 보조금 형태의 장려금을 지급함으로써 해외직접투자를 적극적으로 유치하려는 경향이다. 유럽연합의 국가들은 미국과 일본 기업의 해외직접투자를 유치하기 위해, 세제 혜택이나 보조금을 앞다퉈 제시하고 경쟁하는 모습을 자주 보인다. 영국은 일본 자동차 기업 투자를 가장 성공적으로 유치했다. Nissan, Toyota, Honda가 모두 영국에 대규모 조립 공장을 세워 영국을 거점으로 유럽 시장을 공략했다. 영국으로서는 고용 창출과 국제수지 개선의 이점을 누릴 수 있었다. 그러나 2020년 초 영국이 유럽연합을 탈퇴함에 따라, 이들 일본 기업이 향후 영국 내 투자를 줄일 가능성이 커 보인다. 이와 유사하게, 미국 내에서도 각 주(state) 정부들은 종종 대규모 세금 감면 같은 재정적 인센티브를 내걸고 현지에 사업체를 설립하려는 외국 기업의 해외직접투자를 유치하기 위해 서로 경쟁한다.

이념의 전환

최근 수십 년 동안 급진적 이념을 고수해 온 국가들의 수가 눈에 띄게 줄어들었다. 비록 완전한 자유 시장 정책 입장을 채택한 국가는 거의 없지만, 자유 시장 쪽으로 점차 기울며 외국인 투자 체제를 자유화하는 국가가 증가하고 있다. 이는 30년 전만 해도 급진 진영에 속했던 여러 국가(예: 동유럽의 구 공산권 국가들, 아프리카의 사회주의 국가들, 인도)와 최근까지도 해외직접투자에 대해 실용주의적 민족주의 노선을 걷던 국가들(예: 일본, 한국, 이탈리아, 스페인, 그리고 대부분의 라틴 아메리카 국가)을 포함한다. 그 결과 전 세계 해외직접투자 규모가 크게 증가했는데, 이미 언급했듯이 이는 세계 무역 증가율보다 더 빠른 속도로 늘었다. 또 다른 결과로, 최근 20년간 해외직접투자 체제를 자유화한 중국, 인도, 베트남과 같은 나라로 유입되는 해외직접투자 규모도 늘어났다.

이와 대조적으로, 일부 국가에서는 주기적으로 해외직접투자에 대해 더욱 적대적인 태도로 되돌아가는 움직임이 나타나기도 한다. 21세기 첫 10년 동안 베네수엘라와 볼리비아는 해외직접투자에 점점 적대적인 입장을 취했다. 2005년과 2006년에 이들 국가 정부는 일방적으로 석유와 가스 탐사 계약을 재작성하여, 자국 영토에서 채굴되는 석유와 가스에 대해 외국 기업이 정부에 지불해야 하는 로열티율(royalty rate)을 인상했다. 2006년 대선에서 당선된 볼리비아의 대통령 Evo Morales는 국가의 가스전을 국유화하고, 외국 기업이 매출의 약 80%를 정부에 납부하고 생산 감독권을 포기하지 않으면 추방하겠다고 선언했다. 일부 선진국에서도, 때때로 외국인 투자에 대한 적대적 반응이 나타나곤 한다. 예를 들어, 2006년 유럽에서는 인도 기업가 Lakshmi Mittal이 주도하는 글로벌 기업 Mittal Steel이 유럽 최대 철강 회사 Arcelor를 인수하려고 시도했을 때, 이를 둘러싼 정치적 반발이 일었다. 또 2005년 중반에는, CNOOC(China National Offshore Oil Company)가 미국의 Unocal 인수를 추진하자, 미국 의회에서 '전략적 자산'이 중국 기업에 넘어간다는 부정적 여론이 거세지면서 CNOOC가 인수 입찰을 철회하기도 했다.

해외직접투자의 편익과 비용

[학습 목표 4] 해외직접투자가 투자국과 투자 유치국에 미치는 편익과 비용을 설명한다.

많은 정부가 해외직접투자와 관련해 어느 정도는 실용주의적 민족주의 노선을 따른다고 볼 수 있다. 따라서 이들의 정책은 해외직접투자의 편익과 비용을 고려해 형성된다. 이 절에서는 먼저 투자 유치국 관점에서, 그 다음 투자국 관점에서 해외직접투자의 편익과 비용을 살펴본다. 이어지는 절에서는 정부가 해외직접투자를 관리하기 위해 사용하는 정책 수단에 대해 다룬다.

투자 유치국의 편익

해외직접투자가 투자 유치국에 가져다주는 주요 이점으로는 자원 이전 효과, 고용 효과, 국제수지 효과, 그리고 경쟁 및 경제 성장에 미치는 효과가 있다.

자원 이전 효과

해외직접투자는 투자 유치국 경제에 원래라면 확보하기 어려웠을 자본, 기술, 관리 역량을 공급함으로써 그 나라의 경제 성장률을 높이는 긍정적 기여를 할 수 있다.

자본 측면에서, 거대 다국적 기업은 규모와 재무 역량의 강점을 통해 투자 유치국 기업들이 확보하기 어려운 금융 자원에 접근할 수 있다. 이 자금은 기업 내부에서 조달될 수 있을 뿐만 아니라 대형 다국적 기업은 그들의 명성을 통해 자본 시장에서 투자 유치국 기업들보다 더 수월하게 자금을 유통할 수도 있다.

3장에서 언급했듯이, 기술은 경제 발전과 산업화를 촉진할 수 있다. 기술은 생산 공정(예: 석유의 발견, 추출, 정제 기술)이나 생산품(예: 개인용 컴퓨터)에서 통합되어 구현될 수 있다. 그러나 많은 국가, 특히 저개발국은 독자적인 제품과 공정 기술을 개발하는 데 필요한 연구·개발 자원과 역량이 부족하다. 이들은 경제 성장을 촉진하기 위해 필요한 많은 기술을 선진 공업 국가에 의존할 수밖에 없으며, 해외직접투자가 이를 제공해 줄 수 있다.

여러 연구 결과에 따르면, 다국적 기업은 해외에 투자할 때 상당한 기술을 이전하는 경향이 있다.[29] 예를 들어, 스웨덴에서 이뤄진 해외직접투자 연구에 따르면, 해외 기업은 인수한 스웨덴 기업들의 노동 생산성과 총 요소 생산성을 모두 높였는데, 이는 중요한 기술 이전이 일어났음을 시사한다(일반적으로 기술은 생산성을 향상시킨다).[30] 또 경제협력개발기구(OECD)가 진행한 해외직접투자 연구에서도, 해외 투자자들은 투자 유치국의 연구·개발에 상당한 자본을 투입하는 것으로 나타났다. 이는 이들이 단순히 기술을 이전하는 것에 그치지 않고, 기존 기술을 업그레이드하거나 새로운 기술을 해당 국가에서 개발했을 가능성이 있음을 의미한다.[31]

인도 마하라슈트라 주 차칸에 위치한 Volkswagen 인도 유한회사 공장의 생산 라인에서, 로봇 팔을 이용해 Volkswagen AG Vento 자동차에 바퀴를 장착하고 있다.

또한, 해외직접투자를 통해 얻을 수 있는 해외 경영 기술은 투자 유치국에 중요한 편익을 제공한다. 척신 경영 기법으로 훈련된 해외 관리자는 투자 유치국 내 인수된 기업이든 그린필드 방식으로 신설된 사업체든 운영의 효율성을 크게 향상시킬 수 있다. 또한 외국 다국적 기업 자회사에서 관리, 재무, 기술 부문에 종사하도록 훈련받은 현지 인력이 회사를 떠나 현지 기업을 설립할 경우, 투자 유치국 경제에 긍정적인 파급 효과가 발생할 수 있다. 이 밖에도 외국 다국적 기업이 지닌 우수한 관리 역량이 현지 공급 업체, 유통 업체, 경쟁 업체를 자극해 그들 역시 경영 역량을 개선하도록 유도한다면, 유사한 형태의 편익이 창출될 수 있다.

고용 효과

해외직접투자가 투자 유치국에 가져다줄 수 있는 또 다른 편익은 해당 국가에서 기존에는 창출될 수 없었을 일자리를 만들어 낸다는 것이다. 해외직접투자가 고용에 미치는 영향은 직접적 효과와 간접적 효과로 나눌 수 있다. 직접적 효과는 외국 다국적기이 투자 유치국 시민을 고용할 때 나타난다. 간접적 효과는 투자의 결과로 현지 공급 업체들이 일자리를 창출하거나, 다국적 기업 직원들이 현지에서 소비를 늘림으로써 발생하는 일자리 창출을 의미한다. 간접적 고용 효과는 종종 직접적 고용 효과에 맞먹거나, 그보다 클 때도 많다. 예컨대 Toyota가 프랑스에 새로운 자동차 공장을 열겠다고 했을 때, 당초 추정치에 따르면 이 공장은 직접적으로 2,000개의 일자리를 창출하고, 지원 산업 분야에서도 추가로 2,000개 일자리를 만들어 낼 것으로 예상됐다.[32]

그러나 회의론자들은 해외직접투자로 인해 생겨난 '새로운 일자리'가 실제 순 고용 증가로 이어지는 것은 아니라고 주장하기도 한다. 예컨대 일본 자동차 회사들이 미국에서 해외직접투자를 실시한 경우, 이 투자로 새롭게 창출된 일자리보다 시장 점유율을 빼앗겨 도산하거나 축소된 미국 소유 자동차 업체의 일자리 손실이 더 많았다는 주장이 있다. 이처럼 대체 효과가 발생할 경우, 다국적 기업이 초기 발표에서 언급한 것만큼 새 일자리가 늘어나지 않을 수도 있다. 실제로 해외직접투자를 추진하는 다국적 기업과 투자 유치국 정부 간 협상에서는 해외직접투자로 인한 순 고용 증가가 얼마나 될지를 놓고 치열하게 논의가 이뤄진다.

또한 해외직접투자가 그린필드 투자 방식이 아니라, 투자 유치국 내 이미 자리 잡은 기업을 인수하는 방식으로 이뤄질 때, 다국적 기업은 운영 효율성을 높이기 위해 인수 대상 기업을 구조 조정할 수 있으므로, 단기적으로는 고용 감소가 일어날 수도 있다. 그러나 연구 결과에 따르면, 초기 구조 조정 기간이 끝난 뒤에는 외국 기업에 인수된 기업이 국내 경쟁사보다 더 빠른 속도로 고용 규모를 늘리는 경향이 있다. OECD의 한 연구에 따르면, 외국계 기업이 자국 기업보다 새로운 일자리를 더 빨리 창출하는 것으로 나타났다.[33]

국제수지 효과

국제수지 계정
한나라가 해외로 지불한 금액과 해외로부터 받은 금액을 기록 및 집계하는 국가 회계.

경상 계정
재화와 서비스의 수출입을 포함한 거래를 기록하는 계정.

해외직접투자가 특정 국가의 국제수지 계정에 미치는 영향은 대다수 투자 유치국 정부에게 중요한 정책 이슈다. 한 국가의 **국제수지 계정**(balance-of-payments accounts)은 그 나라가 해외로 지출한 금액과 해외로부터 받은 금액을 모두 기록한다. 정부는 자국의 국제수지에서 경상 계정이 적자를 기록할 때 보통 우려를 나타낸다. **경상 계정**(current account)은 재화와 서비스의 수출과 수입을 추적하는데, 경상 계정 적자(흔히 무역 적자라 불림)는 한 국가가 수출보다 더 많은 재화와 서비스를 수입할 때 발생한다. 일반적으로 정부는 경상 계정 적자보다 흑자를 선호한다. 경상 계정 적자를 장기적으로 감당하려면, 외국인에게 자국 자산을 매각하는 방식으로 자금을 조달해야 한다(이것이 왜 그러한지는 6장의 부록 참조). 실제로 미국은 1980년대 이래 계속되는 경상 계정 적자를 해외에 주식, 채권, 부동산, 기업 자체를 매각하는 식으로 재원을 마련해 왔다. 국가 정부들은 대개 자국 자산이 외국인의 손에 넘어가는 상황을 달가워하지 않기 때문에 자국이 경상 계정 흑자를 유지하기를 선호한다. 해외직접투자는 다음 두 가지 방식으로 국가가 이러한 목표를 달성하는 데 도움을 줄 수 있다.

우선 해외직접투자가 재화나 서비스 수입을 대체한다면, 투자 유치국의 국제수지 중 경상 계정이 개선될 수 있다. 예를 들어 일본 자동차 업체들의 해외직접투자의 상당 부분은 일본에서의 수입을 대체하는 것으로 볼 수 있다. 이로써 미국의 국제수지 경상 계정 항목은 일정 부분 개선되었는데, 이는 일본 기업들이 일본 내 공장이 아닌 미국 현지 공장에서 생산해 미국 시장에 공급하고 있기 때문이다. 이는 미국이 경상 계정 적자를 자산 매각으로 충당할 필요를 줄여 주므로, 미국 입장에서는 확실히 이득이 된다.

두 번째 잠재적 편익은 다국적 기업이 해외 자회사를 통해 다른 나라에 재화와 서비스를 수출할 경우에 발생한다. UN 보고서에 따르면, 외국 다국적 기업의 해외직접투자 유입은 여러 개발도상국과 선진국에서 수출 주도형 경제 성장을 견인하는 주요 동력이 되어 왔다.[34] 예컨대 중국의 수출 규모는 1985년 260억 달러에서 2022년 2조 달러를 넘어서며 증가했다. 이와 같은 폭발적인 수출 성장의 상당 부분은 중국에 대규모 투자를 진행한 외국 다국적 기업에 기인한다.

경쟁 및 경제 성장에 미치는 효과

경제 이론에 따르면, 시장이 효율적으로 기능하기 위해서는 생산자들 간에 충분한 수준의 경쟁이 필요하다. 그린필드 방식의 해외직접투자는 새로운 기업을 설립해 시장 내 플레이어 수를 늘리고 소비자 선택의 폭을 넓힌다. 이는 국가 시장에서의 경쟁 수준을 높이며, 이로 인해 가격 인하와 소비자 후생 증대를 가져온다. 또한 기업은 경쟁 우위를 확보하고자 분투하기 때문에 치열한 경쟁은 공장, 장비, 연구·개발 등에 대한 기업의 자본 투자를 촉발시키는 경향이 있다. 그 결과 장기적으로 생산성 향상, 제품 및 공정 혁신, 경제 성장 증대가 나타날 수 있다.[35] 이러한 긍정적 효과는 1996년 이후 한국이 소매 부문 해외직접투자 규제를 완화한 뒤 실제로 관찰됐다. Walmart, Costco, Carrefour, Tesco를 비롯한 서구의 대형 할인점들이 한국에 진출하면서, E-Mart와 같은 현지 할인점들은 자사 운영의 효율성을 개선하도록 자극받았다. 그 결과 시장 경쟁이 한층 치열해졌고, 가격이 내려가 한국 소비자에게 혜택이 돌아갔다. 비슷한 맥락에서 인도 정부도 소매 부문을 점차 해외직접투자에 개방하고 있는데, 이는 인도 정부가 Walmart, Carrefour, IKEA와 같은 효율적인 글로벌 유통 기업이 들어와야 인도 소매 부문의 파편화된 구조를 개선하고 효율성을 높일 수 있다고 믿고 있기 때문이다.

또한 해외직접투자가 국내 서비스 시장에서 경쟁을 촉진하는 효과는 더욱 중요할 수 있는데, 이는 통신, 소매, 금융 등과 같은 서비스 특성상 소비가 이뤄지는 현장에서 서비스를 생산해야 하므로 수출은 종종 선택지가 되지 않기 때문이다.[36] 예컨대 세계무역기구(WTO)의 주도로 1997년 체결된 협정하에서 전 세계 통신 매출의 90% 이상을 차지하는 68개 국가가 통신 시장에서 외국인 투자와 경쟁을 유도하고, 공정 경쟁 규범을 준수하기로 약속했다. 이 협정 이전까지 대부분 국가에서 통신 시장은 해외 경쟁자에게 폐쇄되어 있었고, 대개 국영 기업이 독점 운영했다. 그러나 이 협정으로 인해 많은 국가의 통신 시장에서 경쟁 수준이 급격히 높아졌고, 두 가지 주요 이점이 나타났다. 첫째, 투자 유입이 늘면서 전 세계 전화망 현대화에 대한 투자와 경쟁이 촉진되어 서비스 품질이 개선되었다. 둘째, 경쟁 증대로 인해 가격이 하락했다.

투자 유치국의 비용

해외직접투자는 투자 유치국에 세 가지 비용을 초래할 수 있다. 세 가지 비용은 투자 유치국 내 경쟁에 미치는 부정적 영향, 국제수지에 미치는 부정적 영향, 국가 주권과 자치권 상실로 발생한다.

경쟁에 미치는 부정적 영향

투자 유치국 정부는 때때로 외국 다국적 기업의 자회사가 자국 기업들보다 더 강력한 경제적 힘을 가질 것을 우려한다. 외국 다국적 기업이 거대 국제 조직의 일원이라면, 다른 시장(국가)에서 창출한 자금으로 투자 유치국 시장에서의 비용을 보조할 수도 있다. 이 경우, 현지 기업들이 경쟁에서 밀려 도산할 위험이 있으며, 그 결과 외국 기업이 독점적 지위를 확보할 수도 있다. 시장이 독점되면, 외국 다국적 기업은 경쟁적 시장에서 형성될 가격보다 높은 가격을 책정해 투자 유치국의 경제적 후생을 해칠 수 있다. 이러한 우려는 대체로 큰 규모의 자국 기업이 적은 국가(일반적으로 저개발국)에서 더 크게 나타나며, 선진 공업국 대부분에서는 상대적으로 덜 심각한 문제로 간주된다.

일반적으로 그린필드 투자 형태로 이뤄지는 해외직접투자는 경쟁을 심화하는 반면, 해외직접투자가 인수 형태로 이뤄질 경우에는 그 효과가 분명하지 않을 수 있다. 인수만으로는 시장 내 플레이어 수가 순증하지 않기 때문에 경쟁에 미치는 영향이 중립적일 수 있다. 더 나아가, 외국인 투자자가 투자 유치국 내 기업을 두 곳 이상 인수한 뒤 이들을 합병한다면, 시장 내 경쟁 정도가 줄어들고, 외국 기업이 독점력을 행사하게 되어, 소비자 선택의 폭이 줄고, 가격이 상승할 가능성이 있다. 예를 들어, Unilever의 인도 자회사인 Hindustan Lever Ltd.는 주요 현지 경쟁사인 Tata Oil Mills를 인수함으로써 목욕용 비누 시장(75% 점유율)과 세제 시장(30% 점유율)에서 지배적 지위를 확보하게 되었다. Hindustan Lever는 또 다른 시장에서도 Dollops, Kwality, Milkfood 등 현지 아이스크림 업체들을 인수함으로써, 인수 전에는 0%였던 인도 아이스크림 시장 점유율을 74%까지 끌어올렸다.[37] 물론 이러한 사례들이 우려를 불러일으키는 것은 사실이지만, 이러한 움직임이 광범위하게 일어난다는 체계적 증거는 많지 않다. 많은 국가에서 국내 경쟁 당국은 합병이나 인수가 경쟁에 심각한 해를 끼친다고 판단할 경우 이를 심사하고 저지할 권한을 갖고 있다. 이 제도가 제대로 작동한다면, 외국 기업이 특정 국가의 시장을 독점하는 것을 막기에 충분할 것이다.

국제수지에 미치는 부정적 영향

투자 유치국의 국제수지 관점에서 직접투자가 초래할 수 있는 부정적 영향은 크게 두 가지다. 첫째, 해외직접투자와 함께 들어오는 초기 자본 유입과 맞물려, 이후 외국 자회사의 이익이 본사(모기업)로 유출되는 현상이 발생할 수 있다. 이와 같은 유출은 국제수지 계정에서 자본 유출로 잡힌다. 일부 정부는 이러한 자금 유출을 억제하기 위해 외국 자회사가 벌어들인 이익을 본국으로 송금하는 데 제한을 두기도 한다. 둘째, 외국 자회사가 상당량의 투입 요소를 해외에서 수입해 오는 경우 투자 유치국의 국제수지 경상 계정에 차변 항목으로 잡힐 수 있다는 점이다. 예컨대 미국에 조립 공장을 소유한 일본 자동차 회사는 일본에서 많은 부품을 수입하는 경향이 있다는 비판을 받았다. 이 때문에 해외직접투자가 미국의 국제수지 경상 계정에 미치는 긍정적 효과가 당초 예상보다 크지 않을 수 있다는 지적이 제기된다. 이에 대해 일본 자동차 회사는 미국 내 생산 기반을 둔(반드시 미국 소유 기업은 아니더라도) 제조사로부터 부품의 75%를 조달하겠다고 약속했다. 한편, 일본 자동차 회사 Nissan이 영국에 투자했을 때, 현지 부품의 비중에 대한 우려가 제기되자, Nissan은 현지 부품 사용 비율을 60%로 높이겠다고 밝혔고, 이후 80% 이상으로 끌어올렸다.

국가 주권과 자치권에 대한 잠재적 영향

일부 투자 유치국 정부는 해외직접투자로 인해 자국의 경제적 독립이 어느 정도 훼손될 수 있다고 우려한다. 이는 투자 유치국 경제에 중대한 영향을 미칠 수 있는 핵심 결정들이 투자 유치국에 대한 실제적인 의무감이 없으며, 투자 유치국 정부가 실질적으로 통제할 수도 없는 외국 본사에 의해 내려질 것이라는 걱정에서 비롯된다. 대부분의 경제학자는 이러한 우려가 근거가 희박하며 비합리적이라고 본다. 정치학자 Robert Reich는 이 같은 우려가 구시대적 사고의 산물이라고 지적한다. 왜냐하면 이러한 관점은 세계 경제의 점증하는 상호 의존성을 간과하기 때문이다.[38] 모든 선진국의 기업들이 서로의 시장에 점차 활발히 투자하는 세계에서, 한 국가가 다른 국가를 '경제적 인질'로 삼으려 한다면 결국 자국 역시 피해를 볼 수밖에 없다는 것이다.

투자국의 편익

해외직접투자가 투자국에 가져다주는 이점은 다음의 세 가지이다. 첫째, 해외 자회사의 이익이 본국(투자국)으로 유입되면, 그만큼 본국의 국제수지가 개선된다. 또한 외국 자회사가 자본재, 중간재, 보완 제품 등을 본국에서 수입하게 되면, 이 역시 본국의 국제수지에 긍정적인 기여를 한다.

둘째, 해외로 유출되는 해외직접투자는 고용 효과를 통해 본국에 이익을 가져온다. 국제수지의 경우와 마찬가지로, 해외 자회사가 본국에서 생산된 재화나 부품을 수입해 갈 때 고용이 창출되어 긍정적인 효과가 발생한다. 예컨대 Toyota가 유럽에 자동차 조립 공장을 설립했을 때, 유럽 현지 공장에서 필요로 하는 부품 일부를 일본에서 직접 공급받음으로써, 일본의 국제수지 개선과 일본 내 고용에도 도움이 되었다.

셋째, 해외 시장에 진출한 본국의 다국적 기업이 그 시장에서 가치 있는 역량을 학습한 후 본국으로 이전함으로써 얻는 이점이 있다. 이는 역 자원 이전 효과에 해당한다. 해외 시장에 노출을 통해, 다국적 기업은 우수한 관리 기법이나 제품 및 공정 기술을 습득할 수 있고, 이를 다시 본국으로 돌려보내 본국의 경제 성장률을 높이는 데 기여할 수 있다.[39]

투자국의 비용

이러한 편익에도 불구하고, 해외직접투자는 투자국(본국) 입장에서 명백한 비용을 수반하기도 한다. 중요한 우려 사항은 국제수지와 고용 효과 측면에 집중된다. 투자국의 국제수지는 다음 세 가지 경로를 통해 부정적 영향을 받을 수 있다. 첫째, 해외직접투자에 필요한 초기 자본 유출이 발생함으로써, 국제수지에 부담이 될 수 있다. 다만, 이후 외국 자회사가 창출한 이익이 본국으로 유입됨으로써 이 효과가 상당 부분 상쇄되는 경우가 많다. 둘째, 저비용 생산 거점에서 본국 시장에 공급하려는 목적으로 해외 투자가 이루어지면, 투자국의 경상 계정이 악화될 수 있다. 셋째, 해외직접투자가 본국에서의 직접 수출을 대체하면, 그만큼 경상 계정에 부정적인 영향을 준다. 예컨대 Toyota가 미국에서 자동차 조립 공장을 운영해 현지 시장에 공급한다면, 이는 일본에서 미국으로 직접 수출하던 물량을 대체하므로 일본의 경상 계정 상태가 악화될 수 있다.

고용과 관련된 가장 심각한 문제는 해외직접투자가 본국 내 생산을 대체하는 것으로 인식될 때 발생한다. 이는 Toyota가 미국과 유럽에 투자한 사례에서도 드러난다. 그러한 해외직접투자의 분명한 결과 중 하나는 본국의 고용이 줄어드는 것이다. 만약 본국이 이미 노동 시장이 완전 고용 상태로 실업률이 낮다면, 이 문제는 그리 심각하지 않을 수 있다. 그러나 본국에 실업 문제가 존재한다면, 일자리의 해외 유출에 대한 우려가 커질 것이다. 예를 들어, 미국, 멕시코, 캐나다 간 자유무역협정(자세한 내용은 9장 참조)에 관해, 미국 노동조합 지도자들은 미국 기업이 더 저렴한 노동력을 찾아 멕시코에 투자하고, 그곳에서 생산한 제품을 다시 미국으로 수출함으로써, 미국 내 일자리가 수십만 개 사라질 것이라며 자주 반대 의견을 제기해 왔다.[40]

국제 무역 이론과 해외직접투자

역외 생산
자국 시장에 제품을 공급하기 위해 수행되는 해외직접투자.

투자국 관점에서 해외직접투자의 비용과 편익을 평가할 때, 국제 무역 이론(6장 참조)의 교훈을 유념해야 한다. 국제 무역 이론에 따르면, 본국(투자국)이 역외 생산의 부정적 경제 효과에 대해 갖는 우려가 사실과 다를 수 있다. 여기서 **역외 생산**(offshore production)은 본국 시장에 제품을 공급하기 위해 수행되는 해외직접투자를 뜻한다. 예컨대 미국 자동차 회사들이 멕시코에 자동차 부품 생산 시설을 설립하는 사례가 이에 해당한다. 이러한 해외직접투자는 본국 내 고용을 줄이기는커녕 오히려 본국 자원을 비교 우위가 있는 분야에 집중하도록 하여 본국의 경제 성장(그리고 고용)까지 자극할 수 있다. 또한 해외직접투자의 결과로 특정 제품의 가격이 떨어진다면, 본국 소비자들은 그만큼의 이득을 보게 된다. 반면, 고용에 대한 부정적 영향을 우려해 해당 투자를 금지해 버리면, 국제 경쟁자들은 저비용 생산 거점의 이점을 누리는 동안 그 기업만이 뒤처져 시장 점유율을 빼앗길 가능성이 커진다. 이 같은 상황에서, 특정 국가에 미치는 장기적인 경제적 악영향은 역외 생산에서 비롯되는 상대적으로 경미한 국제수지와 고용 효과보다 훨씬 클 수 있다.

정부의 정책 수단과 해외직접투자

[학습 목표 5] 정부가 해외직접투자에 영향을 주기 위해 사용하는 다양한 정책 수단을 설명한다.

앞서 우리는 투자국과 투자 유치국 양측의 관점에서, 해외직접투자가 가져오는 비용과 편익을 살펴보았다. 이제는 투자국과 투자 유치국이 해외직접투자를 규제하기 위해 사용하는 정책 수단에 주목한다.

투자국의 정책

정책적 선택에 의해, 투자국은 자국 기업의 해외직접투자를 장려할 수도 제한할 수도 있다. 먼저, 자국(투자국) 기업의 해외 진출을 장려하기 위한 정책을 살펴본다. 그러고 나서, 해외직접투자를 제한하는 정책에 대해 논의한다.

타국으로의 해외직접투자 장려 정책

오늘날 많은 투자국들은 정부 보증 보험 프로그램을 운영하고 있는데, 이는 해외 투자에서 발생할 수 있는 주요 리스크를 보호해 주기 위해 마련되었다. 이러한 프로그램을 통해 가령 국유화, 전쟁으로 인한 손실, 이익을 본국으로 송금할 수 없는 상황 등의 리스크를 보장받을 수 있다. 정치적으로 불안정한 국가에 투자하는 경우, 이러한 보험 프로그램이 기업들의 해외직접투자를 유도하는 데 특히 유용하다.[41] 게다가 일부 선진국은 개발도상국에 투자하려는 기업들에게 정부 대출을 지원하는 특별 자금 또는 은행을 운영하기도 한다. 자국 기업이 해외직접투자를 하도록 장려하기 위한 또 다른 유인책으로, 여러 국가가 자국 기업에 대한 이중과세(투자 유치국과 투자국에서 부과되는 소득에 대한 세금)를 폐지했다. 마지막으로, 몇몇 투자국(예: 미국)은 정치적 영향력을 행사해 투자 유치국이 외국인 투자에 대한 제한을 완화하도록 압박해 왔다. 예컨대 미국의 직접적인 압력에 대응하여 일본은 외국 기업의 진입을 막았던 형식적 규제를 완화했고, 추가 압력에 따라 비공식적 장벽도 낮추었다. 이 같은 추세의 수혜자 중 하나가 Toys "R" Us였는데, 이 회사와 미국 정부 관료들은 5년간의 로비 끝에 1991년 12월 일본 내 첫 소매점을 열 수 있었다. 2012년 기준, Toys "R" Us는 일본에 170개 이상의 매장을 운영했으며, 본사가 지분을 지배적으로 보유한 일본 법인은 일본 주식시장에도 상장되었다. 흥미롭게도 Toys "R" Us는 2017년 미국에서 파산 후 영업을 중단했음에도, 일본에서는 계속 영업을 이어 가고 있으며, 2020년 기준 약 130개의 매장을 보유하고 있다.

타국으로의 해외직접투자 제한 정책

미국을 포함한 거의 대부분의 투자국들은 타국으로의 해외직접투자를 때때로 통제하고 있다. 한 가지 정책 사례로, 자국의 국제수지에 대한 우려로 자본 유출을 제한하기도 한다. 예컨대 영국은 1960년대 초부터 1979년까지 환율 통제 규정을 두어, 기업이 해외로 이전할 수 있는 자본의 규모를 제한했다. 이러한 정책의 주된 의도는 영국의 국제수지 개선이었지만, 부차적 목적 중 하나는 영국 기업이 해외직접투자에 나서는 것을 어렵게 만드는 것이었다.

또한 몇몇 국가들은 법인세 관련 규정을 조정하여 자국 기업들이 국내에 투자하도록 유도하기도 한다. 이는 일자리를 다른 나라가 아닌 자국에 남기려는 취지이다. 과거 영국이 이를 시행한 예가 있다. 당시 영국의 선진 법인세 제도 하에서는, 영국 기업이 해외에서 벌어들이는 소득이 자국에서 벌어들이는 소득보다 더 높은 세율을 적용받았다. 이는 영국 기업들이 해외보다 자국에 투자하는 쪽을 선택하도록 유인하는 효과를 낳았다.

마지막으로, 정치적 이유로 인해 자국 기업이 특정 국가에 투자하는 것을 금지하기도 한다. 이러한 제한은 공식적일 수도 있고 비공식적일 수도 있다. 예컨대 미국은 쿠바나 이란처럼 미국의 이익에 반하는 정치 이념이나 행동을 취한다고 판단한 국가들에 대한 투자에 대해 공식적으로 금지 조치를 내렸었다. 이와 유사하게, 1980년대에는 미국 기업들이 남아프리카공화국에 투자하는 것을 단념시키기 위한 비공식적인 압력들이 가해졌다. 이는 1990년대 초에 행해진 남아프리카공화국의 인종차별법(apartheid laws)에 변화를 이끌어 내려는 목적이었다. 보다 최근 사례로, 2022년 러시아가 우크라이나를 침공한 이후, 미국과 유럽의 다수의 기업이 러시아에 대한 신규 투자나 기존 사업 운영을 중단하고, 이미 보유한 러시아 사업을 철수하기 시작했다. 이 과정에 동참한 기업으로는 McDonald's(OPENING CASE 참조), Unilever, IKEA, Coca-Cola, Pepsi, Ford, Starbucks 등이 있다. 서방 정부의 대러 제재가 기업들에게 직접적으로 사업 철수를 의무화한 것은 아니지만, 많은 기업이 러시아에서의 사업 지속이 자사 가치와 이해관계에 어긋난다고 판단했다.

투자 유치국의 정책

투자 유치국은 해외직접투자 유입을 제한하는 정책과 장려하는 정책 모두를 채택한다. 이번 장의 앞에서도 언급했듯, 과거에는 국가의 정치 이념이 이러한 정책의 유형과 범위를 결정해 왔다. 그러나 20세기 말에 이르러, 많은 국가가 급진적 입장에서 해외직접투자를 거의 전면적으로 차단하던 모습에서 벗어나 자유 시장과 실용주의적 민족주의를 혼합한 정책 기조로 빠르게 전환했다.

자국으로의 해외직접투자 장려 정책

많은 정부는 외국 기업들이 자국에 투자하도록 유인하기 위해 여러 인센티브를 제공한다. 대표적인 형태로는 세제 혜택, 저금리 대출, 그리고 장려금이나 보조금 등이 있다. 이러한 인센티브는 해외직접투자가 가져다줄 자원 이전 및 고용효과를 얻고자 하는 목적에서 비롯된다. 또한, 다른 잠재적 투자 유치국들에게 빼앗길 수 있는 해외직접투자를 자국으로 끌어오기 위해 인센티브를 제공한다. 예컨대 1990년대 중반에 영국과 프랑스 정부는 각각 자국에 Toyota를 유치하기 위해 서로 인센티브를 제시하며 경쟁했다. 미국에서는 주 정부들이 해외직접투자를 유치하기 위해 서로 경쟁하는 경우가 흔하다. 예를 들어, 켄튀르키에 주는 Toyota가 미국 자동차 조립 공장을 켄튀르키에 주에 세우도록 설득하기 위해 1억 4,700만 달러 상당의 인센티브 패키지를 제공했으며, 이는 이웃 테네시 주 등을 제치고 성공적으로 투자를 유치한 주요 요인이 되었다. 해당 패키지에는 세제 혜택, 주 차원의 인프라 지출, 저금리 대출 등이 포함됐다.[42]

자국으로의 해외직접투자 제한 정책

투자 유치국 정부들은 여러 방식의 규제를 통해 해외직접투자를 제한하기도 한다. 그중 가장 일반적인 수단 두 가지는 소유권 제한과 이행 의무이다. 소유권 제한은 다양한 형태로 나타난다. 일부 국가에서는 외국 기업의 특정 분야 진입을 금지한다. 예컨대 스웨덴은 담배와 광업 분야에서 외국 기업을 배제하고, 브라질, 핀란드, 모로코는 특정 천연자원 개발에서 외국 기업을 배제한다. 자회사 지분 중 상당 부분을 현지 투자자가 보유해야 외국인 소유권이 허용되는 산업도 있다. 미국의 경우, 항공사 지분에 대해 외국인 지분을 25% 이하로 제한한다. 인도에서는 2001년까지 외국인이 언론 사업을 소유하는 것을 전면 금지했으나, 규제 완화로 지금은 인도 신문사 지분을 최대 26%까지 매입할 수 있게 되었다.

이러한 소유권 제한의 근거는 크게 두 가지다. 첫째, 국가 안보나 경쟁 보호 등의 이유로 외국 기업을 특정 부문에서 제외하려는 것이다. 특히 저개발국에서는 수입 관세와 해외직접투자 통제를 통해 외국 기업과의 경쟁을 제한하지 않으면, 현지(자국) 기업이 발전하지 못할 수 있다고 믿는 것 같다. 이는 7장에서 다룬 유치 산업 보호론의 다른 형태이다.

둘째, 소유권 제한은 현지(자국) 소유주들이 해외직접투자를 통해 발생하는 자원 이전과 고용 혜택을 투자 유치국에서 극대화하도록 도울 수 있다는 믿음에 근거하는 것으로 보인다. 1980년대 전까지, 일본 정부는 대부분의 해외직접투자를 금지했으나, 외국 다국적 기업이 가치 있는 기술을 보유하고 있을 경우, 일본 기업과의 합작 투자는 허용했다. 일본 정부는 이러한 방식이 외국 다국적 기업이 가진 귀중한 기술이 일본 경제 전반에 빠르게 확산되는 데 도움이 될 것이라고 분명히 믿었다.

이행 의무 역시 여러 형태를 띨 수 있는데, 이는 다국적 기업의 현지 자회사의 행태를 통제하기 위한 제도적 수단이다. 가장 일반적인 이행 의무로는 현지 부품 사용, 수출, 기술 이전, 그리고 최고 경영진 내 현지 인력 참여 등이 있다. 이는 특정 소유권 제한과 마찬가지로, 이러한 규제가 투자 유치국이 해외직접투자를 통해 얻는 이익은 극대화하고 비용은 최소화하도록 돕는다는 논리에 기반한다. 많은 국가가 자국의 목표에 부합한다고 판단될 때, 어떤 형태로든 이행 의무를 도입한다. 하지만 이러한 이행 의무는 선진 공업국보다 저개발국에서 더 자주 볼 수 있는 경향이 있다.[43]

국제기구와 해외직접투자 자유화

1990년대 전까지는, 다국적기구가 해외직접투자를 관장하는 일에 일관되게 관여하지 않았다. 그러나 1995년 세계무역기구(World Trade Organization, WTO)가 발족하면서 상황이 달라졌다. 세계무역기구는 서비스 무역을 촉진하려는 목적을 가지고 있는데, 상당수 서비스는 제공되는 곳(판매 지역)에서 직접 생산되어야 하므로 수출이라는 선택지가 실질적으로 불가능하다(예: McDonald's 햄버거 혹은 개인 금융 서비스를 수출할 수는 없다). 이러한 특성으로 인해, 세계무역기구는 해외직접투자 관련 규정에도 관여하기 시작했다. 자유무역을 촉진하기 위해 설립된 기구인 만큼, 세계무역기구의 노력은 주로 해외직접투자 규정의 자유화(특히 서비스 부문)를 추진하는 데 집중되어 왔다. 세계무역기구 주도로 1997년에 체결된 두 가지 대규모 다자간 협정은 통신과 금융 분야의 무역 자유화를 목표로 한다. 이 두 협정 모두 서명국에게 투자 유치국 내 해외직접투자 관련 규정을 완화하도록 상세한 조항들을 포함하고 있으며, 이는 사실상 외국 통신 및 금융 기업에게 자국 시장을 개방하도록 요구한다. 반면, 세계무역기구가 해외직접투자 자유화를 촉진하기 위해 모든 국가가 보편적으로 적용할 규칙을 제정하고자 시도한 노력은 상대적으로 성공을 거두지 못했다. 말레이시아와 인도를 비롯한 몇몇 개발도상국들은 세계무역기구가 그러한 논의를 개시하려는 움직임에 반대해 왔다.

360° 관점: 경영에의 시사점

[학습 목표 6] 해외직접투자와 관련된 이론과 정부 정책이 경영자에게 제시하는 함의를 파악한다.

해외직접투자와 정부 정책

본 장에서 다룬 내용을 통해 경영 현장에서 유의해야 할 여러 시사점이 도출된다. 이번 절에서는 먼저 해외직접투자 관련 이론이 갖는 함의를 살펴본 뒤, 정부 정책의 함의를 논의하고자 한다.

해외직접투자 이론

해외직접투자 이론이 기업 실무에 주는 함의는 비교적 명확하다. 우선, John Dunning과 연관된 입지 특유 우위 주장은 해외직접투자가 어디로 흘러가는지를 설명해 준다. 그러나 이 주장은 기업이 라이선싱이나 수출이 아닌 해외직접투자를 선호하는 이유까지 설명하지는 못한다. 이와 관련하여 설명력 및 비즈니스 관점 모두에서 가장 유용한 이론은 수출과 라이선싱의 한계에 초점을 맞추는, 즉 내부화 이론이라 할 수 있다. 이 이론들은 해외직접투자, 수출, 라이선싱 각각의 상대적 수익성이 상황에 따라 어떻게 달라지는지를 구체적으로 제시하기 때문에 유용하다. 이 이론들에 따르면, 운송비가 적고 무역 장벽이 미미한 경우 수출이 라이선싱이나 해외직접투자보다 바람직하다. 그러나 운송비나 무역 장벽이 커지면 수출이 수익성을 잃게 되고, 기업은 해외직접투자와 라이선싱 중 선택해야 한다. 해외직접투자는 비용도 크고 위험도 크므로, 모든 조건이 동일하다면 라이선싱이 해외직접투자보다 선호된다는 것이 이론의 기본 입장이다. 하지만 실제 상황에서 다른 모든 조건이 동일한 경우는 드물다. 라이선싱이 가능하더라도, 아래 조건 중 하나 이상에 해당하면 라이선싱은 매력적인 선택지가 되지 못한다. (1) 기업이 보유한 가치 있는 노하우를 라이선싱 계약만으로 충분히 보호하기 어려운 경우, (2) 해당 국가에서 시장 점유율과 수익을 극대화하기 위해, 기업이 현지 사업체에 대해 엄격한 통제가 필요한 경우, (3) 기업이 보유한 숙련과 역량이 라이선싱 형태로 이전 및 활용되기에 적합하지 않은 경우이다. 그림 8-4는 이와 같은 고려 사항을 의사 결정나

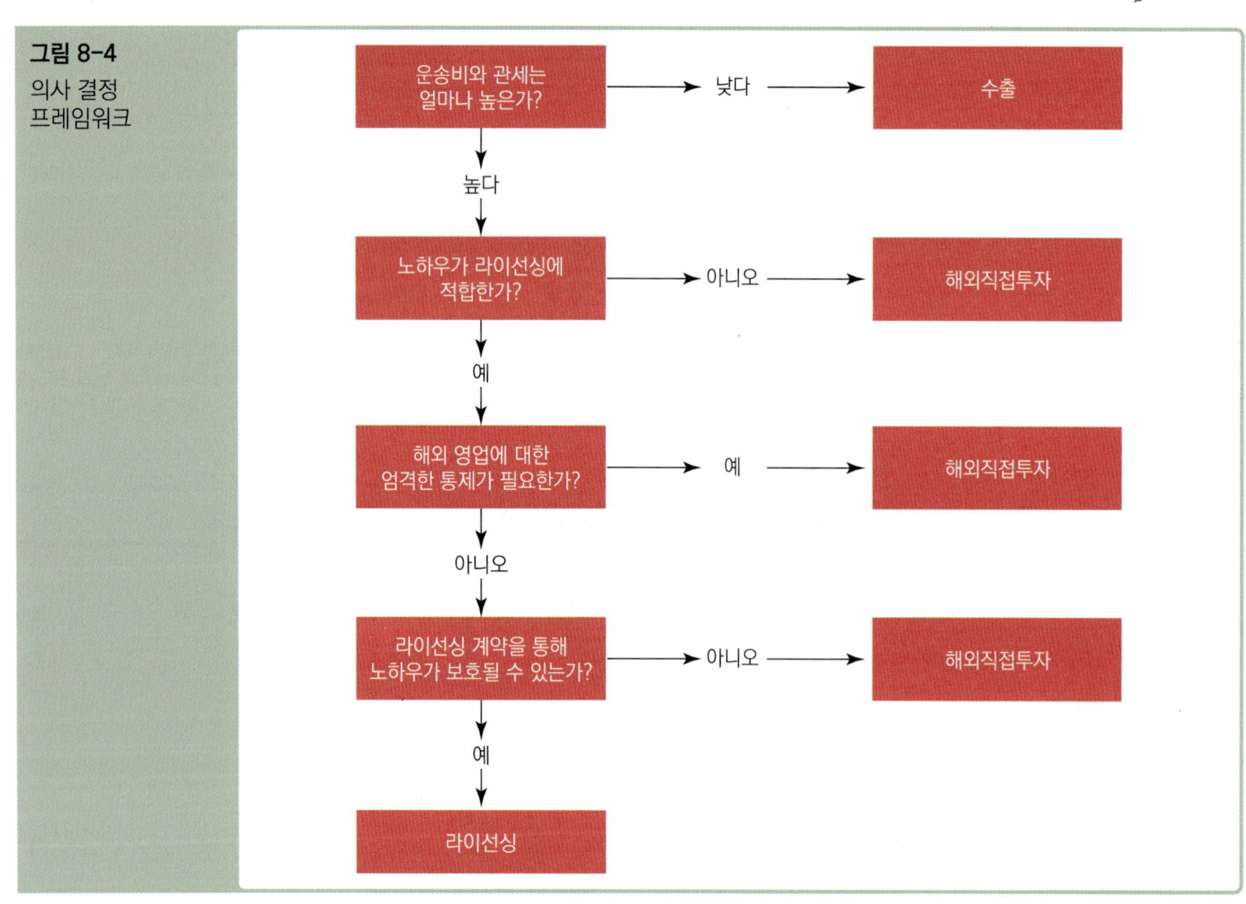

그림 8-4
의사 결정 프레임워크

무 형태로 정리해 제시하고 있다.

라이선싱이 적합하지 않은 기업들은 대체로 아래 세 가지 유형의 산업에 속하는 경향이 있다.

- 첨단 기술 산업: 기업 특유의 전문 지식을 보호하는 것이 최우선 과제이며, 라이선싱이 이를 위태롭게 할 수 있는 산업
- 글로벌 과점 산업: 경쟁 상대 간 상호 의존도가 높아서 다국적 기업이 해외 사업에 대해 엄격한 통제를 유지해야만 경쟁자들에게 동시에 공격을 개시할 수 있는 능력을 확보할 수 있는 산업
- 비용 압박이 극심한 산업: 다국적 기업이 전 세계에서 가장 유리한 생산 요소 비용을 활용하여 비용을 최소화하고 가치를 극대화할 수 있도록 해외 사업을 엄격히 통제해야 하는 산업

현재까지의 실증 연구는 제한적이지만, 대부분의 연구 결과가 위와 같은 추론을 지지하는 것으로 보인다.[44] 더 나아가, 기업의 경쟁 우위가 경영(관리) 또는 마케팅 노하우에 기반해 있으며, 그 노하우가 기업 운영 루틴이나 경영진의 숙련에 내재하고 있어, 간단히 '청사진' 형태로 문서화하기 어렵다면, 라이선싱은 적절치 않은 선택일 수 있다. 이는 여러 다양한 산업군의 기업에 해당할 수 있다.

이에 반해 라이선싱이 효과적인 선택이 될 수 있는 기업들은 위에서 제시한 조건과 반대되는 산업 환경에 있는 경향이 있다. 즉, 전 세계적으로 분산된 제조가 필요하며, 분절된 저기술의 산업에서 라이선싱이 좀 더 흔하고 수익성이 높은 경향이 있다. 대표적인 예로 패스트푸드 산업을 들 수 있다. McDonald's는 전 세계로 사업을 확장할 때 프랜차이징 전략을 사용했는데, 프랜차이징은 라이선싱과 유사하되, 보통 라이선싱보다 훨씬 장기적인 계약을 수반하는 서비스 산업의 라이선싱 버전이라고 볼 수 있다. 프랜차이징을 통해 본사는 외국 기업에게 브랜드명 사용 권한을 제공하고, 그 대가로 해당 프랜차이즈점의 이익 중 일정 비율을 받는다. 프랜차이징 계약에는 프랜차이즈점이 브랜드를 사용하기 위해 충족해야 할 조건들이 명시된다. 예를 들어 McDonald's는 전 세계 어느 매장이든 동일한 방식으로 운영한다는 조건을 수용하는 외국 기업에 한해 자사 브랜드 사용권을 부여한다. 이 전략이 McDonald's에 타당한 이유는 다음과 같다. (1) 많은 서비스와 마찬가지로, 패스트푸드는 수출할 수 없다(현지에서 생산 및 소비해야 한다). (2) 프랜차이징은 해외 시장 개척에 따르는 비용과 위험을 절감한다. (3) 기술적 노하우와 달리, 브랜드명은 계약을 통해 비교적 쉽게 보호할 수 있다. (4) McDonald's는 프랜차이즈점에 대해 엄격한 통제를 유지해야 할 절대적 이유가 없다. (5) McDonald's의 노하우(패스트푸드점 운영 방식)는 계약서 형태로 구체적이고 체계적으로 정리 및 전달할 수 있다(실제로 프랜차이징 계약서에는 매장을 운영하는 세세한 절차까지 명시되어 있다).

마지막으로, 제품 수명 주기 이론과 Knickerbocker의 해외직접투자 이론은 기업 실무 차원에서는 상대적으로 유용성이 떨어진다는 점을 주목해야 한다. 이 두 이론의 문제는 분석적이라기보다는 서술적이라는 데에 있다. 즉, 이 이론들은 해외직접투자가 어떻게 진화해 왔는지 설명하는 데에는 탁월하지만, 해외직접투자, 라이선싱, 수출 간 상대적 수익성을 결정하는 요인을 구체적으로 제시하지는 않는다. 사실상, 이 두 이론은 라이선싱을 해외직접투자의 대안으로 아예 고려하지도 않는다.

정부 정책

투자 유치국이 해외직접투자에 어떤 태도를 보이느냐는 기업이 해외 생산 시설을 어디에 두고, 또 어느 국가에 직접투자를 할지 결정할 때 중요한 변수로 작용한다. 다른 모든 조건이 동일하다면, 해외직접투자를 적극 허용하는 국가에 투자하는 것이 해외직접투자를 제한하는 국가에 투자하는 것보다 명백히 더 낫다.

그러나 현실적으로는 이 문제가 그렇게 간단하지 않을 때가 많다. 최근의 자유 시장 노선 확산에도 불구하고, 상당수 국가들은 여전히 실용적 관점에서 해외직접투자를 바라본다. 이런 맥락에서, 해외직접투자를 고려 중인 기업은 종종 해당 국가 정부와 투자 조건을 놓고 협상을 벌여야 한다. 이 협상은 크게 두 가지 주제에 초점을 맞춘다. 투자 유치국이 해외직접투자를 적극 유치하고자 하는 경우, 협상의 핵심은 투자 유치국 정부가 다국적 기업에 제공할 인센티브가 무엇이며, 그 대가로 기업이 어떤 의무 사항을 수용할 것인지가 된다. 투자 유치국이 해외직접투자의 편익에 확신이 없고, 투자 접근을 제한하려는 가능성이 있는 경우, 협상의 핵심은 다국적 기업이 제안한 투자안을 승인받기 위해 기업이 어떤 양보를 해야 하는가에 달려 있다.

결국 협상 결과는 양측의 협상력에 달려 있다. 각 측의 협상력은 다음 세 가지 요인에 의해 결정된다.

- 상대방이 제공하는 것에 대해 각 측이 부여하는 가치
- 양측이 확보한 대안의 개수
- 각 당사자의 시간적 여유

투자 조건을 둘러싸고 투자 유치국 정부와 협상을 벌이는 기업 입장에서는 투자 유치국 정부가 기업이 가져올 자원을 매우 가치 있게 평가할 때, 기업이 선택할 수 있는 다른 투자처가 많을 때, 기업이 협상을 장기간 진행할 수 있을 만큼 시간적 여유가 있을 때에 협상력이 더 높아진다. 반대로, 위 상황들이 불리하게 작용하면(투자 유치국이 기업의 기여를 낮게 평가할 때, 대체 투자처가 적을 때, 기업의 협상 시간 부족할 때) 기업의 협상력은 낮아지게 된다.[45]

주요 용어

해외직접투자 유량	그린필드 투자	내부화 이론	외부성
해외직접투자 저량	절충 이론	과점	국제수지 계정
해외직접투자 유출	수출	다접점 경쟁	경상 계정
해외직접투자 유입	라이선싱	입지 특유 우위	역외 생산

요약

이 장에서는 국가 간 해외직접투자(FDI)의 패턴을 설명하려는 여러 이론을 살펴보고, 정부가 기업의 대외 투자 결정에 어떤 영향을 미치는지도 검토했다. 핵심 내용은 다음과 같다.

1. 해외직접투자를 설명하는 이론은 기업이 수출이나 라이선싱과 같은 대안이 있음에도 왜 굳이 해외에 사업체를 인수하거나 설립하려 하는지 설명한다.
2. 높은 운송비나 수입 관세는 많은 기업들이 수출보다 해외직접투자 또는 라이선싱을 선호하는 이유를 설명해 준다.
3. 기업들은 다음과 같은 상황에서 라이선싱보다 해외직접투자를 더 선호하는 경향이 있다. (a) 보호가 어려운 가치 있는 노하우를 보유한 경우, (b) 해당 국가에서 시장 점유율과 수익을 극대화하기 위해 현지 사업체에 대한 엄격한 통제가 필요한 경우, (c) 기업의 숙련이나 역량이 라이선싱으로 이전하기 적합하지 않은 경우.
4. Knickerbocker 이론은 과점 산업에서 많은 해외직접투자를 경쟁사들의 모방적 행동으로 설명할 수 있음을 시사한다.
5. Dunning은 입지 특유 우위가 해외직접투자의 성격과 방향을 설명하는 데 매우 중요하다고 주장한다. Dunning에 따르면, 기업은 입지 특유의 자원이나 자산을 활용하기 위해 해외직접투자를 수행한다.
6. 정치 이념은 해외직접투자에 대한 정부 정책의 중요한 결정 요인이다. 이념은 해외직접투자에 적대적인 급진적 입장에서부터 완전 자유 시장의 불간섭주의 입장까지 스펙트럼을 이룬다. 이 양극단 사이에 실용주의적 민족주의가 있다.
7. 투자 유치국이 해외직접투자를 통해 얻을 수 있는 편익은 자원 이전 효과, 고용 효과, 국제수지 효과에서 비롯된다.
8. 투자 유치국이 감수해야 할 해외직접투자 비용은 경쟁과 국제수지의 역효과, 국가의 주권 상실에 대한 우려 등이 있다.
9. 투자국이 얻는 편익으로는 외국 자회사에서 창출된 이익의 본국 유입으로 인한 국제수지 개선, 외국 자회사가 본국 수출을 유발할 때의 고용 증가, 외국에서 습득한 기술이나 역량이 본국으로 돌아오는 역 자원 이전 효과 등을 들 수 있다.
10. 투자국이 부담해야 할 비용으로는, 초기 자본 유출과 해외직접투자가 수출을 대체함으로써 생기는 무역 수지 악화, 그리고 일자리가 해외로 이전되면서 발생하는 고용 문제 등이 있다.
11. 투자 유치국은 해외직접투자를 장려하거나 제한하기 위한 여러 정책을 채택할 수 있다. 투자 유치국은 인센티브를 통해 해외직접투자 유치에 힘쓰는 한편, 소유권 제한과 이행 의무을 부과함으로써 해외직접투자를 제한하기도 한다.

비판적 사고와 토론을 위한 질문

1. 2018년을 기준으로, 아일랜드의 총고정자본형성 중 약 63.7%가 해외직접투자 유입에서 비롯된 반면, 일본의 경우에는 고작 4.1%였다. (총고정자본형성이란 공장, 창고, 소매점 같은 고정자산에 대한 투자를 의미한다). 두 나라에서 이렇게 다른 해외직접투자 유입이 나타나는 이유는 무엇이라고 생각하는가?
2. 해외직접투자에 대한 두 이론, 즉 내부화 이론과 Knickerbocker의 해외직접투자 이론을 비교·대조하라. 어떤 이론이 해외직접투자의 역사적 패턴을 가장 잘 설명한다고 보는가? 그 이유는 무엇인가?
3. 해외직접투자의 절충 이론의 강점은 무엇인가? 어떤 단점이 있을 수 있는지 생각해 볼 수 있는가? 이 이론은 경영 실무에 어떤 영향을 미치는가?
4. MANAGEMENT FOCUS 'Burberry, 일본에서 진출 전략을 바꾸다'를 읽고, 다음 질문에 답하라.
   a. Burberry는 처음에 일본 내 영향력을 확대하기 위해 왜 라이선싱 전략을 택했는가?
   b. 시간이 흐름에 따라 라이선싱의 어떤 한계가 드러났는가? Burberry가 이러한 단점을 충분히 예상할 수 있었을까?

c. 일본 라이선싱 계약을 종료하고 직접 소유 매장을 여는 전략은 Burberry에게 올바른 선택이었나? 이 때 어떤 위험이 존재하는가?

5. 당신은 혁신적인 새 개인용 컴퓨터를 개발한 미국 기업의 국제담당 관리자다. 이 컴퓨터는 기존 개인용 컴퓨터와 동일한 기능을 수행하지만, 제조 비용이 절반에 불과하다. 여러 개의 특허로 이 독특한 디자인이 보호되고 있다. CEO가 당신에게 서유럽 시장에 진출하기 위한 전략을 제안해 달라고 요청했다. 선택지는 다음 세 가지다. (a) 미국에서 수출한다. (b) 유럽 현지 기업과 라이선싱 계약을 체결하여 생산 및 판매를 맡긴다. (c) 유럽에 완전 자회사를 설립한다. 각 대안의 장단점을 평가하고, CEO에게 어떤 방안을 권고할지 제안하라.

Tesla의 중국 투자

2018년 7월, Tesla는 중국 상하이에 새로운 자동차 공장을 건설할 계획이라고 발표했다. 이는 Tesla가 미국 외 지역에 세우는 첫 번째 공장으로, 완전 가동 시 연간 전기차 50만 대를 생산할 수 있어, 회사의 총생산량이 배가될 전망이다. Tesla는 캘리포니아 프리몬트 공장에서 완성차를 만들어 중국에 수출해 왔지만, 이번 투자는 중국 당국이 이례적으로 신속하게 승인했다. 중국 정부는 Tesla가 완전 자회사를 설립하도록 허용하겠다고 밝혔고, 국영은행들이 16억 달러 규모의 자금 지원도 제공했다. Tesla가 중국에 직접투자를 결정한 데에는 여러 요인이 작용했다.

2018년 기준으로 이미 중국은 세계 최대 자동차 시장이자 최대 전기차 시장이었으며, 2018년 판매량(트럭과 버스 포함)은 120만 대에 달했다. 예측에 따르면, 중국은 2021년까지 전기차 판매가 180만 대, 2025년까지 600만 대에 이를 것으로 전망되었다. 이러한 성장 전망을 뒷받침하는 것은 중국 정부가 2030년까지 중국에서 판매되는 모든 자동차가 전기차 또는 하이브리드가 되도록 하는 대담한 목표를 내세웠기 때문이다. 중국 정부는 파리 기후변화 협약 이행을 위해 이산화탄소 배출을 줄이고, 도시 대기 오염을 완화하며, 거의 생산하지 못하는 석유의 외국 의존도를 낮추기 위해 이러한 목표를 추진하고 있다. 또한, 유리한 규제 및 생산자 보조금, 전기차 구매자에 대한 세액공제 등을 통해 이를 뒷받침하고 있다. 중국 정부는 전기차 생산을 통해 중국이 세계 자동차 산업에서 주요 플레이어로 도약할 수 있다고 보고 있다.

Tesla 입장에서는 이 급성장하는 시장에 현지 생산 방식으로 직접 참여하는 것이 오랜 기간 고려되어 왔으나, 기존까지는 중국의 까다로운 외국 기업 규제가 걸림돌이었다. 과거 규정대로라면 Tesla는 공장 지분의 50%를 중국 파트너에게 넘겨야 했는데, 이는 기술 경쟁력을 기반으로 하는 Tesla에게 매우 위

Chine Nouvelle/SIPA/Shutterstock

험한 조건이었다. 그러나 2018년, 중국 정부가 자동차 산업을 포함해 여러 분야에서 외국인 투자 기업에 대한 50 대 50 합작 투자 의무를 완화하겠다고 발표하면서 상황이 바뀌었다.

한편, Trump 행정부 시기에 미국과 중국 간 무역 전쟁이 본격화되며, 미국은 중국산 제품에 25% 수입 관세를 부과했고, 중국 역시 미국산 수입품 일부에 보복 관세를 매겼다. 이는 미국에서 중국으로 제품을 수출하는 기업들에게 잠재적 위험이 되었다. 중국은 외국 자동차 수입에 대해 25% 관세를 폐지한지 얼마 되지 않았는데, 무역 전쟁으로 인해 이 관세가 다시 부과될 가능성도 생겼다. 게다가 무역 정책의 급변뿐 아니라 환율 변동 위험도 Tesla가 부담해야 했다. 결국, 중국에 직접 투자함으로써 이러한 위험을 회피할 수 있다는 판단이 작용했다.

Tesla의 상하이 공장은 2020년 12월에 생산을 시작했으며, Model 3 전기차를 연간 약 5만 달러 수준의 가격으로 판매했다. 중국 정부는 Model 3 차량에 대해 10% 판매세를 면제했으며, 차량 한 대당 약 3,560달러의 보조금을 제공했다. Tesla는 중국 현지 생산 첫 해인 2019년에 중국 시장에서 4만 대를 판매했고, 2020년에는 판매량이 12만까지 급증했다. 이는 미국에 이어 Tesla의 두 번째로 큰 시장이 중국이 되었다는

의미다. 2022년까지 이러한 성장세가 이어지면서, 중국에서의 Tesla 판매량은 44만9,770대에 달해, 2022년 전체 Tesla 판매의 약 35%를 차지했다. 이 기간에 중국의 코로나19 방역 정책으로 인해 Tesla의 상하이 공장이 두 차례 폐쇄되는 사태가 있었음에도 Tesla는 상당한 성장세를 보였다.

그러나 Tesla가 중국 시장을 마음대로 장악할 수 있는 것은 아니다. 현지 전기차 업체들도 판매량이 급증하고 있는데, 특히 중국 기업 BYD는 2022년에 187만 대의 전기차를 판매하며 시장 선두를 차지했다. 중국자동차공업협회는 2023년에는 전기차와 하이브리드 판매량이 900만 대에 이를 것으로 전망하고 있다. 중국 시장에서 리더십을 잃은 Tesla는 2023년 1월에 차량 가격을 인하했고, 즉시 중국 내 판매가 급증하는 효과를 봤다.

Sources: B. Goh, "Tesla Goes Big in China with Shanghai Plant," *Reuters*, July 10, 2018; L. Tang, "China's Electric Vehicle Sales to Reach More than 1.3 Million in 2020," *S&P Global*, December 17, 2020; C. Zhu et al., "Tesla's Dominant Position in China Could Be Threatened Next Year," *Bloomberg*, December 28, 2020, D. Gessner, "Why China Loves Tesla," *Business Insider*, June 4, 2020; "In China, Tesla Could Win Electric Vehicle Price Battle—But Lose the War," *Reuters*, February 13, 2023; W. Zhou, "China NEV Sales Jump in 2022," *Nikkei Asia*, January 16, 2023.

CLOSING CASE 토론을 위한 질문

1. 중국 자동차 시장이 Tesla에게 매력적인 이유는 무엇인가? Tesla가 중국의 전기차 시장에 참여함으로써 얻는 이점은 무엇인가?
2. Tesla는 미국에서 완성차를 계속 수출하는 대신, 왜 직접 중국에 투자하기로 결정했는가?
3. 중국 정부는 과거 외국 자동차 제조사가 중국에서 생산 시설을 세우려면 현지 기업과 합작 투자를 맺어야 한다고 요구해 왔다. 2018년에 이 규정을 완화한 이유는 무엇이라고 생각하는가?
4. 궁극적으로 외국 자동차 제조사인 Tesla에게 중국이 보조금을 지급하는 이유는 무엇인가? 중국은 이를 통해 무엇을 얻고자 하는 것인가?
5. 진행 중인 미·중 무역 전쟁과 두 국가 간 악화되는 관계가 Tesla에 문제를 일으킬 가능성이 있는가? 이로 인한 위험에는 어떤 것들이 있으며, Tesla에 어떤 영향을 미칠 수 있을까? Tesla는 이러한 위험을 완화하기 위해 무엇을 할 수 있겠는가?

미주(endnotes)는 한경사 홈페이지 www.hankyungsa.co.kr의 공지 사항에서 PDF 파일로 다운로드 할 수 있습니다.

Nadezhda Gerasimova/Shutterstock

9 지역 경제의 통합

학습 목표

이 장을 학습하면,

1. 지역 경제 통합의 다양한 수준을 설명할 수 있다.
2. 지역 경제 통합을 지지하는 경제적, 정치적 의견을 이해할 수 있다.
3. 지역 경제 통합에 반대하는 경제적, 정치적 의견을 이해할 수 있다.
4. 세계에서 가장 중요한 지역 경제 협정들의 역사, 현재 범위 및 미래 전망을 설명할 수 있다.
5. 지역 경제 통합 협정에 내재된 경영 실무에 대한 함의를 이해할 수 있다.

OPENING CASE 아프리카 대륙 자유무역지대

2018년, 6년간의 협상 끝에 아프리카 55개국 중 단 한 나라를 제외한 모든 국가가 대륙 전체를 아우르는 자유무역지대를 설립하는 협정에 서명했다. 아프리카 대륙 자유무역지대(African Continental Free Trade Area, AfCFTA) 로 알려진 이 야심 찬 프로젝트는 54개국을 하나의 단일 시장으로 통합하는 것을 목표로 하며, 총 인구 13억 명, GDP 3조 4천억 달러 규모의 경제권을 형성한다. 유일한 반대국인 에리트레아는 기존 지역 협정을 대신 선택하며 새로운 협정에 참여하지 않았다. 현재까지 54개국 중 44개국이 협정을 비준하였으며, 2021년 초 공식 발효되었다.

AfCFTA는 아프리카 국가 간 교역에서 90%의 상품에 대한 관세를 5~10년 내 철폐하는 것을 목표로 한다. 또한, 과도한 관료주의, 복잡한 통관 절차, 부패 등 국경 간 무역을 방해하는 다양한 비관세 장벽을 제거하거나 단순화하는 것을 목표로 한다. 예를 들어, 세계은행 보고서에서 언급된 바와 같이, 한 아프리카 섬유 기업이 자사의 생산을 위한 지역 가치 사슬을 구축하기 위해 인접국에 공장을 설립하려 한다고 가정해 보자. 이 과정에서 기업은 필요한 승인 및 투자 라이선스를 받기 위해 수 개월간의 복잡한 행정 절차를 거쳐야 한다. 비자 제한으로 인해 전문가를 초청해 현지 직원을 교육하는 것이 어려울 수 있으며, 일부 본국 직원들은 해당 국가에서 학위를 인정받지 못해 아예 근무를 못할 수도 있다. 공장이 운영을 시작한 이후에도 부품 출하 과정에서 국경 검문소에서 며칠 동안 대기해야 할 수도 있고, 중복된 서류 절차, 잦은 검사, 세관 직원들의 금품 요구로 인해 물류가 원활하게 진행되지 않을 가능성이 크다.

AfCFTA는 아프리카 국가들이 경제 성장을 촉진하고 세계의 부유한 국가 대열에 합류하는 데 필수적이다. 현재 아프리카 대륙의 많은 국가는 여전히 식민지 시대의 경제적 영향에서 벗어나지 못하고 있으며, 구식민지 국가들과의 무역에 크게 의존하고 있다. 아프리카 전체 교역 중 역외 교역 비율은 16%에 불과한 반면, 아시아는 60%, 유럽은 68%에 이른다. 아프리카에는 이미 여러 지역 무역협정이 존재하지만, 높은 관세 장벽이 무역을 제한하고 있다. 예를 들어, 동아프리카공동체(EAC) 소속 6개국의 수출업자들은 아랍마그레브연합(AMU) 북부로 상품을 수출할 때 평균 16%의 관세를 부담해야 한다. AfCFTA는 기존 지역 협정을 폐지하지 않고, 아프리카 대륙 내 무역을 조화롭게 통합하는 규제 프레임워크를 제공하는 역할을 한다.

국제통화기금(IMF)에 따르면, AfCFTA에서 계획된 관세 철폐가 이루어질 경우 아프리카 역내 무역이 15~25% 증가할 것으로 예상된다. 세계은행의 연구에 따르면, 협정의

1단계 시행만으로도 2035년까지 아프리카 실질 소득이 7% 증가하고, 극빈층 인구가 4천만 명 감소하여 2억 7,700만 명으로 줄어들며, 대륙 전체 GDP가 4,500억 달러 증가할 것으로 전망된다. 세계은행은 이 협정이 아프리카 역내 및 역외의 해외직접투자(FDI)를 유치할 경우, 그 효과가 더욱 커질 것이라고 예측했다. 이러한 FDI는 자본, 기술, 경영 노하우를 제공하여 아프리카 국가들의 산업 성장을 촉진할 것이다. 또한, 해외 투자, 경쟁 정책, 전자상거래, 지식재산권 보호 등에 대한 규정이 통합될 경우, 2035년까지 실질 소득이 최대 9% 증가하고 GDP가 5,710억달러 늘어나며 극빈층 인구가 5천만 명 감소할 것으로 예상된다.

그러나 이러한 성과를 실현하기 위해서는 많은 과제가 남아 있다. AfCFTA가 성공하기 위해서는 아프리카 국가들 간 지속적인 정치적 협력이 필요하며, 관세 철폐 및 정책 통합을 위한 세부 조정이 이루어져야 한다. 또한, 각국 정부는 자국 내 입법 과정을 통해 협정이 국내법으로 반영되도록 추진해야 하는데, 이는 다양한 정치적 이해관계가 충돌하는 국가에서는 쉽지 않은 과제일 수 있다.

또한, 아프리카 대륙의 만성적인 인프라 부족 역시 해결해야 할 주요 과제이다. 현재 아프리카의 물류 비용은 세계 평균보다 3~4배 높은 수준이다. 아프리카의 면적은 중국, 인도, 미국, 서유럽을 모두 합친 것보다 크지만, 철도망은 독일과 프랑스를 합친 수준에 불과하다. 또한, 도로 밀도는 세계 최저 수준이며, 항만 처리 속도가 느리고 물류 비용이 다른 지역보다 50% 이상 높다. 전력 공급 부족도 자주 발생하는 문제로, 농촌 지역의 상당수가 전력망을 이용하지 못하고 있다. IMF는 아프리카 인프라가 세계 평균 수준으로 개선될 경우, 역내 무역이 7% 증가할 것이라고 분석했다. AfCFTA 지지자들이 지적하듯이, 이 협정이 성공하면 대륙의 인프라를 개선하는 데 필요한 투자를 유치하고, 아프리카가 대륙 내 무역을 활성화하며 경제 발전의 사다리를 오르는 데 도움이 될 것이다.

Sources: "The African Continental Free Trade Area," *The World Bank*, July 27, 2020; M. Pangestu, "Can African Trade Integration Be a Game Changer?" *World Bank Blogs*, February 2, 2023; "What Is the African Continental Free Trade Area?" *The Economist*, January 26, 2021; "Why It Costs So Much to Move Goods around Africa," *The Economist*, March 6, 2022.

서론

지역 경제 통합
지리적으로 인접한 국가들 간의 협정을 통해 상품, 서비스 및 생산 요소의 자유로운 이동을 저해하는 관세 및 비관세 장벽을 점진적으로 낮추고 궁극적으로 제거하는 협정.

지난 20년 동안 지역 무역 블록이 급증하면서 **지역 경제 통합**(regional economic integration)이 활발히 추진되고 있다. 세계무역기구(WTO) 회원국들은 자신들이 참여하는 모든 지역 무역협정을 WTO에 통보해야 한다. WTO는 2022년 기준, 모든 WTO 회원국이 하나 이상의 지역 무역협정에 참여하고 있다고 보고했다. 2022년 12월 현재, 총 355개의 지역 무역협정이 발효 중이다.[1]

국제 무역 이론, 특히 비교 우위 이론(6장 참고)에 따르면, 지역 내 자유무역을 촉진하는 협정은 모든 회원국이 무역을 통해 이익을 얻을 수 있도록 한다고 경제학자들은 보고 있다. 관세 및 무역에 관한 일반 협정(GATT)과 그 후속 기관인 WTO 역시 무역 장벽을 줄이는 것을 목표로 한다. 그러나 WTO는 범세계적인 관점을 갖고 있으며 164개 회원국이 참여하고 있어 합의 도출이 매우 어렵다. 이에 따라 여러 국가가 지역 협정을 체결함으로써 WTO의 감독하에서 이루어지는 것보다 더 신속하게 무역 장벽을 낮추는 것을 목표로 하며, 이를 통해 현재 WTO 규칙하에서 가능한 것보다 더 큰 무역 이익을 달성하고자 한다. 지역 무역협정의 체결은 최근 몇 년 동안 중요한 정책 접근 방식이 되어 왔다. 이는 2001년에 시작된 WTO의 최신 무역 협상인 도하 라운드(Doha Round)가 진전을 이루지 못하고 현재 교착 상태에 빠졌기 때문이다(7장 참조). 도하 라운드의 실패로 인해 각국 정부는 WTO를 통한 협상보다 다자간 협정을 통해 무역 의제를 더 효과적으로 추진할 수 있다고 판단하게 되었다.

지역 경제 통합이 가장 적극적으로 추진된 곳은 유럽이다. 1993년 1월 1일, 유럽연합(European Union, EU)은 회원국 간 국경을 초월한 단일 시장을 구축하기 위해 다양한 장벽을 공식적으로 철폐했다. 2022년 기준, EU의 인구는 4억 5천만 명 이상이며, GDP는 16.6조 유로(미화 17.6조 달러)로, 경제 규모 측면에서 미국에 이어 두 번째를 차지한다(다만, 개별 국가 기준으로는 중국이 세계 2위 경제 대국). 하지만 2016년 영국의 EU 탈퇴(Brexit) 국민투표는 유럽 통합 프로젝트의 미래에 먹구름을 드리웠다. 실제로 2020년 영국의 공식 탈퇴로 인해 EU의 GDP는 약 2.5조 달러 감소, 인구는 6,600만 명 축소, 그리고 영국은 EU 단일 시장에서 이탈하는 과정에서 상당한 경제적 어려움을 겪게 되었다(영국은 탈퇴 당시 세계 5위 경제 대국).

세계 다른 지역에서도 이와 유사한 지역 통합 움직임이 진행되고 있다. 캐나다, 멕시코, 미국은 1994년 1월 1일 북미자유무역협정(NAFTA)을 체결했다. NAFTA의 궁극적인 목표는 세 나라 간 상품 및 서비스의 자유로운 이동을 방해하는 모든 장벽을 제거하는 것이었다. NAFTA 시행으로 인해 미국 경제의 일부 산업에서 일자리 감소가 발생하기도 했지만, 대부분의 경제학자들은 국제 무역 이론의 예측과 일치하게, 지역 무역 확대의 전체적인 이익이 그로 인한 비용을 상회한다고 주장한다. Donald Trump 행정부는 NAFTA를 비판하며 미국 내 상당한 일자리 감소의 원인으로 지목했고, 이를 대체할 협정인 미국-멕시코-캐나다 협정(USMCA)을 협상하여 발효시켰다.

지역 무역협정

지역 경제 통합은 9장의 주요 주제이며, 전 세계 주요 무역협정의 발전을 다루는 globalEDGE™의 부가 콘텐츠는 '지역 무역협정(Regional Trade Agreements)'이다(globaledge.msu.edu/global-resources/regional-trade-agreements). 이 globalEDGE™ 섹션에는 현재 존재하는 약 300개의 주요 협정 중 가장 중요한 협정들이 포함되어 있으며, 각 협정의 공식 홈페이지로 직접 연결할 수 있다. 또한, '지역 무역협정'의 페이지에는 globalEDGE™의 자체 콘텐츠인 'Trade Bloc Insights'도 포함되어 있어, 사용자들이 풍부한 정보와 데이터를 얻을 수 있다. 예를 들어, 각 협정의 개요, 역사, 회원국, 관련 협정, 온라인 자료, 통계, 그리고 협정의 주요 내용을 요약한 정보를 제공한다. 9장에서는 몇 가지 주요 무역협정을 다루며, 글로벌 시장의 전반적인 개요를 제공한다. 이 책에서 자세히 다루지 않는 협정은 무엇이며, globalEDGE™에는 어떤 협정을 포함하고 있을까? 예를 들어, 서아프리카경제공동체(ECOWAS)와 남부아프리카개발공동체(SADC)에 대해 얼마나 알고 있는가? ECOWAS와 SADC에는 각각 몇 개국이 포함되어 있으며, 이들 협정 간에 중복되는 회원국이 존재하는가? 또한, ECOWAS와 SADC 조약은 언제 체결되었는가?

남아메리카 역시 지역 경제 통합을 향해 나아가고 있다. 예를 들어, 1991년 아르헨티나, 브라질, 파라과이, 우루과이는 메르코수르(Mercosur) 협정을 체결하여 회원국 간 무역 장벽을 낮추기 시작했다. 메르코수르 내에서의 진전은 다소 더디게 이루어졌지만, 여전히 제도로서 유지되고 있다. OPENING CASE에서 언급된 바와 같이, 아프리카에서도 지역 경제 통합을 위한 노력이 계속되고 있다. 아프리카 54개국은 AfCFTA 협정을 체결하여 관세 및 비용이 많이 드는 통관 절차를 줄이고, 지역 경제 성장을 촉진하려 하고 있다.

마지막으로, 이 장의 후반부에서 다루겠지만, 현재 세계에서 가장 큰 지역 무역협정인 역내포괄적경제동반자협정(Regional Comprehensive Economic Partnership, RCEP) 이 2022년 1월 1일부로 발효되었다. RCEP는 동아시아 및 태평양 지역의 15개국이 체결한 협정으로, 중요한 점은 RCEP가 미국의 보호무역주의 강화 움직임에 대한 균형추 역할을 할 수 있다는 점이다. 이러한 보호무역주의 흐름은 Trump 및 Biden 행정부 기간 동안 지속적으로 강화되어 왔다.

본 장에서는 지역 경제 통합을 둘러싼 경제적·정치적 논쟁을 탐구하며, 통합의 경제적·정치적 이점과 비용에 중점을 둔다. 또한, 전 세계적으로 진행 중인 지역 경제 통합의 진전 상황을 검토하고, 국제 비즈니스 실무에 미치는 중요한 영향을 분석할 것이다. 특히, EU의 미래를 위협하는 현재의 변화, 그리고 NAFTA을 대체한 USMCA의 발전 과정을 다룰 예정이다. 이러한 목표를 논의하기 전에, 먼저 이론적으로 가능한 지역 경제 통합의 다양한 수준을 살펴볼 필요가 있다.

경제 통합의 수준

[학습 목표 1] 지역 경제 통합의 다양한 수준을 설명한다.

이론적으로 여러 수준의 경제 통합이 가능하며(그림 9-1 참고), 통합 정도에 따라 자유무역지대, 관세동맹, 공동시장, 경제동맹, 그리고 완전한 정치 통합으로 구분된다.

자유무역지대
회원국 간 상품 및 서비스의 자유로운 이동을 저해하는 모든 장벽을 제거하지만, 각 국은 비회원국과의 무역 정책을 독자적으로 운영할 수 있는 무역협정 형태.

자유무역지대(free trade area)란 회원국 간 상품 및 서비스의 자유로운 이동을 저해하는 모든 장벽을 제거하는 형태를 의미한다. 이론적으로 완전한 자유무역지대에서는 회원국 간 차별적인 관세, 수입할당제, 보조금, 행정적 장벽이 존재하지 않는다. 그러나 각 회원국은 비회원국과의 무역 정책을 독자적으로 설정할 수 있기 때문에, 비회원국 제품에 대한 관세율은 국가마다 다를 수 있다. 자유무역협정(free trade agreement, FTA)은 가장 일반적인 지역 경제 통합 형태로, 현재 전 세계 지역 무역협정의 약 90%를 차지하고 있다.[2]

원산지 규정
상품의 일정 비율 이상이 자유무역지대 내에서 생산되어야 함.

대부분의 자유무역협정에는 **원산지 규정**(rules of origin)에 대한 조항이 포함되어 있으며, 이를 통해 상품이 관세 감면을 받을 자격을 갖추는 방법이 명확히 규정된다. 이러한 규정은 상품의 일정 비율 이상이 자유무역지대 내에서 생산되어야 한다는 내용을 포함한다. 예를 들어, USMCA에서는

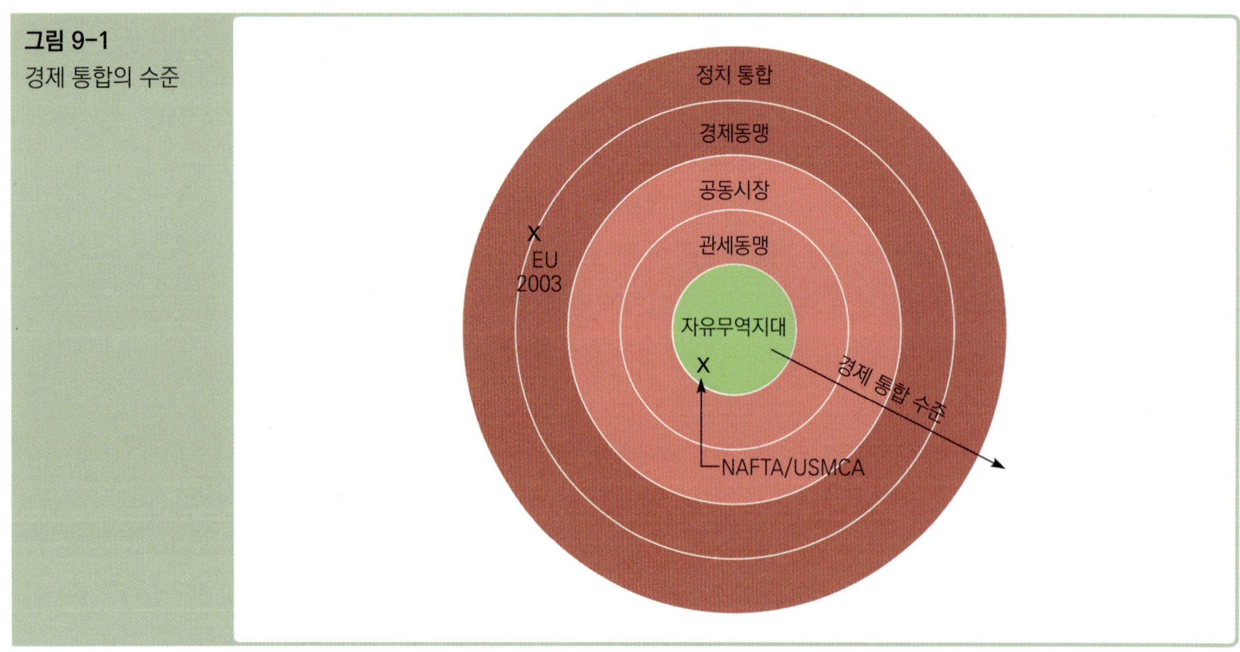

그림 9-1
경제 통합의 수준

자동차의 경우 한 대의 75% 이상이 북아메리카 지역에서 생산되어야 무관세 혜택을 받을 수 있다. 원산지 규정의 목적은 자유무역지대 외부 국가가 낮은 관세를 악용하지 못하도록 방지하는 것이다. 즉, 비회원국이 자유무역지대 내로 상품을 수출한 후 소량의 부가가치를 추가하여 무관세 혜택을 받는 것을 막기 위해 존재한다.

세계에서 가장 오래 지속된 자유무역지대는 **유럽자유무역연합**(European Free Trade Association, EFTA)이다. 1960년 1월 설립된 EFTA는 현재 노르웨이, 아이슬란드, 리히텐슈타인, 스위스 등 4개국이 회원국으로 참여하고 있다. 1995년에는 7개국이었으나, 오스트리아, 핀란드, 스웨덴이 1996년 1월 1일부로 EU에 가입하면서 회원국 수가 줄었다. EFTA는 유럽공동체(현재 EU의 전신)에 가입하지 않은 서유럽 국가들에 의해 설립되었으며, 초기 회원국에는 오스트리아, 영국, 덴마크, 핀란드, 스웨덴 등이 포함되었지만 현재 영국을 제외한 모든 국가가 EU 회원국이 되었다. EFTA의 주요 초점은 공산품의 자유무역이며, 농업 부문은 협정에서 제외되었다. 각 회원국은 농업 보호 정책(관세, 보조금 등)을 독자적으로 결정할 수 있으며, 비회원국으로부터 수입되는 상품에 대한 보호 수준도 개별적으로 설정할 수 있다. 그 외에도 대표적인 자유무역지대 사례로 NAFTA와 이를 대체한 USMCA이 있으며, 이에 대한 심층적인 논의는 본 장 후반부에서 다룰 예정이다.

유럽자유무역연합(EFTA)
노르웨이, 아이슬란드, 리히텐슈타인, 스위스로 구성된 자유무역연합.

관세동맹(customs union)은 자유무역지대보다 한 단계 높은 경제 통합 수준으로, 회원국 간 무역 장벽을 제거하는 동시에 비회원국과의 무역에 대해 공통된 외부 관세 정책을 채택하는 형태이다. 공통 외부 관세 정책을 시행하기 위해 상당한 행정 기구가 필요하며, 관세동맹에 가입한 국가들은 장기적으로 더 높은 수준의 경제 통합을 목표로 하는 경우가 많다. EU는 초기 단계에서 관세동맹으로 시작했으며, 이후 더 높은 수준의 경제 통합으로 발전하였다. 한편, 현재의 안데스 공동체(Andean Community, 이전의 Andean Pact)는 볼리비아, 콜롬비아, 에콰도르, 페루가 포함된 자유무역지대이며, 장기적으로 관세동맹을 목표로 하고 있다. 해당 협정은 회원국 간 자유무역을 보장하고 있으며, 이론적으로 비회원국으로부터 수입되는 상품에 대해 5~20%의 공통 관세를 부과하지만,[3] 아직 완전히 시행되지는 못하고 있다.

관세동맹
(1) 회원국 간 상품 및 서비스의 자유로운 이동을 저해하는 모든 장벽을 제거하고, (2) 공통 외부 무역 정책을 채택하는 국가들의 연합.

공동시장(common market)은 회원국 간 무역 장벽을 철폐하고, 공통 외부 무역 정책을 유지하며, 생산 요소(노동 및 자본)의 자유로운 이동을 허용하는 경제 통합 형태이다. 노동력과 자본의 자유로운 이동이 가능하므로, 회원국 간 이민, 이주 및 자본 이동에 대한 제한이 존재하지 않는다. 하지만 공동시장을 완전히 구축하기 위해서는 회원국 간 재정, 통화, 고용 정책에서 높은 수준의 조화와 협력이 필요하며, 이러한 협력을 달성하는 것이 매우 어렵다는 것이 문제점으로 지적된다. 과거 EU는 공동시장 형태로 운영되었으며, 현재는 그 이상으로 발전하였다. 또한, 남미의 경제 블록인 메르코수르(아르헨티나, 브라질, 파라과이, 우루과이로 구성) 역시 궁극적으로 공동시장으로 발전하는 것을 목표로 하고 있다. 베네수엘라는 한때 메르코수르의 정회원국으로 승인되었으나, 2016년 12월 비민주적 정책을 이유로 무기한 정지 처분을 받았다.

공동시장
(1) 회원국 간 상품, 서비스, 생산 요소의 자유로운 이동을 저해하는 모든 장벽을 제거하고, (2) 공통 외부 무역 정책을 채택하는 국가들의 연합.

경제동맹(economic union)은 공동시장보다 더욱 높은 수준의 경제 통합을 의미하며, 회원국 간 경제적 협력과 조정이 더욱 강화된 형태이다. 경제동맹에서는 상품과 생산 요소의 자유로운 이동 및 공통의 대외 무역 정책의 채택뿐만 아니라, 단일 통화 사용, 회원국 간 세율 조정, 공통의 통

경제동맹
(1) 회원국 간 상품, 서비스, 생산 요소의 자유로운 이동을 저해하는 모든 장벽을 제거하고, (2) 공통 통화를 도입하며, (3) 세율을 조정하고, (4) 공통 대외 무역 정책을 채택하는 국가들의 연합.

화 및 재정 정책의 채택이 요구된다. 이러한 높은 수준의 통합은 중앙 행정 기구의 운영을 필요로 하며, 회원국들은 일정 부분 국가 주권을 중앙 기구에 이양해야 한다. EU는 대표적인 경제동맹이지만, 아직 완전한 형태로 작동하지 않는 부분이 존재한다. 예를 들어, 모든 회원국이 유로화(Euro)를 채택하지는 않았으며, 국가 간 세율 및 규제가 여전히 다르게 적용되고 있다. 또한, 일부 시장(예: 에너지 시장)은 아직 완전히 자유화되지 않았다.

정치 통합
중앙 정치 기구가 경제, 사회, 외교 정책을 조정하는 형태.

경제동맹이 더욱 발전하면 **정치 통합**(political union)으로 이어질 수 있다. 이는 회원국 간 경제, 사회, 외교 정책을 조정하는 중앙 정치 기구가 존재하는 형태를 의미한다. 현재 EU는 최소한 부분적인 정치 통합을 향해 나아가고 있다. 유럽의회(European Parliament)는 1970년대 후반부터 EU 국가의 시민들이 직접 선출하는 방식으로 운영되고 있으며, EU의 주요 정책 결정 기구인 각료이사회(Council of Ministers)는 각 회원국 정부 장관들로 구성되어 있다. 이를 통해 회원국 간 정책 조율이 이루어지고 있다.

지역 경제 통합의 당위성

[학습 목표 2] 지역 경제 통합을 지지하는 경제적 및 정치적 주장을 이해한다.

지역 경제 통합의 당위성은 경제적 요인과 정치적 요인을 모두 포함하며, 일반적으로 한 국가 내 여러 집단이 이에 대해 합의하지 못하는 경우가 많다. 이러한 이유로 인해 대부분의 지역 경제 통합 시도는 논쟁적이며 더디게 진행되었다. 본 절에서는 통합을 지지하는 경제적 및 정치적 논거를 살펴보고, 통합 과정에서 발생하는 두 가지 주요 장애 요인을 논의한다. 다음 절에서는 지역 경제 통합에 반대하는 논거를 다룰 것이다.

지역 경제 통합의 경제적 논거

지역 경제 통합의 경제적 논리는 비교적 명확하다. 6장에서 국제 무역 이론이 자유무역을 통해 각국이 가장 효율적으로 생산할 수 있는 상품과 서비스에 특화할 수 있도록 한다고 설명한 바 있다. 그 결과, 무역 제한이 존재하는 경우보다 세계 전체 생산량이 증가할 수 있다. 또한, 자유무역이 경제 성장을 촉진하고, 이를 통해 역동적인 무역 이익이 창출된다는 점도 확인하였다. 8장에서 해외직접투자(FDI)가 기술, 마케팅, 경영 노하우를 진출국으로 이전할 수 있음을 다루었다. 경제 성장에서 지식이 핵심적인 역할을 한다는 점을 고려할 때, FDI 개방 또한 경제 성장을 촉진할 가능성이 높다. 결국, 경제 이론은 자유무역과 투자가 참여국 모두에게 이익을 제공(positive-sum game)한다는 점을 시사한다.

이러한 전망을 고려할 때, 이론적으로는 국가 간 상품, 서비스, 생산 요소의 자유로운 이동에 대한 장벽이 전혀 없는 것이 이상적이다. 그러나 7장과 8장에서 논의한 바와 같이, 국제 무역 및 FDI에 대한 정부 개입의 필요성을 주장하는 근거도 존재한다. 많은 국가가 이러한 개입의 필요성을 일부 또는 전부 수용하고 있기 때문에, 완전한 자유무역과 FDI는 이상적인 개념에 불과하며 현실적으로 구현되기 어렵다. 세계무역기구(WTO)와 같은 국제기구가 자유무역 체제를 구축하기 위해 노력해 왔지만, 그 성과는 부분적이다. 다양한 국가와 정치 이념이 공존하는 현실에서 모든 국가가 공통된 규칙에 합의하는 것은 매우 어려운 일이다.

이러한 배경 속에서, 지역 경제 통합은 WTO와 같은 글로벌 협정을 통해 얻을 수 있는 이익을 넘어 추가적인 무역 및 투자 자유화의 효과를 실현하려는 시도로 볼 수 있다. 전 세계 국가들이 자유무역과 투자 체제를 구축하는 것보다, 지리적으로 인접한 일부 국가들 간에 이를 실현하는 것이 더 용이하다. 조정 및 정책 조화와 관련된 문제는 합의에 참여하는 국가 수에 따라 복잡성이 증가하는 경향이 있다. 참여국 수가 많아질수록 다양한 관점을 조율해야 하며, 이에 따라 합의 도출이 어려워진다. 따라서 지역 경제 통합은 자유무역과 투자 확대를 통한 이익을 극대화하고자 하는 경제적 동기에 의해 추진된다.

지역 경제 통합의 정치적 논거

자유무역지대, 관세동맹 등의 설립을 위한 여러 시도에서 지역 경제 통합의 정치적 논거 또한 중요한 역할을 해 왔다. 인접한 경제권을 연결하고 상호 의존도를 높이는 것은 국가 간 정치적 협력을 유도하며, 무력 충돌의 가능성을 줄이는 효과를 가져올 수 있다. 또한, 경제를 통합함으로써 개별 국가들이 국제사회에서 정치적 영향력을 강화할 수 있다.

이러한 고려 사항은 1957년 유럽공동체(European Community)의 설립, 즉 오늘날 EU의 전신이 탄생하는 배경이 되었다. 유럽은 20세기 전반기에 두 차례의 대규모 전쟁을 겪었으며, 이는 각국의 자국 중심적인 야망이 무제한적으로 확장된 결과였다. 유럽 통합을 지지한 사람들은 유럽에서 또 다른 전쟁이 발생하는 것을 막기 위해서라도 통합이 필수적이라는 신념을 가지고 있었다. 또한, 2차 세계대전 이후 유럽의 개별 국가들이 국제 경제 및 정치에서 미국과 소련과 같은 강대국에 맞서기에는 규모가 너무 작다는 인식이 있었다. 유럽이 미국 및 소련과 대응하기 위해 하나로 단결해야 한다는 필요성이 유럽공동체 창립자들의 사고에 깊이 자리 잡고 있었다.[4] 유럽에서는 '유럽연합 집행위원회는 스탈린의 동상을 세워야 한다'는 농담이 오래전부터 존재해 왔다. 이는 구소련의 독재자였던 스탈린의 공격적인 정책이 없었다면, 서유럽 국가들이 협력하여 유럽공동체를 형성할 동기가 부족했을 것이라는 의미를 내포하고 있다.

북미자유무역협정(NAFTA) 역시 정치적 측면이 반영된 협정이다. 많은 NAFTA 지지자들은 이 협정이 멕시코의 민주주의와 경제 성장을 촉진할 것이라고 보았다. 이들은 또한 멕시코 경제가 성장하면 미국으로의 불법 이민이 줄어들 것이라고 주장했다. 그러나 실제로는 1995년 290만 명이었던 멕시코 출신 불법 이민자는 2007년까지 약 700만 명으로 증가하였다. 하지만 2007년 이후 멕시코 경제가 안정되면서 불법 이민이 감소하는 경향이 나타났다. 2020년 기준, 미국 내 멕시코 출신 불법 이민자는 440만 명으로 줄었다. 2021년 미국 남부 국경을 통한 불법 이민이 급증했으나, 당시 이민자의 약 63%가 멕시코 이외의 국가 출신이었다.[5]

지역 경제 통합의 장애 요소

지역 경제 통합을 지지하는 강력한 경제적·정치적 논거에도 불구하고, 통합을 실현하고 유지하는 것은 결코 쉬운 일이 아니다. 주요한 장애 요인은 두 가지가 있다. 첫째, 경제 통합은 다수에게 이익이 되지만, 특정 집단에는 손실을 초래할 수 있다. 한 국가가 지역 자유무역협정에 가입하면 국가 전체적으로는 경제적 이익을 얻을 수 있지만, 단기 또는 중기적으로 일부 산업이나 계층은 피해를 입을 수 있다. 예를 들어, NAFTA가 체결된 후 캐나다 및 미국의 섬유 산업과 같이 저임금·저숙련 노동력을 활용하는 산업의 노동자들은 일자리를 잃었다. 이는 캐나다와 미국의 기업들이 생산 거점을 멕시코로 이전했기 때문이다. NAFTA가 캐나다 및 미국 경제 전체에 큰 이익을 가져왔다는 사실도, 일자리를 잃은 근로자들에게는 위로가 되지 못한다. 이와 같은 피해를 입은 집단은 NAFTA에 대한 반대 운동을 주도해왔으며, 앞으로도 NAFTA 또는 이와 유사한 협정의 확대를 반대할 가능성이 크다.

둘째, 국가 주권(national sovereignty)과 관련된 우려가 경제 통합의 중요한 장애 요소로 작용한다. 예를 들어, 멕시코는 자국의 석유 산업을 보호하기 위해 NAFTA에서 외국인 투자 자유화 대상에서 석유 산업을 제외하는 조항을 협상했다. 경제 통합이 심화될수록 통화 정책, 재정 정책(예: 세금 정책), 무역 정책과 같은 핵심 정책에서 회원국이 일정 부분 통제권을 포기해야 하기 때문이다. 이러한 주권 문제는 유럽연합에서도 중요한 쟁점이 되어왔다. EU는 완전한 경제동맹을 실현하기 위해 단일 통화(유로)를 도입하고, 이를 유럽중앙은행(European Central Bank)이 관리하도록 하였다. 그러나 모든 회원국이 유로화를 채택한 것은 아니며, 영국은 중요한 예외였다. 영국에서는 EU의 단일 통화 사용이 국가의 통화 정책을 유럽중앙은행에 넘기는 결과를 초래할 것이라는 우려가 강하게 제기되었다. 많은 영국인들은 이를 자국의 경제 주권을 외국 관료들이 운영하는 기구에 넘기는 것으로 인식했다. 이러한 여론을 반영하여, 영국은 1992년 단일 통화 체제에서 탈퇴할 권리를 확보하였다. 2016년, 영국은 EU 회원국 자격을 유지할 것인지에 대한 국민투표를 실시했고, 최종적으로 탈퇴(Brexit)를 결정했다. 이에 대한 자세한 내용은 본 장 후반부에서 다룬다. 특히, 이민 정책과 관련된 주권 문제는 영국 정부가 국민투표를 실시하도록 만든 중요한 요인 중 하나였다.

지역 경제 통합에 대한 반대 논거

[학습 목표 3] 지역 경제 통합에 반대하는 경제적 및 정치적 주장을 이해한다.

무역 창출
지역 경제 통합으로 인해 발생하는 무역 증가 현상으로, 자유무역지대 내에서 비용이 높은 국내 생산업체가 비용이 낮은 외국 생산업체로 대체될 때 발생함.

지역 자유무역협정이 점점 확대되는 추세이지만, 일부 경제학자들은 지역 경제 통합의 이점이 과장되었으며, 비용이 간과되는 경우가 많다고 우려를 표하고 있다.[6] 이들은 지역 경제 통합의 실질적인 경제적 효과는 무역 창출과 무역 전환의 상대적 크기에 의해 결정된다고 주장한다. **무역 창출(trade creation)**은 자유무역지대 내에서 비용이 높은 국내 생산업체가 비용이 낮은 외국 생산업체로 대체되는 경우 발생한다. 또한, 기존에 높은 비용으로 생산하는 외부 국가의 제품이 자유무역지대 내의 더 낮은 비용의 생산업체로 대체될 때도 무역 창출이 일어난다.

반면, **무역 전환**(trade diversion)은 비용이 낮은 외부 공급 업체가 자유무역지대 내의 비용이 더 높은 공급 업체로 대체될 때 발생한다. 따라서 지역 자유무역협정이 세계 경제에 실질적인 이익을 제공하려면, 무역 창출 효과가 무역 전환 효과보다 커야 한다.

무역 전환
지역 경제 통합으로 인해 기존의 무역 흐름이 변경되는 현상으로, 자유무역지대 외부의 비용이 낮은 공급 업체가 자유무역지대 내의 비용이 더 높은 공급 업체로 대체될 때 발생함.

예를 들어, 미국과 멕시코가 모든 국가로부터의 수입품에 대해 관세를 부과한 상태에서 서로 간의 모든 무역 장벽을 제거하는 자유무역지대를 형성하고, 그 외 국가에 대한 관세를 유지했다고 가정해 보자. 이 경우, 미국이 멕시코산 섬유 제품을 수입하기 시작하는 것이 긍정적인 변화일까? 만약 미국이 원래 국내에서 높은 비용으로 섬유를 생산했지만, 자유무역협정을 통해 더 저렴한 멕시코산 제품으로 대체하였다면, 이는 비교 우위 이론에 따라 무역 창출이 일어난 사례이며, 세계 전체의 무역량이 감소하지 않기 때문에 긍정적인 변화라고 볼 수 있다. 그러나 미국이 이전에는 멕시코보다 낮은 비용으로 섬유를 생산하는 코스타리카에서 제품을 수입하고 있었다면, 자유무역협정으로 인해 미국이 코스타리카 대신 비용이 더 높은 멕시코에서 섬유를 수입하는 결과가 초래된다. 이는 비용이 낮은 생산업체를 배제하는 무역 전환 효과를 발생시키므로, 오히려 부정적인 변화가 된다.

이론적으로, WTO의 규정은 자유무역협정이 무역 전환을 초래하지 않도록 보장해야 한다. WTO 규정에 따르면, 자유무역지대를 형성하는 국가들은 기존보다 더 높은 수준의 대외 관세를 설정하거나 무역 제한 조치를 강화해서는 안 된다. 그러나 7장에서 다룬 바와 같이, GATT와 WTO는 일부 비관세 장벽(nontariff barriers)을 다루지 않으며, WTO의 영향력도 약화되고 있다. 이로 인해, 외부 경쟁으로부터 보호된 지역 무역 블록이 형성될 가능성이 존재하며, 이 경우 무역 전환 효과가 무역 창출 효과보다 커질 위험이 있다. 이러한 문제를 방지하는 유일한 방법은 WTO의 역할을 확대하여 비관세 장벽까지 규제하는 것이지만, 현재로서는 이러한 조치가 시행될 가능성이 낮다. 따라서, 지역 경제 통합이 무역 전환을 초래할 위험성은 여전히 존재한다.

유럽의 지역 경제 통합

[학습 목표 4] 세계에서 가장 중요한 지역 경제협정의 역사, 현재 범위, 미래 전망을 설명한다.

유럽에는 유럽연합(EU)과 유럽자유무역연합(EFTA) 두 개의 주요 무역 블록이 존재한다. 이 중 EU는 회원국 수뿐만 아니라, 세계 경제에서 차지하는 경제적·정치적 영향력 측면에서도 훨씬 더 중요한 역할을 하고 있다. 현재 영국이 2020년 초 EU를 탈퇴한 이후, EU는 27개 회원국을 보유하고 있으며, EFTA는 4개국으로 구성되어 있다. EU는 미국과 같은 경제적·정치적 강대국으로 성장하고 있는 블록으로 평가받고 있지만, 영국의 탈퇴(Brexit)는 이러한 인식에 변화를 초래할 가능성이 있다. 따라서 본 절에서는 EU를 중심으로 논의를 진행한다.[7]

유럽연합의 발전

유럽연합(EU)
유럽에 위치한 27개국(2020년 기준)으로 구성된 경제적·정치적 연합.

유럽연합(European Union, EU)은 두 가지 정치적 요인의 결과물이다. (1) 두 차례의 세계대전으로 인해 서유럽이 초토화되었으며, 지속적인 평화를 구축하려는 열망이 있었고, (2) 유럽 국가들은 세계 정치 및 경제 무대에서 독자적인 영향력을 유지하고자 했다. 또한, 많은 유럽인들은 경제 통합이 가져올 잠재적 이익을 인식하고 있었다.

EU의 전신인 유럽석탄철강공동체(European Coal and Steel Community, ECSC)는 1951년 벨기에, 프랑스, 서독, 이탈리아, 룩셈부르크, 네덜란드에 의해 설립되었다. 이 공동체의 목표는 회원국 간 석탄, 철, 강철, 고철의 교역 장벽을 철폐하는 것이었다. 이후, 1957년 **로마 조약(Treaty of Rome)** 체결을 통해 유럽공동체(European Community, EC)가 공식적으로 출범하였다. EC는 1993년 마스트리흐트 조약(Maastricht Treaty)의 비준 이후, 유럽연합(EU)으로 명칭이 변경되었다(이에 대한 자세한 내용은 후술).

로마 조약
1957년 유럽공동체를 설립한 조약.

로마 조약은 공동시장 창설을 규정하였다. 조약 제3조는 새로운 공동체의 핵심 목표를 명시하고 있으며, 주요 내용은 다음과 같다. (1) 회원국 간 내부 무역 장벽 철폐 및 공통 외부 관세(Common External Tariff) 도입, (2) 회원국 간 생산 요소(노동 및 자본)의 자유로운 이동을 저해하는 장벽 제거. 또한, 상품, 서비스, 생산 요소의 자유로운 이동을 촉진하기 위해 회원국 법률의 조화가 필요할 경우 이를 허용하였다. 이와 더불어, EC는 농업 및 교통 부문에서 공동 정책을 수립하는 데 합의하였다.

EC는 점진적으로 확대되었다. 1973년 영국, 아일랜드, 덴마크가 가입하였으며, 1981년에는 그리스가, 1986년에는 스페인과 포르투갈이 가입하였다. 1990년 독일이 통일되면서 동독이 EC에 편입되었으며, 1995년에는 오스트리아, 핀란드, 스웨덴이 가입하면서 회원국 수가 15개로 증가하였다. 2004년 5월 1일, 동유럽 8개국과 지중해 소국인 몰타, 키프로스가 가입하면서 EU는 총 10개국을 추가로 확대하였다. 이후, 2007년 불가리아와 루마니아, 2013년 크로아티아가 가입하면서 EU 회원국 수는 28개국으로 증가하였다(지도 9-1 참고). 이러한 확대를 통해 EU는 글로벌 경제 강국으로 성장하였다. 그러나 2020년 초 영국이 EU를 탈퇴하면서 회원국 수는 27개로 줄어들었다.

유럽연합의 정치 구조

EU의 경제 정책은 복잡하고 지속적으로 변화하는 정치 구조에 의해 수립 및 시행된다. 이 구조의 주요 기관은 유럽위원회(European Commission), EU 이사회(Council of the European Union), 유럽의회(European Parliament), 유럽사법재판소(Court of Justice) 등 네 개의 핵심 기관으로 구성된다.[8]

유럽위원회
EU 법안을 제안하고, 이를 시행하며, 회원국의 법 준수를 감독하는 역할을 담당.

유럽위원회(European Commission)는 EU 법안을 제안하고, 이를 시행하며, 회원국이 EU 법을 준수하는지 감독하는 역할을 담당한다. 본부는 벨기에 브뤼셀에 위치하며, 각 회원국에서 임명된 위원들이 운영한다. 위원의 임기는 5년이며, 연임이 가능하다. 총 27명의 위원이 있으며, 각 회원국에서 1명씩 임명된다. 위원회 의장은 회원국들의 합의를 통해 선출되며, 의장은 각 회원국과 협의하여 나머지 위원들을 지명한다. 위원회 전체 구성은 유럽의회의 승인을 받아야 공식적으로 업무를 시작할 수 있다. 유럽위원회는 EU 법안을 제안할 독점적 권한을 보유하고 있다. 위원회가 법안을 제출하면, 이는 EU 이사회와 유럽의회로 전달된다. 이사회는 위원회의 법안 제안 없이는 법을

지도 9-1 EU 회원국 (2023년 기준)

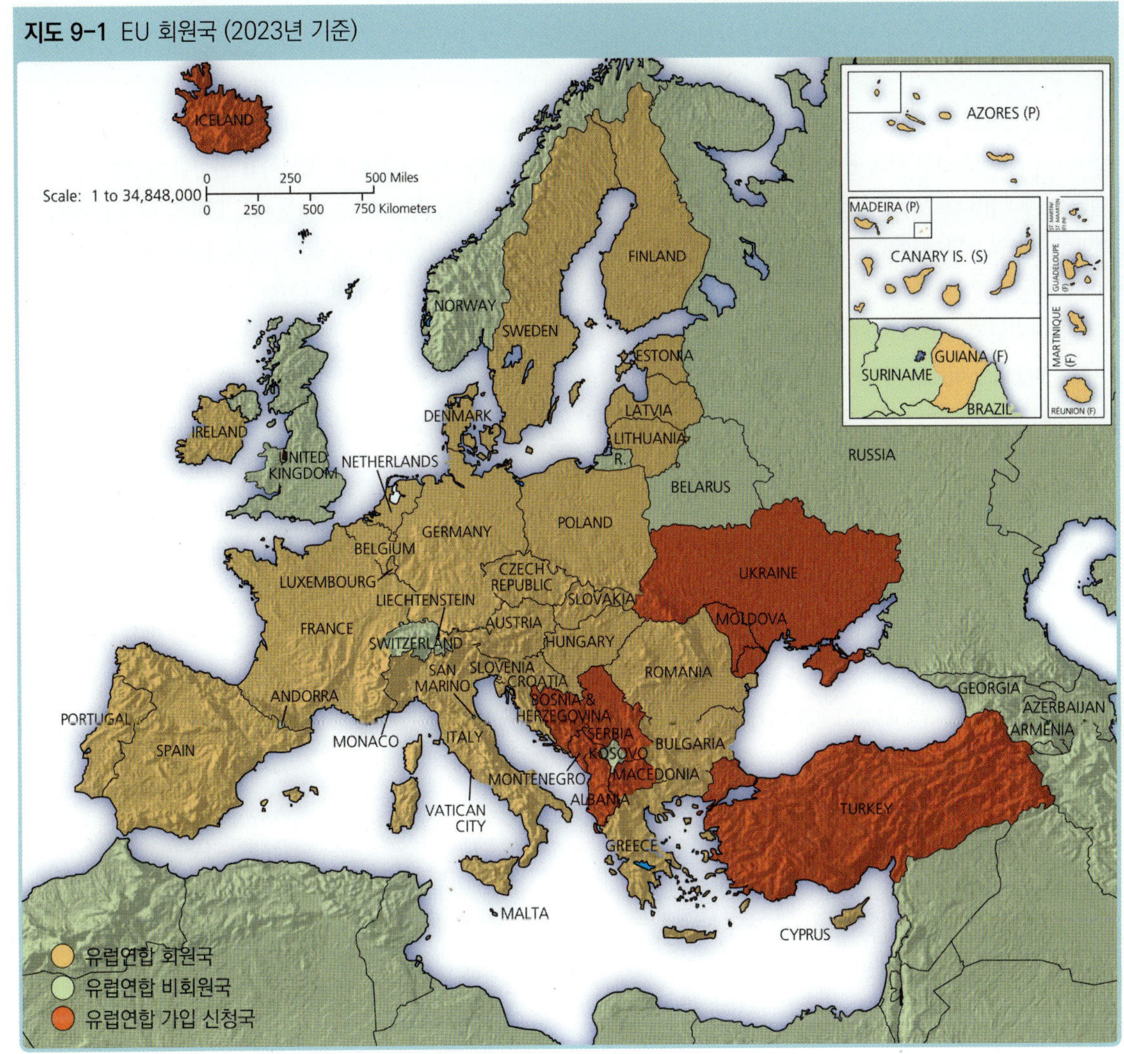

Source: European Union, 1995–2023

제정할 수 없다. 또한, 위원회는 EU 법의 집행을 담당하지만, 실제로는 많은 부분이 회원국에 위임된다. 위원회의 또 다른 핵심 역할은 회원국이 EU 법을 준수하는지 감독하는 것이다. 감독 역할을 수행할 때, 위원회는 일반적으로 회원국이 위반한 EU 법을 준수하도록 요청한다. 그러나 설득만으로 충분하지 않을 경우, 위원회는 해당 사건을 유럽사법재판소에 회부할 수 있다.

최근 유럽위원회의 경쟁 정책 역할이 기업에 점점 더 중요한 영향을 미치고 있다. 1990년부터 공식적으로 경쟁 정책을 담당하게 되면서, EU의 경쟁 담당 위원은 회원국 내 시장 규제에서 점점 더 중요한 역할을 담당하게 되었다. 이 역할은 미국의 연방거래위원회나 법무부와 유사하며, 특정 기업이 시장 지배력을 이용하여 경쟁사를 배제하고 독점하는 것을 방지하는 역할을 수행한다. 예를 들어, 2009년 유럽위원회는 Intel이 컴퓨터 칩 시장에서 시장 지배력을 남용했다는 이유로 10억 6천만 유로의 벌금을 부과했다. 이는 2004년 Microsoft가 서버 컴퓨터 및 미디어 소프트웨어 시장에서 경쟁을 제한한 혐의로 부과받은 4억 9,700만 유로의 벌금을 초과하는 기록적인 수준이었다. 2018년에는 Google이 반경쟁 행위를 했다는 이유로 43억 4천만 유로의 벌금을 부과받았으며, 이는

유럽위원회와 Google

2018년 6월, 유럽위원회는 Google에 대해 반독점 행위(anticompetitive behavior)로 사상 최대 규모인 43억 유로(약 50억 달러)의 벌금을 부과한다고 발표하였다. 이 반독점 사건은 Google이 개발한 모바일 운영 체제인 안드로이드(Android)와 관련 소프트웨어(예: Google Play 앱스토어, 기타 애플리케이션, 그리고 가장 중요한 Google 인터넷 검색 엔진)에 대한 문제를 다루었다.

안드로이드는 EU 내 스마트폰 운영 체제 시장에서 70% 이상의 점유율을 차지하는 지배적인 플랫폼이다(Apple의 iOS 운영 체제가 나머지 대부분을 차지). 또한, Google 검색 엔진은 EU 시장에서 97%의 점유율을 보이며 시장을 사실상 독점하고 있다. 이러한 이유로 스마트폰 제조업체와 통신사는 안드로이드를 필수 운영 체제로 간주하고 있다. 위원회에 따르면, Google은 안드로이드의 시장 지배력을 활용하여 스마트폰 제조업체 및 통신사에 올오어낫싱(all-or-nothing) 방식을 강요했다. 즉, 안드로이드 기기에 Google의 특정 프로그램을 설치하려면, 모든 Google 프로그램을 함께 설치해야 하고, 아이콘을 눈에 띄는 위치에 배치해야 한다. 스마트폰 제조업체와 통신사는 앱스토어를 최소한 설치해야 휴대폰이 정상적으로 작동할 수 있기 때문에, Google의 요구를 따를 수밖에 없는 상황에 처했다. 결국, 기업들은 원치 않더라도 Google 검색 엔진 앱을 기본적으로 설치해야 했으며, 눈에 띄는 위치에 배치해야 했다.

위원회는 이러한 Google의 묶어팔기(bundling) 정책이 경쟁사 프로그램 개발자들에게 '혁신하고 공정한 경쟁을 할 기회'를 박탈하며, 소비자에게는 '효율적인 경쟁의 혜택'을 제공하지 않는다고 판단하였다. 즉, 올오어낫싱 전략의 핵심 목적은 Google의 프로그램, 특히 검색 엔진의 시장 지배력을 유지하고 경쟁을 차단하는 것이다.

위원회는 Google이 올오어낫싱 정책을 철회하고, 반독점법 위반을 시정할 것을 요구했다. 이론적으로, 이러한 조치는 경쟁사들이 안드로이드용 앱을 개발하여 Google플레이, Google 독스 등과 직접 경쟁할 기회를 제공할 것이다. 만약 Google이 위원회의 결정을 따르지 않을 경우, 유럽위원회는 Google의 모회사인 Alphabet의 전 세계 하루 매출의 최대 5%에 달하는 추가 벌금을 부과할 것이라고 경고했다. Google은 이에 대해 항소했으나, 2022년 9월, EU 최고 법원은 Google이 경쟁법을 위반했다고 최종 판결을 내렸으며, 벌금을 41억 유로로 조정했지만 여전히 기록적인 규모의 벌금이었다.

Sources: "Google Is Fined €4.3bn in the Biggest Ever Antitrust Penalty," *The Economist*, July 21, 2018; "Antitrust: Commission Fines Google €4.3 Billion for Illegal Practices Regarding Android Mobile Devices to Strengthen Dominance of Google's Search Engine," *European Commission Press Release*, July 18, 2018; F. Y. Chee, "Google Loses Challenge against EU Antitrust Decision," *Reuters*, September 14, 2022.

새로운 최고 기록을 경신하였다(자세한 내용은 MANAGEMENT FOCUS 참고).

유럽위원회는 제안된 합병 및 인수를 검토하여 시장에서 지배적인 기업이 형성되지 않도록 한다.[9] 예를 들어, 2000년 미국의 Time Warner와 영국의 EMI(음반 제작사) 간의 합병이 제안되었을 때, 위원회는 이 합병이 주요 음반 회사의 수를 5개에서 4개로 줄여 음악 산업(약 400억 달러 규모)의 독점적 지위를 형성할 가능성이 있다고 우려했다. 결국, 위원회의 우려로 인해 해당 합병 계획은 철회되었다.

유럽이사회
EU 회원국의 국가 원수 및 유럽위원회 의장으로 구성됨.

유럽이사회(European Council)는 회원국의 이익을 대표한다. 위원회에서 제출된 법안이 EU 법으로 확정되기 위해서는 반드시 이사회의 승인이 필요하기 때문에, 이사회는 사실상 EU 내 최종적인 결정 권한을 가진 기관이다. 이사회는 각 회원국 정부의 대표로 구성되며, 논의되는 주제에 따라 참석하는 대표가 달라진다. 농업 문제가 논의될 경우 각국의 농업부 장관이 참석하고, 교통 정책이 논의될 경우 교통부 장관이 참석하는 방식이다. 1987년 이전까지는 모든 이사회 결정이 회원국 간 만장일치로 이루어져야 했다. 이는 종종 매우 긴 회의로 이어졌으며, 위원회의 법안에 대한 합의 도출이 어려운 경우가 많았다. 이를 해결하기 위해 단일유럽법(Single European Act)은 '단일 시장(single market)의 구축과 운영을 목표로 하는 사안'에 대해 다수결 표결을 공식화하였다. 그러나 세금 규제 및 이민 정책과 같은 주요 사안은 여전히 만장일치가 필요하며, 모든 회원국이 동의해야 법안이 통과될 수 있다. 이사회에서 각국이 보유한 투표권은 국가의 규모에 따라 차등 적용된다. 예를 들어, 독일은 29표를 보유하고 있으며, 덴마크는 7표를 가진다.

2022년 기준, **유럽의회**(European Parliament)는 705명의 의원으로 구성되며, 각 회원국 국민이 직접 선출한다. 유럽의회는 프랑스 스트라스부르에서 개최되며, 주로 자문 기관 역할을 수행하며 입법권은 제한적이다. 유럽의회는 유럽위원회가 제안하고 유럽이사회(Council of the European Union)가 전달한 법안을 논의한다. 또한, 해당 법안에 대해 수정안을 제안할 수 있으며, 위원회와 이사회는 이를 반드시 반영할 의무는 없지만, 종종 수용하는 경우가 많다. 최근 몇 년간 유럽의회의 권한이 증가하고 있으나, 의회 의원들이 원하는 만큼 확대되지는 않았다. 현재 유럽의회는 위원회 위원의 임명에 대한 투표권을 가지며, EU 예산 및 단일 시장 관련 법안과 같은 특정 법안을 거부할 권한을 보유하고 있다.

유럽의회
유럽위원회가 제안한 사안에 대해 자문 역할을 수행하는 선출된 EU 기관.

최근 몇 년 동안 유럽에서는 EU에서 가장 강력한 기관이 유럽이사회가 되어야 하는지, 아니면 유럽의회가 되어야 하는지에 대한 주요 논쟁이 진행되었다. 일부 유럽인들은 EU 관료 조직의 민주적 책임성에 대해 우려를 표명하였다. 한쪽에서는 이러한 민주적 결핍을 해결하기 위해 의회의 권한을 강화해야 한다고 주장한 반면, 다른 쪽에서는 진정한 민주적 정당성은 선출된 정부가 유럽이사회를 통해 행사하는 것이어야 한다고 주장했다.[10] 이와 관련된 중요한 논의 끝에, 2007년 12월 EU 회원국들은 **리스본 조약**(Treaty of Lisbon)에 서명하였으며, 이를 통해 유럽의회의 권한이 더욱 강화되었다. 2009년 12월 리스본 조약이 발효됨에 따라, 유럽의회는 역사상 처음으로 대부분의 유럽 법안에 대해 유럽이사회와 동등한 입법 권한을 갖는 공동 입법기관이 되었다.[11] 또한, 리스본 조약은 새로운 직책인 유럽이사회 의장 직위를 신설하였으며, 의장의 임기는 30개월이며 EU를 구성하는 국가들을 대표하는 역할을 수행한다.

리스본 조약
EU가 승인한 조약으로, 유럽의회가 대부분의 유럽 법안에서 유럽이사회와 동등한 입법 권한을 갖도록 허용함.

유럽사법재판소(Court of Justice)는 각 회원국에서 임명된 1명의 판사로 구성된 EU 법의 최고 항소 법원이다. 위원회 위원들과 마찬가지로, 재판소 판사들은 특정 국가의 이익을 대변하는 것이 아니라, 독립적인 공직자로서 활동해야 한다. 유럽위원회 또는 회원국은 다른 회원국이 조약 의무를 이행하지 않는 경우, 유럽사법재판소에 해당 회원국을 제소할 수 있다. 마찬가지로, 회원국, 회원 기업, 또는 회원 기관은 유럽위원회나 유럽이사회가 EU 조약을 준수하지 않는 경우, 유럽사법재판소에 제소할 수 있다.

유럽사법재판소
EU 법에 대한 최고 항소 법원.

단일유럽법

단일유럽법(Single European Act)은 유럽공동체(EC)가 회원국 간 무역과 투자 자유화를 실현하고, 다양한 기술 및 법적 기준을 통합하는 목표를 충분히 달성하지 못했다는 실망감에서 비롯되었다. 1980년대 초, 이러한 문제를 해결하기 위해 EC 내 주요 경제인들은 EC의 경제적 분열을 해소하려는 강력한 움직임을 보였다. 이에 대응하여 EC는 델로르 위원회를 설립하였으며, 당시 위원장이었던 Jacques Delors는 1992년 12월 31일까지 단일 시장 형성을 방해하는 모든 장애물을 제거할 것을 제안했다. 그 결과, 1987년 단일유럽법이 공식적으로 채택되었다.

법의 목표

단일유럽법의 목표는 1992년 12월 31일까지 단일 시장을 구축하는 것이었다. 본 법안은 다음과 같은 변화를 제안하였다.[12]

- 회원국 간 모든 국경 통제를 철폐하여 무역 절차의 지연을 방지하고 행정 비용을 절감.
- '상호 인정' 원칙을 상품 표준에 적용. 한 회원국에서 개발된 표준이 보건 및 안전 등의 기본 요건을 충족할 경우, 다른 회원국에서도 이를 인정하도록 함.
- 공공 조달 시장을 개방하여 외국 공급 업체가 참여할 수 있도록 하여 비용을 절감하고 국가 간 경쟁을 촉진.
- 소매 금융 및 보험 산업의 경쟁 장벽을 제거하여 금융 서비스 비용 절감 및 대출 접근성을 확대.
- 회원국 간 외환 거래에 대한 모든 제한을 1992년 말까지 철폐.
- 회원국 내 화물 운송 제한 철폐: 외국 트럭 운전사가 다른 회원국 내에서 화물을 적재 및 운송할 수 있도록 허용. 이에 따라 EC 내 화물 운송 비용이 10~15% 감소할 것으로 예상됨.

이러한 변화는 EC 내에서의 기업 운영 비용을 낮출 것으로 기대되었으며, 단일 시장 프로그램은 보다 복잡한 공급 측면의 영향을 미칠 것으로 예상되었다. 예를 들어, 확대된 시장은 EC 기업들이 규모의 경제를 활용할 기회를 증가시킬 것으로 전망되었다. 또한, 내부 무역 및 투자 장벽 제거로 인해 경쟁이 심화되면서 EC 기업들이 더욱 효율적으로 운영될 필요성이 커질 것으로 예상되었다. 단일유럽법의 중요성을 반영하여, 유럽공동체는 본 법안이 발효됨에 따라 공식 명칭을 유럽연합(EU)으로 변경하기로 결정하였다.

영향

단일유럽법은 EU 경제에 영향을 미쳤다.[13] 본 법안은 유럽 산업의 상당 부분에서 구조 조정을 촉진하는 계기가 되었다. 많은 기업들이 국가별 생산 및 유통 시스템에서 범유럽 생산 및 유통 시스템으로 전환하여 규모의 경제를 실현하고 단일 시장에서의 경쟁력을 강화하려는 노력을 기울였다. 그 결과, 경제 성장이 가속화되었으며, 그렇지 않았을 경우보다 더 높은 성장률을 기록했다. 실증 연구에 따르면, 단일 시장은 첫 15년 동안 GDP를 2~5% 증가시킨 것으로 나타났다(다양한 실증 연구에서 상이한 결과가 도출되었으나, 모두 긍정적인 영향을 확인했다).[14] 그러나 단일 시장이 형성된 지 25년이 지난 지금도 여전히 이상적인 수준에는 미치지 못한다는 점에는 의심의 여지가 없다. EU가 단일 시장으로 나아가고 있는 것은 분명하지만, 오랜 기간에 걸쳐 형성된 각국의 법적, 문화적, 언어적 차이로 인해 실행 과정이 균등하게 이루어지지는 않고 있다.

유로(화)의 도입

1992년 2월, 유럽공동체(EC) 회원국들은 **마스트리흐트 조약**(Maastricht Treaty)을 체결하여 1999년 1월 1일까지 단일 통화를 도입하기로 합의하였다.[15] 현재 유럽연합(EU) 27개 회원국 중 20개국이 유로(화)(euro)를 사용하고 있으며, 이들 국가들은 흔히 유로존이라 불린다. 유로존에는 약 3억 4,200만 명의 EU 시민이 포함되며, 명목 GDP는 14.5조 달러에 달한다. 유로존에는 독일과 프랑스와 같은 강대국 경제도 포함되어 있다. 2004년 5월 1일에 EU에 가입한 국가들과 2007년에 가입한 두 국가는 일정한 경제 기준(물가 안정성, 건전한 재정 상황, 안정적인 환율, 장기 금리 수렴 기준)을 충족하면 유로를 도입할 계획이었다(현재 유로를 사용 중인 국가들도 동일한 기준을 충족해야 했다). 그러나 2010~2012년 EU 국가 부채 위기(EU sovereign debt crisis)를 겪으면서, 많은 국가가 유로 도입 계획을 당분간 보류하기로 결정했다(자세한 내용은 이후 '유로화 경험' 절에서 다룸).

마스트리흐트 조약
1992년에 체결되었지만 1994년 1월 1일까지 비준되지 않은 조약으로, EC 12개 회원국이 더욱 긴밀한 경제 및 정치적 통합을 추진하는 데 합의한 협정.

유로 도입은 역사적으로도 유례가 드문 정치적 성과로 평가된다. 참여국들은 자국 통화와 통화 정책에 대한 국가적 통제권을 포기하는 결정을 내렸으며, 이는 유럽 국가들이 유로에 부여한 중요성을 보여 준다. 유로 도입을 통해 EU는 미국 달러에 이어 세계에서 두 번째로 널리 거래되는 통화를 창출하였다. 일부 전문가들은 유로가 장기적으로 미국 달러와 경쟁할 가능성이 있다고 전망하기도 한다.

그러나 영국, 덴마크, 스웨덴과 같은 EU의 장기 회원국 3개국은 유로 도입에 참여하지 않기로 결정하였다. 유로를 채택한 국가들은 1999년 1월 1일부로 각국의 환율을 유로에 고정시켰다. 하지만 유로 지폐와 동전은 2002년 1월 1일이 되어서야 실제로 발행되었다. 그전까지는 각국의 기존 통화가 계속 사용되었지만, 각국 통화의 가치는 일정한 유로 환율에 따라 고정되었다. 2002년 1월 1일부터 유로화가 본격적으로 유통되었으며, 기존의 국가별 통화는 단계적으로 폐지되었다. 2002년 중반까지 유로존 내의 모든 가격과 일상 경제 거래는 유로로 이루어지게 되었다.

유로 도입의 이점

유럽 국가들이 EU 내에서 단일 통화를 도입하기로 결정한 데에는 여러 가지 이유가 있다. 첫째, 기업과 개인이 여러 개의 통화를 사용해야 하는 부담을 덜어 상당한 비용 절감 효과를 누릴 수 있다고 판단했다. 이러한 절감 효과는 외환 거래 및 환율 변동 위험, 헤징 비용 절감에서 비롯된다. 예를 들어, 독일에서 프랑스로 여행하는 사람들이 더 이상 독일 마르크를 프랑스 프랑으로 환전할 필요 없이 유로를 그대로 사용할 수 있게 되었다. 이로 인해 은행에 환전 수수료를 지불해야 하는 부담이 사라졌다. 유럽위원회에 따르면, 이러한 절감 효과는 EU 전체 GDP의 0.5%에 해당하는 규모로 추정된다.

둘째, 단일 통화 도입으로 인해 유럽 전역에서 가격 비교가 쉬워졌다. 소비자가 가격을 쉽게 비교할 수 있게 되면서 경쟁이 촉진되었다. 예를 들어, 독일 소비자가 프랑스에서 자동차 가격이 독일보다 저렴하다는 것을 알게 된다면, 독일이 아닌 프랑스의 자동차 딜러에게 차량을 구매할 가능성이 높아진다. 또는 중개업자들이 가격 차이를 이용해 프랑스에서 자동차를 구매한 후 독일에서 되팔아 차익을 얻는 차익 거래를 할 수도 있다. 이러한 경쟁 압박 속에서 독일의 자동차 딜러들은 고객을 유지하기 위해 가격을 인하할 수밖에 없으며, 결과적으로 단일 통화 도입은 전반적인 물가 하락을 초래해 유럽 소비자들에게 큰 경제적 혜택을 제공하였다.

셋째, 유럽 기업들은 가격 하락으로 인해 수익성을 유지하기 위해 생산 비용 절감을 모색해야 하는 상황에 직면하게 되었다. 즉, 단일 통화 도입으로 인해 경쟁이 심화되면서 유럽 기업들의 장기적인 경제 효율성이 개선되는 효과를 가져왔다.

넷째, 단일 통화 도입은 유럽 전체에 걸쳐 유동성이 높은 범유럽 자본 시장의 발전을 촉진하였다. 장기적으로 이러한 자본 시장의 발전은 자본 조달 비용을 낮추고, 투자 수준을 증가시키며, 투자 자금이 보다 효율적으로 배분되는 효과를 가져올 것으로 기대된다. 특히, 소규모 기업들에게 유리한 환경을 제공할 수 있다. 예를 들어, 포르투갈의 자본 시장은 규모가 작고 유동성이 부족하여, 혁신적인 아이디어를 가진 기업가들이 합리적인 금리로 자금을 조달하는 것이 매우 어려웠다. 그러나 이론적으로는 유로 도입을 통해 이들 기업들이 훨씬 더 유동성이 높은 범유럽 자본 시장에서 자금을 조달할 수 있는 기회가 열렸다.

마지막으로, 유럽 전역에서 유로화로 표시된 자본 시장이 발전하면서 개인 및 기관 투자자들이 접근할 수 있는 투자 옵션이 크게 확대되었다. 예를 들어, 네덜란드의 투자자가 이제 이탈리아나 프랑스 기업에 훨씬 더 쉽게 투자할 수 있게 되었다. 이러한 변화로 인해 유럽 투자자들은 투자 포트폴리오를 보다 효과적으로 다변화할 수 있게 되었으며, 이는 자본 조달 비용을 낮추고 자본 자원의 효율적인 배분을 촉진하는 역할을 하고 있다.[16]

유로화 도입의 비용

단일 통화의 단점은 개별 국가 당국이 통화 정책에 대한 통제권을 상실했다는 점이다. 따라서 EU의 통화 정책이 잘 관리되도록 하는 것이 중요해졌다. 마스트리흐트 조약은 독립적인 유럽중앙은행(European Central Bank, ECB) 설립을 요구했으며, 이는 미국의 연방준비제도와 유사한 측면이 있다. ECB는 물가 안정을 보장하기 위해 통화 정책을 관리할 명확한 임무를 부여받았다. ECB는 프랑크푸르트에 본부를 두고 있으며, 정치적 압박에서 독립적이어야 한다. 그러나 일부 비평가들은 ECB가 정치적 압박으로부터 완전히 자유롭다고 보지 않는다. ECB는 금리를 설정하고 유로존 전역에 걸쳐 통화 정책을 결정하는 역할을 한다.

영국, 덴마크, 스웨덴이 유로존에 참여하지 않기로 결정한 배경에는 ECB에 대한 국가 주권 상실이 있었다. 이들 국가의 많은 사람들은 ECB가 정치적 압박으로부터 자유롭고 인플레이션을 엄격히 통제할 수 있는지에 대해 의문을 제기하고 있다.

이론적으로, ECB는 정치적 압박을 피할 수 있도록 설계되어야 한다. ECB는 독일 연방은행(Bundesbank)을 모델로 삼았으며, 독일 연방은행은 역사적으로 가장 독립적이고 성공적인 중앙은행으로 알려져 있다. 마스트리흐트 조약은 ECB가 정치인으로부터 지시를 받는 것을 금지하고 있다. ECB의 집행이사회는 의장, 부의장, 그리고 네 명의 다른 위원으로 구성되어 있으며, 각국 중앙은행에 지침을 내림으로써 정책을 실행한다. 정책 자체는 집행이사회와 유로존 국가들의 중앙은행 총재들로 구성된 의결위원회(governing council)가 결정한다. 의결위원회는 금리 변동에 대해 투표한다. 집행이사회 위원들은 8년 임기의 비연임직으로 임명되어 정치적 압박을 피할 수 있다. 지금까지 ECB는 정치적 독립성에 대한 탄탄한 명성을 쌓아 왔다.

비평가들에 따르면, 유로의 또 다른 단점은 EU가 경제학자들이 말하는 최적 통화 지역이 아니라는 점이다. **최적 통화 지역(optimal currency area)**에서는 경제 활동의 구조가 유사하여 단일 통화와 단일 환율을 사용한 거시 경제 정책이 실현 가능하다. 그러나 유로존 내 많은 유럽 경제들은 상당히 다른 경제 모습을 가지고 있다. 예를 들어, 핀란드와 포르투갈은 임금 수준, 세금 체제, 경제 주기가 다르며, 외부 충격에 대해 매우 다르게 반응할 수 있다. 따라서 핀란드에 유리한 유로화 환율 변동이 포르투갈에는 불리하게 작용할 수 있다. 이러한 차이는 거시 경제 정책을 복잡하게 만든다. 예를 들어, 유로존 국가들의 경제 성장 속도가 균일하지 않을 경우, 공통 통화 정책을 시행할 때 일부 지역에는 금리가 너무 높고, 다른 지역에는 너무 낮을 가능성이 있다.

최적 통화 지역
경제 활동의 유사성으로 인해 단일 통화와 환율이 거시 경제 정책의 유효한 도구로 실현 가능한 지역.

유로존 내에서 이러한 경제적 불균형을 해결하는 한 가지 방법은 EU가 재정 이전(fiscal transfers)을 실행하는 것이다. 즉, 경제적으로 번영하는 지역에서 자금을 조달하여 경기 침체가 심한 지역에 투입하는 방식이다. 그러나 이러한 조치는 정치적으로 논란을 초래할 가능성이 크다. 예를 들어, 독일 시민이 자신들의 '정당한 EU 기금 몫'을 포기하고, 실업률이 높은 그리스 노동자들의 일자리를 창출하기 위해 자금을 지원하는 것을 받아들일 것인가? 예상할 수 있듯이, 이러한 재정 이전에 대한 정치적 반대는 상당히 강하다.

유로화 경험

1999년 1월 1일 도입된 이후, 유로화는 미국 달러를 비롯한 세계 주요 통화 대비 변동성이 높은 환율 흐름을 보여 왔다. 1999년 유로화의 출발 환율은 €1 = $1.17이었으며, 이후 2008년 3월 초에는 €1 = $1.54까지 상승하며 역대 최고치를 기록했다. 유로화 가치 상승의 주요 원인 중 하나는 2007~2008년 미국 금융 시장의 침체로 인해 미국으로의 자본 유입이 둔화된 것이었다. 많은 투자자들이 미국 주식 및 채권과 같은 달러 표시 자산을 매도하고, 유로화 표시 자산을 매입했다. 이러한 현상은 미국 달러에 대한 수요 감소와 유로화에 대한 수요 증가를 초래했으며, 결과적으로 달러 대비 유로화 가치가 상승했다. 또한, 유로화 및 ECB의 통화 정책 운영 능력에 대한 신뢰 증가로 인해, 여러 외국 중앙은행들이 외환 보유고에 유로화 비중을 확대했다. 도입 초기 3년 동안 유로화는 독일 마르크 및 기타 유로존 국가들의 기존 통화가 차지했던 13%의 글로벌 외환 보유고 점유율을 넘어서지 못했다. 그러나 2002년 초 이를 넘어섰으며, 2009년에는 28%까지 상승했다. 현재 유로화는 전 세계 외환 보유고의 약 20~21%를 차지하고 있다.[17]

Martin Leissi/Bloomberg/Getty Images
유로화 단위의 조형물.

그러나 2008년 이후, 유로화는 주요 통화 대비 약세를 보였다. 이는 EU 회원국들의 지속적인 경제 성장 둔화와 높은 재정적자에 대한 우려를 반영한 것이다. 특히 그리스, 포르투갈, 아일랜드, 이탈리아, 스페인 등 일부 국가들이 심각한 재정 문제를 겪었다. 2000년대 동안, 이들 정부는 공공 지출을 확대하기 위해 정부 부채를 급격히 증가시켰다. 그 결과, GDP 대비 정부 부채 비율이 사상 최고 수준에 도달했다. 2010년까지, 투자자들은 2008~2009년 글로벌 금융 위기 이후 경기 둔화로 인해, 이들 국가가 국채 상환을 지속할 수 있을지에 대해 우려하기 시작했다. 이에 따라, 투자자들은 재정적으로 불안한 국가들의 국채를 대거 매도했으며, 이는 채권 가격 하락과 정부 차입 비용(이자율) 상승을 초래했다. 일반적으로 채권 가격과 이자율은 반비례 관계에 있으므로, 채권 가격 하락은 정부의 차입 비용 증가로 이어졌다. 이러한 상황은 특히 그리스 정부의 국가 채무 불이행(디폴트) 가능성을 높였으며, 유로존 전체가 경제 위기에 빠질 수 있다는 우려를 초래했다.

2010년 5월, 유로존 국가들과 국제통화기금(IMF)은 그리스를 구제하기 위한 1,100억 유로 규모의 구제 금융 패키지에 합의했다. 2010년 11월, EU와 IMF는 아일랜드를 위한 850억 유로 구제 금융 패키지에 합의했으며, 2011년 5월에는 유로존 국가들과 IMF가 포르투갈을 위한 780억 유로 구제 금융 계획을 시행했다. 이러한 대출에 대한 대가로, 세 나라 모두 정부 지출의 급격한 삭감에 동의해야 했으며, 이는 정부 부채를 더 지속 가능한 수준으로 줄일 때까지 경제 성장 둔화와 높은 실업률을 초래했다. 이탈리아와 스페인은 구제 금융을 요청하지 않았지만, 두 나라는 채권 가격 하락으로 인해 긴축 프로그램을 시행할 수밖에 없었으며, 이는 정부 지출을 대폭 삭감하는 내용을 포함했다. 유로존 국가들은 또한 유로에 대한 신뢰를 회복하기 위해 약 5,000억 유로 규모의 상시 구제 금융 기구인 유럽안정화기구(European Stability Mechanism, ESM)를 설립했다. 2015년까지 그리스는 국가 부채의 완전한 디폴트를 방지하기 위해 세 차례 더 구제 금융 패키지를 받았다. 예상할 수 있듯이, EU 내 경제적 혼란은 유로화 가치를 하락시켰다. 2023년 초까지, 달러-유로 환율은 €1 = $1.07로, 2008년 가치에 비해 크게 하락했다. 유로화는 또한 2008년 말에서 2022년 사이 대부분의 세계 주요 통화에 대해 하락했으며, 이는 EU의 상대적으로 느린 경제 성장 때문이었다.

유로 도입을 계획한 EU 회원국이 많았으나, 그들은 계획을 보류했다. 폴란드나 체코 공화국과 같은 국가들은 유로존에 가입한 후 이탈리아나 그리스와 같은 국가들의 과도한 정부 지출을 구제하는 데 세금 부담을 떠안고 싶지 않았다. 상황을 악화시킨 것은 국가 부채 위기가 유로존 내 깊은 결함을 드러낸 점이었다. 독일과 같은 재정적으로 보수적인 국가들이 다른 국가들의 과도한 지출을 제한하는 것이 어려워졌고, 이는 전체 유로존에 부담을 주고 비용을 초래할 수 있는 상황을 만들었다. 특히 독일은 그리스, 포르투갈, 아일랜드 정부를 구제하기 위해 대출을 보증해야 하는 불행한 상황에 처하게 되었다. 이 문제는 강한 EU 국가들에서 유로에 대한 지지를 약화시키기 시작했다. 이러한 결함을 수정하려는 시도로, 2012년 1월에 EU 회원국 27개국 중 25개국이 재정 협정을 체결하였다. 이 협정은 회원국들이 정부 적자에 대해 보다 엄격한 새로운 규칙을 위반하는 것을 더 어렵게 만들었다. 영국과 체코 공화국은 참여를 거부했으며, 크로아티아는 2013년에 가입했다.

그리스 국가 부채 위기

유로화 도입 당시, 일부 비판자들은 유로존 내에서 과도한 지출을 하는 국가들(예: 이탈리아, 그리스)이 지나치게 돈을 차입하여 큰 규모의 공공 부채를 쌓을 수 있으며, 이를 감당하지 못할 경우 유로화의 가치에 타격을 줄 수 있다고 우려했다. 그 결과, 독일이나 프랑스와 같은 경제적으로 신중한 국가들이 나서서 과도하게 지출하는 국가들을 구제해야 하는 상황이 발생할 수 있다는 우려가 있었다. 2010년, 이러한 우려는 그리스에서 발생한 금융 위기를 통해 현실이 되었다.

그리스의 금융 위기는 10년간의 과도한 정부 지출에서 비롯되었다. 그리스 정부는 공공 부문에서의 대규모 지출을 위해 높은 수준의 부채를 지고 있었다. 이들 지출의 상당 부분은 교사, 농민, 공공 부문 종사자와 같은 사회 내 영향력 있는 집단을 달래기 위한 시도였으며, 이들에게 높은 급여와 혜택을 제공하면서 이루어졌다. 상황을 더욱 악화시킨 것은 정부가 국가 부채 수준에 대해 국제 사회를 오도했다는 점이다. 2009년 10월, 새 정부가 들어서자 2009년 공공 부문 적자 규모가 예상보다 훨씬 커서 12.7%에 달한다고 발표했다. 이전 정부는 재정 상태를 조작하여 실제보다 더 좋은 모습을 보였다.

이로 인해 국제 투자자들의 그리스 경제에 대한 신뢰는 완전히 깨졌다. 그리스 정부의 채권 금리는 빠르게 7.1%로 급등했으며, 이는 독일 채권 금리보다 약 4%포인트 높은 수치였다. 세 개의 주요 국제 신용 평가 기관 중 두 곳은 그리스 채권의 신용 등급을 낮추고, 추가적인 강등 가능성을 경고했다. 이후 가장 큰 우려는 그리스 정부가 2010년 4월 또는 5월에 만기가 도래하는 약 200억 유로 규모의 채무를 재조달할 수 있을지 여부였다. 또 다른 우려는 그리스 정부가 재정 적자를 줄이고 투자자 신뢰를 회복하기 위한 대규모 공공 지출 삭감을 실행할 정치적 의지가 부족할 가능성이다.

그리스만이 아니라, 다른 유로존 국가들도 대규모 공공 부문 적자를 기록하고 있었다. 스페인, 포르투갈, 아일랜드도 비슷한 채무 문제를 가지고 있었고, 이들 국가들의 채권 금리는 급등했다. 이는 유로존 내 취약한 국가들에서 대규모 채무 불이행이 발생할 가능성을 내포하고 있었으며, 만약 그렇게 된다면 EU와 IMF는 이러한 국가들을 구제해야 할 상황에 처하게 될 것이다. 이러한 가능성에 대비해 투자자들은 유로화를 팔기 시작했고, 유로화의 가치는 외환 시장에서 하락하기 시작했다.

유로존 국가들은 그리스가 주권 부채를 갚지 못하고 디폴트 상태에 빠질 경우, EU와 유로가 큰 위기에 처할 수 있다는 점을 인식하고, 2010년 5월 독일을 중심으로 한 유로존 국가들과 IMF는 그리스에 대해 최대 1,100억 유로 규모의 구제 금융을 제공하기로 합의했다. 이 대출은 그리스의 3년간의 재정 지원을 충분히 충족시킬 것으로 평가되었다. 그 대가로 그리스 정부는 세금 인상, 공공 부문 급여 삭감, 공공 부문 직원들의 혜택 축소(예: 퇴직 연령을 61세에서 65세로 인상, 연금 상한선 설정) 및 공공 부문 기업 수를 6,000개에서 2,000개로 축소하는 등의 엄격한 긴축 조치를 시행하기로 합의했다. 그러나 그리스 경제는 2010년과 2011년 동안 급격히 축소되어 세수는 급락했다. 2011년 말까지 그리스 경제는 2005년 대비 29% 축소되었고, 실업률은 20%에 달했다. 세수 감소는 정부가 부채를 갚을 능력을 제한했으며, 2012년 초 그리스 정부의 10년 만기 채권 수익률은 34%에 달했다. 이는 많은 투자자들이 그리스가 국가 부채를 디폴트할 것이라고 예상하고 있음을 의미했다. 이는 그리스 정부가 유로존 국가들과 IMF로부터 추가적인 지원을 요청하게 만든 원인이었다. 1,300억 유로 규모의 새로운 구제 금융 계획의 조건으로, 그리스 정부는 역사상 가장 큰 규모의 국가 부채 구조 조정에 동의해야 했으며, 채권자들은 자신들이 보유한 부채의 53.5%를 탕감하기로 합의했다.

그리스 정부는 기술적으로는 국가 부채를 디폴트하지 않았지만, 많은 사람들에게 EU와 IMF가 질서 있는 부분적인 디폴트를 유도한 것처럼 보였다. 2014년 초, 그리스 경제가 마침내 회복의 기로에 접어들었다는 전망이 있었으며, 10년 만기 채권의 금리는 8% 이하로 떨어졌고, 정부는 이자 지불 이전에 예산 흑자를 기록하고 있었다.

그러나 2014년, 경제 발전에도 불구하고 그리스는 채권자에게 제때 부채를 상환할 자금을 마련할 수 없다는 사실이 드러났고, 이를 위해 새로 채권을 발행해야 했다. 조기 총선이 결정되었고, 2015년 1월에는 급진적인 좌파 성향의 '구제 금융 반대' 정당이 집권하게 되었다. 새 정부의 재무 장관은 그리스가 가장 큰 채권자인 독일에 대한 채무 상환을 디폴트할 것을 제안했다. 이로 인해 유로존에서 위기가 발생했으며, 유로화는 미국 달러에 대해 급격히 가치가 하락했다.

추가 협상 후, 그리스의 채권자들은 2015년 말에 세 번째 구제 금융 패키지에 동의했지만, 그리스가 추가적인 긴축 조치와 경제 개혁을 이행할 것에 동의한 후에만 합의가 이루어졌다. 그리스는 2018년 8월 이 구제 금융에 따른 마지막 대출을 받았다. 현재 그리스는 EU와 IMF에 약 2,900억 유로의 부채를 지고 있다. 이 부채를 해결하기 위해 그리스는 2060년까지 예산 흑자를 유지하고, EU의 지속적인 감독을 받으며, 추가적인 긴축 조치를 시행할 것에 동의했다.

2020년, COVID-19 팬데믹이 발생하면서 관광 산업이 침체되고 그리스 경제는 또 다시 타격을 받았다. 그러나 2021년과 2022년에 강하게 반등하면서 실업률이 20%에서 11%로 감소했다. 불행히도, 우크라이나 전쟁으로 인한 높은 에너지 가격은 그리스 경제를 제약했고, 2023년 현재, 그리스는 높은 인플레이션과 경제 성장 둔화에 시달리고 있으며, 이는 그리스가 추가적인 부채 구제가 필요할 가능성을 높였다.

Sources: "A Very European Crisis," *The Economist*, February 6, 2010, pp. 75–77; L. Thomas, "Is Debt Trashing the Euro?" *The New York Times*, February 7, 2010, pp. 1, 7; "Bite the Bullet," *The Economist*, January 15, 2011, pp. 77–79; "The Wait Is Over," *The Economist*, March 17, 2012, pp. 83–84; "Aegean Stables," *The Economist*, January 11, 2014; L. Alderman, "Greece's Debt Crisis Explained," *The New York Times*, November 8, 2015; L. Alderman, "Europe Says Greece Is a Comeback Story. The IMF Isn't Convinced," *The New York Times*, July 31, 2018; "Greek Economy to Slow in 2023 as Energy Costs, Ukraine War Hit Spending," *Reuters*, January 10, 2023.

유럽연합의 확대

유럽연합(EU)의 동유럽으로의 확대는 1980년대 말 공산주의가 붕괴된 이후부터 논의되기 시작했다. 1990년대 말까지 13개 국가가 EU 회원국 가입을 신청했다. EU 회원국으로 자격을 얻기 위해서는 국가 자산을 민영화하고, 시장을 규제 해제하며, 산업을 재구성하고, 인플레이션을 억제해야 했다. 또한, 복잡한 EU 법률을 자국의 법 체계에 반영하고, 안정적인 민주 정부를 수립하며, 인권을 존중해야 했다.[18] 2002년 12월, EU는 10개 국가의 회원국 가입 신청을 공식적으로 수락하였으며, 이들 국가는 2004년 5월 1일에 EU에 가입했다. 새로운 회원국에는 발트 3국, 체코 공화국, 헝가리, 폴란드와 같은 대형 국가들이 포함되었으며, 동유럽 국가가 아닌 새로운 회원국은 몰타와 키프로스라는 지중해 섬 국가들뿐이었다. 이들 국가의 가입으로 유럽연합은 25개국으로 확대되었으며, 대서양에서 러시아 국경까지 뻗어 있는 EU가 형성되었다. 또한, EU의 면적은 23% 증가하고, 7,500만 명의 새로운 시민이 EU에 포함되었으며, EU 인구는 4억 5천만 명으로 늘어났다. 이로써 GDP가 약 11조 유로에 달하는 단일 대륙 경제가 탄생했다. 2007년에는 불가리아와 루마니아가 가입하였고, 2013년에는 크로아티아가 가입하여 총 회원국 수는 28개국으로 늘어났다.

Frederick Florin/AFP/Getty Images
크로아티아가 유럽연합에 가입할 때의 환영 표지판.

새로운 회원국들은 몇 년 동안 유로를 도입할 수 없었으며, 새로운 회원국들과 기존 회원국 간의 노동 자유 이동도 제한되었다. 자유무역 이론에 따르면, EU 확대는 모든 회원국에 추가적인 혜택을 창출할 것으로 예상된다. 그러나 동유럽 경제 규모가 작기 때문에(이들 경제는 현재 EU 회원국들의 GDP의 5%에 불과), 초기 경제적 영향은 상대적으로 작을 것으로 보인다. 가장 눈에 띄는 변화는 EU의 관료제 및 의사 결정 과정에서 발생할 수 있으며, 27개 국가 간의 예산 협상이 15개 국가 간의 협상보다 더 복잡하고 어려울 수 있다.

문제는 튀르키예가 EU 가입을 위해 오랫동안 로비 활동을 해왔다는 점이다. 튀르키예는 1995년부터 EU와 관세동맹을 맺고 있으며, 국제 무역의 절반 가량은 이미 EU와 이루어지고 있다. 그러나 주권 문제와 인권 문제(특히 쿠르드족 소수 민족에 대한 정책)로 인해 완전한 회원국 가입이 거부되었다. 또한 튀르키예 측 일부에서는 EU가 인구 7,400만 명의 주로 이슬람교를 믿는 국가를 회원국으로 받아들이는 데 소극적이라는 의혹을 제기하고 있다. EU는 2002년 12월, 튀르키예가 자국의 인권 실태를 EU가 만족할 만한 수준으로 개선할 경우 2004년 12월에는 더 이상 지연 없이 가입 신청 절차를 공식적으로 진행할 것임을 밝혔다. 2004년 12월에는 튀르키예가 2005년 10월부터 가입 협상을 시작할 수 있도록 합의했지만, 2016년 말, 유럽의회는 튀르키예 정부의 반대 세력에 대한 숙청과 권위주의적 성향이 강화된 것에 대해 우려하며 협상 중단을 결정했다.

영국의 유럽연합 탈퇴(브렉시트)

2016년 6월 23일, 영국 유권자들은 국민투표를 통해 EU 탈퇴를 선택했다. 2017년 초, 영국 정부는 EU에 탈퇴 의사를 공식적으로 통보했다. 리스본 조약에 따라 영국은 탈퇴 조건을 협상할 2년의 시간이 주어졌고, 이는 2019년 3월 29일로 예정되어 있었다. 그러나 이 날짜가 다가오면서, 명확한 탈퇴 협상이 테이블에 오르지 않았고, 영국 내 정치적 혼란도 커지면서, 영국 정부는 협상 연장을 요청했다. EU는 2020년 1월 31일까지 연장을 허용했다. 2019년 12월, Boris Johnson 총리가 이끄는 친브렉시트 보수당이 총선에서 승리하면서, 브렉시트는 확정적인 일이 되었다. 2020년 1월 31일 탈퇴한 후, 영국은 2020년 12월 20일까지 EU와의 무역 협상을 마쳐야 했다. 협상은 마지막까지 갔으나, 결국 기한 내에 완료되었으며, 결과적으로 EU-영국 무역 및 협력 협정은 EU와 영국 간 상품 무역에 대해 '무관세·무쿼터(zero tariff, zero quota)' 제도를 설정했다. 영국은 더 이상 EU 관세동맹이나 단일시장의 회원국이 아니므로, 영국에서 EU로의 수출에 대해 새로운 관세와 규제 검사가 시행되었다.

무관세·무쿼터
특정 국가 간 무역에서 수입 관세(세금)와 수입 쿼터(수량 제한)를 모두 철폐하여 자유로운 상품 교역을 가능하게 하는 무역 정책. — 역자주

영국은 유럽 내에서 자유무역의 혜택을 누려왔지만, EU 내 회원국으로서의 국가 주권 상실에 대해 불편함을 느끼는 사람들도 있었다. 영국인들은 종종 브뤼셀에서 시행되는 EU의 규제에 반발해왔으며, 최근에는 이민 문제가 주요 이슈로 떠오르기도 했다. 2015년, EU 내에서의 이민은 기록적인 수준에 달했다. 이민의 대부분은 동유럽에서 왔으며, 많은 이민자들은 기술이 부족하여 식당, 호텔, 소매업 등에서 일했다. EU 탈퇴를 주장하는 캠페인은 탈퇴가 영국이 '이민 통제를 되찾을' 기회를 준다고 주장했다. 국민투표에서 런던, 스코틀랜드, 북아일랜드는 EU 잔류를 선택한 반면, 나머지 대부분의 지역은 탈퇴를 선택했다. 또한 투표 결과는 연령대와 교육 수준에 따라 나뉘었다. 일반적으로 젊고 교육 수준이 높은 사람들은 EU 잔류를 선택한 반면, 나이가 많고 교육 수준이 낮은 사람들은 탈퇴를 선택했다.

영국의 탈퇴는 EU에게 존폐의 문제를 야기한다. 영국은 EU에서 두 번째로 큰 국가 경제였으며, 많은 작은 회원국들은 영국을 독일의 경제적 힘에 대한 중요한 균형추로 여겼다. 영국의 국민투표 이후, 네덜란드, 덴마크, 프랑스의 우파 정치인들도 EU 회원국으로서 계속할 것인지에 대한 국민투표를 요구하며, 영국의 국민투표 결과가 다른 국가들에서도 '연쇄 탈퇴'를 촉발할 수 있다는 우려를

불러일으켰다. 이와 같은 일이 발생할 가능성은 낮아 보이지만, 영국 없는 EU는 세계 무대에서 경제적, 정치적 영향력을 잃을 것이라는 점은 분명하며, EU 자체도 축소될 것이다. 특히 이민 문제가 영국의 투표에서 중요한 요소였다는 점을 고려할 때, EU의 추가 확장은 특히 튀르키예와 관련하여 더욱 어려워 보인다.

영국에 대해, 대부분의 전문가들은 이 결정으로 인해 영국이 단기 및 중기적으로 비용을 감수할 것이라고 예측한다.[19] 영국은 이제 외국의 다국적 기업들로부터 투자를 유치하는 데 어려움을 겪을 가능성이 높고, 일부 다국적 기업들은 단일 시장에 접근하기 위해 다른 EU 국가로 본사를 이전할 수 있으며, EU로의 수출은 감소할 수 있다. 또한 런던은 유럽의 금융 중심지로서의 위치를 잃을 위험이 있으며, 경제 성장도 더 낮아질 수 있다. 또한 스코틀랜드가 EU 잔류를 대다수의 표차로 선택함에 따라, 이는 영국으로부터의 스코틀랜드 독립 가능성을 다시 한 번 제기한다. 장기적으로 영국의 브렉시트가 이득이 될지 여부는 EU 및 다른 주요 경제 대국들(미국, 일본, 중국)과 향후 무역협정을 체결하는 능력에 달려 있다. EU에서 탈퇴함으로써 상실할 이득을 대체할 수 있다면 좋겠지만, 자유무역협정에 대한 저항이 점점 커지고 있는 세상에서 영국이 이를 실현할 수 있을지는 보장할 수 없다(세부 사항은 CLOSING CASE 참조). 영국 정부는 분명히 탈퇴 협상에서 EU와 유리한 무역 조건을 끌어내기를 원했을 것이다. 그러나 2020년 12월 체결된 EU-영국 무역 및 협력 협정은 EU와 영국 간 상품 무역에 대해 '무관세·무쿼터' 제도를 설정했지만, 영국은 더 이상 EU 세관 동맹이나 단일 시장의 회원국이 아니기 때문에, 영국에서 EU로의 수출에 대해 새로운 세관 및 규제 절차가 추가되었다. 또한 EU는 더 이상 영국 거주자 및 기업들의 전문 자격증과 면허를 자동으로 인정하지 않으며, 이는 영국에서 서비스 수출을 더 어렵게 만들 수 있다. 영국 경제에서 서비스가 차지하는 비율이 80%에 달하고, 런던 시티는 역사적으로 금융 서비스 수출의 주요 중심지였기 때문에, 이는 심각한 영향을 미칠 수 있다.

아메리카 지역의 경제 통합

지역 경제 통합을 이루려는 다른 어떤 시도도 그 과감성이나 세계 경제에 미칠 잠재적 영향력 측면에서 EU에 견줄 만한 것은 없지만, 아메리카 지역에서도 의미 있는 지역 경제 통합 시도가 이루어져 왔다. 그중 가장 두드러진 예는 북미자유무역협정(NAFTA)이며, 이는 2020년 초에 미국-멕시코-캐나다 협정(USMCA)으로 대체되었다. 아메리카 지역에는 NAFTA/USMCA 외에도 몇 가지 다른 무역 블록들이 존재하는데(지도 9-2 참고), 그중 가장 중요한 것으로는 안데스 공동체(Andean Community)와 메르코수르(Mercosur)를 꼽을 수 있다.

북미자유무역협정

미국과 캐나다 정부는 1988년에 자유무역협정 체결에 했고, 이 협정은 1989년 1월 1일부터 발효되었다. 협정의 목표는 1998년까지 캐나다와 미국 간의 양자 무역에 대한 모든 관세를 철폐하는 것

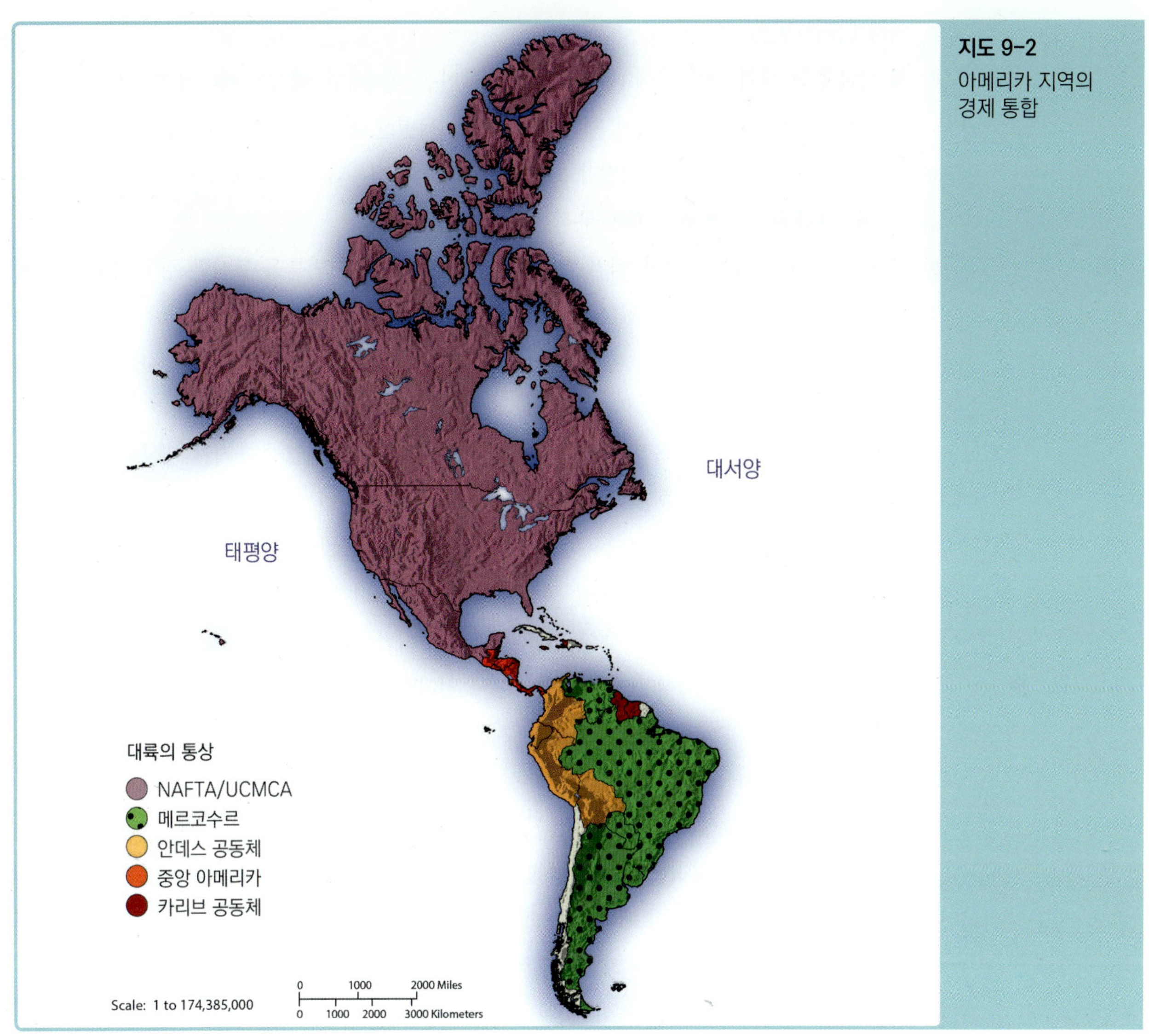

지도 9-2
아메리카 지역의 경제 통합

이었다. 이어 1991년, 미국, 캐나다, 멕시코 간의 회담이 시작되어 세 나라 간의 **북미자유무역협정** (North American Free Trade Agreement, NAFTA)을 수립하는 목표로 논의가 진행되었다. 이 회담은 1992년 8월에 원칙적인 합의에 도달했고, 그 다음 해에 세 나라 정부는 이 협정을 비준했다. 협정은 1994년 1월 1일부터 발효되었다.[20]

북미자유무역협정 (NAFTA) 캐나다, 멕시코, 미국 간의 자유무역지대.

NAFTA의 내용

NAFTA의 내용은 다음과 같다.

- 멕시코, 캐나다, 미국 간의 거래에서 99%의 상품에 대한 세금이 2004년까지 폐지됨.
- 서비스의 국경을 넘는 흐름에 대한 대부분의 장벽 제거. 예를 들어, 2000년까지 금융 기관이 멕시코 시장에 제한 없이 접근할 수 있게 됨.

- 지식재산권 보호.
- 세 회원국 간 해외직접투자에 대한 대부분의 제한을 제거하되, 멕시코 에너지 및 철도 산업, 미국 항공사 및 라디오 통신 산업, 캐나다 문화에는 특별한 대우(보호)가 제공됨.
- 국가의 환경 기준은 과학적 근거가 있는 경우에 한해 적용되어야 하며, 투자를 유치하기 위해 기준을 완화(하향 조정)하는 것은 부적절한 것으로 명시함.
- 환경 기준이나 보건 및 안전, 최저 임금, 아동 노동과 관련된 법률을 무시할 경우 벌금을 부과하고 무역 특권을 제거할 수 있는 두 개의 위원회 설립.

NAFTA의 찬성 이유

NAFTA의 지지자들은 자유무역지역을 지역 전체를 위한 더 크고 효율적인 생산 기반을 창출하는 기회로 보아야 한다고 주장해 왔다. 지지자들은 NAFTA의 한 가지 효과가 미국 및 캐나다 일부 기업들이 더 낮은 노동비용을 활용하기 위해 생산을 멕시코로 이전하는 것이라고 인정하고 있다. (2015년 멕시코 자동차 공장의 평균 시간당 노동 비용(복리 후생 포함)은 8~10달러였던 반면, 미국에서는 42~58달러에 달했다.[21]) 생산 활동의 멕시코 이전은 멕시코가 비교 우위를 가질 수 있는 낮은 기술력의 노동 집약적인 제조업 분야에서 일어날 가능성이 높다고 지지자들은 주장했다. NAFTA의 지지자들은 이러한 경향에서 많은 사람들이 혜택을 받을 것이라고 주장했다. 멕시코는 필요한 외국인 투자와 고용에서 이득을 볼 것이다. 미국과 캐나다는 멕시코의 소득 증가로 인해 멕시코가 더 많은 미국 및 캐나다 상품을 수입하게 되어 수요가 증가하고, 생산을 멕시코로 이전한 산업에서 잃어버린 일자리를 보충할 수 있을 것이다. 또한, 멕시코에서 생산된 제품의 가격이 낮아져 미국과 캐나다 소비자들이 혜택을 볼 것이다. 추가적으로, 생산을 멕시코로 이전하여 낮은 노동 비용을 활용한 미국과 캐나다 기업들의 국제 경쟁력이 향상되어, 이들이 아시아와 유럽의 경쟁자들과 더 잘 경쟁할 수 있게 될 것이다.

NAFTA 반대 의견

NAFTA에 반대하는 사람들은 NAFTA 비준이 미국과 캐나다에서 멕시코로 대규모 일자리 유출을 초래할 것이라고 주장했다. 고용주들이 멕시코의 낮은 임금과 덜 엄격한 환경 및 노동 법규를 활용하여 이익을 얻으려 할 것이라는 주장이었다. NAFTA에 대해 극단적으로 반대했던 Ross Perot는 이 협정으로 인해 최대 590만 개의 미국 일자리가 멕시코로 유출될 것이라고 주장하며, 이를 '거대한 흡입 소리(giant sucking sound)'라는 유명한 표현으로 비판했다. 그러나 대부분의 경제학자들은 이러한 수치를 터무니없고 과장된 주장이라며 일축했다. 그들은 멕시코가 미국과의 양자무역에서 약 3천억 달러의 흑자를 기록해야만 그런 규모의 일자리 손실이 발생할 것이라고 주장했다. 3천억 달러는 멕시코의 GDP와 같았고, 따라서 그러한 시나리오는 현실성이 없다.

NAFTA의 영향에 대한 보다 신중한 추정치는 미국 내 순 일자리 증가 17만 개(멕시코의 미국 제품 및 서비스 수요 증가에 따른 효과)와 미국과 멕시코의 합산 GDP 연간 150억 달러 증가에서 미국 내 순 일자리 감소 49만 개까지 다양하게 제시되었다. 이 수치를 감안하면, 1993년부터 2003년까지 미국 경제에서의 고용은 1,800만 명 증가할 것으로 예상되었다. 대부분의 경제학자들이 반복적으로 강조했듯이, NAFTA는 캐나다와 미국에 미치는 영향이 적을 것이라고 예상했다. 멕시코 경제의 크기가 미국 경제의 5%에 불과했기 때문에, 다른 방법은 거의 불가능했을 것이다. NAFTA 체결은 캐나다나 미국보다 멕시코에게 더 큰 경제적 결단을 요구하는 일이었다. 무역 장벽이 낮아짐에 따라 멕시코 기업들은 매우 효율적인 미국과 캐나다의 경쟁자들에게 노출될 것이며, 이들 경쟁자는 평균적인 멕시코 기업들에 비해 훨씬 더 큰 자본 자원, 고도로 교육받고 숙련된 노동력, 그리고 훨씬 더 높은 기술적 전문성을 갖추고 있었다. 단기적으로는 멕시코에서 경제 구조 조정과 실업이 발생할 가능성이 높았다. 하지만 NAFTA 지지자들은 멕시코 기업들이 더 경쟁적인 시장에 적응하면서 장기적으로 효율성이 향상될 것이라고 주장했다. 이런 과정이 이루어진다면 멕시코의 경제 성장률은 가속화되고, 멕시코는 캐나다와 미국 기업들의 주요 시장이 될 수 있을 것이라고 하였다.[22]

환경 운동가들도 NAFTA에 대해 우려를 표명했다. 그들은 리오그란데 강의 오염과 멕시코시티의 스모그를 언급하며, NAFTA로 인해 멕시코가 대륙 전역의 깨끗한 공기와 유해 폐기물 기준을 저하시킬 것이라고 경고했다. 또한 리오그란데 강 하류는 미국에서 가장 오염된 강으로, NAFTA로 인해 화학 폐기물과 하수의 양이 텍사스 엘파소에서 멕시코만까지 증가할 것이라고 지적했다.

국가 주권 상실을 우려한 멕시코인들도 NAFTA에 반대했다. 멕시코의 비판자들은 자국이 미국 기업들에 의해 지배되게 될 것이며, 이는 멕시코의 경제 성장에 실질적인 기여를 하지 않고 멕시코를 저비용 조립 사이트로만 활용하고, 고임금 고급 일자리는 국경을 넘어 북쪽에 남게 될 것이라고 주장했다.

NAFTA: 결과

NAFTA의 영향에 대한 연구들은 그 초기 효과가 미미했다고 제시하며, 지지자와 반대자 모두 과장한 측면이 있을 수 있다고 말한다.[23] 연구들에 따르면 NAFTA의 전반적인 영향은 작지만 긍정적인 것으로 나타났다.[24] NAFTA의 목적은 세 국가 간의 무역을 증가시키는 것이었으며, 실제로 그렇게 된 것으로 보인다.

1990년에 미국의 캐나다 및 멕시코와의 무역은 총 미국 무역의 약 25%를 차지했다. 2017년에는 이 비율이 40%를 넘었다. 캐나다와 멕시코는 이제 미국의 주요 3대 무역 파트너국(다른 하나는 중국)으로, 2017년에 1.3조 달러에 달하는 상품 및 서비스의 국경 간 무역을 차지했다. 이는 1993년의 2,900억 달러에서 증가한 수치이다.[25] 세 국가는 또한 NAFTA가 시행된 첫 10년 동안 강력한 생산성 향상을 경험했다. 멕시코에서는 노동 생산성이 50% 증가했다. NAFTA의 체결이 이러한 성장에 기여했을 가능성이 크다.

NAFTA의 고용 효과에 대한 추정치는 중간 정도에서 작은 영향을 미친 것으로 나타났다. 가장 비관적인 고용 손실 추정치는 좌파 성향의 경제정책연구소(Economic Policy Institute)가 발표한 연구에서 나왔다. 이 연구는 NAFTA로 인해 1993년부터 2013년까지 미국에서 약 85만 개의 일자리가 사라졌다고 주장했다. 이는 평균적으로 매년 42,500개의 일자리 손실에 해당한다. 이 손실을 맥락에 맞게 설명하자면, 1992년과 2000년 사이에 미국 경제는 매년 평균 286만 개의 일자리를 창출했으며, 이는 NAFTA로 인한 일자리 손실의 약 670배에 달하는 수치이다! 다른 연구들은 NAFTA가 미국에서 훨씬 더 온건한 고용 영향을 미쳤다고 제시했다. 최근의 한 연구는 미국에서 매년 발생하는 일자리 손실 중 최대 5%가 NAFTA와 관련이 있으며, 대부분의 실직자는 다른 곳에서 일자리를 찾는다고 결론지었다. 마찬가지로 OECD의 실증 연구 검토 결과는 "순 고용 효과는 상대적으로 작았으나, 여러 부문에서 노동자들이 이동했다"고 밝혔다.[26]

NAFTA의 복지 효과에 대한 연구에서는, 국가 소득에 미치는 영향을 고려한 결과 멕시코와 미국은 각각 1.31%와 0.08%의 작은 복지 증가를 경험한 반면, 캐나다는 0.06%의 복지 손실을 겪었다고 밝혔다. 같은 연구에서는 NAFTA 회원국 모두 실제 임금이 증가했으며, 멕시코가 가장 큰 증가율을 기록했다고 덧붙였다. 비슷하게, 피터슨 국제경제연구소(Peterson Institute for International Economics)의 연구는 NAFTA 덕분에 미국이 매년 1,270억 달러 더 부유해졌다고 결론지었다. 이러한 연구들은 NAFTA의 영향이 정치적 수사와 달리 그리 크지 않았다는 일반적인 결론을 뒷받침한다.[27]

미국-멕시코-캐나다 협정(USMCA)

NAFTA가 미국 경제에 미친 영향은 전반적으로 미미한 수준이었다. 국가 소득에는 긍정적인 효과를, 고용에는 약간의 부정적인 영향을 주었다는 데이터가 있지만, 이 협정은 지속적으로 비판의 대상이 되어왔다. 정치적으로는 보수(예: Donald Trump)와 진보(예: Bernie Sanders) 진영 모두 NAFTA가 미국 내 대규모 일자리 손실을 초래했다고 주장했다. 경제 데이터를 보면 이러한 주장을 뒷받침할 근거는 부족하지만, 자동차 산업과 같이 멕시코가 최근 몇 년간 급성장한 일부 분야에서는 NAFTA로 인해 일자리를 잃은 사례가 보고되기도 했다.

이처럼 NAFTA의 경제적 영향이 크지 않았음에도 불구하고 협정은 개정되었고, 새로운 협정인 **미국-멕시코-캐나다 협정**(USMCA)이 체결되었다. 본질적으로 NAFTA의 업데이트 버전이지만 몇 가지 중요한 변화가 포함되었다. 가장 큰 변화는 원산지 규정으로, 기존 NAFTA에서는 자동차 제조업체가 차량 부품의 62.5%를 북아메리카에서 생산해야 무관세 혜택을 받을 수 있도록 했지만, USMCA에서는 이 기준을 75%로 상향 조정했다. 이는 북아메리카에서 생산되는 차량이 독일, 일본, 한국, 중국에서 조달하는 부품 비율을 줄이도록 유도하려는 조치다.

미국-멕시코-캐나다 협정(USMCA)
미국, 멕시코, 캐나다 간의 무역협정으로, NAFTA를 대체하기 위해 협상되었으며 2020년에 비준되었음.

또한 2023년까지 무관세 혜택을 받으려면 차량 부품의 40% 이상이 고임금 공장에서 생산되어야 한다. 여기서 고임금 공장이란 생산직 근로자 평균 임금이 시간당 16달러 이상인 공장을 의미하며, 이는 현재 멕시코 공장의 평균 임금보다 약 세 배 높은 수준이다.

Trump 행정부는 이러한 조치를 통해 미국 내 자동차 및 부품 생산을 늘리고 새로운 일자리를 창출하려 했다. 하지만 비판적인 시각에서는 USMCA가 무역 창출보다는 무역 전환을 초래할 가능성이 높으며, 결국 북아메리카 자동차 제조업체의 생산 비용 상승과 소비자 가격 인상으로 이어질 수 있다고 본다.

자동차 산업 외에도 USMCA는 캐나다의 낙농 시장을 미국 생산자들에게 개방하는 조항을 포함하고 있다. 지식재산권 보호 기간도 기존 50년에서 저자의 사후 70년으로 연장되었으며, 디지털 경제 관련 새로운 규정도 추가되었다. 음악, 전자책과 같은 디지털 콘텐츠에 대한 관세 부과가 금지되었고, 인터넷 기업이 사용자 생성 콘텐츠에 대해 법적 책임을 지지 않도록 보호하는 조항이 포함되었다. 또한, 협정에는 16년 기한의 일몰 조항이 추가되어 16년 후 협정이 자동으로 종료되며, 6년마다 재검토를 거쳐 연장 여부를 결정하게 된다.

USMCA가 NAFTA를 대체하기 위해서는 미국, 멕시코, 캐나다 3개국의 비준이 필요했다. 미국에서는 노동자 보호 조항을 강화한 개정안이 행정부와 의회 간 합의되었으며, 멕시코와 캐나다도 이를 비준했다. 이는 Donald Trump 미국 대통령이 미국이 NAFTA에서 탈퇴할 가능성을 내비쳤기 때문인데, 협정이 완전히 폐지될 경우 캐나다와 멕시코에 더 불리한 결과를 초래할 수 있었기 때문이다.

안데스 공동체

볼리비아, 칠레, 에콰도르, 콜롬비아, 페루는 1969년 안데스 협정을 체결하며 **안데스 공동체**(**Andean Community**)를 설립했다. 이 공동체는 EU 모델을 기반으로 했지만, 목표 달성 면에서는 훨씬 덜 성공적이었다. 1969년에 시작된 통합 과정에는 역내 관세 인하 프로그램, 공통 대외 관세, 교통 정책, 공동 산업 정책, 그리고 볼리비아와 에콰도르와 같은 소규모 회원국을 위한 특별 혜택이 포함되었다.

안데스 공동체
1969년 볼리비아, 칠레, 에콰도르, 콜롬비아, 페루가 관세동맹을 구축하기 위해 체결한 협정.

그러나 1980년대 중반까지 안데스 협정(Andean Pact)은 사실상 붕괴되었으며, 제시했던 목표를 달성하지 못했다. 회원국 간 무관세 무역은 실현되지 않았고, 공통 대외 관세도 마련되지 않았으며, 경제 정책의 조화도 이루어지지 않았다. 정치적, 경제적 문제들이 회원국 간 협력을 저해하는 요인으로 작용했다. 안데스 협정에 속한 국가들은 저성장, 초인플레이션, 높은 실업률, 정치적 불안, 과중한 부채 문제를 겪어야 했다. 또한, 이 시기의 안데스 국가들은 급진적 사회주의 성향이 강한 정치 이념을 채택한 경우가 많았다. 이러한 이념은 안데스 협정이 기반으로 삼았던 자유 시장 경제 원칙과 상충되었기 때문에, 회원국 간의 통합이 진전되기 어려웠다.

1980년대 후반부터 상황이 점차 변화하기 시작했다. 수년간의 경제 침체 이후, 라틴 아메리카 국가들은 자유 시장 경제 정책을 채택하기 시작했다. 1990년, 현재 안데스 공동체 회원국인 볼리비아, 에콰도르, 페루, 콜롬비아, 베네수엘라의 정상들이 갈라파고스 제도에서 회담을 개최했다. 그 결과 채택된 갈라파고스 선언을 통해 안데스 협정이 실질적으로 재출범되었으며, 1997년부터 안데스 공동체라는 명칭으로 변경되었다. 이 선언의 목표에는 1992년까지 자유무역지대 설립, 1994년까지 관세동맹 구축, 1995년까지 공동시장 형성이 포함되었으나, 최종 목표인 공동시장은 아직 실현되지 않았다. 1995년에는 부분적인 관세동맹이 도입되었지만, 페루는 이에 참여하지 않았고, 볼리비아는 2003년까지 특별 혜택을 받았다. 현재 안데스 공동체는 부분적인 관세동맹 형태로 운영되고 있다. 2005년 12월, 안데스 공동체는 메스코수르와 협정을 체결하고, 두 무역 블록 간 자유무역지대 창설을 위한 중단된 협상을 재개하기로 했다. 그러나 이 협상은 느리게 진행되고 있다. 2006년 말, 베네수엘라는 남미공동시장 가입을 추진하는 과정에서 안데스 공동체를 탈퇴했다.

메르코수르

메르코수르
아르헨티나, 브라질, 파라과이, 우루과이 간 자유무역지대 설립을 위한 협정.

메르코수르(Mercosur)는 1988년 브라질과 아르헨티나 간의 자유무역협정으로 시작되었다. 이 협정과 함께 시행된 관세 및 할당량 완화 조치는 1980년대 후반 두 나라 간 무역을 80% 증가시키는 데 기여한 것으로 알려져 있다.[28] 이러한 성공을 바탕으로 1990년 3월, 파라과이와 우루과이가 정회원국으로 참여하면서 협정이 확대되었다. 이후 2012년에는 베네수엘라가 회원국으로 가입했지만, 2016년 민주주의 원칙 위반과 인권 침해 문제로 인해 메르코수르에서 정지 처분을 받았다.

메르코수르의 초기 목표는 1994년 말까지 완전한 자유무역지대를 구축하고 이후 공동시장을 형성하는 것이었다. 1995년 12월, 회원국들은 자유무역지대를 완성하고 관세동맹으로 발전시키기 위한 5년 계획을 수립했지만, 아직까지 완전한 관세동맹은 실현되지 못하고 있다.[29] 설립 초기 8년 동안 메르코수르는 회원국들의 경제 성장에 긍정적인 영향을 미친 것으로 평가되었다. 1990년부터 1998년까지 4개 핵심 회원국 간 무역량은 4배 증가했으며, 이들의 연평균 GDP 성장률은 1990년부터 1996년까지 3.5%를 기록했다. 이는 1980년대에 비해 상당히 개선된 수치였다.[30]

그러나 메르코수르에 대한 비판도 존재했다. 세계은행 수석 경제학자인 Alexander Yeats는 메르코수르가 무역 창출보다 무역 전환 효과를 더 많이 초래한다고 주장했다.[31] 그의 분석에 따르면, 메르코수르 내부에서 가장 빠르게 증가한 품목은 자동차, 버스, 농업 기계 및 기타 자본 집약적 제품이었으며, 이는 회원국들이 상대적으로 비효율적으로 생산하는 품목들이었다. 즉, 메르코수르 회원국들은 외부 경쟁으로부터 보호받기 위해 최대 70%에 달하는 관세를 적용했으며, 이러한 보호 속에서 경쟁력이 낮은 공장을 설립했다. 그 결과, 생산된 제품은 회원국 간에만 판매될 뿐 글로벌 시장에서 경쟁력을 갖추기 어려웠다. 또한, 높은 보호 관세로 인해 효율성이 높은 기업들이 오히려 불이익을 받았고, 자본이 보다 생산적인 부문이 아닌 보호받는 산업으로 흐르게 되었다.

1998년, 메르코수르 회원국들이 경기 침체에 빠지면서 역내 무역이 급격히 위축되었고, 1999년 브라질 금융 위기로 인해 브라질 헤알화(Brazilian Real, BRL)가 평가절하되면서 상황은 더욱 악화되었다. 헤알화 가치 하락으로 인해 브라질 내에서 다른 메르코수르 국가들의 제품 가격이 40% 이상 상승하면서 주요 수출 시장이 크게 위축되었다. 이에 따라 메르코수르의 관세동맹 구축은 사실상 중단되었다. 2001년에는 아르헨티나의 경제 위기가 심화되면서, 아르헨티나 정부가 관세동맹의 일시 중단을 제안하는 사태까지 발생했다. 아르헨티나는 자본재 수입 관세를 철폐하는 대신 소비재 관세를 35%로 인상하고자 했으며, 브라질은 이에 동의했다. 이로 인해 메르코수르의 완전한 관세동맹 실현은 사실상 좌초되었다.[32] 그러나 2003년 브라질의 신임 대통령 Lula da Silva가 메르코수르를 EU 모델로 확대 및 개편하는 구상을 발표하면서 다시 기대를 모았다. 그는 회원국 확대, 공동 통화 도입, 민주적으로 선출된 메르코수르 의회의 설립을 목표로 제시했다.[33] 2010년에는 역외 제품이 두 번 이상 관세를 부과받지 않도록 하는 공통 관세 코드에 회원국들이 합의하면서 완전한 관세동맹을 위한 중요한 진전을 이루었다. 그러나 2010년 이후 메르코수르는 추가적인 발전을 이루지 못하고 있으며, 과연 완전한 관세동맹으로 자리 잡을 수 있을지는 아직 불확실한 상황이다.

중앙아메리카 공동시장 CAFTA와 CARICOM

아메리카 대륙에서는 두 개의 주요 무역협정이 추진되었지만, 큰 진전을 이루지는 못했다. 1960년대 초반, 코스타리카, 엘살바도르, 과테말라, 온두라스, 니카라과는 **중앙아메리카 공동시장**(Central American Common Market)을 설립하려 했다. 그러나 1969년 온두라스와 엘살바도르의 축구 경기에서 발생한 폭동이 전쟁으로 확대되면서 협정은 붕괴되었다. 이후 회원국들은 협정을 되살리기 위해 어느 정도 진전을 보였으며, 도미니카공화국이 기존 5개 창립 회원국에 추가로 가입했다. 2003년, 미국이 이들 국가와 양자 자유무역협정을 체결할 의사를 밝히면서 공동시장 재건이 새로운 전환점을 맞았다. 협상은 2004년 **중앙아메리카자유무역협정**(**Central America Free Trade Agreement, CAFTA**) 체결로 이어졌다. CAFTA의 목표는 미국과 6개 회원국 간 상품 및 서비스의 무역 장벽을 낮추는 것이었다.

중앙아메리카 공동시장
코스타리카, 엘살바도르, 과테말라, 온두라스, 니카라과 간의 무역협정으로, 1960년대 초반에 시작되었으나 1969년 전쟁으로 인해 붕괴됨.

중앙아메리카자유무역협정(CAFTA)
중앙아메리카 공동시장 회원국들이 도미니카공화국과 함께 미국과 자유무역을 추진하기 위해 체결한 협정.

한편, **카리브 공동체**(**CARICOM**)는 1973년 영어권 카리브 국가들 간 경제 협력을 촉진하기 위해 설립되었다. 1991년에는 회원국들이 관세동맹을 추진했지만, 경제 통합은 지속적으로 지연되었다. 1984년 CARICOM 회원국들은 공식적으로 경제 및 통화 연합을 채택했으나, 이후로 실질적인 진전은 거의 없었다. 1991년 10월, CARICOM 집행부는 공통 대외 관세(Common External Tariff) 도입을 위한 세 번째 기한을 맞았지만 또다시 실패했다. 그럼에도 불구하고, CARICOM은 2005년까지 15개 회원국으로 확대되었다. 2006년 초, 6개 CARICOM 회원국이 **카리브 단일시장 및 경제**(**Caribbean Single Market and Economy, CSME**)를 출범시켰다. CSME는 EU 단일시장 모델을 기반으로 하며, 회원국 간 무역 장벽을 낮추고 거시 경제 및 통화 정책을 조화시키는 것을 목표로 하고 있다.[34]

카리브 공동체(CARICOM)
영어권 카리브 국가들의 연합으로, 관세동맹 설립을 목표로 함.

카리브 단일시장 및 경제(CSME)
무역 장벽 완화 및 거시 경제·통화 정책 조화를 위해 합의한 6개 CARICOM 회원국.

기타 지역의 지역 경제 통합

아시아, 아프리카 등 여러 지역에서 다양한 형태의 지역 경제 통합이 시도되어 왔다. 그중 중요한 사례 중 하나는 동남아시아국가연합(ASEAN)이다. 또한, 아프리카에서는 여러 차례 자유무역협정을 구축하려는 시도가 이루어졌으며(본 장의 CLOSING CASE 참고), 태평양 연안 11개국과 미국 간의 자유무역협정인 환태평양경제동반자협정(TPP), 그리고 미국과 EU 간의 범대서양무역투자협정(TTIP)과 같은 협정이 추진되고 있다.

동남아시아국가연합

1967년에 설립된 **동남아시아국가연합**(**Association of Southeast Asian Nations, ASEAN**)은 브루나이, 인도네시아, 말레이시아, 필리핀, 싱가포르, 태국을 초기 회원국으로 포함하고 있었다. 이후 캄보디아, 라오스, 미얀마, 베트남이 가입하면서 약 6억 명의 인구와 2조 달러 규모의 GDP를 보유한 지역 경제 공동체로 성장했다. ASEAN의 기본 목표는 회원국 간 자유로운 무역을 촉진하고 산업

동남아시아국가연합(ASEAN)
1967년에 설립된 협정으로, 브루나이, 캄보디아, 인도네시아, 라오스, 말레이시아, 미얀마, 필리핀, 싱가포르, 베트남, 태국 간 자유무역지대 구축을 목표로 함.

지도 9-3 ASEAN 회원국 (2023년 기준)

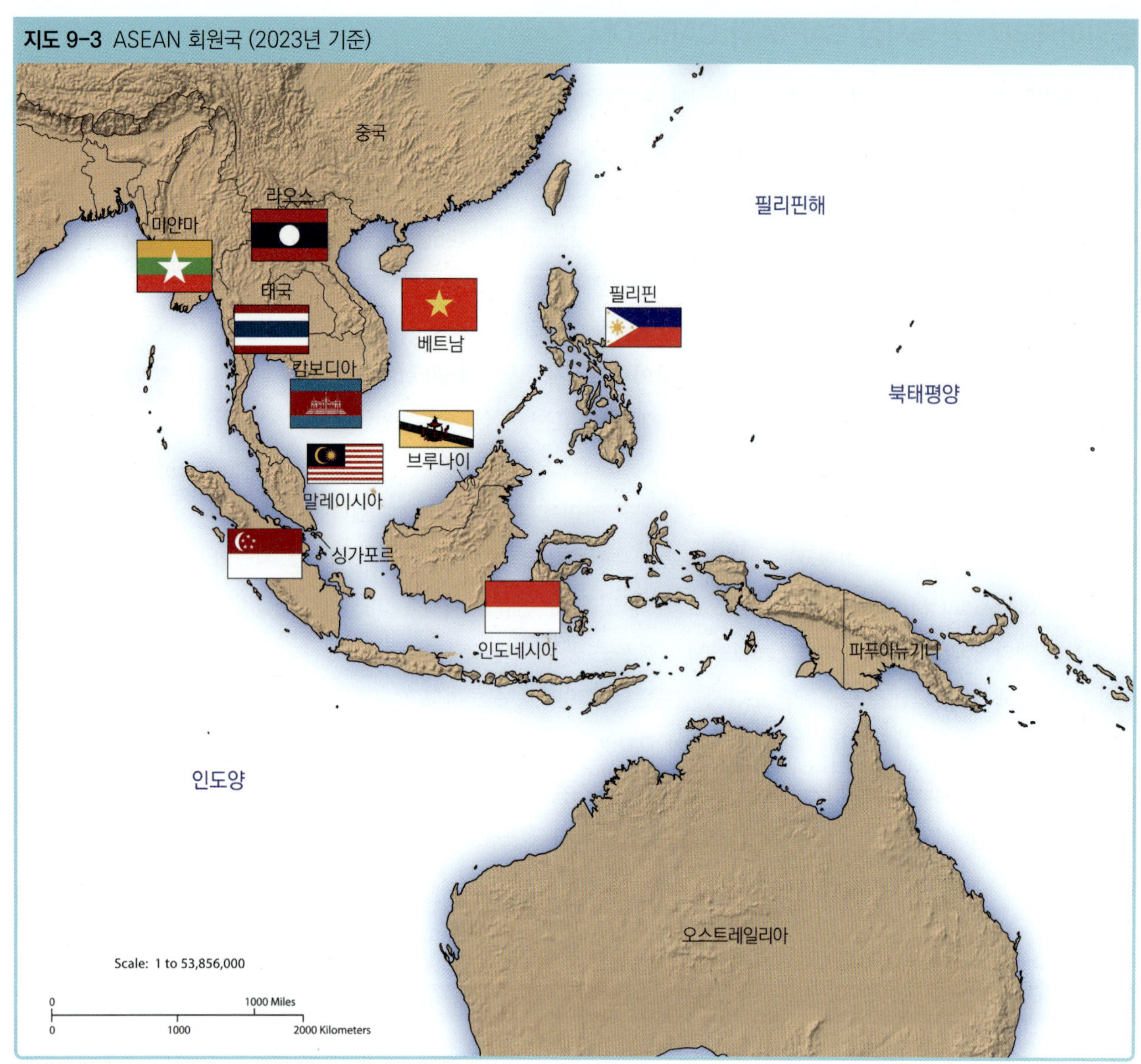

정책에서 협력을 강화하는 것이다. 그러나 지금까지의 진전은 제한적인 수준에 머물러 있다.

최근까지 ASEAN 역내 무역의 5%만이 ASEAN 특혜 무역협정을 통해 관세가 인하된 상품으로 구성되었다. 그러나 이러한 상황은 점차 변화하고 있다. 2003년, ASEAN 6개 창립 회원국 간 ASEAN 자유무역지대(AFTA)가 본격적으로 시행되었으며, 이 협정을 통해 제조업 및 농업 제품에 대한 관세가 5% 미만으로 인하되었다. 그러나 일부 주요 품목은 여전히 예외로 남아 있다. 예를 들어, 말레이시아는 자국 자동차 산업 보호를 이유로 2005년까지 수입 자동차에 대한 관세 인하를 거부했으며, 이후에도 AFTA에서 요구한 5%가 아닌 20% 수준으로만 인하했다. 필리핀 또한 석유화학 제품에 대한 관세 인하를 거부했으며, ASEAN 지역에서 가장 중요한 농산물인 쌀은 2022년까지 높은 관세율이 유지되었다.[35]

이러한 문제에도 불구하고 ASEAN과 AFTA는 자유무역지대 구축을 향해 점진적으로 나아가고 있다. 베트남은 2006년, 라오스와 미얀마는 2008년, 캄보디아는 2010년에 AFTA에 가입했다. 목표는 창립 6개국 간 수입 관세를 2010년까지 0%로 낮추고, 신규 회원국의 경우 2015년까지 이를 실현하는 것이었다. 다만, 쌀과 같은 일부 주요 품목에 대해서는 예외가 지속되고 있다.

또한, ASEAN은 중국과 자유무역협정을 체결하여 전체 교역 상품의 90%에 대한 관세를 철폐했다. 이 협정은 2010년 1월 1일부터 발효되었으며, 21세기 초반 10년 동안 중국과 ASEAN 회원국 간 무역 규모는 3배 이상 증가했다. 이 협정은 앞으로 ASEAN과 중국 간 무역 확대를 더욱 촉진할 것으로 기대된다.[36]

아프리카 지역 경제 통합

아프리카 국가들은 반세기 동안 지역 무역 블록을 실험해 왔다. 현재 명목상 19개의 무역 블록이 존재하며, 많은 국가가 두 개 이상의 그룹에 속해 있다. 이러한 무역협정의 수는 많지만, 실질적인 무역 블록을 형성하는 과정은 더디게 진행되고 있다.

여러 무역 블록은 수년간 사실상 활동이 중단된 상태이다. 아프리카 여러 국가에서 지속적인 정치적 불안이 무역 통합을 저해하는 주요 요인으로 작용하고 있다. 또한, 여러 국가에서 자유무역에 대한 깊은 불신이 존재한다. 이들 국가는 경제가 덜 발달하고 산업이 다양화되지 않았기 때문에, 관세 장벽을 통해 외국의 불공정한 경쟁으로부터 자국 경제를 '보호'해야 한다는 주장을 펼치고 있다. 이러한 논리가 널리 퍼져 있는 상황에서 자유무역지대나 관세동맹을 구축하는 것은 쉽지 않다.

아프리카에서 자유무역을 활성화하려는 의미 있는 시도 중 하나는 2001년 초, 동아프리카공동체(East African Community, EAC)의 회원국인 케냐, 우간다, 탄자니아가 24년 만에 공동체를 재출범하기로 합의한 것이다. 이들 세 국가는 약 8천만 명의 인구를 보유하고 있으며, 관세동맹, 지역 법원, 입법 기관을 설립하고 궁극적으로는 정치적 연합을 구축할 계획을 발표했다.

EAC의 계획에는 이민, 도로 및 통신망, 투자, 자본 시장에서의 협력이 포함되어 있다. 지역 기업들은 이러한 재출범을 긍정적인 조치로 평가하면서도, 자유무역 부문의 실질적인 진전이 부족하다는 점을 비판했다. EAC 조약이 1999년 11월에 체결될 당시, 회원국들은 4년 내 관세동맹을 협상하기로 했으며, 2001년 말까지 초안을 마련할 계획이었다. 그러나 케냐와의 경쟁을 우려한 탄자니아와 우간다가 즉각적인 자유무역지대 계획에 반대하면서, 이러한 논의는 지연되었다.[37] 결국, EAC는 2005년이 되어서야 관세동맹을 시행하기 시작했다. 2007년에는 부룬디와 르완다가 EAC에 가입했으며, 2010년에는 공동시장이 설립되었고, 현재는 통화 동맹 구축을 목표로 하고 있다.

2015년, 아프리카 26개국 대표들은 무역 장벽을 제거하거나 낮추고, 복잡한 세관 절차를 간소화하기 위한 자유무역지대 설립을 추진하기로 합의했다. 삼자 자유무역지대(Tripartite Free Trade Area, TFTA)로 알려진 이 협정은 남부 및 동아프리카 지역의 기존 3개 무역 블록을 연결하여 6억 3천만 명이 넘는 인구를 포괄하며, 총국내총생산(GDP) 1조 2천억 달러, 회원국 간 교역 규모 1,020억 달러 이상을 포함하는 경제 공동체를 목표로 하고 있다. 이후 2018년 3월에는 아프리카 대륙 자유무역지대(Continental Free Trade Area, CAFTA)가 출범하였으며, 54개국이 이에 서명했다(자세한 내용은 OPENING CASE 참고). 이러한 협정들이 과거의 자유무역 추진 시도보다 더 실질적인 성과를 낼지는 아직 불확실하지만, 아프리카 지도자들이 자유무역을 더욱 적극적으로 추진하고 있다는 점에서 긍정적인 전망을 기대할 수 있다.

기타 무역협정

7장에서 언급했듯이, 도하 라운드 협상이 실패한 이후 미국을 비롯한 여러 국가는 양자 및 다자 무역협정에 대한 관심을 다시 높이고 있다. Obama 대통령 행정부 당시 미국은 두 개의 주요 다자간 무역협정을 추진했다. 하나는 환태평양경제동반자협정(Trans-Pacific Partnership, TPP)으로, 호주, 뉴질랜드, 일본, 한국, 말레이시아, 칠레를 포함한 태평양 연안 11개국과 체결되었으며, 중국은 제외되었다. 다른 하나는 범대서양무역투자협정(Transatlantic Trade and Investment Partnership, TTIP)으로, EU과의 협정을 목표로 했다. 특히, TPP는 중국을 배제했다는 점에서 주목할 만한 협정이었다. TPP의 주요 목표 중 하나는 회원국 간 관세를 인하하는 것뿐만 아니라, 국유 기업 보조금 지급 제한과 지식재산권 보호 강화와 같은 규정을 마련하는 것이었다. 이는 중국이 국제 기준에 크게 미치지 못하고 있는 분야로 지적되고 있었다. 따라서, 중국이 TPP에 가입하려면 이러한 규정을 준수해야 하는 구조를 만들고자 했다. 그러나 Trump 대통령이 미국을 TPP에서 탈퇴시키면서 이 협정은 더 이상 미국 주도의 다자간 협정으로 진행되지 않았다. 또한, TTIP 협상 역시 중단된 상태이다.

미국이 TPP에서 탈퇴한 이후 두 가지 중요한 변화가 발생했다. 첫째, 기존 TPP 회원국 11개국은 협정을 개정하여 계속 추진하기로 결정했다. 이 협정은 포괄적·점진적 환태평양경제동반자협정(Comprehensive and Progressive Trans-Pacific Partnership, CPTPP)으로 명칭이 변경되었으며, 2018년 3월 8일 칠레에서 서명되었다. CPTPP는 기존 TPP와 마찬가지로 중국을 제외한 상태에서 11개국 간의 관세 및 기타 무역 장벽을 대폭 낮추는 내용을 포함하고 있다. 이 개정된 협정은 전 세계 국내총생산의 13% 이상을 차지하는 국가들의 5억 명 인구를 포괄한다. 뉴질랜드 무역장관 David Parker는 이에 대해 다음과 같이 평가했다.

> 이 협정은 현재 세계적으로 확산되고 있는 보호무역주의 흐름에 대한 해독제 역할을 한다고 생각합니다. CPTPP는 1년 전보다 더 중요한 협정이 되었습니다. 보호무역주의의 확산은 우려스러운 일입니다. … 이 협정에 참여하는 국가들은 우호적인 방식으로 협력하며 자국 경제를 성장시켜 국민들에게 혜택을 제공할 수 있습니다.[38]

비록 미국은 더 이상 이 협정의 당사국이 아니지만, 서명국 지도자들 중 일부는 Donald Trump 대통령 이후 미국이 CPTPP에 다시 참여하는 것을 환영할 것이라는 입장을 밝혔다. 또한, 브렉시트 이후 영국이 공식적으로 CPTPP 가입을 추진할 가능성도 제기되고 있다.

두 번째 중요한 변화는 역내포괄적경제동반자협정(Regional Comprehensive Economic Partnership, RCEP) 협상의 가속화였다. RCEP는 ASEAN 10개국과 호주, 중국, 일본, 뉴질랜드, 한국이 포함된 협정으로, 일반적으로 중국이 주도하는 무역 블록으로 평가된다. 이 협정은 기존 TPP보다 중국에 유리한 무역 규칙을 설정하는 것을 목표로 하며, 2020년 11월 회원국들이 이를 공식적으로 비준하였다.

360° 관점: 경영에의 시사점

[학습 목표 5] 지역 경제 통합 협정이 경영 실무에 미치는 영향을 이해한다.

지역 경제 통합의 위협

최근 지역 경제 통합에서 중요한 발전이 이루어진 곳은 EU와 NAFTA/USMCA이다. 라틴 아메리카 무역 블록, ASEAN, 아프리카 대륙 자유무역지대(AfCFTA) 등도 향후 경제적으로 중요한 역할을 할 가능성이 있지만, 현재로서는 EU와 NAFTA/USMCA의 변화가 경영 실무에 더욱 깊은 영향을 미치고 있다. 따라서, 이 절에서는 두 경제 블록이 기업 활동에 미치는 영향을 집중적으로 다룬다. 그러나 단일 시장이 형성되는 경우, 유사한 결론이 세계 어느 지역에서도 도출될 수 있다.

기회

지역 경제 통합은 기업들이 상품과 서비스의 시장을 확대하고 비용을 절감할 수 있는 중요한 기회를 창출했다. 과거에 외국 경쟁으로부터 보호받던 시장이 점점 개방되면서 기업 활동 비용이 감소하는 효과를 가져왔다. 이러한 효과는 특히 EU 단일 시장에서 두드러지며, NAFTA(현재 USMCA)에서도 일부 나타난다. 이러한 경제권에서는 국경 간 자유로운 상품 및 서비스 이동, 표준화된 제품 규격, 단순화된 세금 체계, 그리고 유로존의 경우 단일 통화 도입을 통해 기업들이 생산 비용을 절감할 기회를 확보할 수 있었다. 이에 따라, 기업들은 생산을 개별 국가 단위로 운영하는 대신, 생산 비용과 기술 수준이 가장 적합한 EU 또는 NAFTA/USMCA 지역에 공장을 집중적으로 배치할 수 있게 되었다. 예를 들어, 27개 EU 회원국이나 3개 NAFTA/USMCA 국가 각각에 생산 시설을 운영하는 대신, 단일 거점을 통해 유럽 또는 북아메리카 전체 시장을 공급할 수 있다. 물론, 이 과정에서 현지의 생산 요소 비용과 기술 수준을 신중히 고려해야 한다. 이러한 변화로 인해 EU와 북아메리카 지역에서는 국경을 초월한 공급망이 확대되었으며, 이는 두 경제권의 경제적 통합을 더욱 강화하는 계기가 되었다.

그러나 2016년 이후 미국에서 강화된 보호무역주의와 국가주의적 정책, 우크라이나 전쟁이 초래한 불확실성, 그리고 Xi Jinping 체제에서의 중국의 경제적 국가주의 채택 등을 고려할 때, EU 및 USMCA와 같은 지역 경제권 내에서 보다 독립적인 공급망을 구축해야 한다는 주장이 점점 더 힘을 얻고 있다. 이러한 전략은 미국, 중국, EU 간의 미래 무역 전쟁에 대비한 일종의 안전장치로 간주된다. 또한, 지정학적 리스크에 대한 대비책으로도 볼 수 있다. 예를 들어, 중국이 대만을 무력으로 점령하려는 시도를 할 경우, 이는 중국, 미국, EU 간의 무역을 심각하게 방해할 수 있다. 따라서, 경제권 내에서 자급 가능한 공급망을 구축하는 것은 향후 국제 무역 질서의 불확실성을 최소화하는 방안으로 주목받고 있다.

그러나 무역 및 투자 장벽이 제거되었다고 하더라도, 문화적 차이와 경쟁 방식의 차이로 인해 기업들이 특정 지역에 생산을 집중시키고 단일 시장을 위한 표준화된 제품을 생산하는 것이 항상 성공적이지는 않다는 점을 고려해야 한다. 네덜란드의 주방 가전 제조업체인 Atag Holdings NV의 사례가 이를 잘 보여 준다.[39] Atag는 EU 단일 시장에서 규모의 경제를 실현할 수 있을 것으로 기대했지만, 현실은 달랐다. Atag의 공장은 독일 국경에서 불과 1마일 떨어진 EU 인구의 중심지에 위치해 있으며, 북유럽과 남유럽 소비자층을 고려한 두 가지 주요 제품 라인을 개발해 '유로 소비자'를 겨냥한 표준화된 '유로 제품'을 출시하려 했다. 대량 생산을 통해 원가 절감을 실현하는 것이 목표였다. 그러나 Atag는 곧 '유로 소비자'라는 개념이 실체가 없다는 사실을 깨달았다. 소비자 선호도는 국가별로 예상보다 훨씬 더 다양했다. 예를 들어, Atag는 EU 전역에서 단 두 가지 세라믹 전기레인지 모델만 판매할 계획이었지만, 실제로는 11가지 모델이 필요하다는 것을 알게 되었다. 벨기에 소비자들은 대형 냄비를 사용하는 경우가 많아 큰 버너가 필요했고, 독일 소비자들은 타원형 냄비에 맞는 버너를 선호했다. 프랑스 소비자들은 소스나 국물을 끓이기 위해 작은 버너와 낮은 온도를 원했다. 또한, 오븐 손잡이 위치도 다르게 선호되었으며, 독일과 프랑스 소비자들은 흑백 계열의 제품을 선호하는 반면, 아일랜드 소비자들은 분홍, 파랑, 초록 등 다양한 색상을 요구했다. 이 사례는 단일 시장이 존재하더라도 소비자 기호와 문화적 차이가 여전히 중요한 변수로 작용할 수 있음을 보여 준다. 따라서, 지역 경제 통합이 제공하는 기회를 활용하는 동시에 각 시장의 특성을 반영한 전략적 접근이 필요하다.

위협

단일 시장의 형성이 기업들에게 새로운 기회를 제공하는 동시에 여러 가지 위협도 초래한다. 우선, 각 경제권 내에서 경쟁이 더욱 치열해졌다. 국가 간 무역 및 투자 장벽이 낮아지면서 EU와 NAFTA/USMCA 전역에서 가격 경쟁이 심화되었다.

시간이 지나면서 단일 시장 내 국가 간 가격 차이는 점차 줄어들게 된다. 이는 EU나 NAFTA/USMCA 국가에서 사업을 운영하는 모든 기업에게 직접적인 위협이 된다. 보다 치열한 단일 시장 환경에서 살아남기 위해 기업들은 단일 시장이 제공하는 기회를 활용하여 생산을 최적화하고 비용을 절감해야 한다. 그렇지 않으면 경쟁에서 상당한 불이익을 받을 수밖에 없다.

이러한 위협은 무역 블록 외부의 기업들에게도 영향을 미친다. 특히, 단일 시장의 형성으로 인해 해당 지역 내 기업들의 경쟁력이 장기적으로 향상될 가능성이 높기 때문이다. 이는 특히 EU에서 두드러지는데, 과거에는 유럽 기업들이 높은 비용 구조로 인해 북아메리카 및 아시아 기업들과 글로벌 시장에서 경쟁하는 데 어려움을 겪어왔다. 그러나 단일 시장의 형성과 그로 인한 경쟁 심화는 EU 기업들이 생산 구조를 최적화하여 비용을 절감하는 계기가 되었으며, 그 결과보다 효율적인 글로벌 경쟁자로 변모했다. EU 외부 기업들에게 주는 메시지는 명확하다. 더욱 강력한 경쟁력을 갖춘 유럽 기업들이 등장하면서, 비유럽 기업들 역시 비용 구조를 개선하고 경쟁력을 강화하는 전략을 마련해야 한다.

무역 블록 외부 기업들이 직면하는 또 다른 위협은 '무역 요새(trade fortress)' 형성으로 인해 단일 시장에서 배제될 가능성이다. 지역 경제 통합이 무역 장벽을 높이는 보호주의적 경향을 초래할 수 있다는 비판은 주로 EU를 대상으로 제기된다. EU는 자유무역 철학을 기반으로 하지만, 정치적으로 민감한 산업(예: 자동차 산업)에서 수입 및 투자 장벽을 강화할 가능성이 있다는 신호가 간헐적으로 나타나고 있다. 따라서, 비EU 기업들은 EU 내에 자체 생산 및 운영 거점을 마련하는 것이 바람직할 수 있다. 이러한 위협은 NAFTA/USMCA에서도 발생할 가능성이 있지만, 상대적으로 낮은 것으로 평가된다.

또한, 유럽위원회의 경쟁 정책 강화 역시 기업들에게 중요한 위협이 될 수 있다. 유럽위원회는 기업 인수·합병에 개입하고 특정 조건을 부과할 권한을 점점 더 적극적으로 행사하고 있다. 이는 기업들이 원하는 경영 전략을 자유롭게 추진하는 능력을 제한하는 요소가 될 수 있다. EU에서 인수·합병을 추진하는 기업들은 사전 승인을 받기 위해 상당한 양보를 요구받을 가능성이 있다. 하지만, 이러한 규제는 EU 단일 시장 내 경쟁을 유지하려는 정책적 목적을 갖고 있으며, 장기적으로 소비자들에게는 긍정적인 영향을 미칠 수도 있다.

마지막으로, 자유무역에 대한 반대 여론의 확산이 기업들에게 심각한 위협이 될 수 있다. 미국에서는 Donald Trump 대통령이 TPP에서 탈퇴하고 NAFTA를 재협상하면서 자유무역에 대한 회의적인 정책 기조를 보였다. 또한, 유럽연합에서도 2020년 브렉시트로 인해 EU의 약화 가능성이 제기되었다. 만약 EU와 NAFTA/USMCA가 현재보다 축소되거나 약화된다면, 무역을 통해 얻었던 경제적 이익이 일부 사라지고, 기업들이 누리던 많은 혜택 역시 줄어들 가능성이 크다.

주요 용어

지역 경제 통합
자유무역지대
원산지 규정
유럽자유무역연합(EFTA)
관세동맹
공동시장
경제동맹
정치 통합
무역 창출
무역 전환
유럽연합(EU)
로마 조약
유럽위원회
유럽이사회
유럽의회
리스본 조약
유럽사법재판소
마스트리흐트 조약
최적 통화 지역
북미자유무역협정(NAFTA)
미국-멕시코-캐나다 협정(USMCA)
안데스 공동체
메르코수르
중앙아메리카 공동시장
중앙아메리카자유무역협정(CAFTA)
카리브 공동체(CARICOM)
카리브 단일시장 및 경제(CSME)
동남아시아국가연합(ASEAN)
EU-영국 무역협력협정

요약

이번 장에서는 세 가지 주요 목표를 다루었다. 첫째, 지역 경제 통합을 둘러싼 경제적·정치적 논쟁을 분석하고, 둘째, 유럽, 아메리카 및 기타 지역에서 진행된 지역 경제 통합의 발전 과정을 살펴보았으며, 셋째, 지역 경제 통합이 국제 경영 실무에 미치는 중요한 영향을 구별하는 것이었다. 본문에서 다음과 같은 핵심 내용을 다루었다.

1. 이론적으로 여러 수준의 경제 통합이 가능하다. 통합 수준이 낮은 것부터 높은 순서로 보면 자유무역지대, 관세동맹, 공동시장, 경제 통합, 그리고 완전한 정치 통합이 있다.
2. 자유무역지대에서는 회원국 간 무역 장벽이 철폐되지만, 각국이 개별적으로 대외 무역 정책을 결정한다. 관세동맹에서는 내부 무역 장벽이 제거되며, 공통 대외 무역 정책이 채택된다. 공동시장은 관세동맹과 유사하지만, 생산 요소(노동, 자본 등)가 회원국 간 자유롭게 이동할 수 있다는 점에서 차이가 있다. 경제 통합은 통화 통합 및 세율 조정과 같은 더 높은 수준의 통합을 포함한

다. 정치 통합은 경제 통합을 넘어 보다 긴밀한 통합을 달성하려는 최종 목표에 해당한다.

3. 지역 경제 통합은 인접 국가 간 무역 및 투자의 자유로운 흐름을 통해 경제적 이익을 실현하려는 시도이다.
4. 통합은 쉽게 이루어지거나 지속되기 어렵다. 통합이 다수에게 혜택을 제공하더라도, 소수에게는 비용이 발생할 수 있다. 또한, 국가 주권에 대한 우려가 통합을 지연시키거나 중단시키는 경우가 많다. 이러한 우려로 인해 2016년 영국은 EU 탈퇴(Brexit)를 결정하였다.
5. 자유무역지대에서 무역 창출 효과보다 무역 전환 효과가 더 크다면, 지역 통합이 경제적 복지를 증가시키지 못할 수도 있다.
6. 단일유럽법은 EU 회원국 간 무역과 투자의 자유로운 이동을 방해하는 행정적 장벽을 철폐하여 진정한 단일 시장을 구축하는 것을 목표로 하였다.
7. 현재 EU 27개 회원국 중 20개국이 공통 통화인 유로화를 사용하고 있다. 공통 통화는 환전 비용 절감, 환율 변동성 감소, EU 내 가격 경쟁 증가 등의 경제적 이점을 제공한다.
8. 유럽위원회는 경쟁 정책에 있어 적극적인 개입 정책을 추진하고 있다. 이에 따라, 경쟁을 저해할 가능성이 있는 기업 인수·합병을 제한하는 조치를 시행하고 있다.
9. EU만큼 경제적·정치적으로 중요한 지역 경제 통합 시도는 아직 없지만, 전 세계적으로 다양한 시도가 이루어지고 있다. 대표적인 사례로는 북아메리카의 NAFTA(현재 USMCA), 남아메리카의 안데스 공동체와 메르코수르, 동남아시아의 ASEAN 등이 있다.
10. EU와 북아메리카에서 단일 시장이 형성됨에 따라, 기존에 외국 경쟁으로부터 보호받았던 시장들이 개방되었다. 이는 해당 지역 내외의 기업들에게 투자 및 수출 확대의 기회를 제공한다.
11. 상품의 자유로운 이동, 제품 표준의 통일, 세금 제도의 단순화는 자유무역지대 내 기업들이 생산 거점을 최적의 비용과 기술을 갖춘 지역으로 집중시킴으로써 대규모 비용 절감 효과를 실현할 수 있도록 한다.
12. 무역 블록 내에서 무역 및 투자 장벽이 낮아지면, 시간이 지나면서 가격 경쟁이 심화될 가능성이 크다.

비판적 사고와 토론을 위한 질문

1. NAFTA는 캐나다, 멕시코, 미국 경제에 상당한 순이익을 가져왔다. 이에 대해 논의하라.
2. 지역 경제 통합에 대한 경제적·정치적 논리는 무엇인가? 이러한 논리를 고려할 때, 왜 세계 경제에서 보다 강력한 경제 통합 사례가 많지 않은가?
3. EU에서 단일 시장과 단일 통화가 도입된 후, EU 내부 경쟁에 어떤 영향을 미쳤는가? 그 이유는 무엇인가?
4. 유럽위원회가 유럽에서 사업을 운영하는 미국 기업 간의 인수·합병을 제한하는 것이 타당하다고 생각하는가? (예: 유럽위원회는 미국 기업인 WorldCom과 Sprint의 합병을 거부했으며, AOL과 Time Warner의 합병도 면밀히 검토했다.)
5. 2010~2012년 EU의 국가 부채 위기의 원인은 무엇이었는가? 이 위기는 유로화의 어떤 약점을 보여 주는가?
6. 현재 ASEAN 국가에만 수출하는 미국 기업은 이 지역에서 단일 시장이 형성될 경우 어떻게 대응해야 하는가?
7. 여러 ASEAN 국가에서 각각 독립적인 생산 시설을 운영하는 기업은 단일 시장이 형성될 경우 어떻게 대응해야 하는가? 비용을 최소화하는 방향으로 대응하는 데 어떤 제약이 있을 수 있는가?
8. 순조롭게 출발했던 메르코수르는 2000년 이후 정체되었으며, 큰 진전을 이루지 못하고 있다. 메르코수르가 직면한 문제는 무엇인가? 이를 해결하기 위해 어떤 조치가 필요한가?

CLOSING CASE

브렉시트 이후의 영국

1973년, 영국은 EU의 전신인 유럽경제공동체(European Economic Community, EEC)에 가입했다. 당시 영국 정부는 유럽 회원국들과 무역 관계를 강화함으로써 무역 확대의 이점을 누리고, 이를 통해 경제 성장을 촉진할 수 있을 것이라 기대했다. 그러나 이 결정은 정치적으로 논란이 많았다. 많은 영국인들은 공동체 가입이 국가 주권을 제한할 가능성이 있다는 점을 우려했다. 이러한 논란 속에서도 1975년 국민투표에서 영국의 EEC 잔류 여부가 결정되었으며, 전체 유권자의 67%가 계속 회원국으로 남는 것에 찬성했다.

그 후 45년 동안, 영국이 EU에 가입한 것이 가져온 경제적 혜택이 점차 확인되었다. 영국과 EU 회원국 간 무역이 크게 증가했으며, 2019년 기준으로 영국 전체 수출의 43%가 EU로 향했고, 수입의 52%가 EU에서 유입되었다. 특히 서비스 부문이 영국의 EU 수출에서 42%를 차지했으며, 그중 금융 서비스가 가장 큰 비중을 차지했다. 이는 런던이 유럽 금융 중심지로서 차지하는 지배적 위치를 반영하는 것이었다. 영국 경제의 성장 속도는 빠르다고 보기 어려웠지만, 안정적으로 유지되었으며, EU 내 다른 국가들과 비교했을 때 상대적으로 양호한 성과를 보였다. 물가 상승률을 고려한 실질 GDP 기준으로, 영국 경제는 가입 이후 약 250% 성장했다.

그럼에도 불구하고, 2016년 6월 영국은 다시 EU 회원국 지위를 두고 국민투표를 실시했다. 핵심 쟁점은 1975년 국민투표와 마찬가지로 국가 주권 문제였다. 주요 논점은 동유럽 국가에서의 이민 급증, 브뤼셀 EU 관료제의 권한 확대에 대한 우려, 그리고 EU 회원국으로서 독자적인 무역협정을 체결할 수 없는 점이었다. 탈퇴를 지지하는 측은 영국이 EU에서 벗어나는 것이 장기적으로 경제에 더 유리할 것이라고 주장했다. 반면, 잔류를 지지하는 측은 EU 단일 시장 접근성을 잃으면 영국 경제가 큰 타격을 받을 것이라고 경고했다. 결과적으로, 탈퇴 캠프가 51.89% 대 48.11%의 근소한 차이로 승리했다. 그러나 이 결과는 정치적 갈등을 해소하기보다는 더욱 심화시켰다. 당시 집권 보수당 내에서도 의견이 크게 갈렸으며, 정부는 EU와의 탈퇴 협상을 진행해야 하는 상황에 놓였다.

영국은 2020년 1월 공식적으로 EU를 탈퇴했다. 이후 1년간의 전환 기간 동안 영국과 EU는 브렉시트 이후 무역협정을 협상했다. 2020년 12월 최종 합의된 **EU-영국 무역협력협정(EU-UK Trade and Cooperation Agreement)**은 '무관세·무쿼터' 원칙을 기반으로 상품 교역을 유지하는 내용을 포함하고 있었다. 그러나 영국이 더 이상 EU 관세동맹과 단일시장의 회원국이 아니게 됨에 따라, 새로운 세관 및 규제 절차가 도입되었다. 원산지 규정과 현지 부품 사용 요건이 강화되면서 영국 기업의 수출 절차가 복잡해지고 비용이 증가했다. 또한 EU와의 즉각적인 공급망(just-in-time supply chain) 유지가 어려워졌으며, 국경을 넘는 무역이 지연되었다. 게다가, 영국 기업과 거주자의 전문 자격 및 면허가 EU에서 자동 인정되지 않게 되면서, 서비스 수출이 위축될 가능성이 커졌다. 영국 GDP의 80%를 차지하는 서비스업, 특히 금융업이 큰 타격을 받을 가능성이 커졌다.

EU-영국 무역협력협정
영국과 EU 간 체결된 협정으로, 브렉시트 이후 EU와 영국 간 무역 조건을 규정한다.

Dan Kitwood/Getty Images

브렉시트 이후 영국 정부는 다른 국가 및 무역 블록과의 자유무역협정(FTA) 체결을 추진하고 있다. 영국 정부는 미국과의 FTA 체결을 희망했으나, Biden 행정부는 새로운 무역협정을 우선순위에서 배제했다. 또한, 미국은 영국과의 협정에서 농산물, 의약품, 금융 서비스 시장 개방을 요구할 가능성이 높았으며, 이는 영국 내에서 반발을 불러올 수 있는 요소였다. 대신, 영국은 2020년 일본과 자유무역협정을 체결했지만, 이는 기존 EU-일본 협정과 유사한 형태로, 실질적인 새로운 무역협정이라고 보기는 어려웠다. 인도와의 FTA도 추진 중이지만, Modi 정부가 자유무역에 회의적인 입장을 보이며 협상이 난항을 겪고 있다. 또한, 영국은 포괄적·점진적 환태평양경제동반자협정(CPTPP) 가입을 희망하고 있다. CPTPP는 일본, 호주, 뉴질랜드, 캐나다, 멕시코 등 11개국이 포함된 자유무역 블록이다.

브렉시트 협정이 시행된 첫 달부터 영국의 항만에서는 심각한 혼란이 발생했다. 영국-유럽 간 새로운 세관 절차로 인해 트럭들이 국경을 넘는 데 긴 대기 시간을 겪었으며, 2021년 1월, 영국의 EU 수출량은 전년 대비 68% 감소했다. 유럽에서 영국으로 들어온 트럭 중 65~75%가 빈 차로 돌아갔다. 그 이유로는 영국 내 행정적 지연과 기업들이 새로운 규정을 준수하지 못해 수출을 중단한 사례가 증가한 것이었다. 영국 정부는 이러한 혼란이 브렉시트보다는 코로나19 봉쇄 조치 때문이라고 주장했지만, 여론은 부정적이었다. 또한, 2021년 1월 암스테르담이 런던을 제치고 유럽 주식 거래 중심지가 되는 사건이 발생하면서, 런던의 금융 허브 지위가 약화될 것이라는 우려가 커졌다.

2023년 초까지도 영국 경제는 브렉시트로 인한 혼란에서 벗어나지 못했다. 영국중앙은행(BOE) 총재는 EU 단일 시장 및 관세동맹 탈퇴의 영향이 예상보다 더 크게 나타나고 있다고 밝혔다. 영국의 수출 감소로 인해 2022년 무역 적자는 26.8억 파운드까지 확대되었으며, 그 원인은 EU로의 상품 및 서비스 수출 감소 때문이라는 분석이 나왔다.

2016년 이후 영국의 기업 투자 감소 규모는 290억 파운드에 달했다. 브렉시트 국민투표 이후 민간 부문의 투자 증가세가 둔화되었으며, 2020년 이후에는 다른 선진국들보다 투자 속도가 현저히 느려지면서 생산성 격차가 심화되었다. 잉글랜드은행(Bank of England) 보고서에 따르면, 이로 인해 영국 경제는 구조적 타격을 입었으며, 성장 전망도 불투명해졌다. 결국, 2023년 초 여론 조사에서는 영국 유권자의 57%가 EU 재가입을 희망하는 것으로 나타났다. 이는 브렉시트로 인해 경제적 타격이 심화되면서, 이전과 다른 국민 정서를 반영하는 결과로 해석될 수 있다.

Sources: M. Matthijs, "What's in the EU-UK Brexit Deal," Council on Foreign Relations, December 28, 2020; "UK GDP since 1955," *The Guardian Data Blog*; S. Khorana, "After Brexit, UK Is Eager to Sign a Free Trade Deal with India," *Scroll.in*, February 9, 2021; M. Plouffe, "Will the UK Really Join the CPTPP Free-Trade Bloc in Asia Pacific?" *The Conversation*, September 17, 2020; T. Helm, "Fury at Grove as Exports to EU Slashed by 68% since Brexit," *The Observer*, February 6, 2021; H. Jones, "Amsterdam Displaces London as Europe's Top Stocks Center after Brexit," *Reuters*, February 10, 2021; P. Inman, "Brexit Hit UK Growth by £29 Billion, Says Bank of England Rate Setter," *The Guardian*, February 13, 2023; P. Inman, "Disaster Is Right: Brexit Is a Self Inflicted Wound That Cuts Dangerously Deep," *The Guardian*, February 12, 2023.

CLOSING CASE 토론을 위한 질문

1. 왜 다수의 영국 유권자들이 EU 탈퇴를 원했는가? EU 탈퇴를 원하는 사람들의 주장은 경제적 고려에 얼마나 기반을 두고 있었는가? 경제적 이유 외에 다른 요인들은 무엇이었는가? 브렉시트 논쟁을 통해 얻을 수 있는 교훈은 무엇인가?
2. 왜 영국은 브렉시트 이후 다른 국가들과 빠르게 자유무역협정(FTA)을 체결하지 못하고 있는가? 여기서 얻을 수 있는 교훈은 무엇인가?
3. 브렉시트 사례는 자유무역지대 회원국이 되는 것의 이점과 단점에 대해 어떤 교훈을 주는가?
4. 현재 영국의 상황을 고려할 때, 브렉시트는 영국 국민들에게 최선의 선택이었는가?

미주(endnotes)는 한경사 홈페이지 www.hankyungsa.co.kr의 공지 사항에서 PDF 파일로 다운로드 할 수 있습니다.

rozdemir/Shutterstock

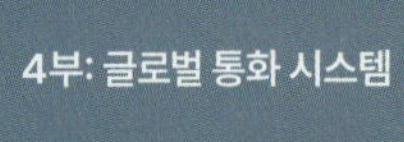

10

외환 시장

OPENING CASE 튀르키예의 경제 위기 원인은 무엇인가?

튀르키예 리라와 미국 달러의 환율 그래프는 완만하게 하락하다가 갑자기 매우 가파르게 떨어지는 스키 슬로프처럼 보인다. 2008년 초, 1 튀르키예 리라는 0.85 미국 달러(USD)에 달하였다. 그 이후로 리라의 가치는 지속적으로 하락하여 거의 멈추지 않고 하락세를 이어갔으며, 2023년 3월 초에는 0.053USD라는 사상 최저치에 도달하였다. 즉, 튀르키예 리라는 2008년 이후 미국 달러 대비 약 94%의 가치를 잃었다. 유로화와 비교해도 리라는 91%, 영국 파운드 대비로는 90% 하락하였다. 2008년부터 다른 통화 대비 리라가 하락세를 보였으나, 2021년과 2022년에 하락이 급격히 가속화되며 튀르키예를 경제 위기로 몰아넣었다.

리라 가치 하락의 주된 원인은 높은 인플레이션이다. 2005년부터 2020년까지 튀르키예의 인플레이션율은 5~10% 수준에서 유지되었는데, 이는 여러 나라의 기준에서 높은 편이지만 재앙 수준은 아니었다. 이 시기 튀르키예 경제는 2002년부터 2021년까지 연평균 5.8%의 GDP 성장률을 기록하며 건강한 성장을 유지하였다. 그러나 2021년에 연간 인플레이션율이 22%로 급등하였고, 2022년 말에는 25년 만에 최고치인 85.5%에 도달하였다. 급등하는 인플레이션율은 다른 통화 대비 리라의 가치를 빠르게 잠식하였다. 수입품 가격은 급등하고, 튀르키예 기업의 생산 비용은 치솟았으며, 사람들의 실질 임금 가치는 떨어졌다. 일자리를 찾아 튀르키예를 떠나는 숙련된 노동자가 많아지고 있으며, 이러한 인재 유출은 장기적으로 국가 경제에 심각한 피해를 줄 수 있다. 이러한 위기 상황에서 유일한 긍정적인 점은 튀르키예 수출품에 대한 강한 수요가 지속되고 있다는 것이다. 이는 리라가 외화로 환산될 때 가격이 저렴해졌기 때문이다.

2021~2022년의 인플레이션은 COVID 팬데믹으로 인한 공급망 붕괴와 물자 부족, 그리고 정부가 경기 침체를 방지하기 위해 경제에 돈을 쏟아부으면서 발생한 강한 총수요 때문에 전 세계적으로 문제가 되었다. 그러나 튀르키예의 상황은 특히 심각하였다. 주요 이유는 튀르키예 경제가 매우 과열된 상태에서 매우 낮은 금리로 적용하면서 경제 상황이 더욱 악화되었기 때문이다. 낮은 금리는 신용 비용을 낮추어 수요를 자극하고 개인 및 기업이 더 많은 돈을 빌리도록 장려한다. 그러나 그 결과로 화폐 공급이 확대되면, 특히 이미 수요가 강한 상태에서는 인플레이션을 촉진할 수 있다.

인플레이션이 가속화될 때의 고전적인 대응 방법은 금리를 인상하여 신용을 축소하고 대출을 줄이며 화폐 공급을 축소하여 상품과 서비스에 대한 수요를 줄이는 것이다. 이러한 통화 긴축 정책은 과열된 경제를 진정시키고 인플레이션을 낮추기 위한 것이다.

학습 목표

이 장을 학습하면,

1. 외환 시장의 기능을 설명할 수 있다.
2. 현물 환율의 의미를 이해할 수 있다.
3. 외환 위험을 방지하기 위해 선물 환율이 수행하는 역할을 인식할 수 있다.
4. 환율 결정 방식을 설명하는 다양한 이론과 그 상대적 장단점을 이해할 수 있다.
5. 환율 예측 접근 방식의 장점을 식별할 수 있다.
6. 환산 노출, 거래 노출, 경제적 노출의 차이점을 비교 및 대조하고 관리 실무에 대한 영향을 설명할 수 있다.

그러나 튀르키예 중앙은행은 반대로 매우 낮은 실질 금리를 유지하였다. 이로 인해 화폐 공급이 확대되고 수요가 자극되며 인플레이션이 증가하고, 리라 가치가 폭락하여 수입품 가격이 상승하고 인플레이션이 더욱 악화되는 악순환이 발생하였다. 이러한 위험한 악순환은 튀르키예 경제에 대한 신뢰를 약화시키고 있다. 외국 및 국내 투자자들은 리라 폭락 때문에 튀르키예에서 자금을 회수하고 있으며, 이는 리라에 추가적인 압박을 가하고 경제적 손상을 초래하여 사업 투자를 감소시킨다.

낮은 금리 정책은 주로 Recep Tayyip Erdogan 대통령의 '비정통적' 통화 정책 이해에서 비롯된다. Erdogan은 2003년부터 튀르키예의 총리와 대통령직을 역임하고 있다. 역사적으로 Erdogan은 낮은 금리를 유지하고 저금리 자금을 경제에 공급함으로써 선거에서 승리해 왔다. 또한 그의 낮은 금리 정책에는 이념적인 측면도 있는 것으로 보인다. Erdogan은 2021년 금리 인하의 이유 중 하나로 이슬람이 고리대금을 죄악시하는 점을 인용하였다. 그는 또한 낮은 금리와 강한 수요가 인플레이션을 억제할 것이라는 견해를 가지고 있는데, 이는 경제학자들 사이에서 전혀 지지를 받지 못하는 입장이다.

대부분의 국가에서는 중앙은행이 정부로부터 독립적이며 정치적 압력으로부터 보호받을 수 있다. 그러나 튀르키예의 경우 정부가 중앙은행과 그 정책을 직접 통제할 수 있다. 상황을 악화시킨 것은 Erdogan이 자신의 비정통적 정책에 반대하거나 도전한 재무장관과 중앙은행장을 여러 차례 해임시킨 것이다.

튀르키예 국민들은 이러한 상황을 잘 알고 있다. Erdogan과 그의 집권당인 AKP의 지지율은 여론 조사에서 급락하였으며, 이는 그가 2023년 6월 선거에서 권력을 잃을 수도 있음을 시사하였다. Erdogan의 대응은 경제에 더 많은 돈을 투입하고—최저 임금을 인상하고 공공 부문 지출을 확대하는 한편—야당을 억압하는 것이었다. 그 결과, 그는 선거에서 근소한 차이로 승리하며 권력을 유지하였다.

Sources: C. Ostroff, "Why the Turkish Lira Is Falling Like a Rock," *The Wall Street Journal*, December 7, 2021; "The Lastest Desperate Attempt to Prop Up the Turkish Lira," *The Economist*, June 30, 2022; J. Askew, "Soaring Inflation and a Collapsing Currency: Why Is Turkey's Economy Such as Mess?" *euronews*, December 21, 2022.

서론

외환 시장
한 국가의 통화를 다른 국가의 통화로 교환하는 시장.

환율
한 국가의 통화를 다른 국가의 통화로 교환할 때 적용되는 비율.

이 장에서는 외환 시장의 작동 방식에 대해 자세히 살펴본다. **외환 시장(foreign exchange market)**은 한 나라의 통화를 다른 나라의 통화로 전환하는 시장이다. **환율(exchange rate)**은 단순히 하나의 통화를 다른 통화로 전환하는 비율을 의미한다. 즉, 미국 달러를 유로화로, 유로화를 튀르키예 리라로, 영국 파운드를 일본 엔화로 전환하는 비율이다. 예를 들어, Toyota는 미국에서 자동차를 판매하여 벌어들인 달러를 일본 엔화로 전환하기 위해 외환 시장을 이용한다. 외환 시장이 없다면, 오늘날 우리가 보는 국제 무역과 국제 투자는 불가능할 것이다. 기업들은 물물 교환에 의존해야 할 것이다. 외환 시장은 서로 다른 통화를 사용하는 국가에 기반을 둔 기업들이 서로 무역할 수 있도록 하는 윤활유 역할을 한다.

이전 장에서 우리는 국제 무역과 투자에는 위험이 따른다는 것을 알았다. 이러한 위험 중 일부는 미래의 환율을 완벽하게 예측할 수 없기 때문에 존재한다. 한 통화를 다른 통화로 전환하는 비율은 시간이 지남에 따라 변할 수 있다. 예를 들어, 2001년 초에는 1달러가 1.065유로를 구매하였지만, 2014년 초에는 1달러가 단지 0.74유로만 구매할 수 있었다. 달러가 유로 대비 가치가 크게 하락한 것이다. 이는 유럽에서 미국 제품을 더 저렴하게 만들어 수출 판매를 증가시켰다. 동시에 유럽 제품은 미국에서 더 비싸져 미국에 상품과 서비스를 판매하는 유럽 기업들의 판매와 수익에 타격을 주었다. 그러나 2015년에서 2022년 사이에 유럽 경제의 약세와 미국 경제의 강세로 인해 유로의 가치가 하락하면서 미국 기업들이 누리던 가격 우위가 일부 사라졌다. 2022년 말에는 1달러가

0.95유로를 구매하였으며, 이는 미국의 유로존 수출품이 더 비싸졌음을 의미한다. 이와 같은 통화 가치의 변화는 종종 경영진을 놀라게 하며, 이러한 가능성에 대한 잠재적 위험에 대한 대비책을 마련하지 않은 경우, 매출과 수익에 상당한 영향을 미칠 수 있다.

외환 시장의 한 가지 기능은 외환 위험으로 알려진 환율의 변동성에서 발생하는 위험을 완화하는 보험을 제공하는 것이다. 외환 시장은 외환 위험에 대한 일부 보험을 제공하지만, 완전한 보험을 제공하지는 못한다. 국제 기업들은 환율 변화로 인해 예상치 못한 손실(또는 이익)을 자주 겪는다. 통화 변동은 겉보기에 수익성이 있는 무역 및 투자 거래를 비수익성으로 만들거나 그 반대로 만들 수 있다.

이 장의 주요 목표는 세 가지이다. 첫째, 외환 시장의 작동 방식을 설명하는 것이다. 둘째, 환율을 결정하는 힘을 검토하고 미래 환율 변동을 예측할 수 있는 정도를 논의하는 것이다. 셋째, 환율 변동이 국제 비즈니스에 미치는 영향을 살펴보는 것이다. OPENING CASE는 이러한 목표 중 두 번째와 세 번째에 대한 통찰력을 제공한다. 사례에서 설명된 바와 같이, 한 국가의 물가 상승률은 해당 국가 통화의 가치에 중대한 영향을 미칠 수 있다. 이는 튀르키예 리라의 사례에서 볼 수 있듯이 외환 시장에서 리라 가치의 급격한 하락을 초래한 고물가 상승률의 결과였다. 이는 수입에 의존하는 튀르키예 기업들에게 부정적인 영향을 미쳤는데, 이들은 투입 비용의 급등을 경험하였다. 반면, 튀르키예에서 다른 국가로 상품을 수출하는 기업들은 가격이 다른 통화(예: 유로와 달러)로 환산될 때 하락하였기 때문에 강한 수요를 경험하였다.

이 장은 국제 통화 시스템과 국제 비즈니스와의 관계를 다루는 두 장 중 첫 번째이다. 11장은 국제 통화 시스템의 제도적 구조를 탐구한다. 제도적 구조는 외환 시장이 기능하는 맥락이다. 보시다시피, 국제 통화 시스템의 제도적 구조의 변화는 외환 시장의 발전에 깊은 영향을 미칠 수 있다.

globalEDGE

국제 비즈니스 통계에 대한 globalEDGE™ 데이터베이스

'글로벌 통화 시스템'은 기업이 전 세계적으로 운영되는 방식에 상당한 영향을 미칠 수 있다. 종종 기업들은 환율, 통화 시스템, 그리고 국가 및 지역 수준의 자본 시장을 다루어야 한다. 그러나 국가가 지역 및 글로벌 통화 시스템에 미치는 영향은 크다(즉, 국가가 외환 시장 및 국제 통화 시스템의 매개 변수를 설정한다). globalEDGE™의 국제 비즈니스 통계 데이터베이스(Database of International Business Statistics, DIBS)는 1990년대부터 오늘날까지의 시계열 데이터를 포함하며, 200개 이상의 국가와 5,000개 이상의 데이터 변수를 다룬다. 국가, 지역 및 세계는 이러한 유형의 데이터를 사용하여 글로벌 통화 시스템을 운영하며, 글로벌 자본 시장을 더 잘 이해하고자 하는 모든 사람은 이를 알아야 한다. globalEDGE™에 무료로 등록하여 지금 DIBS 데이터베이스를 활용해 보라. 학생들은 DIBS에 무료로 접속할 수 있으며, DIBS는 globaledge.msu.edu/tools-and-data/dibs에서 확인할 수 있다.

외환 시장의 기능과 형태를 살펴보는 것으로 시작하자. 여기에는 현물 환전, 선도 환전 및 통화 스왑을 구분하는 것이 포함된다. 그런 다음 환율을 결정하는 요인을 고려한다. 또한 한 국가의 통화를 다른 통화로 교환할 수 없는 경우, 즉 해당 국가의 통화가 전환 불가능한 경우의 외국 무역 수행 방식을 살펴본다. 마지막으로 이러한 것들을 비즈니스와 관련하여 논의하며 장을 마무리한다.

외환 시장의 기능

[학습 목표 1] 외환 시장의 기능을 설명한다.

외환 위험
환율 변화가 사업 거래의 수익성에 타격을 줄 위험.

외환 시장은 두 가지 주요 기능을 수행한다. 첫째, 한 국가의 통화를 다른 국가의 통화로 전환하는 것이다. 둘째, 예측할 수 없는 환율 변화의 불리한 결과에 대한 **외환 위험**(foreign exchange risk)에 대해 일부 보험을 제공하는 것이다.[1]

통화 변환

각 나라는 상품과 서비스의 가격이 표시되는 고유 통화를 가지고 있다. 미국에서는 달러($), 영국에서는 파운드(£), 프랑스, 독일 및 유로존의 17개 회원국에서는 유로(€), 일본에서는 엔(¥) 등이 사용된다. 일반적으로 특정 국가의 국경 내에서는 해당 국가의 통화를 사용해야 한다. 예를 들어, 미국 관광객이 스코틀랜드 에든버러의 상점에 가서 스카치 위스키를 구매하려고 할 때, 미국 달러로 결제할 수 없다. 달러는 스코틀랜드에서 법정 통화로 인정되지 않으므로, 관광객은 영국 파운드로 결제해야 한다. 다행히도, 관광객은 은행에서 달러를 파운드로 환전한 후 위스키를 구매할 수 있다.

관광객이 한 통화를 다른 통화로 바꾸는 과정은 외환 시장에 참여하는 것을 의미한다. 환율은 한 통화를 다른 통화로 전환하는 비율을 나타낸다. 예를 들어, 1유로 = 1.20달러의 환율은 1유로가 1.20미국 달러를 구매할 수 있음을 의미한다. 환율은 서로 다른 국가에서 상품과 서비스의 상대적인 가격을 비교할 수 있게 해 준다. 에든버러에서 스카치 위스키 한 병을 구매하려는 미국 관광객은 그 병에 30파운드를 지불해야 한다고 알게 될 수 있으며, 같은 병이 미국에서는 35달러에 판매된다는 것을 알게 된다. 이것이 좋은 거래일까? 현재 파운드/달러 환율이 1.00파운드 = 1.25달러(즉, 1영국 파운드가 1.25달러를 구매함)이라고 가정해 보자. 관광객은 계산기를 사용하여 30파운드를 달러로 환산한다(30 × 1.25). 그리고 그 스카치 한 병이 37.50달러에 해당한다는 것을 알게 된다. 관광객은 스코틀랜드보다 미국에서 스카치 위스키 한 병이 더 저렴하다는 사실에 놀라게 되는데, 이는 영국에서 알코올이 높은 세금을 부과받기 때문이다.

관광객은 외환 시장의 소규모 참여자에 불과하지만, 국제 무역 및 투자에 종사하는 기업들은 주요 참여자이다. 국제 비즈니스가 외환 시장을 활용하는 주된 이유는 네 가지이다. 첫째, 기업이 수출로부터 받는 대금, 해외 투자에서 얻는 소득, 또는 해외 기업과의 라이선스 계약으로 얻는 소득은 외화로 지급될 수 있다. 기업이 자국에서 이 자금을 사용하려면 자국 통화로 환전해야 한다. 미국에 위스키를 수출하는 스카치 증류소를 예로 들어 보자. 이 증류소는 달러로 대금을 받지만, 이 달러는 영국에서 사용할 수 없으므로 영국 파운드로 환전해야 한다. 마찬가지로, Toyota는 미국에서 자동차를 판매하고 달러로 대금을 받는다. 이 달러를 일본에서 사용하려면 일본 엔으로 환전해야 한다.

둘째, 국제 비즈니스는 외환 시장을 이용하여 자국 통화를 외국 기업의 제품이나 서비스 대금을 해당 국가 통화로 지급해야 할 때 활용한다. 예를 들어, Dell은 말레이시아 기업으로부터 컴퓨터 부품을 구매한다. 이 말레이시아 기업은 말레이시아 통화인 링깃으로 대금을 받아야 하므로, Dell은 달러를 링깃으로 환전해야 한다.

셋째, 국제 비즈니스는 여유 자금을 단기적으로 금융 시장에 투자하려 할 때 외환 시장을 이용한다. 예를 들어, 미국 기업이 1,000만 달러를 3개월간 투자하려 한다고 가정해 보자. 미국에서 이 자금으로 받을 수 있는 최고 이자율이 2%일 수 있다. 하지만 한국의 금융 시장 계좌에 투자하면 6%의 이자율을 받을 수 있다. 따라서 이 기업은 1,000만 달러를 한국 원화로 바꿔 한국에 투자할 수 있다. 그러나 이 투자에서 얻는 수익률은 한국 원화의 가치가 투자 기간 동안 달러 대비 어떻게 변동하느냐에 따라 달라질 수 있다는 점에 유의해야 한다.

튀르키예 이스탄불에서 환전하는 관광객.

넷째, 외환 시장은 통화 투기를 위해 사용된다. **통화 투기**(currency speculation)란 일반적으로 환율 변동을 통해 수익을 얻기 위해 단기적으로 자금을 한 통화에서 다른 통화로 이동하는 것을 말한다. 예를 들어, 미국 기업이 1,000만 달러를 3개월 동안 투자하려 한다고 가정해 보자. 이 기업이 달러가 일본 엔 대비 고평가되었다고 의심한다고 해 보자. 즉, 달러의 가치가 엔 대비 하락할 것이라고 예상하는 것이다. 현재 환율이 1달러 = 120엔이라고 가정할 때, 이 기업은 1,000만 달러를 12억 엔으로 환전한다(1,000만 달러 × 120 = 12억 엔). 이후 3개월 동안 달러의 가치는 엔 대비 하락하여 1달러 = 100엔이 된다. 이제 12억 엔을 다시 달러로 환전하면 1,200만 달러가 된다. 이 기업은 초기 1,000만 달러 투자로 3개월 만에 200만 달러의 수익을 얻은 것이다. 그러나 일반적으로 투기는 매우 위험한 사업임을 기업들은 알아야 한다. 환율이 어떻게 변할지 정확히 예측할 수는 없기 때문이다. 미래 환율 변동에 대한 예측이 옳다면 투기자들은 큰 수익을 얻을 수 있지만, 예측이 틀리면 막대한 손실을 입을 수도 있다.

통화 투기
환율 변동으로 인한 수익을 기내하며 단기적으로 한 통화에서 다른 통화로 자금을 이동시키는 것.

최근 몇 년간 더욱 일반화된 투기 방식 중 하나는 **캐리 트레이드**(carry trade)이다. 캐리 트레이드는 금리가 낮은 통화로 자금을 빌려 금리가 높은 통화에 투자하는 방식이다.[2] 예를 들어, 일본에서 대출 이자율이 1%이고 미국 은행 예금 이자율이 6%라면, 일본 엔으로 자금을 빌려 미국 달러로 환전한 후 미국 은행에 예치하는 것이 유리할 수 있다. 이를 통해 거래자는 통화를 바꾸는 데 드는 거래 비용을 제외하고 5%의 마진을 얻을 수 있다. 이 거래의 투기적 요소는 환율(또는 이자율)이 불리하게 변동하지 않을 것이라는 믿음에 기반을 두고 있다는 점이다. 그러나 엔화가 달러 대비 급등한다면, 원래의 대출금을 상환하기 위해 더 많은 미국 달러가 필요하게 되고, 이 거래는 빠르게 비수익성이 될 수 있다. 캐리 트레이드는 2000년대 중반에 매우 중요해졌으며, 특히 2007년에는 도쿄 외환 시장에서 거래의 약 30%가 캐리 트레이드와 관련이 있었고, 그 규모는 1조 달러를 초과하였다.[3] 그러나 이 캐리 트레이드는 2008년부터 2009년 사이에 그 중요성이 감소하였는데, 이는 미국의 금리가 하락함에 따라 금리 차이가 축소되어 해당 거래의 수익성이 낮아졌기 때문이다. 2016년 말에는 일본의 마이너스 금리와 미국의 금리 인상이 맞물리면서, 달러/엔 캐리 트레이드가

캐리 트레이드
금리가 낮은 통화로 자금을 차입하여 금리가 높은 통화에 투자하는 투기의 한 형태.

다시 수익성을 갖추게 되었다. 엔화로 자금을 조달하여 이를 미국 달러화로 전환하는 거래가 다시 유리해진 것이다.[4]

외환 리스크 대비

[학습 목표 2] 현물 환율의 의미를 이해한다.

외환 시장의 두 번째 기능은 외환 위험에 대한 보험을 제공하는 것이다. 외환 위험이란, 미래 환율의 예측하지 못한 변화로 인해 기업에 부정적인 영향을 미칠 가능성을 말한다. 기업이 외환 위험에 대해 보험을 들 때, 이를 헤징(hedging)이라고 한다. 외환 시장이 이 기능을 수행하는 방법을 설명하기 위해, 먼저 현물 환율, 선물 환율, 통화 스왑을 구별해야 한다.

현물 환율

현물 환율
특정일에 외환 딜러가 한 통화를 다른 통화로 환전하는 비율.

두 당사자가 통화를 교환하기로 합의하고 즉시 거래를 실행하는 경우, 해당 거래는 현물 거래(spot exchange)라고 한다. 이러한 즉시 거래를 규정하는 환율을 현물 환율이라고 한다. **현물 환율(spot exchange rate)**은 외환 딜러가 특정일에 한 통화를 다른 통화로 환전하는 비율을 말한다. 예를 들어, 에든버러에 있는 미국 관광객이 은행에서 달러를 파운드로 환전하려고 할 때, 해당 거래일의 환율이 현물 환율이 된다.

현물 환율은 여러 금융 웹사이트에서 실시간으로 보고된다. 환율은 두 가지 방식으로 표시될 수 있다. 미국 달러 1달러로 구매할 수 있는 외국 통화의 금액 또는 외국 통화 1단위로 환산한 미국 달러의 가치이다. 예를 들어, 2023년 3월 7일 동부 표준시 오후 12시 52분 기준으로 1달러는 0.95유로를 구매할 수 있었고, 1유로는 1.06달러의 가치를 가졌다.

현물 환율은 지속적으로 변화하며, 종종 분 단위로 변동한다(다만, 짧은 시간 동안의 변화 폭은 일반적으로 작다). 통화의 가치는 해당 통화와 다른 통화의 수요와 공급 간의 상호 작용에 의해 결정된다. 예를 들어, 많은 사람들이 미국 달러를 원하고 달러 공급이 부족한 반면, 영국 파운드를 원하는 사람이 적고 파운드 공급이 풍부한 경우, 달러를 파운드로 환전하는 현물 환율은 변화할 것이다. 달러는 파운드 대비 강세를 보일 가능성이 높다(또는 파운드는 달러 대비 약세를 보일 것이다). 예를 들어, 시장이 열릴 때의 현물 환율이 1파운드 = 1.25달러라고 가정한다. 하루가 진행되면서 딜러들이 더 많은 달러를 요구하고 파운드는 덜 요구하게 되면, 하루가 끝날 때의 현물 환율은 1파운드 = 1.23달러로 변할 수 있다. 이제 파운드 1개로 구매할 수 있는 달러는 하루를 시작할 때보다 적어졌다. 이는 달러가 강세를 보였고, 파운드는 약세를 보였음을 의미한다.

선물 환율

[학습 목표 3] 외환 위험에 대한 보험 역할을 하는 선물 환율의 역할을 인식한다.

현물 환율의 변화는 국제 비즈니스에 문제를 일으킬 수 있다. 예를 들어, 일본에서 고급 카메라를 수입하는 미국 회사는 30일 후 일본 공급 업체에 엔화를 지급해야 한다는 사실을 알고 있다.

이 회사는 카메라 한 대당 ¥200,000을 일본 공급 업체에 지불해야 하며, 현재의 달러/엔 현물 환율은 1달러 = 120엔이다. 이 환율에서 수입 업체는 카메라 한 대당 1,667달러(즉, 1,667 = 200,000/120)를 지불하게 되며, 카메라가 도착하는 날에 이를 2,000달러에 판매할 수 있어 카메라 한 대당 333달러의 총이익(2,000달러 - 1,667달러)을 얻게 된다. 그러나 수입 업체는 카메라를 판매하기 전까지 일본 공급 업체에 지급할 자금이 없다. 만약 다음 30일 동안 달러가 엔화 대비 예상치 못하게 약세를 보이며 1달러 = 95엔으로 변한다면, 수입 업체는 여전히 카메라 한 대당 200,000엔을 일본 회사에 지급해야 하지만, 이는 달러로 환산하면 카메라 한 대당 2,105달러에 해당하며, 이는 수입 업체가 카메라를 판매하여 얻는 금액보다 많다. 1달러 = 120엔에서 1달러 = 95엔으로의 달러 가치 하락은 수익성 있는 거래를 비수익성 거래로 바꿀 수 있다.

이러한 위험에 대비하거나 헤징(hedge)하기 위해, 미국 수입 업체는 선물 거래를 수행할 수 있다. **선물 거래**(forward exchange)는 두 당사자가 통화를 교환하고 특정 미래 날짜에 거래를 실행하기로 합의할 때 발생한다. 이러한 미래 거래를 규정하는 환율을 **선물 환율**(forward exchange rate)이라고 한다. 대부분의 주요 통화에 대해, 선물 환율은 30일, 90일, 180일 후의 시점을 기준으로 제공된 경우에 따라 몇 년 후까지의 선물 환율을 얻을 수도 있다. 카메라 수입 업체 사례로 돌아가면, 30일 후 달러를 엔화로 환전하는 선물 환율이 1달러 = 110엔이라고 가정한다. 수입 업체는 이 환율로 외환 딜러와 30일 선물 거래 계약을 체결하며, 이를 통해 카메라 한 대당 1,818달러(1,818 = 200,000/110) 이상의 비용을 지불하지 않도록 보장받는다. 이는 카메라 한 대당 182달러의 이익(2,000달러 - 1,818달러)을 보장한다. 또한, 수입 업체는 달러/엔 환율의 예상치 못한 변화가 수익성 있는 거래를 비수익성 거래로 바꾸는 가능성에 대해 보험을 들게 된다.

선물 거래
두 당사자가 통화를 교환하고 특정 미래 날짜에 거래를 실행하기로 합의할 때 발생.

선물 환율
선물환 거래에 적용되는 기준 환율.

이 예에서 현물 환율(1달러 = 120엔)과 30일 선물 환율(1달러 = 110엔)은 차이가 있다. 이러한 차이는 정상적이며, 이는 외환 시장의 미래 통화 움직임에 대한 기대를 반영한다. 이 예에서 1달러가 현물 거래에서 선물 거래보다 더 많은 엔화를 구매할 수 있다는 사실은, 외환 딜러들이 달러가 향후 30일 동안 엔화에 대해 약세를 보일 것으로 예상하였음을 나타낸다. 이러한 상황에서는 달러가 30일 선물 시장에서 할인 판매되고 있다고 말한다(즉, 현물 시장보다 가치가 낮다). 반대로 30일 선물 환율이 1달러 = 130엔이었다면, 1달러가 선물 거래에서 현물 거래보다 더 많은 엔화를 구매할 수 있었다. 이러한 경우, 달러가 30일 선물 시장에서 프리미엄으로 판매되고 있다고 말한다. 이는 외환 딜러들이 달러가 향후 30일 동안 엔화에 대해 강세를 보일 것으로 예상하였음을 반영한다.

요약하면, 기업이 선물 환율 계약을 체결하면, 미래 환율 변동으로 인해 거래가 실행될 때 비수익성이 될 가능성에 대해 보험을 들게 된다. 많은 기업이 외환 위험을 헤지(hedge)하기 위해 선물 환율 계약을 체결하지만, 때로는 이것이 회사에 불리하게 작용할 수도 있다. 다음의 MANAGEMENT FOCUS는 브라질 지역 제트기 제조업체인 Embraer가 채택한 헤징 전략이 어떻게 역효과를 낳았는지를 설명한다.

통화 스왑

앞서 논의한 현물 환율 및 선물 환율은 국제 무역에 참여하는 기업에게 선물환 매수 옵션이 매

MANAGEMENT FOCUS

Embraer와 브라질 헤알의 변동

수년간 브라질은 지속적으로 높은 인플레이션에 시달린 국가였다. 그 결과 자국 통화인 헤알화의 가치는 미국 달러 대비 꾸준히 하락하였다. 그러나 2000년대 초반, 브라질 정부가 연간 인플레이션율을 한 자릿수로 낮추는 데 성공하면서 상황이 바뀌었다. 낮아진 인플레이션과 브라질 경제 확장을 가능케 한 정책들이 결합하여 헤알화의 미국 달러 대비 가치는 꾸준히 상승하였다. 2004년 5월, 1헤알은 0.3121달러를 매수할 수 있었고, 2008년 8월에는 0.65달러를 매수할 수 있어 100% 이상의 평가절상이 이루어졌다.

헤알화의 미국 달러 대비 평가절상은 Embraer에 복합적인 영향을 미쳤다. Embraer는 110석 이하의 지역 항공기를 세계에서 가장 많이 제조하는 기업으로, 브라질에서 두드러진 제조업체 중 하나이다. Embraer는 항공기에 사용되는 엔진과 전자기기 등 많은 부품을 미국 제조업체로부터 구매한다. 헤알화가 미국 달러 대비 평가절상됨에 따라 이러한 부품 비용은 헤알화로 환산될 때 감소해 Embraer의 이윤율에 긍정적인 영향을 미쳤다. 그러나 Embraer는 글로벌 상업용 항공기 시장에서 모든 제조업체가 그렇듯이 항공기 가격을 미국 달러로 책정한다. 따라서 헤알화가 미국 달러 대비 평가절상됨에 따라 Embraer의 미국 달러 수익은 헤알화로 환전될 때 감소하였다.

2000년대 중반부터 Embraer는 헤알화 평가절상이 수익에 미치는 영향을 완화하기 위해 선물환 계약(선물환 계약은 보유자가 한 통화(이 경우 달러)를 다른 통화(이 경우 헤알화)로 미리 정해진 환율로 교환할 권리를 제공함)을 체결하기 시작하였다. 만약 헤알화가 계속 평가절상되었다면, 이 전략은 Embraer에게 훌륭한 전략이었을 것이다. 왜냐하면 회사는 달러로 이루어진 판매 수익이 헤알화로 환전되는 환율을 고정시킬 수 있었기 때문이다. 그러나 2008년 글로벌 금융 위기가 전개되면서 투자자들은 안전한 피난처로 간주되는 달러로 몰려들었고, 헤알화는 미국 달러 대비 평가절하되었다. 2008년 8월에서 2008년 11월 사이, 헤알화 가치는 미국 달러 대비 거의 40% 하락하였다. 만약 헤징이 없었다면, 이 평가절하는 실제로 Embraer의 헤알화 수익을 증가시켰을 것이다. 그러나 Embraer는 훨씬 높은 헤알/달러 환율에 고정되어 있었고, 결국 1억 2,100만 달러의 손실을 입게 되었다.

2008년 충격 이후, Embraer는 통화 헤징(hedging)을 대폭 축소하였으며, 대부분의 달러 판매 및 구매는 헤징되지 않았다. 이는 Embraer의 판매 수익이 헤알/달러 환율에 매우 민감해지게 하였다. 2010년까지 브라질 헤알화는 다시 미국 달러 대비 평가절상되었으며, 이는 Embraer의 수익에 압박을 가하였다. 그러나 2012년까지 브라질 경제는 정체 상태에 빠졌고, 인플레이션이 다시 증가하기 시작하였다. 이는 헤알화 가치의 지속적인 하락으로 이어졌으며, 헤알화는 2011년 7월 1헤알 = 0.644달러에서 2017년 2월 1 헤알 = 0.32달러로 하락하며 50% 절하되었다. 브라질 통화에는 나쁜 일이었지만, 이는 Embraer에게는 긍정적이었다. 헤알화로 표현된 수익 증가로 인해 Embraer의 주가는 2008년 2월 이후 최고가로 급등하였다.

Sources: D. Godoy, "Embraer Rallies as Brazilian Currency Weakens," *Bloomberg*, May 31, 2013; K. Kroll, "Embraer Fourth Quarter Profits Plunge 44% on Currency Woes," *Cleveland.com*, March 27, 2009; "A Fall from Grace: Brazil's Mediocre Economy," *The Economist*, June 8, 2013; "Brazil's Economy: The Deterioration," *The Economist*, December 7, 2013.

우 중요하다는 결론에 이르게 할 수 있다. 실제로 이는 사실이다. 최신 데이터에 따르면, 선물환 도구는 전체 외환 거래의 거의 3분의 2를 차지하며, 현물환 거래는 약 3분의 1을 차지한다.[5] 그러나 이러한 선물환 거래의 대다수는 우리가 논의한 단순한 형태의 선물환 거래가 아니라 통화 스왑이라는 더 정교한 금융 상품이다.

통화 스왑
동일한 금액의 외화를 두 가지 서로 다른 가치 날짜에 동시에 매수 및 매도하는 거래.

통화 스왑(currency swap)은 동일한 금액의 외화를 두 가지 서로 다른 가치 날짜에 동시에 매수하고 매도하는 거래이다. 스왑은 국제 기업과 은행, 은행 간, 그리고 정부 간에 거래되며, 특정 기간 동안 외환 위험 없이 한 통화에서 다른 통화로 이동하려는 경우에 유용한다. 일반적인 스왑 유형은 현물 대 선물환이다.

Apple을 예로 들어 보자. Apple이 미국에서 노트북 컴퓨터를 조립하지만 화면은 일본에서 제조한다고 가정한다. Apple은 완제품 노트북 일부를 일본에서 판매하기도 한다. 따라서 Apple은 일본에서 구매도 하고 판매도 한다. Apple이 오늘 노트북 화면 공급 업체에 지급하기 위해 100만 달러를 엔화로 바꿀 필요가 있다고 가정하자. Apple은 90일 후 일본 수입 업체로부터 1억 2천만 엔을 받을 예정이다. 이를 미국에서 사용할 달러로 환전하고자 한다. 오늘의 현물 환율이 1달러 = 120엔이고, 90일 선물 환율이 1달러 = 110엔이라고 하면, Apple은 은행에 100만 달러를 매도하고 1억 2천만 엔을 받는다. 이를 통해 Apple은 일본 공급 업체에 대금을 지급할 수 있다. 동시에 Apple은 1억 2천만 엔을 달러로 환전하기 위해 은행과 90일 선물환 거래를 체결한다. 따라서 90일 후 Apple은 109만 달러를 받게 된다(1억 2천만 엔 ÷ 110 = 109만 달러). 90일 선물환 시장에서 엔화가 프리미엄으로 거래되므로, Apple은 초기 금액보다 더 많은 달러를 얻게 된다(반대의 경우도 발생할 수 있음). 이 스왑 거래는 한 가지 중요한 점에서 기존의 선물환 거래와 유사하다. 이는 Apple이 외환 위험에 대해 자신을 보호할 수 있게 해 준다. 스왑에 참여함으로써 Apple은 90일 후 받을 1억 2천만 엔이 109만 달러를 생성할 것이라는 점을 오늘 확신할 수 있다.

외환 시장의 본질

외환 시장은 특정 장소에 국한되지 않는다. 이는 전 세계의 은행, 중개인 및 외환 거래자들이 전자 통신 시스템으로 연결된 글로벌 네트워크이다. 기업이 통화를 변환하려고 할 때, 일반적으로 시장에 직접 진입하기보다는 자신들의 은행을 통해 이를 처리한다. 외환 시장은 국경을 초월한 무역 및 투자 규모가 전반적으로 증가함에 따라 빠르게 성장해 왔다(1장 참조). 1986년 3월, 전 세계 외환 거래의 하루 평균 총 거래액은 약 2,000억 달러였으나, 2022년 4월 기준으로는 하루 7.5조 달러에 도달하였다.[6] 주요 거래 센터는 런던(38% 활동 비중), 뉴욕(19% 활동 비중), 도쿄, 홍콩, 싱가포르(각각 약 4~8% 활동 비중)이다.[7]

런던이 외환 시장에서 주도적 위치를 차지하는 이유는 역사적, 지리적 요인에 있다. 세계 최초의 주요 산업 무역국의 수도로서, 런던은 19세기 말까지 국제 금융의 중심지로 자리 잡았고, 이를 지속적으로 유지하고 있다. 오늘날 런던은 동쪽의 도쿄와 싱가포르, 서쪽의 뉴욕 사이에서 동아시아와 뉴욕 시장을 연결하는 중요한 허브 역할을 하고 있다. 특히 시간대 차이로 인해 런던은 도쿄가 밤에 문을 닫은 직후 개장하며, 뉴욕 거래의 초기 몇 시간 동안 여전히 운영된다. 그러나 유럽연합 탈퇴 결정(브렉시트)이 런던의 국제 무역 중심지로서의 위치에 어떤 영향을 미칠지는 아직 미지수이다. 현재까지의 증거에 따르면, 런던은 거래량의 일부 감소를 경험하였지만 여전히 외환 거래에서 주도적인 위치를 유지하고 있다.[8]

외환 시장에서 주목할 만한 두 가지 특징이 있다. 첫째, 시장은 결코 멈추지 않는다. 도쿄, 런던, 뉴욕은 하루 24시간 중 단 3시간 동안만 모두 문을 닫는다. 이 3시간 동안에도 샌프란시스코와 호주 시드니 같은 소규모 센터에서 거래가 계속된다. 둘째, 다양한 거래 센터의 통합이다. 전 세계 거래 센터 간의 고속 컴퓨터 연결은 단일 시장을 효과적으로 만들어 냈다. 금융 센터의 통합은 거래

센터에서 제시되는 환율에 큰 차이가 발생할 수 없음을 의미한다. 예를 들어, 런던에서 오후 3시에 제시된 엔/달러 환율이 120엔 = 1달러라면, 같은 시간(뉴욕 시간 오전 10시) 뉴욕에서의 환율도 동일할 것이다. 만약 뉴욕의 엔/달러 환율이 125엔 = 1달러라면, 거래자는 낮은 가격으로 사고 높은 가격으로 팔아 이익을 얻을 수 있는 **차익 거래**(arbitrage)를 할 수 있다. 예를 들어, 위와 같은 가격 차이가 존재할 경우, 뉴욕의 거래자는 1백만 달러로 125백만 엔을 구매할 수 있다. 그런 다음, 이를 런던에서 즉시 매도하여 1,041,666달러를 확보하고 41,666달러의 이익을 얻을 수 있다. 그러나 모든 거래자가 이 기회를 활용하려고 하면, 뉴욕에서 엔에 대한 수요가 증가하여 엔의 가치가 상승하게 되고, 뉴욕과 런던 간의 가격 차이는 빠르게 사라질 것이다. 외환 거래자들이 항상 컴퓨터 화면을 통해 차익 거래 기회를 주시하고 있기 때문에, 발생하는 기회는 적으며 몇 분 내로 사라진다.

차익 거래
가격 차이를 이용하여 한 시장에서 증권을 매수하고 다른 시장에서 즉시 매도하여 이익을 얻는 행위.

외환 시장의 또 다른 특징은 미국 달러가 중요한 역할을 한다는 점이다. 외환 거래는 어떤 두 통화 간에도 이루어질 수 있지만, 대부분의 거래에서 한쪽에 달러가 포함된다. 이는 거래자가 달러가 아닌 통화를 매도하고 다른 통화를 매수하려는 경우에도 마찬가지이다. 예를 들어, 멕시코 페소를 매도하고 일본 엔을 매수하고자 하는 거래자는 일반적으로 페소를 먼저 달러로 환전한 후, 다시 달러로 엔을 매수하는 방식을 택한다. 이러한 절차는 다소 우회적인 방법처럼 보일 수 있지만, 실제로는 페소 보유자 중에서 엔을 사고자 하는 상대방을 직접 찾는 것보다 더 저렴한다. 달러를 포함한 국제 거래 규모가 매우 크기 때문에, 달러와 페소 또는 달러와 엔을 교환하고자 하는 거래 상대방을 찾는 것은 어렵지 않기 때문이다.

이처럼 달러는 수많은 외환 거래에서 중심적인 역할을 하기 때문에 기축 통화(vehicle currency)로 간주된다. 2022년 기준, 전체 외환 거래의 88%에서 거래의 한쪽에 달러가 포함되었다. 달러에 이어 중요한 기축 통화는 유로화(31%), 일본 엔화(17%), 영국 파운드화(13%)였으며, 이는 세계 경제에서 이러한 국가들이 역사적으로 차지해온 중요성을 반영하는 것이다.

환율 결정에 관한 경제 이론

[학습 목표 4] 통화 환율이 결정되는 다양한 이론과 그 상대적 장점을 이해한다.

가장 기본적인 수준에서 환율은 특정 통화의 수요와 공급에 따라 결정된다. 예를 들어, 달러의 수요가 공급을 초과하고, 일본 엔의 공급이 수요보다 많다면, 달러/엔 환율은 변화할 것이다. 이 경우 달러는 엔 대비 가치가 상승(달러 절상)하고, 엔은 달러 대비 가치가 하락(엔 절하)하게 된다. 그러나 수요와 공급의 상대적인 차이는 환율 결정의 표면적인 설명에 불과하다. 이는 통화에 대한 수요와 공급을 결정짓는 요인이 무엇인지, 언제 달러의 수요가 공급을 초과하거나(혹은 그 반대의 상황) 일본 엔의 공급이 수요를 초과할지(혹은 그 반대의 상황)를 설명하지 못한다. 이 절에서는 이러한 질문들에 대한 경제 이론의 답변을 검토할 것이다. 이를 통해 환율이 결정되는 방식을 더 깊이 이해할 수 있다.

환율 결정 방식을 이해하면 환율 변동을 예측할 수 있다. 이는 미래 환율 변동이 수출 기회, 국제 무역 및 투자 거래의 수익성, 외국 수입품의 가격 경쟁력에 영향을 미치기 때문에 국제 비즈니스에 매우 유용한 정보이다. 불행히도 간단한 설명은 존재하지 않는다. 환율을 결정짓는 요인은 복잡하며, 이를 연구하는 경제학자들 사이에서도 이론적 합의는 없다. 그럼에도 불구하고, 대부분의 환율 변동 이론은 한 국가 통화의 미래 환율 변동에 중요한 영향을 미치는 세 가지 요인을 꼽는다. 그것은 바로 해당 국가의 물가 상승률, 이자율, 그리고 시장 심리이다.[9]

가격과 환율

환율 변동과 가격이 어떻게 연관되는지 이해하려면 먼저 '일물일가의 법칙'이라고 알려진 경제적 명제를 논의할 필요가 있다. 그 다음으로, 두 국가의 통화 간 환율 변화를 각 국가의 물가 수준 변화와 연결하는 구매력 평가(PPP) 이론을 살펴보겠다.

일물일가의 법칙

일물일가의 법칙(law of one price)은 교통비나 관세와 같은 무역 장벽이 없는 경쟁 시장에서는 동일한 제품이 서로 다른 국가에서 동일 통화로 환산하였을 때 동일한 가격에 판매되어야 한다고 명시한다.[10] 예를 들어, 영국 파운드와 미국 달러 간 환율이 1파운드 = 2달러라면, 뉴욕에서 80달러에 판매되는 재킷은 런던에서 40파운드에 판매되어야 한다(80달러 ÷ 2달러 = 40파운드). 이 재킷이 런던에서 30파운드(60달러)에 판매된다면 어떻게 될까요? 이 가격에서는 거래자가 런던에서 재킷을 구매하여 뉴욕에서 판매(차익 거래의 예)하면 이익을 얻을 수 있다. 런던에서 30파운드(60달러)에 구매한 재킷을 뉴욕에서 80달러에 판매하면 개당 20달러의 이익이 발생한다(운송비와 무역 장벽을 제외한 가정). 그러나 런던에서 재킷 수요 증가로 런던의 재킷 가격이 상승하고, 뉴욕의 재킷 공급 증가로 뉴욕의 재킷 가격이 하락한다. 이는 두 가격이 균등해질 때까지 계속된다. 예를 들어, 런던에서 재킷이 35파운드(70달러), 뉴욕에서 70달러에 판매될 때 가격이 균등해질 수 있다(환율 1파운드 = 2달러는 변하지 않는다고 가정).

일물일가의 법칙
교통비와 무역 장벽이 없는 경쟁 시장에서는 동일한 제품이 서로 다른 국가에서 동일 통화로 환산하였을 때 동일한 가격에 판매되어야 한다는 법칙.

구매력 평가

일물일가의 법칙이 모든 상품과 서비스에 적용된다면, 구매력 평가(purchasing power parity, PPP) 환율은 개별 상품 가격 집합을 기준으로 계산할 수 있다. 동일한 상품의 가격을 서로 다른 통화로 비교하면 시장이 효율적일 경우 존재해야 할 '실질' 또는 구매력 평가 환율을 산출할 수 있다. (**효율적 시장**(efficient market)이란 무역 장벽과 같은 상품과 서비스의 자유로운 흐름을 방해하는 장애물이 없는 시장이다.)

효율적 시장
모든 사용 가능한 정보가 가격에 반영된 시장.

구매력 평가 이론(혹은 PPP설)의 덜 극단적인 버전은 비교적 효율적인 시장, 즉 국제 무역 장벽이 거의 없는 시장에서는 '상품 바스켓(basket of goods, 상품 집합체)'의 가격이 각국에서 대체로 같아야 한다고 주장한다. 구매력 평가 이론을 수식으로 표현하면 다음과 같다. $P_\$$는 특정 상품 바스켓의 미국 달러 표시 가격을 나타내며, $P_¥$는 동일한 상품 바스켓의 일본 엔화 표시 가격을 의미한다. 구매력 평가 이론에 따르면, 달러/엔 환율($E_{\$/¥}$)은 다음과 같아야 한다고 예측한다.

$$E_{\$/¥} = P_{\$}/P_{¥}$$

따라서 미국에서 특정 상품 집합체의 가격이 200달러이고 일본에서 동일한 상품 집합체의 가격이 20,000엔일 경우, 구매력 평가 이론에 따르면 달러/엔 환율은 200달러/20,000엔, 즉 1엔당 0.01달러(또는 1달러 = 100엔)이 되어야 한다.

매년 「이코노미스트(The Economist)」 주간지는 구매력 평가 이론의 자체 버전을 '빅맥 지수(Big Mac Index)'로 발표한다. 이코노미스트는 McDonald's 빅맥을 '상품 바스켓'의 대용물로 선정하였으며, 이는 약 120개국에서 대체로 동일한 방식으로 생산되기 때문이다. 빅맥 구매력 평가는 각국에서 햄버거 가격이 동일하게 유지되도록 하는 환율이다. 이코노미스트에 따르면, 실제 환율과 빅맥의 상대적 가격을 기반으로 한 구매력 평가 이론이 예측한 환율을 비교하는 것은 한 국가의 통화가 과대평가되었는지 저평가되었는지를 테스트하는 방법이다. 이는 엄격한 분석이라고 보기는 어렵지만, 이코노미스트도 인정하듯이 구매력 평가 이론을 설명하는 데 유용한 사례를 제공한다.

이 지수를 계산하려면, 이코노미스트는 각국의 빅맥 가격을 현재 환율로 달러로 환산한 후 이를 미국 평균 빅맥 가격으로 나눈다. 구매력 평가 이론에 따르면 가격이 동일해야 한다. 그렇지 않으면 통화가 달러 대비 과대평가되었거나 저평가되었음을 나타낸다. 예를 들어, 2022년 12월 미국에서 빅맥의 평균 가격은 5.36달러였으며, 중국에서는 24.00위안(당시 환율 1달러 = 6.78위안으로 환산 시 3.54달러)이었다. 이는 중국 위안화가 미국 달러 대비 34% 저평가되었음을 나타낸다.

구매력 평가 이론의 다음 단계는 상대적인 가격이 변하면 환율도 변할 것이라고 주장하는 것이다. 예를 들어, 미국에서는 물가 상승이 없고 일본에서는 물가가 연간 10% 상승한다고 가정해 보자. 연초에 상품 묶음이 미국에서 200달러, 일본에서 20,000엔이라면 구매력 평가 이론에 따르면 달러/엔 환율은 1달러 = 100엔이어야 한다. 연말에는 상품 상품 바스켓이 여전히 미국에서 200달러이지만 일본에서는 22,000엔이 된다. 구매력 평가 이론은 보다 정확히 말하면, 연말까지 환율이 다음과 같이 변할 것이라고 예측한다.

$$E_{\$/¥} = \$200/¥22{,}000$$

따라서 1엔 = 0.0091달러(즉, 1달러 = 110엔). 일본의 물가가 10% 상승하였기 때문에 일본 엔화는 미국 달러 대비 10% 절하되었다. 연말에는 1달러로 연초보다 엔화를 10% 더 살 수 있게 된다.

화폐 공급과 물가 상승

요컨대, 구매력 평가 이론은 상대적인 물가 변화가 환율 변화로 이어질 것이라고 예측한다. 이론적으로, 물가 상승률이 높은 나라의 화폐 가치는 물가 상승률이 낮은 나라의 화폐 가치에 비해 하락할 가능성이 크다. 이를 잘 보여 주는 사례가 2021년 튀르키예의 물가 상승 가속화로 인해 튀르키예 리라의 미국 달러 대비 가치가 급격히 하락한 사례에서 확인할 수 있다.

만약 특정 국가의 향후 물가 상승률을 예측할 수 있다면, 그 나라의 화폐 가치, 즉 환율 변화도 예측할 수 있다. 한 국가의 통화 공급 성장률은 향후 물가 상승률을 결정짓는 요소이다.[11] 따라서 이론적으로 통화 공급의 증가에 대한 정보를 이용하여 환율 변동을 예측할 수 있다.

물가 상승은 통화 현상이다. 이는 유통되는 화폐의 양이 상품과 서비스의 양보다 빠르게 증가할 때 발생한다. 즉, 화폐 공급이 산출량보다 빠르게 증가할 때이다. 만약 정부가 모든 국민에게 갑자기 10,000달러씩 지급하였다고 가정해 보자. 많은 사람들이 새로운 자동차, 가구, 더 좋은 옷 등 평소 원하던 것을 구매하기 위해 돈을 쓰기 시작할 것이다. 이에 따라 상품과 서비스에 대한 수요가 급증할 것이다. 자동차 판매점, 백화점, 기타 상품 및 서비스 제공 업체들은 수요 증가에 대응하여 가격을 인상하게 된다. 그 결과 물가 상승이 발생한다. 이런 예가 낯익게 들린다면, 이는 2020~2022년 COVID-19 팬데믹에 대응하여 각국 정부가 경제를 부양하기 위해 돈을 대거 풀었던 상황과 유사하기 때문이다. 미국의 경우, 2020년과 2021년에 총 5.7조 달러의 COVID 관련 지원금을 제공하였으며, 여기에는 납세자들에게 지급된 8,500억 달러가 포함되었다.[12] 이론이 예측하듯, 2022년 미국의 물가 상승률은 30년 만에 최고치를 기록하였다.

정부가 통화 공급을 증가시키는 것은 사람들에게 더 많은 돈을 지급하는 것과 유사한다. 통화 공급의 증가는 은행이 정부로부터 더 쉽게 대출을 받을 수 있게 하고, 개인과 기업이 은행으로부터 대출을 받을 수 있게 만든다. 그 결과 신용 증가로 인해 상품 및 서비스 수요가 증가한다. 만약 상품 및 서비스의 생산량이 통화 공급 증가율과 비슷한 속도로 증가하지 않는다면, 결과적으로 물가 상승이 발생한다. 이러한 관계는 여러 나라에서 반복적으로 관찰되었다.

이제 우리는 한 나라의 통화 공급 증가, 물가 상승, 환율 변동 간의 연관성을 이해할 수 있다. 간단히 말해, 한 나라의 통화 공급 증가율이 산출량 증가율보다 빠를 때, 물가 상승이 촉진된다. 구매력 평가 이론은 물가 상승률이 높은 나라의 화폐 환율이 하락할 것이라고 말한다. 튀르키예 리라의 가치 붕괴 사례에서 이를 확인할 수 있다. 역사적으로 매우 분명한 사례 중 하나는 1980년대 중반 볼리비아에서 발생한 초인플레이션이다. 초인플레이션이란 통제가 불가능할 정도로 물가가 폭등하여 화폐의 가치가 매우 빠르게 하락하는 현상이다. 표 10-1은 초인플레이션 기간 동안 볼리비아의 통화 공급, 물가 상승률, 미국 달러 대비 페소의 환율 데이터를 보여 준다. 이 환율은 볼리비아 정부가 당시 페소의 다른 통화로의 교환을 금지하였기 때문에 '암시장' 환율이다. 데이터에 따르면, 통화 공급 증가율, 물가 상승률, 페소의 달러 대비 가치 하락이 모두 서로 연동되었다. 이는 구매력 평가 이론과 통화 경제학이 예측한 것과 일치한다. 1984년 4월부터 1985년 7월까지 볼리비아의 통화 공급은 17,433% 증가하였고, 물가는 22,908% 상승하였으며, 페소의 달러 대비 가치는 24,662% 하락하였다. 1985년 10월, 볼리비아 정부는 새로운 통화 도입과 통화 공급의 엄격한 통제를 포함한 급진적인 안정화 계획을 시행하였고, 1987년까지 연간 물가 상승률은 16%로 낮아졌다.[13]

같은 현상을 다른 방식으로 바라보면, 한 나라의 통화 공급 증가로 통화의 양이 늘어나면 외환 시장에서 상대적인 수요와 공급 조건이 변화한다. 만약 미국의 통화 공급이 미국의 생산량보다 더 빠르게 증가한다면, 이는 통화 공급 증가율이 생산 증가율에 보다 근접한 다른 국가들의 통화에 비해 달러가 상대적으로 풍부해지는 결과를 초래할 것이다. 이러한 달러 공급의 상대적 증가로 인해, 외환 시장에서는 통화 공급 증가율이 더 낮은 국가들의 통화에 비해 달러의 가치가 하락하게 된다.

정부 정책은 한 나라의 통화 공급 증가율이 산출량 증가율보다 빠른지 여부를 결정한다. 정부

표 10-1
1984년 4월부터 1985년 10월까지의 볼리비아 거시 경제 데이터

월	통화 공급 (페소, 억 단위)	1982년 대비 물가 수준 (평균 = 1)	환율 (달러당 페소)
1984년			
4월	270	21.1	3,576
5월	330	31.1	3,512
6월	440	32.3	3,342
7월	599	34.0	3,570
8월	718	39.1	7,038
9월	889	53.7	13,685
10월	1,194	85.5	15,205
11월	1,495	112.4	18,469
12월	3,296	180.9	24,515
1985년			
1월	4,630	305.3	73,016
2월	6,455	863.3	141,101
3월	9,089	1,078.6	128,137
4월	12,885	1,205.7	167,428
5월	21,309	1,635.7	272,375
6월	27,778	2,919.1	481,756
7월	47,341	4,854.6	885,476
8월	74,306	8,081.0	1,182,300
9월	103,272	12,647.6	1,087,440
10월	132,550	12,411.8	1,120,210

Source: Juan-Antonio Morales, "Inflation Stabilization in Bolivia," in *Inflation Stabilization: The Experience of Israel, Argentina, Brazil, Bolivia, and Mexico*, ed. Michael Bruno et al. (Cambridge, MA: MIT Press, 1988).

는 중앙은행에 더 많은 돈을 발행하도록 지시함으로써 통화 공급을 증가시킬 수 있다. 정부는 도로 건설, 공무원 급여, 국방비 지출 등 공공 지출을 재원으로 충당하기 위해 통화 공급을 확장하는 경향이 있다. 정부는 세금을 인상함으로써 공공 지출을 충당할 수 있지만, 세금 인상을 좋아하는 사람은 없으며, 정치인들도 인기가 떨어지는 것을 원치 않기 때문에 통화 공급 확대를 선호한다. 그러나 '마법의 돈나무'는 존재하지 않는다. 과도한 통화 공급 증가는 대개 물가 상승을 초래한다. 그러나 이러한 현실이 세계 각국 정부가 통화 공급을 확장하는 것을 막지는 못하였으며, 이는 예측 가능한 결과를 초래하였다.

1980년대에 볼리비아 통화인 볼리비아노의 가치는 초인플레이션으로 인해 급격히 하락하였다.

국제 비즈니스가 특정 국가의 환율 변동을 예측하려면 그 국가의 통화 공급 증가 정책을 분석해야 한다. 만약 정부가 통화 공급 증가율을 통제하는데 전념하는 것으로 보인다면, 그 나라의 미래 물가 상승률은 낮을 수 있으며(현재 상승률이 높더라도), 그 나라의 통화는 외환 시장에서 크게 가치가 하락하

지 않을 것이다. 반면, 정부가 통화 공급 증가율 통제 의지가 부족해 보인다면, 미래 물가 상승률이 높아질 가능성이 크며, 이는 통화 가치 하락을 초래할 가능성이 크다. 역사적으로, 많은 라틴 아메리카 국가들은 후자의 경우에 해당하였으며, 여기에는 아르헨티나, 볼리비아, 브라질, 최근의 베네수엘라가 포함된다. 이들 국가는 통제되지 않은 통화 공급 증가로 인해 2018년 인플레이션율이 1백만 퍼센트에 도달하며 화폐가 사실상 무가치한 상태였다. 2010년 말, 미국 연방준비제도가 양적완화라는 기법을 사용하여 미국 통화 공급을 확장함으로써 성장을 촉진하려 하였을 때, 비판론자들은 이것이 물가 상승과 외환 시장에서 달러 가치 하락을 초래할 것이라고 주장하였다. 그들이 옳았는지에 대한 논의는 다음의 COUNTRY FOCUS를 참조하기 바란다.

양적 완화, 인플레이션, 그리고 미국 달러의 가치

2010년 가을, 미국 연방준비제도(연준)는 공개 시장에 진입해 채권 보유자로부터 6,000억 달러 상당의 미국 국채를 매입함으로써 미국의 통화 공급을 확대하기로 결정하였다. 이 기술은 양적 완화(quantitative easing)라고 불린다. 그렇다면 이 6,000억 달러는 어디서 나왔을까? 연준은 단순히 새로운 은행 준비금을 창출해 이 자금을 채권 대금으로 사용하였다. 사실상 돈을 찍어낸 셈이었다. 연준은 2008-2009년 글로벌 금융 위기의 여파로 경제 성장률이 낮고 실업률이 높은 미국 경제를 활성화하려는 시도로 이 조치를 취하였다. 연준은 단기 금리를 낮추어 경제를 자극하려 하였지만, 이미 금리는 거의 0에 가까웠기 때문에 중기 및 장기 금리를 낮추기로 결정하였다. 이를 위해 6,000억 달러를 경제에 주입해 통화 공급을 늘리고 금리(통화의 가격)를 낮췄다. 연준은 2011년부터 2013년까지 추가적인 양적 완화 조치를 계속 이어갔다. 2014년에는 미국 경제가 강세를 보이고 실업률이 6% 아래로 떨어지면서 연준은 채권 매입 프로그램을 점진적으로 축소하였고, 2014년 10월에 프로그램을 종료하였다. 이 시점까지 연준은 사실상 미국 경제에 3조 5천억 달러 이상을 투입한 상태였다.

비평가들은 연준의 조치를 신속히 비판하였다. 많은 사람들은 통화 공급 확대 정책이 인플레이션을 촉진하고 외환 시장에서 미국 달러의 가치를 하락시킬 것이라고 주장하였다. 일부는 연준의 정책이 미국 화폐의 가치를 의도적으로 떨어뜨려 수출을 촉진하려는 일종의 중상주의(mercantilism)라고까지 비난하였다.

그러나 이러한 비판은 두 가지 이유로 근거가 없을 수 있다. 첫째, 당시 미국의 핵심 인플레이션율은 50년 만에 가장 낮은 수준이었다. 사실 연준은 디플레이션(가격이 지속적으로 하락하는 현상) 위험을 우려하였다. 디플레이션은 매우 치명적인 현상으로, 가격이 하락할 때 사람들은 내일 물건이 더 저렴할 것이라고 예상해 구매를 미룬다. 이러한 패턴은 총수요의 붕괴와 높은 실업률로 이어질 수 있다. 연준은 연간 2% 정도의 약간의 인플레이션이 오히려 바람직하다고 판단하였다. 둘째, 미국의 경제 성장률이 약하였고, 실업률이 높았으며, 경제에는 과잉 생산 능력이 존재하였다. 따라서 경제에 돈을 투입해 수요를 자극하더라도 이는 가격 인플레이션으로 이어지지 않을 가능성이 컸다. 기업들이 먼저 초과 생산 능력을 활용하기 위해 생산을 확대할 것이기 때문이다. 연준을 옹호하는 사람들은 비평가들이 놓치고 있는 중요한 점은 실업률이 상대적으로 낮고 경제가 과잉 생산 능력을 거의 가지지 않은 상황에서만 통화 공급 확대가 가격 인플레이션으로 이어진다는 점이라고 주장하였다. 이러한 상황은 2010년 가을 당시 존재하지 않았다. 외환 시장에서는 반응이 미미하였다. 2010년 11월 초, 연준이 정책을 발표하기 직전 미국 달러의 주요 통화 대비 가치를 나타내는 무역 가중 지수는 72였다. 2014년 1월 말에는 78로 소폭 상승하였다. 요컨대, 외환 거래자들은 달러를 매도하거나 높은 인플레이션율에 대한 우려를 반영하지 않은 것처럼 보였다.

2016년 3월, 프로그램이 종료된 이후에도 미국 경제에서 가격 인플레이션의 급등은 나타나지 않았다. 실제로 인플레이션율은 역사적 저점 근처에 머물렀다. 더욱이, 미국 달러는 대부분의 통화 대비 강세를 보였으며 지수는 92를 기록하였다. 연준이 옳았고, 비평가들이 틀렸던 것으로 보인다.

Sources: P. Wallsten and S. Reddy, "Fed's Bond Buying Plan Ignites Growing Criticism," *The Wall Street Journal*, November 15, 2010; S. Chan, "Under Attack, the Fed Defends Policy of Buying Bonds," *International Herald Tribune*, November 17, 2010; "What QE Means for the World; Positive Sum Currency Wars," *The Economist*, February 14, 2013.

구매력 평가 이론에 대한 실증적 검증

구매력 평가(PPP) 이론은 환율이 상대적 가격에 의해 결정되며, 상대적 가격의 변화가 환율 변화로 이어질 것이라고 예측한다. 가격 인플레이션이 심각한 국가의 경우, 인플레이션이 낮은 국가들의 통화에 비해 자국 통화가 평가절하될 가능성이 크다. 이는 직관적으로 설득력 있지만, 실제로도 그런가? 특정 국가의 가격 인플레이션과 환율 상황 간의 연결성을 보여 주는 좋은 사례(예: 볼리비아)도 존재한다. 그러나 구매력 평가 이론에 대한 광범위한 실증적 검증 결과는 혼재된 결과를 보여 주었다.[14] 구매력 평가 이론은 장기적으로는 비교적 정확한 예측을 제공하는 것처럼 보이지만, 5년 이하의 기간에 걸친 단기 환율 변동에 대해서는 강력한 예측력이 없는 것으로 나타난다.[15] 또한 이 이론은 높은 인플레이션율과 저개발 자본 시장을 가진 국가들의 환율 변화를 예측하는 데 더 적합한 것으로 보인다. 반면, 인플레이션 차이가 비교적 작은 선진 공업 국가들의 통화 간 단기 환율 변동을 예측하는 데는 덜 유용하다.

상대적 인플레이션율과 환율 변동 간 강력한 연관성을 찾지 못한 이유는 PPP의 수수께끼(purchasing power parity puzzle)로 불린다. 구매력 평가 이론이 환율을 더 정확히 예측하지 못하는 이유를 설명할 수 있는 여러 요인이 있다.[16] 구매력 평가 이론은 운송 비용과 무역 장벽을 가정에서 배제한다. 그러나 실제로 이러한 요인은 상당히 중요하며, 국가 간 가격 차이를 크게 만드는 경향이 있다. 많은 상품의 경우 운송 비용은 결코 사소하지 않다. 더 나아가 7장에서 보았듯이, 정부는 국제 무역에 자주 개입하여 관세 및 비관세 무역 장벽을 만든다. 무역 장벽은 서로 다른 국가에서 동일한 제품의 가격을 균등하게 만드는 차익 거래의 활용을 제한하며, 이는 일물일가의 법칙(law of one price)이 성립하기 위해 필수적인 요소이다. 국경 간 무역에 대한 정부 개입은 효율적 시장이라는 가정을 위반함으로써, 구매력 평가 이론이 예측하는 환율 변화와 상대 가격 변화 간의 연계성을 약화시킨다.

국내 시장이 다수의 다국적 기업에 의해 지배되고 있다면 구매력 평가 이론은 적용되지 않을 수 있다. 이러한 기업들은 가격에 영향을 미칠 수 있는 시장 지배력을 행사하고, 유통 채널을 통제하며, 국가 간 제품을 차별화할 수 있는 충분한 시장 권한을 가질 수 있다.[17] 실제로 이러한 상황은 여러 산업에서 나타난다. 이러한 경우 지배적인 기업들은 가격 차별(price discrimination)을 통해 각 시장의 수요 조건에 따라 서로 다른 가격을 설정할 수 있다. 가격 차별이 효과를 발휘하려면 재판매(차익 거래)가 제한되어야 한다. 이러한 관점에 따르면, 일부 시장 지배력을 가진 기업들은 유통 채널을 통제하여 다른 국가 시장에서 구매한 제품의 무단 재판매(차익 거래)를 제한할 수 있다. 또한 디자인이나 포장과 같은 특정 요소를 통해 실질적으로 동일한 제품을 국가별로 차별화하여 재판매(차익 거래)를 제한할 수도 있다.

예를 들어, 중국에서 판매되는 Microsoft Office 버전이 미국에서 판매되는 버전보다 저렴하더라도, 차익 거래를 통해 가격을 균등화하려는 시도는 제한될 수 있다. 이는 대부분의 미국인들이 중국어 기반의 버전을 원하지 않기 때문이다. 중국과 미국용 Microsoft Office의 디자인 차별화는 운송 비용이 사소하고 미중 간 관세 장벽이 존재하지 않더라도 일물일가의 법칙이 적용되지 않음을 의미한다. 만약 차익 거래를 실행할 수 없는 상황이 광범위하게 존재한다면, 이는 구매력 평가 이론이 예측하는 상대적 가격 변화와 환율 변화 간의 연결을 단절시키며, 이 이론에 대한 실증적 지지가 제한적인 이유를 설명하는 데 기여할 수 있다.

또 다른 중요한 요인은 정부가 자국 통화의 가치를 조정하기 위해 외환 시장에 개입한다는 것이다. 정부가 이를 왜, 그리고 어떻게 하는지는 11장에서 살펴볼 것이다. 여기서 중요한 점은 정부가 외환 시장에 정기적으로 개입하며, 이는 가격 변화와 환율 변화 간의 연결성을 더욱 약화시킨다는 것이다. 외환 환율의 단기 변동을 예측하지 못하는 구매력 평가 이론의 또 다른 설명 요인은 투자자 심리와 기타 요인이 통화 구매 결정 및 환율 변동에 미치는 영향이다. 이 문제는 이 장의 후반부에서 더 자세히 논의할 것이다.

금리와 환율

경제 이론에 따르면 금리는 예상되는 미래 인플레이션율에 대한 기대를 반영한다. 인플레이션이 높을 것으로 예상되는 국가에서는 투자자들이 돈의 가치 감소에 대한 보상을 원하기 때문에 금리도 높아진다. 이러한 관계는 경제학자 Irvin Fisher에 의해 처음 공식화되었으며 **피셔 효과**(**Fisher effect**)라고 불린다. 피셔 효과는 한 나라의 명목 금리(i)가 요구되는 실질 금리(r)와 자금 대출 기간 동안 예상되는 인플레이션율(π)의 합과 같다고 주장한다. 공식적으로는 다음과 같다.

피셔 효과
각 국가의 명목 이자율(i)은 요구되는 실질 이자율(r)과 자금 대출 기간 동안 예상되는 인플레이션율(I)의 합과 같음. 즉, $i=r+I$.

$$i \approx r + \pi$$

예를 들어, 한 나라의 실질 금리가 5%이고 연간 인플레이션이 10%로 예상된다면, 명목 금리는 약 15%가 될 것이다. 피셔 효과가 예측한 대로, 인플레이션율과 금리 사이에는 강한 관계가 있는 것처럼 보인다.[18]

이를 한 단계 더 발전시켜 여러 나라와 자본 이동이 자유로운 세계에 적용해 볼 수 있다. 투자자들이 국가 간 자본 이동이 자유롭다면 실질 금리는 모든 국가에서 동일해질 것이다. 국가 간 실질 금리 차이가 발생하면 차익 거래로 인해 곧 평준화될 것이다. 예를 들어, 일본의 실질 금리가 10%이고 미국이 6%라면, 투자자들은 미국에서 돈을 빌려 일본에 투자함으로써 이익을 얻을 수 있다. 결과적으로 미국에서 돈에 대한 수요가 증가해 실질 금리가 상승하고, 일본에서는 외국 자금 공급 증가로 실질 금리가 하락한다. 이는 두 실질 금리가 동일해질 때까지 계속될 것이다.

피셔 효과에 따르면 실질 금리가 전 세계적으로 동일하다면, 국가 간 금리 차이는 인플레이션율에 대한 기대의 차이를 반영한다. 따라서 미국의 예상 인플레이션율이 일본보다 높다면, 미국의 명목 금리는 일본보다 높아질 것이다.

구매력 평가 이론에 따르면, 이론적으로 인플레이션과 환율 사이에 연관이 있으며, 금리가 인플레이션에 대한 기대를 반영한다는 점에서 금리와 환율 사이에도 연관이 있어야 한다. 이를 **국제 피셔 효과**(**international Fisher effect, IFE**)라고 한다. 국제 피셔 효과는 두 나라 간 명목 금리 차이에 반비례해 현물 환율이 변동해야 한다고 주장한다. 공식적으로는 다음과 같이 나타낸다.

국제 피셔 효과(IFE)
어떠한 두 국가 간에도, 현물 환율은 양국 간 명목 금리 차이에 상응하는 동일한 폭으로, 그러나 반대 방향으로 변동하게 됨.

$$\frac{S_1 - S_2}{S_2} \times 100 = i_\$ - i_¥$$

여기서 $i_\$$와 $i_¥$는 각각 미국과 일본의 명목 금리를 의미하며, S_1은 기간 시작 시점의 현물 환율, S_2는 기간 종료 시점의 현물 환율이다. 미국의 명목 금리가 일본보다 높아 예상 인플레이션율이 더 높음을 반영한다면, 미래에 달러 가치는 엔화 대비 그 금리 차이만큼 하락할 것이다. 예를 들어, 미국 금리가 10%이고 일본 금리가 6%라면, 달러 가치는 엔화 대비 4% 하락할 것으로 예상된다.

금리 차이가 미래의 환율 변동을 예측하는 데 도움이 될까? 증거는 혼재되어 있다. 구매력 평가 이론의 경우와 마찬가지로, 장기적으로는 금리 차이와 이후 현물 환율 변동 사이에 관계가 있는 것처럼 보인다. 그러나 단기적으로는 상당한 편차가 발생한다. PPP와 마찬가지로 국제 피셔 효과도 단기적인 현물 환율 변동을 예측하는 데는 적합하지 않는다.[19]

투자자 심리와 밴드왜건 효과

실증적 증거는 구매력 평가 이론이나 국제 피셔 효과가 환율의 단기적 변동을 설명하는 데 특히 효과적이지 않음을 시사한다. 그 이유 중 하나는 투자자 심리가 단기 환율 변동에 미치는 영향일 수 있다. 증거에 따르면, 다양한 심리적 요인이 시장 거래자들이 미래 환율에 대해 가지는 기대를 결정하는 데 중요한 역할을 한다.[20] 그리고 이러한 기대는 자기실현적 예언(self-fulfilling prophecy)으로 이어지는 경향이 있다.

이 메커니즘의 대표적인 사례는 1992년 9월에 발생하였다. 국제 금융가 George Soros가 영국 파운드에 대해 거대한 베팅을 하였을 때이다. Soros는 자신의 투자 펀드 자산을 담보로 수십억 파운드를 차입한 후, 즉시 독일 마르크(유로화 도입 이전의 통화)로 교환하였다. 이 기술은 공매도(short selling)라고 불리며, 이후에 더 나은 환율로 매도한 파운드를 다시 사들여 저렴하게 구매한 파운드로 대출을 상환하면 투기자가 막대한 이익을 얻을 수 있다. Soros가 파운드를 매도하고 마르크를 매입하면서 외환 시장에서 파운드 가치를 하락시키기 시작하였다. 더 중요한 것은, Soros가 영국 파운드를 공매도하기 시작하였을 때, 그의 명성을 알고 있던 외환 거래자들이 이에 동참하며 **밴드왜건 효과(bandwagon effect)**가 발생하였다는 점이다. 거래자들이 같은 방향으로 한꺼번에 움직이는 밴드왜건 효과가 강화되면서, 더 많은 거래자들이 영국 파운드를 매도하고 독일 마르크를 매입하게 되었고, 이는 파운드 가치 하락에 대한 기대를 자기실현적 예언으로 만들었다. 대규모 매도는 파운드의 대 마르크 환율을 하락시켰다. Soros는 공매도로 10억 파운드 이상의 이익을 거두었으며, 영국은 기존의 환율 조정 메커니즘에서 파운드를 철수할 수밖에 없었다. 이는 거시 경제적 기초가 크게 변동한 것이 아니라, 주요 투기자인 George Soros가 베팅을 하였기 때문에 투자자들이 이를 따라갔기 때문이다.

밴드왜건 효과
거래자들이 서로의 행동을 인식하며 같은 방향으로 집단적으로 움직이는 현상.

다수의 연구에 따르면, 투자자 심리와 밴드왜건 효과는 단기 환율 변동을 결정하는 데 중요한 역할을 한다.[21] 그러나 이러한 효과는 예측하기 어려울 수 있다. 투자자 심리는 정치적 요인이나 개별 기업의 투자 결정과 같은 미시 경제적 사건에 의해 영향을 받을 수 있으며, 이는 상대적 인플레

이선율과 같은 거시 경제적 기초와 느슨하게 연결되어 있다. 또한, 밴드왜건 효과는 정치인의 독특한 행동에 의해 촉발되거나 악화될 수 있다. 1997년 동남아시아에서는 태국, 말레이시아, 한국, 인도네시아의 통화가 연달아 몇 달 만에 미국 달러 대비 50~70% 하락한 사례가 이를 보여 준다.

환율 이론 요약

상대적 통화 증가율, 상대적 인플레이션율, 명목 이자율 차이는 모두 환율의 장기 변화를 예측하는 데 있어 적당히 좋은 지표이다. 그러나 심리적 요인, 투자자 기대, 밴드왜건 효과가 단기 통화 변동에 미치는 영향 때문에 단기 환율 변동 예측에는 효과적이지 못한다. 이 정보는 국제 비즈니스에 유용한다. 외국 투자, 수출 기회, 외국 제품의 가격 경쟁력의 장기 수익성이 모두 장기 환율 변동에 영향을 받기 때문에, 국제 비즈니스는 각국의 통화 증가율, 인플레이션율, 이자율 차이를 주의 깊게 살펴봐야 한다. 외환 거래를 일상적으로 수행하는 국제 비즈니스는 단기 외환 변동을 예측할 수 있는 몇 가지 지표를 아는 데에서 이익을 얻을 수 있다. 그러나 단기 환율 변동은 예측하기 어렵다는 점을 명심해야 한다.

환율 예측

[학습 목표 5] 환율 예측에 대한 다양한 접근법의 장점을 파악한다.

기업이 향후 환율 변동을 예측해야 하는 경우, 의사 결정을 지원하기 위해 환율 예측 서비스에 투자할 가치가 있는지 여부가 문제로 제기된다. 이 문제에 대해 두 가지 학파가 있다. 효율적 시장 학파는 선물 환율이 미래 현물 환율을 예측하는 데 있어 가능한 한 최선의 결과를 제공하며, 따라서 예측 서비스에 투자하는 것은 돈 낭비라고 주장한다. 반면, 비효율적 시장 학파는 기업이 예측 서비스에 투자함으로써 (선물 환율에 포함된) 외환 시장의 미래 환율 추정치를 개선할 수 있다고 주장한다. 즉, 이 학파는 선물 환율이 미래 현물 환율의 최선의 예측치라고 보지 않는다.

효율적 시장 학파

선물 환율은 특정 미래 날짜의 예상 현물 환율에 대한 시장 참여자들의 집합적 예측을 나타낸다. 만약 선물 환율이 미래 현물 환율의 최선의 예측치라면, 기업이 단기 환율 변동을 예측하기 위해 추가적으로 돈을 쓰는 것은 의미가 없다. 많은 경제학자들은 외환 시장이 선물 환율을 설정하는 데 있어 효율적이라고 믿는다.[22] 효율적 시장이란 모든 공개 정보를 가격에 반영하는 시장을 말한다. (선물 환율이 환율 변동에 대한 모든 공개 정보를 반영한다면, 기업은 예측 서비스에 투자함으로써 시장을 이길 수 없다.)

외환 시장이 효율적이라면, 선물 환율은 미래 현물 환율에 대한 편향되지 않은 예측치여야 한다. 이는 특정 상황에서 예측이 정확할 것이라는 의미가 아니다. 다만, 부정확성이 미래 현물 환율 대비 일관되게 높거나 낮게 나타나지 않고, 무작위적으로 나타날 것이라는 의미이다. 효율적 시장 가설에 대한 많은 실증적 테스트가 진행되었다. 초기 연구 대부분은 이 가설을 확인하는 듯하지만(이는 기업이 예측 서비스에 돈을 낭비하지 않아야 함을 시사), 일부 연구는 이를 반박한다.[23] 공개 정보를 바탕으로 미래 현물 환율을 선물 환율보다 더 정확히 예측할 수 있다는 증거도 일부 존재한다.[24]

비효율적 시장 학파

비효율적 시장
모든 정보를 가격에 반영하지 못하는 시장.

효율적 시장 가설에 반하는 증거를 제시하며, 일부 경제학자들은 외환 시장이 비효율적이라고 믿는다. **비효율적 시장**(inefficient market)이란 모든 정보를 가격에 반영하지 못하는 시장을 의미한다. 비효율적 시장에서는 선물 환율이 미래 현물 환율의 최선의 예측치가 되지 않는다.

이 경우, 국제 기업들이 예측 서비스에 투자할 가치가 있을 수 있다(실제로 많은 기업이 그렇게 한다). 전문가의 환율 예측이 선물 환율보다 미래 현물 환율을 더 잘 예측할 수 있을 것이라는 믿음이 존재한다. 그러나 전문 예측 서비스의 성과는 그다지 좋지 않았다.[25] 예를 들어, 예측 서비스는 1997년 동남아시아를 휩쓴 통화 위기를 예측하지 못하였으며, 2008년 말 미국의 심각한 금융 위기 동안 달러 가치가 상승한 것을 예측하지 못하였다(이 기간 동안 많은 국가들이 경제적 어려움을 겪는 가운데, 달러는 상대적으로 안전한 통화로 간주되었기 때문에 상승한 것으로 보인다).

예측 접근법

비효율적 시장 학파가 옳다고 가정할 경우, 외환 시장의 미래 현물 환율 추정치를 개선할 수 있다면, 어떤 방식으로 예측을 해야 할까? 여기에도 두 가지 학파가 존재한다. 하나는 기본적 분석에, 다른 하나는 기술적 분석에 의존한다.

기본적 분석

기본적 분석(fundamental analysis)은 경제 이론을 바탕으로 환율 변동을 예측하기 위한 정교한 계량 경제 모델을 구축한다. 이러한 모델에 포함되는 변수는 상대적 통화 공급 성장률, 인플레이션율, 이자율과 같은 요소들을 포함한다. 추가적으로 무역수지와 관련된 변수들도 포함될 수 있다.

예를 들어, 경상수지 적자(한 나라가 수출보다 수입을 더 많이 하는 상황)를 기록하면 외환 시장에서 해당 국가 통화가 절하될 압력을 받을 수 있다.[26] 미국이 지속적으로 경상수지 적자를 기록한다고 가정하자. 미국이 수출보다 수입을 더 많이 하고 있기 때문에, 다른 국가들의 사람들이 미국 달러를 더 많이 보유하게 된다. 이러한 사람들이 달러를 계속 보유하고 있다면 달러의 환율에는 영향을 미치지 않을 것이다. 그러나 이러한 사람들이 달러를 다른 통화로 전환한다면 외환 시장에 달러 공급이 증가하고(다른 통화에 대한 수요도 증가한다), 이는 달러가 다른 통화 대비 절하되는 압력을 야기할 것이다.

이 주장은 다른 국가의 사람들이 달러를 보유하려는 의지에 달려 있다. 이러한 의지는 미국의 이자율, 미국 기업의 주식 등 달러로 표시된 자산의 수익률, 그리고 가장 중요한 인플레이션율과 같은 요인들에 따라 결정된다. 따라서, 경상수지 상황은 미래 환율 변동의 근본적 예측치가 아닐 수 있다. 그러나 주식과 채권과 같은 금융 자산을 매력적으로 만드는 요인은 무엇일까? 답은 현재의 이자율과 인플레이션율로, 이는 경제 성장과 금융 자산 보유의 실질 수익률에 영향을 미친다. 이를 감안하면, 다시 기본적 환율 결정 요인은 통화 공급 증가율, 인플레이션율, 이자율이라는 주장으로 돌아간다.

기술적 분석

기술적 분석(technical analysis)은 과거의 가격과 거래량 데이터를 활용하여 과거의 추세를 분석하고 이를 기반으로 미래 추세를 예측한다. 이 접근법은 경제적 기본 요인을 고려하지 않는다. 기술적 분석은 시장 추세와 파동이 존재하며 이를 분석하여 미래의 추세와 파동을 예측할 수 있다는 전제에 기반한다. 그러나 이러한 예측 가능성에 대한 이론적 근거가 발견되지 않았기 때문에, 많은 경제학자들은 기술적 분석을 점술과 비교하기도 한다. 그럼에도 불구하고, 기술적 분석은 여전히 인기를 끌고 있다.[27]

통화 전환성

지금까지 우리는 여러 국가의 통화가 자유롭게 다른 통화로 전환 가능하다고 가정해 왔다. 그러나 정부의 제약으로 인해 상당수의 통화는 자유롭게 전환되지 않는다. 한 국가의 통화가 **자유롭게 전환 가능하다고**(freely convertible) 말하려면, 그 국가의 정부가 거주자와 비거주자 모두에게 해당 통화를 이용해 무제한적으로 외국 통화를 구매하도록 허용해야 한다. 통화가 **외부적으로 전환 가능하다고**(externally convertible) 하면, 비거주자만 제한 없이 해당 통화를 외국 통화로 전환할 수 있는 경우를 말한다. 통화가 **비전환성일**(nonconvertible) 경우, 거주자와 비거주자 모두 해당 통화를 외국 통화로 전환하는 것이 허용되지 않다.

자유 전환성 통화 (freely convertible currency)
한 국가의 정부가 거주자와 비거주자 모두 자국 통화를 이용해 외국 통화를 무제한으로 구매할 수 있도록 허용하는 경우, 해당 국가의 통화는 자유 전환성이 있다고 함.

외부 전환성 통화 (externally convertible currency)
거주자의 자국 통화 전환 능력은 제한되지만, 비거주자는 자국 통화를 외국 통화로 전환할 수 있는 경우.

비전환성 통화 (nonconvertible currency)
거주자와 비거주자 모두 해당 통화를 다른 통화로 전환하는 것이 금지된 경우.

자유 전환성은 보편적이지 않다. 많은 국가가 거주자들이 자국 통화를 외국 통화로 전환하는 데 일부 제약을 가한다(외부 전환성 정책). 이러한 제약은 비교적 사소한 것(예: 거주자가 해외 여행 시 가지고 나갈 수 있는 외국 통화 금액을 제한)부터 중대한 것(예: 자국 기업이 외국 통화를 해외로 반출하는 것을 제한)까지 다양하다. 외부 전환성 제약은 국내 기업이 해외에 투자할 능력을 제한할 수 있지만, 해당 국가에서 사업을 하려는 외국 기업에는 큰 문제가 되지 않다. 예를 들어, 일본 정부가 거주자들이 엔화를 미국 달러로 전환하는 것을 엄격히 통제한다고 하더라도, 일본 은행에 예금이 있는 모든 미국 기업은 언제든지 엔화를 달러로 전환하여 해외로 반출할 수 있다. 따라서 일본에 자회사를 둔 미국 기업은 일본 사업에서 발생한 이익을 달러로 전환하여 해외로 반출할 수 있다는 확신을 가질 수 있다.

그러나 비전환성 정책에서는 심각한 문제가 발생한다. 이는 과거 소련의 관행이었으며, 소련 붕괴 후 몇 년간 러시아에서도 계속되었다. 엄격하게 적용될 경우, 비전환성은 러시아와 같은 국가에서 사업을 하는 미국 기업이 상당한 루블 이익을 창출할 수 있어도 그 루블을 달러로 전환하여 해외로 반출할 수 없음을 의미한다. 이는 국제 비즈니스에 있어 바람직하지 않은 상황이다.

정부는 외환 보유고를 유지하기 위해 전환성을 제한한다. 국가가 외국 부채를 상환하고 수입품을 구매하려면 충분한 외환 보유고가 필요하다. 정부는 자유 전환성이 외환 보유고의 급격한 감소를 초래할 것을 우려할 때 통화 전환성을 제한한다. 이는 일반적으로 자국 통화를 보유하고 있는 거주자와 비거주자가 대규모로 외국 통화로 전환하는 현상인 **자본 도피**(capital flight)에서 발생한다. 자본 도피는 국내 통화의 가치가 급격히 하락하거나(초인플레이션) 해당 국가의 경제 전망이 불확실할 때 가장 많이 발생한다. 이러한 상황에서는 거주자와 비거주자 모두 자산을 외국 통화로 전환하고 해외에 투자하면 더 안전하다고 믿는 경향이 있다. 외환 보유고의 급감은 국가의 국제 부채 상환 능력과 수입 결제 능력을 제한할 뿐만 아니라, 국내 통화의 외환 시장에서의 매도 증가로 환율이 급격히 하락하게 만든다. 정부는 환율 하락으로 인한 수입 가격 상승이 추가적인 인플레이션을 유발할 것을 우려한다. 이러한 우려는 전환성을 제한하는 또 다른 이유가 된다.

자본 도피
자국 통화를 외국 통화로 전환하는 현상.

기업은 비전환성 문제를 해결하기 위해 대응무역을 활용할 수 있다. **대응무역**(countertrade)이란 재화와 서비스를 다른 재화와 서비스로 교환하는 다양한 형태의 물물 교환 협정을 말한다. 대체무역은 해당 국가의 통화가 비전환성일 때 유용할 수 있다. 예를 들어, 루마니아의 통화가 비전환성일 때, General Electric(GE)은 루마니아 정부와 계약을 체결하며 1억 5천만 달러 규모의 발전기 프로젝트 대금을 루마니아 상품으로 지급받아 이를 국제 시장에서 판매하는 방식으로 계약을 수행하였다. 유사하게, 베네수엘라 정부는 Caterpillar와 계약을 체결하며 35만 톤의 철광석을 Caterpillar의 대형 건설 장비와 교환하였다. 이후 Caterpillar는 철광석을 루마니아에 판매하여 루마니아 농산물로 교환하였고, 이를 국제 시장에서 달러로 판매하였다.[28]

대응무역
재화와 서비스를 다른 재화와 서비스로 교환하는 거래.

대응무역은 얼마나 중요할까? 20년 전에는 세계적으로 비전환성 통화가 많았으며, 대응무역의 비중도 상당히 컸다. 그러나 최근 몇 년간 많은 정부가 자국 통화를 자유 전환성으로 전환함에 따라, 대응무역이 차지하는 세계 무역 비중은 아마 5% 이하로 크게 감소하였을 것이다.[29]

360° 관점: 경영에의 시사점

[학습 목표 6] 번역, 거래, 경제적 노출 간의 차이를 비교 및 대조하고, 관리 실무에 대한 시사점을 설명한다.

외환 환율 위험

이 장에서는 비즈니스에 대한 명확한 시사점을 제공한다. 첫째, 국제 비즈니스는 환율이 무역 및 투자 거래의 수익성에 미치는 영향을 이해하는 것이 중요한다. 불리한 환율 변동은 수익성이 있어 보이는 거래를 비수익성으로 만들 수 있다. 앞서 언급하였듯이 환율 변동이 국제 비즈니스 거래에 도입하는 위험은 외환 위험으로 지칭된다. 외환 위험은 일반적으로 세 가지 주요 범주, 거래 노출, 환산 노출, 경제적 노출로 나뉜다.

거래 노출

거래 노출(transaction exposure)은 개별 거래에서의 수익이 외환 가치의 변동에 의해 얼마나 영향을 받는지를 나타낸다. 이러한 노출에는 이전에 합의된 가격으로 상품 및 서비스를 구매하거나 판매하는 의무, 외환으로 자금을 차입하거나 대출하는 의무가 포함된다. 예를 들어, 2014년에 American airline이 Airbus 330 항공기 10대를 대당 1억 2000만 유로, 총 12억 유로에 구매하기로 합의하고, 2018년에 인도 및 결제를 예정하였다고 가정하자. 2014년 계약 체결 당시 달러/유로 환율은 1달러 = 1.10유로였으므로, 이 미국 항공사는 10대 항공기에 대해 10.9억 달러(12억 유로/1.1 = 10.9억 달러)를 지불할 것으로 예상하였다. 그러나 결제 시점인 2018년에 달러 가치가 유로 대비 하락하여 1달러 = 0.80유로가 된다면, 총비용은 15억 달러(12억 유로/0.80 = 15억 달러)로 증가하게 된다. 이 경우, 거래 노출은 4.1억 달러로, 계약 체결 시점과 결제 시점 간의 환율 변동으로 인해 손실된 금액을 의미한다.

거래 노출
개별 거래에서 발생하는 소득이 외환 가치 변동에 의해 영향을 받는 정도.

환산 노출

환산 노출(translation exposure)은 회사의 재무제표에 환율 변동이 미치는 영향을 말한다. 환산 노출은 과거 사건의 현재 측정에 초점을 둔다. 이로 인한 회계적 이익 또는 손실은 실현되지 않은 '장부상의' 이익과 손실로 간주되지만 여전히 중요하다. 예를 들어, 멕시코에 자회사를 둔 미국 기업을 생각해 보자. 멕시코 페소가 달러 대비 크게 평가절하되면, 이는 멕시코 자회사의 주식 가치가 달러로 상당히 감소하게 만든다. 결과적으로, 통합 대차대조표에서 보고된 회사의 총 주식 가치가 감소하고, 이는 회사의 부채 비율(레버리지)을 높여 자금 조달 비용을 증가시키거나 자본 시장 접근성을 제한할 수 있다. 유럽연합에 자회사를 둔 미국 기업의 경우, 유로 가치가 달러 대비 급락하면 유럽 자회사가 벌어들인 유로 이익의 달러 가치가 감소하여 부정적인 환산 노출이 발생할 수 있다. 실제로, 2000년 동안 많은 미국 기업들이 유럽에서 유로가 달러 대비 급락하면서 상당한 부정적 환산 노출을 겪었다. 2002~2007년 동안 유로가 달러 대비 상승하면서, 이는 유럽에 중요한 운영을 가진 미국 다국적 기업들의 달러 이익을 증가시키는 긍정적인 환산 노출로 이어졌다. 2014년 중반부터 2015년 초까지 유로가 달러 대비 급락하면서, 유럽에서 주요 운영을 가진 미국 다국적 기업들의 달러 이익이 감소하는 압박을 받았다.

환산 노출
보고된 연결 결과와 재무제표가 외환 가치 변동에 의해 영향을 받는 정도.

경제적 노출

경제적 노출(economic exposure)은 환율 변동이 기업의 장기적인 국제 수익 창출 능력에 미치는 영향을 나타낸다. 경제적 노출은 환율 변동이 미래의 가격, 매출, 비용에 미치는 장기적 효과에 초점을 둔다. 이는 대부분 몇 주 또는 몇 달 안에 실행될 단기 거래에 대한 환율 변동 효과를 다루는 거래 노출과는 다르다. 달러 가치의 큰 변동이 많은 미국 기업들의 국제 경쟁력에 미치는 영향을 생각해 봅시다. 1990년대 외환 시장에서 달러 가치의 급등은 세계 시장에서 많은 미국 생산자의 가격 경쟁력을 약화시켰다. 수출에 크게 의존하던 미국 제조업체들은 수출량과 세계 시장 점유

경제적 노출
환율 변동에 의해 기업의 미래 국제 수익력이 영향을 받는 정도.

율의 감소를 경험하였다. 반대 현상은 2000~2009년에 발생하였는데, 달러가 대부분 주요 통화 대비 하락하면서, 이는 세계 시장에서 미국 제조업체들의 가격 경쟁력을 높이는 데 기여하였다. 2014년 중반부터 2015년 초까지 달러 가치가 대부분 주요 통화 대비 크게 상승하여, 미국 수출 업체들의 가격 경쟁력이 감소하였다. 2017년에는 반대 현상이 발생해 달러 가치가 하락하면서 미국 수출업체들의 가격 경쟁력이 증가하였으나, 2018년부터 2022년까지 달러가 다시 상승하면서 미국 수출품의 가격이 더 비싸졌다.

환율 변동 및 거래 노출 완화

기업이 거래 및 환율 변동 노출을 최소화하기 위해 활용할 수 있는 다양한 전략이 있다. 이러한 전략은 주로 단기 현금 흐름을 환율 변동의 부정적 영향을 받지 않도록 보호하는 데 초점을 둔다. 이 장에서 이미 논의한 바와 같이, 선물환 계약 체결과 스왑 구매는 이러한 전략 중 두 가지이다. 선물환 구매와 스왑 사용 외에도, 기업은 지급 및 수취 시기를 조정하는 리딩(leading) 및 래깅(lagging) 전략을 통해 외환 노출을 최소화할 수 있다. 이는 예상되는 환율 변동에 따라 공급 업체에 대한 지급과 고객으로부터의 수금을 앞당기거나 지연하는 방식이다. **리드 전략**(lead strategy)은 외화가 평가절하될 것으로 예상될 때 외화 매출채권(고객으로부터의 지급)을 조기에 회수하고, 외화 매입채무(공급 업체에 대한 지급)를 평가절상이 예상될 때 기한 이전에 지급하는 방식을 말한다. 반면 **래그 전략**(lag strategy)은 외화가 평가절상될 것으로 예상될 경우 외화 매출채권 회수를 지연하고, 평가절하될 경우 외화 매입채무 지급을 지연하는 방식을 의미한다. 리딩 및 래깅 전략은 약세 통화 국가에서 강세 통화 국가로의 지급을 가속화하고, 강세 통화 국가에서 약세 통화 국가로의 자금 유입을 지연시키는 데 사용된다.

리드 전략
외화가 평가절하될 것으로 예상될 때 외화 매출채권을 조기에 회수하고, 평가절상이 예상될 때 외화 매입채무를 기한 이전에 지급하는 전략.

래그 전략
외화가 평가절상될 것으로 예상될 경우 외화 매출채권 회수를 지연하고, 평가절하될 것으로 예상될 경우 외화 매입채무 지급을 지연하는 전략.

그러나 리딩 및 래깅 전략을 실행하는 데는 어려움이 따를 수 있다. 기업은 지급 조건에 대해 어느 정도 통제력을 행사할 수 있어야 하며, 특히 중요한 고객과 거래할 때는 이러한 협상력이 부족할 수 있다. 중요한 고객이 지급 조건을 결정할 수 있는 입장에 있는 경우에는 리드 및 래그 전략을 적용하기 어려울 수 있다. 또한, 리딩 및 래깅 전략이 약세 통화에 압력을 가할 수 있으므로, 많은 정부가 이러한 전략을 제한한다. 예를 들어, 일부 국가는 수출 대금을 수령하거나 수입 대금을 지급하는 데 최대 180일이라는 제한을 설정하고 있다.

경제적 노출 완화

경제적 노출을 완화하기 위해서는 재무 관리의 범위를 넘어선 전략적 선택이 필요하다. 경제적 노출을 줄이는 핵심은 기업의 생산 자산을 여러 지역에 분산시켜, 환율 변동으로 인해 기업의 장기적인 재무 건전성이 심각하게 영향을 받지 않도록 하는 것이다. 이는 대기업뿐만 아니라 중소기업도 가끔씩 채택하는 전략이다다. 예를 들어, 2000년대 동안 유로화가 미국 달러 대비 강세를 유지할 것으로 우려한 일부 유럽 기업들은 미국 시장에서 경쟁력을 유지하기 위해 현지 생산 시설을 설립하였다. 이러한 방식으로 유로화 강세가 지역 경쟁 업체와의 경쟁에서 불리하게 작용하지 않도록 하였다. 마찬가지로, Toyota는 엔화 강세로 인해 Toyota 자동차가 지역 시장에서 가격 경쟁력을 잃는 상황을 방지하기 위해 전 세계적으로 생산 공장을 분산 배치하였다. Caterpillar도 이 전략을 활용하여 전 세계에 공장을 설립하였고, 이를 통해 강달러로 인해 Caterpillar 제품이 외국 시장에서 가격 경쟁력을 상실할 가능성에 대비하였다. 2008년, 2009년, 2014~2015년, 그리고 2019~2022년의 달러 강세 기간 동안, 이러한 실물 헤징(hedging) 전략은 매우 유용한 것으로 입증되었다.

외환 위험 관리를 위한 기타 방법

기업은 외환 노출을 최소화하기 위해 적절한 전술과 전략의 조합을 유지하는 메커니즘을 개발해야 한다. 이러한 메커니즘의 구성 요소에 대해 비즈니스 전문가들 사이에서 보편적인 합의가 이루어지지 않았지만, 여러 공통된 주제가 두드러진다.[30] 첫째, 노출의 중앙 통제가 필요하다. 이는 자원을 효율적으로 보호하고 각 하위 단위가 올바른 전술과 전략 조합을 채택하도록 보장하는 데 중요하다. 많은 기업이 사내 외환 센터를 설립하고 있다. 이러한 센터들이 모든 외환 거래를 직접 실행할 수는 없을 것이다. 특히, 대규모이면서 복잡한 다국적 기업에서는 수많은 거래가 동시에 이루어지기 때문이다. 그러나, 최소한 각 자회사들이 준수해야 할 가이드라인을 설정하는 역할은 수행해야 한다.

둘째, 기업은 거래 및 환산 노출과 경제적 노출을 구분해야 한다. 많은 기업이 거래 및 환산 노출을 줄이는 데 중점을 두고 경제적 노출에 대해서는 거의 신경 쓰지 않으며, 이는 장기적으로 더 심각한 영향을 미칠 수 있다.[31] 기업은 경제적 노출을 처리하기 위한 전략을 개발해야 한다. 예를 들어, 전동 공구 제조업체인 Stanley Black & Decker는 경제적 리스크를 적극적으로 관리하기 위한 전략을 보유하고 있다. 이 전략의 핵심은 유연한 소싱에 있다. 외환 변동에 대응하여 Stanley Black & Decker는 가장 경쟁력 있는 가격을 제공하기 위해 생산을 한 지역에서 다른 지역으로 옮길 수 있다. Stanley Black & Decker는 유럽, 호주, 브라질, 멕시코, 일본 등 전 세계 12개 이상의 지역에서 제조 활동을 하고 있으며, 회사의 생산 자산 중 50% 이상이 북아메리카 외부에 기반을 두고 있다. Stanley Black & Decker의 각 공장은 규모의 경제를 달성하기 위해 1~2개의 제품에 집중하지만, 상당한 중복 생산이 이루어지고 있다. 평균적으로 회사는 공장을 80% 미만의 용량으로 운영하며, 대부분의 공장은 하나의 제품에서 다른 제품으로 생산을 신속히 전환하거나 새로운 제품을 추가할 수 있다. 이는 외환 변동에 따라 공장의 생산을 조정할 수 있도록 한다. 예를 들어, 달러화가 다른 통화에 비해 약세를 보일 경우 해외 자회사로부터의 수입량을 줄이고 미국 자회사에서 다른 지역으로의 수출량을 늘릴 수 있다.[32]

셋째, 미래 환율 변동을 예측하는 필요성을 과소평가해서는 안 된다. 하지만 앞서 본 바와 같이 이는 까다로운 작업이다. 미래 외환 변동을 완벽히 예측하는 모델은 없다. 단기적으로는 선물 환율이 환율 변동을 예측하는 가장 좋은 지표를 제공하며, 장기적으로는 상대적 인플레이션율과 같은 근본적인 경제 요인을 주시해야 한다. 이는 환율 변동에 영향을 미치기 때문이다. 일부 기업은 자체적으로 환율 변동을 예측하려고 시도하며, 다른 기업은 외부 예측에 의존한다. 그러나 이러한 예측은 모두 불완전한 미래 예측 시도일 뿐이다.

넷째, 기업은 중앙 금융 기능(또는 사내 외환 센터)이 기업의 노출 상태를 정기적으로 모니터링할 수 있도록 좋은 보고 시스템을 구축해야 한다. 이러한 보고 시스템은 기업이 노출된 계정, 각 계정의 통화별 노출 상태, 해당 기간을 식별할 수 있도록 해야 한다.

마지막으로, 환율 예측 정보와 자체 정기 보고 시스템에서 수집한 정보를 바탕으로, 회사는 매월 외환 노출 보고서를 작성해야 한다. 이 보고서에는 예상되는 환율 변동이 현금 흐름 및 재무제표 항목에 미치는 영향을 식별하고 분석하는 내용이 포함되어야 한다. 경영진은 이러한 보고서를 기반으로 과도한 환율 변동 위험을 헤지(hedge)하기 위한 전술 및 전략을 수립할 수 있다.

놀랍게도 가장 크고 정교한 기업 중 일부는 이러한 예방 조치를 취하지 않아 매우 큰 외환 리스크에 노출되고 있다.

주요 용어

외환 시장	선물 환율	밴드왜건 효과	거래 노출
환율	통화 스왑	비효율적 시장	환산 노출
외환 위험	차익 거래	자유 전환성 통화	경제적 노출
통화 투기	일물일가의 법칙	외부 전환성 통화	리드 전략
캐리 트레이드	효율적 시장	비전환성 통화	래그 전략
현물 환율	피셔 효과	자본 도피	
선물 거래	국제 피셔 효과(IFE)	대응무역	

요약

이 장에서는 외환 시장이 어떻게 작동하는지, 환율을 결정하는 요인을 검토하고, 이러한 요인들이 국제 비즈니스에 미치는 영향을 논의하였다. 환율의 변화는 해외 무역 및 투자 거래의 수익성을 극적으로 변화시킬 수 있으므로 이는 국제 비즈니스에서 중요한 관심사이다. 이 장에서 다룬 주요 내용은 다음과 같다.

1. 외환 시장의 한 가지 기능은 한 국가의 통화를 다른 국가의 통화로 전환하는 것이다. 외환 시장의 또 다른 기능은 외환 위험에 대한 보험을 제공하는 것이다.
2. 현물 환율은 특정 날짜에 한 통화를 다른 통화로 변환하는 환율이다.
3. 외환 위험은 선물 환율을 사용하여 줄일 수 있다. 선물 환율은 미래 거래를 규제하는 환율이다. 외환 위험은 통화 스왑을 통해서도 줄일 수 있다. 스왑은 특정 금액의 외환을 두 가지 다른 가치 날짜에 대해 동시에 매입 및 매도하는 것이다.
4. 일물일가의 법칙은 운송 비용과 무역 장벽이 없는 경쟁 시장에서, 동일한 상품은 동일한 통화로 가격을 표시하였을 때 서로 다른 국가에서 동일한 가격에 판매되어야 한다고 주장한다.
5. 구매력 평가(PPP) 이론은 특정 상품 바구니의 가격이 각국에서 대략적으로 동일해야 한다고 주장한다. 구매력 평가 이론은 상대 가격이 변하면 환율도 변할 것이라고 예측한다.
6. 국가 간 상대 가격 변화율은 상대적 인플레이션율에 따라 다르다. 한 국가의 인플레이션율은 통화 공급 성장률의 함수로 보인다.
7. 구매력 평가 이론은 환율 변화의 장기 추세를 비교적

정확하게 예측하지만 단기적인 움직임은 예측하지 못한다. 구매력 평가 이론이 환율 변화를 더 정확하게 예측하지 못하는 이유는 운송 비용, 무역 및 투자 장벽, 그리고 밴드왜건 효과와 같은 심리적 요인이 시장 움직임과 단기 환율에 미치는 영향 때문일 수 있다.

8. 금리는 인플레이션에 대한 기대를 반영한다. 인플레이션이 높을 것으로 예상되는 국가에서는 금리도 높다.
9. 국제 피셔 효과는 두 국가의 명목 금리 차이에 상응하는 정도로 현물 환율이 변할 것이라고 주장한다.
10. 환율 예측의 가장 일반적인 접근법은 기본 분석이다. 이는 통화 공급 성장, 인플레이션율, 명목 금리, 그리고 국제수지 상태와 같은 변수를 사용하여 미래 환율 변화를 예측한다.
11. 많은 국가에서는 정부 정책으로 인해 거주자와 비거주자가 현지 통화를 외국 통화로 전환하는 능력이 제한된다. 정부는 외환 보유고를 보호하고 자본 도피를 막기 위해 통화 전환 가능성을 제한한다.
12. 통화의 비전환성은 그 국가에서 국제 무역 및 투자에 참여하기를 매우 어렵게 만든다. 비전환성 문제를 해결하는 한 가지 방법은 대응무역을 통해 상품과 서비스를 다른 상품 및 서비스로 교환하는 것이다.
13. 외환 위험에 대한 노출 유형은 거래 노출, 환산 노출, 경제적 노출의 세 가지이다.
14. 거래 및 환산 노출을 방지하기 위한 전술로는 선물 매입, 통화 스왑, 지급 및 수취 시기의 리드 및 래그 조정 등이 포함된다.
15. 기업의 경제적 노출을 줄이려면 기업의 생산 자산을 전 세계적으로 어떻게 배치할지에 대한 전략적 선택이 필요하다.

비판적 사고와 토론을 위한 질문

1. 한국 정부 채권의 1년 만기 금리는 4%이며, 내년 예상 인플레이션율은 2%이다. 미국 정부 채권의 1년 만기 금리는 7%이며, 예상 인플레이션율은 5%이다. 현재 원화의 현물 환율은 1달러 = 1,200원이다. 1년 후의 현물 환율을 예측하고, 답변의 근거를 설명하라.
2. 두 나라, 영국과 미국은 단 하나의 상품인 소고기만을 생산한다고 가정한다. 미국에서 소고기 가격은 파운드당 2.80달러이고, 영국에서는 파운드당 3.70파운드이다.
   a. 구매력 평가 이론에 따르면 달러/파운드 환율은 얼마여야 하는가?
   b. 미국에서 소고기 가격이 3.10달러로, 영국에서 4.65파운드로 상승할 것으로 예상된다면, 1년 후의 달러/파운드 선물 환율은 얼마여야 하는가?
   c. a와 b의 답변을 고려하고, 현재 미국 금리가 10%라고 할 때, 영국의 현재 금리는 얼마로 예상되는가?
3. MANAGEMENT FOCUS 'Embraer와 브라질 헤알의 변동'을 다시 읽고 다음 질문에 답하라.
   a. 브라질의 최근 경제사가 가격 인플레이션과 환율의 관계에 대해 무엇을 알려줍니까? 브라질 헤알의 환율을 결정하는 다른 요인은 무엇입니까?
   b. 헤알의 가치 하락이 Embraer에 유리한가, 불리한가, 아니면 혼합적인 결과를 가져오는가? 의견을 내고 그에 대해 설명하라.
   c. Embraer가 노출된 외환 위험 유형은 무엇인가? Embraer가 이러한 위험을 줄일 수 있을까? 그 방법은 무엇일까?
   d. 2000년대 초 헤알의 추가 평가절상을 대비하기 위한 Embraer의 결정은 좋은 결정이었는가? 대안은 무엇이었는가?
   e. 2008년 이후 Embraer가 달러 헤징 작업을 크게 줄인 것은 현명한 결정입니까?
   f. 2014년 중반부터 2015년 초까지 헤알은 달러 대비 크게 절하되었다. 이로 인해 Embraer에 어떤 영향을 미쳤는가?
4. 와인 고블릿을 제조하는 회사가 6월 중순에 일본에서 10,000개의 고블릿 주문을 받았다. 400,000엔의 대금은 12월 중순에 지급될 예정이다. 엔화가 현재 1달러 = 130엔에서 12월까지 1달러 = 100엔으로 상승할 것으로 예상된다. 연 6%로 엔화를 빌릴 수 있다. 이 회사는 어떻게 해야 할까?
5. 귀사가 소유한 미국 기업의 멕시코 자회사는 귀하의 미국 조립 공정에 부품을 제조한다. 이 자회사는 미국 내

은행 차입으로 자금을 조달받았다. 귀하의 분석가 중 한 명이 향후 1년 동안 멕시코 페소가 외환 시장에서 달러 대비 30% 평가절하될 것으로 예상된다고 보고하였다. 어떤 조치를 취해야 합니까?

태국 바트 헤징

수십 년간 태국 바트(THB)와 미국 달러(USD) 간의 환율은 상당히 변동성이 있었다. 2005년에는 40THB를 사용해야 1 USD를 살 수 있었다. 그러나 태국의 경제 성장과 강력한 수출 실적 덕분에 2년 후에는 바트가 급등하여 1달러당 30바트가 되었다. 그 이후로 환율은 1달러당 30바트에서 36바트 사이를 오르내렸다. 2020년 말, 태국이 지속적인 국제수지 흑자를 기록하면서 바트는 달러 대비 가치가 상승하여 환율이 1달러당 29.81바트에 도달하였지만, 2023년 초에는 다시 1달러당 36바트로 돌아갔다. 바트는 대만 달러, 한국 원, 인도네시아 루피아와 같은 다른 지역 통화 대비로도 변동성을 보였다.

환율 변동성이 태국 수출업자와 수입업자에게 문제를 일으킬 수 있다는 점을 인식한 태국 중앙은행(Bank of Thailand)은 최근 몇 년 동안 국제 무역에 종사하는 기업들에게 바트의 가치 변동성을 헤지(hedge)할 것을 촉구하였다. 태국은 무역 보호주의, 지정학적 사건, COVID-19 팬데믹과 같은 불확실성으로부터 위험에 직면해 있음을 지적하였다. 태국의 주요 수출품에는 컴퓨터 부품, 반도체 칩, 자동차, 차량 부품, 정제 석유, 쌀, 고무, 금 등이 포함된다. 중앙은행이 권장하는 전략에는 달러나 다른 통화에 대한 바트의 가치를 고정하기 위해 선물 계약을 구매함으로써 환율 변동으로 인한 수출 수익의 영향을 줄이는 방법이 포함된다.

예를 들어, 태국의 한 수출 업체가 반도체 칩 30억 바트를 미국 기업에 판매하는 계약을 체결하였을 때 환율이 1달러당 30바트라면, 이 거래에서 1억 달러(30억 바트 × 1달러/30바트)를 벌 것으로 기대할 수 있다. 그러나 계약이 체결되고 칩이 배송되는 사이에 바트 가치가 하락하여 환율이 1달러당 36바트로 변하면, 달러로 더 많은 바트를 살 수 있게 되어 태국 수출 업체는 8,330만 달러(30억 바트 × 1달러/36바트)만 벌게 된다. 이는 수익이 1,670만 달러 감소한 것이다. 이러한 환율 변동은 태국 기업이 칩 생산에 필요한 실리콘과 같은 일부 원재료를 미국 달러로 지불하고, 수출로 받은 달러 수익으로 이를 충당하려 하였다면 특히 문제가 될 것이다. 예상하였던 것보다 더 많은 바트를 원재료 구매에 사용해야 하고, 예상보다 적은 달러를 수출로 벌게 되기 때문이다.

Fedor Selivanov/Shutterstock

2017년 태국 중앙은행의 설문 조사에 따르면, 태국의 소규모 수출업자의 72%는 환율 변동성으로부터 자신을 보호하기 위한 조치를 전혀 취하지 않았다. 중간 규모 수출업자의 59%, 대규모 수출업자의 50%도 헤징하지 않았다. 이는 그들의 수출 수익과 수입 비용이 예상치 못한 환율 변동에 노출되어 있음을 의미한다. 평균적으로 태국 수출업자의 66%가 어떤 헤징 조치도 취하지 않았으며, 4%만이 외환 위험을 완전히 헤지하였다. 이러한 데이터는 태국 기업들이 높은 수준의 외환 위험을 감수하고 있음을 보여 준다.

최근 몇 년간 환율이 종종 시장 기대와 다르게 움직이고 예측하기 어렵다는 점이 입증되었으며, 이는 헤징 전략의 가치를 더욱 높였다. 2017년 Trump 행정부가 미국에서 출범하였을 때, 바트가 미국 달러 대비 약세를 보일 것이라는 가정이 있었다. 그러나 실제로는 반대 현상이 일어났다. 바트가 강세를 보였는데, 이는 COVID-19 팬데믹으로 인한 글로벌 경제 침체에도 불구하고 태국의 수출이 놀라울 정도로 회복력을 보였기 때문이다. 이러한 회복력의 한 가지 설명은, Trump 행정부가 시작한 미국과 중국 간의 무역 전쟁으로 인해 미국 기업들이 컴퓨터 부품, 반도체 칩, 자동차 부품의 수요를 중국 생산업체에서 태국 생산업체로 전환하였기 때문이다. 표면적으로는 이 전환이 헤지하지 않은 태국 수출업자들에게 좋았다(그들의 달러 수익이 예상보다 증가하였기 때문).

2020년 말, 미국 재무부는 태국을 잠재적 환율 조작국으로 관찰 목록에 올리면서 태국이 미국의 무역 제재를 받을 가능성을 제기하였다. 미국이 제기한 논리는 태국의 강력한 수출과 국제수지 흑자를 감안할 때 바트가 달러 대비 더 큰 폭으로 상승하였어야 하며, 태국이 수출을 촉진하기 위해 환율을 인위적으로 낮추고 있다는 것이었다. 태국 중앙은행은 바트의 과도한 변동성을 억제하기 위해 환율 시장에 개입하였을 뿐이며, 공정하지 않은 무역 이점을 얻기 위해 환율을 사용하지 않았다고 주장하였다. 그럼에도 불구하고 이러한 지정학적 위험으로 인해 태국 중앙은행은 다시 한번 통화 헤징의 중요성을 강조하며, 무역 제재가 부과될 경우 미국 달러/바트 환율에 부정적인 영향을 미칠 수 있다고 언급하였다.

Sources: P. Janssen, "Nowhere to Go but Up for the Thai Baht," *Asia Times*, December 18, 2020; M. Yuda, "Thai Baht Soars to 11 Month High as U.S. Probes Currency Practices," *Nikkei Asia*, December 17, 2020; W. Chaitrong, "BOT Urges Hedging against Currency Risk," *The Nation Thailand*, April 19, 2017; C. Ashworth, "Thailand on U.S. Treasury Watch List for Suspected Currency Manipulation," *The Thaiger*, December 17, 2020.

CLOSING CASE 토론을 위한 질문

1. 태국 기업들이 미국 달러와 같은 주요 거래 통화에 대해 태국 바트화의 가치를 헤지하지 않을 경우 어떤 위험이 있는가?
2. 헤지하지 않을 경우 발생할 수 있는 위험에도 불구하고, 왜 그렇게 많은 태국 수출 업체들이 헤지를 선택하지 않았다고 생각하는가?
3. 만약 당신이 중소형 태국 기업들에게 헤지 전략에 대해 조언하는 컨설턴트라면, 그들에게 어떤 조언을 할 것인가? 그렇게 조언하는이유는 무엇인가?
4. 미국 재무부가 2020년에 언급한 것처럼 태국이 자국 통화의 가치를 미국 달러에 대해 조작하는 것이 가능하다고 생각하는가? 이를 실행하려면 어떤 도전에 직면할 수 있을까?

미주(endnotes)는 한경사 홈페이지 www.hankyungsa.co.kr의 공지 사항에서 PDF 파일로 다운로드 할 수 있습니다.

rozdemir/Shutterstock

11

국제 통화 제도

학습 목표

이 장을 학습하면,

1. 현대 세계 통화 시스템의 역사적 발전 과정을 설명할 수 있다.
2. 국제 통화 제도에서 세계은행와 국제통화기금의 역할을 이해할 수 있다.
3. 고정환율 제도와 변동환율 제도 간의 차이를 비교 및 대조할 수 있다.
4. 오늘날 세계에서 사용되는 환율 제도를 파악하고, 각국이 다른 환율 제도를 도입하는 이유를 이해할 수 있다.
5. 금융 위기 관리에서 국제통화기금이 수행하는 역할을 둘러싼 논쟁을 이해할 수 있다.
6. 세계 통화 제도가 경영 실무에 미치는 함의를 설명할 수 있다.

OPENING CASE 파키스탄과 국제통화기금

파키스탄은 국제통화기금(IMF)에 도움을 요청하는 데 오랜 역사를 지니고 있다. 1980년대 말 이후로 이 나라는 이미 13차례나 IMF의 지원을 받았으며, 최근 사례는 2019년에 있었다. 파키스탄이 겪고 있는 경제 문제로는 높은 공공 부채, 해외 부채(국제 채무 이행)를 상환하기 위한 외환 보유액 부족, 지속적인 무역 적자, 높은 인플레이션, 약세 통화 등이 있다. 파키스탄 루피(rupee)는 2008년 초 1달러 = 63루피 정도였으나, 2023년 3월 초에는 1달러 = 278루피까지 가치가 떨어졌다. 파키스탄은 IMF로부터 통화 가치를 지키고 외환 보유액을 높이기 위한 재정 지원을 여러 번 받았으나, 그 대가로 IMF는 파키스탄이 경제를 안정화하기 위한 여러 조치를 취하도록 요구했다. 그러나 파키스탄은 정치적 반대 등 내적인 이유로 IMF 협약에서 요구하는 조치를 충실히 이행하지 못했고, 그 결과 경제 문제는 계속 이어져 왔다.

2019년 파키스탄은 또다시 익숙한 상황에 직면했다. 해외 외환 보유액이 소진되어 국제 채무 불이행(디폴트) 가능성이 커진 것이다. 파키스탄의 외환 보유액 대부분은 미국 달러로 보유되는데, 이를 갉아먹은 원인은 두 가지였다. 첫째, 지속적인 무역 적자 탓에 달러가 수입 결제용으로 계속 유출되었다. 둘째, 파키스탄 중앙은행이 통화(루피) 가치를 떠받치기 위해, 외환 시장에서 미국 달러를 사용해 루피를 사들이는 방식으로 외환 보유액을 소진했다. 이는 루피 가치 하락(절하)에 따른 인플레이션을 억제하고자 한 시도였다.

2019년 5월 당시 총리인 Imran Khan이 이끄는 정부는 IMF로부터 65억 달러의 대출을 확보하기로 합의했다. 그 대가로 IMF는 파키스탄 정부에 공공 부문 적자를 줄이고, 인플레이션을 억제하며, 외환 시장에서 루피를 절하(자유로운 환율 변동을 허용)하도록 요구했다. 구체적으로, 세금 인상, 금리 인상, 정부 지출 축소(가스와 전기 요금을 낮추기 위한 정부 보조금 감소) 등이 포함되었다. 해당 대출은 파키스탄이 합의한 조치를 이행하는지 여부에 따라 여러 분할 형태로 지급될 예정이었다.

하지만 과거에도 그랬듯이, 파키스탄은 협약에서 정한 의무를 반복적으로 지키지 않았고, IMF 역시 추가 대출금을 보류함으로써 대응했다. 이는 부분적으로 파키스탄 내 정치적 혼란에서 비롯된다. 2022년 Imran Khan 총리는 의회 투표로 실각했고, 이후로 세 명의 다른 재무장관이 임명되었다. 각 재무장관은 파키스탄에 더 유리한 조건(즉, 의무 사항 축소)을 얻어 내기 위해 대출 조건을 재협상하려 했다. 설상가상으로, 2022년 말 대규모 홍수 사태가 발생해 파키스탄 영토의 3분의 1 이상이 물에 잠기고,

300억 달러의 피해가 발생했다.

2023년 초, 파키스탄은 디폴트를 피하기 위해 IMF로부터 11억 달러 규모의 대출을 재개해야 하는 긴급 상황에 처했다. 파키스탄의 외환 보유액은 30억 달러에도 못 미쳐 한 달 치 수입액을 감당하기에 턱없이 부족한 수준이었다. 파키스탄 정부와 IMF 간 장기간의 협상에서, IMF는 파키스탄이 부유층과 호황을 누리는 기업에 대해 세금을 인상하고, 빈곤층(파키스탄 인구의 3분의 1 이상이 빈곤선 이하 생활 중이라는 세계은행 추산) 보호 정책을 지속해야 한다고 촉구했다. 또한 IMF는 보조금은 오직 빈곤층에게만 지급되어야 하며, 부유층이나 정치적으로 영향력 있는 집단에게 혜택이 돌아가서는 안 된다고 지적했다. 아울러 IMF는 중앙은행이 루피 가치를 인위적으로 유지하려는 시도를 중단하라고 요구했다.

파키스탄은 대출을 확보하기 위해 IMF의 요구에 어느 정도 부합하는 정책을 내놓았다. 즉, 루피 가치를 달러 대비 낮도록 방치하고(절하 허용), 일부 보조금을 삭감했으며, 인플레이션 억제를 위해 금리를 인상했다(2023년 초 물가 상승률이 50년 만의 최고치인 28%를 기록). 그러나 2023년 8월에 예정된 국회의원 선거를 앞두고, 파키스탄 정부는 과거와 마찬가지로 유권자 지지에 악영향이 미칠 것으로 우려해, IMF가 요구하는 정책 변경을 더욱 공격적으로 추진하라는 압력을 완전히 받아들이지는 못하고 있다.

Sources: "The IMF Has Agreed to Break Pakistan's Fall. Again," The Economist, May 16, 2019; F. Mangi, "Why Pakistan Is Struggling to Get Another IMF Bailout," *Washington Post*, February 6, 2023; A. Hussain, "How Skyrocketing Inflation Has Hit Pakistan's Most Vulnerable," *Aljazeera*, March 8, 2023.

서론

국제 통화 제도
각국이 환율을 관리하기 위해 채택한 제도적 장치의 총체.

이 장에서는 국제 통화 제도가 환율을 결정하는 데 어떤 역할을 하는지 살펴본다. **국제 통화 제도**(international monetary system)란 환율을 결정하는 제도적 장치들을 의미한다. 10장에서 외환 시장이 환율을 결정하는 주요 기관이며, 수요와 공급이라는 비개인적 시장의 힘이 통화 두 종의 상대적 가치(환율)를 결정한다고 가정했다. 또한, 통화에 대한 수요와 공급은 해당 국가 간 상대적 인플레이션율과 이자율에 의해 영향을 받는다고 설명했다. 만약 외환 시장이 통화의 상대적 가치를 결정한다면, 우리는 해당 국가가 **변동환율제**(floating exchange rate regime)를 채택하고 있다고 말한다. 세계의 주요 무역 통화를 살펴보면, 미국 달러, 유럽연합의 유로, 일본 엔, 영국 파운드 등이 서로 자유롭게 변동한다. 따라서 시장의 힘에 의해 결정되는 이들 환율은 시시각각 변동할 수 있다. 그러나 많은 통화의 환율은 시장의 힘에 완전히 맡겨져 있지 않고, 다른 제도적 방식을 채택한다.

변동환율제
통화 간 교환 비율(환율)이 수요와 공급에 의해 자유롭게 결정되는 제도.

페그제
자국 통화의 가치를 특정 기축 통화에 고정 및 연동시켜 유지하는 환율 제도.

세계 여러 개발도상국은 자국 통화를 달러나 유로에 연동한다. **페그제**(pegged exchange rate)란 자국 통화의 가치를 특정 기축 통화(예: 미국 달러)에 고정시켜 두고, 그 기축 통화가 다른 통화들과 맺는 환율에 따라 자국 통화와 다른 통화 간 환율이 결정되는 방식을 말한다.

관리 변동환율제
일부 통화는 자유로운 변동을 허용하되, 다수 통화는 정부 개입에 의해 관리되거나 다른 통화에 연동되는 환율 제도.

더티 플로트 제도
명목상으로는 자국 통화를 시장에서 자유롭게 변동되도록 두지만, 자국 통화가 적정 가치에서 지나치게 벗어났다고 판단되면 정부가 외환 시장에서 통화를 매수하거나 매도하여 환율을 조정하는 제도.

공식적인 페그제를 선언하지 않으면서도, 주요 기축 통화(주로 미국 달러)나 통화 '바스켓'에 대해 자국 통화의 가치를 특정 범위 내에서 유지하려 애쓰는 국가도 있다. 이를 흔히 **관리 변동환율제**(managed-float system) 혹은 **더티 플로트 제도**(dirty-float system)라고 한다. 표면적으로는 시장의 힘에 의해 환율이 결정되지만, 그 부여된 자유가 완전하지 않다는 점에서 관리(또는 더티) 플로트(클린 플로트의 반대)라고 부른다. 즉, 통화가 기축 통화 대비 지나치게 빠르게 절하(혹은 절상)될 경우, 해당 국가 중앙은행이 외환 시장에 개입해 통화 가치를 방어하려 한다. 본 장의 OPENING CASE에서 언급했듯이, 파키스탄은 오랫동안 이런 관리 변동환율제를 운영해 왔으며, 중앙은행이 미국 달러 대비 루피 가치를 지탱하기 위해 외환 시장에 자주 개입해 왔다.

globalEDGE™ 블로그

국제 통화 제도가 중요한 관심사가 되는 이유는 여기에서 환율을 지배하는 제도적 장치들을 다루기 때문이다. 각 국가는 자국 통화 가치에 영향을 끼칠 수 있는 지렛대를 어느 정도 갖고 있으면서도, 이를 반드시 항상 활용하는 것은 아니어서 이를 다루는 것은 까다로운 일이다. 11장에서 다루는 환율 결정 방식으로는 변동환율제, 페그제, 더티 플로트(관리 변동환율제), 고정환율제 등이 있다. 본 장의 시작 부분에서는 '금본위제(gold standard)'라는 역사적 배경을 다루는데, 이는 고대로 거슬러 올라가는 방식이다. 기술적으로는 지금 금본위제를 공식적으로 쓰는 나라는 없지만, 미국을 포함한 여러 국가가 상당한 규모의 금 보유고를 여전히 유지하고 있다.국제 통화 제도는 여러 변수를 기반으로 운영된다(10장에서 소개한 국제 비즈니스 통계에 대한 globalEDGE™의 데이터베이스 참고). 오늘날에는 여기에 더해 '행동'(인지)과 관련된 요소들도 실물 데이터와 함께 영향을 미치고 있다. globalEDGE™ 블로그는 화폐와 통화 문제를 종종 다루는 '국제 비즈니스' 관련 최신 이슈를 접할 수 있는 훌륭한 창구다. globaledge.msu.edu/blog에 접속해 최신 통화 이슈 관련 포스팅들을 확인하고, 전 세계 사람들과 의견을 교류할 수 있다.

일부 다른 국가들은 **고정환율제**(fixed exchange rate)를 운영해 왔다. 이는 서로 합의한 환율로 여러 통화 가치를 묶어 두는 방식이다. 1999년에 유로가 도입되기 전까지, 유럽연합(EU) 회원국 중 일부는 **유럽 통화 제도**(European Monetary System, EMS) 내에서 고정환율 제도를 운영했다. 제2차 세계대전 이후 약 25년간 세계 주요 선진 공업국은 고정환율제에 참여했다. 비록 이 시스템은 1973년에 붕괴했지만, 여전히 일부 사람들은 이 제도를 재도입해야 한다고 주장한다.

고정환율제
두 통화 간 교환 비율을 고정해 두는 제도.

유럽 통화 제도
EU 회원국들이 통화 안정을 도모하고, 인플레이션을 억제하며, 환율 정책을 조정하기 위해 설계한 지역 통화 협정.

또 다른 선택지로는 국가가 자국 통화를 포기하고, 대신 다른 통화(주로 미국 달러)를 사용하는 방식, 즉 달러화 통용 제도가 있다. **달러화 통용 제도**(dollarization)는 때로 국가가 중대한 거시경제 문제(예: 고인플레이션)로 자국 통화 가치가 사실상 무의미해지는 상황에서 활용된다. 예컨대 에콰도르는 2000년에 초고인플레이션을 겪으면서 자국 통화를 버리고 미국 달러로 대체했다. 오늘날 달러화 통용 제도는 자국 통화가 초인플레이션으로 거의 무가치해진 베네수엘라에서도 검토되고 있다.

달러화 통용 제도
한 국가가 자국 통화 대신 미국 달러를 공식 통화로 채택하거나 연동하는 과정.

이 장에서는 국제 통화 제도가 어떻게 작동하는지 설명하고, 이에 따른 국제 비즈니스상의 함의도 짚어본다. 살펴보겠지만, 국제 통화 체계의 흥미로운 측면 중 하나는 미국 달러가 중심적 역할을 수행한다는 점이다. 이 시스템이 어떻게 운영되는지 이해하기 위해, 그 역사적 변천 과정을 먼저 살펴봐야 한다. 먼저 금본위제와 1930년대에 그것이 붕괴된 과정을 논의한다. 그리고 1944년 브레튼우즈 회의를 살펴본다. 브레튼우즈 회의는 국제 통화 제도에서 중요한 역할을 하는 국제통화기금(IMF)과 세계은행이라는 두 개의 주요 국제 기관을 창설했다. IMF는 국제 통화 제도 유지를, 세계은행는 개발도상국 발전을 촉진하는 임무를 맡게 되었다. 브레튼우즈 체제(고정환율제)는 1973년에 붕괴했다. 그 이후로 세계는 혼합된 환율 제도를 운영해 왔는데, 일부 통화는 완전히 자유 변동을 허용하는 반면, 여러 통화는 정부 개입으로 일정 수준 관리되거나 다른 통화에 연동되고 있다.

고정환율 제도가 붕괴했음에도, 오늘날에도 IMF와 세계은행은 세계 경제와 국제 통화 제도에서 여전히 중요한 역할을 담당하고 있다. 예컨대 OPENING CASE에서 언급했듯, IMF는 파키스탄에 대해 여러 차례 재정 지원을 제공해 왔다. 2019년 IMF는 수십 년간 부실한 경제 정책과 늘어나는 무역 및 재정 적자로 인해 초래된 통화 위기를 해결하고자 파키스탄 지원에 적극 개입했다. 파키스탄은 수입 대금 지급과 외채 상환을 포함한 국제 의무를 이행하기에 충분한 외환 보유액을 확보하지 못했다. 외환 보유액이 줄어듦에 따라, 파키스탄 루피는 주요 통화 대비 가치가 떨어져 수입 물가와 인플레이션이 상승했다. 일반적으로 IMF 대출은 국가가 국제 의무를 이행하도록 돕지만, 파키스탄 사례와 같이 이런 대출은 여러 조건을 수반하며, 수혜국이 경제 상황을 개선하기 위한 구체적 조치를 취하도록 요구한다. 파키스탄 정부는 IMF 권고 사항 일부를 따르긴 했으나, 파키스탄 내부의 정치 상황 때문에 IMF 요구 사항을 온전히 이행하기가 어려웠고, 결과적으로 파키스탄 경제는 여전히 취약하며, 향후 추가 지원이 필요할 수도 있다.

마지막으로, 이 모든 내용을 국제 비즈니스 관점에서 어떤 함의를 갖는지 살펴본다. 정부가 채택하는 환율 정책은 특정 국가에서 기업 운영의 전망에 중요한 영향을 미칠 수 있음을 확인할 것이며, 또한 IMF가 시행하는 정책들도 해당 국가의 경제 전망, 그리고 그 나라에서 비즈니스를 추진할 때 발생하는 비용과 이점에 영향을 끼칠 수 있음을 다룰 것이다.

금본위제

[학습 목표 1] 현대 세계 통화 시스템의 역사적 발전 과정을 설명한다.

금본위제는 금화를 교환 수단, 가치 척도, 가치 저장 수단으로 사용했던 것에서 기원한다. 이는 매우 오래전부터 이어진 관행이다. 국제 무역 규모가 작던 시절에는, 다른 나라에서 상품을 구매할 때 주로 금이나 은으로 결제했다. 그러나 산업혁명 이후 국제 무역 규모가 늘면서, 국제 무역을 위한 더 편리한 결제 수단이 필요해졌다. 무역 결제를 위해 전 세계를 돌며 대량의 금과 은을 운송하는 일은 비현실적으로 보였다. 이에 대한 해결책으로, 지폐(법정화폐)로 결제하되 정부가 요구 시 일정 환율로 지폐를 금으로 전환해 주는 방식을 채택하게 되었다.

금본위제의 작동 원리

금본위제
통화를 금에 연동하고, 금으로의 전환을 보장하는 화폐 제도.

통화를 금과 연동하고 언제든 금으로 전환해 주는 것을 **금본위제**(gold standard)라고 한다. 1880년 무렵, 영국, 독일, 일본, 미국 등 세계 주요 무역국 대부분이 금본위제를 채택했다. 공통의 금본위제가 존재하면, 어떤 통화든 다른 통화로 바꾸는 환율을 쉽게 알 수 있었다.

금평가
금 1온스를 구매하는 데 필요한 통화액.

예를 들어, 금본위제에서 미화 1달러는 23.22그레인(grains)의 '순금'에 해당한다고 정의되었다. 따라서, 이론적으로 1달러는 미국 정부가 보유한 23.22그레인의 금으로 전환해 달라고 요구할 수 있었다. 그레인은 1온스(ounce)에 480그레인이 들어 있으므로, 금 1온스 가격은 20.67달러(480 ÷ 23.22)가 된다. 이렇게 통화 1온스로 살 수 있는 금의 양을 **금평가**(gold par value)라고 한다. 한편, 영국 파운드(£)는 113그레인의 금과 동일한 가치를 갖도록 정해졌다. 즉, 1온스 금은 영국에서 £4.25(480 ÷ 113)에 해당한다. 파운드와 달러의 금평가를 가지고, 양 통화 간 환율을 계산하면 1파운드 = 4.87달러 정도가 된다(20.67달러 ÷ 4.25파운드).

이론적으로는 종이 화폐를 금으로 언제든 교환할 수 있지만, 실제로 중앙은행들은 보유한 금보다 많은 양의 지폐를 발행했다. 이를 부분지급준비제도(fractional reserve banking)라고 하는데, 현대 은행 시스템의 근간이다. 이는 어느 시점에든 화폐 보유자 중 일부만 실제로 금으로 전환을 원할 것이므로, 은행이 보유한 금보다 더 많은 화폐를 발행해도 된다는 전제에 기초한다.

금본위제의 강점

금본위제의 가장 큰 장점은 모든 국가가 국제수지 균형을 달성하도록 만드는 강력한 자동 조정 메커니즘을 갖췄다는 점이다.[1] 한 국가의 거주자가 수출로 벌어들이는 소득이 수입 대금으로 내보내는 지출과 같을 때, 그 나라는 **국제수지 균형**(balance-of-trade equilibrium) 상태에 있다고 한다(즉, 경상수지 균형). 가령 일본과 미국 두 나라만 있는 세계를 생각해 보자. 일본이 미국으로의 수출이 수입보다 많아 무역수지 흑자를 낸다고 가정해 보자. 일본 수출 업체들은 미국 달러로 대금을 받으며, 이를 일본 은행에서 엔화로 교환한다. 그럼 일본 은행은 해당 달러를 가지고 미국 정부에 금 교환을 요구할 것이다(실제 과정은 좀 더 복잡하지만, 여기서는 원리를 간단히 보여 주기 위해 단순화했다).

국제수지 균형
한 국가가 수출로 벌어들인 소득이, 수입의 대가로 지불한 대금과 같아진 상태.

금본위제하에서 일본이 무역흑자를 내면, 순수하게 미국에서 일본으로 금이 흘러가는 결과가 발생한다. 이러한 금 흐름은 미국의 통화 공급을 줄이고 일본의 통화 공급을 늘린다. 10장에서 살펴봤듯이, 통화 공급량 변화는 물가 상승률(인플레이션)에 밀접한 관련이 있다. 일본 내 통화 공급이 늘면 물가가 올라가고, 미국 내 통화 공급이 줄면 미국 물가는 낮아진다. 일본 상품 가격이 오르면 해외 수요가 줄어들고, 미국 상품 가격이 내려가면 해외 수요가 증가한다. 따라서 일본이 미국산을 더 많이 사들이고, 미국은 일본산을 덜 구매하게 되어 국제수지가 균형점으로 돌아가게 된다.

이처럼 금본위제의 조정 메커니즘은 매우 간단하고 매력적으로 보이기에, 금본위제가 완전히 붕괴된 지 이미 50년이 지났음에도 여전히 이를 부활해야 한다고 주장하는 사람들이 존재한다.

1918~1939년 전쟁 사이의 시기

1870년대부터 제1차 세계대전이 발발한 1914년까지 금본위제는 비교적 잘 작동했다. 하지만 전쟁이 시작되면서 여러 정부가 막대한 전쟁 비용 중 일부를 화폐 발행을 통해 조달했고, 이로 인해 인플레이션이 발생했다. 1918년 전쟁이 끝났을 무렵, 전 세계적으로 물가 수준이 상승해 있었다. 미국은 1919년 금본위제로 복귀했고, 영국은 1925년, 프랑스는 1928년 복귀했다.

영국은 금본위제로 돌아오면서, 파운드화를 전쟁 이전(1온스당 4.25파운드) 금평가로 고정했는데, 이는 1914년부터 1925년 사이 발생한 상당한 인플레이션을 무시한 조치였다. 그 결과 영국 상품 가격이 해외 시장에서 경쟁력을 잃었고, 영국 경제는 심각한 침체에 빠졌다. 이때 파운드화를 보유한 외국인 투자자들은 영국 정부가 통화 가치를 유지할 의지가 없다고 보고, 보유 중인 파운드를 금으로 바꾸기 시작했다. 영국 정부는 금 수요를 충족시키려면 보유한 금이 급속히 소진될 것이라 판단했고, 결국 1931년 금 태환성(convertibility)을 중단했다.

미국도 뒤이어 1933년 금본위제를 포기했다가, 1934년 재도입하면서 금 가격을 1온스당 20.67달러에서 35달러로 올렸다. 금 1온스를 사려면 이전보다 더 많은 달러가 필요해졌으므로, 이는 달러 가치가 낮아졌음을 의미한다(다른 통화 대비 달러가 평가절하되었다). 예컨대 평가절하 전에는 1파운드 = 4.87달러였으나, 이후에는 1파운드 = 8.24달러가 되었다. 미국 정부는 미국의 수출 가격을 낮추고 수입 가격을 높임으로써, 국내 생산을 활성화하여 고용을 창출하려고 했다(미국 정부는 일종의 무역 정책 수단으로 환율을 활용했는데, 지금은 같은 이유로 중국을 비난하고 있다). 그러나 다른 나라들도 비슷한 전략을 채택하면서, 곧 경쟁적 평가절하로 이어졌고, 결국 어떤 나라도 득을 보지 못하는 상황이 됐다.

그 결과, 금본위제에 대한 남은 신뢰마저 무너졌다. 각국이 마음대로 통화를 평가절하하자, 한 통화로 어느 정도의 금을 살 수 있을지 확신하기 어려워졌고, 사람들은 상대국 통화를 보유하기보다는 즉시 금으로 바꾸려 했다(그 나라가 그 사이 통화를 평가절하할 수도 있었기 때문이다). 이 같은 움직임은 여러 국가의 금 보유고에 압력을 가했고, 여러 나라가 금 태환성을 차례로 중단하면서, 1939년 제2차 세계대전이 발발할 때 즘에는 금본위제가 사실상 붕괴 상태에 이르렀다.

브레튼우즈 체제

[학습 목표 2] 국제 통화 제도에서 세계 은행(World Bank)와 국제통화기금(IMF)이 하는 역할을 이해한다.

1944년 제2차 세계대전이 한창이던 시기에, 44개국 대표가 미국 뉴햄프셔주 브레튼우즈(Bretton Woods)에 모여 새로운 국제 통화 제도를 설계했다. 당시 참석자들은 금본위제 붕괴와 1930년대의 대공황 경험을 생생히 기억하고 있었기에, 전후 경제 성장을 촉진할 지속 가능한 경제 질서를 구축하고자 했다. 참석자들은 고정환율제가 바람직하다는 데 의견을 모았으며, 1930년대에 벌어진 무분별한 경쟁적 평가절하 사태를 되풀이하지 않으려 했다. 또한 금본위제만으로는 이를 막을 수 없다는 점도 인식했다. 과거 형태의 금본위제에서 가장 큰 문제는 경쟁적 평가절하를 막을 다국적 기구가 존재하지 않았다는 것이다.

브레튼우즈 협정에서는 이 문제를 해결하기 위해 두 개의 국제기관을 설립하기로 합의했는데, 그것이 바로 국제통화기금(IMF)과 세계은행(World Bank)이다. IMF는 국제 통화 제도를 유지하고 질서를 잡는 역할을, 세계은행은 일반적인 경제 발전을 촉진하는 임무를 맡았다. 이 협정은 또한 IMF가 관리하는 고정환율제를 도입하도록 규정했다. 협정에 따르면 모든 국가는 자국 통화 가치를 금으로 환산해 고정하되, 해당 통화를 실제로 금과 교환할 의무는 없었다. 오직 미국 달러만 1온스(oz)당 35달러라는 가격으로 금 태환이 가능했다. 각국은 달러 대비 자국 통화 환율을 결정한 뒤, 그 결정된 달러 환율에 근거하여 금평가를 산출했다. 이때 참가국 모두 자국 통화 가치를 기준 환율의 ±1% 이내로 유지하기 위해, 필요하다면 시장에서 통화(또는 금)를 매수하거나 매도하기로 약속했다. 예컨대 어떤 국가 통화에 대한 수요보다 공급이 많아지는 상황이 벌어지면, 그 국가 정부는 외환 시장에 개입해 자국 통화를 사들이고, 그럼으로써 수요를 인위적으로 늘려 금평가를 유지하려 했던 것이다.

브레튼우즈 협정의 또 다른 측면은 환율 평가절하를 경쟁적 무역정책 수단으로 활용하지 않겠다는 약속이었다. 다만 자국 통화가 너무 약해져 방어가 불가능해지면, 최대 10%까지는 IMF 공식 승인 없이 평가절하할 수 있었다. 그 이상의 대규모 절하가 필요할 때는 IMF의 승인을 받아야 했다.

IMF의 역할

IMF 협정문은 두 차례 세계대전 사이에 발생한 전 세계적 금융 붕괴, 경쟁적 평가절하, 무역 전쟁, 높은 실업률, 독일 등지에서의 초인플레이션, 전반적인 경제 해체로부터 큰 영향을 받았다. IMF가 주요 관리 기구로 자리 잡은 브레튼우즈 협정의 목적은 규율과 유연성을 결합해, 그러한 혼란이 재발하는 것을 방지하는 것이었다.

규율

고정환율제는 두 가지 방식으로 국가에 규율을 부과한다. 첫째, 고정환율을 유지해야 한다는 필요성은 경쟁적 평가절하를 억제하고 세계 무역 환경에 안정을 가져온다. 둘째, 고정환율제는 각국에 통화 정책상의 규율을 강제하여, 결과적으로 물가 상승(인플레이션)을 억제한다. 예를 들어, 고정환율제하에서 영국이 파운드화를 대량으로 찍어 통화 공급을 급격히 늘린다면, 어떤 일이 발생할지 생각해 보자. 10장에서 설명했듯이 물가 상승을 야기한다. 고정환율 상황에서 물가가 오르면 영국 상품은 세계 시장에서 경쟁력을 잃고, 수입품 가격이 영국 내에서 상대적으로 매력적으로 보여 무역 적자가 커진다(수입이 수출보다 많아진다). 고정환율제에서 이러한 무역 불균형을 바로잡으려면, 영국은 통화 공급 증가율을 제한해 물가 상승을 억제해야 한다. 따라서 고정환율제는 인플레이션을 통제하고 국가에 경제적 규율을 부과하는 장치로 인식된다.

유연성

브레튼우즈 협정의 핵심 목표 중 하나는 통화 규율이었지만, 협정 참가국들은 지나치게 경직된 고정환율제는 결국 금본위제처럼 붕괴할 위험이 있다고 보았다. 어떤 경우에는 한 나라가 국제수지 적자를 고치려고 통화 공급 억제 정책을 급격히 펼치면 경기 침체와 높은 실업이 발생할 수 있다. 브레튼우즈 협정 설계자들은 고실업을 피하려 했고, 그 결과로 시스템에 제한적인 유연성을 포함시켰다. IMF 협정문에서 이러한 유연성을 가능하게 하는 두 가지 주요 기제가 IMF 대출과 조정 가능 고정환율제이다.

IMF는 회원국이 단기적인 국제수지 적자에 직면하여 통화나 재정 정책을 급격히 긴축하면 국내 고용이 타격받을 수 있는 상황에서, 외국 통화 대출을 제공할 준비가 되어 있었다. 이러한 여신 운용은 IMF 회원국들이 출자한 금과 통화로 구성된 자금을 통해 이루어졌다. 국제수지 적자가 장기간 지속되면 외환 보유고가 고갈되어 평가절하가 불가피하다. IMF가 적자 부담이 큰 국가들에게 단기 외화 대출을 제공하면, 이 국가들은 물가 상승률을 낮추고 국제수지 적자를 줄일 수 있는 시간을 벌 수 있다. 이는 평가절하 압력을 줄이고, 더 질서 있고 덜 고통스러운 조정을 가능케 한다는 믿음에 기반한 것이다.

회원국은 IMF에서 일정 범위 내에서 별다른 조건 없이 빌릴 수 있었으나, 대규모 자금을 빌릴 때는 IMF가 정하는 엄격한 거시 경제 정책 감독에 동의해야 했다. IMF로부터 많은 액수를 대출받는 국가는 일반적으로 국내 통화 공급 증가율, 환율 정책, 세금 정책, 정부 지출 등과 관련된 IMF의 지침이나 목표치를 준수해야 했다.

또한 조정 가능 고정환율제에서는 IMF가 해당 국가의 국제수지가 '근본적 불균형' 상태라고 인정할 경우, 그 나라가 통화를 10% 이상 평가절하할 수 있도록 허용했다. 협정문에서 '근본적 불균형(fundamental disequilibrium)'은 정의되지 않았지만, 이는 그 나라 상품에 대한 수요가 영구적으로 감소한 국가에 적용하는 것을 의미했다. 평가절하 없이, 국제수지 불균형을 회복할 정도로 국내 물가가 충분히 하락하기 전까지는, 이러한 국가는 높은 실업률과 만성적인 무역 적자를 경험하게 된다. 즉, 평가절화가 고통스러운 조정 과정을 회피하는 데에 도움이 될 수 있다고 보았다.

세계은행의 역할

세계은행의 공식 명칭은 국제부흥개발은행(International Bank for Reconstruction and Development, IBRD)이다. 브레튼우즈 협정에 참여한 국가들이 세계은행을 설립할 당시, 그들의 우선 과제는 전쟁으로 황폐해진 유럽 경제를 재건하는 것이었다. 은행의 초기 임무는 저금리 대출을 제공하여 유럽 경제 재건을 위한 자금을 조달해 주는 것이었다. 그러나 실제로는 미국이 유럽 국가들에 직접 자금을 빌려준 마셜 플랜(Marshall Plan)으로 인해 세계은행의 재건 역할은 크게 부각되지 못했다. 이에 세계은행은 개발 분야에 집중하기 시작했고, 제3세계 국가들에 대출을 제공하기 시작했다. 1950년대 동안, 세계은행은 주로 공공 부문 프로젝트에 자금을 대출했다. 예컨대 발전소, 도로 건설, 기타 교통 관련 투자에 많은 관심이 쏠렸다. 1960년대에는 농업, 교육, 인구 통제, 도시 개발 등을 지원하기 위한 대출도 적극적으로 이뤄졌다.

세계은행은 두 가지 방식으로 대출을 제공한다. 첫째, IBRD 방식으로, 국제 자본 시장에서 채권 발행을 통해 자금을 조달한다. 대출받는 국가는 세계은행이 말하는 시장 금리(즉, 은행이 조달하는 자금 비용에 지출에 대한 마진을 더한 금리)를 지불한다. 이 '시장' 금리는 시중 은행의 시장 금리보다 낮다. IBRD 방식에 따라 은행은 저개발국 정부처럼 신용 등급이 낮은 위험도 높은 고객에게도 저금리 대출을 제공한다.

둘째 방식은 1960년에 설립된 세계은행 산하 기구인 국제개발협회(International Development Association, IDA)가 담당한다. IDA 대출 재원은 미국, 일본, 독일 같은 부유한 회원국들의 분담금으로 마련된다. IDA 대출은 가장 빈곤한 국가들에만 제공되며, 대출받는 국가는 연 1% 미만의 금리로 최대 50년에 걸쳐 상환할 수 있다. 세계 극빈국들은 보조금이나 무이자 대출도 받는다.

고정환율 제도의 붕괴

[학습 목표 3] 고정환율 제도와 변동환율 제도 간의 차이를 비교 및 대조한다.

브레튼우즈에서 확립된 고정환율제는 1960년대 말까지는 비교적 잘 작동했으나, 그 무렵부터 균열 조짐이 나타났다. 결국 1973년에 이 제도가 붕괴하고, 그 이후로는 관리 변동환율제 아래에 있다. 이 제도가 왜 붕괴했는지를 이해하려면, 시스템 내에서 미국 달러가 갖는 특별한 역할을 알아야 한다. 달러는 유일하게 금으로 전환할 수 있고, 동시에 다른 모든 통화가 달러를 기준으로 삼는 통화였으므로 시스템의 중심에 있었다. 달러가 평가절하 압력을 받으면 전체 체제에 큰 혼란이 생길 수 있는데, 실제로 그런 일이 발생했다.

대다수 경제학자는 고정환율제 붕괴를 1965년에서 1968년 사이의 미국 거시 경제 정책 패키지와 연결 지어 설명한다.[2] 베트남전에 따른 군사비 지출과 복지 프로그램을 동시에 충당하기 위해, Lyndon Johnson 대통령은 세금을 올리는 것이 아닌 정부 지출을 확대했다. 대신 통화 공급량을 늘렸는데, 이로 인해 1966년 4% 미만이던 물가 상승률이 1968년경 9%에 가까울 정도로 높아졌다. 동시에 정부 지출 확대는 미국 경제를 자극했다. 국민 소득이 늘면서 소비도 증가했고, 특히 수입품에 대한 지출이 늘어나면서 미국의 무역수지는 악화되었다.

인플레이션 상승과 대외 무역 악화는 외환 시장에서 달러가 평가절하될 것이라는 투기를 촉발했다. 1971년 봄, 미국이 1945년 이후 처음으로 수입이 수출을 초과한다는 무역 지표가 발표되면서 사태가 급격히 악화되었다. 투기꾼들은 독일 마르크가 달러 대비 재평가될 것으로 예상하고 외환 시장에서 대규모로 마르크를 매입했다. 1971년 5월 4일, 독일 중앙은행(Bundesbank)은 마르크에 대한 수요가 많다는 것을 감안하여 달러/마르크 환율을 고정 상태로 유지하기 위해 하루 만에 10억 달러어치의 달러를 사들여야 했다. 이튿날 5월 5일 아침에도 독일 중앙은행은 첫 외환 거래 한 시간 동안 다시 10억 달러를 매입해야 했다. 결국 독일 중앙은행은 환율을 유지할 수 없다고 판단하고, 마르크를 변동환율제로 전환하기로 했다.

마르크를 변동환율제로 전환하기로 결정한 후 몇 주 동안, 외환 시장은 달러가 평가절하되어야 한다는 관측에 더욱 힘을 실었다. 그러나 달러 평가절하는 간단한 일이 아니었다. 브레튼우즈 체제에 따르면, 어떤 나라든 달러 환율을 새로 정하면 다른 모든 통화에 대해서도 환율이 바뀌었다. 하지만 체제의 기축 통화인 달러를 평가절하하려면, 모든 나라가 동시에 달러 대비 자국 통화를 재평가해 주어야 했다. 많은 국가는 자국 제품이 미국 제품보다 비싸지는 것을 원치 않았으므로 이를 반기지 않았다.

결국 Richard Nixon 대통령은 1971년 8월, 달러를 금과 더는 교환하지 않겠다고 발표했다, 또한 Nixon 대통령은 미국의 교역 상대국들이 달러에 대해 자국 통화를 재평가하는 데 동의할 때까지 모든 수입품에 10% 세금을 새로 매기겠다고 선언했다. 그 결과 상대국들은 협상 테이블로 돌아왔고, 1971년 12월, 달러를 대략 8% 평가절하하는 데 합의했다. 수입세는 이후 철회되었다. 하지만 문제는 여전히 해결되지 않았다. 1973년 내내 미국의 국제수지는 계속 악화되었고, 통화 공급은 인플레이션을 유발할 정도로 증가하고 있었다. 시장에서는 달러가 여전히 고평가되었으며, 추가 평가절하가 필요하다는 예상이 확산되었다. 이에 대비해 외환 딜러들은 달러를 마르크 등 다른 통화로 바꾸기 시작했다. 1973년 2월에 대규모 투기가 일어나, 유럽 각국 중앙은행들이 3월 1일 하루에만 36억 달러를 투입해 자국 통화가 달러 대비 오르는 것을 막아야 했다. 결국 외환 시장은 문을 닫았다. 3월 19일 재개장했을 때 개발도상국 중 다수는 계속 달러에 통화를 연동시켰지만(지금도 그렇게 운영하는 곳이 많다), 일본과 유럽 대부분 국가 통화는 달러 대비 변동환율제로 전환되었다. 당시만 해도 이 변동환율제 전환은 외환 시장의 감당하기 어려운 투기에 대응한 임시 조치로 여겨졌다. 그러나 브레튼우즈 체제가 붕괴된 지 벌써 50년이 넘은 지금, 그 임시 조치는 사실상 영구화된 모양새다.

브레튼우즈 체제에는 치명적인 약점이 있었는데, 바로 체제의 기축 통화인 달러가 투기 공격에 시달리면 이 체제가 유지되기 어려웠다는 점이다. 미국의 물가 상승률이 낮게 유지되고, 국제수지 적자가 발생하지 않는 한에서만 이 시스템이 작동할 수 있었다. 이 조건이 깨지자 체제는 곧 한계에 봉착했다.

변동환율 제도

고정환율 제도가 붕괴한 뒤 도입된 변동환율 제도는 1976년 1월 IMF 회원국들이 자메이카에서 회합을 갖고 현재의 국제 통화 제도 관련 규칙에 합의함으로써 공식화되었다.

자메이카 협정

자메이카 회의에서 IMF 협정문이 개정되어, 변동환율의 새로운 현실을 반영하게 되었다. 자메이카 협정의 주요 사항은 다음과 같다.

- 변동환율이 허용되었다. IMF 회원국은 '부당한' 투기적 환율 변동을 완화하기 위해 외환 시장에 개입할 수 있게 되었다.
- 금은 더 이상 준비자산이 아니다. IMF는 보유 중이던 금을 현 시세로 회원국에 돌려주고, 매각 대금을 신탁 기금에 넣어 빈곤국을 돕도록 했다. 회원국들도 시장 가격으로 자국의 금 보유분을 매각할 수 있게 되었다.
- IMF 쿼타(quota)의 연간 총액(즉, 회원국이 IMF에 출자하는 금액)이 410억 달러로 상향되었다. (이후 이 금액은 7,670억 달러로 늘어났고, IMF 회원국 수도 190개국으로 늘었다. 석유를 수출하지 않는 저개발국들은 IMF 자금을 더 많이 활용할 수 있게 되었다.)

1973년 이후의 환율 동향

1973년 3월 이후로 환율 변동성은 1945년에서 1973년 사이 보다 훨씬 커지고 예측하기 어려워졌다.[3] 이러한 변동성 증가는 세계 통화 제도에 예상치 못한 여러 충격이 가해진 데 일부 기인한다.

예를 들면 다음과 같다.

- 1971년 석유 파동: 석유수출국기구(Organization of the Petroleum Exporting Countries, OECD)가 유가를 4배 인상했다. 이로 인해 미국 물가 상승률과 무역수지에 악영향이 발생하여, 달러 가치가 추가로 하락했다.
- 1977~1978년 미국 물가 상승률 급등 이후 달러에 대한 신뢰 상실.
- 1979년 석유 파동: OPEC가 다시 한 번 유가를 급격히 인상했는데, 이번에는 이전보다 2배로 올렸다.
- 1980~1985년 미국 달러 가치의 예기치 않은 상승: 미국의 국제수지 악화에도 불구하고, 예기치 않게 달러 가치 급등.
- 1985~1987년과 1993~1995년 미국 달러 가치 급락: 1985~1987년 일본 엔화와 독일 마르크 대비 미국 달러 가치의 급락 및 1993~1995년 일본 엔화 대비 미국 달러 가치의 급락.
- 1992년 유럽 통화 제도 부분적 붕괴.
- 1997년 아시아 통화 위기: 한국, 인도네시아, 말레이시아, 태국 등 여러 아시아 국가 통화 가치가 불과 몇 달 사이 달러 대비 50~80% 폭락.
- 2008~2010년 글로벌 금융 위기와 2010~2011년 유럽연합의 국가 채무 위기.

그림 11-1은 1973년부터 2019년 사이 미국 달러 가치가 거래 상대국 통화 지수에 대해 어떻게 변동했는지 요약한다. 이 지수는 1973년 3월을 기준(=100)으로 설정된 것으로, 미국 달러가 여러 통화 바스켓에 대해 갖는 환율 가중평균값이다. 2019년 2월에 이 지수의 정의가 변경되어, 그 이후 수치는 2019년 이전과 엄밀히 비교할 수 없으므로 여기서는 보고하지 않았다. 그러나 2020~2022년

그림 11-1 1973~2019년 달러 지수

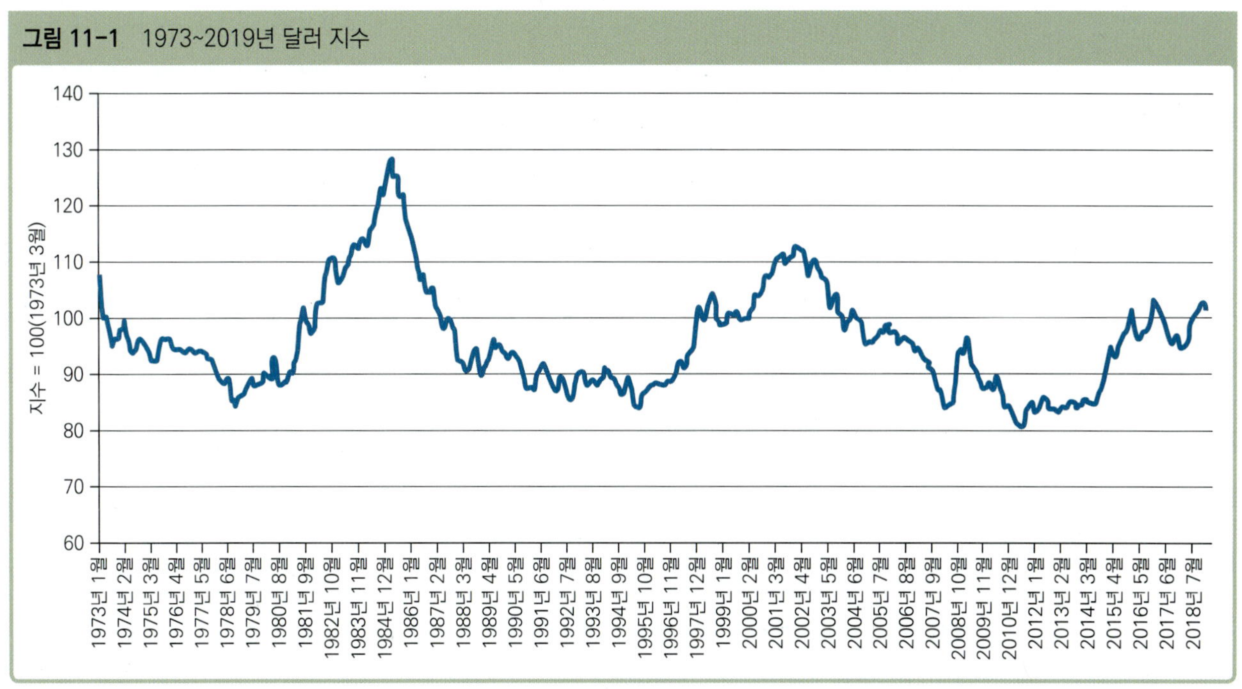

Source: Data from www.federalreserve.gov.

기간 동안 달러가 대부분의 주요 통화 대비 강세를 보였다는 점은 주목할 만하다. 이는 투자자들이 코로나19 팬데믹과 지정학적 사건(특히 러시아의 우크라이나 침공)에 대응하여, 불안정한 시기에 안전 자산으로 여겨진 달러 표시 미국 국채에 더 많은 투자를 했기 때문이다.

우리가 미국 달러에 초점을 맞추는 이유는 국제 통화 제도에서 달러가 지극히 중요한 역할을 수행하기 때문이다. 전 세계 외환 보유고의 약 60%가 미국 달러로 보유되고, 전체 외환 거래 중 약 90%가 달러를 포함하며, 세계 부채의 40%가 달러로 발행되고, 국제 결제의 40%가 달러로 이뤄진다. 달러가 이러한 지위를 누리는 이유는 미국이 세계 최대 경제 대국의 지위를 유지하고 있고, 해외 투자자들이 미국 연방준비제도이사회의 물가 억제와 달러 가치 유지 능력을 신뢰하며, 달러 표시 자산이 유동성이 풍부한 시장에서 자유롭게 거래될 수 있기 때문이다.

그림 11-1에서 주목할 만한 현상 중 하나는 1980년부터 1985년까지 달러화 가치가 급격히 상승했다가 1985년에서 1988년 사이에 다시 하락한 점이다. 이와 비슷하되 그 정도가 덜한 상승과 하락이 1995년부터 2012년 사이에도 발생했다. 또한 2014년 중반부터 2019년 초까지 달러 가치가 상승세를 보인 것도 눈에 띈다. 이 기간 동안 달러가 어떻게 오르고 내렸는지를 간단히 살펴보면, 최근 몇 년간 국제 통화 제도가 어떤 식으로 작동해 왔는지에 대해 시사점을 얻을 수 있다.[4]

1980년에서 1985년 사이 달러화가 상승세를 탄 시점, 미국은 무역 적자가 커지고 있었다. 즉, 수입이 수출보다 훨씬 많았다. 전통적인 시각에 따르면, 무역 적자로 인해 외환 시장에 달러가 많이 공급되면 달러 가치가 떨어져야 한다. 그러나 그림 11-1에서 보듯이, 달러는 오히려 가치가 상승했다. 왜 그랬을까?

여러 유리한 요인이 무역 적자로 인한 불리한 효과를 압도했기 때문이다. 미국의 강한 경제 성장은 자본자산에서 높은 수익을 기대하는 외국인 투자자들의 자본 유입을 유도했다. 또한 높은 실질 금리는 금융 자산에서 높은 수익을 바라던 외국인 투자자들을 끌어들였다. 동시에 세계 다른 지역의 정치적 불안과, 유럽 선진국들의 상대적으로 낮은 경제 성장률은 미국이 투자하기에 좋은 곳이라는 인식을 강화했다. 이렇게 유입된 해외 자본은 외환 시장에서 달러에 대한 수요를 늘려, 달러화 가치가 다른 통화 대비 오르도록 작용했다.

1985년에서 1988년 사이 달러화 가치가 하락하게 된 배경에는 정부의 개입과 시장의 힘이 함께 작용했다. 달러가 오름세를 타면서 미국 상품 가격이 해외에서 너무 비싸졌고, 미국 내에서는 수입품이 비교적 저렴해져 무역수지가 심각하게 악화됐다. 1985년 미국의 무역 적자는 사상 최고 수준인 1,600억 달러를 넘어섰다. 이는 미국 내에서 보호주의 요구를 고조시켰다. 그러던 중, 1985년 9월 영국, 프랑스, 일본, 독일, 미국으로 구성된 주요 5개국의 재무장관과 중앙은행 총재들이 뉴욕의 플라자 호텔에 모여, 이른바 플라자 합의(Plaza Accord)를 도출했다. 이들은 대부분 주요국 통화가 달러 대비 절상되는 것이 바람직하다고 발표했고, 이를 위해 외환 시장에서 달러를 매도하여 환율에 개입하겠다고 밝혔다. 달러는 이미 1985년 여름부터 약세로 돌아섰는데, 이 발표로 달러 가치 하락이 더욱 가속화되었다.

달러 약세는 1987년까지 이어졌다. 그 뒤 주요 5개국의 정부들은 달러 가치가 과도하게 떨어질 수 있음을 우려해, 1987년 2월 파리에서 다시 만나 루브르 합의(Louvre Accord)를 맺었다. 이들은 환율이 이미 충분히 재조정되었다고 판단하고, 필요 시 외환 시장에서 매수 및 매도 개입을 통해 환율이 현재 수준에서 안정될 수 있도록 협력하기로 약속했다. 루브르 합의 이후에도 몇 달간 달러는 추가로 하락했지만, 하락 속도는 완화되었고 1988년 초에는 하락세가 멈췄다.

1990년대 전반에는 1991년 걸프전 전후의 투기적 움직임을 제외하면 달러가 비교적 안정된 편이었다. 그러나 1990년대 말 유로가 도입된 이후에도 미국이 상당한 국제수지 적자를 유지하고 있음에도 불구하고, 달러는 다시 대부분 주요 통화 대비 평가절상되기 시작했다. 이 상승의 동력은 외국인 투자자들이 미국 주식과 채권 같은 금융 자산을 매입하기 위해 대규모 자금을 계속 유입시켰기 때문이었다. 외국인 투자자들이 미국 금융 자산에서 높은 수익을 기대했기 때문에 미국으로 투자가 몰렸다.

그러나 2002년 무렵부터 외국인 투자자들이 미국 주식과 채권 매입에 대한 관심을 잃기 시작했고, 미국으로 유입되는 자금 흐름이 줄어들었다. 수출로 벌어들인 달러를 미국 금융 자산에 재투자하기보다 그 달러를 다른 통화(특히 유로)로 바꿔 달러 이외의 자산에 투자하려는 경향이 강해진 것이다. 한 가지 원인은 미국의 무역 적자가 계속 커진 점이었다. 실제로 2005년 미국 무역 적자는 7,910억 달러로 기록적인 수준에 달했다(2016년에는 5,020억 달러 정도로 감소). 물론 미국 무역 적자는 수십 년간 계속 기록을 갈아치웠지만, 2005년 적자는 GDP 대비 6.3%에 달해 이전보다도 더 컸다.

이는 미국에서 해외로 달러가 대규모로 유출됐음을 의미하며, 외국인들이 그 달러를 다시 미국에 재투자하는 데 점점 소극적이 되자(달러를 방어할 만큼 충분히 재투자되지 않음), 달러 가치 안정이 어려워졌다. 외국인 투자자들이 미국에 투자하는 것을 꺼린 이유에는 몇 가지가 있다. 첫째, 2001~2002년 동안 미국 경기가 둔화되었다. 둘째, 2001년 이후 미국 정부 재정 적자가 빠르게 커졌다. 이는 결국 확장적 통화 정책으로 재정 적자를 메워야 할 수도 있다는 우려를 낳았고, 물가 상승률 상승 가능성에 대한 걱정이 퍼졌다. 2003년 이후 미국 정부 관료들이 달러 가치 하락을 용인하는 발언을 하기 시작했다. 행정부 입장에서는 달러 약세가 수출을 늘리고 수입을 줄여 무역수지 개선에 도움이 된다고 본 것이다.[5] 외국인 투자자들은 이것을 미국 정부가 달러 가치를 지지하려 환율 시장에 개입할 의사가 없다고 해석해, 결국 수출로 벌어들인 미국 달러를 미국 금융 자산에 재투자하는 것을 망설이게 되었다. 이런 요인들로 달러화 수요가 약해졌고, 달러는 외환 시장에서 하락세를 탔다. 결국 2011년 6월 지수 기준 80.5까지 떨어졌는데, 이는 1973년 지수 집계를 시작한 이래 최저 수준이었다. 일부에서는 석유 수출국들이 원유 판매 대금(달러)을 미국에 재투자하지 않았다면 달러가 더 큰 폭으로 떨어졌을 것이라고 본다. 이 시기 석유 수출국들은 고유가로 큰 이득을 봤고(석유는 달러 표시), 그들이 달러를 다른 통화로 바꾸는 대신 다시 미국으로 투자하기로 선택했기에 달러가 더 급락하지 않았다는 것이다.

한편, 2008년 중반부터 2009년 초까지 달러는 주요 통화 대비 상당히 반등하는 양상을 보였는데, 이는 미국 경제가 심각한 금융 위기에 빠져 있음에도 불구하고 벌어진 현상이었다. 이는 미국이 비록 어려움을 겪고 있어도 다른 여러 나라 상황이 더 나쁘다고 판단한 해외 투자자들이 달러를 안전한 피난처로 보고, 특히 낮은 수익률의 미국 국채와 같은 저위험 자산에 투자했기 때문이다. 다만 2009년 중반 무렵부터 투자자들이 미국의 부채 수준에 대해 우려하기 시작하면서 달러 반등은 주춤했다. 그 후 2014년부터 2021년 초까지 다시 달러가 상당 폭 상승했는데, 이는 2008년-2009년 금융 위기에서 미국 경제가 다른 선진국보다 비교적 빠르고 튼튼하게 회복해 더 높은 경제 성장률과 낮은 실업률을 보였기 때문인 것으로 보인다.

최근 사례들을 살펴보면, 달러의 가치는 시장의 힘과 정부 개입이 모두 결정해 왔다는 사실을 알 수 있다. 변동환율제에서 시장의 힘은 달러 환율에 큰 변동성을 일으켰다. 이에 각국 정부는 1985년의 달러 고평가나 1987년의 잠재적 저평가를 바로잡고 시장 변동성을 완화하기 위해, 달러를 매수하거나 매도하는 형태로 종종 시장에 개입해 왔다. 직접 개입 외에도, 정부 관료들의 발언이 달러 가치에 큰 영향을 주는 경우가 많았다. 예를 들어 2004년에 달러가 지금만큼 크게 떨어지지 않을 수도 있었겠지만, 당시 미국 정부 관료들이 달러 하락을 막기 위한 조치를 취하지 않겠다고 공개적으로 못 박은 일이 오히려 하락을 가속화시켰다. 역설적으로, 개입하지 않겠다는 신호 역시 시장에 영향을 미칠 수 있다. 외환 시장에서 정부 개입이 잦다는 점이 현재의 환율 체제가 관리변동환율제 혹은 더티 플로트 제도라고 불리는 이유다.

고정환율 제도 대 변동환율 제도

브레튼우즈 체제가 붕괴한 뒤에도 고정환율제와 변동환율제 중 어느 쪽이 더 우월한지에 대한 논쟁은 끊이지 않았다. 최근 몇 년 동안 변동환율제에 대한 실망감이 커지면서, 고정환율제의 장점을 다시금 강조하는 목소리가 나오고 있다. 이 절에서는 고정환율제와 변동환율제 각각에 대한 논점을 살펴본다.[6] 먼저 변동환율제 옹호론을 다룬 뒤, 왜 많은 비평가들이 실제 변동환율제 운용에 실망하고 고정환율제를 다시 도입하자고 주장하는지 살펴본다.

변동환율 제도를 지지하는 논거

변동환율 제도를 지지하는 논거는 크게 세 가지 요소로 구성된다. 첫째, 통화 정책 자율성, 둘째, 자동적인 무역수지 조정, 셋째, 심각한 경제 위기 이후의 경기 회복이다.

통화 정책 자율성

고정환율제에서는 환율 평형을 유지해야 한다는 필요성 때문에 국가가 자율적으로 통화 공급을 늘리거나 줄일 수 있는 능력이 제약받는다고 주장된다. 예컨대 통화 공급을 확대하면(통화 팽창), 물가 상승(인플레이션)이 유발되어 고정환율제에서 환율을 하락 압박(평가절하 압력)한다(구매력 평가(PPP) 이론, 10장 참조). 반대로 통화 공급을 축소하려면(통화 긴축), 높은 금리를 적용해야 하는데, 이는 해외 자본 유입(금리 차익을 노린 투자)으로 이어져 고정환율제에서 환율을 상승 압박(평가절상 압력)한다. 결국 고정환율제에서 환율 평형을 유지하기 위해, 각국이 자국 경제를 확장 또는 축소하기 위해 통화 정책을 자유롭게 활용하기 어렵게 만든다.

변동환율제 옹호론자들은 환율 평형 의무를 제거함으로써 정부가 통화 정책 주도권을 되찾을 수 있다고 본다. 예컨대 높은 실업률에 직면한 정부가 국내 수요를 자극하고 실업을 줄이기 위해 통화 공급을 늘리고자 할 때, 고정환율을 유지해야 한다는 부담 없이 얼마든지 통화 팽창을 단행할 수 있다는 것이다. 통화 팽창으로 물가가 오를 수 있으나, 이는 자국 통화 가치 하락(평가절하)으로 이어진다. 만약 PPP 이론이 맞다면, 통화 팽창으로 발생한 인플레이션 효과는 환율 하락으로 상쇄되어, 국내 물가 상승에도 기업의 국제 비용 경쟁력이 크게 훼손되지 않는다고 주장한다. 국내 비용 상승은 외환 시장에서 해당 국가의 통화 가치 하락으로 정확히 상쇄된다. 이와 마찬가지로, 정부가 경기를 축소(긴축)하기 위해 통화 공급을 줄이고 싶을 때에도 고정환율 유지를 고민할 필요 없이 통화 정책을 적용할 수 있다.

무역수지 조정

브레튼우즈 체제에서 어떤 국가가 국내 정책만으로는 해결할 수 없는 지속적 무역 적자(수입이 수출보다 많은 상황)에 직면하면, IMF의 승인을 받아 통화를 평가절하해야 했다. 이러한 체제를 비판하는 이들은 변동환율제에서 이러한 조정 메커니즘이 훨씬 매끄럽게 작동한다고 주장한다. 즉, 무역 적자가 있는 국가는 외환 시장에서 자국 통화의 공급이 수요보다 많아지면서(수요 대비 공급 초과) 환율이 하락(평가절하)하게 된다. 이에 따라 자국 상품은 해외에서 더 저렴해지고 수입품은 더 비싸져서 결국 무역 적자가 해소된다는 것이다.

위기 극복

변동환율제 옹호론자들은 환율 조정이 경제 위기에 직면한 국가를 도울 수 있다고도 주장한다. 심각한 경제 위기가 닥치면, 해당 국가의 통화는 외환 시장에서 보통 급락한다. 이는 투자자들이 위기 소식에 자금을 회수해 다른 곳에 투자하려 하고, 그 과정에서 해당 국가 통화를 매도해 통화 가치를 끌어내리기 때문이다. 그러나 어느 시점이 되면 통화 가치가 지나치게 낮아져 수출에 긍정적인 자극을 주기 시작한다. 실제로 2008년 은행 위기 이후 아이슬란드의 크로나(krona)가 미국 달러와 유로 대비 50% 가치가 떨어졌는데, 2009년 무렵부터 수산물과 알루미늄 수출이 호황을 누리며 아이슬란드 경제는 불황에서 벗어났다. 1997년 아시아 금융 위기 당시 한국도 비슷한 과정을 겪었다. 원화 환율은 달러당 800원 선에서 1,700원 안팎까지 폭락했고, 원화 가치가 크게 하락하자 수출이 늘어나면서 한국 경제는 수출 주도형으로 회복할 수 있었다. 다만 통화 가치 하락은 수입 가격 상승과 인플레이션을 유발하므로, 통화 절하를 통한 수출 주도형 회복에는 그만큼의 대가가 따른다.

한편, 2008~2009년 글로벌 금융 위기 이후 극심한 경기 침체에 빠져 좀처럼 회복하지 못하는 그리스의 사례와 비교해 볼 수 있다. 그리스는 2001년 자국 통화를 포기하고 유로에 편입되었는데, 유로는 비교적 강세를 유지하고 있어, 그리스는 통화 평가절하를 통해 수출을 늘리고 경제를 부양하는 방법을 쓸 수 없게 된 것이다.

고정환율 제도를 지지하는 논거

고정환율제를 지지하는 주장은 통화 정책 규율, 투기, 불확실성, 무역수지와 환율 간 연계 부족에 대한 견해를 토대로 전개된다.

통화 규율

앞서 브레튼우즈 체제를 다루며 언급했듯, 고정환율제에는 내재적인 통화 규율이 존재한다. 즉, 고정환율 평형을 유지해야 한다는 요구는 정부가 인플레이션을 야기할 정도로 통화 공급을 과도하게 늘리지 못하게 한다. 반면 변동환율 옹호론자들은 각국이 자율적으로 물가 상승률(인플레이션)을 선택할 수 있어야 한다(통화 정책 자율성 논의)고 주장하지만, 고정환율 옹호론자들은 정부가 정치적 압력에 쉽게 굴복해 통화를 지나치게 빠르게 늘리는 사례가 많다고 본다. 그 결과 물가 상승이 지나치게 커질 위험이 있으므로, 고정환율제는 이를 방지하는 안전장치가 될 수 있다는 것이다.

투기

변동환율제 비판론자들은 투기가 환율 변동을 야기할 수 있다고 주장한다. 이들은 1980년대 달러가 급등하고 다시 급락한 예시를 들어, 이는 국가 간 물가 상승률 격차나 미국 무역 적자 때문이 아니라 투기가 주된 원인이었다고 본다. 외환 딜러들이 어떤 통화가 평가절하되고 있다고 판단하면, 장기적 전망과 무관하게 미래의 추가 하락을 기대하며 매도에 나선다. 이런 밴드왜건 효과(bandwagon effect)가 커질수록 환율 하락 예상이 현실화된다. 이러한 불안정한 투기는 환율의 장기 가치 변동을 강화하는 경향이 있다. 이로 인해 수출과 수입 가격 형성이 왜곡되어 해당 국가 경제에 피해가 갈 수 있다. 따라서 고정환율제 옹호론자들은 고정환율제가 이런 투기의 불안정화 효과를 완화할 수 있다고 주장한다.

불확실성

투기가 가중시키는 또 다른 문제는 변동환율제에서 미래 환율 움직임을 예측하기 어렵다는 점이다. 브레튼우즈 체제 이후 환율 변동성이 커지면서, 기업들이 미래 계획을 세우기 어려워지고, 수출, 수입, 해외 투자 활동에도 위험이 증가했다는 것이다. 변동환율제에서는 환율이 계속 요동치므로, 기업들은 이를 어떻게 대응해야 할지 갈피를 잡기 어렵다. 예컨대 이번 달 달러가 6% 하락했다 하더라도 다음 달에 다시 6% 오를 수도 있을텐데 굳이 왜 수출, 수입, 해외 투자 계획을 수정할까? 이처럼 불확실성이 커지면, 국제 무역과 투자가 위축된다는 것이 비판론자들의 주장이다. 그들은 고정환율이 이러한 불확실성을 제거함으로써 국제 무역과 투자의 성장을 촉진한다고 주장한다. 반면 변동환율제 지지자들은 선물환 시장을 통해 환율 변동 위험을 헤지(hedge)할 수 있으므로, 환율 변동성이 국제 무역과 투자에 미치는 부정적 영향이 과장되었다고 반박한다(10장 참조).

무역수지 조정과 경기 회복

변동환율제 옹호론자들은 변동환율이 무역수지 불균형을 조정하고, 위기 이후 경제 회복도 돕는다고 주장한다. 이에 대해 비판론자들은 환율, 무역수지, 경제 성장 간 연계가 그리 밀접하지 않다고 본다. 그들은 무역 적자 여부는 환율의 외부 가치보다 국내 저축과 투자의 균형에 의해 결정된다고 주장한다.[7] 또한 통화 가치가 떨어지면 수입 물가가 올라 물가 상승(인플레이션)이 촉발되고, 이는 평가절하로 인한 비용 경쟁력 상승 효과를 상쇄한다는 논리다. 결국 통화 가치가 떨어져도 (변동환율제 지지자들이 말하듯이) 수출이 늘고 수입이 줄어드는 게 아니라, 인플레이션만 올라갈 수 있다는 것이다. 그 예로, 1985년에서 1988년 사이에 달러 가치가 40% 하락했어도 미국 무역 적자가 해소되지 않았다는 점을 고정환율제 지지자들은 지적한다. 이에 대해 변동환율제 옹호론자들은 1985년에서 1992년 사이에 미국 무역 적자가 1,600억 달러를 웃돌던 수준에서 약 700억 달러 정도로 줄어들었고, 이는 부분적으로 달러 가치 하락의 영향이라고 반박한다. 게다가 한국이나 아이슬란드 사례에서 볼 수 있듯이 변동환율제를 통해 심각한 금융 위기에서도 회복이 가능하다고 주장한다.

누가 옳은가

고정환율제를 지지하는 쪽과 변동환율제를 지지하는 쪽 간의 치열한 논쟁에서, 누구의 주장이 옳을까? 경제학자들 사이에서도 합의가 이루어지지 않는다. 기업들은 국제 무역과 투자에서 중요한 역할을 하는 참여자로서 이 논쟁의 결말에 큰 이해관계가 걸려 있다. 과연 고정환율제에서 국제 비즈니스가 더 유리할까, 아니면 변동환율이 더 나을까? 결론은 여전히 명확하지 않다.

다만 브레튼우즈 체제와 유사한 형태로 설계된 고정환율제는 아마도 다시 성공하기 어려울 것이다. 투기는 결국 시스템을 무너뜨렸고, 고정환율제를 옹호하는 사람들은 변동환율제와 관련이 있다고 주장한다! 그럼에도 불구하고, 다른 방식의 고정환율제는 좀 더 오래 지속될 수 있고, 국제 무역과 투자의 더 빠른 성장을 뒷받침하는 안정성을 가져올 수도 있다. 다음 절에서는 이 같은 대안적 고정환율제 모델과 그에 따르는 문제점을 살펴본다.

실제 환율 체제

[학습 목표 4] 오늘날 세계에서 사용되는 환율 제도를 파악하고, 각국이 다른 환율 제도를 도입하는 이유를 이해한다.

세계 각국 정부는 다양한 환율 정책을 시행하고 있다. 이는 시장 요인에 전적으로 맡겨 환율이 결정되는 '자유 변동'에서부터 1973년 이전 브레튼우즈 체제와 유사한 면을 지닌 고정환율제 요소를 포함한 페그(pegged) 방식까지 폭넓게 분포한다. 국제통화기금(IMF)의 회원국 중 약 21%는 자국 통화를 전적으로 자유 변동시키고, 23%는 제한적으로만 개입하는 관리 변동을 채택하고 있다(중국 등을 예로 들 수 있는데, 자세한 내용은 COUNTRY FOCUS 참조). 또 다른 5%의 회원국은 아예 독자적인 법정 통화를 갖고 있지 않다(유로를 채택한 유럽연합(EU) 회원국은 여기서 제외). 이들 대부분 아프리카나 카리브에 위치한 소규모 국가들이며, 내부적으로 미국 달러나 유로 같은 외국 통화를 법정 통화로 삼고 있다(OPENING CASE 참조). 나머지 국가들은 좀 더 경직된 제도를 사용하는데, 예컨

COUNTRY FOCUS

중국의 환율 체제

수년 동안 미국의 일부 정치인들은 중국이 위안화(yuan) 가치를 달러나 기타 통화 대비 낮게 묶어, 자국 수출 경쟁력을 인위적으로 높인다고 주장해 왔다. 예컨대 2015년 11월, 당시 대선 주자였던 Donald Trump는 '중국의 고의적인 통화 조작이 미국으로부터 수십억 달러의 자본과 수백만 개의 일자리를 빼앗고 있다'고 주장했다. 하지만 이러한 주장이 과연 사실일까? 중국 정부가 외환 시장을 조작해 자국 통화 가치를 낮게 유지하는 것이 과연 가능할까? 이 질문에 답하기 위해서는 중국 환율 결정의 역사를 살펴보고, 국제 통화 제도가 실제로 어떻게 작동하는지 이해할 필요가 있다.

오랫동안 중국 위안화는 미국 달러에 고정되어 있었다. 중국이 1980년대부터 해외 무역과 투자를 점진적으로 개방하기 시작하면서, 수출 경쟁력 향상을 위해 중국 정부는 위안화 가치를 절하했다. 이에 따라 공식적인 위안/달러 환율은 1980년 1달러당 1.50위안에서 1994년 8.62위안으로 올랐다. 이후 중국의 수출이 크게 늘고 무역수지 흑자가 커지자, 위안화 가치를 절상해야 한다는 외부 압력이 거세졌다. 이에 중국은 1997년부터 2005년까지 환율을 1달러당 8.27위안에 고정했는데, 이는 이전보다 약간의 위안화 절상이었다. 이 시기를 두고 중국 통화가 과소평가 상태였으며, 이는 정부 정책의 결과라고 주장할 수도 있다.

2000년대가 되면서 중국은 세계 경제에서 차지하는 비중이 커졌고, 수출 주도의 경제 성장 모델이 부상했다. 이로 인해 중국이 고정환율 정책을 재검토해야 한다는 목소리가 높아졌다. 결국 2005년 7월 중국은 관리 변동환율제를 도입했다. 이 체제에서 위안화 환율은 달러, 유로, 엔, 파운드를 포함한 여러 통화 바스켓에 기초해 설정되고, 기준 환율 대비 매일 ±0.3% 범위 내에서 변동이 허용되었다. 이 변동폭은 2007년에 ±0.5%, 2012년에 ±1%, 2014년에 ±2%로 점차 확대되었다.

시간이 흐르면서 이 관리 변동환율제는 위안화가 가치 상승을 하도록 허용했다. 예컨대 미국 달러 대비 위안화 환율은 2005년 중반 1달러당 8.27위안에서 2015년 7월 20일 6.0875위안으로 변동해, 위안화 가치가 약 26% 절상되었다. 보다 폭넓게 보자면, 60개 이상의 통화 바스켓에 대해 위안화 실효 환율 지수는 2005년 7월 86.3에서 2016년 초 123.8로 상승하여, 43% 절상된 셈이다. 이는 위안화가 달러 대비 절상된 비율보다 큰데, 달러도 같은 기간 상대적으로 강세를 보였기 때문이다.

이 데이터는 2005년 7월 이후 중국이 위안화를 일부러 낮게 유지하기보다, 관리 변동환율제에서 다른 통화 대비 위안화가 서서히 절상되도록 허용했음을 시사한다. 2015년 말 중국 정부는 이를 직접 시험해야 하는 상황에 직면했다. 중국 경제 성장률 둔화로 자본 유출이 발생하여 위안화가 하락 압력을 받았기 때문이다. 이에 중국은 외환 보유고(주로 미국 달러 표시)를 활용해 시장에서 위안화를 사들여 그 가치를 지지하려 했다. 보도에 따르면, 중국은 2015년 5000억 달러, 2016년에는 1조 달러 넘게 이를 위해 소진했다. 그 결과 2017년 1월 중국의 외환 보유액은 3조 110억 달러 수준으로 줄어들었는데, 이는 2012년 이후 최저치였다. 중국은 위안화가 달러당 7위안 아래로 평가절하되지 않도록 막으려 하는 듯 보인다(2023년 3월엔 약 6.9위안 수준에서 거래 중).

중국이 달러 대비 위안화 가치를 유지하려는 이유 중 하나는 많은 중국 기업들이 달러 표시 부채를 지고 있기 때문이다. 위안화가 달러 대비 하락하면, 이 부채를 갚는 비용이 위안화로 환산했을 때 더 커진다. 이는 해당 기업들의 재무 상태를 악화시키고(일부는 파산 위험) 중국 정부가 목표로 하는 경제 성장률 달성도 어려워질 수 있다. 또 다른 이유로, 중국이 수출을 부추기기 위해 인위적으로 통화를 저평가한다는 미국 정치권의 비난을 피하고 싶어 한다는 점도 들 수 있다.

Sources: T. Hult, "The U.S. Shouldn't Fret over Cheaper Yuan," *Time*, August 14, 2015; "The Yuan and the Markets," *The Economist*, January 16, 2016; M. Gesiotto, "The Negative Effects of China's Currency Manipulation Explained," *The Washington Times*, November 13, 2015; M. Slaughter, "The Myths of China's Currency Manipulation," *The Wall Street Journal*, January 8, 2016; "The Curious Case of China's Currency," *The Economist*, August 11, 2015; L. Wei, "China Foreign Exchange Reserves Keep Dropping," *The Wall Street Journal*, January 8, 2017.

대 고정 페그 방식(43%)에서는 자국 통화를 미국 달러나 유로 또는 여러 통화를 묶은 바스켓에 고정한다. 또 몇몇 국가들은 특정 환율 목표 범위 내에서 다른 통화 대비 일정 폭으로 환율이 변동하도록 허용하는 제도(조정 가능 페그 시스템)를 채택하기도 한다. 이번 절에서는 이러한 통화 페그나 목표 범위를 활용한 환율 제도의 기제와 그에 따른 함의를 좀 더 자세히 살펴본다.

페그제

페그제(pegged exchange rate regime)에서 한 국가는 자국 통화 가치를 주요 통화(예: 미국 달러)에 연동(고정)한다. 예컨대, 미국 달러 가치가 상승하면 자국 통화도 자동으로 따라 오르도록 설정하는 것이다. 페그제는 세계 여러 소규모 국가 사이에서 인기가 있다. 완전 고정환율제와 마찬가지로, 페그제의 주된 장점으로 꼽히는 것은 해당 국가에 통화 규율을 부과해 낮은 물가 상승률을 유도한다는 점이다. 예를 들어 벨리즈가 1 미국 달러를 1.97 벨리즈 달러에 고정한다고 가정하자. 그렇다면 벨리즈 정부는 자국 인플레이션율이 미국 인플레이션율과 유사하도록 관리해야 한다. 만약 벨리즈 인플레이션율이 미국보다 높아지면, 벨리즈 달러를 평가절하(즉, 페그 조정)해야 할 압박을 받는다. 고정환율을 유지하기 위해서는 벨리즈 정부가 물가 상승을 억제할 수밖에 없다. 물론, 연동 대상 통화를 발행하는 국가 역시 건전한 통화 정책을 유지해야 연동 환율이 통화 규율 효과를 발휘할 수 있다.

페그제를 채택하면 그 국가의 인플레이션 압력이 완화된다는 근거가 있다. IMF 연구 결과에 따르면, 페그제를 사용하는 국가들의 연평균 물가 상승률은 8%에 불과한 반면에, 중간 형태 환율제에서는 14%, 변동환율제에서는 16%에 달하는 것으로 나타났다.[8] 그러나 실제로는 많은 국가가 명목상의 고정환율제를 운영하면서, 빡빡한 통화 정책을 쓰기보다 환율 평가절하로 대응하는 경우가 흔하다. 자본 유출이 일어나고 외환 시장에서 해당 통화에 대한 투기가 벌어지면, 소규모 국가가 특정 통화 대비 페그를 유지하기는 매우 어렵다. 비슷한 일이 1997년에 일어났다. 자본 유출과 통화 투기가 맞물린 결과, 태국과 말레이시아 등 아시아 몇몇 국가들이 대미국 달러 고정환율제를 포기하고 자국 통화를 변동환율로 전환해야 했다. 말레이시아와 태국이 1990년대에 불거진 몇 가지 문제(과도한 민간 부채, 커져 가는 경상수지 적자 등)에 선제적으로 대응했다면 이런 상황에 놓이지 않았을 것이라는 지적도 있다.

통화 위원회

1997년 아시아 금융 위기 시기에 홍콩의 경험은 페그제를 어떻게 운영할지에 대한 논의에 대한 새로운 시사점을 제공했다. 1997년 말 여타 아시아 통화 가치 폭락을 겪을 때, 여러 번의 조직적 투기 공격에도 불구하고 홍콩은 자국의 통화 가치를 약 1달러 = 7.80홍콩 달러의 비율로 지켰다. 그 성공 요인으로 홍콩의 통화 위원회(currency boards)가 거론된다. 통화 위원회 제도를 도입한 국가는 자국 통화를 다른 나라의 통화로 교환할 때 고정환율을 보장한다. 이러한 공약의 신뢰성을 담보하기 위해 통화 위원회는 자국 통화 발행량의 최소 100% 이상에 해당하는 외화 보유고를 환율에 맞춰 보유해야 한다. 홍콩의 경우, 자국 통화가 명시된 환율로 미국 달러로 전량 뒷받침되어야 한다. 이는 사실 엄밀한 의미의 고정환율제는 아닌데, 미국 달러가 다른 통화 대비 변동환율로 거래되므로 홍콩 달러 또한 변동 시세로 움직이는 것이 당연하기 때문이다. 다만 일부 측면에서 고정환율제와 흡사하다.

이 제도에서 통화 위원회는 외환 보유고가 확보된 경우에만 추가 지폐나 주화를 발행할 수 있다. 결과적으로 정부가 화폐를 무제한으로 찍어 내어 인플레이션 압력을 만드는 일을 방지한다. 엄격한 통화 위원회 시스템에서는 금리가 자동으로 조정된다. 예컨대 투자자들이 자국 통화를 매도하고 미국 달러 같은 다른 통화로 바꾸려 하면 자국 통화 공급이 감소할 것이다. 이에 따라 금리는 상승할 것이고 이러한 현상은 자국 통화에 대해 투자자들이 다시 매력을 느낄 때까지 계속될 것이다. 실제로 1997년 말 홍콩에서는 투자자들이 홍콩 달러를 매도하고 미국 달러로 갈아타며 3개월 예금 금리가 한때 연 20%까지 뛰어올랐다. 그럼에도 달러 페그(고정)는 유지되었고, 이후 금리도 다시 낮아졌다.

1983년 통화 위원회를 설립한 홍콩은 이후 여러 위기를 거치면서도 이를 지켜냈다. 이 성공에 힘입어 개발도상국 중 일부도 유사한 제도를 고려했다. 예컨대 아르헨티나는 1991년에 통화 위원회를 도입했고(하지만 2002년 폐기), 불가리아, 에스토니아, 리투아니아도 최근 몇 년 동안 이를 채택했다. 그렇지만 통화 위원회 방식에도 약점이 있다는 비판이 뒤따른다.[9] 만약 자국 인플레이션율이 페그(환율 고정) 대상 국가의 인플레이션율보다 높게 유지되면, 통화 위원회를 도입한 국가의 통화는 경쟁력을 잃고 과대평가될 위험이 있다(아르헨티나에서 통화 위원회를 운영하던 시절에 이러한 일이 발생했다). 또한 이 제도 하에서는 정부가 금리를 독자적으로 결정하기 어렵다. 예를 들어 홍콩의 금리는 사실상 미국 연방준비제도가 정하는 것과 다름없다. 게다가 2001년 아르헨티나의 경제 붕괴 및 통화 위원회 포기 결정은 이 제도에 대한 열의를 크게 약화시켰다.

IMF에 의한 위기 관리

[학습 목표 5] 금융 위기 관리에서 IMF가 수행하는 역할을 둘러싼 논쟁을 이해한다.

많은 사람들은 1973년 브레튼우즈 체제가 붕괴했을 때 국제 통화 제도 내에서의 IMF 역할이 줄어들 것이라고 예상했다. 원래 IMF의 기능은 회원국들이 단기적인 국제수지 조정을 위해 자금을 빌리고 환율을 유지하도록 지원하는 것이었다. 일부는 변동환율제에서 단기 대출에 대한 수요도 대부분 줄어들 것으로 예상했다. 무역 적자가 발생하면 그 국가 통화의 환율이 하락해 수입이 줄어들고 수출이 늘어날 것이기 때문이다. 이로 인해 임시적인 IMF의 조정 대출이 필요하지 않을 것으로 여겨졌다. 이 기대에 부응하듯이, 1973년 이후 대부분의 선진국은 환율이 시장의 수요와 공급에 따라 결정되도록 두는 경향을 보였다. 1970년대 초 이래로 전 세계 자본 시장이 급성장하면서, 영국과 미국 같은 선진국들은 IMF 자금을 끌어 쓰지 않고, 민간 자금을 빌려 국제수지 적자를 충당할 수 있게 되었다.

그럼에도 지난 30여 년 동안 IMF의 활동 범위는 오히려 확대되었다. 2023년 기준 IMF 회원국은 190개국에 이르며, 그중 약 40개국이 IMF 프로그램을 실행 중이었다. 1997년에는 IMF가 세 개의 위기에 처한 아시아 국가(한국, 인도네시아, 태국)에 1,100억 달러 이상의 대출을 약속하면서 당시까지 가장 대규모의 구제 금융 패키지를 마련했다. 이어 터키, 러시아, 아르헨티나, 브라질에서도 IMF 구제 금융이 이어졌다. 2008년 글로벌 금융 위기가 본격화되자 IMF 대출은 다시금 늘어났다. 2008~2010년 동안 IMF는 라트비아, 그리스, 아일랜드 등 경제 위기에 직면한 여러 국가에 1,000억 달러 이상을 대출했다. 2009년 4월 악화일로인 금융 위기에 대응하기 위해 주요 IMF 회원국들은 IMF 재원을 2,500억 달러에서 7,500억 달러로 세 배 늘리기로 합의해, 향후 전 세계 금융 위기 상황에서 IMF가 더욱 적극적으로 행동할 수 있는 재정적 기반을 마련했다.

IMF 활동이 확대된 이유는 브레튼우즈 체제 붕괴 이후에도 주기적으로 금융 위기가 여러 경제를 강타해 왔기 때문이다. IMF는 금융 위기를 겪는 국가들에게 반복적으로 자금을 빌려주고, 그 대가로 거시 경제 정책 조정을 요구해 왔다. 그러나 비판론자들은 IMF가 요구하는 이 정책들이 기대만큼 유익하지 않았거나 어떤 경우에는 상황을 오히려 악화시켰다고 주장한다. 특히 아시아 여러 국가에 대한 IMF 대출 이후, IMF가 어떤 역할을 해야 하는지에 대한 논쟁이 한층 격렬해졌다. 이 절에서는 지난 30년간 IMF가 직면해야 했던 주요 과제들을 살펴보고, IMF 역할에 대한 지속적인 논쟁에 대해서도 검토한다.

브레튼우즈 체제 이후의 금융 위기

지난 30여 년 동안 여러 유형의 금융 위기가 발생했는데, 그중 상당수는 IMF 개입을 필요로 했다. 대표적으로 다음과 같은 분류가 있다. **통화 위기(외환 위기, currency crisis)**는 통화의 교환 가치에 대한 투기적 공격으로 인해 통화 가치가 급격히 하락하거나, 이를 막기 위해 당국이 대규모 외환 보유고를 소진하고 금리를 급격히 올려야 할 때에 발생한다. 예컨대 2018~2019년 파키스탄에서 이런 일이 발생했고, IMF는 외화로 빌려줌으로써 파키스탄 통화인 루피화 가치를 안정화하는 데 도움을 주기 위해 개입했다(OPENING CASE 참조). **은행 위기(banking crisis)**는 금융 시스템에 대한 신뢰 상실로 인해 개인 및 기업들이 예금을 대거 인출하는 사태가 일어나는 것을 의미한다. **대외 부채 위기(foreign debt crisis)**는 민간 혹은 정부 부채를 막론하고, 한 국가가 해외에서 빌린 돈을 제때 갚지 못하게 되는 상황을 뜻한다. 2010년 그리스, 아일랜드, 포르투갈이 그랬고, 파키스탄의 최근 IMF 지원도 유사한 이슈를 다룬다.

통화 위기
투기적 공격으로 환율이 급격히 하락할 때 이를 방어하려다 대규모 외환 보유액을 소진하고 금리 급등이 발생하는 현상.

은행 위기
금융 시스템에 대한 신뢰 상실로 대규모 예금 인출 사태가 일어나는 현상.

대외 부채 위기
국가(정부 또는 민간 부문)가 해외 차입금을 상환하지 못하는 상황.

이런 금융 위기들은 일반적으로 상대적으로 높은 물가 상승률, 경상수지 적자 확대, 국내 대출의 과도한 확대, 높은 정부 재정 적자, 자산가격 인플레이션(주가와 부동산 가격 급등)과 같은 거시 경제적 문제에서 비롯되는 공통점이 있다.[10] 종종 통화 위기, 은행 위기, 부채 위기가 동시에 발생하기도 하는데, 1997년 아시아 위기, 2000년-2002년 아르헨티나 위기, 2010년 아일랜드 위기, 2018년-2019년 파키스탄 위기 등이 그러한 사례다.

이러한 위기가 얼마나 자주 발생했는지를 조사하기 위해, IMF는 1975년부터 1997년까지 53개국(22개의 선진국과 31개의 개발도상국)의 거시 경제 성과를 살펴보았다.[11] 그 결과 통화 위기만 158번,

IMF와 아이슬란드의 경제 회복

2008년 전 세계 금융 위기가 닥쳤을 때, 작은 나라인 아이슬란드는 대부분 국가들보다 더 심각한 타격을 입었다. 정부가 2000년에 은행 부문을 민영화한 뒤, 이 나라의 3대 은행은 엄청난 속도로 확장해 왔다. 인구가 약 32만 명에 불과한 아이슬란드는 은행업계의 야심을 충족하기엔 너무 작았기 때문에, 은행들은 다른 스칸디나비아 국가들과 영국으로 진출하기 시작했다. 이들은 현지 주택 담보 대출 시장에 뛰어들고, 해외 금융 기관을 인수하며, 외국 지점을 열어 높은 이자를 제시함으로써 예금자를 끌어들였다. 이러한 확장은 빚을 통해 이뤄졌고, 그중 상당수는 만기가 짧은 대출로써 정기적으로 재융자가 이뤄져야 했다. 2008년 초 무렵, 이 세 은행이 지고 있던 부채는 아이슬란드 전체 경제 규모의 거의 6배에 달했다. 주기적으로 재융자를 받을 수만 있다면 문제는 되지 않았지만, 2008년에 글로벌 금융 시장이 Lehman Brothers의 파산과 미국 주택 시장 붕괴로 급격히 무너졌고, 그 여파로 금융 시장이 동결되었다. 아이슬란드 은행들은 부채를 재융자할 수 없게 되었고, 파산 위기에 직면했다.

아이슬란드 정부는 은행들을 구제할 자금이 부족했으므로, 이 세 대형 은행이 파산하도록 내버려 두기로 결정했다. 빠른 속도로 현지 증시는 90% 폭락했고, 실업률은 9배나 뛰었다. 아이슬란드 통화인 크로나(krona)는 외환 시장에서 폭락해 수입 물가가 치솟았고, 물가 상승률(인플레이션)은 18%까지 올랐다. 아이슬란드는 마치 자유낙하 상태처럼 보였다. 경제는 2009년에 약 7% 감소했고, 2010년에 또다시 4% 감소했다.

이를 저지하기 위해 아이슬란드 정부는 IMF 및 다른 국가들로부터 100억 달러의 대출을 확보했다. 아이슬란드 정부는 은행의 국내 자산을 압류해 현지 예금주들을 보호하고, IMF 등에서 빌린 자금을 예금 보증 뒷받침에 투입했다. 위기를 해결하기 위해 긴축 정책을 펼치는 대신, 정부는 소비 지출을 유지하려고 노력했다. 예를 들어, 정부는 소득에 따라 차등 적용되는 지원책을 마련해 주택 담보 대출 이자 부담을 덜어주었다. 이는 국내 소비가 가라앉으면서 경제가 더 위축되는 것을 막고자 한 의도였다.

IMF와 다른 해외 차입 덕에 금융 시스템이 안정된 뒤의 전개는 변동환율제의 가치를 잘 보여 주는 사례가 되었다. 크로나 가치 하락은 수산물과 알루미늄 등 아이슬란드의 수출을 촉진하고, 자동차 같은 고가 수입품에 대한 수요를 억제했다. 2009년 무렵, 크로나는 위기 전인 2007년에 비해 달러와 유로 대비 절반 가량의 가치만 남았다. 아이슬란드의 수출은 급증했고 수입은 급감했다. 수입 가격 상승으로 물가 상승(인플레이션)이 심화되긴 했으나, 수출 호조가 다시 아이슬란드 경제에 자금을 유입시키는 계기가 되었다. 2011년에 아이슬란드 경제는 연 3.1% 성장률을 회복했고, 2012년에는 2.7%, 2013년에는 4%의 성장세를 보였다. 실업률은 최고치인 10% 안팎에서 2013년 말 4.4% 수준으로 떨어졌다.

Sources: C. Forelle, "In European Crisis, Iceland Emerges as an Island of Recovery," *The Wall Street Journal*, May 19, 2012, pp. A1, A10; "Coming in from the Cold," *The Economist*, December 16, 2010; C. Duxbury, "Europe Gets Cold Shoulder in Iceland," *The Wall Street Journal*, April 26, 2012; "Iceland," *The World Factbook 2013* (Washington, DC: Central Intelligence Agency, 2013).

이 중 통화가 25% 이상 폭락한 사례가 55회에 달했다. 또 54회에 걸쳐 은행 위기가 있었는데, 개발도상국은 선진국보다 통화와 은행 위기를 겪을 확률이 2배 이상 높았다. 따라서 1970년대 중반 이후 IMF의 대출 활동 대부분이 개발도상국을 대상으로 이뤄졌다는 것은 놀라운 일이 아니다.

1997년 국제 투자자들이 아시아에 투기적 투자 거품이 형성되었다는 사실을 깨닫게 되면서 여러 아시아 통화가 급격히 하락하기 시작했다. 투자자들은 현지 통화에서 자금을 회수해 미국 달러로 바꾸었고, 그 결과 현지 통화는 가파르게 가치가 떨어졌다. 이러한 통화 하락은 태국에서 시작되었으며, 곧 다른 국가들로 빠르게 확산되었다. 이들 통화를 안정화하기 위해서는 IMF의 대규모 지원이 필요했다. 예컨대 한국의 경우, 국내 기업들은 새로운 산업 설비에 막대한 투자를 진행하면서 큰 규모의 부채를 쌓아 왔다. 1997년에 이르러, 이들은 과도한 생산 능력을 갖추게 되어 부채 상환에 필요한 이익을 충분히 창출하지 못했다. 또한 한국의 은행들과 기업들은 상당한 금액을 달러로 차입했는데, 그중 많은 부분이 1년 안에 만기가 도래하는 단기 부채였다. 따라서 1997년 가을, 아시아 다른 지역의 문제와 맞물려 원화가 하락하기 시작하자, 한국 기업들은 채무 부담이 폭증하게 되었다. 이로 인해 여러 대형 기업들이 파산을 신청했고, 이는 한국 통화와 주식 시장의 급락을 유발하여 쉽게 진정시키기 어려운 상황으로 이어졌다.

한국 경제가 붕괴 직전에 이른 가운데, 한국 정부는 11월 21일 IMF에 200억 달러의 스탠드바이 대출(대기성 차관)을 요청했다. 협상이 진행되는 과정에서, 한국이 필요로 하는 금액이 200억 달러를 훨씬 넘을 것임이 드러났다. 결국 1997년 12월 3일, IMF와 한국 정부는 550억 달러를 대출하기로 합의에 이르렀다. 이 합의에 따라 IMF는 한국이 자국 경제와 금융 시스템을 외국인 투자자에게 개방하도록 요구했고, 한국은 재벌에 대한 은행 대출 비중을 줄이고, 재벌들의 연결재무제표 공시와 매년 독립적인 외부 감사를 실시하는 방안을 약속했다. 또한 무역 자유화와 관련해, IMF는 한국이 세계무역기구(WTO)에서 이미 합의한 공약을 이행하도록 명시했는데, 여기에는 무역 관련 보조금 철폐, 제한적 수입 면허 제도 철폐, 수입 인증 절차 간소화 등이 포함되며, 이는 한국 경제를 외국 경쟁에 더욱 개방하게 만들었다.[12]

IMF 총재 Christine Lagarde가 미국 워싱턴 D.C.에 위치한 세계은행 본부에서 열린 개발위원회(Development Committee) 회의에서 연설하고 있다.

IMF 정책 처방 평가

2019년 무렵, IMF는 경제와 통화 문제로 어려움을 겪는 약 40개국에서 프로그램을 운영하고 있었다. 모든 IMF 대출 패키지에는 일정한 조건이 붙는다. 최근까지 IMF는 정부 지출 축소, 금리 인상, 긴축적 통화 정책 등 엄격한 거시 경제 정책을 한 세트로 제시해 왔다. 또한 경쟁에서 보호받던 부문의 규제 완화, 공기업 민영화, 은행 부문의 재무 보고 강화 같은 조치도 자주 권고했다. 이러한 정책들은 과열된 경제를 진정시키고, 인플레이션과 정부 지출과 부채를 줄이도록 설계된 것이다. 그러나 이 정책 처방에 대해서는 많은 비판이 제기되어 왔으며, IMF 역시 접근법을 일부 수정하기 시작했다.[13]

부적절한 정책

IMF 정책 처방에 대한 대표적인 비판 중 하나는 IMF의 전통적 거시 경제 정책 처방이 '천편일률' 방식이라는 것이다. 즉, 이는 여러 나라 상황에 적절하지 않을 수 있다는 지적이다. 1997년 아시아 위기 당시를 예로 들면, 비판론자들은 IMF가 강요한 긴축적 거시 경제 정책이 과도한 정부 지출과 인플레이션 때문이 아니라 민간 부채 위기와 디플레이션 조짐을 보이는 국가들에게 잘 맞지 않

았다고 주장한다.[14]

예컨대 한국의 경우, 이미 수년간 예산 흑자를 유지(1994~1996년 국내총생산(GDP) 대비 4% 수준의 흑자)하고 있었고, 물가 상승률도 약 5%로 낮았다. 한국은 경제협력개발기구(OECD) 국가 중 두 번째로 건전한 재정을 가진 나라였다. 그럼에도 IMF가 고인플레이션 국가에 적용하는 것과 같은 처방을 요구했다는 것이다. IMF는 한국에게 5% 인플레이션율을 유지하도록 주문했는데, 통화 가치가 폭락하고 원유 같은 수입품 가격이 급등하면 물가 상승 압력이 불가피하게 커질 것이므로, 이를 5%로 억제하려면 지나치게 긴축적인 통화 정책이 필요하다는 게 비판론자들의 논리였다. 실제로 한국은 IMF와 초기 합의를 맺은 직후, 단기금리가 12.5%에서 21%로 급상승했다. 금리가 치솟으면서 기업들이 이미 과도한 단기 부채를 갚기가 더욱 어려워졌고, 이는 IMF가 제시한 치료책이 되려 기업들의 대거 부도를 촉진할 위험이 있다는 비판에 근거가 되었다.

당시 IMF는 이 비판을 반박했다. IMF 입장에서는 원화에 대한 신뢰를 회복하는 것이 핵심 과제였다고 본 것이다. 일단 신뢰가 돌아오면, 원화가 과도하게 낮아진 수준에서 회복되어, 달러 표시 부채를 원화로 환산했을 때 부담이 줄어들 것이며, 기업들이 빚을 갚기가 쉬워질 것이라는 설명이다. 또한 IMF는 한국이 해외직접투자에 대한 규제를 풀면, 값싼 자산을 사들이려는 해외 자금이 국내로 유입되어 원화에 대한 수요가 늘어나고, 달러/원 환율도 좋아질 것이라고 주장했다.

결과적으로 한국은 비교적 빠르게 위기에서 벗어났다. 이는 IMF의 입장을 지지하는 결과로 해석되었다. 1998년에 경제 성장률이 −7%로 추락했지만, 2000년에는 9% 성장률(GDP 기준)을 기록하며 반등했다. 1998년 8%까지 치솟았던 물가 상승률도 2000년에는 2%로 낮아졌고, 실업률은 같은 기간 7%에서 4%로 떨어졌다. 원화 환율은 1998년 초 달러당 1,812원이라는 최저 수준을 기록했지만, 2000년 무렵 1,200원 전후로 회복되어 안정된 것으로 평가된다.

도덕적 해이

도덕적 해이
문제가 생겨도 어차피 구제받을 것이라는 인식 때문에 사람들이 무모하고 무책임하게 행동하는 현상.

IMF에 대한 두 번째 비판점은 구제 도덕적 해이 문제를 악화시킨다는 것이다. **도적적 해이(moral hazard)**는 문제가 생겨도 구제받을 수 있다고 믿기 때문에 사람들이 무모한 행동을 하는 상황을 말한다. 비판론자들은 1990년대 호황기 때 일본과 서구 은행들이 과도하게 차입된 아시아 기업들에게 거액의 자본을 너무 쉽게 빌려줬다고 주장한다. 이들은 은행들이 섣부른 대출 정책에 대한 대가를 치르게 해야 하며, 그 결과 일부 은행이 문을 닫게 되더라도 이는 불가피하다고 본다.[15] 이런 강경한 조치를 취해야 은행이 자신들의 잘못을 깨닫고 앞으로는 무모한 대출을 하지 않는다는 것이다. 그런데 IMF가 해당 국가들에 지원을 제공함으로써 채무 불이행 가능성을 낮추고, 사실상 이 사태를 야기한 은행들을 구제해 주고 있다고 비판한다.

하지만 이 비판은 중요한 두 가지 포인트를 간과한다. 첫째, 아시아 경제들에 대규모로 대출해 준 일부 일본이나 서구 은행들이 채무 불이행 사태로 인해 대규모 부실채권을 떠안게 된다면, 이를 수습하기가 어려워질 수 있다. 예를 들어, 대형 일본 은행이 연쇄 파산하면 일본 금융 시장 전체가 붕괴할 위험이 있고, 이는 전 세계 증시에 심각한 충격을 줄 수 있다. 이는 IMF가 구제 금융을 제공함으로써 막으려 했던 바로 그 위험이다. 둘째, 일부 은행이 무모한 대출로부터 아무 대가도 치르지 않았다고 말하는 것은 사실과 다르다. IMF는 1997년 아시아 금융 위기 이후 한국, 태국, 인도네시아 등의 부실 은행 폐쇄를 요구했다. 한국 기업들에게 단기 대출을 해 줬던 외국 은행들도 만기가 연장된 대출에 걸맞는 높은 금리를 받지 못한 채로 대출 재조정에 동의해야만 했다.

책무성 결여

IMF에 대한 마지막 비판은 실질적인 책임 메커니즘이 없는 기관 치고는 IMF가 지나치게 강력해졌다는 것이다.[16] IMF는 개입 국가들의 거시 경제 정책을 결정해 왔지만, Jeffrey Sachs와 같은 저명 경제학자를 포함한 비판론자들은 직원 수가 1,000명도 안 되는 IMF가 충분한 전문성을 갖추지 못했다고 지적한다. Sachs에 따르면, IMF가 태국과 한국 정부를 칭송한 지 불과 몇 달 만에 이들 국가가 위기에 빠졌다는 사실이 이를 뒷받침한다. 그 후 IMF는 한국에 대해 매우 가혹한 프로그램을 수립했는데, 정작 한국을 깊이 이해하지 못한 채 처방을 내렸다는 것이다. 이에 대한 Sachs의 해결책은 IMF가 외부 전문가 활용을 확대하고, 더 폭넓은 외부 감시를 받도록 제도를 개혁해야 한다는 것이다.

종합적 견해

국제 경제 관련 논쟁에서 흔히 그렇듯이, IMF 정책이 적절했는지 여부에 대해 어느 쪽이 옳다고 단정 지을 수는 없다. 일부 사례에서는 IMF 정책이 역효과를 내거나 제한적 성과만 거뒀다는 지적도 가능하다. 예컨대 1958년 이후 18번이나 IMF 프로그램을 도입한 터키의 상황을 보면, IMF 개입이 과연 성공적이었는지 의문을 제기할 수도 있다! 그러나 IMF는 아시아 금융 위기를 막아 내고(그렇지 않았더라면 세계 금융 시스템에 치명적 충격이 왔을 수 있다는 주장), 2008~2010년 글로벌 금융 위기 때도 신속히 아이슬란드, 아일랜드, 그리스, 라트비아를 구제했으며, 이는 의미 있는 업적으로 평가받고 있다. 또한, 많은 이들이 IMF가 정치적으로 매우 어려운 상황을 능숙하게 처리하고 자유 시장 사상을 전파하는 데 성공했다는 긍정적 평가를 내린다.

실제로 아시아 위기 이후 수년이 지나, 해당 국가들의 경제는 회복세를 보였다. IMF가 만약 그때 발벗고 나서지 않았다면 훨씬 더 파멸적인 결과를 맞았을 것이라는 데는 대체로 공감대가 있고, 일부 국가가 여전히 문제를 안고 있다고 해도 이를 IMF 책임으로 돌릴 근거는 뚜렷하지 않다. IMF는 국가들이 잘못된 경제 정책을 고치도록 강제할 수는 없으며, 정부가 IMF 대출 조건에 합의하더라도 내부 정치 문제로 인해 실제 이행이 어려울 수 있다. 이런 상황에서 IMF가 자금을 주지 않기로 한다면, 의도치 않은 금융 붕괴와 연쇄 충격을 야기할 수 있다. 결국 IMF 입장에서는 이러지도 저러지도 어려운 셈이다.

마지막으로, 최근 들어 IMF가 과거와 달리 정책을 바꿔 가고 있다는 점도 주목할 만하다. 2008~2009년 글로벌 금융 위기에 대응하면서, IMF는 오히려 확장 재정 정책과 통화 완화 정책을 권장하기 시작했다. 이는 전통적으로 IMF가 고수하던 긴축 재정과 엄격한 통화 정책 노선과 정반대다. 일부 IMF 소속 경제학자들은 높은 물가 상승률도 수요 확대를 통해 경기 침체에서 벗어나는 데 도움이 된다면 바람직할 수 있다고 주장한다. 요컨대, IMF는 비판론자들이 지적해 온 정책 유연성 부족 문제를 스스로 해소하기 시작한 셈이다. 과거 높은 물가 상승률로 고통 받는 국가들에 긴축 재정 정책이 적합했다면, 1997년 아시아 경제 위기나 2008~2009년 세계 금융 위기처럼 높은 물가 상승률이 아닌 과잉 채무에서 비롯된 위기에는 IMF의 '새로운 접근'이 더 적합하다는 평가가 제기되고 있다.[17]

360° 관점: 경영에의 시사점

[학습 목표 6] 세계 통화 제도가 경영 실무에 미치는 함의를 설명한다.

외환 관리, 비즈니스 전략, 정부와의 관계

이 장에서 다룬 내용이 국제 비즈니스에 미치는 시사점은 크게 세 가지 영역, 즉 외환 관리, 비즈니스 전략, 기업-정부 관계에 해당한다.

외환 관리

기업들은 환율 시장이 10장에서 설명된 모습과는 다소 다르게 작동한다는 점을 인식해야 한다. 현재 시스템은 자유 시장 요인에만 의존하지 않고, 정부 개입과 투기적 활동이 결합되어 환율 흐름을 좌우하는 혼합 체제이다. 외환 활동을 활발히 하는 기업들은 이를 주의 깊게 살펴보고 외환 거래를 조정해야 한다. 예컨대 Caterpillar의 외환 관리 부서는 플라자 합의(Plaza Accord)가 발표되자마자 달러를 팔고, 정부 개입 후 오를 것으로 예상되는 통화를 사들여서 수백만 달러 이익을 거뒀다고 밝혔다.

현행 체제에서는 투기적 통화 매매가 환율의 극심한 변동성을 야기할 수 있는데(1980년대 달러 급등과 폭락, 1990년대 말 아시아 외환 위기 등), 이는 구매력 평가설(10장 참조)로 예측하기 어려울 때가 많았다. 환율 변동성이 커지면 기업이 부담해야 할 외환 위험이 증가하므로 이는 기업 입장에서 반가운 일이 아니다. 그러나 10장에서 살펴본 것처럼, 선물환이나 통화 스왑과 같은 금융 수단이 발달하여 외환 위험을 헤지(hedge)할 수 있다. 실제로 1973년 브레튼우즈 체제가 붕괴한 뒤, 이러한 금융 수단들의 사용이 크게 늘었다.

비즈니스 전략

현재 세계 환율 체제의 변동성은 국제 비즈니스 입장에서 난제를 야기한다. 환율 움직임은 예측하기 어려우나, 기업의 경쟁력에 큰 영향을 줄 수 있다. 상세 예시는 Management Focus의 Airbus에서 확인할 수 있다. 기업들은 향후 환율 가치가 불확실하므로, 에어버스가 그랬듯이 선물환 시장 등을 활용할 수 있다. 하지만 선물환 시장은 미래 환율을 정확히 예측해 주지 못하고(10장 참조), 수년 뒤 발생할 환율 변동에 대한 보험을 충분히 제공하기도 어렵다. 보통 선물환 거래는 앞으로 몇 년이 아닌, 몇 달 내의 환율 변동을 커버하는 데 그친다. 환율 변동 예측이 어려움을 감안하면 기업이 전략적 유연성을 높일 전략을 추구하는 것이 합리적이다. 즉, 경제적 노출을 줄이는

Airbus와 유로화

Airbus는 2003년에 축하할 만한 성과를 거두었다. 회사 역사상 처음으로 오랜 경쟁 상대인 Boeing보다 더 많은 상업용 제트기를 인도한 것이다. 2003년 한 해 동안 Airbus는 305대의 항공기를 인도한 반면, Boeing은 281대에 그쳤다. 그러나 이러한 축하 분위기에는 다소 그늘이 드리워졌다. 유로(euro) 강세로 인해 회사의 미래가 불확실해졌기 때문이다. 프랑스 툴루즈에 본사를 둔 Airbus는 Boeing과 마찬가지로 항공기 가격을 미국 달러로 책정하고 있다. 하지만 Airbus의 비용 절반 이상은 유로로 지출된다. 따라서 2002년부터 2009년 말까지 미국 달러 가치가 유로 대비 50% 이상 하락함에 따라, Airbus의 비용이 매출과 비례하여 증가하게 되었고, 이는 이익을 압박하는 요인이 되었다.

단기적으로는 미국 달러의 가치 하락이 Airbus에 큰 타격을 주지는 않았다. 2005년까지 Airbus는 달러 환율 변동 위험을 완전히 헤지(hedge)했으며, 2006년에도 대부분의 환율 위험을 회피할 수 있었다. 그러나 Airbus는 달러 약세가 지속될 것으로 예상하고, 강한 유로로 인한 경제적 노출을 줄이기 위한 추가적인 조치를 취하기 시작했다. Boeing과의 치열한 경쟁 속에서 가격 인상이 현실적인 대안이 될 수 없음을 인식한 Airbus는 비용 절감을 최우선 과제로 삼았다. 이러한 비용 절감 전략의 일환으로 Airbus는 A380 슈퍼점보 및 A350과 같은 신형 항공기의 부품 조달에서 미국 공급 업체의 비중을 높였다. 또한 기존 항공기 모델의 부품 공급도 유럽에서 미국으로 점차 이전했다. 이러한 변화로 인해 달러로 표시되는 비용의 비중이 커졌고, 이로 인해 유로화 가치 상승에 따른 이익의 영향이 줄어들었으며, 이를 다시 유로화로 환산했을 때 항공기 제작 비용이 감소했다.

게다가 Airbus는 유럽 기반 공급 업체들에게도 부품 가격을 미국 달러로 책정하도록 압박했다. 많은 공급 업체의 비용이 유로로 지출되는 상황에서, 이들은 Airbus의 요구를 충족하기 위해 미국이나 미국 달러에 연동된 국가로 생산을 이전할 필요가 있었다. 이에 따라, 프랑스 기반의 대형 부품 공급 업체인 Zodiac은 미국 내 기업 인수를 고려하고 있다고 발표했다. Airbus는 민간 항공기분만 아니라 군용 항공기 부문에서도 같은 전략을 적용했다. 유럽 정부에 판매될 예정이며 유로로 가격이 책정된 A400M 군용기 프로그램에서도 공급 업체들에게 부품 가격을 미국 달러로 책정할 것을 요구한 것이다. 이러한 전략을 더욱 확장하여, Airbus의 모회사인 EADS의 최고경영자는 중요한 미국 군수 계약을 수주하는 데 도움이 된다면 미국에서 항공기를 조립하는 방안도 검토할 수 있다고 공개적으로 밝혔다. 이 전략은 오랫동안 성공적으로 작용했지만, 2014년 중반부터 2018년까지 미국 달러 가치가 급격히 상승하면서 오히려 Airbus에 불리하게 작용하게 되었다.

Xenotar/E+/Getty Images

항공기 조립 라인.

Sources: D. Michaels, "Airbus Deliveries Top Boeing's; but Several Obstacles Remain," *The Wall Street Journal*, January 16, 2004, p. A9; J. L. Gerondeau, "Airbus Eyes U.S. Suppliers as Euro Gains," *The Seattle Times*, February 21, 2004, p. C4; "Euro's Gains Create Worries in Europe," *HoustonChronicle.com*, January 13, 2004, 3; K. Done, "Soft Dollar and A380 Hitches Lead to EADS Losses," *Financial Times*, November 9, 2006, p. 32.

전략을 모색할 필요가 있다(10장에서 처음 논의함).

전략적 유연성을 높이는 한 가지 방법은 생산 거점을 세계 여러 지역에 분산하여 환율 변동에 대한 실질적 헤지(real hedge)를 구축하는 것이다(이는 Airbus도 고려했던 방식으로 보인다). 예를 들어, 독일의 수출 중심 자동차 및 항공우주 기업인 Daimler-Benz 사례를 생각해 보자. Daimler-Benz는 1995년 6월, 약 7억 2천만 달러(당시 환율 기준)를 웃도는 대규모 적자를 예상한다고 발표해 독일 재계를 놀라게 했다. 원인은 당시 강력한 독일 마르크(Deutsche Mark)였다. 1995년 초 이후 마르크는 주요 통화 바스켓 대비 약 4% 절상됐고, 1994년 말부터 달러 대비 30% 넘게 절상되어 1995년 중반 무렵엔 달러당 DM1.38 수준이 됐다. Daimler의 경영진은 달러당 DM1.60 이하로는 수익을 내기 힘들다고 판단했다. Daimler의 경영진은 마르크 절상이 고착화될 것으로 보고 해외 생산 확대와 해외 부품 구매를 늘리기로 결정했다. 이러한 결정은 향후 환율 변동에 대한 취약성을 줄이기 위한 것이었다. 실제로 1998년에 Chrysler를 인수하기 전부터 2000년까지 Daimler는 Mercedes-Benz 차량 중 10%를 주로 미국에서 생산할 계획을 세운 바 있다. 마찬가지로 일본 자동차 회사들이 미국과 유럽에서 생산 능력을 확장하려는 움직임은 1985년에서 1995년 사이에 엔화 가치가 상승하면서 일본 수출 가격이 상승한 상황에서 일어난 것이었다. 일본 기업들에게 해외 생산 능력 구축은 지속적인 엔화 강세(뿐만 아니라 무역 장벽)에 대한 헤지 수단이었다.

전략적 유연성을 구축하고 경제적 노출을 줄이는 또 다른 방안은 생산의 일부를 하청을 주는 것이다. 이를 통해 기업은 환율 변동으로 인한 상대적 비용 변화에 대응하여 공급 업체를 한 나라에서 다른 나라로 이전할 수 있다. 다만, 이는 개별 제조사가 제품에 기여하는 기업 고유 역량이 거의 없는 저부가가치 생산(예: 섬유)에서만 작동하기 쉽다. 반면, 기업 특유의 기술과 기술이 제품에 상당한 가치를 부여하고(예: 중장비 산업) 전환 비용이 높은 고부가가치 제조에는 공급 업체 교체가 적합하지 않을 수 있다. 고부가가치 제조업의 경우 공급 업체를 교체하면 부가가치가 감소하여, 환차익이 상쇄될 수 있다.

현행 국제 통화 제도에서 IMF와 세계은행이 수행하는 역할도 기업 전략에 의미를 가진다. 최근 IMF는 세계 경제의 거시적 경찰 역할을 점점 더 맡아, 대규모 차입을 원하는 국가들에 IMF가 제시하는 거시 정책 채택을 강요해 왔다. 이 정책에는 보통 긴축 통화 정책, 정부 지출 축소, 반인플레이션 정책 등이 포함되며, 단기적으로는 이러한 정책으로 인해 국내 총수요가 급격히 줄어든다. 해당 국가에 수출하거나 현지 생산 및 판매를 하는 기업들은 이를 인지하고 대응해야 한다. 장기적으로 보면, IMF가 요구하는 방식의 정책들은 경제 성장과 수요 확대에 기여할 수 있고, 이는 결국 국제 비즈니스에 새로운 기회를 제공할 수도 있다.

기업-정부 관계

국제 무역 및 투자 환경의 주요 참여자로서, 기업은 정부의 국제 통화 제도 관련 정책에 영향을 미칠 수 있다. 예컨대, 미국 수출 기업들의 강력한 로비는 미국 정부가 외환 시장에 개입해야 한다는 결론을 내리도록 도왔다. 이를 염두에 둘 때, 기업은 국제 무역과 투자의 성장을 촉진하는 국제 통화 제도를 마련하도록 영향력을 행사할 수 있고, 또 그렇게 해야 한다. 고정환율제가 나은가 변동환율제가 나은가에 대해서는 여전히 논쟁이 있다. 그러나 1980년대와 1990년대에 세계가 경험한 것과 같은 환율 변동성은 환율이 좀 더 안정적인 체제보다 국제 무역 및 투자에 덜 우호적인 환경을 조성한다. 따라서 국제 비즈니스의 이익을 위해서는 장기적인 경제의 기초 체력과 무관한 변동성이 큰 환율 움직임을 최소화하는 국제 통화 제도를 촉진하는 것이 바람직할 것이다.

주요 용어

국제 통화 제도	더티 플로트 제도	금본위제	은행 위기
변동환율제	고정환율제	금평가	대외 부채 위기
페그제	유럽 통화 제도	국제수지 균형	도덕적 해이
관리 변동환율제	달러화 통용 제도	통화 위기	

요약

이 장에서는 국제 통화 체제가 어떻게 작동하는지 설명하고, 국제 비즈니스에 미치는 시사점을 짚었다. 이 장의 주요 내용은 다음과 같다.

1. 금본위제란 통화를 금에 연동하고 금으로의 태환을 보장하는 화폐 표준이다. 과거에는 금본위제가 각국이 동시에 국제수지 균형을 달성하도록 하는 자동 메커니즘을 갖추었다고 여겨졌다. 그러나 1930년대 들어 여러 국가가 경쟁적 평가절하를 단행하면서 금본위제는 붕괴했다.
2. 브레튼우즈 체제는 1944년에 확립된 고정환율제였다. 미국 달러가 이 체제의 기축 통화였고, 모든 다른 통화의 가치가 달러에 고정되었다. 상당한 환율 평가절하는 IMF의 허락을 받아야 했다. IMF의 역할은 국제 통화 제도에서 (a) 1930년대의 경쟁적 평가절하 재발을 막고, (b) 각국에 통화 규율을 부과해 물가 상승을 통제하는 것이었다.
3. 고정환율제는 1973년에 붕괴했는데, 이는 주로 미국 인플레이션 상승과 무역 적자 증가에 따른 달러에 대한 투기적 압력 때문이었다.
4. 1973년 이후 세계는 변동환율제로 운영되고 있으며, 환율은 과거보다 훨씬 더 변동성이 커지고 예측하기 어려워졌다. 이러한 환율 변동성 증가는 고정환율제와 변동환율제의 장단점에 대한 논쟁을 다시 불러일으켰다.
5. 변동환율제 옹호론은 (a) 이 제도가 각국에 통화 정책 자율성을 부여하며, (b) 무역수지 불균형을 부드럽게 조정할 수 있다고 주장한다.
6. 고정환율제 옹호론은 (a) 고정환율을 유지하려면 각국이 통화 규율을 지켜야 하므로 물가 억제 효과가 있고, (b) 변동환율제는 투기에 취약하며, (c) 환율 변동에서 오는 불확실성이 국제 무역 및 투자를 위축시킨다고 보고, (d) 환율 평가절하가 무역수지를 자동적으로 개선하기보다는 물가 상승을 유발할 위험이 있다고 주장한다.
7. 오늘날 국제 통화 제도에서 몇몇 국가는 변동환율제를 채택하거나, 일부는 통화를 미국 달러와 같은 특정 통화에 고정하거나, 다른 몇몇은 복수 통화 바스켓에 연동해 일정 폭 안에서 변동을 허용하는 방식을 취한다.
8. 브레튼우즈 체제 붕괴 이후에도 IMF는 여러 금융 위기 상황에서 중요 역할을 맡아서 대규모 자금을 곤경에 처한 정부에 빌려주고 특정 거시 경제 정책을 요구함으로써 국가들이 위기를 헤쳐나가도록 돕고 있다.
9. IMF가 요구하는 거시 경제 정책이 적절한지에 대한 논란이 지속되고 있다. 비판론자들은 IMF가 자금 지원을 받는 개발도상국에 부적절한 조건을 부과한다고 주장한다.
10. 현재의 관리 변동환율제는 국제 비즈니스에서 통화 관리의 중요성을 증가시켰다.
11. 현재의 관리 변동환율제에서 환율 변동성은 기업에 기회와 위협을 동시에 제공한다. 이러한 변동성에 대응하는 한 가지 방법은 기업이 전략적 유연성을 구축하고 경제적 노출을 제한하는 것이다. 이를 위해 전 세계 다양한 지역에 생산을 분산시키고, (부가가치가 낮은 제조업의 경우) 생산을 외주화하는 등의 방법을 활용할 수 있다.

비판적 사고와 토론을 위한 질문

1. 금본위제는 왜 붕괴했는가? 금본위제의 일부 형태로 복귀해야 한다는 논의가 존재하는가? 있다면 그 근거는 무엇인가?
2. 현재 국제통화기금(IMF)의 개발도상국 대출 정책이 국제 비즈니스에 어떤 기회를 제공할 수 있는가? 또한, 이러한 정책이 초래할 수 있는 위협은 무엇인가?
3. IMF의 표준 정책 처방인 긴축 통화 정책과 정부 지출 축소가 통화 위기를 겪는 개발도상국에 항상 적절하다고 생각하는가? IMF는 이러한 접근 방식을 어떻게 변경할 수 있는가? 또한, 그러한 변화가 국제 비즈니스에 미칠 영향은 무엇인가?
4. 고정환율제와 변동환율제의 상대적 장점을 논하라. 국제 비즈니스의 관점에서 두 환율 제도 중 어떤 것이 더 적합한가? 환율 제도를 선택할 때 가장 중요한 기준은 무엇인가? 또한, 국제 비즈니스에 더 유리한 환율 제도는 어느 것인가?
5. 캐나다, 미국, 멕시코가 고정환율제를 도입하기로 결정했다고 가정하자. 이러한 제도가 (a) 국제 비즈니스와 (b) 세 국가 간 무역 및 투자 흐름에 미칠 영향은 무엇인가?
6. COUNTRY FOCUS 'IMF와 아이슬란드의 경제 회복'을 다시 읽고, 다음 질문에 답하라.
   a. 2008년 아이슬란드 경제 위기의 주요 원인은 무엇이었는가?
   b. 아이슬란드는 전형적인 통화 위기를 겪은 것인가, 아니면 은행 위기였는가?
   c. 아이슬란드는 2008~2009년 경제 위기에서 어떻게 회복했는가? 이 사례에서 얻을 수 있는 중요한 교훈은 무엇인가?
   d. 아이슬란드는 IMF 대출과 함께 흔히 요구되는 긴축 정책을 시행하지 않았음에도 불구하고 경제가 회복되었다. 이것이 긴축 정책이 효과적이지 않다는 것을 의미하는가?
7. COUNTRY FOCUS '중국의 환율 제도'를 다시 읽고, 다음 질문에 답하라.
   a. 중국이 역사적으로 위안화의 가치를 미국 달러에 고정했던 이유는 무엇이라고 생각하는가?
   b. 중국은 왜 2005년에 관리 변동환율제로 전환했는가?
   c. 중국이 위안화를 미국 달러 및 유로와 같은 주요 통화에 대해 자유 변동환율제로 운영할 경우 얻을 수 있는 이점과 위험은 무엇인가? 중국은 어떤 조치를 취해야 한다고 생각하는가?
   d. 과거 중국이 수출을 촉진하기 위해 위안화 가치를 인위적으로 낮게 유지했다는 증거가 있는가? 현재도 중국이 이를 유지하고 있는가?
   e. 중국이 환율을 관리하는 방식에 대해 미국과 EU는 어떤 정책적 입장을 취해야 하는가?

세계 기축 통화로서의 미국 달러

미국 달러는 지난 75년 동안 세계의 기축 통화 역할을 해왔다. 2022년 말 기준, IMF에 따르면 전 세계 중앙은행들이 보유한 외환 보유액 중 59.8%가 미국 달러였다. 그 다음으로 많이 보유된 통화는 유로로, 전체 외환 보유액의 19.7%를 차지했으며, 그 뒤를 일본 엔(5.3%), 영국 파운드(4.6%), 중국 위안(2.8%)이 따랐다. 미국 달러의 압도적인 비중으로 인해, 공식적으로 기축 통화로 지정된 것은 아니지만 사실상 글로벌 기축 통화 역할을 하고 있다. 전체 외환 거래의 약 90%가 미국 달러로 이루어지며, 세계 부채의 40%는 미국 달러로 발행된다. 또한, 국제 결제의 40%에서도 사용되고 있다. 원유, 구리, 설탕과 같은 글로벌 원자재뿐만 아니라 반도체 칩과 같은 산업 제품도 대부분 미국 달러로 가격이 책정되고 거래된다. 2021년 기준, 2조 1,870억 달러 규모의 미국 달러 지폐가 유통되었으며, 그중 약 절반은 해외에서 사용되었다. 특히 동유럽과 라틴 아메리카 지역에서 많이 사용되었으며, 이들 지역에서는 미국 달러가 일상적인 거래에서 경화로 활용되는 경우가 많다. 예를 들어 베네수엘라에서는 극심한 인플레이션으로 인해 볼리바르(bolívar)의 가치가 사실상 무너졌고, 미국 달러가 사실상의 통화로 대체되었다.

미국 달러가 이러한 독보적인 위치를 유지하는 이유는 여러

RolfBruderer/BlendImages LLC

가지가 있다. 1944년 브레튼우즈 협정은 미국 달러를 세계 통화 시스템의 중심으로 설정했다. 이 협정에 따라 미국 달러만이 금으로 태환될 수 있었으며, 다른 국가들은 자국 통화를 미국 달러에 고정했다. 그러나 1971년, Nixon 대통령이 미국 달러를 금본위제에서 탈피시키면서도 미국 달러는 기축 통화의 지위를 유지했다. 이는 당시 미국 경제가 세계에서 압도적으로 가장 큰 규모였기 때문이다. 비록 최근 중국이 빠르게 경제력을 키우고 있지만, 미국 경제는 여전히 세계에서 가장 큰 경제 규모를 유지하고 있다. 미국 달러의 지속적인 강세를 뒷받침하는 요소 중 하나는 외국인 투자자들이 미국 연방준비제도이사회(연준)의 인플레이션 억제 능력과 미국 달러의 가치를 유지하는 능력을 신뢰하고 있다는 점이다. 또한, 외국인 투자자들은 미국 달러 기반 자산에 자유롭게 투자하고, 이를 신속하게 환전할 수 있다는 점에서도 미국 달러를 선호한다.

때때로 미국 달러가 세계 기축 통화 지위를 잃을 것이라는 예측이 제기되었다. 2000년대 초반, 일부 경제 분석가들은 유로가 점차 비중을 확대하여 장기적으로 미국 달러를 대체하거나 적어도 동등한 기축 통화가 될 가능성이 있다고 보았다. 그러나 2009년 발생한 유럽 부채 위기(아일랜드, 그리스, 스페인 등)의 여파로 유로존에 대한 신뢰가 손상되었고, 이는 통화 통합의 복잡성을 드러내는 계기가 되었다. 그 결과, 전 세계 외환 보유액에서 유로의 비중은 20% 수준에서 정체되었다.

최근 들어, 미국 달러의 위상이 흔들릴 것이라는 새로운 주장이 등장했다. 일부 전문가들은 중국의 경제적 부상을 근거로 중국 위안이 미국 달러를 대체할 가능성이 있다고 주장한다. 현재 중국은 세계 2위 경제대국, 글로벌 경제 성장의 최대 기여국, 세계 최대 수출국이다. 향후 10년 이내에 중국이 세계 최대 경제 대국이 될 가능성이 높다는 점에서 중국 위안이 기축 통화가 되는 것이 자연스럽지 않겠느냐는 주장도 있다. 회의론자들은 미국의 재정 및 통화 정책으로 인해 미국 달러에 대한 신뢰가 약화되고 있다고 주장한다. 2020년 미국 정부는 COVID-19 팬데믹으로 인한 경제 충격을 극복하기 위해 대규모 부채 기반 지출을 단행했다. 그 결과, 수조 달러를 차입했으며, 동시에 미국 연준은 통화 공급을 확대했다. 이러한 정책이 결합되면서 2022년에는 1960년대 이후 미국에서 가장 높은 수준의 인플레이션을 초래했다. 이에 따라 일부 경제 전문가들은 인플레이션이 미국 달러의 가치를 저하시킴으로써, 외국인 투자자들이 이를 안정적인 가치 저장 수단으로 신뢰하지 않고 달러 보유량을 줄일 것이라는 예측을 내놓았다. 그러나 현재까지 이러한 현상이 실제로 발생한 징후는 보이지 않는다. 이는 현재 인플레이션이 글로벌 현상이며, 연준이 금리 인상을 통해 인플레이션을 통제할 의지를 지속적으로 표명하고 있기 때문일 가능성이 크다.

중국은 자국 통화인 중국 위안이 국제 거래에서 더 큰 역할을 하기를 바라며, 궁극적으로 세계 기축 통화로 자리 잡기를 희망하고 있다. 그러나 현실적으로 중국 위안은 여전히 글로벌 경제에서 주변적인 역할을 하고 있다. 오랫동안 중국의 금융 시장은 투명성이 부족하고, 각종 규제가 외국인들이 위안화 표시 자산을 발행, 구매, 거래하는 것을 어렵게 만든다는 점이 주요 문제로 지적되어 왔다. 이에 따라, 2015년 이후 중국 정부는 금융 시장 개혁을 단행하여 투명성을 높이고, 시장 접근성을 확대했으며, 투자자 신뢰를 개선하려고 노력했다. 그러나 여전히 외국인 투자자들은 중국 위안을 적극적으로 보유하거나 국제 거래에서 사용할 의향을 보이지 않고 있다. 이러한 상황이 지속되는 가장 큰 이유는 Xi Jinping 주석 체제에서 중국의 정치적 환경이 점점 더 권위주의적으로 변화하고 있기 때문이다. 현재로서는 중국 정부가 금융 시장과 통화 시스템을 국가의 통제에서 자유롭게 개방할 의지가 있는지 불확실하다는 점이 외국인 투자자들의 신뢰를 저해하고 있다.

두 가지 최근 사건이 이러한 우려를 잘 보여 준다. 첫째, 2020년 중국 정부는 Ant Group의 기업 공개를 차단했다. Ant Group은 중국 최대 전자상거래 기업인 Alibaba의 금융 부문으로, 정부가 이와 같은 조치를 취한 이유는 공식적으로 밝혀지지 않았지만, 중국 정부가 민간 기업이 자국 금융 시스템에서 지나치게 큰 영향력을 행사하는 것을 원하지 않았을 가능성이 높다(현재 중국 은행의 약 88%가 국영임). 둘째, 2015년, 중국 정부는 위안 가치 보호를 목적으로 해외로 유출되는 자본에 대한 규제를 도입했다. 비록 이 조치는 주로 중국 시민들을 대상으로 한 것이었지만, 국제 사회에서는 정부가 필요할 경우 국제 자본 흐름을 강제로 차단할 수 있다는 신호로 해석했다. 이는 국경 간 자본 흐름이 환율 안정성과 중국 통화 당국의 통제력을 위협한다고 판단될 경우, 정부가 이러한 흐름을 차단할 것임을 시사한다. 이러한 조치는 외국인 투자자들을 위축시켰으며, 그들은 위안화 표시 자산에 대한 자유로운 매매 및 환전이 제한될 가능성을 우려하고 있다.

미국 금융 시장과 달리, 이러한 사건들은 중국 금융 시장이 여전히 자유롭고 개방된 시장과는 거리가 있음을 보여 준다. 이러한 인식이 지속되는 한, 외국인 투자자들은 필요할 때 자유롭게 환전할 수 없을 수도 있다는 우려 때문에 위안화 표시 자산을 과도하게 보유하는 것을 꺼릴 것이다. 결론적으로, 중국이 대대적인 금융 개혁을 단행하지 않는 한, 중국 위안이 미국 달러를 대체하여 세계 기축 통화가 될 가능성은 당분간 희박해 보인다.

Sources: K. Amadeo, "Why the US Dollar Is the Global Currency," *The Balance*, July 23, 2020; D. McDowell, "Dollar Doomsayers Are Wrong Again," *World Political Review*, January 19, 2021; "Global Trade's Dependence on Dollars Lessens Its Benefits," *The Economist*, August 29, 2020.

CLOSING CASE 토론을 위한 질문

1. 왜 미국 달러는 세계에서 가장 많이 보유되는 외환 보유액 기축 통화인가?
2. (a) 유로와 (b) 중국 위안이 기축 통화로서의 매력을 제한받은 요인은 무엇이라고 생각하는가?
3. 어떤 조건이 충족될 경우, (a) 유로와 (b) 중국 위안이 외환 보유액에서 차지하는 비중을 증가시킬 수 있는가?
4. 미국 달러가 세계에서 가장 널리 보유되는 기축 통화로서의 중심적인 역할을 잃게 되려면 어떤 변화가 발생해야 하는가?
5. 만약 미국 달러가 세계에서 가장 인기 있는 기축 통화의 역할을 잃는다면, 미국 경제 및 국제 비즈니스에 미치는 영향은 무엇일까?

미주(endnotes)는 한경사 홈페이지 www.hankyungsa.co.kr의 공지 사항에서 PDF 파일로 다운로드 할 수 있습니다.

Future Publishing/Getty Images

12

국제 비즈니스 전략

학습 목표

이 장을 학습하면,

1. 글로벌 전략 개념을 설명할 수 있다.
2. 기업이 글로벌 시장으로 확장함으로써 수익을 창출하는 방법을 설명할 수 있다.
3. 비용 절감 압력과 현지 대응 압력이 전략적 선택에 미치는 영향을 이해할 수 있다.
4. 글로벌 시장에서 경쟁하기 위한 다양한 글로벌 전략을 파악하고 선택할 수 있다.

OPENING CASE

3M의 글로벌 전략 진화

1902년에 설립된 3M은 미국 내에서 대표적인 지속 가능한 기술 중심 기업 중 하나로 손꼽힌다. 3M은 118,000개 이상의 글로벌 특허와 다양한 산업과 관련된 약 55,000개의 제품을 보유하고 있다. 소비재로는 포스트잇 노트, 스카치 테이프, 스카치 가드, 스카치 브라이트, 에이스 밴드 등 잘 알려진 브랜드가 있다. 2022년에는 Interbrand가 선정한 글로벌 100대 브랜드에서 질레트, 켈로그, 콜게이트 등 유명 브랜드를 제치고 69위에 올랐다. 3M의 제품 중 상당수는 프리미엄 가격을 형성하고 있다.

3M은 미국의 다국적 기업 중에서도 국제화를 매우 활발히 추진하는 기업으로 평가받고 있다. 2022년 현재 70개국에서 사업을 운영하고 있으며 연 매출 340억 달러 중 약 60%를 해외 매출에서 창출하고 있다. 3M은 대부분의 원자재와 제품을 자체 생산하고 있으며, 144개의 제조 시설 중 83개가 미국 외 지역에 위치하고 있으며, 직원 9만 2천 명 중 5만 5천 명이 해외에 근무하고 있다.

1920년대부터 해외 사업에 참여했지만 3M의 본격적인 해외 진출은 1950년대와 1960년대에 시작되었다. 초기에는 신뢰할 수 있는 직원 몇 명만 유망한 해외 시장에 파견했다. 3M은 해외 시장에서 특허, 제품, 브랜드를 자유롭게 활용할 수 있었지만, 그 외에는 거의 아무런 자산도 보유하지 않았다. 따라서 현지에서 자본을 조달하고, 현지 직원을 고용하며, 시간이 지나면서 현지 비즈니스를 구축해야 했다. 일반적으로 3M은 미국에서 제품을 수입해 현지 딜러를 통해 판매하는 방식으로 시장에 진입했다. 그러나 주요 시장에서는 직접 판매, 마케팅, 제조, 연구·개발(R&D) 기능 등을 구축하며 자체적인 현지 역량을 강화하는 경우가 많았다. 그 결과, 전 세계 주요 시장에서는 미니 3M이라고 할 수 있는 현지 조직이 자리 잡게 되었다. 3M의 인력, 특허, 제품, 브랜드는 각국 사업장 간에 항상 공유되었지만, 그 외 많은 요소는 현지화되었다. 예를 들어, 제품은 현지에서 제조하고, 포장은 해당 국가의 표준에 맞춰 맞춤 제작했으며, 광고 역시 현지 시장에 적합하게 제작하는 등 다양한 부분에서 현지화를 추진했다.

이러한 현지화 전략은 1980년대까지 효과적으로 작동했다. 당시에는 무역 장벽이 높고, 배송비가 비쌌으며, 유통 시스템이 국가마다 달랐고, 소비자의 취향과 선호도 또한 국가별로 크게 차이 났기 때문에 이러한 방식의 운영이 합리적이었다. 이러한 차이로 인해 현지 생산, 제품 맞춤화, 그리고 현지 마케팅 및 판매 전략이 필수적이었다.

그러나 1990년대에 접어들면서 무역 장벽이 무너지고 컨테이너화의 등장으로 운송 비용이 하락하며, 아시아와 유럽에서 전 세계에 표준화된 제품을 판매하는 유능한 글로벌 경쟁 업체들이 등장했다. 이러한 글로벌 환경 속에서 3M은 비용 면에서 불리한 입장에 놓이게 되며, 회사의 실적은 악화되기 시작했다. 현지 공장은 새롭게 부상하는 경쟁 업체들이 누리는 규모의 경제를 갖추지 못했고, 몇몇 선택된 지역에서 글로벌 생산을 중앙 집중화하여 비용 효율적인 공장에서 전 세계 시장에 서비스를 제공하는 경쟁 업체들이 등장했다. 3M은 특히 제조 부문에서 중복되는 자산이 너무 많다는 문제가 발생했다.

이에 대한 3M의 해결책은 무역 장벽이 낮아지는 상황을 활용하여 구매, 생산, 유통 시설을 소수의 선택된 지역에 통합함으로써 규모의 경제를 달성하고, 지역 및 글로벌 시장에 보다 효율적으로 서비스를 제공할 수 있도록 전략을 전환하는 것이었다. 동시에 다양한 제품에 대한 현지인의 취향과 선호도가 여전히 다르다는 점을 인식하고, 현지 영업 및 마케팅을 계속 강조했다. 또한 3M은 다양한 국가 및 지역 환경에 노출되는 것이 혁신을 촉진하고, 전 세계에 판매할 수 있는 제품을 개발하는 데 도움이 될 수 있다고 판단하여 전 세계 여러 지역에 R&D 시설을 계속 유지했다.

지역 또는 글로벌 생산과 현지 마케팅, 영업, R&D에 중점을 둔 이러한 초국가적 전략은 효과를 거두고 있다. 2022년 현재 3M은 경쟁사보다 저렴한 비용으로 많은 원자재를 자체 생산하고 있다. 3M의 생산 시설은 경쟁사보다 훨씬 더 큰 경우가 많아 규모의 경제를 달성할 수 있으며, 대형 공장은 소규모 공장에 비해 평균 40~45% 더 높은 생산성을 보이며, 재고 회전율도 평균 15% 더 빠르다. 이러한 현상은 3M의 물류 센터에서도 동일하게 나타나며, 대형 물류 센터는 소규모 지역 물류 센터보다 20~25% 더 빠른 운영 효율성을 보인다. 동시에 3M은 제품 혁신과 현지화된 마케팅 노력 덕분에 다양한 제품에서 경쟁 업체보다 10~30%의 가격 프리미엄을 부과할 수 있다. 낮은 비용과 높은 가격의 조합은 높은 매출 총이익과 수익성 향상으로 이어지고 있다.

Sources: Interbrand, "Best Global Brands of 2022," https://interbrand.com/best-brands/; 3M Company, 2022 Form-10K, February 8, 2023; J. Aguilar, "3M's Litigation Risk and Lack of Operational Execution Still Concern Us," , March 2, 2023; Charles Hill, "3M: The Innovation Engine," In C.W.L. Hill and M. A. Schilling, *Strategic Management*, 13th ed. Mason, OH: Cengage, 2020.

서론

지금까지의 논의는 국제 비즈니스가 경쟁하는 거시적 환경의 측면에 초점을 맞추어 전개되었다. 앞 장에서 설명한 바와 같이, 이러한 환경에는 국가마다 상이한 정치, 경제, 문화적 제도뿐만 아니라 국제 무역 및 투자 프레임워크, 국제 통화 시스템 등이 포함된다. 이번 장부터는 논의의 초점을 이러한 환경 내에서 기업, 특히 다국적 기업으로서 보다 효과적으로 경쟁하기 위해 경영자가 실행할 수 있는 방안에 중점을 둔다.

이 장에서는 기업이 해외 시장에서 사업을 확장하여 수익성을 증대시킬 수 있는 방안을 분석한다. 기업이 국제적으로 경쟁할 때 채택할 수 있는 다양한 전략을 논의하며, 각 전략의 장단점을 고찰한다. 다음 장에서는 국제 비즈니스 관리의 다양한 측면을 더 자세히 살펴보며, 기업이 해외 시장에 진출하기 위해 채택할 수 있는 다양한 전략을 분석한다. 또한 다국적 비즈니스의 생산 전략, 마케팅 전략, 인적 자원 전략을 분석하며, 이들 기업에서 중요한 회계 및 재무 관리 측면을 함께 살펴본다. 그러나 우선적으로 기업의 전반적인 전략에 대해 고민해야 한다.

OPENING CASE에서 소개한 3M의 전략 개요는 이 장에서 다룰 몇 가지 이슈를 잘 보여 준다. 오랫동안 미국에서 국제 비즈니스 전략을 활발하게 수행하는 기업 중 하나였던 3M은 수십 년 동안 주요 국가 시장의 요구에 맞춰 생산, 마케팅, 판매를 현지화함으로써 번영을 누려 왔다. 하지만 1980년대 후반, 세계화로의 전환이 가속화되면서 이러한 현지화 전략은 더 이상 효과를 발휘하지 못했다. 이에 3M은 전략을 변경했다. 3M의 대응은 구매, 생산, 유통 활동을 소수의 지역 및 글로벌 거점으로 통합하여 규모의 경제와 위치 경제를 통해 비용 효율성을 높이는 한편, 많은 국가 시장에서 현지 영업 및 마케팅 활동을 계속하여 현지 요구에 맞게 제품을 맞춤화하였다. 이 장에서 설명하겠지만, 이러한 전략을 일반적으로 초국가적 전략이라고 지칭한다. 최근 많은 다국적 기업들이 채택하고 있는 전략이기도 하다. 이 전략은 한편으로는 비용 효율성을, 다른 한편으로는 현지화를 균형 있게 조율하려고 노력한다. 모든 기업에 적합한 전략은 아니며, 실행하기도 쉽지 않지만, 3M과 같은 기업에는 필수적인 전략이다.

전략과 기업

[학습 목표 1] 글로벌 전략 개념을 설명한다.

다국적 기업의 경영자가 추구할 수 있는 전략을 논의하기 전에, 먼저 전략의 몇 가지 기본 원칙을 살펴볼 필요가 있다. 기업의 **전략**(strategy)은 경영자가 기업의 목표를 달성하기 위해 취하는 행동으로 정의된다. 대부분의 기업에서 가장 중요한 목표는 소유주와 주주를 위해 기업의 가치를 극대화하는 것이다. 단, 이 과정에서 수행되는 활동이 법적, 윤리적, 그리고 사회적으로 책임 있는 방식으로 이루어져야 한다는 중요한 제약이 따른다(자세한 내용은 5장 참조). 기업의 가치를 극대화하기 위해 경영자는 기업의 수익성과 시간 경과에 따른 수익 성장률을 높이는 전략을 추구해야 한다(그림 12-1 참조). **수익성**(profitability)은 여러 가지 방법으로 측정할 수 있지만, 대체로 기업의 순이익을 총 투자 자본으로 나눈 투자 자본 수익률(ROI)로 정의된다.[1] **수익 성장률**(profit growth)은 시간에 따른 순이익의 증가 비율로 측정된다. 일반적으로 수익성이 높고 수익 성장률이 높을수록 기업의 가치가 상승하며, 이는 기업의 소유주인 주주가 얻을 수 있는 수익 증가로 이어진다.[2]

전략
경영자가 기업의 목표를 달성하기 위해 취하는 행동.

수익성
수익률 개념.

수익 성장률
시간에 따른 순이익의 증가 비율.

경영자는 비용을 낮추는 전략을 추구하거나, 기업의 제품에 가치를 더하는 전략을 통해 가격을 인상하거나, 기존 고객 기반을 유지함으로써 기업의 수익성을 높일 수 있다.[3] 또한, 경영자는 기존 시장에서 더 많은 제품을 판매하는 전략을 추구하거나, 새로운 시장에 진출하는 전략을 통해 시간이 지남에 따라 기업의 이익 증가율을 높일 수 있다. 해외로 확장하기로 결정하면, 경영자는 회사의 수익성을 높이고, 시간이 지남에 따라 수익 성장률을 높일 수 있다.

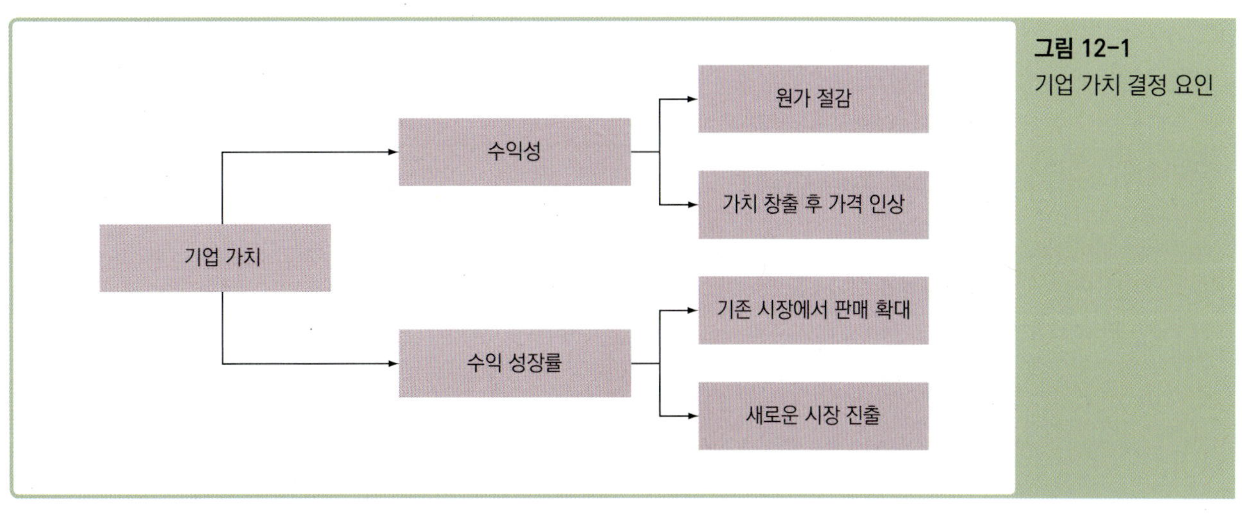

그림 12-1
기업 가치 결정 요인

가치 창출

기업의 수익성을 높이는 방법은 더 많은 가치를 창출하는 것이다.[4] 기업이 창출하는 가치의 양은 일반적으로 생산 비용과 소비자가 제품에 대해 인식하는 품질 간의 차이로 측정된다. 일반적으로 고객이 기업의 제품에 더 많은 가치를 부여할수록, 기업은 해당 제품에 대해 더 높은 가격을 책정할 수 있다. 그러나 기업이 상품이나 서비스에 대해 청구하는 가격은 일반적으로 고객이 해당 상품이나 서비스에 부여하는 가치보다 낮다. 이러한 차이는 기업이 고객의 비즈니스를 위해 다른 기업과 경쟁하고 있기 때문에 발생하며, 따라서 기업은 독점 공급 업체일 때보다 더 낮은 가격을 책정해야 한다. 또한 기업은 일반적으로 시장을 세분화하여 각 고객에게 제품 가치에 대한 특정 고객의 평가를 반영하는 가격을 부과할 수 있을 정도로 세분화하는 것이 불가능하며, 이를 경제학자들은 고객 예약 가격(customer's reservation price)이라고 부른다. 이러한 이유로 청구되는 가격은 많은 고객이 제품에 부여한 가치보다 다소 낮은 경향이 있다. 따라서 고객은 경제학자들이 소비자 잉여(consumer surplus)라고 부르는 형태로 가치의 일부를 확보하게 된다.[5]

그림 12-2는 이러한 가치 개념을 보여 준다. 평균 소비자에 대한 제품의 가치는 *V*, 경쟁 압력과 시장 세분화 능력을 고려할 때 기업이 해당 제품에 대해 소비자에게 부과할 수 있는 평균 가격은 *P*, 해당 제품을 생산하는 평균 단가는 *C*이다(*C*는 기업의 자본 비용을 포함한 모든 관련 비용으로 구성됨).

판매 단위당 기업의 이익(π)은 $P - C$와 같고, 단위당 소비자 잉여는 $V - P$와 같다(소비자 잉여를 '가격 대비 가치'로 생각하는 또 다른 방법은 소비자 잉여가 클수록 소비자가 얻는 돈의 가치가 커진다는 것이다). *P*가 *C*보다 크면 기업은 이익을 얻고, *P*에 비해 *C*가 낮을수록 기업의 이익은 커진다. *V*와 *P*의 차이는 부분적으로 시장의 경쟁 압력 강도에 따라 결정되며, 경쟁 압력이 낮을수록 *V*에 비해 부과되는 가격이 높아진다.[6] 일반적으로 다른 모든 것이 동일할 때 판매 단위당 기업의 이익이 높을수록 수익성이 높아진다.

가치 창출
소비자에게 제공되는 상품이나 서비스의 가치를 높이기 위한 활동을 수행하는 것.

기업의 **가치 창출**(value creation)은 *V*와 *C*의 차이($V - C$)로 측정되며, 기업은 *C*의 비용이 드는 투입물을 소비자가 *V*의 가치를 부여하는 제품으로 전환하여 가치를 창출한다. 기업은 생산 비용(*C*)을 낮추거나, 우수한 디자인, 스타일, 기능, 특징, 신뢰성, A/S 등을 통해 제품을 더 매력적으로 만들어 소비자가 더 높은 가치를 부여(*V* 증가)하고 결과적으로 더 높은 가격을 지불할 의사가(*P* 증

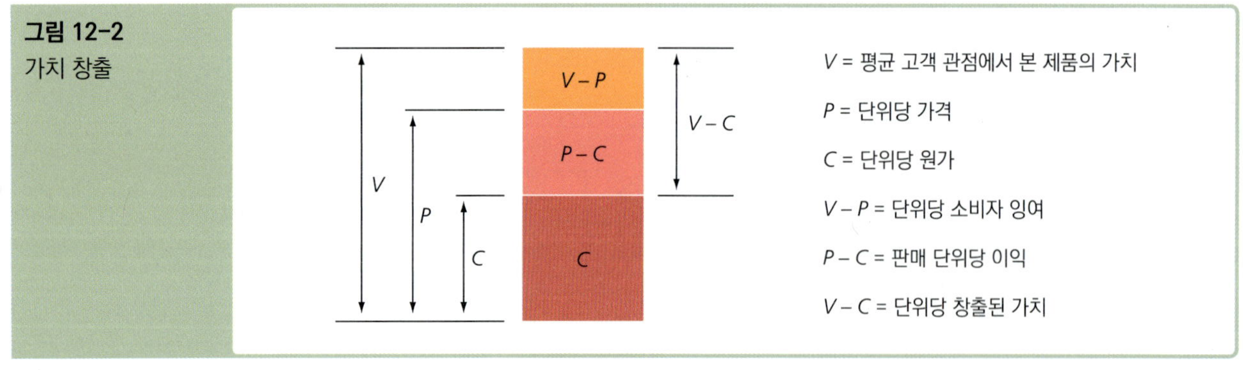

그림 12-2
가치 창출

가) 있도록 함으로써 더 많은 가치($V-C$)를 창출할 수 있다. 이 논의는 기업이 고객을 위해 더 많은 가치를 창출하고, 더 낮은 비용으로 이를 달성할 때 높은 수익을 얻을 수 있음을 시사한다. 우리는 주로 생산 비용을 낮추는 데 초점을 맞추는 전략을 저비용 전략이라고 부른다. 반면, 제품의 매력을 높이는 데 초점을 맞추는 전략을 차별화 전략이라고 한다.[7]

Michael Porter는 저비용과 차별화가 산업에서 가치를 창출하고 경쟁 우위를 확보하기 위한 두 가지 기본 전략이라고 주장했다.[8] Porter에 따르면 우월한 수익성은 우월한 가치를 창출할 수 있는 기업에게 돌아가며, 우월한 가치를 창출하는 방법은 기업의 비용 구조를 낮추거나, 어떤 방식으로든 제품을 차별화하여 소비자가 제품을 더 높게 평가하고 프리미엄 가격을 지불할 준비가 되어 있도록 하는 것이다. 경쟁사 대비 우월한 가치 창출을 위해 기업이 반드시 업계에서 가장 낮은 비용 구조를 가져야 하거나, 소비자의 관점에서 가장 가치 있는 제품을 만들어야 하는 것은 아니다. 그러나 가치(V)와 생산 원가(C) 사이의 격차가 경쟁사가 달성한 격차보다 커야 한다.

전략적 포지셔닝

Porter는 기업이 가치 창출(차별화)과 저비용이라는 전략적 강조하고 이러한 전략적 강조점을 뒷받침하도록 내부 운영을 구성하는 것이 중요하다고 주장한다.[9] 그림 12-3은 그의 요점을 잘 보여 준다. 그림 12-3의 볼록한 곡선은 경제학자들이 효율성 프론티어(또는 생산 가능성 프론티어)라고 부르는 것이다. 효율성 프론티어는 기업의 내부 운영이 특정 포지션을 지원하기 위해 효율적으로 구성되었다고 가정할 때, 제품의 부가가치(V)와 낮은 비용(C)과 관련하여 기업이 취할 수 있는 다양한 포지션을 모두 보여 준다(그림 12-3의 가로축은 역축으로, 오른쪽으로 이동할수록 비용이 낮아짐을 의미한다). 효율성 프론티어는 수익률 감소로 인해 볼록한 모양을 하고 있다. 수익률이 감소한다는 것은 기업이 이미 상당한 가치를 제품에 내장하고 있는 경우, 가치를 상대적으로 조금만 높이려면 상당한 추가 비용이 필요하다는 것을 의미한다. 반대로, 기업이 이미 저비용 구조를 가지고 있는 경우, 추가 비용 절감을 위해 제품 제공에 많은 가치를 포기해야 한다는 의미이기도 하다.

그림 12-3은 해외 여행객을 대상으로 전 세계에 진출한 세 개의 호텔 회사를 보여 준다. 캐나다

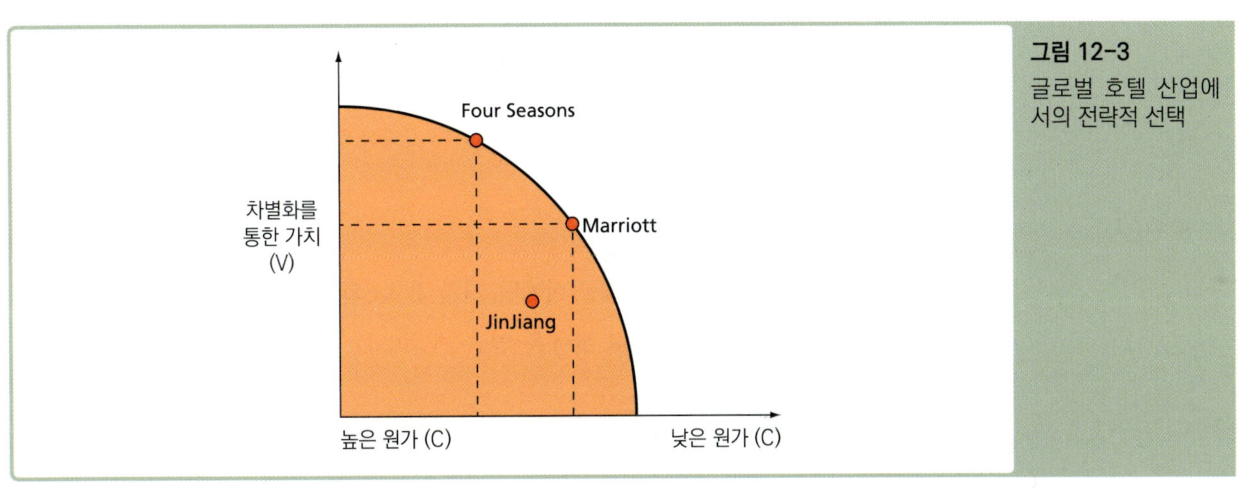

그림 12-3
글로벌 호텔 산업에서의 전략적 선택

의 Four Seasons, 미국의 Marriott International, 그리고 7 Days Inn과 같은 다수의 저가 호텔을 소유하고 있는 중국의 JinJiang International이다. Four Seasons는 럭셔리 체인으로 포지셔닝하고 상품 제공의 가치를 강조하기 때문에 운영 비용이 높다. Marriott는 대부분의 상품이 시장의 중간에 위치한다. JinJiang은 중저가 상품을 제공한다. 그림 12-3에서 Four Seasons와 Marriott는 효율성 프론티어에 있는 것으로 나타났는데, 이는 내부 운영이 전략에 맞게 잘 구성되고 효율적으로 운영되고 있음을 의미한다. 반면, JinJiang은 프론티어에서 벗어나 있으며, 운영이 비효율적이고 비용이 너무 높다는 것을 나타낸다. 이는 JinJiang이 Four Seasons나 Marriott보다 수익성이 낮다는 것을 의미하며, JinJiang의 관리자가 회사의 성과를 개선하고 효율성 프론티어로 나아가기 위한 조치를 취해야 한다는 것을 의미한다. Porter는 경영진이 가치(V)와 비용(C)과 관련하여 회사의 위치를 결정하고, 그에 따라 운영을 구성하며, 효율적으로 관리하여 회사가 효율성 프론티어에서 운영되도록 하는 것이 매우 중요하다고 강조한다.

기본 전략 패러다임의 핵심 원칙은 기업이 수익성을 극대화하려면 다음 세 가지를 수행해야 한다. (1) 해당 선택을 뒷받침할 수 있는 충분한 수요가 존재한다는 의미에서, 효율성 프론티어에서 실행 가능한 위치를 선택해야 한다. (2) 제조, 마케팅, 물류, 정보 시스템, 인적 자원 등의 내부 운영이 해당 위치를 뒷받침하도록 구성해야 한다. (3) 전략을 실행하는 데 적합한 조직 구조를 갖추고 있는지 확인해야 한다. 기업이 경쟁 우위를 확보하고 우수한 수익성을 얻으려면 전략, 운영, 조직이 모두 일관성을 유지해야 한다. 여기서 **운영**(operations)이란 기업이 수행하는 다양한 가치 창출 활동을 의미하며, 이에 대해서는 다음에서 살펴본다.

운영
기업이 수행하는 다양한 가치 창출 활동.

중요한 점은 기업이 경쟁사보다 낮은 비용으로 고객에게 더 많은 가치를 제공하는 혁신적인 전략을 추구함으로써 경쟁의 근간을 유리하게 바꿀 수 있다는 것이다. 본질적으로 기업은 혁신을 통해 업계에서 가능한 것의 경계를 바꾸고, 효율성 프론티어를 바깥으로 넓힐 수 있다.

운영: 가치 사슬로서의 기업

기업의 운영은 생산, 마케팅 및 판매, 자재 관리, R&D, 인적 자원, 정보 시스템, 기업 인프라 등으로 구성된 일련의 뚜렷한 가치 창출 활동을 포함하는 가치 사슬로 생각할 수 있다.[10] 이러한 가치 창출 활동 또는 운영은 주요 활동과 지원 활동으로 분류할 수 있다(그림 12-4 참조).[11] 앞서 언급한 대로, 기업이 전략을 효율적으로 실행하고 그림 12-3에 나타난 효율성 프론티어에 위치하려면, 이러한 활동을 전략과 일치하는 방식으로 효과적으로 관리해야 한다.

주요 활동

주요 활동은 제품의 설계, 제작 및 제공, 마케팅, 지원 및 A/S와 관련된다. 일반적인 관행에 따라 그림 12-4에 표시된 가치 사슬에서 주요 활동은 연구·개발(R&D), 생산, 마케팅 및 판매, 고객 서비스의 네 가지 기능으로 나뉜다.

R&D는 제품 설계 및 생산 프로세스와 관련된다. 흔히 R&D를 제조 기업의 물리적 제품 및 생

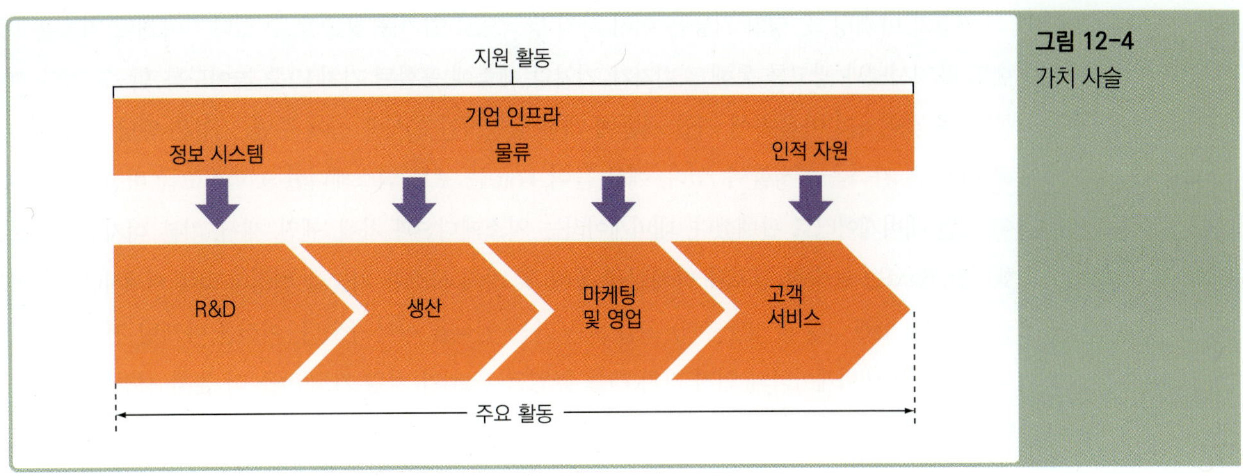

그림 12-4
가치 사슬

산 프로세스의 설계와 관련된 것으로 생각하지만, 많은 서비스 기업에서도 R&D를 수행한다. 예를 들어, 은행은 새로운 금융 상품을 개발하고, 이를 고객에게 제공하는 새로운 방법을 모색하며 경쟁한다. 온라인 뱅킹과 스마트 직불카드는 은행 업계에서 상품 개발의 대표적인 예이다. 은행 업계의 초기 혁신 사례에는 현금자동입출금기(ATM), 신용카드, 직불카드 등이 있다. R&D는 우수한 제품 디자인을 통해 제품의 기능을 향상시켜 소비자에게 더 매력적으로 보이도록 만들 수 있다(*V* 상승). 또는 생산 공정을 더욱 효율적으로 개선하여 생산 비용을 절감할 수도 있다(*C* 감소). 어느 쪽이든 R&D 기능은 가치를 창출할 수 있다.

생산은 재화나 서비스의 창출과 관련된다. 물리적 제품의 경우, 생산이라는 개념은 일반적으로 제조를 의미한다. 예를 들어, 자동차의 생산을 이야기할 수 있다. 반면, 은행이나 의료와 같은 서비스 업계에서는 서비스가 고객에게 전달될 때 '생산'이 이루어진다. 예를 들어, 은행이 고객을 위해 대출을 개시하면 대출의 '생산'에 관여하는 것이다. Walmart와 같은 소매업체의 경우, '생산'은 상품을 선택하고, 매장에 입고하고, 계산대에서 판매하는 과정과 관련된다. MTV의 경우, 생산은 뮤직비디오 및 주제별 프로그램과 같은 콘텐츠의 제작, 프로그래밍 및 방송과 관련된다. 기업의 생산 활동은 활동을 효율적으로 수행하여 비용을 낮추거나(낮은 *C*), 더 높은 품질의 제품을 생산할 수 있도록 수행함으로써(높은 *V*) 가치를 창출한다.

globalEDGE™ 뉴스레터

이번 장에서는 국가 간 차이, 국제 무역 및 투자 환경, 그리고 글로벌 통화 시스템 등 앞서 다룬 주제들을 바탕으로, 글로벌 기업을 효과적으로 운영하는 방법을 안내하고자 한다. 이는 많은 사람들이 기업에서 전략적 의사 결정자로서 성공적인 커리어를 쌓아갈 수 있는 핵심 영역이다. 성공하기 위해서는 글로벌 시장의 최신 트렌드, 중요한 전략적 요소, 자사가 제공하는 제품 및 서비스, 그리고 고객의 니즈와 욕구를 충족하는 자사의 차별화된 강점을 항상 파악하고 있어야 한다. 이러한 정보를 지속적으로 업데이트하는 방법 중 하나는 globalEDGE™ 뉴스레터를 활용하는 것이다. 이 뉴스레터는 globalEDGE™ 시스템에서 이메일을 등록하면 무료로 구독할 수 있다. 현재 200만 명 이상의 사용자가 globalEDGE™를 적극적으로 활용하고 있으며, 1천만 명 이상의 방문자가 사이트를 이용하고 있다. globalEDGE™ 뉴스레터는 새로운 기능과 최신 정보를 지속적으로 제공하는 필수 자료로 자리 잡았다. 현재 22만 5천 명 이상의 비즈니스 리더들이 무료로 구독하고 있으며, 관심이 있다면 globaledge.msu.edu/newsletters를 통해 가입할 수 있다.

기업의 마케팅 및 영업 기능은 여러 가지 방식으로 가치를 창출할 수 있다.[12] 마케팅 기능은 브랜드 포지셔닝과 광고를 통해 소비자가 기업의 제품에 포함된 가치(*V*)를 높이도록 할 수 있다. 이를 통해 소비자의 마음속에 기업 제품에 대한 긍정적인 인식을 심어 주면, 기업은 해당 제품에 대해 더 높은 가격을 책정할 수 있다. 예를 들어, Ford는 포드 익스페디션 SUV의 고급 버전을 생산하여 링컨 내비게이터로 판매했다. 내비게이터는 익스페디션과 차체, 엔진, 섀시, 기본 디자인이 동일했지만, Ford는 능숙한 광고와 마케팅을 통해 몇 가지 사소한 기능을 변경하고(예: 액세서리 추가, 링컨 스타일의 엔진 그릴 및 명판 추가) '고급 SUV'라는 인식을 심어 주었다. 이러한 마케팅 전략은 익스페디션 대비 내비게이터의 인지 가치(*V*)를 높였고, Ford가 차량 가격(*P*)을 더 높게 책정할 수 있도록 했다.

또한, 마케팅과 영업은 소비자의 니즈를 발견하고 이를 R&D 부서에 전달함으로써 가치를 창출할 수 있다. R&D 부서는 이러한 니즈에 맞는 제품을 설계할 수 있다. 예를 들어, 세계적인 제약 회사 중 하나인 Pfizer의 연구 예산 배분은 미충족 의료 수요 해결과 관련된 잠재적 시장 규모에 대한 마케팅 부서의 평가에 따라 결정된다. 따라서, Pfizer는 전 세계적으로 알츠하이머병 치료가 주요 미충족 의료 수요로 확인되었기 때문에, 이 질환의 치료법을 찾기 위한 R&D에 상당한 자금을 투입하고 있다. 마찬가지로, Pfizer는 코로나19 팬데믹 당시, 당시 미충족 의료 수요가 컸던 백신을 신속하게 개발하기 위해 상당한 연구 자금을 할당하며 대응했다.

기업의 서비스 활동은 판매 후 서비스 및 지원을 제공하는 역할을 한다. 이 기능은 고객이 제품을 구매한 후에도 문제를 해결하고 지원을 제공함으로써 소비자의 마음속에 우수한 가치(*V*)라는 인식을 심어줄 수 있다. 예를 들어, 미국에 본사를 둔 대형 토공 장비 제조업체인 Caterpillar는 24시간 이내에 전 세계 어디든 예비 부품을 공급할 수 있도록 하고 있다. 이러한 서비스는 장비 고장으로 인한 다운타임을 최소화할 수 있도록 돕는다. 이는 다운타임으로 인해 막대한 비용이 발생하는 업계에서 매우 가치 있는 역량이다. 결과적으로, 이러한 서비스는 고객이 Caterpillar 제품에 부여하는 가치를 높였고, Caterpillar가 더 높은 가격을 청구할 수 있도록 하는 데 기여했다.

지원 활동

가치 사슬의 지원 활동은 주요 활동이 원활하게 이루어질 수 있도록 인풋을 제공한다(그림 12-4 참조). 경쟁 우위를 확보하는 측면에서 지원 활동은 기업의 주요 활동만큼, 아니 그보다 더 중요할 수도 있다. 정보 시스템은 재고 관리, 판매 추적, 제품 가격 책정, 제품 판매, 고객 서비스 문의 처리 등을 위한 전자 시스템을 의미한다. 정보 시스템은 인터넷의 통신 기능과 결합하면 기업이 다양한 가치 창출 활동을 관리하는 효율성과 효과성을 혁신적으로 변화시킬 수 있다. 예를 들어, Dell은 정보 시스템을 활용하여 경쟁사보다 경쟁 우위를 확보했다. 고객이 Dell 웹사이트에서 제품을 주문하면, 해당 정보는 즉시 인터넷을 통해 공급 업체에 전송된다. 공급 업체는 해당 제품이 적시에 적절한 조립 공장에 도착할 수 있도록 생산 일정을 조정하여 제품을 생산 및 배송한다. 이러한 시스템을 통해 Dell은 공장에서 보유하는 재고량을 2일 이내로 줄였고, 이는 비용 절감의 중요한 원천이 되었다.

물류 기능은 조달에서 생산, 유통에 이르는 가치 사슬을 통해 물리적 자재의 이동을 제어한다. 이를 효율적으로 수행하면 비용을 크게 절감할 수 있으며(낮은 C), 더 많은 가치를 창출할 수 있다. 특히, 물류 시스템과 정보 시스템이 결합되면 Dell과 같은 많은 기업에서 강력한 비용 절감 원천이 될 수 있다. 예를 들어, 정보 시스템은 Dell이 글로벌 물류 네트워크에서 부품의 위치, 조립 공장 도착 예상 시간, 그리고 이에 따른 생산 일정 조정 방법을 실시간으로 파악할 수 있도록 한다.

인적 자원 기능은 다양한 방식으로 더 많은 가치를 창출하는 데 기여할 수 있다. 첫째, 인적 자원을 통해 기업이 가치 창출 활동을 효과적으로 수행할 수 있도록 숙련된 인력을 적절히 배치할 수 있다. 둘째, 적절한 교육, 동기 부여, 보상을 제공하여 직원들이 효과적으로 가치를 창출할 수 있도록 지원한다. 셋째, 다국적 기업의 경쟁력을 강화하는 데 중요한 역할을 한다. 특히 국적에 관계없이 고위 관리직을 맡을 수 있는 숙련된 관리자를 발굴, 채용, 육성하는 것이 필수적이다. 전 세계 어디에서든 최고의 인재를 확보할 수 있으며, 실제로 다양한 국적의 관리자들이 고위 경영진으로 승진하면서 다국적 기업의 고위 관리직이 점점 더 다양해지고 있다. 예를 들어, 일본의 미쓰비시 화학 홀딩스는 현재 일본인이 아닌 벨기에 출신의 Jean-Marc Gilson이 대표를 맡고 있다.

최종 지원 활동은 기업 인프라이며, 이는 다른 모든 가치 창출 활동이 이루어지는 기반을 제공한다. 기업 인프라에는 조직 구조, 통제 시스템, 기업 문화 등이 포함된다. 최고 경영진은 기업 인프라의 이러한 측면을 형성하는 데 상당한 영향력을 행사할 수 있으므로, 최고 경영진도 기업 인프라의 일부로 간주해야 한다. 강력한 리더십을 통해 최고 경영진은 기업 인프라를 의식적으로 형성할 수 있으며, 이를 통해 기업의 모든 가치 창출 활동의 성과를 결정짓는 중요한 역할을 한다.

글로벌 확장, 수익성, 수익 성장

[학습 목표 2] 기업이 글로벌 시장으로 확장함으로써 수익을 창출하는 방법을 설명한다.

글로벌 확장은 국내 기업들이 가질 수 없는 방식으로 기업의 수익성과 수익 성장률을 높일 수 있는 기회를 제공한다.[13] 국제적으로 활동하는 기업은 다음과 같은 전략을 실행할 수 있다.

1. 글로벌 시장에서 제품(또는 서비스)을 판매함으로써 자국 제품의 잠재적 시장 규모를 확대할 수 있다.
2. 가치 창출 활동을 전 세계에서 가장 효율적이고 효과적으로 수행할 수 있는 최적의 위치로 분산시켜 위치 경제를 실현할 수 있다.
3. 지리적으로 중심적인 위치에서 확장된 글로벌 시장에 서비스를 제공함으로써 경험 효과를 통해 더 큰 비용 경제를 실현할 수 있다.
4. 국제적 운영에서 개발된 귀중한 기술을 활용하고 이를 회사 내 다른 법인으로 이전함으로써 더 큰 투자 수익을 얻을 수 있다.

이러한 전략을 추구함으로써 수익성과 수익 성장률을 증대시킬 수 있는 기업의 능력은, 제품 제공, 마케팅 전략, 비즈니스 전략의 일부를 각기 다른 국가적 상황에 맞게 조정해야 하는 필요성,

즉 현지화의 필요성에 의해 제한을 받기도 한다. 세계가 평평해지고 더 동질화됨에 따라(적어도 젊은 연령층의 경우), 맞춤화의 필요성은 점차 감소할 것이다. 그러나 아직은 그렇지 않다. 세계 195개국 중 많은 나라의 고객들은 서로 다른 요구, 욕구, 구매력, 그리고 제품과 서비스를 구매할 수 있는 권한을 가지고 있다. 이런 경우, 기업의 글로벌 확장은 수익성 증가의 잠재성과 함께 증가된 비용 요인을 수반하게 되며, 이 두 가지 요소를 합리적으로 평가해야 한다.

시장 확대

기업은 자국에서 개발한 상품이나 서비스를 국제적으로 판매함으로써 성장률을 높일 수 있다. 거의 모든 다국적 기업들이 이러한 방식으로 사업을 시작했다. 예를 들어, Procter & Gamble(P&G)은 미국에서 팸퍼스 일회용 기저귀와 아이보리 비누와 같은 베스트셀러 제품의 대부분을 개발한 후, 이를 전 세계에 판매했다. 마찬가지로, Microsoft는 미국에서 소프트웨어를 개발했지만, 초창기부터 항상 국제 시장에서 소프트웨어를 판매하는 데 주력했다. Volkswagen(독일)과 Toyota(일본) 같은 자동차 회사들도 자국에서 제품을 개발하고 이를 국제 시장에 판매함으로써 성장했다. 기업이 진출한 국가의 현지 경쟁사들이 비슷한 제품을 가지고 있지 않은 경우(예: 제품의 가용성, 제품의 품질, 제품의 가격), 이러한 전략으로 얻는 수익은 더욱 커질 가능성이 크다. 따라서 Toyota는 북아메리카의 대형 자동차 시장에 진출하여, 품질, 가격, 신뢰성 면에서 현지 경쟁사(Ford와 GM)가 제공하는 제품과 차별화된 제품을 제공함으로써 수익을 증가시켰다.

핵심 역량
경쟁 업체가 쉽게 따라 할 수 없거나 모방할 수 없는 기업의 기술.

이러한 방식으로 확장하는 많은 다국적 기업의 성공은 단순히 외국에서 상품이나 서비스를 판매하는 것이 아니라, 해당 상품이나 서비스의 개발, 생산, 마케팅의 기반이 되는 핵심 역량에 기반을 둔다. **핵심 역량**(core competency)이란 경쟁 업체가 쉽게 따라 할 수 없거나 모방할 수 없는 기업의 기술을 의미한다.[14] 이러한 기술은 생산, 마케팅, R&D, 인적 자원, 물류, 일반 관리 등 기업의 가치 창출 활동에서 나타날 수 있다. 일반적으로, 핵심 역량은 다른 기업이 따라 하거나 모방하기 어려운 제품으로 표현된다. 핵심 역량은 기업의 경쟁 우위의 기반이 되며, 기업이 가치 창출 비용을 줄이거나, 프리미엄 가격을 책정할 수 있도록 해 준다(예: 많은 사람들이 Apple이 아이폰 제품군에 프리미엄 가격을 책정한다고 생각한다).

예를 들어, Toyota는 자동차 생산에 있어 핵심 역량을 가지고 있다. Toyota는 세계 어느 기업보다 낮은 비용으로 고품질의 잘 설계된 자동차를 생산할 수 있다. 이러한 역량은 주로 Toyota의 생산 및 물류 기능에서 비롯된다.[15] 마찬가지로, IKEA는 저렴하고 평평하게 포장할 수 있는 세련되고 합리적인 가격의 가구를 디자인하는 데 핵심 역량을 가지고 있다. McDonald's는 패스트푸드 운영 관리에서 핵심 역량을 보유하고 있으며, 이 업계에서 여전히 세계에서 가장 역량 있는 기업 중 하나이다. P&G는 유명 브랜드 소비자 제품 개발 및 마케팅에서 핵심 역량을 보유하고 있으며, 이 분야에서 역량 있는 기업 중 하나이다.

핵심 역량은 기업의 경쟁 우위의 원천이므로, Toyota, IKEA, P&G와 같은 제조업체의 성공적인 글로벌 확장은 단순히 제품을 해외 시장에 판매하는 것뿐만 아니라, 현지 경쟁 업체가 비교할 수 없는 역량을 해외 시장에 이전하는 데 기반을 두고 있다. 금융 기관, 레스토랑 체인, 호텔과 같은 서비스 산업에 종사하는 기업도 마찬가지이다. 서비스 시장을 확장한다는 것은 종종 외국에서 자사의 비즈니스 모델을 복제하는 것을 의미한다(현지 상황을 고려하여 약간의 변경이 있을 수 있지만). 예를 들어, Starbucks나 Subway 같은 기업은 미국에서 개발한 기본 비즈니스 모델을 국제 운영의 청사진으로 활용하여 빠르게 확장했다.

위치 경제

이전 장에서 살펴본 바와 같이, 국가들은 경제, 정치, 법률, 문화 등의 측면에서 차이를 보이며, 이러한 차이로 인해 특정 국가에서 사업을 운영하는 데 드는 비용이 증가하거나 감소할 수 있다. 국제 무역 이론에 따르면, 요소 비용의 차이로 인해 특정 국가가 특정 제품의 생산에 있어 비교 우위를 가질 수 있다. 예를 들어, 일본은 자동차와 가전제품 생산에서, 미국은 컴퓨터 소프트웨어, 제약, 생명공학 제품, 금융 서비스 생산에서 강점을 가질 수 있다.[16]

치열한 글로벌 시장에서 경쟁하는 기업들은 상대적 요소 비용을 포함한 경제적, 정치적, 법적, 문화적 조건을 고려하여, 특정 가치 창출 활동을 가장 적합한 위치에서 수행하는 것이 유리하다. (이는 무역 장벽과 운송 비용이 허용되는 범위 내에서 적용된다.) 예를 들어, 제품 디자인에 가장 적합한 디자이너가 프랑스에 있다면, 디자인 작업은 프랑스에서 수행해야 한다. 조립 공정에서 가장 생산성이 높은 노동력이 멕시코에 있다면, 조립 공정은 멕시코에서 수행해야 한다. 최고의 마케팅 전문가가 미국에 있다면, 마케팅 전략은 미국에서 수립해야 한다.

이러한 전략을 실행하는 기업은 **위치 경제**(location economies)를 실현할 수 있다. 위치 경제란 특정 가치 창출 활동을 가장 적합한 위치에서 수행함으로써 발생하는 경제적 이점을 의미한다.[17] 가치 창출 활동을 적절한 위치에서 수행하는 것은 다음 두 가지 효과 중 하나를 가져올 수 있다. 가치 창출 비용을 낮춰 저비용 구조를 실현할 수 있다. 경쟁사 제품과의 차별화를 통해 경쟁 우위를 확보할 수 있다. 그림 12-2의 관점에서 보면, *C*(비용)를 낮추거나 *V*(가치)를 증가시킴으로써 기업의 수익성을 향상시킬 수 있다.

위치 경제
특정 가치 창출 활동을 가장 적합한 위치에서 수행함으로써 발생하는 경제적 이점.

국제적인 비즈니스에서 이것이 어떻게 작용하는지를 예로 들면, 안경 제조 및 도매업체인 Clear Vision을 생각해 볼 수 있다. David Glassman이 설립한 이 회사는 현재 연간 총매출이 1억 달러를 넘는다. 규모가 작다고 할 수는 없지만, 거대 기업이라고 할 수도 없는 Clear Vision은 3개 대륙에 생산 시설을 두고 전 세계에 고객을 확보하고 있는 다국적 기업이다. Clear Vision이 다국적 기업으로 성장하기 시작한 것은 매출이 2천만 달러도 되지 않았을 때였다. 당시 미국 달러는 매우 강세를 보였고, 이로 인해 미국에 기반을 둔 제조업은 비용이 많이 들었다. 저렴한 수입품이 미국 안경 시장의 점유율을 점점 더 많이 차지하고 있었고, Clear Vision은 수입을 시작하지 않으면 살아남을 수 없다는 것을 깨달았다. 처음에는 주로 홍콩에 있는 독립적인 해외 제조업체로부터 제품을 구입했다. 그러나 회사는 이러한 공급 업체의 제품 품질과 납품에 만족하지 못했다. Clear Vision의 수입량이 증가함에 따라, 글래스먼은 품질과 납품을 보장하는 최선의 방법이 Clear Vision의 자체 제조 시설을 해외에 설립하는 것이라고 판단했다. 이에 따라 Clear Vision은 중국 파트너를 찾았고, 함께 홍콩에 제조 시설을 설립했다. Clear Vision이 대주주가 되었다.

홍콩을 선택한 이유는 낮은 인건비와 숙련된 노동력, 그리고 홍콩 정부의 세금 감면 정책 때문이었다. 이 시점에서 회사의 목표는 가치 창출 활동을 적절한 위치에 배치하여 생산 비용을 낮추는 것이었다. 그러나 몇 년 후 홍콩의 산업화가 진행되고 노동력 부족이 심화되면서 임금 수준이 높아져 더 이상 저비용 지역이 아니게 되었다. 이에 대응하여 글래스먼과 그의 중국 파트너는 중국 본토의 공장으로 제조 공정의 일부를 이전하여 그곳의 낮은 임금률을 활용하기로 했다. 다시 말해, 목표는 생산 비용을 낮추는 것이었다. 이 공장에서 제조된 안경테 부품은 최종 조립을 위해 홍콩 공장으로 운송된 다음, 북아메리카와 남미 시장에 유통되었다. 홍콩 공장에는 80명의 직원이 근무하고 있으며, 중국 공장에는 300~400명의 직원이 근무하고 있다.

동시에, Clear Vision은 세련된 디자인과 높은 품질로 명성이 있는 해외 안경 회사에 투자할 기회를 찾고 있었다. 생산 비용을 줄이는 것이 아니라, 고품질의 차별화된 '디자이너' 안경 라인을 출시하는 것이 목표였다. Clear Vision은 이러한 라인을 지원할 수 있는 사내 디자인 역량을 가지고 있지 않았지만, 특정 해외 제조업체가 그러한 역량을 보유하고 있다는 것을 알고 있었다. 그 결과, Clear Vision은 일본, 프랑스, 이탈리아에 있는 공장에 각각 소수 지분을 투자했다. 이 공장은 현재 Clear Vision의 스테이터스 아이 사업부(Status Eye division)에 안경을 공급하고 있으며, 스테이터스 아이 사업부는 고가의 디자이너 안경을 판매하고 있다.

따라서 외국 경쟁사의 위협에 대처하기 위해 Clear Vision은 비용 구조를 낮추는 전략을 채택했다(낮은 *C*). 생산을 고비용 지역인 미국에서 저비용 지역인 홍콩으로, 그리고 나중에 중국으로 옮겼다. 그런 다음, Clear Vision은 제품의 인지 가치를 높이는 전략을 채택하여(높은 *V*) 프리미엄 가격(*P*)을 책정할 수 있었다. 안경의 프리미엄 가격은 우수한 디자인에 달려 있었기 때문에, 이 회사는 우수한 디자인으로 명성이 있는 프랑스, 이탈리아, 일본 공장에 자본을 투자하는 전략을 세웠다. 요약하자면, Clear Vision의 전략에는 가치 창출 비용을 줄이기 위한 조치와 차별화를 통해 제품에 인지된 가치를 더하는 조치가 포함되어 있다. 전체적인 목표는 Clear Vision이 창출하는 가치를 증가시켜 기업의 수익성을 높이는 것이었다. 이러한 전략이 성공적으로 수행된 덕분에, 회사는 미국에 기반을 둔 안경 제조업체로 남아 있을 때보다 더 높은 이윤과 더 큰 수익성을 달성할 수 있었다.

글로벌 웹 구축

글로벌 웹
가치 사슬의 여러 단계가 전 세계적으로 부가가치가 가장 낮거나 가치 창출 비용이 최소화되는 지역으로 분산되는 개념.

Clear Vision의 사례를 일반화하면, 이런 종류의 사고의 결과로 가치 창출 활동의 **글로벌 웹(global web)**이 구축된다. 가치 사슬의 여러 단계가 가치 창출 비용이 최소화되거나 인식된 가치가 극대화되는 전 세계의 여러 지역으로 분산된다.[18] Lenovo의 씽크패드 노트북 컴퓨터를 생각해 볼 수 있다(Lenovo는 IBM의 개인용 컴퓨터 사업을 인수한 중국 컴퓨터 회사이다).[19] 이 제품은 미국에서 엔지니어들이 설계한 제품인데, Lenovo는 미국이 기본적인 설계 작업을 수행하기에 세계 최고의 장소라고 믿기 때문이다. 케이스, 키보드, 하드 드라이브는 태국에서, 디스플레이 화면과 메모리는 한국에서, 내장 무선 카드는 말레이시아에서, 마이크로프로세서는 미국에서 제조된다. 각각의 경우, 이러한 구성 요소들은 현재의 요소 비용을 고려하여 최적의 위치에서 제조되고 조달된다. 그리고 이러한 구성 요소들은 멕시코의 조립 작업장으로 운송되어, 최종 판매를 위해 미국으로 운송되기 전에 제품이 조립된다. Lenovo는 멕시코에서 씽크패드를 조립한다. 왜냐하면 관리자들이 멕시코의 낮은 인건비로 인해 조립 비용을 최소화할 수 있다고 계산했기 때문이다. 북아메리카 지역의 마케팅 및 판매 전략은 미국에 있는 Lenovo 직원들이 개발한다. 주로 관리자들이 현지 시장에 대한 지식을 바탕으로 미국 직원들이 다른 지역의 직원들보다 마케팅 노력을 통해 제품에 더 많은 가치를 더할 수 있다고 믿기 때문이다.

이론적으로, 각 가치 창출 활동을 최적의 위치에 분산함으로써 위치 경제를 실현하는 기업은 모든 가치 창출 활동을 단일 위치에 기반을 둔 기업에 비해 경쟁 우위를 가져야 한다. 단일 위치에 기반을 둔 경쟁사보다 제품 제공을 더 잘 차별화(따라서 인지 가치(*V*)를 높임)하고 비용 구조(*C*)를 낮출 수 있어야 한다. 경쟁 압력이 증가하는 세상에서 이러한 전략은 생존을 위해 필수적일 수 있다. 그러나 국가들이 점점 더 민족주의적으로 변하고 무역 장벽을 높이기 시작하면 이 전략은 실패로 돌아간다. 이런 경우, 글로벌 효율성은 감소하고 무역 마찰은 증가하며, 그 결과 위치 경제의 역학 관계가 변화할 수 있다.

주의해야 할 점들

운송 비용과 무역 장벽의 존재는 상황을 더욱 복잡하게 만든다. 예를 들어, 뉴질랜드는 특정 유리한 요소들로 인해 자동차 조립 운영에서 비교 우위를 점할 수 있지만, 유럽과 미국과 같은 주요 시상에서 비교적 멀리 떨어져 있기 때문에 무거운 자동차 부품의 높은 운송 비용으로 인해 글로벌 시장에 서비스를 제공하기에는 비효율적인 위치일 수 있다. 또 다른 중요한 유의점은 입지를 결정할 때 정치적 및 경제적 위험을 철저히 평가해야 한다는 점이다. 모든 기준에서 생산지로서 매우 매력적으로 보이는 국가라도 정부가 불안정하거나 전체주의적이라면, 해당 국가에 생산 거점을 두는 것은 바람직하지 않을 수 있다(정치적 위험에 대한 자세한 논의는 3장 참조). 마찬가지로, 정부가 부적절한 경제 정책을 통해 외환 리스크를 초래할 가능성이 보일 경우, 다른 조건들이 유리해 보이더라도 해당 지역에서 생산 활동을 피하는 것이 바람직하다. 또한, 글로벌 효율성의 역학(예: 민족주의적 이익을 강조하는 국가, 높은 무역 장벽, 자국 기업에 대한 인센티브 제공 등)은 위치 경제를 신중히 고려해야 하는 중요한 이유로 작용한다. 이러한 요인들이 존재할 경우, 기업은 위치 경제를 통해 기대했던 효율성을 실현하지 못할 가능성이 크다.

경험 효과

경험 곡선(experience curve)은 제품 수명 기간 동안 관찰된 생산 비용의 체계적인 감소를 보여 준다.[20] 여러 연구에 따르면 누적 생산량이 두 배가 될 때마다 제품의 생산 비용이 일정량 감소하는 것으로 나타났다. 이 관계는 항공기 산업에서 처음으로 관찰되었으며, 항공기 기체의 누적 생산량이 두 배가 될 때마다 단위 비용은 일반적으로 이전 수준의 80%로 감소했다.[21] 따라서 네 번

경험 곡선
제품 수명 기간 동안 관찰된 생산 비용의 체계적인 감소.

그림 12-5
경험 곡선

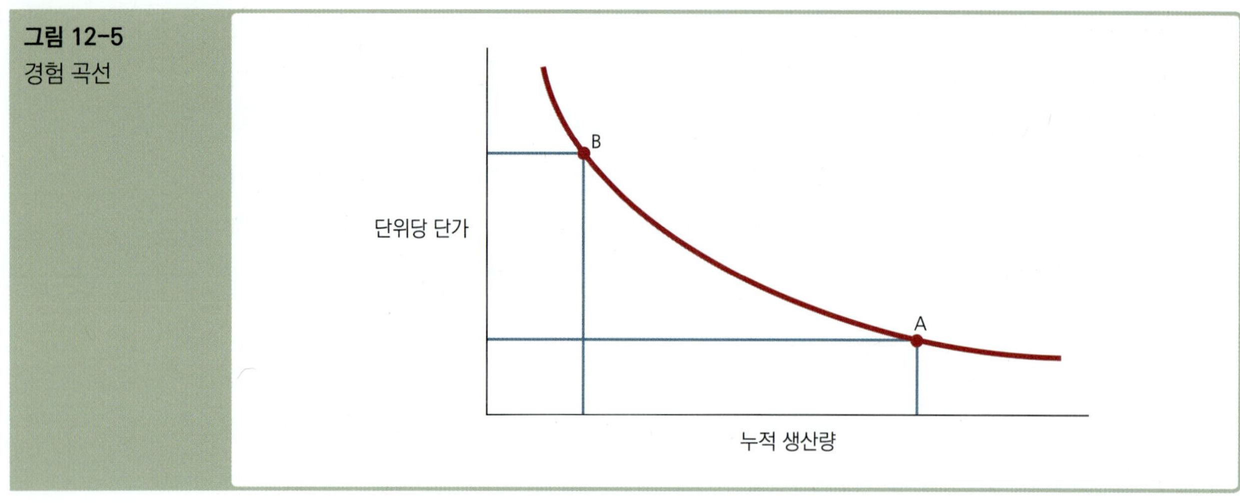

째 항공기 기체의 생산 비용은 두 번째 항공기 생산 비용의 80%, 여덟 번째 항공기 생산 비용의 80%, 열여섯 번째 항공기 생산 비용의 80%가 되는 식으로 생산 비용이 감소한다. 그림 12-5는 단위 생산 비용과 누적 생산량 사이의 경험 곡선 관계를 보여 준다(이 관계는 시간 경과에 따른 누적 생산량에 대한 관계이며, 1년과 같은 특정 기간의 생산량에 대한 관계가 아니다). 이 비용 절감에는 두 가지 요인, 학습 효과와 규모의 경제가 작용한다.

학습 효과

학습 효과
실행을 통한 학습에서 비롯되는 비용 절감 효과.

학습 효과(learning effects)는 실행을 통한 학습에서 비롯되는 비용 절감 효과를 말한다.[22] 예를 들어, 노동자는 항공기 조립과 같은 작업을 가장 효율적으로 수행하는 방법을 반복을 통해 학습한다. 개인이 특정 작업을 수행하는 가장 효율적인 방법을 학습함에 따라 노동 생산성은 시간이 지남에 따라 증가한다. 이와 동일하게 새로운 생산 시설에서도 중요한 점은, 경영진이 시간이 지남에 따라 새로운 운영을 보다 효율적으로 관리하는 방법을 학습한다는 점이다. 따라서 생산 비용은 노동 생산성과 관리 효율성의 증가로 인해 감소하고, 이는 기업의 수익성을 증가시킨다.

학습 효과는 기술적으로 복잡한 작업이 반복될 때 더 두드러지는 경향이 있는데, 그 이유는 그 작업이 더 많은 것을 배울 수 있기 때문이다. 따라서 학습 효과는 100개의 단순한 단계로 이루어진 조립 공정보다 1,000개의 복잡한 단계로 이루어진 조립 공정에서 더 두드러진다. 그러나 아무리 복잡한 작업이라도 학습 효과는 일반적으로 일정 시간이 지나면 사라진다. 일부 이론가들은 학습 효과가 새로운 프로세스의 시작 단계에서만 중요하며 2~3년 후에는 사라진다고 주장한다.[23] 이러한 시점 이후 경험 곡선의 감소는 규모의 경제에 기인한다.

규모의 경제

규모의 경제
대규모 생산에 따른 비용 우위.

규모의 경제(economies of scale)는 대량의 제품을 생산함으로써 단위 원가를 절감하는 것을 의미한다. 규모의 경제를 달성하면 기업의 단위 원가가 낮아지고 수익성이 향상된다.[24] 규모의 경제는 여러 가지 원천을 가지고 있다. 그중 하나는 고정 비용을 대량으로 분산시킬 수 있는 능력이다.[25] 고정 비용은 생산 시설을 설치하고, 신제품을 개발하는 데 필요한 비용이다. 그 비용은 상당할 수 있다. 예를 들어, 첨단 반도체 칩을 제조하기 위한 새로운 생산 라인을 구축하는 데 드는 고정 비용은 현재 200억 달러를 초과할 수 있다. 또한, 한 추정에 따르면, 신약을 개발하여 시장에 출시하는 데 드는 평균 비용은 약 10억 달러이고, 약 12년이 걸린다고 한다.[26] 이렇게 높은 고정 비용을 회수할 수 있는 유일한 방법은 전 세계에 제품을 판매하는 것인데, 이 경우 고정 비용을 더 많은 양에 분산시켜 평균 단가를 낮출 수 있다. 누적 판매량이 빠르게 증가할수록 고정 비용은 대량 생산으로 빠르게 분산될 수 있으며, 단가는 더 빠르게 하락할 것이다.

둘째, 기업이 글로벌 시장에 진출하지 않으면 효율적인 생산 규모를 달성할 수 없을 수도 있다. 예를 들어, 자동차 산업에서 효율적인 규모의 공장은 연간 약 20만 대를 생산할 수 있는 공장을 말한다. 자동차 회사는 한 공장에서 한 가지 모델만 생산하는 것을 선호한다. 이렇게 하면 한 모델에서 다른 모델로 생산을 전환하는 데 드는 비용을 없앨 수 있기 때문이다. 특정 모델에 대한 국내 수요가 연간 10만 대에 불과하다면, 20만 대 생산량을 달성하지 못하면 평균 단가가 상승하게 된다. 그러나 국제 시장에도 서비스를 제공함으로써, 회사는 연간 20만 대까지 생산량을 늘릴 수 있고, 따라서 더 큰 규모의 경제를 실현하고, 단가를 낮추며, 수익성을 높일 수 있다.

마지막으로, 글로벌 판매가 증가함에 따라 기업의 규모가 커지고, 공급 업체와의 협상력이 증가하여 구매 시 규모의 경제를 달성하고, 주요 투입물의 비용을 낮추며, 그 방법으로 수익성을 높일 수 있다. 예를 들어, Walmart는 막대한 판매량을 레버리지로 사용하여 자사 매장을 통해 판매되는 상품에 대해 공급 업체에 지불하는 가격을 낮추는 협상을 진행했다.

전략적 중요성

경험 곡선의 전략적 중요성은 분명하다. 경험 곡선을 아래로 이동하면 기업이 가치를 창출하는 데 드는 비용을 줄이고(그림 12-2의 *C*를 낮춤) 수익성을 높일 수 있다. 경험 곡선을 가장 빠르게 아래로 이동하는 기업은 경쟁사보다 비용 면에서 유리하다. 그림 12-5의 A 기업은 경험 곡선에서 더 아래쪽에 위치하기 때문에 B 기업보다 비용 면에서 분명한 이점이 있다.

경험에 기반한 비용 절감의 근본적인 원천은 대부분 공장 기반이다. 이는 대부분의 학습 효과뿐만 아니라 생산 능력을 구축하는 데 드는 고정 비용을 큰 생산량에 분산하고, 효율적인 생산 규모를 달성하고, 공장을 더 집중적으로 활용함으로써 파생되는 규모의 경제에도 해당된다. 따라서 경험 곡선에서 최대한 빠르게 하향 이동하는 데 있어 핵심적인 요소는 단일 공장에서 생산하는 생산량을 최대한 빠르게 늘리는 것이다. 글로벌 시장은 국내 시장보다 크기 때문에, 단일 위치에서 글로벌 시장에 서비스를 제공하는 회사는 자국 시장에만 서비스를 제공하거나 여러 생산 위치에서 여러 시장에 서비스를 제공하는 회사보다 누적 물량을 더 빨리 구축할 가능성이 높다. 따라서 단일 위치에서 글로벌 시장에 서비스를 제공하는 것은 경험 곡선을 내려가면서 저비용 위치를 확립하는 것과 일치한다. 또한, 경험 곡선을 빠르게 내려가기 위해서는 수요가 빠르게 확대될 수 있도록 공격적인 가격 책정과 마케팅이 필요할 수 있다. 또한, 글로벌 시장에 서비스를 제공하기 위한 충분한 생산 능력을 구축해야 한다. 또한, 특정 가치 창출 활동을 수행하는 데 최적의 위치라면, 단일 위치에서 글로벌 시장에 서비스를 제공하는 비용 이점이 훨씬 더 커질 것이다.

일단 기업이 저비용 위치를 확립하면, 그 위치는 새로운 경쟁에 대한 장벽이 될 수 있다. 구체적으로, 경험 곡선에서 상당히 아래쪽에 있는 기존 기업(그림 12-5의 A 기업)은 곡선에서 더 위에 있는 신규 진입자들이 손실을 입는 동안에도 여전히 이익을 낼 수 있는 가격을 책정할 수 있다. Intel은 이런 전략의 대가 중 하나이다. 마이크로프로세서를 제조하기 위한 최첨단 시설을 구축하는 데 드는 비용이 너무 커서(현재 200억 달러를 초과함), 이 투자를 통해 수익을 얻으려면 Intel은 경험 곡선 효과를 추구해야 한다. 즉, 규모와 학습 효과에서 파생되는 비용 절감을 극대화하기 위해 제한된 수의 공장에서 전 세계 시장에 서비스를 제공해야 한다.

자회사의 기술 활용

핵심 역량에 대한 이전 논의에서 암시된 바와 같이, 귀중한 기술은 국내에서 먼저 개발된 다음 해외 사업장으로 이전된다는 생각이 있다. 그러나 이미 해외 시장에 자회사 운영 네트워크를 구축한 성숙한 다국적 기업의 경우, 귀중한 기술의 개발은 해외 자회사에서도 발생할 수 있다.[27] 기술은 다국적 기업의 글로벌 운영 네트워크 내 어디에서나, 사람들이 새로운 방식으로 일을 시도할 기회와 인센티브가 있는 곳이라면 어디에서나 창출될 수 있다. 생산 비용을 낮추거나 인지된 가치를 향상시키거나 제품 가격을 높이는 데 도움이 되는 기술을 창출하는 것은 기업 본사의 전유물이 아니다.

자회사 내에서 창출된 기술을 활용하고 이를 회사의 글로벌 네트워크 내 다른 운영에 적용하면 가치를 창출할 수 있다. McDonald's는 해외 프랜차이즈가 가치 있는 새로운 아이디어의 원천이라는 사실을 점점 더 깨닫고 있다. 프랑스에서 성장세가 둔화되면서 현지 프랜차이즈들은 메뉴뿐만 아니라 레스토랑의 레이아웃과 테마를 실험해 왔다. 어디에나 있던 황금 아치는 사라졌고, 패스트푸드 거인의 실용적인 의자와 테이블, 플라스틱 제품들도 사라졌다. 프랑스의 많은 McDonald's 레스토랑은 이제 나무 바닥, 노출된 벽돌 벽, 심지어 안락의자도 갖추고 있다. 프랑스에 있는 1,400개가 넘는 매장의 절반이 미국인이라면 알아볼 수 없을 정도로 업그레이드되었다. 메뉴도 변경되어 포카치아 빵에 닭고기를 얹은 샌드위치와 같은 고급 샌드위치가 추가되었고, 평균 햄버거 가격보다 30% 정도 비싸다. 적어도 프랑스에서는 이 전략이 효과가 있는 것 같다. 이러한 변화에 따라 동일 매장 매출 증가율이 매년 1%에서 3.4%로 증가했다. 그 효과에 감명을 받은 McDonald's 경영진은 미국을 포함한 동일 매장 매출 성장이 부진한 다른 시장의 McDonald's 레스토랑에서도 유사한 변화를 도입했다.[28]

다국적 기업의 관리자들에게 이 현상은 중요한 새로운 도전 과제를 안겨 준다. 첫째, 그들은 기업의 본사뿐만 아니라 글로벌 네트워크의 어느 곳에서나 역량을 키울 수 있는 귀중한 기술이 발생할 수 있다는 사실을 인정할 수 있는 겸손함을 가져야 한다. 둘째, 그들은 현지 직원들이 새로운 기술을 습득하도록 장려하는 인센티브 시스템을 구축해야 한다. 이것은 생각만큼 쉽지 않다. 새로운 기술을 습득하는 데는 어느 정도의 위험이 따르며, 모든 새로운 기술이 가치를 더하는 것은 아니다. 외국에 있는 McDonald's 자회사가 창출한 모든 가치 있는 아이디어에는 몇 가지 실패가 있었을 가능성이 크다. 다국적 기업의 경영진은 직원들이 필요한 위험을 감수하도록 장려하는 인센티브를 마련해야 한다. 회사는 성공에 대한 보상을 하고, 실패에 대한 불필요한 제재를 가해서는 안 된다. 셋째, 관리자는 자회사에서 가치 있는 새로운 기술이 창출되었을 때 이를 식별할 수 있는 프로세스를 갖추어야 한다. 그리고 마지막으로, 그들은 촉진자로서 행동하여 회사 내에서 가치 있는 기술을 이전할 수 있도록 도와야 한다.

수익성과 수익 성장 요약

이 책에서, 현지 경쟁자들이 유사한 역량을 갖추지 못한 새로운 시장에 진출하고, 비용을 절감하고, 위치 경제를 통해 제품 제공에 가치를 더하고, 경험 곡선 효과를 활용하고, 글로벌 자회사 네트워크 간에 가치 있는 기술을 이전함으로써 전 세계로 확장하는 기업이 어떻게 수익성과 수익 성장을 높일 수 있는지를 살펴보았다. 완전성을 기하기 위해, 수익성을 높이는 전략은 기업의 사업을 확장시켜 더 높은 수익 성장률을 달성할 수 있도록 해준다는 점에 주목해야 한다. 예를 들어, 위치 경제와 경험 효과를 동시에 실현함으로써, 기업은 더 낮은 단가로 더 높은 가치를 지닌 제품을 생산할 수 있게 되어, 수익성을 높일 수 있다. 제품의 가치에 대한 인식의 증가는 더 많은 고객을 유치할 수 있게 해줌으로써, 매출과 이익도 증가시킬 수 있다.

제품의 높은 가치에 따라 가격을 올리는 대신, 기업 경영진은 가격을 낮게 유지함으로써 글로벌 시장 점유율을 높이고 규모의 경제를 달성할 수 있다(즉, 소비자에게 더 나은 '가격 대비 가치'를 제공할 수 있다). 이러한 전략은 가치 대비 낮은 가격에 소비자를 끌어들이기 때문에 기업의 수익 성장률을 더욱 높일 수 있다. 시장 점유율 증가로 인한 규모의 경제가 상당할 경우, 이 전략은 수익성을 더욱 높일 수도 있다. 요컨대, 관리자들은 가격 책정에 관한 전략적 결정을 내릴 때 수익성과 수익 성장 사이의 복잡한 관계를 염두에 두어야 한다.

비용 압박과 현지 대응 압력

[학습 목표 3] 비용 절감 압력과 현지 대응 압력이 전략적 선택에 미치는 영향을 이해한다.

글로벌 시장에서 경쟁하는 기업은 일반적으로 두 가지 유형의 경쟁 압력에 직면하게 되는데, 이는 위치 경제와 경험 효과를 실현하고, 제품을 활용하고, 기업 내에서 역량과 기술을 이전하는 능력에 영향을 미친다. 그들은 비용 절감 압력과 현지 대응 압력에 직면한다(그림 12-6 참조).[29] 이러한 경쟁 압력은 기업에 상충되는 요구를 가중시킨다. 비용 절감 압력에 대응하려면 기업이 단위 비용을 최소화해야 한다. 그러나 현지 대응 압력에 대응하기 위해서는 국가마다, 심지어는 한 국가 내의 지역이나 부문마다 제품 제공과 마케팅 전략을 차별화해야 한다. 이는 소비자 요구와 욕구, 비즈니스 관행, 유통 채널, 경쟁 조건, 정부 정책의 국가적 차이로 인해 발생하는 다양한 요구를 수용하기 위한 노력의 일환이다. 국가 간 및 국가 내에서의 차별화는 상당한 중복과 제품 표준화의 결여를 수반할 수 있기 때문에 생산, 부품 또는 원자재 비용이 증가할 수 있다.

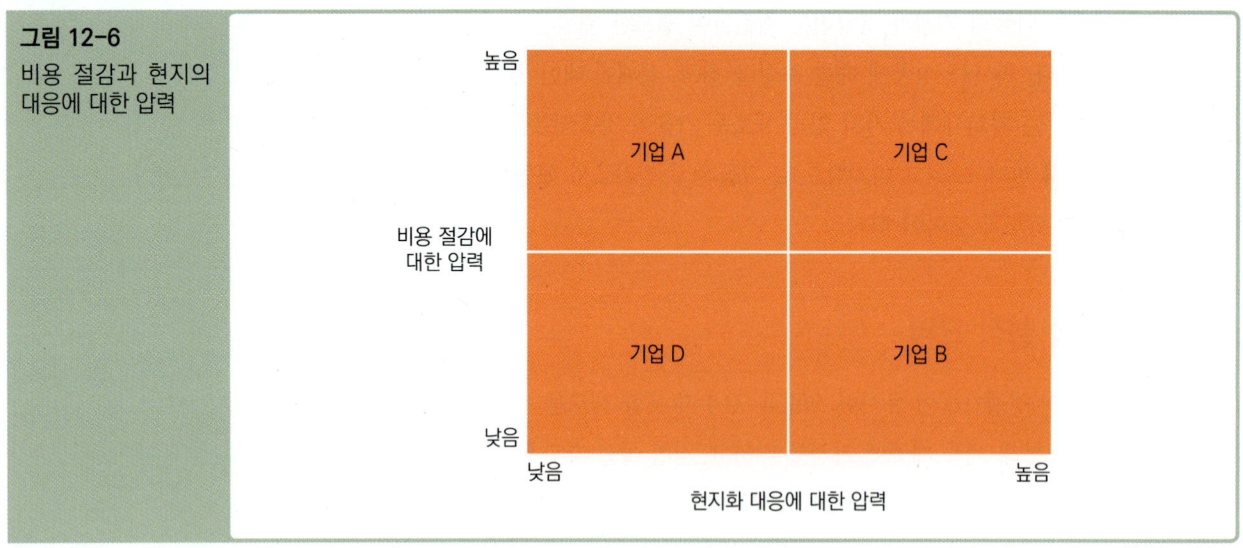

그림 12-6
비용 절감과 현지의 대응에 대한 압력

그림 12-6의 A 회사와 같은 일부 기업은 비용 절감에 대한 압박이 높고 현지 대응에 대한 압박이 낮은 반면, B 회사와 같은 다른 기업은 비용 절감에 대한 압박이 낮고 현지 대응에 대한 압박이 높은 반면, 많은 기업은 C 회사와 같은 상황에 처해 있다. 비용 절감과 현지 대응에 대한 압박이 모두 높다. 이러한 상충되고 모순적인 압박을 다루는 것은 전략적으로 어려운 과제이다.

비용 절감 압력

경쟁이 치열한 글로벌 시장에서 국제 기업은 종종 비용 절감 압력에 직면한다. 비용 절감 압력에 대응하려면 기업이 가치 창출 비용을 낮추려고 노력해야 한다. 예를 들어, 제조업체는 규모의 경제, 학습 효과, 위치 경제를 실현하기 위해 세계 어디든 최적의 위치에서 표준화된 제품을 대량생산할 수 있다. 또는, 비용을 줄이기 위해 특정 기능을 저비용의 해외 공급 업체에 아웃소싱할 수도 있다. 은행과 같은 서비스 비즈니스는 정보 처리와 같은 일부 백오피스 기능을 임금 수준이 낮은 개발도상국으로 이전함으로써 비용 압력에 대응할 수 있다.

가격 이외의 요소를 의미 있게 차별화하기 어렵고, 가격을 주요 경쟁 무기로 삼는 상품형 제품을 생산하는 산업에서는 비용 절감 압박이 특히 심할 수 있다. 보편적인 수요를 충족하는 제품이 이런 경향이 있다. 보편적인 수요는 여러 나라의 소비자 취향과 선호도가 비슷하거나 동일할 때 존재한다. 대량 화학 제품, 석유, 철강, 설탕 등과 같은 전통적인 상품이 이런 경우에 해당한다. 또한 휴대용 계산기, 반도체 칩, 개인용 컴퓨터, 액정 디스플레이 화면 등과 같은 많은 산업 및 소비자 제품도 마찬가지이다.

주요 경쟁 업체가 저비용 지역에 기반을 두고 있고, 지속적인 과잉 생산 능력이 존재하며, 소비자가 강력하고 전환 비용이 낮은 산업에서도 비용 절감에 대한 압박이 심하다. 최근 수십 년 동안 국제 경쟁을 촉진함으로써 세계 무역 및 투자 환경이 자유화되면서 일반적으로 비용 압박이 증가했다.[30] 생산 비용 압박이 얼마나 중요한지 깨달은 기업의 예는, 다음에 오는 IKEA의 글로벌 전략에 대한 MANAGEMENT FOCUS를 참조하라.

IKEA 글로벌 전략

전 세계 어디에서든 IKEA 매장에 들어가면 바로 알아볼 수 있다. 글로벌 표준화 전략이 만연해 있다! 창고형 매장은 모두 동일하게 다양한 종류의 저렴한 가정용 가구, 주방, 액세서리, 식품을 판매한다. 대부분의 제품은 깔끔하면서도 세련된 라인과 기능적인 디자인으로 단번에 IKEA 제품임을 알아볼 수 있다. 스웨덴의 전통(1943년 통신판매 회사로 설립되어 1958년 스웨덴에 첫 번째 매장을 열었다)을 반영하듯 매장 외관은 스웨덴 국기의 색인 파란색과 노란색으로 둘러싸여 있다. IKEA의 연간 매출은 약 420억 유로에 달하며 225,000명 이상의 직원을 고용하고 있다. 흥미로운 사실은 전 세계 상업용 목재 소비량의 약 1%를 IKEA가 담당하고 있다는 점이다.

IKEA의 이름은 창립자의 이름에서 따온 것으로, 그의 이름과 성(Ingvar Kamprad)의 이니셜을 따서 만든 약어이며, 그가 자란 농장의 이름(Elmtaryd)과 고향인 스웨덴의 이름(Agunnaryd)의 첫 이니셜을 합친 것이다. 스웨덴에는 독일(53개)과 미국(52개)에 비해 적은 40개의 IKEA 매장이 있다. 31개국에 370개의 매장을 보유한 IKEA는 세계에서 가장 큰 가구 소매업체이다.

IKEA 매장은 고객이 계산대에 도착하기 전에 모든 부서를 통과해야 하는 미로처럼 배치되어 있다. 매장은 주로 일방통행 구조로 되어 있으며, 고객은 IKEA에서 '길고 자연스러운 길'이라고 부르는 동선을 따라 시계 반대 방향으로 이동하게 된다. 이 '길'은 고객이 매장을 전체적으로 둘러보도록 유도하기 위해 설계되었다. 컷오프 지점과 지름길이 존재하지만 찾기 쉽지 않다. 스웨덴 음식으로 유명한 IKEA 레스토랑에서 식사를 한 후 다시 나오기도 어렵다. (미트볼을 먹어본 사람?)

계산대 바로 앞에는 매장 내 창고가 있어 구매한 상품을 수령할 수 있다. 가구는 운반하기 쉽도록 평평하게 포장되어 있으며 고객이 직접 조립해야 한다. IKEA는 가치(고객이 고품질의 가구를 구입하기 위해 지불하는 가격)를 강조한다. 매장을 방문하는 고객들을 보면 20~30대 고객이 많다는 것을 알 수 있다. IKEA는 전 세계적으로 동일한 기본 고객을 대상으로 판매하고 있다. 젊고 이동성이 높은 사람들, 즉 기꺼이 지불할 수 있는 가격 대비 일정 품질 수준의 세련되고 저렴한 '일회용' 가구를 찾는 사람들이다.

기본적으로 가구 시장은 해외 시장이 적은 산업 시장들 중 하나이며, 산업 전반의 다른 제품과 달리 현지인의 취향, 니즈, 관심사가 매우 다르다. 그렇다면 IKEA는 어떻게 전 세계에서 제품을 성공적으로 판매할 수 있었을까? 50여 개국에 위치한 1,000여 개의 공급 업체로 구성된 글로벌 네트워크에서 IKEA가 판매하는 12,000여 개의 제품 대부분을 제조한다. IKEA는 제품 디자인에 집중하고 공급 업체와 긴밀히 협력하여 제조 비용을 낮추기 위해 노력한다. 새로운 제품 라인을 개발하는 것은 수년이 걸리는 힘든 과정일 수 있다. IKEA의 디자이너들은 프로토타입 디자인(예: 작은 소파)을 개발하고, 경쟁 업체들이 비슷한 제품에 대해 부과하는 가격을 살펴본 다음, 공급 업체와 협력하여 품질은 그대로 유지하면서 가격을 40%까지 낮출 수 있는 방법을 찾아낸다. 또한 IKEA는 판매 제품의 약 10%를 자체 생산하며, 여기서 얻은 지식을 바탕으로 공급 업체의 생산성 향상을 지원하여 전체 공급망의 비용을 낮추고 있다. 하지만 조금 더 자세히 살펴보면 북아메리카, 유럽, 중국의 IKEA 제품 간에는 미묘한 차이가 있음을 알 수 있다. 북아메리카에서는 더 큰 침대, 가구, 주방용품에 대한 미국인의 수요를 반영하여 크기가 다르다. 이처럼 현지의 취향과 선호도를 반영하는 것은 IKEA가 고통스러운 학습 경험을 통해 얻은 결과였다. 1980년대 후반 미국에 처음 진출했을 때, IKEA는 서유럽에서와 마찬가지로 소비자들이 IKEA 매장으로 몰려들 것이라고 생각했다. 처음에는 소비자들이 몰려들었지만 구매량이 많지 않아 매출이 기대에 미치지 못했다. IKEA는 유럽식 소파가 충분히 크지 않고 옷장 서랍이 충분히 깊지 않으며 유리잔이 너무 작고 주방이 미국 가전제품에 맞지 않는다는 사실을 발견했다. 그래서 이 회사는 미국인의 취향에 더 잘 맞도록 제품을 재설계하기 시작했고, 매출 성장의 가속화로 보상을 받았다. 교훈을 얻었다.

2000년대 중국에 진출한 IKEA는 현지 시장에도 적응했다. 매장 레이아웃은 대부분의 사람들이 거주하는 중국 아파트의 레이아웃을 반영했고, 많은 중국 아파트가 발코니를 가지고 있기 때문에 IKEA의 중국 매장에는 발코니 섹션이 포함되었다. 또한, 자동차 보유율이 유럽이나 북아메리카에 비해 뒤처져 있는 중국에서는 매장 위치를 변경해야 했다. 서양의 경우, IKEA 매장은 교외 지역에 위치해 있고 주차 공간이 많다. 그러나 중국에서는 대중교통 근처에 매장이 위치하고 있으며, 중국 고객이 구매한 제품을 집으로 가져갈 수 있도록 배송 서비스를 제공한다.

Sources: L. Rupp, "Ikea, Dollar General CEOs Lobby Republicans in Tax Showdown," *Bloomberg Businessweek*, March 7, 2017; D. L. Yohn, "How IKEA Designs Its Brand Success," *Forbes*, June 10, 2015; J. Kane, "The 21 Emotional Stages of Shopping at IKEA, From Optimism to Total Defeat," *The Huffington Post*, May 6, 2015; J. Leland, "How the Disposable Sofa Conquered America," *The New York Times Magazine*, October 5, 2005, p. 45; "The Secret of IKEA's Success," *The Economist*, February 24, 2011; B. Torekull, *Leading by Design: The IKEA Story* (New York: HarperCollins, 1998); P. M. Miller, "IKEA with Chinese Characteristics," *Chinese Business Review*, July–August 2004, pp. 36–69.

현지화의 대응에 대한 압력

현지화의 대응에 대한 압력은 소비자 요구와 욕구, 인프라, 비즈니스 관행, 유통 채널, 그리고 해당 국가의 정부 요구 사항에 따라 국가마다 차이가 있기 때문에 발생한다. 현지화의 대응에 대한 압력에 대응하기 위해서는 기업이 제품과 마케팅 전략을 국가별로 차별화하여 이러한 요소를 수용해야 하는데, 이로 인해 기업의 비용 구조가 높아지는 경향이 있다.

고객 취향과 선호도의 차이

국가마다 고객의 취향과 선호도가 크게 다를 때, 특히 역사적으로 또는 문화적으로 깊이 뿌리내린 이유로 인해 그럴 때, 현지 대응에 대한 강한 압력이 발생한다. 이런 경우, 다국적 기업의 제품과 마케팅 메시지는 현지 고객의 취향과 선호도를 고려하여 맞춤화되어야 한다. 이로 인해 일반적으로 생산 및 마케팅 책임뿐만 아니라 기능도 해외 자회사에 위임해야 한다는 압력이 발생한다.

예를 들어, 얼마 전 자동차 업계는 '세계 자동차'를 만드는 방향으로 움직였다. General Motors, Ford, Toyota와 같은 글로벌 기업이 중앙 집중식 생산 지역에서 동일한 기본 차량을 조달하여 전 세계에 판매할 수 있게 하자는 아이디어였다. 이 전략이 성공했다면, 자동차 회사들은 글로벌 규모의 경제에서 상당한 이익을 거둘 수 있었을 것이다. 그러나 이 전략은 종종 소비자의 현실이라는 단단한 바위에 부딪혀 좌초되었다. 자동차 시장의 소비자마다 취향과 선호도가 다르며, 원하는 차량의 종류도 다르다. 북아메리카는 픽업 트럭에 대한 수요가 매우 높다. 특히 남부와 서부 지역에서는 픽업 트럭을 두 번째 또는 세 번째 차량으로 보유한 가정이 많기 때문에 이러한 선호도가 두드러진다. 그러나 유럽 국가에서는 픽업 트럭이 순수한 다목적 차량으로 간주되며, 개인보다는 기업이 주로 구매한다. 따라서 북아메리카와 유럽의 서로 다른 수요 특성을 고려하여 제품 구성과 마케팅 메시지를 조정해야 한다.

일부 사람들은 전 세계적으로 현지화 요구가 감소하고 있다고 주장한다.[31] 이러한 주장에 따르면, 현대적인 통신 및 운송 기술은 여러 나라의 소비자 취향과 선호도의 융합을 가능하게 하는 조건을 만들어 냈다. 그 결과, 표준화된 소비자 제품을 위한 거대한 글로벌 시장이 등장했다. 전 세계적으로 표준화된 제품으로 판매되는 Subway 샌드위치, McDonald's 햄버거, Coca-Cola, Gap 의류, Apple 아이폰, Microsoft의 엑스박스 등은 세계 시장의 동질성이 증가하고 있다는 증거로 자주 인용된다. 특히 젊은 고객들은 전 세계적으로 그들의 요구와 욕구가 점점 더 동질화되고 있다.

그러나 이러한 주장은 많은 소비재 시장에서 적용되지 않을 수 있다. 국가와 문화에 따라 소비자의 요구, 욕구, 취향, 선호도가 크게 다르다. 국제 비즈니스의 관리자들은 이러한 차이를 무시할 수 있는 사치를 누리고 있지 않으며, 앞으로도 오랫동안 그럴 수 없을 것이다. 특히 40세 이상의 고객에 관한 한 더욱 그렇다. 대학생 연령대 고객들이 전 세계적으로 점점 더 비슷해지고 있는 반면(예를 들어, 미국의 대학생들은 유럽과 아시아의 대학생들과 비슷한 욕구와 필요를 가지고 있는 경우가 많다), 좀 더 성숙한 고객들은 여전히 각 나라의 고유한 제품과 서비스에 대한 상당한 욕구와 필요를 가지고 있다. 더 나은 마케팅 질문은 다음과 같다. 오늘날의 대학생들이 나이가 들면, 전 세계적으로 동일한 요구와 욕구를 유지할 것인가, 아니면 더 국가 특화적인 제품과 서비스에 대한 요구와 욕구를 가질 것인가?

인프라와 전통 관행의 차이

국가 간의 인프라 또는 전통 관행의 차이로 인해 현지 대응에 대한 압력이 발생하여 그에 따라 제품을 맞춤화해야 할 필요성이 생긴다. 이러한 필요성을 충족시키기 위해서는 제조 및 생산 기능을 해외 자회사에 위임해야 할 수 있다. 인프라의 차이를 예로 들면, 북아메리카에서는 소비자용 전기 시스템이 110볼트를 기반으로 하는 반면, 대부분의 유럽 국가에서는 230볼트 시스템이 표준이다. 따라서 국내 전기 제품은 이러한 인프라의 차이에 맞춰 맞춤화되어야 한다. 또한 전기 콘센트의 플러그와 소켓 유형은 전 세계적으로 다르다. 일부 추정에 따르면, 전 세계 195개국에서 15가지 유형의 플러그와 콘센트가 사용되고 있다(www.worldstandards.eu). 전통적인 관행도 국가마다 다르다. 예를 들어, 영국에서는 사람들이 도로의 왼쪽에서 운전하기 때문에 우측 핸들 차량에 대한 수요가 발생하지만, 프랑스를 비롯한 다른 유럽 국가에서는 사람들이 도로의 오른쪽에서 운전하기 때문에 좌측 핸들 차량을 원한다. 자동차는 이러한 전통적인 관행의 차이를 수용하기 위해 맞춤화되어야 한다.

유통 채널의 차이

기업의 마케팅 전략은 국가 간 유통 채널의 차이에 대응해야 할 수 있으며, 이로 인해 마케팅 기능을 자회사에 위임해야 할 수도 있다. 예를 들어, 제약 산업에서 영국과 일본의 유통 시스템은 미국 시스템과 근본적으로 다르다. 영국과 일본의 의사들은 미국식 고압적인 영업 인력을 받아들이거나 호의적으로 반응하지 않을 것이다. 따라서 제약 회사는 미국과 비교하여 영국과 일본에서 다른 마케팅 관행을 채택해야 한다(소프트 세일 대 하드 세일). 마찬가지로, 폴란드, 브라질, 러시아의 1인당 구매력 평가(PPP) 기준 소득은 비슷하지만, 3개국 간의 유통 시스템에는 큰 차이가 있다. 브라질에서는 슈퍼마켓이 식품 소매의 36%를 차지하고, 폴란드에서는 18%, 러시아에서는 1% 미만을 차지한다. 이러한 유통 채널의 차이로 인해 기업들은 자체 유통 및 판매 전략을 조정해야 한다. 글로벌 공급망에 대해 이야기할 때 유통 채널에 대해 더 많이 다룬다.

현지 정부 요구 사항

현지 정부가 부과하는 경제적, 정치적 요구에 따라 현지 대응이 필요할 수 있다. 예를 들어, 제약 회사는 현지 임상 시험, 등록 절차, 가격 제한 등의 규제를 받기 때문에, 의약품의 제조와 마케팅이 현지 요건을 충족해야 한다. 대부분의 국가에서 정부와 정부 기관이 의료 예산의 상당 부분을 통제하기 때문에, 높은 수준의 현지 대응을 요구하는 데 있어 강력한 위치에 있다.

보다 일반적으로 보호무역주의, 경제 민족주의, 그리고 특정 제품의 일정 비율 이상을 현지에서 제조하도록 요구하는 현지 콘텐츠 규칙(local content rules)은 국제 기업이 현지에서 제품을 제조하도록 요구한다. 예를 들어, 캐나다에 본사를 둔 철도 차량, 항공기, 제트 보트, 스노우모빌 제조업체인 Bombardier를 생각해 보자. Bombardier는 유럽 전역에 12개의 철도 차량 공장을 운영하고 있다. 이 회사의 비판론자들은 이로 인해 제조 시설이 중복되면서 비용이 높아지고, 이것이 Bombardier가 철도 차량 사업에서 다른 사업 분야보다 낮은 이윤을 남기는 이유를 설명한다고 주장한다. 이에 대해 Bombardier의 관리자들은 유럽에서는 현지 콘텐츠에 관한 비공식적인 규칙이 현지 노동자를 사용하는 사람들을 선호한다고 주장한다. 독일에서 철도 차량을 판매하려면 독일에서 제조해야 한다고 주장한다. 벨기에, 오스트리아, 프랑스도 마찬가지이다. 유럽에서의 비용 구조 문제를 해결하기 위해 Bombardier는 엔지니어링과 구매 기능을 중앙 집중화했지만, 제조를 중앙 집중화할 계획은 없다.[32]

지역주의의 부상

전통적으로 우리는 현지화 대응에 대한 압박이 취향과 선호, 인프라 등의 국가적 차이에 기인한다고 생각하는 경향이 있다. 이런 경향이 여전히 자주 나타나기는 하지만, 두 개 이상의 국가로 구성된 더 넓은 지역 내에서 취향, 선호, 인프라, 유통 채널, 그리고 정부 요구 사항이 수렴되는 경향도 존재한다.[33] 예를 들어, 공유된 역사와 문화, 또는 무역 정책, 인프라, 규제 등을 조화시키려는 의도적인 시도가 있는 무역 블록의 설립 등으로 인해 수렴에 대한 강한 압력이 있을 때 우리는 이를 볼 수 있다.

지역에 대한 가장 확실한 예는 유럽연합(EU)이며, 특히 그 무역 블록 내의 유로존 국가들이다. 이 지역에서는 제도적 힘이 수렴을 추진한다(자세한 내용은 9장을 참조). 단일 통화, 공통의 사업 규정, 표준 인프라 등을 갖춘 단일 EU 시장의 창출은 EU 내 국가들 간의 특정 국가적 차이를 줄이고 여러 국가 시장이 아닌 하나의 지역 시장을 창출하는 결과를 낳을 수밖에 없다. 실제로, 적어도 경제적인 수준에서, 그것이 EU의 명시적인 의도이다.

지역적 통합의 또 다른 예는 북아메리카 지역이다. 북아메리카 지역에는 미국, 캐나다, 그리고 일부 제품 시장에서는 멕시코도 포함된다. 캐나다와 미국은 역사, 언어, 그리고 문화의 많은 부분을 공유하고 있으며, 둘 다 NAFTA(그리고 새로운 미국-멕시코-캐나다 협정, USMCA)의 회원국이다. 멕시코는 여러 가지 면에서 분명히 다르지만, 미국과의 근접성은 일부 제품 시장(예: 자동차)의 경우 멕시코를 비교적 동질적인 지역 시장의 일부로 간주할 수 있음을 의미한다. 또한, 공유된 스페인 역사, 문화 유산, 언어(포르투갈에 의해 식민지화된 브라질을 제외)로 인해 국가적 차이가 다소 완화되는 라틴 아메리카 지역에 대해서도 이야기할 수 있다. 홍콩, 싱가포르, 마카오를 포함한 중화권과 대만도 일관된 지역이라고 주장할 수 있다. 중동 지역도 마찬가지로, 강력한 아랍 문화와 공유된 역사가 국가적 차이를 제한할 수 있기 때문이다. 마찬가지로, 러시아와 벨라루스, 조지아 등 구소련의 일부 국가들은 적어도 일부 제품에 대해서는 더 큰 지역 시장의 일부로 간주될 수 있으며, 덴마크, 핀란드, 아이슬란드, 노르웨이, 스웨덴 등 북유럽 5개국도 마찬가지이다.

지역적 관점을 취하는 것은 국가 차원이 아닌 지역 차원의 현지화가 적절한 전략적 대응이라는 것을 시사할 수 있기 때문에 중요하다. 예를 들어, 유럽이나 북아메리카의 각 국가 시장에 맞는 자동차를 생산하는 것보다 유럽이나 북아메리카 지역에 맞는 자동차를 생산하는 것이 자동차 제조업체에 훨씬 더 합리적이다. 지역 내에서 제품 제공을 표준화할 수 있는 능력은 각 국가가 자체 제품을 보유해야 하는 경우보다 더 큰 규모의 경제를 달성할 수 있게 해 주므로, 결과적으로 비용을 절감할 수 있다. 동시에, 이 관점은 너무 과하게 적용되어서는 안 된다. 프랑스, 독일, 이탈리아 등 EU 회원국 간에는 여전히 심오하고 근본적인 문화적 차이가 존재하기 때문에, 국가 차원에서 어느 정도의 지역적 특화 작업이 필요할 수 있다. 예를 들어, 영국은 이러한 국가적 차이로 인해 EU를 탈퇴(브렉시트)했다. 따라서 관리자들은 (1) 그들이 검토하고 있는 제품 시장과 (2) 국가 차원의 차이와 지역 통합 추세의 특성을 고려하여 적절한 통합 수준을 판단해야 한다. 예를 들어, 자동차에 적합한 것이 포장 식품에는 적합하지 않을 수 있다.

전략 선택

[학습 목표 4] 글로벌 시장에서 경쟁하기 위한 다양한 글로벌 전략을 파악하고 선택한다.

현지화 대응에 대한 압박(예: 고객의 요구, 욕구, 취향, 선호에 따른)은 기업이 규모의 경제, 학습 효과, 위치 경제의 이점을 충분히 누릴 수 없다는 것을 의미한다. 실제로 기업이 단일 저비용 위치에서 글로벌 시장에 서비스를 제공할 수 있다고 생각하는 것은 비현실적일 수 있다. 즉, 경험 효과와 관련된 비용 절감을 달성하기 위해 전 세계적으로 표준화된 제품을 생산하고 전 세계적으로 마케팅하는 것이다. 그러나 제품을 현지 상황에 맞게 조정해야 하는 필요성은 그러한 전략의 실행을 방해할 수 있다.

예를 들어, 자동차 회사들은 지난 반세기 동안 일본, 미국, 유럽의 소비자들이 각기 다른 종류의 자동차를 요구한다는 사실을 알게 되었고, 이로 인해 지역 시장에 맞게 제품을 생산해야 했다. 이에 대응하여 General Motors, Nissan, Honda, Ford, Toyota와 같은 기업들은 세계의 주요 지역에 상하류 설계 및 생산 시설을 구축하여 현지 수요에 더 잘 부응하는 전략을 추구하고 있다.[34] 이러한 맞춤화는 이점을 가져다주지만, 동시에 기업이 상당한 규모의 경제와 위치 경제를 실현하는 능력을 제한하기도 한다.

또한, 현지 대응에 대한 압박은 한 국가에서 다른 국가로 기업의 핵심 역량과 관련된 기술과 제품을 완전히 활용하는 것이 불가능할 수도 있음을 의미한다. 기본적으로 판매를 얻는 것이 최우선이기 때문에, 현지 상황에 따라 양보해야 하는 경우가 많다. 표준화된 제품을 그대로 가져와 판매하는 것과 현지 고객의 요구에 맞춰 일부 조정하여 판매하는 것 사이에서 발생하는 트레이드오프는 비용/편익 분석과 기회 평가에 기반을 둔다. 표준화된 글로벌 제품의 확산에 대한 대표적 사례로 묘사되는 McDonald's조차도 각국의 취향과 선호도의 차이

Buschmen/123RF

독일 슈투트가르트에서 선보이고 있는 General Motors의 슈퍼카, 쉐보레 콜벳 Z06.

그림 12-7
네 가지의 기본 전략

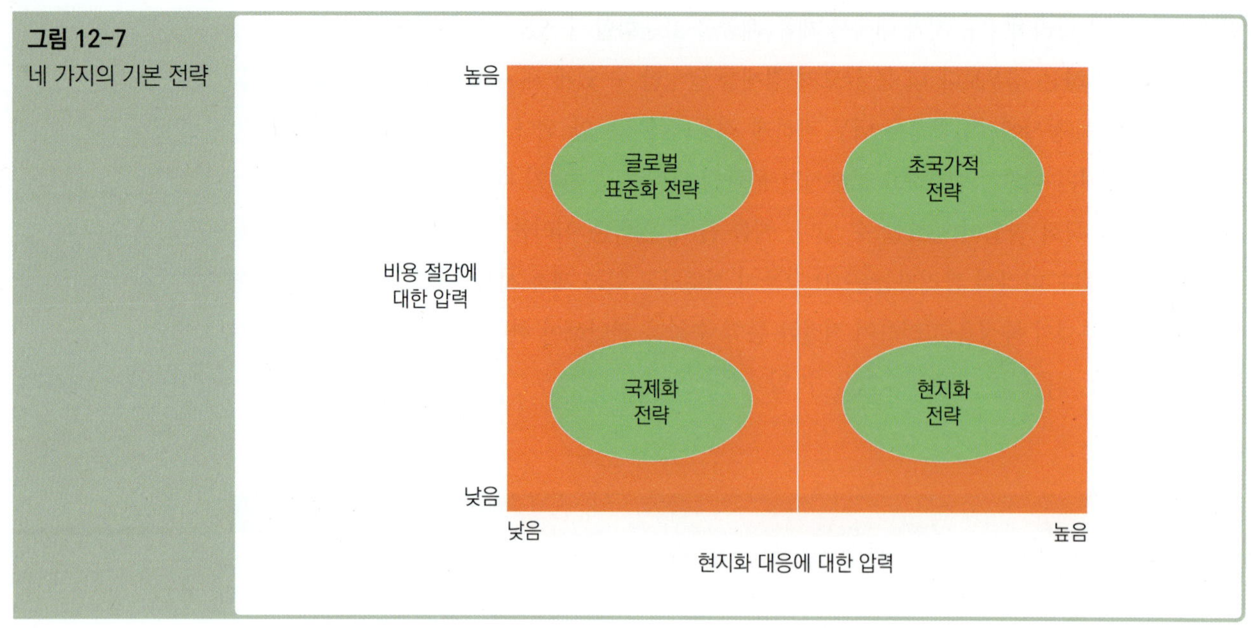

를 고려하여 제품(즉, 메뉴)을 맞춤화해야 한다는 사실을 깨달았다.

비용 절감 압력과 현지 대응력 압력의 강도 차이는 기업의 전략 선택에 어떤 영향을 미치는가? 기업은 일반적으로 국제 시장에서 경쟁할 때 네 가지 주요 전략 중 하나를 선택한다. 이러한 전략은 글로벌 표준화 전략, 현지화 전략, 초국가적 전략, 국제화 전략으로 구분할 수 있다.[35] 각 전략의 타당성은 비용 절감 압력과 현지 대응력의 정도에 따라 달라진다. 그림 12-7은 이러한 각 전략이 가장 적합한 조건을 보여 준다.

글로벌 표준화 전략

글로벌 표준화 전략
규모의 경제, 학습 효과, 위치 경제를 통한 비용 절감으로 수익성과 수익 성장에 중점을 두는 전략.

글로벌 표준화 전략(global standardization strategy)을 추구하는 기업은 규모의 경제, 학습 효과, 위치 경제에서 비롯되는 비용 절감을 통해 수익성과 수익 성장을 높이는 데 중점을 둔다. 이들의 전략적 목표는 전 세계적으로 저비용 전략을 추구하는 것이다. 글로벌 표준화 전략을 추구하는 기업의 생산, 마케팅, R&D, 공급망 활동은 몇몇 유리한 지역에 집중되어 있다. 글로벌 표준화 전략을 추구하는 기업은 현지 상황에 맞게 제품과 마케팅 전략을 조정하지 않으려고 한다. 왜냐하면 현지 상황에 맞게 조정하면 생산 기간이 짧아지고 기능 중복이 발생하여 비용이 증가하기 때문이다. 대신, 그들은 전 세계적으로 표준화된 제품을 판매하여 규모의 경제와 학습 효과를 통해 최대한의 이익을 얻으려고 한다. 그들은 또한 비용 우위를 활용하여 세계 시장에서 공격적인 가격 책정을 지원하는 경향이 있다.

글로벌 표준화 전략은 비용 절감에 대한 압박이 강하고 현지 대응에 대한 요구가 최소화된 경우에 명백한 의미가 있다. 이러한 조건은 보편적인 요구에 부응하는 제품을 생산하는 많은 산업재 산업에서 점점 더 보편화되고 있다. 예를 들어, 반도체 산업에서는 글로벌 표준이 등장하면서 표준화된 글로벌 제품에 대한 엄청난 수요가 발생했다. 때때로 Intel과 Unilever와 같은 회사들은 글로

MANAGEMENT FOCUS

네덜란드와 영국에 뿌리를 둔 Unilever의 대응

Unilever(Unilever.com)는 네덜란드 로테르담과 영국 런던에 공동 본사를 둔 네덜란드-영국 기업이다. 1930년 네덜란드의 마가린 생산업체인 Margarine Unie와 영국의 비누 제조업체 Lever Brothers가 합병하여 설립되었다. Unilever는 400개 이상의 브랜드를 보유하며, 그중 연매출이 10억 유로 이상인 브랜드는 Axe/Lynx, Dove, Omo, Becel/Flora, Heartbrand, Hellmann's, Knorr, Lipton, Lux, Magnum, Rama, Rexona, Sunsilk, and Surf, 14개에 달한다.

네덜란드와 영국에 기반을 둔 Unilever는 로테르담에 본사를 둔 Unilever NV와 런던에 본사를 둔 Unilever PLC로 구성된 이중 상장 회사이다. 이중 상장된 이 회사는 이사회를 공유하는 단일 기업으로 운영된다. 하지만 Unilever NV와 Unilever PLC는 주주 구성이 다르며, 주주들은 한 회사의 주식을 다른 회사의 주식으로 전환하거나 교환할 수 없다. Unilever NV(네덜란드)와 Unilever PLC(영국)의 통합인 Unilever 그룹은 NV와 PLC의 모회사 간의 여러 계약에 의해 조직되고 기능한다. 이러한 계약은 각각의 계약 조항과 함께 재단 계약으로 통칭된다.

이러한 재단 계약을 통해 Unilever는 경영, 운영, 주주의 권리, 목적 및 사명의 통일성을 달성할 수 있다. Unilever의 균등화 계약은 NV와 PLC의 주주들의 공동 권리를 규제한다. 균등화 계약의 목적은 두 주주의 입장이 최대한 유사하도록 하는 것이다. 즉, 두 그룹의 소유주가 마치 단일 회사의 주식을 보유한 것처럼 취급되도록 하는 것이다. Unilever의 운영 통합은 상호 확약서에 의해 촉진된다. 이 증서는 NV와 PLC 간의 계약으로 Unilever 그룹 내 자산 배분을 규정한다.

이와 관련하여 차입금 상호 보증 계약은 경영, 운영, 주주의 권리, 목적, 사명의 통일성을 달성하는 것을 목표로 하는 단일 운영 플랫폼을 만드는 데도 도움이 된다. 사실상 이 상호 보증 계약은 대출 기관에 특정 대규모 공공 차입을 요청할 때 NV와 PLC의 결합된 힘을 활용하여 Unilever가 재정적으로 가능한 한 견고하게 유지되도록 보장한다.

400개가 넘는 브랜드의 운영 및 관리를 체계화하기 위해 Unilever는 크게 식품, 리프레시먼트(음료 및 아이스크림), 홈 케어, 퍼스널 케어, 네 가지 사업부로 구성되어 있다. 이 사업부에는 약 15만 명의 직원이 근무하고 있으며, 연간 약 600억 유로의 매출을 올리고 있으며, 전체 매출의 약 60%가 신흥 시장에서 발생한다. 매일 전 세계 인구 약 80억 명 중 약 25억 명에 달하는 엄청난 수의 사람들이 Unilever 제품을 사용하고 있다.

Sources: "About Unilever," March 22, 2017, unilever.com /about/who-we-are/about-Unilever; "Unilever's Legal Structure and Foundation Agreements," March 22, 2017, unilever.com/investor-relations/agm-and-corporate-governance/legal-structure-and-foundation-agreements; P. Sunlight, "Unilever: In Search of the Good Business," *The Economist*, August 9, 2014; R. Davies, "Unilever Bids to Heal Shareholder Rift Amid 'Garage Sale' Warnings," *The Guardian*, March 19, 2017.

벌 표준화 전략을 추구한다. 그러나 이러한 조건은 현지 대응에 대한 요구가 여전히 높은 많은 소비재 시장에서 항상 발견되는 것은 아니며, 이러한 상황은 일반적으로 이 전략을 부적절하게 만든다. 현지 대응력을 갖춘 글로벌 전략에 집중하려면, 함께 제공되는 Unilever의 네덜란드-영국 뿌리에 대한 MANAGEMENT FOCUS를 살펴보아야 한다.

중요한 것은, 글로벌 표준화 전략이 비용을 낮추는 데 도움이 되기는 하지만, 기업이 고객에게 저가 경쟁자로 비춰지지 않을 수도 있다는 점이다. 실제로, 우수한 브랜드 자산을 추구하기 위해 비용을 높이는 특정 조치를 취할 수도 있다.

현지화 전략

현지화 전략(localization strategy)은 기업의 상품이나 서비스를 각국의 시장별 취향과 선호에 맞게 맞춤화함으로써 수익성을 높이는 데 초점을 맞추고 있다. 현지화는 소비자 취향과 선호에 상당한 차이가 있고 비용 압박이 심하지 않은 국가에서 가장 적절하다. 현지 수요에 맞게 제품을 맞

현지화 전략
각국 시장의 취향과 선호에 맞춰 상품이나 서비스를 맞춤화해 수익성 제고에 주안점을 두는 전략.

춤화함으로써, 기업은 현지 시장에서 해당 제품의 가치를 높일 수 있다. 단점은 기능의 일부 중복과 소규모 생산이 수반되기 때문에, 맞춤화는 기업이 글로벌 소비를 위해 표준화된 제품을 대량 생산하는 것과 관련된 비용 절감을 실현할 수 있는 능력을 제한한다는 것이다. 그러나 현지 맞춤화와 관련된 부가가치가 더 높은 가격을 뒷받침하여 기업이 더 높은 비용을 회수할 수 있게 하거나, 현지 수요를 크게 증가시켜 기업이 현지 시장에서 규모의 경제를 달성함으로써 비용을 절감할 수 있게 하는 경우라면 이 전략이 타당할 수 있다.

동시에, 기업은 여전히 비용을 주시해야 한다. 현지화 전략을 추구하는 기업은 여전히 효율적이어야 하며, 가능할 때마다 글로벌 범위에서 규모의 경제를 포착해야 한다. 앞서 언급했듯이, 많은 자동차 회사들은 현지 시장 수요에 맞춰 제품 일부를 맞춤화해야 한다는 사실을 깨달았다. 예를 들어, 미국 소비자를 위한 대형 픽업 트럭과 유럽과 일본 소비자를 위한 소형 연비 효율이 높은 자동차를 생산하는 것이다. 동시에, 이러한 다국적 기업들은 다양한 모델에 공통적인 차량 플랫폼과 부품을 사용하고, 최적의 위치에 효율적으로 규모가 조정된 공장에서 그 플랫폼과 부품을 제조함으로써 글로벌 규모에서 규모의 경제를 얻으려고 노력한다. 이러한 방식으로 제품을 설계함으로써, 이들 기업들은 제품 제공을 현지화하면서도 동시에 규모의 경제, 학습 효과, 위치 경제를 포착할 수 있었다.

초국가적 전략

우리는 비용 압박이 심하고 현지 대응에 대한 요구가 제한적인 경우에 글로벌 표준화 전략이 가장 적합하다고 주장해 왔다. 반대로, 현지 대응에 대한 요구가 높지만 비용 압박이 보통이거나 낮은 경우에는 현지화 전략이 가장 적합하다. 그러나 기업이 동시에 강력한 비용 압박과 강력한 현지 대응 압박에 직면하게 되면 어떻게 될까? 경영자는 이렇게 상충되는 압박과 상충되는 요구 사이에서 균형을 어떻게 유지할 수 있을까? 일부 연구자에 따르면, 그 해답은 초국가적 전략이라고 불리는 것을 추구하는 것이다.

이러한 연구자 중 두 명인 Christopher Bartlett과 Sumantra Ghoshal은 경쟁이 너무 치열해서 기업이 생존하려면 비용 절감 압박과 현지 대응 압박에 대응하기 위해 할 수 있는 모든 것을 해야 한다고 주장한다. 그들은 위치 경제와 경험 효과를 실현하고, 제품을 국제적으로 활용하며, 핵심 역량과 기술을 회사 내에서 이전하고, 동시에 현지 대응에 대한 압력에 주의를 기울여야 한다고 강조한다.[36] Bartlett과 Ghoshal은 현대 다국적 기업에서 핵심 역량과 기술은 모국에만 있는 것이 아니라 전 세계 어느 사업장에서든 개발될 수 있다고 지적한다. 따라서 그들은 기술과 제품 제공의 흐름이 모국에서 해외 자회사로만 이루어져서는 안 된다고 주장한다. 오히려 해외 자회사에서 모국으로, 해외 자회사에서 해외 자회사로 흐르는 흐름도 있어야 한다. 다시 말해, 다국적 기업은 자회사의 기술을 활용하는 데도 집중해야 한다.

초국가적 전략
위치 경제·규모의 경제·학습 효과를 활용해 저비용을 달성하고, 지역별 특성에 맞춰 지리적 시장에서 제품을 차별화하며, 글로벌 운영 네트워크 내 자회사 간 다방향 기술 흐름을 촉진하는 전략.

본질적으로, **초국가적 전략**(transnational strategy)을 추구하는 기업은 위치 경제, 규모의 경제, 학습 효과를 통해 동시에 저비용을 달성하려고 노력하고, 지역적 차이를 고려하여 지리적 시장에서 제품 제공을 차별화하며, 회사의 글로벌 운영 네트워크에서 서로 다른 자회사 간에 다방향적 기술 흐름을 촉진하려고 한다. 이론적으로는 매력적으로 들릴 수 있지만, 이 전략은 회사에 상충되는 요구를 부과하기 때문에 추구하기가 쉽지 않다. 다양한 지리적 시장의 현지 수요에 대응하기 위해 제품을 차별화하면 비용이 증가하게 되는데, 이는 비용 절감이라는 목표와 상충된다. 3M과 ABB(세계적인 엔지니어링 대기업 중 하나)와 같은 기업들은 초국가적 전략을 채택하려고 시도했지만, 이를 실행하기가 어렵다는 것을 알게 되었다(3M 사례에 대한 논의는 OPENING CASE 참조).

초국가적 전략을 가장 잘 실행하는 방법은 오늘날 다국적 대기업들이 고민하고 있는 복잡한 문제 중 하나이다. 이 전략적 포지션을 완벽하게 구현한 기업은 거의 없다. 그러나 올바른 접근 방식에 대한 단서를 여러 회사에서 얻을 수 있다. 예를 들어, Caterpillar의 사례를 살펴보자. 일본 Komatsu와 같은 저가 경쟁 업체와 경쟁해야 하는 필요성 때문에 Caterpillar는 더 큰 비용 절감을 모색해야 했다. 그러나 국가마다 건설 관행과 정부 규정이 다르기 때문에 Caterpillar도 현지 수요에 부응해야 했다. 따라서 Caterpillar는 비용 절감과 현지 대응이라는 중대한 압박에 직면했다.

비용 압박에 대처하기 위해, Caterpillar는 동일한 부품을 많이 사용하는 방식으로 제품을 재설계하고, 글로벌 수요를 충족시키고 규모의 경제를 실현하기 위해 유리한 위치에 대규모 부품 제조 시설을 몇 개 투자했다. 동시에, 회사는 주요 글로벌 시장 각각에 조립 공장을 설치하여 부품의 중앙 집중식 제조를 강화했다. 이 공장에서 Caterpillar는 현지 제품 기능을 추가하여 현지 요구에 맞게 완제품을 조정했다. 따라서 Caterpillar는 글로벌 제조의 많은 이점을 실현하는 동시에 국가 시장별로 제품을 차별화함으로써 현지 대응에 대한 압력에 대응할 수 있었다.[37] Caterpillar는 직원당 생산량을 두 배로 늘려 그 과정에서 전체적인 비용 구조를 크게 줄였다. 한편, 여전히 일본 중심의 글로벌 전략에 집착하고 있는 Komatsu와 Hitachi는 비용 이점이 사라지고 Caterpillar에 시장 점유율을 꾸준히 빼앗기고 있다.

초국가적 전략을 지원할 수 있는 조직을 구축하기 위해 기업의 전략적 태세를 바꾸는 것은 복잡하고 어려운 작업이다. 일부 사람들은 이 전략의 실행에 필요한 실행 가능한 조직 구조와 통제 시스템을 만드는 데 따르는 전략 실행 문제가 너무 복잡하다고 말할 것이다.

국제화 전략

때로 다국적 기업이 낮은 비용 압력과 약한 현지 대응 압력이라는 유리한 위치에 놓여 있음을 확인할 수 있다. 이들 기업 중 다수는 **국제화 전략**(international strategy)을 추구해 왔으며, 국내 시장을 위해 생산된 제품을 최소한의 현지화 작업만 거쳐 국제 시장에 판매해 왔다. 이들 기업의 특징은 보편적인 수요를 충족시키는 제품을 판매하고 있지만, 주요 경쟁 업체와 직접적으로 경쟁하지 않기 때문에 글로벌 표준화 전략을 추구하는 기업과 달리 비용 구조를 줄여야 한다는 압박에 직면하지 않는다는 점이다.

국제화 전략
현지 경쟁자가 보유하지 못한 핵심 역량을 해외 시장으로 이전하여 가치를 창출하려는 전략.

Xerox는 복사기를 발명하고 상용화한 후 이러한 상황에 처하게 되었다. 복사기의 기반이 되는 기술은 강력한 특허로 보호되었기 때문에, Xerox는 몇 년 동안 경쟁자를 만나지 않고 독점권을 누렸다. 이 제품은 보편적인 수요를 충족시켰고, 대부분의 선진국에서 높은 가치를 인정받았다. 따라서 Xerox는 전 세계에 동일한 기본 제품을 판매하면서 상대적으로 높은 가격을 책정할 수 있었다. Xerox는 직접적인 경쟁자가 없었기 때문에 비용 구조를 최소화해야 한다는 강한 압박을 받지 않았다. 그러나 Xerox의 상황은 바뀌었고, 이제는 국제 시장에서 더 강력한 경쟁에 직면해 있다.

국제화 전략을 추구하는 기업들은 해외 시장으로 확장하면서 비슷한 발전 패턴을 따랐다. 그들은 R&D와 같은 제품 개발 기능을 국내에 집중시키는 경향이 있다. 그러나 그들은 또한 사업을 영위하는 주요 국가나 지역마다 제조 및 마케팅 기능을 구축하는 경향이 있다. 그 결과 중복이 발생하여 비용이 증가할 수 있지만, 회사가 비용 절감에 대한 압박을 크게 받지 않는다면 이 문제는 그다지 문제가 되지 않는다. 이러한 회사들은 제품 제공 및 마케팅 전략의 일부를 현지화할 수 있지만, 그 범위는 다소 제한적이다. 결국, 국제화 전략을 추구하는 대부분의 회사에서 본사는 마케팅과 제품 전략에 대해 상당히 엄격한 통제권을 유지한다.

이 전략을 추구한 다른 회사로는 Procter & Gamble(P&G)과 Microsoft가 있다. 역사적으로 P&G는 신시내티에서 혁신적인 신제품을 개발하고, 이를 현지 시장에 도매로 이전했다. 마찬가지로, Microsoft의 제품 개발 작업 대부분은 회사가 본사를 둔 워싱턴주 레드몬드에서 이루어진다. 일부 현지화 작업은 다른 곳에서 이루어지지만, 이는 인기 있는 Microsoft 프로그램의 외국어 버전 제작으로 제한된다.

전략의 진화

국제화 전략의 약점은 시간이 지남에 따라 경쟁자가 필연적으로 등장하고, 관리자가 회사의 비용 구조를 줄이기 위한 적극적인 조치를 취하지 않으면 효율적인 글로벌 경쟁자에 의해 회사가 빠르게 추월당하게 된다는 점이다. 이것이 바로 Xerox의 경우다. Canon과 같은 일본 기업들은 궁극적으로 Xerox의 특허를 우회하는 방법을 개발하고, 매우 효율적인 제조 공장에서 자체 복사기를 생산하여 Xerox 제품보다 저렴한 가격에 판매함으로써 Xerox의 글로벌 시장 점유율을 빠르게 빼앗았다. 최종적으로, Xerox의 매출 감소는 경쟁사의 등장 때문이 아니라, 효율적인 글로벌 경쟁사가 등장하기 전에 사전에 비용 구조를 줄이는 데 실패했기 때문이었다. 이 이야기의 메시지는 국제화 전략이 장기적으로 실행 가능하지 않을 수 있으며, 기업이 생존하려면 경쟁사보다 앞서 글로벌 표준화 전략 또는 초국가적 전략으로 전환해야 한다는 것이다(그림 12-8 참조).

현지화 전략에 대해서도 같은 말을 할 수 있다. 현지화는 기업에 경쟁 우위를 제공할 수 있지만, 동시에 공격적인 경쟁 업체와 경쟁해야 하는 경우, 기업은 비용 구조를 줄여야 하며, 이를 위한 유일한 방법은 초국가적 전략으로 전환하는 것이다. 이것이 바로 P&G가 해 온 일이다. 따라서 경쟁이 심화됨에 따라 국제화 전략과 현지화 전략은 실행 가능성이 낮아지는 경향이 있으며, 관리자들은 기업을 글로벌 표준화 전략이나 초국가적 전략으로 이끌어야 한다.

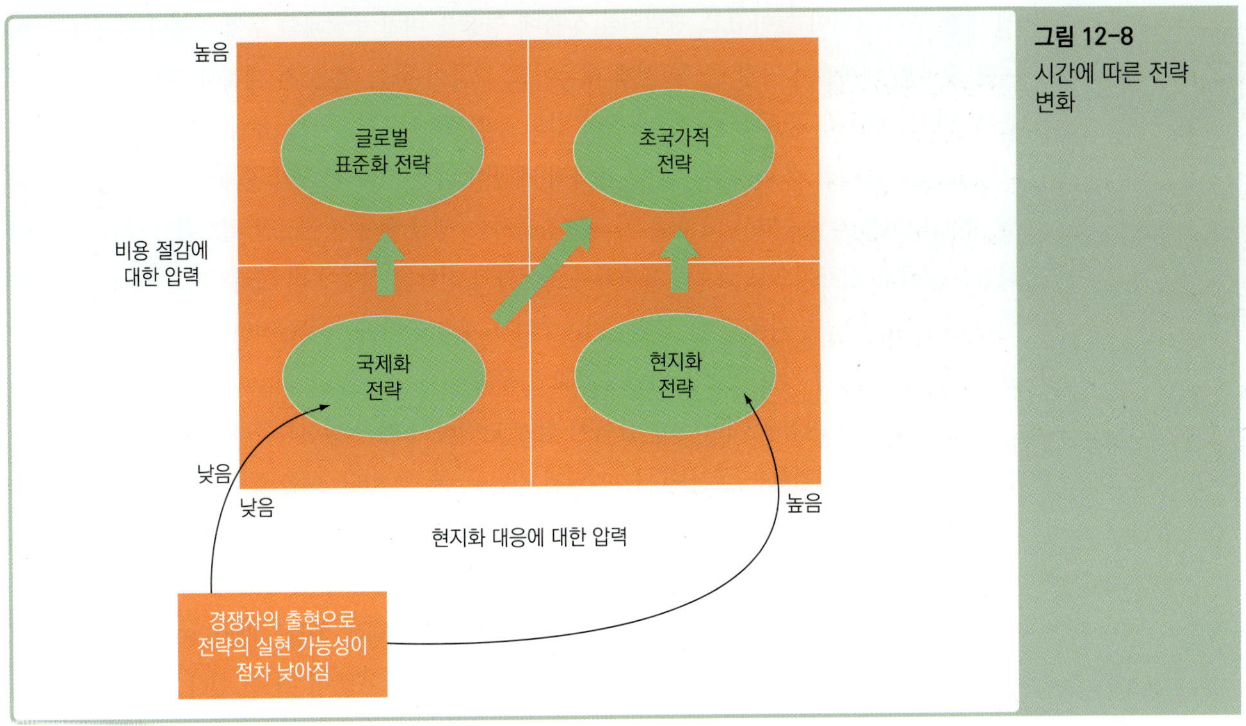

그림 12-8
시간에 따른 전략 변화

360° 관점: 거시 환경의 영향

앞선 11개의 장에서 국제 비즈니스가 경쟁하는 거시 환경에 대해 자세히 설명하고, 그 환경이 경영 관행에 미치는 영향을 강조했다. '360° 관점: 경영에의 시사점' 섹션에서 각 장의 마지막에 이를 설명했다. 이 섹션과 본문의 나머지 각 장의 마지막에 있는 유사한 섹션에서, 우리는 거시 환경과 그 환경의 변화가 장에서 설명한 전략과 기능적 실행에 어떤 영향을 미칠 수 있는지를 탐구함으로써 이러한 관점을 강화한다.

국경 간 무역, 투자, 전략

국제 비즈니스 전략과 관련하여 가장 중요한 점은 국제 무역과 투자를 규율하는 규칙의 변화가 다양한 전략의 실행 가능성에 영향을 미칠 수 있다는 점이다. 지난 50년 동안 우리는 국경 간 무역과 투자를 가로막는 장벽이 점진적으로 낮아지는 것을 목격했다(1, 6, 7, 8, 9장 참조). 이러한 추세는 위치 경제를 실현하는 것을 더 쉽게 만들어 주었고, 기업들이 생산 활동의 글로벌 네트워크를 구축할 수 있게 해 주었다. 결과적으로, 이러한 발전은 현지화 전략과 국제화 전략의 실현 가능성을 떨어뜨렸고, 글로벌 표준화 전략과 초국가적 전략의 매력을 증가시켰다. 최근까지도, 국경 간 무역과 투자의 장벽이 낮은 것을 특징으로 하는 보다 글로벌한 거시 환경으로의 행진은 불가피한 것처럼 보였다. 대부분의 국제 기업들은 이러한 가정에 기반하여 전략을 수립했다.

그러나 지난 몇 년 동안 이러한 추세는 급격하게 반전되었다. 미국의 Donald Trump 대통령이 처음에 취한 조치로 인해 국경 간 무역 장벽이 증가했다. 이로 인해 일부 상품(예: 철강 및 알루미늄)

에 대한 무역 장벽이 높아졌고, 광범위한 상품에 영향을 미친 중국과의 무역 전쟁이 발생했다. 미국과 중국은 세계에서 가장 큰 두 경제 대국이고, 그들이 하는 일은 전 세계에 영향을 미치기 때문에 이러한 행동은 중요하다. 미국과 중국 간의 무역 분쟁이 지속되고, 유럽 연합과 미국 간의 더 큰 분쟁으로 확대될 경우, 많은 기업의 전략적 계산이 바뀔 것이다. 위치 경제의 실현이 더 어려워질 것이고, 비용을 낮추면서 더 많은 가치를 창출하는 생산 활동의 글로벌 네트워크 구축이 더 어려워질 것이며, 결과적으로 글로벌 표준화와 초국가적 전략의 실행이 더 어려워지고 매력도도 떨어질 것이다. 국가 또는 지역 간의 경제적 민족주의가 계속 증가하는 극단적인 시나리오에서는 현지화 전략이 다시 실행 가능할 뿐만 아니라 필요할 수도 있다.

이 시나리오의 변형은 지역 경제 블록이 함께 단결하여 계속 발전하는 세계를 상상한다. 이런 일이 발생한다면, 지역화는 국가보다는 지역에 기반을 둘 수 있다. 예를 들어, 유럽연합, 북아메리카의 USMCA, 동남아시아와 태평양 지역의 RCEP(Regional Comprehensive Economic Partnership)와 같은 신흥 무역 블록이 회원국 간에는 상대적으로 자유로운 무역을 하고 각 무역 블록 간에는 상대적으로 높은 장벽을 두는 세계가 있을 수 있다(무역 블록에 대한 자세한 내용은 9장 참조). 만약 우리가 그런 세상에 살게 된다면, 다지역 버전의 현지화 전략이 표준이 될 수 있다. 기업들은 각 블록 내에서 현지화 경제를 모색하고, 글로벌 생산 활동 네트워크가 아닌 지역 네트워크를 구축할 것이다. 이 경우, 기업은 각 지역 무역 블록 내에서 상대적으로 독립적인 일련의 활동을 수행할 수 있다.

또 한 가지 염두에 두어야 할 점은, 지금까지 미국과 그 무역 파트너들 간의 무역 분쟁은 주로 서비스가 아닌 상품 무역에 초점을 맞추고 있으며, 국경을 넘는 투자를 명시적으로 제한하지 않았다는 점이다. 이러한 갈등이 서비스와 국경 간 투자로 확대된다면, 현지화 또는 다지역 전략의 필요성이 더욱 커질 것이다. 국경 간 투자에 대한 장벽이 높아지면, 여러 나라에 전액 출자 자회사를 설립하는 것이 제한될 수 있으며, 진입 전략으로서 전략적 제휴가 더욱 중요해질 수 있다(이 문제는 13장에서 다시 다룰 것이다).

외부 충격과 전략

마지막으로, 전쟁, 테러, 기후 변화의 영향, 새로운 질병의 출현과 같은 외부 충격은 무역과 투자 환경을 쉽게 변화시키고 국제 비즈니스의 전략적 선택에 영향을 미칠 수 있다는 점에 유의해야 한다. 예를 들어, 2020년에 코로나19의 확산으로 인한 세계적인 팬데믹의 출현을 생각해 보자. 코로나19로 인해 전 세계적으로 많은 감염과 사망이 발생하면서 전 세계적으로 심각한 경제적 혼란이 야기되었고, 많은 국가에서 수요가 감소했을 뿐만 아니라, 글로벌 공급망이 붕괴되었고, 많은 사람들이 글로벌 표준화 전략을 지원하기 위해 전 세계적으로 분산된 생산 활동 네트워크를 구축하는 것의 가치를 의심하게 되었다. 마찬가지로, 우크라이나 전쟁과 그로 인한 서방 국가들의 러시아 제재로 인해 공급망이 붕괴되었다. 예를 들어, 러시아와 우크라이나는 모두 옐로 머스타드 씨앗을 많이 생산하는 국가이지만, 전쟁으로 인해 2022년 이 씨앗의 공급량이 평소보다 훨씬 적어 옐로 머스타드가 전 세계적으로 부족해졌다. 분명히, 전 세계 공급망은 질병이나 전쟁과 같은 유사한 혼란 상황으로 인해 붕괴될 수 있다. 15장에서 이 문제에 대해 좀 더 자세히 살펴보겠지만, 지금은 그러한 혼란스러운 사건이 국가 또는 지역 무역 블록에 기반한 현지화 전략의 매력을 증가시킨다는 점에 주목할 필요가 있다.

주요 용어

전략	운영	경험 곡선	현지화 전략
수익성	핵심 역량	학습 효과	초국가적 전략
수익 성장률	위치 경제	규모의 경제	국제화 전략
가치 창출	글로벌 웹	글로벌 표준화 전략	

요약

이 장에서는 전략의 기본 원칙과 기업이 글로벌 확장을 통해 이익을 얻을 수 있는 다양한 방법을 검토했다. 또한 전 세계적으로 경쟁하는 기업이 채택할 수 있는 전략에 대해서도 살펴봤다. 이 장에서는 다음과 같은 점을 강조했다.

1. 전략은 관리자가 기업의 목표를 달성하기 위해 취하는 행동으로 정의할 수 있다. 대부분의 다국적 기업, 특히 상장 기업의 경우 가장 중요한 목표는 주주 가치를 극대화하는 것이다. 주주 가치를 극대화하려면 기업은 수익성을 높이고 시간이 지남에 따라 이익의 성장률을 높이는 데 집중해야 한다.
2. 해외 진출을 통해 기업은 핵심 역량에서 파생된 제품을 현지 경쟁사가 해당 제품 및 역량이 부족한 시장으로 이전함으로써 더 큰 수익을 올릴 수 있다.
3. 기업이 수행하는 각 가치 창출 활동을 해당 활동의 성과에 가장 도움이 되는 요소 조건이 있는 위치에 기반을 두도록 할 수 있다. 우리는 이 전략을 위치 경제 달성에 초점을 맞춘 전략이라고 부른다.
4. 표준화된 제품에 대한 판매량을 빠르게 구축함으로써 해외 진출은 학습 효과와 규모의 경제를 실현하여 경험 곡선을 아래로 이동하는 데 도움이 될 수 있다.
5. 다국적 기업은 해외 자회사에서 창출된 가치 있는 기술을 파악하고 글로벌 운영 네트워크 내에서 이러한 기술을 활용함으로써 부가가치를 창출할 수 있다. 이러한 레버리지 이슈는 기업의 글로벌 가치 사슬의 일부이다.
6. 기업이 추구해야 할 최선의 전략은 비용 절감과 현지 대응에 대한 압박을 고려해야 하는 경우가 많다.
7. 국제 전략을 추구하는 기업은 핵심 역량에서 파생된 제품을 해외 시장으로 이전하면서 일부 제한된 현지 맞춤화를 수행한다.
8. 현지화 전략을 추구하는 기업은 제품 제공, 마케팅 전략, 비즈니스 전략을 국가별 상황에 맞게 맞춤화한다.
9. 글로벌 표준화 전략을 추구하는 기업은 경험 곡선 효과와 위치 경제에서 오는 비용 절감 효과를 거두는 데 중점을 둔다.
10. 많은 산업에서 경쟁이 치열해지면서 기업은 초국가적 전략을 채택해야 한다. 여기에는 비용 절감, 기술 및 제품 이전, 현지 대응력 강화에 동시에 초점을 맞추는 것이 포함된다. 이러한 전략을 실행하는 것은 쉽지 않을 수 있다.
11. 국경을 넘는 무역 및 투자에 적용되는 규칙의 변화와 전쟁, 기후 변화의 영향, 신종 질병의 확산과 같은 돌발적인 사건은 다양한 전략의 매력을 변화시킬 수 있다.

비판적 사고와 토론을 위한 질문

1. 운송 비용이 전혀 들지 않고, 무역 장벽이 없으며, 국가 간 요소 조건에 큰 차이가 없는 세상에서 기업이 생존하려면 국제적으로 확장해야 한다. 이에 대해 토론하라.
2. 그림 12-6에 Procter & Gamble, IBM, Apple, Coca-Cola, Dow Chemical, Intel, McDonald's의 위치를 표시하고, 그 근거를 제시하라.
3. 어떤 종류의 산업에서 현지화 전략이 의미가 있는가? 글로벌 표준화 전략은 언제 가장 적합한가?
4. 초국가적 전략의 실행과 관련하여 발생할 수 있는 주요 조직 문제는 무엇이라고 생각하는가?
5. OENING CASE '3M의 글로벌 전략 진화'를 다시 읽어 보라. 3M이 전략적으로 무엇을 하려고 하는가? 3M의 현재 전략적 태세를 어떻게 특징짓겠는가?

Emirates의 글로벌 전략

Emirates은 세계적인 대규모 항공사 중 하나다. 262대의 여객기로 전 세계 80개국 150개 이상의 도시에 서비스를 제공하는 Emirates은 2022년 총 정기 여객기 운항 거리 기준 세계 4위를 차지했다. 또한 이 항공사는 Federal Express에 이어 세계에서 두 번째로 큰 화물 항공사였다. Emirates은 1985년 아랍 에미리트 연합국에서 가장 인구가 많은 도시이자 Emirate of Dubai의 수도인 두바이에서 설립되었다. 국영 항공사였던 이 항공사는 단 두 대의 항공기로 운항을 시작했다.

Emirates이 소규모 신생 항공사의 표준 패턴을 따랐다면 중동의 다른 지역으로 취항하는 단거리 노선을 다수 개설했을 것이다. 하지만 Emirates은 근본적으로 다른 전략을 추구했다. 두바이를 허브로 삼아 장거리 저비용 항공사로 자리매김한 Emirates은 두바이를 통해 전 세계를 연결하겠다는 야망을 품었다. 페르시아만에 위치한 두바이는 서양과 동양을 연결하는 이상적인 위치에 있었기 때문에 전략적으로 가치가 있었다. 하지만 전략은 대담했다. Emirates의 비즈니스 모델은 24시간 허브인 두바이를 통해 전 세계 두 지점을 연결할 수 있는 와이드 바디 장거리 항공기 구매에 전적으로 집중했다. 이러한 전략을 뒷받침하기 위해 Emirates은 Airbus의 A380 슈퍼 점보 제트기를 가장 많이 도입한 항공사로 부상했다. 실제로 에미레이트는 지금까지 인도된 모든 A380의 거의 절반을 운항하고 있다. 또한 세계 최대 규모의 장거리 Boeing 777 항공기를 보유하고 있다.

이러한 전략 덕분에 Emirates은 여러 가지 측면에서 비용 이점을 누리고 있다. 첫째, 연료 효율이 높은 와이드바디 제트기로 좌석을 채울 수 있다면 다른 주요 항공사처럼 장거리와 단거리 제트기를 혼합하여 운항하는 항공사보다 승객 마일당 운영 비용이 낮아진다. 단거리 네트워크는 운영 비용이 더 많이 들고 승객 마일당 비용이 더 높은 경향이 있다. 둘째, 비교적 신생 항공사로서 Emirates은 오랜 역사를 가진 많은 항공사에 부담을 주는 높은 인건비, 연금 요건, 노조 근무 규칙 등과 관련된 기존 비용이 없다(실제로 두바이에는 노조가 거의 없다). 셋째, 두바이의 법인세율이 제로라는 점도 비용 절감의 또 다른 요인이다.

Simone Previdi/Shutterstock

상대적으로 낮은 운영 비용에도 불구하고 Emirates은 Southwest나 Ryanair와 같은 저가 항공사로 분류할 수 없다. Emirates은 비즈니스 및 일등석 여행객을 위해 일등석과 비즈니스석 좌석, 프리미엄 기내 서비스, 공항 라운지를 완벽하게 보완한다. 2022년 AirHelp는 정시성, 서비스 품질, 클레임 처리 등을 기준으로 80개 글로벌 항공사 중 Emirates을 13위로 선정했다. 서비스 품질만 평가한 결과 Emirates은 세계 1위로 선정되었다. 고객 경험을 평가하는 또 다른 평가 기관인 Skytrax는 2022년 조사 대상 340개 항공사 중 Emirates을 세계 3위로 선정했다. 저렴한 비용으로 고품질의 서비스를 제공할 수 있다는 두 가지 이점은 Emirates이 세계 주요 항공사 중 하나로 부상하는 데 큰 도움이 되었다. 강력한 글로벌 브랜드는 수요를 창출하는 데 도움이 되었고, 그 결과 항공기를 가득 채우고 운영 비용을 낮출 수 있었다.

Emirates 전략의 또 다른 흥미로운 측면은 두바이 정부와의 파트너십을 통해 두바이를 비즈니스 및 전문 컨벤션뿐만 아니라 관광객을 위한 휴양지로 홍보하고 있다는 점이다. 두바이에는 수많은 고급 호텔, 레스토랑, 클럽, 해변, 놀이공원, 쇼핑몰 등이 있어 두바이를 단순한 허브가 아닌 그 자체로 목적지가 되고 있다. 이러한 전략은 더 많은 수요를 창출하고 입출국 항공기를 채우는 데 도움이 되어 Emirates의 운영 비용을 더욱 낮춘다.

그러나 이러한 모든 장점에도 불구하고 Emirates은 코로나19 팬데믹으로 인한 항공 여행의 급격한 감소로 인해 특히 큰 타격을 받았다. 2020년 항공 여행이 급감하면서 Emirates은 A380 및 777 항공기를 더 이상 채울 수 없었고, 운영 비용이 급증했으며 손실이 증가했다. Emirates은 팬데믹으로 인한 수년간의 수요 침체를 예상하여 A380 추가 주문을 취소했다. 또한 수요를 늘리기 위해 휴가 및 컨벤션을 위해 두바이로 더 많은 여행객을 유치하는 전략을 강화했다. 이러한 조치에도 불구하고 Emirates은 팬데믹으로 인해 승객 수가 급감하면서 2021년에 30년 만에 처음으로 연간 손실을 기록했다. 그러나 2022년 팬데믹이 사라지면서 승객 수는 반등했고, 2022년 중반에는 팬데믹 이전 수준으로 회복되었다.

Sources: AirHelp Score 2022, www.airhelp.com/en/airhelp-score/airline-ranking; S. Nataraja and A. Al-Aali, "The Exceptional Performance Strat¬egies of Emirate Airlines," *Journal of Global Competitiveness*, October 2011; "Emirates: The Long-Haul Low-Cost Carrier," Aviation Strategy, May 2005; "What's an A380 Worth?" *The Economist*, August 13, 2020; A. Cornwell, "Emirates Will Have to Review Strategy after Coronavirus Pandemic," *Reuters*, June 25, 2020; S. Saseendran, "How Emirates Recovered Quickly after COVID Pandemic," *Gulf News*, November 22, 2022.

CLOSING CASE 토론을 위한 질문

1. Emirates은 어떻게 가치를 창출하는가? 저렴한 비용과 차별화 사이의 트레이드오프에 대해 무엇을 알려주는가?
2. 이 장의 '전략 선택'이라는 관점에서 Emirates의 전략을 어떻게 설명할 수 있는가?
3. 코로나 팬데믹은 Emirates의 전략과 관련된 위험에 대해 무엇을 알려주는가? 항공사에 비슷한 영향을 미칠 수 있는 다른 사건에는 어떤 것이 있는가? 이러한 위험을 완화하기 위해 Emirates이 할 수 있고 해야 할 일은 무엇인가?

미주(endnotes)는 한경사 홈페이지 www.hankyungsa.co.kr의 공지 사항에서 PDF 파일로 다운로드 할 수 있습니다.

NEERAZ CHATURVEDI/Shutterstock

13

선진 시장 및 신흥 시장 진출

학습 목표

이 장을 학습하면,

1. 기업이 해외 진출 시 내려야 하는 세 가지 기본 결정, 즉 어떤 시장에 진출할지, 언제 진출할지, 어떤 규모로 진출할지 등을 설명할 수 있다.
2. 기업이 해외 시장에 진출할 때 사용하는 다양한 진입 방법을 비교할 수 있다.
3. 기업의 진출 방식 선택에 영향을 미치는 요인을 분석할 수 있다.
4. 해외 시장 진출 전략으로서 인수와 그린필드 벤처의 장단점을 이해할 수 있다.
5. 해외 진출 시 전략적 제휴 체결의 장단점을 평가할 수 있다.

OPENING CASE 인도의 JCB

1979년 영국의 대형 건설 장비 제조업체인 JCB는 인도에서 판매할 굴착기 로더(backhoe loader)를 제조하기 위해 인도의 엔지니어링 대기업인 Escorts와 합작 투자를 체결했다. 이 합작 회사의 지분은 Escorts가 60%, JCB가 40%를 보유했다. 이 합작 투자는 그동안 영국에서 생산량의 3분의 2를 다양한 국가로 수출해 온 JCB에 있어 첫 번째 사례였다. 그러니 높은 관세 장벽으로 인해 인도에 직접 수출하는 것은 매우 어려웠다.

JCB는 인도에서 단독으로 진출하는 것을 선호했지만 당시 정부 규정에 따라 외국인 투자자는 현지 기업과 합작 회사를 설립해야 했다. JCB는 인도 건설 시장이 무르익어 성장 가능성이 매우 크다고 믿었다. 회사 경영진은 성장 잠재력이 실현될 때까지 기다리기보다는 인도에서 발판을 마련하여 글로벌 경쟁사보다 우위를 점하는 것이 더 낫다고 생각했다.

20년 후, 이 합작 회사는 인도에서 약 2,000대의 굴착기를 판매하며 해당 제품의 인도 시장 점유율 80%를 차지했다. 수년간의 규제 완화 이후 인도 경제는 호황을 누리고 있었다. 하지만 JCB는 합작 투자로 인해 사업 확장에 한계가 있다고 느꼈다. 우선, JCB의 글로벌 성공의 대부분은 첨단 제조 기술의 활용과 끊임없는 제품 혁신에 기반을 두고 있었지만, 회사는 이러한 노하우를 과반수 지분을 보유하지 않아 통제력이 부족한 벤처에 이전하는 것을 주저했다. JCB가 가장 원치 않았던 것은 이러한 귀중한 기술이 인도에서 가장 큰 트랙터 제조업체이자 향후 직접적인 경쟁자가 될 수 있는 Escorts로 유출되는 것이었다. 게다가 JCB는 장기적인 수익을 더 많이 확보할 수 없다면 합작 회사를 한 단계 더 발전시키는 데 필요한 인도 투자를 꺼려했다.

1999년에 JCB는 정부 규정의 변화를 이용하여 Escorts와의 합작 투자 조건을 재협상하고 파트너의 지분 20%를 매입하여 JCB가 과반수 지분을 확보했다. 2002년, JCB는 외국인 투자에 대한 정부 규제의 추가 완화에 대응하여 Escorts의 나머지 지분을 모두 매입하여 합작사를 완전 소유 자회사로 전환하면서 이를 논리적으로 마무리했다. 같은 시기에 JCB는 미국과 브라질의 공장에도 전액 출자했다.

완전한 통제권을 확보한 2005년 초, JCB는 인도에 대한 투자를 늘려 빠르게 성장하는 인도 시장에 서비스를 제공하기 위해 두 번째 공장을 건설하겠다고 발표했다. 동시에 JCB는 중국 시장에 서비스를 제공하기 위해 중국에 또 다른 완전 소유 공장을 설립할 것이라고 발표했다. 세계 인구 순위 1, 2위를 다투는 인도와 중국은 빠르게 성장하고 있었고 건설 경기가 호황을 누리고 있었으며, 당시 세계 5위의 건설 장비 제조업체였던 JCB는 이들 시장에서 공격적으로 사업을 확장하고 있던 글로벌 경쟁사, 특히 Caterpillar, Komatsu, Volvo에 대응하기 위해 입지를 넓히고자 했다.

2008년이 되자 JCB의 해외 투자는 결실을 맺기 시작했다. 2001년 120대였던 제품 라인은 250대 이상으로 확장되었다. 인도 전역에 47개의 딜러와 약 275개의 매장을 보유한 JCB는 인도에서 53%의 시장 점유율을 차지했다. 그 후 몇 년 동안 JCB는 인도에서 사업을 계속 확장해 나갔다. 2016년에는 66%의 점유율과 60개의 딜러 및 600개의 매장으로 구성된 네트워크를 통해 인도 건설 장비 시장의 선두 주자가 되었다. 인도의 막대한 인프라 투자로 인한 강력한 수요 증가에 힘입어 2016년에는 인도에 두 개의 신규 공장을 설립하여 현지 인력을 5,000명으로 늘렸다. 2022년까지 JCB는 연간 44억 파운드의 매출을 달성했으며, 이 중 절반에 가까운 매출이 현재 가장 큰 시장인 인도에서 발생했다. 인도의 강력한 수요와 더불어 JCB의 인도 공장은 현재 100개 국가로 수출하고 있다. 인도는 JCB의 왕관 속 보석이 되었다.

Sources: P. Marsh, "Partnerships Feel the Indian Heat," *Financial Times*, June 22, 2006, p. 11; P. Marsh, "JCB Targets Asia to Spread Production," *Financial Times*, March 16, 2005, p. 26; D. Jones, "Profits Jump at JCB," *Daily Post*, June 20, 2006, p. 21; R. Bentley, "Still Optimistic about Asia," *Asian Business Review*, October 1, 1999, p. 1; "JCB Launches India-Specific Heavy Duty Crane," *The Hindu*, October 18, 2008; M. Pooler, "JCB Piles Up Big Profits Despite Dwindling Global Markets," *Financial Times*, July 12, 2016; M. Ghosh, "JCB India Revenues Rise," *Livemint.com*, April 16, 2018; M. Pooler, "JCB Warns That India's Banking Crisis Is Hurting Demand," *Financial Times*, September 2, 2019; T. Pegden, "JCB Warns of Uncertain Outlook as Profits Bounce Back from Pandemic," *Business Live*, September 16, 2022.

서론

이 장에서는 다음과 같은 밀접하게 연결된 세 가지 주제를 다룬다. (1) 해외 시장 진출 시 어떤 시장을 선택할지, 진출 시기와 규모를 어떻게 결정할지, (2) 진출 방식을 어떻게 선택할지, (3) 진출 과정에서 전략적 제휴가 어떤 역할을 하는지이다. 해외 진출을 고려하는 모든 기업은 우선적으로 진출할 해외 시장, 진출 시기, 그리고 규모를 신중히 검토해야 한다. 시장 선택은 해당 시장의 장기적인 성장 가능성과 수익 잠재력을 평가하는 데 기반을 두어야 한다. 예를 들어, OPENING CASE에서 소개된 바와 같이, 영국의 중장비 제조업체 JCB는 인도의 높은 성장 가능성과 거대한 시장 규모를 보고 인도 진출을 결정했다. (이는 이후 옳은 판단으로 입증되었다.) 이 회사의 경영진은 성장 잠재력이 실현될 때까지 기다리기보다 해당 국가에서 발판을 마련하여 글로벌 경쟁사보다 우위를 점하는 것이 더 낫다고 판단했다.

해외 시장 진출을 위한 진입 방식(mode) 선택은 국제 비즈니스에서 해결해야 할 또 다른 주요 과제이다. 해외 시장에 서비스를 제공하는 방법에는 다음과 같은 다양한 방식이 포함된다. 진출 국가 기업에 대한 수출, 라이선스 또는 프랜차이즈 제공, 진출 국가 기업과의 합작 투자 설립, 진출 국가에 완전 소유 자회사를 신설하여 서비스 제공, 또는 이미 현지에 있는 기업을 인수하여 시장에 진입하는 방식 등이 있다. 이러한 각 진출 방식에는 고유한 장점과 단점이 있으며, 그 효과는 운송 비용, 무역 장벽, 정치적 위험, 경제적 위험, 비즈니스 위험, 비용 구조, 기업 전략 등 다양한 요인에 따라 달라진다. 최적의 진입 방식은 이러한 요인들에 따라 상황별로 결정된다. 예를 들어, 어떤 기업은 수출을 통해 특정 시장을 가장 잘 공략할 수 있는 반면, 다른 기업은 완전 소유 자회사를 설립하거나 현지 기업을 인수하는 것이 더 나은 선택이 될 수 있다. JCB의 경우, 초기에는 영국에서 인도로 수출을 통해 시장에 접근했으나, 무역 장벽으로 인해 비용이 증가하면서 1979년 인도에 직접 투자하기로 결정했다. 당시 현지 규제로 인해 인도 기업과의 합작 투자가 유일한 진출 방법이었다. 이후 인도의 규제가 완화되자 JCB는 합작 벤처 파트너를 인수하여 완전 소유 자회사를 설립했다. 이를 통해 JCB는 기술을 더 효과적으로 보호할 수 있었으며, 경영진은 인도 시장에 대규모 투자를 진행할 자신감을 얻어 여러 신규 공장을 설립했다. 수출에서 합작 투자로, 그리고 완전 소유 자회사로 이어진 JCB의 진출 전략의 진화는 현재 JCB가 인도 시장에서 선도적인 위치를 차지하게 된 중요한 요인으로 작용했다.

이 장의 마지막 주제는 전략적 제휴이다. **전략적 제휴(strategic alliances)**란 국제 비즈니스에서 실제 또는 잠재적 경쟁자 간의 협력 계약을 말하며, 교차 지분 보유, 라이선스 계약, 공식적인 합작 투자, 비공식적인 협력 계약 등 다양한 형태를 포함한다. 전략적 제휴의 동기는 다양하지만, 시장 접근과 밀접하게 관련되는 경우가 많아 이 장에서 다룬 진입 방식 주제와 겹치는 부분이 있다.

전략적 제휴
실제 또는 잠재적 경쟁자 간의 협력 계약.

인터랙티브 랭킹

이 장에서는 해외 시장 진출에 대해 초점을 맞추고 있다. 전 세계적으로 인구의 구매력이 증가하는 국가가 많아짐에 따라, 다양한 제품 카테고리에서 선택할 수 있는 국가 시장의 범위가 점점 더 넓어지고 있다. 그러나 195개국에 달하는 방대한 데이터는 압도적으로 느껴질 수 있으며, 분석을 어디서부터 시작할지 결정하는 것조차 쉬운 일은 아니다. 이를 돕기 위해 globalEDGE™의 인터랙티브 랭킹은 경제, 에너지, 정부, 보건, 인프라, 노동, 인구, 무역 및 투자 등 50여 가지의 중요한 변수들을 활용하여 전 세계를 한눈에 조망할 수 있는 유용한 도구를 제공한다(globaledge.msu.edu/tools-and-data/interactive-ranking). 이와 같은 활성 데이터 맵은 특정 국가에 대한 데이터를 평가할 뿐만 아니라 해당 국가가 속한 지역 내 다른 국가들과의 비교를 가능하게 하여, 분석의 훌륭한 출발점이 될 수 있다. 이러한 도구를 활용하면 우선 특정 시장에 십중하고, 이후 유사한 특성을 가진 인근 국가로 확장하는 전략을 수립할 수 있다. 그럼, 인터넷 사용자 상위 3개 국가는 어디인가?

기본적인 진출 의사 결정

[학습 목표 1] 기업이 해외 진출 시 내려야 하는 세 가지 기본 결정, 즉 어떤 시장에 진출할지, 언제 진출할지, 어떤 규모로 진출할지 등을 설명한다.

해외 시장 진출을 고려하는 기업은 어떤 시장에 진출할지, 언제 진출할지, 어떤 규모로 진출할지 등 세 가지 기본 결정을 내려야 한다.[1]

진출 시장

현재 전 세계에는 약 200여 개의 국가가 존재하지만, 해외 진출을 고려하는 기업에게 모든 국가가 동일한 수익 잠재력을 지닌 것은 아니다. 궁극적으로는 각 국가의 장기적인 수익 잠재력에 대한 평가를 바탕으로 시장을 선택해야 한다. 이러한 잠재력은 여러 요인의 영향을 받으며, 그중 많은 부분은 앞서 이미 다룬 바 있다. 2장과 3장에서는 해외 시장의 잠재적 매력에 영향을 미치는 경제적, 정치적 요인에 대해 자세히 살펴보았다. 한 국가의 매력도는 그 시장에서 비즈니스를 수행할 때 예상되는 이익, 비용, 위험의 균형에 따라 달라진다.

또한, 2장과 3장에서는 한 국가에서 비즈니스를 수행함으로써 얻을 수 있는 장기적인 경제적 이익은 시장 규모(인구통계학적 측면), 해당 시장 소비자의 현재 부(구매력), 경제 성장률에 따른 소비자의 미래 부 가능성 등의 요인에 따라 달라진다는 점도 언급했다. 중국, 인도, 브라질, 러시아, 인도네시아 등 소비자 수로 측정할 때 매우 큰 시장도 있지만, 생활 수준과 경제 성장률도 살펴봐야 한다. 이러한 기준으로 보면, 중국과 인도는 아직 개발 중이지만 빠르게 성장하고 있어 매우 매력적인 투자 대상이다. 반면, 인도네시아의 경우 상대적으로 성장세가 약해, 인구가 많음에도 불구하고 국내 투자의 매력도가 낮을 수 있다. 2장과 3장의 논의에 따르면, 향후 경제 성장률은 시장 기반 경제 시스템의 유무와 국가의 성장 잠재력(저개발국일수록 성장 잠재력이 더 클 가능성이 있음)에 달려 있다. 또한, 해외에서 사업을 수행하는 데 따른 비용과 위험은 일반적으로 경제적으로 선진적이고 정치적으로 안정된 민주주의 국가에서는 낮은 반면, 정치적 불안정이 높은 저개발국에서는 훨씬 높다.

2장과 3장의 논의했듯이, 모든 조건이 동일하다면, 시장 기반 경제 시스템을 갖추고, 물가 상승률이 안정적이며, 민간 부문 부채의 급격한 증가가 없는 정치적으로 안정된 선진국 및 개발도상국에서 이익-비용-위험의 균형이 가장 유리할 가능성이 높다. 반대로, 혼합 경제 또는 명령 경제를 운영하며 정치적 불안정이 높거나, 투기적 금융 거품으로 인해 과도한 차입이 발생한 개발도상국에서는 이 균형이 불리할 가능성이 크다.

다른 중요한 요소는 국제 비즈니스가 해외 시장에서 창출할 수 있는 가치이다. 해외 시장에서 기업이 창출할 수 있는 가치는 자사의 제품이 해당 시장에 얼마나 적합한지, 그리고 현지 경쟁자의 성격에 따라 달라진다.[2] 만약 다국적 기업이 해당 시장에서 충분히 충족되지 않은 요구를 해결할 수 있는 제품을 제공한다면, 이는 그 지역의 경쟁자나 다른 다국적 기업이 이미 제공하는 동일한 제품을 단순히 공급하는 것보다 소비자에게 더 큰 가치를 제공한다. 더 큰 가치를 제공하는 것은 기업이 더 높은 가격을 책정하거나 더 빠르게 판매량을 증가시킬 수 있는 능력으로 이어질 수 있다. 따라서, 기업은 이러한 요소들을 고려해 국가별 매력도와 장기적인 수익 잠재력을 기준으로 시장을 순위화해야 한다. 이후 높은 순위를 차지한 시장을 우선적으로 검토하는 전략을 세울 수 있다. 예를 들어, 영국의 대형 식료품 체인인 Tesco는 50년간 소련의 지배를 받은 후 강력한 현지 경쟁자가 없어 성장 기회가 큰 동유럽 신흥 시장에 초점을 맞춰 해외 사업을 확장했다(MANAGEMENT FOCUS 참조).

Tesco 글로벌 성장 전략: 성공과 실패의 교차점

1919년 Jack Cohen이 설립한 Tesco는 영국의 다국적 식료품 및 일반 상품 소매업체이다. 영국 내 최대 식료품 소매업체로서, 영국 시장에서 27%의 점유율을 차지한다. 2021년 기준, Tesco의 매출은 830억 달러를 초과했으며, 9개국에서 4,752개의 매장을 운영하고 있다.

영국을 자국 시장으로 삼고 있는 Tesco는 마케팅 및 매장 부지 선정, 물류 및 재고 관리, 그리고 자체 브랜드 제품 제공에 대한 강력한 역량을 바탕으로 경쟁 우위를 확보하고 있다는 평가를 받고 있다. 이러한 역량 덕분에 Tesco는 1990년대 초까지 영국 시장에서 선도적인 위치를 차지할 수 있었다. 당시 Tesco는 막대한 잉여 현금 흐름을 창출하고 있었고, 고위 경영진은 이 자금을 어떻게 활용할지 결정해야 했다. 그들이 선택한 주요 전략 중 하나는 해외 시장 진출이었다.

경영진은 해외 시장을 검토한 결과, 이미 강력한 현지 경쟁자가 자리 잡고 있는 북아메리카와 서유럽과 같은 기존 시장보다는, 유능한 경쟁자가 거의 없으면서도 근본적인 성장 가능성이 높은 동유럽과 아시아의 신흥 시장이 가장 큰 기회를 제공한다고 결론지었다. Tesco의 첫 해외 진출은 1995년 헝가리로, 국영 식료품 체인인 Global의 초기 지분 51%를 인수하며 시작되었다. 당시 Global은 43개의 매장을 운영하고 있었다. 이후 Tesco는 빠르게 성장하여 2022년 기준, 헝가리에서 200개 이상의 매장을 운영하며 16,000명의 직원을 고용한 시장 선두 기업으로 자리 잡았다.

Rob Walls/Alamy Stock Photo
말레이시아의 Tesco 대형 슈퍼마켓 계산대 구역.

헝가리에 진출한 지 1년 후, Tesco는 폴란드에서 Savia Supermarkets으로부터 31개 매장을 인수했다. 1996년에는 체코와 슬로바키아에서 Kmart로부터 13개의 매장을 추가로 인수했으며, 이듬해에는 아일랜드 공화국 시장에도 진출했다. 현재 Tesco는 폴란드에 약 450개, 체코에 약 80개, 슬로바키아에 약 120개, 그리고 아일랜드에 약 100개 이상의 매장을 운영하고 있다.

Tesco의 아시아 확장은 1998년 태국에서 13개 매장을 보유한 현지 식료품 소매업체 Lotus의 지분 75%를 인수하면서 시작되었다. 이를 기반으로 2017년까지 태국에 380개 이상의 매장을 운영했다. 1999년에는 삼성과 제휴하여 다양한 제품을 판매하는 원스톱 쇼핑 매장인 하이퍼마켓 체인을 개발하면서 한국에 진출했다. 그 후 2000년 대만, 2002년 말레이시아, 2003년 일본, 2004년 중국에 진출했다. 중국 진출은 3년간의 신중한 조사와 잠재적 파트너와의 논의를 거쳐 이루어졌다. 다른 많은 서구 기업들과 마찬가지로 Tesco도 중국 시장의 큰 규모와 빠른 성장에 매력을 느꼈다. 중국에서 Tesco는 대만의 대형 마트 체인인 Hymall과 합작 투자를 하기로 결정했지만, 이 벤처는 성공을 거두는 데 어려움을 겪었다. 2014년, Tesco와 Hymall의 합작사는 중국 내 131개 매장을 3,000개 매장을 보유한 국영 중국자원기업(CRE)과 또 다른 합작사로 통합했다. Tesco는 새로운 합작사의 지분 20%를 소유했다.

이러한 전략적 움직임의 결과로, 2019년까지 Tesco는 영국 외 지역에서 약 250억 달러의 매출을 기록했다(같은 기간 영국 내 연간 매출은 약 520억 달러에 달했다). 동유럽 사업장은 성공적으로 성장했으나, 아시아 사업장은 기대에 미치지 못했다. 이에 따라 2019년, Tesco는 아시아 사업장의 매각을 시작했다.

Tesco의 경영진은 동유럽에서의 성공 요인으로 몇 가지 중요한 요소를 지적했다. 첫째, 수십 년간의 공산주의 통치로 인해 국가가 경제를 통제하던 이 지역은 높은 성장 잠재력을 가지고 있었다. 또한, 소매업 분야에서 강력한 현지 경쟁자가 거의 없었다. 둘째, Tesco는 자사의 핵심 소매 역량을 새로운 시장에 효과적으로 이전하는 데 집중했다. 셋째, Tesco는 현지 운영을 위해 외국인 관리자를 파견하는 대신, 현지 관리자를 채용하고 영국에서 파견된 소수의 운영 전문가가 이를 지원하는 방식을 채택했다. 이러한 접근 방식은 헝가리, 슬로바키아, 체코, 폴란드에서 효과적으로 작동한 것으로 보인다.

아시아 시장에서 Tesco는 초기에는 파트너링 전략이 큰 자산이 될 것이라고 믿었다. Tesco는 신출 내상 시상에 내한 깊은 이해를 가진 기존 기업들과 협력했으며, 이들 기업은 Tesco의 자금력과 소매업 역량을 필요로 했다. 이론적으로는 Tesco와 파트너사가 각각 유용한 자산을 제공함으로써 벤처의 성공 가능성을 높여야 했다. 그러나 아시아 시장은 이미 동유럽 시장보다 더 발달한 상태였으며, Tesco보다 현지 쇼핑 습관을 더 잘 이해하고 있는 강력한 현지 경쟁 업체들이 존재했다. 이들 경쟁 업체는 강력한 브랜드 인지도를 구축하고 있어 Tesco가 시장에서 우위를 점하기 어려운 상황이었다. 특히, 중국 시장은 예상보다 훨씬 복잡하고 자본 집약적인 시장으로 드러났다. 결국, 아시아 확장은 Tesco에게 중요한 교훈을 남겼다. 강력한 현지 경쟁자가 없는 시장에서는 효과적일 수 있는 전략이, 이미 경쟁자가 잘 구축된 시장에서는 통하지 않을 수 있다는 점이다. Tesco는 이러한 어려움을 겪은 끝에 2022년까지 아시아 시장에서 철수하고, 해외 사업을 유럽으로 제한하기로 결정했다.

Sources: A. Monaghan, "Tesco Boss's Bonus Cut Despite First Sales Growth in Seven Years," *The Guardian*, May 12, 2017; P. N. Child, "Taking Tesco Global," *The McKenzie Quarterly* 3 (2002); H. Keers, "Global Tesco Sets Out Its Stall in China," *The Daily Telegraph*, July 15, 2004, p. 31; K. Burgess, "Tesco Spends Pounds £140m on Chinese Partnership," *Financial Times*, July 15, 2004, p. 22; J. McTaggart, "Industry Awaits Tesco Invasion," *Progressive Grocer*, March 1, 2006, pp. 8–10; Tesco's annual reports, archived at www.tesco.com; "Tesco Set to Push Ahead in the United States," *The Wall Street Journal*, October 6, 2010, p. 19; "Tesco Considers Selling Its Asian Supermarkets," *The Economist*, December 14, 2019; "Tesco Completes China Exit with $357 Million Stake," *Reuters*, February 24, 2022.

진출 시기

진출 시기
해외 시장에 다른 기업보다 먼저 진출하는 경우를 이른 진출(조기 진출)이라고 하며, 이미 다른 기업이 시장을 선점한 뒤 진출하는 경우를 늦은 진출(후발 진출)이라고 함.

선발자 이점
시장에 최초로 진입하는 기업이 누리는 이점.

매력적인 시장이 확인되면, 기업은 **진출 시기**(timing of entry)를 신중히 고려해야 한다. 해외 기업이 다른 기업보다 먼저 시장에 진출하는 경우 이를 이른 진출로 간주하며, 이미 다른 기업이 시장에 자리 잡은 이후에 진출하는 경우 늦은 진출로 간주한다. 일반적으로, 시장에 일찍 진입할 때 얻을 수 있는 이점을 **선발자 이점**(first-mover advantage)이라고 한다.[3] 선발자 이점의 첫 번째 이점은 강력한 브랜드 명성과 고객 충성도를 구축하여 경쟁사를 앞지르고 초기 수요를 확보할 수 있는 능력이다. 이는 동유럽 시장에서 Tesco가 성공적으로 달성한 것으로 보인다. 두 번째 이점은 해당 국가에서 초기 판매량을 쌓고, 경쟁자보다 앞서 경험 곡선을 따라갈 수 있는 능력이다. 이를 통해 조기 진입자는 후발자보다 비용 우위를 확보할 수 있다. 이러한 비용 우위를 바탕으로 초기 진입자는 후발자보다 가격을 낮게 책정하여 후발자를 시장에서 퇴출시키는 전략을 취할 수 있다. 세 번째 이점은 초기 진입자가 고객에게 전환 비용을 발생시킬 수 있다는 점이다. 전환 비용은 고객이 기존 제품이나 서비스를 바꾸는 데 드는 금전적 또는 비금전적 부담을 의미하며, 이는 후발자가 기존 고객을 확보하는 것을 어렵게 만든다.

선발자 난점
다른 다국적 기업보다 먼저 해외 시장에 진입할 때 겪게 되는 단점.

개척 비용
현지 규칙을 익히는 데 드는 시간과 노력, 무지로 인한 실패, 그리고 외국인으로서의 불이익 등과 같은 후발 진출 기업이 피할 수 있는 반면, 조기 진출 기업이 부담해야 하는 비용.

해외 시장에 다른 국내 기업보다 먼저 진출하는 것이 반드시 장점만 있는 것은 아니다. 이를 흔히 **선발자 난점**(first-mover disadvantage)이라고 부른다.[4] 이러한 불이익 중 하나는 **개척 비용**(pioneering costs)으로, 이는 초기 진입자가 부담해야 하는 비용으로 후발자는 이를 피할 수 있는 경우가 많다. 개척 비용은 해당 외국 시장의 비즈니스 시스템이 기업의 자국 시장과 크게 달라, 기업이 새로운 규칙과 운영 방식을 익히는 데 상당한 시간, 노력, 비용을 투자해야 할 때 발생한다. 또한, 개척 비용에는 기업이 해외 환경에 대한 이해 부족으로 인해 중대한 실수를 저질러 발생하는 사업 실패 비용도 포함된다. 외국 기업으로서 진출 초기에는 특정 책임이 따르며, 이는 한 국가 시장에 일찍 진출할수록 더 크게 작용할 수 있다.[5] 연구에 따르면, 다른 외국 기업들이 먼저 시장에 진입한 후에 해당 시장에 진출하는 후발자는 생존 가능성이 더 높은 경향이 있는 것으로 나타났다.[6] 후발자는 초기 진입자의 실수를 관찰하고 학습함으로써 이점을 얻을 수 있다. 이를 통해 초기 진입자가 겪었던 시행착오를 피하고 보다 효율적으로 시장에 적응할 수 있다.

개척 비용에는 고객 교육 비용을 포함하여 제품을 홍보하고 시장에 정착시키는 데 드는 비용도 포함된다. 이러한 비용은 특히 홍보하려는 제품이 현지 소비자에게 생소할 경우 더욱 중요하게 작용한다. 반면, 후발자는 초기 진입자의 사업 운영 방식을 관찰하고, 초기 진입자가 저지른 값비싼 실수를 피하며, 초기 진입자가 고객 교육에 투자하여 형성한 시장 잠재력을 활용할 수 있다. 이를 통해 후발자는 초기 진입자의 학습과 고객 교육 투자의 결과에 편승하여 보다 효과적으로 시장에 진입할 수 있다.

규제가 초기 진입자의 투자 가치를 감소시키는 방향으로 변경될 경우, 초기 진입자는 후발자에 비해 심각한 불이익을 겪을 수 있다. 이는 특히 비즈니스 관행을 규율하는 규칙이 아직 진화 중인 많은 개발도상국에서 중요한 위험 요인으로 작용한다. 후속 규정 변경으로 인해 해당 국가에서 운영하기에 가장 적합한 비즈니스 모델에 대한 기존의 가정이 무효화될 경우, 초기 진입자는 불리한 상황에 처할 가능성이 높다. 또한, 특정 국가 시장의 선발자가 되는 또 다른 잠재적 단점은, 특히 해당 시장에서 이전에 제공되지 않았던 제품을 도입할 경우, 고객에게 제품의 가치와 사용법에 대해 교육해야 하는 추가적인 부담이 발생한다는 점이다.

진출 규모와 전략적 공약

글로벌 비즈니스가 시장 진입을 고려할 때, 또 다른 중요한 요소는 진입 규모이다. 대규모로 시장에 진출하려면 상당한 자원을 투입해야 하며, 이는 빠른 진입을 의미한다. 예를 들어, 네덜란드의 은행 및 보험 회사인 ING의 미국 진출 사례를 살펴볼 수 있다. 1997년 세계무역기구(WTO)가 금융 서비스 분야의 국경 간 무역 장벽을 낮추기로 합의한 후, ING는 미국 시장에서 주요 금융 서비스 회사로 빠르게 자리매김하기 위해 수십억 달러를 투자했다. 구체적으로, ING는 2000년에 Aetna를 77억 달러에, 1997년에 Iowa Equitable을 포함한 여러 미국 은행 및 보험 회사를 258억 달러에 인수했다. 물론, ING와 같은 세계 최대 금융 서비스 회사와 달리 모든 기업이 대규모 진출에 필요한 자원을 갖추고 있는 것은 아니다. 일부 대형 기업조차도 소규모로 해외 시장에 진출한 뒤, 시장 환경에 익숙해지면서 점진적으로 확장하는 전략을 선호하기도 한다.

해외 시장에 대규모로 진출하기로 하는 결정은 장기적인 영향을 미치며, 되돌리기 어려운 중요한 전략적 공약이다. 대규모 진출, 즉 빠른 시장 진입의 결과는 그에 따른 전략적 공약의 가치와 관련이 있다. 신속한 대규모 시장 진입과 같은 전략적 공약은 시장 경쟁의 성격에 중요한 영향을 미칠 수 있다. 예를 들어, 미국 금융 서비스 시장에 대규모로 진출함으로써 ING는 시장에 대한 의지를 표명했다.[7] 이는 몇 가지 효과를 가져왔다. 긍정적인 측면에서는 고객과 유통 업체(ING 사례의 보험 설계사 등)를 유치하는 것이 더 쉬워졌다. 진입 규모는 고객과 유통 업체 모두에게 ING가 장기적으로 시장에 남을 것이라고 믿을 만한 이유를 제공했다. 또한 미국 진출을 고려 중인 다른 외국 기관들이 미국 현지 기관뿐만 아니라 공격적이고 성공적인 유럽 기관과도 경쟁해야 하기 때문에 미국 진출을 주춤하게 만들었을 수도 있다. 부정적인 측면으로는 미국이라는 한 국가에 집중함으로써 일본과 같은 다른 바람직한 시장에서의 확장을 지원할 수 있는 자원이 줄어들었을 수도 있다. 미국에 대한 헌신으로 인해 회사의 전략적 유연성이 제한되었을 수도 있다.

ING의 사례에서 알 수 있듯이 중요한 전략적 공약이 무조건 좋거나 나쁜 것만은 않다. 오히려 경쟁 구도를 바꾸고 여러 가지 변화를 불러일으키는 경향이 있으며, 그중 일부는 바람직하고 일부는 바람직하지 않을 수도 있다. 따라서 기업은 대규모 시장 진출이 가져올 영향을 충분히 고려하고 그에 따라 행동하는 것이 중요하다. 특히 대규모 시장 진출에 대해 실제 경쟁자 및 잠재적 경쟁자가 어떻게 반응할지 파악하는 것이 중요하다. 또한 대규모 진입자는 소규모 진입자보다 수요 선점, 규모의 경제, 전환 비용과 관련된 선발자 이점을 확보할 가능성이 더 높다.

해외 시장에 신속하고 대규모로 진입할 때 수립되는 공약은 그에 수반되는 위험성과 유연성 제약 사이의 균형을 고려해야 한다. 그러나 전략적 유연성 또한 가치가 있을 수 있다. 군사 역사의 유명한 사례가 유연성의 가치를 잘 보여 준다. 알렉산더 대왕이 기원전 334년 페르시아 제국 정복을 시작하기 위해 소아시아에 상륙했을 때, 그는 부하들에게 배를 불태우라고 명령하면서 "페르시아 배를 타고 집으로 돌아가거나 여기서 죽거나 둘 중 하나를 택하겠다. …"라고 말했다.[8]

대규모 진출에 따른 가치와 위험에 비해 소규모 진출의 이점은 균형을 이룬다. 소규모 진출을 통해 기업은 해당 시장에 대한 노출을 제한하면서 해외 시장에 대해 배울 수 있다. 소규모 진출은 대규모 진출 여부와 최선의 진출 방법을 결정하기 전에 해외 시장에 대한 정보를 수집할 수 있는 방법이다. 소규모 진출은 기업에게 정보를 수집할 시간을 제공함으로써 이후 대규모 진출과 관련된 위험을 줄여 준다. 그러나 소규모 진출과 관련된 헌신적인 노력이 부족하면 소규모 진출 기업이 시장 점유율을 확보하고 선점자 또는 선발자 이점을 확보하기가 더 어려워질 수 있다. 위험을 회피하는 기업이 소규모로 해외 시장에 진출하면 잠재적 손실은 제한될 수 있지만 선점자 우위를 확보할 수 있는 기회를 놓칠 수도 있다.

시장 진출 요약

시장 진출과 관련한 의사 결정에는 '정답'이 없고 다만 각기 다른 수준의 위험과 보상을 수반하는 여러 선택지만이 존재한다. 예컨대 관련 산업의 경쟁 기업보다 먼저, 그리고 대규모로 중국이나 인도와 같은 대형 개발도상국에 진입하는 전략은 높은 수준의 위험을 동반한다. 이러한 경우, 기진입한 외국 기업이 없어 그들의 경험을 참고할 수 없으므로 외국인 부담(liability of foreignness)이 더욱 커진다. 반면, 이와 같은 조기·대규모 진입 전략이 가져올 잠재적 장기 보상은 매우 크다. 주요 개발도상국에 선제적으로 대규모 진입한 기업은 해당 시장에서 의미 있는 선발자 이점을 확보하여 장기적 시장 지위를 공고히 할 수 있기 때문이다.[9] 이에 반해 호주나 캐나다와 같은 선진국 시장에 자사 업종의 다른 국제 기업들보다 늦게, 그리고 소규모로 진입해 해당 시장을 먼저 학습하려는 전략은 훨씬 낮은 수준의 위험을 수반한다. 그러나 이 전략은 본질적으로 선발자 이점을 포기하게 되며, 소규모 진입이 전략적 공약이 약함을 시사해 향후 성장 잠재력을 제약할 수 있어 장기적 보상 또한 상대적으로 작아질 가능성이 높다.

이 절은 주로 선진국에 본사를 둔 기업이 외국 시장 진입을 고려할 때의 관점에서 서술되었다. 한편 Christopher Bartlett와 Sumantra Ghoshal은 개발도상국에 본사를 둔 기업들도 외국 시장에 진입하여 글로벌 플레이어로 성장할 수 있는 역량을 갖추고 있음을 지적한다.[10] 이들 후발 기업은 진입 시기가 늦고 자원이 제한적일 수 있으나, 적절한 전략을 구사할 경우 기존의 글로벌 강자들과 경쟁하여 성공할 수 있다는 것이다. 특히 Bartlett와 Ghoshal은 개발도상국 기업들이 외국 다국적 기업의 진입을 자사의 운영 및 성과를 벤치마킹할 수 있는 학습 기회로 활용할 것을 제안한다. 더 나아가, 현지 기업은 다국적 기업이 표준화된 글로벌 제품을 제공함으로써 간과하거나 효과적으로 대응하지 못하는 시장 틈새를 공략하여 차별화 전략을 구사할 수 있다. 이러한 학습과 차별화를 통해 성과를 개선한 후, 개발도상국 기업은 스스로의 국제 확장 전략을 추진할 수 있다.

진출 방법

[학습 목표 2] 기업이 해외 시장에 진출할 때 사용하는 다양한 진입 방법을 비교한다.

기업이 해외 시장에 진출하기로 결정하면, 가장 적합한 진출 방식을 신중히 선택해야 한다. 기업은 수출, 턴키 프로젝트, 라이선싱, 프랜차이즈, 진출 국가 회사와의 조인트 벤처 설립, 진출 국가에 완전 소유 자회사 설립 등 총 여섯 가지 방식을 통해 해외 시장에 진출할 수 있다. 각 진출 방식은 고유한 장단점을 가지고 있으며, 경영진은 이를 면밀히 검토하여 최적의 방식을 결정해야 한다.[11]

수출

많은 제조 기업은 수출을 통해 글로벌 확장을 시작한 뒤, 이후 해외 시장을 서비스하기 위해 다른 진출 방식을 채택하는 경향이 있다. 14장에서는 수출의 메커니즘에 대해 자세히 다룬다. 여기서는 진출 방법으로서의 수출이 가지는 장점과 단점에 중점을 두고자 한다.

장점

수출(exporting)에는 두 가지 주요 장점이 있다. 첫째, 진출 국가에서 제조 시설을 설립하거나 더 깊이 뿌리내린 운영을 구축하는 데 드는 상당한 비용을 회피할 수 있다. 기본적으로 수출은 글로벌 시장에서 기업이 낮은 수준의 헌신과 적은 수준의 참여로 진출할 수 있는 방법이다. 둘째, 수출은 기업이 경험 곡선 효과와 위치 경제를 달성하는 데 기여할 수 있다(12장 참조). 한 곳에서 제품을 생산하여 다른 시장으로 수출하면, 기업은 글로벌 판매량을 통해 규모의 경제를 실현할 수 있다. 이러한 이유로 많은 중소기업이 다양한 국가 시장에 진출할 때 수출 방식을 선호한다.

수출
한 국가에서 생산된 제품을 다른 국가 거주자에게 판매하는 것.

단점

수출에는 여러 가지 단점이 존재한다. 첫째, 더 저렴한 생산 장소를 활용할 수 있는 경우(즉, 생산을 해외로 이전하여 위치 경제를 실현할 수 있는 경우), 기업의 본국에서 수출하는 것은 적절하지 않을 수 있다. 글로벌 또는 다국적 전략을 추구하는 기업은 가치 창출 관점에서 요소 조건이 가장 유리한 지역에서 제조하고, 해당 위치에서 전 세계로 수출하는 것이 더 나은 전략일 수 있다. 이는 수출 자체를 반대하는 것이 아니라, 본국에서의 수출을 반대하는 주장이다. 예를 들어, 많은 미국 전자 기업들은 값싸고 숙련된 노동력이 풍부한 동아시아 및 동남아시아로 제조 시설을 이전한 뒤, 해당 지역에서 미국을 포함한 전 세계로 제품을 수출한다.

둘째, 수출은 높은 공급망 비용으로 인해 비경제적일 수 있다. 이는 특히 대량 제품의 경우에 두드러진다. 이를 극복하는 한 가지 방법은 제품이 판매될 지역에서 벌크 제품을 제조하는 것이다. 이 전략은 대규모 생산으로 인한 경제성을 유지하면서도 공급망 비용을 제한할 수 있다. 예를 들어, 많은 다국적 화학 기업은 한 시설에서 여러 국가에 제품을 공급하면서 지역 내 생산을 통해 비용을 절감한다. 전 세계를 단일 시장으로 간주하기에는 비용이 너무 크다는 주장이 제기될 수 있다.

셋째, 관세 장벽이 수출을 비경제적으로 만들 수 있다. 더 나아가, 관세 장벽의 위협 자체가 수출을 매우 위험하게 만들 수 있다. 현재 세계적으로 국수주의적 정책이 증가하면서, 많은 국가가 무역 장벽을 강화하거나(예: 미국) 파트너 관계를 재협상(예: 영국)하고 있다. 이러한 상황은 국제 무역에 장애를 초래하며, 일부 국가에서는 정치적 이유로 인해 무역 장벽의 존재 여부가 불확실해져 수출에 추가적인 어려움을 초래할 수 있다.

넷째, 기업이 현지 마케팅, 판매, 서비스를 다른 회사에 위임할 때 문제가 발생할 수 있다. 이는 특히 해외로 막 확장하기 시작한 제조 기업에서 흔히 볼 수 있는 방식이다. 현지 에이전트는 종종 경쟁 회사의 제품도 취급하기 때문에 충성도가 분산될 가능성이 있다. 이로 인해, 에이전트가 기업이 직접 마케팅을 관리하는 경우만큼 성과를 내지 못할 수 있다. 또한, 다국적 기업에 유통을 맡기는 경우에도 비슷한 문제가 발생할 수 있다. 이러한 문제를 해결하기 위해, 기업은 해외에 완전 소유 자회사를 설립하여 현지 마케팅, 판매 및 서비스를 직접 처리할 수 있다. 이를 통해 기업은 해당 국가에서의 마케팅과 판매를 철저히 통제하면서도 단일 위치 또는 선택된 몇몇 위치에서 제품을 제조함으로써 비용 효율성을 유지할 수 있다.

턴키 프로젝트

턴키 프로젝트
기업이 해외 고객을 위해 공장을 설치·준공하여, 공장이 완전히 가동 가능한 상태가 되면 열쇠(운영권)를 인도하는 프로젝트.

턴키 프로젝트(turnkey project)는 고객이 직접 공장을 설계하거나 건설할 필요 없이, 모든 설계, 건설, 시운전 및 운영 준비까지 한 번에 완료해 주는 방식으로 제공되는 공장을 의미한다. 일부 산업에서는 턴키 플랜트의 설계, 시공 및 가동을 전문으로 하는 회사도 존재한다. 턴키 프로젝트의 계약 업체는 운영 인력의 교육을 포함하여 외국 고객을 위해 프로젝트의 모든 세부 사항을 처리하기로 동의한다. 계약이 완료되면 외국 고객은 완전한 가동 준비가 완료된 플랜트의 열쇠를 넘겨받게 되므로, 이러한 방식이 '턴키'라는 용어로 불리게 되었다. 이는 공정 기술을 다른 국가로 수출하는 수단으로 활용된다. 턴키 프로젝트는 화학, 제약, 석유 정제 및 금속 정제와 같이 복잡하고 고비용의 생산 기술이 필요한 산업에서 일반적으로 이루어지고 있다.

장점

석유나 철강 정제와 같이 기술적으로 복잡한 공정을 조립하고 운영하는 데 필요한 노하우는 매우 귀중한 자산이다. 턴키 프로젝트는 이러한 자산을 활용하여 큰 경제적 수익을 창출할 수 있는 효과적인 방법이다. 특히, 이 전략은 호스트 국가의 정부 규제로 인해 해외직접투자(FDI)가 제한되는 경우에 유용하다. 예를 들어, 많은 산유국 정부는 자국의 석유 정제 산업을 육성하기 위해 석유 정제 부문에 대한 FDI를 제한하고 있다. 그러나 이러한 국가 중 상당수는 석유 정제 기술이 부족하여, 기술력을 보유한 외국 기업과 턴키 프로젝트를 체결하여 필요한 기술을 확보한다. 이러한 거래는 판매 회사에도 매력적이다. 만약 이와 같은 방식이 없다면, 해당 국가에서 귀중한 노하우를 활용하여 수익을 창출할 방법이 없을 수 있기 때문이다. 또한, 턴키 전략은 기존 FDI보다 리스크가 낮을 수 있다. 정치적 및 경제적 환경이 불안정한 국가에서는 장기 투자가 기업에 큰 위험을 초래할 수 있다. 예를 들어, 국유화나 경제 붕괴와 같은 정치적 및 경제적 위험으로 인해 기업이 큰 손실을 감당해야 할 수도 있다.

단점

턴키 전략에는 세 가지 주요 단점이 있다. 첫째, 턴키 계약을 체결한 회사는 해당 국가에 장기적인 이해관계를 가지지 않는 경우가 많다. 이는 해당 국가가 이후 수출된 공정 기술의 결과물에 대한 주요 시장으로 부상할 경우 단점으로 작용할 수 있다. 이 문제를 해결하는 한 가지 방법으로는 소수 지분을 인수하는 방안이 있다. 둘째, 외국 기업과 턴키 프로젝트를 체결한 기업이 의도치 않게 새로운 경쟁자를 만들 가능성이 있다. 예를 들어, 사우디아라비아, 쿠웨이트 및 기타 걸프 국가의 기업들에게 석유 정제 기술을 판매한 많은 서구 기업들은 이제 세계 석유 시장에서 이들 기업과 직접 경쟁하게 되었다. 셋째, 기업의 공정 기술이 경쟁 우위의 핵심 자산이라면, 턴키 프로젝트를 통해 이 기술을 판매하는 것은 잠재적 또는 실제 경쟁자에게 경쟁 우위를 제공하는 결과를 초래할 수 있다.

라이선스

라이선스 계약

라이선스 제공자가 무형 자산에 대한 권리를 특정 기간 동안 다른 기업(라이선스 사용자)에게 부여하고, 그 대가로 로열티를 받는 계약.

라이선스 계약(licensing agreement)은 라이선스 제공자가 무형 자산에 대한 권리를 특정 기간 동안 다른 기업(라이선스 사용자)에게 부여하고, 그 대가로 로열티를 받는 계약을 말한다.[12] 무형 자산에는 특허, 발명, 공식, 공정, 디자인, 저작권, 상표 등이 포함된다. 예를 들어, 복사기를 발명한 Xerox는 일본 시장에 진출하기 위해 Fuji Photo와 함께 합작 회사인 Fuji Xerox를 설립했다. 이후 Xerox는 자사의 복사기 제조 노하우를 Fuji Xerox에 라이선스했으며, 이에 대한 대가로 Fuji Xerox가 복사기 판매로 얻은 순매출의 5%에 해당하는 로열티를 Xerox에 지급했다. Fuji Xerox에 부여된 라이선스는 원래 10년 동안 유효했으며, 이후 여러 차례 재협상과 연장을 거쳤다. 또한, Xerox와 Fuji Xerox 간의 라이선스 계약은 Fuji Xerox의 직접 판매 활동을 아시아 태평양 지역으로 제한했다. (다만, Fuji Xerox는 북아메리카에서 Xerox 상표로 판매되는 복사기를 Xerox에 공급하는 방식으로 협력했다.)[13]

장점

일반적인 국제 라이선스 계약에서는 라이선스 사용자가 해외 사업을 시작하는 데 필요한 대부분의 자본을 투자한다. 따라서 라이선싱의 가장 큰 장점은 기업이 해외 시장 진출과 관련된 개발 비용과 위험을 부담하지 않아도 된다는 점이다. 이는 특히 해외 사업을 개발할 자본이 부족한 기업에게 매우 매력적이다. 또한, 낯설거나 정치적으로 불안정한 해외 시장에 막대한 자원을 투입하는 것을 꺼리는 기업에게도 라이선싱은 효과적인 전략이 될 수 있다. 라이선싱은 기업이 해외 시장에 진출하고자 하지만, 투자 장벽으로 인해 진출이 어려운 경우에도 종종 활용된다. Xerox가 Fuji

Xerox 합작 회사를 설립한 이유 중 하나가 이런 경우였다. Xerox는 일본 시장에 참여하고 싶었지만, 일본 정부가 완전 소유 자회사의 설립을 금지했기 때문에 Fuji Xerox라는 합작 회사를 설립하고 자사의 노하우를 이 합작 회사에 라이선스했다.

라이선스는 기업이 비즈니스에 적용할 수 있는 무형 자산을 보유하고 있지만, 그 자산을 직접 개발하거나 활용할 의사가 없는 경우에도 자주 사용된다. 예를 들어, AT&T의 벨 연구소는 1950년대에 트랜지스터 회로를 발명했지만, AT&T는 트랜지스터를 직접 생산하지 않기로 결정하고 Texas Instruments 등 여러 회사에 해당 기술을 라이선스했다. 비슷한 사례로, Coca-Cola는 자사의 유명 상표를 의류 제조업체에 라이선스 하여 디자인을 의류 제품에 적용했다. 또한, Harley-Davidson은 Wolverine World Wide에 브랜드를 라이선스 하여, 자사의 광고와 제품 포지셔닝에서 강조하는 '오픈 로드' 정신을 구현하는 신발을 제작하고 있다.

단점

라이선스에는 세 가지 주요 단점이 있다. 첫째, 기업이 경험 곡선 효과와 위치 경제를 실현하기 위해 제조, 마케팅, 전략을 엄격하게 통제할 수 없다는 점이다. 라이선싱에서는 일반적으로 각 라이선스 사용자가 자체적으로 생산 운영을 설정해야 하므로, 중앙 집중식 위치에서 제품을 생산함으로써 경험 곡선 효과와 위치 경제를 실현하려는 기업의 능력이 심각하게 제한된다. 이러한 경제성이 중요한 상황에서는 라이선싱이 해외로 확장하는 최선의 방법이 아닐 수 있다.

둘째, 글로벌 시장에서 경쟁하려면 한 국가에서 얻은 수익을 다른 국가에서의 경쟁력을 확보하기 위해 사용하며 여러 국가에 걸친 전략적 움직임을 조율해야 할 수도 있다. 그러나 라이선싱은 본질적으로 기업의 이러한 능력을 제한한다. 라이선스 사용자는 다국적 기업이 다른 국가에서 활동하는 다른 라이선스 사용자를 지원하기 위해, 로열티 외의 수익을 사용하는 것을 허용하지 않을 가능성이 높다.

라이선싱의 세 번째 단점은 8장에서 해외직접투자의 경제 이론에서 언급했듯이 외국 기업에 기술 노하우를 라이선싱할 때 발생하는 위험이다. 기술 노하우는 많은 다국적 기업의 경쟁 우위의 핵심이다. 대부분의 기업은 자신들의 노하우가 어떻게 사용되는지에 대한 통제권을 유지하기를 원하지만, 라이선싱을 통해 기술에 대한 통제권을 잃을 가능성이 있다. 많은 기업이 라이선스 계약을 통해 기술에 대한 통제권을 유지할 수 있다고 생각하는 실수를 범한다. 예를 들어, RCA Corporation은 한때 Matsushita와 Sony를 포함한 일본 기업들에게 컬러 TV 기술을 라이선스했으나, 일본 기업들은 이 기술을 빠르게 흡수하고 개선하여 미국 시장에 진출했다. 이로 인해 RCA는 시장 점유율을 상당 부분 잃었고, 결국 1986년 RCA가 사라지면서 미국 기업들이 시장에서 퇴출되었다.

이러한 위험을 줄이는 방법에는 크게 두 가지가 있다. 한 가지 방법은 외국 기업과 교차 라이선스 계약을 체결하는 것이다. 교차 라이선스 계약은 기업이 귀중한 무형 자산을 외국 파트너에게 라이선스 하는 대신, 파트너로부터도 로열티와 함께 중요한 노하우를 라이선스 받는 방식이다. 이러한 계약은 라이선스 사용자가 라이선스 계약을 위반(획득한 지식을 활용하여 라이선스 제공자와 직접 경쟁)할 경우, 라이선스 제공자도 동일한 조치를 취할 수 있음을 인식하게 만든다. 이로 인해 라이선스 제공자와 사용자가 서로를 인질처럼 묶어 기회주의적 행동 가능성을 줄일 수 있다.[14] 특히 첨단 기술 산업에서는 이러한 교차 라이선스 계약이 점점 더 보편화되고 있다.

라이선싱과 관련된 위험을 줄이는 또 다른 방법은 Fuji Xerox 모델처럼, 노하우 라이선스 계약을 라이선스 제공자와 사용자가 중요한 지분을 갖는 합작 회사 설립과 연계하는 방식이다. 이러한 접근 방식은 라이선스 제공자와 라이선스 사용자 모두 벤처의 성공을 보장하는 데 이해관계가 있기 때문에 라이선스 제공자와 라이선스 사용자의 이해관계를 일치시킨다. 따라서 Fuji Photo가 Xerox의 기술 노하우를 도입한 후 글로벌 복사기 시장에서 Xerox와 직접 경쟁할 수 있는 위험은 Xerox와 Fuji Photo가 모두 중요한 지분을 보유한 합작 회사를 설립함으로써 감소했다.

프랜차이즈

프랜차이즈는 라이선싱과 유사하지만, 라이선싱보다 장기적인 약정이 수반되는 경향이 있다. **프랜차이즈(franchising)**는 본질적으로 프랜차이저가 무형 자산(주로 상표)을 가맹점에 판매하는 것 외에도, 가맹점이 사업 운영에 대한 엄격한 규칙을 준수할 것을 요구하는 특수한 형태의 라이선싱이다. 또한, 프랜차이저는 가맹점이 지속적으로 사업을 운영할 수 있도록 다양한 지원을 제공한다. 라이선싱과 마찬가지로 프랜차이즈에서도 프랜차이저는 가맹점 수익의 일정 비율에 해당하는 로열티를 받는다. 다만, 라이선싱이 주로 제조업체에서 활용되는 반면, 프랜차이즈는 주로 서비스 기업에서 많이 사용된다.[15] 세계에서 가장 큰 프랜차이즈 시스템으로 꼽히는 McDonald's와 Subway는 프랜차이즈 전략을 통해 성장한 기업의 대표적인 사례이다. McDonald's는 가맹점 운영에 관한 엄격한 규정을 통해 메뉴, 조리 방식, 직원 배치 정책, 디자인, 위치 선정까지 세부적으로 통제한다. 또한, 가맹점에 필요한 공급망을 조직하고, 경영 교육 및 재정 지원을 제공함으로써 가맹점의 성공적인 운영을 돕고 있다.[16]

프랜차이즈
프랜차이저가 무형 자산을 가맹점에 판매하는 것 외에도, 가맹점이 사업 운영에 대한 엄격한 규칙을 준수할 것을 요구하는 특수한 형태의 라이선싱.

장점

진출 방식으로서 프랜차이즈의 장점은 라이선싱의 장점과 매우 유사하다. 기업은 자체적으로 해외 시장을 개척할 때 발생하는 많은 비용과 위험에서 벗어날 수 있다. 대신 가맹점은 일반적으로 이러한 비용과 위험을 부담한다. 이는 가맹점이 가능한 한 빨리 수익성 있는 운영을 구축할 수 있는 좋은 인센티브가 된다. 따라서 프랜차이즈 전략을 사용하면 서비스 기업은 McDonald's처럼 상대적으로 적은 비용과 위험으로 빠르게 글로벌 입지를 구축할 수 있다.

단점

프랜차이즈의 단점은 라이선싱에서 나타나는 단점보다는 덜 두드러진다. 프랜차이즈는 주로 서비스 기업에서 활용되기 때문에, 제조 과정을 조정하여 경험 곡선 효과와 위치 경제를 달성해야 할 필요성이 상대적으로 적다. 그러나 프랜차이즈는 기업이 한 국가에서 얻은 수익을 다른 국가에서의 경쟁 공격을 지원하는 데 활용하는 능력을 제한할 수 있다. 프랜차이즈의 더 큰 단점은 품질 관리 문제이다. 프랜차이즈 계약의 핵심은 회사의 브랜드 이름이 소비자에게 일정한 품질의 제품과 서비스를 보장한다는 메시지를 전달하는 데 있다. 예를 들어, 홍콩의 Four Seasons 호텔에 체크인하는 고객은 뉴욕의 Four Seasons 호텔에서 제공받은 것과 동일한 수준의 객실, 음식, 서비스 품질을 기대할 수 있다. Four Seasons라는 브랜드는 이러한 일관된 품질을 보장해야 한다.

그러나 전 세계에 걸쳐 이러한 품질 표준을 적용하면 외국 프랜차이즈의 경우 품질에 대한 관심이 떨어질 수 있다는 문제가 발생할 수 있다. 품질 저하가 발생하면, 특정 국가에서의 매출 감소를 넘어 기업의 글로벌 평판 하락과 다른 국가에서의 매출 손실로 이어질 가능성이 있다. 예를 들어, 홍콩의 Four Seasons 호텔에서 나쁜 경험을 한 고객이 다른 Four Seasons 호텔을 이용하지 않을 뿐만 아니라, 동료들에게도 해당 체인을 보이콧하라고 권할 수 있다. 품질 저하는 외국 가맹점과의 지리적 거리로 인해 감지하기 어려울 수 있으며, McDonald's와 같이 수만 개의 가맹점을 보유한 경우 품질 관리가 더욱 복잡해질 수 있다.

이러한 단점을 극복하는 한 가지 방법은 각 진출 국가에 자회사를 설립하는 것이다. 자회사는 전액 출자된 형태일 수도 있고, 외국 기업과의 합작 투자 형태일 수도 있다. 자회사는 특정 국가나 지역에서 프랜차이즈를 설립할 권리와 의무를 갖는다. 예를 들어, McDonald's는 여러 국가에 마스터 프랜차이즈를 설립하고 있다. 이러한 마스터 프랜차이즈는 대개 McDonald's와 현지 기업 간의 합작 투자 회사로 구성된다. 프랜차이즈를 관리해야 할 범위가 좁고, 가맹점 수가 상대적으로 적기 때문에 품질 관리의 어려움이 줄어든다. 또한, 자회사(또는 마스터 프랜차이즈)는 적어도 부분적으로 McDonald's가 소유하고 있기 때문에 McDonald's는 자체 관리자를 자회사에 배치하여 프랜차이즈 운영을 모니터링 하고 품질 유지 여부를 확인할 수 있다. 이러한 조직 체계는 McDonald's, Subway, KFC와 같은 글로벌 프랜차이즈 기업에서 매우 효과적인 것으로 입증되었다.

조인트 벤처

조인트 벤처
두 개 이상의 기업이 함께 수행하는 협력 사업.

조인트 벤처(joint venture)(합작 투자)는 두 개 이상의 독립적인 회사가 공동으로 소유하는 회사를 설립하는 것을 말한다. 예를 들어, Fuji Xerox는 Xerox와 Fuji Photo의 합작 투자로 설립되었다. 외국 기업과 합작 회사를 설립하는 것은 오랫동안 새로운 시장에 진출하기 위한 인기 있는 방식이었다. 가장 일반적인 조인트 벤처 형태는 50대 50 합작사로, 두 당사자가 각각 50%의 소유 지분을 보유하고, 관리 팀을 구성하여 운영 통제권을 공유하는 방식이다. 2001년까지 Fuji Xerox는 이러한 50대 50 구조로 운영되었으나, 현재는 Xerox가 25%의 지분을 보유한 25대 75의 합작 회사로 전환되었다. 또 다른 사례로, GM은 중국에서 자동차를 제조하고 판매하기 위해 Shanghai Automotive Industry Corporation(SAIC)와 50대 50의 합작사를 설립했으나, 2010년 이후 SAIC가 51%의 지분을 보유한 51대 49 합작사로 전환되었다. 한편, Vanguard와 중국 Ant Corporation 간의 또 다른 합작 투자 사례는 MANAGEMENT FOCUS에서 다룰 예정이다. 일부 기업은 처음부터 과반수 지분을 확보하여 더 강력한 통제권을 가질 수 있는 합작 투자 방식을 선호하기도 한다.[17]

MANAGEMENT FOCUS

중국의 Vanguard

Vanguard는 세계적인 규모의 자산 운용사 중 하나로, 주로 북아메리카에서 개인 투자자에게 저비용 인덱스 펀드를 제공하여 7조 2천억 달러에 달하는 자산 관리 제국을 구축했다. 그러나 아시아 시장에서는 사업 확장에 어려움을 겪어 왔다. Vanguard가 미국에서 성공적으로 도입한 전략인 상장지수펀드(ETF)를 통한 패시브 투자(예: S&P 500 지수나 러셀 2000 지수 추종)는 아시아 시장, 특히 고수익을 기대하며 주식 선택을 선호하는 많은 개인 투자자가 있는 지역에서는 아직 생소한 투자 방식이다. 이러한 이유로 Vanguard는 몇 년간 홍콩과 일본에 진출했음에도 불구하고 현지에서 사업을 성공적으로 구축하는 데 어려움을 겪었으며, 2020년에는 두 시장에서 사무실을 폐쇄하겠다고 발표했다. 반면, 중국 시장에서는 다른 결과를 보이고 있다.

중국 규제 당국이 외국 금융 서비스 기업에 대한 규제를 완화하기로 결정한 이후, Vanguard는 2017년 상하이에 현지 법인을 설립하며 중국 시장 진출에 박차를 가했다. 이어 2019년에는 마윈이 창업한 중국 기술 기업 Alibaba의 계열사인 Ant Group과 합작 회사를 설립하며 상하이에서의 사업 확장을 도모했다. 합작 회사의 지분은 Ant Group이 51%, Vanguard가 49%를 소유하고 있다. Ant Group은 중국 최대 디지털 결제 플랫폼인 알리페이를 보유하고 있으며, 전 세계적으로 10억 명 이상의 사용자와 8천만 명의 가맹점을 보유하고 있다. 2020년 6월 기준, Ant Group의 총 결제 규모는 무려 118조 위안(약 2.5조 달러)에 달했다. 또한, 중국 인구의 3분의 1에 해당하는 약 5억 8,800만 명이 Ant Group의 최대 머니마켓펀드에 현금을 출자하고 있는 것으로 나타났다.

2020년 4월, Vanguard와 Ant Group의 합작 회사는 중국 핀테크(금융 기술) 기업의 10억 사용자를 대상으로 로보 어드바이저 서비스를 출시했다. 이 벤처는 최소 800위안(약 113달러)으로 뮤추얼 펀드에 투자할 수 있는 '방니투우(투자 도와주기)'라는 자동화된 서비스를 제공하기 시작했다. 이 로보 어드바이저는 Vanguard가 개발한 모델을 기반으로, 사용자의 위험 성향과 투자 기간을 평가한 뒤, 6,000개의 뮤추얼 펀드 중에서 선별된 포트폴리오를 추천한다. 소정의 수수료를 지불하면 자동으로 거래가 이루어지며, 로보 어드바이저는 필요한 경우 포트폴리오 리밸런싱도 지원한다. Vanguard에 따르면, 이 서비스는 최대한 사용하기 쉬운 경험을 제공하기 위해 Ant Group과 협력하여 개발되었다. 2020년 4월 서비스 출시 후 100일 동안 약 20만 명의 고객이 이 서비스를 통해 총 3억 달러 이상을 투자했다. 2020년 말까지는 50만 명 이상의 중국 개인 투자자가 이 서비스를 이용해 투자를 진행한 것으로 알려졌다.

Vanguard와 Ant Group만이 이러한 전략을 추진하고 있는 것은 아니다. Lufax와 컨설팅 업체 iResearch의 보고서에 따르면, 중국의 로보 어드바이저 시장은 2022년까지 7,370억 위안에 이를 것으로 예상된다. 보고서는 전통적인 금융 기관뿐만 아니라, 다수의 핀테크 스타트업도 시장 점유율 확보를 위해 적극적으로 준비 중이라고 밝혔다. 이들 중에는 중국공상은행(ICBC)과 중국상업은행(CMB) 같은 국가 지원을 받는 대형 기업도 포함되어 있다.

Vanguard는 Ant Group과의 합작 투자를 통해 중국 소매 시장에 진출하면서, 블랙록과 같은 다른 서구 투자 회사들이 중국에서 취해온 전략과는 차별화된 접근 방식을 선택했다. BlackRock Inc. 등은 수년간 중국의 기관, 국부펀드, 부유층 고객을 대상으로 자금을 관리하며 브랜드를 구축하고 정치적 호의를 쌓아왔다. 이들은 개인 투자자들에게 다가가기 위해 중국 은행과 파트너 관계를 맺는 방식에는 관심을 두지 않고 있었다. 2020년, 중국 정부가 외국 기업이 뮤추얼 펀드 라이선스를 독립적으로 신청할 수 있도록 허용하면서, 이러한 오랜 전략은 결실을 맺는 것처럼 보였다. 그러나 현재까지 중국 개인 투자자에게 자체 뮤추얼 펀드를 판매하기 시작한 외국 기업은 없다. 그 주요 원인 중 하나는 중국 은행과 증권사가 오프라인 유통 채널을, 인터넷 대기업이 디지털 채널을 장악하고 있어 외국 기업이 유통에서 어려움을 겪고 있다는 점이다.

Ant Group과의 제휴를 통해 개인 투자자에게 직접 판매를 진행하는 Vanguard의 전략은 중국에서 비즈니스를 구축하기 위한 근본적으로 다른 접근 방식을 보여 준다. Vanguard는

Feature China/Barcroft Media via Getty Images

수개월간의 내부 논의를 거친 끝에 이러한 새로운 방식을 선택했다. Vanguard의 미국 경영진은 대형 고객사에 화이트 글러브 서비스(고객 맞춤형 고급 서비스)를 제공하는 데 자원을 투입하기보다, 중국 소매 시장에 집중하기로 결정했다. 반면, 당시 Vanguard 아시아 사업 책임자인 Charles Lin과 일부 해외 임원들은 Vanguard가 아시아 금융 기관 사이에서 브랜드를 강화할 필요가 있다고 주장했다. 그러나 2019년, Charles Lin이 Vanguard를 떠나면서 회사는 전략을 전환했다. Vanguard는 중국투자공사(CIC)와 같은 중국 국부펀드와 중국의 외환 보유고를 관리하는 기관에 자금을 반환하며 중국 기관 사업에서 철수하기로 결정했다. 또한, 대형 고객 위주의 서비스를 제공하던 홍콩 지사를 폐쇄하고, 아시아 본사를 상하이로 이전했다. 더불어, 일본 시장에서의 영업 중단 계획을 발표하고, 호주에서 기관용 서비스를 축소하기로 결정했다.

Vanguard는 중국의 개인 투자자를 중심으로 Ant에 올인하고 있는 것이 분명하다. 하지만 Vanguard는 복잡한 문제도 해결해야 한다. Ant Group은 2020년 말 상하이 증권거래소에서 최소 344억 달러를 조달할 예정이었으며, 이는 역대 최대 규모의 기업공개(IPO)가 될 것으로 기대되었다. IPO를 통해 Ant Group의 기업 가치는 3,000억 달러 이상으로 평가될 예정이었으며, 이는 대부분의 중국 및 미국 은행보다 더 큰 가치를 갖는 것이었다. 그러나 2020년 11월, 중국 규제 당국은 Ant Group의 IPO를 중단시켜 전 세계 투자 커뮤니티를 놀라게 했다. 이 극적인 반전은 중국 규제 당국이 오랫동안 우려해 온 Ant Group의 운영 투명성 부족과 중국 결제 및 금융 환경에 대한 과도한 영향력에 대한 문제를 다시 주목하게 만들었다. IPO 중단의 정확한 이유는 명확히 밝혀지지 않았지만, 일부 관측에 따르면 2020년 10월 상하이에서 열린 공개 포럼에서 Jack Ma가 중국 최고 규제 당국자들이 참석한 가운데 한 발언이 주요 원인 중 하나로 지목된다. Jack Ma의 발언은 중국 금융 시스템과 그 안에서 국가의 역할을 비판하는 것으로 널리 해석되었으며, 이는 중국의 정치적 및 규제적 맥락에서 민감한 사안으로 여겨졌다. 중국에서는 기업이 국가의 규제 제약과 확립된 정치 시스템 내에서 운영하는 것이 일반적이다. 그러나 Jack Ma는 이러한 규범을 벗어나 기존 질서를 직접적으로 비판함으로써 정치적으로 민감한 오류를 범했을 가능성이 있다. 이 사건은 Vanguard와 Ant Group 간의 합작 투자가 지속 가능한지에 대한 의문을 제기했으나, 2023년 3월 기준, Vanguard는 중국 시장과 Ant Group과의 합작 투자에 대한 헌신을 재확인하며 사업을 계속 진행하고 있다.

Sources: L. Y. Chen, "Ant, Vanguard Target 900 Million Users with Robo Advisor," *Bloomberg*, April 1, 2020; J. Yang and S. Ng, "Ant's Record IPO Suspended in Shanghai and Hong Kong Stock Exchanges," *The Wall Street Journal*, November 3, 2020; D. Lim and J. Yang, "Vanguard Charts a Narrow Path in China, Staking Its Future on a Fledgling Venture," *The Wall Street Journal*, February 25, 2021; Q. Shen, "Vanguard Hasn't Said It's Pulling Out of China, Despite Reports," *Philadelphia Inquirer*, March 23, 2023.

장점

합작 투자에는 여러 가지 장점이 있다. 첫째, 기업은 현지 파트너의 현지 경쟁 조건, 문화, 언어, 정치 시스템, 비즈니스 환경에 대한 지식을 통해 이점을 얻을 수 있다. 많은 미국 기업은 합작 투자에서 기술 노하우와 제품을 제공하는 한편, 현지 파트너는 해당 국가에서 경쟁하는 데 필요한 마케팅 전문 지식과 현지 지식을 제공한다. 둘째, 해외 시장 개척에 따른 개발 비용 및/또는 위험이 높은 경우, 기업은 이러한 비용과 위험을 현지 파트너와 공유함으로써 부담을 줄이고 이익을 얻을 수 있다. 셋째, 많은 국가에서는 정치적 고려 사항으로 인해 합작 투자가 유일하게 실현 가능한 진출 방식이 되는 경우가 있다. 연구에 따르면, 현지 파트너와의 합작 투자는 국유화나 다른 형태의 정부 간섭을 받을 위험이 상대적으로 낮은 것으로 나타났다.[18] 이는 주재국 정부 정책에 영향을 미칠 수 있는 현지 지분 파트너가 국유화나 정부 간섭에 반대할 기득권을 가지기 때문으로 보인다. 정부는 현지 기업에 피해를 주는 것을 원치 않기 때문에, 이러한 우려는 합작 투자의 외국 파트너에게 긍정적으로 작용한다.

단점

이러한 장점에도 불구하고 합작 투자에는 몇 가지 중요한 단점이 있다. 첫째, 라이선스 계약과 마찬가지로 합작 투자를 체결한 기업은 파트너에게 기술 통제권을 넘겨줄 위험이 있다. 가령 Boeing이 Mitsubishi Heavy Industries과 협력하여 새로운 와이드바디 제트기(787)를 개발하기 위해 합작 투자를 제안했을 때, Boeing이 의도치 않게 상업용 항공 기술을 일본에 넘길 수 있다는 우려가 제기되었다. 이러한 위험을 최소화하기 위해 합작 투자 계약을 신중하게 설계할 수 있다. 한 가지 방법은 벤처의 과반수 소유권을 보유하는 것이다. 이를 통해 지배적인 파트너는 기술에 대해 더 큰 통제권을 행사할 수 있다. 그러나 소수 지분에 만족할 의향이 있는 외국 파트너를 찾는 것은 어려울 수 있다. 또 다른 방법은 특정 핵심 기술을 파트너와 공유하지 않고, 회사의 핵심 역량을 보호하는 방식을 채택하는 것이다.

둘째, 합작 투자는 기업이 경험 곡선 효과나 위치 경제를 실현하는 데 필요한 자회사를 엄격하게 통제하기 어렵게 만들 수 있다. 또한, 글로벌 경쟁 전략에서 필요한 해외 자회사를 효과적으로 통제하는 데 제약을 받을 수 있다. 예를 들어, Texas Instruments(TI)가 일본 반도체 시장에 진출했을 때, TI는 일본 제조업체의 시장 점유율을 억제하고 TI의 글로벌 시장 확장을 지원하기 위해 설립한 반도체 시설에서 본사의 전략 지시에 따라 운영할 것을 요구했다. 그러나 이 전략은 자회사가 손해를 감수하면서까지 운영해야 하는 상황을 포함했으며, 이는 마이너스 투자 수익을 기꺼이 감수할 파트너를 찾는 데 어려움을 초래했다. 실제로, 많은 합작 투자는 전략적 결정에 대한 직접적인 통제를 어렵게 만드는 정도의 자율성을 갖는 경우가 많다.[19] TI는 이러한 제약을 피하기 위해 일본에 전액 출자 자회사를 설립했다.

셋째, 합작 투자에서 공동 소유 구조는 투자 회사 간의 목표나 전략에 대한 의견 차이로 인해 갈등과 통제권 다툼을 초래할 수 있다. 특히 투자 회사 중 한쪽의 목표가 변경되거나 전략적 관점에서 차이가 생길 경우 문제가 발생할 수 있다. 그러나 Fuji Xerox 합작 회사는 이러한 문제를 피할 수 있었던 사례로 알려져 있다. Fuji Xerox의 전 회장 Yotaro Kobayashi는, Xerox와 Fuji Photo 모두 Fuji Xerox와 갑을 관계를 형성하지 않고, 벤처 경영진에게 독립적으로 전략을 결정할 수 있는 상당한 자유를 부여한 것이 주요 요인이라고 언급했다.[20] 그럼에도 불구하고, 많은 연구에서는 합작 투자에서 전략적 목표와 이해 상충이 자주 발생하며, 이러한 갈등은 특히 국적이 다른 기업 간의 벤처에서 더 두드러진다고 지적한다. 이는 종종 벤처 해산으로 이어질 수 있다.[21] 갈등은 벤처 파트너의 상대적 협상력 변화로 인해 발생하는 경우가 많다. 예를 들어, 외국 기업이 현지 시장에 대한 지식을 축적하면서 현지 파트너의 전문성에 대한 의존도가 줄어들 경우, 외국 파트너의 협상력이 높아지고, 이는 전략과 목표에 대한 통제권 다툼으로 이어질 수 있다.[22] 일부 기업은 이러한 문제를 줄이기 위해 한 파트너가 지배 지분을 갖는 형태의 합작 투자를 체결하는 방식을 선택하기도 한다.

완전 소유 자회사

완전 소유 자회사
모회사가 지분 100%를 보유한 자회사.

완전 소유 자회사(wholly owned subsidiary)는 회사가 자회사의 지분을 100% 소유하는 형태를 말한다. 해외 시장에 완전 소유 자회사를 설립하는 방법에는 두 가지가 있다. 첫 번째는 그린필드 벤처(Greenfield Venture)로, 해당 국가에서 새로운 사업체를 처음부터 설립하는 방식이다. 두 번째는 기존 사업체를 인수하여 이를 자사 상품을 홍보하고 시장에 진출하는 데 활용하는 방식이다.[23] 예를 들어, 미국 보험 시장에 진출한 ING의 전략은 새로운 사업체를 설립하는 대신, 기존의 미국 기업을 인수하는 방식을 선택한 사례로 잘 알려져 있다.

장점

완전 소유 자회사는 몇 가지 분명한 이점을 제공한다. 첫째, 회사의 경쟁 우위가 기술 역량에 기반한 경우, 완전 소유 자회사는 이러한 역량에 대한 통제권을 잃을 위험을 줄이기 때문에 선호되는 진입 방식이다(자세한 내용은 8장 참조). 많은 첨단 기술 기업(예: 전자 및 제약 산업 기업)들은 해외 진출 시 이러한 방식을 선호한다. 둘째, 완전 소유 자회사는 여러 국가에서의 운영을 엄격하게 통제할 수 있는 기회를 제공한다. 이는 글로벌 전략 조율, 즉 한 국가에서 얻은 수익을 다른 국가에서의 경쟁력을 확보하고 지원하는 데 사용하는 전략적 움직임을 가능하게 하는 중요한 요소이다.

셋째, 글로벌 및 초국가적 전략을 추구하는 기업이 위치 경제와 경험 곡선 경제를 실현하려는 경우, 완전 소유 자회사가 필요할 수 있다. 11장에서 살펴본 바와 같이, 비용 압박이 심한 상황에서는 가치 사슬의 각 단계를 통해 부가가치를 극대화하는 방식으로 구성하는 것이 기업에 유리하다. 특정 국내 자회사는 제품 라인의 일부나 최종 제품의 특정 구성 요소를 전문적으로 제조하고, 이를 기업의 글로벌 시스템 내 다른 자회사와 교환할 수 있다. 이러한 글로벌 생산 시스템을 구축하려면 각 계열사의 운영에 대해 고도의 통제력이 요구된다. 각 사업장은 생산 방식, 생산량, 그리고 다음 사업장으로 이전할 생산물의 가격 책정 방식과 같은 중앙 결정 사항을 수용할 준비가 되어 있어야 한다. 반면, 라이선스 사용자나 합작 투자 파트너는 이러한 종속적인 역할을 받아들이지 않을 가능성이 높기 때문에, 기업이 완전 소유 자회사를 설립해야 하는 경우가 많다. 마지막으로, 완전 소유 자회사를 설립하면 해외 시장에서 발생한 수익에 대해 100%의 지분을 확보할 수 있다는 추가적인 이점이 있다.

단점

완전 소유 자회사를 설립하는 것은 일반적으로 자본 투자 측면에서 해외 시장에 서비스를 제공하는 데 있어 가장 비용이 많이 드는 방법이다. 이러한 방식을 선택한 기업은 해외 사업장 설립에 따른 모든 자본 비용과 위험을 스스로 부담해야 한다. 새로운 문화에서 사업을 운영하는 방법을 배우는 데 따르는 위험은 기존의 호스트 국가 기업을 인수하는 경우 상대적으로 적을 수 있다. 그러나 인수는 서로 다른 기업 문화를 통합하려는 시도와 관련된 문제를 포함하여 추가적인 어려움을 초래할 수 있다. 이러한 문제는 기존 기업을 인수함으로써 얻을 수 있는 모든 이점을 상쇄할 가능성이 있다. 그린필드 벤처와 인수 사이의 선택은 매우 중요한 사안이며, 이에 대한 세부 사항은 이 장의 뒷부분에서 더 자세히 다룰 예정이다.

진출 방법 선택

[학습 목표 3] 기업의 진출 방식 선택에 영향을 미치는 요인을 분석한다.

표 13-1에 요약된 바와 같이 모든 진출 방법에는 장단점이 있다. 따라서 기업은 해외 시장 진출 시 적합한 진입 모드를 선택할 때 이러한 장단점을 신중히 고려해야 한다. 예를 들어, 과거 정부 계약에서 외국계 기업을 차별한 전력이 있는 낯선 국가로 진출을 고려하는 기업은 현지 기업과의 합작 투자를 선호할 수 있다. 이는 현지 파트너가 해당 국가에서 사업을 구축하는 데 도움을 줄 뿐 아니라, 정부 계약을 수주하는 데에도 유리하게 작용할 수 있기 때문이다. 그러나 기업의 핵심 역량이 독점 기술에 기반한 경우, 합작 투자에 참여하면 해당 기술에 대한 통제권을 합작 투자 파트너에게 빼앗길 위험이 있다. 이러한 경우, 합작 투자는 매력적인 전략이 아닐 수 있다. 이와 같이 진출 모드에는 각각 장단점이 존재하지만, 여전히 최적의 진입 방식을 선택할 때 몇 가지 일반적인 원칙을 도출할 수 있다.[24]

핵심 역량과 진출 방법

12장에서 우리는 기업이 핵심 역량을 활용하여 더 큰 수익을 얻기 위해 해외로 진출하는 경우가 많다는 점을 살펴보았다. 특히, 기업들은 현지 경쟁자가 부족한 해외 시장에 핵심 역량에서 파생된 기술과 제품을 이전하는 전략을 자주 선택한다. 이러한 기업에게 최적의 진출 방식은 핵심 역

표 13-1
진출 방법의 장단점

진출 방법	장점	단점
수출	• 입지 및 경험 곡선을 통한 규모의 경제 실현 능력 • 목표 시장 공략의 속도와 유연성 강화	• 높은 수준의 운송 비용 • 무역 장벽 • 지역 마케팅 대행업체와의 문제
턴키 프로젝트	• 외국인 직접투자가 제한된 국가에서 공정 기술 역량을 활용하여 수익을 창출하는 능력	• 효율적인 경쟁자 배출 • 장기적인 시장 존재감 부족
라이선스 계약	• 개발 비용 및 위험이 낮음 • 관여도 및 헌신도가 중간 수준	• 기술에 대한 통제력 부족 • 입지 및 경험 곡선을 통한 규모의 경제 실현 불가 • 글로벌 전략 조정 참여 불가능
프랜차이즈	• 개발 비용과 위험이 낮음 • 수입 장벽 우회 가능성 • 높은 판매 잠재력	• 품질에 대한 통제력 부족 • 글로벌 전략 조정에 참여할 수 없음
조인트 벤처	• 현지 파트너의 지식 활용 가능 • 개발 비용 및 위험의 공동 부담 • 정치적으로 수용 가능 • 대체로 소유권 제한 없음	• 기술 통제력 부족 • 글로벌 전략 조정 참여 불가능 • 입지 및 경험 곡선 활용을 통한 규모의 경제 실현 불가능
완전 소유 자회사	• 기술 보호 가능 • 글로벌 전략 조정 참여 가능 • 입지 및 경험 곡선을 통한 규모의 경제 실현 가능	• 높은 비용과 위험 부담 • 인적 및 물적 자원의 추가 투입 필요, 현지 직원과의 상호작용 및 통합 필요

량의 성격에 따라 다를 수 있다. 구체적으로, 핵심 역량이 기술 노하우에 있는 기업과 핵심 역량이 경영 노하우에 있는 기업을 구분하여 접근할 수 있다.

기술 노하우

8장에서 살펴본 바와 같이, 기업의 경쟁 우위(핵심 역량)가 독점적 기술 노하우에 대한 통제력에 기반하는 경우, 해당 기술에 대한 통제력을 잃을 위험을 최소화하기 위해 라이선스 및 합작 투자 계약은 가능하면 피하는 것이 좋다. 따라서 첨단 기술 기업이 기술 노하우를 활용해 이익을 창출하기 위해 외국에 진출할 경우, 전액 출자 자회사를 설립하는 방식을 선호할 가능성이 높다. 그러나 이러한 규칙을 절대적으로 간주해서는 안 된다. 경우에 따라 라이선스나 합작 투자 계약을 신중하게 구조화하여, 라이선스 사용자 또는 합작 투자 파트너가 기술 노하우를 유용할 위험을 줄일 수 있다.

또 다른 예외는 경쟁 업체가 자사의 핵심 기술을 빠르게 모방할 가능성이 높은 상황이다. 이 경우, 기업은 기술적 우위가 일시적일 뿐이라고 판단하여, 모방이 이루어지기 전에 자사 기술에 대한 글로벌 인지도를 높이기 위해 외국 기업에 기술을 라이선스 하려 할 수 있다.[25] 이러한 전략에는 몇 가지 장점이 있다. 기술을 경쟁 업체에 라이선스 하면 경쟁 업체가 독자적으로 더 우수한 기술을 개발하는 것을 억제할 수 있다. 이를 통해 시장에서 자사의 기술적 우위를 일정 부분 유지할 수 있다. 그리고 기술을 라이선스 함으로써 자사의 기술을 업계의 지배적인 디자인으로 자리 잡게 할 수 있다. 이는 업계 표준으로 인정받을 가능성을 높이고, 이를 통해 꾸준한 로열티 수익을 창출할 수 있다. 그러나 이러한 라이선싱 전략은 기술 통제권 상실의 위험보다 라이선싱의 이점이 클 경우에만 효과적이므로 기술 통제의 위험이 큰 상황에서는 라이선싱을 피하는 것이 더 바람직하다.

경영 노하우

많은 서비스 회사의 경쟁 우위는 경영 노하우에 기반하고 있다(예: KFC, McDonald's, Starbucks, Subway). 이러한 기업의 경우, 가맹점이나 합작 파트너에게 관리 기술을 빼앗길 위험은 비교적 낮다. 이들 기업의 가장 소중한 자산은 브랜드 이름이며, 브랜드 이름은 일반적으로 상표와 관련된 국제법에 의해 잘 보호되고 있다. 이러한 점을 고려할 때, 기술 노하우에서 발생할 수 있는 많은 문제가 서비스 회사에서는 상대적으로 덜 우려되는 편이다. 따라서 많은 서비스 회사는 특정 국가나 지역 내에서 프랜차이즈와 주요 자회사를 결합한 방식으로 프랜차이즈를 통제하는 것을 선호한다. 주요 자회사는 전액 출자 형태일 수도 있고, 합작 투자 형태일 수도 있다. 하지만 대부분의 서비스 기업은 현지 파트너와의 합작 투자가 주요 자회사를 운영하는 데 가장 효과적이라는 사실을 발견했다. 합작 투자는 종종 정치적으로 더 수용 가능하며, 이를 통해 자회사가 현지 시장에 대한 지식을 어느 정도 확보할 수 있다는 장점이 있다.

비용 절감에 대한 압력과 진출 방법

비용 절감에 대한 압력이 클수록, 기업은 수출과 완전 소유 자회사의 조합을 선택할 가능성이 높아진다. 요소 조건이 최적의 위치에서 제품을 제조한 후 이를 전 세계로 수출함으로써, 기업은 위치 경제와 경험 곡선 경제를 상당히 실현할 수 있다. 그런 다음 제조된 완제품은 여러 국가에 위치한 마케팅 자회사로 수출될 수 있다. 이러한 자회사는 일반적으로 전액 출자 방식으로 운영되며, 해당 국가에서의 유통을 관리하고 감독하는 역할을 맡는다. 전액 출자 마케팅 자회사를 설립하면, 글로벌 가치 사슬을 효율적으로 조정하는 데 필요한 엄격한 통제력을 확보할 수 있기 때문에 합작 투자 계약이나 외국 마케팅 에이전트를 사용하는 것보다 바람직하다. 또한, 한 시장에서 발생한 수익을 다른 시장에서 경쟁 우위를 강화하는 데 활용할 수 있다. 이러한 이유로, 글로벌 표준화 전략이나 초국가적 전략을 추구하는 기업은 완전 소유 자회사를 설립하는 것을 선호하는 경향이 있다.

그린필드 벤처 또는 인수

[학습 목표 4] 해외 시장 진출 전략으로서 인수와 그린필드 벤처의 장단점을 이해한다.

기업이 한 국가에 완전 소유 자회사를 설립하는 방법에는 두 가지가 있다. 하나는 처음부터 자회사를 설립하는 그린필드 전략, 다른 하나는 목표 시장에 있는 기업을 인수하는 방식이다.[26] 지난 20년 동안 국경 간 인수의 규모는 빠르게 증가해 왔다. 최근 수십 년 동안 전체 해외직접투자(FDI) 유입의 40~80%가 인수·합병(M&A) 형태로 이루어진 것으로 나타났다.[27]

인수의 장단점

인수에는 세 가지 주요 장점이 있다. 첫째, 실행 속도가 빠르다. 기업은 기존 기업을 인수함으로써 목표 해외 시장에서 빠르게 입지를 구축할 수 있다. 예를 들어, 독일 자동차 회사 Daimler-Benz는 미국 자동차 시장에서 더 큰 입지가 필요하다고 판단했을 때, 미국 내 새로운 공장을 설립하는 대신 미국 3위 자동차 회사인 Chrysler를 인수하고 두 회사를 합병하여 DaimlerChrysler를 설립했다(이후 Daimler는 Chrysler를 사모펀드 회사에 분사했다). 또 다른 사례로, 스페인의 통신 서비스 제공 업체인 Telefonica는 라틴 아메리카에서 입지를 구축하기 위해 브라질과 아르헨티나의 통신 회사를 인수하는 일련의 전략적 인수를 단행했다. 이러한 사례들은 인수가 목표 시장에서 빠르고 효과적으로 규모를 확보할 수 있는 방법이라는 점을 보여 준다.

둘째, 인수는 경쟁에서 우위를 점하기 위한 수단으로 활용된다. 특히, 통신 산업처럼 빠르게 글로벌화되고, 국가 간 규제 완화 및 해외직접투자 규제 자유화로 인해 해외 시장 진출이 쉬워진 산업에서는 경쟁사보다 선제적으로 행동하는 것이 중요하다. 이러한 시장에서는 기업들이 글로벌 규모를 달성하기 위해 경쟁하면서 인수가 활발히 이루어진다. 예를 들어, 통신 업계에서는 규제 완화로 인해 '먹이 사슬' 현상이 발생하며 대규모 인수가 이어졌다. 대표적인 사례로는 영국 Vodafone

의 미국 AirTouch Communications 인수(560억 달러), 독일 Deutsche Telekom의 영국 One2One 인수(130억 달러), 캐나다 Teleglobe의 미국 Excel Communications 인수(64억 달러) 등이 있다.[28] 유사한 국경 간 인수 물결은 글로벌 자동차 업계에서도 나타났다. 예를 들어, Daimler의 Chrysler 인수, Ford의 Volvo 인수, 이후 중국 Geely의 Volvo 인수, 그리고 Renault의 Nissan 인수 등이 이에 해당한다.

셋째, 경영자는 인수가 그린필드 벤처보다 덜 위험하다고 생각할 수 있다. 기업을 인수하는 경우, 이미 매출과 수익원이 명확한 자산을 확보하게 된다. 반면, 그린필드 벤처는 미래의 수익과 이익 흐름이 불확실하기 때문에 위험이 더 크다. 해외 시장에서 기업을 인수할 경우, 공장, 물류 시스템, 고객 서비스 시스템과 같은 유형 자산뿐만 아니라 현지 브랜드 이름과 해당 국가 비즈니스 환경에 대한 관리자의 지식 같은 무형 자산도 함께 확보할 수 있다. 이러한 지식은 현지 문화에 대한 이해 부족으로 인한 실수를 줄이는 데 크게 기여한다.

인수·합병의 당위성에도 불구하고, 많은 인수·합병이 실망스러운 결과를 초래하는 경우가 많다.[29] Mercer Management Consulting의 한 연구에서는 각각 5억 달러 이상의 가치를 지닌 150건의 인수·합병을 조사했다.[30] 이 연구에 따르면, 이들 인수·합병 중 50%는 주주 가치를 훼손했으며, 33%는 한계적인 수익만을 창출했다. 성공적인 것으로 평가된 사례는 17%에 불과했다. 이와 유사하게, 회계 및 경영 컨설팅 회사 KPMG의 연구에서는 700건의 대규모 인수를 조사했다. 이 연구에 따르면, 조사 대상 중 약 30%는 인수 기업에 실제로 가치를 창출했지만, 31%는 가치를 파괴했으며, 나머지 사례에서는 거의 영향을 미치지 못했다.[31] 글로벌 경영 컨설팅 회사 McKinsey & Company의 또 다른 연구에서는 약 70%의 인수·합병이 기대했던 매출 시너지 효과를 달성하지 못했다고 추정했다.[32] 한편, David Ravenscraft와 Mike Scherer는 피인수 기업의 인수 후 성과에 대한 중요한 연구를 통해, 평균적으로 피인수 기업의 수익과 시장 점유율이 인수 후 감소했다고 결론지었다.[33] 또한, 이들 기업 중 일부는 심각한 경영적 어려움을 겪어, 결국 인수 기업에 의해 매각되었다는 점도 강조했다. 이러한 증거는 많은 인수·합병이 가치를 창출하기보다는 오히려 파괴한다는 것을 시사한다. 대부분의 연구는 국내 기업 인수를 대상으로 이루어졌지만, 이러한 결과는 해외 기업 인수에도 동일하게 적용될 수 있다.[34]

인수 실패 이유

인수는 여러 가지 이유로 실패한다. 첫째, 인수 기업은 피인수 기업의 자산에 대해 과다한 금액을 지불하는 경우가 많다. 특히, 인수에 관심을 보이는 기업이 여러 곳일 경우, 인수 대상 기업의 가격이 상승할 가능성이 높다. 또한, 인수 기업의 경영진은 인수를 통해 창출할 수 있는 가치에 대해 지나치게 낙관적인 태도를 보이며, 피인수 기업의 시가총액보다 상당한 프리미엄을 기꺼이 지불하는 경우가 많다. 이와 관련된 개념이 바로 오만 가설(hubris hypothesis)이다. 오만 가설에 따르면, 최고 경영자는 인수로 인해 가치를 창출할 능력을 과대평가하는 경향이 있다. 이는 최고 경영자가 기업의 최고 자리에 오르면서 자신의 능력을 과장되게 인식하게 되는 데서 기인한다. 이러한 오만은 비현실적인 기대를 기반으로 과도한 비용을 지불하게 만들어 인수 실패로 이어질 수 있다.[35]

예를 들어, Daimler는 1998년 Chrysler를 인수하면서, 인수 입찰 전 Chrysler의 시장 가치보다 40% 높은 프리미엄을 얹은 400억 달러에 인수했다. Daimler는 Chrysler를 통해 미국 시장 점유율을 높일 수 있을 것으로 판단하여 이 정도 금액을 지불한 것이다. 당시 Daimler 경영진은 두 회사의 사업 통합을 통한 시너지 효과에 대해 낙관적인 전망을 발표했다. 그러나 인수 1년 만에, Daimler의 독일 경영진은 Chrysler의 미국 내 판매 부진으로 인한 갑작스러운 적자 위기에 직면하게 되었다. 이를 돌이켜보면, Daimler 경영진은 미국 자동차 시장의 수요 잠재력과 시너지 효과를 통한 가치 창출에 대해 지나치게 낙관적이었던 것으로 평가된다. Daimler는 미국 자동차 판매가 호황을 누리고 있을 때 Chrysler를 인수했으나, 수요가 급감하기 직전 높은 프리미엄을 지불했다. 결국, 2007년 Daimler는 인수 실패를 인정하고 Chrysler 사업부를 사모펀드에 매각했다.[36]

둘째, 많은 인수가 실패하는 이유는 인수 기업과 피인수 기업 간의 문화적 충돌 때문이기 때문이다. 인수 후, 많은 피인수 기업은 높은 경영진 이직률을 경험하는데, 이는 직원들이 인수 기업의 업무 방식을 수용하지 못하거나 불만을 품기 때문일 수 있다.[37] 예를 들어, DaimlerChrysler의 사례에서는 합병 첫해에 Chrysler 고위 관리자의 대규모 이탈이 발생했다. 이는 Chrysler 경영진이 Daimler의 독일인 관리자들이 의사 결정에서 우위를 점하는 것에 반감을 가졌기 때문이며, 독일인 관리자들은 미국인 관리자들이 독일인보다 2~3배 높은 급여를 받는 것에 대해 불만을 품었던 것으로 알려졌다. 이러한 문화적 차이는 긴장을 조성했으며, 결과적으로 Chrysler에서 높은 경영진 이직률로 이어졌다.[38] 경영진의 이탈로 인해 인수 기업은 핵심 인재와 전문성 손실을 경험할 수 있으며, 이는 기업의 성과에 심각한 영향을 미칠 수 있다.[39] 특히, 국제 비즈니스에서는 이러한 두뇌 유출 문제가 더 심각한데, 이는 피인수 기업의 경영진이 대체하기 어려운 현지 지식을 보유하고 있을 가능성이 높기 때문이다.

셋째, 많은 인수는 인수 기업과 피인수 기업 간의 운영 통합 과정에서 발생하는 장애물로 인해 실패한다. 운영을 통합해 이익을 실현하려는 시도는 예상보다 오래 걸리거나, 문화적 차이와 경영 철학의 불일치로 인해 지연될 수 있다. 국가 문화의 차이는 이러한 문제를 더욱 악화시킬 수 있으며, 관리자 간의 관료주의적 협상도 통합 프로세스를 복잡하게 만든다. DaimlerChrysler의 사례에서도 이러한 문제가 나타났다. 두 회사는 운영 통합을 위한 원대한 계획을 세웠으나, 끝없는 위원회 회의와 디트로이트와 슈투트가르트 간의 6시간 시차와 같은 물류적 문제로 인해 계획에 차질을 빚었다. 통합 계획이 마련될 무렵, Chrysler는 심각한 손실을 보고 있었고, Daimler의 독일 경영진은 갑작스럽게 위기에 직면하게 되었다.

마지막으로, 많은 인수는 부적절한 사전 인수 심사로 인해 실패한다.[40] 많은 기업이 인수로 인한 잠재적 이익과 비용을 충분히 분석하지 않고 다른 기업을 인수하기로 결정한다. 이는 경쟁자가 먼저 인수할 것을 우려하여 지나치게 서둘러 인수를 실행하기 때문일 수 있다. 그러나 인수 후, 인수 기업은 자신들이 인수한 기업이 잘 운영되는 조직이 아니라 문제를 가진 조직임을 알게 되는 경우가 많다. 이 문제는 특히 국경 간 인수에서 심각할 수 있다. 이는 인수 기업이 피인수 기업의 국가 문화와 비즈니스 시스템을 충분히 이해하지 못한 상태에서 인수를 결정하는 경우가 많기 때문이다.

실패 위험 줄이기

기업이 인수 전략에 신중을 기한다면, 많은 문제를 극복할 수 있다.[41] 인수 대상인 외국 기업을 철저히 조사하는 것이 중요하다. 여기에는 운영 상태, 재무 상태, 경영 문화에 대한 상세한 실사가 포함된다. 이러한 과정을 통해 인수 기업은 (1) 피인수 기업에 과도한 비용을 지불하는 것을 방지하고, (2) 인수 후 예상치 못한 돌발 변수를 최소화하며, (3) 조직 문화와 충돌하지 않는 적합한 기업을 선택할 가능성을 높일 수 있다. 또한, 인수 기업은 피인수 기업의 경영진이 느낄 수 있는 우려를 해소하기 위해 노력해야 한다. 인수 후 경영진의 원치 않는 이탈을 방지하는 것이 중요한 목표가 되어야 한다. 이는 피인수 기업의 경영진이 합병 이후에도 안정적인 환경에서 업무를 수행할 수 있도록 신뢰를 구축하는 데 초점을 맞추어야 한다. 인수 후 통합 계획을 수립하고 이를 신속하게 실행하는 것도 중요하다. 통합 과정에서는 기존 부서와 피인수 부서의 일부 구성원이 통합 작업을 지연시키거나 방해하려는 시도를 할 수 있다. 이러한 저항은 고용 상실에 대한 두려움, 합병 이후 조직 내 권한과 영향력 감소에 대한 우려, 새로운 문화에 대한 거부감, 그리고 기존 조직 문화에 대한 애착에서 비롯될 수 있다. 관리자는 이러한 장애물을 사전에 예상하고, 이를 효과적으로 관리할 수 있는 계획을 마련해야 한다.

그린필드 벤처의 장단점

외국에 그린필드 벤처를 설립할 때의 가장 큰 장점은 회사가 원하는 종류의 자회사를 설립할 수 있는 능력이 훨씬 더 커진다는 것이다. 예를 들어, 조직 문화를 처음부터 새로 구축하는 것은 인수한 조직의 문화를 바꾸는 것보다 훨씬 쉽다. 마찬가지로, 새로운 자회사에서 일련의 운영 루틴을 확립하는 것은 인수한 조직의 운영 루틴을 전환하는 것보다 훨씬 쉽다. 이는 기존 회사의 제품, 역량, 기술, 노하우를 새로운 자회사로 이전하는 것이 가치 창출의 주요 방법인 많은 국제 비즈니스에서 매우 중요한 이점이다. 예를 들어, 미국의 아크 용접 장비 제조업체인 Lincoln Electric은 처음 해외로 진출할 때 유럽의 아크 용접 장비 회사를 인수하는 방식으로 진출했다. 그러나 Lincoln이 미국에서 경쟁 우위를 점할 수 있었던 것은 강력한 조직 문화와 직원들이 생산성 향상을 위해 가능한 모든 일을 하도록 장려하는 독특한 인센티브 제도 덕분이었다. Lincoln은 쓰라린 경험을 통해 인수한 기업에는 고유한 조직 문화와 인센티브가 있기 때문에 조직 문화와 인센티브를 그대로 옮기는 것이 거의 불가능하다는 사실을 깨달았다. 그 결과, 회사는 진출 전략을 전환하여 그린필드 벤처를 설립하고 처음부터 운영을 구축하는 방식으로 해외에 진출하기 시작했다. 이 전략은 실행하는 데 시간이 더 걸리지만 Lincoln은 이 전략이 인수 전략보다 장기적으로 더 큰 수익을 가져다준다는 사실을 발견했다.

이러한 중요한 이점과 상반되는 그린필드 벤처 설립의 단점도 있다. 그린필드 벤처는 설립이 더 느리다. 또한 위험하다. 모든 신규 벤처와 마찬가지로 미래 매출 및 수익 전망과 관련하여 어느 정도의 불확실성이 존재한다. 그러나 회사가 이미 다른 해외 시장에서 성공을 거두었고 다른 나라에서 사업을 하기 위해 무엇이 필요한지 잘 알고 있다면 이러한 위험은 그리 크지 않을 수 있다. 예를 들어 McDonald's는 이미 해외 사업 운영에 대한 훌륭한 지식을 쌓았기 때문에 다른 국가에 진출하는 데 따른 위험은 그리 크지 않을 수 있다. 또한 그린필드 벤처는 불쾌한 돌발 상황이 발생할 가능성이 적다는 점에서 인수보다 덜 위험하다. 마지막 단점은 인수를 통해 진출한 보다 공격적인 글로벌 경쟁 업체가 시장을 선점하여 그린필드 벤처의 시장 잠재력을 제한할 가능성이 있다는 것이다.

어떤 선택을 해야 할까

인수와 그린필드 벤처 사이의 선택은 쉽지 않다. 두 방식 모두 각각의 장단점이 있으며, 일반적으로 선택은 기업이 처한 상황에 따라 달라진다. 이미 확고한 기존 기업이 존재하고, 글로벌 경쟁사도 해당 시장 진출에 관심이 있는 경우, 인수를 통해 진출하는 것이 더 효과적일 수 있다. 이러한 상황에서는 그린필드 벤처가 상당한 규모의 입지를 구축하기에 너무 시간이 걸릴 수 있기 때문이다. 그러나 인수를 고려하는 경우, 경영진은 앞서 논의된 인수와 관련된 위험을 인식하고, 어떤 기업을 인수할지 결정할 때 이를 충분히 고려해야 한다. 경우에 따라 그린필드 벤처라는 더딘 경로를 선택하는 것이 잘못된 인수로 인한 손실을 피하는 데 더 나은 선택이 될 수 있다.

반면, 인수할 기존 경쟁사가 없는 국가에 진출하려는 기업이라면, 그린필드 벤처가 유일한 선택이 될 수 있다. 또한, 기존 경쟁자가 존재하더라도, 기업의 경쟁 우위가 조직 내재 역량, 기술, 운영 루틴, 문화의 이전에 기반한다면, 그린필드 벤처를 통해 진출하는 것이 더 바람직할 수 있다. 특히, 기술이나 조직 문화와 같이 명확히 체계화하거나 표준화하기 어려운 지식은 인수한 기업의 기존 루틴과 문화를 극복해야 하는 인수 방식보다, 신생 벤처에 훨씬 더 쉽게 내재화할 수 있다. 따라서, 앞서 살펴본 사례처럼, McDonald's나 Lincoln Electric과 같은 기업은 그린필드 벤처를 설립하여 해외 시장에 진출하는 방식을 선호한다.

전략적 제휴

[학습 목표 5] 해외 진출 시 전략적 제휴 체결의 장단점을 평가한다.

전략적 제휴는 잠재적 또는 실제 경쟁사 간의 협력 계약을 의미한다. 이 섹션에서는 특히 서로 다른 국가에 있는 기업 간의 전략적 제휴를 다룬다. 전략적 제휴는 두 개 이상의 회사가 지분을 소유하는 공식적인 합작 투자(예: Fuji Xerox)부터 두 회사가 특정 업무(예: 신제품 개발)에 협력하기로 합의하는 단기 계약 계약에 이르기까지 다양한 형태로 진행된다. 최근 몇 십 년간, 전략적 제휴의 수는 폭발적으로 증가했으며, 경쟁사 간 협업은 점차 하나의 트렌드로 자리 잡고 있다.

전략적 제휴의 장점

기업은 다양한 전략적 목적을 위해 실제 또는 잠재적 경쟁자와 제휴를 맺는다.[42] 첫째, 전략적 제휴는 해외 시장 진출을 용이하게 할 수 있다. 예를 들어, 많은 기업은 중국 시장에 성공적으로 진출하려면 비즈니스 조건에 대한 깊은 이해와 인맥이 풍부한 현지 파트너가 필요하다고 판단한다(4장 '관시' 참조). 이는 Vanguard가 중국의 Ant Group과 합작 투자를 결정한 주요 동기로 볼 수 있다(MANAGEMENT FOCUS 참조). 또 다른 사례로, Warner Brothers는 중국에서 영화를 제작 및 배급하기 위해 두 개의 중국 기업과 합작 투자를 체결했다. 외국 영화사인 Warner Brothers는 중국 시장을 겨냥해 자체적으로 영화를 제작하려면 모든 영화에 대해 복잡한 승인 절차를 거쳐야 했고, 배급은 현지 회사에 의존해야 하는 상황이었다. 이러한 제한 때문에 중국에서의 독립적 비즈니스 운영이 매우 어려웠다. 그러나 중국 기업과의 합작을 통해, 합작 영화는 간소화된 승인 절차를 거칠 수 있게 되었으며, 합작사가 제작하는 모든 영화를 직접 배급할 수 있는 권리를 얻었다. 또한, 합작 회사는 외국 기업이 단독으로는 불가능한 중국 TV용 영화 제작도 가능하게 되었다.[43]

둘째, 전략적 제휴는 기업이 신제품 또는 프로세스 개발에 필요한 고정 비용과 관련 위험을 공유할 수 있는 기회를 제공한다. 예를 들어, Boeing의 상용 제트 여객기 787 개발을 위해 Boeing과 여러 일본 기업 간의 제휴는, Boeing이 항공기 개발에 필요한 약 80억 달러의 투자 부담을 분담하고자 하는 동기에 의해 추진되었다.

셋째, 제휴는 각 기업이 독자적으로 쉽게 개발할 수 없는 상호 보완적인 기술과 자산을 결합하는 효과적인 방법이다.[44] 예를 들어, Microsoft와 Toshiba는 자동차에서 다양한 엔터테인먼트 기능(예: 뒷좌석 DVD 플레이어 또는 무선 인터넷 연결)을 수행할 수 있는 임베디드 마이크로프로세서(본질적으로 초소형 컴퓨터) 개발을 목표로 제휴를 맺은 바 있다. 이 프로세서는 Microsoft의 Windows 운영 체제 버전을 실행했다. 이 협업에서 Microsoft는 소프트웨어 엔지니어링 기술을, Toshiba는 마이크로프로세서 개발 기술을 연합에 제공하며 각자의 강점을 결합했다.[45]

넷째, 전략적 제휴는 기업이 업계 기술 표준을 수립하는 데 도움이 될 때 의미가 있다. 예를 들어, 2011년 당시 스마트폰 시장의 선두 제조업체 중 하나였던 Nokia는 Microsoft와 제휴를 맺고, Nokia 휴대폰에 Microsoft의 Windows 모바일 운영 체제를 라이선스 하고 사용하는 데 동의했다. 이 제휴의 동기는 부분적으로 Apple의 아이폰이나 Google의 안드로이드와 같은 경쟁 운영 체제에 대항하여, Windows 모바일을 스마트폰 업계의 표준으로 자리 잡게 하려는 목적이었다. 그러나 Nokia의 Windows 휴대폰은 충분한 시장 점유율을 확보하지 못했다. 이에 따라 2013년, Microsoft는 스마트폰 하드웨어 사업을 더 공격적으로 추진하기 위해 Nokia의 휴대폰 사업을 인수하여 사내로 가져오기로 결정했다. 하지만 이 시도는 실패로 끝났고, Nokia와의 제휴는 결국 실패로 귀결되었다. 2015년, Microsoft는 약 76억 달러를 상각하고 7,800명의 일자리를 줄이는 등 막대한 손실을 입었다.[46]

전략적 제휴의 단점

일부 전문가들은 전략적 제휴가 경쟁 업체에게 새로운 기술과 시장에 접근할 수 있는 저비용 경로를 제공한다는 이유로 비판한다.[47] 예를 들어, 미국과 일본 기업 간의 많은 전략적 제휴는, 일본이 고임금, 고부가가치 일자리를 자국에 유지하면서 미국 기업의 경쟁적 성공의 기반이 되는 프로젝트 엔지니어링 및 생산 공정 기술을 확보하려는 암묵적 전략의 일환이었다고 주장된다.[48] 이들은 일본의 공작 기계 및 반도체 산업 성공이 전략적 제휴를 통해 확보한 미국 기술을 기반으로 이루어진 것이라고 주장한다. 또한, 미국 경영자들이 새로운 발명품을 일본에 공급하고, 그 결과물의 미국 내 판매 및 유통망을 제공하는 제휴를 맺음으로써 일본을 도왔다고 비판한다. 이와 유사한 비판은 서구 기업과 중국 기업 간의 제휴에도 자주 제기된다. 이들은 이러한 제휴가 단기적으로는 이익을 창출할 수 있지만, 장기적으로는 서구 기업의 경쟁력을 약화시키고 글로벌 시장에서 경쟁 우위를 상실하게 만드는 결과를 초래할 수 있다고 주장한다.

이러한 비판에는 어느 정도의 타당성이 있다. 제휴에는 항상 위험이 따르며, 기업이 조심하지 않으면 얻는 것보다 잃는 것이 더 많아질 수 있다. 그러나 미국과 일본 기업 간의 제휴를 포함하여 성공적인 사례도 다수 존재한다. 따라서 이러한 비판은 일부 극단적인 견해로 간주될 수 있다. 예를 들어, Microsof-Toshiba 제휴, Boeing-Mitsubishi 제휴(787 개발), Fuji-Xerox 제휴는 비판자들의 논리에 부합하지 않는 사례들이다. 이 경우, 두 파트너 모두 제휴를 통해 이익을 얻은 것으로 평가된다. 그렇다면, 왜 어떤 제휴는 두 회사 모두에게 이익이 되는 반면, 다른 제휴는 한쪽에만 유리하게 작용할까? 다음 절에서는 이러한 질문에 대한 답을 다룬다.

성공적인 제휴 만들기

국제 전략적 제휴의 실패율은 높은 것으로 나타난다. 49개의 국제 전략적 제휴를 대상으로 한 연구에 따르면, 3분의 2가 결성 후 2년 이내에 심각한 경영 및 재정 문제에 직면한 것으로 조사되었다. 이러한 문제 중 상당수는 해결되지만, 33%의 제휴는 궁극적으로 관련 당사자들에 의해 실패한 것으로 평가되었다.[49] 제휴의 성공 여부는 주로 파트너 선정, 제휴 구조, 그리고 제휴 관리 방식의 세 가지 주요 요인에 따라 결정된다.

파트너 선정

전략적 제휴를 성공적으로 이끌기 위한 핵심 요소 중 하나는 적합한 파트너를 선택하는 것이다. 좋은 파트너, 즉 동맹은 다음과 같은 세 가지 특징을 갖추고 있어야 한다. 첫째, 좋은 파트너는 기업의 전략적 목표를 달성하는 데 도움을 줄 수 있어야 한다. 이는 시장 진출, 제품 개발 비용 및 위험 분담, 핵심 역량 확보와 같은 목표를 포함한다. 파트너는 회사가 부족하고 중요하게 여기는 역량을 보유하고 있어야 한다. 둘째, 좋은 파트너는 제휴의 목적에 대한 비전을 공유해야 한다. 두 회사가 근본적으로 다른 의제를 가지고 제휴에 접근할 경우, 관계는 조화롭지 못하고 성공하기 어려우며, 결국 해체될 가능성이 높다. 셋째, 좋은 파트너는 제휴를 기회주의적으로 이용하려는 가능성이 낮아야 한다. 즉, 파트너는 거의 대가를 지불하지 않으면서 기업의 기술 노하우를 빼앗으려는 시도를 하지 않을 것이다. 이러한 점에서, 페어플레이로 명성이 높은 기업이 이상적인 파트너가 될 수 있다. 예를 들어, General Electric(GE)과 같은 기업은 다수의 전략적 제휴에 관여하고 있어, 개별 제휴 파트너를 불공정하게 대우하는 것은 장기적으로 수익성이 없을 뿐 아니라 GE의 명성을 훼손할 수 있다.[50] 이는 새로운 제휴 파트너를 유치하는 데도 부정적인 영향을 미칠 수 있다.

세 가지 특성을 갖춘 좋은 파트너를 선정하기 위해, 기업은 잠재적 제휴 후보에 대한 종합적인 조사를 수행해야 한다. 성공 확률을 높이기 위해 다음 단계를 고려해야 한다.

- 잠재적 제휴사에 대한 관련성 있고 공개적으로 이용 가능한 정보를 최대한 많이 수집한다. 오늘날 소셜 미디어와 같은 디지털 환경은 데이터 수집과 잠재적 파트너에 대한 이해를 용이하게 한다.
- 정보에 입각한 제3자로부터 데이터를 수집한다. 여기에는 잠재적 파트너와 과거 제휴를 맺은 회사, 이들과 거래했던 투자 은행가, 그리고 전직 직원 등이 포함된다.
- 제휴를 맺기 전에 잠재적 파트너에 대해 최대한 많은 정보를 확보해야 한다. 이는 고위 관리자뿐만 아니라 중간 관리자와의 대면 회의를 통해 화학적 결합이 올바른지 확인하는 과정을 포함해야 한다.

제휴 구조

파트너가 선정된 후에는 제휴를 구조화하여 기업이 파트너에게 과도하게 기술을 양도함으로써 발생하는 위험을 수용 가능한 수준으로 줄여야 한다. 첫째, 제휴 구조를 이전되어서는 안 되는 기술을 이전하기 어렵거나 불가능하도록 설계할 수 있다. 제휴를 통해 제조된 제품의 설계·개발·제조·서비스 과정에서 민감한 기술이 제휴 기업에게 유출되지 않도록 구조화할 수 있다. 예를 들어, GE와 프랑스 기업 Snecma가 단일 통로 상업용 제트기 엔진을 공동 개발하는 장기 제휴에서 GE는 생산 과정의 특정 부분을 분리하여 과도한 기술 이전 위험을 줄였다. 모듈화 전략은 GE가 핵심 경쟁 기술로 간주하는 기술의 이전을 차단하면서도 Snecma가 최종 조립 단계에 접근할 수 있도록 허용했다.[51]

둘째, 제휴 계약서에 계약상 안전장치를 명시하여 파트너의 기회주의적 행동(기회주의에는 기술 및 시장 탈취가 포함됨)의 위험을 방지한다. 예를 들어, TRW Automotive는 일본 대형 자동차 부품 공급 업체와 3개의 전략적 제휴를 맺어 미국 내 일본계 자동차 조립 공장에 공급할 안전띠, 엔진 밸브 및 스티어링 기어를 생산한다. TRW는 각 제휴 계약에 일본 기업들이 TRW와 경쟁하여 미국 자동차 회사에 부품을 공급하는 것을 금지하는 조항을 포함시킨다. 이를 통해 TRW는 일본 기업들이 동맹을 맺는 목적이 단순히 북미 시장에 접근하여 TRW의 본사 시장인 미국에서 경쟁하기 위한 것일 수 있다는 가능성을 차단한다.

셋째, 제휴의 양 당사자는 사전에 상대방이 원하는 기술을 상호 교환하기로 합의함으로써 공정한 이익 획득 기회를 보장할 수 있다. 교차 라이선스 계약은 이러한 목표를 달성하는 효과적인 한 가지의 방법이다.

넷째, 제휴 파트너의 기회주의적 행동 위험은 파트너로부터 신뢰할 만한 약속을 사전에 확보함으로써 완화할 수 있다. Xerox와 Fuji Photo가 아시아 시장을 겨냥해 복사기 생산하기 위해 체결한 장기 제휴 사례가 이를 잘 보여 준다. Fuji는 초기에는 비공식 협약이나 라이선스 계약을 원했으나, Xerox는 일본 및 동아시아 시장을 대상으로 50 대 50 합작 투자를 요구했다. 이 합작 투자는 인력·장비·시설에 대한 상당한 투자를 수반하므로, Fuji는 투자 수익을 실현하기 위해 동맹을 성공적으로 운영해야 하는 의무를 지게 된다. 합작 투자에 동의함으로써 Fuji는 동맹에 대한 신뢰할 만한 약속을 제공하고, Xerox는 복사기 기술을 후지에 이전하는 데 있어 안전성을 확보할 수 있었다.[52]

제휴 관리

파트너가 선정되고 적절한 제휴 구조가 합의된 후, 기업의 과제는 제휴를 통해 이익을 극대화하는 것이다. 모든 국제 비즈니스 거래와 마찬가지로, 문화적 차이에 대한 민감성이 중요한 요소로 작용한다(4장 참고). 관리 스타일의 차이는 주로 문화적 차이에서 비롯되며, 관리자는 파트너와 협력할 때 이를 충분히 고려해야 한다. 제휴의 이점을 극대화하려면 파트너 간의 신뢰 구축과 파트너로부터의 학습이 필수적이다.[53]

성공적인 제휴를 관리하기 위해서는 양사 관리자 간의 대인 관계, 즉 관계 자본을 구축해야 한다.[54] 이는 Ford와 Mazda 간의 성공적인 전략적 제휴에서 얻을 수 있는 교훈 중 하나이다. Ford와 Mazda는 관리자들이 제휴와 관련된 문제를 논의할 뿐만 아니라 서로를 더 잘 알 수 있는 시간을 가질 수 있는 회의의 틀을 마련했다. 그 결과 형성된 우정이 두 회사 간의 신뢰를 쌓고 조화로운 관계를 촉진하는 데 도움이 된다는 믿음 때문이다. 개인적인 관계는 또한 두 회사 간의 비공식적인 관리 네트워크를 조성한다. 이 네트워크는 보다 공식적인 상황(예: 두 회사 직원 간의 공동 위원회 회의)에서 발생하는 문제를 해결하는 데 도움이 될 수 있다.

학계에서는 기업이 제휴를 통해 얻는 지식의 양을 결정하는 주요 요인은 제휴 파트너로부터 학습하는 능력이라고 주장한다.[55] 예를 들어, 주요 다국적 기업 간의 전략적 제휴 15건을 5년간 연구한 Gary Hamel, Yves Doz, C. K. Prahalad는 일본 기업과 서구(유럽 또는 아메리카) 파트너 간의 여러 제휴에 주목했다.[56] 일본 기업이 서구 파트너보다 더 강력한 제휴에서 부상한 모든 사례에서 일본 기업은 학습에 더 많은 노력을 기울인 것으로 나타났다. 연구 대상 서양 기업 중 일본 파트너로부터 배우고자 하는 기업은 거의 없었다. 그들은 제휴를 잠재적 경쟁자의 비즈니스 방식을 배울 수 있는 기회로 여기기보다는 비용 분담이나 위험 분담의 장치로만 여기는 경향이 있었다.

제휴를 통한 학습 효과를 극대화하려면 기업은 파트너로부터 배우고 그 지식을 자체 조직에 적용해야 한다. 일부에서는 모든 운영 직원이 파트너의 강점과 약점에 대해 잘 알고 있어야 하며, 특정 기술을 습득하는 것이 회사의 경쟁력을 어떻게 강화할 수 있는지 이해해야 한다고 제안한다. 하멜과 동료들은 이것이 이미 일본 기업들 사이에서 표준 관행으로 자리 잡았다고 지적한다. 그들은 이런 관찰을 했다.

> 한 일본인 개발 엔지니어와 함께 파트너의 공장을 견학했다. 이 엔지니어는 공장 레이아웃, 생산 단계 수, 라인 가동 속도, 직원 수 등을 성실하게 메모했다. 그는 자신의 회사에서 제조 책임이 없었고 제휴가 공동 제조를 포함하지 않았음에도 불구하고 이 모든 것을 기록했다. 이러한 헌신은 학습을 크게 향상시킨다.[57]

이러한 학습이 가치를 가지려면 조직 전체에 확산되어야 한다. 이를 위해 제휴에 참여한 관리자는 동료들에게 제휴 파트너의 기술에 대해 교육해야 한다.

360° 관점: 거시 환경의 영향

중요한 점은 비즈니스맨들이 진출할 시장과 진출 방식을 선택하는 것이 거시 환경의 조건에 따라 달라진다는 사실을 인식하는 것이다. 또한, 거시 환경의 변화는 여러 국가 시장의 매력을 변화시키고, 기업으로 하여금 최적의 진출 방식을 재평가하도록 만들 수 있다.

정치 경제 및 진출 선택

이미 언급했듯이, 특정 국가 시장 진출의 장기적인 경제적 이점은 시장 규모(인구통계학적 측면), 해당 시장 소비자의 현재 부(구매력), 그리고 미래 부의 가능성에 따라 결정된다. 이러한 요소들은 경제 성장률에 크게 영향을 받는다. 또한, 이 모든 요소는 시간이 지남에 따라 정치, 경제, 법률 시스템의 변화로 인해 변동될 수 있다(3장 참조). 예를 들어, 베네수엘라는 지난 20년 동안 국가 지도자들이 사회주의 모델을 추진하면서 체계적인 경제 관리 실패로 인해 외국 기업에게 매력적인 시장으로서의 가치를 크게 잃었다. 가격 통제, 통화 통제, 보조금 지급, 사유 재산권 침해, 민간 기업의 국유화, 급격한 물가 상승, 그리고 높은 실업률과 같은 문제들이 복합적으로 작용하며 베네수엘라는 외국 기업들에게 점점 매력적이지 않은 시장이 되어가고 있다. 세계은행은 현재 베네수엘라를 190개국 중 188위로 평가하고 있다.[58] 한때 라틴 아메리카에서 가장 부유하고 활기찼던 국가가 이제는 가난한 국가 중 하나가 되었으며, 외국 기업들은 경제 철수 또는 투자 축소를 단행하고 있다. 이로 인해, 해외직접투자 유입은 급격히 감소했으며, 2017~2021년에는 실제로 마이너스를 기록했다.

베네수엘라와 대조적으로, 일부 국가는 시간이 지나면서 더욱 매력적인 시장으로 변모하고 있다. 케냐가 그 좋은 예이다. 동아프리카의 이 국가는 역내에서 역동적인 기업가적 허브로 떠오르고 있다. 케냐는 식민지 이후 아프리카 사회주의에 기반한 정치 정책에서 벗어나 시장 기반 개혁과 민주적 정치 시스템을 점점 더 많이 채택하고 있다. 케냐는 인구통계학적으로 우세하며, 젊은 인구는 미래 경제 성장에 긍정적인 신호로 평가받고 있다(3장에서 언급한 인적 자본이 경제 성장의 원동력이라는 점 참조). 또한, 케냐는 최근 설립된 범아프리카 자유무역지대의 혜택을 받을 것으로 기대된다(9장 참조). 물론, 케냐는 여전히 극복해야 할 많은 문제를 안고 있지만, 세계은행의 기업하기 좋은 나라 순위에서 190개국 중 56위를 차지하며, 이는 이탈리아, 칠레, 멕시코와 유사한 수준으로 평가된다. 이러한 점에서 케냐는 사하라 사막 이남의 아프리카 국가 중에서 투자하기에 매력적인 국가 중 하나로 손꼽힌다. 이 사례들이 주는 교훈은, 국제 비즈니스 관리자는 항상 정치, 경제, 법적 상황을 면밀히 관찰하고 이를 바탕으로 해외 시장 기회와 투자 결정을 재평가해야 한다는 점이다.

외국인 투자에 적용되는 법적 규정과 같은 거시적 환경의 변화는 선호하는 진출 방식에 큰 영향을 미칠 수 있다. 인도는 오랫동안 해외직접투자를 금지하거나 합작 투자만 허용해 왔다. 1979년, 영국의 건설 장비 업체 JCB는 인도 시장에 처음 진출하면서 법적 요구 사항에 따라 인도 기업 Escorts와 소수 지분의 합작 투자를 통해 시장에 진입해야 했다(OPENING CASE 참조). 당시 JCB는 첨단 제조 기술이 파트너십을 통해 인도 파트너 및 경쟁 업체로 유출되는 것을 우려하며 투자 규모를 제한했다. 그러나 1999년, 인도 법이 변경되어 외국 기업이 합작 투자에서 과반수 지분을 가질 수 있게 되자, JCB는 신속히 이에 대응하여 인도에 대한 투자를 확대했다. 이후, 2002년, 외국 기업이 완전 소유 자회사를 설립할 수 있도록 법이 다시 변경되면서 JCB는 벤처 파트너를 인수하여 100% 완전 소유 자회사를 설립했다. 이로써 JCB는 인도 사업에 대한 자신감을 얻었고, 투자 규모를 더욱 확대하여 인도에서 최대 건설 장비 제조업체로 자리 잡았다.

JCB의 사례에서 알 수 있듯이, 글로벌 비즈니스 관리자는 거시적 환경 변화를 지속적으로 모니터링하고 이를 바탕으로 진출 방식을 재평가해야 한다. 지난 몇 십 년 동안 거시적 환경에는 두 가지 주요 흐름이 나타났다. 우선 무역 장벽의 완화로 인해 수출이 더욱 매력적인 진입 방식으로 떠올랐다. 그리고 대부분의 국가가 외국인 투자를 환영하며, 외국 기업이 완전 소유 자회사를 설립하도록 허용하기 시작했다. 그러나, 최근 몇 년간 일부 국가가 다시 무역 장벽을 높이는 방향으로 돌아서고 있어, 이러한 추세가 계속될지는 불확실하다. 수출의 매력이 줄어들 가능성이 있으며, 경제 민족주의의 대두로 인해 해외직접투자 규정도 변화하여 완전 소유 자회사 설립이 다시 어려워질 가능성도 있다. 따라서 관리자는 이러한 상황을 면밀히 주시하고, 변화하는 환경에 발 빠르게 대응하는 것이 중요하다.

주요 용어

전략적 제휴	선발자 난점	턴키 프로젝트	조인트 벤처
진출 시기	개척 비용	라이선스 계약	완전 소유 자회사
선발자 이점	수출	프랜차이즈	

요약

이 장에서는 다음과 같은 사항을 정리하였다.

1. 기본적인 진출 결정에는 진출할 시장, 진출 시기, 진출 규모를 파악하는 것이 포함된다.
2. 가장 매력적인 해외 시장은 정치적으로 안정된 선진국 및 개발도상국으로서 자유 시장 체제를 갖추고 있으며 물가 상승률이나 민간 부문 부채의 급격한 증가가 없는 곳에서 찾을 수 있다.
3. 다른 국제 비즈니스가 자리를 잡기 전에 국내 시장에 일찍 진출하면 몇 가지 이점이 있다. 이러한 장점은 초기 진입자가 종종 감수해야 하는 사업 실패의 위험 등 개척 비용과 균형을 이루어야 한다.
4. 한 국가 시장에 대규모로 진출하는 것은 해당 시장에서의 경쟁의 성격을 바꾸고 진출자의 향후 전략적 유연성을 제한할 수 있는 중대한 전략적 약속에 해당한다. 주요 전략적 약속을 하면 많은 이점을 얻을 수 있지만 이러한 전략에는 위험도 따를 수 있다.
5. 해외 시장 진출 방식에는 수출, 턴키 프로젝트, 라이선싱, 프랜차이즈, 조인트 벤처 설립, 완전 소유 자회사 설립 등 여섯 가지 방식이 있다.
6. 수출은 경험 곡선 경제의 실현을 촉진하고 다른 나라에 제조 공장을 설립하는 데 드는 비용을 피할 수 있다는 장점이 있다. 단점으로는 높은 운송 비용, 무역 장벽, 현지 마케팅 에이전트 문제 등이 있다.
7. 턴키 프로젝트를 통해 기업은 해외직접투자(FDI)가 금지된 국가에 공정 노하우를 수출할 수 있으므로 이 자산을 통해 더 큰 수익을 올릴 수 있다. 단점은 이 과정에서 실수로 효율적인 글로벌 경쟁자를 만들 수 있다는 것이다.

8. 라이선싱의 장점은 라이선스 사용자가 해외 시장 진출에 따른 비용과 위험을 부담한다는 점이다. 단점으로는 라이선스 사용권자가 기술 노하우를 잃을 위험이 있고 라이선스 사용권자에 대한 통제가 엄격하지 않다는 점이 있다.
9. 프랜차이즈의 큰 장점은 프랜차이저가 해외 시장 개척에 따른 비용과 위험을 부담한다는 점이다. 단점은 원거리에 있는 가맹점의 품질 관리 문제다.
10. 조인트 벤처(합작 투자)는 해외 시장 개척에 따른 비용과 위험을 분담하고 현지 지식과 정치적 영향력을 얻을 수 있다는 장점이 있다. 단점으로는 기술에 대한 통제력을 잃을 위험과 엄격한 통제가 부족하다는 점이 있다.
11. 완전 소유 자회사의 장점은 기술 노하우에 대한 엄격한 통제가 가능하다는 점이다. 가장 큰 단점은 회사가 해외 시장 개척의 모든 비용과 위험을 부담해야 한다는 것이다.
12. 최적의 진출 방법 선택은 기업의 전략에 따라 달라진다. 기술 노하우가 기업의 핵심 역량인 경우, 기술을 가장 잘 통제할 수 있는 완전 소유 자회사가 선호된다. 경영 노하우가 기업의 핵심 역량을 구성하는 경우, 조인트 벤처가 관리하는 해외 프랜차이즈가 최적이라고 할 수 있다. 기업이 글로벌 표준화 또는 다국적 전략을 추구하는 경우, 위치 및 경험 곡선 경제를 실현하기 위해 운영에 대한 엄격한 통제가 필요하기 때문에 완전 소유 자회사가 가장 적합한 진출 방식이라고 할 수 있다.
13. 한 국가에 완전 소유 자회사를 설립할 때 기업은 그린필드 벤처 전략으로 할 것인지 아니면 목표 시장에 이미 진출한 기업을 인수할 것인지 결정해야 한다.
14. 인수는 신속하게 실행할 수 있고, 글로벌 경쟁사를 선점할 수 있으며, 이미 알려진 매출 및 수익원을 매입할 수 있다. 인수 기업이 인수 대상에 대해 과다한 금액을 지불하거나, 인수 기업과 피인수 기업의 문화가 충돌하거나, 인수 후 높은 수준의 경영권 분쟁이 발생하거나, 인수 기업과 피인수 기업의 운영을 통합하려는 노력이 실패할 경우 인수는 실패할 수 있다.
15. 외국에서의 그린필드 벤처의 장점은 회사가 원하는 종류의 자회사를 구축할 수 있는 훨씬 더 큰 능력을 제공한다는 것이다. 예를 들어, 조직 문화를 처음부터 새로 구축하는 것이 인수한 조직의 문화를 바꾸는 것보다 훨씬 쉽다.
16. 전략적 제휴는 실제 또는 잠재적 경쟁자 간의 협력 계약이다. 제휴의 장점은 해외 시장 진출을 촉진하고, 파트너가 새로운 제품 및 프로세스와 관련된 고정 비용과 위험을 공유할 수 있으며, 기업 간 상호 보완적인 기술 이전을 용이하게 하고, 기업이 기술 표준을 확립하는 데 도움이 된다는 것이다.
17. 전략적 제휴의 단점은 기업이 제휴 파트너에게 기술 노하우와 시장 접근권을 넘겨줄 위험이 있다는 것이다.
18. 기업이 의도하지 않은 노하우의 이전을 피하기 위해 기업의 평판과 제휴의 구조에 세심한 주의를 기울여 파트너를 신중하게 선택하면 제휴와 관련된 단점을 줄일 수 있다.
19. 제휴를 성공으로 이끄는 두 가지 열쇠는 파트너 간의 신뢰와 비공식적인 커뮤니케이션 네트워크를 구축하고 제휴 파트너로부터 배우기 위한 적극적인 조치를 취하는 것이다.

비판적 사고와 토론을 위한 질문

1. MANAGEMENT FOCUS '중국의 Vanguard'를 다시 읽고 다음 질문에 답하라.
   a. Vanguard에게 중국 시장의 매력은 무엇인가? 회사가 어떤 형태로든 이 시장에 참여하는 것이 합당한가? 시장 진출과 관련된 위험은 무엇인가?
   b. 중국 규제 당국에 의해 Ant의 IPO가 취소되기 전에 Ant는 Vanguard의 좋은 합작 투자 파트너가 되었는가? (a) 중국의 대형 국영 은행 중 한 곳과 파트너 관계를 맺거나 (b) 중국에서 단독으로 진출하는 것과 비교하여 Ant와 파트너 관계를 맺으면 어떤 이점이 있는가?
   c. Vanguard의 아시아 경영진은 기존 금융 기관과 파트너십을 맺고 대형 기관 고객(예: 중국 국부 펀드)에 집중하는 전략을 선호했다. 하지만 Vanguard의 미국 고위 경영진은 기관 시장에서 철수하고 수억 명의 소액 투자자로 구성된 리테일 시장을 공략하기로 결정하면서 이들의 의견을 무시한 것으로 보인다. 이 전략은 미국에서는 Vanguard에게 잘 먹혔지만

중국에서도 올바른 전략인가? 여기서 잠재적인 이점은 무엇인가? 위험 요소는 무엇인가?

d. 중국 규제 당국이 Ant의 IPO를 취소한 것은 Vanguard에게 어떤 영향을 주는가? 정치적 리스크가 있는가? 다른 전략을 추구함으로써 이러한 위험을 완화할 수 있었는가?

e. Ant Group과 관련하여 중국에서 벌어지고 있는 상황을 고려할 때, Vanguard는 Ant와 함께 계속 사업을 진행해야 할까?

2. 독점 기술을 외국 경쟁 업체에 라이선스 하는 것은 기업의 경쟁 우위를 포기하는 가장 좋은 방법이라는 의견에 대해 토론하라.

3. 해외 사업장에 대한 통제의 필요성이 기업의 전략과 핵심 역량에 따라 어떻게 달라지는지 토론하라. 진출 방식 선택에 어떤 시사점이 있는가?

4. 고유한 생명공학 노하우를 이용해 가치 있는 새로운 의료 제품을 개발한 캐나다의 한 작은 회사가 유럽 시장에 가장 적합한 방법을 결정하려고 한다. 이 회사가 선택할 수 있는 방법은 다음과 같다. 제조 시설에 대한 투자 비용은 이 캐나다 회사에게 큰 부담이 되겠지만, 감당할 수 없는 수준은 아니다. 이 회사가 선택할 수 있는 유일한 옵션이 있다면 어떤 것을 선택하라고 조언하겠는가? 그 이유는 무엇인가?

a. 국내에서 제품을 제조하고 해외 판매 대리점에 마케팅을 맡긴다.

b. 국내에서 제품을 제조하고 유럽에 전액 출자 자회사를 설립하여 마케팅을 담당하게 한다.

c. 유럽의 대형 제약회사와 제휴를 체결한다. 50대 50으로 합작하여 유럽에서 제품을 제조하고 유럽 회사에서 마케팅을 담당한다.

Uber의 해외 시장 진출 전략

Travis Kalanick은 2009년 샌프란시스코에서 설립한 차량 호출 서비스인 Uber의 아이디어를 새해 전날 눈보라가 치는 피리에시 택시를 잡으려다 실패한 경험에서 얻었다고 한다. Kalanick은 파리의 택시 면허 수가 1937년 14,000대로 제한된 이후 거의 증가하지 않았다는 사실을 발견했다. 2014년에는 연간 2,700만 명의 관광객이 방문하는 부유해진 파리에도 택시는 단 15,900대로, 14% 증가하는 데 그쳤다. 이로 인해 파리 시민들은 택시를 잡기 위해 긴 줄을 서야 했다. 미국에서도 상황은 나아지지 않았다. 택시 기사는 시에서 발급한 메달이 있어야만 운전할 수 있었고, 대부분의 주요 도시에서 기사 공급은 인구 증가를 따라가지 못했다. 예를 들어, 뉴욕 시는 2차 세계대전 이후 11,787개의 메달을 발급했고, 이 숫자는 2004년까지도 거의 변하지 않았다. 2014년에는 13,437개로 약간 증가했을 뿐이다. 이탈리아 밀라노에서도 20년 동안 4,571대의 택시 면허가 동결된 상태였다. 이러한 공급 제한은 긴 대기 시간과 전반적으로 열악한 서비스로 이어졌다.

Kalanick은 스마트폰 기술을 활용해 승객이 전자 방식으로 택시를 호출하고 운전기사가 고객을 찾을 수 있는 앱을 만들자는 아이디어를 떠올렸다. 이 앱은 GPS 추적, 자동 전자 결제, 승차 전 가격 표시, 예상 대기 시간 및 주행 시간, 그리고 이용자와 운전기사가 서로 평가할 수 있는 기능을 제공했다. 그는

Yuriy Vlasenko/Shutterstock

이 앱을 통해 이용자에게는 더 나은 고객 서비스를, 기사에게는 더 많은 수요를 제공할 수 있는 네트워크를 구축할 수 있다고 믿었다.

Kalanick은 한 지역의 기사와 이용자 네트워크가 클수록 모든 거래에서 양측에 더 큰 가치를 제공한다는 사실을 깨달았다. 이용자는 더 빠르게 차량을 이용할 수 있고, 기사는 비즈니스 기회가 늘어나는 방식이다. 또한 그는 이 아이디어가 금방 모방될 수 있다는 사실도 알고 있었다. 따라서 그의 목표는 한 지역에서 가능한 빠르게 네트워크를 확장해 선점 효과를 확보하는 것이었다.

Uber는 초기부터 국가보다는 수요가 많을 것으로 예상되는 주요 도시에 집중했다. 이는 열악한 택시 서비스가 전 세계적

인 문제였고, 이 문제를 해결하면 글로벌한 기회를 창출할 수 있다고 보았기 때문이다. Uber는 수요가 높은 도시를 선택하기 위해 촉진제 요소를 고려했다. 촉진제는 많은 레스토랑과 유흥 시설, 이벤트와 휴일, 궂은 날씨, 스포츠, 그리고 기존 택시 공급의 제한과 같은 조건들이 포함된다.

Uber는 차량 서비스 공급을 제한하고 기사에게 면허를 요구하는 현지 규제를 무시하며 전 세계 주요 대도시 시장으로 빠르게 진출했다. Uber의 철학은 먼저 시장에 진입하여 규제를 무시하면서 이용자와 기사에게 가치를 제공한 후, 기존 규제를 변경하도록 만드는 것이었다. Uber는 2010년 6월 샌프란시스코에서 서비스를 시작했으며, 2011년 5월 뉴욕으로 서비스를 확대했다. 2012년 4월에는 미국 내 7개 도시와 파리, 토론토로 진출했다. 2년 후에는 전 세계 36개국 130개 도시에서 서비스를 제공하게 되었다. 거의 모든 주요 국가와 국가 간 시장에서 Uber는 기존 택시 회사와 규제 당국을 무시하고, 다른 현지 기업과 제휴하지 않은 채 독자적인 네트워크를 구축하며 독자적인 행보를 선택했다. 이 과정에서 종종 현지 규제를 위반하기도 했다.

특히 미국과 라틴 아메리카에서는 이러한 전략이 성공을 거두었지만, 많은 중요한 해외 시장에서는 그렇지 못했다. 규제 당국의 압박으로 인해 2014년과 2015년에 Uber는 독일, 프랑스, 이탈리아, 스페인, 벨기에에서 무면허 비전문 운전자의 자가용 차량에 의존했다는 이유로 서비스를 중단해야 했다. 2017년 9월에는 Uber의 수익성 높은 시장 중 하나였던 런던에서 교통 당국이 Uber의 면허를 취소했다. 당국은 Uber가 택시 서비스를 운영하기에 적합하지 않다는 이유를 제시했다. Kalanick이 주요 성장 기회로 삼았던 중국에서는 막대한 초기 투자를 한 끝에 2016년 중반에 결국 시장에서 철수했다. Uber는 자사를 모방한 현지 차량 호출 서비스 업체인 Didi와 치열한 경쟁에 직면했다. Didi와 Uber는 치열한 가격 전쟁을 벌이고 있었으며, Didi는 인터넷 대기업인 Alibaba와 Tencent라는 강력한 후원자를 두고 있었다. 또한, 중국의 영향력 있는 국부 펀드도 Didi에 투자하면서 Uber가 어려운 싸움을 하고 있다는 신호를 보여주었다. 2018년 Uber는 동남아시아 8개국에서 사업을 싱가포르에 본사를 둔 경쟁 업체인 Grab에 매각하며 동남아시아 시장에서 철수했다. 이 거래는 Uber가 여러 국가에서 잘 운영되거나 강력한 네트워크를 구축한 현지 경쟁자들과 경쟁하기 어렵다는 점을 인정한 결과이기도 했다.

무엇이 문제였을까? 문제의 일부는 Uber가 현지 규제 당국이 자사 서비스에 얼마나 강하게 저항할지를 과소평가했으며, 그 결과 공격적이고 오만한 미국 기업으로 비춰졌다는 점이다. 중국과 같은 다른 국가에서는 현지 당국과 기사들이 미국의 외국 기업보다 자국 경쟁 업체를 선호할 가능성이 높았기 때문에, Uber가 초기에 중요한 현지 기업들과 파트너십을 맺지 못한 것이 정치적 영향력을 제한하고 이후 쇠퇴의 원인이 되었다.

이제 새로운 CEO를 맞이한 Uber는 해외 시장 진출 전략에서 여러 실수를 저질렀음을 인정하였다. 예를 들어, 2018년 런던 규제 당국에 보낸 서한에서 Dara Khosrowshahi 신임 CEO는 "Uber는 전 세계 도시에서 사람들의 이동 방식을 혁신했지만, 그 과정에서 잘못한 것도 사실입니다"라고 언급하며, "전 세계 Uber의 모든 직원을 대표하여 우리가 저지른 실수에 대해 사과드립니다"라고 밝혔다. 마찬가지로 2018년 초 독일에서 열린 기술 컨퍼런스에서 Khosrowshahi는 Uber가 '모든 대가를 치르는 성장에서 책임 있는 성장으로 전환'했다고 언급하며, "Uber에게 독일은 아직 실현되지 않은 엄청난 잠재력을 지닌 시장입니다. 독일에서의 전략은 완전히 재설정되었습니다"라고 밝혔다.

Sources: C. W. L. Hill, "Uber in 2018," in Charles W. L. Hill and Melissa Shilling, *Strategic Management: Theory and Cases*, 13th ed. (Cengage, Boston, MA, 2020); D. Kerr, "Uber's U-turn: How the New CEO Is Cleaning House after Scandals and Lawsuits," *CNet*, April 27, 2018, www.cnet.com/news/ubers-u-turn-how-ceo-dara-khosrowshahi-is-cleaning-up-after-scandals-and-lawsuits; E. Auchard and D. Busvine, "Uber CEO Focused on 'Responsible Growth,' Seeks Fresh Start in Germany," Reuters, January 22, 2018, www.reuters.com/article/us-tech-germany-uber/uber-ceo-focused-on-responsible-growth-seeks-fresh-start-in-germany-idUSKBN1FB1ZA.

CLOSING CASE 토론을 위한 질문

1. Uber가 활용하려 했던 국제 시장 기회는 무엇이었을까? 차량 서비스 시장에서 경쟁 우위를 확보하기 위해 전 세계 시장에 빠르게 진입해야 한다는 회사의 평가는 옳았을까?
2. Uber는 왜 많은 해외 시장에서 지속 가능한 입지를 구축하는 데 실패하고 결국 철수하게 되었는가? 이로부터 어떤 교훈을 얻을 수 있을까?
3. Uber는 해외 시장에 진출할 때 주로 단독으로 진출했다. 이것이 올바른 전략이었다고 생각하는가? 단독 진출의 장점과 비용은 무엇이었을까? 더 나은 전략이 있었을까?

미주(endnotes)는 한경사 홈페이지 www.hankyungsa.co.kr의 공지 사항에서 PDF 파일로 다운로드 할 수 있습니다.

Robert Lachman/Los Angeles Times/Getty Images

14 수출, 수입, 대응무역

학습 목표

이 장을 학습하면,

1. 수출과 관련된 기회와 위험을 설명할 수 있다.
2. 기업의 수출 성과를 향상시키기 위해 관리자가 취할 수 있는 단계를 파악할 수 있다.
3. 수출 금융의 기본 단계를 이해할 수 있다.
4. 수출 업체를 돕기 위해 존재하는 정보원과 정부 프로그램을 확인할 수 있다.
5. 대응무역이 수출을 촉진하는 데 어떻게 사용될 수 있는지 설명할 수 있다.

OPENING CASE NuStep

NuStep은 1997년 Dick Sams에 의해 설립되었다. 그는 최초의 심폐 기계를 개발한 생물의학 엔지니어였다. 이 제품을 제작한 회사를 매각한 후, Sams는 다음 회사가 운동과 움직임을 통해 심장 질환 예방에 중점을 두도록 결정하였다. 이 결과로 미시간에 본사를 둔 NuStep이 탄생하였으며, 이 회사는 운동이 어려운 건강 상태를 가진 사람들을 위한 운동 기계를 제작한다. 이러한 건강 상태에는 노화, 비만, 다발성 경화증, 또는 뇌졸중과 같은 의학적 상태가 포함될 수 있다.

미국 내에서 체육관, 시니어 센터, 요양원, 물리 치료 센터 등에 제품을 판매하며 상당한 사업 기반을 구축한 후, 2010년경 NuStep은 미시간 시설에서 제조된 기계를 수출하며 국제 사업을 시작하기로 결정하였다. 수출 경험이 없는 중서부 지역의 한 기업에게 첫 번째 도전은 국제 고객을 찾는 것이었다. 이 문제를 해결하기 위해 Sams는 시장 기회를 개발할 국제 영업 관리자를 고용하였다. 그 신입 직원은 Elena Stegemann으로, 우크라이나 출신의 다국어 구사자로서 캐나다와 미국에서 교육을 받은 인물이다. Stegemann은 시장 진입 전략을 수립하는 임무를 맡았다.

Stegemann이 직면한 큰 도전 중 하나는 많은 국가에서 운동이 필요하지 않다고 여기는 인식이었다. 미국에서는 운동이, 젊은 사람이든 나이 든 사람이든, 건강하거나 장애를 가졌거나, 웰빙의 중요한 부분으로 널리 받아들여지고 있다. 그러나 다른 많은 나라에서는 노인이나 장애를 가진 사람이 정기적으로 운동해야 한다는 생각이 금기시되는 경우가 많았다.

외국 시장에서의 판매를 확대하기 위해, Stegemann은 NuStep의 가치 제안을 공감하고, 고령자, 장애인 및 의학적 제약이 있는 사람들을 위한 운동의 가치가 충분히 인식되지 않은 시장에서 NuStep 제품의 인지도를 구축하는 데 따르는 어려움을 이해하는 전 세계 유통 업체들과 협력하기로 결정하였다.

NuStep은 해외 시장의 유통 업체를 발굴하고 평가하기 위해 미국 상무부 국제 무역청의 일부인 미국상업서비스를 활용하였다. 미국 내 100개 사무소와 해외 70개 이상의 사무소를 보유한 미국상업서비스는 미국 기업의 수출을 돕기 위한 다양한 서비스를 제공한다.

미국상업서비스는 Stegemann이 브라질, 중국, 멕시코를 포함한 여러 국가에서 유통 업체를 찾고 평가할 수 있도록 도왔다. Stegemann은 서비스 덕분에 함께 일하기 좋은 기업들을 찾을 수 있었으며, 향후 문제를 일으킬 가능성이 있는 기업들을 피할 수 있었다고 평가하였. 또한, 그녀는 의료 장비를 중심으로 한 독일의 대규모 무역 박람회에 참가하라는 조언을 받았다. 미국상업서비스는 NuStep에 박람회의 미국관에서 자리를 제공하고 통역사를 배치하여 NuStep의 약속 일정을 조율해 주었다. 이 박람회에서의 만남을 통해 NuStep은 독일, 호주, 이탈리아에 유통 업체를 설립하게 되었다.

Stegemann은 나중에 미국상업서비스가 NuStep의 수출 사업을 시작하는 데 무료 컨설팅 서비스를 제공한 것과 같았다고 언급하였다. 4년만에 이 회사는 25개국에 제품을 판매하며 수출 매출이 총매출의 15% 이상을 차지하였다. Stegemann에 따르면, 수출 활동은 매출 확대뿐만 아니라 미국으로 유입될 가능성이 있는 트렌드를 엿볼 수 있는 기회를 제공하였다. 이러한 방식으로, 수출은 NuStep이 더 나은 제품을 설계하고 국내 사업을 개선하는 데 추가적인 이점을 제공하였다.

Sources: "About the U.S. Commercial Service," International Trade Administration, https://www.trade.gov/let-our-experts-help-0, accessed April 3, 2023; "Success Story: NuStep," Basic Guide to Exporting, U.S. Department of Commerce; "Overcoming Cultural Challenges in Selling Products Worldwide," *Tradeology*, International Trade Administration, https://blog.trade.gov/2012/06/15/overcoming-cultural-challenges-in-selling-a-product-worldwide/, accessed April 3, 2023.

서론

12장은 수출을 전략적 관점에서 검토하였다. 우리는 수출을 국제 확장을 통해 수익을 창출할 수 있는 다양한 전략적 선택 중 하나로 간주하였다. 이 장에서는 수출(및 수입)의 세부 사항에 대해 집중적으로 다룬다. 이번 장은 수출 방법에 대해 살펴본다. OPENING CASE에서 분명히 알 수 있듯이, 수출은 대기업만을 위한 것이 아니다. NuStep과 같은 많은 소규모 기업들도 수출을 통해 금전적 기회를 크게 얻었다.

세계 경제에서 수출 활동의 양은 지난 30년 동안 크게 증가하였는데, 이는 수출이 더 쉬워졌기 때문이다. GATT 및 현재의 WTO(7장에서 논의) 아래에서 무역 장벽이 점진적으로 감소하고, 유럽연합(EU), 북미자유무역협정(NAFTA), NAFTA 후속 협정인 미국-멕시코-캐나다 협정(9장에서 논의)과 같은 지역 경제 협정 덕분에 수출 기회가 크게 증가하였다. 동시에 현대의 통신 및 운송 기술은 수출과 관련된 물류 문제를 완화하였다. 과거와 달리, 수출 업체들은 이제 전자상거래 및 국제 항공 서비스를 활용하여 수출에 소요되는 비용, 거리 및 주기를 줄일 수 있다. 예를 들어, 미국의 랍스터 회사는 살아 있는 제품을 싱가포르, 마드리드, 홍콩의 시장에서 48시간 이내에 소비자에게 제공할 수 있다. 이는 이전 세대에게 훨씬 더 어려운 일이었다.

기회가 있음에도 불구하고, 수출은 여전히 많은 기업들에게 도전 과제로 남아 있다. 미국 수출 기업의 85%를 차지하는 중소기업들은 수출 절차를 부담스럽거나 복잡하게 느낄 수 있다. 수출을 원하는 기업은 해외 시장 기회를 식별하고, 종종 외국 시장에서 사업을 수행할 때 발생하는 예상치 못한 문제를 피하며, 수출 및 수입 금융의 기초를 익히고, 금융 및 수출 신용 보험을 받을 수 있는 곳을 배우며, 외환 위험을 관리하는 방법을 배워야 한다. 이러한 과정은 무역 장벽의 변화로 인해 더욱 복잡해질 수 있다. 외국에서 사업을 하는 것은 잠재 고객을 식별하고, 외국의 비즈니스 문화, 언어, 규제를 다루는 복잡성을 탐색하며, 발송된 상품에 대해 적시에 지불을 보장하고, 환율 변동을 관리해야 하는 힘든 과제가 될 수 있다. 또 다른 문제는 통화가 자유롭게 전환되지 않을 때 발생한다. 약한 통화를 가진 국가에 대한 수출 대금을 정산하는 것은 어려울 수 있다. 대금 결제는 금전이 아닌 상품 및 서비스로 이루어질 수 있도록 대응무역(countertrade)을 허용한다. 이번 장에서는 외환 위험(10장 참조)을 제외한 이러한 모든 문제를 다룬다. 이 장은 수출의 기회와 잠재적 위험을 고려하는 것으로 시작한다.

수출의 기회와 잠재적 위험

[학습 목표 1] 수출과 관련된 기회와 위험을 설명한다.

수출의 가장 큰 장점은 대부분의 산업에서 대부분의 기업들이 외국 시장에서 큰 수익 및 이익 기회를 찾을 수 있다는 점이다(이는 OPENING CASE로 소개된 NuStep에서도 입증되었다). 국제 시장은 보통 기업의 국내 시장보다 훨씬 크기 때문에, 수출은 거의 항상 기업의 수익과 이익 기반을 확대하는 방법이 된다. 시장 규모를 확장함으로써 수출 기업은 더 많은 제품을 판매하고 규모의 경제를 달성하여 단위 비용을 절감할 수 있다. 수출을 하지 않는 기업은 성장 및 비용 절감의 중요한 기회를 놓치는 경우가 많다.[1]

볼티모어의 철사 바구니 및 금속 제품 제조업체인 Marlin Steel Wire Products의 사례를 고려해 보자. 이 회사는 약 800만 달러의 매출을 기록하며, 항공기 엔진과 자동차 전용 부품을 담는 바구니를 생산한다. 엔지니어들은 Boeing이나 Toyota 같은 회사의 조립 라인에 맞는 맞춤형 철사 바구니를 설계한다. Marlin은 이러한 특수 시장을 위한 고품질 제품을 생산하는 것으로 명성을 얻고 있다. 그러나 많은 소규모 기업과 마찬가지로 수출 이력이 없었다. 하지만 Marlin은 멕시코와 캐나다에 소규모로 제품을 배송하면서 글로벌 수출 시장에 참여하기로 결정하였다.

> **globalEDGE 수출 튜토리얼**
>
> 수출, 수입 및 대응무역은 14장에서 다루는 주요 주제이다. 13장에서 논의된 수출 진입 방식은 기업들이 국경 간 무역을 수행하는 데 가장 자주 사용하는 방법이다. 예를 들어, 대다수의 중소기업은 국제 시장으로 확장하는 방법으로 수출을 선택한다. 하지만 이는 기업이 수출할 준비가 되어 있는지, 기업이 수출하려는 제품이 수출 준비가 되어 있는지에 대한 질문을 제기한다. globalEDGE™의 '수출 튜토리얼' 섹션(globaledge.msu.edu/reference-desk/export-tutorials)에서는 CORE를 '기업의 수출 준비 상태'를 평가하는 진단 도구로 제공하고 있다. 이 섹션에는 또한 정부 규제, 금융 고려 사항, 판매 및 마케팅, 물류 등과 같은 범주에서 가장 일반적인 수출 관련 질문들에 대한 광범위한 질문과 답변이 포함되어 있다. 예를 들어, 기업이 수출을 위해 라이선스가 필요한지 여부에 대한 질문도 포함되어 있다. 미국에 기반을 둔 경우, 제품의 관련 상품 관할권을 어떻게 확인할 수 있을까?

Marlin의 회장 겸 CEO인 Drew Greenblatt는 곧 수출 판매가 성장의 열쇠가 될 수 있음을 깨달았다. 2008년 글로벌 금융 위기가 발생하고 미국이 심각한 경기 침체에 빠졌을 때, Marlin은 외국 시장으로 주문의 5%만을 수출하고 있었다. 미국 내 수요가 약해지자 Greenblatt는 국제 판매를 적극적으로 확장하는 전략을 채택하였다. Marlin Steel은 2008년에 수출을 결정한 이후 20개 이상의 국가에 판매를 이루었으며, 회사 직원 중 약 3분의 1은 수출 성공의 직접적인 결과로 고용되었다. 현재 수출은 매출의 약 40%를 차지하고 있다.

Marlin Steel Wire Products와 같은 사례가 있음에도 불구하고, 여러 연구에 따르면 대기업들은 수익성 있는 수출 기회를 모색하는 데 있어 보다 적극적인 경향이 있는 반면—자사의 기술, 제품, 마케팅 역량을 해외 시장에서 어떻게 활용할 수 있을지 체계적으로 외국 시장을 분석하는 방식으로 접근하는 경우가 많지만—중소기업들은 이에 비해 매우 수동적인 경향이 있는 것으로 나타났다.[2] 일반적으로, 이러한 반응형 기업들은 국내 시장이 포화 상태에 이르고, 국내에서 초과 생산 능력이 발생하여 해외 시장에서 성장 기회를 모색할 수밖에 없는 상황이 되기 전까지는 수출을 고려조차 하지 않는다.

중소기업은 보통 세계가 자신들에게 찾아오기를 기다리는 경향이 있으며, 실제로 세계가 찾아와도 대응하지 못하는 경우가 많다. 예를 들어, 카라오케 기계를 제작하는 MMO Music Group의 사례를 들 수 있다. 이 회사의 외국 판매는 약 800만 달러 매출의 15%를 차지하였지만, CEO는 국제 판매 구축에 신경을 썼다면 이 수치가 훨씬 더 높았을 것이라고 인정한다. 아시아와 유럽에서 온 이메일과 전화 메시지는 회사가 국내 사업을 관리하느라 대응하지 못하고 쌓이는 경우가 많았다. MMO가 외국 시장에 주목하였을 때는 이미 경쟁자들이 빈틈을 채웠고, MMO는 수출량을 늘리는 데 어려움을 겪었다.[3]

MMO의 경험은 매우 일반적인 사례로, 기업들이 수출 기회를 보다 적극적으로 모색할 필요가 있음을 시사한다. 많은 기업들이 적극적으로 수출에 나서지 않는 이유 중 하나는 해외 시장 기회에 대한 정보 부족이다. 이들은 해외 시장에서 얼마나 큰 기회가 존재하는지, 또는 그 기회가 어디에 있는지조차 잘 알지 못한다. 이러한 잠재적 기회에 대한 단순한 무지가 수출 확대를 가로막는 중요한 장애 요인이다.[4] 또한, 잠재적 수출 기업들, 특히 중소기업들은 수출 과정의 복잡성과 수출 대상 국가의 비즈니스 관행, 언어, 문화, 법률 시스템, 통화 등 자국과의 차이에 대해 부담감을 느끼는 경우가 많다.[5] 이러한 정보 부족과 두려움이 결합되어, 미국 중소기업 중 실제 수출에 참여하는 기업은 여전히 극소수에 불과하다. 미국 중소기업청(SBA)에 따르면, 직원 수 500명 미만의 기업 중 수출 기업의 비율은 5% 미만에 머무르고 있다.[6]

설상가상으로, 많은 초보 수출 업체들은 해외 시장에 처음 진출할 때 상당한 어려움에 직면하며, 이러한 부정적인 경험은 향후 수출 활동에 대한 의욕을 꺾는 요인이 된다. 흔히 발생하는 문제로는 부실한 시장 분석, 해외 시장의 경쟁 환경에 대한 부족한 이해, 현지 고객의 요구에 맞춘 제품 구성 실패, 비효율적인 유통 전략, 미흡한 홍보 캠페인, 그리고 금융 조달 문제 등이 있다.[7] 초보 수출 업체들은 해외 시장에서 사업을 개척하는 데 필요한 시간과 전문성을 과소평가하는 경향이 있다.[8] 이와 관련해 투입해야 하는 경영 자원의 규모를 제대로 인식하지 못하는 경우도 많다. 특히, 많은 해외 고객들은 자국에서의 대면 협상을 요구하기 때문에, 수출 업체는 실제 계약 체결에 이르기까지 몇 개월간 해당 국가의 무역 규정, 비즈니스 관행, 기타 필수 정보를 습득하는 데 시간을 투자해야 할 수도 있다. 더불어, 정부 정책 변화 역시 수출 업체의 사업에 상당한 영향을 미칠 수 있으며, 이에 따른 신속하고 적절한 대응이 필요하다. 그 예로, 다음에 오는 MANAGEMENT FOCUS의 Maine Coast Company의 사례에서 볼 수 있듯이, 새롭게 부과된 관세 장벽이 해당 기업의 수출 사업에 왜곡된 영향을 미친 사례가 있다.

Maine Coast Company

"매일이 미친 듯한 저글링 게임과 같다." 2016년에 랍스터 도매업체인 Maine Coast Company의 소유주인 Tom Andrews는 이렇게 말했다. Andrews는 2011년에 150만 달러의 대출로 회사를 설립하였다. 2015년까지 회사는 4,300만 달러의 매출을 기록하며 연간 20~30%의 성장률을 보였다. 그의 고객은 서울, 마드리드, 샌프란시스코, 상하이와 같은 곳에 있었다. 해외 매출은 전체 매출의 55%를 차지하였으며, 중국은 회사의 가장 강력한 수출 시장으로 전체 매출의 35%를 차지하였다. "중국은 해산물을 소비하는 인구가 많다."라고 그는 말하였다. "중국 중산층 인구가 증가하고 부가 확산되면서 더 많은 사람들이 수입 식품을 구매하기 시작하였다. 미국산 랍스터는 결혼식이나 중국 설날 같은 행사에서 인기를 끌기 시작하였다. 요즘, 이 시기는 1년 중 아주 바쁜 시기 중 하나이다."

그가 판매하는 제품은 살아 있는 신선 제품이며, 부패하기 쉬운 특성이 있다. "우리는 제품을 48시간에서 60시간 안에 목적지로 보내야 한다."라고 그는 언급하였다. "지연이 생기면 제품이 살아서 도착하지 못한다." Andrews는 국토안보부 규정, 중국 수출에 필요한 끝없는 서류 작업, 제때 이륙하지 못하는 항공편 등 여러 문제를 해결해야 하였다. 하지만 그럼에도 불구하고 Andrews는 매우 성공적이었다. 2017년까지 그의 회사는 5,700만 달러의 매출을 기록하였으며, 그중 4분의 1 이상이 중국으로의 수출에서 발생하였다. 이러한 수출 성장에 기반하여 회사는 시설 확장을 위해 140만 달러의 대출을 받았다. 또한 중국에서 사업을 확장하기 위해 표준 중국어와 광둥어에 능통한 두 명의 신규 영업사원을 고용하였다.

2018년 6월, Maine Coast Company의 신규 시설이 막 가동되기 시작한 시점에 Donald Trump 대통령은 500억 달러 규모의 중국산 수입품에 대해 25% 관세를 부과하였다. 이에 대응하여 중국은 2018년 7월 6일, 미국산 랍스터를 포함한 여러 품목에 대해 25%의 보복 관세를 부과하였다. 이는 예기치 못한 상황이었다. 2018년 인터뷰에서 Andrews는 자신의 우려를 표현하였다. "우리 시장 점유율의 30%, 40%, 심지어 50%를 잃는다면 어떻게 되겠는가? 우리는 아직 빌린 돈에 대해 은행에 갚아야 한다. 매출에 영향을 미친다면 이는 곧바로 고용에 영향을 줄 것이다. 비용을 줄이는 유일한 방법은 인원을 줄이는 것이다."

Andrews는 또한 관세로 인해 역사적으로 메인 랍스터보다 비쌌던 캐나다산 랍스터 수출품이 가격 경쟁력을 갖게 되었다고 언급하였다. 실제로, 미국산 랍스터에 대한 관세를 인상한 것 외에도 중국은 캐나다산 랍스터 수입품에 대한 관세를 낮췄다. 상황을 악화시킨 것은 2017년에 캐나다가 유럽연합(EU)과 무역 협정을 체결하면서 7년 동안 양국 간 무역의 99%에 대한 관세를 철폐하기로 한 것이었다. 2018년까지 EU는 이미 캐나다산 생랍스터에 대한 8%의 관세를 철폐하였으며, 냉동 및 가공 랍스터에 대해 6%에서 20%까지 부과되던 관세를 철폐할 예정이었다. 미국 수출 업체들이 여전히 관세를 부담하고 있는 상황에서 캐나다는 이제 유럽과 중국 모두에서 가격 우위를 점하게 되었다. "중국과 유럽 사이에서 이중 타격을 받고 있다. 계속해서 연달아 충격을 받는 상황이다."라고 Andrews는 말하였다.

충격을 극복한 Andrews는 판매를 안정시키기 위한 전략을 세웠다. 계획은 싱가포르, 말레이시아, 베트남, 홍콩, 한국을 포함한 아시아의 다른 국가들에서 시장을 확장하는 것이었다. 그는 최근 고용한 중국어 구사 영업 사원 두 명을 이 시장들로 전환시켰다. 또한 미국 내 중국 레스토랑에 대한 판매에도 초점을 맞췄다. 이 전략은 도움이 되었지만 매출 성장은 멈췄다. 2018년 회사의 매출은 2017년과 비슷한 수준을 유지하였다.

미국 랍스터 산업은 중국과 미국이 갈등을 해결하고 관세가 낮아지기를 바라고 있지만, Andrews를 비롯한 여러 사람이 중국 수출 사업이 예전처럼 회복되지 않을 수도 있음을 인식하고 있다. 대신 많은 중국 수입 업체들은 캐나다의 새로운 공급 업체와 관계를 유지할 것이다. Andrews는 이렇게 말하였다. "캐나다는 해산물 산업에 자금을 지원하는데 능숙하며, 이 비즈니스를 지원하기 위해 공항에 돈을 투자하고 있다. 이러한 인프라는 사라지지 않을 것이다." 중국 수출에 대한 관세가 철폐되더라도 "회복되지 못할 매출 비율이 있을 것이다."라고 Andrews는 언급하였다.

Sources: D. McDermott, "Maine Coast Co. Delivers Lobsters around the World," *Seacoastonline.com*, May 29, 2016; "Trump Boils Maine Lobstermen," *The Wall Street Journal*, June 29, 2018; D. McDermott, "Maine Lobster Company Pursues New Customers in Korea, Vietnam to Survive Chinese Tariffs," *Bangor Daily News*, April 3, 2019; K. Lobosco, "How a Maine Lobsterman Got over Trump's China Trade War," *CNN*, December 1, 2019.

수출 업체들은 방대한 서류 작업, 복잡한 절차, 그리고 다양한 지연 및 오류에 직면할 수 있다. 세계은행에 따르면, 물품의 수출 및 수입과 관련된 물류 프로세스에서 소요되는 시간과 비용은 상당하며, 경험이 부족한 수출 업체들에게는 매우 까다로운 과정이 될 수 있다. 세계은행이 측정하는 시간과 비용에는 서류 준수 및 국경 준수 절차가 포함되며, 관세는 제외된다. 예를 들어, 미국으로 화물을 수입하는 데는 10시간이 소요되며 수수료는 275달러가 발생하는 반면, 인도로 화물을 수입하는 데는 88시간이 소요되고 수수료는 366달러가 발생한다. 또한, 이집트로 화물을 수입하는 경우에는 550시간이 소요되며 수수료는 1,554달러에 달한다.[9]

수출 성과 향상

[학습 목표 2] 기업의 수출 성과를 향상시키기 위해 관리자가 취할 수 있는 단계를 파악한다.

경험이 부족한 수출 업체들은 해외 시장 기회를 파악하고 초보 수출 업체를 좌절시키는 일반적인 함정을 피하기 위한 다양한 방법을 활용할 수 있다.[10] 이 절에서는 수출 업체가 해외 시장 기회에 대한 지식을 증가시킬 수 있는 정보 출처를 살펴보고, 여러 서비스 제공자를 검토하며, 성공적인 수출 가능성을 높이는 다양한 수출 전략을 검토한다. 또한 globalEDGE™이 제공하는, 수출 업체에게 도움이 되는 'CORE(Company Readiness to Export)'라는 글로벌 진단 도구를 소개한다. 먼저, 여러 국가가 국내 기업의 수출을 지원하는 방법을 살펴보겠다.

국제 비교

수출에 있어 큰 장애물 중 하나는 이용 가능한 기회에 대한 단순한 지식 부족이다. 종종 한 기업의 제품에 대한 많은 시장이 존재하지만, 문화, 언어, 거리, 시간 등으로 인해 본국과 분리된 국가에서는 이를 알지 못한다. 잠재적 기회는 약 195개국으로 구성되어 있으며, 각기 다른 문화를 가지고 있기 때문에 수출 기회를 식별하는 것은 더욱 복잡하다. 이러한 복잡성과 다양성에 직면하여 기업들은 종종 수출 기회를 찾는 것을 주저한다.

무지를 극복하는 방법은 정보를 수집하는 것이다. 성공적인 수출 국가 중 하나인 독일에서는 무역 협회, 정부 기관, 상업 은행 등이 정보를 수집하여 중소기업이 수출 기회를 식별할 수 있도록 돕는다. 일본의 경우, **국제무역산업부**(Ministry of International Trade and Industry, MITI)가 유사한 기능을 수행하며 항상 수출 기회를 모색한다. 또한, 많은 일본 기업은 일본의 대형 무역 회사인 **소고 쇼샤**(sogo shosha)와 어떤 방식으로든 연결되어 있다. 소고 쇼샤는 전 세계에 사무실을 두고 있으며, 대기업과 중소기업 모두를 위해 수출 기회를 적극적이고 지속적으로 모색한다.[11]

MITI
일본 국제무역산업성.

소고 쇼샤
일본의 종합상사로, 대형 일본 산업 그룹(케이레츠)의 주요 구성 요소.

독일과 일본 기업은 각각의 수출 지향적 기관이 보유한 풍부한 경험, 기술, 정보 및 기타 자원을 활용할 수 있다. 그러나 독일과 일본 경쟁 업체와 달리, 많은 미국 중소기업은 수출 기회를 찾을 때 상대적으로 정보가 부족하다. 이는 부분적으로 역사적 차이를 반영한다. 독일과 일본은 오랫동안 무역국으로서 생활해 왔다. 반면, 미국은 제2차 세계대전 이후 1980년대 초까지 국제 무역

이 상대적으로 작은 비중을 차지하였던 자급자족적인 대륙 경제였다. 이러한 상황은 변화하고 있으며, 현재 수입과 수출은 40년 전보다 미국 경제에서 더 큰 역할을 하고 있다. 그러나 미국은 독일이나 일본과 유사한 수출 촉진을 위한 제도적 구조를 가지고 있지 않다.

정보 출처

제도적 단점에도 불구하고, 미국 기업은 수출 기회에 대한 인식을 높일 수 있다. 가장 포괄적인 정보 출처는 미국 상무부와 전국에 분포한 지역 사무소인 미국수출지원센터(U.S. Export Assistance Centers, USEAC)이다. 상무부 내에는 기업이 해외 시장을 공략할 수 있도록 정보와 지원을 제공하는 두 개의 조직인 미국상업서비스와 국제무역관리국(International Trade Administration, ITA)이 있다. ITA는 정기적으로 수출 가이드를 발행하며, 이는 중소기업의 수출 탐색을 위한 미국의 '공식 정부 자원'으로 알려져 있다.

미국상업서비스(U.S. Commercial Service)와 ITA는 잠재적 수출 업체에게 '최고 유망 상품 목록'을 제공하며, 이는 해외 시장의 잠재적 유통 업체 이름과 주소, 사업 분야, 취급 제품 및 담당자 정보를 포함한다. 또한 상무부(Department of Commerce)는 미국 수출의 주요 시장인 국가들을 위한 '비교 쇼핑 서비스'를 구축하였다. 소액의 비용으로 기업은 원하는 제품에 대한 맞춤형 시장 조사 보고서를 받을 수 있다. 이 보고서는 시장성, 경쟁 상황, 비교 가격, 유통 채널 및 잠재적 영업 대리인의 이름에 대한 정보를 제공한다. 각 조사는 상무부 직원이 현장에서 수행한다.

상무부는 또한 수출 가능성이 있는 기업이 외국의 연락처를 확보하고 수출 기회를 탐색할 수 있도록 돕는 무역 행사를 조직한다. 상무부는 전 세계 주요 도시에서 정기적으로 열리는 국제 무역 박람회에 전시회를 조직하며, 매칭 프로그램을 통해 미국 비즈니스 그룹이 해외에서 적격 에이전트, 유통 업체 및 고객을 만날 수 있도록 동행한다. USEAC 사무소와 연계된 미국 상무부 산하에는 지역수출위원회(District Export Councils, DECs)가 있으며, 이는 미국 상무부 장관이 임명한 약 1,500명의 자원봉사자로 구성되어 있다. 이들은 미국 기업이 국제 경쟁력을 높이는 데 도움을 준다.

또 다른 정부 조직인 소기업청(Small Business Administration, SBA)도 잠재적 수출 업체를 지원한다. SBA는 전국적으로 76개의 지역 국제 무역 담당자와 10개의 지역 국제 무역 담당자를 고용하고 있으며, 워싱턴DC에 10명의 국제 무역 직원이 있다. SBA의 무료 서비스에는 중소기업개발센터(Small Business Development Centers, SBDCs), 퇴직임원서비스단(Service Corps of Retired Executives, SCORE), 수출법률지원네트워크(Export Legal Assistance Network, ELAN)가 포함된다. 전국의 SBDC는 특히 수출이 처음인 중소기업에게 수출 지원의 전체 범위를 제공한다. SCORE를 통해 SBA는 약 11,500명의 국제 무역 경험이 있는 자원봉사자를 감독하여 새로운 수출 기업과 기존 수출 기업에 일대일 상담을 제공한다. SBA는 또한 ELAN을 조정하며, 이는 수출 관련 문제에 대해 소기업에 무료 초기 상담을 제공하는 전국적인 국제 무역 변호사 그룹이다.

미국은 또한 15개의 국제 비즈니스 교육 및 연구 센터(International Business Education and Research, CIBERs)를 설립하여 수출 요구를 지원하고 있다. CIBER는 미국 의회가 1988년 무역 및 경

히스패닉 기업가의 디저트 수출

기본 재료를 사용해 다양한 맛을 창출하며 전 세계적으로 수출 성공을 거둔 회사가 바로 Lulu's Foods Inc.(lulus-foods.com)이다. 1982년 캘리포니아 토런스의 700평방피트 소규모 매장에서 시작된 이 회사는 1992년에 멕시코로 수출을 시작하였다. 이 회사는 젤리 디저트 사업으로 미국과 멕시코를 핵심 시장으로 여기고 있으며, 전 세계 여러 나라에도 수출하고 있다. Lulu는 창립자인 Maria de Lourdes Sobrino의 애칭이다.

Lulu는 지역 상점에서 인기 있는 디저트를 찾다가 즉석에서 먹을 수 있는 맛이 가미된 젤리 디저트 아이디어를 떠올렸다. 당시 그녀는 미국에 거주하고 있었으나, 원래 멕시코 출신이었다. 맛이 가미된 즉석 젤리 디저트는 그녀의 고향인 멕시코에서는 흔하였지만, 그녀가 미국 식료품점에 이 개념을 도입하였을 때는 널리 알려지지 않았던 제품이었다. 오늘날 Lulu's Foods Inc.의 제품은 Albertsons, Safeway, Walmart와 같은 다양한 유명 상점에서 찾아볼 수 있다.

1980년대 초, Lulu는 젤리 디저트에 대한 수요를 확인하고, 다양한 크기와 맛의 즉석 제품으로 그 필요를 충족시키며, 주로 그녀의 어머니의 레시피를 바탕으로 최초의 즉석 젤리 카테고리를 창출하여 식품 산업을 혁신하였다. '당신의 스푼을 위한 더 많은 재미'라는 회사의 구호와 함께 이 사업 개념은 '스푼 스펙타클(spoon spectacular)'로 발전하였다.

초창기에는 Lulu 혼자 어머니의 젤리 레시피로 하루 300컵의 젤리 디저트를 생산하며 작은 규모로 시작하였다. 그러나 점차 규모가 커지며 Lulu 혼자 감당할 수 없게 되었고, 기존 시장 및 도매 유통 업체와 협력을 시작하였다. Lulu는 가능한 많은 사람들이 그녀의 다채로운 맛 축제를 즐길 수 있기를 원하였다. 국제 시장 진출을 위해 Lulu는 10년간 다양한 문제와 어려움에 직면하며 노력하였지만, 시행착오를 겪은 끝에 미국 수출입은행 서비스를 통해 도움을 받아 전 세계로 제품을 수출할 수 있는 자신감을 얻었다.

세월이 흐르면서 Lulu는 젤리 디저트의 종류를 다양화하였다. 세 가지 층의 젤리, 과일 파르페, 독특한 색상과 맛의 화려한 용기 등이 대표적인 특징이 되었다. 이러한 수출 혁신 덕분에 USA 투데이의 Bill Hopkins는 Maria de Lourdes Sobrino를 '즉석 젤리의 여왕이자 급증하는 히스패닉 기업가들의 중심 인물'이라고 칭하였다. 또한, 월스트리트 저널의 Hal Lancaster는 그녀를 '꿈을 고객에게 전파하고 판매하는 혁신적이고 매우 성공적인 기업가'로 평가하였다.

오늘날 Lulu's Foods는 멕시코와 미국 전역을 중심으로 전 세계로 수출하며, Fruit Fantasia, Orange Blast, Creamy Vanilla with Cinnamon, Sugar Free-De-Light와 같은 독특한 맛의 젤리컵 제품에 핵심 초점을 맞추고 있다.

Sources: D. Barry, "Maria de Lourdes Sobrino, Founder, LuLu's Dessert," Exporters: The Wit and Wisdom of Small Businesspeople Who Sell Globally (Washington, DC: U.S. Commerce Department, 2013); J. Hopkins, "Bad Times Spawn Great Start-Ups," USA Today, December 18, 2001; Lulu's Foods Inc., www.lulus-foods.com.

쟁력 강화법에 따라 국가의 국제 이해와 경쟁력을 증진하기 위해 설립되었다. 미국 교육부가 관리하는 CIBER 네트워크는 미국 비즈니스 커뮤니티의 인적 자원 및 기술적 요구를 전국 대학의 국제 교육, 언어 훈련 및 연구 능력과 연결한다. 15개의 CIBER(예: 저자가 교수로 있는 워싱턴 대학 포함)는 사업가, 학생, 교사를 위한 지역 및 국가 자원으로 기능하다. 전 세계 많은 국가가 미국의 CIBER 이니셔티브를 벤치마킹하려는 노력을 기울이고 있다(예: 유럽연합).

또한, 미국의 대다수 주, 지역 및 많은 대도시에는 수출을 촉진하기 위한 목적의 무역 위원회가 활발히 운영되고 있다. 대부분은 비즈니스 상담, 정보 수집, 기술 지원 및 자금 지원을 제공한다. 불행히도, 많은 위원회가 예산 삭감 또는 다른 수출 기관과의 정치적 및 재정적 지원 경쟁으로 어려움을 겪고 있다.

마지막으로, 많은 민간 조직도 잠재적 수출 업체를 지원하기 위해 더 많은 도움을 제공하기 시작하였다. 상업 은행과 주요 회계 회사는 10년 전보다 중소기업이 수출 사업을 시작하도록 돕는

데 더 적극적이다. 또한 글로벌 시장에서 성공을 거둔 대규모 다국적 기업은 일반적으로 중소기업의 경영진과 해외 기회를 논의하는 데 기꺼이 응한다.[12]

서비스 제공 업체

국제 무역에 종사하는 대부분의 기업은 다양한 선택지가 있는 수출-수입 서비스 제공 업체의 도움을 받는다. 주요 제공 업체로는 화물 운송업체, 수출 관리 회사, 수출 무역 회사, 수출 포장 회사, 통관 대리인, 컨펌 하우스, 수출 에이전트 및 상인, 피기백 마케팅, 경제 가공 구역 등이 있다.

화물 운송업체는 주로 국제적으로 화물을 운송하는 기업을 위해 물류를 조정하는 역할을 수행한다. 화물 운송업체의 주요 업무는 소규모 화물을 하나의 대규모 화물로 결합하여 운송 비용을 최소화하는 것이다. 또한 화물 운송업체는 문서 작업, 결제 처리, 운송 업체 선택 등 수출 기업에 유익한 다양한 서비스를 제공한다.

수출 관리 회사(export management company, EMC)는 이전에 제품을 수출한 경험이 없는 기업에 서비스를 제공한다. EMC는 기업 내부의 수출 부서와 유사한 모든 수출 업무를 처리하는 포괄적인 서비스를 제공한다. 예를 들어, EMC는 수출 문서를 처리하고 기업의 에이전트 및 유통업체로 활동하며, 제품을 직접 판매하거나 영업 단위를 운영하여 판매 주문을 처리할 수 있다.

수출 관리 회사(EMC)
클라이언트 기업을 위해 수출 마케팅 부서 역할을 하는 수출 전문 업체.

수출 무역 회사는 계약을 맺은 기업의 제품을 수출한다. 이들은 외국에서 제품을 시장에 내놓고 판매할 기업을 식별하고 협력한다. 수출 문서 처리, 물류, 운송 등 포괄적인 수출 서비스를 제공한다.

수출 포장 회사, 또는 수출 패커는 수출 경험이 부족한 기업에 서비스를 제공한다. 예를 들어, 일부 국가에서는 포장이 특정 규격을 충족하도록 요구하며, 이러한 요구 사항에 대한 수출 포장 업체의 전문 지식은 특히 신규 수출 업체들에게 매우 귀중한 자산이 된다. 수출 패커는 또한 제품 포장의 적합한 디자인과 재료에 대해 조언하며, 포장을 최소화하여 운송 가능한 제품 수를 극대화할 수 있도록 지원한다.

통관 대리인은 관세 규정에 관련된 문제를 회피하도록 기업을 지원한다. 많은 국가의 관세 요건은 새로운 수출 업체나 비정기적인 수출 업체가 이해하기 어렵다. 통관 대리인의 지식과 경험은 매우 중요하다. 예를 들어, 많은 국가에는 수입 품목과 관련된 법률 및 문서 요구 사항이 있으며, 이는 수출 업체에게 항상 명확하지 않을 수 있다. 통관 대리인은 다수의 국가로 수출할 경우 필수적인 종합 서비스 패키지를 제공할 수 있다.

컨펌 하우스는 종종 구매 에이전트로 불리며, 제품을 구매하고자 하는 외국 기업을 대표한다. 일반적으로 이들은 원하는 제품을 가장 저렴한 가격으로 확보하려 하며, 외국 고객으로부터 커미션을 받는다. 이러한 잠재적인 수출 연계를 찾을 수 있는 좋은 장소는 정부 대사관을 통해서이다.

수출 에이전트, 상인, 재판매업자는 제조업체로부터 제품을 직접 구매하여 자신의 요구 사항과 규격에 맞게 포장하고 라벨을 부착한다. 그런 다음, 자신의 이름으로 국제적으로 제품을 판매하며, 모든 위험을 감수한다. 이를 통해 기업이 국제적으로 제품을 마케팅하는 데 드는 노력이 매우 줄어들지만, 마케팅, 홍보, 제품 포지셔닝에 대한 통제권을 상실하게 된다.

피기백 마케팅은 한 회사가 다른 회사의 제품을 유통하는 방식의 협약이다. 예를 들어, 한 회사가 해외 고객에게 다양한 제품을 제공해야 하는 계약을 체결하였지만, 요청받은 모든 제품을 보유하지 않은 경우, 다른 회사가 자신의 제품을 추가로 제공하여 계약 요건을 충족할 수 있다. 성공적인 피기백 마케팅은 보통 상호 보완적인 제품과 동일한 타깃 시장을 요구한다.

전 세계적으로 600개 이상의 경제 가공 구역(export processing zones, EPZ)이 100개 이상의 국가에 존재한다. EPZ는 상업 및 산업 수출을 촉진하고 외국 투자로 경제 성장을 장려하기 위해 설립된 지역이다. 세금 면제와 관세가 없는 환경과 같은 인센티브가 EPZ의 주요 매력이다. 따라서 EPZ에서는 기업이 수출 상품 제조를 위해 기계, 장비 및 재료를 면세로 수입할 수 있다. 많은 기업은 EPZ를 사용하여 제품을 받아 주변 지역의 고객에게 소규모로 다시 배송한다. 1978년에 유엔에 의해 설립된 세계경제가공구역협회(wepza.org)는 모든 EPZ의 효율성을 개선하기 위해 헌신하는 민간 비영리 조직이다.

수출 전략

수출 서비스 제공 업체를 사용하는 것 외에도, 기업은 수출 전략 선택에 신중을 기하면 수출과 관련된 위험을 줄일 수 있다.[13] 몇 가지 가이드라인은 기업이 성공 가능성을 높이는 데 도움을 줄 수 있다. 예를 들어, 세계적으로 성공적인 수출 기업 중 하나인 3M(원래는 Minnesota Mining & Manufacturing Company)은 세 가지 주요 원칙을 기반으로 수출 성공을 구축하였다. 첫째, 위험을 줄이기 위해 소규모로 시작한다. 둘째, 수출이 성공하기 시작하면 추가 제품 라인을 추가한다. 셋째, 현지인을 고용하여 회사 제품을 홍보한다. 또 다른 기업인 Two Men and a Truck는 프랜차이즈 접근 방식으로 글로벌 성공을 거두었다(MANAGEMENT FOCUS 참조).

수출 성공 가능성은 몇 가지 간단한 전략적 조치를 통해 극적으로 증가할 수 있다. 첫째, 특히 초보 수출 업체라면 EMC나 경험 많은 수출 컨설턴트를 고용하여 기회를 식별하고 수출과 관련된 문서 작업과 규제를 관리하도록 돕는 것이 유용한다. 둘째, 초기에는 한 시장이나 소수의 시장에 초점을 맞추는 것이 좋다. 다른 시장으로 확장하기 전에 해당 시장에서 성공하기 위해 필요한 사항을 배우는 것이 중요하다. 여러 시장에 동시에 진입하면 한정된 관리 자원을 너무 분산시킬 위험이 있다. 이와 같은 수출의 산발적 접근 방식은 어떤 시장에서도 자리 잡지 못하는 결과를 초래할 수 있다.

셋째, Two Men and a Truck와 마찬가지로, 외국 시장에 소규모로 진입하여 실패 시 비용을 줄이는 것이 종종 의미가 있다. 소규모로 시작하면 해당 국가에 대해 배우고 상당한 자본 투자를 하기 전에 시간을 확보할 수 있다. 넷째, 수출 업체는 수출 판매를 구축하는 데 필요한 시간과 관리적 헌신을 인식하고 이를 감독할 추가 인력을 고용해야 한다. 다섯째, 많은 국가에서 현지 유통 업체나 고객과 강력하고 지속적인 관계를 구축하는 데 많은 주의를 기울이는 것이 중요하다. 3M이 자주 하는 것처럼, 현지 인력을 채용하여 해외 시장에서 기업의 입지를 구축하는 것은 매우 중요하

Two Men and a Truck

이사를 하는 것은 사람이 경험할 수 있는 사건 중 세 번째(친족의 사망과 이혼 다음)로 스트레스가 많은 사건으로 평가된다. Two Men and a Truck(https://twomenandatruck.com)은 미시간주 랜싱의 고등학생 두 명이 방과 후 시작한 사업으로 출발하였다. 지역 이사 서비스를 전문으로 하는 소규모 기업으로서, 1985년에 350달러의 자본금과 손으로 직접 그린 로고, 그리고 지역 신문 광고 한 편으로 사업을 시작하였다.

1989년, 창립자 Mary Ellen Sheets의 딸인 Melanie Bergeron은 조지아주 애틀랜타에서 Two Men and a Truck의 첫 번째 가맹점을 개설하였다. 현재 Melanie 는 이사회 의장을 맡고 있으며, 그녀의 형제 Brig Sorber가 CEO를, Jon Sorber가 부사장을 맡고 있다. 2001년에 인턴으로 회사에 합류한 Randy Shacka는 2012년 사장으로 승진하였다. 이는 가족이 아닌 사람이 사장직을 맡은 최초의 사례이다.

Two Men and a Truck는 더 이상 '두 남자와 트럭'이라는 이름에 머물러 있지 않다. 이 회사는 국내외로 확장하여 미국 대부분과 전 세계 약 450개 지점에서 운영되고 있다. Two Men and a Truck는 연간 5억 달러 이상의 매출, 3,000대의 이삿짐 트럭, 약 6,000명의 직원으로 미국에서 가장 큰 프랜차이즈 이삿짐 회사로 자리 잡았다. 평균 프랜차이즈 매출은 약 200만 달러에 달한다. Bergeron은 "우리 가족이 트럭을 사서 대학 등록금을 벌기 위해 돈을 모으기 전까지 이삿짐 사업에 종사할 것이라고는 상상도 못 하였다"라고 말하였다.

Two Men and a Truck는 캐나다, 아일랜드, 영국 등 전 세계 운영 지역에서 'Two Men and a Truck'이라는 브랜드를 유지하고 있다. 'Two Blokes and a Lorry' 같은 이름은 회사에 매력을 느끼게 하지 못하였기 때문이다. 이 회사는 '마스터 프랜차이저와 투자자들이 원하는 것이 바로 미국의 핵심 브랜드 이름'이라고 판단하였다. 고객에게 브랜드가 미국 브랜드인지 여부는 덜 중요하고, 오히려 현지 프랜차이즈 회사가 필요할 때 이용 가능하다는 점이 더 매력적이라는 것이다. 이들은 미국 브랜드의 파워와 신비로움을 선호한다고 Bergeron은 덧붙였다.*

Two Men and a Truck가 새로운 시장으로 국제화를 추진할 때 주요 평가 요소는 해당 국가의 중산층 규모와 인구의 이동성이다. 이 회사는 소프트웨어 도구를 활용하여 지역별 소득 수준과 단독 주택 또는 다세대 주택 기반의 주택 시장 여부를 분석한다. 두 가지가 균형 있게 혼합된 시장이 가장 적합한다. 또한 Bergeron은 정확한 시장 조사와 잠재적 마스터 프랜차이즈의 식별이 운영 지역 결정에서 중요한 요소라고 언급하였다.

국제화를 진행할 때, 이사 업계 자체는 또 다른 도전 과제를 제시하였다. 세계에는 수많은 이삿짐 회사가 존재하는데, 왜 프랜차이즈들이 Two Men and a Truck을 선택해야 하는가? 이 회사는 고객 서비스에 대한 탁월한 집중과 정교한 웹 기반 추적 시스템을 통해 시장 차별화 문제를 해결하고자 하였다. 품질 관리, 인건비, 이사 완료까지의 사이클 타임은 시스템의 핵심 성과 지표이다. 실제로 이 회사는 더 빠르고 더 나은 분석을 통해 사업을 운영하는 것으로 업계에서 잘 알려져 있다. 이 회사는 전 세계적으로 성장 기회를 포착하고 식별하기 위해 비즈니스 애널리틱스를 활용하여 비즈니스 운영을 더욱 효율적으로 만들기 위해 사설 클라우드 시스템을 설치하였다.

* Doug Barry, ed., *Exporters! The Wit and Wisdom of Small Business Owners Who Sell Globally* (Washington, DC: U.S. Commerce Department, 2013).

Sources: D. Barry, "Melanie Bergeron, Chair of the Board of Two Men and a Truck," *Exporters: The Wit and Wisdom of Small Businesspeople Who Sell Globally* (Washington, DC: U.S. Commerce Department, 2013); C. Boulton, "Moving Company Gets a Lift from Faster Analytics," *The Wall Street Journal*, August 20, 2013; A. Wittrock, "Two Men and a Truck Wins State Grant, Plans $4 Million Expansion of Lansing-Area Headquarters," *MLive.com*, February 27, 2013.

다. 현지 사람들은 해당 국가에서 사업을 운영하는 방법에 대해 수출 기업의 관리자보다 훨씬 더 잘 이해하고 있을 가능성이 크다. 일곱째, 여러 연구에 따르면 기업은 수출 기회를 적극적으로 모색해야 한다.[14] 수동적인 태도로는 수출이 성공할 수 없다. 세계는 당신의 문을 향해 먼저 길을 열어주지 않는다.

마지막으로, 수출 업체는 현지 생산의 옵션을 유지해야 한다. 수출이 비용 효율적인 현지 생산을 정당화할 만큼 충분한 규모에 도달하면, 수출 기업은 외국 시장에 생산 시설을 설립하는 것을 고려해야 한다. 이러한 현지화는 해당 국가와의 좋은 관계를 촉진하고 시장 수용을 높이는 데 기여할 수 있다. 수출은 종종 그 자체로 끝이 아니라 외국 생산 설립으로 가는 과정의 한 단계일 뿐이다(3M은 이 철학의 또 다른 예이다).

globalEDGE™ 수출 도구

1장에서 우리는 미시간 주립대 브로드 경영대학의 국제 경영센터가 제공하는 globalEDGE™ 웹사이트(globaledge.msu.edu)를 소개하였다. 이 웹사이트는 2004년부터 Google에서 '국제 비즈니스 리소스' 분야에서 세계 최고의 사이트로 평가받고 있다. 현재 약 1,000만 명의 사용자가 globalEDGE™를 이용하며, 약 200만 명이 활발히 활동하고 있다. 이 사이트는 무료로 제공되며, '진단 도구' 섹션도 포함되어 있다. 이 섹션의 수출 준비도 평가(Company Readiness to Export, CORE) 도구는 다양한 중소기업과 대기업이 제품의 수출 준비 상태를 평가하고, 제품 자체의 수출 적합성을 판단하는 데 자주 사용되고 있다.

CORE는 회사가 수출 역량을 스스로 평가할 수 있도록 돕고, 회사와 해당 제품이 국제 시장에서의 준비 상태를 평가하며, 수출의 맥락에서 회사의 강점과 약점을 체계적으로 식별한다(그림 14-1 참조). CORE 도구는 또한 수출에 대한 튜토리얼 역할을 하며, 미국 상무부, 미국 수출 위원회, 그리고 기타 수출 지원 기관에서 기업들이 성공적으로 수출할 수 있도록 돕는 데 사용되고 있다.

그림 14-2는 CORE 결과 보고서의 온라인 인터페이스를 보여 준다. 보고서 전체에는 응답자들이 자신의 회사가 수출 준비 상태에 대해 스스로 예측한 결과와 70개의 진단 질문에 기반한 실제 준비 상태(조직 및 제품)가 포함되어 있다. 사용자들은 또한 모든 질문에 대한 점수와 수출 역량 및 능력과 관련된 강점과 약점을 받을 수 있다.

그림 14-1
기업의 수출 준비도

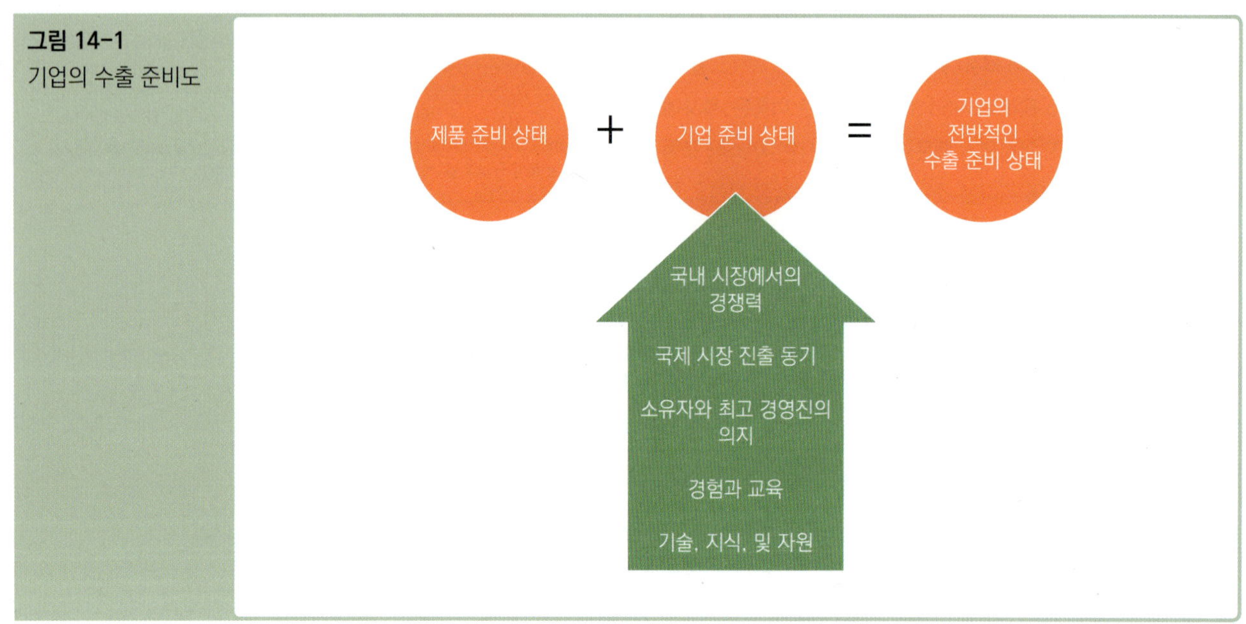

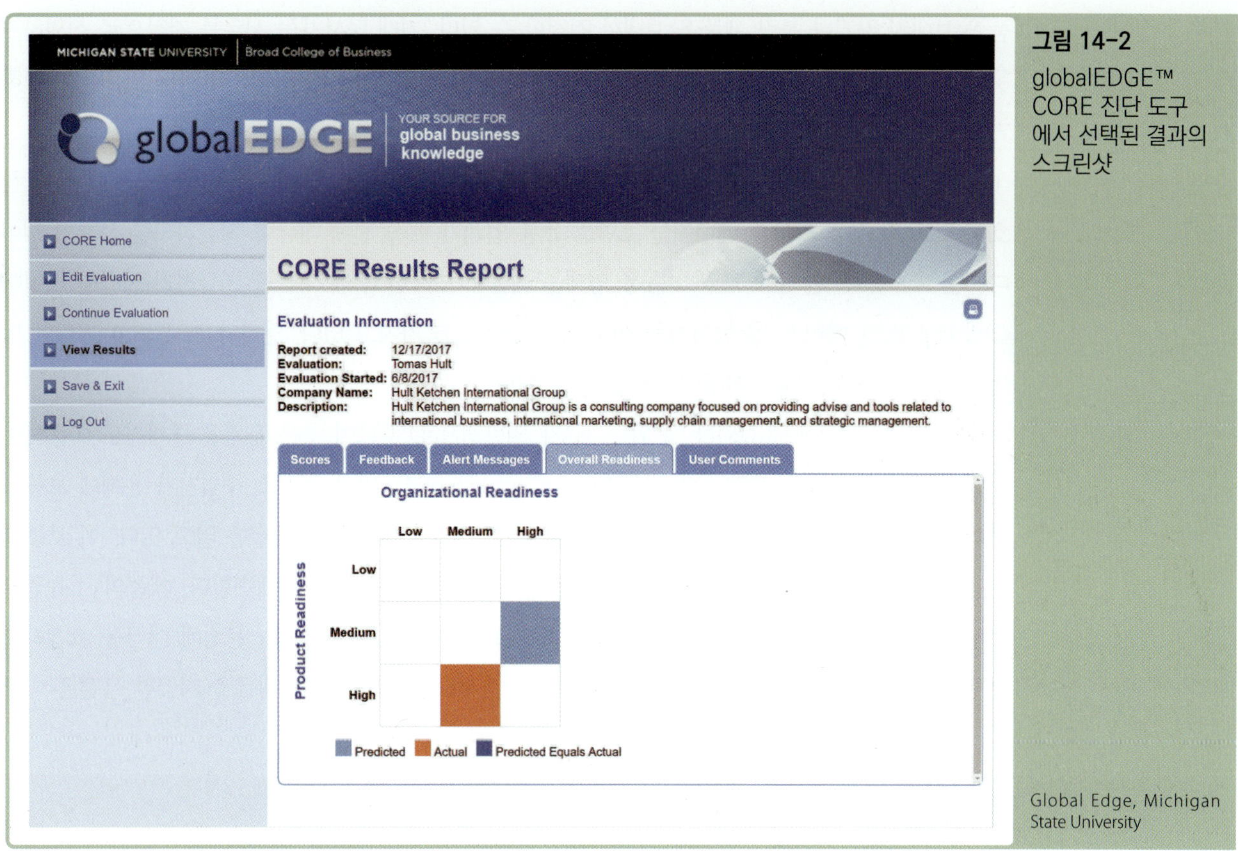

그림 14-2
globalEDGE™ CORE 진단 도구에서 선택된 결과의 스크린샷

Global Edge, Michigan State University

수출 및 수입 금융

[학습 목표 3] 수출 금융의 기본 단계를 이해한다.

수출 및 수입을 위한 금융 메커니즘은 수세기 동안 진화해 왔으며, 이는 특히 국제 무역에서 두드러지는 문제, 즉 낯선 상대방을 신뢰해야 하는 상황에서 발생하는 신뢰 부족 문제에 대응하기 위한 것이었다. 이 절에서는 신뢰 문제를 해결하기 위해 국제 무역에서 발전해 온 금융 기법인 신용장, 환어음(또는 어음), 선하증권을 다룬다. 그런 다음, 전형적인 수출-수입 거래의 14단계를 살펴본다.[15]

신뢰 부족

국제 무역에 종사하는 기업들은 한 번도 만나본 적 없는, 서로 다른 국가에 거주하고, 다른 언어를 사용하며, 서로 다른 법 체계를 따르거나 따르지 않을 수도 있는 상대방을 신뢰해야 한다. 더 나아가, 이러한 상대방이 계약 의무를 이행하지 않을 경우 추적하거나 책임을 묻기 매우 어려울 수도 있다. 예를 들어, 한 미국 회사가 프랑스 유통 업체에게 제품을 수출하는 상황을 생각해 보자. 미국 회사는 제품을 프랑스로 배송한 후 프랑스 사업자로부터 대금을 받지 못할까 우려할 수 있다. 반대로 프랑스 수입자는 제품이 배송되기 전에 대금을 지급하면 미국 회사가 돈을 가지고 제품을 보내지 않거나 불량 제품을 보낼까 걱정할 수 있다. 거래 당사자는 서로를 전적으로 신뢰하지 못한다. 이러한 신뢰 부족은 두 당사자 간의 거리 – 공간, 언어, 문화 – 그리고 계약 의무를 이행하기 위한 미비한 국제 법체계 문제로 인해 더욱 심화된다.

양 당사자 간의 신뢰 부족(당연한 일이다)으로 인해 거래가 어떻게 이루어져야 하는지에 대한 선호가 다르다. 미국 회사의 매니저는 프랑스 유통 업체가 배송 전에 대금을 지급하기를 선호할 것이다(그림 14-3 참조). 반대로, 프랑스 유통 업체는 제품이 도착한 후에 대금을 지급하기를 원할 것이다(그림 14-4 참조). 따라서 양 당사자는 서로 다른 선호도를 가지고 있다. 당사자 간 신뢰를 확립할 방법이 없다면 거래는 결코 이루어지지 않을 수 있다.

이 문제는 양쪽에서 신뢰할 수 있는 제3자, 일반적으로 평판이 좋은 은행을 중개자로 이용하여 해결된다. 전체 과정을 요약하면 다음과 같다(그림 14-5 참조). 먼저, 프랑스 수입자가 은행에 보증을 받아낸다. 은행의 보증은 미국 수출 업체가 은행을 신뢰할 것이라는 사실을 알고 있다. 이 보증을 신용장이라 부른다. 신용장을 본 미국 수출 업체는 제품을 프랑스로 배송한다. 제품의 소유권은 선하증권이라는 문서를 통해 은행에 이전된다. 그 후, 미국 수출 업체는 은행에 대금을 요청하고 은행은 대금을 지급한다. 이 지급 요청 문서를 어음(draft)이라고 한다. 대금을 지급한 은행은 이제

그림 14-3 미국 수출 업체의 선호도

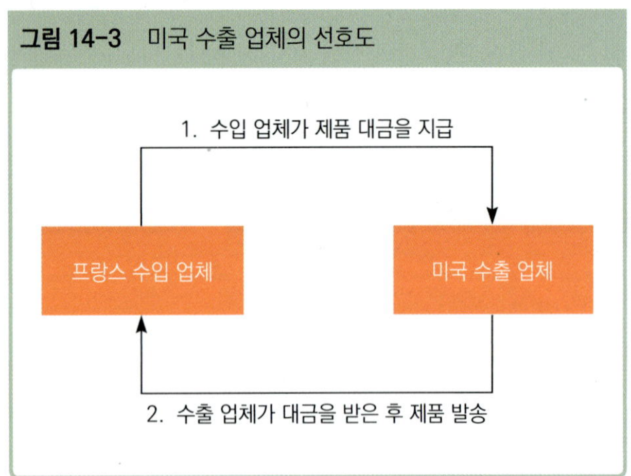

그림 14-4 프랑스 수입 업체의 선호도

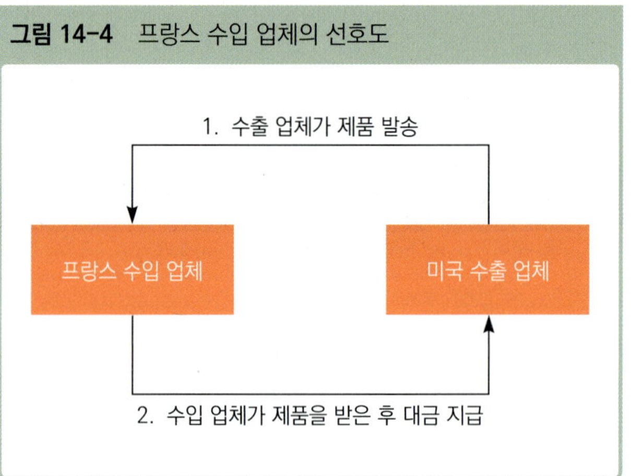

그림 14-5
제3자 이용 절차

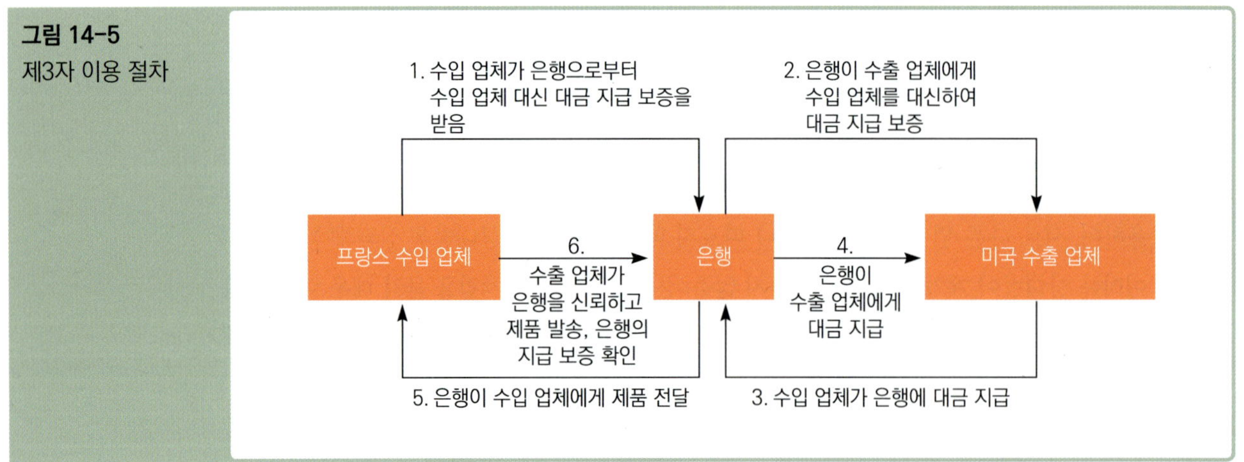

제품의 소유권을 프랑스 수입자에게 이전하며, 은행은 수입자를 신뢰한다. 그 시점 또는 후속 계약에 따라 수입자는 은행에 대금을 상환한다.

신용장

신용장(letter of credit)은 국제 상거래의 중심에서 중요한 역할을 하는 문서로, 줄여서 L/C라고 불린다. 수입자의 요청에 따라 은행에서 발행되며, 은행이 특정한 서류를 제시하면 수익자, 일반적으로 수출자에게 특정 금액을 지급하겠다고 명시한다.

신용장
은행이 특정 조건하에서 지급을 보장함을 나타내는 문서.

미국 수출자와 프랑스 수입자의 예를 다시 살펴보겠다. 프랑스 수입자가 현지 은행, 예를 들어 파리 은행에 신용장 발행을 요청한다. 파리 은행(Bank of Paris)은 수입자의 신용 상태를 확인하며, 신용 상태가 만족스럽다고 판단되면 신용장을 발행한다. 그러나 파리 은행은 먼저 수입자로부터 현금 보증금이나 기타 형태의 담보를 요구할 수 있다. 또한, 이 서비스에 대해 수수료를 부과하는데, 일반적으로 신용장 금액의 0.5%에서 2% 정도이며, 이는 수입자의 신용 상태와 거래 규모에 따라 달라진다. (거래 규모가 클수록 비율은 낮아지는 경향이 있다.)

파리 은행이 프랑스 수입자의 신용 상태에 만족하고 신용장을 발행하기로 결정하였다고 가정해 보자. 신용장은 파리 은행이 특정 지시와 조건에 따라 발송된 상품에 대해 미국 수출자에게 대금을 지급하겠다고 명시한다. 이 시점에서 신용장은 파리 은행과 미국 수출자 간의 금융 계약이 된다. 파리 은행은 신용장을 미국 수출자의 은행, 예를 들어 뉴욕 은행(Bank of New York)에 보낸다. 뉴욕 은행은 수출자에게 신용장을 받았음을 통지하고 상품 발송을 진행할 수 있다고 알린다. 수출자가 상품을 발송한 후, 신용장의 조건에 따라 파리 은행에 어음을 발행하고 필요한 서류를 첨부하여 뉴욕 은행에 제시한다. 뉴욕 은행은 신용장과 관련 서류를 파리 은행으로 전달한다. 신용장에 명시된 모든 조건이 충족되었을 경우, 파리 은행은 어음을 지급하며 뉴욕 은행으로 대금을 송금한다. 뉴욕 은행이 대금을 받으면 미국 수출자에게 지급한다.

파리 은행은 뉴욕 은행에 자금을 송금한 후, 프랑스 수입자로부터 대금을 회수한다. 경우에 따라 파리 은행은 수입자가 상품을 재판매할 시간을 주기 위해 대금 회수를 연기할 수 있다. 이는 특히 수입자가 최종 소비자가 아니라 유통 업자인 경우 자금 흐름을 돕기 위해 흔히 이루어진다. 파리 은행은 이러한 지불 기간 연장을 수입자에게 대출로 간주하고 적절한 이자율을 부과한다.

이 시스템의 큰 장점은 프랑스 수입자와 미국 수출자가 서로 신뢰하지 않더라도, 신뢰할 수 있는 은행을 통해 거래를 진행할 수 있다는 점이다. 미국 수출자가 신용장을 확인하면 대금 지급이 보장된 것을 알고 상품을 발송할 것이다. 또한, 신용장을 보유하면 선적 전 자금 조달이 더 용이해질 수 있다. 예를 들어, 뉴욕 은행이 신용장을 확인한 후 수출자에게 상품 준비와 발송을 위한 자금을 대출해 줄 수 있다. 이 대출은 수출자가 대금을 수령하기 전까지 상환할 필요가 없을 수 있다. 거래의 다른 측면에서는, 프랑스 수입자는 서류가 도착하고 신용장에 명시된 모든 조건이 충족될 때까지 대금을 지불하지 않아도 된다. 다만, 수입자는 파리 은행에 신용장 수수료를 지불해야 하는 점이 단점으로 작용할 수 있으며, 신용장이 수입자에게 재정적 부채로 작용하므로, 수입자가 다른 목적으로 자금을 대출받을 수 있는 여력이 줄어들 수 있다.

어음

환어음
수출자가 수입자 또는 수입자의 대리인에게 특정 금액을 특정 시간에 지급하도록 지시하는 서면 명령.

어음
수출자가 수입자에게 지급해야 할 금액과 시기를 명시한 서면 명령.

어음은 때로는 **환어음**(bill of exchange)이라고도 불리며, 국제 무역에서 대금을 지급하기 위해 일반적으로 사용되는 수단이다. **어음**(draft)은 수출자가 수입자 또는 수입자의 대리인에게 특정 시점에 특정 금액을 지급하도록 지시하는 서면 명령이다. 미국 수출자와 프랑스 수입자의 예를 보면, 수출자가 프랑스 수입자의 대리인인 파리 은행에 발송된 상품 대금을 지급하도록 지시하는 어음을 작성한다. 어음을 발행한 사람이나 기업은 발행인(이 경우 미국 수출자)이라고 하며, 어음을 받은 사람은 지급인(이 경우 파리 은행)이라고 한다.

국제 거래에서는 어음을 사용하여 무역 거래를 결제하는 것이 일반적이다. 이는 국내 거래에서 판매자가 일반적으로 오픈 계정 방식으로 상품을 발송하고 상업 송장을 통해 대금 및 결제 조건을 명시하는 것과는 다르다. 국내 거래에서는 구매자가 대금을 지급할 의무를 문서로 확인하지 않고도 상품을 받을 수 있는 경우가 종종 있다. 반면, 국제 거래에서는 신뢰 부족으로 인해 구매자가 상품을 받기 전에 대금 지급 또는 대금 지급 의사를 공식적으로 약속해야 한다.

일람불 어음
수취인이 제시하면 즉시 지급되는 어음.

기한부 어음
수취인이 미래의 특정 날짜에 지급을 약속한 어음.

어음은 일람불 어음과 기한부 어음, 두 가지 유형으로 나뉜다. **일람불 어음**(sight draft)은 지급인에게 제시되는 즉시 지급된다. **기한부 어음**(time draft)은 30일, 60일, 90일, 또는 120일과 같은 지연된 지급을 허용한다. 지급인은 어음을 수락 표시를 서면으로 작성하거나 도장을 찍어 수락 의사를 나타낸다. 수락된 기한부 어음은 수락자가 지급할 것을 약속하는 문서로 변한다. 은행을 지급인으로 하는 경우 은행 인수 어음(banker's acceptance), 기업을 지급인으로 하는 경우 거래 인수 어음(trade acceptance)라고 한다.

기한부 어음은 양도 가능한 문서이다. 즉, 어음이 수락되면 발행인은 어음을 할인하여 투자자에게 판매할 수 있다. 예를 들어, 미국 수출자와 프랑스 수입자 간의 합의에 따라, 수출자가 파리 은행(뉴욕 은행을 통해)에게 제시할 120일 후 지급을 요구하는 기한부 어음을 발행한다고 가정하자. 파리 은행이 어음을 수락하여 승인 도장을 찍고, 어음 금액이 100,000달러라고 가정한다.

수출자는 수락된 기한부 어음을 120일 후에 100,000달러를 받을 때까지 보유하거나, 이를 투자자(예: 뉴욕 은행)에게 할인하여 즉시 판매할 수 있다. 할인율이 연 7%라고 하면, 수출자는 즉시 97,700달러를 받을 수 있다(연 7% 할인율에 따라 120일 동안 100,000달러의 할인 금액은 2,300달러이며, 100,000달러 − 2,300달러 = 97,700달러). 뉴욕 은행은 120일 후 파리 은행으로부터 100,000달러를 수령하게 된다. 수출자는 운송 중인 상품에 자금을 조달하거나 현금 흐름 부족을 해결하기 위해 수락된 기한부 어음을 즉시 판매할 수 있다.

선하증권

선하증권
수출자가 화물을 운송하는 일반 운송업자로부터 발행받는 문서. 선하증권은 영수증, 계약서, 소유권 문서로 기능함.

국제 무역 거래를 위한 세 번째 주요 문서는 선하증권이다. **선하증권**(bill of lading)은 화물을 운송하는 일반 운송업자가 수출자에게 발행한다. 선하증권은 세 가지 목적을 가진다. 영수증, 계약서, 그리고 소유권 문서로서의 기능이다. 영수증으로서의 선하증권은 운송업자가 문서에 명시된 화물을 수령하였음을 나타낸다. 계약서로서 이는 운송업자가 특정 운송 요금을 대가로 운송 서비스를 제공할 의무가 있음을 명시한다. 소유권 문서로서의 선하증권은 화물이 수입자에게 인도되기 전에 지급 또는 지급 약속을 확보하는 데 사용될 수 있다. 또한, 선하증권은 화물이 발송되기 전이나 발송 중, 또는 수입자가 최종 지급하기 전에 수출자가 현지 은행에서 자금을 조달하는 담보로 사용할 수 있다.

일반적인 국제 무역 거래

국제 무역 거래의 요소들을 검토하였으니, 이제 미국 수출자와 프랑스 수입자의 사례를 통해 일반적인 거래가 어떻게 이루어지는지 살펴보자. 일반적인 거래는 14단계로 이루어진다(그림 14-6 참조).

1. 프랑스 수입자가 미국 수출자에게 주문을 하고, 미국 측이 신용장을 통해 화물을 발송할 의사가 있는지 확인한다.
2. 미국 수출자는 신용장을 통해 화물을 발송할 것을 동의하고, 가격 및 배송 조건 등 관련 정보를 제공한다.
3. 프랑스 수입자는 파리 은행에 자신이 구매하려는 상품에 대해 미국 수출자에게 발행할 신용장을 신청한다.
4. 파리 은행은 프랑스 수입자를 위해 신용장을 발행하고 이를 미국 수출자의 은행인 뉴욕 은행에 보낸다.
5. 뉴욕 은행은 수출자에게 신용장이 발행되었음을 통지한다.
6. 미국 수출자는 화물을 일반 운송업자를 통해 프랑스 수입자에게 발송한다. 운송업체 관계자는 수출자에게 선하증권을 발급한다.
7. 미국 수출자는 신용장과 선하증권에 따라 파리 은행을 대상으로 90일 기한부 어음을 발행하여 뉴욕 은행에 제시한다. 수출자는 선하증권을 배서하여 화물 소유권을 뉴욕 은행에 이전한다.
8. 뉴욕 은행은 어음과 선하증권을 파리 은행에 보낸다. 파리 은행은 어음을 수락하고, 문서를 수령하며 90일 내에 어음을 지급할 것을 약속한다.
9. 파리 은행은 수락된 어음을 뉴욕 은행에 반환한다.
10. 뉴욕 은행은 미국 수출자에게 90일 내에 지급될 수락된 은행 어음을 수령하였음을 알린다.
11. 수출자는 어음을 뉴욕 은행에 액면가에서 할인하여 매도하고, 할인된 현금을 수령한다.
12. 파리 은행은 문서가 도착하였음을 프랑스 수입자에게 통지한다. 수입자는 90일 내에 파리 은행에 지급할 것을 동의하고, 문서를 수령하여 화물을 인수한다.
13. 90일 후, 파리 은행은 수입자의 지급을 받아 만기된 어음을 지급할 자금을 확보한다.
14. 90일 후, 만기된 어음의 소지자(이 경우 뉴욕 은행)는 파리 은행에 지급을 요청한다. 파리 은행은 지급을 이행한다.

그림 14-6 일반적인 국제 무역 거래

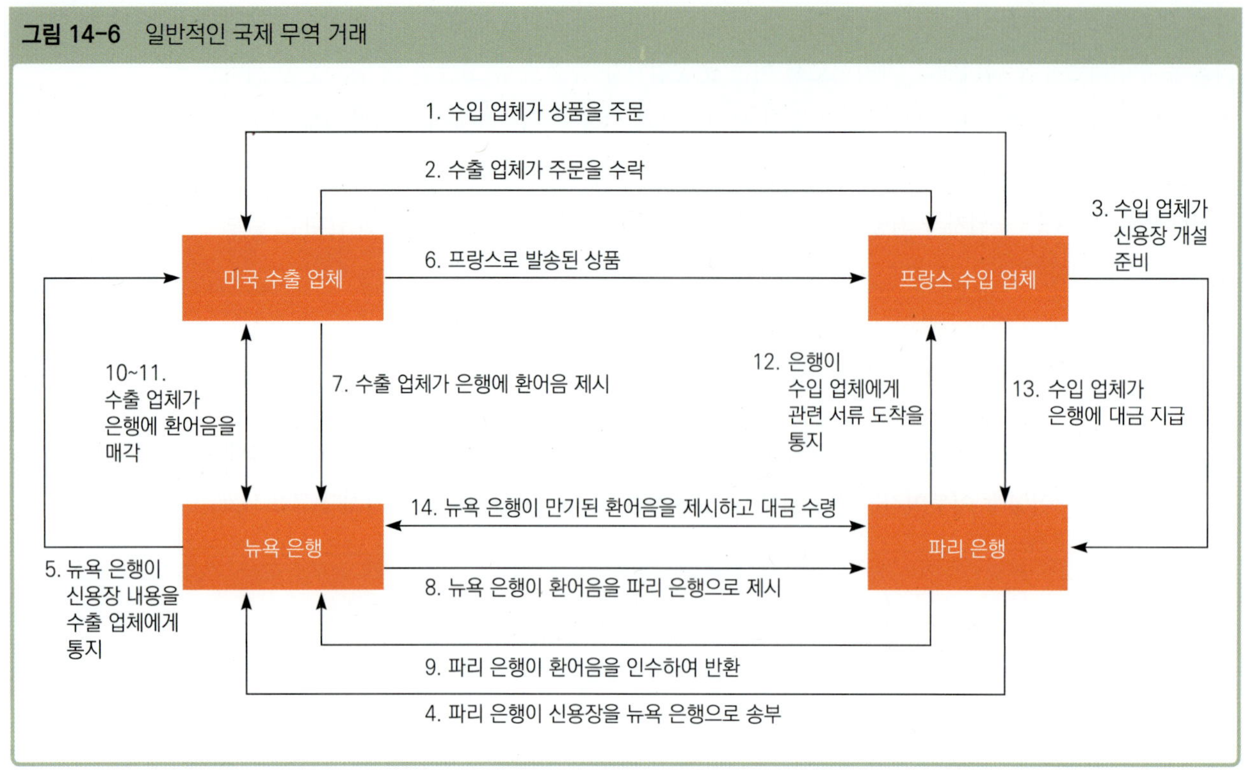

수출 지원

[학습 목표 4] 수출 업체를 돕기 위해 존재하는 정보원과 정부 프로그램을 확인한다.

미국의 잠재적 수출 업체는 수출 프로그램을 지원받기 위해 두 가지 형태의 정부 지원을 이용할 수 있다. 이들은 수출입은행의 금융 지원과 외국신용보험협회를 통한 수출신용보험을 포함한다(대부분의 국가에서도 유사한 프로그램이 제공된다).

수출입은행

미국 수출입은행
미국 정부의 기관으로, 수출입을 촉진하고 금융 지원을 제공하는 것을 임무로 하는 기관.

미국 수출입은행(Export-Import Bank, EXIM Bank)은 1934년에 설립된 미국 정부 소유의 공기업이다. 이 은행의 사명은 미국 제품과 서비스의 수출을 지원함으로써 미국의 고용과 시장 경쟁력을 강화하는 데 있다. 수출입은행의 헌장 및 미 의회의 명령에 따라, 이 은행의 금융 지원은 '상환 가능성에 대한 합리적 보증'을 갖추어야 하며, 민간 자본 대출을 보완하는 역할을 해야 한다. 또한 수출입은행은 경제협력개발기구(Organisation for Economic Co-operation and Development, OECD) 규정을 준수하여 정부 지원 수출신용 활동을 수행한다. 2020년 기준으로 수출입은행은 대출 보증, 수출신용보험 및 직접 대출에 대해 54억 달러를 승인하여 약 108억 달러의 미국 수출 매출과 약 37,000개의 일자리를 지원하였다고 보고하였다. 2020년 수출입은행의 중소기업 승인액은 총 20억 달러 이상으로, 전체 승인액의 38.6%를 차지하였다.

수출입은행은 다양한 대출 및 대출 보증 프로그램을 통해 사명을 수행한다. 이 기관은 미국 상업 은행이 외국 구매자에게 미국 제품 구매 자금을 제공하기 위해 발행한 중장기 대출의 상환을 보증한다. 이러한 보증은 상업 은행이 외국 기업에 현금을 대출하는 데 있어 보다 적극적이게 만든다. 이를 통해 미국 기업의 국경 간 무역이 촉진된다. 수출입은행의 거래 중 약 85%가 직원 500명 미만의 중소기업을 지원한다.

워싱턴DC에 있는 미국 수출입은행 본사.

수출입은행은 또한 외국 차입자에게 미국 수출품 구매에 사용할 달러를 대출하는 직접 대출 운영도 수행한다. 때로는 상업 은행이 거절하는 대출도, 미국에 잠재적인 이익이 있다고 판단되면 승인한다. 외국 차입자는 이 대출로 미국 공급 업체에 대금을 지급하고 수출입은행에 이자를 포함해 대출금을 상환한다. 미국 수출입은행의 구조를 바탕으로, 중국과 인도와 같은 많은 국가들도 국경 간 무역을 촉진하기 위해 자체 수출입은행을 설립하였다.

수출신용보험

앞서 언급한 이유로, 수출 업체는 수입 업체로부터 신용장을 받는 것을 선호한다. 그러나 때때로 신용장을 고집하는 수출 업체는 신용장을 요구하지 않는 수출 업체에게 주문을 빼앗기는 경우가 있다. 수입 업체가 강한 협상력을 갖고 경쟁 공급 업체를 교묘히 이용할 수 있을 때, 수출 업체는 신용장을 포기해야 할 수도 있다.[16] 신용장이 없으면 외국 수입 업체가 대금을 지급하지 않을 위험에 노출된다. 수출 업체는 수출신용보험을 구매하여 이러한 가능성에 대비할 수 있다. 고객이 대금을 지급하지 않을 경우, 보험 회사는 손실의 대부분을 보상한다.

미국에서는 수출신용보험이 수출입은행의 지도 하에 운영되는 민간 상업 기관의 협회인 외국신용보험협회(Foreign Credit Insurance Association, FCIA)에서 제공된다. FCIA는 상업적 위험과 정치적 위험에 대한 보장을 제공한다. 상업적 위험은 구매자의 지급불능 또는 지급 불이행으로 인해 발생하며, 정치적 손실은 구매자 또는 판매자의 통제를 벗어난 정부 조치(예: 산업 국유화, 통화의 갑작스러운 비환전성)로 인해 발생한다. 앞서 언급한 볼티모어의 소규모 철망 제조업체인 Marlin은 수출신용보험이 회사가 수출 판매를 추진하는 데 자신감을 주었다고 평가하였다. 판매 가격의 약 0.5%에 해당하는 보험료를 지불함으로써, 마린은 외국 구매자의 미지급 가능성에 대비할 수 있었다.[17]

대응무역

[학습 목표 5] 대응무역이 수출을 촉진하는 데 어떻게 사용될 수 있는지 설명한다.

대응무역은 전통적인 결제 수단이 어렵거나 비용이 많이 들거나 존재하지 않을 때 국제 거래를 구조화하는 대안적인 방법이다. 대응무역은 통화 가변성 논의에서 처음 언급되었다. 정부는 외환 보유고를 국제 부채 상환과 중요한 수입품 구매에 사용할 수 있도록 통화의 환전 가능성을 제한할 수 있다.[18] 이는 수출 업체에게 문제를 일으킨다. 비환전성은 수출 업체가 자국 통화로 대금을 받지 못할 가능성을 의미하며, 대부분의 수출 업체는 환전이 불가능한 통화로 대금을 받는 것을 원하지 않는다. 대응무역은 일반적인 해결책이다.[19] **대응무역**(countertrade)은 상품과 서비스를 돈으로 거래할 수 없을 때 이를 다른 상품과 서비스로 교환하는 협정 형태를 지칭한다. 대응무역의 예는 다음과 같다.

대응무역
상품과 서비스를 대가로 다른 상품과 서비스를 교환하는 거래.

- 태국 전력청은 이탈리아 전력 설비 제조업체인 ABB SAE Sadelmi SpA와 7억 2천만 바트(1,770만 달러) 계약을 체결하며, 그중 2억 1,800만 바트(540만 달러)는 태국 농산물로 지급했다.
- 사우디아라비아는 Boeing으로부터 747 항공기 10대를 원유로 결제하되, 세계 유가에서 10% 할인된 가격으로 제공하였다.
- General Electric은 루마니아에서 1억 5천만 달러 규모의 발전기 프로젝트 계약을 수주하며, 루마니아 제품을 시장에 판매하는 조건을 수용하였다.
- 베네수엘라 정부는 Caterpillar와의 계약에서 철광석 35만 톤을 Caterpillar의 중장비로 교환하였다.
- 알바니아는 6천만 달러 규모의 비료 및 메탄올 단지를 제공하는 대가로 샘물, 토마토 주스, 크롬 광석과 같은 품목을 제공받았다.
- Philip Morris는 러시아로 담배를 수출하였으며, 그 대가로 비료 생산에 사용될 수 있는 화학 물질을 받았다. Philip Morris는 해당 화학 물질을 중국으로 보내었고, 이에 대한 대가로 중국은 북아메리카로 유리 제품을 수출하여 Philip Morris가 소매 판매할 수 있도록 하였다.[20]

대응무역의 인기

대응무역은 1960년대에 구소련과 당시 공산주의 국가였던 동유럽 국가들이 수입품을 구매하기 위해 시작한 방식으로 등장하였다. 이들 국가의 통화는 일반적으로 전환할 수 없었기 때문이다. 이 기술은 필수 수입품을 구매하기 위한 외환 보유고가 부족한 많은 개발도상국들 사이에서 인기를 얻었다. 또한, 외환 보유고가 부족한 구소련 및 동유럽 공산주의 국가의 후계 국가들도 수입품을 구매하기 위해 주기적으로 대응무역을 이용하고 있다. 세계 무역에서 대응무역이 차지하는 비율에 대한 정확한 추정치는 찾기 어렵지만, 2~20%에 이를 것으로 예상된다.[21] 정확한 수치는 알려져 있지 않지만, 국제 금융 시장의 유동성이 증가하고 통화 전환 가능성이 확대됨에 따라 이 추정치의 낮은 수준에 머물 가능성이 높다. 그러나 금융 위기(예: 1997년, 2008년)와 같은 시기에는 대응무역이 일시적으로 급증할 수 있다. 예를 들어, 1997년 아시아 금융 위기 이후 대응무역 활동이 눈에 띄게 증가하였다. 이 위기는 많은 아시아 국가들이 국제 무역을 위한 경화(hard currency)를 거의 가지지 못하게 하였다. 1997년 위기 이후 긴축 통화 정책이 시행되면서 많은 아시아 기업들은 국제 무역을 위한 수출 신용에 접근하기 매우 어려웠다. 따라서, 그들은 사용할 수 있는 유일한 옵선인 대응무역으로 눈을 돌렸다.

대응무역은 비교적 작은 규모이기는 하지만 국제 무역을 위한 금융 수단으로, 잠재적인 수출 업체들이 특정 국제 시장에 접근하기 위해 때때로 이 기술을 활용해야 할 수 있다. 개발도상국 정부는 일정 수준의 대응무역을 요구하기도 한다.[22]

대응무역의 유형

물품과 서비스의 단순 거래에서 출발한 대응무역은 다섯 가지 독특한 거래 방식으로 분류할 수 있는 다양한 활동으로 발전하였다. 이들에는 바터, 카운터퍼체이스, 오프셋, 스위치 무역, 보상 또는 바이백이 포함된다.[23] 대응무역 거래는 단일 방식에 국한되지 않고 두 가지 이상을 포함하는 경우가 많다.

바터

바터(barter)는 두 당사자가 현금 거래 없이 상품 및/또는 서비스를 직접 교환하는 방식이다. 바터는 가장 단순한 형태이지만 일반적이지 않다. 여기엔 두 가지 문제가 있다. 첫째, 상품이 동시에 교환되지 않으면 한쪽 당사자가 일정 기간 동안 다른 쪽을 금융 지원하게 된다. 둘째, 바터에 참여하는 기업은 원치 않거나 사용할 수 없거나 합리적인 가격에 재판매하기 어려운 상품을 받아야 할 위험이 있다. 이러한 이유로 바터는 가장 제한적인 대응무역 방식으로 간주된다. 이는 주로 신용이 없거나 신뢰할 수 없는 무역 파트너와의 일회성 거래에서 사용된다.

바터
현금 거래 없이 두 당사자 간 상품 또는 서비스의 직접 교환.

대응구매

대응구매(counterpurchase)는 상호 구매 계약이다. 이는 한 기업이 특정 국가에 제품을 판매하면서, 해당 국가로부터 일정량의 원자재를 구매하기로 합의할 때 발생한다. 예를 들어, 미국 기업이 중국에 제품을 판매하였다고 가정한다. 중국은 미국 기업에 달러로 대금을 지불하지만, 그 대가로 미국 기업은 매출의 일부를 중국에서 생산된 섬유 제품 구매에 사용할 것을 약속한다. 이렇게 함으로써 중국은 외환 보유고를 사용해 미국 기업에 대금을 지불하지만, 대응구매 계약 덕분에 일부 달러를 다시 받을 수 있다. 예를 들어, Rolls-Royce는 핀란드에 항공기 부품을 판매하면서 매출의 일부로 핀란드에서 제조된 TV를 구매해 영국에서 판매하기로 합의하였다.

대응구매
상호 구매 계약.

오프셋

오프셋(offset)은 대응구매와 유사하며, 한쪽 당사자가 원래 판매로 얻은 수익의 일정 비율로 상품 및 서비스를 구매하기로 합의하는 방식이다. 그러나 오프셋에서는 해당 의무를 판매 대상국 내의 어느 기업과도 이행할 수 있다. 수출 업체의 입장에서 이는 더 유연하게 원하는 상품을 선택할 수 있기 때문에 순수한 대응구매보다 매력적이다.

오프셋
판매 대상국 내의 어느 기업으로부터 원래 판매 수익의 일정 비율에 해당하는 상품 및 서비스를 구매하는 계약.

스위치 무역

스위치 무역
카운터퍼체이스 계약에서 특화된 제3자 무역 회사를 이용하는 방식.

스위치 무역(switch trading)은 대응무역 거래에서 특화된 제3자 무역 회사를 사용하는 방식을 말한다. 한 기업이 대응구매나 오프셋 계약을 통해 해당 국가에서 상품을 구매할 수 있는 대응구매 크레딧을 얻게 되는 경우가 있다. 스위치 무역은 제3자 무역 회사가 이 크레딧을 구매하여 더 잘 사용할 수 있는 다른 기업에 판매하는 과정이다. 예를 들어, 미국 기업이 폴란드와 대응구매 계약을 체결하고 폴란드 상품을 구매할 수 있는 크레딧을 받았다고 가정한다. 미국 기업은 폴란드 상품을 사용할 수 없거나 원하지 않아 이 크레딧을 제3자 무역 회사에 할인 가격으로 판매한다. 무역 회사는 크레딧을 사용할 수 있는 기업을 찾아 이를 이윤을 남기고 판매한다.

스위치 무역의 사례로 폴란드와 그리스 간 대응구매 계약이 있었다. 폴란드는 그리스에 판매한 미국 달러 가치만큼의 상품을 구매해야 하였지만, 필요한 그리스 상품을 충분히 찾지 못하였다. 폴란드는 그리스에서 사용할 수 없는 달러로 표시된 대응구매 잔액을 보유하게 되었다. 스위치 무역은 폴란드로부터 25만 달러 상당의 대응구매 권리를 22만 5천 달러에 구매하고, 이를 그리스에서 건포도를 구매하는 유럽 건포도 상인에게 23만 5천 달러에 판매하였다.

보상 또는 바이백

바이백
공장 건설 계약 대가로 공장 생산물의 일정 비율을 수락하기로 한 합의.

바이백(buybacks)은 기업이 특정 국가에 공장을 건설하거나 해당 국가에 기술, 장비, 교육 또는 기타 서비스를 제공하며 계약 대가로 공장 생산물의 일정 비율을 받는 방식이다. 예를 들어, Occidental Petroleum은 러시아와의 협상에서 암모니아 공장을 여러 개 건설하고, 그 대가로 20년 동안 암모니아를 공급받는 계약을 체결한 바 있다.

대응무역의 장단점

대응무역의 주요 매력은 다른 금융 수단이 부족한 상황에서 수출 거래를 가능하게 하는 방안이 될 수 있다는 점이다. 많은 개발도상국들이 수입 대금을 지불하기 위해 필요한 외환을 확보하는 데 어려움을 겪고 있는 상황에서, 대응무역은 이들 국가와의 비즈니스에서 유일한 선택지가 될 수 있다. 또한 대응무역이 수출 거래를 구조화하는 유일한 옵션이 아니더라도, 많은 국가들은 현금 거래보다 대응무역을 선호한다. 따라서 기업이 대응무역 계약을 체결하지 않으려 한다면, 경쟁업체가 이러한 계약을 체결하며 수출 기회를 빼앗길 위험이 있다.

게다가 특정 국가에 제품이나 서비스를 수출하려는 기업에게 해당 국가 정부가 대응무역 계약을 요구하는 경우도 있다. 예를 들어, Boeing은 상업용 제트기 주문을 확보하기 위해 종종 대응구매 계약을 수락해야 한다. Air India로부터 주문을 확보하기 위해 Boeing이 인도의 한 기업으로부터 항공기 도어와 같은 특정 부품을 구매해야 할 수도 있다. 나아가, Boeing은 대응구매 계약 체결 의사를 경쟁사 Airbus와의 치열한 경쟁에서 주문을 확보하는 전략적 마케팅 무기로 활용할 수도 있다.

그러나 대응무역 계약에는 상당한 단점이 있다. 모든 조건이 동일하다면 기업들은 일반적으로 경화(hard currency)로 대금을 받는 것을 선호한다. 대응무역 계약은 기업이 수익성 있게 처리할 수 없는 사용 불가능하거나 품질이 낮은 제품의 교환을 포함할 수 있다. 예를 들어, 몇 년 전 한 미국 기업은 헝가리와의 대응무역 계약으로 받은 TV 세트의 50%가 결함이 있어 판매할 수 없는 손실을 본 적이 있다. 게다가, 수령한 상품이 고품질이라고 하더라도 이를 수익성 있게 처리해야 하는 부담이 있다. 이를 위해 기업은 대응무역 거래를 체결하고 관리하기 위한 사내 무역 부서를 운영해야 하며, 이는 비용과 시간이 많이 소요된다.

이러한 단점을 고려할 때, 대응무역은 다양한 사업을 영위하며 세계적인 네트워크를 보유한 대규모 다국적 기업에 가장 매력적인 선택이다. 일본의 대형 무역 회사인 소고 쇼샤(sogo shosha)는 대응무역 계약을 통해 획득한 상품을 수익성 있게 처리하는 데 능숙한 사례로 손꼽힌다. 예를 들어, Mitsui & Company는 거의 모든 제조 및 서비스 산업 부문에서 약 120개의 계열사를 운영하고 있다. Mitsui의 계열사 중 하나가 소비할 수 없는 상품을 대응무역으로 받게 되면, Mitsui & Company는 일반적으로 이를 수익성 있게 활용할 수 있는 다른 계열사를 찾는다. 일본 소고 쇼샤와 제휴한 기업들은 대응무역 계약이 선호되는 국가에서 경쟁 우위를 갖는 경우가 많다.

비슷하게, Philip Morris와 3M과 같은 대형 서양 다국적 기업들도 대응무역 계약을 통해 수익을 얻는 유사한 경쟁력을 보유하고 있다. 실제로 3M은 자체 무역 회사인 3M Global Trading Inc.을 설립하여 회사의 국제 대응무역 프로그램을 개발하고 관리하고 있다. 반면, 중소형 수출 업체는 전 세계적인 운영 네트워크가 부족하여 대응무역으로 획득한 상품을 수익성 있게 활용하거나 처분하는 데 어려움을 겪을 수 있으므로, 대안이 없다면 대응무역 계약을 피하는 것이 좋다.[24]

360° 관점: 거시 환경의 영향

다른 국가에 제품이나 서비스를 수출하는 데 초점을 맞춘 기업에게 거시 환경의 여러 요인이 중요하다. 첫째, 무역 장벽의 변화는 수출 전략에 영향을 미칠 수 있다. 수출 업체는 무역 환경의 변화를 주시하고 국제 무역 규정을 통치하는 규칙의 변화, 특히 관세 체제의 큰 변화(예: Trump 행정부 시기의 사례)를 고려하여 이에 대응하거나 이점을 취할 준비를 해야 한다.

둘째, 한 국가에 완전 소유 자회사나 합작 회사를 설립하는 방식으로 직접 투자하는 것과 수출하는 것은 종종 대안으로 간주된. 따라서 수출 업체는 대상 국가에 생산 시설을 설립하는 것의 장단점과 수출 전략의 매력을 항상 비교 평가해야 한다. 8장에서 다룬 요인들이 이러한 선택에 영향을 미칠 수 있다. 여기서 해외직접투자(FDI)를 규제하는 법규의 변화가 특정 진입 방식을 더 선호하도록 계산을 바꿀 수 있다는 점을 주목해야 한다. 예를 들어, 규제가 완화되어 기업이 대상 국가에서 다수 지분을 통제하는 회사를 설립할 수 있게 된다면, 기업은 수출보다 직접 투자와 현지 생산을 선호할 수 있다.

셋째, 국경 간 거래는 일반적으로 통화 교환을 수반하므로, 수출 업체는 통화 간 상대적 변동을 모니터링해야 한다. 예상치 못한 환율 변동이 수익성 있는 거래를 비수익성으로 만들지 않도록 헤징 전략을 고려해야 한다. 다양한 헤징 전략은 이 책에서 앞서 다룬 바 있다(10장 참조). 또한, 통화가 완전히 교환되지 않거나 공식 환율이 시장 환율과 크게 차이나는 국가(예: 베네수엘라 볼리바르)로 수출하는 경우, 수출 업체는 자국 통화로 대금을 요구하거나(예: 미국 기업이 베네수엘라로 수출하며 미화로 대금을 요구) 불가능한 경우, 상품(예: 석유) 형태의 대가를 요구하는 대응무역 계약을 체결할 필요가 있다.

마지막으로, 특정 국가에서 수출 판매를 구축하는 데 시간, 노력, 자금을 투자하는 것이 타당한지 여부를 결정하기 전에 해당 국가의 장기 경제 전망을 고려하는 것이 중요하다. 이와 관련하여 2장과 3장에서 논의된 개념들이 유용하다. 지난 20년 동안 베네수엘라는 정치적, 경제적 환경의 악화로 인해 좋은 수출 시장이 아니었다. 반면, 인도와 같은 국가는 경제 성장 가속화와 관세 장벽 감소로 인해 더욱 매력적인 시장이 되었다. 수출 업체가 한 번에 한 시장을 개발할 자원만 있다면, 인도가 베네수엘라보다 더 나은 선택이 될 것이다.

주요 용어

MITI	환어음	선하증권	대응구매
소고 쇼샤	어음	미국 수출입은행	오프셋
수출 관리 회사(EMC)	일람불 어음	대응무역	스위치 무역
신용장	기한부 어음	바터	바이백

요약

이 장에서는 기업이 수출 업체로 자리 잡기 위해 취해야 할 단계를 검토하였다. 주요 내용은 다음과 같다.

1. 수출의 큰 장애물 중 하나는 해외 시장 기회에 대한 무지이다.
2. 초보 수출 업체는 수출 과정에서 여러 문제, 지연, 함정을 겪으면서 좌절하거나 낙담하는 경우가 많다.
3. 무지를 극복하는 방법은 정보를 수집하는 것이다. 미국에서는 상무부를 포함한 여러 기관이 기업이 정보를 수집하는 데 도움을 줄 수 있다. 수출 관리 회사도 수출 기회를 식별하는 데 도움을 줄 수 있다.
4. 숙련된 수출 서비스 제공 업체를 고용하고 적절한 수출 전략을 채택하면 수출과 관련된 많은 함정을 피할 수 있다.
5. 국제 무역에 관여하는 기업은 신뢰할 수 없는 사람이나 의무 불이행 시 추적하기 어려운 사람들과 거래해야 할 수도 있다. 신뢰 부족으로 인해 국제 거래의 각 당사자는 거래 구성에 대해 서로 다른 선호도를 가진다.
6. 수출 업체와 수입 업체 간의 신뢰 부족에서 비롯된 문제는 일반적으로 신뢰할 수 있는 제3자인 은행을 이용하여 해결할 수 있다.
7. 신용장은 수입 업체의 요청에 따라 은행에서 발행된다. 이 문서는 은행이 신용장에서 명시한 문서를 제시하면 일반적으로 수출 업체에게 대금을 지급하겠다고 약속한다.
8. 어음은 국제 상거래에서 대금 결제를 위해 일반적으로 사용되는 문서이다. 이는 수출 업체가 수입 업체나 그 대리인에게 특정 시점에 특정 금액을 지급하도록 지시하는 명령서이다.
9. 어음은 일람불 어음과 기한부 어음으로 나뉘며, 기한부 어음은 유통 가능 문서이다.
10. 선하증권은 화물을 운송하는 공통 운송업체가 수출 업

체에게 발행하는 문서로, 영수증, 계약, 소유권 문서로 작용한다.

11. 미국 수출 업체는 수출입은행의 대출 및 해외 신용 보험 협회의 수출 신용 보험이라는 두 가지 유형의 정부 지원을 받을 수 있다.
12. 대응무역은 일종의 대응무역 형태를 포함하며, 통화가 자유롭게 전환되지 않거나 외환 보유고가 부족한 국가로 수출할 때 주로 사용된다.
13. 대응무역의 주요 매력은 다른 방법이 없을 때 수출 거래를 금융할 수 있는 방법을 제공한다는 점이다. 경화로 지불을 고집하는 기업은 대응무역을 기꺼이 수행하는 기업에 비해 경쟁 열위에 놓일 수 있다.
14. 대응무역의 주요 단점은 기업이 처분할 수 없는 혹은 저품질의 상품을 받게 될 위험이 있다는 점이다.

비판적 사고와 토론을 위한 질문

1. 캘리포니아에 본사를 둔 한 기업이 필리핀으로 완제품 목재 한 선적분을 수출하려고 한다. 그러나 수입 희망 업체는 해당 선적 대금을 결제할 수 있는 충분한 신용을 현지에서 확보하지 못하고 있다. 다만, 해당 완제품 목재는 필리핀에서 빠르게 재판매되어 수익을 낼 수 있다고 주장한다. 이 경우, 수출 업체가 필리핀으로의 수출을 성사시키기 위해 취해야 할 절차를 설명하라.
2. 당신은 프리미엄 가격을 지닌 스타일리시한 고급 의류를 제조하는 소규모 기술 회사의 CEO 보조로 일하고 있다. CEO는 수출 기회를 확인하고 싶어하며 당신에게 조언을 요청하였다. 어떤 조언을 제공하겠는가?
3. MANAGEMENT FOCUS 'Maine Coast Company'를 다시 읽고 다음 질문에 답하라.
   a. Maine 랍스터가 수출 사업을 성장시키는 데 성공한 이유는 무엇이라고 생각하는가? 다른 예비 수출 업체에 줄 교훈은 무엇인가?
   b. Maine 랍스터의 경험을 일반화하여, Trump 행정부의 보호주의 정책이 미국 수출 업체에 어떤 영향을 미쳤는지, 그리고 미-중 간 높은 관세와 무역 긴장의 장기적 영향을 어떻게 생각하는지 논의하라.
   c. Maine 랍스터는 중국과의 무역 전쟁에 대응하여 동남아시아 시장으로 확장하였다. 이는 현명한 전략인가? 이 전략의 장점과 위험은 무엇인가? 중국 사업의 손실을 보상할 수 있는가?
4. 신용장을 사용하는 대신, 수출신용보험을 활용하는 방법이 있다. 다음의 경우에 있어 신용장 대신 수출신용보험을 사용하는 장점과 단점은 무엇인가?
   (a) 캘리포니아에서 캐나다로의 고급 요트 수출
   (b) 뉴욕에서 튀르키예로의 공작 기계 수출
5. 대응무역 사용을 어떻게 설명하겠는가? 2030년까지 대응무역 사용이 더 증가할 수 있는 시나리오와 감소할 수 있는 시나리오는 무엇인가?
6. 기업이 수출 수익을 창출하기 위한 마케팅 무기로 대응무역 계획을 전략적으로 사용할 수 있는 방법은 무엇인가? 이러한 전략을 추구할 때 관련 위험은 무엇인가?

이집트로 수출하기

이집트는 서구 기업들이 수출하기에 가장 쉬운 시장은 아니다. 첫째로, 이 나라의 국가 및 비즈니스 문화는 많은 서구 국가들과 충분히 다르기 때문에 서구 관리자가 적응하기 어려울 수 있다. 1억 명의 인구를 가진 이슬람 중심 국가인 이집트에서는 개인적인 관계를 구축하는 것이 비즈니스에서 핵심 요소이다. 이집트 사람들은 대부분 개인적인 신뢰 관계가 있는 사람들과 비즈니스를 선호하기 때문에, 개인적인 연결이 없는 신규 수출 업체들이 시장에 진입하기가 어렵다.

최근 몇 년간 이 나라는 경제적 어려움을 겪었다. 낮은 경제 성장률, 높은 실업률과 인플레이션, 약한 통화가 결합되어 이곳에서 사업을 하는 것이 재정적 위험을 동반하게 만들었다. 2015년과 2016년에는 외화 부족으로 인해 이집트 사람들이 수입 업체들에게 대금을 지불하기 어려운 상황이 발생하였다. 2016년에는 상황이 심각해져 IMF가 120억 달러 구제 계획으

GTS Productions/Shutterstock

로 개입하였으며, 이로 인해 이집트 정부는 수요를 억제하는 긴축 정책을 채택하고, 이집트 파운드의 가치를 외환 시장에서 낮춰 수입품을 더 비싸게 만들었으며, 수출 업체들에게 시장 기회를 제한하였다. 또한, 이집트로 수출하는 것을 위험하게 만드는 여러 법적 및 제도적 요인이 존재한다. 외국인의 부동산 소유권 제한, 법적 및 계약적 확실성 부족(이로 인해 개인적 관계가 매우 중요하게 됨), 그리고 상품 배송을 지연시킬 수 있는 관료적인 통관 절차 등이 이러한 요인에 해당된다. 세계은행에 따르면 이집트로 수입 시 국경 절차를 처리하는 데 소요되는 시간은 선적당 240시간으로, 다른 중동 국가들의 평균 94시간이나 고소득 국가의 8.5시간과 비교할 때 훨씬 오래 걸리고 비용도 높다.

한편, 이집트 시장은 수출 업체들에게 몇 가지 매력을 제공한다. 이집트는 중동에서 가장 큰 나라로 높은 출생률과 젊은 인구를 많이 보유하고 있어 미래 경제 성장에 대한 긍정적인 전망을 가지고 있다. 관세 장벽이 상대적으로 낮다는 점도 또 다른 장점이다. 이 나라는 세계적인 브랜드인 Daimler, Kia, Peugeot가 현지 라이선스하에 제조되는 성장하는 자동차 부문을 가지고 있다. Mercedes-Benz는 상용차 부문에서 틈새시장을 개척하였다. 화학 제품 및 소비자 전자제품은 경제 내에서 점점 더 중요한 부문이 되고 있다. 철강 역시 중요한 산업이며, 의류와 섬유는 여전히 주요 고용주로서의 역할을 하고 있다. 건설 및 도급 부문도 국가의 부에 점점 더 많이 기여하고 있다.

이러한 도전과 기회에 직면하여, 일부 서구 기업들은 이집트로의 강력한 수출 사업을 구축하는 데 성공하였다. 예를 들어, 영국 웨스트요크셔에 기반을 둔 Byworth Boilers는 연간 매출 750만 파운드를 기록하는 소규모 기업으로, 주로 식품 생산, 제약 및 섬유 산업에 보일러를 공급한다. 이 회사는 카이로의 Kraft Foods를 위한 대규모 이집트 주문을 완료하였으며, 이집트 정부와 군대에도 보일러를 공급하였다. 이 회사는 창립자 Dennis Baldwin의 친구였던 한 사람과의 오랜 관계를 통해 연간 50만 파운드의 가치를 지닌 지속적인 비즈니스를 유지하고 있다. 회사 관계자에 따르면, "상호 간에 많은 신뢰가 반드시 전제되어야 한다. 해당 대리인은 일 년에 두 번 우리를 방문하며, 우리도 이집트에 대표단을 파견하고 있다. 그는 자율적으로 당사의 제품을 마케팅할 수 있는 권한을 갖고 있다. 우리는 이 관계를 강화하는 데 중점을 두고 있으며, 이집트와의 거래에서는 관계 형성이 무엇보다 핵심이다." Byworth Boilers는 표준 결제 조건 대신 신용장을 사용하여 이집트에서 운영하며, 이를 통해 자금 문제를 통제할 수 있다.

또 다른 성공적인 영국 소기업은 Premier Hazard Ltd이다. 이 회사는 요크셔에 위치하고 35명의 직원을 고용하며, 응급 서비스 차량용 조명 제품을 생산한다. 생산량의 최대 45%를 수출하며 현지 유통 업자 또는 고객에게 직접 판매한다. 이집트에서는 이 두 가지 방식을 결합하여 카이로 공항에 직접 판매하고, 그 외 이집트 고객에게는 에이전트를 통해 판매한다. Premier Hazard는 이 에이전트와의 관계를 신중히 관리하며, 회사는 거리상의 이유로 에이전트를 매우 중요하게 여긴다. 에이전트는 고객과 직접 대화하며, 언어, 해석, 의사소통 스타일 차이로 인해 발생할 수 있는 문제를 해결한다. 또한, 에이전트는 Premier Hazard가 현지 문화를 더 잘 이해할 수 있도록 도와준다.

Sources: "Doing Business in Egypt," *World Business Culture*, www.worldbusinessculture.com; World Bank, "Doing Business," www.doingbusiness. org; "Long Link with Cairo a Byword for Byworth," Chamber International, www.chamber-international.com; "Lighting Up a Growing Market—Premier Hazard Ltd," Chamber International, www.chamber-international.com.

CLOSING CASE 토론을 위한 질문

1. 이집트에서 비즈니스를 하는 데 수반되는 도전 과제는 무엇인가? 이러한 도전에도 불구하고 왜 이집트가 일부 수출 업체들에게 매력적인 시장 기회일 수 있을까?
2. 이집트의 경제적 및 정치적 문제로 인한 부정적인 결과로부터 수출 업체가 자신을 보호할 수 있는 방법이 있을까?
3. 이 사례의 예시들은 이집트에 성공적으로 수출하기 위해 필요한 요건에 대해 어떤 시사점을 제공하는가? 여기에서 얻을 수 있는 핵심 교훈은 무엇인가?

미주(endnotes)는 한경사 홈페이지 www.hankyungsa.co.kr의 공지 사항에서 PDF 파일로 다운로드 할 수 있습니다.

15

글로벌 생산 및 공급망 관리

학습 목표

이 장을 학습하면,

1. 글로벌 생산 및 공급망 관리에 관한 결정이 글로벌 기업들에게 핵심적인 중요성을 가지는 이유를 설명할 수 있다.
2. 국가별 차이, 생산 기술, 생산 요인이 생산 활동의 지역 결정에 어떻게 영향을 미치는지 설명할 수 있다.
3. 외국 자회사의 생산 역할은 시간이 지나면서 지식을 축적함에 따라 향상될 수 있음을 인식할 수 있다.
4. 회사의 공급처를 사내에서 결정할 것인지, 아니면 외국 공급 업체에서 결정할 것인지에 영향을 미치는 요인을 파악할 수 있다.
5. 글로벌 공급망 내에서 물류와 구매(소싱)의 기능을 이해할 수 있다.
6. 글로벌 공급망을 효율적으로 관리하기 위해 필요한 사항을 설명할 수 있다.

Scott Olson/Getty Images

OPENING CASE Whirlpool: 공급망 혼란에 대처하기

2020년 초 COVID 팬데믹이 발생했을 때, 미시간에 본사를 둔 Whirlpool은 자사 제품에 대한 주문이 급증하는 것을 경험했다. Whirlpool은 연 매출 220억 달러, 전 세계 70,000명의 직원을 보유한 글로벌 가전제품 제조업체이며, 17개국에 공장, 기술 센터, 또는 주요 사무실을 운영하고 있다. 많은 기업과 마찬가지로, Whirlpool도 팬데믹 기간 동안 급격한 수요 변화에 대비하지 못했다. 집에 머무는 시간이 길어지면서 소비자들은 소비 패턴을 변화시켰다. 외식, 스포츠 경기, 영화 관람, 휴가 등과 같은 외부 서비스 지출을 줄이는 대신, 더 많은 상품을 구매하기 시작했다. 정부의 경기 부양책으로 지급된 지원금은 소비자의 손에 더 많은 돈을 쥐어 주었고, 이는 실물 상품에 대한 수요를 더욱 증가시키는 요인이 되었다. 많은 사람들이 집을 리모델링하면서 노후된 가전제품을 교체하기도 했다.

그러나 이후 발생한 일들로 인해 Whirlpool은 이 기회를 온전히 활용할 수 없었다. 많은 기업과 마찬가지로 Whirlpool은 지리적으로 분산된 공급망을 운영하고 있었으며, 많은 부품을 아시아에서 단일 공급원으로 조달하고 있었다. 공급망은 매우 긴밀하게 조정되어 있었고, 제품은 조립 공장에 '적시생산(just-in-time)' 방식으로 조달되었다. 이러한 효율적인 공급망은 창고에 묶이는 자본을 줄이고 비용을 절감하는 효과가 있어, '정상적인 시기'에는 Whirlpool의 경쟁력을 높이고 수익성을 증대시키는 요소로 작용했다. 하지만 팬데믹 기간은 결코 정상적인 시기가 아니었다.

팬데믹이 전 세계로 확산되고 각국이 봉쇄 조치 또는 기타 제한 조치를 시행하면서 공장들이 폐쇄되거나 생산량이 감소했다. 운송 네트워크도 심각한 타격을 받았다. 많은 직원들이 집에 머무르면서 트럭 운송업체들은 운전기사 부족에 시달렸고, 철도 화물 운송도 둔화되었으며, 선박들은 혼잡한 항구에서 하역을 기다리며 정체되는 상황이 벌어졌다. Whirlpool은 곧 전기 모터, 전자 부품, LED 디스플레이 화면 등 주요 부품의 부족 사태에 직면했다.

상황을 더욱 악화시킨 것은 Whirlpool의 자체 조립 공장에서도 직원 부족 문제가 발생했다는 점이다. 일부 직원들은 병가를 내거나 격리해야 했고, 자녀들이 학교나 보육 시설에 갈 수 없게 되면서 돌봄을 위해 집에 머무는 경우도 많았다. 또 다른 일부 직원들은 조기 은퇴하거나, 전반적인 노동력 부족 현상을 기회로 삼아 더 나은 조건의 일자리로 이직했다. 일부 직원들은 단순히 퇴사하기도 했다. 이로 인해 Whirlpool은 수요를 맞출 수 없었고, 주문 적체(백로그)가 발생하기 시작했다. 팬데믹 이전에는 일주일 내에 배송할 수 있던 제품이 8~12주까지 지연되는 사태가 벌어졌다.

그럼에도 불구하고 Whirlpool은 많은 공장에서 높은 생산 수준을 유지하며 2021년 기록적인 매출을 달성했다. 그러나 공급망 문제와 인력 부족이 없었다면 매출은 더욱 증가할 수 있었을 것이다. 주문 적체 현상은 2021년과 2022년까지도 지속되었으며, 2022년 중반이 되어서야 대부분의 제품 주문 적체가 4주 수준으로 줄어들었다.

Whirlpool은 이러한 문제에 대응하기 위해 글로벌 공급망을 보다 효율적이고 탄력적으로 만드는 방안을 모색했다. 회사는 COVID 팬데믹이 일생에 한 번 있을 법한 사건일 수도 있지만, 러시아의 우크라이나 침공, 미국과 중국 간 무역 전쟁과 같은 지정학적 및 무역 긴장이 심화됨에 따라 공급망 문제는 장기적으로 지속될 가능성이 높다고 판단했다. 이에 따라 Whirlpool은 제품 설계를 변경하여 부품 수를 줄이거나 공통 부품을 사용하는 전략을 도입했다. 그 결과, 팬데믹 이전 110,000개에 달했던 부품 수는 2022년까지 70,000개로 감소했으며, 이는 공급망의 복잡성을 크게 줄이는 효과를 가져왔다. 향후 Whirlpool은 부품 수를 50,000개까지 줄이는 것을 목표로 하고 있다.

또한, Whirlpool은 이중 조달(dual sourcing)을 확대하며, 특히 전자 부품과 같은 고부가가치 핵심 부품에 우선순위를 두었다. 2023년 초까지 여전히 일부 저가 부품은 단일 공급원에서 조달하고 있었지만, 이 역시 가능한 한 빨리 이중 조달 체제로 전환하는 것이 목표였다. 이러한 전략은 공급망의 탄력성을 강화하는 동시에 비용 절감 효과도 가져왔다. Whirlpool은 이 과정을 완료하면 연간 운영 비용을 최대 9억 달러까지 절감할 수 있을 것으로 추산했다. Whirlpool은 또한 글로벌 분산 공급망 의존도를 줄이고, 특정 국가 또는 지역 내에서 강력한 공급망을 구축하는 데 집중하고 있다.

Sources: A. Hufford, "Whirlpool Makes the Case for a Less Global Company," *Wall Street Journal*, April 26, 2022. A. Hufford, " Whirlpool says Omicron will Keep Appliances in Short Supply," *Wall Street Journal*, January 26, 2022. J. Shankaran, "Is Just in Time Dead?", *The Stat Trade Times*, April 10, 2023.

서론

무역 장벽이 낮아지고 글로벌 시장이 발전함에 따라, 많은 기업이 상호 연관된 여러 가지 문제에 직면하고 있다. 첫째, 생산 활동을 세계의 어느 지역에 배치해야 하는가? 이를 단일 국가에 집중시켜야 할까, 아니면 비용 절감과 부가가치 극대화를 위해 각국의 요소 비용, 관세 장벽, 정치적 위험 등의 차이를 고려하여 전 세계에 분산시켜야 할까? 단일 국가 조달 전략은 운영상으로는 효율적일 수 있지만, 전략적으로는 종종 비효율적이 된다. 예를 들어, 한 국가에 생산을 집중했는데 그 국가가 정치적 또는 경제적으로 불안정해진다면 어떻게 될까? 또는 중국의 사례처럼, 예기치 않은 관세 장벽이 부과되면서 해당 국가의 경쟁력이 낮아진다면? 혹은 2003년의 SARS나 2020년의 COVID-19 확산으로 인해 공장이 몇 달 동안 폐쇄되면서 심각한 경제적 혼란이 발생한다면?

OPENING CASE에서 다룬 Whirlpool의 사례에서 보았듯이, 2020년부터 2022년까지 COVID-19 팬데믹으로 인한 공급망 붕괴는 여러 산업에 큰 혼란을 초래했다. Whirlpool이 깨달았듯이, 이러한 위험이 존재하는 상황에서는 글로벌 생산 및 공급망 관리에서 일정 수준의 중복성(redundancy)을 확보하는 것이 최선의 접근 방식이 될 수 있다. 이를 위해 기업은 생산 및 공급망을 여러 국가에 분산시키고, 필수적인 자재의 완충 재고를 확보해야 한다.

둘째, 해외 생산 거점의 장기적인 전략적 역할은 무엇인가? 요소 비용이 변화할 경우 기업은 해당 외국 거점을 포기하고 더 유리한 지역으로 생산을 이전해야 할까? 아니면 경제적 환경이 변하더라도 기존 거점을 유지하는 것이 더 가치가 있을까? 단순히 비용 절감만을 이유로 생산 공장을 다른 국가로 이전하는 것은 전략적으로 올바른 선택이 아닐 수 있다. 성공적인 기업들은 비용뿐만 아니라 품질, 유연성, 시간적 요소 등을 종합적으로 고려한다. 하지만 비용은 여전히 가장 중요한 요소 중 하나이며, 한 국가에서 더 나은 생산 거점으로 전략적 이동을 논의할 때 출발점이 된다.

셋째, 기업이 해외 생산 활동을 직접 소유해야 하는가, 아니면 독립된 공급 업체에 아웃소싱하는 것이 더 나은가? 아웃소싱은 통제력이 낮아지는 단점이 있지만, 비용 효율성을 높일 수 있다. 넷째, 전 세계에 분산된 공급망을 어떻게 관리해야 하며, 글로벌 물류, 구매(소싱), 운영 관리를 위해 정보 기술이 어떤 역할을 해야 하는가? 다섯째, 생산 문제와 유사하게, 글로벌 공급망 관리를 기업이 직접 수행해야 하는가, 아니면 이 업무를 전문적으로 수행하는 기업에 아웃소싱해야 하는가? 공급망 관리를 담당하는 다양한 제3자 서비스 제공 업체가 존재한다. 대부분의 기업은 원자재부터 최종 고객에게 제품을 전달하는 전체 공급망을 직접 관리하기를 원하지 않는다. 하지만 중요한 질문은 어떤 부분의 공급망을 제3자가 관리하고, 어떤 부분을 기업이 직접 관리해야 하는가이다.

또한, 공급망 관리, 특히 글로벌 공급망 관리는 운영 효율성을 극대화하는 데 있어 핵심적인 요소이다. 글로벌 공급망은 글로벌 생산과 글로벌 고객을 연결하는 역할을 한다. 글로벌 생산 및 공급망 관리는 본질적으로 복잡하며, 다국적 기업의 글로벌 공급 업체 네트워크에서는 지리적으로 분산된 형태를 유지하는 경우가 많다.

이 장에서는 세계에서 가장 효율적으로 운영되는 글로벌 공급망 네트워크 사례도 소개된다. 각 사례를 살펴보면서, 이들이 공급망을 운영하는 방식의 공통점과 차이점을 파악하고, 공급망의 효율성과 효과성을 어떻게 달성했는지 분석할 수 있다(예: 이 장에서 소개되는 IKEA 및 Amazon의 공급망 관리 사례).

이러한 글로벌 기업들의 공급망 관리에서 중요한 한 가지 요소는 총비용(total cost)에 대한 지속적인 고민이다. 글로벌 공급망의 총비용 접근 방식은 단순히 공급망의 각 단계(노드)에서 최저 비용을 추구하는 것이 아니라, 최종 고객에게 전달되는 제품의 총비용을 최소화하고, 결과적으로 최상의 가치를 제공하는 것을 목표로 한다. 즉, 원자재, 부품 조달, 전 세계적인 조립 비용뿐만 아니라, 공급망 내 기업 간의 통합 및 조정 비용도 고려해야 한다. 이러한 비용 문제들은 글로벌 물류 및 글로벌 구매와 연관되며, 기업들은 이를 전략적, 전술적으로 해결해야 한다.

전략, 생산 및 공급망 관리

[학습 목표 1] 글로벌 생산 및 공급망 관리에 관한 결정이 글로벌 기업들에게 핵심적인 중요성을 가지는 이유를 설명할 수 있다.

12장에서는 가치 사슬(value chain) 개념을 소개하고, 생산, 마케팅, 물류, 연구·개발(R&D), 인적 자원, 정보 시스템을 포함한 여러 가치 창출 활동에 대해 논의하였다. 이번 장에서는 이러한 가치 창출 활동 중 생산과 공급망 관리에 초점을 맞추고, 이를 국제적으로 수행할 경우 (1) 가치 창출 비용을 절감하고, (2) 고객 요구를 더 잘 충족하여 부가가치를 창출하는 방법을 명확히 설명하고자 한다.

생산(production)은 글로벌 공급망과 관련하여 논의될 때 제조(manufacturing) 또는 운영(operations)이라고도 불린다. 또한, 정보 기술이 이러한 활동에 기여하는 바를 고려할 때, 이는 글로

생산
제품을 만드는 데 관련된 활동.

벌 통합이 가속화된 오늘날 세계에서 특히 중요한 요소가 되었다. 후속으로 이어지는 장에서는 국제적인 맥락에서 마케팅, R&D, 인적 자원 관리 등 다른 가치 창출 활동을 다룰 것이다.

12장에서, 생산이란 재화(goods) 또는 서비스(service)의 창출과 관련된 활동이라고 정의하였다. 우리는 생산이라는 용어를 서비스와 제조 활동 모두를 포함하는 개념으로 사용하였는데, 이는 제품뿐만 아니라 서비스도 생산될 수 있기 때문이다. 이번 장에서는 주로 물리적 제품(physical goods)의 생산에 초점을 맞추지만, 서비스에도 이 개념이 적용된다는 점을 잊어서는 안 된다. 최근 몇 년 동안, 미국 기업들이 특정 서비스 활동의 '생산'을 노동 비용이 더 저렴한 개발도상국으로 아웃소싱하는 경향이 지속되고 있다. 예를 들어, 많은 미국 기업들은 영어가 널리 사용되며 노동 비용이 낮은 인도로 고객 서비스를 아웃소싱하고 있다. **공급망 관리(supply chain management)**란 물류, 구매, 운영, 시장 유통 채널(market channel) 활동을 통합하고 조정하여 원자재에서 최종 고객까지 연결하는 과정을 의미한다. 생산과 공급망 관리는 밀접하게 연결되어 있다. 기업이 생산 활동을 효율적으로 수행하려면 고품질의 원자재 및 정보 입력을 적시에 공급받아야 하며, 이를 위해 구매와 물류가 중요한 기능을 담당한다. **구매(purchasing)**는 기업의 제품 및 서비스 제조에 사용되는 원자재, 부품, 제품을 조달하는 공급망의 일부이다. **물류(logistics)**는 원자재, 부품, 제품의 흐름과 재고를 효과적으로 계획, 실행, 통제하는 공급망의 일부이다.

공급망 관리
원자재에서 최종 소비자까지 이르는 물류, 구매, 운영, 시장 유통 채널 활동을 통합하고 조정하는 과정.

구매
기업의 제품 및 서비스 제조에 사용되는 원자재, 부품, 제품을 전 세계에서 조달하는 공급망의 일부.

물류
원자재, 부품, 제품의 흐름과 재고를 효율적으로 계획, 실행, 통제하는 공급망의 일부.

globalEDGE

아웃소싱

이번 장에서는 생산, 제조/구매 결정, 소싱, 물류와 관련된 다양한 문제를 다룬다. 아웃소싱은 생산 및 공급망과 관련하여 뉴스 미디어와 인터넷에서 많이 논의되는 주제 중 하나이다. 사실, 아웃소싱이라는 단어는 '우리 대 그들(us against them)'의 대립적인 사고방식을 불러일으킬 때도 있다. 즉, 기업이 생산 또는 기타 활동을 '국경 밖의 외부 기업에 아웃소싱해야 하는가, 아니면 국내에서만 운영해야 하는가'라는 논쟁이 벌어지기도 한다. 그러나 많은 경우, 이 문제는 전략적 자원의 문제이기보다는 정치적인 이슈로 더 많이 다루어진다. 경쟁력을 유지하기 위해 기업들은 일반적으로 공급망에 가장 높은 가치를 제공할 수 있는 선택지를 택한다. globalEDGE™의 Outsourcing 섹션에서는 아웃소싱과 관련된 최신 데이터 및 정보를 확인할 수 있다(globaledge.msu.edu/global-resources/outsourcing). 예를 들어, 국제 아웃소싱 전문가 협회(International Association of Outsourcing Professionals)가 존재한다는 사실을 알고 있는가? 이 협회의 목표는 무엇이며, 전 세계에 몇 명의 회원을 보유하고 있는가?

국제 기업의 생산 및 공급망 관리 기능(구매, 물류)은 몇 가지 중요한 전략적 목표를 가진다.[1] 첫 번째 목표는 원자재에서 완제품으로 이동하는 전체 비용을 최소화하면서 최종 소비자에게 제공되는 가치를 극대화하는 것이다. 이를 위해 생산 활동을 전 세계 여러 지역에 분산하여 각 활동을 가장 효율적으로 수행할 수 있는 곳에서 진행하면 전체 비용을 낮출 수 있다. 또한, 공급망을 효율적으로 관리하여 수요와 공급을 보다 잘 일치시키는 것도 비용 절감에 기여한다. 이를 위해서는 글로벌 기업 내부의 공급망 기능(예: 구매, 물류, 생산 및 운영 관리)과 공급망에 포함된 외부 조직(예: 공급 업체) 간의 조정 및 통합이 필요하다. 예를 들어, 효율적인 물류 관리를 통해 시스템 내의 재고량을 줄이고, 재고 회전율을 증가시키며, 적절한 운송 모드를 활용할 수 있다. 최적화된 구매 운영은 주문 이행 및 배송, 아웃소싱 전략, 공급 업체 선정 등의 과정을 향상시킨다. 또한, 효율적인 운영 관리는 적절한 생산 위치를 선택하고, 우선적으로 고려해야 할 생산 목표를 설정하며, 공급망의 품질을 높이는 데 기여한다.

두 번째 전략적 목표는 공정 기반 품질 표준을 수립하고, 결함이 있는 원자재, 부품, 제품을 제조 과정과 공급망에서 제거하여 제품(또는 서비스) 품질을 향상시키는 것이다.[2] 여기서 품질은 신뢰성을 의미하며, 최종 제품이 결함 없이 우수한 성능을 발휘하는 것을 목표로 한다. 이러한 품질 보증은 글로벌 공급망의 상류 및 하류 과정에 모두 내재되어야 한다. **상류 공급망(upstream supply chain)**은 원자재에서 생산 시설까지의 공급망에 포함된 모든 조직(예: 공급 업체)과 자원을 의미하며, 이는 인바운드 공급망(생산 지향 공급망)이라고도 한다. **하류 공급망(downstream supply chain)**은 생산 시설에서 최종 소비자까지의 공급망에 포함된 모든 조직(예: 도매업체, 소매업체)을 의미하며, 이는 아웃바운드 공급망(판매 지향 공급망)이라고도 한다. 상류 및 하류 공급망을 통해 비용 절감과 품질 향상의 목표는 서로 독립적인 것이 아니라 상호 연관되어 있다. 그림 15-1에서 볼 수 있듯이, 품질 관리 개선은 다음과 같은 방식으로 비용 절감 효과를 가져온다.

상류 공급망
원자재에서 생산 시설에 이르는 공급망의 일부.

하류 공급망
생산 시설에서 최종 고객에 이르는 공급망의 일부.

- 불량 제품을 생산하여 판매할 수 없는 상황을 방지하여 생산성을 높이고 단위 비용을 직접적으로 절감.
- 불량 제품으로 인한 재작업 및 폐기 비용 절감.
- 불량 제품 수리에 필요한 보증 비용 및 시간 절감.

결과적으로, 생산 및 A/S 비용을 절감하여 전체적인 가치 창출 비용을 낮추고, 글로벌 생산 및 공급망 관리의 신뢰성을 높이는 효과를 가져온다.

현재 대부분의 관리자가 제품의 신뢰성을 높이기 위해 사용하는 주요 도구는 식스 시그마 품질 개선 기법이다. 식스 시그마는 1980년대와 1990년대 초반에 먼저 일본 기업들, 이후 미국 기업들이 널리 채택한 **전사적 품질 관리(total quality management, TQM)** 철학의 직접적인 후계자이다.[3] TQM 철학은 W. Edwards Deming, Joseph Juran, A. V. Feigenbaum과 같은 여러 미국 컨설턴트들에 의해 개발되었다.[4] Deming은 모든 TQM 프로그램에서 포함해야 할 몇 가지 단

전사적 품질 관리(TQM)
회사의 제품과 서비스 품질을 향상시키는 것을 중심 목표로 하는 관리 철학.

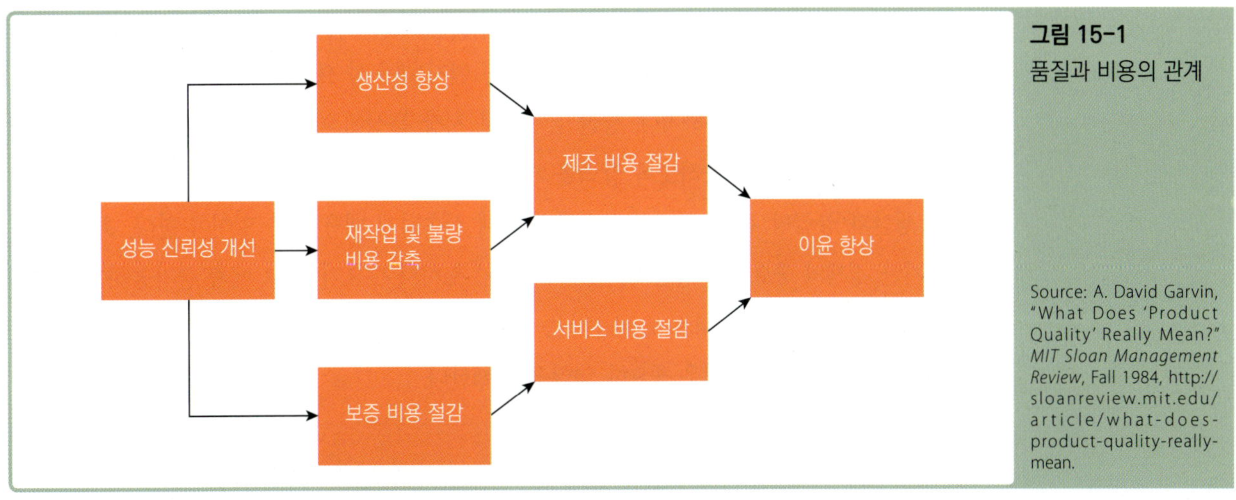

그림 15-1
품질과 비용의 관계

Source: A. David Garvin, "What Does 'Product Quality' Really Mean?" *MIT Sloan Management Review*, Fall 1984, http://sloanreview.mit.edu/article/what-does-product-quality-really-mean.

계를 제시했다. 그는 실수, 결함, 저품질 원자재는 용납될 수 없으며 반드시 제거되어야 한다는 철학을 경영진이 받아들여야 한다고 주장했다. 또한, Deming은 감독자가 직원들과 더 많은 시간을 함께하며 업무를 수행할 수 있도록 하고, 필요한 도구를 제공함으로써 감독의 품질을 향상시켜야 한다고 제안했다. 그는 경영진이 직원들이 문제를 보고하거나 개선을 제안하는 것을 두려워하지 않는 환경을 조성해야 한다고 강조했다. 또한, 작업 기준은 단순한 숫자나 할당량으로만 정의되어서는 안 되며, 결함 없는 제품 생산을 촉진할 수 있도록 품질 개념이 포함되어야 한다고 주장했다. 그는 직원의 기술이 변화하는 작업 환경에 맞춰질 수 있도록 경영진이 새로운 기술을 교육해야 할 책임이 있다고 보았으며, 더 나은 품질을 달성하기 위해서는 회사 내 모든 사람의 헌신이 필요하다고 믿었다.

식스 시그마
제품 품질을 개선하기 위한 통계 기반 방법론.

식스 시그마(Six Sigma)는 TQM의 현대적 후계자로서, 통계 기반 철학을 통해 결함을 줄이고, 생산성을 향상시키며, 낭비를 제거하고, 비용을 절감하는 것을 목표로 한다. 식스 시그마 프로그램은 Motorola, General Electric, Honeywell 등 여러 대기업에서 채택되었다. '시그마'는 통계학에서 평균으로부터의 표준 편차를 나타내는 그리스 문자에서 유래했다. '시그마 수'가 높을수록 오류가 적다는 의미이다. 예를 들어, 6 시그마 수준에서는 생산 공정의 정확도가 99.99966%에 달하며, 백만 개의 제품 중 단 3.4개만이 결함이 있는 것으로 간주된다. 기업이 이러한 완벽한 수준에 도달하는 것은 거의 불가능하지만, 식스 시그마 품질은 달성해야 할 목표로 간주된다. 특히, 식스 시그마 프로그램은 다국적 기업들이 품질 및 생산성 이니셔티브를 구조화하는 데 유용한 역할을 하며, 많은 기업이 이를 채택하여 제품 품질과 생산성을 향상시키려 하고 있다.[5]

ISO 9000
일정한 품질 기준을 충족해야 하는 인증 절차.
※국제표준화기구(ISO)에서 제정한 품질경영 시스템(Quality Management System, QMS)에 관한 국제 표준 시리즈이다. — 역자주

국제 표준의 성장 또한 제품 품질의 중요성을 더욱 강조하는 역할을 하고 있다. 예를 들어, 유럽연합(EU)은 기업이 EU 시장에 진입하기 위해 **ISO 9000**이라는 품질 표준을 준수하도록 요구하고 있다. ISO 9000 인증 과정은 많은 기업들에게 관료적이고 비용이 많이 드는 절차로 인식되기도 하지만, 이는 기업의 경영진이 제품 및 공정의 품질 향상 필요성에 집중하도록 유도하는 효과를 가진다.

비용 절감과 품질 향상 외에도 국제 비즈니스에서는 특히 중요한 두 가지 목표가 있다. 첫째, 생산과 공급망 기능은 현지 대응성(local responsiveness)에 대한 요구를 충족할 수 있어야 한다. 12장에서 살펴보았듯이, 현지 대응성에 대한 요구는 국가마다 서로 다른 소비자의 취향과 선호, 인프라, 유통 경로, 그리고 현지 정부의 요구에서 비롯된다. 현지 대응성 요구는 기업이 주요 국가나 지역 시장으로 생산 활동을 분산화하거나, 생산 공정에서 시장 특성에 따라 제품을 유연하게 맞춤화할 수 있는 제조 프로세스를 구축하도록 압력을 가하게 된다.

둘째, 생산과 공급망 관리는 고객 수요의 변화에 신속하게 대응할 수 있어야 한다. 최근 몇 년 간 시간 기반 경쟁의 중요성이 점점 더 커지고 있다.[7] 소비자 수요가 크고 예측 불가능하게 변화하는 경우, 이러한 변화에 가장 빠르게 적응하는 기업이 경쟁에서 우위를 점하게 될 것이다.[8] 이 과정에서 생산과 공급망 관리가 매우 중요한 역할을 수행한다.

생산 장소 결정

[학습 목표 2] 국가별 차이, 생산 기술, 생산 요인이 생산 활동의 지역 결정에 어떤 영향을 미치는지 설명한다.

국제적인 기업들이 직면하는 중요한 결정은 비용을 최소화하고 제품 품질을 향상시킬 수 있는 생산 활동을 어디에 위치시킬 것인가 하는 것이다. 국제적인 생산을 고려하는 기업은 여러 가지 요소를 고려해야 한다. 이러한 요소는 크게 세 가지, 국가적 요소, 기술적 요소, 생산적 요소로 분류할 수 있다.[9]

국가적 요소

우리는 이 책의 앞부분에서 국가별 요소를 자세히 검토하였다. 정치 및 경제 시스템, 문화, 상대적 요소 비용은 국가마다 다르다. 6장에서 요소 비용의 차이로 인해 일부 국가가 특정 제품을 생산하는 데 있어 비교 우위를 가지고 있음을 확인하였다. 2, 3, 4장에서는 정치 및 경제 시스템과 국가 문화의 차이가 한 국가에서 사업을 할 때의 이점, 비용, 위험에 어떤 영향을 미치는지 확인하였다. 다른 조건이 동일하다면, 기업은 상대적 요소 비용을 포함한 경제, 정치, 문화적 조건이 해당 활동 수행에 유리한 곳에 다양한 제조 활동을 배치해야 한다(중국에서의 IKEA 생산 사례를 다룬 'MANAGEMENT FOCUS' 참조). 12장에서 우리는 이러한 전략에서 파생되는 이점을 위치 경제라고

IKEA의 중국에서의 생산

IKEA는 1943년 당시 17세였던 Ingvar Kamprad가 스웨덴에서 설립한 세계 최대의 가구 소매업체이다. 앞서 언급했듯이 IKEA라는 이름은 창업자 이름 이니셜(I.K.)과 그가 자란 농장 Elmtaryd의 첫 글자 E, 고향인 스웨덴 Agunnaryd의 첫 글자 A를 합친 것이다. 스웨덴에서 출발하여 현재 네덜란드 델프트에 본사를 둔 IKEA는 글로벌 공급망 및 생산 시스템에 대한 흥미로운 사례를 제시한다. IKEA는 다국적 기업으로, 46개국에서 350개 이상의 매장을 운영하고 있으며, 가구 디자인과 제조 활동 대부분은 INGKA Holding이라는 신탁에서 관리하고 있다. INGKA Holding 역시 네덜란드 델프트에 본사를 두고 있다. IKEA 제품의 디자인은 여전히 주로 스웨덴에서 이루어지고 있지만, 고객이 구매하여 조립하는 부품들의 제조 과정은 중국을 비롯한 아시아 국가들로 아웃소싱되어 있다.

IKEA가 약 12,000가지의 가구 및 관련 제품을 생산한다는 점을 감안하면, 글로벌 시장에서의 경쟁 우위를 유지하기 위해 생산 능력과 생산량 관리가 매우 중요하다. IKEA는 자신이 디자인하고 생산하는 제품에 대한 분명한 비전을 갖고 있다. 즉, 기능적이고 디자인이 뛰어난 가구를 가능한 한 많은 소비자에게 합리적인 가격으로 제공하는 것이다. IKEA의 독특한 가치 제안은 글로벌 공급망 관리와 재고 관리 등 서로 긴밀하게 연결된 핵심 기능들의 협력에 의해 뒷받침된다.

한편 IKEA는 2013년 8월 28일 중국 장쑤성 난퉁에 첫 번째 100% 자회사 형태의 제조 시설을 열었다. 이 시설은 중국과 아시아 지역에서 빠르게 증가하는 IKEA 매장 확장에 대응하기 위해 현지 생산 기지로서 운영된다. 중국은 IKEA의 최대 공급 국가로, 약 300개의 중국 현지 공급 업체를 통해 전 세계 공급량의 20% 이상을 차지한다. 또한 이 제조 공장은 IKEA가 상하이에 운영하는 두 개의 대형 물류창고와 인접한 곳에 위치하고 있다.

Sources: L. Rupp, "Ikea, Dollar General CEOs Lobby Republicans in Tax Showdown," *Bloomberg Businessweek*, March 7, 2017; D. L. Yohn, "How IKEA Designs Its Brand Success," *Forbes*, June 10, 2015; J. Kane, "The 21 Emotional Stages of Shopping at IKEA, From Optimism to Total Defeat," *Huffington Post*, May 6, 2015; J. Leland, "How the Disposable Sofa Conquered America," *The New York Times Magazine*, October 5, 2005, p. 45; "The Secret of IKEA's Success," *The Economist*, February 24, 2011; B. Torekull, *Leading by Design: The IKEA Story* (New York: HarperCollins, 1998); P. M. Miller, "IKEA with Chinese Characteristics," *Chinese Business Review*, July–August 2004, pp. 36–69.

언급하였다. 또한 이러한 전략의 결과로 가치 창출 활동의 글로벌 네트워크가 형성된다고 주장하였다.

일부 산업에서는 특정 지역에 글로벌 활동이 집중되는 것이 중요할 수 있다. 8장에서 논의하였듯이, 위치(입지) 외부성(location externalities)은 해외직접투자(FDI) 결정에 영향을 미치는 주요 요인 중 하나이다.[10] 이러한 외부성에는 적절한 기술을 보유한 노동력의 존재와 지원 산업의 존재 등이 포함되며, 생산 활동의 입지 결정에 중요한 역할을 한다. 예를 들어, 대만에는 반도체 제조 공장이 밀집해 있어 반도체 산업에서 경험과 기술을 갖춘 노동력 풀이 형성되었다. 또한 이러한 제조 공장들은 반도체 장비 및 실리콘 제조업체와 같은 다양한 지원 산업을 대만으로 유치하였고, 이들 업체는 고객 기업과 가까운 곳에 시설을 설립하였다. 이 같은 현상은 다른 지역에 비해 대만에서 생산 활동을 수행하는 것이 기업에 실질적인 이점을 제공한다는 것을 의미한다. 따라서 다른 조건이 동일하다면, 이러한 외부성 요인으로 인해 대만은 반도체 제조 시설의 입지로서 매우 매력적이다. 비슷한 과정이 현재 인도의 하이데라바드와 벵갈루루에서도 진행되고 있다. 서구 및 인도의 정보·기술(IT) 기업들이 이 도시들에 진출하면서, 하이데라바드의 특정 지역은 Microsoft, IBM, Infosys, Qualcomm 등 주요 IT 기업 시설이 밀집되어 있어 '사이버라바드(Cyberabad)'라고 불리기도 한다.

그러나 항상 다른 조건이 동일한 것은 아니다. 상대적 생산 요소 비용, 정치 경제, 문화, 위치 외부성 등의 조건도 계속 변하기 때문이다. 이러한 요인들 외에도 공식적으로나 비공식적으로 존재하는 무역 장벽, 상대적 생산 비용, 공식적·비공식적 규제, 정치적 환경, FDI에 관한 규제(8장 참조) 등도 기업의 입지 결정에 중요한 영향을 미친다. 또한 생산 시설의 위치를 결정할 때는 상대적 생산 요소 비용 외에도 교통 인프라, 정부 정책, 현지의 공식적·비공식적 규제 등 다양한 요인을 함께 고려해야 한다. 예를 들어, 상대적 생산 요소 비용이 낮아 특정 국가가 제조 시설의 입지로 매력적으로 보일 수 있으나, 그 국가가 해외직접투자에 제한을 두고 있다면 입지 후보에서 제외될 수도 있다. 또한 특정 부품을 어떤 국가에서 조달하는 것이 비용 측면에서 유리하게 보일지라도, 무역 장벽이 존재할 경우 실제로는 경제적 이점이 감소하거나 사라질 수도 있다. 결국, 상대적 생산 요소 비용 이외에 무역 장벽이나 투자 규제와 같은 다른 요인들까지 고려해야만 최적의 결정을 내릴 수 있다.

또 다른 중요한 국가적 요인은 향후 환율 변동에 대한 기대이다(10, 11장 참조). 환율 변동은 한 국가가 제조 기지로서 얼마나 매력적인지를 빠르게 변화시킬 수 있다. 통화 가치의 상승은 저비용 지역을 고비용 지역으로 바꿀 수 있다. 많은 일본 기업들은 1990년대와 2000년대 초반에 이러한 문제와 씨름해야 했다. 1950년부터 1980년 사이 상대적으로 낮았던 엔화 가치는 일본을 저비용 제조 기지로 성장시키는 데 기여하였다. 그러나 이후 수십 년 동안 엔화 가치가 상승하면서 일본은 고비용 제조국으로 변했고, 일본 기업들은 이에 대응하기 위해 제조 시설을 동아시아와 동남아시아 등 상대적으로 비용이 낮은 지역으로 이전하였다.

기술적 요인

기업의 입지 결정에서 또 하나의 중요한 요인은 제조 기술과 관련된 제약이다. 어떤 경우에는 기술적 제약으로 인해 특정 제조 활동을 반드시 한 곳에 집중하여 수행하고, 전 세계 시장에 제품을 공급해야 할 수도 있다. 반면, 기술 발전 덕분에 여러 지역에서 동일한 제조 활동을 유연하게 수행할 수 있는 경우도 존재한다. 이와 관련하여 특히 주목할 만한 제조 기술의 특성은 세 가지로, 고정비의 수준, 최소 효율 생산 규모, 기술적 유연성이다.

고정 비용

12장에서 언급한 바와 같이, 생산 공장을 설립하는 데 드는 고정 비용이 너무 높아서 기업이 단일 위치 또는 극소수의 위치에서 세계 시장에 서비스를 제공해야 하는 경우도 있다. 예를 들어, 최신 반도체 칩을 생산하는 최첨단 제조 공장을 설립하는 데 현재 최대 250억 달러의 비용이 소요된다. 이러한 막대한 고정 투자 비용을 고려할 때, 다른 조건이 동일하다면 최적의 단일 위치에 공장을 집중적으로 설립하고, 이곳에서 전 세계 시장에 제품을 공급하는 것이 합리적일 수 있다.

반대로, 고정 비용이 상대적으로 낮다면 특정 제조 활동을 여러 지역에서 동시에 수행하는 것이 더 경제적일 수 있다. 이를 통해 기업은 각 지역 시장에서의 현지 대응 요구를 보다 효과적으로 충족할 수 있다. 또한 기업이 제조 활동을 여러 지역으로 분산하면 환율 변동에 따른 리스크도 줄일 수 있다. 한 국가에 생산 시설을 집중하는 경우, 환율 변동에 따라 큰 위험을 감수해야 할 수 있기 때문이다. 변동환율제에서 이러한 위험을 줄이기 위해 많은 기업들은 생산 시설을 다양한 국가로 분산하여 환율 위험에 대한 일종의 '실질적 헤지(real hedge)'를 수행하고 있다.

최소 효율 규모

규모의 경제 효과로 인해 공장의 생산량이 증가할수록 단위 비용은 하락하게 된다. 이는 생산 규모가 증가할수록 자본 설비의 효율적인 사용이 가능해지고, 직원들의 역할이 전문화되면서 생산성이 향상되기 때문이다.[11] 그러나 일정 수준 이상의 생산량을 초과하면 추가적인 규모의 경제 효과는 미미해진다. 결과적으로 단위 비용 곡선은 일정 수준의 생산량까지는 하락하다가, 이후에는 생산량을 늘려도 비용이 추가적으로 더 하락하지 않게 된다. 이때, 규모의 경제를 충분히 실현하여 단위당 생산 비용이 가장 낮아지는 생산량을 **최소 효율 규모**(minimum efficient scale)라고 한다. 이는 공장 수준의 규모의 경제 효과가 대부분 소진되는 생산량의 수준을 의미한다(그림 15-2 참조).

최소 효율 규모
공장 또는 생산 설비 수준에서 규모의 경제가 대부분 실현되는 최소한의 생산량 수준.

이 개념이 시사하는 바는 다음과 같다. 최소 효율 규모가 전 세계 총수요에서 차지하는 비중이 클수록, 생산 시설을 단일 지역 또는 소수의 지역에 중앙 집중화하는 것이 더욱 유리해진다. 글로벌 반도체 산업에서 이러한 현상을 명확히 확인할 수 있다. 이 분야에서는 규모의 경제 효과가 매우 크기 때문에, 이를 실현할 수 있을 정도의 대규모 생산 운영이 가능한 기업은 Intel, Samsung, 그리고 대만의 TSMC, 단 세 기업뿐이다. 반면, 최소 효율 규모가 전 세계 총수요에 비해 낮을 경우,

그림 15-2
일반적인 단위 비용 곡선

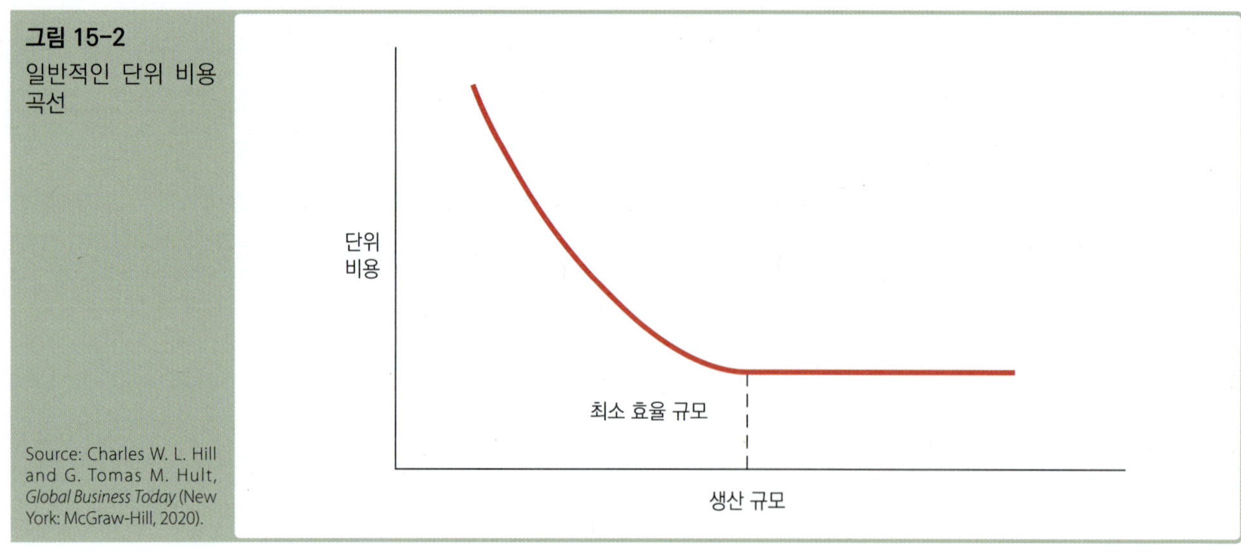

Source: Charles W. L. Hill and G. Tomas M. Hult, *Global Business Today* (New York: McGraw-Hill, 2020).

여러 위치에서 제품을 생산하는 것이 경제적으로 더욱 타당할 수 있다. 예를 들어, 개인용 컴퓨터 제조 공장의 최소 효율 규모는 연간 약 25만 대이지만, 전 세계 총수요는 2억 7천만 대를 초과한다. 이러한 낮은 최소 효율 규모 덕분에 Dell이나 Lenovo와 같은 기업들은 여러 지역에서 PC를 조립할 수 있다. 고정 비용이 낮은 경우와 마찬가지로, 최소 효율 규모가 낮을 경우 기업은 현지 대응 요구를 보다 효과적으로 충족할 수 있으며, 또한 여러 지역에서 동일한 제품을 생산함으로써 환율 변동에 따른 위험을 분산할 수 있다.

유연 제조와 대량 맞춤 생산

규모의 경제 개념에서 핵심적인 아이디어는 높은 효율성을 달성하는 것이고, 결과적으로 낮은 단위 비용을 실현하는 최선의 방법인 표준화된 제품을 대량 생산하는 것이라는 점이다. 이 개념에는 단위 비용과 제품 다양성 간의 중요한 상충 관계(trade-off)가 내포되어 있다. 공장에서 보다 다양한 제품을 생산하려면 생산 주기가 짧아지고, 이는 규모의 경제 실현을 어렵게 만든다. 즉, 제품의 다양성이 증가할수록 생산 효율성을 극대화하고 단위 비용을 절감하는 것이 더욱 어려워진다. 이러한 논리에 따르면, 효율성을 높이고 단위 비용을 낮추는 가장 효과적인 방법은 제품 다양성을 제한하고 대량으로 표준화된 제품을 생산하는 것이다.

유연 제조 기술(린 생산) 작업 스케줄링을 개선하고, 준비 시간을 줄이며, 품질 관리를 개선하기 위해 고안된 제조 기술.

그러나 이러한 생산 효율성 개념은 **유연 제조 기술**(flexible manufacturing technologies)의 등장으로 도전에 직면하였다. **린 생산**(lean production, 초효율 생산)이라고도 불리는 유연 제조 기술은 다음과 같은 다양한 제조 기술을 포함하는 개념이다. 이러한 기술은 (1) 복잡한 장비의 설정 시간을 단축하고, (2) 더 효율적인 일정 관리를 통해 개별 기계의 활용도를 높이며, (3) 제조 과정의 모든 단계에서 품질 관리를 향상시키는 것을 목표로 한다.[12] 유연 제조 기술을 활용하면, 기업은 과거에 표준화된 제품을 대량 생산해야만 실현할 수 있었던 수준의 단위 비용으로 보다 다양한 최종 제품을 생산할 수 있다. 연구에 따르면, 유연 제조 기술을 도입하면 기존의 표준화된 대량 생산 방식보다 더 높은 효율성을 달성하고 단위 비용을 절감할 수 있으며, 동시에 제품을 훨씬 더 다양하게 맞춤 제작하는 것이 가능해진다. 이러한 개념을 설명하기 위해 **대량 맞춤 생산**(mass customization)이라는 용어가 등장하였다. 즉, 유연 제조 기술을 활용하면 과거에는 양립할 수 없다고 여겨졌던 두 가지 목표, 즉 낮은 비용과 제품 맞춤화를 동시에 실현할 수 있다.[13] 유연 제조 기술은 그 정교함과 복잡성에 따라 다양한 형태로 존재한다.

대량 맞춤 생산
표준화된 생산물의 대량 생산을 통해서만 달성할 수 있었던 단가에서 다양한 최종 제품을 생산하는 것.

유연 제조 기술의 대표적인 사례 중 하나는 Toyota의 생산 시스템이다. 이 시스템은 Toyota를 세계에서 가장 효율적인 자동차 제조업체로 성장시키는 데 핵심적인 역할을 한 것으로 평가받는다. Toyota의 유연 제조 시스템은 Toyota의 엔지니어인 Taiichi Ohno에 의해 개발되었다. Ohno는 Toyota에서 5년간 근무한 후 미국의 Ford 공장을 방문하였고, 당시의 자동차 대량 생산 방식에 근본적인 결함이 있다고 확신하게 되었다. 그는 기존의 대량 생산 방식이 여러 가지 문제를 초래한다고 보았다.

긴 생산 주기는 막대한 규모의 재고를 발생시키며, 이 재고를 대형 창고에 보관해야 했다. 이는 창고 운영 비용 증가뿐만 아니라, 자본이 비생산적인 방식으로 묶이는 문제를 초래했다. 초기 기계 설정이 잘못될 경우 대량 생산 방식에서는 대량의 불량품(즉, 폐기물)이 발생할 위험이 컸다. 또한, 대량 생산 시스템은 소비자의 다양한 제품 선호도를 반영하는 데 한계를 보였다.

이러한 문제를 해결하기 위해 Ohno는 짧은 생산 주기를 보다 경제적으로 운영하는 방법을 연구했다. 그는 생산 장비의 설정 변경 시간을 단축하기 위한 다양한 기술을 개발하였다. 예를 들어, 레버와 도르래 시스템을 활용하여 금형 교체 시간을 기존 하루에서 단 3분으로 단축하는 데 성공했다. 이를 통해 소규모 생산 주기가 경제적으로 가능해졌으며, Toyota는 소비자의 요구에 보다 신속하고 유연하게 대응할 수 있게 되었다. 또한, 소규모 생산 주기를 도입함으로써 대량의 재고를 보유할 필요성이 줄어들었고, 이에 따라 창고 비용을 절감할 수 있었다. 더불어, 낮은 재고 수준 덕분에 불량품이 대량으로 생산되는 위험이 감소하였으며, 불량품이 조립 공정에서 즉시 발견되고 수정될 수 있었다. 요약하면, Taiichi Ohno의 혁신적인 접근 방식 덕분에 Toyota는 기존의 대량 생산 방식보다 더 다양한 제품을, 더 낮은 단위 비용으로, 더 높은 품질로 생산할 수 있는 시스템을 구축할 수 있었다. 이러한 TPS(Toyota Production System)은 이후 린 생산의 기초가 되었으며, 전 세계 제조업체들이 벤치마킹하는 대표적인 제조 혁신 사례로 자리 잡았다.[14]

유연 기계 셀(flexible machine cells)은 또 다른 일반적인 유연 제조 기술이다. 유연 기계 셀은 다양한 유형의 기계, 공통 자재 처리 장치, 그리고 중앙 집중식 셀 컨트롤러로 구성된 시스템이다. 일반적으로 하나의 셀에는 네 개에서 여섯 개의 기계가 포함되며, 각 기계는 다양한 작업을 수행할 수 있다. 일반적인 셀은 특정 부품 또는 제품군의 생산에 특화되어 있으며, 기계의 설정은 컴퓨터로 제어되기 때문에 서로 다른 부품이나 제품의 생산을 신속하게 전환할 수 있다.

유연 기계 셀
다양한 기계 유형, 공통 재료 처리기 및 중앙 집중식 셀 컨트롤러를 그룹화하여 제품군을 생산하는 유연 제조 기술.

유연 기계 셀의 주요 효율성 이점으로는 생산 능력 활용률 향상, 재공품(work-in-progress, 즉 부분적으로 완성된 제품의 재고)과 폐기물 감소가 있다. 생산 능력 활용률이 향상되는 이유는 설정 변경 시간(setup time)의 단축과 컴퓨터 제어를 통한 기계 간 생산 흐름의 최적화 덕분이다. 이를 통해 병목 현상이 제거되고 생산 과정이 원활하게 조정된다. 기계 간 긴밀한 연계는 재공품 재고를 줄이는 데도 기여한다. 또한, 컴퓨터 제어 기계는 투입 자원을 최소한의 폐기물로 변환할 수 있는 방법을 찾아냄으로써 폐기물을 줄이는 역할을 한다. 독립형 기계(freestanding machines)는 평균적으로 50% 정도의 시간만 가동되지만, 동일한 기계를 기계 셀로 구성하면 90% 이상의 가동률을 유지할 수 있으며, 같은 최종 제품을 절반 수준의 폐기물만으로 생산할 수 있다. 이와 같은 효율성 증가는 생산 비용 절감으로 이어진다.

유연 제조 기술을 도입하면 기업의 비용 구조에 상당한 영향을 미칠 수 있다. Ford Motor Company는 전 세계 자동차 공장에 유연 제조 기술을 도입해 왔다. 이러한 신기술 덕분에 Ford는 동일한 생산 라인에서 여러 모델을 생산할 수 있게 되었으며, 과거보다 훨씬 빠르게 모델 간 생산 전환이 가능해졌다. 이를 통해 Ford는 비용 구조에서 20억 달러(약 2조 원)를 절감하는 효과를 거두었다.[15]

유연 제조 기술은 효율성을 향상시키고 비용을 절감하는 것 외에도, 기업이 소규모 소비자 그룹의 요구에 맞춰 제품을 맞춤 제작할 수 있도록 한다. 이는 한때 표준화된 제품을 대량 생산해야만 실현할 수 있었던 비용 수준에서 가능해졌다. 따라서 이러한 기술은 기업이 대량 맞춤 생산을 실현하도록 도와주며, 이는 고객에 대한 대응력을 증가시킨다. 국제 비즈니스에서 가장 중요한 점은 유연 제조 기술이 기업이 다양한 국가 시장에 맞춰 제품을 맞춤 제작할 수 있도록 돕는다는 것이다. 이 점의 중요성은 아무리 강조해도 지나치지 않다. 유연 제조 기술이 사용 가능할 때, 기업은 단일 공장에서 다양한 국가 시장에 맞춤화된 제품을 생산할 수 있으며, 이를 최적의 위치에 위치한 공장에서 수행할 수 있다. 그리고 이는 상당한 비용 부담 없이 가능하다. 따라서 기업은 더 이상 각 주요 국가 시장에 제조 시설을 설립하지 않고도 특정 소비자의 취향과 선호를 충족하는 제품을 제공할 수 있게 되었다. 이는 현지화 전략(12장 참조)의 근거 중 하나였다.

생산 요소

전 세계적으로 생산 시설이 특정한 방식으로 위치하고 활용되는 이유에는 여러 생산 요소가 중요한 역할을 한다. 이러한 요소에는 (1) 제품 특성, (2) 생산 시설의 입지 선정, (3) 생산 시설의 전략적 역할이 포함된다.

제품 특성

제품 특성 중 두 가지가 입지 선정 결정에 영향을 미친다. 첫 번째는 제품의 가치 대비 중량 비율로, 이는 운송 비용에 영향을 미친다. 많은 전자 부품과 의약품은 높은 가치 대비 중량 비율을 가진다. 즉, 값비싼 제품이지만 무게가 가볍기 때문에 전 세계 어디에서든 배송하더라도 운송 비용이 총비용에서 차지하는 비율이 낮다. 따라서 다른 조건이 동일하다면, 기업들은 이러한 제품을 최적의 위치에서 생산하고 전 세계 시장에 공급해야 한다는 압박을 강하게 느낀다. 반면, 가치 대비 중량 비율이 낮은 제품은 상황이 다르다. 정제된 설탕, 일부 벌크 화학제품, 페인트, 석유 제품 등은 가격이 상대적으로 저렴하면서 무게가 많이 나가는 제품들이다. 따라서 장거리 배송 시 운송 비용이 총비용에서 상당한 비중을 차지하게 된다. 그러므로 이러한 제품을 생산하는 기업들은 주요 시장 근처의 여러 지역에서 생산하여 운송 비용을 절감해야 한다는 압박을 받는다.

입지 선정에 영향을 미치는 또 다른 제품 특성은 해당 제품이 전 세계적으로 보편적 요구를 충족하는지 여부이다. 보편적 요구(universal needs)란 전 세계 어디에서나 동일한 방식으로 소비되는 제품을 의미한다. 대표적인 예로 산업용 전자 제품, 철강, 벌크 화학 제품과 같은 산업 제품뿐만 아니라, Apple의 아이폰과 아이패드, Amazon의 킨들, Lenovo의 씽크패드, Sony의 사이버샷 카메라, Microsoft의 엑스박스 같은 소비자 제품이 있다. 이러한 제품들은 국가별 소비자 취향과 선호도의 차이가 크지 않기 때문에 현지 대응의 필요성이 줄어든다. 따라서 기업들은 특정한 최적의 입지에서 생산을 집중하는 전략을 더욱 매력적으로 느끼게 된다.

생산 시설의 입지 선정

[학습 목표 3] 외국 자회사의 생산 역할은 시간이 지나면서 지식을 축적함에 따라 향상될 수 있음을 인식한다.

생산 시설의 입지를 결정하는 데는 기본적인 전략 두 가지가 있다. (1) 생산 시설을 특정한 한 곳에 집중하여 전 세계 시장을 대상으로 제품을 공급하는 전략, 또는 (2) 주요 시장과 가까운 여러 지역 또는 국가에 생산 시설을 분산하는 전략. 어떤 전략이 적절한지는 앞서 설명한 국가별 요인, 기술적 요인, 제품 특성과 같은 다양한 요소에 따라 결정된다. 이는 표 15-1에 요약되어 있다.

다음과 같은 경우에는 생산을 집중하는 것이 합리적이다.

- 국가 간 생산 요소 비용, 정치·경제 체제, 문화적 차이가 제조 비용에 상당한 영향을 미친다.
- 무역 장벽이 낮다.
- 동종 산업이 한곳에 집중됨으로써 발생하는 외부 효과가 특정 지역에 유리하게 작용한다.

표 15-1
입지 전략과 생산

	집중 생산 선호	분산 생산 선호
국가적 요인		
정치·경제적 차이	큼	적음
문화적 차이	큼	적음
생산 요소 비용 차이	큼	적음
무역 장벽	적음	큼
입지 외부성	산업에서 중요함	산업에서 중요하지 않음
환율	안정적	변동성이 큼
기술적 요인		
고정 비용	높음	낮음
최소 효율 규모	높음	낮음
유연 제조 기술	사용 가능	사용 불가능
제품 요인		
가치 대비 중량 비율	높음	낮음
보편적 요구 충족 여부	예	아니오

- 주요 환율이 비교적 안정적으로 유지될 것으로 예상된다.
- 생산 기술의 고정 비용이 높고 최소 효율 규모가 글로벌 수요 대비 클 경우 또는 유연 제조 기술이 존재한다.
- 제품의 가치 대비 중량 비율이 높다.
- 제품이 전 세계적으로 보편적인 요구를 충족한다.

반대로, 다음과 같은 경우에는 생산을 분산하는 것이 더 적절하다.

- 국가 간 생산 요소 비용, 정치·경제 체제, 문화적 차이가 제조 비용에 큰 영향을 미치지 않는다.
- 무역 장벽이 높다.
- 입지 외부 효과가 중요하지 않다.
- 주요 환율이 변동성이 클 것으로 예상된다.
- 생산 기술의 고정 비용과 최소 효율 규모가 낮으며, 유연 제조 기술을 사용할 수 없다.
- 제품의 가치 대비 중량 비율이 낮다.
- 제품이 보편적인 요구를 충족하지 않으며, 국가별 소비자 취향과 선호도에 상당한 차이가 존재한다.

실제로 입지 결정을 내릴 때는 단순하지 않은 경우가 많다. 예를 들어, 생산 요소 비용, 기술적 요인, 제품 요인 등을 고려하면 생산을 집중하는 것이 유리하지만, 무역 장벽과 환율 변동성이 생산 분산을 요구하는 경우가 있다. 이러한 상황은 세계 자동차 산업에서 잘 나타난다. 자동차는 유연 제조 기술이 가능하고 가치 대비 중량 비율이 높아 집중 생산이 유리해 보인다. 그러나, 공식적·비공식적 무역 장벽과 변동성이 큰 환율 체제(10장 참조)로 인해 기업들이 이 전략을 실행하는 데 어려움을 겪고 있다. 이러한 이유로, 여러 자동차 기업들은 아시아, 북아메리카, 서유럽의 3대 주요 시장에 '완전 일괄(top-to-bottom)' 제조 공장을 설립하여 운영하고 있다.

생산 시설의 전략적 역할

지난 20년 동안 다국적 기업들의 글로벌 생산 확대는 본국 생산 증가 속도를 10배 이상 능가하며 급격히 성장해 왔다.[16] 이러한 현상에는 분명한 전략적 이유가 존재하며, 다국적 기업들은 분산된 글로벌 생산 시스템을 통해 얻을 수 있는 이점을 확보하려 하고 있다. 이러한 추세는 앞으로도 지속될 것으로 예상된다. 따라서, 경영진은 해외에 새로운 생산 시설을 설립할 것인지 여부를 결정해야 하며, 그 시설의 위치를 신중하게 고려해야 한다.

이러한 결정을 내릴 때, 경영진은 오프쇼어 공장에 부여할 전략적 역할을 생각해야 한다. 여기서 중요한 요소는 **글로벌 학습**(global learning) 개념으로, 기업의 귀중한 지식이 본국 운영에만 존재하는 것이 아니라 해외 자회사에서도 발견될 수 있다는 점이다. 시간이 지나면서 역량을 강화하는 오프쇼어 공장들은 기업 전체에 유용한 지식을 창출할 수 있다. 오프쇼어 공장은 여러 가지 전

글로벌 학습
해외 자회사에서 본국으로, 그리고 해외 자회사 간에 기술과 제품 제공이 이루어지는 흐름.

략적 역할이나 지정된 기능을 가질 수 있으며, 대표적으로 (1) 오프쇼어 공장, (2) 소싱 공장, (3) 서버 공장, (4) 기여 공장, (5) 전초 기지 공장, (6) 선도 공장이 있다.[17]

오프쇼어 공장(offshore factory)은 본국에서 생산하는 것보다 낮은 비용으로 부품이나 완제품을 생산하기 위해 개발되고 설립된다. 이러한 공장에서 기술 및 경영 자원에 대한 투자는 가능한 한 최소화되어야 하며, 이를 통해 비용 효율성을 높이는 것이 이상적이다. 기본적으로, 최적의 오프쇼어 공장은 엔지니어링, 개발, 공급 업체 협력, 가격 협상, 전략적 의사 결정 등 모든 측면에서 최소한의 개입만 이루어지는 것이 바람직하다. 그러나 현실적으로는 일부 전략적 결정에 오프쇼어 공장 직원들의 의견이 포함되기도 한다.

오프쇼어 공장
본국에서 생산하는 것보다 낮은 비용으로 부품이나 완제품을 생산하기 위해 주로 해외에 설립된 공장.

소싱 공장(source factory)의 주요 목적도 글로벌 공급망의 비용을 절감하는 것이지만, 오프쇼어 공장과의 주요 차이점은 공장의 전략적 역할이 보다 중요하다는 점이다. 소싱 공장의 관리자들은 원자재 및 부품 구매와 같은 의사 결정에 더 많은 권한을 갖는다. 또한, 생산 계획, 공정 변경, 물류 문제, 제품 맞춤화, 새로운 디자인 도입 등의 결정에도 전략적인 역할을 한다. 기본적으로, 소싱 공장은 글로벌 공급망에서 최고 수준의 기준을 따르며, 다국적 기업의 본국 공장과 같은 방식으로 운영된다. 따라서 소싱 공장은 생산 비용이 낮고, 인프라가 잘 구축되어 있으며, 숙련된 노동력을 쉽게 확보할 수 있는 지역에 위치하는 것이 이상적이다.

소싱 공장
글로벌 공급망에서 비용 절감을 주요 목적으로 하는 공장.

서버 공장(server factory)은 다국적 기업의 글로벌 공급망과 연결되어 있으며, 특정 국가나 지역 시장에 제품을 공급하는 역할을 수행한다. 이러한 공장은 글로벌 기업의 주요 공장과 동일한 기준을 유지하면서도, 글로벌 시장에서 발생하는 무형 및 유형의 장벽을 극복하기 위해 설립된다. 예를 들어, 서버 공장은 관세 장벽을 극복하거나, 세금 부담을 줄이고 해당 지역에서 얻은 수익을 재투자하기 위한 목적으로 운영될 수 있다. 또 다른 명백한 이유는, 최종 고객과의 거리를 줄여 글로벌 공급망 운영 비용을 낮추기 위함이다. 서버 공장의 관리자들은 고객 만족을 위해 일부 제품을 맞춤화할 권한이 있지만, 여전히 본국 공장 관리자들보다 제한적인 의사 결정 권한을 가진다.

서버 공장
다국적 기업의 글로벌 공급망과 연결되어 특정 국가나 지역 시장에 제품을 공급하는 공장.

기여 공장(contributor factory)은 특정 국가나 세계 지역을 위한 역할을 수행하지만, 서버 공장과의 주요 차이점은 제품 및 공정의 설계와 개발을 담당한다는 점이다. 기여 공장은 원자재 및 부품 공급 업체를 직접 선택할 수 있는 권한이 있으며, 본국 공장과 경쟁하면서 신제품 아이디어와 공정을 테스트하는 역할을 하기도 한다. 이러한 공장은 자체적인 개발, 엔지니어링, 생산 인프라를 갖추고 있기 때문에 독립적인 생산 시설로 운영되며, 글로벌 공급망에서 중요한 역할을 수행한다.

기여 공장
특정 국가나 세계 지역을 위한 역할을 수행하는 공장.

전초 기지 공장(outpost factory)은 주로 정보 수집을 목적으로 하는 공장으로, 경쟁사의 본사나 주요 운영 시설 근처, 가장 까다로운 고객이 위치한 지역, 또는 핵심적인 원자재 및 부품 공급 업체가 있는 지역에 설립된다. 전초 기지 공장은 또한 서버 공장이나 오프쇼어 공장의 역할도 함께 수행할 수 있다. 이러한 공장은 국가의 전략적 중요성에 따라 입지를 결정하는 경우가 많으며, 생산 논리에 따라 선택되지 않는 경우도 있다. 예를 들어, Nokia의 본사가 핀란드에 있기 때문에, 다른 휴대전화 제조업체들이 핀란드에 일부 생산 시설을 배치할 수도 있다. 이는 핀란드 시장이 상대적으로 작더라도(약 550만 인구), 해당 지역에서의 전략적 입지를 유지하려는 이유 때문이다.

전초 기지 공장
정보 수집 기능을 수행하는 공장.

선도 공장(lead factory)은 새로운 공정, 제품, 기술을 개발하여 다국적 기업 전체에 적용하는

선도 공장
전 세계 다국적 기업에서 사용할 새로운 공정, 제품, 기술을 개발하는 공장.

역할을 수행한다. 이러한 공장에서는 최첨단 생산 기술이 도입되거나, 글로벌 생산 네트워크의 다른 공장에 적용하기 위한 테스트가 이루어진다. 따라서, 매우 숙련된 인력을 확보할 수 있는 지역 또는 유능한 인력이 선호하는 지역에 위치하는 경우가 많다. 선도 공장의 관리자와 직원들은 공급업체 선정, 제품 디자인, 핵심 역량 개발 등의 전략적 의사 결정에 직접 참여하며, 글로벌 기업의 핵심 경쟁력을 강화하는 중요한 역할을 한다.

해외 입지의 숨겨진 비용

해외에서 생산을 진행할 경우 일부 '숨겨진 비용'이 발생할 수 있다. 여러 사례에 따르면, 높은 직원 이직률, 조잡한 작업 품질, 낮은 제품 품질, 그리고 낮은 생산성이 일부 아웃소싱 지역에서 중요한 문제로 지적된다.[18]

Microsoft는 인도 하이데라바드에 주요 시설을 설립했다. 그 이유는 네 가지로 요약할 수 있다. (1) 인도의 소프트웨어 프로그래머 임금이 미국의 3분의 1 수준이다. (2) 인도는 우수한 고등 교육 시스템을 갖추고 있으며, 매년 많은 컴퓨터 공학 전공자가 졸업한다. (3) 하이데라바드에는 이미 많은 IT 기업과 근로자들이 집중되어 있다. (4) Microsoft의 숙련된 인도 출신 직원들 중 다수가 미국에서 수년간 근무한 후 본국으로 돌아가기를 원했으며, Microsoft는 하이데라바드 시설을 통해 이 귀중한 인적 자본을 유지하고자 했다.

그러나 Microsoft는 인도 내 직원들의 이직률이 미국보다 높다는 사실을 알게 되었다. 인도에서는 소프트웨어 프로그래머에 대한 수요가 많기 때문에, 많은 직원들이 더 높은 급여를 받기 위해 직장을 자주 옮기는 경향이 있다. Microsoft는 우수한 복지 혜택과 장기 인센티브 지급(예: 회사에 장기 근속하는 고성과자에게 주식 지급) 등을 통해 이직률을 줄이려 했지만, 현지에서 채용된 인도인 직원들은 장기 인센티브보다 현재의 높은 급여를 선호하는 경향이 있었다. 직원 이직률이 높으면 생산성이 떨어질 수밖에 없다. 한 Microsoft 인도 지사의 관리자는 핵심 팀원의 40%가 지난 12개월 동안 회사를 떠났으며, 이로 인해 개발 프로젝트를 원활하게 진행하기가 매우 어려워졌다고 말했다.[19]

이러한 문제를 겪고 있는 것은 Microsoft만이 아니다. 한 전자기기 제조업체의 관리자는 무선 헤드셋 생산을 중국으로 아웃소싱한 후, 4년 동안 지연된 납품과 낮은 품질로 인해 큰 좌절을 겪었다고 밝혔다. 결국, 그는 생산을 다시 미국으로 돌리기로 결정했다. 그는 다음과 같이 말했다. "처음에는 중국의 인건비가 훨씬 낮아 보였기 때문에 생산을 이전하는 것이 매우 쉬운 결정이었다. 하지만 지금 돌이켜보면, 우리는 생산성이나 작업 품질을 더 면밀히 살펴보았어야 했다. 이 결정으로 인해 실제로 시장 점유율을 잃게 되었다."[20] 효율성과 효과성 문제에 대한 또 다른 사례는 Amazon과 그 세계적인 글로벌 공급망을 다룬 MANAGEMENT FOCUS에서 강조되고 있다.

Amazon의 글로벌 공급망

Amazon.com Inc., 흔히 Amazon으로 불리는 이 기업은 수년간 '가트너 글로벌 공급망 톱 25(Gartner Global Supply Chain Top 25)' 순위에서 상위권을 유지해 왔다. 글로벌 공급망을 잘 운영하는 기업으로는 Unilever, McDonald's, Intel 등이 있다. Amazon은 매년 글로벌 공급망과 파트너십을 통해 5,000억 달러 이상의 판매를 기록하고 있는데, 이는 Amazon이 여러 기업으로부터 고객에게 전달하는 제품을 실질적으로 소유하지 않는다는 점을 고려하면 엄청난 규모이다.

Amazon은 미국 워싱턴주 시애틀에 본사를 두고 있다. 현재 Amazon은 미국 최대의 온라인 소매업체이며, 시가총액 기준으로 Walmart를 제치고 가장 가치 있는 소매업체가 되었다. (그러나 Walmart의 연간 매출은 여전히 6,000억 달러 이상으로 막대한 규모를 유지하고 있다.) Amazon은 1994년 온라인 서점으로 시작했지만, 이후 음악 다운로드, 가구, 식료품, 거의 모든 소비자 전자제품까지 다양한 제품으로 사업을 확장했다. 현재 Amazon 플랫폼을 통해 소비자들은 사실상 필요한 모든 것을 구매할 수 있다. 미국에서만 한 달에 약 1억 5천만 명의 고객이 Amazon.com을 방문한다. 그러나 이러한 방대한 제품 가용성은 Amazon의 글로벌 공급망에 상당한 부담을 준다.

소비자로서 우리는 Amazon이 우리가 구매한 제품을 가능한 한 짧은 시간 내에, 특히 Amazon 프라임 회원의 경우 이틀 이내에 배송할 것이라고 기대한다. Amazon 프라임 서비스는 연간 139달러(또는 월 12.99달러)로, 무료 이틀 배송(일부 제품 제외), 비디오 스트리밍, 사진 저장, 킨들 대여 도서관(Kindle lending library) 등을 포함한다. 이러한 모든 서비스는 고객들에게 환영받지만, 사실상 Amazon 프라임 서비스의 핵심 가치는 무료 이틀 배송이다.

무료 이틀 배송(및 추가 비용이 부과되는 다양한 배송 옵션)을 제공하기 위해 Amazon은 재고 관리 시스템, 글로벌 공급망, 기술을 활용하여 비용 효율적으로 고객에게 도달해야 한다. 빠른 배송과 높은 효율성을 유지하기 위해 Amazon은 전략적으로 전 세계에 물류 센터(fulfillment centers)를 배치하고 있으며, 이를 통해 특정 벤더들이 Amazon 플랫폼을 이용할 수 있도록 하고 있다. 여기에는 포장, 라벨링, 배송에 대한 엄격한 기준이 포함된다. Amazon은 이러한 벤더들의 제품을 대량으로 또는 개별적으로 '픽업 가능한' 위치에 보관한다.

현재 Amazon은 미국뿐만 아니라 호주, 브라질, 캐나다, 중국, 프랑스, 독일, 인도, 이탈리아, 일본, 멕시코, 네덜란드, 스페인, 영국, 아일랜드에서도 소매 웹사이트를 운영하고 있다. 또한, Amazon 프라임 서비스는 캐나다, 프랑스, 독일, 이탈리아, 일본, 영국 등 전 세계 여러 지역에서 제공되며, 이는 Amazon의 공급망에 상당한 부담을 준다.

아울러, Amazon의 고객 서비스 센터는 전 세계 15개국 이상에 걸쳐 있으며, Bebe Stores, Marks & Spencer, Mothercare, Lacoste와 같은 글로벌 브랜드의 소매 웹사이트도 운영하고 있다. 이는 Amazon이 벤더들의 제품 배송을 위한 글로벌 공급망을 활용하는 동시에, 기업을 위한 기술 공급망 벤더로서의 역할도 수행하고 있음을 의미한다.

또한, 현재로서는 단순한 아이디어 단계이지만, Amazon이 글로벌 운송 및 물류 사업을 출범하여 UPS(United Parcel Service) 및 FedEx와 경쟁할 것이라는 추측이 나오고 있다. 물론, Amazon의 최고재무책임자(CFO)인 Brian Olsavsky는 이에 대해 Amazon이 배송 파트너를 대체하려는 것이 아니라, 연말연시와 같은 성수기 동안 단순히 보완하는 것을 목표로 하고 있다고 밝혔다.

Sources: T. Bishop, "Amazon Sales Rises 22% to $43.7B, Profit Beats Expectations But Stock Slips on Revenue Miss," *GeekWire*, February 2, 2017; S. Soper, "Amazon Building Global Delivery Business to Take on Alibaba," *Bloomberg Technology*, February 9, 2016; V. Walt, "How Jeff Bezos Aims to Conquer the Next Trillion-Dollar Market," *Fortune*, January 1, 2016; B. Stone, "The Secrets of Bezos: How Amazon Became the Everything Store," *Bloomberg Business*, October 10, 2013; A. Cuthbertson, "Amazon Buries Zombie Apocalypse Clause in Terms of Service," *Newsweek*, February 11, 2016.

자체 생산 또는 외부 구매 결정

[학습 목표 4] 회사의 공급처를 사내에서 결정할 것인지, 아니면 외국 공급 업체에서 결정할 것인지에 영향을 미치는 요인을 파악한다.

자체 생산 또는 외부 구매 결정
기업이 특정 부품이나 제품을 직접 생산할지, 혹은 외부 업체로부터 구매할지를 선택하는 전략적 의사 결정.

자체 생산 또는 외부 구매 결정(make-or-buy decision)은 특정 품목을 기업이 자체적으로 생산할지 또는 외부에서 구매할지를 판단하는 의사 결정 과정이다. 이러한 의사 결정은 전략적 수준과 운영적 수준에서 이루어지며, 전략적 수준은 장기적인 관점에 초점을 맞추고, 운영적 수준은 단기적인 관점에서 접근한다. 어느 한 기업 내에서 누군가는 글로벌 공급망에서 해당 제품을 자체 생산할지 또는 외부에서 구매할지를 결정해야 한다. 자체 생산을 결정하면 원자재 및 부품 조달과 같은 글로벌 공급망에 특정한 영향을 미치게 되며, 반대로 외부에서 구매하기로 결정하면 품질 관리 및 경쟁 우선순위 관리 등의 영향을 받게 된다.

어떤 결정이 특정 글로벌 기업의 특정 상황에서 올바른 결정인지 판단하기 위해서는 여러 요소를 고려해야 한다. 전반적으로 제품의 성공, 전문 지식, 전략적 적합성 등의 요소가 자체 생산 결정을 유도할 수 있다. 예를 들어, 특정 품목이나 부품이 제품의 성공에 결정적으로 중요한 경우(특히 주요 이해관계자의 인식 포함해서), 이는 자체 생산 결정으로 기울게 된다. 또한 해당 품목이나 부품이 전문적인 설계 또는 생산 기술과 장비를 필요로 하며 신뢰할 수 있는 대체재가 부족할 경우에도 자체 생산이 유리할 수 있다. 전략적 적합성도 중요한 요소이다. 특정 품목이나 부품이 현재 또는 계획된 핵심 역량과 전략적으로 일치한다면, 자체 생산을 선택하는 것이 바람직하다.

그러나 현실에서는 이러한 전략적 요인보다 주로 두 가지 핵심 요소, 즉 비용과 생산 능력에 따라 자체 생산 또는 외부 구매 여부가 결정되는 경우가 많다. 비용과 관련하여 원자재, 부품, 기타 생산 투입 요소의 조달 비용뿐만 아니라 제품 완성까지의 모든 비용을 고려해야 한다. 생산 능력은 기회 비용의 개념으로 이해될 수 있다. 즉, 해당 기업이 그 제품을 자체 생산할 수 있는 능력을 보유하고 있으며, 그 비용이 외부에서 구매하는 것과 비교해 더 높지 않은가? 또한 자체 생산을 선택할 경우, 한정된 생산 능력으로 인해 다른 제품을 생산하지 못하는 기회 비용이 발생하는가? 안타깝게도 많은 글로벌 기업들은 비용과 생산 능력만이 자체 생산 또는 외부 구매 결정을 좌우한다고 생각하지만, 이는 사실이 아니다.

글로벌 공급망을 운영하는 과정에서 자체 생산과 구매 여부를 결정하는 것은 훨씬 더 복잡하며, 심층적인 연구가 필요한 과정이다. 예를 들어, '중국으로 생산을 이전하면 같은 품질의 제품을 1/10의 비용으로 생산할 수 있고, 그만큼의 생산 능력을 확보하여 다른 제품에 집중할 수 있다'는 식의 논리를 종종 듣게 된다. 그러나 1/10의 비용만 고려해서는 안 된다. 품질 관리 조치, 원거리에서 원자재를 조달하는 비용, 외국 시장 진입 요건, 다자간 계약, 외주 생산 운영에 대한 관리 책임 등 다양한 요소를 고려해야 한다. 결국, 실제 비용이 얼마가 될지, 그리고 그 비용을 어떻게 추정할지에 대한 철저한 분석이 필요하다. 그렇다면 자체 생산과 구매 결정을 내릴 때 어떤 핵심 요소들을 평가해야 할까?

이러한 의사 결정 과정을 이해하기 쉽게 설명하기 위해, 자체 생산을 선호하는 경우와 외부 구매를 선호하는 경우를 각각 도식화한 두 개의 그림(그림 15-3과 그림 15-4)을 제시하였다. 이 그림에

그림 15-3 자체 생산(make) 결정을 선호하는 운영적 요소

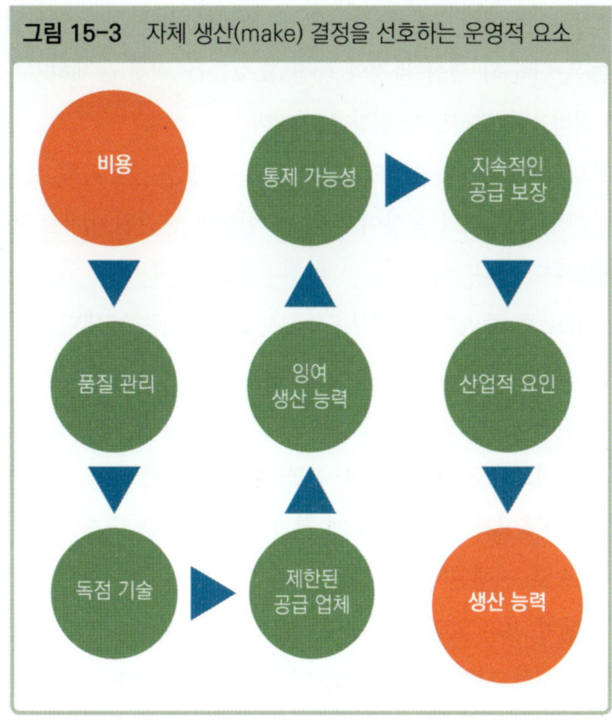

그림 15-4 외부 구매(buy) 결정을 선호하는 운영적 요소

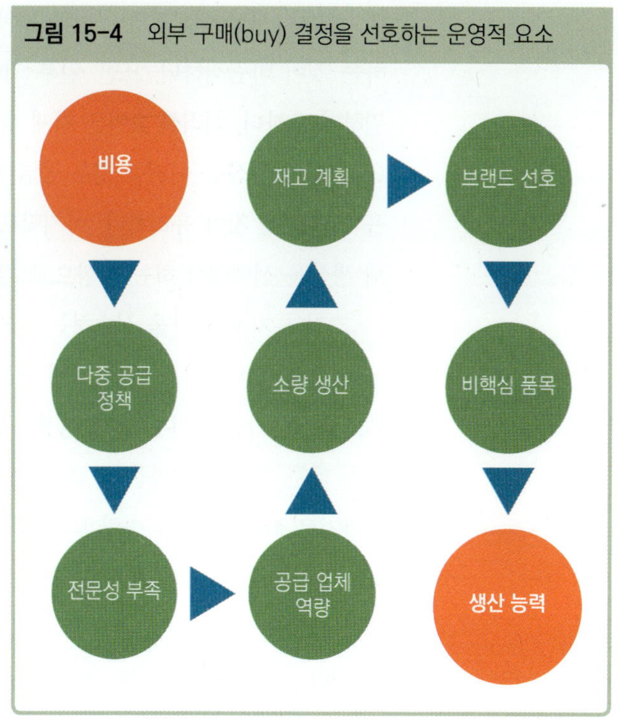

서 볼 수 있듯이, 두 경우 모두 비용과 생산 능력이 핵심 요소로 작용하지만, 그 외의 요소들은 각각 다르게 영향을 미치며 결정을 좌우한다. 따라서 자체 생산과 외부 구매 결정을 단순 비교할 것이 아니라 각각 개별적으로 평가해야 한다. 이러한 과정에서 두 가지 선택지가 모두 긍정적이고 전략적으로 타당하다고 판단될 수도 있다. 이 경우에는 기회 비용이 가장 적고 전략적으로 가장 적합한 선택지를 고르면 된다.

자체 생산을 선호하는 요인으로는 비용과 생산 능력 외에도 품질 관리, 독점 기술, 생산 공정 통제, 잉여 생산 능력, 제한된 공급 업체, 지속적인 공급 보장, 산업적 요인 등이 포함된다(그림 15-3 참조). 즉, 외주 생산을 선택할 경우 기대되는 비용보다 자체 생산의 비용이 낮거나 최소한 동일해야 한다. 다만, 자체 생산을 위해서는 초과 생산 능력(잉여 생산 능력)이 필요하거나, 해당 기업의 생산 능력을 자체 생산에 활용하는 것이 최적의 선택이어야 한다.

비용과 생산 능력에 대한 분석이 끝난 후에는 추가적인 요소들이 자연스럽게 결정의 흐름을 형성한다. 예를 들어, 품질 관리가 기업의 핵심 전략적 역량이며, 외부 업체에 맡길 경우 이를 완벽하게 보장할 수 없다면, 품질 관리 측면에서 자체 생산이 유리하다. 또한 독점 기술을 보호해야 하거나, 외부 업체에 기술을 공유할 수 없는 경우에는 자체 생산을 선택해야 한다.

마지막으로, 제한된 공급 업체로 인해 자체 생산이 유리한 경우도 있다. 특정 지역이나 산업에서는 특정 기업과 협력하고 싶지 않은 공급 업체가 있을 수 있으며, 이로 인해 외부 구매가 어려워질 수 있다. 대안적으로, 공급 업체가 생산 또는 위치에 대한 다양한 제한이나 국제적인 장벽 때문에 회사의 생산 라인이 위치하는 곳을 따라 생산을 수행할 수 없는 경우도 있을 수 있다.

당연히, 만약 기업이 생산 능력이 남아 있고 그 능력을 생산적으로 활용하지 못하는 상황이라

면, 글로벌 시장에서 기업의 이익을 위해 그 초과 생산 능력을 활용할 수 있도록 자체 생산을 선택하는 것이 바람직하다. 또한, 일부 기업들은 단순히 생산 과정의 특정 요소들을 직접 통제하기를 원하기도 한다. 이러한 요인은 자체 생산 결정을 선호하도록 영향을 미친다.

해외로 생산을 이전할 경우 공급이 보장되지 않을 가능성이 조금이라도 존재한다면, 자체 생산을 선택하는 것이 유리하다. 마지막으로, 산업의 세계화 동향이 신뢰 및 헌신과 관련된 이유로 자체 생산을 선택해야 하는 방향으로 결정될 수도 있다.

그러나 자체 생산을 선호하는 이러한 요소들 중 일부는 외부 구매 결정을 내리는 데에도 영향을 미칠 수 있다. 예를 들어, 자체 생산을 고려할 때 중요한 요소 중 하나인 초과 생산 능력이 없다면, 글로벌 기업은 외부 구매 결정을 보다 진지하게 고려해야 할 것이다. 하지만 외부 구매 결정을 내릴 때는 자체 생산과는 다른 요소들이 고려되기도 한다(그림 15-4 참조). 자체 생산의 경우와 마찬가지로, 비용과 생산 능력에 대한 결정이 이루어진 후, 외부 구매 결정을 위한 다음 단계의 고려 사항들이 그림 15-4의 흐름을 따라 논리적으로 진행된다. 예를 들어, 글로벌 기업이 원자재 및 부품을 조달할 수 있는 공급 업체에 대한 제한이 거의 없다면, 구매 결정을 내리는 것이 더욱 유리할 수 있다. 아웃소싱을 통해 생산을 진행하면 해당 지역에서 더 많은 공급 업체를 활용할 가능성이 높아지기 때문이다.

외부 구매 결정을 내리는 또 다른 중요한 이유는 기업이 제품이나 부품을 생산하는 데 필요한 전문성을 갖추지 못했지만, 공급 업체나 외부 아웃소싱 업체가 해당 전문성을 보유하고 있는 경우이다. 공급 업체의 역량 역시 외부 구매 결정을 선호하게 만드는 요소가 될 수 있는데, 특히 그 역량이 기업이 자체적으로 생산할 경우보다 더 가까운 위치에서 활용될 수 있다면 더욱 그렇다. 소량 생산도 구매 결정을 선호하는 요인 중 하나이다. 소량 생산에서는 비용 효율성을 달성하기가 어렵기 때문이다.

재고 계획 또한 매우 중요한 요소이다. 만약 기업이 품질 및 기대 수준 면에서 제품을 직접 생산할 수 있다고 해도, 전략적인 재고 관리를 위해 구매하는 것이 더 나은 선택이 될 수도 있다. 재고 관리는 글로벌 공급망에서 핵심적인 비용 요인으로 작용하기 때문이다. 특정한 경우에는 브랜드 선호도가 외부 구매 결정을 내리는 이유가 될 수도 있다. 예를 들어, 많은 컴퓨터 사용자들은 Intel 마이크로칩을 선호하기 때문에, 대형 컴퓨터 제조업체들은 자체적으로 칩을 생산하는 대신 Intel로부터 칩을 구매하는 경우가 많다. 그리고, 제조하려는 제품이 기업의 핵심 역량이나 고객이 기대하는 독창성과 관련이 없는 '비핵심 품목(nonessential item)'이라면, 이는 구매 결정을 선호하는 요인이 된다.

글로벌 공급망 기능

[학습 목표 5] 글로벌 공급망 내에서 물류와 구매(소싱)의 기능을 이해한다.

이 장에서는 지금까지 글로벌 생산을 강조하며, 이를 공급망 운영 관리의 한 요소로 다루었다. 생산 위치 선정, 해외 생산 거점의 전략적 역할, 그리고 자체 생산 또는 외부 구매 결정이 글로벌 생산의 핵심 요소이다. 글로벌 생산 외에도 공급망 내에서 함께 발전해야 하는 세 가지 추가 기능이 있다. 그것은 물류, 구매(소싱), 그리고 기업의 유통 전략(즉, 마케팅 채널)이다. 유통 전략은 16장에서 마케팅 및 연구·개발(R&D)과 함께 다루므로, 여기에서는 물류와 구매에 대해 다룬다. 이 장의 앞부분에서 언급했듯이, 생산과 공급망 관리는 밀접하게 연관되어 있다. 이는 기업이 생산 활동을 원활하게 수행하기 위해서는 정보 입력과 고품질 원자재, 부품, 그리고 심지어 새로운 제품 제조에 사용되는 완제품 등의 적시 공급(timely supply)이 필수적이기 때문이다. 물류와 구매는 자재가 적절하게 주문되고 배송되며, 적정 수준의 재고가 유지될 수 있도록 하는 데 필수적인 기능이다.

글로벌 물류

앞서 언급했듯이, 물류는 공급망 내에서 원자재, 부품, 완제품의 효과적인 흐름과 재고를 계획, 실행, 통제하는 역할을 한다. 물류의 핵심 활동에는 (1) 글로벌 물류 센터 관리, (2) 재고 관리, (3) 포장 및 자재 취급, (4) 운송, (5) 역물류가 포함된다.

글로벌 물류 센터(global distribution center)(또는 글로벌 물류 창고)는 전 세계의 도매업자, 소매업자, 또는 소비자에게 제품을 맞춤화하여 제공하는 역할을 하는 시설이다. 물류 센터는 제조업체, 수입 업체, 수출 업체, 도매업체, 소매업체, 운송 회사 및 세관 당국이 제품을 저장하고 맞춤화할 수 있는 장소를 제공한다. 과거에는 창고가 단순한 저장 공간이었으나, 현재는 전략적인 제품 구성 및 가공 기능이 추가되면서 '물류 센터(distribution center, DC)'라는 용어가 널리 사용되고 있다. DC는 글로벌 공급망의 중심이며, 특히 주문 처리 및 주문 이행 과정에서 중요한 역할을 한다. 글로벌 공급 네트워크의 기반이 되는 DC는 제품을 단일 거점 또는 위성 창고에 저장하고, 고객 맞춤형 가공을 제공하는 기능을 갖춘다. 따라서 DC의 전략적 위치 선정은 글로벌 시장에서의 노동력 및 운송 비용을 총체적으로 고려하여 결정해야 한다.

글로벌 물류 센터
전 세계의 도매업자나 소매업자, 또는 소비자에게 제품을 맞춤화하여 전달할 수 있도록 위치하는 시설을 의미하며, 글로벌 물류 창고라고도 불림.

글로벌 재고 관리(global inventory managemen)는 다국적 기업의 원자재, 공정 중 재고(부품 등), 완제품 재고에 대한 의사 결정 과정으로 볼 수 있다. 여기에는 얼마나 많은 재고를 보유할 것인지, 어떤 형태로 보유할 것인지, 공급망 내 어디에 배치할 것인지에 대한 결정이 포함된다. 전 세계 105개국에 본사를 둔 상위 20,910개 글로벌 기업을 분석한 결과, 이들은 평균적으로 총자산의 14.41%를 다양한 형태의 재고로 보유하고 있다.[21] 전체 재고 중 32%는 원자재, 18%는 공정 중 재고, 50%는 완제품이다.[22] 일본의 대표적인 자동차 기업 Toyota는 총자산의 8.71%를 재고로 보유하고 있으며, 이 중 원자재 26%, 공정 중 재고 14%, 완성 차량 60%로 구성되어 있다. 반면, 중국의 대형 석유 회사인 Sinopec은 총자산의 21%를 재고로 보유하고 있으며, 원자재 및 부품 37%, 공정 중 재고 43%, 완제품 20%로 구성된다. 이는 석유 회사가 완제품보다 공정 중 재고를 더 많이 보유함으로써 완성 제품을 더욱 유연하게 조정할 수 있도록 하기 위함이다. 기업의 글로벌 재고 전략은 고객 서비스와 경제적 이익을 위해 대량 생산 및 고객 근접 배치를 최적화하는 동시에, 과잉 재고나 불필요한 제품 보유로 인한 리스크를 균형 있게 조정해야 한다.

글로벌 재고 관리
다국적 기업의 원자재, 공정 중 재고(부품), 완제품 재고에 대한 의사 결정 과정.

제품이 글로벌 공급망의 어느 단계에 있든, **포장(packaging)**은 여러 레벨의 기능을 수행하도

포장
제품 자체를 담는 용기를 의미하며, 기본 포장(primary), 이차 포장(secondary), 운송 포장(transit)으로 나눌 수 있음.

록 설계된다. 이러한 기능은 크게 (1) 수행, (2) 보호, (3) 정보 제공의 세 가지로 분류할 수 있다.[23] 수행(perform)은 다음을 의미한다. (1) 포장된 제품이 글로벌 공급망 내 여러 거점을 이동하는 과정에서 견딜 수 있는 능력, (2) 특정 제품군의 일반적인 보관 기간 동안 안전하게 보관될 수 있는 능력, (3) 공급망 파트너 및 최종 소비자가 기대하는 편리성을 제공하는 기능. 보호(protect)는 포장이 수행하는 보호 기능을 의미하며, 이는 다음을 포함한다. (1) 제품을 적절하게 담을 수 있는 능력, (2) 제품을 신선하거나 새것과 같은 상태로 유지할 수 있도록 보호하는 기능, (3) 제품이 최종 목적지까지 의도된 상태로 안전하게 도달할 수 있도록 보안과 안전성을 제공하는 기능. 정보 제공(inform)은 포장에 포함된 정보 전달 기능을 의미하며, 이는 다음을 포함한다. (1) 현지 규제를 준수하기 위한 특정 요구사항을 포함하여 제품 사용에 관한 논리적이고 충분한 설명, (2) 해당되는 경우, 소비자를 위한 신뢰성 있는 제품 보증 문구, (3) 제품 사용 중 필요할 경우 제공되는 서비스에 대한 정보.

운송
공급망 내에서 재고를 이동시키는 과정.

운송(transportation)은 원자재, 부품, 그리고 완제품이 글로벌 공급망을 따라 이동하는 것을 의미한다. 일반적으로 물류 예산에서 가장 큰 비중을 차지하며, 특히 글로벌 기업의 경우 운송 거리가 길어지면서 그 비중이 더욱 커진다. 글로벌 공급망은 직·간접적으로 원자재를 공급 업체에서 생산 시설로 운송하고, 공장과 유통 센터 간의 재공품 및 완제품 재고를 이동시키며, 유통 센터에서 고객에게 완제품을 배송하는 역할을 한다. 운송 요금과 이에 따른 총 운송 비용을 결정하는 주요 요인은 거리, 운송 방식(해상, 항공, 또는 육상), 화물의 크기, 화물의 특성, 그리고 유가이다. 더 먼 거리를 운송할수록 연료 소비가 증가하고 차량 운영자의 시간이 더 필요하기 때문에 운송 요금이 상승한다. 운송 방식은 사용되는 기술의 차이로 인해 요금에 영향을 미친다. 해상 운송은 대형 운송 수단을 사용하고 물의 마찰이 적어 가장 저렴하다. 육상 운송은 그 다음으로 저렴하며, 철도 운송이 일반적으로 도로 운송보다 비용이 낮다. 항공 운송은 중력을 거슬러 운항해야 하기 때문에 가장 비용이 높다. 운송 요금은 규모의 경제에 크게 영향을 받으며, 대량 운송이 소량 운송보다 상대적으로 저렴한 경향이 있다. 화물의 특성 또한 운송 요금에 영향을 미치는데, 제품의 밀도, 가치, 부패 가능성, 파손 가능성 등의 요인이 반영된다. 마지막으로, 유가는 운송 요금에 큰 영향을 미치며, 운송 방식에 따라 다르지만 일반적으로 연료비는 전체 운송 비용의 10~40%를 차지한다.

역물류
가치 회수나 적절한 폐기를 위해 소비 지점에서 원산지로 재고를 이동시키는 과정.

역물류(reverse logistics)는 원자재, 재공품(in-process inventory), 완제품, 그리고 관련 정보의 흐름을 소비 지점에서 원점으로 되돌리는 과정을 계획, 실행, 관리하는 것을 의미한다. 이는 가치 회수 또는 적절한 폐기를 목적으로 수행된다. 역물류의 궁극적인 목표는 애프터마켓(after-market) 활동을 최적화하거나 더욱 효율적으로 만들어 비용을 절감하고 환경 자원을 보호하는 것이다. 역물류는 글로벌 공급망에서 매우 중요한 역할을 한다. 예를 들어, 미국에서만 제품 반품으로 인해 제조업체와 소매업체가 연간 1,000억 달러 이상의 비용을 부담하고 있으며, 이는 평균적으로 3.8%의 이익 손실을 초래한다.[24] 제조업체들은 매출의 약 9~14%를 반품 비용에 지출하고 있다. 더욱 놀라운 점은 매년 미국 소비자들이 반품하는 제품의 총가치가 전 세계 3분의 2에 해당하는 국가들의 GDP를 초과한다는 사실이다. 이러한 수치만 보더라도 역물류는 글로벌 공급망에서 매우 중요한 요소임을 알 수 있다.

글로벌 구매

이 장의 앞부분에서 정의했듯이, 구매는 공급망의 일부로, 회사의 제품과 서비스 제조에 사용되는 원자재, 부품, 제품을 전 세계적으로 구매하는 것을 의미한다. 구매에서 수행되는 핵심 활동에는 적절한 글로벌 구매 전략을 개발하고, 회사에 가장 적합한 구매 전략 유형을 선택하는 것이 포함된다.

글로벌 기업이 취할 수 있는 전략적 수준은 다섯 가지로 나뉘며, 국내에서 국제, 글로벌 수준으로 발전할 수 있다.[25] 1단계는 단순히 국내 구매 활동만 수행하는 경우이다. 이러한 기업들은 원자재나 부품 등을 구매할 때 국내 시장, 특히 본사와 가까운 지역에서 구매하는 경향이 있다(예: 미시간에 위치한 한 기업이 같은 미시간 내의 다른 기업에서 체리 원재료를 구매). 2, 3단계는 모두 국제 구매에 해당하지만, 그 범위와 형태가 다르다. 2단계의 기업은 필요한 경우에만 국제 구매를 수행한다. 즉, 이들의 국제 구매 접근 방식은 종종 수동적이며, 기업 내 여러 구매 위치나 사업 부문 간에 조율되지 않는 경우가 많다. 3단계의 기업은 전체 공급망 관리 전략의 일환으로 국제 구매 활동을 수행한다. 이 단계에서 기업은 체계적으로 구성되고 효과적으로 실행된 글로벌 구매 전략이 시장에서 경쟁력을 높이는 데 매우 효과적일 수 있음을 인식하기 시작한다. 4, 5단계는 다양한 정도의 글로벌 구매를 포함한다. 4단계는 전 세계 여러 구매 위치에서 통합된 글로벌 구매 활동을 수행하는 경우를 의미한다. 즉, 기업이 글로벌 차원에서 구매 전략을 통합하고 조율하는 것이다. 이 단계에서는 보다 정교한 형태의 글로벌 구매가 이루어진다. 5단계는 전 세계 여러 구매 위치뿐만 아니라 기능 부서까지 통합된 글로벌 구매 활동을 수행하는 경우를 의미한다. 즉, 기업이 공통 품목의 구매, 구매 프로세스, 공급 업체 선정 등을 글로벌 차원에서 조율하고 통합하는 것을 포함한다.

1~4단계의 국내, 국제, 글로벌 구매 전략을 넘어, 구매에는 기업이 시장에 어떻게 접근할 것인지 결정하는 몇 가지 기본적인 선택이 포함된다.[26] 첫 번째는 내부 구매와 외부 구매 중 어떤 방식을 선택할 것인지(즉, '어떻게 구매할 것인지')에 대한 결정이다. 오늘날 글로벌 기업의 구매 활동 중 약 35%는 내부 구매(즉, 자사 내에서 조달)이며, 65%는 외부 구매(즉, 자사 외부에서 조달)이다. 내부 및 외부 구매를 결정한 후에는 '어디에서 구매할 것인지'(국내 또는 글로벌)를 결정해야 한다. 결국 이는 '구매 유형'(어디서, 어떻게 구매할 것인지)으로 연결되며, 네 가지 구매 전략(국내 내부 구매, 글로벌 내부 구매, 국내 외부 구매, 글로벌 외부 구매) 중 하나를 선택하게 된다.

이러한 구매 활동과 전략 외에도 국제 시장에서 사용할 수 있는 여러 일반적인 선택지가 존재한다. 오늘날 구매 세계에서는 아웃소싱과 오프쇼어링뿐만 아니라 다양한 관련 개념과 옵션이 존재한다. 따라서 이 단계에서는 기업들이 전략을 개발하고 실행하는 과정에서 혼란을 겪을 수 있는 몇 가지 아웃소싱 관련 용어와 옵션을 설명하는 것이 중요하다. 특히, 아웃소싱(outsourcing), 인소싱(insourcing), 오프쇼어링(offshoring), 해외 아웃소싱(offshore outsourcing), 니어쇼어링(nearshoring), 공동 조달(co-sourcing)과 같은 용어들을 명확히 이해하는 것이 필요하다(표 15-2 참조).

표 15-2
아웃소싱 용어 및 옵션

용어	설명
아웃소싱	다국적 기업이 제품이나 서비스를 공급 업체로부터 구매하는 방식으로, 해당 공급 업체는 국내 또는 글로벌 어디에서든 생산할 수 있다. 즉, 아웃소싱은 구매 전략에서 외부 구매를 의미한다.
인소싱	다국적 기업이 제품이나 서비스의 아웃소싱을 중단하고 대신 내부적으로 생산하기로 결정하는 것을 의미한다. 인소싱은 아웃소싱의 반대 개념이며, 구매 전략에서 내부 구매에 해당한다.
오프쇼어링	다국적 기업이 본국 외부의 지역에서 제품이나 서비스를 생산하는 공급 업체로부터 구매하는 것을 의미한다. 따라서 오프쇼어링은 구매 전략에서 글로벌 외부 구매의 한 형태이다.
해외 아웃소싱	다국적 기업이 제품이 제조되거나 서비스가 개발된 국가가 아닌 다른 국가의 공급 업체로부터 제품이나 서비스를 구매하는 것을 의미한다. 이것 역시 글로벌 외부 구매의 한 형태이다.
니어쇼어링	다국적 기업이 비즈니스 또는 정보 기술 프로세스를 자국과 국경을 접하고 있는 인접 국가의 공급업체로 이전하는 것을 의미한다. 니어쇼어링은 엄밀히 말해 구매 활동은 아니지만, 글로벌 외부 구매를 용이하게 한다.
공동 조달	다국적 기업이 내부 직원과 외부 공급 업체를 동시에 활용하여 특정 업무를 수행하는 방식으로, 종종 이 두 집단이 협력하여 작업한다. 이 개념은 모든 형태의 구매 전략에 적용될 수 있으며, 기업과 공급 업체 간의 관계가 전략적 성격을 띠는 경우가 많다. 특히 특정 제품이나 부품을 공급하는 주요 공급 업체와의 협업이 포함될 수 있다.

글로벌 공급망 관리

[학습 목표 6] 글로벌 공급망을 효율적으로 관리하기 위해 필요한 사항을 설명한다.

더 효율적인 공급망 관리를 통해 비용을 절감할 수 있는 잠재력은 막대하다. 일반적인 제조업체의 경우, 원자재 비용이 매출의 50~70%를 차지하는데, 이는 산업에 따라 다르다. 이러한 비용을 조금만 줄이더라도 수익성에 상당한 영향을 미칠 수 있다. 한 추정에 따르면, 연매출 100만 달러, 투자 수익률 5%, 원자재 비용이 매출의 50%를 차지하는 기업의 경우, 총수익을 1만 5천 달러 증가시키려면 매출을 30% 증가시키거나 원자재 비용을 3% 줄이면 된다. 포화 시장에서는 매출을 30% 증가시키는 것보다 원자재 비용을 3% 줄이는 것이 훨씬 쉬울 것이다.[27] 따라서 글로벌 공급망 관리는 글로벌 기업에게 전략적으로 중요한 영역 중 하나이다. 글로벌 공급망 관리를 위해서는 크게 네 가지 핵심 요소가 중요하다. 바로 적시 생산 재고 관리의 역할, 정보 기술의 역할, 글로벌 공급망 내 조정, 글로벌 공급망 내 조직 간 관계이다.

적시 생산 재고 관리의 역할

적시 생산(JIT)
부품이 필요할 때 생산 공정에 즉시 전달되도록 설계된 재고 물류 시스템으로, 부품이 미리 도착하지 않도록 함.

일본 기업들은 1960년대와 1970년대 경제 성장 과정에서 적시 생산 재고 관리 시스템을 개척했으며, 현재 대부분의 제조업체에서 이 시스템이 중요한 역할을 하고 있다. **적시 생산**(just-in-time, JIT)의 기본 철학은 원자재가 생산 공정에 투입되기 직전에 도착하도록 하여 재고 보유 비용을 절감하는 것이다. 주요 비용 절감 효과는 재고 회전율을 높이는 데서 나온다. 이를 통해 창고 및 보관 비용과 같은 재고 보유 비용이 줄어든다. 또한 기업이 재고를 조달하기 위해 필요한 운전 자본을 줄일 수 있어, 자본을 다른 용도로 활용하거나 기업의 총 자본 요구량을 낮출 수 있다. 다른 조건이 동일하다면, 이러한 전략은 투자 자본 수익률을 높여 기업의 수익성을 증가시킨다. 또한 JIT

시스템을 사용하면 과잉 생산된 미판매 재고가 발생할 가능성이 줄어들며, 이로 인해 재고를 감가상각 비용으로 처리하거나 낮은 가격에 판매할 필요성이 줄어든다.

비용 절감 효과 외에도, JIT 시스템은 기업이 제품 품질을 향상시키는 데 도움을 줄 수 있다. JIT 시스템에서는 부품이 즉시 제조 공정에 투입되므로 창고에 보관되지 않는다. 이는 공급 업체(독립적인 외부 업체일 수도 있고 기업의 자체 내부 공급 업체일 수도 있다)로부터 불량 부품이 들어왔을 경우 즉시 발견할 수 있도록 해 준다. 문제를 공급원에서 즉시 추적하고 해결할 수 있어, 더 많은 불량 부품이 생산되기 전에 조치를 취할 수 있다. 반면 전통적인 시스템에서는 부품이 사용되기까지 몇 주 동안 창고에 보관될 수 있기 때문에, 문제가 인식되기 전에 이미 많은 불량품이 생산될 가능성이 있다.

그러나 JIT 시스템의 단점은 기업이 완충 재고(buffer stock)를 보유하지 않게 된다는 점이다. 완충 재고는 보관 비용이 많이 들지만, 기업이 수요 증가에 빠르게 대응하거나 공급 업체의 문제로 인해 발생하는 부족 사태를 버틸 수 있도록 도와준다. 예를 들어, 2001년 9월 11일 세계무역센터와 국방부에 대한 테러 공격 이후 국제 항공 및 해상 운송이 중단되면서, 전 세계에 공급 업체를 두고 JIT 공급망을 운영하던 많은 기업이 완충 재고가 없어 어려움을 겪었다. 또한 2003년 4월, 중국에서 발생한 사스(SARS) 바이러스 유행으로 인해 외국 기업들이 운영하던 여러 공장이 일시적으로 폐쇄되었고, 글로벌 공급망이 혼란을 겪었다. 2004년에는 미국 서부 해안 항구로의 기록적인 수입 물량 증가로 인해 아시아발 선박들이 적시에 하역되지 못하면서, 미국 주요 기업들의 정교하게 조정된 공급망이 차질을 빚었다.[28] 2020년에는 COVID-19 팬데믹이 글로벌 공급망을 수개월 동안 심각하게 방해했다.

기업들은 JIT 원칙을 기반으로 운영되는 글로벌 공급망과 관련된 위험을 줄이기 위한 방법을 사용할 수 있다. 중요한 원자재를 단일 공급 업체에 의존하는 것의 위험을 줄이기 위해, 일부 기업들은 여러 국가에 걸쳐 다양한 공급 업체를 통해 이러한 원자재를 조달하고 있다(예: OPENING CASE의 Whirlpool). 물론, 2001년 9·11 테러나 COVID-19 팬데믹과 같은 전 세계적 사건이 발생할 경우에는 다수의 공급 업체를 확보하는 것이 큰 도움이 되지는 않겠지만, 국가별로 발생하는 공급망 문제에는 효과적으로 대응할 수 있다. 또한, 기업들은 **just-in-case 전략**으로 전환하고 있다. 이 전략에서는 미래의 공급망 혼란에 대비해 중요한 재고를 더 많이 보유한다. 이 경우, 기업은 더 높은 재고 보유 비용을 감수해야 하지만, 공급망 중단의 위험을 줄일 수 있다. 한 가지 변형된 방식으로는, 공급망 중단 위험이 증가할 경우 특정 재고를 미리 비축하는 방법이 있다. 예를 들어, Toyota는 2020년 초 COVID-19 팬데믹이 발생하자 반도체 칩의 재고를 증가시켰다. 이로 인해 2021년 Toyota는 다른 경쟁사들이 반도체 칩 부족으로 생산을 감축해야 했던 상황에서도 높은 생산량을 유지할 수 있었다. 공급망 중단을 완화하기 위한 또 다른 옵션은 다양한 운송 방식을 활용하여 제품 배송 속도를 높이는 것이다. 예를 들어, 선박 대신 화물 항공기를 이용하는 방법이 있다. 2004년 미국 서부 해안 항구가 혼잡해졌을 때, Dell은 일부 부품의 운송을 선박에서 항공기로 전환함으로써 항구를 우회할 수 있었다. 결론적으로, 글로벌 기업들은 미래의 공급망 중단에 대비하여 어느 정도의 여유와 유연성을 공급망에 내재화할 필요가 있다.

just-in-case 전략
미래의 공급망 차질에 대비해 중요한 재고를 더 많이 보유하는 전략으로, 기업이 필수적인 재고를 일정량 비축해 두는 방식.

정보 기술의 역할

웹 및 클라우드 기반 정보 시스템은 현대 글로벌 공급망에서 중요한 역할을 한다. 예를 들어, 전 세계를 이동하는 부품을 추적함으로써 정보 시스템은 부품이 언제 조립 공장에 도착할지 예측하여 생산 일정을 최적화하는 데 도움을 준다. 또한, 이러한 시스템을 통해 공급망 내 부품의 정확한 위치를 파악할 수 있으며, 필요할 경우 주요 부품을 일반적인 공급망 경로에서 빼내어 항공편으로 공장에 신속히 운송할 수도 있다.

현재 대부분의 기업은 공급망 정보 시스템을 사용하여 원자재가 제조 공정에 들어가고, 이를 거쳐 고객에게 전달되는 과정을 조정하고 있다. 글로벌 공급망에는 여러 가지 정보 시스템 옵션이 존재한다. 전자 데이터 교환(electronic data interchange, EDI)은 두 개 이상의 기업 간에 데이터를 전자적으로 주고받는 방식이다. 전사적 자원 관리(enterprise resource planning, ERP)는 기업의 전반적인 계획 및 통제 시스템으로, 공급망 관련 하위 시스템(예: 자재 소요 계획(materials requirements planning, MRP))을 포함한다. 협업 계획, 예측 및 보충(collaborative planning, forecasting, and replenishment, CPFR)은 ERP 시스템이 충족하지 못하는 조직 간 연결을 보완하기 위해 개발되었다. 공급 업체 관리 재고(vendor management of inventory, VMI)는 단일 관리 지점을 통해 전체 공급망의 재고를 총괄적으로 관리하는 방식이다. 창고 관리 시스템(warehouse management system, WMS)은 ERP 시스템과 함께 작동하는 경우가 많으며, ERP 시스템이 자재 요구 사항을 정의하면 WMS를 통해 해당 자재가 유통 센터로 전달된다.

인터넷이 주요 통신 수단으로 자리 잡기 전에는, 기업과 공급 업체는 EDI 시스템을 구축하기 위해 고가의 독점 소프트웨어를 구매해야 했다. 그러나 인터넷이 보편화되고 웹 및 클라우드 기반 애플리케이션이 등장하면서 이러한 독점 솔루션은 점차 사라지고 있다. 이제는 설치와 관리가 훨씬 쉬우면서도 저렴한 시스템이 글로벌 공급망 관리 소프트웨어 시장을 지배하고 있다. 이러한 시스템 덕분에 전 세계에 분산된 공급망을 보다 효율적으로 운영할 수 있으며, 이를 통해 기업은 공급과 수요의 균형을 더욱 정밀하게 맞추고 불필요한 재고를 줄여 경제적 이점을 얻을 수 있다. 특히, 현재 대부분의 기업이 이러한 시스템을 활용하고 있기 때문에 이를 도입하지 않는 기업은 경쟁에서 불리한 위치에 놓이게 된다. 이는 최첨단 공급망 정보 시스템을 도입할 자원이 항상 충분하지 않은 중소기업에 시사하는 바가 크다.

현재의 글로벌 공급망 네트워크의 일원이 되기 위해서는, 최소한 어떠한 형태로든 공급망 정보 시스템을 갖추어 원자재의 조달부터 제조 공정을 거쳐 최종 고객에게 배송되기까지의 흐름을 조정하는 것이 필수적이다. 최근 몇 년 동안 기업들은 블록체인 기술을 공급망 내 상품 흐름을 관리하는 도구로 활용하기 시작했다. **블록체인 기술**(blockchain technology)은 공급망과 같은 비즈니스 네트워크 내에서 정보를 투명하게 공유할 수 있도록 하는 데이터베이스 시스템이다. 블록체인 데이터베이스는 데이터를 연결된 블록의 형태로 저장하며, 이 블록들은 체인 형태로 서로 연결되어 있다. 블록체인 내의 데이터는 시간순으로 정렬되며, 네트워크의 합의 없이 삭제하거나 수정할 수 없기 때문에 데이터의 일관성이 유지된다. 이러한 특성을 활용하여, 기업들은 변경할 수 없는 실시간

블록체인 기술
공급망과 같은 비즈니스 네트워크 내에서 정보를 투명하게 공유할 수 있도록 해 주는 데이터베이스 기술.

장부(ledger)를 생성하여 주문, 배송 진행 상황, 재고 보유량, 결제, 계정, 기타 거래 내역을 추적할 수 있다. 또한, 블록체인 시스템에는 무단 거래 입력을 방지하는 보안 메커니즘이 내장되어 있으며, 모든 참여자가 동일한 데이터에 대한 일관된 정보를 공유할 수 있도록 설계되어 있다.

글로벌 공급망 조정

항공기의 방향을 조정하는 방식을 생각해 보면, 글로벌 공급망에서 조정과 지렛대 효과의 중요성을 이해할 수 있다. 일반적으로 항공기는 날개에 있는 에일러론과 꼬리 날개의 방향타를 통해 조종된다. 항공기 전체 크기에 비해 에일러론과 방향타는 매우 작지만, 이들의 조정이 정확하게 이루어지면 항공기는 매우 효율적으로 기동할 수 있다. 글로벌 공급망도 마찬가지다. 통합과 조정이 매우 중요하며, 이를 통해 공급망의 주요 활동을 보다 효과적으로 운영할 수 있다. **글로벌 공급망 조정**(global supply chain coordination)은 의사 결정 공유와 운영 협력을 포함한다.

글로벌 공급망 조정
글로벌 공급망의 주요 활동에서 의사 결정을 공유하고 운영을 협력하는 과정.

예를 들어, 재고 보충, 재고 유지 비용, 협업 계획, 프로세스 비용, 주문 빈도, 배치 크기, 제품 개발 등을 함께 고려하는 의사 결정 공유는 더욱 통합되고 효율적인 글로벌 공급망을 만드는 데 도움이 된다. 이러한 의사 결정 공유는 기업 내부(예: 물류, 구매, 운영, 마케팅 부서)뿐만 아니라 기업 간(예: 원자재 생산업체, 운송업체, 제조업체, 도매업체, 소매업체)에서도 이루어진다. 단, 의사 결정 공유는 공동 의사 결정과는 다르다. 즉, 모든 결정을 함께 내리는 것이 아니라, 결정을 내리는 과정에서 다양한 이해관계자의 의견을 고려하는 방식이다. 이를 통해 글로벌 공급망 내 이해관계자 간 갈등을 줄이고 협업 문화를 조성할 수 있다. 대부분의 공급망에서는 특정 기업들이 더 큰 영향력을 가지고 있기 때문에, 최소한 중요한 공급망 구성원 간에는 의사 결정 공유가 이루어져야 한다.

글로벌 공급망에서 운영 통합과 협력을 달성하기 위해서는 다음과 같은 여섯 가지 운영 목표가 중요하다.[29] 첫째, 대응력(responsiveness)은 글로벌 기업이 글로벌 공급망 내 다양한 기능을 통해 고객의 요구를 적시에 충족할 수 있는 능력을 의미한다. 둘째, 변동성 감소(variance reduction)는 공급망 내 통제 시스템을 통합하여 공급망 차질을 줄이는 것을 목표로 한다. 셋째, 재고 감소(inventory reduction)는 자산 투입을 통제하고 재고 회전율을 높이기 위해 통합적인 재고 시스템을 운영하는 것이다. 넷째, 출하 통합(shipment consolidation)은 소량의 출하를 모아 적시에 통합 배송을 진행하는 방식으로, 글로벌 공급망 내 다양한 단위 간 협력을 의미한다. 다섯째, 품질(quality)은 글로벌 공급망 전반에서 결함을 최소화할 수 있도록 시스템을 통합하는 것이다. 마지막으로, 제품 수명 주기 지원(life-cycle support)은 역물류, 재활용, 애프터마켓 서비스, 제품 리콜 및 폐기 관리 등의 활동을 글로벌 공급망 전반에서 통합하는 것을 뜻한다.

기업 간 관계

기업 간 관계는 수십 년 동안 다양한 맥락에서 연구되고 논의되어 왔다. 여기서 핵심은 신뢰와 헌신이다. 만약 모든 관계에서 완전한 신뢰와 헌신이 이루어진다면, 대부분의 글로벌 공급망은 매우 효율적이고 효과적으로 운영될 것이다. 하지만 현실에서는 그렇지 않다. 또한, 글로벌 공급망을

그림 15-5 상류(인바운드) 관계

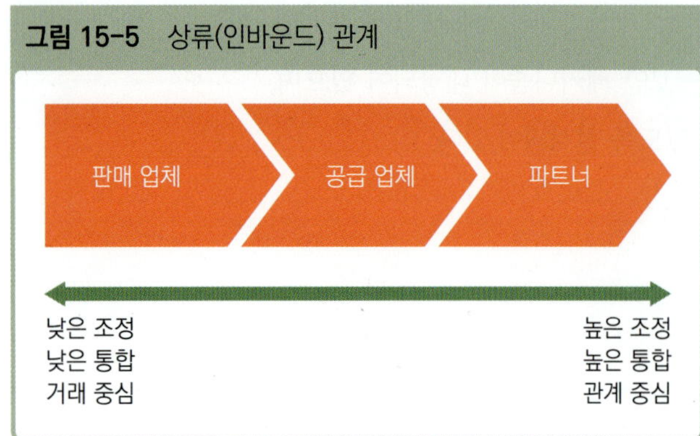

그림 15-6 하류(아웃바운드) 관계

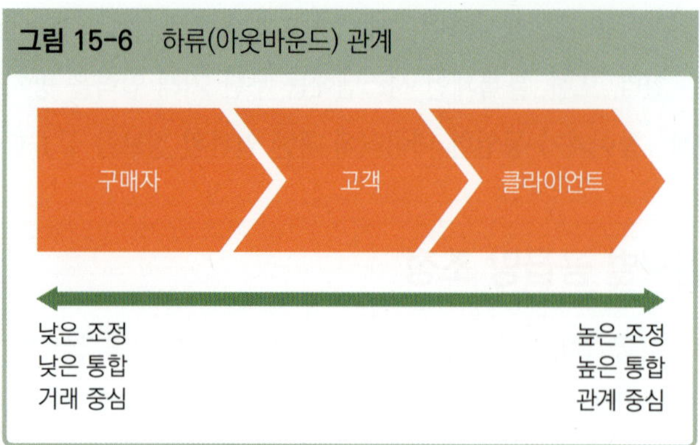

구성하는 요소들을 살펴보면, 모든 관계가 동일한 가치를 가지는 것은 아니며, 따라서 동일하게 다뤄져서는 안 된다. 상류(인바운드) 및 하류(아웃바운드) 공급망 활동을 중심으로 한두 가지 예시는 이 점을 효과적으로 설명하는 데 사용할 수 있다. 그림 15-5는 상류(또는 인바운드) 공급망 관계에 초점을 맞추고 있으며, 그림 15-6은 하류(또는 아웃바운드) 공급망 관계에 초점을 맞추고 있다.

글로벌 공급망의 상류(인바운드) 부문에서는 기업이 거래하는 조직을 공급 업체 유형에 따라 판매업체(vendor), 공급 업체(supplier), 파트너(partner)로 구분할 수 있다. 여기서 각 유형은 공급망 내에서의 조정 및 통합 수준, 그리고 거래 중심 관계인지, 신뢰 기반 관계인지에 따라 결정된다. 예를 들어, 기업은 벤더를 통해 원자재와 부품을 조달하며, 이는 쉽게 변경할 수 있는 거래적 관계를 기반으로 한다. 한편, 기업은 공급 업체를 통해 원자재와 부품을 조달하면서 경험과 성과를 바탕으로 한 관계를 유지할 수도 있다. 또한, 기업은 파트너와 협력하여 원자재와 부품을 조달하며, 신뢰와 헌신을 기반으로 한 장기적인 관계를 형성할 수 있다.

글로벌 공급망의 하류(아웃바운드) 부분에서 조직 간 상호 작용의 세 가지 논리적 시나리오는 구매자(buyers), 고객(customers), 그리고 클라이언트(clients)로 구분된다. 상류(인바운드) 공급망의 사례와 마찬가지로, 각 하류(아웃바운드) 시나리오는 기업이 글로벌 공급망 내에서 다른 주체들과 협력할 때 요구되는 조정(coordination), 통합(integration), 그리고 거래 중심 관계(transactional relationship)와 신뢰 기반 관계(relationship focus) 간의 균형에 따라 달라진다. 기업은 구매자(buyers)에게 제품과 부품을 판매하며, 이는 쉽게 변경할 수 있는 거래적 관계를 기반으로 한다. 한편, 기업은 고객(customers)에게 제품과 부품을 판매하면서 경험과 성과를 바탕으로 한 관계를 유지할 수도 있다. 또한, 기업은 클라이언트(clients)에게 제품과 부품을 판매하며, 신뢰와 헌신을 기반으로 한 장기적인 관계를 형성할 수 있다.

글로벌 공급망의 상류(인바운드) 및 하류(아웃바운드) 부분에서의 세 가지 시나리오를 검토한 후, 이제 각 주체와의 관계에서 글로벌 기업이 중점을 두어야 할 요소를 살펴보자. 여기에는 기대할 수 있는 이점, 유리한 차별화 요소, 그리고 관계에서의 핵심 초점이 포함된다.[30] 먼저, 가치에 대한 기본적인 개념을 정리하는 것이 필요하다. 글로벌 공급망에서 각 노드(nodes)와 행위자(actors) 간의 가치(value)는 특정 비용(금전적 및 비금전적 자원)이 투입됨으로써 얻는 품질(제품, 서비스, 정보, 신뢰, 헌신)의 함수로 정의된다. 기본적으로, 비용이 동일하거나 감소하는 상황에서 품질이 향상되거나, 혹은 품질이 일정하게 유지되는 상태에서 비용이 줄어들면 더 큰 가치가 창출된다.

글로벌 기업은 공급망의 상류(인바운드) 부분에서 판매업체 부문에 20%, 공급 업체 부문에 30%, 파트너 부문에 50%의 노력을 할당해야 한다. 마찬가지로, 공급망의 하류(아웃바운드) 부분에서도 구매자 부문에 20%, 고객 부문에 30%, 클라이언트 부문에 50%의 노력을 분배해야 한다. 판매업체(상류) 및 구매자(하류) 부문에서는 거래적 교환의 전형적인 이점을 기대할 수 있으며, 이는 구매한 제품의 비용과 품질이 대등한 수준이지만, 반드시 시장에서 최고의 제품을 의미하지는 않는다. 공급 업체(상류) 및 고객(하류) 부문에서는 기업이 글로벌 시장에서 차선책 대비 경쟁력을 갖춘 원자재, 부품, 혹은 제품을 확보할 수 있을 것이라는 기대가 있다. 이는 구매한 제품의 비용과 품질이 동일한 수준이며, 동시에 시장 내에서 최상의 제품 중 하나에 해당한다는 개념을 반영한다. 마지막으로, 파트너(상류) 및 클라이언트(하류) 부문에서는 기업이 원자재, 부품, 혹은 제품의 특정 차별화 요소를 확보할 수 있으며, 이러한 개선이 장기적으로 고객에게 가장 높은 가치를 제공할 것이라는 기대가 있다. 즉, 품질이 비용보다 높은 수준을 유지하는 것이 핵심이다.

360° 관점: 거시 환경의 영향

거시 환경은 항상 변화하지만, 최근 몇 년간의 변화는 특히 중요했다. 미국과 중국 간의 무역 전쟁으로 인한 관세 장벽 상승, 영국의 유럽연합(EU) 탈퇴, 미국의 환태평양경제동반자협정(TPP) 탈퇴, 그리고 COVID-19 팬데믹의 갑작스러운 발생 등은 글로벌 공급망에 예상치 못한 심각한 스트레스를 가했다. 이러한 환경 변화로 인해 과거에 합리적으로 보였던 결정들이 더 이상 적절하지 않을 수도 있다. 예를 들어, 1990년대 일본 자동차 제조업체인 Toyota와 Nissan은 영국을 EU 단일 시장을 위한 생산 기지로 활용하기 위해 대규모 투자를 단행했다. 그러나 영국의 EU 탈퇴로 인해 이러한 결정의 타당성이 흔들리게 되었다. 더욱 일반적으로 보면, 최근 몇 년간의 혼란은 미래를 예측하는 것이 얼마나 어려운지 보여 주었으며, 특정 국가만을 생산 및 조달 기지로 삼는 대신 여러 국가에서 운영하는 헤징 전략(real hedging strategy)의 매력을 높였다. 예를 들어, 수십 년 동안 중국은 많은 물리적 제품을 생산 및 조달하기에 최적의 선택지로 보였다. 그러나 최근의 거시 환경 변화로 인해 이러한 전략이 의문을 불러일으키고 있다. 앞서 언급한 바와 같이, 공급망에서 중복성을 확보하는 것은 단기적인 비용 우위를 넘어 미래의 변화에 대한 대비책이 될 수 있다. 몇 년 전에는 인도, 브라질, 폴란드에서 동시에 조달하는 것이 비효율적으로 보였을 수도 있지만, 오늘날에는 이러한 전략이 선견지명이 있는 것으로 평가될 수 있다.

무역 환경의 변화뿐만 아니라, COVID-19 팬데믹과 같은 매우 드물지만 큰 영향을 미치는 '블랙 스완(black swan)' 사건, 국가의 정치·경제적 방향 변화, 그리고 상대 환율 변동도 공급망 의사 결정에 영향을 미칠 수 있다. 금융 위기, 전쟁, 전염병, 테러와 같은 블랙 스완 사건은 본질적으로 예측하기 매우 어렵지만, 다른 변화들은 상대적으로 예측 가능하다.[31] 경제 정책은 한 국가의 경제 성장률, 통화 가치, 그리고 환율 변동에 영향을 미치며, 이로 인해 시간이 지나면서 그 국가가 제품 조달지로서 더 매력적이거나 덜 매력적인 곳이 될 수 있다. 따라서 경영진은 글로벌 환경을 지속적으로 모니터링하고, 국가 내부의 정치·경제적 변화, 국가별 요소 비용 변화, 상대 환율 변동, 그리고 기타 환경적 변화가 공급망 선택에 미치는 영향을 면밀히 살펴보아야 한다.

주요 용어

생산	ISO 9000	소싱 공장	포장
공급망 관리	최소 효율 규모	서버 공장	운송
구매	유연 제조 기술	기여 공장	역물류
물류	린 생산	전초 기지 공장	적시 생산(JIT)
상류 공급망	대량 맞춤 생산	선도 공장	just-in-case 전략
하류 공급망	유연 기계 셀	자체 생산 또는 외부 구매 결정	블록체인 기술
전사적 품질 관리(TQM)	글로벌 학습	글로벌 물류 센터	글로벌 공급망 조정
식스 시그마	오프쇼어 공장	글로벌 재고 관리	

요약

이 장에서는 글로벌 생산 및 공급망 관리가 어떻게 국제 비즈니스의 경쟁력을 높일 수 있는지 설명한다. 총가치 창출 비용을 낮추고 고객 서비스 및 부가가치를 극대화하는 방식으로 가치 창출 활동을 수행하는 것이 중요하다. 주요 내용은 다음과 같다.

1. 최적의 생산 위치를 결정할 때 국가 요인, 기술적 요인, 생산 요인을 고려해야 한다.
2. 국가 요인은 생산 비용에 영향을 미치는 요소로, 요소 비용, 정치 경제, 국가 문화, 그리고 외부 경제 효과 등이 포함된다.
3. 기술적 요인은 생산 시설 구축의 고정 비용, 최소 효율 규모, 대량 맞춤 생산을 가능하게 하는 유연 제조 기술 등을 포함한다.
4. 생산 요인에는 제품 특성, 생산 시설 위치 선정, 생산 시설의 전략적 역할 등이 포함된다.
5. 생산 시설 위치 전략은 집중화 또는 분산화 방식이 있으며, 국가 요인, 기술적 요인, 생산 요인을 종합적으로 고려하여 선택해야 한다. 모든 입지 결정에는 상호 절충이 필요하다.
6. 오프쇼어 공장은 시간이 지나면서 역량을 개선할 수 있으며, 이는 기업에 전략적 이점을 제공할 수 있다. 따라서 관리자는 오프쇼어 공장을 역량 강화의 중심지로 인식하고 현지 관리자들이 공장 역량을 향상할 수 있도록 장려해야 한다.
7. 국제 비즈니스에서 중요한 이슈 중 하나는 부품을 자체 생산할지 또는 외부에서 조달할지를 결정하는 것이다. 비용과 생산 능력이 주요 고려 요소이며, 각 결정은 여러 요인에 의해 영향을 받는다.
8. 글로벌 공급망의 핵심 기능은 물류, 구매(소싱), 생산(운영 관리), 마케팅 채널이다.
9. 물류는 원자재, 부품, 완제품의 흐름과 재고를 효과적으로 계획, 실행, 통제하는 공급망의 일부다. 주요 활동으로 글로벌 유통 센터 관리, 재고 관리, 포장 및 자재 취급, 운송, 역물류가 포함된다.
10. 구매는 원자재, 부품, 완제품을 글로벌 시장에서 조달하는 공급망의 일부다. 주요 활동으로 적절한 글로벌 구매 전략 개발과 기업에 가장 적합한 구매 전략 선택이 포함된다.
11. 공급망 관리는 효과적인 적기 생산 시스템을 구축하고 정보 기술을 활용하며 공급망 내 다양한 기능과 조직을 조정하고 기업 간 관계를 개발하는 것을 포함한다.

12. 적기 생산(JIT) 시스템은 창고 및 재고 유지 비용을 절감하고 불량 부품을 신속히 제거하여 제품 품질을 향상시키는 데 기여한다.
13. 정보 기술, 특히 인터넷 기반 전자 데이터 교환(EDI)은 자재 관리를 효과적으로 수행하는 데 중요한 역할을 한다. EDI는 투입 자원을 추적하고 생산 일정을 최적화하며 공급 업체와 실시간으로 소통하고 문서 흐름을 제거하는 데 도움이 된다.
14. 글로벌 공급망 조정은 주요 공급망 활동에서 의사 결정 기회를 공유하고 운영 협력을 강화하는 것을 의미한다.
15. 글로벌 공급망에서 조직 간 관계의 깊이와 개입 수준은 기업이 공급망 내 다른 조직과 협력할 때 요구되는 조정, 통합, 거래 기반 관계 및 파트너십의 정도에 따라 결정되어야 한다.

비판적 사고와 토론을 위한 질문

1. 한 전자 회사가 소비자 및 산업 전자 제품에 사용되는 마이크로프로세서를 전 세계 시장에 공급하는 방법을 고민하고 있다. 제조 공장 건설에는 약 5억 달러가 소요되며 고도로 숙련된 인력이 필요하다. 향후 10년 동안 해당 제품의 세계 시장 규모는 100억~150억 달러로 예상되며, 현재 이 산업의 관세는 낮다. 이 회사는 어떤 위치에 공장을 설립해야 하는가? 그 이유는 무엇인가?
2. 한 화학 회사가 황산을 전 세계 시장에 공급하는 방법을 고려하고 있다. 제조 공장 건설에는 약 2천만 달러가 소요되며 중간 수준의 숙련 노동력이 필요하다. 향후 10년 동안 이 제품의 세계 시장 규모는 200억~300억 달러로 예상되며, 현재 이 산업의 관세는 중간 수준이다. 이 회사는 어떤 위치에 공장을 설립해야 하는가? 그 이유는 무엇인가?
3. 한 기업이 부품을 자체 생산할지 또는 독립 공급 업체에 외주할지를 결정해야 한다. 부품 제조에는 회수 불가능한 특수 자산 투자가 필요하다. 가장 효율적인 공급 업체들은 향후 10년 동안 환율이 크게 상승할 것으로 예상되는 국가에 위치해 있다. (a) 자체 생산과 (b) 외주 생산의 장점과 단점은 무엇인가? 어떤 선택이 더 나은가? 그 이유는 무엇인가?
4. MANAGEMENT FOCUS 'IKEA의 중국에서의 생산'을 다시 읽고 다음 질문에 답하라.
   a. IKEA가 글로벌 생산의 상당 부분을 중국으로 이전함으로써 얻는 이점은 무엇인가?
   b. 제조 자산이 중국에 집중됨으로써 발생할 수 있는 위험은 무엇인가?
   c. IKEA는 생산 이전의 이점을 극대화하고 위험을 최소화하기 위해 어떤 전략을 채택해야 하는가?
5. 글로벌 공급망 기능 중 (a) 물류와 (b) 구매가 휴대폰 제조업체의 글로벌 공급망을 전략적으로 활용하는 데 어떻게 기여할 수 있는가?
6. 글로벌 기업이 (a) 자체 생산을 위한 범용 부품을 구매하는 것이 목표인 경우, 공급망의 인바운드 부분에서 어떤 유형의 조직 간 관계를 고려해야 하는가? 또한, (b) 최종 고객에게 도달하는 과정에서 강력한 파트너십을 구축하는 것이 목표인 경우, 공급망의 아웃바운드 부분에서 어떤 유형의 조직 간 관계를 고려해야 하는가?

자동차 산업의 글로벌 반도체 부족: COVID 시대의 공급망 붕괴

2021년 2월 초, 코로나19 팬데믹에도 불구하고 General Motors(GM)는 4분기 실적이 견고했다고 발표하였다. 자동차 판매는 2020년 초 팬데믹으로 인한 침체에서 강하게 회복되었다. 그러나 GM은 반도체 칩 부족이 심화됨에 따라 북아메리카 공장의 자동차 생산을 축소할 것이라고 발표하였다. 현대자동차에는 50개 이상의 마이크로프로세서가 포함되어 있다. GM은 반도체 칩 부족으로 인해 2021년 예상 수익이 15억~20억 달러 감소할 것으로 전망하였다. GM뿐만이 아니었다. 다른 자동차 회사들도 비슷한 발표를 하였다. Ford는 2021년 1분기 생산량이 반도체 부족으로 인해 20% 감소할 것이라고 밝혔다. Honda도 생산 조정을 해야 한다고 발표하였다. 독일의 Audi는 고급 차량의 생산을 지연시키고, 반도체 칩의 '대량 부족'을 이

Scott Olson/Getty Images

유로 10,000명 이상의 직원을 일시 해고할 것이라고 발표하였다. 자동차 제조업체들은 2021년 1분기에 반도체 부족으로 인해 매출이 600억 달러 이상 감소할 것으로 예상하였다.

반도체 칩 부족의 원인은 팬데믹 초기로 거슬러 올라간다. 2020년 상반기, 전 세계적으로 봉쇄 조치가 시행되자 자동차 제조업체들은 현재 생산을 축소하고, 향후 자동차 생산을 위한 준비도 보류하였다. 이에 따라 부품 공급 업체들도 자체 생산을 축소하고, 반도체를 포함한 전자 부품 주문을 줄였다. 당시의 예상은 자동차 수요가 몇 년 동안 팬데믹 이전 수준으로 회복되지 않을 것이라는 것이었지만, 이 예상은 틀렸다.

수년 동안 반도체 제조업체들은 동남아시아에 본사를 두고 자동차 시장에 적기 생산(JIT) 방식으로 반도체를 공급해 왔다. 이러한 린 글로벌 공급망 덕분에 자동차 제조업체와 부품 공급 업체들은 비싼 재고를 유지할 필요가 없었고, 이를 보관할 창고를 건설할 필요도 없었다. 그러나 자동차 시장의 수요가 급감하자, 반도체 제조업체들은 자동차 업계의 주문을 기다리면서 재고를 비축하는 대신, 팬데믹으로 인해 급격히 성장한 산업을 위한 반도체 생산에 집중하였다.

이 산업에는 노트북, 컴퓨터 서버, 스마트폰, 비디오 게임 콘솔 제조업체가 포함되며, 이들은 사람들이 재택근무를 하거나 외출 대신 넷플릭스를 시청하거나 비디오 게임을 즐기면서 급격한 수요 증가를 경험하였다. 또한, 초고속 5G 무선 네트워크의 빠른 도입도 네트워크 장비와 반도체 칩 수요를 증가시키는 요인이 되었다.

여기에 더해, 미국 Trump 행정부는 중국의 통신 장비 대기업 Huawei Technologies에 대한 무역 제재를 가하여, 미국산 반도체 또는 미국 기술이 포함된 반도체를 구매하지 못하도록 제한하였다. 이에 대응하여, Huawei는 생존을 위해 반도체를 대량 사재기하였으며, 미국의 추가적인 제재를 우려한 다른 중국 전자기업들도 반도체 비축을 시작하였다. 그 결과, 중국은 2020년 전 세계 반도체 생산량의 상당 부분을 흡수하였으며, 반도체 수입액이 3,800억 달러로 사상 최고치를 기록하였다.

2021년이 되면서 자동차 산업은 지속적인 공급망 붕괴 문제를 해결하기 위해 분주히 움직였으나, 이는 쉽지 않았다. 기존 반도체 공장은 이미 최대 가동 상태였으며, 새로운 공장을 가동하는 데에는 보통 18개월이 걸리고 수십억 달러의 비용이 소요되었다. 단기적으로, 반도체 제조업체들은 자동차 제조업체들에게 칩 주문의 리드 타임을 더 길게 설정할 것을 요구하였고, 긴급 주문에 대한 가격을 인상하였다. 이에 따라 자동차 제조업체들도 공급망 전략을 재검토하기 시작하였다. 예를 들어, Volkswagen은 기존에 주요 부품 공급 업체를 통해 반도체를 주문했으나, 구매 전략을 변경하여 직접 반도체를 구매하거나, 반도체 제조업체와 협력하여 사전에 생산 용량을 예약함으로써 부품 공급 업체가 이를 활용할 수 있도록 조치하였다. 더 나아가, 자동차 제조업체들은 앞으로 반도체 제조업체와 더욱 긴밀하게 협력해야 하며, 코로나19 팬데믹 이후에도 공급 보장을 위해 반도체 재고를 확보할 필요가 있다는 점을 깨닫게 되었다. 미·중 무역 전쟁, 중국과 서방 국가 간의 갈등, 러시아의 우크라이나 침공 등 글로벌 정치의 변화는 향후 공급망 붕괴 위험이 더욱 커질 것임을 시사하였다.

흥미롭게도, 세계 최대 자동차 제조업체인 Toyota는 이 문제를 선제적으로 해결한 것으로 보인다. 2020년 초 팬데믹이 시작되었을 때, Toyota는 반도체를 비축하여 향후 발생할 수 있는 부족 사태에 대비하였다. 또한, Toyota는 오랫동안 공급 업체들과 긴밀한 협력 관계를 유지해 왔다. Toyota는 안정적인 대형 고객으로서 공급 업체들에게 월별 생산량을 비교적 일정하게 제공하며, 향후 3년간의 생산 계획을 지속적으로 공유하였다. 이러한 계획을 팬데믹 기간 동안에도 꾸준히 소통한 덕분에, Toyota는 반도체 공급을 안정적으로 확보할 수 있었다. 2020년 하반기, Toyota는 경쟁 업체들과 마찬가지로 매출과 수익이 회복되었지만, 경쟁 업체들과 달리 2021년에도 매출과 수익을 지속적으로 증가시킬 수 있었다.

Sources: W. Boston, A. Fitch, M. Colias, and B. Foldy, "How Car Makers Collided with a Global Chip Shortage," *The Wall Street Journal*, February 12, 2021; S. McLain and K. Narioka, "Toyota Profit Quickly Recovers Despite Chips Shortage," *The Wall Street Journal*, February 10, 2021; D. Wu, S. Kim, and I. King, "Why the World Is Short of Computer Chips, and Why It Matters," *Bloomberg*, February 17, 2021; A. Trivedl, "The Severe Shortage of Chips that Car-makers Are Faced With," *Mint*, January 20, 2021.

CLOSING CASE 토론을 위한 질문

1. 자동차 산업의 예상과 달리, 2020년 하반기에도 코로나19 팬데믹이 지속되는 가운데 자동차 수요가 강하게 반등한 이유는 무엇인가? 이는 수요 예측의 어려움에 대해 무엇을 시사하는가?
2. 반도체 부족의 근본 원인은 무엇이었는가? 공급망 관리를 위해 얻을 수 있는 교훈은 무엇인가?
3. 반도체 칩의 린 공급망이 자동차 제조업체에 가져다준 재정적 이점은 무엇이었는가? 코로나19 팬데믹은 적기 생산 방식의 어떤 위험을 드러냈는가?
4. 2021년 자동차 산업을 강타한 반도체 부족 사태는 예측 가능했는가? 자동차 회사들은 공급망 붕괴의 위험을 줄이기 위해 어떤 전략을 채택할 수 있었는가? 이러한 전략에는 어떤 단점이 있는가?
5. 코로나19 팬데믹은 예측할 수 없는 블랙 스완 사건으로, 오랜 기간 다시 발생하지 않을 수도 있다. 그렇다면 자동차 회사들은 공급망 전략을 변경해야 하는가? 아니면 기존의 방식으로 돌아가는 것이 더 나은 선택인가?

미주(endnotes)는 한경사 홈페이지 www.hankyungsa.co.kr의 공지 사항에서 PDF 파일로 다운로드 할 수 있습니다.

Scott Olson/Getty Images

16 글로벌 마케팅과 비즈니스 애널리틱스

학습 목표

이 장을 학습하면,

1. 비즈니스 애널리틱스와 국제 시장 조사의 중요성을 이해할 수 있다.
2. 국가별로 제품 속성을 다양화하려는 것이 왜 타당한지 이유를 설명할 수 있다.
3. 국가별로 기업 유통 전략에 차이가 나는 이유와 그 양상을 이해할 수 있다.
4. 국가별로 광고 및 판촉 전략이 어떻게, 왜 다를 수 있는지 파악할 수 있다.
5. 기업의 가격 전략이 국가별로 어떻게, 왜 다를 수 있는지 설명할 수 있다.
6. 글로벌 마케팅 믹스를 구성하는 방법을 이해할 수 있다.
7. 글로벌화가 국제 경영 기업의 신제품 개발에 미치는 영향을 설명할 수 있다.

OPENING CASE Yellow Tail: 글로벌 와인 브랜드 구축

호주의 Yellow Tail 브랜드는 2022년 글로벌 와인 브랜드 파워 지수(Wine Intelligence Global Wine Brand Power Index)에서 1위를 차지했다. 이는 2001년에 처음 출시된 브랜드로서 놀라운 성과였다. Yellow Tail의 매출은 2001년 567만 달러에서 2021년 3억 5,900만 달러로 급성장했다. Yellow Tail은 미국과 영국에서 가장 많이 판매되는 수입 와인으로, 두 국가에서의 판매량이 브랜드의 본고장인 호주보다도 많다. 또한, 캐나다, 아일랜드, 독일, 일본, 한국, 홍콩, 대만을 포함한 57개 시장에 수출되고 있으며, 이들 국가에서도 상당한 판매 실적을 기록하고 있다.

Yellow Tail의 이야기는 1957년 Filippo Casella와 Maria Casella 부부가 시칠리아에서 호주로 이주하여 뉴사우스웨일스주에 정착하면서 시작되었다. Casella 부부는 1965년 첫 번째 포도밭을 매입했다. 1969년에는 소규모 와이너리를 설립하고 지역 시장을 위한 부담 없이 즐길 수 있는 음식과 잘 어울리는 와인을 생산하기 시작했다. 1980년대에 그들의 아들 John이 와인 마케팅 학위를 취득한 후 가족 사업에 합류했다. John Casella가 바로 Yellow Tail을 구상한 인물이었다.

그 당시 글로벌 와인 산업은 두 가지 주요 시장으로 나뉘어 있었다. 하나는 세련된 취향과 다양한 와인 종류에 대한 지식을 가진 소비자들에게 판매되는 프리미엄 와인이었고, 다른 하나는 주로 바나 펍에서 제공되거나 파티용으로 대량 구매되는 저가의 품질이 낮은 와인이었다. 역사적으로 와인 산업은 프랑스, 이탈리아, 스페인, 독일의 구세계 생산자들이 지배해 왔으나, 20세기 후반, 미국, 칠레, 남아프리카공화국과 같은 나라에서 새로운 생산자들이 등장했다. 이들 신세계 생산자들은 프리미엄 와인 시장과 저가 와인 시장에서 강력한 경쟁자가 되었다.

John Casella는 시장에서 충족되지 않은 중요한 수요가 있다고 생각했다. 그는 산업에 의해 간과된 사람들이 존재한다고 믿었다. 이들은 와인 산업에 대해 겁을 먹고, 빈티지나 포도 품종, 지역에 대해 배우고 싶지 않아서 와인을 피했다. 그러나 이들은 저품질 저가 와인을 마시고 싶지도 않았다. 이들은 주로 젊은 층이었다. John Casella는 이 집단을 겨냥한 인지도가 높은 브랜드를 만들고 싶었다. 그는 와인을 자주 구매하지 않는 사람들에게 판매하고 싶었으며, 와인이 재미있고, 맛있고, 과일 맛이 풍부하며, 선택하기 쉽고, 마시기 쉽고, 맛이 좋고, 어떤 상황에도 어울릴 수 있도록 만들고자 했다. 그 결과가 바로 Yellow Tail로, 처음에는 Chardonnay(화이트 와인)와 Shiraz(레드 와인) 두 가지 품종만 제공했다.

포장 디자인은 밝고 활기차며, John Casella는 이러한 특성이 Yellow Tail 브랜드와 연결되기를 원했다. 라벨은 시선을 사로잡았다. 캥거루 로고는 호주 문화를 떠올리게 하려는 의도로 사용되었으며, 이는 모험과 재미를 추구하는 대담하지만 여유로운 이미지를 전달하고자 했다. 가격은 프리미엄 와인보다는 저렴하지만, 저가 와인보다는 조금 더 높은 수준이었다. 비싼 미디어 마케팅 캠페인에 투자하기보다는, 와인은 매장 내 이벤트, 화려한 포장 디자인, 그리고 매장 디스플레이(예를 들어, 슈퍼마켓의 와인 코너 끝에 놓인 밝은 색상의 Yellow Tail 박스 블록)로 홍보되었다. 그 아이디어는 경쟁 업체들이 국가, 포도 품종, 알파벳 순으로 배치한 흰색 라벨과 차별화되는, 쉽게 식별할 수 있는 색상과 브랜드를 만들어 내는 것이었다.

마케팅 전략은 성공을 거두었다. 브랜드 포지셔닝 덕분에 회사는 예상치를 훨씬 초과하는 성과를 거두었다. 미국에서의 첫해 목표는 2만 5천 상자의 Yellow Tail을 판매하는 것이었다(1상자에는 12병의 와인이 들어 있다). 실제로는 100만 상자 이상이 팔렸다. 오늘날 Yellow Tail의 제품 포트폴리오는 두 가지 초기 제품에서 23가지 다양한 품종과 블렌드로 확장되었다. 이 회사는 60개 국가에서 매년 약 1,400만 상자를 판매하며, 그중 미국이 판매량의 약 절반을 차지한다.

Sources: M. DeSimone and J. Jenssen, "Yellow Tail Celebrates 20 Years of Growth and Innovation," *Forbes*, December 23, 2021. "Wine Brand Equity Stabilising After COVID," Wine Intelligence, https://www.wineintelligence.com/wine-brand-equity-stabilising-after-covid-but-yet-to-fully-rebound/ Accessed April 20, 2023. Marion, "YellowTail: Clever Brand Positioning within the American Wine Industry," *The Branding Journal*, January 15, 2021.

서론

이전 15장에서는 국제 경영에 있어 글로벌 생산과 공급망 관리의 역할을 살펴보았다. 이번 장에서는 특정 비즈니스 기능에 초점을 맞추어 글로벌 마케팅, 비즈니스 애널리틱스와 연구·개발(R&D)의 역할을 분석한다. 특히, 마케팅, 분석과 R&D를 효과적으로 수행하여 가치 창출 비용을 절감하는 동시에, 글로벌 시장에서 고객의 요구를 보다 잘 충족시킴으로써 기업과 고객에게 가치를 더할 수 있는 방안을 중점적으로 다룬다. 여기에는 유통 전략(마케팅 채널 또는 장소)에 대해서도 논의하며, 이는 15장에서 다룬 글로벌 공급망의 일부이기도 하다.

globalEDGE

산업별 인사이트 얻기

대부분의 글로벌 기업들은 연구·개발(R&D)을 수행하고 해외 마케팅 캠페인을 기획할 때 특정 산업의 소비자 니즈에 집중하곤 한다. 전 세계의 산업은 세계관세기구(World Customs Organization)가 관리하는 신국제통일상품분류(Harmonized Commodity Description and Coding System), 또는 HS코드에 의해 분류되어 있다. HS 코드는 약 5천 개의 상품을 20개 부분으로 구분한다. globalEDGE™(http://globaledge.msu.edu/global-insights/by/industry)의 'Get Insights by Industry' 섹션은 이 20개 산업 부분에 대해 국제 경영과 관련된 자료, 통계, 위험 평가, 규제 기관, 기업, 이벤트 등 유용한 내용들을 제공한다. 한 가지 흥미로운 점은 globalEDGE™의 산업별 섹션에서 산업의 파편화 수준을 나타내는 지수를 제공한다는 것이다. 고도의 집중화된 산업에서는 산업을 지배하는 대기업들에 의해 산업의 방향과 가격이 형성되는 반면, 고도로 파편화된 산업은 산업의 방향이나 가격에 영향을 미칠 정도의 규모를 갖추지 못한 기업들이 대부분이다. 당신은 소비재 산업과 기술 산업 중 어느 사업이 더 파편화되어 있다고 생각하는가? globalEDGE™에서 답을 찾아볼 수 있다.

12장에서는 국제 경영에서 발생하는 비용 절감 압력과 현지화로 인한 비용 증가 간의 갈등에 대해 살펴보았다. 이 장에서도 이러한 갈등을 주요 문제로 다룰 것이다. 어떤 측면에서는 세계화가 진전되고 있지만, 또 다른 측면에서는 국가별 차이가 여전히 존재하기도 한다. 글로벌 마케팅 전략은 전 세계 소비자의 취향과 선호가 비슷하다고 가정하는데 이는 표준화된 제품을 대량 생산할 때와 동일한 가정이다. 표준화된 제품을 대량 생산할 경우, 이 제품이 비누든 반도체 칩이든 Coca-Cola든 혹은 명품 의류든 간에 기업은 경험 곡선과 여타 규모의 경제를 통해 단위 비용을 절감할 수 있다.

그러나 국가별로 제각각인 소비자 취향과 선호를 무시하는 것은 기업을 실패로 이끌 수 있다. 산업에 따라 세계화 수준에는 차이가 존재한다. globalEDGE™의 '산업별 인사이트 얻기(Get Insights by Industry)' 섹션에서 이를 산업별로 비교해 볼 수 있다. 따라서 국제 경영에서의 마케팅 전략은 제품 표준화가 적절한 시점을 구분하고 이때 제품의 표준화는 어떻게 해야 할지 결정할 수 있어야 하며, 반대로 지나친 제품 표준화가 불필요한 시점은 언제인지를 구분할 수 있어야 한다. 제품 표준화가 적합할 때라도 제품을 각각의 시장에서 포지셔닝하는 방법과 제품 판매를 위해 사용되는 판촉 및 문구는 현지 고객의 요구에 맞게 설정되어야 한다.

최근에는 특히 선진국 및 신흥국의 젊은 소비자층을 중심으로 필요 및 욕구가 동질화되고 있다. 이는 기업이 글로벌 시장에 제품과 서비스를 판매할 때 이점으로 작용한다. 제품 및 서비스에 대한 니즈의 세계화는 소비자의 연령대와 어느 정도 관련이 있다. 젊은 세대일수록 세계적으로 유사한 제품의 수요가 높고, 세계 어디에서든 제품을 구매하여 즉각적으로 소유하고 싶어 한다. 또한 특성 산업(예: 선사세품 산업)이 다른 산업(예: 기구 산업)보다 고객의 수요를 기반으로 한 제품 및 가치 제안의 표준화가 더 용이하다는 점에서 세계화는 산업과도 상관되어 있다. 이번 장을 통해, 세계화의 진전에 따라 효과적인 유통 전략, 커뮤니케이션 전략, 가격 전략을 활용하여 제품과 품질을 전 세계에 알릴 수 있는 마케팅의 필요성이 높아지고 있다는 사실을 배울 것이다.

마케팅, 비즈니스 애널리틱스와 R&D를 같은 장에서 다루는 이유는 세 기능 사이에 밀접한 관련이 있기 때문이다. 마케팅은 시장을 세분화하여 아직 욕구가 충족되지 못한 고객군을 공략하는 신제품을 개발하는 것이 주요 업무이다. 신제품 개발은 R&D와 분석을 필요로 하는데, 여기서 마케팅, 비즈니스 애널리틱스, R&D의 연결 고리가 생긴다. 기업은 시장 수요를 염두에 두고 신제품을 개발해야 하며 마케팅만이 그러한 수요를 파악하여 R&D 담당자들에게 전달할 수 있다. 또한 마케팅 담당자는 R&D 담당자들과 국제적으로 표준화된 제품을 생산할 것인지, 지역적으로 특화된 맞춤형 제품을 생산할 것인지를 효과적으로 소통할 수 있는 적합한 역할을 할 수 있다. 마케팅이 R&D 기능을 위해 (1) 소비자의 필요와 욕구, (2) 제품 표준화 또는 맞춤화 필요성을 잘 전달할 수 있는 이유는 마케팅 부문에서 글로벌 기업의 국제 시장 조사가 수행되기 때문이다. 또한, 비즈니스 애널리틱스는 글로벌 마케팅 조사를 강화하고 자료 및 잠재 고객의 니즈와 선호의 이해를 높일 수 있다.[1]

이 장에서는 시장의 글로벌화에 관한 논의를 살펴보는 것으로 시작한다. 그 다음 시장 세분화 문제를 논의한다. OPENING CASE에서 소개된 호주 와인 브랜드 Yellow Tail은 기존 제품의 복잡성으로 인해 와인을 마시지 않던 사람들을 대상으로 하여, 기업이 어떻게 미충족된 니즈를 가진 시장 세그먼트를 찾아 글로벌 사업을 구축할 수 있는지 잘 보여 주었다.

다음으로 기업의 마케팅 믹스를 구성하는 요소들을 살펴본다. **마케팅 믹스(marketing mix)**는 기업이 목표 시장에 접근할 때 사용하는 다양한 대안들의 집합이다. 기업의 마케팅 믹스를 구성하는 네 가지 요소인 제품 속성, 유통 전략, 커뮤니케이션 전략, 가격 전략에 대해 살펴본다(이것은 많

마케팅 믹스
기업이 목표 시장에 대해 제품 속성, 유통 전략, 커뮤니케이션 전략, 가격 전략을 실행하는 데 선택 가능한 대안들.

은 마케팅 교과서에서 상품, 장소, 판촉, 가격으로 구성된 4P라고도 불린다). 예를 들어, Yellow Tail의 제품 구성은 즐거움, 풍미, 쉬운 선택, 우수한 맛 등을 강조했다. 유통은 기존의 국제 유통 업체를 통해 이루어졌다. 판촉은 독창적인 패키징과 라벨링, 그리고 매장 내 디스플레이를 통해 진행됐다. 가격은 프리미엄 와인보다 낮지만 저가 와인보다는 약간 높은 수준으로 책정했다. Yellow Tail의 독창적인 마케팅 믹스는 글로벌 시장에서 제품을 차별화했으며, 기업이 당초 예상보다 훨씬 더 높은 판매 성장을 이루도록 했다.

대부분의 기업은 국가의 문화, 경제 발전 상태, 제품 표준, 유통 채널 등을 고려하여 마케팅 믹스를 다양화하고 있다. 마케팅 믹스는 글로벌 기업이 글로벌 마케팅 전략을 기반으로 특정 목표 국가나 지역에 최적의 제품, 유통, 판촉, 가격 '조합(mix)'을 제공하기 위해 실행하는 전술적 활동 및 행위라고 볼 수 있다.

마케팅 믹스 및 적절한 제품의 중요성을 고려하여 앞으로 이어질 세 개의 절에서 이와 관련된 내용을 살펴볼 것이다. 우선, 각각의 해외 세분 시장에서 마케팅 믹스를 구성하는 것에 대해 살펴본다. 여기에서는 특정 해외 세분 시장에서 마케팅 믹스가 얼마나 표준화 또는 맞춤화되어야 하는지를 알아보기 위한 마케팅 믹스 요소(제품, 유통, 판촉, 가격)별 질문 예시도 살펴볼 것이다. 다음으로 해외 세분 시장에서 마케팅 믹스를 구성하기 위한 비즈니스 애널리틱스와 국제 시장 조사에 대해 논할 것이다. 세 번째로, 신제품 개발에 특히 중점을 두고 제품 개발을 살펴볼 것이다. 여기에서는 R&D, 마케팅, 생산 및 다기능 의사 결정 팀 등 경영 관리 관련 문제들이 통합적으로 고려될 것이다.

시장과 브랜드의 세계화

1983년 Theodore Levitt이 「하버드 비즈니스 리뷰」에 기재한 시장의 세계화에 대한 장문의 글은 세계화의 범위에 관한 논쟁에 일침을 가하였다. Levitt의 주장은 다음과 같다.

> 기술이 강력한 힘이 되어 세계는 하나의 공통된 특징을 가진 집단으로 수렴되고 있다. 기술 발전으로 누구나 자유롭게 이동하고 다른 사람과 의견을 쉽게 주고받을 수 있게 되었다. 그 결과, 새로운 시장 기회가 탄생했다. 전에는 상상조차 할 수 없던 규모의 표준화된 소비재를 위한 세계 시장이 등장한 것이다.
>
> 국가 혹은 지역에 따른 선호의 차이는 이제 사라졌다. 시장의 세계화는 이제 눈앞에 있다. 시장의 세계화로 인해 지역별 시장의 특색은 사라지고 다국적 기업은 이제 수명을 다하고 있다. 다국적 기업은 수많은 국가에서 활동하고, 각 국가에 맞는 제품 및 활동을 위해 상대적으로 높은 비용을 지불한다. 글로벌 기업은 마치 전 세계가 단일체인 것처럼 상대적으로 낮은 비용으로 매우 일관성 있게 활동한다. 글로벌 기업은 같은 제품을 같은 방식으로 모든 장소에 판매한다.
>
> 샹젤리제 거리에서 긴자까지 아우르는 McDonald's, 바레인의 Coca-Cola와 모스크바의 Pepsi-Cola, 그리고 세계 어느 곳에나 있는 록 음악과 그리스 샐러드, 할리우드 영화와 Revlon 화장품, Sony의 텔레비전과 Levi's의 청바지 등의 상업적 성공이 이를 반영한다.
>
> 국가별 취향이나 경영 방식에 대한 오래된 차이는 사라졌다. 선호의 단일성은 불가피하게 제품, 제조, 무역, 그리고 상업 구조의 표준화를 불러 일으킨다.[2]

이 글은 매우 유려하고, 사람들의 관심을 끌 만하지만 실제로 Levitt은 옳은가? 그의 주장은 1983년에 옳았으며, 오늘날에도 여전히 유효한가? 소셜 미디어의 부상과 이러한 매체가 글로벌 문화를 형성하는 능력은 Levitt의 주장에 힘을 실어주는 것처럼 보인다. 만약 Levitt의 주장이 옳다면, 이는 국제 경영을 실행하는 기업들이 추진하는 마케팅 전략에 중대한 함의를 가지게 될 것이다. 그러나 학계에서는 Levitt의 주장이 과장되었다고 생각한다.[3] 철강, 화학 제품, 그리고 반도체 칩으로 대표되는 많은 기초 산업 제품에 있어서는 Levitt의 주장이 일리가 있을 수 있다. 그러나 세계화의 관점에서 Levitt의 주장은 예외일 뿐 대부분의 소비재 시장과 자본재 시장에 적용될 수 없다. Levitt이 전 세계적으로 표준화된 제품을 판매하는 소비재 회사의 전형으로 예를 든 McDonald's와 같은 회사 조차도 지역 소비자의 선호에 맞게 국가별로 메뉴를 다르게 구성한다. 예컨대, 일부 아랍 국가 및 파키스탄에서 McDonald's는 아라비아식 빵으로 만든 치킨 샌드위치인 맥아라비아(McArabia)를, 프랑스에서는 뜨거운 햄·치즈 샌드위치인 크로크맥도(CroqueMcdo)를 판매한다.[4]

하지만 Levitt이 주장한 기술이 선진 국가에서 소비자 간의 특정 취향과 선호가 점점 동일해지고 있는 현상은 사실로 보이며, 이는 Levitt의 연구 발표 후 더욱 두드러지게 나타났다. 장기적으로 봤을 때, 기술은 글로벌 문화를 탄생시킬 수 있다. 그러나 현실적으로, 국가 간에 여전히 존재하는 문화 및 경제적 차이는 소비자 취향과 선호가 표준화되는 것을 막고 있다. 일반적으로 40세 이하의 젊은 연령대에서는 필요와 욕구의 동질화와 표준화가 많이 관찰되지만, 높은 연령대에서는 여전히 소비자 간 차이가 크다. 현재의 젊은 세대가 앞으로 나이든 후에도 여전히 동질성을 유지할 것인지 지켜보는 것도 흥미로울 것이다. 나이가 들어도 필요와 욕구의 표준화가 지속될 것임을 시사하는 사례들도 있는 반면, 나이가 들면서 특정 문화권만의 니즈를 갖게 되는 소비자들도 존재한다.

그러므로 약 260개에 달하는 전 세계 국가를 모두 아우르는 세계화는 이루어지지 않을 수도 있다(globaledge.msu.edu에서 국가별 정보와 자료들을 비교해볼 수 있다). 몇몇 연구자들은 글로벌 문화의 등장이, 소비자들이 동일한 취향과 선호도를 공유한다는 것을 의미하는 것은 아니라고 주장한다.[5] 다만, 서로 다른 국가의 사람들이 관점의 차이를 보이면서도 Nike, Dove, Coca-Cola, Apple, Toyota, Volkswagen과 같은 글로벌 브랜드를 공유하면서 점차 '글로벌' 대화에 참여하고 있다는 것이다.[6] 그러나 여전히 국가별 취향과 선호의 차이에 따라 브랜드의 인지 및 판촉, 제품의 사용 방식에서는 차이를 보인다.

세계화가 진전되고 있는 것처럼 보이는 또 다른 이유는 세계 어디서나 찾아볼 수 있는 특정 제품이 존재하기 때문이다. 그렇다고 해서 세계의 모든 소비자가 그 제품을 현지에 더 적합한 대체품보다도 더 선호한다는 의미는 아니다. 더 나은 기술, 생산 공정, 혁신을 통해 글로벌 제품과 경쟁할 수 있는 더 나은 현지 제품이 탄생할 수도 있다. 오늘날 글로벌 제품이 여러 지역 시장에서 성공하는 것은 반드시 소비자의 선호 때문이 아니라 비용 효율성과 효과적인 공급망 덕분이다. 만약 그렇다면 글로벌 기업과 현지 기업에게 글로벌 마케팅은 현재보다 더욱 중요해질 것이다.[7] 나아가 무역 장벽, 제품 및 기술 표준에서의 차이는 기업이 글로벌 시장에서 표준화된 마케팅 전략을 추진하는 것을 더욱 어렵게 한다. 이러한 차이의 원인을 다음 절에서 각 국가별로 제품을 어떻게 조정해야 하는지 살펴볼 것이다.

시장 세분화

시장 세분화
구매 행동이 다른 소비자들을 유의미한 기준으로 분류하는 것.

시장 세분화(market segmentation)는 구매 행동이 다양한 소비자를 주요 기준에 따라 여러 그룹으로 분류하는 것을 의미한다. 시장은 지역, 인구통계학(예: 성별, 연령, 소득, 인종, 학력 등), 사회문화적 요소(예: 사회 계층, 가치관, 종교, 생활 양식), 그리고 심리적 요소(예: 성격) 등 수많은 방식으로 세분화된 그룹에 따라 적합한 마케팅 믹스를 적용한다. 따라서 기업들은 구체적인 제품디자인, 가격 전략, 유통 채널, 커뮤니케이션 전략을 선택하는 데 있어 세분화된 그룹에 따라 다양하게 채택할 수 있다. 이는 특정 그룹으로 분류된 소비자의 구매 행동에 맞게 마케팅 믹스를 구성하는 것을 목표로 한다. 예컨대, 자동차 회사의 경우 차를 팔기 위해 서로 다른 사회 경제적 집단에 상이한 마케팅 믹스를 사용한다. Toyota의 경우 고가의 고급 승용차인 렉서스는 고소득층 소비자에게, 상대적으로 값이 싼 모델인 코롤라는 저소득층 소비자에게 판매한다. 이와 유사하게 개인용 컴퓨터 제조 기업들은 세분화된 소비자 그룹(예: 기업용 사용자와 가정용 사용자 등)의 다양한 욕구를 만족시키기 위해서 제품 성능, 가격 등이 다른 모델을 판매한다.

해외 진출을 추진하는 경영자가 타 국가의 소비자를 대상으로 시장 세분화를 실시할 때는 두 가지 사항을 고려해야 한다. 먼저, 국가별로 시장 세분화의 형태에는 차이가 있다는 점이고, 두 번째는 국가 간 차이를 뛰어넘는 공통적인 욕구를 가진 집단이 존재한다는 점이다. 예를 들어 어떤 기업은 한 국가를 다수의 고유한 세분 시장들로 분류하고, 이에 기반한 다양한 제품 옵션을 제공함으로써 해당 국가를 공략할 수 있다. 반면 다른 기업들은 여러 국가에 공통적으로 존재하는 하나의 세분 시장에 집중하는 방법을 선택할 수도 있다. 이처럼 국경을 초월하여 여러 국가에 걸쳐 있는 세분 시장을 **시장 간 세분 시장**(intermarket segment)이라고 한다. 기업들은 앞서 언급한 두 가지 선택지를 기반으로 마케팅 믹스 전략을 수립할 수 있다. 다양한 마케팅 믹스를 통해 한 국가 내의 다양한 세분 시장을 목표로 할 경우 한 국가의 문화적 특성(또는 관리 범위 내에 있는 국가들의 특성)에 집중할 수 있다. 반대로 여러 국가에 걸쳐 동일한 특성을 지닌 시장 간 세분 시장을 목표로 한다면 각국의 특정 고객군이 보편적으로 공유하는 문화적 특성에 집중할 수 있다.

시장 간 세분 시장
국경을 초월하여 여러 국가에 걸쳐 있는 소비자 세분 시장.

시장 세분화의 형태는 국가에 따라 크게 다를 수 있다. 외국에서는 중요한 소비자 집단이 자국에는 존재하지 않을 수도 있으며, 그 반대의 경우도 있다. 이러한 경우에는 시장 간 세분 시장에 집중해서는 안 되며, 적어도 자국 시장까지 포함된 시장 간 세분 시장을 목표로 해서는 안 된다. 기업은 해당 국가의 특정 소비자 집단의 구매 행동에 영향을 미치기 위한 독특한 마케팅 믹스를 개발해야 할 것이다.

예를 들어, 중국의 65세에서 80세 사이 소비자 집단은 다른 국가의 같은 연령대 집단과 공통점이 거의 없다고 한다.[8] 중국은 1966년에서부터 1976년까지 문화 대혁명을 거치면서 가치관이 형성되었다. 이들은 가격에 극도로 민감하고 신제품과 마케팅에 부정적으로 반응한다. 따라서 중국에서 사업을 하는 기업의 경우 마케팅 믹스를 이들 집단의 독특한 가치관과 구매 행동에 맞게 변형할 필요가 있다. 이러한 집단의 존재로 인해 기업은 글로벌 마케팅 전략을 표준화하기가 어렵다.

반대로 국경을 뛰어넘어 공통된 욕구를 가진 소비자 집단이 존재하기 때문에 글로벌 시장을 단

글로벌 브랜딩, Marvel Studios와 The Walt Disney Company

Marvel Studios는 미국의 TV및 영화 스튜디오로, The Walt Disney Company의 완전 자회사인 Marvel Entertainment의 일부이다. Walt Disney 제국의 일원으로서, Marvel Studios는 Walt Disney Studios와 함께 아이언맨이나 어벤저스 시리즈와 같은 놀라운 성공을 거둔 Marvel 영화들의 배급 및 마케팅을 공동으로 운영한다. Marvel Studios의 다른 주요 프로젝트에는 엑스맨, 스파이더맨, 캡틴 아메리카 프랜차이즈가 포함되었다. 예상할 수 있듯이, The Walt Disney Company의 글로벌 브랜딩에 내재된 모든 것은 막대한 잠재력, 도달 범위, 그리고 지속 가능성을 지닌다. Walter Elias ('Walt') Disney는 미국의 사업가, 애니메이터, 만화가, 감독, 자선가, 프로듀서, 시나리오 작가, 성우로 1901년부터 1966년까지 살았다. 국제적인 아이콘인 그는 1923년에 형 Roy O. Disney와 함께 Disney Brothers Cartoon Studio를 시작했다. The Walt Disney Company라는 현재의 이름은 1986년부터 사용되이 왔다. Disney는 세계적인 규모와 유명세를 가진 스튜디오 중 하나를 보유하고 있다. 또한, ABC 방송 TV네트워크, 케이블 TV네트워크(예: Disney Channel, ESPN), 출판, 상품, 극장 부문, 테마파크(예: Disney World, Disneyland) 등과 같은 수많은 관련 사업을 운영하고 있다. 미키 마우스는 The Walt Disney Company의 주요 상징이자, 전 세계적으로 인지도가 높은 브랜드 중 하나이다!

Walt Disney는 글로벌 브랜딩의 대표적인 기업이며, 이러한 브랜드 구축 역량은 Marvel Studios의 프로젝트에도 효과적으로 적용되고 있다. 글로벌 브랜딩 전략의 일환으로, 2008년 개봉한 영화 「아이언맨」의 포스트 크레딧 장면에서는 S.H.I.E.L.D. 국장 Nick Fury가 Tony Stark의 집을 방문하는 장면이 포함되었다. 이 장면에서 Fury는 Stark에게 아이언맨이 "세상에 존재하는 유일한 슈퍼히어로가 아니다"라고 말하며, 'Avenger's Initiative'에 대해 논의하고 싶다고 언급한다.

이것이 2008년에 시작되어 어벤저스 포트폴리오에 속하는 22편의 영화로 이어졌으며, 그중 2019년 개봉한 「어벤저스: 엔드게임」은 Marvel 시네마틱 유니버스의 장엄한 대단원을 장식하는 작품으로 기획되었다. 그 결과, 어벤저스와 아이언맨 영화 프랜차이즈는 Marvel Studios에 수십억 달러의 수익을 안겨주었다.

Marvel Comics는 1963년부터 어벤저스 슈퍼 히어로들을 위해 100명이 넘는 캐릭터를 활용해 왔으며, 블랙 팬서, 블랙 위도우, 닥터 스트레인지, 샹치, 이터널스와 같은 캐릭터들에 새로운 초점을 맞춘 Marvel Studios는 또 다른 성공적인 흥행 시리즈를 이어갈 준비가 되어 있으며, The Walt Disney Company에서 기대할 수 있는 것은 그 이상도 그 이하도 아닌 결과이다.

Sources: M. Peters, "The MCU Will Be Very Different After Avengers 4," *Comic Book*, April 23, 2017; K. Buchanan and J. Wolk, "How Vulture Ranked Its 2013 Most Valuable Stars List," *www.vulture.com*, October 22, 2013; T. Culpan, "HTC Said to Hire Robert Downey Jr. for $12 Million Ad Campaign," *Bloomberg Businessweek*, June 20, 2013; C. Isidore, "Avengers Set to Rescue Disney and Hollywood," *CNNMoney*, May 7, 2012; "Iron Man 3: Clank Clank Bang Bang," *The Wall Street Journal*, May 2, 2013; Bryan Alexander, "One for the Ages: First 'Avengers: Endgame' Social Media Reactions Hail Marvel Epic," *USA Today*, April 23, 2019.

일 시장으로 간주하고 글로벌 전략을 추구할 수도 있다. 수많은 국가에서 표준화된 제품을 판매하기 위해 동일한 마케팅 믹스를 사용할 수 있다. 국경을 초월하여 시장을 세분화할 때에는 나이, 가치관, 생활 방식 등의 유사성에 의거하여 세분화해야 하며 이를 통해서 유사한 구매 행동을 유추해 낼 수 있어야 한다. 이러한 전제하에서 기업은 소위 말하는 시장 간 세분 시장을 통해 고객의 필요와 욕구 구매 행동을 겨냥함으로써 글로벌 마케팅 믹스를 도입할 수 있다. 산업재와 같이 시장 간 세분 시장이 명확히 존재하는 산업도 있는 반면에 소비재처럼 시장 간 세분 시장이 존재하지 않는 산업도 있다.

그러나 선진국과 신흥국의 젊은 고객층(40세 이하)을 중심으로 한 세계화의 진전에 따라 이러한 시장 간 세분 시장의 일반화가 예상된다. 예컨대 최근 급부상하고 있는 글로벌 청소년(global youth)

이라 명명된 소비 집단은 소비재 해외 마케터들의 이목을 끌고 있다. 글로벌 매체들은 글로벌 청소년 세분 시장의 탄생에 기여하고 있다. 이러한 집단이 존재한다는 증거는 26개국, 6,500명 이상의 청소년의 문화적 태도 및 구매 행동에 대한 연구 결과에서 밝혀졌다.[9] 연구 결과는 세계의 청소년들이 공통된 가치관을 공유하고 있는 경향이 증가하고 있기 때문에 이들이 같은 종류의 제품을 구매한다고 주장하였다.

비즈니스 애널리틱스

[학습 목표 1] 비즈니스 애널리틱스와 국제 시장 조사의 중요성을 이해한다.

비즈니스 애널리틱스
기업의 국제 경영 전략과 활동을 탐색하고 심층적으로 조사하여 통찰력을 도출하고 향후 전략 개발과 실행을 추진할 수 있도록 하는 지식, 역량, 기술을 의미함.

글로벌 시장을 현재 또는 잠재적인 목표 시장으로 삼는 기업들의 맥락에서, **비즈니스 애널리틱스(business analytics)**는 기업의 국제 경영 전략과 활동을 탐색하고 심층적으로 조사하여 통찰력을 도출하고 향후 전략 개발과 실행을 추진할 수 있도록 하는 지식, 역량, 기술을 의미한다. 이 정의의 확장된 개념으로, 비즈니스 애널리틱스는 데이터를 이해하고 기업이 특정 고객 전략을 개발하고 유지하도록 지원하는 데 사용되는 선호 용어가 되었다.

빅 데이터
기존의 데이터베이스 및 소프트웨어 기법을 사용하여 처리하기 어려울 정도로 방대한 양의 구조화 그리고/또는 비구조화된 데이터.

일반적으로, 비즈니스 애널리틱스를 사용하는 과정은 특정 국제 경영 문제를 해결하기 위해 수집된 데이터 세트에서 시작된다. 비즈니스 애널리틱스가의 경험이나 교육을 통해 얻어진 지식과 기술은 수집할 데이터의 방향을 안내하는 가이드 역할을 한다. 데이터를 수집하거나 통합한 후에는 컴퓨터 클라우드, 데이터 웨어하우스, 또는 기존의 사무용 컴퓨터와 같은 기술들을 활용하여 데이터를 저장할 수 있다. 데이터베이스가 작은 데이터 세트(예: 몇 백 개의 사례와 수십 개의 변수)을 포함하고 있다면, 데이터 저장은 거의 모든 기술적 장치(예: 보안된 사무용 컴퓨터)에서 할 수 있다. **빅 데이터(big data)**, 즉 구조화된 데이터와 비구조화된 데이터를 포함한 방대한 양의 데이터는 기존의 데이터베이스와 소프트웨어 기술을 사용하여 처리하기 어려울 수 있기 때문에, 이러한 데이터는 종종 대규모 서버(예: 컴퓨터 클라우드, 데이터 웨어하우스)를 사용하여 저장된다.

비즈니스 애널리틱스는 세 가지 핵심 영역, 즉 기술적 분석, 예측 분석, 처방적 분석을 중심으로 이루어진다. 기술적 분석(descriptive analytics)은 비교적 간단한 통계 기법을 사용하여 데이터 세트에 포함된 내용을 설명하는 것이다. 예를 들어, 스웨덴 남동부의 중규모 대학 도시인 웁살라 지역에 위치한 Starbucks 매장의 고객 연령대 분포를 나타내는 막대 그래프를 생성할 수 있다. 이를 통해 매장 운영자는 고객층에 대한 기본적인 이해를 얻을 수 있으며, 매장 내에서 제공할 베이커리 품목을 결정하는 데 도움이 될 수 있다. 기술적 분석의 목적은 데이터를 일반적인 수준에서 개괄적으로 파악하는 것이다.

예측 분석(predictive analytics)은 고급 통계 기법(및 소프트웨어)을 사용하여 예측 모델을 구축하고, 단순한 기술적 분석만으로는 식별하기 어려운 추세와 관계를 찾아내는 것이다. 예를 들어, 웁살라 Starbucks 매장의 소셜 미디어 노출 증가가 커피 판매량 증가에 미치는 영향을 분석할 수 있다. 만약 장기간의 데이터를 이용한 분석을 수행한다면, 소셜 미디어 노출이 증가한 후 2주 이내에 커피 판매량이 증가하는 인과 관계를 확인할 수 있다.

처방적 분석(prescriptive analytics)은 경영 과학 방법론(즉, 응용 수학적 기법)을 사용하여 기업이 자원을 최적으로 활용할 수 있도록 지원하는 것이다. 예를 들어, 웁살라 Starbucks 매장에서는 최적의 광고 전략을 결정해야 하지만 이에 대한 예산은 제한적일 수 있다(이는 종종 프랜차이즈 운영자가 매장에서 겪는 상황이다). 이런 경우, 경영 과학 도구(예: 선형 프로그래밍)를 사용하여 다양한 광고 기회에 광고 비용을 최적으로 할당할 수 있다(예: 현지 Starbucks 매장에서 유도된 소셜 미디어 상호 작용, 신문이나 지역 라디오 방송에 광고, Snapchat이나 Instagram 등의 소셜 미디어 플랫폼을 통한 메시지 전달). 그 목표는 Starbucks 매장의 제한된 자원을 최적으로 할당하고, 가능한 최고의 트렌드나 미래 기회를 포함시키는 것이다.

이처럼, 기업이 '스몰 데이터'든 '빅 데이터'든 관계없이, 비즈니스 애널리틱스를 활용하면 글로벌 시장에서 현재 제공하는 제품 및 서비스에 대한 이해도를 높이고, 향후 사업 기회를 발굴할 수 있다. 효과적인 마케팅 믹스를 구성하고(이 부분은 본 장의 후반에서 더 자세히 다룰 것이다) 표 16-1과 같은 여러 질문에 답하기 위해, 글로벌 기업들은 비즈니스 애널리틱스 도구를 활용하고 글로벌 마케팅 조사를 수행한다.

표 16-1
마케팅 믹스 구성을 위한 질문

마케팅 믹스 요소	목표로 하는 해외 세분 시장에 대한 필요 질문 예시
제품 전략	
제품 핵심	해외 세분 시장에서도 고객의 제품 니즈가 유사한가?
제품 선정	고객은 제품을 어떻게 관리되고 있는가?
제품 관리	기존 제품과 신제품이 어떻게 관리되고 있는가?
제품 브랜딩	제품 브랜드에 대한 고객의 인식은 어떠한가?
유통 전략	
유통 채널	고객은 일반적으로 제품을 어디에서 구매하는가?
도매 유통	도매 유통 업자는 어떠한 역할을 수행하는가?
소매 유통	목표 고객군을 공략할 수 있는 소매 유통 채널은 어떤 것들이 존재하는가?
커뮤니케이션 전략	
광고	고객의 제품 인지도를 높이기 위해 어떠한 방법들이 사용되는가?
홍보	홍보(언론 홍보 등)는 어떠한 역할을 수행하는가?
대중 매체	다양한 매체(TV, 라디오, 신문, 잡지, 게시판)는 고객 접점으로서 어떠한 역할을 수행하는가?
소셜 미디어	소셜 미디어(Facebook, Twitter, 블로그, 가상 매체), 특히 사용자 콘텐츠를 중심으로 하는 채널들은 고객과의 커뮤니케이션에서 어떠한 역할을 수행하는가?
판매 촉진	리베이트, 쿠폰, 기타 판촉 행위들이 제품 판매를 유도하기 위해 광범위하게 사용되고 있는가?
가격 전략	
가치	고객이 제품 자체의 가치를 이해(또는 인식)할 때 가격은 중요한 요소인가?
수요	국내 시장과 유사한 수준의 제품 수요가 존재하는가?
비용	해외 세분 시장에서도 국내와 유사한 수준의 고정비 및 변동비가 발생하는가? (예: 해외진출 시 변동비가 크게 상승하는가?)
소매 가격	무역 관세, 비관세 장벽, 기타 규제 등이 소매 가격 책정에 유의미한 영향을 미치는가?

국제 시장 조사

국제 시장 조사
글로벌 기업의 의사 결정을 위한 데이터의 체계적 수입, 기록, 분석 및 해석 활동.

글로벌 시장을 효과적으로 마케팅 믹스를 구성하기 위해, 기업들은 국제 시장 조사는 필수적으로 수행된다. **국제 시장 조사**(international market research)는 글로벌 기업에서 의사 결정을 지원하는 데 유용한 지식을 제공하기 위해 데이터를 체계적으로 수집, 기록, 분석 및 해석하는 과정으로 정의된다. 국내 시장 조사와 비교할 때, 국제 시장 조사는 추가로 (1) 조사 질문지 및 결과 보고서를 다른 언어로 번역해야 한다는 점과 (2) 자료 수집 시 문화적, 환경적 차이점을 고려해야 한다는 점에서 차이가 있다. 이 장에서는 우선 세계적으로 유명한 시장 조사 회사들에 대해 알아본 뒤, 기본적인 국제 시장 조사 실시 과정 및 문제들을 살펴볼 것이다.

국제 시장 조사는 해외 시장을 이해하는 데 있어서 중요한 활동 중 하나이다. 이러한 중요성에 따라, 글로벌 기업들은 소비자의 필요와 욕구 및 구매 행동 등을 지속적으로 평가할 수 있는 자체적인 마케팅 조사 부서를 기업 내에 보유하고 있는 경우가 많다.[10] 또한 글로벌 기업들은 제공하는 제품과 서비스에 대한 고객 만족도를 평가하기 위해 지속적인 데이터 수집을 수행하는 경우가 많다.[11] J.D. Power(www.jdpower.com)와 American Customer Satisfaction Index(ACSI)(www.theacsi.org) 등은 고객 만족도를 측정하는 곳으로 널리 알려진 세계적인 전문 기관이다. 또한, 신규 국가 시장을 더 잘 이해하는 것과 같은 대규모 프로젝트의 경우, 글로벌 기업들은 외부 마케팅 조사 기관과 협력하여 의견을 받기도 한다. 대표적인 국제 시장 조사 기관으로는 Nielsen, Kantar, Ipsos, the NPD Group 등이 있다.

Nielsen, Kantar, Ipsos, the NPD Group 등과 같은 많은 시장 조사 전문 기관들은 국제 시장 조사를 수행할 때 유사한 과정을 따른다. 기업들이 국제 시장 조사에서 수집하기 원하는 기본 데이터는 (1) 국가 및 잠재 세분 시장에 대한 자료(지리적, 인구통계학적, 사회문화적, 심리적 요소), (2) 특정 국가 또는 세계 지역 내에서 고객 수요를 예측하는 자료(사회적, 경제적, 소비자 및 산업 동향), (3) 마케팅 믹스 결정을 내리기 위한 데이터(제품, 유통, 커뮤니케이션, 가격)이다. 이러한 세 가지 분야를 다루기 위한 데이터 수집은 항상 시간, 비용, 사용 가능한 데이터 수집 기술 측면에서 상호 교환을 수반한다. 그러나 이 과정은 국내외 환경 모두에서 다소 보편적이며, (1) 조사 목표 정의, (2) 자료 소스 결정, (3) 조사 비용 및 편익 분석, (4) 자료수집, (5) 자료의 분석 및 해석, (6) 조사 결과 보고의 단계를 포함한다.[12] 각 단계에 대해 좀 더 자세히 알아보자(그림 16-1 참조).

조사 목표 정의의 단계에서는 (1) 조사하고자 하는 문제에 대한 정의와 (2) 국제 시장 조사의 목표 설정이 이루어진다. 모든 국제 시장 조사에 착수할 때 항상 문제가 되는 것 중 하나는 조사를

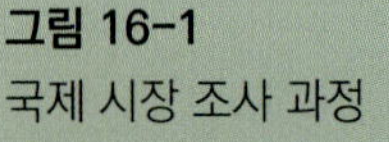
그림 16-1
국제 시장 조사 과정

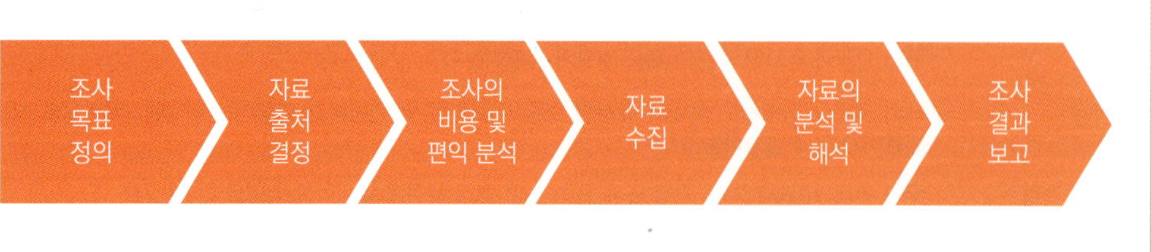

통해 달성 가능한 것과 달성해야 하는 것이 무엇인지를 적절히 결정하기 위해 표적 국가나 세분 시장에 대한 기본적 이해가 필요하다는 것이다. 시장 조사를 시작할 때에는 문제 및 목표 정의가 상대적으로 막연한 경우가 많고, 국가나 잠재 고객군에 대한 이해와 자료를 축적하면서 이를 정교화해 나갈 수 있다.[13] 국제 시장 조사에서 필요로 하는 결과를 얻기 위해서는 조사 초반에 지속적으로 문제와 목표를 정교화하는 것이 가장 중요하다. 일례로 세계 최대 장난감 제조사인 Mattel Inc.는 조사 목표의 범위(예: 어린이의 전자기기와 비디오 게임 이용 증가 현상)와 이에 따른 조사 목표를 제대로 파악하지 못한 결과로 2013년 연말에 저조한 매출 실적을 겪었다. The NPD Group은 미국 장난감 시장 규모가 2013년 4분기에 1% 감소했다고 밝혔으나, Mattel의 CEO Bryan G. Stockton은 '자사의 제품 혁신 및 마케팅이 충분히 효과적이지 못했다'라고 결론지었다.[14]

자료 출처 결정 문제에 대한 답을 찾고 조사 목표를 달성하기 위해 어디에서 자료를 수집할 것인지 결정하는 것은 그리 간단하지 않다. 특히 한 개 이상의 국가를 대상으로 시장 조사를 실시해야 할 경우에는 더 어렵다. 시장 조사에서 다루는 자료에는 크게 일차 자료와 이차 자료 두 가지가 있다.[15] 일차 자료는 기업이 정의한 문제와 목표에 답하기 위해 글로벌 기업이나 시장 조사 회사가 직접 수집한 자료를 의미한다. 해외 자료를 수집에는 비용이 수반되기 때문에 대부분의 기업들은 이전에 수집한 자료와 유사한 자료를 중복 수집하려 하지 않는다. 하지만 세계에서 절반 이상의 국가들에 대해서는 소위 말하는 이차 자료를 구하는 것이 어렵거나, 신뢰도가 낮거나, 표적 고객의 필요, 욕구, 구매 행동 등을 파악하기에 충분치 않은 경우가 많다. 이차 자료란 특정한 조사 문제나 목표를 염두에 두지 않고 다른 기관이나 단체, 사람이 과거에 수집한 자료를 의미한다. 국제 시장 조사를 위한 자료의 평가 기준은 (1) 이용 가능성, (2) 국가 간 및 잠재 세분 시장 간 비교 가능성, (3) 신뢰성(일관성 있는 결과를 나타내는지), (4) 타당성(측정 대상을 올바르게 측정하는지) 등이 있다. globalEDGE.msu.edu는 다양한 분류의 자료들 중에서도 국가 및 산업과 관련된 이차 자료를 많이 보유하고 있으며, 앞서 언급한 시장 조사 회사(예: Nielsen, Kantar, Ipsos, the NPD Group)는 수많은 글로벌 기업들을 위해 일차 자료를 수집한다.

조사의 비용 및 편익 분석의 단계에서는 조사의 문제와 목표에 맞게 일차 자료를 수집하는 것과 이용 가능한 이차 자료를 활용하는 것 사이에서 비용을 비교하게 된다. 이용 가능한 이차 자료가 존재할 경우 일반적으로 일차 자료를 직접 수집하는 것보다 적은 비용이 든다. 일차 자료 수집 과정에서 비용을 상승시키는 요인은 설문 조사 개발과 표본 프레임 설정 등이다. 설문 조사의 경우 응답자가 제품이나 문제의 가치를 적절하게 인지하여 자신의 태도, 속성, 특성 등을 명확하게 표현할 수 있도록 질문지를 개발해야 한다. 또한 언어 차이, 선택지, 문화적 가치관이나 신념 등과 관련된 문제도 해결되어야 한다. 예를 들어, 설문 조사 질문을 다른 언어로 번역할 때에는 일반적으로 질문지를 외국어로 일차 번역한 후(가령 영어에서 스페인어로), 다시 다른 사람이 영어로 역번역하여 처음의 영어 버전과 역번역된 영어 버전을 비교하는 방법이 사용된다. 표본 프레임과 관련해서는 국제 시장 조사가 실시되는 국가들에서 서로 비교 가능한 표본을 추출하는 것이 가장 중요하다. 이를 위해서는 설문 조사 대상에 대한 믿을 만한 목록이나 집단을 찾아내고 그 안에서 잠재적인 설문 응답자를 선정해야 한다.[16]

자료 수집 단계에서는 글로벌 기업이 설정한 문제와 목표를 위해 일차 또는 이차 자료를 수집한다. 자료 수집 방식에는 정량적 자료 수집과 정성적 자료 수집이 존재한다. 정량적 방식은 실험, 임상 시험, 사건 관찰 및 기록, 폐쇄형 질문으로 구성된 설문 조사 실시 등이다. 정량적 방식은 수치 자료와 계산 기법을 통해 고객의 필요와 욕구, 구매 행동에 대해 체계적으로 이해하는 것을 목표로 한다. 최근 널리 활용되는 정량적 자료 수집 방식으로는 온라인 설문 조사와 이메일을 통한 소비자 패널 조사 등이 있다. 대부분의 국제 시장 조사 회사들은 B2B 고객과 및 개인 소비자 모두를 표적으로 삼을 수 있는 글로벌 소비자 이메일 조사 패널 및 표본 프레임을 전 세계적으로 보유하고 있다. 정성적 방식에는 심층 인터뷰, 관찰, 자료 분석 등이 있다. 정성적 방식은 고객의 필요와 욕구, 구매 행동 등을 깊이 있게 이해하기 위해 광범위한 질문을 활용한다.

자료의 분석 및 해석 자료를 수집한 뒤에는 이에 대한 분석 및 해석을 실시한다. 일차 자료이든 이차 자료이든, 수집한 자료가 신뢰할 수 있고 타당하다는 가정하에, 이를 분석하고 해석하는 것은 국제 시장 조사 과정에서 중요한 단계이며 상당히 높은 수준의 통계적, 문화적 지식을 요구한다. 첫째, 통계적 목표는 조사 문제를 가장 잘 해결하는 기법을 사용하는 것이다. 조사 문제는 종종 조사 질문이나 가설(변수 간의 특정한 관계)의 형태로 제시된다. 자료를 분석하는 방법에는 수많은 양적 및 질적 방법이 존재하며, 이는 이들은 전 세계의 심화 마케팅 조사 과정에서 배울 수 있다.[17] SAS, SPSS, LISREL, Smart-PLS[18] 등의 정량 분석 소프트웨어나 ATLAS.ti, MAXQDA 등의 정성 분석 소프트웨어가 많이 사용된다. 또한, 조사 결과를 해석할 때에는 특정 지역, 국가, 문화권에 소속된 응답자의 답변에 영향을 미칠 수 있는 가치, 신념, 규범, 유산 등 문화적 요소들에 대한 이해가 필요하다. 가능하다면 조사 대상 국가의 현지인을 적어도 한 명 이상 포함시킴으로써 조사 결과, 사회 규범, 용어, 태도, 비즈니스 문화 등에 대한 이해를 얻는 것이 좋다. 예컨대 어떤 국가(예: 일본 등)에서는 응답자들이 극단적 대답(예: 매우 동의한다, 전혀 동의하지 않는다 등)을 피하고 중간적인 답변을 선호하는 반면, 다른 국가(예: 미국 등)에서는 극단적 답변을 하는 경향이 더 강한 특징을 보인다.

조사 결과 보고는 국제적인 마케팅 조사 프로젝트의 전반적인 결과를 공유하기 위한 방법이다. 결과 보고 단계에서는 글로벌 기업의 마케팅 믹스에 영향을 미칠 수 있는 고객, 경쟁사, 국가, 산업, 환경과 관련된 정보들을 전달한다. 이때 핵심은 현재 및 미래의 경쟁사에 대응하여 고객의 필요와 욕구, 구매 행동에 어떻게 더 잘 부응할 것인지이다. 가장 이상적인 경우는 결과 보고를 받게 될 최고 경영진이 조사의 문제 및 목표 설정 단계부터 참여하는 것이며, 그들이 자료 수집 과정에까지 일부 참여하여 고객의 목소리를 이해할 수 있다면 더욱 좋다. 고객에게 서비스를 제공하는 최전선의 직원부터 시장 조사 직원, 최고 경영진까지 핵심적인 임직원들이 표적 고객군의 문화를 충분히 이해하고 있을 경우 시장 조사 과정에서의 착오나 실수를 방지할 수 있다. 반면 조사에 참여한 고객들이 질문을 잘못 이해하거나 경영진이 고객의 답변을 잘못 이해하는 경우에는 큰 문제가 될 수 있는데, Toyota의 2010년 엑셀러레이터 사례가 단적인 예이다. 당시 Toyota 자동차에서는 엑셀러레이터 오류로 차량이 의도치 않게 가속되는 문제가 발생했다.[19] 그런데 이를 해결하는 과정에서 문제 파악, 피해 분석, 상급 관리자 보고 등의 단계가 매끄럽지 진행되지 않아(Toyota는 엑셀러레이터 페달이 끼는 현상이 발생하는 이유를 알아내지 못했다) 대응 속도가 느려지게 되었다. 이는 제품 품질을 강조하는 일본의 문화적 특성으로 인해 품질 불량 공개, 책임 인정, 상급 관리자 보고 및 시정 등의 조치가 수월하게 진행되지 못했기 때문이었다.

제품 속성

[학습 목표 2] 국가별로 제품 속성을 다양화하려는 것이 왜 타당한지 이유를 설명한다.

제품은 속성들의 집합으로 정의할 수 있다.[20] 예컨대 차를 구성하는 속성으로는 동력, 디자인, 품질, 성능, 연비, 안정감이 있으며, 햄버거를 구성하는 속성으로는 맛, 식감, 크기, 영양이 있다. 호텔의 경우에는 분위기, 우수함, 편안함, 서비스 등이 속성이 될 수 있다. 제품의 속성들이 소비자의 욕구에 잘 맞을 때(물론 가격도 적절해야 한다) 제품은 잘 팔린다. BMW 자동차는 고가, 고품격, 그리고 고성능이라는 속성을 포함하기 때문에 이에 대한 욕구가 강한 사람들에게 잘 팔린다. 만약 소비자의 욕구가 전 세계에 걸쳐 동일하다면 기업은 동일한 제품을 전 세계에 팔 수 있을 것이다. 그러나 소비자 욕구는 각국의 문화나 경제 발전 수준에 따라 다르다. 게다가 국가마다 제품 표준이 상이하기에 기업은 전 세계에 동일한 제품을 팔 수 없다. 이번 절에서는 이러한 쟁점들에 대해 다루고, 이러한 것들이 어떻게 제품 속성에 영향을 미치는지 논의할 것이다.

문화 차이

국가별 문화 차이에 대해서는 앞서 4장에서 다뤘다. 각 국가는 사회 구조, 언어, 종교, 그리고 교육에 이르기까지 모든 측면에서 상이하다.[21] 이러한 차이는 마케팅 전략에 중요한 시사점을 준다.[22] 예를 들어 햄 소비를 법으로 금하는 이슬람 국가에서는 '햄버거'가 잘 팔리지 않는다(이러한 법 때문에 이들 국가에서 햄버거는 다른 이름으로 불린다). 문화의 차이가 발생하는 것은 국가별로 독특한 전통을 가지고 있기 때문이다. 식료품 및 음료에 전통이 미치는 영향은 지대하다. 스위스의 거대 식품기업인 Nestlé의 Findus 냉동 식품 부서는 국가별로 차이가 있는 전통적인 식습관을 반영하여 영국에서는 생선 케이크와 생선 조각 튀김을, 프랑스에서는 소고기 부르기뇽과 코코뱅을, 이탈리아에서는 비텔로 콘 풍기와 브라비올라를 판매한다. Coca-Cola 일본 지사는 기존 제품 군에 전통적인 것을 좋아하는 일본인들의 입맛에 맞게 차가운 캔 커피인 Georgia와 강장 음료인 Aquarius를 추가하였다.

Phillip Augustavo/Alamy Stock Photo

일본의 Takayama 커피 자판기.

역사적 배경과 민족 고유의 특성 때문에 국가 간에는 문화적 차이가 존재한다. 예를 들어 향에 대한 선호는 국가마다 다르다. 광택제 제조사인 SC Johnson은 일본 노년층 소비자들이 레몬 향이 나는 가구 광택제인 Pledge를 구매하지 않는다는 사실을 알게 되었다. 치밀한 시장 조사 결과, 레몬향이 일본에서 널리 사용되었던 화장실 소독제의 냄새와 유사하다는 것이 밝혀졌다. 향을 바꾸자 판매량은 급증했다.[23]

그러나 전 세계적으로 대중의 취향과 선호가 동질화되고 있다는 Levitt의 주장도 일리가 있다. 소비자들의 취향과 선호는 점차 범세계적으로 변하고 있다. 일본과 영국에서는 커피가 차를 밀어내고 대중의 사랑을 받고 있고 미국산 냉동 식품은 유럽 소비자의 입맛에 맞게 변형되어 큰 인기를 끌고 있다. 이러한 추세를 감지하고 이윤을 창출하기 위해 Nestlé는 인스턴트 커피, 스파게티 볼로네제 그리고 Lean Cuisine의 냉동 식품을 북아메리카와 서유럽에 동일한 방식으로 판매하고 있다. 그러나 북아메리카와 유럽 외 다른 지역에서는 Lean Cuisine의 냉동 식품에 대한 수요가 전혀 없으며 이 현상은 향후 몇 십 년 동안 계속될 것이다. 결국 북아메리카나 서유럽과 같은 선진국 간의 문화 통합이 일부분 이루어졌다 하더라도, 표준화된 취향과 선호를 특징으로 하는 Levitt의 글로벌 문화는 여전히 요원하다.

경제 발전

문화의 차이와 마찬가지로 경제 발전 수준의 차이도 중요하다. 국가별 경제 발전의 차이에 대해서는 3장에서 다뤘다. 한 국가의 경제 발전 수준은 소비자 행동에 영향을 미친다. 미국과 같이 극도로 발전한 국가에 기반을 둔 기업은 수많은 부가 기능을 제품에 추가하는 경향이 있다. 개발도상국의 소비자는 대개 이러한 부가 기능들을 필요로 하지 않는다. 그들은 기본 제품을 더 선호한다. 따라서 선진국에서 판매되는 차에는 에어컨, 파워 스티어링, 파워 윈도, 위성 라디오, 스마트폰과 연결된 음악 스트리밍 시스템 등과 같은 기능들이 포함되지만, 개발도상국에서 판매되는 차에는 이러한 특성들이 대부분 빠져 있다. 선진국에 비해 개발도상국의 소비자들은 소득 대비 내구재 구입 비용이 큰 비율을 차지하기 때문에, 내구재 구매 시에 제품의 신뢰도를 중요하게 생각한다.

Levitt의 주장과는 반대로 선진국 소비자는 구매 비용을 줄이려 하기보다는 자신들이 원하는 특성을 가진 제품을 구매하려 한다. 대부분의 선진국 소비자들은 가장 기본적인 사양으로만 구성되어 있는 세계적으로 표준화된 제품을 꺼려한다. 이들은 취향이나 선호에 맞춰 부가적인 요소나 기능을 추가한 상품에 비용을 더 지불할 의향이 있다. 예컨대, Chrysler의 Jeep, Ford의 Explorer, Toyota의 Land Cruiser와 같은 최신 사륜 구동 SUV에 대한 수요는 주로 미국에 국한된다. 이는 미국 소비자들의 높은 소득 수준, 광대한 영토, 그리고 상대적으로 저렴한 휘발유 가격이라는 물리적 요인에, '야외 활동'을 선호하는 미국인들의 문화적 특징이 결합되어 나타난 결과이다.

제품과 기술 표준

산업화를 이룬 선진국 간 소비자의 취향과 선호가 비슷해지고 있는 것은 사실이지만, 제품과 기술 표준이 국가마다 다르기 때문에 글로벌 시장에 대한 Levitt의 전망은 아직 먼 미래의 이야기이다.[24] 하지만 기술 표준 환경을 고려한 지역 내 무역협정 체결이 점차 늘고 있기 때문에 일부 지역에서는 Levitt이 말한 것처럼 세계화가 진척될 수도 있다.

각 정부가 요구하는 제품 표준이 다르기 때문에 표준화된 제품을 대량 생산, 마케팅하는 것은 사실상 불가능하다. 또한 기술 표준에서의 차이는 시장이 세계화되는 것을 막는다. 몇몇 기술 표준의 차이는 정부에 의해서라기보다 과거 민간 기업들이 택한 독자적인 선택 때문에 생겨난 것인데, 그 영향은 오래도록 지속된다. 예를 들어 미국에서 제작된 DVD 플레이어는 영국, 독일, 프랑스에서 생산된 제품으로 녹화된 DVD를 재생하지 못한다(그 반대도 마찬가지이다). 다행히도 대부분의 음악과 영화는 이제 스트리밍되어 거의 전 세계 어디에서나 호환 가능한 방식으로 재생될 수 있다.[25]

유통 전략

[학습 목표 3] 국가별로 기업 유통 전략에 차이가 나는 이유와 그 양상을 이해한다.

유통 전략(distribution strategy)은 기업의 마케팅 믹스에 있어 중요한 요소이다. 유통이란 제품을 소비자에게 전달하는 방법이다.[26] 12장에서 살펴보았듯이, 제품이 전달되는 방식은 기업의 진입 전략에서 결정된다. 이번에는 전형적인 유통 시스템에 대해 살펴보고, 국가 간 유통구조에는 어떠한 차이가 있는지, 국가마다 적절한 유통 전략은 어떻게 달라지는지 살펴볼 것이다.

그림 16-2는 도매와 소매 유통 업자가 존재하는 전형적인 유통 시스템을 나타낸다. 기업이 특정 국가에서 상품을 제작할 경우 기업은 소비자, 소매업자 혹은 도매업자에 판매할 수 있다. 해외에서 제조하는 기업 또한 이와 같은 선택을 할 수 있다. 또는 수입 업체에 판매하기로 결정할 수도 있다. 그 후 수입 업체는 도매업자, 소매업자 혹은 소비자들을 대하게 된다. 이 장의 후반에서는 기업의 채널 선택을 결정짓는 요소들에 대해 다룰 것이다.

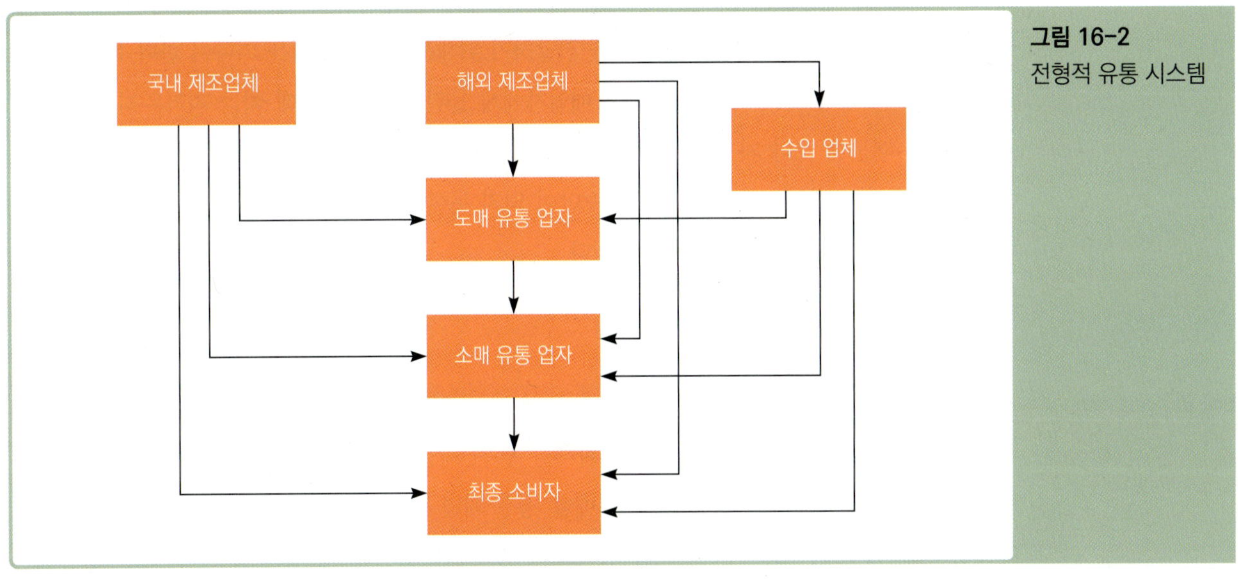

그림 16-2
전형적 유통 시스템

국가 간의 차이

국가 간 유통 시스템의 차이를 일으키는 요소는 소매 집중도(retail concentration), 채널 길이(channel length), 채널 독점성(channel exclusivity), 채널 품질(channel quality)이 있다.

소매 집중도

집중된 소매 시스템
소수의 소매업체가 시장 대부분의 유통을 독점하는 소매 시스템.

분산된 소매 시스템
어떠한 소매업체도 시장을 독점하지 않고 다수의 소매업체가 존재하는 소매 시스템.

소매 시스템은 몇몇 국가에서는 매우 집중되어 있으나, 다른 국가에서는 분산되어 있다. **집중된 소매 시스템**(concentrated retail system)에서는 소수의 소매업체가 유통을 독점하고 있다. **분산된 소매 시스템**(fragmented retail system)에서는 유통 채널을 독점하고 있는 소매업체가 존재하지 않고 다수의 소매업체가 시장에서 경쟁하고 있다. 집중도에 있어서 각 나라별로 차이가 나는 것은, 유통 시스템이 각 나라의 역사와 전통의 영향을 받기 때문이다. 미국의 경우, 젊은 연령층은 도시에 집중되어 있고 자동차를 빈번하게 사용하기 때문에 운전해서 갈 만한 거리에 상점과 쇼핑몰이 집중되어 있다. 이로 인해 유통 채널이 소수에게 독점된다. 반면 인구 밀도가 미국보다 높고 자동차 산업이 발전하기 전에 도시 중심가가 생성된 일본은 보다 분산된 소매 시스템을 보유하고 있다. 지역 주민들이 쉽게 걸어 갈 수 있는 작은 가게들이 많으며 이 가게들은 지역 정부 기관에 청원하여 대형 소매점이 들어서는 것을 막곤 한다.

선진국의 경우 소매 유통 채널이 소수에 독점되어 있는 경향이 있다. 이러한 경향이 나타나는 것은 세 가지 이유 때문인데, 이동을 위한 차량, 음식 보관을 위한 냉장고를 보유한 가정 수와 맞벌이 가정의 수가 증가하고 있기 때문이다. 이 때문에 사람들의 구매 습관이 바뀌었고, 기존의 쇼핑 지역에서부터 멀리 떨어진 곳에 대형 상점이나 쇼핑몰이 생겨났다. 지난 10년간 전 세계적으로 소매업체들 간의 합병이 자주 일어났다. Walmart나 Carrefour와 같은 회사들은 다른 국가의 소매업체를 인수하여 글로벌 소매업체가 되려는 노력을 하였는데, 이로 인해 소매 집중도가 높아졌다.

이와 반대로 개발도상국의 경우, 소매 시스템이 매우 분산되어 있어 새로운 유통 방식을 추구해야 한다. 중국 시골 마을의 경우, 물건을 전달하기 위해서는 비포장길을 지나야 한다. Unilever는 인도에서 60만 개의 시골 마을에 있는 소매업자에게 물건을 판매하는데 이들 지역은 대부분 비포장도로이기 때문에 소나 자전거, 수레로 운송해야 한다. 이웃 국가인 네팔의 경우 지형이 매우 험하기 때문에 자전거나 수레조차도 운송 수단이 되지 못한다. 야크가 끄는 달구지를 이용하거나 사람이 직접 등에 매야 물건을 전달할 수 있다.

채널 길이

채널 길이
제품이 최종 소비자에 도달하기 전까지 거쳐야 하는 중개업자들의 수.

채널 길이(channel length)란 생산자(혹은 제조업자)와 소비자 사이에 존재하는 중개업자의 수를 의미한다. 생산자가 소비자에게 직접 판매할 경우, 채널 길이는 매우 짧다. 생산자가 수입 중개인, 도매업자, 그리고 소매업자를 거쳐 판매할 경우 채널 길이는 길어진다. 채널 길이를 짧게 할지, 길게 할지를 결정하는 것은 제조 회사의 전략적 선택이다. 하지만 제조 회사의 전략적 선택을 떠나서 일부 국가는 다른 국가들에 비해 채널 길이가 더 길다. 채널 길이를 결정짓는 가장 중요한 요소는 소매 시스템이 분산된 정도이다. 소매 시스템이 분산되면 소매업자에게 제품을 전달하는 도매업자가 필요해지므로 채널 길이가 길어진다.

소매 시스템이 분산될수록 기업이 개별 소매업자에게 제품을 납품을 할 때 소요되는 비용이 증가한다. 인도에서 100만 명 이상의 작은 소매업자들에게 치약을 파는 기업을 생각해 보자. 소매업자들에게 직접 제품을 판매하기 위해 기업은 거대한 영업망을 구축해야 한다. 영업망 구축에는 비용이 들어갈 뿐만 아니라, 소매업자들이 주문하는 양도 매우 적기 때문에 비용이 수익보다 클 수 있다. 그러나 100명 정도의 도매업자가 치약뿐만 아니라 모든 개인 위생 용품과 가정용품을 소매업자에게 전달한다고 가정해 보자. 도매업자들은 다양한 상품을 취급하기 때문에 소매상으로부터 대량 주문을 받아 유통 비용을 줄일 수 있다. 따라서 도매업체가 소매업자와 직접 거래하는 것이 생산자가 소매업자와 직접 거래하는 것보다 더 유리하다. 또한 기업은 도매업자와, 도매업자는 소매업자와 거래하는 것이 경제적이다.

이러한 이유로 분산된 소매 시스템을 가진 국가들은 여러 단계를 거쳐야 하는 유통 채널을 가지고 있다. 대표적인 사례는 일본이다. 일본은 기업과 소매 판매점 사이에는 두어 개의 도매업체가 존재한다. 소매 유통 채널이 소수에게 독점되어 있는 영국, 독일, 미국의 경우에는 유통 길이가 상대적으로 짧다. 소매업체가 특정 장소에 밀집되어 있는 경우에 기업은 도매업체를 거치지 않고 소매업체들과 직접 거래하는 것이 유리하다. 영업망이 다른 기업에 비해 상대적으로 열악한 경우, 주문량이 많은 소매업체가 밀집되어 있는 곳을 공략해야 한다. 미국에서는 거대한 식품 업체가 도매 유통 업자를 거치지 않고 슈퍼마켓에 직접 판매하는 방식이 많이 행해진다.

채널 길이를 줄일 수 있는 또 다른 요인으로는 Carrefour, Walmart, Tesco와 같은 대형 할인 매장의 등장을 들 수 있다. 이러한 소매업체들의 비즈니스 모델은 도매업자를 건너뛰어 제조업자와 직접 거래를 하는 것이다. 이를 통해서 납품 비용을 줄일 수 있다. Walmart의 경우 멕시코에 진출할 때 제조업체들과 직접 거래하는 전략을 추구함으로써 유통 채널 길이를 단축시켰다. 마찬가지로 역사적 이유 때문에 일본도 유통 채널이 길었으나 대형 소매업체의 등장으로 점점 단축되고 있다. Walmart와 같은 외국계 회사와 미국식 모델을 모방한 토착 기업들 모두 도매업체를 거치지 않고 제조업체들과 직접 거래하고 있다.

채널 독점성

독점적 유통 채널(exclusive distribution channel)은 다른 사람이나 기업이 접근하기 어렵고 자신만이 배타적으로 소유한 채널을 의미한다. 예를 들어 신생 기업은 슈퍼마켓의 판매대에 물건을 진열하는 것조차 쉽지 않다. 이것은 소매업체들이 이름 모를 신생 기업의 상품으로 도박을 하기보다는, 전국적 또는 세계적으로 평판이 좋은 제조업체의 상품 판매를 선호하기 때문이다. 유통 채널의 독점 정도는 국가마다 다양한데, 일본은 매우 독점적인 유통 채널을 가진 국가 중의 하나이다. 일본의 제조업자 및 도매업자, 그리고 소매업자 간 관계는 수십 년을 거슬러 올라간다. 이 관계들 대부분은 유통 업자가 경쟁 기업의 제품을 취급하지 않는다는 데 근거해 형성된다. 대신, 유통업체는 수많은 기업의 유통을 독점하면서 막대한 이윤을 챙긴다. 이러한 끈끈한 유대 관계 때문에

독점적 유통 채널
외부에서 접근하기 어려운 유통 채널.

미국과 유럽의 기업들은 일본 시장에 접근하는 것 이 어려울 수밖에 없었다. 그렇다고 방법이 없는 것은 아니었다. 신상품 출시를 통해서 일본 시장에 침투할 수 있었다. Procter & Gamble(P&G)은 식기 세척용 비누 시장에 Joy라는 신상품을 출시하면서 일본 시장을 공략했다. P&G가 전통적인 배타성을 극복하고 일본 시장에서 성공할 수 있었던 이유는 두 가지로 들 수 있다. 첫째, 잃어버린 10년을 거치면서 일본이 변화했다. 소매업체들은 더 높은 이윤을 찾아 이합집산 했으며 그 결과 배타적인 모습이 사라져 갔다. 둘째, P&G는 일본에 오래 있었고, 또한 유통 업자를 적극적으로 활용할 수 있는 광대한 소비재 포트폴리오를 보유하고 있었기 때문에 유통 채널에 신제품을 밀어 넣는 것이 가능했다.

채널 품질

채널 품질
국내에 설립된 소매업체들의 전문적 지식과 기술 그리고 국제 시장에 제품을 판매하는 지원할 수 있는 능력.

채널 품질(channel quality)은 국가 내 유통을 담당하는 소매업체들의 전문적 기술과 능력을 말하며, 해외 제품 수입과 이를 국내에 판매하는 능력을 포함한다. 선진국 소매업체들의 능력은 전체적으로 훌륭하지만, 러시아, 인도네시아와 같은 신흥 시장이나 개발도상국의 채널 품질은 일정하지 않다. 고품질 채널이 부족할 경우 시장 진입이 힘들어질 수 있다. 특히 판매 보조와 A/S 지원이 매우 중요한 신제품이나 정교한 제품의 경우는 더욱 그렇다. 해외 진출 시 채널 품질이 형편없는 경우에는 채널의 품질을 개선시키는 데 유의할 필요가 있다. 예컨대 기존 소매업체에 집중적인 교육과 지원을 제공하고 극단적인 경우에는 스스로 채널을 설립할 수 있다. 미국에서 판매점을 개점한 Apple은, 이제 영국과 프랑스, 독일, 일본, 중국 등을 포함한 몇몇 국가에 판매점을 열고 있다. Apple은 판매 시점 정보 관리 교육 및 고객 서비스를 제공하고 자사의 인기 있는 아이팟, 아이패드, 아이폰, 맥북 등의 제품을 지원하기 위해 판매점을 설립하고 있다. Apple은 이러한 전략이 판매점이 설립된 국가 내 시장 점유율을 높이는 데 도움이 될 것이라고 예상한다.

유통 전략의 선택

유통 전략의 선택은 기업이 어떤 채널을 사용하며 미래의 소비자에게 접근할지를 결정하는 것이다. 기업은 소비자에게 직접 제품을 판매해야 하는가, 소매업자를 통해 다가가야 하는가, 도매업자를 통해야 하는가, 수입 업체를 이용해야 하는가, 혹은 자신만의 채널을 구축하는 데 투자해야 하는가 등의 의사 결정 상황에 직면한다. 국가마다 각각의 대안에 대한 상대적인 비용과 이익이 다르기 때문에 최상의 전략 역시 국가마다 다르다. 이것은 앞서 다루었던 국가 간 유통 시스템 간의 차이를 일으키는 네 가지 요인인 소매 집중도, 채널 길이, 채널 독점성, 채널 품질에 따라 결정된다.

유통 과정에서 중개인이 얻어야 할 이윤이 상품의 가격에 추가되기 때문에, 일반적으로 채널 길이, 최종 판매 가격 그리고 기업의 마진 간에는 밀접한 관련이 있다. 채널이 길어질수록 상품의 최초 가격에 더해지는 금액이 증가하기 때문에, 소비자가 최종적으로 제품을 구입할 때 지불해야 하는 가격은 높아진다. 따라서 가격이 중요한 경쟁 수단인 경우 기업이 자신의 몫을 줄이고 싶지 않다면, 다른 모든 조건이 동일하다는 전제하에, 일반적으로 짧은 채널이 더 선호된다.

그러나 유통 채널을 길게 유지하는 것은 단점에 비해 장점이 많다. 앞서 살펴보았듯이, 유통 채널을 길게 유지함으로써 제품 판매 지역이 분산되어 있을 때 판매 비용을 줄일 수 있다. 따라서 해외 진출 시에 제품을 판매하는 지역이 분산되어 있는 국가에서는 유통 채널을 길게 유지하고 집중된 국가에서는 짧게 하는 것이 유리하다. 또한 유통 채널을 길게 할 경우, 배타적인 채널에 진입하기 쉬어 지고 시장 접근이 수월해진다. 보통 수입 업체들은 도매업체, 소매업체 혹은 주요 소비자들과 오랜 관계를 맺는다. 따라서 이들은 주문 수주와 유통 시스템 접근에 유리할 수 있다. 마찬가지로 도매업체들이 소매업체들과 수년간 긴밀한 관계를 맺어 온 경우, 소매업체를 설득하는 데 유리하다.

여기서 말하는 수입 업체는 무역업에만 종사하는 전문적인 업체에 국한되지 않는다. 해당 지역에서 평판이 훌륭한 기업이라면 수입 업체의 역할을 충분히 소화할 수 있다. 예를 들어, 일본의 몇몇 기업에게 독점되어 있는 유통 채널을 뚫고 시장에 진출하기 위해 Apple은 비즈니스 솔루션 장비 업체인 Brother Industries, 문구 산업의 대표 기업인 Kokuyo, Mitsubishi, Sharp, Minolta와 유통 계약을 맺었다. 이 기업들은 오랜 기간 소비자, 소매업자 그리고 도매업자와 쌓아온 신뢰 관계를 바탕으로 Apple 컴퓨터를 일본 유통 방식으로 판매하였다. 오늘날 Apple은 일본 내 자사 소매점을 통해 이 전략을 수행하고 있다.

이러한 계약이 불가능하다면 기업은 시장 접근성을 높이기 위한 새로운 대안을 고안해 내야 한다. 일본의 유통 채널이 몇몇 기업에게 독점되어 있는 상황에 좌절한 일부 외국 소비재 제조 회사는, DM(direct mail)이나 카탈로그를 통한 제품 판매를 시도하였다. 마지막으로, 채널 품질의 수준이 낮다면, 기업은 스스로 유통 채널을 구축하는 것과 같이 체널의 품질을 높일 수 있는 방안을 생각해 봐야 한다.

커뮤니케이션 전략

[학습 목표 4] 국가별로 광고 및 판촉 전략이 어떻게, 왜 다를 수 있는지 파악한다.

마케팅 믹스에 있어 중요한 요소 가운데 하나는 예상되는 소비자들에게 제품의 특성을 전달하는 것이다. 기업에는 여러 가지 커뮤니케이션 채널이 있으며, 여기에는 정보 공유와 가상 글로벌 네트워크 및 커뮤니티 구축을 촉진하는 기술인 **소셜 미디어**(social media), 직접 판매, 판촉 활동, 다양한 형태의 광고가 포함된다. 기업의 커뮤니케이션 전략은 채널의 선택에 의해서 좌우된다. 여러모로, 오늘날 이용 가능한 채널의 수가 증가함에 따라 기업은 자사 제품과 서비스에 관한 메시지 전달에 대해 더 적은 통제력을 가지게 되었다.

소셜 미디어
정보 공유와, 가상 글로벌 네트워크 및 커뮤니티 구축을 촉진하는 기술.

어떤 기업은 직접 판매에 의존하는 반면, 또 다른 기업은 판촉이나 직접 마케팅 혹은 광고에 의존하기도 한다. 그러나 대부분의 기업은 여러 개의 채널을 동시에 사용한다. 소셜 미디어 이전에, 기업들은 글로벌 시장에서 자신들이 제공하는 제품이나 서비스의 종류를 '신호(signal)'로 전달할 수 있었다. 오늘날 그 메시지는 고객과 기업들이 함께 전달한다. 그 결과, 다국적 기업들은 더 전통적인 직접 판매, 판촉 활동, 다양한 형태의 광고와 함께 활용할 수 있는 적극적이고 상호 작용적인 소셜 미디어 플랫폼을 갖추어야 한다.

여기서는 커뮤니케이션 전략 중 국제 커뮤니케이션을 할 때 발생하는 장벽에 대해 살펴본다. 고객과의 커뮤니케이션 및 고객들 사이의 커뮤니케이션(예: 소셜 미디어, 직접 판매, 판촉 활동, 다양한 형태의 광고) 접근 방식은 글로벌 기업의 커뮤니케이션 전략의 한 측면임을 염두에 두어야 한다. 그 다음으로 커뮤니케이션과 사용 가능한 광고 형태에 대한 잠재적인 장벽이다. 이러한 제약과 기회 내에서 운영되는 사례로, Management Focus에서는 전통적인 브랜드인 Burberry가 소셜 미디어 마케팅을 사용하여 고급스럽고 고유한 브랜드를 재생하고 재창조한 과정을 잘 보여 준다.

국제 커뮤니케이션의 장벽

국제 커뮤니케이션은 기업이 제품을 다른 국가에 판매하기 위해 마케팅 활동을 수행할 때 발생한다. 국제 커뮤니케이션은 문화 장벽, 원천 효과, 그리고 노이즈 레벨(미디어 전달 효과의 방해 수준)에 의해 효율성이 저해될 수 있다.

문화 장벽

문화 장벽(cultural barriers) 때문에 기업은 메시지를 소비자에게 온전히 전달하지 못하게 되기도 한다. 4장과 이번 장 앞부분에서 국가 간 문화적 차이의 원인과 결과에 대해 논의한 바 있다. 같은 메시지라도 문화적 차이로 인해 국가마다 의미하는 바가 다를 수 있다. 이탈리아 제조업체이자 소매업체인 Benetton은 광고를 할 때 문화적 차이 때문에 생긴 문제에 직면했다. Benetton은 프랑스에서 상까지 받았던 'United Colors of Benetton'이란 테마를 가지고 전 세계적으로 광고 캠페인을 벌였다. Benetton의 광고에는 백인 아이에게 수유하고 있는 흑인 여성이 등장하기도 하고 흑인 여성과 백인 남성이 함께 수갑을 차고 있는 모습도 있었다. Benetton의 이러한 광고는 미국 시민 인권 단체로부터 백인 우월주의를 나타낸다고 비난을 받았다. 전혀 예상하지 못한 반응이었기 때문에 Benetton은 당황할 수밖에 없었다. Benetton은 결국 광고를 내리고 프랑스의 광고 대행사인 Eldorado와 계약을 해지하였다.

기업이 문화 장벽을 극복하는 최선의 방법은 다양한 문화를 이해할 수 있는 능력(cross-cultural literacy)을 키우는 것이다(4장 참조). 덧붙여 마케팅 메시지를 고안할 때 현지 광고 대행사의 도움을 받는 등 메시지를 고안할 때 현지 광고 대행사의 도움을 받는 등 해당 지역의 자원을 적극적으로 활용하여야 한다. 메시지를 전달하기 위해 광고보다 직접 판매의 방식을 사용하고자 한다면, 기업은 현지 영업 판매 사원을 육성해야 한다. 문화적인 차이로 전 세계에 동일한 마케팅 메시지와 판매 방법을 사용하는 것은 불가능하다. 국가마다 마케팅 효과가 다를 것이기 때문이다.

원천 및 원산지 효과

원천 효과
메시지 수신자(잠재 소비자)가 발신자의 지위와 이미지에 근거하여 평가할 때 발생하는 효과.

원천 효과(source effects)는 메시지 수신자(이 경우에는 잠재 소비자)가 발신자의 지위나 이미지에 근거하여 메시지를 평가할 때 발생한다. 목표 국가의 잠재 소비자들이 외국 기업에 편견을 가지

Burberry의 소셜 미디어 마케팅

Burberry는 1856년 Thomas Burberry에 의해 설립된 영국의 상징적인 럭셔리 의류 브랜드로, 트렌치 코트와 체크 무늬 액세서리로 유명하며, 수년간 순항 중이었다. 1990년대 후반, 비평가들은 Burberry를 구식이며 패션 감각이 결여된 브랜드로 묘사하곤 했다. 하지만 2019년까지 Burberry는 많은 부유한 도시에서 강력한 존재감을 드러내며 약 500개의 소매점에서 약 10,800명의 직원을 고용하고, 36억 달러 이상의 수익을 올리며 세계 주요 럭셔리 브랜드 중 하나로 널리 인정받았다. 그 이유는 Burberry가 소셜 미디어를 활용하여 디지털 마케팅 아이콘이자 주요한 소셜 미디어 브랜드 중 하나가 되었기 때문이다.

Burberry의 변화 뒤에는 두 명의 연속적인 미국인 CEO가 있었으며, 이는 현재 디지털 시장 혁명이 시작되기 이전에 시작되었다. 첫 번째는 Rose Marie Bravo로, 1997년 Saks Fifth Avenue에서 Burberry에 합류했다. Bravo는 Burberry 브랜드에서 숨겨진 엄청난 가치를 발견했다. 취임 이후 Bravo의 첫 번째 조치는 세계적인 디자이너들을 고용하여 브랜드에 새로운 활력을 불어넣는 것이었다. 또한, Burberry는 브랜드를 재편성하는 데 도움을 준 슈퍼모델 Kate Moss가 등장한 광고를 통해 더 젊고 트렌디한 고객층으로 대상으로 방향을 전환했다.

2006년 Bravo가 은퇴할 무렵, Burberry는 한 평론가가 '엄청나게 힙한' 고급 패션 브랜드라고 부를 정도로 변모했으며, Burberry의 레인코트, 의류, 핸드백과 액세서리들은 전 세계의 젊고 부유하며 패션에 민감한 소비자에게 필수 아이템이 되었다.

Bravo는 인디애나의 작은 마을에서 태어나 Ball State University에서 학위를 받은 후, Warnaco와 Liz Claiborne을 거친 46세의 Angela Ahrendts에게 Burberry의 CEO직을 물려 주었다. Ahrendts는 Bravo의 사업적 성공에도 불구하고 Burberry가 여전히 심각한 문제에 직면해 있다는 것을 깨달았다. Burberry는 다른 국가의 파트너 기업들이 Burberry 브랜드하에 자사 제품을 디자인하고 판매할 수 있도록 허용하는 라이선스 전략을 오랫동안 추구해 왔다. 이러한 통제력 부족은 Burberry의 브랜드 가치를 해치고 있었다. 예를 들어, 스페인 파트너사는 런던 본사에서 디자인된 것과는 전혀 관계없는 캐주얼 의류를 판매하고 있었다. 이러한 상황이 지속되며 Burberry는 통합된 글로벌 브랜드를 구축하는 데 어려움을 겪었다.

이에 대한 Ahrendts의 해결책은 브랜드의 통제력을 재구축하기 위해 파트너사를 인수하거나 라이선스 권한을 다시 구매하기 시작하는 것이었다. 이와 함께, Ahrendts는 기업의 소매 점포 구축 전략을 공격적으로 확장하는데 주력했다. Ahrendts의 전략 아래, 기업의 핵심 고객층은 부유하고, 젊고 패션에 민감한 고객층에 집중하는 것으로 유지했다. 이러한 고객층에 도달하기 위해 Burberry는 세계적으로 부유한 25개 도시를 집중적으로 공략했다. 주요 시장으로는 뉴욕, 런던, 베이징이 포함되며, Burberry에 따르면 이들 도시는 전 세계 럭셔리 패션 업계 매출의 절반 이상을 차지한다고 한다. 이 전략의 결과로, 총 소매 점포 수는 2007년 211개에서 현재 556개로 증가했다.

Burberry 전략의 중요한 측면 중 하나는 최신 기술에 능숙한 고객층을 타깃으로 디지털 마케팅 도구를 활용하는 것이었다. 실제로, Burberry만큼 디지털 기술을 공격적으로 활용한 럭셔리 브랜드 기업은 드물다. Burberry는 3D 기술을 활용하여 뉴욕, 로스앤젤레스, 두바이, 파리, 도쿄에서 패션쇼를 동시 방송한 바 있다. 시청자들은 인터넷을 통해 패션쇼를 스트리밍하고 실시간으로 댓글을 적을 수 있었다. 외투와 가방은 'click-and-buy' 기술을 통해 구매할 수 있었으며, 매장에 입고되기 몇 달 전에 배송된다. 2023년 기준으로 Burberry는 1,700만 명 이상의 Facebook 팔로워를 보유하고 있다. Burberry가 운영하는 소셜 미디어 웹사이트인 'The Art of the Trench(트렌치 코트의 미학)'에, 대중은 Burberry의 아이콘과 같은 트렌치 코트를 착용한 자신의 사진을 올릴 수 있었다.

이러한 글로벌 마케팅 전략은 상당한 효과를 발휘하고 있는 듯했다. 2007년부터 2022년까지 Burberry의 수익은 8억 5,000만 파운드에서 28억 파운드로 증가했다. 2014년 4월, Angela Ahrendts의 CEO 직책에는 Christopher Bailey가 후임으로 취임했다(Ahrendts는 Apple Inc.의 소매 및 온라인 부문 수석 부사장직으로 이직했다). 영국 할리팩스 출신인 Bailey는 2001년 5월 Burberry에 크리에이티브 디렉터로 처음 입사했다. Bailey가 크리에이티브 디렉터로 재직할 때 이루어진 가장 중요한 결정은 Burberry 브랜드의 상징적인 체크 패턴을 대부분의 Burberry 제품에서 제거하여, 유명한 체크 패턴이 적용된 제품을 전체의 10%만 남기는 것이었다. 또한, Bailey가 디자인을 총괄한 영국 런던 리젠트 스트리트 121번지에 위치한 최대 규모의 Burberry 매장은 브랜드 웹사이트를 현실 공간으로 구현한 형태로 개점했다.

Sources: S. Davis, "Burberry's Blurred Lines: The Integrated Customer Experience," *Forbes*, March 27, 2014; A. Ahrendts, "Burberry's CEO on Turning an Aging British Icon into a Global Luxury Brand," *Harvard Business Review*, January–February 2013; Nancy Hass, "Earning Her Stripes," *The Wall Street Journal*, September 9, 2010; "Burberry Shines as Aquascutum Fades," *The Wall Street Journal*, April 17, 2010; P. Evans, "Burberry Sales Ease from Blistering Pace," *The Wall Street Journal*, April 17, 2010; "Burberry Case Study," Market Line, http://marketline.com.

고 있다면, 원천 효과로 인해서 기업이 목표 국가의 시장에 진입할 때 어려움을 겪을 수 있다. 예컨대, 1990년대 초반 '반일 정서(Japan bashing)'가 미국 전역을 휩쓴 적이 있었는데, Honda는 이로 말미암아 미국 소비자가 제품을 부정적으로 인식할 것을 우려하였다. Honda는 자사 자동차가 미국적 요소를 많이 반영하고 있다는 것을 강조한 광고를 제작하였는데 자사가 얼마나 '미국적'인 기업이 되었는지를 보여 줌으로써 미국인들의 반감을 불식시키려 하였다.

대부분의 기업들은 해외에서 기업 활동을 할 때, 자사의 국적을 밝히지 않는 방식으로 국적에 따른 부정적은 원천 효과를 피하려고 노력한다. 프랑스의 반세계화 운동가 José Bové가 개점 준비 중이던 McDonald's 매장을 파괴하여 일부 프랑스인들의 입에 영웅으로 오르내릴 때, McDonald's 프랑스 가맹점주들은 유전자 변형 식품이 아닌, 현지 식재료를 사용하는 이유를 이해하지 못하는 비만한 미국인을 등장시킨 광고로 이에 맞대응했다. 도발적인 이 광고의 효과로 현재 McDonald's의 프랑스 지사는 전 세계 지사들 중 가장 건실한 해외 사업부가 되었다.[27]

원산지 효과
원천 효과의 일부분으로, 제품 평가에 제조 장소가 영향을 미치는 정도.

원천 효과의 하위 항목으로 **원산지 효과**(country of origin effects)가 있는데, 이것은 제품의 제조 장소가 제품 평가에 영향을 미치는 정도를 말한다. 연구 결과에 따르면, 소비자는 원산지로 제품을 평가하기도 한다. 특히 제품에 대한 세부 지식이 부족할 경우, 이런 경향이 더욱 크게 나타난다. 예를 들어, 미국 소비자들은 종종 중국산 제품이 미국산 제품보다 품질이 낮다고 인식한다. 마찬가지로, 한 연구에서는 일본 소비자가 일본 제품을 미국 제품보다 여러 측면에서 더 긍정적으로 평가하는 경향을 보였다. 심지어 일본 제품의 품질이 미국 제품에 비해 낮다는 객관적인 결과를 본 후에도 그들의 태도는 변하지 않았다.[28] 해외에서 기업 활동을 수행할 때 부정적인 원산지 효과가 존재한다면, 제품의 우수한 품질을 강조하는 광고나 판촉 활동을 통해 이러한 교과를 줄이기 위해 노력해야 한다.

원천 효과와 원산지 효과가 항상 부정적인 결과만을 가져오는 것은 아니다. 프랑스산 와인, 이탈리아 의류, 그리고 독일 고급차는 긍정적인 원천 효과로 전 세계적에서 큰 인기를 얻고 있다. 원천 효과가 기업 경영 활동에 있어서 긍정적으로 작용할 경우, 국적을 당당히 강조하는 것이 더 유리할 수도 있다.

노이즈 레벨

노이즈
잠재 소비자의 관심을 끌기 위해 경쟁하는 다른 메시지의 수.

노이즈는 효과적인 커뮤니케이션을 방해한다. **노이즈**(noise)란 잠재 소비자의 관심을 끌기 위해 경쟁하는 다른 메시지의 양을 가리키며, 국가에 따라 매우 다양하다. 미국과 같은 선진국의 경우 노이즈의 정도가 극도로 높다. 개발도상국의 경우 잠재 소비자들의 관심을 끌기 위해 경쟁하는 기업이 적기 때문에 노이즈의 정도가 낮다.

후원 전략과 견인 전략

후원 전략
매스미디어 광고보다 대인 판매를 강조하는 마케팅 전략.

후원 전략과 견인 전략 중 어느 것을 선택할지 결정하는 것은 커뮤니케이션 전략에서 주요한 의사 결정 문제이다. **후원 전략**(push strategy)은 프로모션 조합에서 대중을 겨냥한 광고보다는 대인 판매를 강조한다. 비록 대면 판매는 프로모션 방법으로서 효율적이긴 하나, 영업력을 많이 필요로 하기 때문에 상대적으로 비용이 많이 든다. **견인 전략**(pull strategy)은 잠재적인 고객군에 마케팅 메시지를 전달하기 위해서 대중적인 미디어 광고를 많이 사용한다.

견인 전략
대인 판매보다 매스미디어 광고를 강조하는 마케팅 전략.

어떤 기업은 후원 전략만을 수행하기도 하고 또 다른 기업은 견인 전략에 집중하기도 하지만, 대부분의 기업은 이 두 가지 전략을 함께 사용하여 커뮤니케이션 효율성을 극대화하려고 한다. 후원 전략과 견인 전략은 제품의 유형과 소비자의 지적 수준, 유통 채널 길이, 미디어 이용 가능 여부에 따라 효과가 다르다.

제품 유형과 소비자의 지적 수준

대중 매체를 통한 커뮤니케이션은 대면 접촉을 통한 판매보다 비용 면에서 효율적이기 때문에, 소비재 기업은 많은 소비자에게 어필할 수 있는 견인 전략을 선호한다. 문맹률이 높은 가난한 국가에서는 대면 판매가 고객에게 큰 영향을 미치기도 하는데, 이것은 예외적인 경우일 뿐이다. 중간재를 판매하거나 좀 더 복잡한 제품을 판매하는 기업은 직접 판매를 통해서 제품의 속성과 사용 방법을 고객에게 알려줄 수 있다. 물론 선진국의 경우 복잡한 제품이 오랫동안 사용되었고 고객들이 정교하고 제품의 속성을 잘 이해하고 있으며, 우수한 능력을 갖춘 유통 업체들을 통해서 제품을 판매할 수 있기 때문에 굳이 후원 전략을 사용할 필요가 없다. 그러나 소비자가 제품에 대한 이해도가 낮을 경우, 고객 교육이 중요할 수 있으며, 이는 개발도상국이나 새로운 복잡한 제품이 도입되는 선진국, 또는 고품질의 유통 채널이 부족하거나 희소한 경우에 해당할 수 있다.

채널 길이

유통 채널이 길수록, 소비자에게 제품을 판매하기 위해 설득해야 할 중간 유통 업체가 더 많아진다. 이로 인해 채널의 관성이 생길 수 있는데, 이것이 신규 진입자들을 들어오기 어렵게 만든다. 직접 판매를 추구하면서 여러 번의 유통 단계를 거친다면 비용이 많이 소요될 수밖에 없다. 이러한 상황에서 기업은 대중 매체 광고를 통해서 소비자의 욕구를 자극하고 물건을 판매하는 전략인 견인 전략을 사용하는 것이 효과적이다. 일단 수요가 창출되면 중간 유통 업체들은 해당 제품을 판매해야 된다고 느끼기 때문이다.

일본에서는 제품이 최종 소매업체에게 전달되기 이전에 적게는 두 단계에서 많게는 네 단계의 유통 채널을 거쳐야 한다. 이로 인해 해외 기업들이 일본 시장에 침투하기가 어렵다. 해외 기업은 일본 소매상이 자사의 제품을 판매해 줄 것을 설득해야 할 뿐만 아니라 유통 체인상의 업체를 하나하나 설득해야 하기 때문이다. 대중 매체 광고를 통해서 이런 문제를 해결할 수 있지만, 인도와 같이 문맹률이 높은 경우 효과가 거의 없다. 이러한 경우에는 직접 판매를 하거나 유통 업체의 선의에 기댈 수밖에 없다.

미디어 이용 가능성

견인 전략의 효과는 미디어의 이용 가능성 여부에 따라 달라진다. 전 세계적으로, 특히 80여 개국에 달하는 선진국에서는 인쇄 미디어(신문과 잡지), 방송 미디어(텔레비전과 라디오)와 여러 형태의 소셜 미디어 등 다양한 종류의 미디어를 이용할 수 있다. 이러한 다양한 매체는 특정 집단을 겨냥한 매우 집중적인 광고를 가능하게 했다(예를 들어, MTV는 청소년과 청년층, Lifetime은 여성들을, ESPN은 스포츠 애호가들을, Google 타깃 광고 등 특정 사용자들을 대상으로 광고 제작이 가능하게 되었다). 그러나 일부 개발도상국에서는 모든 유형의 대중 매체가 일반적으로 제한적이기 때문에 상황이 조금 더 엄격하다. 미디어 이용 가능성이 낮은 경우, 기업이 견인 전략을 사용하기 어렵다. 이러한 상황에서는 후원 전략이 더욱 매력적이다. 예를 들어, Unilever의 경우, 대중 매체가 거의 존재하지 않는 인도에서 시골에 있는 소비자들에게 제품을 판매하기 위해 후원 전략을 사용한다.

미디어 이용 가능성은 여러 경우에 법적으로 제한된다. 대부분의 나라에서 인쇄 미디어를 통한 담배 및 주류 제품 광고는 허용하지만, 텔레비전과 라디오를 통한 광고까지 허용하고 있는 나라는 소수이다. 일본의 대표적인 위스키 증류 업체 Suntory는 일본 내에서 텔레비전 광고에 연간 5천만 달러 이상을 투입한다. 하지만 1980년대에 미국 시장에 진출하였을 때 법적 규제로 인해 텔레비전 광고를 전혀 내보낼 수 없었다(현재는 금지가 해제됨). 이와 비슷한 사례로, 미국에서는 제약 회사가 소비자를 대상으로 제품 광고를 하는 것이 가능하지만 다른 선진국에서는 금지되어 있다. 이러한 경우 제약 회사들은 간접 광고 및 직접 판매에 의존해야 하는데, 특히 그들의 제품이 처방될 수 있도록 의사들을 공략한다.

후원-견인 혼합 전략

후원 전략과 견인 전략의 최적화된 조합은 제품 유형과 소비자의 지적 수준, 채널 길이, 그리고 미디어 정밀성에 따라 다르다. 후원 전략은 다음의 경우에 더욱 중요하다.

- 중간재 또는 복잡한 신제품
- 유통 채널이 짧은 경우
- 이동 가능한 인쇄 미디어나 전자 미디어가 소수인 경우

견인 전략은 다음과 같은 경우에 중요하다.

- 소비재
- 유통 채널이 긴 경우
- 마케팅 메시지를 담기 위한 인쇄 미디어 및 전자 미디어가 충분한 경우

글로벌 광고

최근 Theodore Levitt과 같은 학자가 심어 준 환상 때문에 세계적으로 광고를 표준화하는 것의 장단점에 대한 논의가 활발이 이루어졌다. 성공적으로 표준화된 캠페인 중 하나는 Philip Morris의 Marlboro 담배 판매 촉진 활동이었다. 1950년대, 브랜드를 재포지셔닝하기 위해 시작한 이 캠페인

은 흡연자들에게 필터의 추가가 맛의 변화를 가져오지 않는다는 것을 알리기 위한 것이었다. 캠페인 주제였던 '향이 느껴지는 곳으로 오세요. Marlboro 나라로 오세요'는 세계적인 성공을 거두었다. Marlboro는 Marlboro를 피우며 거친 벌판을 말을 타고 달리는 건장한 카우보이인 'the Marlboro man'을 소개하면서 이러한 주제를 내세웠다. 이 광고는 세계의 거의 모든 주요 시장에서 성공하였으며 Marlboro가 세계 정상에 오르도록 도와주었다. 오늘날, 전통적인 담배는 전 세계적으로 전자담배 등의 도입 이후 인기가 감소했다.

표준화된 광고에 대한 옹호

세계적으로 표준화된 광고에 찬성하는 사람들은 크게 세 가지 이유를 든다. 첫째, 경제적으로 큰 이점이 있다. 표준화된 광고는 광고를 개발하는데 소요된 고정 비용을 여러 국가에 분산시킴으로써 가치 창출에 드는 비용을 줄인다. 예를 들어, Coca-Cola의 광고 대행사였던 McCann Erickson은 캠페인의 특정 요소를 다른 나라에서 재사용함으로써 20년동안 1억 달러 이상을 절약했다고 밝혔다.

둘째, 창의성을 가진 인재가 부족할 경우 각각의 국가에 40개 또는 50개 적합한 캠페인을 수행하기 어렵기 때문에, 개개인의 능력을 모아서 전 세계적으로 표준화된 캠페인을 수행하는 것이 더 좋은 결과를 얻을 수 있다고 믿는다. 셋째, 많은 수의 브랜드가 이미 세계적으로 널리 알려져 있다는 것을 꼽을 수 있다. 오늘날 전 세계적으로 활발한 교류가 일어나고, 미디어에서도 국경이 의미가 없어진 상황이라 다국적 기업들은 지역별 캠페인으로 인해 생기는 혼동을 피하고 단일 브랜드 이미지를 형성하길 원한다. 이는 타국에서 국경을 넘나드는 여행이 흔한 것처럼 국가 간 이동이 잦은 서유럽에서 특히 중시한다.

표준화된 광고에 대한 반박

사람들이 세계적으로 표준화된 광고에 반대하는 이유는 크게 두 가지이다. 첫째, 이 장 초반부와 4장에서 언급했듯이 국가 간의 문화적 차이로 인해 한 국가에서 받아들여지는 메시지가 다른 나라에서는 받아들여지지 않을 수 있다. 문화적 다양성으로 인해 단일 광고 주제가 세계 각국에서 받아들여지는 것은 지극히 힘든 일이다. 특정 국가의 문화를 겨냥한 메시지가 표준화된 메시지보다 훨씬 효과적이다.

둘째로, 광고에 대한 규제는 표준화된 광고를 방해할 수 있다. 예를 들어, Kellogg는 콘프레이크를 판매하기 위해 영국에서 제작한 텔레비전 광고를 다른 유럽 국가에서 사용할 수 없었다. 네덜란드에서는 철분 성분 및 비타민 함량에 대한 언급이 허용되지 않았는데, 이는 건강 및 의료상 이점에 관해 언급하는 것이 불법이기 때문이다. 프랑스에서는 Kellogg 티셔츠를 입고 있는 어린이가 편집되어 빠졌는데, 이는 프랑스에서는 제품의 품질을 보증하기 위해 어린이를 이용하는 것이 금지되어 있기 때문이다. 독일에서는 주요 메시지인 'Kellogg는 최고의 콘프레이크를 만듭니다'가 금지되었는데 이는 경쟁적인 문구는 사용할 수 없기 때문이다.[30]

국가 간 차이에 대한 대처

몇몇 기업은 국가 간 문화 및 법률의 차이를 고려함과 동시에 세계적인 표준화에서 오는 혜택을 누리고자 한다. 기업은 모든 광고 캠페인에 사용될 수 있는 특정 요소들을 정하고 다른 요소들을 지역에 맞게 변화시킬 수 있다. 그렇게 함으로써 일부 비용을 절약하고 국제적인 브랜드 인지도를 구축함과 동시에 문화적 차이를 반영하여 광고를 제작할 수 있다.

핀란드 휴대폰 제조업체인 Nokia는 이러한 방법을 추구해 왔다. 역사적으로 Nokia는 다른 시장에서 서로 다른 광고 캠페인을 이용하였다. 하지만 2004년에는 Nokia가 아직 핀란드 회사였을 때(2013년 Nokia는 Microsoft에 인수되었다), 이 기업은 'Nokia 이미지 폰을 사용해야 하는 1001가지 이유'라는 슬로건으로 세계적인 광고 캠페인을 펼쳤다. 이렇게 함으로써 광고 비용을 줄이고 어느 정도 규모의 경제를 누릴 수 있었다. 또한 Nokia는 전 세계의 통합이 지속적으로 가속화되고 있기에 일정한 글로벌 브랜드 이미지를 구축하는 것이 가치 있다고 믿었다. 동시에 Nokia는 다른 문화에 맞게 광고를 반영하려 하였다. 광고 촬영 장소도 나라에 따라 달리했는데, 예를 들어 이탈리아의 광고에서는 시장(marketplace)을 사용한 반면, 중동 지역 광고에서는 중동의 잡화 시장(bazaar)을 활용하였다.[31] Nokia의 전략은 더 문화적으로 민감한 부분을 일부 고려하지 못하여 결국 Microsoft에 인수되고 해체되었으며, Apple의 아이폰이나 삼성의 갤럭시와 같은 브랜드에 의해 대체되었다.

가격 전략

[학습 목표 5] 기업의 가격 전략이 국가별로 어떻게, 왜 다를 수 있는지 설명한다.

국제 가격 전략은 전반적인 해외 마케팅 믹스에서 중요하다. 이번엔 국제 가격 전략의 세 가지 측면을 살펴본다.[32] 첫째, 동일 제품에 대해 국가마다 다른 가격을 매기는 가격 차별화 전략 사례를 살펴본다. 둘째, 전략적 가격 책정에 대해 살펴본다. 셋째, 기업이 원하는 가격을 설정하지 못하도록 하는 정부 주도 가격 제한과 반덤핑 규제 등의 규제 요인들을 살펴본다.

가격 차별

가격 차별은 동일한 제품 혹은 약간의 변형이 있는 제품에 대해 서로 다른 국가의 소비자들이 각기 다른 가격을 지불할 때 생긴다.[33] 가격 차별은 시장 구조에 따라 시장에서 용인되는 수준으로 형성된다. 즉, 독점 시장보다 경쟁 시장의 가격이 더 낮다. 가격 차별을 통해서 기업은 이윤을 극대화할 수 있다. 따라서 서로 다른 국가에서는 다른 가격을 사용하는 것이 경제적으로 바람직하다.

가격 차별을 통해서 이윤을 극대화하기 위해서는 두 가지 조건이 필요하다. 첫째, 기업이 각각의 시장을 분리할 수 있어야 한다. 만약 이것이 불가능하다면 개인이나 다른 사업자가 중개 매매를 통해 가격 차별을 방해할 수 있다. 중개 매매는 개인 또는 기업이 가격이 낮은 곳에서 제품을 구입하여 가격이 높은 곳에서 판매를 함으로써, 두 지역 사이의 가격 차이를 통해 이익을 보는 것을 의미한다. 예를 들어, 많은 자동차 기업들은 유럽 시장에서 오랫동안 가격 차별 전략을 실행해 왔다.

한때 Ford Escort는 독일에서 벨기에보다 2,000달러 더 높게 책정 되었었다. 이 정책은 자동차 중개인이 벨기에에서 Escort를 구입한 뒤 독일로 가져가 Ford가 독일에서 판매하는 가격보다 약간 낮게 되팔면서 붕괴되었다. 독일 자동차 판매인들의 시장 점유율을 보호하기 위해, Ford는 독일에서 판매되는 Escort 가격을 벨기에 수준으로 맞추어야 했다. 결국, Ford는 우측에 운전석이 있는 자동차가 판매되는 영국에서는 유럽의 다른 시장들과 분리할 수 있었지만, 그와 달리 독일과 벨기에에서는 각각의 시장을 분리할 수 없었다.

가격 차별을 통한 이윤 극대화의 두번째 필요 요건은 국가별 수요의 가격 탄력성이 달라야 한다는 것이다. **수요의 가격 탄력성**(**price elasticity of demand**)이란 제품 가격의 변화에 따른 수요의 변화 정도를 의미한다. 작은 가격 변화에도 큰 수요 변화가 있을 때 수요가 **탄력적**(**elastic**)이라 한다. 반면에 가격 변화가 크더라도 수요의 변동이 작을 경우 **비탄력적**(**inelastic**)이라 한다. 그림 16-3은 탄력적인 수요 곡선과 비탄 력적인 수요곡선을 보여 준다. 일반적으로 수요가 비탄력적인 나라에서 기업이 더 높은 가격을 책정한다.

수요의 가격 탄력성
제품에 대한 수요가 가격에 따라 어떻게 반응하는지에 대한 지표.

탄력적
가격의 작은 변화에 수요가 크게 변함.

비탄력적
가격의 큰 변화에 수요가 작게 변함.

특정 국가의 수요의 가격 탄력성은 여러 요소에 의해 결정되는데, 특히 소득 수준과 경쟁 상황이 가장 중요하다. 가격 탄력성은 소득 수준이 낮은 국가에서 더 높게 나타난다. 제한된 소득 수준으로 살아가는 사람들은 가격에 굉장히 민감하다. 처분 가능 소득이 적기 때문에 가격을 자세히 살펴본다. 그러므로 PC 등과 같은 제품에 대한 가격 탄력성은 PC가 필수품인 미국에서보다 여전히 사치품으로 여겨지는 인도 등에서 더 높게 나타난다. PC에 내장되는 소프트웨어도 마찬가지여서, 인도에서 소프트웨어를 더 많이 판매하기 위해 Microsoft는 Windows Starter Edition 등과 같이 저렴한 가격의 버선을 도입했다.

일반적으로 경쟁자가 많을수록 소비자의 협상력이 높아지기 때문에, 소비자들이 가장 낮은 가격을 제시하는 기업의 제품을 구매할 확률이 높아진다. 따라서 경쟁자가 많을수록 수요의 가격 탄력성이 높아진다. 이러한 환경에서 한 기업이 경쟁자들에 비해 가격을 올릴 경우 소비자들은 다른 회사 제품으로 바꿀 것이다. 적은 수의 경쟁자들이 있는 반대의 경우도 생각해볼 수 있다. 경쟁자

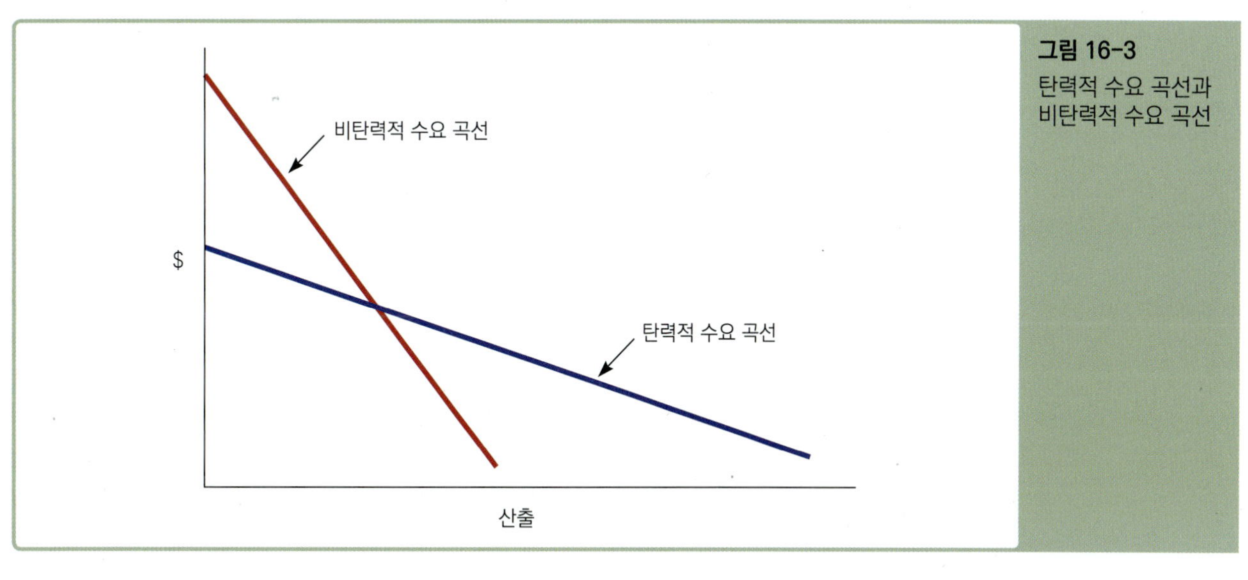

그림 16-3
탄력적 수요 곡선과 비탄력적 수요 곡선

의 수가 제한적이면 소비자의 협상력이 낮아지게 되고 경쟁 요소로서 가격의 중요도는 떨어진다. 따라서 기업은 경쟁이 치열한 곳보다 경쟁이 제한적인 국가에서 더 높은 가격을 책정할 수 있다.

전략적 가격 책정

전략적 가격 책정
다음의 세 가지 측면을 포함하는 개념. 약탈적 가격 책정, 다지점 가격 책정, 경험 곡선 가격 책정.

전략적 가격 책정(strategic pricing)에는 약탈적 가격 책정, 다지점 가격 책정, 경험 곡선 가격 책정이 있다. 이 중에서 약탈적 가격 책정과 경험 곡선 가격 책정은 반덤핑 규제를 위반할 수 있다. 약탈적 가격 책정과 경험 곡선 가격 책정을 검토한 뒤, 반덤핑 규제와 기타 관련 규제 정책들을 살펴볼 것이다.

약탈적 가격 책정

약탈적 가격 책정
경쟁자를 시장에서 퇴출시키기 위해 경쟁의 무기로 공정 시장 가치 이하로 가격을 인하하는 것('공정'은 비용에 합리적인 한계 수익을 더한 것).

약탈적 가격 책정(predatory pricing)이란 내수 시장의 약한 경쟁자들을 몰아내기 위해 가격을 무기로 경쟁하는 것을 의미한다. 경쟁자들이 시장을 이탈하면 기업은 가격을 올려 높은 이윤을 획득할 수 있다. 이런 가격 전략이 효과를 발휘하기 위해서는 기업이 다른 해외 시장에서 충분한 이익을 올리고 있어, 독점하려는 시장에서의 가격 손실을 감당할 수 있어야 한다. 역사적으로 여러 일본 기업이 이 정책을 사용하였다. 일본 기업은 일본 시장의 비공식 무역 장벽 덕분에 해외 업체와의 경쟁에서 보호를 받았고, 이를 통해 내수 시장에서 높은 가격을 책정하여 이익을 많이 남길 수 있었다. 그들은 해외에서 경쟁자들을 몰아내기 위해 약탈적 가격 책정 전략을 수행하였으며 여기서 발생한 손실을 국내에서 생긴 이익으로 보전하였다. 전략이 성공하여 경쟁자가 사라지면 일본 기업들은 가격을 올렸다. Matsushita는 미국 텔레비전 시장에 진입하기 위해 이 전략을 사용한 것으로 유명했다. 일본의 텔레비전 생산업체인 Matsushita는 국내 시장에서 높은 이익을 얻고 있었다. 이 이익을 이용하여, 미국 시장 진출 초기에 시장 침투를 위해 낮은 가격을 책정함으로써 발생한 손실을 채울 수 있었다. 궁극적으로 Matsushita는 세계에서 가장 큰 텔레비전 제조업체가 되었다.[34]

다지점 가격 책정

다지점 가격 책정
한 시장의 가격 책정이 경쟁자의 다른 시장에서의 가격 책정에 영향을 미칠 경우 발생.

다지점 가격 책정은 두 개 혹은 그 이상의 다국적 기업들이 두 개 혹은 그 이상의 해외 시장을 두고 경쟁할 때 이슈가 된다. **다지점 가격 책정**(multipointing pricing)이란 한 시장에서 어느 기업의 가격 책정 전략이 다른 시장에서 경쟁자의 가격 책정에 영향을 미치는 것을 의미한다. 어느 시장에서 공격적인 가격 전략은 다른 시장에서 경쟁 기업의 격렬한 반응을 불러일으킬 수 있다. 예를 들어, Fuji는 Kodak의 본토 시장인 미국에서 공격적인 경쟁 전략을 감행했으며, 일부 제품의 가격을 최대 50%까지 인하했다.[35] 이 가격 결정으로 인해 Fuji의 제품 판매량은 28% 증가하였으며 Kodak은 11% 감소하였다. Fuji의 공격적인 가격 책정 때문에 Kodak은 딜레마에 빠지게 되었다. 세계에서 가장 크고 이익이 가장 많이 남는 시장에서 가격 인하 경쟁을 시작하기 싫었던 것이다. Kodak은 Fuji의 가장 큰 시장이었던 일본에서 공격적으로 가격을 내리는 것으로 대응하였다. 이러한 전략적 대응을 통해서 Kodak과 Fuji는 서로가 얼마나 영향을 주고받는지 알게 되었으며, 다른 여러 나라에서 경쟁하고 있다는 사실을 깨닫게 되었다. 결국, Fuji는 Kodak의 역공격에 대응해서 미국 시장에서의 공격적인 행보를 중지하였다.

Kodak의 사례는 다지점 가격 책정의 주요한 일면을 보여 준다. 한 시장에서의 공격적인 가격 책정은 다른 시장에서 경쟁자의 반응을 유도할 수 있다. 기업은 가격 변화를 결정하기 이전에 가격 전략에 대응해 경쟁자들이 어떻게 반응할 것인지를 고려해야 한다. 다지점 가격 책정의 두 번째 상황은 두 개 혹은 그 이상의 다국적 기업들이 특정 내수 시장에 집중하여 그 시장에서 지배력을 높이기 위해 가격 전쟁을 시작할 때 발생한다. 브라질의 기저귀 시장에서 미국 기업인 Kimberly-Clark Corp과 Procter & Gamble(P&G)은 시장 지배력을 높이기 위해 가격 전쟁을 시작하였다. 결과적으로 3년 동안 기저귀 가격은 한 개당 1달러에서 33센트로 떨어졌으며 브라질 기업을 포함한 다른 경쟁 기업들은 시장에서 퇴출되었다. Kimberly-Clark Corp과 P&G는 시장 점유율과 지배력을 높이기 위해 전 세계적으로 경쟁하였으며 브라질은 그 경쟁 시장 중의 하나였다. 두 기업 모두 세계 다른 시장에서 이익을 남기고 있었고 이것을 가지고 다른 시장을 보조할 수 있기 때문에 비록 브라질 시장에서 이익이 감소하더라도 가격 전쟁에 임할 수 있었다.

세계 각지에서 일어나는 가격 책정은 반드시 중앙에서 통제되어야 한다. 가격 전략에 관해 세계 곳곳에 있는 여러 자회사에 책임을 위임함으로써 분권화의 이익을 누리는 것이 굉장히 매력적으로 보일 수 있다. 그러나 한 시장에서의 가격 전략은 다른 시장에서 경쟁자들의 반응을 이끌어 낼 수 있기 때문에 본사의 운영진들이 감시하고 특정 시장의 가격 정책을 승인할 수 있어야 하며, 현지 운영진들은 그들의 결정이 다른 시장에서 경쟁 조건을 변화시킬 수 있음을 인지하고 있어야 한다.

경험 곡선 가격 책정

앞서 13장에서 경험 곡선을 살펴보았다. 기업이 생산량을 증가시킴에 따라 경험 효과로 인해 단위당 생산 비용이 감소하게 된다. 경험 곡선은 학습 효과 및 규모의 경제와 관련이 있다. 이때 가격이 중요한 이유는 공격적인 가격 정책(공격적인 프로모션 및 광고와 함께)이 누적 매출을 단숨에 증가시켜 생산 비용을 경험 곡선 아래로 감소시킬 수 있기 때문이다. 경험 곡선 아래에 있는 기업이 위에 있는 기업보다 비용 면에서 유리하다.

전 세계를 대상으로 **경험 곡선 가격 책정**(experience curve pricing) 전략을 추구하는 여러 기업들은 비록 초기에 큰 손실을 입더라도 전 세계에서 매출 규모를 증가시키기 위해 가격을 낮게 측정할 것이다. 이러한 기업들은 몇 년 안에 자신들이 경험 곡선 아래로 내려가면 상당한 이익을 얻을 수 있을 뿐만 아니라 덜 공격적인 경쟁 기업에 비해서 비용상의 이점이 있을 것이라고 믿고 있다.

경험 곡선 가격 책정
매출 규모를 증가시키고 경험 곡선 경제를 기업이 실현할 수 있도록 설계된 공격적인 가격 책정 전략.

가격 규제에 따른 영향

가격 차별 또는 전략적 가격 책정을 하려는 기업들은 국가별 혹은 국제적 규제로 인해 이 전략을 추구하는 데 어려움을 겪을 수 있다. 가장 중요한 것은 가격을 결정하는 기업의 자유가 반덤핑 규제나 경쟁 정책으로 인해 제한될 수 있다는 것이다.

반덤핑 규제

약탈적 가격 정책과 경험 곡선 가격 책정은 모두 반덤핑 규제에 의해 제한될 수 있다. 덤핑은 한 기업이 생산 비용보다 낮은 가격으로 제품을 판매하려고 할 때 발생한다. 그러나 대부분의 규제는 덤핑을 좀 더 모호하게 정의한다. 예를 들어 어느 국가든지 GATT 6조에 의해 두 가지 조건만 충족된다면 반덤핑 규제를 적용할 수 있다. '공정 가치보다 낮은 가격(less than fair value)'에 판매되면서 동시에 '국내 산업에 해를 끼치는 제품(material injury to a domestic industry)'인 경우가 이에 해당된다. 이 정의의 문제점은 공정 가치가 무엇인지 명시하지 않았다는 것이다. 이러한 모호함 때문에 생산 비용보다 낮은 가격이 아니라, 생산지에서의 가격보다 낮은 가격으로 팔면 덤핑이라는 주장도 생겨났다.

반덤핑 규제로 인해 수출 가격을 마음대로 낮출 수 없어서 전략적 가격 책정을 추구하는 기업들은 어려움을 겪게 된다. 대부분의 반덤핑 규제에서 사용되는 모호한 용어 때문에 가격 차별을 시도 하려는 노력조차 반덤핑 법에 의해 제한될 수 있다.

경쟁 정책

대부분의 선진국에서는 경쟁을 촉진하고 독점을 제한하려는 규제 정책이 존재한다. 이러한 규제들은 한 국가에서 기업이 책정할 수 있는 가격에 제한을 가할 수 있다. 예를 들어, 스위스의 제약업체인 Hoffmann-La Roche는 발륨과 리브리엄이라는 정신 안정제의 공급을 독점한 적이 있었다. 공정 경쟁을 장려하는 영국의 독점 및 합병위원회(British Monopolies and Mergers Commission)는 이 기업을 조사하였다. 위원회는 Hoffmann-La Roche가 정신 안정제의 가격을 높게 책정한 것을 발견하고, 가격을 50~60% 인하하여 3,000만 달러의 초과 이익을 갚으라고 지시했다. 그러나 Hoffimann-La Roche는 단지 가격 차별을 했을 뿐이라고 반박했다. 독일의 카르텔 위원회와 네덜란드, 덴마크 정부 또한 후에 Hoffmann-La Roche에 대해 유사한 시정 명령을 내렸다.

마케팅 믹스의 구성

[학습 목표 6] 글로벌 마케팅 믹스를 구성하는 방법을 이해한다.

기업은 각 국가의 문화 경제 조건, 경쟁 조건, 제품 및 기술 표준, 유통 시스템, 정부 규제 등을 고려하여 국가마다 상이한 마케팅 믹스를 추구할 것이다. 국가 간 차이는 제품 사양, 유통 전략, 커뮤니케이션 전략 그리고 가격 전략에서의 변화를 유발한다.

이러한 요소들로 인해 한 기업이 세계적으로 동일한 마케팅 믹스를 채택하는 일은 아직까지 드물다. 하지만 일상생활에서 보다 '글로벌(global)'인 것을 필요로 하고 욕망하고 사용하는 젊은 세대가 새로운 소비자층으로 점점 늘고 있는 것도 사실이다.

영화 산업과 금융 서비스 산업은 마케팅 믹스의 글로벌 표준화가 일반적인 산업으로 간주되는 경우가 많다. American Express(Amex)와 같은 금융 서비스 기업은 세계적으로 동일한 카드 서비스를 제공하고 카드 서비스에 대해 같은 수수료를 부과할 수 있으며 동일한 광고 메시지('American Express 카드 없이 집을 나서지 마세요')를 활용할 수 있다. 하지만 이와 동시에 Amex는 국가마다 상이한 규제 정책으로 인해 여전히 다른 커뮤니케이션 전략을 채택해야 한다.

이와 유사한 사례로 McDonald's는 세계적으로 표준화된 제품을 판매하여 성공한 기업으로 알려져 있지만, 실제로는 주요 마케팅 믹스 – 메뉴 – 를 국가마다 다르게 하고 있다. 또한 McDonald's는 유통 전략 역시 서로 다르게 적용하고 있다. 캐나다와 미국에서는 대부분의 McDonald's가 차로 접근하기 쉬운 곳에 위치한 반면, 일본이나 영국과 같이 인구 밀도가 높고 자동차에 대한 의존도가 상대적으로 낮은 국가에서는 걸어서 이동할 수 있는 고객 접근도가 높은 곳에 위치한다. 일반적으로 대부분의 국가가 위에서 언급한 측면에서 하나 이상의 차이를 보이기 때문에 마케팅 믹스를 국가의 특성에 맞게 맞춤화하는 것이 일반적이다.

기업은 마케팅 믹스의 하나 또는 그 이상의 요소를 표준화하여 효과를 거둘 수 있다.[38] 때에 따라 기업은 글로벌 광고 메시지나 제품의 핵심 사양을 표준화함으로써 비용 절감 효과를 누리는 것이 가능하며, 이는 바람직한 방법이다. 또 어떤 경우에는 유통과 가격 전략을 지역의 실정에 맞게 설정함으로써 국가 간 차이에 의해 생기는 문제점을 극복할 수 있다. 현실에서는 '현지화 대 표준화'의 논쟁이 중요하지 않다. 결국 국가별 조건에 따라 마케팅 믹스의 어떤 요소는 표준화하면서 다른 것은 현지화하는 것이 바람직하다.

표 16-1은 서로 다른 해외 시장에서 마케팅 믹스를 어떻게 표준화 또는 맞춤화할 것인지 결정할 때 필요한 평가 기준들이다. 진정 '글로벌화된(globalized)' 제품, 즉 전 세계에서 완벽하게 100% 표준화된 제품이란 일반적으로 가능하지 않다는 점에 주목해야 한다. 다만 기업들은 마케팅 믹스 요소들 중 일부를 적절히 활용하거나 맞춤화함으로써 상당한 수준의 표준화를 달성할 수 있다.

제품 개발과 R&D

[학습 목표 7] 글로벌화가 국제 경영 기업의 신제품 개발에 미치는 영향을 설명한다.

지금까지 시장 및 브랜드의 세계화, 비즈니스 애널리틱스, 국제 시장 조사, 마케팅 믹스의 특성(제품속성, 유통 전략, 커뮤니케이션 전략, 가격 전략), 그리고 마케팅 믹스 구성과 관련된 여러 가지 쟁점에 대해 논의하였다. 이러한 이슈들은 글로벌 마케팅 및 R&D의 핵심이라고 할 수 있지만, 또 하나 중요한 것이 있다. 바로 신제품 개발이다. 기업은 성공적인 신제품 및 판매를 통해 엄청난 이익을 누릴 수 있다. 따라서, 마지막으로 글로벌 마케팅, R&D, 제조 간의 상호 작용에 대해 살펴볼 것이다.

글로벌 마케팅, R&D, 제조의 상호 관계를 적절히 활용한 기업들은 큰 성공을 거뒀다. 셀로판(cellophane), 나일론, 프레온(Freon), 테플론(Teflon, 달라붙지 않는 프라이팬) 등을 끊임없이 발명한 DuPont, 워크맨, CD, 플레이스테이션, 블루레이 HD DVD를 개발한 Sony, 비아그라, Covid-19 백신 등 주요 신약을 개발한 제약 업체 Pfizer, 자사의 핵심 역량인 테이프와 접착제를 다양한 범주의 제품에 적용시킨 3M, 개인 컴퓨터를 위한 혁신적인 마이크로프로세서 시장을 지속적으로 선도한 Intel, 아이팟, 아이폰, 아이패드 등을 개발한 Apple 등이 이에 속한다. 이러한 성공 사례는 특정한 관심을 보증한다. 여기에서는 15장의 글로벌 생산 내용과 연결하여 마케팅, R&D, 제조 간의 상호 작용에 대해 살펴보자.

오늘날의 경쟁은 특히 기술적 혁신에 집중되어 있다. 18세기 산업 혁명 기술 변화의 속도는 점점 빨라지고 있다. 그 결과 제품 수명 주기가 매우 짧아졌다. 기술 혁신(technological innovation)은 창조적이면서 파괴적이다.[39] 혁신은 기존의 제품을 하루아침에 쓸모 없는 것으로 만들 수 있다. 그러나 혁신을 통해서 새로운 제품이 세상에 등장하기도 한다. 우리는 전자 산업에서 이와 같은 변화를 목격할 수 있다. 1950년대 이전 40년 동안 라디오 녹음기, 초창기 컴퓨터와 주요 부품은 진공관이었다. 이후 트랜지스터가 발명되자 진공관은 무용지물이 되었으나 트랜지스터와 관련한 새로운 기회가 생겨났다. 트랜지스터는 진공관보다 훨씬 적은 공간을 차지해, 제품의 소형화에 크게 기여하였다. 십여 년간 전자 산업의 주요 부품이었던 트랜지스터는 1970년대에 마이크로프로세서가 개발되자 빠르게 사라졌다. 마이크로프로세서는 트랜지스터와 마찬가지로 수많은 시장을 개척하였는데, 휴대용 계산기(이로 인해 계산자(slide rule) 시장이 사라졌다), CD(아날로그 전축을 대체하였다), 개인용 컴퓨터(타자기 시장을 대체하였다), 스마트폰(궁극적으로 유선 전화가 사라질 것이다) 시장이 탄생했다

이러한 기술 발전으로 촉발되는 '창조적 파괴(creative destruction)'는 기업이 기술을 선도하지 않으면 경쟁자들의 혁신에 의해 도태될 것임을 시사한다. 다음 부분에서 설명하겠지만, 이로 인해 기업은 R&D에 투자할 필요성을 느낄 뿐만 아니라 전문성이 모여 있는 곳에 R&D 센터를 설립하고자 한다. 앞으로 계속 살펴보겠지만 기술을 선도하는 것이 더 이상 기업의 생존을 보장하지 못한다. 기업은 그 기술을 제품 개발에 활용하여 고객의 욕구를 충족시키고 비용을 절감할 수 있도록 제품을 설계해야 한다. 그러기 위해서는 R&D, 마케팅 그리고 제조 과정 사이에 긴밀한 연결이 필요하다. 이것은 내수 기업에게도 어렵지만, 특히 여러 국가의 다양한 고객 기호 및 선호를 충족시켜야 하는 다국적 기업에게 있어 더욱 문제될 수 있다.[40] 이것을 염두에 두고 R&D, 마케팅, 그리고 제조 사이의 연결 고리를 만드는 문제를 살펴보자.

R&D의 입지

연구 활동, 수요 조건 및 경쟁 조건의 상호 작용에 따라 신제품에 대한 아이디어가 산출되는 속도가 달라진다. 다른 조건이 동일하다면 신제품 개발 속도는 아래와 같은 특성을 지닌 국가에서 높게 나타난다.

- 기초 및 응용 연구·개발에 더 많은 투자가 이루어진다.
- 잠재 수요가 많다.
- 소비자들이 많다.
- 경쟁이 치열하다.[41]

기초 및 응용 R&D에 대한 투자가 활발히 이루어지는 경우, 새로운 기술을 개발하고 상용화할

수 있는 가능성이 높아진다. 소비자 집단의 규모가 커서 수요가 많다면 제품에 대한 유의미한 시장이 형성될 수 있음을 의미한다. 기업 간 경쟁이 치열한 경우에는 기업들이 경쟁 기업을 이기고 선두 기업의 이점을 누리려 할 것이기 때문에 혁신을 촉진한다.

2차 세계대전 이후 지금까지 이 같은 조건을 가장 잘 갖춘 나라는 미국이었다. 국내총생산에서 R&D에 투자된 금액의 비율이 미국보다 큰 나라는 없다. 연구 기관도 가장 많이 설립되었다. 미국 소비자들은 대부분 부유하고, 시장 역시 크기 때문에 기업들의 경쟁도 치열하였다. 이 때문에 미국 시장은 많은 신제품이 개발되고 소개되는 곳이었고, R&D에 최적화된 장소였다.

지난 35년 동안, 많은 것이 급속하게 변하였다. 신제품 개발에 있어서 미국의 독주는 상당히 줄어들었다. 물론 여전히 미국 기업들이 신기술을 선도하고 있지만, 아시아와 유럽은 Sony, Sharp, Samsung, Ericsson, Philips와 같은 일류 기업들을 내세워 각 산업에서의 제품 혁신을 이끌고 있다. 또한 일본과 유럽연합(EU), 중국을 비롯한 여러 개발도상국 내 점점 많은 지역들은 시장 규모가 커지면서 부유한 시장이 되고 소비자들의 구매력이 상승하면서 미국과의 격차는 급속하게 줄어들고 있다.

이제 미국만을 선두 시장으로 간주하는 것은 옳지 않다. 예를 들어, 일본은 비디오 게임 시장을 선도하고 있다. Sony와 Nintendo는 일본에 최신 비디오 게임 플레이어를 출시한 후 6개월 뒤에 미국 시장에 선보인다. 그러나 어느 특정 국가만을 선두 시장으로 간주할 수 있는지는 의문이다. 오늘날의 최첨단 기술 산업에서 성공하려면 신제품을 여러 산업화된 시장에 동시에 선보이는 것이 중요하다. 예를 들어, Intel은 새로운 마이크로프로세서를 미국에서 먼저 출시하지 않고 전 세계적으로 동시에 선보인다. Microsoft의 신형 Windows 운영 체제 출시나 Samsung의 신형 스마트폰 출시도 마찬가지다.

이제는 전 세계 곳곳에서 선도적인 과학 기술 연구가 이루어지고 있기 때문에, 미국에만 R&D 활동을 집중하자는 주장은 30여 년 전에 비해 힘을 잃고 있다(R&D 활동이 특정 지역에 집중되어 있는 경우, 중복 비용을 줄일 수 있다고 여겨져 왔다). 상당수의 선도적인 연구는 이제 아시아와 유럽에서 이루어진다. 이러한 지역들에 R&D 활동을 분산시킴으로써 기업은 최첨단 활동의 중심지에 가까이 머물며 과학적 지식과 경쟁에 유리한 정보를 얻을 수 있고 현지의 과학 자원을 활용할 수 있게 한다.[42] R&D 활동을 분산시키면, 지역 간 중복 문제를 피할 수 없지만, R&D 활동을 분산시킴으로써 얻는 이점이 중복으로 인한 비용보다 크기 때문에 상쇄될 수 있을 것이다.

예를 들어, 여러 미국 기업은 일본에서 시행되고 있는 연구 및 신제품 개발에 대한 정보를 획득하기 위해 일본에 R&D 센터를 설립하였다. 연구 및 신제품 개발에 대한 정보를 획득하기 위한 목적으로 일본에 R&D 센터를 설립한 미국 기업은 Corning, IBM, Procter & Gamble, Pfizer, DuPont, Monsanto, Microsoft 등이 있다. 미국의 국가과학기술부(National Science Foundation, NSF)는 미국 기업의 R&D 지출 중 해외 비중이 급속하게 증가하고 있다고 밝혔다. 예를 들어, Bristol-Myers Squibb는 5개 국가에 12개의 연구 센터를 설립하였다. 같은 시기에, 유럽 및 아시아의 많은 기업들은 그들의 연구·개발 능력을 세계화하고, 미국의 인적 자원에 대한 접근성을 강화하기 위해 미국에 R&D 센터를 설립하는 데 많은 금액을 투자하고 있다.

R&D, 마케팅, 생산의 통합

신제품을 성공적으로 개발한 기업은 큰 이익을 볼 수 있지만, 신제품 개발은 실패 확률이 높다. 한 연구에 따르면 화학, 제약, 석유, 전자 산업에 속한 16개 기업의 R&D 활동 중에서 약 20%만이 상업적으로 성공한 제품을 출시했거나 공정 혁신을 이루었다.[43] 또 다른 사례 연구는 3개 기업(하나의 화학 회사와 두 개의 제약 회사)의 R&D 활동 중에서 60% 정도가 기술 개발에 성공하였고, 30%는 상용화되었으며, 겨우 12%만이 투자된 자본금을 초과한 이익을 얻었다고 보고했다.[44] 이와 마찬가지로 다른 조사 역시 11%, 즉 9개 중 1개의 주요 R&D 프로젝트만이 상업적으로 성공적인 제품을 생산할 수 있었음을 보여 준다.[45] 종합해 보면, 전체 R&D 활동 중 10~20% 정도만 상업적으로 성공할 수 있음을 알 수 있다.

이렇게 실패 확률이 높은 이유는 다양하겠지만 크게 세 가지를 꼽을 수 있다. 첫째, 한정된 수요를 충족시키기 위해 기술을 개발한 경우, 둘째, 유망한 기술의 상업화에 실패한 경우, 셋째, 신제품을 적은 비용으로 생산하기 어려운 경우이다. 기업들은 신제품 개발과 관련하여 매우 중요한 R&D, 마케팅, 생산 기능 사이의 협력과 통합을 통해서 실패 확률을 줄일 수 있다.[46] R&D, 마케팅, 생산 기능 사이의 강한 통합은 다음과 같은 것들을 가능하게 한다.

1. 고객 요구에 맞는 신제품 개발이 가능하다.
2. 신제품을 생산하기 쉽게 설계할 수 있다.
3. 개발 비용이 확인 가능하다.
4. 제품 출시 기간을 최소화할 수 있다.

R&D와 마케팅 부서 사이의 긴밀한 협력은 고객 요구에 맞는 신제품을 개발하기 위해 필수적이다. 기업은 고객의 입장에서 신제품 아이디어를 생각해 낸다. 고객의 욕구 중 충족되지 않은 욕구를 발견할 수 있다면 성공적인 제품 혁신을 이룰 수 있다. 이러한 측면에서 고객과의 접점으로서 기능하는 마케팅은 R&D 부서에게 중요한 정보를 제공해 줄 수 있다. R&D와 마케팅 기능의 통합은 신제품이 제대로 상용화되기 위해서는 필수적이다. R&D와 마케팅 기능의 통합이 없다면, 기업은 수요가 거의 없는 제품을 개발할 위험을 안게 된다.

R&D와 생산 부서의 협력은 기업이 생산 기준에 맞는 제품을 설계할 수 있도록 해 준다. 생산 역량에 맞는 설계는 비용을 감소시키고 제품 품질을 향상시킨다. 또한 R&D와 생산 기능의 통합은 개발 비용을 낮추고 시장 출시 기간을 단축시킨다. 만약 신제품이 계획된 생산 역량에 맞게 설계되지 않는다면 생산이 어려워질 것이다. 따라서 제품은 재설계 되어야 할 것이며, 전체적인 개발 비용과 시장 출시 기간 또한 증가할 것이다. 제품 계획 단계에서 설계 변화는 총 개발 비용을 50% 증가시킬 수 있으며 시장 출시 기간을 25% 지연시킬 수 있다.[47] 획기적인 제품 혁신을 이루기 위해서는 새로운 공정이 필요한데, 이는 R&D와 생산 부서의 통합을 더욱 중요하게 만든다. 신제품과 새로운 공정을 동시에 개발할 수 있다면 제품 출시 기간 및 개발 비용을 최소화할 수 있다.[48]

다기능 의사 결정 팀

기능 간 통합을 위해서 R&D, 마케팅, 생산 부서의 대표들로 구성된 다기능 제품 개발 팀을 구성할 수 있다.[49] 때로는 이런 기능들이 여러 국가에 분산되어 있을 수 있기 때문에 팀을 구성하였을 경우, 다양한 국적을 가진 사람들이 존재하기도 한다. 팀의 목표는 초기 콘셉트 개발부터 시장 출시까지 신제품 개발을 주도하는 것이다. 신제품 개발 팀이 효율적으로 운영되고 연구·개발 목표를 달성하기 위해서는 여러 요소가 중요하다.[50]

첫째, 팀의 리더는 조직 내에서 높은 지위에 있고 권력이 있으며, 팀이 성공하기 위해 필요한 재정 및 인적 자원을 사용할 권한을 가지고 있어야 한다. 팀 리더는 전부는 아니더라도 상당 시간을 프로젝트에 할애할 수 있어야 한다. 리더는 프로젝트에 대한 믿음을 바탕으로 서로 다른 기능의 관점을 통합하는 데 능숙해야 하며 공동의 목적을 위해 다른 분야 혹은 외국에서 온 직원들을 챙길 줄 알아야 한다. 또한 리더는 고위 경영진들을 대할 때 팀의 변호인으로서의 역할을 해야 한다.

둘째, 팀은 각 주요 기능에서 적어도 한 명씩의 인원을 포함해야 한다. 팀의 구성원들은 기능적으로 전문성이 있어야 하고 그 기능 안에서도 높은 지위에 있어야 한다. 또 팀의 결과를 공동 책임질 수 있어야 하며 기능 및 국가의 사사로운 이익을 배제할 수 있어야 한다. 일반적으로 팀 구성원들이 프로젝트에 100% 헌신할 수 있는 것이 바람직하다. 이러한 경우에만 그들이 각자의 기능에서 할 일이 아니라 프로젝트 자체에 몰두할 수 있기 때문이다.

셋째, 팀은 구성원들이 가능하다면 지리적으로 한곳에 있어야 동료애를 증진시키고 커뮤니케이션을 원활히 할 수 있다. 반대로 생각한다면, 팀 구성원들이 한곳에 모이지 않고 여러 나라에서 제각기 일할 경우에 문제가 발생할 수 있다. 상품 개발 프로젝트 기간 동안 팀의 구성원들을 한곳에 모아 놓는다면 문제는 해결될 수 있다.

넷째, 팀은 연구·개발의 단계별 비용에 대하여 명확한 계획과 목표를 세워야 한다. 팀이 목표를 달성하였을 경우에는 보너스를 지급 하는 등 목표 달성에 따른 보상을 지급해야 한다.

다섯째, 각 팀은 그들만의 의사소통 방법과 분쟁 해결 방식을 개발하여야 한다. 예를 들어, 캘리포니아의 PC 디스크 드라이브 생산업체인 Quantum Corporation의 상품 개발 팀은 매주 월요일 오후에 열리는 회의에서 중요한 결정을 내리고 분쟁을 해결하는 것을 규칙으로 정했다. 이러한 간단한 규칙도 팀이 연구·개발 목표를 달성하는 데 도움이 된다. Quantum Corporation에서는 상품이 생산되는 일본의 직원들이 미국에 있는 개발 센터로 비행기를 타고 와서 월요일 오후 회의에 참석하는 것이 당연한 일이었다.[51]

글로벌 R&D 역량 구축

여러 국가에서 제품을 출시할 때에는 각 국가에 맞는 버전으로 상용화해야 해서, 새로운 기술을 적절히 상품화하기 위해 R&D와 마케팅을 통합해야 할 필요성이 생긴다. 그런데 이때 종종 문제가 발생한다.[52] 이 문제를 해결하기 위해서는 기업의 해외 지사들과 R&D 센터 사이에 밀접한 관계가 형성되어야 한다. 또한 해외에서 기업 활동을 수행하면서 여러 곳의 상대적 요소 비용과 기호를 감안하여 전 세계에 생산 활동을 분산시킨 기업이 R&D와 생산을 통합하려는 과정에서도 비슷한 문제가 발생할 수 있다.

해외에서 경영 활동을 수행하는 기업이 R&D, 마케팅, 생산을 통합한다는 것은 북아메리카, 아시아, 그리고 유럽에 있는 R&D 센터들을 공식 또는 비공식적인 통합 메커니즘을 통해서 각 나라에 존재하는 마케팅 부서, 생산 시설과 연결함을 의미한다. 더욱이 해외에서 경영 활동을 수행하는 경우 전 세계에 퍼져 있는 구성원으로 이루어진 다기능 의사 결정 팀을 조직할 필요가 있다. 이러한 복잡한 문제들로 인해 기업은 새로운 상품을 효율적이고 시기 적절하게 생산하기 위해 공식/비공식적 통합 메커니즘을 활용하여 지사들을 관리해야 한다.

여러 센터에 상품 개발의 책임을 분배하기 위한 최적의 방법은 없지만, 해외에서 경영 활동을 수행하는 많은 기업이 이를 해결하기 위해 채택하는 방법은 R&D 센터들 간에 국제적 네트워크를 구축하는 것이다. 이러한 모델에서 기초 연구는 여러 나라에 있는 기초 연구 센터들이 담당한다. 이러한 센터는 미국의 실리콘밸리, 영국의 캠브리지, 일본의 고베, 싱가포르 등과 같이 과학 지식이 창조되고 R&D 인력 집단이 몰려 있는 곳에 위치한다. 기초 연구 센터는 기업의 혁신을 위한 동력이다. 이러한 센터의 역할은 새로운 상품을 개발하는 데 필요한 기초 기술을 개발하는 것이다.

기초 기술들은 국제 생산 부서에 소속된 R&D 유닛에서 채택되어 세계 시장을 겨냥한 신제품을 개발하는 데 사용된다. 이 수준에서는 기술의 상품화와 생산 설계가 중요하다. 만약 상품이 개별적 시장의 고객들의 취향과 선호에 맞게 추가적인 맞춤화가 필요하다면, 이러한 재설계 작업은 해당 국가에 있는 자회사의 R&D 센터나 여러 국가를 위한 상품을 맞춤화하는 지역 센터에서 진행된다.

Hewlett-Packard(HP)는 캘리포니아의 팔로 알토, 영국의 브리스톨, 이스라엘의 하이파, 중국의 베이징, 싱가포르, 인도의 방갈로르, 러시아의 상트페테르부르크 등 일곱 군데에 기초 연구 센터를 가지고 있다.[53] 이러한 연구소에서 신제품과 새로운 사업 기회를 창출하는 데 사용될 기술이 탄생한다. 이들은 기업 창조력의 핵심이다. 예를 들어, 팔로 알토 센터는 HP의 열전사 잉크젯 기술을 처음 선보였다. 이후 HP의 국제 생산 부서와 연결된 R&D 센터에서 제품을 개발했다. 캘리포니아 샌디에이고에 있는 소비재 총괄 본부는 HP의 열전사 잉크젯 기술을 사용하여 여러 상품을 설계하고 개발하며 생산하였다. 이후에 해외 지사들은 새로운 상품을 해당 국가의 소비자들의 요구 및 시장 특성에 맞게 변형하였다. 일례로, 싱가포르에 위치한 HP 지사는 일본과 다른 아시아 국가 시장에 내놓을 열전사 잉크젯 관련 상품들의 설계와 생산을 담당하였다. 싱가포르 지사는 샌디에이고에서 처음으로 생산된 제품을 아시아 시장에 맞게 다시 디자인하였다. 게다가 싱가포르 지사는 특정 휴대용 열전사

Tony Avelar/The Christian Science Monitor/Getty Images

Hewlett-Packard의 연구소에서 연구 엔지니어 John Maltabes는 저항기가 식각되어 있고 자기정합식 평판 기술을 활용한 얇고 유연한 전자 디스플레이를 테스트하기 위해 꺼내고 있다.

잉크젯 프린터의 설계와 개발의 주도권을 샌디에이고로부터 가져오기까지 했다. HP는 싱가포르 지사의 특성과 성과를 고려해 봤을 때, 싱가포르 지사가 휴대용 열전사 잉크젯 프린터 업무에 가장 적합한 곳이라 판단한 것이다. 싱가포르 자회사가 휴대용 열전사 잉크젯 제품의 디자인과 생산에서 중요한 역량을 획득하였기에 HP는 그러한 책임을 싱가포르에 위임하였고, 이로 인해 싱가포르는 휴대용 열전사 잉크젯 프린터 생산 활동을 착수하기에 세계에서 가장 적합한 장소가 되었다.

360° 관점: 거시 환경의 영향

거시 환경의 트렌드와 이들이 국제 경영 마케팅에 미치는 영향을 살펴보면, 세 가지가 두드러진다. 첫 번째로, 지난 50년간의 주요 트렌드는 글로벌 시장과 초국가적 시장 간 세분 시장의 지속적인 확대였다. 국경을 넘는 무역과 투자에 대한 장벽이 낮아지고, 글로벌 미디어(소셜 미디어 포함)와 상당한 규모의 국경을 넘는 이동이 활발해 지면서 이 트렌드가 촉진되었다. 시장 간 세분 시장의 성장은 특히 젊은 층 사이에서 두드러지며, 이들은 Facebook, Instagram, TikTok, Pinterest, Twitter와 같은 새로운 소셜 미디어 플랫폼의 주요 소비자들이다. 이러한 발전 덕분에, 수십 년 동안 우리는 Theodore Levitt의 상대적으로 동질적인 글로벌 시장과 글로벌 브랜드에 대한 비전이 현실에 더 가까워지고 있는 세상으로 나아가고 있는 것으로 보인다. 이 과정에서 다국적 기업들이 수동적인 역할만 하는 것은 아니라는 점을 기억하는 것이 중요하다. Coca-Cola, Starbucks, IKEA, Apple, Microsoft, Sony, Samsung과 같은 기업들은 전 세계적으로 동일한 방식으로 동일한 상품과 서비스를 개발하고 홍보함으로써 점점 더 동질화되는 글로벌 소비자 문화를 적극적으로 발전시키는 데 기여했으며, 이전에는 존재하지 않았던 글로벌 브랜드를 창출해 왔다.

이러한 점을 감안할 때, 이 장에서 중요한 지역적 차이가 여전히 존재하며, 국제 경영을 수행하는 기업들이 이를 무시할 경우 큰 위험에 처할 수 있다는 점을 강조하고자 했다. 두 번째로 미국과 같은 국가에서 경제적 민족주의로의 전환과 그로 인한 무역 장벽의 증가는 글로벌화에 대한 반발을 예고할 수 있다. Donald Trump의 '미국 우선주의(America First)' 철학은 확실히 글로벌화에 반하는 입장이다. 실제로 Trump는 대통령으로서 자신과 의견이 다른 사람들을 종종 '글로벌리스트(globalists)'라고 비판하며, 글로벌화가 바람직하지 않다고 명시적으로 언급했다. 중국, 러시아, 인도, 터키, 브라질과 같은 국가들에서도 더 강한 민족주의로의 유사한 변화가 나타나고 있다. 예를 들어, 중국은 인터넷을 통한 특정 정보에 대한 접근을 제한하려고 했다. 그 목표는 국내 정보를 검열하고 외부에서 들어오는 특정 정보가 중국 소비자에게 도달하지 않도록 하는 것이다.

다시 말해, 중국은 세계화의 추진력 중 하나인 글로벌 미디어에 대한 개방적 접근에 반발하고 있다. COVID-19 팬데믹이 더 강한 민족주의로의 전환에 어떤 영향을 미칠지는 아직 이르지만, 글로벌 팬데믹에 대응하여 각국이 내부로 눈을 돌리기 시작하고, 세계화의 선호도가 감소하며, 국경을 넘는 여행과 무역이 팬데믹 이전 수준에 미치지 못할 가능성은 확실히 존재한다. 이러한 발전은 경영 시스템과 문화에서의 지역 차이가 다시 증가할 가능성을 시사한다. 세계화에 대한 이러한 반대 경향은 국제 경영을 행하는 기업들이 브랜드와 마케팅 전략의 현지화에 더 많은 주의를 기울여야 할 필요성을 요구할 수 있다.

마지막으로, 글로벌 마케팅 담당자들은 몇 가지 중요한 기술적 트렌드에 주의해야 한다. 빅 데이터 분석의 발전은 마케팅 지능(marketing intelligence)을 혁신하고, 시장 세분화에 대한 더 발전된 목표 설정과 상품 및 서비스의 개인화를 더욱 강화하고 있다. 수십억 명의 사람들이 전화기, 시계, 컴퓨터 등 다양한 디지털 장치를 통해 항상 인터넷에 연결되어 있다. 우리가 소비하는 미디어, 방문하는 장소, 상호 작용하는 제품, 친구 관계 등 모든 정보와 그 외에도 많은 정보가 수집되어 저장되고, 이를 분석하는 고급 컴퓨터 알고리즘을 통해 마케터들은 개인의 취향과 선호를 과거에는 불가능했던 방식으로 훨씬 더 정확하게 파악할 수 있게 되었다. 해당 발전은 이미 마케팅 메시지의 초개인화와 국가 내외의 중요한 틈새 시장을 식별하는 데 도움을 주고 있다. 이 트렌드는 기업들이 인식하고 해결해야 할 중요한 개인 정보 보호 문제를 동반하지만, 아마도 글로벌 마케팅 관리자들이 이러한 트렌드를 간과하면 큰 문제에 직면할 수 있다. 그들은 더 나은 빅 데이터 활용을 통해 더욱 집중되고 경쟁력 있는 기업들에게 뒤처질 위험이 있기 때문이다.

주요 용어

마케팅 믹스	집중된 소매 시스템	원천 효과	탄력적
시장 세분화	분화된 소매 시스템	원산지 효과	비탄력적
시장 간 세분 시장	채널 길이	노이즈	전략적 가격 책정
비즈니스 애널리틱스	독점적 유통 채널	후원 전략	약탈적 가격 책정
빅 데이터	채널 품질	견인 전략	다지점 가격 책정
국제 시장 조사	소셜 미디어	수요의 가격 탄력성	경험 곡선 가격 책정

요약

이 장에서는 국제 경영에서 경영 활동을 수행하는 기업의 마케팅, 비즈니스 애널리틱스와 R&D의 기능에 대해 살펴보았다. 비용 절감에 대한 중요성과 비용 증가를 불러오는 현지화 전략 사이에서의 갈등을 조정하는 것이 중요함을 알 수 있었다. 이 장의 주요 내용은 다음과 같다.

1. Theodore Levitt은 현대 교통 통신 기술의 발달로 인해 소비자 기호와 선호가 점점 단일화되고 있으며, 이로 인해 전 세계적으로 표준화된 제품에 대한 수요가 증가하고 있다고 주장한다. 그러나 이 주장은 지나치게 극단적이라는 비판을 받았으며, 비판가들은 여전히 국가 및 문화권에 따라 상당한 차이가 있다고 주장한다.
2. 시장 세분화란 필요와 욕구, 구매 행동 측면에서 유의미하게 서로 다른 소비자 집단을 구분하는 것을 의미한다. 국제 경영을 수행하는 기업의 관리자들은 시장 세분화와 관련하여 중요한 두 가지 이슈를 기억해야 한다. 첫째는 국가별 시장 세분화의 구조가 서로 얼마나 다른지에 대한 이슈이며, 둘째는 국경을 초월하여 동일한 소비 행위를 보이는 세분화 집단이 존재하는지(즉, 시장 간 세분 시장이 존재하는지)에 대한 이슈이다.
3. 기업이 현재 또는 잠재적 목표 시장으로 글로벌 시장을 고려하는 상황에서, 비즈니스 애널리틱스는 기업의 국제 경영 전략과 활동을 탐색하고 심층적으로 분석하여 통찰을 도출함으로써 향후 전략 개발 및 실행을 촉진

하는 지식, 역량, 기술로 정의될 수 있다.

4. 제품은 속성의 집합체로 간주할 수 있다. 제품 속성은 여러 나라의 서로 다른 소비자 기호와 선호를 충족시키기 위해 다양해야 한다.
5. 문화와 경제 발전 수준의 차이로 인해 국가별로 소비자 기호와 선호가 다르다. 추가적으로 제품 및 기술 표준의 차이로 인해 기업들은 국가별로 제품 사양을 맞춤화해야 한다.
6. 유통 전략이란 제품을 소비자에게 전달하는 최적의 채널을 정의하는 것이다. 글로벌 공급망상에서 마케팅 채널은 다운스트림(또는 아웃바운드) 영역에 해당된다(15장 참조).
7. 유통 시스템은 국가별로 차이가 크다. 어떤 국가에서는 소매 시스템이 집중되어 있고 어떤 곳에서는 분산되어 있다. 어떤 국가에서는 채널 길이가 짧으며 다른 곳에서는 길다. 개발도상국과 같은 국가에서는 유통 채널에 대한 접근성이 낮으며, 채널의 품질 또한 좋지 않을 수 있다.
8. 마케팅 믹스의 중요한 요소 중 하나는 커뮤니케이션 전략이다. 커뮤니케이션 전략은 제품 속성을 잠재 고객에게 전달하기 위해 사용하는 수단이다.
9. 국제 커뮤니케이션의 장벽으로는 문화적 차이, 원천 효과 그리고 노이즈 수준 등이 존재한다.
10. 커뮤니케이션 전략에는 후원 전략 또는 견인 전략이 있다. 후원 전략은 대인 판매를 강조하며 견인 전략은 대중 매체 광고를 통한 마케팅을 중요시한다. 제품 종류, 소비자의 지적 수준, 채널 길이, 미디어 활용 가능성에 따라 후원 전략과 견인 전략의 효과가 달라진다.
11. 세계적으로 표준화된 광고는 전 세계에서 동일한 마케팅 메시지를 사용한다. 이는 경제적으로 이점이 있으나 국가 간 문화적 차이와 광고 규제의 차이 때문에 적절한 방법이 아닐 수도 있다.
12. 가격 차별은 동일 제품에 대해 서로 다른 국가의 고객이 다른 가격을 지불하는 것을 의미한다. 가격 차별화를 통해 이익을 극대화할 수 있다. 가격 차별화가 효과적이기 위해서는 시장들이 분명하게 구분되고 수요의 가격 탄력성이 달라야 한다.
13. 약탈적 가격 책정은 한 시장에서 획득한 이익으로 다른 시장에서 경쟁자를 몰아내기 위해 공격적인 가격 정책을 사용하는 것을 의미한다.
14. 다지점 가격 책정은 한 시장의 가격 정책이 다른 시장에서 경쟁자의 가격 책정에 영향을 미치는 것을 의미한다. 한 시장에서 기업이 공격적이라면 그 기업에게 중요한 다른 시장에서 경쟁자가 공격적인 반응을 보일 수 있다.
15. 경험 곡선 가격 책정은 가능한 빨리 기업을 경험 곡선 아래로 내리기 위해서 누적 매출량을 증가시키는 공격적인 가격 정책을 사용하는 것을 말한다.
16. 국제 시장 조사는 (a) 조사 목표 정의, (b) 자료 소스 결정, (c) 조사의 비용 및 편익 분석, (d) 자료 수집 (e) 자료의 분석 및 해석 (f) 조사 결과 보고 등의 단계로 이루어진다.
17. 신제품 개발은 위험이 높지만 잠재적으로 높은 수익을 가져다 준다. 해외에서 경영 활동을 수행하는 기업이 신제품 개발 분야에서 경쟁력을 갖추기 위해서는 두 가지를 해야 한다. 첫째, 신제품이 처음으로 출시되는 국가에 R&D 활동을 분산시켜야 한다. 둘째, R&D, 마케팅 그리고 생산 활동을 잘 통합해야 한다.
18. R&D, 마케팅, 그리고 생산 활동을 긴밀하게 통합하려면 다기능 의사 결정 팀이 필요하다.

비판적 사고와 토론을 위한 질문

1. 당신이 기저귀를 생산하는 미국 기업의 마케팅 관리자라고 가정하자. 당신의 기업은 브라질 시장에 진출하는 것을 고려하고 있다. CEO는 미국에서 효과적이었던 광고 메시지가 브라질에서도 충분할 것이라고 믿는다. 반대 의견을 제시해 보라. CEO는 또한 브라질에서의 가격 정책을 현지 관리자에게 위임해도 될 것이라고 믿고 있다. CEO의 의견은 왜 틀릴 수 있는가?
2. '20년 안에 우리는 표준화된 제품이 거대한 세계 시장에 도래하는 것을 볼 수 있을 것이다.' 당신은 이 주장에 동의하는가? 당신의 의견을 피력하라.
3. 당신은 인도 시장 진출을 고려하는 식품 업체의 마케팅 관리자이다. 인도의 소매 시스템은 매우 분산되어 있다.

또한 소매상과 도매상은 인도 식품 업체와 긴밀한 관계를 맺고 있어 당신의 기업이 유통 채널에 접근하는 것이 어렵다. 당신은 어떠한 유통 전략을 사용할 것인가? 왜 그러한가?

4. '가격 차별은 덤핑과 구별하기 어렵다.' 이 주장은 정확한가?
5. 당신은 개인용 컴퓨터를 디자인하고 제조하는 회사에서 근무한다. 당신 회사의 R&D 센터는 미국 미시건 주에 있다. 컴퓨터는 대만에서 생산되고 있다. 마케팅 전략은 세 개의 큰 지역별 그룹으로 전달된다. 시카고에 위치한 북아메리카 그룹, 파리에 위치한 유럽 그룹, 싱가포르에 위치한 아시아 그룹이다. 각각의 지역별 그룹은 그 지역 내의 마케팅 접근 방법을 개발한다. 당신의 회사에 중요한 시장은 중요도 순서에 따라 북아메리카, 독일, 영국, 중국, 그리고 호주 순이다. 현재 회사는 제품 개발과 상용화 단계에서 문제를 겪고 있다. 제품은 시장에 늦게 출시되고, 제품 품질은 낮고, 비용은 예상보다 높으며, 신제품에 대한 시장 수용도는 낮은 편이다. 이러한 문제의 근본 원인은 무엇인가? 당신은 이것을 어떻게 해결할 것인가?

Airbnb: 현지 경험을 강조하여 글로벌 브랜드 구축하기

Airbnb는 일종의 현상이라고 할 수 있다. 이 기업은 2007년에 Brian Chesky와 Joe Gebbia가 샌프란시스코에서 열리는 대규모 학회에 참석하기 위해 방문한 사람들에게 거실에 있는 에어 매트리스를 임대하여 빠르게 돈을 벌 수 있다는 것을 깨닫고 회사를 시작했다. 이 간단한 아이디어는 곧 단기 방문객에게 방을 임대하여 추가 수입을 얻고자 하는 호스트들과 저렴한 숙소를 찾는 여행자들을 연결하는 웹사이트로 발전했다. 2022년까지 이 회사는 10만 개 이상의 도시와 220개 국가에 걸쳐 660만 개의 활성 숙소 목록을 보유한 세계 최대의 온라인 대체 여행사로 성장했다. 이제 Airbnb는 호스트의 집뿐만 아니라 부티크 호텔과 현지 체험 예약 서비스도 제공한다. 글로벌 범위를 입증하는 증거로, 전 세계의 호스트와 고객을 연결하는 Airbnb 웹사이트는 현재 31개 언어로 제공되고 있다.

COVID-19 팬데믹은 기업에 큰 타격을 주었고(매출이 2019년 48억 달러에서 2020년 34억 달러로 급락), 팬데믹이 사라지고 사람들이 여행을 재개하면서 2022년에는 매출이 84억 달러로 강하게 반등했다. 이 회복력의 기저에는 Airbnb가 세계에서 가장 큰 대체 숙소 네트워크를 구축한 데에 기반하고 있다. 2022년에 Airbnb의 네트워크는 400만 명의 호스트와 3억 9,400만 명의 게스트를 연결했으며, 대체 숙소 예약을 통해 640억 달러의 수익을 창출했다(Airbnb는 전체 예약 금액의 약 12.7%를 수수료로 받아 수익을 창출한다).

FG Trade/Getty Images

Airbnb의 인상적인 특징 중 하나는 2007년 무에서 시작하여 얼마나 빠르게 글로벌 네트워크, 브랜드와 지역적 존재감을 구축했는가이다. 이것은 부분적으로 Airbnb의 제품(사람들의 집에서 제공되는 대체 숙박)이 Expedia나 Booking.com과 같은 전형적인 호텔 숙박을 중심으로 하는 다른 온라인 여행 기업들과 차별화된다는 점 때문이다. Airbnb에 숙박하는 것은 일반적으로 호텔 객실에 묵는 것보다 더 저렴하지만, Airbnb가 여행자에게 제공하는 것은 단순한 가격 인하 이상의 것이다. 또한, 현지인처럼 여행지를 경험할 수 있는 기회를 제공하는 새로운 경험을 선사한다. 현지인을 만나고, 시장을 경험하며, 여행자에게 숨겨진 명소를 발견할 기회를 제공한다. Airbnb는 호텔이 아닌 참신한 숙박 공간을 제공함으로써 새로운 형태의 여행을 만들어냈다. 이는 '여행은 살아 보는 거야(Don't go there, live there)'라는 마케팅 캠페인 슬로건이 잘 표현하고 있다. Airbnb가 여행객에게 전하는 메시지는, 예를 들어 파리를 방문하려는 여행객들에게 '파리에 가지마, 파리의 관광지만 가지마, 파리를 단순히 경험하지마. 파리에서 살아보는 거야!'라고 말하는 것이다. 이는 매우 강렬하게 다가온다.

또한, Airbnb는 많은 사람이 다른 사람의 집에 머무는 아이디어를 좋아하지만, 모든 사람이 그렇지는 않다는 점을 잘 인식하고 있다. 일부 사람들은 호스트가 좋은 리뷰를 가지고 있어도 숙소의 상태를 우려할 수 있다. 또 다른 사람들은 호텔에 묵으면서 전문적인 접객 서비스를 받으며, 잘 관리된 객실을 제공받을 것이라는 점에서 호텔의 고급스러움을 선호한다. 이러한 글로벌 여행 시장의 세부 시장을 타깃으로 하기 위해 Airbnb Plus라는 프리미엄 제품을 만들었다. Airbnb의 웹사이트를 인용하면 "Airbnb Plus는 훌륭한 리뷰와 세부 사항에 대한 세심한 관리로 인정받은 호스트가 제공하는 최고 품질의 숙소만을 선정한 것입니다. … 모든 숙소는 품질과 디자인을 보장하기 위해 직접 방문하여 검증됩니다."라고 설명했다. 품질이 직접 확인된 새로운 고급 상품 구성을 도입함으로써 Airbnb는 다른 사람의 개인 공간에서 숙박하는 것에 대해 걱정하는 여행자들에게 새로운 선택지를 제공했다.

Airbnb는 주요 숙박 서비스와 더불어 Airbnb Experiences를 도입했다. 이 체험 프로그램은 '현지인처럼 살아 보기(live like a local)'라는 경험을 기반으로 한다. 현지인이 직접 기획하고 진행하는 특별한 체험 활동이다. 이러한 활동은 일반적인 관광이나 강의를 넘어, 게스트가 각 호스트의 독창적인 세계에 몰입할 수 있도록 한다. 이는 누구나 자신의 취미, 기술 또는 전문 지식을 게스트와 공유할 수 있는 기회이다. 예를 들어, 파리에서 제공되는 최근의 Airbnb 체험에는 '베르사유 음식과 자전거 투어', '현지 셰프와 함께하는 프랑스 크루아상 베이킹', '파리지앵과 함께하는 파리에서의 멋진 하루' 등이 있다.

Sources: M. Clement, "Airbnb Uses Community Storytelling to Build a Global Brand," Nextbook Media, https://www.nxtbookmedia.com/blog /airbnb-brand-storytelling; T. Al-Saad, "Airbnb's Growth Strategy," *webprofits*, May 28, 2019; B. Solomon, "How Airbnb Expanded to 190 Countries by Thinking 'Glocal,'" *Forbes*, May 3, 2016; P. Yip, "How to Grow a Business in 190 Markets: 4 Lessons from Airbnb," *OneSky Blog*, January 16, 2017. D. Wasiolek, "AirBnB: Sales Share Gains Point to a Strengthening Narrow-Moat Network Advantage," *Morningstar*, April 18, 2023.

CLOSING CASE 토론을 위한 질문

1. Airbnb의 세분화 전략은 Expedia나 Booking.com과 같은 경쟁 업체들과 비교해 어떻게 회사를 차별화하는가?
2. Airbnb의 마케팅 믹스를 어떻게 특징지을 수 있을까? 해당 제공 방식에서 차별화되는 요소는 무엇인가?
3. Airbnb가 빠르게 강력한 글로벌 입지를 구축한 이유는 무엇인가? Airbnb의 성공의 기반은 무엇인가?

미주(endnotes)는 한경사 홈페이지 www.hankyungsa.co.kr의 공지 사항에서 PDF 파일로 다운로드 할 수 있습니다.

monticello/Shutterstock

17

글로벌 인적 자원 관리

학습 목표

이 장을 학습하면,

1. 국제 경영에서 인적 자원 관리의 전략적 역할을 요약할 수 있다.
2. 국제 경영에서 다양한 인사 정책 접근 방식의 장단점을 식별할 수 있다.
3. 관리자들이 해외 지사로 파견된 후 적응에 왜 실패하는지 설명할 수 있다.
4. 국제 경영 기업의 사내 경영 개발과 교육 프로그램이 인적 자본 가치를 어떻게 증가시킬 수 있는지 이해할 수 있다.
5. 국가별로 인사 고과 제도가 어떻게 다르고 왜 다른지 설명할 수 있다.
6. 국가별로 보상 체계가 어떻게 다르고 왜 다른지 이해할 수 있다.
7. 노동조합이 국제 경영 기업의 전략적 선택에 어떤 영향을 미칠 수 있는지 이해할 수 있다.

OPENING CASE Schneider Electric: 다양성, 형평성, 포용성의 모범 사례

2023년 3월, 세계경제포럼(World Economic Forum)은 프랑스 다국적 기업인 Schneider Electric을 글로벌 인적 자원 관리에서 다양성, 형평성과 포용성(diversity, equity and inclusion, DEI)을 촉진하기 위한 노력에 대해 인정하며 상을 수여했다. 세계경제포럼은 Schneider가 성별 임금 평등 및 채용에서 다국적 기업들 중 선두 주자라고 언급했다. 이것은 Schneider가 DEI 분야에서 진행한 활동으로 수상한 상 중 가장 근래의 사례에 해당하며, 그 이전에도 Bloomberg, Financial Times와 Fortune으로부터 관련 공로를 인정받은 바 있다.

Schneider는 디지털 자동화 및 에너지 관리 솔루션을 전문으로 한다. 이 기업은 전기와 기계 하드웨어를 제조하고, 주택, 건물, 데이터 센터, 인프라 및 산업의 에너지 소비 효율성 및 지속 가능성을 높이는 소프트웨어와 컨설팅 서비스를 제공한다. 2022년 기준으로 Schneider는 100개 이상의 국가에 16만 2,000명의 직원을 두고 있으며, 340억 유로(370억 달러)의 매출을 기록했다. Schneider Electric은 다양한 국가의 고객에게 현지 맞춤형 솔루션을 제공해야 할 필요성이 큰 '다지역적(multilocal)' 세계에서 경쟁한다고 보고 있다. 이 기업은 자주 글로벌 기업 중 가장 현지화된 기업이 되고자 한다고 말한다. Schneider의 경영진은 '다지역적 세계(multilocal world)'에서 성공을 거두기 위한 핵심 기반 중 하나로 자사 직원의 역량을 꼽고 있다. 이 기업은 직원의 지역, 국적, 성별, 인종, 성적 지향, 연령에 상관없이 모든 직원에게 동등한 기회를 제공하고자 한다. 해당 기업의 경영진은 이를 도덕적 필수 사항으로 여기면서도, 다양하고 공정하며 포용적인 글로벌 인사가 더 높은 생산성과 혁신, 그리고 운영 성과를 가져온다고 믿는다.

Schneider는 DEI 이니셔티브를 실행하기 위해 전사적인 DEI 활동을 감독하는 글로벌 DEI 위원회를 설립했다. Schneider Electric의 모든 조직은 직원들의 피드백을 바탕으로 DEI 실행 계획을 수립해야 하며, 이는 각 국가의 규정을 준수하고 해당 국가의 특수한 상황을 반영해야 한다. 전 세계에 50명의 DEI 챔피언을 두어 글로벌 DEI 비전을 각 지역에 맞춘 실행 방안으로 전환하는 역할을 담당하도록 하고 있다. 계획이 실행되면 모든 직원은 DEI 목표 달성을 위한 성과 지표를 기준으로 평가받으며, 이는 각 직원의 연간 인센티브 계획에 반영된다. 이러한 방식은 높은 수준의 인식과 책임감을 보장하는 역할을 한다.

결과적으로, 이 체계적인 접근 방식이 실제로 영향을 미치고 있다. 예를 들어, 회사의 성평등을 위한 노력을 살펴보자. 2021년 말까지, 여성 직원은 Schneider의 IT 직무에서 34%를 차지했으며, 채용 비율은 41%에 달했다. 참고로, 미국에서는 기술직의 여성 직원의 비율이 27%, EU에서는 22%이다. Schneider에서의 채용 비율이 현재 재직 중인 여성 비율을 초과하는 것은 향후 다양성 증진에 긍정적인 전망으로 해석될 수 있다. Schneider의 목표는 30%가 팀에 실질적인 영향을 미치는 다양성의 전환점이라는 연구 결과를 바탕으로 회사 전체 여성 대표성을 30% 이상으로 높이는 것이다. 고위 임원진에서는 Schneider의 여성 대표성이 이미 40%를 초과하고 있다.

Schneider은 성별 임금 격차를 줄이는 데에도 힘쓰고 있다. 2017년부터 이 기업은 성별 임금 격차를 해소하고 새로운 격차가 발생하는 것을 방지하는 것을 목표로 하는 글로벌 임금 평등 체계를 운영하고 있다. 2021년 말 기준으로, Schneider에서는 여성들이 남성의 약 97.3%의 급여를 받았다. 비교하자면, 2022년 미국에서 여성은 평균적으로 남성의 급여의 82%를 받았으며, EU에서는 그 비율이 87%였다. Schneider의 목표는 2025년까지 급여 격차를 1% 이하로 줄이는 것이며, 현재 그 목표를 달성하기 위한 경로를 밟고 있다.

Sources: "2021 People Report", *Schneider Electric*, https://www.se.com/ww/en/assets/564/document/322983/people-report-2021.pdf. L. Mearian, "Schneider Electric's North American CIO on how her Company Attracts and Retains Talent," *Computerworld*, July 23, 2022. C. Aragao, "Gender Pay Gap in the U.S. Hasn't Changed Much in Two decades," *Pew Research*, March 1, 2023. "Schneider Electric Names as a 'Lighthouse' in Diversity, Equity and Inclusion by the World Economic Forum," *MENAFN Media Inc*, March 18, 2023. S. Blumberg, et al. "Women in Tech: The Best bet to Solve Europe's Talent Shortage," *McKinsey Digital*, January 24, 2023.

서론

인적 자원 관리(HRM) 조직이 인적 자원을 효율적으로 사용하기 위해 수행하는 활동.

이 장은 글로벌 인적 자원 관리의 관점에서 약 80억 명이 참여하는 글로벌 시장 환경에 관계된 기업 내 비즈니스 기능에 초점을 맞추고 있다. **인적 자원 관리(human resource management, HRM)**는 조직이 인적 자원을 효과적으로 활용하기 위한 활동을 의미한다.[1] 이 활동에는 기업의 인적 자원 전략 수립, 인력 배치, 성과 평가, 경영 개발, 보상과 노사 관계가 포함된다. 이러한 모든 활동은 국제 기업이 글로벌 시장에서 현지, 지역, 글로벌 시장 환경과 해외 주재 인력을 포함한 글로벌 인력을 어떻게 구축하고 관리할지 결정한다.

이러한 글로벌 인적 자원 관리 활동은 어느 것도 독립적으로 수행되지 않으며, 모두 기업의 글로벌 전략과 연관되어 있다. 이 장에서 살펴보겠지만, 인적 자원 관리는 중요한 전략적 요소를 포함한다.[2] 인적 자원 관리 기능은 기업의 인적 자원의 특성, 개발, 질, 생산성에 영향을 미침으로써, 기업이 최소 비용, 최대 이윤이라는 기업의 주요 전략적 목표 달성과 고객 서비스를 향상시켜 기업 가치를 향상하는 데 기여한다.

이 장의 OPENING CASE에서는 프랑스의 엔지니어링 다국적 기업인 Schneider Electric에서 다양성, 형평성, 포용성 정책을 구현하여 인적 자원이 기업 성과에 미치는 영향을 다루었다. Schneider의 최고 경영진은 다양한 인력이 조화를 이루는 공정하고 포용적인 글로벌 인력이 생산성, 혁신, 운영 성과를 높인다고 믿으며, 이를 실현하기 위한 정책을 전사적으로 시행하고 있다.

다국적 기업의 경영자들은 진정한 글로벌 기업과 글로벌 인력을 구축하고 싶다고 말하지만, 실제로 인적 자원 관리 관행은 각 국가의 상황에 맞게 수정되는 경우가 종종 있다. 인적 자원 관리의 전략적 역할은 순수 국내 기업에서도 충분히 복잡하지만, 국가 간 노동 시장, 문화, 법률 시스템, 경제 시스템 등에서 깊은 차이가 존재하는 국제 경영에서는 더욱 복잡해진다(2, 3, 4장 참조). 예를 들어,

- 보상 관행은 국가의 관습에 따라 달라질 수 있다.
- 노동법은 한 국가에서는 노조를 금지할 수 있고, 다른 나라에서는 노조를 의무화할 수 있다.
- 평등 고용 법률은 한 국가에서는 시행되고 있지만 다른 나라에서는 시행되지 않을 수 있다.
- 민족적, 문화적 현실은 기업 정책의 일부 수정을 요구할 수 있다.

다국적 기업을 관리할 수 있는 관리자 계층을 구축하려면, 인적 자원 관리의 기능은 주요 사안들의 핵심을 다룬다. 이는 주요 관리 직책을 어떻게 임명할 것인지, 다양한 국가에서 비즈니스를 수행하는 데 필요한 세부 사항을 파악할 수 있도록 관리자를 어떻게 교육할 것인지, 각기 다른 국가에서 사람들을 어떻게 보상할 것인지, 각 국가에 근무하는 관리자들의 성과를 어떻게 평가할 것인지에 대해 결정해야 한다. 또한 인적 자원 관리는 **해외 파견 관리자**(expatriate manager)와 관련된 다양한 문제도 처리해야 한다(해외 파견 관리자란 기업이 해외 자회사를 설립한 국가에 파견되어 일하는 직원을 의미한다). 인적 자원 관리는 언제 해외 파견 관리자를 임용하고, 누구를 파견할 것인지, 그 이유를 명확히 하고, 적절하게 보상하며, 본국으로 돌아온 파견 근무자의 경우에는 적절한 업무 보고와 재교육을 수행한다.

해외 파견 관리자
기업이 자회사를 설립한 국가에 관리자 직책으로 파견되어 일하는 직원.

본 장에서는 국제 경영에서 인적 자원 관리의 역할을 자세히 살펴본다. 먼저, 인적 자원 관리의 전략적 역할을 간략히 논의할 것이다. 이후 인적 자원 관리의 주된 네 가지 업무인 채용 정책, 경영 교육과 개발, 성과 평가 및 보상 정책에 대해 설명하며 각 업무의 전략적 함의에 대해서도 고찰한다. 이어서 기업이 글로벌 다양성을 갖춘 인력을 구축하는 방법과 이러한 인력 구성이 기업에 어떤 이점을 제공하여 더 높은 재무 성과로 이어질 수 있는지 살펴본다. 마지막으로, 국제 노사 관계와 기업의 노사 관계 관리가 기업의 전반적 전략과 어떻게 연계되는지를 살펴보며 마무리된다.

글로벌 인적 자원 관리의 전략적 역할: 글로벌 인적 자원 관리

[학습 목표 1] 국제 경영에서 인적 자원 관리의 전략적 역할을 요약한다.

방대한 학술 연구에 따르면, 인적 자원 관리 방식과 기업의 전략 사이에 긴밀한 연결성이 있어야 높은 수익성을 달성할 수 있다.[3] 우수한 성과를 이루기 위해서는 적절한 전략뿐만 아니라, 그 전략을 뒷받침하는 올바른 조직 구성이 선행되어야 가능하다. 전략은 기업의 조직을 통해 실행되며, 인적 자원은 기업 조직 구성의 핵심 요소이다. 기업이 글로벌 시장에서 경쟁사보다 우위를 점하기 위해서는 인적 자원이 적재적소에 배치되어야 한다. 이들이 직무를 효과적으로 수행하는 데 필요한 역량을 갖출 수 있도록 적절한 교육을 받아야 하며, 기업이 추구하는 조직 문화에 부합하는 방식으로 행동하도록 유도해야 한다. 아울러, 보상 체계는 인적 자원이 기업 경영 전략과 일관된 업무를 수행할 수 있도록 설계되어야 하며, 기업이 활용하는 인사 고과 시스템은 우수한 성과 달성을 위해 장려하고자 하는 행동을 측정할 수 있어야 한다. 따라서, 인적 자원 관리 전문가들은 전략적으로 매우 중요한 역할을 수행한다. 그들은 기업이 전략을 효과적으로 구현할 수 있도록 조직의 다양한 요소를 기업의 전략과 일관성 있게 설계할 책임이 있다.

globalEDGE

국제 인턴십 안내서

가치 사슬을 '가치 있게' 만드는 것은 사람이며, 17장이 중점적으로 다루는 글로벌 인적 자원 관리는 전 세계를 작동시키는 데 중요한 부분이다. 저자들에게 명백한 HR 이슈는 바로 이 책을 읽는 학생과 독자이다! 우리의 목적은 정보와 데이터를 제공하고 우리의 지식을 이 교재를 사용하여 개별 학생들에게 불어 넣는 것이다. globalEDGE™의 국제 인턴십 안내서(globaledge.msu.edu/international-internships)는 이러한 지식을 다른 차원으로 끌어올리는 데 도움을 준다. 안내서는 학생과 다른 이들(예: 교수, 교직원, 관리자)에게 대학교, 정부 기관, 비영리 단체, 민간 단체, 기업들이 제공하는 국제 인턴십 기회를 연결시키는 것을 돕는 참고서이다. 당신은 인턴십을 찾기 위해서 조직, 국가 또는 연구 주제(예: 국제 경영)의 종류를 선택할 수 있다. 확인해 보라. 당신의 관심사에 따라 어떤 기회들을 찾을 수 있는가?

즉, 우수한 인적 자원 관리는 글로벌 경제에서 지속적인 높은 생산성과 경쟁 우위를 확보하는 중요한 원천이 될 수 있다. 동시에, 연구에 따르면 많은 국제 경영 기업들이 인적 자원 관리 기능의 효과성을 더욱 향상시킬 여지가 있다. 326개의 대형 다국적 기업을 대상으로 한 경쟁력 연구에서, 연구자는 대부분의 기업에서 인적 자원 관리가 취약한 역량 중 하나로 나타났다고 발견했으며, 이는 국제 인적 자원 관리(HRM) 관행의 효과성을 개선하면 상당한 기업 성과 향상을 가져올 수 있음을 시사한다.[4]

12장에서는 국제 경영 기업이 추구하는 네 가지 전략인 현지화 전략, 글로벌 표준화 전략, 초국가적 전략, 국제화 전략을 살펴보았다. 본 장에서는 기업이 성공하기 위해 인적 자원 관리 정책이 기업의 전략과 일관성을 가져야 한다는 점을 살펴본다. 예를 들어, 초국가적 전략은 현지화 전략과 비교할 때 인력 배치, 경영 개발, 보상 제도에 대해 다른 요구 사항이 필요하다. 초국가적 전략을 추구하는 기업은 강력한 기업 문화를 형성하고 조직 내 정보와 지식 전달이 서로 잘 이루어지도록 유연한 경영 네트워크를 구축해야 한다. 인적 자원 관리의 기능은 직원 선발, 경영 개발, 성과 평가, 보상 정책을 통해 이러한 요소들을 개발하는 데 기여할 수 있다. 따라서 앞서 언급한 바와 같이 인적 자원 관리는 전략을 실행하는 데 중요한 역할을 담당한다. 이제부터 인적 자원 관리의 전략적 역할을 좀 더 자세히 살펴본다.

인사 정책

[학습 목표 2] 국제 경영에서 다양한 인사 정책 접근 방식의 장단점을 식별한다.

인사 정책
특정 직무에 적합한 인재를 선발하는 과정과 관련된 전략.

기업 문화
조직의 규범과 가치관.

인사 정책(staffing policy)은 특정 직무에 적합한 인재를 선발하는 과정과 관련된 전략을 지칭한다. 한 측면에서, 인사 정책은 특정 업무를 수행하는 데 필요한 역량을 갖춘 인재를 선발하는 과정이 포함된다. 또 다른 측면에서, 인사 정책이 기업이 원하는 기업 문화를 형성하고 강화하는 도구로 활용될 수도 있다.[5] **기업 문화**(corporate culture)란 조직의 규범과 가치관을 의미한다. 강력한 기업 문화는 기업의 전략 실행을 돕는 역할을 할 수 있다. 예를 들어, 다국적 소비재 기업인 Colgate-Palmolive는 채용 시 특정 직무를 수행하는 데 필요한 역량뿐만 아니라, 지원자의 행동 방식, 신념, 가치관이 일치하는 인재를 선발하는 것을 중요하게 여긴다(자세한 내용은 CLOSING CASE

참조). 이는 미국, 영국, 인도, 브라질 등 출신의 인재를 채용하는 경우뿐만 아니라, 채용이 미국 본사에서 진행되거나 해외 자회사에서 진행될 때 모두 동일하게 적용된다. Colgate-Palmolive는 직원들의 성향과 기업의 규범과 가치관이 일치한다면 더 높은 성과를 달성할 것이라는 신념을 가지고 있다.

인사 정책의 종류

연구에 따르면, 국제 경영 기업에서 사용되는 세 가지 인사 정책 유형은 자민족 중심 접근 방식, 현지 중심적 접근 방식, 전 지구적 접근 방식이다.[6] 본 장에서는 각각의 인사 정책을 기업의 경영 전략과 연관시켜 살펴본다. 가장 선호되는 인사 정책은 대개 전 지구적 접근 방식일 가능성이 크지만, 이를 도입하는 데는 여러가지 어려움이 존재한다.

자민족 중심 접근 방식

자민족 중심적 인사 정책(ethnocentric staffing policy)이란 기업의 모든 핵심 경영진을 모국 출신 인사들로 구성하는 것이다. 한때 이 방식은 널리 사용되었다. Procter & Gamble, Philips, Matsushita(현 Panasonic)와 같은 기업이 초기에 이 정책을 추구했다. 예를 들어, 네덜란드 기업 Philips에서는 한때 대부분의 해외 자회사의 고위직이 네덜란드 출신 인사들로 채워졌다. 과거 오랜 기간 동안 일본과 한국의 많은 기업들(예: Toyota, Matsushita, Samsung)에서는 해외 자회사 경영에서 핵심 요직에 대부분 자국인 인사들로 임명되었다. 예를 들어, 일본 해외기업연합(Japanese Overseas Enterprise Association)에 따르면, 일본 기업의 해외 자회사 중 비일본인이 대표직을 맡은 비율은 오직 29%에 불과했다. 반대로, 일본에 진출한 외국 기업들의 자회사 중 66%는 일본인이 사장이었다.[7] 또한 중국 기업들이 전 세계적으로 사업을 확장함에 따라, 이들도 해외 자회사 경영에서 자민족 중심적 인사 정책을 채택하고 있다.[8]

자민족 중심적 인사 정책
기업이 모국 출신 인사들로 핵심 경영진을 형성하는 인사 정책

기업이 자민족 중심적 인사 정책을 추구하는 이유는 세 가지다. 첫째, 기업은 해당 국가에서 고위 경영직을 맡을 자격을 갖춘 인재가 부족하다고 판단할 수 있다. 이는 주로 기업의 자회사가 개발도상국에 위치한 경우에 해당한다. 둘째, 기업은 자민족 중심적 인사 정책이 통합된 기업 문화를 유지하는 가장 좋은 방법으로 판단한 경우이다. 예를 들어, 많은 일본 기업은 자국의 일본인 경영자들이 그들의 기업 문화에 더 익숙할 것이라고 판단하고 해외 자회사에 자국인들을 고위 경영진으로 임명했다.[9] Procter & Gamble은 최근까지 중요한 해외 자회사 경영직을 미국 본사에서 근무하며 P&G의 기업 문화에 익숙한 미국인들로 임명하는 것을 선호했다. 이러한 이유는 기업이 자사의 기업 문화를 중요시 여길 때 더욱 두드러지게 나타난다.

셋째, 기업이 핵심 역량을 해외 자회사로 이전하여 가치를 창출하고자 할 때, 이를 달성하기 위한 최선의 방안은 기업의 경쟁력을 충분히 이해하고 있는 자국인을 파견함으로써 국제화 전략을 효과적으로 실행할 것이라 믿는 경우이다. 기업이 마케팅 분야에서 핵심 역량을 해외 자회사로 이전하려고 할 때, 자국 출신의 마케팅 인사들을 함께 이전하지 않는다면 어떤 일이 발생할지 생각

해 보자. 이 경우, 핵심 역량에 대한 지식을 보유한 자국 출신 경영자가 없다면, 해당 역량에 대한 지식은 쉽게 구체화하거나 문서화할 수 없어 기대에 미치지 못한 성과를 낼 가능성이 크다. 이러한 상황에서 기업이 요구하는 지식은 주로 경험을 통해 습득되는 중요한 암묵적인 지식이다. 훌륭한 테니스 선수가 매뉴얼을 작성한다고 해서 다른 사람들에게 훌륭한 테니스 선수가 되는 방법을 가르칠 수 없는 것처럼, 마케팅이나 다른 핵심 역량을 가진 기업도 단지 매뉴얼을 작성한다고 해서 해외 자회사가 그 역량을 새로운 환경에서 구축하는 방법을 설명한 매뉴얼만으로는 충분히 전달할 수 없다. 대신, 해외 자회사에 마케팅 역량을 전수하려면, 해당 역량을 가진 자국의 경영진을 해외 자회사로 파견하여 해외 관리자들에게 어떻게 좋은 마케터가 될 수 있는지 직접 보여 줘야 한다. 자국 출신 경영자의 해외 파견이 필요한 이유는 기업의 핵심 역량을 뒷받침하는 지식이 자국 출신 경영자들만이 구축할 수 있으며 그 지식은 단순히 매뉴얼을 읽는 것으로 습득하는 것이 아니라 수년간의 경험을 통해 얻어진 것이기 때문이다. 따라서, 기업이 핵심 역량을 해외 자회사로 이전하려면, 적합한 경영진도 함께 파견해야 한다.

이러한 자민족 중심적 인사 정책을 추구하는 이론적 근거에도 불구하고 국제 경영에서 이 정책은 두 가지 이유로 점차 감소하고 있다. 첫째, 자민족 중심적 인사 정책은 경영 대상국의 국가 인재들의 발전 기회를 제한한다. 이 제한은 해당 집단의 불만, 생산성 감소, 이직률 증가와 같은 문제를 초래할 수 있다. 특히, 파견 관리자들이 현지 경영자들보다 상당히 높은 임금을 받는다면 불만은 더욱 커진다.

둘째, 자민족 중심적 인사 정책은 경영 대상국의 특수한 문화에 부합하는 마케팅과 경영 방식을 이해하는 데 실패하는 문화적 단견(cultural myopia)을 초래한다. 일반적으로 파견 관리자들의 현지 문화에 적응하는 데는 오랜 시간이 걸리기 때문에, 그 기간 동안 그들이 심각한 실책을 범할 수도 있다. 예를 들어, 파견 관리자들은 제품 속성, 유통 전략, 커뮤니케이션 전략 및 가격 책정 전략이 현지 국가의 조건에 적합한지 올바로 이해하지 못할 수 있다. 그 결과로 비용이 많이 드는 실수가 발생할 수도 있다. 또한, 파견 관리자들은 현지 문화에 대한 이해 부족으로 인해 윤리적으로 문제가 될 수 있는 결정을 내릴 수도 있다.[10] 일례로 한 차례 크게 보도된 사건에서는 미국의 고용평등위원회(Equal Employment Opportunity Commission)는 일본의 Mitsubishi Motors가 일리노이주 공장에서 발생한 광범위한 집단 성희롱 사건을 묵인한 혐의로 이 기업을 고소한 바 있다. 일본인만으로 구성된 공장의 최고 경영진은 이러한 혐의를 부인했다. 이 일본인 경영진들은 일본에서 받아들여지는 행동이 미국에서는 용납되지 않는다는 점을 인식하지 못했을 가능성이 있다.[11]

현지 중심적 접근 방식

현지 중심적 인사 정책
경영 대상국의 현지인을 경영진으로 임명하고 모국 출신 인사들을 본사 주요 직책에 배치하는 다국적 기업의 인사 정책.

현지 중심적 접근 방식(polycentric approach)이란 경영 대상국의 현지인을 현지 자회사 경영진으로 채용하고, 본사는 모국 출신 인사들을 요직에 임명하는 방식이다. 현지 중심적 접근 방식은 많은 면에서 자민족 중심적 인사 정책의 단점을 보완한다. 그중 한 가지는 기업이 문화적 단견으로 인해 입게 되는 피해를 예방할 수 있게 해 준다는 것이다. 현지인 경영자는 현지 문화를 이해하지 못한 해외 파견 관리자가 하게 되는 실수들을 저지를 가능성이 낮다. 두 번째 장점은 현지 중심적 접근 방식이 구현 비용이 적을 수 있어, 가치 창출 측면에서 비용을 절감할 수 있다. 해외 주재 관리자는 유지하는 데 비용이 많이 들 수 있다.

현지 중심적 접근 방식도 단점이 있다. 경영 대상국 출신 직원들은 해외에서 근무할 수 있는 기회가 적기 때문에 자국 내에서 고위 경영자로 승진하기에 제한이 있다. 이는 자민족 중심적 인사 정책과 마찬가지로 기업에 대한 적의를 초래할 수 있다. 무엇보다 가장 큰 단점은 본사와 대상 경영국 관리자 사이에 간극이 생길 수 있다는 것이다. 언어 장벽, 애국심, 다양한 문화적 차이가 본사의 관리자와 여러 해외 지사 관리자로부터 고립될 수 있다. 본국에서 경영 대상국으로의 인사 파견 혹은 그 반대의 경우가 극히 적다면, 이 고립 현상이 심화되어 본사와 해외 지사들의 통합 부족을 초래할 수 있다. 해외 지사들은 독립된 개체들의 '연방(federation)' 형태가 되고 본사와는 명목상의 관계만 유지하게 되는 현상이 초래될 수 있다. 이러한 연방 구조에서는 협력을 통해 핵심 역량 해외 이전이나 경험 곡선과 입지 우위를 추구하는 것이 어렵다. 따라서 현지화 전략을 추구하는 기업에는 현지 중심적 인사 정책은 효과적일 수 있지만, 다른 경영 전략을 추구할 때 부적합하다.

현지 중심적 인사 정책으로 인해 형성된 연방의 구성은 기업 내부적으로 변화의 걸림돌이 될 수도 있다. 수십 년간 현지 중심적 인사 정책을 추구했던 식품 및 세제 대기업인 Unilever는 기업 경영 전략을 현지화 전략에서 초국가적 전략으로 전환하는 과정이 매우 어려웠다. Unilever의 해외 지사들은 각각 고유한 경영 대상국의 특성을 지닌 준자율적인 운영 체제였다. 이러한 '작은 왕국들(little kingdoms)'은 본사의 자율성 제한과 글로벌 제조 사업을 합리화하려는 시도에 강력히 반대했다.[12]

전 지구적 접근 방식

전 지구적 인사 정책(geocentric staffing policy)은 기업이 국적에 관계없이 해당 업무에 가장 적합한 인재를 경영자로 채용하는 방식을 지칭한다. OPENING CASE에서 소개된 Colgate-Palmolive가 이러한 기업의 대표적인 예다. 이 정책에는 여러 가지 장점이 있다. 첫째, 이 정책은 기업이 인적 자원을 최적으로 활용할 수 있게 한다. 둘째, 더욱 중요한 장점은 문화적 차이를 넘어서 효과적으로 업무 수행을 할 수 있는 인재들로 구성된 국제적인 간부단(cadre)을 구축할 수 있게 한다는 점이다. 이러한 간부단 결성은 글로벌 표준화 전략과 초국가적 전략의 필수 요소인 확고하고 통합된 기업 문화 창조와 유연한 경영 조직의 구축을 위한 첫 단계에 해당한다.[13] 전 지구적 인사 정책을 추구하는 기업은 다른 정책을 추구하는 기업들보다 경험 곡선과 입지 우위의 추구와 핵심 역량의 다방향 이전을 통한 가치 창출의 가능성이 더 유리하다. 또한 이 인사 정책으로 구성된 다국적 간부단은 문화적 단견으로 인한 문제 발생이 적고 현지에서 긍정적 반응을 불러일으키는 경향을 보인다.

전 지구적 인사 정책
국적에 관계없이 다국적 기업 전반에서 핵심 직책을 맡을 가장 적합한 인재를 채용하는 인사 정책.

요약하면, 다른 조건 사항이 동일하다면 전 지구적 인사 정책이 가장 선호되는 것으로 보인다. 실제로 최근 몇 년 간 많은 다국적 기업이 전 지구적 인사 정책을 채택하는 방향으로 크게 전환했다. 예를 들어, 현재 1,000억 달러 이상 규모의 글로벌 복합 기업인 인도의 Tata Group은 여러 자회사에서 미국과 영국의 경영진들을 선임했다. 일본의 Sony Corporation은 2005년 60년의 전통을 깨고 처음으로 비일본인 회장 겸 CEO로 웨일스 출신의 미국 시민권자이자 전 CBS 사장인 Howard Stringer를 임명했다. 미국 기업들도 점점 더 전 세계를 대상으로 경영 능력이 우수한 인재를 모집하고 있는 비율이 늘어나고 있다. 그 예로 2014년에 Microsoft는 CEO로 인도 출신의 Satya Nadella를 임명했다. 한 연구에 따르면, 2000년대 중반까지 미국 내 100대 기업 경영자 중 24%인 250명이 미국 외 출신이었다. 유럽 기업의 경우 이 비율이 평균 40%에 달했다.[14]

그러나 전 지구적 인사 정책을 추구하는 데는 여러 가지 문제가 존재한다. 많은 경영 대상 국가들이 해외 지사가 자국민을 고용하도록 요구한다. 이를 위해 많은 국가가 자국인의 수가 적절하고 그들이 필요한 기술을 가지고 있다면 자국인을 고용할 것을 이민법으로 강제하고 있다. 미국을 포함한 대부분의 국가가 자국인 대신 외국인을 고용하려면 광범위한 서류를 제출을 요구받는다. 이러한 문서 작성은 시간이 많이 소요되고 비용이 발생할 수 있으며, 원하는 결과를 얻지 못할 경우 무용지물이 될 수도 있다. 전 지구적 인사 정책을 실행하기 위해서는 구현 비용이 많이 들 수 있다. 특정 국가에서 다른 국가로 경영인을 파견할 때 교육과 재배치에 드는 비용이 증가한다. 또한, 기업은 대체로 해당 국가에서 적용되는 보상 수준보다 더 높은 수준의 것을 제공해야 한다는 요구에 직면하게 될 수 있다. 게다가 풍부한 국제 경험이 높은 급여와 연결될 경우에는 기업에 대한 적의를 초래할 수 있다.

인사 정책의 종류 요약

표 17-1은 세 가지 인사 정책의 유형과 장단점을 요약하였다. 일반적으로, 자민족 중심적 인사 정책은 국제화 전략에, 현지 중심적 인사 정책은 현지화 전략에, 그리고 전 지구적 인사 정책은 글로벌 표준화 전략과 초국가적 전략에 적합하다(각 전략에 대한 자세한 내용은 12장 참조).

이러한 인적 자원 관리 정책은 널리 알려져 있으나, 일부 비평가들은 이 유형 구분이 지나치게 단순화되어 있어 국제 경영에서 발생하는 내부적 경영 방식의 차이점들을 충분히 반영하지 못한다고 주장한다. 이들은 각 국제 경영 현장의 운영 방식에 따라 상당히 다르게 나타나며, 어떤 자회사는 자민족 중심적으로, 다른 자회사는 현지 중심적 혹은 전 지구적으로 운영되는 등의 국가 간 인사 제도의 다양성이 존재한다고 주장한다.[15] 다른 비평가들은 기업이 채택하는 인사 정책이 기업의 전략적 방향보다는 지리적 분포 범위에 의해 더 크게 좌우된다고 주장한다. 지리적 범위가 넓게 분

표 17-1
세 가지 인사 정책 방식의 비교

정책 접근 방식	전략적 적절성	장점	단점
자민족 중심적 접근 방식	국제화 전략	• 경영 대상국의 유능한 경영자 부족 문제 극복 • 문화적 통합 • 핵심 역량 이전에 도움	• 경영 대상국에서의 적대적 분위기 형성 • 문화적 단견 초래 가능성
현지 중심적 접근 방식	현지화 전략	• 문화적 단견에 따른 문제점 경감 • 파견 비용 절감	• 직업 이동성의 제한 • 해외 지사로부터 본사의 고립
전 지구적 접근 방식	글로벌 표준화 전략/초국가적 전략	• 인적 자원의 효율적 사용 • 강한 문화와 비공식적 관리 네트워크 형성에 도움	• 경영 대상국의 이민 정책에 의한 파견 이행의 한계 • 고비용

포된 기업일수록 전 지구적 사고방식을 가질 가능성이 높다고 본다.[16]

해외 파견 관리자

[학습 목표 3] 관리자들이 해외 지사로 파견된 후 적응에 왜 실패하는지 설명한다.

우리가 논의한 세 가지 정책 중 두 가지, 즉 자민족 중심적 인사 정책과 전 지구적 인사 정책은 경영자를 적극적으로 해외 지사로 파견하는 특징을 가진다. 앞서 언급했듯이, 파견 근무자란 근무지의 국적이 아닌 다른 국적을 가지고 근무하는 경우를 의미한다. 이따금 전문 용어인 inpatriate가 사용되기도 하는데, 이는 파견 근무자 중 다국적 기업의 모국에서 일하는 외국인 고용인을 지칭하는 데 사용된다.[17] 그러므로 Microsoft사에 고용된 일본인 중 미국에서 근무하는 고용인들이 inpatriate로 분류된다(미국 시애틀 근처에 위치한 Microsoft의 핵심 입지에는 전 세계에서 온 많은 inpatriates 근무하고 있다). 자민족 중심적 인사 정책을 채택한 기업의 파견 근무자들은 전부 기업의 모국에서 해외로 파견된 사람들이다. 반면, 전 지구적 인사 정책에서의 파견 근무자들은 기업의 모국과 관계없이 해외에서 이전 근무 중인 사람들이다. 국제 인사 정책에 관한 연구들에서 중요한 이슈 중 하나는 파견 관리자가 본국으로 조기 복귀하는 경우를 의미하는 **파견 실패(expatriate failure)**이다.[18] 파견 실패율을 최소화하기 위한 여러 방법을 논의하기 전에 먼저 파견 실패의 사례들을 살펴볼 것이다.

파견 실패
해외에서 근무 중인 파견 관리자가 본국으로 조기에 돌아오는 상황.

파견 실패율

파견 실패란 기업이 인사 정책에 따른 근무자의 해외 파견 결정 과정에서 해외 근무에 적합하지 않은 직원들을 파견하였음을 의미한다.[19] 파견 실패의 결과로 파견 근무자들은 해외 근무지에서 본국으로 조기 복귀하거나 이직을 결심하게 되며, 이직률이 국내 관리자에 비해 약 2배나 높다.[20] 파견 실패에 대한 대가는 크다. 파견 실패 한 건당 기업이 부담해야 하는 평균 비용은 파견 근무자의 본국에서의 연봉과 대체 근무자의 재배치 비용을 합한 총 비용의 세 배에 달하는 것으로 추정된다(이 비용은 환율과 해당 국가의 자회사가 담당하는 업무의 특성에 의해 영향을 받는다). 이 비용은 한 건에 대략 $40,000에서 $100만 달러 사이에 이른다.[21] 게다가 연봉이 $250,000인 미국인 파견 근무자 가운데 약 30%에서 50%는 주어진 국제 업무를 하더라도 비효율적이거나 한계적인 효과를 보고 있다고 평가된다.[22] Rosalie Tung의 주목할 만한 연구에서 다수의 미국, 유럽, 일본 다국적 기업을 대상으로 설문 조사했다.[23] 표 17-2에 요약되어 있듯이, 미국 다국적 기업의 76%가 10% 이상의 파견 실패율을 경험했으며, 7%의 기업은 20% 이상의 파견 실패율을 경험했다고 보여 준다. 이 연구 결과는 또한 미국을 기반으로 한 다국적 기업이 유럽이나 일본 다국적 기업보다 훨씬 높은 파견 실패율을 경험했다고 제시한다. 그러나 더 최근의 연구 결과는 널리 인용된 Tung의 연구가 더 이상 유효하지 않다고 보여 주었다. 예를 들어, 네 국가에서 시행된 136개의 큰 규모의 다국적 기업을 대상으로 한 최근 연구에서는 파견 관리자의 조기 귀국률이 6.3%로 떨어졌으며, 국가별 다국적 기업 간에 큰 차이가 없다는 결과를 보였다. 이 연구의 저자들은 Tung의 연구 이후 다국적 기업들

표 17-2
해외 파견 실패율

복귀 비율	기업 비율
미국 다국적 기업	7%
20~40%	69
10~20	24
<10	
유럽 다국적 기업	3%
11~15%	38
6~10	59
<5	
일본 다국적 기업	14%
11~19%	10
6~10	76
<5	

Source: R. L. Tung, "Selection and Training Procedures of U.S., European, and Japanese Multinationals," *California Management Review* 25, no. 1 (1982), pp. 51–71.

이 파견 관리자의 선발과 교육에서 훨씬 개선되었음을 시사한다.[24]

Tung은 다국적 기업 경영자들의 표본 집단을 상대로 파견 실패의 이유를 물었다. 미국 다국적 기업의 파견 실패 이유를 중요도에 따라 나열하자면 다음과 같다.

1. 배우자의 적응 실패
2. 파견 근무자의 적응 실패
3. 기타 가정 문제
4. 파견 근무자의 개인적 혹은 정서적 성숙도
5. 해외에서의 많은 책임에 대한 중압감 극복 실패

유럽 다국적 기업의 경영자들은 오직 파견인의 배우자가 새로운 환경에 적응하지 못하는 것을 파견 실패 이유로 언급했다. 반면 일본 다국적 기업의 파견 실패의 이유는 다음과 같다.

1. 해외에서의 많은 책임에 대한 중압감 극복 실패
2. 새로운 환경에 의한 어려움
3. 개인적 혹은 정서적 문제
4. 기술적 역량 부족
5. 배우자의 적응 실패

이 목록에서 나타나는 가장 두드러진 차이는 '배우자의 적응 실패'가 미국과 유럽의 다국적 기업에서 파견 실패의 주요 원인으로 꼽혔지만, 일본 다국적 기업에서는 다섯 번째 원인에 해당한다는 점이다. Tung은 전통적으로 아내의 역할과 지위를 남편에 비해 중요하지 않게 여기는 일본의 사회적 인식과, 연구에 포함된 일본 파견 관리자들이 대부분 남성이었다는 사실을 고려할 때, 이러한 차이는 놀라운 결과가 아니라고 언급했다.

Tung의 연구 이후, 여러 다른 연구들이 파견 관리자나 배우자의 적응 실패 또는 기타 가족 문제들이 여전히 높은 수준의 파견 실패의 주요 원인임을 지속적으로 보여 주고 있다.[25] 예를 들어,

International Orientation Resources(인적 자원 관리 컨설팅 회사)의 연구에 따르면, 파견 실패의 60%가 이 세 가지 이유에서 발생한다고 나타났다[26]. 또 다른 연구에서는 응답자 가운데 27%가 배우자의 불만족이 파견 업무의 실패로 연결된다고 대답했다.[27] 파견 관리자의 현지 적응 실패는 그의 새로운 문화 수용 능력(cultural skills)의 부족으로 발생한 것으로 보인다. 한 인적 자원 관리 컨설팅 회사에 따르면, 이는 많은 기업의 파견인 선발 과정에 근본적인 문제가 있기 때문이다. "업무에 요구되는 기술 부족으로 파견 실패가 발생하는 경우는 드물다. 이는 기술적 역량에 근거하여 구성된 경영 조직에서 파견자가 선발되는 것을 보아도 알 수 있다. 파견 실패의 이유는 파견 관리자들의 선발 과정에 포함되지 않은 가정이나 개인 사정, 새로운 문화 수용 능력이 부족하기 때문이다."[28]

파견 근무자의 배우자 현지 적응 실패는 여러 가지 요인과 관련이 있다. 배우자는 해외에서 친척 또는 친구들과 친밀한 관계를 맺지 못하여 홀로 남겨지게 된다. 언어 차이로 인해 새로운 인간관계를 형성하는 데 어려움을 겪기도 한다. 파견 관리자는 업무 환경에서 새로운 관계를 맺을 수 있으므로 이를 심각하게 고려하지 않을 수 있지만, 그들의 배우자는 집에 갇힌 느낌을 받을 수 있기 때문에 문제를 악화시킨다. 이 문제는 종종 배우자의 직업 활동을 제한하는 이민법으로 인해 더 심각해지기도 한다. 최근 많은 선진국에서 맞벌이 부부가 증가함에 따라, 이 사안은 더 중요해졌다. 한 설문 조사에 따르면, 파견자 중 69%는 기혼자이고, 이들 중 77%는 배우자가 해외 파견 국가로 함께 동반했다. 이 동반한 배우자 중 절반은 파견 전 직장에 다녔지만, 파견 중에는 단 12%만이 직장이 있었다.[29] 이는 파견 업무를 거부하는 중요한 이유 중 한 가지가 관리자의 배우자의 경력에 미칠 부정적 영향에 대한 우려라는 것을 보여 준다.[30] 다음의 MANAGEMENT FOCUS에서는 파견 근무자의 실패율을 낮추기 위한 인적 자원 관리 정책의 한 사례로 AstraZeneca의 해외 파견 및 본국 복귀 관리 사례를 참고할 수 있다.

파견인 선발

파견 실패율을 감소시키는 한 가지 방법은 파견인 선발 절차를 개선하여 파견 업무에 부적합한 후보자를 걸러 내는 것이다. Mendenhall과 Oddou의 관련 연구에 의하면, 많은 기업이 범하는 중대한 문제는 관리자들의 본국에서의 성과 잠재력과 해외에서의 성과 잠재력이 동일할 것이라고 여기는 경향을 지적한다.[31] 본국에서의 성과 잠재력과 해외에서의 성과 잠재력이 동일하지 않다. 본국에서 유능한 관리자가 문화적 상황이 다른 해외에서는 관리에 실패할 가능성도 있다. Mendenhall과 Oddou는 해외 파견에서 성공을 예측할 수 있는 네 가지 측면인 자기 지향, 타인 지향, 지각 능력, 문화적 어려움을 제시했다.

1. 자기 지향(self-orientation): 자기 지향은 파견 근무자의 자긍심, 자신감, 정신적 안정에 대한 측면이다. 높은 자긍심과 자신감을 지니고 있고, 정서적으로 안정되어 있는 파견 근무자는 해외 업무에 성공할 가능성이 더 크다. Mendenhall과 Oddou에 따르면, 이들은 음식, 스포츠, 음악 등의 취미와 같은 업무 외적 요소에 흥미를 느끼며, 이러한 것들에 능숙하다.
2. 타인 지향(others-orientation): 타인 지향은 파견 근무자와 현지인들의 유대 관계에 관한 측면

AstraZeneca와 글로벌 인사 배치 정책

AstraZeneca는 세계적인 규모의 제약 회사이다. 본사는 영국 런던에 위치하고 있으며, 전 세계에 83,000명의 직원을 두고 있다. 그중 약 22%는 미국에, 33%는 유럽(본사 포함) 지역에, 18%는 중국에, 나머지 27%의 직원들은 전 세계에 분포해 있다. AstraZeneca는 100개 이상의 국가에서 사업을 운영하고 있으며, 매출은 440억 달러를 초과한다. 이 다국적 기업의 핵심 전략적 과제는 글로벌 관점을 가진 관리자들이 이끄는, 전 세계를 무대로 활동할 수 있고 다양한 문화의 사람들과 교류하며 해외에서 비즈니스를 수행하는 데 능숙한 인재들로 구성된 글로벌 인사를 구축하는 것이다.

국제적인 인재 풀을 강화하기 위해, 이 기업은 관리자들을 최대 3년 동안 다른 나라로 파견한다. 이러한 파견은 회사에 비용이 많이 들며, 직원들과 가족에게도 쉽지 않다. AstraZeneca는 직원이 해외 파견될 때 생활비 차이를 보전하기 위해 발생하는 비용이 직원 연봉의 두 배에서 네 배에 이를 수 있다고 추정한다. 이 비용에는 자녀의 학비, 세금 균등화, 문화 교육과 주택 지원이 포함될 수 있다. 이러한 비용 때문에 AstraZeneca는 해외 파견을 가장 유망하고 '높은 잠재력'을 가진 직원들에게만 집중하며, 이들은 회사 내에서 예정된 승진과 리더십 직책을 맡을 전략적인 직원이다.

모든 해외 파견의 경우, AstraZeneca의 인적 자원 관리 팀은 해당 직원이 회사 내에서 갖는 잠재력에 비례하여 그에 대한 투자가 가치 있는지 평가한다. 단순히 직원을 해외에 배치하는 것만으로는 충분하지 않다. 승진하려면 직원들이 국제 팀에서 협력하고 국경을 넘나들며 관리하는 방법도 배워야 한다. 만약 직원이 이를 수행할 능력이나 관심이 부족하다고 판단되면, 해당 직원은 해외 배치를 받지 못한다. 해외 근무에서 실패한 직원 또한 승진 가능성이 줄어든다.

AstraZeneca는 직원과 그들의 배우자가 새로운 국가로의 이주를 돕기 위해 이사, 자녀를 위한 학교 찾기, 언어 학습, 문화 차이 이해 교육 등의 지원을 제공한다. 또한, 기업은 해외에서 장기 파견 근무 후 돌아오는 직원들에게 본국으로의 재입국 교육을 제공한다. AstraZeneca는 많은 해외 파견 직원과 그들의 가족이 다른 나라에서 오랜 시간 동안 지낸 후 이전의 삶에 다시 적응하는 데 어려움을 겪는다는 경험을 바탕으로 이를 시행한다.

AstraZeneca의 인적 자원 관리 부서가 해결해야 할 또 다른 문제는 최근 몇 년간 큰 투자를 해온 신흥 시장에서 직원들의 인재 기반을 어떻게 확장할 것인가이다. AstraZeneca가 처음 중국에서 사업을 시작했을 당시, 전문적인 관리 교육이 거의 없었으나(현재는 빠르게 변화하고 있음), 이와 같은 상황이 하나의 예시로 들 수 있다. 2003년 이 기업은 중국에 1,000명 정도의 직원 규모를 가지고 있었다. 이 규모는 2020년까지 중국에 10,000명 이상의 직원으로 확장시켰다. AstraZeneca는 주요 중국 직원들의 기술 수준을 가능한 한 빠르게 향상시키기 위해 노력해 왔다.

중국의 주요 관리 인재들과 관련하여, 이 기업은 그들을 해외로 보내 다른 문화에 노출시키고 AstraZeneca의 비즈니스 방식을 숙지하도록 해외에 파견해 왔다. 이를 통해 직원들이 글로벌 비즈니스의 일원이 되는 것이 어떤 느낌인지 이해하기를 원한다. 각 해외 파견 직원에게는 본국의 라인 매니저 외에, 파견국의 라인 매니저가 배정되어 파견 직원의 발전 상황을 모니터링한다. 일정 기간 후, 대부분은 중국으로 돌아가며, 성공적인 인재들은 중국 자회사의 미래 리더십 직책을 목표로 한다. 그러나 가장 유망한 인재는 이를 넘어서 궁극적으로 본사의 고위 관리직으로 진출할 수도 있다.

또한, AstraZeneca는 글로벌 인사의 다양성을 증가시키기 위해 노력해 왔다. 이 기업은 다양성이 혁신을 촉진한다고 믿으며, 팀이 동일하게 생각하지 않고 도전에 대해 다르게 접근하는 사람들이 필요하다고 강조한다. 여성 직원은 기업의 글로벌 인사의 절반을 차지하며, 이사회의 30%를 구성하고, 회사 고위직의 43%를 차지한다. 수년 동안, 기업은 높은 잠재력을 가진 여성들의 빠른 성장을 지원하기 위해 유럽 여성 리더십(European Women as Leaders) 프로그램을 운영해 왔다. AstraZeneca는 또한 빠르게 성장하는 신흥 시장의 직원들이 리더십 직으로 승진할 수 있도록 노력하고 있다. 고위 리더십 팀에 보고하는 관리자 중 약 15%는 신흥 시장 또는 일본 출신이었다.

Sources: J. Lauerman, "AstraZeneca Departures Continue as Medical Chief Bohen Exits," *Bloomberg Businessweek*, January 14, 2019; "AstraZeneca Says China Drug Plan Opens Up Room for New Medicine," *Bloomberg Law*, March 13, 2019; "AstraZeneca Announces Organizational Changes," *AstraZeneca.com*, January 7, 2019; "AstraZeneca Global Policy," *AstraZeneca.com*, April 15, 2019.

이다. 파견 근무자가 현지인들과 효율적으로 소통할수록 그의 해외 업무에 대한 성공 가능성은 높아진다. 이 측면에서는 관계 형성(relationship development)과 적극적 의사소통 의지(willingness to communicate)라는 두 가지 요소가 중요시된다. 관계 형성은 현지인들과 장기적으로 친밀한 관계를 유지할 수 있는 능력을 뜻한다. 적극적 의사소통 의지란 파견 근무자가 현지 국가의 언어를 적극적으로 사용하려는 의지를 뜻한다. 해당 언어 구사 능력은 의사소통에 도움이 될 수는 있지만, 적극적 의사소통을 위해 필수적인 능력은 아니다. 그보다 언어를 사용하려는 적극적인 노력이 중요하며, 이러한 행동은 현지인들의 협조를 이끌어 내는 데 긍정적인 영향을 미친다.

3. 지각 능력(perceptual ability): 지각 능력은 본국 근무자들과 다른 현지인들의 행동의 차이를 이해하는 능력, 즉 공감하는 능력을 의미한다. 이 측면은 해외 지사를 경영하는 데 굉장히 중요한 요소이다. 이 능력이 부족한 파견 관리자는 현지 근무자들을 본국의 근무자처럼 대하는 경향이 있다. 이는 경영 실패와 자괴감으로 이어질 수 있다. Hewlett-Packard의 한 파견 임원은 이와 관련하여 "회의가 일정보다 30분 늦게 시작되어도 불편해 하는 사람은 오직 나밖에 없다는 것을 깨닫는 데 6개월이 걸렸다."라고 언급했다.[32] Mendenhall과 Oddou에 의하면, 적응을 잘하는 파견 근무자는 선입견과 고정관념에서 벗어나 현지인들의 행동을 수용하고 현지 문화에 따라 유연한 경영을 하는 사람이다.
4. 문화적 어려움(cultural toughness): 이 측면은 파견 근무자가 파견 국가의 문화에 적응하는 정도에 대한 것이다. 일부 국가들은 다른 국가에 비해 낮은 문화적 친숙함과 안정감 때문에 더욱 적응에 어려움을 겪을 수 있다. 예를 들어 대다수 미국인들의 경우, 영국은 여러 문화적 공통점 때문에 파견 근무 수행이 수월한 국가로 여겨진다. 반면, 인도, 동남아시아, 중동과 같은 비서구 문화권에서의 파견은 더 힘들 수 있다.[33] 이는 보건 의료 환경 수준과 주거 수준의 차이, 기후, 서구식 오락 시설 문화의 부재, 언어 장벽 등의 요인으로 어려움을 겪는다. 또한, 서양의 여성 관리자의 파견 근무에 있어서는 여러 국가의 가부장적 문화가 적응의 장애물이 되기도 한다.

Mendenhall과 Oddou는 이 네 가지 측면이 본국에서의 업무 성과와 함께 해외 파견 관리자를 선발하는 과정에서 고려되어야 한다고 주장했다. 하지만 실제 기업들의 파견 인사 선발 과정은 연구자들의 권장 사항과 항상 일치하지 않는 경우가 많다. Tung의 연구에 따르면, 표본에 포함된 기업 중 단 5%만이 기존의 파견인 선발 방식에 심리 검사를 더하여 파견 근무 후보들의 개인적 특성과 사회적 능력에 대해 평가하였다.[34] International Orientation Resources의 한 연구에 의하면, Fortune지 선정 세계 500대 기업 중 단 10%에 해당하는 50개 기업만이 파견 근무자 선발을 위해 직원들의 문화적 감수성, 대인 관계 기술, 적응력, 유연성과 같은 중요한 심리적 특성을 평가했다. 반면, 나머지 90%의 경우 파견 근무자들은 문화 수용 능력이 아닌 기술적 전문성을 바탕으로 한 업무 성과에만 근거하여 선발되었음을 의미한다.[35]

Mendenhall과 Oddou는 파견 실패의 결정적 요인으로서 배우자의 적응 실패를 다루지 않았다. 그러나 여러 연구에 따르면 파견 근무자 선발에는 그들의 가정 상황이 고려되어야 한다.[36] 국제

인적 자원 관리 컨설팅 기업인 Windam International의 설문 조사에 따르면, 파견 근무에 대한 사전 면접 시 21%만이 배우자도 함께 참여하였고, 그들 중 오직 절반 가량만 새로운 문화 적응 교육을 이수했다. 특히, 맞벌이 가정의 증가로 인해 이 문제는 더욱 복잡해지고 있다.[37] 점점 더 많은 배우자들이 남편 혹은 아내의 직업 경력을 위해 자신의 경력을 희생하면서까지 해외 파견 근무지를 따라가야 하는데 더욱 소극적이기 때문이다.[38]

교육과 경영 개발

[학습 목표 4] 국제 경영 기업의 사내 경영 개발과 교육 프로그램이 인적 자본 가치를 어떻게 증가시킬 수 있는지 이해한다.

파견 관리자 선발은 관리자에게 파견 업무를 부여하는 첫 단계에 해당한다. 다음 단계는 파견자들을 특정 직무 수행을 위해 교육하는 것이다. 예를 들어, 해외 지사에서의 업무 수행을 위하여 기업은 파견 관리자들에게 이와 관련된 기술들에 대하여 강도 높은 교육을 시행한다. 그러나 경영 개발이란 한 단계 더 넓은 개념에 해당된다. 이는 기업의 관점에서 관리자의 경력과 기술을 개발하는 것이다. 그러므로 경영 개발의 일환으로서, 관리자는 장기간에 걸친 다양한 국가에서의 해외 근무를 통해 경험을 축척하게 되고 문화 수용 능력을 향상시키게 된다. 동시에, 이들은 기업의 다른 관리자들과 함께 주기적으로 경영교육 과정을 수강한다. 파견 근무에 대한 일반적인 시각은 국제 경험이 관리자의 경영 관리와 리더십 역량 능력 향상에 도움이 될 것이라는 것이다. 연구 결과들은 이러한 시각을 뒷받침하고 있다.[39]

지금까지 대부분의 국제 경영에서는 경영 개발보다 교육에 더 중심을 두어 왔다. 게다가 이러한 교육은 본국에서 해외 지사로 파견되는 관리자들에게 집중되어 왔다. 그러나 최근 들어 성장하고 있는 초국가적 기업들과 치열해지는 국제 경영 환경은 이러한 관행을 바꾸고 있다. 기업이 특정 해외 지사를 위해서 교육과 함께 경영 개발의 시행은 전략적 목표를 가지고 있다. 경영 개발은 기업의 전략적 목표 달성과 관리자들의 업무 능력 향상뿐만 아니라, 기업 문화의 강화, 지식 공유를 활발하게 하는 유연한 네트워크를 구축하는 수단으로 활용되고 있다.

위에서 논의한 경영 개발과 교육 사이의 차이점을 명확히 인지한 후에, 파견 관리자가 받는 교육의 종류에 대하여 살펴본 후, 경영 개발과 국제 경영 전략 사이의 관계를 논의하고자 한다.

파견 관리자를 위한 교육

앞서 배우자 또는 파견 관리자의 현지 적응 실패가 파견 실패의 주요 원인임을 지적했다. 교육은 파견인과 배우자 모두에게 이러한 문제를 극복할 수 있게 해 준다. 문화 교육, 언어 교육, 실기 교육은 모두 파견 실패율을 감소시키는 데 효과적인 것으로 보인다. 여기에서는 이 세 가지 유형의 교육에 대해 살펴보고자 한다.[40] 그러나 교육의 효과에도 불구하고, 실제로는 많은 관리자가 해외 파견 이전에 충분한 교육을 받지 못한다. 한 연구에 의하면, 1~5년간의 해외 파견 근무를 맡은 관리자들 중 오직 30%만이 파견 전에 교육을 받았다고 한다.[41]

문화 교육

문화 교육은 경영 대상국의 문화를 이해하는 데 의의가 있다. 다시 말해, 문화 교육을 통하여 해당 국가의 문화를 인지함으로써 파견 관리자는 경영 대상국 사람들과의 업무 수행에서 효율성을 높일 수 있다. 전문가들은 해외 파견 관리자가 파견 국가의 문화, 역사, 정치, 경제, 종교, 사회, 경영 방식에 대한 교육을 받을 것을 권장한다.[42] 가능하다면 정식 파견 발령 전에 해당 국가를 사전 답사할 기회를 제공하여 문화 충격을 완화시키는 것 또한 바람직하다. 특히, 배우자의 적응 실패의 경우를 고려하여 가능하다면 배우자 혹은 필요에 따라 가족 구성원 전체가 문화 교육을 받는 것이 바람직하다.

언어 교육

영어는 국제 경영의 공식 언어로, 대부분의 경영 환경에서 영어를 통한 의사소통만으로도 충분한 업무 수행이 가능하다고 할 수 있다. 그러나 파견 관리자가 영어에만 의존하는 것은 경영 대상국의 현지인들과 효과적인 관계 형성에 악영향을 끼칠 수 있다. 앞서 언급했듯이, 비록 해외 파견 관리자가 현지 언어에 능숙하지 않더라도 현지 언어로 소통하려는 적극적인 의지는 현지 직원들과의 유대감 형성과 경영 효율성 증진에 도움이 될 수 있다. 그럼에도 불구하고, 74명의 미국 다국적 기업 최고 경영진을 대상으로 한 연구에서, 해외에서 업무를 수행하기 위해 현지 언어에 대한 지식이 필요하다고 생각하는 사람은 23명에 불과했다.[43] 언어 교육을 제공한 기업들은 이러한 교육이 관리자들의 업무 효율과 타문화에 대한 적응성을 향상시켜, 기업이 경영 대상국에서 긍정적인 이미지를 형성하는 데 영향을 미친다고 생각한다.

중국 Lenovo Group Ltd.의 회장 Yang Yuanqing(좌측)이 홍콩에서 열린 기자회견 후 CEO Steve Ward(우측)와 악수하고, 비상임이사인 Li Chuanzhi(중앙)는 미소 짓고 있다.

실기 교육

실기 교육은 해외 파견 관리자와 그 가족이 파견 국가에서 일상생활에 잘 적응하도록 돕는 것을 목표로 한다. 일상적인 것이 빨리 확립될수록 해외 파견 근무자와 그 가족이 성공적으로 적응할 가능성이 높아진다. 이를 위해 중요한 것은 해외 파견자를 위한 공동체 형성이다. 이러한 공동체 형성을 통하여 기업은 새로 이주하는 가족이 공동체의 일원이 될 수 있도록 보다 수월하게 지원할 수 있다. 또한 파견 관리자 공동체는 상호 협조와 정보 교환을 통하여 한 가족이 현지 문화에 적응하는 데 매우 중요한 역할을 할 수 있다.

파견인의 복귀

파견 관리자의 교육과 개발에 있어 매우 중요함에도 불구하고 주로 등한시되고 있는 사항은 이들의 복귀 준비에 대한 것이다.[44] 본국 복귀는 파견 근무자의 적절한 선발부터 문화 적응 교육과 해외 파견 업무 수행 후 본국으로의 재적응 과정을 유기적으로 연결하는 통합적이고 순환적인 과정의 마지막 단계로 인식되어야 한다. 그러나 파견 근무자들은 본국으로 귀환한 후, 그들의 지식을 조직 내에서 공유하거나, 다른 유능한 관리자에게 자신과 같은 커리어를 쌓으라고 추천하는 대신, 그들이 생각했던 것과는 다른 상황에 직면하게 된다.[45]

보통 자율성이 보장되고 높은 보상을 받으며 주목받는 생활이었던 해외 직무에서 돌아오면, 파견자들은 그들의 부재 중에 있었던 기업의 변화에 대해 인지하는 데 어려움을 느끼고, 축적된 지식을 잘 활용하지 못하거나 그럴 필요성을 절감하지 못한다. 최악의 경우, 기업이 복귀한 근무자에게 의미 없는 업무를 부여하거나 그들을 업무 대기 상태에 두는 등 그들의 능력을 충분히 활용하지 못하는 상황에 놓인다.

한 연구는 이 문제의 심각성을 잘 보여 준다. 이 연구에 따르면, 복귀한 근무자의 60~70%가 복귀 후에 그들에게 부여될 직책이 무엇일지 몰랐다고 응답했다. 또한, 60%는 기업이 그들의 복귀, 새로운 업무, 그리고 기업 내에서의 경력 발전에 대하여 불분명했다고 답하였고, 77%는 복귀 후 기업에서 해외 업무보다 더 낮은 직급의 직책을 맡았다고 답했다.[46] 놀랍게도, 복귀 근무자 중 15%는 복귀 후 1년 이내에 기업을 떠났고, 40%는 복귀 후 3년 이내에 퇴사하였다.[47]

이러한 문제를 해결하는 핵심은 적합한 인적 자원 관리를 수행하는 것이다. 인적 자원 관리의 역할은 파견 관리자 선발에 대한 계획 수립과 파견인 교육에 국한된 것이 아니라, 복귀 파견자를 위한 재적응 프로그램 수립 또한 포함한다. 이 과정을 통해 복귀자는 물리적 환경 변화와 전문 지식 측면에서의 변화에 적응하게 되고, 해외에서 새로 습득한 지식을 활용할 수 있게 된다. 이러한 예로 Monsanto의 해외 파견 복귀자를 위한 프로그램을 다음의 MANAGEMENT FOCUS에서 살펴볼 것이다.

경영 개발과 전략

경영 개발 과정은 여러 가지 경영 교육과 업무 순환을 통해 관리자에게 다양한 경험을 제공함으로써 그의 전반적인 능력 수준을 향상시키는 것이다. 이는 또한 기업 경영 자원의 전반적인 생산성 증대와 질적 향상을 도모하는 데 의의가 있다.

경영 개발을 전략적 도구로 사용하는 사례가 국제 경영에서 점점 더 증가하고 있다. 이는 특히 초국가적 전략을 추구하는 기업의 수가 늘어나고 있는 추세를 통해 알 수 있다. 이러한 기업들은 조정과 통제를 효과적으로 수행하기 위해 강력한 통합적 기업 문화와 유연한 경영 네트워크가 필요하다. 게다가 초국가적 기업의 관리자들은 현지의 반응을 잘 감지해야 하고, 이를 위해 경영 대상국의 현지 문화를 이해하는 것이 중요하다.

경영 개발 과정은 새로운 경영자들이 기업 표준과 가치 체계에 적응하도록 하여 통합된 기업

Monsanto의 복귀 주재원을 위한 프로그램

Monsanto는 전 세계적으로 농산물을 공급하는 기업으로서 22,000여 명의 직원을 보유하고 약 150억 달러의 매출을 올리고 있다. 이 기업의 약 100여 명의 중간 및 고위급 관리자는 상시 장기 해외 파견 근무를 하고 있다. 이들 중 3분의 2는 해외에 파견된 미국인이고, 나머지는 미국에서 근무하는 외국인 직원들이다. Monsanto의 해외 파견과 복귀 관리는 파견 근무자의 철저한 선발 과정과 파견 근무자와 그 가족을 위한 집중적인 문화 교육을 통해 진행한다. 많은 글로벌 기업들과 마찬가지로, 기업은 해외 파견을 통해 향후 조직을 이끌어 갈 국제적인 사고를 가진 유능한 경영자들을 양성하는 것이다.

이 프로그램의 특징 중 하나는 직원, 해외 파견 예정자, 복귀 예정자와 이들을 지원하는 관리자들이 함께 파견인에게 부여될 업무가 기업의 경영 목표와 일치하는가에 관하여 논의하고 협의한다는 점이다. 주요 초점은 직원들이 해외 파견의 필요성과 복귀 시 그들이 Monsanto에 어떤 기여를 할 것인지에 있다. 파견 지원 관리자는 파견인이 본국 복귀 후 어떤 직무 기회를 가질 것인지에 대해 명확하게 설명해야 한다.

파견 근무자가 본국으로 복귀한 후, 결과 보고 회의를 통해 교차 문화 교육자와 대면한다. 또한, 그들은 특정한 정보 교환을 통해 동료, 후임과 상사에게 자신의 경험을 공유할 기회를 갖게 된다. 그러나 Monsanto의 본국 복귀 프로그램은 경영적 측면에만 집중하지 않고, 복귀 파견 근무자 가족들의 재적응에도 중점을 둔다. Monsanto는 본국 복귀의 어려움이 종종 업무와 관련된 문제보다 개인적인 가족과 관련된 문제에 더 많이 기인한다는 사실을 발견했다. 이와 같은 사적 문제는 직원의 업무 수행에 상당한 영향을 미치므로, 기업이 이러한 문제에 주의를 기울이는 것이 중요하다.

이러한 과정을 통하여 Monsanto는 복귀한 근무자가 개인적인 어려움을 해결할 기회를 제공한다. 복귀 후 약 3개월 후에 복귀자들은 그들이 선택한 몇 명의 동료들과 함께 3시간 동안 대면 시간을 가진다. 대화 형식으로 진행되는 이 결과 보고 회의는 그들이 복귀 과정에서 중요한 모든 사항을 다룰 수 있도록 돕는 숙련된 전문가들로 구성되었다. 이는 복귀자의 중요한 경험을 공유하고, 관리자와 동료들에게 자신이 쌓은 전문성을 전달하여 조직 내 다른 직원들이 글로벌 지식을 활용할 수 있도록 돕는다. 한 참가자는 이 보고 회의에 대하여 다음과 같이 설명했다. "어리석게 들릴 수 있지만, 가족에게는 너무나 바쁜 시기라서 일어나는 일들을 앉아서 되돌아볼 시간이 없다. 이사는 가야 하고, 새로운 직장과 집에 적응해야 하며, 아이들은 새로운 학교에 가게 될 수도 있다. 이야기를 나누고 감정을 털어놓을 수 있는 이러한 시간은 일종의 오아시스와 같다."* 이 프로그램이 도입된 이후 복귀한 파견 근무자들의 이직률이 급격히 감소한 것으로 보아, 이 과정은 효과가 있는 것으로 입증되었다.

*C. M. Solomon, "Repatriation: Up, Down, or Out?" *Personnel Journal* 74, no. 1, January 1995, pp. 28–34.

Sources: A. Walton, "Who Says Monsanto Roundup Ingredient Is 'Probably Carcinogenic.' Are They Right?" *Forbes*, March 21, 2015; C. M. Solomon, "Repatriation: Up, Down, or Out?" *Personnel Journal*, January 1995, pp. 28–34; J. Schaefer, E. Hannibal, and J. O'Neill, "How Strategy, Culture and Improved Service Delivery Reshape Monsanto's International Assignment Program," *Journal of Organizational Excellence* 22, no. 3 (2003), pp. 35–40.

문화를 구축하는 데 도움을 준다. 기업 내외에서 이루어지는 교육과 상호 작용은 단체 정신(esprit de corps; 경험의 공유, 유연한 네트워크, 기업 용어 사용 등)을 증진시키고 기술적 역량 개발에도 도움이 된다. 이러한 교육 행사에는 종종 노래, 소풍, 스포츠 등의 공동체 의식을 고취시키는 행사 등이 포함된다. 궁극적으로, 이 모든 행위는 관리자가 기업에 대한 일체감을 목표로 한다.[48]

장기간에 걸쳐 다양한 국가에서 해외 근무를 경험한 관리자들을 한 공간에 집합시키는 것은 유연한 경영 네트워크를 구축하는 데 도움이 된다. 이러한 네트워크는 조직 내에서 업무 수행 능력을 향상시키는 주요 정보 지식의 교환을 가능하게 한다.[49] 예를 들어, 스웨덴의 통신 회사인 Ericsson을 살펴보면, 상호 협력은 Ericsson에서 매우 중요한 특성이며, 이는 본사에서 해외 지사로, 해외 지사에서 본사로, 그리고 한 해외 지사에서 다른 해외 지사로의 노하우와 핵심 역량을 전수하는 데 결정적인 역할을 한다. 이 상호 협력을 촉진하기 위해 Ericsson은 엔지니어와 관리자 50명에서 100명으로 구성된 조를 한 장소에서 다른 장소로 1~2년 동안 파견한다. 이를 통하여 해외 파견자들 사이의 네트워크가 형성된다. 이러한 정책은 기업 문화 강화와 전 세계적으로 분포되어 운영되고 있는 해외 지사들의 통제에 효과적이다.[50]

성과 평가

[학습 목표 5] 국가별로 인사 고과 제도가 어떻게 다르고 왜 다른지 설명한다.

성과 평가 제도는 기업의 전략 실행과 글로벌 경쟁 우위 확보를 위해 중요하다고 판단하는 기준에 따라 관리자의 성과를 평가하는 것이다. 기업의 성과 평가 제도는 통제 시스템의 중요한 요소이며, 통제 시스템은 조직 구조의 핵심 구성 요소이다. 국제 경영에서 특히 어려운 문제 중 하나는 해외 파견 관리자의 성과를 어떻게 효과적으로 평가할 것인가 하는 점이다.[51] 먼저 성과 평가에 대해 살펴보고, 해외 파견 관리자의 성과를 평가하는 데 필요한 지침을 알아볼 것이다.

성과 평가에서 발생 가능한 문제

의도하지 않은 선입견으로 인해 해외 파견 관리자의 성과를 객관적으로 평가하기가 어렵다. 일반적으로 해외 파견 국가의 경영자들과 본사 경영자들로 구성된 두 집단이 파견 관리자들의 성과 평가를 수행하게 된다. 이 두 집단 모두 선입견의 영향을 받기가 쉽다. 파견 국가의 경영인들은 그들의 문화적 관점과 기대치에 따라 편향될 수 있다. 예를 들어, Oddou와 Mendenhall은 인도 지사에서 근무한 한 미국인 파견 관리자의 사례를 보고한 바 있다.[52] 이 미국인 파견 관리자는 적극적인 의사결정 참여 방식을 최초로 도입하였는데, 이로 인해 인도 경영자들에게 부정적인 평가를 받았다. 엄격한 계급 문화 사회인 인도에서 관리자들은 전문가로 보여야 하며 일반적으로 부하 직원들에게 도움을 청해서는 안되기 때문이다. 현지 경영자들은 미국인 파견 관리자의 참여 경영(participatory management) 시도가 그의 업무 인지 능력 부족을 보여 주는 것이라고 지적했다.

본국 경영자들은 해외 근무 경험이 부족하고, 거리상의 제약으로 인해 선입견을 가질 수 있다. 본사 경영자들은 해외 지사의 실질적인 상황을 잘 알지 못하는 경우가 많다. 따라서 본사 경영자들은 파견인들의 성과를 정량적 자료를 바탕으로 평가하려는 경향을 보이는데, 가령 하부 조직의 생산성, 수익성, 시장 점유율과 같은 자료에 의존해 평가하는 것이다. 하지만 이러한 평가 기준은 파견 근무자가 관리할 수 없는 외부 요소들의 영향을 받을 수 있다(예: 불리한 환율 변동, 경기 침체 등). 또한, 정량적 자료들은 겉으로 드러나기 쉽지 않은 많은 노력이 수반된 결과들, 예컨대 파견 근무자가 서로 다른 두 문화를 조화롭게 인식하고 현지 관리자들과 생산적으로 일하는 것과 같은 중요한 요인을 반영하기 어렵다. 이러한 선입견으로 인해 많은 해외 파견 근무자들은 본사 경영자들이 그들의 기술과 업무 경험을 가치 있게 평가하지 않으며 그들을 불공정하게 평가한다고 인식한다. 이는 또한 많은 파견인들이 해외 지사로 발령받는 것이 그들의 경력 발전에 도움이 되지 않는다고 여기는 이유 중 하나로 간주될 수 있다. 실제로 미국 다국적 기업의 인적 자원 관리자들을 대상으로 한 연구에 따르면, 응답자의 56%가 해외 파견이 그들의 경력에 불리하거나 무의미하다고 응답했다.[53]

성과 평가 관련 지침

성과 평가 과정에서 선입견을 줄일 수 있는 여러 가지 방안을 고려할 수 있다.[54] 첫째, 대부분의 파견 근무자는 본사 경영자의 평가보다 현지 경영자의 평가에 더 많은 비중을 두어야 한다고 여긴다. 현지 경영자들은 파견인을 더 가까운 거리에서 지켜볼 수 있기 때문에 파견인의 주요 성과인 노력이 수반된 변수들을 더 잘 평가할 수 있다. 특히 현지 경영자가 파견인과 동일한 국적일 경우, 문화적 선입견이 감소한다는 점에서 보다 객관적인 평가가 시행될 수 있다. 실제로 본사 경영자들은 성과 평가 보고를 작성하기 전에 현지 경영자들의 평가를 참고하는 경우가 종종 있다. 이러한 측면을 고려했을 때, 많은 전문가들은 이전에 동일 지역에서 업무를 수행한 파견 근무자가 평가에 참여하여 선입견을 줄어야 한다고 제안한다. 마지막으로 현지 경영자들이 성과 평가 보고를 작성하는 것이 방침이라면, 현지 경영자들의 최종 평가 보고가 공식적으로 완료되기 전에 본사 경영자들의 의견이 그에 반영되어야 한다는 것이다. 이로써 본사 경영자는 문화적 오해로 인해 매우 적대적으로 평가될 수 있는 보고서를 올바르게 비교 평가할 균형 잡힌 기회를 가지게 된다.

수당/보상

[학습 목표 6] 국가별로 보상 체계가 어떻게 다르고 왜 다른지 이해한다.

국제 경영에서 수당 지급에 관련하여 두 가지 핵심적인 논쟁으로 요약된다. 하나는 경제적 상황과 수당 지급에 있어서의 국가적 차이를 어떻게 반영하고 조절하는가에 관한 문제이다. 다른 하나는 파견 근무자에게 어떠한 방식으로 수당을 지급하는가에 관한 것이다. 전략적 관점에서 중요한 점은 어떤 수당 지급 체계를 사용하든지 간에 기업 경영 전략과 일치하는 범위에 한하여 파견인 수당이 지급되어야 한다는 것이다.

수당/보상 지급의 국가적 차이

동일한 직급의 관리자에게 지급되는 수당은 국가마다 본질적인 차이가 존재한다. 예를 들어, Towers Watson의 연구 결과에 따르면 미국 CEO들은 평균적으로 비미국 CEO의 수당에 거의 두 배 정도에 달하는 것으로 나타났다.[55]

이러한 국가 간 보상 차이는 해외에서 기업 활동을 수행하는 기업들에게 복잡한 문제를 제기한다. 즉, 기업은 각기 다른 국가의 파견인들에게 각국에서 일반적으로 지급되는 수당을 주어야 하는가, 혹은 전 세계적으로 동일한 수당을 지급해야 하는가? 이 문제는 자민족 중심적 인사 정책 또는 현지 중심적 인사 정책을 시행하는 기업에는 크게 문제가 되지 않는다. 자민족 중심적 기업에서는 이 문제가 자국에서 일하는 파견 근무자들에게 어느 정도의 수당을 지급해야 하는가의 문제로 국한된다(이 또한 뒤에서 다룰 내용이다). 현지 중심적 기업의 경우에는 국가적인 사업 진행 중 근무자들의 이동성이 없다는 사실에서 수당 지급의 기준을 현지 중심적으로 한정시킬 수 있고 그렇게 되어야 함을 알 수 있다. 다시 말해, 영국에서 근무하는 경영진에게 미국의 경영진과 동일한 급여를 지급하는 것은 그들이 함께 일하지 않는 한 의미가 없음을 뜻한다.

그러나 이는 전 지구적 인사 정책을 추구하는 기업에게는 매우 중요한 문제이다. 전 지구적 인사 정책은 다국적 기업의 전략과 일치한다. 이 정책은 다양한 인종으로 구성된 관리자들의 집단을 필요로 한다. 그렇다면 이 경우에 모든 고위 관리자가 동일한 수준의 봉급과 추가 수당을 받아야 되는 것인가? 예를 들어, 미국에 본사를 둔 기업이라면, 이는 미국 외에 위치한 모든 해외 지사의 수당 수준을 미국 수준으로 높이는 것을 의미하게 되고, 이에 해당하는 금액은 상당할 것이다. 만약 해당 기업에서 미국인 동료와 함께 근무하는 외국인에게 균등한 수당을 지급하지 않는다면, 외국인들에게 상당한 적개심을 유발할 수도 있다. 만약 어떤 기업이 국제적인 관리자 집단을 반드시 조직하고자 한다면 그 관리자들에게 출생 국가나 업무와 관계없이 기초 수당을 동등하게 지급해야 할 것이다. 하지만 현재로서는 이러한 방식이 널리 적용되고 있지는 않다.

지난 10년 동안 많은 기업들은 일관된 글로벌 보상 체계를 구축하는 방향으로 나아가고 있으며, 직원들은 근무 지역에 관계없이 동일한 평가 기준을 적용받고 기본 수당과 추가 수당에 대하여 동등한 체계로 평가받는다. Mercer Management Consulting의 최근 조사에 따르면, 응답 기업의 85%가 이미 글로벌 보상 체계를 도입한 것으로 나타났다.[56] 다음의 MANAGEMENT FOCUS에서 다룬 McDonald's는 이러한 전략을 실행하는 대표적인 기업 중 하나이다. 또 다른 연구 결과에서는 다국적 기업의 3분의 2가 현재 여러 해외 지사로 지급되는 수당을 중앙에서 통제하고 있다고 보고했다.[57] 그러나 빈번하게 여러 해외 지사에서 일하는 극히 소수의 고위 경영진을 제외하면 대부분의 기업의 기본 수당은 여전히 현지 경제 상황에 따라 설정하고 있다.

해외 파견 근무자의 급여

파견 근무자 급여 지급 방식 가운데 일반적인 접근 방식은 대차대조표 접근법(balance sheet approach)이다. Organizational Resources Counselors에 따르면, 조사 대상 781개 기업 중 약 80%가 이 방식을 사용하고 있다.[58] 이 방식은 국가 간 구매력을 동일하게 조정하여 직원들이 해외 지사 발령 시에도 본국에서와 같은 생활 수준을 유지할 수 있도록 보장한다. 또한, 파견인들에게 경제적인 보상을 제공하여 업무 수행 지역에 따라 생기는 근무지 간 질적 격차를 보완한다.[59] 그림 17-1은 전형적인 대차대조표의 예이다. 본사가 직원을 위해 지출하는 항목은 세금, 주거비, 제품과 서비스 구매 비용(의식주 및 여가 활동 등)과 예비금(저축, 연금 분담액 등)을 의미한다는 사실에 유의해야 한다. 대차대조표 접근 방식은 파견 근무자에게 해외 업무 수행에 대한 보상으로 본국에서와의 동등한 수준의 생활을 제공하기 위해 여가뿐만 아니라 경제적인 유인책(예: 프리미엄, 인센티브 등)도 제공한다.

파견 근무자에 대한 수당 지급의 일반적 요소로는 기본 연봉, 해외 파견 수당, 다양한 종류의

McDonald's의 글로벌 수당 지급 방식

2000년도 초반, 전 세계 118개국에서 40만 명 이상의 관리자와 고위직 직원들을 보유한 McDonald's는 일관된 글로벌 수당 지급 체계와 성과 평가 전략을 개발해야 한다는 필요성을 인식했다. 세계 곳곳으로 확장한 다수의 기업과 마찬가지로 McDonald's는 분산되고 일관성이 부족한 수당 지급 프로그램을 운영하고 있다는 문제에 직면했다. 새로운 글로벌 인사 보상 전략에는 여러 가지 이유가 있었다. 그중 가장 중요한 이유는 McDonald's의 세계 인적 자원 관리 담당 임원인 Rich Floersch가 유능한 인재 영입과 유지를 위한 일관된 글로벌 인적 자원 관리 전략이 필요하다고 강조했기 때문이다. 새로운 시스템의 구축을 위해 글로벌 관리자들은 몇 달 동안 공동 자문 과정을 통해 McDonald's의 새로운 글로벌 수당 지급 프로그램을 도입하기 시작했다.

이 프로그램의 중요한 요소 중 하나는 본사가 각 국가의 관리자들에게 다음 연도에 집중할 경영 원칙 지침을 제공하는 것이다. 이 경영 지침에는 고객 서비스, 마케팅, 매장의 이미지 개선 등과 같은 분야가 포함된다. 각 국가의 관리자는 현지 시장에서 성공을 거두기 위해 중점을 둘 세 가지에서 다섯 가지 영역을 선택한다. 예를 들어, 프랑스에서 새로운 메뉴 항목을 도입하는 경우, 그 해에 해당 항목에 대한 사업 목표를 설정하는 것이다. 그 후, 인적 자원 관리자들은 자회사의 사업 사례와 목표를 본사 고위 경영진에게 제출하여 승인을 받는다. 연말에 수여되는 각 국가의 연간 인센티브 금액은 해당 지역의 목표 달성도와 사업 부문의 운영 수익을 기준으로 책정된다. 각 직원의 연간 상여금 일부도 이 비율을 기준으로 산정된다.

그 외의 직원에 대한 연간 인센티브는 개인 업무 수행 성과에 따라 결정된다. McDonald's는 기존에도 항상 성과 평가 시스템을 운영해 왔으나, 새로운 인적 자원 관리 전략 내에서 20%의 직원이 최고 평가를 받고, 70%는 중간 등급을 받으며, 10%는 최하 등급으로 구분하도록 글로벌 지침을 도입했다. McDonald's는 직원의 성과를 등급화로 강제하는 것 대신 지침을 제공함으로써 성과 차별화를 장려하고, 동시에 일정한 지역적 유연성을 허용한다. 또한, 원칙과 지침을 제공하면서도 각 국가의 관리자가 지역 시장의 요구에 맞게 수당 지급 프로그램을 조정할 수 있도록 허용함으로써, McDonald's는 이직률 감소를 경험했다고 주장하였다. 자체 기업 내부에서 시행한 설문조사에 의하면 더 많은 수의 직원이 현재 수당이 공정하고 지역 시장 상황을 반영한다고 생각한다. 종합적으로, "McDonald's의 복리 후생과 수당 지급 프로그램은 뛰어난 성과를 낼 수 있는 인재를 유치하고 유지하며 참여시켜, McDonald's가 기업의 성과와 목표를 달성하는 데 도움을 주기 위해 설계되었다."*

*"McDonald's Corporate Careers," http://careers.mcdonalds.com/corporate/benefits.jsp, accessed May 9, 2018.

Sources: J. Marquez, "McDonald's Rewards Program Leaves Room for Some Local Flavor," *Workforce Management*, April 10, 2006, p. 26; C. Zillman, "McDonald's Loses Big on Labor Ruling," *Forbes*, July 29, 2014; "McDonald's Corporate Careers," http://careers.mcdonalds.com/corporate/benefits.jsp, accessed May 9, 2018; V. Black, "How I Got Here: Rich Floersch of McDonald's," *Bloomberg Business*, August 14, 2012.

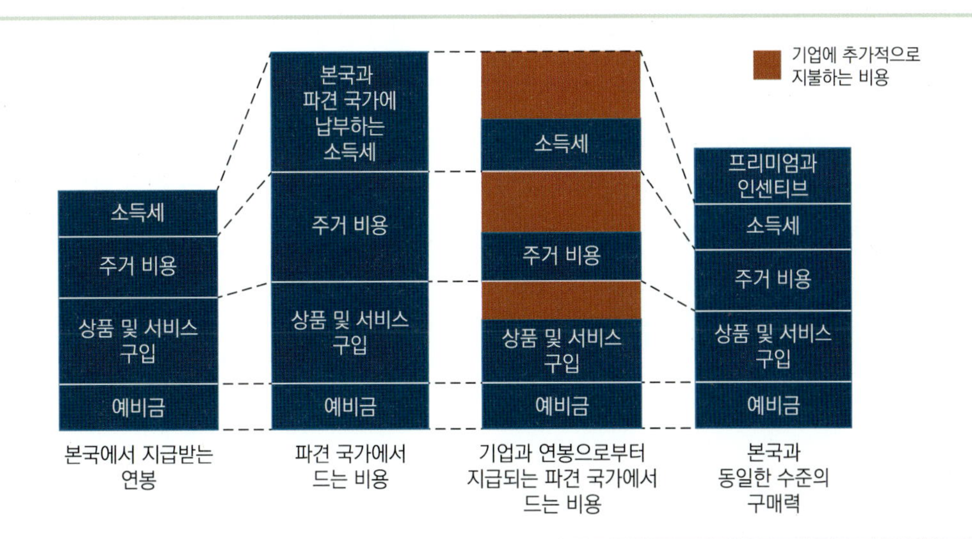

그림 17-1
대차대조표 접근법

수당, 세금 감면, 복리 후생으로 구성된다. 다음으로 각 요소에 대해 간단히 살펴볼 것이다.[60] 파견 근무자가 받는 총수당은 그가 본국에서 근무하였을 때 받을 수당보다 3배가량 더 많다. 이러한 파견 근무의 고비용으로 인해, 많은 기업들은 최근 몇 년간 파견 근무자의 규모를 축소시켜 왔다. 그러나 기업이 자민족 중심적 인사 정책 혹은 전 지구적 인사 정책을 시행하고자 한다면 파견 근무자의 활용 빈도를 축소시키는 데에는 한계가 있다.

기본 연봉

파견 근무자의 기본 연봉은 일반적으로 본국에서 동일한 직급과 역할을 수행하는 업무를 부여 받았을 때와 비슷한 수준으로 책정된다. 동시에, 파견 근무자는 본국에서 받던 기본 연봉을 그대로 받을 수 있지만, 파견 근무지의 외국 직원들은 반드시 동일한 급여 수준을 받는 것은 아니다. 종종 독일과 미국 같은 선진국은 다른 개발도상국에 비해 더 높은 기본 연봉을 제공한다. 기본 연봉은 본국의 통화 또는 현지 파견 국가의 통화로 지급될 수 있다.

해외 근무에 따른 보상금

해외 근무에 따른 보상금은 파견 근무자가 그의 출생지가 아닌 국가에서 근무함에 따라 받게 되는 추가 수당이다. 이는 해외 업무를 수락하도록 하기 위한 유인책에 해당한다. 이는 또한 익숙하지 않은 지역에서 가족 및 친구들과 떨어져서 생활하는 것에 대한 보상이며, 새로운 문화와 언어에 적응하고 새로운 근무 습관과 근무 수행 방식에 적응해야 하는 것에 대한 보상이다. 많은 기업이 해외 근무에 따른 보상금을 세금을 제외한 기본 연봉의 10~30% 정도로 지급하며, 그 평균 지급액은 16% 수준에서 결정된다.[61]

다양한 종류의 수당

파견 근무자가 받는 수당에는 네 가지 종류가 있는데, 업무 수행에 따른 고충을 보상하는 수당, 주택 수당, 생활비, 교육비가 이에 해당한다. 업무 수행에 따른 고충을 보상하는 수당은 파견 근무자가 병원, 학교, 상점과 같은 기본 편의 시설이 그들의 출신지와 비교하여 전반적으로 열악한 지역에 파견될 경우 지급된다. 주택 수당은 주로 파견인이 외국에서도 본국에서와 유사한 수준의 주거 환경을 확보할 수 있게 하기 위해 지급된다. 주택 비용이 높은 국가(예: 런던, 동경 등)에서의 주택 수당은 총보상비 중 10~30%을 차지할 정도로 상당할 수 있다. 생활비는 파견인이 해외 발령 시에도 본국에서와 동일한 정도의 생활 수준을 유지할 수 있게 하기 위해 지급된다. 파견국의 공립학교는 때때로 파견 근무자 자녀들에게 적합하지 않을 수 있는데, 이 경우에 교육비 지급을 통해 자녀들이 반드시 사립학교 교육을 받을 수 있게 한다.

과세

파견 국가가 파견 근무자의 본국과 세금 관련 호혜 조약(reciprocal tax treaty)을 맺고 있지 않는 이상 파견 근무자는 본국과 파견국 정부 양방에 모두 소득세를 납부해야 한다. 세금 관련 호혜 조약이 없는 경우, 기업은 일반적으로 파견국에 지불해야 할 파견 근무자의 소득세를 부담한다. 또한, 파견국의 높은 소득세로 인해 파견 근무자의 실수입이 감소될 경우 그 차액을 추가 보상하기도 한다.

복리 후생

많은 기업들은 파견 근무자들이 본국에서와 동일한 의료 수준과 연금 혜택을 동일하게 받을 수 있도록 보장한다. 이는 기업이 국내에서는 세금 공제를 받을 수 있으나 국외에서는 가능하지 않은 많은 혜택(예: 의료비와 연금 혜택 등)들을 파견인에게 제공한다는 점에서 상당한 추가 비용 부담이 발행한다.

다양한 글로벌 인력 구축

다양한 글로벌 인력은 기업의 경쟁 우위를 확보하는 중요한 원천이 될 수 있다. 다양한 인력이란 모든 성별이 균형 있게 포함되며, 소수 민족이 포용 된 근로 환경을 의미한다. 인력의 다양성은 기업의 재무 성과 향상과 밀접한 관련이 있는 것으로 나타났다. 예를 들어, McKinsey and Company의 연구에서는 성별 및 민족적 다양성이 상위 25%에 속하는 기업이 해당 국가의 산업 평균보다 35% 더 높은 재무 성과를 보였다는 결과가 나왔다. 또 다른 연구에 따르면, 여성 임원을 적극적으로 승진시킨 기업이 업계 평균보다 자산 수익률(return on assets)이 18% 높았다. 특히, 미국에서 1960년부터 2010년까지 진행된 한 장기간의 연구에서는 인력의 다양성이 증가함에 따라 인적 자원의 배치가 개선되었으며, 그 결과 1인당 총생산 증가율의 20~40%를 설명할 수 있다고 분석했다.[62]

다양한 인력이 기업의 성과를 향상시킬 것이라고 생각할 수 있는 몇 가지 이유가 있다.[63] 첫째, 다양한 인재는 단일 인종이나 단일 성별로만 구성된 동질적인 경영진이 간과할 수 있는 다양한 고객층의 요구에 대한 통찰력을 제공한다. 서로 다른 관점과 삶의 경험을 지닌 다양한 성별 및 소수 집단 구성원은 동질적인 집단이 인식하지 못하는 요소를 볼 수 있다. 서로 다른 생활 방식과 배경을 가진 사람들이 함께 일하면 더 많은 도전 과제를 제시하며, 이는 창의적인 통찰력으로 이어질 수 있다. 결과적으로, 이러한 과정은 문제 해결 능력 향상, 더 나은 제품 설계 및 제공, 더욱 효과적인 마케팅, 그리고 더 성공적인 판매 촉진으로 이어질 수 있다.

둘째, 동질적인 직원 층(homogenous employee base)을 가진 기업은 여성과 소수 민족 구성원에서 발견할 수 있는 인재를 충분히 활용하지 못하고 있다. 이는 인적 자원이 최상의 상태가 아닐 뿐만 아니라 부적합하게 배분될 가능성이 높음을 의미한다. 그 결과, 기업의 성과는 저하될 수 있다.

셋째, 글로벌 기업의 경우 고객층이 다양할 가능성이 상당히 높은데, 이러한 고객들은 자신과 비슷한 배경을 가진 직원과 상호 작용하는 기업을 선호할 수 있다. 이는 고객의 요구, 취향, 선호도를 더 잘 이해하는 데 도움이 될 수 있다.

넷째, 다양한 인력을 보유하면 기업의 브랜드 이미지가 개선될 수 있으며, 이는 긍정적인 순환 효과를 일으켜 기업이 고객층 내에서 더 나은 성과를 거두고, 결과적으로 여성 및 소수 민족 구성원의 우수한 인재를 더 많이 유치할 수 있게 된다.

다섯째, 일정 수준 이상의 다양성이 확보될 때 다양성이 직원 만족도를 높이고, 이는 생산성 향상으로 이어진다는 보고가 있다.[64] 소수 집단에 속한 직원들의 경우, 전체 인력에서 해당 집단의 비율이 15%를 초과할 때 만족도가 증가하는 경향이 있다. 반면, 형식적인 수준에 그치는 다양성 채용은 오히려 심리적으로 부정적인 결과를 초래할 수 있다.

가용한 보고에 따르면, 많은 기업이 여전히 다양성 증진에 있어 갈 길이 멀다. 예를 들어, 컨설팅 기업 Mercer는 28개국 164개 기업의 성별 다양성을 조사했다.[65] 연구 결과, 전 세계적으로 노동력의 모든 수준에서 여성이 여전히 과소 대표되고 있음이 밝혀졌다. 글로벌 노동 시장에 참여하는 여성의 수는 남성보다 적으며, 대부분의 조직에서 여성 임원의 비율은 낮다. 예를 들어, 북아메리카 지역에서는 고위 임원의 24%만이 여성이고, 유럽에서는 18%, 라틴 아메리카에서는 단 12%에 불과했다. 또한, 조직 내에서 직급이 높아질수록 남성과 여성 간의 불균형은 더욱 커지는 경향이 있다고 나타났다. Mercer의 조사에 따르면, 평균적인 글로벌 기업에서 하위 관리자급에서는 여성 비율이 36%였지만, 중간 관리자급에서는 26%, 임원급에서는 19%에 그쳤다.

국제 경영을 실행하는 기업들이 다양한 인력 구성을 구축하는 것은 쉽지 않다. 이는 문화적 소수 집단이나 대표성이 낮은 민족 집단의 정의가 국가별로 다를 수 있으며, 여성의 직장 내 수용 정도 역시 국가별로 상이할 수 있기 때문이다. 통계를 살펴보면, 북아메리카보다 라틴 아메리카에서 여성의 고위직 진출이 더 낮은 것은 문화적 요인 때문일 가능성이 크다. 마찬가지로, 전통적 가치관이 강조되는 일본이나 중동 국가에서는 여성의 고위직 진출이 흔치 않다.

이와 관련하여, 국제 경영을 실행하는 기업은 다양한 인력을 증진하기 위해 여러 가지 조치를 취할 수 있다[66](이와 관련한 사례로, Sodexo의 사례가 다음 MANAGEMENT FOCUS에서 소개된다). 다양성 증진 노력은 일종의 조직적 변화라는 점을 인식하는 것이 중요하다. 모든 변화 노력과 마찬가지로, 다양성 증진 노력은 최고 경영진이 주도해야 하지만, 조직의 모든 직급에서 함께 참여해야 한다. 최고 경영진은 다양한 포용적 문화를 구축하는 것이 가져오는 이점을 명확히 제시하는 가치 제안을 마련해야 한다. 또한, 명확한 목표(쿼터제가 아닌)를 설정하고, 현재 상황과 목표 상태 간의 차이를 파악하며, 성과 향상을 지속적으로 측정해야 한다. 특히, 기업은 글로벌 다양성 목표 달성에 대한 책임을 관리자들에게 부여하고, 목표를 달성하거나 초과 달성하는 관리자에게 보상을 지급해야 한다. 뿐만 아니라, 최고 경영진은 다양한 배경을 가진 인재를 채용하고 승진시킴으로써 모범을 보여야 한다.

다양성 워크숍을 통해 모든 직급의 직원들에게 보다 포용적이고 다양한 인력을 구축하는 것이 왜 중요한지를 교육할 수 있다. 여기에서 중요한 과제는 소수 민족 집단에 대한 무의식적인 선입견과 고정관념을 극복하는 것이다. 이를 위한 기법에는 다음과 같은 것들이 포함된다. (1) 역할극을 통해 소수 민족 집단에 속하지 않은 직원들이 선입견을 직접 경험하게 하는 것, (2) 성과 평가 직전과 같은 중요한 순간에 사람들에게 선입견에 대해 상기시키는 것, (3) 사람들에게 차이점에 집중하

Sodexo: 다양한 글로벌 인력 구축

Sodexo(sodexo.com)는 1966년 Pierre Bellon이 프랑스에서 설립한 기업으로, 작업장 설계, 현장 케이터링, 시설 관리, 청소용역, 의료, 수감자 재활, 직원 복리 후생 및 보상, 개인 및 가정 서비스 등을 포함한 다양한 '삶의 질' 서비스를 제공하는 글로벌 선도 기업이다. 이 기업은 80개 국가에서 42만 5,000명의 직원을 보유하고 있으며, 매일 7,500만 명의 고객에게 서비스를 제공하여 연간 230억 달러 이상의 수익을 창출한다. 프랑스에 본사가 있는 Sodexo는 북아메리카에서 수익의 43%를, 영국에서 11%, 프랑스를 포함한 유럽에서 30%, 나머지 지역에서 16%의 수익을 올리고 있다.

Sodexo는 글로벌 다양성을 갖춘 인력 구축에 대한 노력으로 잘 알려져 있으며, 2017년, 2018년, 2019년 연속 Diversity Inc의 연례 인력 다양성 분야에서 상위 10% 기업 목록에 선정되었다. Sodexo의 인력 다양성에 대한 헌신은 인력 다양성과 기업 성과 사이에 관계가 있다는 깊은 신념에서 비롯된다. 이 신념은 최근 McKinsey & Company의 연구에서도 입증되어, 성별과 인종 다양성이 상위 4분위에 속하는 기업들은 자국의 산업 평균 수치보다 35% 더 높은 재무 성과를 기록할 가능성이 높다는 결과가 나왔다. Sodexo는 다양성을 시장에서의 차별화 요소로 여기며, 이는 다양한 배경을 가진 고객사들에게도 중요한 가치로 작용한다고 보고 있다. 또한, 다양성 추진 전략은 우수 인재를 유치하는 데 활용될 수 있다. 더불어 다양한 시각을 문제 해결에 반영하면 의사 결정이 개선되고 고객과 소비자를 위한 혁신적인 해결책을 도출할 수도 있다.

Sodexo는 세대, 성적 지향, 장애, 문화와 출신 배경, 성별의 다섯 가지 주요 분야에서의 다양성에 강조하고 있다. 전 세계적으로 Sodexo의 이사회 중 50%가 여성이고, 글로벌 임원진의 31%와 1,400명의 고위급 리더 중 30%가 여성으로 구성되었다. CEO Michel Landel은 2025년까지 모든 고위급 리더의 40%가 여성이 되기를 목표로 하고 있다. 또한 Sodexo의 60%는 인종적 다양성을 가진 관리자로 구성되어 있다. Sodexo는 다양한 인력과 경영진을 구축하려는 의지를 여러 경로를 통해 실천에 옮긴다. 이것은 다양성 리더십 위원회의 의장직을 맡고 있는 최고 경영자 Denis Machuel부터 시작되며, 이 위원회는 기업 전반의 다양성 우선 정책을 설정하여 기업 인력 배치 및 다양성 교육 프로그램을 감독한다. 이후 각 국가의 관리자들에게 프로그램을 개발하고 세부 조정을 하여 실행할 권한을 분산시킨다. 각 국가는 해당 지역의 CEO가 의장을 맡은 지역별 다양성 리더십 위원회(북아메리카, 유럽, 남미 등)에 보고한다. 기업은 각 국가가 자체적인 지역 다양성 프로그램을 수립할 수 있도록 허용하며, 동시에 다양성 교육과 같은 일부 본사 차원의 프로그램에 참여할 것을 요구한다. 이 분권화된 접근법은 국가별 상황에 따라 각각의 해외 지사의 다양성 관련 진행 상황 차이를 초래할 수 있다. 이 기업의 미국 내 최고 다양성 담당자는 "미국에서 다양성 관련 노력이 더 발전된 상황임에도 불구하고, 모든 것이 기초부터 시작되기에 우리는 그 성과를 나머지 조직에 그대로 적용하기는 한계가 있다. 유럽의 25개국 각 국가에 대해 우리는 기초부터 다양성 관련 노력을 구축해야 하며, 그렇게 해야 각국이 더 큰 주인의식을 가질 수 있다. 각 국가는 그것이 여기(현지)에서 구축되지 않으면 받아들이지 않는다."라고 말했다.* 동시에, Sodexo는 유익한 방안이 회사 전반에 공유될 수 있도록 교차 지역 간 다양성 위원회(Cross Market Diversity Council)를 마련했다.

다양성의 중요성을 강조하기 위해 Sodexo는 정량적, 정성적 지표로 구성된 다양성 점수표를 기준으로 개별 관리지의 성과를 평가하며, 각 국가의 문화적 특성을 반영하여 조정될 수 있도록 한다. 경영진의 연간 성과급 중 25%와 고위 및 중간 관리자들의 성과급 중 10~15%는 다양성 점수 지표의 성과와 연계되어 결정된다.

* "Driving Global Diversity: Selected Examples of Global Diversity Efforts," *Diversity Best Practice*, May 2013, https://www.diversitybestpractices.com/news-articles/driving-global-diversity-selected-examples-global-diversity-efforts.

Sources: "The 2017 Diversity Inc Top 50 Companies for Diversity," *Diversity Inc*, www.diversityinc.com/sodexo-2017; "Leaders in Diversity and Inclusion," Aperian Global, www.aperianglobal.com/leaders-diversity-inclusion-5-lessons-top-global-companies; "Driving Global Diversity: Selected Examples of Global Diversity Efforts," *Diversity Best Practice*, May 2013; V. Hunt, D. Layton, and S. Prince, "Diversity Matters," McKinsey & Co, February 2, 2015; Betsy Silva, "Diversity and Inclusion: A Strategic Imperative—The Sodexo Story," Commission on Economic Inclusion, Greater Cleveland Partnership Change Management Conference, July 17, 2011; "Sodexo Scores Among the Highest in the Diversity Best Practices Inclusion Index," Sodexo Press Release, October 24, 2019.

도록 유도하여 고정관념을 줄이는 것 등이 있다. 한 실험에서는 프랑스 학생들이 아랍인 지원자를 차별하는 경향을 보였으나, 사진 속 인물들의 차이점을 설명하도록 요청받았을 때는 차별이 사라졌다. 이는 차이점을 명확히 인식하는 과정에서 학생들이 자신의 무의식적 선입견을 깨닫게 되었기 때문으로 해석된다.

모든 성별 및 소수 민족 집단을 대상으로 한 적극적인 채용 활동은 다양한 인력 층의 채용을 증가시킬 수 있다. 또한, 근무 정책을 조정하는 것보다 다양한 인력을 유치하는 데 도움이 될 수 있다. 예를 들어, 직장 내 보육 시설을 운영하면 일하는 부모들에게 더 매력적인 근무 환경을 제공할 수 있다. 추가로, 여러 기업들은 직원 추천 그룹(employee reference group)을 구성하는 것이 유익하다는 점을 발견했다. 이러한 그룹에서는 소수 집단 직원들이 서로 네트워킹하고 조언을 주고받으며 상호 지원할 수 있다.

국제 노사 관계

[학습 목표 7] 노동조합이 국제 경영 기업의 전략적 선택에 어떤 영향을 미칠 수 있는지 이해한다.

국제 기업의 인적 자원 관리의 역할은 주로 국제 노사 관계를 담당한다. 전략적 관점에서 국제 노사 관계의 핵심은 노동조합이 국제 경영의 선택을 어느 정도 제한할 수 있는가이다. 예를 들어, 노동조합은 기업이 다국적 혹은 국제적 표준화 전략을 실행하는 것을 어렵게 함으로써, 기업의 경험 곡선과 입지 우위를 실현하기 위해 전 세계에 퍼져있는 기업 활동을 통합하려는 기업의 노력을 제한할 수 있다. Prahalad와 Doz는 가장 효율적인 방식으로 생산 시설을 합병·정리하지 않기로 동의하며 노동조합과 화합을 이룬 General Motors의 경우를 국제 노사 관계에 대한 사례를 언급하였다.[67] General Motors사는 독일 금속 세공인 노동조합의 요구에 따라, 독일에 상당한 투자 – 오스트리아와 스페인에서의 새로운 투자에 맞먹는 수준의 정도 – 를 했다.

Martin Leissl/Bloomberg/Getty Images

독일 아이제나흐 시의 GM 공장 내 Adam Opel AG 자동차의 차대를 작업하고 있는 근로자들.

인적 자원 관리 기능의 한 가지 임무는 기업과 노동조합 사이의 갈등을 최소화하여 화합을 촉진하는 것이다. 이에 대하여, 세 부분으로 나누어 구체적으로 살펴보고자 한다. 첫째, 노동조합이 우려하는 다국적 기업에 관한 내용을 살펴볼 것이다. 둘째, 노동조합이 이러한 우려를 해결하기 위해 시도한 방법을 살펴본다. 셋째, 노동 쟁의를 최소화하기 위해 국제적인 기업들이 어떠한 방식으로 노동 관계를 관리하는지에 대해 다룰 것이다.

노동조합의 우려

일반적으로 노동조합은 경영진과의 단체 교섭을 통해 근무자들의 보다 나은 보수와 고용 보장, 근로 조건을 보장받고자 노력한다. 조합 교섭권은 파업이나 그 밖의 여러 형태의 노동 쟁의(예: 초과 근무 거부)를 통해서 생산 중단의 가능성을 경영진에게 경고함으로써 얻어진다. 그러나 이런 위협들은 확실히 효과가 있으나 기업이 다른 대안 없이 조합 노동자들을 계속 고용해야만 하는 상황일 때로 한정된다.

노동조합이 다국적 기업에 대해 가장 크게 걱정하는 점은 해당 기업이 생산 기지를 다른 국가로 옮기는 방식으로 조합의 교섭에 대응하여 노동조합의 협상력을 약화시킬 수 있다는 것이다. 예로서 Ford는 영국의 노동조합에게 생산량을 제한하는 작업 규칙을 단념하고, 임금 인상 협상을 자제하며, 파업과 기타 업무에 방해되는 행위를 그만두지 않으면 유럽 본토로 생산 공장을 옮기겠다고 명백하게 밝혔다.[68]

또 다른 노동조합의 우려는 전 세계를 대상으로 기업 활동을 수행하는 기업의 경우, 본국에서는 고도의 기술을 요구하는 작업만을 진행하고 저숙련 노동자로도 가능한 작업은 해외 공장에 하청을 줄 것이라는 점이다. 이러한 운영 방식은 글로벌 기업이 경제적 이유라는 미명하에 생산지를 한 지역에서 다른 지역으로 이전하는 것을 상대적으로 쉽게 만든다. 그 결과, 노동조합의 단체 교섭력이 다시 한번 약화된다.

마지막으로 노동조합의 우려는 글로벌 기업이 본국의 제도에 따라 직원 채용과 계약상의 조건을 시행하고자 할 때 발생한다. 본국의 제도와 경영 대상국의 제도가 이질적일 경우, 노동조합은 그들의 영향력과 교섭력이 감소될 것을 우려하게 된다. 이러한 우려는 일본 다국적 기업들이 다른 국가에서 자국의 노사 관계 방식을 적용하려고 시도했을 때 표면화되었다. 예를 들어, 다분히 성가신 미국의 자동차 노동조합으로 인해 미국 내 많은 일본 자동차 공장은 노동조합을 결성하지 않았다. 그 결과, 자동차 산업 내에서 조합의 영향력 감소로 이어지고 있다.

노동조합의 전략

노동조합은 다국적 기업들의 협상력이 높아짐에 따라 세 가지 대책을 세워 대응하고자 하였다. 첫째, 세계적 규모의 노동조합을 조직하고자 시도하고, 둘째, 다국적 기업들의 활동을 제한하는 국가 차원의 법률을 제정하려 로비 활동을 벌여, 셋째, UN과 같은 국제 기구를 통해 다국적 기업들을 대상으로 하는 국제 규제를 도입하려 시도하였다. 그러나 이러한 노력들은 그다지 성공적이지 않았다.

1960년대 노동조합은 국제무역사무국(International Trade Secretariats, ITSs)을 설립하여 특정 산업에서 국가별 노동조합을 하나로 통합할 수 있는 세계적인 연결 고리를 마련하고자 하였다. 설립된 사무국의 장기적인 목표는 다국적 기업들을 대상으로 국적을 초월하여 협상할 수 있는 능력을 갖추는 것이었다. 노동조합은 ITSs를 통해 여러 국가에 있는 조합들이 함께 움직임으로써 다국적 기업의 생산 활동에 잠재적인 위협이 될 것이라고 판단했다. 이를 바탕으로 노동조합은 다국적 기업에 대응할 힘을 얻을 수 있을 것이라고 믿었다. 예를 들어, Ford가 생산국을 영국에서 유럽 지역으로 바꾸겠다고 위협하였을 때, 유럽의 많은 국가 내 조합이 연대하여 반대했다면, 그 위협은 성공하지 않았을 것이다.

그러나 ITSs는 사실상 가시적으로 드러내는 성공을 거두지 못했다. 국가별 노동조합은 협력하고자 하지만 그들 서로가 글로벌 기업들의 투자를 유치하고 이를 통해서 조합원들에게 제공할 일자리를 창출하기 위해 서로 경쟁하는 관계이기 때문이다. 예를 들어, 자동차 산업의 국가별 노동조합들은 조합원들에게 새로운 일자리를 제공하기 위해서 새로운 공장을 지을 장소를 물색하는 자동차 기업을 유치하려고 한다. Nissan이 유럽 생산 시설을 스페인이 아닌 영국에 건설하기로 결정한 이유 중 하나는 영국의 노동조합이 스페인 노동조합보다 해당 기업의 더 많은 요구를 받아들이는 것에 동의했기 때문이다. 이러한 국가별 노동조합 간 경쟁으로 인해 협력 체계를 구축하는 것이 어려워졌다.

협력의 또 다른 장애물은 각 노동조합들의 구조의 큰 차이점이다. 직종별 노동조합은 각국에서 독립적으로 발전했다. 그 결과, 노동조합의 구조와 이데올로기는 단체 교섭력과 마찬가지로 국가 마다 상당한 차이를 보인다. 예를 들어, 영국, 프랑스, 이탈리아의 많은 노동조합은 사회주의자들의 영향을 많이 받았기에 단체 교섭을 '계급 투쟁(class conflict)'의 관점에서 본다. 반면, 독일, 네덜란드, 스칸디나비아, 스위스 내 대부분의 노동조합들은 훨씬 정치적으로 온건하다. 국가별 노동조합들의 사상 차이는 협력을 어렵게 만들었다. 이러한 사상 차이로 인하여 사회 내 노동조합의 역할을 바라보는 관점과 조합이 다국적 기업에 어떤 태도를 취해야 하는지에 대해 근본적인 견해 차이가 나타난다.

노동조합은 다국적 기업을 규제하기 위한 국가별/국제적인 협력을 얻는데 크게 성공하지는 못했다. 국제노동기구(International Labour Organization, ILO)와 경제협력개발기구(Organisation for Economic Co-operation and Development, OECD)는 노사 관계에서 다국적 기업들이 따라야 할 행동 강령을 도입했다. 그러나 이러한 지침들은 많은 노동조합이 만족할 만한 수준의 것이 아니었다. 행동 강령은 그저 권장에서 그치는 수준으로, 어떠한 집행 방법도 제시하지 않았기 때문이었다. 많은 연구자들은 이러한 지침은 효과가 제한적이라고 보고하고 있다.[69]

노사 관계에 대한 접근법

국제 노사 관계를 대하는 글로벌 기업들의 접근 방식은 기업별로 상당히 다르다. 주요 차이점은 노사 관계 활동이 어느 정도로 집중 혹은 분산되어 있는가 하는 점이다. 역사적으로 대부분의 글로벌 기업들은 국제적 노사 관계 활동을 해외 지사로 분산시켰는데, 그 이유는 노동법, 노동조합의 영향력, 단체 교섭의 성격이 각 국가마다 큰 차이를 보이기 때문이다. 노사 관계의 기능을 분산시키는 것은 각 지역의 현지 관리자들에게도 충분히 합리적이라는 판단이 있었기 때문이다. 이는 중앙의 관리자가 여러 국가에서 복잡한 노사 관계를 동시에 효과적으로 관리할 수 없을 것이란 믿음을 바탕으로 한 것이었다.

이러한 논리에도 불구하고, 최근에는 기업이 국제 노사 관계를 중앙 집중적으로 관리가 강화되는 추세이다. 이러한 영향은 글로벌 기업들이 글로벌 경영 활동을 합리화하려는 노력을 반영한다. 산업별로 경쟁이 치열해짐에 따라 기업들은 비용을 통제하고 관리하는 것이 중요함을 인식했다. 인건비가 총 소요 예산의 상당한 부분을 차지하기 때문에, 많은 기업들은 작업 규칙을 바꾸고 임금 인상을 제한 하기 위한 협상을 벌일 때, 생산 기지를 다른 국가로 이전하는 것을 고려하고 있다고 위협한다(앞서 언급한 Ford의 생산 기지 이전이 이에 해당한다). 생산 기지 이전 등은 대규모 신규 투자와 기존 공장의 폐쇄를 수반하는 것이기 때문에 이런 방식의 협상 기술은 본사 경영진들이 관여해야 한다. 그러므로 노사 관계에서 중앙 집중적인 개입의 수준이 증대되고 있는 것이다.

더불어, 공장 내에서의 작업 편제 방식이 경쟁 우위의 원천이라는 인식이 확산되고 있다. 예를 들어, 일본의 자동차 제조 기업의 경쟁력은 팀별 관리제, 직무순환, 교차 훈련과 같은 전략들을 통해 구축된 것이라고 할 수 있다.[70] 일본 기업들은 자국 내에서 얻은 성과를 해외 공장에서도 재현하기 위해 국외에서도 자국의 작업 방식을 고수하려고 하였다. 그러나 이러한 방식은 종종 기존 국가에서 고수하는 업무 수행 방식과 직접적인 충돌을 야기하며 해당 지역 노동조합의 제재를 받기 때문에, 일본 기업들은 작업 방식의 급격한 변화를 수용하는 노동조합에 투자를 했다. 이를 실현하기 위해 많은 일본 기업 본사는 투자를 실시하기 전, 작업 규칙을 변경하는 데 합의를 이끌어 내고자 현지 지역 노동조합과 직접 협상하였다. 예를 들어 Nissan은 영국 북부에 투자 결정 이전에 영국 노동조합으로부터 기존 작업 관행을 변화하는 데 동의를 확보했다. 본질적으로, 이런 방식의 전략을 구사하기 위해서는 노사 관계 기능을 중앙 집중식 통제가 필수적이다.

360° 관점: 거시 환경의 영향

이 책 전반에서 언급된 바와 같이, 지난 수십 년간의 주요 환경적 흐름 중 하나는 글로벌화로의 전환이었다. 이 거대한 흐름은 기업이 인사 정책에서 보다 전 지구적 접근 방식을 채택하도록 요구했으며, 다양한 국가의 운영 사이에서 원활하게 이동할 수 있는 글로벌 인재 층, 즉 관리자, 과학자, 엔지니어들로 구성된 인력을 개발하는 것을 필수적으로 만들었다. 기업이 보다 글로벌한 관점과 전략을 채택함에 따라, 인적 자원 역시 이에 맞춰 글로벌화되어야 한다. 이 장에서 논의된 또 다른 중요한 관련 흐름은 전 세계적으로 진행되고 있는 인종 및 성별 다양성의 확대이다. 국제 경영에서는 다양한 인력을 구축하는 것이 점점 더 중요해지고 있으며, 이는 당연한 흐름이다. 이 장에서 앞서 논의한 바와 같이, 다양한 인력을 보유한 기업은 여러 가지 이유로 더 좋은 성과를 내는 것으로 보인다. 분명히, 이러한 기업들은 가용한 인적 자원을 잘 활용하고, 인재 풀과 회사 내 직무 간 더 나은 적합성을 달성할 수 있다. 경제적 측면에서 고려할 때, 다양성은 인적 자원의 분배를 개선하고, 그 결과 더 높은 생산성과 혁신을 이끌어 낸다.

앞선 장들에서 일부 세계 주요 경제 국, 특히 두 개의 큰 경제국인 미국과 중국 간의 지정학적 갈등과 무역 분쟁으로 인해 글로벌화에서 벗어나려는 움직임이 있을 수 있다는 점을 목격했다. 이러한 경제적 민족주의로의 전환이 지속될지는 현재로서는 불확실하지만, 이는 경영자들이 무시할 수 없는 트렌드이다. 이러한 변화가 국제 경영의 인적 자원 관리 전략에 어떤 영향을 미칠 수 있을까? 아마도 경제적 민족주의 강화의 큰 영향 중 하나는 여러 국가에서 반이민 정서가 확산되고 있다는 점일 것이다. 예를 들어, 영국의 유럽 연합 탈퇴(Brexit)는 부분적으로 이민을 제한하려는 욕구(주로 동유럽에서의 이민)를 바탕으로 한 것이었다. 미국에서 Donald Trump는 더 엄격한 이민 정책을 시행하겠다는 약속을 바탕으로 많은 지지를 얻었다(그의 행정부하에서 합법 및 불법 이민에 대한 정책이 강화되었다). 인도에서는 새로운 이민 정책이 이슬람교도들이 인도로 이민하고 시민이 되는 것을 더 어렵게 만들고 있다.

국제 경영에 참여하는 기업의 경우, 합법적인 이민에 대한 더 엄격한 정책은 전 세계적으로 인적 자원의 파견을 더 어렵게 만들 수 있다. 이는 인적 자원의 효율적인 배분을 달성하는 데 방해가 될 것이다. 따라서 이러한 정책은 전 지구적 인사 정책을 실행하는 것을 더 어렵게 만들 것이다. 최고의 인재를 선발하고 개발하며, 그 인재를 가장 적합한 직무와 매칭하는 것과 관련된 일부 이득이 사라질 수 있다. 그 결과, 일부 국제 경영을 행하는 기업들은 인사 정책을 보다 현지 중심적 접근 방식으로 되돌려야 할 수도 있을 것이다. 더욱이, 인적 자원의 국경 간 이동에 대한 제한이 강화되는 추세가 계속된다면, 국제 경영을 행하는 기업들은 특정 해외 자회사에 더 많은 투자를 통해 대응할 것으로 예상할 수 있다. 예를 들어, 인도에서 온 엔지니어링 인재에 대한 근로 비자 제한이 강화되자, 여러 미국 기술 기업들은 그 인재들을 미국으로 다시 데려오는 대신 인도에서의 운영에 더 많은 투자를 해 왔다. 또 다른 가능한 결과는 기업들이 이민에 대해 더 환영하는 태도를 가진 다른 국가에서 운영을 확장하는 것이다. 따라서 미국이 이민 정책을 강화함에 따라 일부 일화적 증거는 캐나다가 더 많은 인재를 끌어들이고 있음을 나타낸다.[71] Amazon과 Microsoft와 같은 기업들은 전 세계에서 고급 기술 인재에 크게 의존하고 있기 때문에, 해당 인재들을 미국으로 데려오는 대신 캐나다에서의 운영을 확장하는 방안을 선택하고 있다.

주요 용어

인적 자원 관리(HRM)	인사 정책	자민족 중심적 인사 정책	전 지구적 인사 정책
해외 파견 관리자	기업 문화	현지 중심적 인사 정책	파견 실패

요약

이 장은 국제 경영에서의 인적 자원 관리에 초점을 두어 살펴보았다. 인적 자원 관리 활동은 인적 자원 전략, 인재 채용, 성과 평가, 경영 개발, 보상, 노사 관계 등이 포함된다. 이러한 활동은 어느 것 하나 무의미하게 수행되는 것이 아니라 모든 것은 기업 전략에 적합하게 실행되어야 한다. 이 장의 주요 내용은 다음과 같다.

1. 기업의 성공을 위해 인적 자원 관리 정책은 기업 전략 및 기업의 공식·비공식적 구조와 통제 시스템과도 일치해야 한다.
2. 인사 정책은 특정 업무 수행에 요구되는 역량을 보유한 직원을 선발하는 것과 관련이 있다. 인사 정책은 조직 문화의 개발과 촉진의 도구로도 활용될 수 있다.
3. 인사 정책에 있어 자민족 중심적 접근 방식은 기업의 모

국 출신 인사들로 핵심 경영진을 구성하는 것을 의미한다. 이 정책은 국제화 전략과 부합한다. 이 정책의 단점은 문화적 단견을 초래할 위험이 있다는 것이다.

4. 현지 중심적 인사 정책은 경영 해당 국가의 현지인이 해외 자회사를 관리하고 기업의 모국 출신 인사들은 본사의 핵심 직책을 맡도록 하는 방식이다. 이는 문화적 단견으로 인해 발생할 수 있는 위험을 줄일 수 있지만 본국과 해당 국가 간의 운영상의 차이를 초래할 수 있다. 이 정책은 현지화 전략에 가장 적합하다.
5. 전 지구적 인사 정책은 국적에 관계없이, 업무에 가장 적합한 인재를 선발하는 방식이다. 이는 강력하고 통합된 기업 문화를 조성하고 비공식적 경영 관리 네트워크를 구축하는 데 적합하다. 글로벌 표준화와 초국가적 전략 두 방식 모두와 잘 맞는다. 경영 대상국 정부의 이민 정책이 이러한 정책 실행을 제한할 수도 있다.
6. 국제 인사 정책에 있어 중요한 쟁점은 해외 파견 관리사가 임기를 채우지 못하고 자국으로의 조기 복귀로 정의되는 해외 파견 실패이다. 해외 파견 실패는 기업에 상당한 비용 부담을 초래할 수 있다.
7. 해외 파견 실패는 부적합한 후보자를 제거하는 과정을 통해서 줄일 수 있다. 가장 성공적인 해외 파견 관리자는 일반적으로 자긍심과 자신감이 높고, 대인 관계가 원만하며, 현지 언어로 의사소통하려는 적극적인 의지가 있으며, 다른 문화권 사람들과 공감대를 형성할 수 있는 특징을 보인다.
8. 교육을 통해 해외 파견 실패 가능성을 낮출 수 있다. 이는 문화 교육, 언어 교육, 실무 교육으로 구성되며, 해외 파견 관리자와 배우자가 함께 교육을 제공받도록 해야 한다.
9. 경영 개발 과정은 지속적인 경영 교육과 다양한 직무를 순환하는 방식인 순환 업무 과정을 통해 경영자의 전체적인 기술 수준을 향상시키는 것을 목표로 한다. 경영 개발은 강력한 통합 문화와 비공식적 경영 관리 네트워크 구축을 위한 전략적 수단으로 종종 사용되며, 이러한 측면은 초국가적 전략과 글로벌 표준화 전략 시행에 기여한다.
10. 해외 파견 관리자의 성과를 객관적으로 평가하는 것은 무의식적인 선입견으로 인해 어려울 수 있다. 기업은 이러한 선입견을 줄이기 위한 다양한 조치를 취할 수 있다.
11. 수당/보상 지급에 있어서 국가별 차이로 인해 해외에서 기업 활동을 수행하는 기업은 어려움을 겪는다. 기업은 다른 국가들의 경영진에게 주는 수당을 각 국가별 기준에 따라 지급할 것인지, 아니면 글로벌 기준을 적용하여 보상 수준을 동일하게 지급해야 하는가?
12. 해외 파견 근무자의 수당 지급에 대한 가장 일반적인 접근 방식은 대차대조표 접근법이다. 이 접근법은 해외 파견 근무자가 본국에서 유지했던 생활 수준을 해외 파견 국가에서도 유지할 수 있도록 구매력을 균등하게 보장하는 것을 목표로 한다.
13. 다양한 글로벌 인력 구성은 경쟁 우위의 원천이 될 수 있다. 다양한 인력이란 모든 성별이 균형 있게 구성되고, 다양한 문화적, 민족적 소수 구성원이 포함되는 것을 의미한다. 인력의 다양성은 우수한 재무 성과와 연관성이 있는 것으로 나타났다.
14. 국제 노사 관계에서 핵심적인 문제는 노동조합이 국제 경영을 수행하는 기업의 경영 선택 가능 범위를 어느 정도까지 제한할 수 있는가에 관한 것이다. 초국가적 혹은 글로벌 표준화 전략을 추구하는 기업의 활동은 노동조합의 행동에 의해 크게 제약이 될 수 있다.
15. 노동조합의 주요 우려 사항 중 하나는 다국적 기업이 생산 시설을 해외로 이전하겠다는 위협을 통해 노조의 협상력을 약화시킬 수 있다는 점이다. 이에 대응하기 위해 노동조합은 국제 노동 조직을 결성하려 했다. 하지만 전반적으로 이러한 시도는 효과적이지 않았다.

비판적 사고와 토론을 위한 질문

1. 인사 정책에 대한 자민족 중심적, 현지 중심적, 전 지구적 접근 방식의 주요 장점과 단점은 무엇인가? 각 접근 방식이 적절한 상황은 언제인가?
2. 한 연구에 따르면, 많은 해외 파견 관리자들이 본국으로 복귀한 후 해외 지사에서 발휘되었던 그들의 노력이 본국에서 제대로 발휘되지 못하고 기업에 기여하지 못하는 문제에 직면하게 된다고 지적한다. 이러한 문제의 주요 원인과 결과는 무엇이며, 기업은 이러한 문제 발생을 어떻게 줄일 수 있는가?
3. 기업 내에서 해외 파견 근무자의 활용과 그들에 대한 급여 수준을 고려하였을 때, 해외에서 기업 활동을 수행하는 기업의 전략과 인적 자원 관리 정책 간의 연관성은 무엇인가?
4. 노동조합은 어떠한 방식을 통해 해외에서 기업 활동을 수행하는 기업의 전략적 선택을 제한할 수 있는가? 이런 기업들은 어떻게 노동조합이 행하는 이러한 제약을 최소화할 수 있는가?
5. MANAGEMENT FOCUS 'McDonald's의 글로벌 수당 지급 방식'을 다시 읽어 보라. 다양한 국가로 파견된 관리자들의 성과 평가와 추가 수당 지급에 대하여 살펴보았을 때, McDonald's의 접근 방식이 어떻게 지역적인 차이를 고려하는 기업들에게 도움이 될 수 있는가?
6. 다양성은 국제 경영을 수행하는 기업에게 왜 중요한가? 기업이 다양성을 증진하기 위해 취할 수 있는 조치는 무엇인가?
7. MANAGEMENT FOCUS 'Sodexo: 다양한 글로벌 인력 구축'을 다시 읽고, 다음 질문에 답하라.
   a. 글로벌 인력의 다양성을 확대하는 것이 Sodexo의 높은 성과 달성에 어떻게 기여할 수 있는가?
   b. Sodexo와 같은 기업이 글로벌적으로 분포되어 있는 해외 지사의 인력 다양성을 확대하는 데 직면하는 주요 장애물은 무엇인가?
   c. Sodexo는 글로벌 인력 다양성을 확장하기 위해 어떤 정책을 시행하고 있는가?
   d. Sodexo의 다양성 정책을 평가하라. 이 기업이 올바른 방향으로 가고 있는가? 적절한 정책이 마련되어 있는가? 추가로 고려해야 할 사항이 있는가?
   e. Sodexo는 인사 정책에 있어 각국의 관리자들에게 프로그램 개발과 실행 권한을 위임하는 분권화된 접근 방식을 취하고 있다. 이러한 접근 방식의 장점은 무엇인가? 이러한 접근 방식의 잠재적인 단점은 무엇인가?
8. 각국의 이민 정책이 강화될 경우, 국제 경영을 실행하는 기업에는 어떤 영향을 미칠 수 있는가?

Colgate-Palmolive의 다양한 글로벌 인력 개발

1806년 뉴욕에서 설립된 Colgate-Palmolive는 유구한 역사를 가진 다국적 기업 중 하나로 성장했다. 이 기업은 잘 알려진 구강 관리 제품 외에도 샴푸, 샤워젤, 데오드란트 및 가정용 제품을 제조하며, 전 세계 200개 이상의 국가에서 판매하고 있다. 2022년 기준 연간 매출 180억 달러 중 약 70%가 해외 시장에서 발생하며, 이 중 50%는 신흥 시장에서 창출된다. Colgate는 전 세계 치약 시장에서 약 40%의 점유율(가장 근접한 경쟁사의 2.5배)을 차지한다. 인도에서는 40% 이상, 브라질에서는 67%, 중국에서는 27%의 시장 점유율을 차지하고 있다. 이 기업의 성공은 제품 혁신, 개발, 브랜드 관리의 오랜 전통에 기반하고 있다. 많은 다국적 소비재 기업들과 마찬가지로, 자사의 제품을 다양한 국가와 지역의 시장 환경 차이를 반영하여 마케팅 믹스를 조정하고 있다.

이 다국적 기업을 꾸준히 차별화시켜 온 요소 중 하나는 전 세계적으로 다양한 인력을 구축하려는 노력이다. 2022년 12월 기준으로 Colgate는 100개 이상의 국가에 약 33,000명의 직원을 두고 있다. 직원의 약 36%는 아시아 태평양 지역에, 30%는 라틴 아메리카에, 15%는 북아메리카에, 15%는 유럽에 분포해 있다. 기업은 모든 구성원이 국가를 넘어 전 세계에서 함께 협력하는 글로벌 팀의 일원임을 강조한다. Colgate는 국가와 지역 간에 아이디어, 기술, 인재를 공유함으로써 기업이 지속 가능한 이익 성장을 이룰 수 있다고 믿는다.

진정한 글로벌 기업으로서 Colgate는 직원들이 거주하고 일하는 지역 사회의 다양성을 반영하는 인력을 확보하기 위해 노력하고 있다. 현재 Colgate의 글로벌 인력의 약 60%는 남성, 40%는 여성이며, 여성은 회사의 임원 중 41%를 차지하고 있다. 전 세계적으로 직원의 인종과 민족을 측정하는 것은 어려운 일이지만, 미국 본사에서는 자사 직원의 67%가 백인, 11%가 히스패닉, 9%가 흑인, 8%가 아시아인, 5%가 기타로 스스로 인식했다고 보고했다. Colgate는 미국 본사뿐만 아니라 전 세계적으로 이 구성을 개선하기 위한 프로그램을 운영하고 있다. 기업의 인재 관리 시스템은 여성과 다양한 문화권의 사람들과 특히 소수 집단을 포함한 사람들의 진출을 촉진하는 것을 포함한다. 포용성을 더욱 촉진하기 위해, Colgate는 다양한 소수 대표 집단의 구성원들을 위한 직원 자원 그룹을 설립했다. 각 자원 그룹은 비즈니스와 지역 사회 참여를 촉진하고 문화적 인식을 높이기 위한 프로그램을 개발하고 실행하여 근무 환경 개선에 기여하고 있다.

supermodel/Shutterstock

Colgate의 글로벌 마인드를 가진 경영진을 양성하는 과정은 입사 초기 단계부터 시작된다. 이 기업은 전 세계의 대학이나 경영대학원에서 다양한 교차 문화적 상황을 다룰 수 있는 능력을 입증받은 학생들을 채용한다. 이들은 외국어를 구사할 수 있는 경우가 많고 이미 해외에서 일하거나 거주한 경험이 있을 수 있으며, 최소한 광범위하게 여행을 다녀 본 경험이 있을 것이다. 초기에는 신입 사원들을 해외로 장기 파견하는 대신, 6개월에서 18개월 동안 지속되는 일련의 교육 프로그램에 참여시키는 방식을 채택한다. 예를 들어, 미국에서 채용된 한 관리자는 30세가 되기 전에 체코 공화국과 발트 국가에서 근무한 후 우크라이나의 해외 지사 관리자 직을 맡았다.

이러한 인재 개발 과정의 결과는 다섯 명으로 구성된 최고 경영진의 배경과 경력에서 확인할 수 있다. 현재 CEO인 Noel Wallace는 1987년 Colgate에 입사한 후 세계 여러 지역에서 고위 관리직을 거치며 경력을 쌓았으며, 그 과정에서 라틴 아메리카 사업부의 대표를 역임했다. 경영진 중 두 명은 미국 외 지역 출신이다. Prabha Parameswaran은 인도에서 경력을 쌓기 시작해 아시아와 멕시코에서 주요 직책을 맡았다. 현재 그녀는 Colgate의 성장 및 전략 부문 대표를 맡고 있다. Panagiotis Tsourapas는 1992년 그리스에서 Colgate-Palmolive에 합류한 후, 그리스와 유럽에서 다양한 직책을 거쳐 2012년 Colgate 아프리카/유라시아 사업부 대표가 되었다. 현재 그는 유럽과 신흥 시장 그룹 대표로 활동하고 있다.

Sources: Colgate-Palmolive 2022 10K Report; E. Lash, "Colgate Cleans Up in Q4," *Morningstar*, January 29, 2021; J. S. Black and H. Gregersen, "The Right Way to Manage Expats," *Harvard Business Review*, March–April 1999.

CLOSING CASE 토론을 위한 질문

1. Colgate-Palmolive와 같은 기업이 다양한 인력을 구축하는 경제적 이점은 무엇인가? 인력의 다양성이 기업의 성과에 어떤 영향을 미칠 가능성이 있는가?
2. Colgate-Palmolive는 다양한 인력을 구축하기 위해 어떤 메커니즘을 활용하는가? 이러한 메커니즘은 얼마나 효과적이라고 평가할 수 있는가?
3. 이 기업이 글로벌 인력의 다양성을 더욱더 촉진할 수 있다고 생각하는가? 그렇다면 추가적으로 어떠한 방안을 마련할 수 있는가?
4. 다양한 글로벌 인력을 구축하는 데 가장 일관된 인사 정책은 무엇인가?

미주(endnotes)는 한경사 홈페이지 www.hankyungsa.co.kr의 공지 사항에서 PDF 파일로 다운로드 할 수 있습니다.

| 용어 해설 |

ㄱ

가치 창출(value creation) 소비자에게 제공되는 상품이나 서비스의 가치를 높이기 위한 활동을 수행하는 것.

가치(values) 어떤 사회가 선하고, 옳으며, 바람직하다고 믿는 것에 대한 추상적 개념.

개인주의 대 집단주의(individualism versus collectivism) 개인이 다른 사람들과 맺는 관계에 초점을 둔 것. 개인주의적인 사회에서는 개인 간의 유대가 느슨하며, 개인의 성취가 중요하게 여겨지는 반면, 집단주의가 강조되는 사회에서는 개인 간의 유대가 강하며, 사람들은 대가족과 같은 집단 속에서 태어나며, 집단의 이익을 보호하는 것이 중요한 의무로 간주됨.

개인주의(individualism) 개인의 자유와 자기 표현을 보장하는 것의 중요성을 강조하는 것.

개척 비용(pioneering costs) 현지 규칙을 익히는 데 드는 시간과 노력, 무지로 인한 실패, 그리고 외국인으로서의 불이익 등과 같은 후발 진출 기업이 피할 수 있는 반면, 조기 진출 기업이 부담해야 하는 비용.

거래 노출(transaction exposure) 개별 거래에서 발생하는 소득이 외환 가치 변동에 의해 영향을 받는 정도.

견인 전략(pull strategy) 대인 판매보다 매스미디어 광고를 강조하는 마케팅 전략.

경상 계정(current account) 재화와 서비스의 수출입을 포함한 거래를 기록하는 계정.

경영 윤리(business ethics) 비즈니스 종사자의 행동을 규율하는 옳고 그름에 대한 받아들여지는 원칙.

경제동맹(economic union) (1) 회원국 간 상품, 서비스, 생산 요소의 자유로운 이동을 저해하는 모든 장벽을 제거하고, (2) 공통 통화를 도입하며, (3) 세율을 조정하고, (4) 공통 대외 무역 정책을 채택하는 국가들의 연합.

경제적 노출(economic exposure) 환율 변동에 의해 기업의 미래 국제 수익력이 영향을 받는 정도.

경제적 위험(economic risk) 한 국가의 경제적 오판이나 기타 사건으로 인해 그 나라의 경영 환경에 급격한 변화가 발생하고, 이로 인해 특정 기업의 수익성과 경영 목표가 부정적인 영향을 받게 될 가능성.

경험 곡선 가격 책정(experience curve pricing) 매출 규모를 증가시키고 경험 곡선 경제를 기업이 실현할 수 있도록 설계된 공격적인 가격 책정 전략.

경험 곡선(experience curve) 제품 수명 기간 동안 관찰된 생산 비용의 체계적인 감소.

계급 의식(class consciousness) 개인이 자신의 사회적 계층을 기준으로 정체성을 형성하고 인식하는 경향.

계급 제도(class system) 개인이 태어난 가문뿐만 아니라 이후의 사회·경제적 성취에 따라 사회적 지위가 결정되며, 계층 간 이동이 가능한 사회 계층 구조.

계약법(contract law) 계약의 이행 및 집행을 규율하는 법률 시스템.

계약서(contract) 교환이 이루어지는 조건과 관련 당사자의 권리와 의무를 구체적으로 명시한 문서.

계획 경제(command economy) 자원 배분, 어떤 재화와 서비스가 생산될지, 그리고 얼마나 생산될지를 정부가 계획하고 결정하는 경제 체제.

고정환율제(fixed exchange rate) 두 통화 간 교환 비율을 고정해 두는 제도.

공급망 관리(supply chain management) 원자재에서 최종 소비자까지 이르는 물류, 구매, 운영, 시장 유통 채널 활동을 통합하고 조정하는 과정.

공동시장(common market) (1) 회원국 간 상품, 서비스, 생산요소의 자유로운 이동을 저해하는 모든 장벽을 제거하고, (2) 공통 외부 무역 정책을 채택하는 국가들의 연합.

공리주의 윤리학(utilitarian approaches to ethics) 행동이나 관행의 도덕적 가치는 그 결과에 의해 결정된다고 보는 관점.

공산주의 전체주의(communist totalitarianism) 사회주의는 전체주의적 독재를 통해서만 실현될 수 있다고 주장하는 집단주의의 한 형태.

공산주의자(communist) 사회주의는 오직 혁명과 전체주의적 독재를 통해서만 실현될 수 있다고 믿는 사람.

공적 행위(public action) 정치인이나 정부 관료와 같은 공직자가 재산 소유자의 소득이나 자원을 갈취하는 행위.

과점(oligopolistic) 소수의 대규모 기업이 한 산업의 대부분을 지배하는 구조.

관리 변동환율제(managed-float system) 일부 통화는 자유로운 변동을 허용하되, 다수 통화는 정부 개입에 의해 관리되거나 다른 통화에 연동되는 환율 제도.

관세 및 무역에 관한 일반 협정(General Agreement on Tariffs and Trade, GATT) 서명국들이 국경을 넘나드는 상품의 자유로운 흐름에 대한 장벽을 낮추는 데 동의한 국제 조약으로 세계무역기구(WTO)의 설립으로 이어짐.

관세 및 무역에 관한 일반 협정(General Agreement on Tariffs and Trade, GATT) 서명국들이 국경을 넘나드는 상품의 자유로운 흐름에 대한 장벽을 낮추는데 동의한 국제 조약으로, 세계무역기구(WTO)의 설립으로 이어짐.

관세동맹(customs union) (1) 회원국 간 상품 및 서비스의 자유로운 이동을 저해하는 모든 장벽을 제거하고, (2) 공통 외부 무역 정책을 채택하는 국가들의 연합.

관세율 할당(tariff rate quota) 할당량 내 수입품에 대해 할당량 초과 수입품보다 낮은 관세율을 적용하는 제도.

구매(purchasing) 기업의 제품 및 서비스 제조에 사용되는 원자재, 부품, 제품을 전 세계에서 조달하는 공급망의 일부.

구매력 평가(purchasing power parity, PPP) 1인당 GDP를 생활비 차이를 반영하여 조정한 값.

국내총생산(gross domestic product, GDP) 특정 기간 동안 한 국가 내에서 생산된 모든 완제품과 서비스의 총 화폐 가치 또는 시장 가치를 측정하는 지표.

국산 부품 사용 요건(local content requirement, LCR) 상품의 특정 부분이 국내에서 생산되어야 한다는 요구 사항.

국제 기업(international business) 국제 무역이나 투자에 참여하는 모든 기업.

국제 무역(international trade) 기업이 다른 국가의 소비자에게 상품이나 서비스를 수출하는 것.

국제 물품 매매 계약에 관한 UN 협약(United Nations Convention on Contracts for the International Sale of Goods, CISG) 서로 다른 국가에 사업장을 둔 매도인과 매수인 간의 상거래 계약의 체결과 이행과 관련된 일부 사항을 규율하는 규칙의 집합.

국제 상거래에 있어서 외국공무원에 대한 뇌물방지법(Convention on Combating Bribery of Foreign Public Officials in International Business Transactions) OECD 협약으로, 국제 비즈니스 거래에서 외국 공무원에게 뇌물을 주는 행위를 범죄로 규정하는 법적 구속력이 있는 기준을 설정하며, 이를 효과적으로 실행하기 위한 다양한 관련 조치를 제공함.

국제 시장 조사(international market research) 글로벌 기업의 의사 결정을 위한 데이터의 체계적 수입, 기록, 분석 및 해석 활동.

국제 통화 제도(international monetary system) 각국이 환율을 관리하기 위해 채택한 제도적 장치의 총체.

국제 피셔 효과(international Fisher effect, IFE) 어떠한 두 국가 간에도, 현물 환율은 양국 간 명목 금리 차이에 상응하는 동일한 폭으로, 그러나 반대 방향으로 변동하게 됨.

국제무역산업부(Ministry of International Trade and Industry, MITI) 일본 국제무역산업성.

국제수지 계정(balance-of-payments accounts) 한나라가 해외로 지불한 금액과 해외로부터 받은 금액을 기록 및 집계하는 국가 회계.

국제수지 균형(balance-of-trade equilibrium) 한 국가가 수출로 벌어들인 소득이, 수입의 대가로 지불한 대금과 같아진 상태.

국제연합(United Nations, UN) 193개국으로 구성된 국제기구로, 본부는 뉴욕 시에 있으며 1945년 평화, 안보 및 협력 증진을 위해 설립.

국제통화기금(International Monetary Fund, IMF) 국제 통화 질서를 유지하기 위해 설립된 국제 기관.

국제화 전략(international strategy) 현지 경쟁자가 보유하지 못한 핵심 역량을 해외 시장으로 이전하여 가치를 창출하려는 전략.

권력 거리(power distance) 사회가 신체적·지적 능력의 불평등을 어떻게 다루는지에 관한 것. 권력 거리 지수가 높은 문화에서는 불평등이 시간이 지나면서 권력과 부의 격차로 확대되는 경향이 있는 반면, 권력 거리 지수가 낮은 문화에서는 이러한 불평등을 가능한 한 완화하려는 노력이 이루어짐.

규모의 경제(economies of scale) 대규모 생산에 따른 비용 우위.

규모의 경제(economies of scale) 대량 생산으로 인하여 단위 생산 비용이 줄어드는 현상.

규범(norms) 특정 상황에서 적절한 행동을 규정하는 사회적 규칙과 지침.

규제 완화(deregulation) 기업 운영과 관련된 정부 규제를 철폐하는 것.

그린필드 투자(greenfield investment) 해외에 새로운 사업장을 직접 설립하는 형태의 투자.

글로벌 공급망 조정(global supply chain coordination) 글로벌 공급망의 주요 활동에서 의사 결정을 공유하고 운영을 협력하는 과정.

글로벌 물류 센터(global distribution center) 전 세계의 도매업자나 소매업자, 또는 소비자에게 제품을 맞춤화하여 전달할 수 있도록 위치하는 시설을 의미하며, 글로벌 물류 창고라고도 불림.

글로벌 웹(global web) 가치 사슬의 여러 단계가 전 세계적으로 부가가치가 가장 낮거나 가치 창출 비용이 최소화되는 지역으로 분산되는 개념.

글로벌 재고 관리(global inventory managemen) 다국적 기업의 원자재, 공정 중 재고(부품), 완제품 재고에 대한 의사 결정 과정.

글로벌 표준화 전략(global standardization strategy) 규모의 경제, 학습 효과, 위치 경제를 통한 비용 절감으로 수익성과 수익 성장에 중점을 두는 전략.

글로벌 학습(global learning) 해외 자회사에서 본국으로, 그리고 해외 자회사 간에 기술과 제품 제공이 이루어지는 흐름.

금기(mores) 사회의 작동과 사회적 삶에 있어 핵심적인 것으로 간주되는 규범들.

금본위제(gold standard) 통화를 금에 연동하고, 금으로의 전환을 보장하는 화폐 제도.

금평가(gold par value) 금 1온스를 구매하는 데 필요한 통화액.

기업 문화(corporate culture) 조직의 규범과 가치관.

기업가 정신(entrepreneurs) 혁신을 최초로 상업화하는 사람들.

기업의 사회적 책임(corporate social responsibility, CSR) 기업 경영자는 비즈니스 의사 결정을 내릴 때 경제적 행동이 초래하는 사회적 영향을 고려해야 한다는 개념. 또한, 경제적 이익뿐만 아니라 사회적으로도 긍정적인 영향을 미치는 의사 결정이 우선적으로 고려되어야 한다는 원칙을 포함함.

기여 공장(contributor factory) 기여 공장

기한부 어음(time draft) 수취인이 미래의 특정 날짜에 지급을 약속한 어음.

ㄴ

남성성 대 여성성(masculinity versus femininity) 성별과 직업 역할의 관계에 관한 것. 남성성이 강한 문화에서는 성 역할이 뚜렷하게 구분되며, 성취와 권력 행사 같은 전통적인 '남성적 가치'가 중요하게 여겨지는 반면, 여성성이 강한 문화에서는 성 역할의 구분이 덜 뚜렷하며, 동일한 직업에서 남성과 여성 간의 차별이 거의 존재하지 않음.

내부 이해관계자(internal stakeholders) 기업을 위해 일하거나 기업을 소유하고 있는 개인이나 단체.

내부화 이론(internalization theory) 해외직접투자를 시장의 불완전성 관점에서 설명하는 이론.

노이즈(noise) 잠재 소비자의 관심을 끌기 위해 경쟁하는 다른 메시지의 수.

누적 해외직접투자 유출(outward stock of FDI) 특정 시점에 한 국가에 본사를 둔 기업들이 해외에 소유한 자산의 총 누적 가치.

ㄷ

다국적 기업(multinational enterprise, MNE) 둘 이상의 국가에서 사업 운영을 소유하고 영위하는 기업.

다접점 경쟁(multipoint competition) 두 개 이상의 기업이 여러 지역 시장, 국가 시장, 또는 산업에서 서로 맞부딪히며 경쟁하는 양상.

다지점 가격 책정(multipointing pricing) 한 시장의 가격 책정이 경쟁자의 다른 시장에서의 가격 책정에 영향을 미칠 경우 발생.

달러화 통용 제도(dollarization) 한 국가가 자국 통화 대신 미국 달러를 공식 통화로 채택하거나 연동하는 과정.

대량 맞춤 생산(mass customization) 표준화된 생산물의 대량 생산을 통해서만 달성할 수 있었던 단가에서 다양한 최종 제품을 생산하는 것.

대외 부채 위기(foreign debt crisis) 국가(정부 또는 민간 부문)가 해외 차입금을 상환하지 못하는 상황.

대응구매(counterpurchase) 상호 구매 계약.

대응무역(countertrade) 상품과 서비스를 대가로 다른 상품과 서비스를 교환하는 거래.

대응무역(countertrade) 재화와 서비스를 다른 재화와 서비스로 교환하는 거래.

대의 민주주의(representative democracy) 시민들이 주기적으로 자신들을 대표할 개인을 선출하여 정부를 구성하는 정치

체제.

더티 플로트 제도(dirty-float system) 명목상으로는 자국 통화를 시장에서 자유롭게 변동되도록 두지만, 자국 통화가 적정 가치에서 지나치게 벗어났다고 판단되면 정부가 외환 시장에서 통화를 매수하거나 매도하여 환율을 조정하는 제도.

덤핑(dumping) 외국 시장에서 생산 원가 이하 또는 '공정한' 시장 가치 이하로 상품을 판매하는 행위.

도적적 해이(moral hazard) 문제가 생겨도 어차피 구제받을 것이라는 인식 때문에 사람들이 무모하고 무책임하게 행동하는 현상.

독점적 유통 채널(exclusive distribution channel) 외부에서 접근하기 어려운 유통 채널.

동남아시아국가연합(Association of Southeast Asian Nations, ASEAN) 1967년에 설립된 협정으로, 브루나이, 캄보디아, 인도네시아, 라오스, 말레이시아, 미얀마, 필리핀, 싱가포르, 베트남, 태국 간 자유무역지대 구축을 목표로 함.

ㄹ

라이선스 계약(licensing agreement) 라이선스 제공자가 무형자산에 대한 권리를 특정 기 간 동안 다른 기업(라이선스 사용자)에게 부여하고, 그 대가로 로열티를 받는 계약.

라이선싱(licensing) 한 기업(라이선서)이 다른 기업(라이선시)에게 자사의 제품을 생산하거나, 생산 공정을 사용하거나, 브랜드명 또는 상표를 사용할 수 있는 권리를 부여하는 계약 방식. 이에 대한 대가로 라이선서는 라이선시가 판매하는 각 제품마다 로열티를 수취함.

래그 전략(lag strategy) 외화가 평가절상될 것으로 예상될 경우 외화 매출채권 회수를 지연하고, 평가절하될 것으로 예상될 경우 외화 매입채무 지급을 지연하는 전략.

로마 조약(Treaty of Rome) 1957년 유럽공동체를 설립한 조약.

리드 전략(lead strategy) 외화가 평가절하될 것으로 예상될 때 외화 매출채권을 조기에 회수하고, 평가절상이 예상될 때 외화 매입채무를 기한 이전에 지급하는 전략.

리스본 조약(Treaty of Lisbon) EU가 승인한 조약으로, 유럽의회가 대부분의 유럽 법안에서 유럽이사회와 동등한 입법 권한을 갖도록 허용함.

린 생산(lean production) 유연 제조 기술 참조.

ㅁ

마스트리히트 조약(Maastricht Treaty) 1992년에 체결되었지만 1994년 1월 1일까지 비준되지 않은 조약으로, EC 12개 회원국이 더욱 긴밀한 경제 및 정치적 통합을 추진하는 데 합의한 협정.

마케팅 믹스(marketing mix) 기업이 목표 시장에 대해 제품 속성, 유통 전략, 커뮤니케이션 전략, 가격 전략을 실행하는 데 선택 가능한 대안들.

메르코수르(Mercosur) 아르헨티나, 브라질, 파라과이, 우루과이 간 자유무역지대 설립을 위한 협정.

무어의 법칙(Moore's law) 마이크로프로세서 기술의 성능은 18개월마다 두 배로 증가하고, 생산 비용은 절반으로 감소한다는 법칙.

무역 전환(trade diversion) 지역 경제 통합으로 인해 기존의 무역 흐름이 변경되는 현상으로, 자유무역지대 외부의 비용이 낮은 공급 업체가 자유무역지대 내의 비용이 더 높은 공급 업체로 대체될 때 발생함.

무역 창출(trade creation) 지역 경제 통합으로 인해 발생하는 무역 증가 현상으로, 자유무역지대 내에서 비용이 높은 국내 생산업체가 비용이 낮은 외국 생산업체로 대체될 때 발생함.

무역의 이익(gains from trade) 각국이 자국이 가장 효율적으로 생산할 수 있는 상품과 서비스를 전문적으로 생산하여 수출하고, 상대적으로 효율적으로 생산할 수 없는 상품과 서비스를 다른 나라로부터 수입함으로써 실현되는 경제적 이익.

문화 간 이해력(cross-cultural literacy) 한 국가의 문화가 비즈니스 관행에 어떤 영향을 미치는지를 이해하는 능력.

문화(culture) 한 집단의 구성원들이 공유하는 가치와 규범의 체계로, 이들이 결합되어 생활 방식을 형성함.

물류(logistics) 원자재, 부품, 제품의 흐름과 재고를 효율적으로 계획, 실행, 통제하는 공급망의 일부.

미국 수출입은행(Export-Import Bank, EXIM Bank) 미국 정부의 기관으로, 수출입을 촉진하고 금융 지원을 제공하는 것을 임무로 하는 기관.

미국-멕시코-캐나다 협정(USMCA) 미국, 멕시코, 캐나다 간의 무역협정으로, NAFTA를 대체하기 위해 협상되었으며 2020년에 비준되었음.

민법 체계(civil law system) 매우 상세하게 작성된 법률과 법전을 기반으로 하는 법 체계.

민영화(privatization) 국유 기업을 민간 투자자에게 매각하는 것.

민주주의(democracy) 국민이 주권을 갖고, 직접 또는 선출된 대표를 통해 권력을 행사하는 정치 체제.

ㅂ

바이백(buybacks) 공장 건설 계약 대가로 공장 생산물의 일정 비율을 수락하기로 한 합의.

바터(barter) 현금 거래 없이 두 당사자 간 상품 또는 서비스의 직접 교환.

반덤핑 정책(anti-dumping policies) 덤핑에 관여하는 외국 기업을 처벌하고 이를 통해 국내 생산자를 불공정한 외국 경쟁으로부터 보호하기 위해 설계된 정책.

밴드왜건 효과(bandwagon effect) 거래자들이 서로의 행동을 인식하며 같은 방향으로 집단적으로 움직이는 현상.

법률 시스템(legal system) 행동을 규제하는 규칙의 체계이며, 국가의 법이 집행되는 과정과 불만 사항에 대한 구제 절차를 포함하는 시스템.

법적 위험(legal risk) 거래 상대방이 계약을 기회주의적으로 위반하거나, 지식재산권을 침해·몰수할 가능성.

변동환율제(floating exchange rate regime) 통화 간 교환 비율(환율)이 수요와 공급에 의해 자유롭게 결정되는 제도.

보조금(subsidy) 정부가 국내 생산자에게 지급하는 재무적 지원 수단.

보통법(common law) 전통, 판례, 관습에 기반을 둔 법 체계. 판사가 보통법을 해석할 때, 이러한 특성들을 고려하여 해석함.

부족 전체주의(tribal totalitarianism) 특정 부족(민족 집단)의 이익을 대변하는 정당, 단체, 또는 개인이 정치 권력을 독점하는 정치 체제.

북미자유무역협정(North American Free Trade Agreement, NAFTA) 캐나다, 멕시코, 미국 간의 자유무역지대.

분산된 소매 시스템(fragmented retail system) 어떠한 소매업체도 시장을 독점하지 않고 다수의 소매업체가 존재하는 소매 시스템.

불확실성 회피(uncertainty avoidance) 사회가 구성원들에게 불확실한 상황을 수용하고, 이를 얼마나 용인하도록 사회화하는지를 나타냄. 불확실성 회피 성향이 높은 문화에서는 명확한 규칙과 질서를 중시하며, 위험을 회피하려는 경향이 강한 반면, 불확실성 회피 성향이 낮은 문화에서는 위험을 감수하려는 태도가 강하며, 변화에 대한 저항이 상대적으로 적음.

블록체인 기술(blockchain technology) 공급망과 같은 비즈니스 네트워크 내에서 정보를 투명하게 공유할 수 있도록 해 주는 데이터베이스 기술.

비전환성 통화(nonconvertible currency) 거주자와 비거주자 모두 해당 통화를 다른 통화로 전환하는 것이 금지된 경우.

비즈니스 애널리틱스(business analytics) 기업의 국제 경영 전략과 활동을 탐색하고 심층적으로 조사하여 통찰력을 도출하고 향후 전략 개발과 실행을 추진할 수 있도록 하는 지식, 역량, 기술을 의미함.

비탄력적(inelastic) 가격의 큰 변화에 수요가 작게 변함.

비효율적 시장(inefficient market) 모든 정보를 가격에 반영하지 못하는 시장.

빅 데이터(big data) 기존의 데이터베이스 및 소프트웨어 기법을 사용하여 처리하기 어려울 정도로 방대한 양의 구조화 그리고/또는 비구조화된 데이터.

ㅅ

사적 행위(private action) 개인이나 단체가 절도, 해적 행위, 협박 등의 방법으로 재산권을 침해하는 행위.

사전 예방 원칙(precautionary principle) 특정 행동의 영향에 대한 과학적 지식이 불충분하거나, 이 행동이 환경이나 인간·동물·식물의 건강에 잠재적으로 위험한 영향을 미칠 가능성이 있다는 합리적인 우려가 존재하는 경우, 해당 행동을 우리의 지식이 향상될 때까지 보류하거나 연기해야 한다는 원칙.

사회 계층(social strata) 가족 배경, 직업, 소득 등을 기반으로 형성된 위계적 사회 범주.

사회 구조(social structure) 한 사회의 기본적인 조직 형태.

사회 민주주의자(social democrat) 민주적인 방법을 통해 사회주의를 실현하는 데 헌신하는 사람.

사회 이동성(social mobility) 개인이 태어난 사회 계층에서 벗어나 다른 계층으로 이동할 수 있는 정도.

사회(society) 공통된 가치와 규범을 공유하는 사람들의 집단.

사회주의자(socialist) 생산 수단의 공적 소유를 통해 사회의 공동선을 추구해야 한다고 믿는 사람.

산업재산권 보호를 위한 파리 협약(Paris Convention for the Protection of Industrial Property) 지식재산권 보호를 위한 국제

협정.

상계 관세(countervailing duties) 반덤핑 관세.

상류 공급망(upstream supply chain) 원자재에서 생산 시설에 이르는 공급망의 일부.

상표(trademarks) 상인이나 제조업자가 자신의 제품을 구별하고 식별하기 위해 사용하는 디자인이나 명칭으로, 종종 공식적으로 등록되어 보호받음.

생산 요소(factor endowments) 한 국가가 보유한 토지, 노동력, 자본 등 생산에 필요한 자원을 보유한 수준.

생산 요소(factors of production) 기업의 생산 과정에 투입되는 요소로, 노동, 경영, 토지, 자본, 기술적 노하우 등이 포함됨.

생산(production) 제품을 만드는 데 관련된 활동.

생산의 세계화(globalization of production) 개별 기업들이 생산 요소의 비용과 품질 차이를 활용하기 위해 자사의 생산 과정 일부를 전 세계 여러 지역으로 분산시키는 현상.

서비 공장(server factory) 다국적 기업의 글로빌 공급밍과 연결되어 특정 국가나 지역 시장에 제품을 공급하는 공장.

선도 공장(lead factory) 전 세계 다국적 기업에서 사용할 새로운 공정, 제품, 기술을 개발하는 공장.

선물 거래(forward exchange) 두 당사자가 통화를 교환하고 특정 미래 날짜에 거래를 실행하기로 합의할 때 발생.

선물 환율(forward exchange rate) 선물환 거래에 적용되는 기준 환율.

선발자 난점(first-mover disadvantage) 다른 다국적 기업보다 먼저 해외 시장에 진입할 때 겪게 되는 단점.

선발자 이점(first-mover advantage) 시장에 최초로 진입하는 기업이 누리는 이점.

선발자 이점(first-mover advantages) 특정 산업 및 시장에 먼저 진입함으로써 얻는 경제적, 전략적 우위.

선하증권(bill of lading) 수출자가 화물을 운송하는 일반 운송업자로부터 발행받는 문서. 선하증권은 영수증, 계약서, 소유권 문서로 기능함.

세계무역기구(World Trade Organization, WTO) GATT 우루과이 라운드 협상의 성공적 완료 결과로 GATT를 계승한 기관.

세계은행(World Bank) 세계의 빈곤 국가들의 일반 경제 발전을 촉진하기 위해 설립된 국제 기관.

세계인권선언(Universal Declaration of Human Rights) UN에서 제정한 문서로, 모든 인간이 준수해야 할 기본적인 인권 원칙을 명시한 선언.

세계지식재산권기구(World Intellectual Property Organization) 회원국들이 지적 재산 보호에 동의하는 조약에 서명하는 국제기구.

세계화(globalization) 뚜렷이 구분되는 국가 경제 단위에서 벗어나 하나의 거대한 글로벌 시장을 향해 나아가는 현상.

소고 쇼샤(sogo shosha) 일본의 종합상사로, 대형 일본 산업그룹(케이레츠)의 주요 구성 요소.

소셜 미디어(social media) 정보 공유와, 가상 글로벌 네트워크 및 커뮤니티 구축을 촉진하는 기술.

소싱 공장(source factory) 글로벌 공급망에서 비용 절감을 주요 목적으로 하는 공장.

수요의 가격 탄력성(price elasticity of demand) 제품에 대한 수요가 가격에 따라 어떻게 반응하는지에 대한 지표.

수익 성장률(profit growth) 시간에 따른 순이익의 증가 비율.

수익성(profitability) 수익률 개념.

수입 관세(import tariff) 상품이나 서비스의 수입에 부과되는 세금.

수입 할당(import quota) 한 국가로 수입될 수 있는 상품의 수량을 직접적으로 제한하는 것.

수출 관리 회사(export management company, EMC) 클라이언트 기업을 위해 수출 마케팅 부서 역할을 하는 수출 전문 업체.

수출 관세(export tariff) 상품의 수출에 부과되는 세금.

수출 금지(export ban) 상품의 수출을 부분적 또는 전면적으로 제한하는 정책.

수출(exporting) 한 국가에서 생산된 제품을 다른 국가 거주자에게 판매하는 것.

수출(exporting) 한 국가에서 생산된 제품을 다른 국가의 거주민에게 판매하는 행위.

순진한 부도덕자(naive immoralist) 주재국에서 다른 국가의 기업들이 윤리적 규범을 따르지 않는다면 자신도 따르지 않아야 한다고 주장하는 사람.

스무트-홀리 관세법(Smoot-Hawley Act) 1930년 미국 의회가 제정한 법으로, 미국으로의 수입품에 대해 높은 관세 장벽을 세움.

스위치 무역(switch trading) 카운터퍼체이스 계약에서 특화된 제3자 무역 회사를 이용하는 방식.

시장 간 세분 시장(intermarket segment) 국경을 초월하여 여러 국가에 걸쳐 있는 소비자 세분 시장.

시장 경제(market economy) 공급과 수요의 상호 작용에 의해 재화와 서비스가 어느 정도 생산되는지가 결정되는 경제 시스템.

시장 불완전성(market imperfections) 시장 메커니즘이 완전하게 작동하지 못해 발생하는 왜곡 또는 제약. 내부화 이론 참조.

시장 세분화(market segmentation) 구매 행동이 다른 소비자들을 유의미한 기준으로 분류하는 것.

시장의 세계화(globalization of markets) 국가 시장이 무역 장벽과 거리, 시간, 문화의 장벽으로 인해 고립된 별개의 실체로 존재하는 경제 체제에서 벗어나, 국가 시장들이 하나의 글로벌 시장으로 통합되어 가는 체제로 나아가는 과정.

식스 시그마(Six Sigma) 제품 품질을 개선하기 위한 통계 기반 방법론.

신무역 이론(New Trade Theory) 세계 경제에서 관찰되는 무역 패턴은 부분적으로 특정 시장의 기업들이 선발자 이점을 확보할 수 있는 능력에 의해 결정된다고 주장하는 이론.

신용장(letter of credit) 은행이 특정 조건하에서 지급을 보장함을 나타내는 문서.

신정 전체주의(theocratic totalitarianism) 종교적 원칙에 따라 통치하는 정당, 집단, 또는 개인이 정치 권력을 독점하는 정치 체제.

신정법 체계(theocratic law system) 종교적 가르침을 기반으로 한 법 체계.

ㅇ

안데스 공동체(Andean Community) 1969년 볼리비아, 칠레, 에콰도르, 콜롬비아, 페루가 관세동맹을 구축하기 위해 체결한 협정.

약탈적 가격 책정(predatory pricing) 경쟁자를 시장에서 퇴출시키기 위해 경쟁의 무기로 공정 시장 가치 이하로 가격을 인하하는 것('공정'은 비용에 합리적인 한계 수익을 더한 것).

양자간/다자간 무역협정(bilateral or multilateral trade agreements) 두 개 이상의 파트너 간 상호 호혜적인 무역협정.

어음(draft) 수출자가 수입자에게 지급해야 할 금액과 시기를 명시한 서면 명령.

역물류(reverse logistics) 가치 회수나 적절한 폐기를 위해 소비 지점에서 원산지로 재고를 이동시키는 과정.

역외 생산(offshore production) 자국 시장에 제품을 공급하기 위해 수행되는 해외직접투자.

오프셋(offset) 판매 대상국 내의 어느 기업으로부터 원래 판매 수익의 일정 비율에 해당하는 상품 및 서비스를 구매하는 계약.

오프쇼어 공장(offshore factory) 본국에서 생산하는 것보다 낮은 비용으로 부품이나 완제품을 생산하기 위해 주로 해외에 설립된 공장.

완전 소유 자회사(wholly owned subsidiary) 모회사가 지분 100%를 보유한 자회사.

외부 이해관계자(external stakeholders) 고객, 공급자, 채무자, 정부, 노조, 지역 사회, 일반 대중 등 기업에 대해 의견을 제시할 수 있는 모든 개인이나 단체.

외부 전환성 통화(externally convert-ible currency) 거주자의 자국 통화 전환 능력은 제한되지만, 비거주자는 자국 통화를 외국 통화로 전환할 수 있는 경우.

외부성(externalities) 한 경제 주체의 활동에서 발생한 지식 또는 정보가 다른 주체로 확산되어 직접적 대가 없이 혜택 또는 비용을 초래하는 현상.

외환 시장(foreign exchange market) 한 국가의 통화를 다른 국가의 통화로 교환하는 시장.

외환 위기 통화 위기 참조.

외환 위험(foreign exchange risk) 환율 변화가 사업 거래의 수익성에 타격을 줄 위험.

우익 전체주의(right-wing totalitarianism) 정치 권력이 정당, 집단 또는 개인에 의해 독점되며, 일반적으로 개인의 경제적 자유는 허용하지만, 정치적 자유(특히 표현의 자유)는 제한하는 정치 체제. 이는 종종 공산주의의 확산을 막는다는 명목으로 정당화됨.

운송(transportation) 공급망 내에서 재고를 이동시키는 과정.

운영(operations) 기업이 수행하는 다양한 가치 창출 활동.

원산지 규정(rules of origin) 상품의 일정 비율 이상이 자유무역지대 내에서 생산되어야 함.

원산지 효과(country of origin effects) 원천 효과의 일부분으

로, 제품 평가에 제조 장소가 영향을 미치는 정도.

원천 효과(source effects) 메시지 수신자(잠재 소비자)가 발신자의 지위와 이미지에 근거하여 평가할 때 발생하는 효과.

위치 경제(location economies) 특정 가치 창출 활동을 가장 적합한 위치에서 수행함으로써 발생하는 경제적 이점.

유럽 통화 제도(European Monetary System, EMS) EU 회원국들이 통화 안정을 도모하고, 인플레이션을 억제하며, 환율 정책을 조정하기 위해 설계한 지역 통화 협정.

유럽사법재판소(Court of Justice) EU 법에 대한 최고 항소 법원.

유럽연합(European Union, EU) 유럽에 위치한 27개국(2020년 기준)으로 구성된 경제적·정치적 연합.

유럽위원회(European Commission) EU 법안을 제안하고, 이를 시행하며, 회원국의 법 준수를 감독하는 역할을 담당.

유럽의회(European Parliament) 유럽위원회가 제안한 사안에 대해 자문 역할을 수행하는 선출된 EU 기관.

유럽이사회(European Council) EU 회원국의 국가 원수 및 유럽위원회 의장으로 구성됨.

유럽자유무역연합(European Free Trade Association, EFTA) 노르웨이, 아이슬란드, 리히텐슈타인, 스위스로 구성된 자유무역연합.

유연 기계 셀(flexible machine cells) 다양한 기계 유형, 공통 재료 처리기 및 중앙 집중식 셀 컨트롤러를 그룹화하여 제품군을 생산하는 유연 제조 기술.

유연 제조 기술(flexible manufacturing technologies) 작업 스케줄링을 개선하고, 준비 시간을 줄이며, 품질 관리를 개선하기 위해 고안된 제조 기술.

유치산업 보호론(infant industry argument) 개발도상국의 신생 산업은 선진국 기업들과 세계 시장에서 경쟁할 수 있는 위치에 도달할 때까지 일시적으로 국제 경쟁으로부터 보호받아야 한다는 주장.

윤리 강령(code of ethics) 기업이 준수해야 할 윤리적 우선순위를 공식적으로 명시한 문서.

윤리 체계(ethical system) 행동을 인도하고 형성하는 기준이 되는 도덕적 원칙이나 가치들의 집합.

윤리(ethics) 개인, 직업의 구성원, 또는 조직의 행동을 규율하는 옳고 그름에 대한 받아들여지는 원칙.

윤리적 딜레마(ethical dilemma) 윤리적으로 완벽하게 받아들여질 수 있는 해결책이 존재하지 않는 상황.

윤리적 전략(ethical strategy) 회사의 경영 윤리를 위반하지 않는 행동 방침.

은행 위기(banking crisis) 금융 시스템에 대한 신뢰 상실로 대규모 예금 인출 사태가 일어나는 현상.

이해관계자(stakeholders) 기업의 활동과 전반적인 성과에 이해관계, 권리, 또는 지분을 가진 개인이나 집단.

인간 개발 지수(Human Development Index, HDI) UN이 한 국가 내의 인간 삶의 질에 영향을 미치는 여러 요소들의 영향을 평가하려는 시도.

인권 이론(rights theories) 국가나 문화의 경계를 넘어 인간이 보편적으로 기본적인 권리와 특권을 가지고 있다고 여기는 윤리 이론.

인사 정책(staffing policy) 특정 직무에 적합한 인재를 선발하는 과정과 관련된 전략.

인적 자원 관리(human resource management, HRM) 조직이 인적 자원을 효율적으로 사용하기 위해 수행하는 활동.

일람불 어음(sight draft) 수취인이 제시하면 즉시 지급되는 어음.

일물일가의 법칙(law of one price) 교통비와 무역 장벽이 없는 경쟁 시장에서는 동일한 제품이 서로 다른 국가에서 동일 통화로 환산하였을 때 동일한 가격에 판매되어야 한다는 법칙.

입지 특유 우위(location-specific advantages) 특정 해외 지역에 부존하는 자원이나 자산을 활용함으로써 얻는 이점으로, 기업이 소유한 독자적 자산(기술, 마케팅, 경영 노하우 등)과 결합할 때 높은 가치를 창출하는 우위.

ㅈ

자문화 중심주의(ethnocentrism) 자신의 민족이나 문화가 우월하다는 믿음에 기반한 행동으로, 종종 다른 국가의 문화를 무시하거나 경멸하는 태도를 동반함.

자민족 중심적 인사 정책(ethnocentric staffing policy) 기업이 모국 출신 인사들로 핵심 경영진을 형성하는 인사 정책.

자본 도피(capital flight) 자국 통화를 외국 통화로 전환하는 현상.

자유 전환성 통화(freely convertible currency) 한 국가의 정부가 거주자와 비거주자 모두 자국 통화를 이용해 외국 통화를 무제한으로 구매할 수 있도록 허용하는 경우, 해당 국가의 통화는 자유 전환성이 있다고 함.

자유무역(Free trade) 국가 간 상품과 서비스의 자유로운 이동을 방해하는 장벽이 존재하지 않는 상태.

자유무역(free trade) 국가 간 재화와 용역의 자유로운 이동을 막는 쿼터제와 같은 무역 장벽이 없는 상태.

자유무역지대(free trade area) 회원국 간 상품 및 서비스의 자유로운 이동을 저해하는 모든 장벽을 제거하지만, 각 국은 비회원국과의 무역 정책을 독자적으로 운영할 수 있는 무역협정 형태.

자율적 수출 규제(voluntary export restraint, VER) 수입국이 아닌 수출국 측에서 부과하는 무역 할당. 일반적으로 수입국 정부의 요청에 따라 부과됨.

자체 생산 또는 외부 구매 결정(make-or-buy decision) 기업이 특정 부품이나 제품을 직접 생산할지, 혹은 외부 업체로부터 구매할지를 선택하는 전략적 의사 결정.

장기 지향 대 단기 지향(long-term versus short-term orientation) 문화가 구성원들에게 물질적, 사회적, 정서적 욕구의 만족을 지연시키는 것을 얼마나 수용하도록 영향을 미치는지를 설명하는 차원. 이 차원은 시간에 대한 태도, 인내, 위계 질서, 체면 유지, 전통 존중, 선물과 호의의 보답 등에 대한 문화적 태도를 포함함. 장기 지향적인 문화에서는 미래를 중시하며, 인내와 지속적인 노력, 전통과 사회적 조화를 중요하게 여기는 반면, 단기 지향적인 문화에서는 즉각적인 결과를 중시하며, 개인적 성취와 현재의 만족을 우선시하는 경향이 있음.

재산권(property rights) 특정 자원의 사용 및 해당 자원으로부터 발생할 수 있는 수입의 사용에 대한 일련의 법적 권리.

저작권(copyrights) 작가, 작곡가, 극작가, 예술가, 출판사가 자신의 작품을 원하는 방식으로 출판하고 배포할 수 있는 독점적 법적 권리.

적시 생산(just-in-time, JIT) 부품이 필요할 때 생산 공정에 즉시 전달되도록 설계된 재고 물류 시스템으로, 부품이 미리 도착하지 않도록 함.

전 지구적 인사 정책(geocentric staffing policy) 국적에 관계없이 다국적 기업 전반에서 핵심 직책을 맡을 가장 적합한 인재를 채용하는 인사 정책.

전략(strategy) 경영자가 기업의 목표를 달성하기 위해 취하는 행동.

전략적 가격 책정(strategic pricing) 다음의 세 가지 측면을 포함하는 개념. 약탈적 가격 책정, 다지점 가격 책정, 경험 곡선 가격 책정.

전략적 무역 정책(strategic trade policy) 세계 시장에서 국내 산업 및 국내 기업의 경쟁력 있는 위치를 개선하는 것을 목표로 하는 정부 정책.

전략적 제휴(strategic alliances) 실제 또는 잠재적 경쟁자 간의 협력 계약.

전사적 품질 관리(total quality management, TQM) 회사의 제품과 서비스 품질을 향상시키는 것을 중심 목표로 하는 관리 철학.

전체주의(totalitarianism) 한 사람 또는 하나의 정당이 인간 삶의 모든 영역에 대해 절대적인 통제권을 행사하고, 반대 정당은 금지되는 형태의 정부.

전초 기지 공장(outpost factory) 정보 수집 기능을 수행하는 공장.

절대 우위(absolute advantage) 어떤 국가가 특정 제품을 다른 어떤 국가보다 더 효율적으로 생산할 수 있을 때, 그 국가는 해당 제품에 대해 절대 우위를 가진다고 함.

절충 이론(eclectic paradigm) 입지 특유 자산 또는 자원과 기업 고유의 자산을 결합하려면 대개 해외직접투자가 필요하다는 주장. 즉, 기업은 그러한 해외 자산이나 자원이 부존하는 곳에 직접 생산 시설을 세워야 함.

정의로운 분배(just distribution) 재화와 서비스가 공정하고 형평성 있게 분배되는 것.

정치 경제(political economy) 한 국가의 정치, 경제, 법률 시스템.

정치 체제(political system) 한 국가의 정부 시스템.

정치 통합(political union) 중앙 정치 기구가 경제, 사회, 외교 정책을 조정하는 형태.

제로섬 게임(zero-sum game) 한 국가의 경제적 이득이 다른 국가의 경제적 손실로 이어지는 상황.

제품 안전법(product safety laws) 제품이 준수해야 하는 특정 안전 기준을 설정하는 법규.

제품 책임(product liability) 제품이 부상, 사망, 또는 손해를 초래할 경우, 해당 기업과 임원에게 책임을 묻는 것.

조인트 벤처(joint venture) 두 개 이상의 기업이 함께 수행하는 협력 사업.

종가 관세(ad valorem tariff) 수입품 가치의 일정 비율로 부과되는 관세.

종교(religion) 신성한 영역과 관련된 공유된 신념과 의식의 체계.

종량 관세(specific tariff) 수입되는 상품의 단위에 대해 고정 요금으로 부과되는 관세.

중상주의(mercantilism) 한 국가가 수출을 장려하면서 동시에 수입을 제한해야 한다고 주장하는 경제 철학.

중앙아메리카 공동시장(Central American Common Market) 코스타리카, 엘살바도르, 과테말라, 온두라스, 니카라과 간의 무역협정으로, 1960년대 초반에 시작되었으나 1969년 전쟁으로 인해 붕괴됨.

중앙아메리카자유무역협정(Central America Free Trade Agreement, CAFTA) 중앙아메리카 공동시장 회원국들이 도미니카공화국과 함께 미국과 자유무역을 추진하기 위해 체결한 협정.

지속 가능한 전략(sustainable strategies) 다국적 기업이 수익을 창출하는 동시에 환경을 해치지 않으며, 다양한 이해관계자에 대해 사회적으로 책임 있는 방식으로 운영되도록 하는 전략.

지식재산권(intellectual property) 사람의 지적 활동에서 나온 제품, 아이디어(예: 책, 음악, 컴퓨터 소프트웨어, 디자인, 기술적 노하우) 등을 의미. 지식재산권은 특허, 저작권, 상표권 등을 통해 보호될 수 있음.

지역 경제 통합(regional economic integration) 지리적으로 인접한 국가들 간의 협정을 통해 상품, 서비스 및 생산 요소의 자유로운 이동을 저해하는 관세 및 비관세 장벽을 점진적으로 낮추고 궁극적으로 제거하는 협정.

진출 시기(timing of entry) 해외 시장에 다른 기업보다 먼저 진출하는 경우를 이른 진출(조기 진출)이라고 하며, 이미 다른 기업이 시장을 선점한 뒤 진출하는 경우를 늦은 진출(후발 진출)이라고 함.

집단(group) 공통된 정체성을 공유하며, 서로에 대한 기대를 바탕으로 구조화된 방식으로 상호 작용하는 두 명 이상의 개인으로 이루어진 공동체.

집단주의(collectivism) 개인적 목표보다 집단적 목표를 강조하는 정치 체제.

집중된 소매 시스템(concentrated retail system) 소수의 소매업체가 시장 대부분의 유통을 독점하는 소매 시스템.

ㅊ

차익 거래(arbitrage) 가격 차이를 이용하여 한 시장에서 증권을 매수하고 다른 시장에서 즉시 매도하여 이익을 얻는 행위.

채널 길이(channel length) 제품이 최종 소비자에 도달하기 전까지 거쳐야 하는 중개업자들의 수.

채널 품질(channel quality) 국내에 설립된 소매업체들의 전문적 지식과 기술 그리고 국제 시장에 제품을 판매하는 지원할 수 있는 능력.

초국가적 전략(transnational strategy) 위치 경제·규모의 경제·학습 효과를 활용해 저비용을 달성하고, 지역별 특성에 맞춰 지리적 시장에서 제품을 차별화하며, 글로벌 운영 네트워크 내 자회사 간 다방향 기술 흐름을 촉진하는 전략.

최소 효율 규모(minimum efficient scale) 공장 또는 생산 설비 수준에서 규모의 경제가 대부분 실현되는 최소한의 생산량 수준.

최적 통화 지역(optimal currency area) 경제 활동의 유사성으로 인해 단일 통화와 환율이 거시 경제 정책의 유효한 도구로 실현 가능한 지역.

ㅋ

카리브 공동체(CARICOM) 영어권 카리브 국가들의 연합으로, 관세동맹 설립을 목표로 함.

카리브 단일시장 및 경제(Caribbean Single Market and Economy, CSME) 무역 장벽 완화 및 거시 경제·통화 정책 조화를 위해 합의한 6개 CARICOM 회원국.

카스트 제도(caste system) 개인이 태어난 가문에 의해 사회적 지위가 결정되며, 개인의 평생 동안 그 지위를 변경하는 것이 거의 불가능한 사회 계층 구조.

칸트 윤리학(Kantian ethics) 인간은 타인의 목적을 위한 수단이 아니라, 그 자체로 존중받아야 한다는 신념.

캐리 트레이드(carry trade) 금리가 낮은 통화로 자금을 차입하여 금리가 높은 통화에 투자하는 투기의 한 형태.

ㅌ

탄력적(elastic) 가격의 작은 변화에 수요가 크게 변함.

턴키 프로젝트(turnkey project) 기업이 해외 고객을 위해 공장을 설치·준공하여, 공장이 완전히 가동 가능한 상태가 되면 열쇠(운영권)를 인도하는 프로젝트.

통화 스왑(currency swap) 동일한 금액의 외화를 두 가지 서로 다른 가치 날짜에 동시에 매수 및 매도하는 거래.

통화 위기(currency crisis) 투기적 공격으로 환율이 급격히 하락할 때 이를 방어하려다 대규모 외환 보유액을 소진하고 금리 급등이 발생하는 현상.

통화 투기(currency speculation) 환율 변동으로 인한 수익을 기대하며 단기적으로 한 통화에서 다른 통화로 자금을 이동시키는 것.

특정 국가나 세계 지역을 위한 역할을 수행하는 공장.

특허(patent) 새로운 제품이나 공정을 발명한 발명자에게 해당 발명품의 제조, 사용, 판매에 대한 독점적 권리를 부여하는 제도.

특화에 따른 수확 불변(constant returns to specialization) 한 국가의 생산 가능 한계선상 어디에 위치하든지 간에 특정 재화를 생산하는 데 필요한 자원의 단위량이 변하지 않는다는 가정. 이는 생산량이 증가하거나 감소하더라도, 제품 1단위를 생산하기 위해 투입해야 하는 자원의 양이 일정하게 유지된다는 의미임.

ㅍ

파견 실패(expatriate failure) 해외에서 근무 중인 파견 관리자가 본국으로 조기에 돌아오는 상황.

페그제(pegged exchange rate) 자국 통화의 가치를 특정 기축 통화에 고정 및 연동시켜 유지하는 환율 제도.

포장(packaging) 제품 자체를 담는 용기를 의미하며, 기본 포장(primary), 이차 포장(secondary), 운송 포장(transit)으로 나눌 수 있음.

풍습(folkways) 생활의 일상적인 관행.

프랜차이즈(franchising) 프랜차이저가 무형 자산을 가맹점에 판매하는 것 외에도, 가맹점이 사업 운영에 대한 엄격한 규칙을 준수할 것을 요구하는 특수한 형태의 라이선싱.

피셔 효과(Fisher effect) 각 국가의 명목 이자율(i)은 요구되는 실질 이자율(r)과 자금 대출 기간 동안 예상되는 인플레이션율(I)의 합과 같음. 즉, $i=r+I$.

ㅎ

하류 공급망(downstream supply chain) 생산 시설에서 최종 고객에 이르는 공급망의 일부.

학습 효과(learning effects) 실행을 통한 학습에서 비롯되는 비용 절감 효과.

할당 지대(quota rent) 수입 할당으로 공급이 인위적으로 제한될 때 생산자가 얻는 추가 이익.

해외 파견 관리자(expatriate manager) 기업이 자회사를 설립한 국가에 관리자 직책으로 파견되어 일하는 직원.

해외부패방지법(Foreign Corrupt Practices Act, FCPA) 국제 비즈니스 수행과 관련하여 뇌물 수수 및 기타 비윤리적 행위를 규제하는 미국 법률.

해외부패방지법(Foreign Corrupt Practices Act, FCPA) 국제 비즈니스에서 뇌물 수수 및 기타 비윤리적 행동에 대한 규제를 다루는 미국 법률.

해외직접투자 유량(flow of FDI) 일정 기간(통상 1년) 동안 이루어진 해외직접투자액.

해외직접투자 유입(inflows of FDI) 한 국가로 들어오는 해외직접투자.

해외직접투자 유출(outflows of FDI) 한 국가에서 해외로 빠져나가는 해외직접투자.

해외직접투자 저량(stock of FDI) 특정 시점을 기준으로 한 국가에 본사를 둔 기업들이 해외에 소유하고 있는 자산의 누적 총가치.

해외직접투자(foreign direct investment, FDI) 외국의 사업 운영에 대한 직접적인 투자.

핵심 역량(core competency) 경쟁 업체가 쉽게 따라 할 수 없거나 모방할 수 없는 기업의 기술.

행정적 무역 정책(administrative trade policies) 정부 관료들에 의해 채택되는 행정 정책으로, 수입을 제한하거나 수출을 촉진하는 데 사용될 수 있음.

혁신(innovation) 신제품, 공정, 조직, 경영방식, 전략 등을 개발하는 것.

현물 환율(spot exchange rate) 특정일에 외환 딜러가 한 통화를 다른 통화로 환전하는 비율.

현지 중심적 접근 방식(polycentric approach) 경영 대상국의 현지인을 경영진으로 임명하고 모국 출신 인사들을 본사 주요 직책에 배치하는 다국적 기업의 인사 정책.

현지화 전략(localization strategy) 각국 시장의 취향과 선호에 맞춰 상품이나 서비스를 맞춤화해 수익성 제고에 주안점을 두는 전략.

환산 노출(translation exposure) 보고된 연결 결과와 재무제표가 외환 가치 변동에 의해 영향을 받는 정도.

환어음(bill of exchange) 수출자가 수입자 또는 수입자의 대리인에게 특정 금액을 특정 시간에 지급하도록 지시하는 서면 명령.

환율(exchange rate) 한 국가의 통화를 다른 국가의 통화로 교환할 때 적용되는 비율.

효율적 시장(efficient market) 모든 사용 가능한 정보가 가격에 반영된 시장.

후원 전략(push strategy) 매스미디어 광고보다 대인 판매를 강조하는 마케팅 전략.

abc...

G20(Group of Twenty) 1999년 설립된 국제기구로, 세계 19대 경제 대국의 재무장관과 중앙은행 총재, 유럽연합 및 유럽중앙은행 대표로 구성.

ISO 9000 일정한 품질 기준을 충족해야 하는 인증 절차.

just-in-case **전략** 미래의 공급망 차질에 대비해 중요한 재고를 더 많이 보유하는 전략으로, 기업이 필수적인 재고를 일정량 비축해 두는 방식.

| 찾아보기 |

D

E

F

G

저자 소개

Charles W. L. Hill
University of Washington

Charles W. L. Hill은 워싱턴 대학교 포스터 경영대학원의 명예 경영학 교수로, 지금도 파트타임으로 학생들을 지도하고 있다. Hill 교수는 워싱턴 대학교에서 경영학 석사, 기술경영 석사, 박사 과정을 비롯한 다양한 과정에서 전략 경영, 국제경영, 미시 경제학 등을 가르쳐 왔다. 재직 기간 동안 Charles E. Summer 전 교수진 우수 교육상을 포함하여 25개 이상의 교육 우수상을 수상하며 뛰어난 교육자로 인정받았다.

영국 출신인 Hill 교수는 영국 맨체스터 대학교에서 박사 학위를 받았다. 워싱턴 대학교 외에도 맨체스터 대학교, 텍사스 A&M 대학교, 미시간 주립 대학교의 교수로 재직했다.

Hill 교수는 Academy of Management Journal, Academy of Management Review, Strategic Management Journal, and Organization Science 등 유명 학술지에 50편 이상의 논문을 발표했다. 또한 International Business(McGraw Hill)와 Global Business Today(McGraw Hill)를 비롯한 여러 교과서를 출간했다. 그의 연구는 국제경영 및 경영전략 분야에서 널리 인용되고 있다. 1996년부터 2019년까지 누적 인용 횟수에 기반하여 학계의 영향력을 측정한 최근 연구에 따르면 그는 22개 주요 분야에서 전 세계 학자 중 상위 1%에 속하는 것으로 나타났다.

Hill 교수는 다양한 조직과 개인적으로 협력하고 있다. 대표적으로 그는 Microsoft에서 20년간 사내 임원 교육 과정을 담당했다. 그 외에도 여러 대기업(예: AT&T Wireless, Boeing, BF Goodrich, Group Health, Hexcel, Philips Healthcare, Philips Medical Systems, Seattle City Light, Swedish Health Services, Tacoma City Light, Thompson Financial Services, WRQ, and Wizards of the Coast)에 컨설팅을 제공한 바 있으며 스타트업 기업의 자문위원으로도 활동했다.

Hill 교수는 여가 활동으로 스키와 경쟁 요트 경기를 즐긴다.

역자 소개

류용규
한국외국어대학교 경영대학 (yklew@hufs.ac.kr)

한국외국어대학교 경영대학 교수로 재직 중이다. University of Manchester에서 경영학 박사 학위를 취득한 후, University of Hull Business School과 University of Manchester의 Manchester Business School 등에서 조교수로 재직하였다.

주요 연구 관심 분야는 글로벌 전략, 중소·벤처기업의 국제화, 지역 혁신 및 지속가능성 등이다. 이와 관련한 연구 결과는 Journal of International Business Studies, Long Range Planning, Global Strategy Journal, Technological Forecasting and Social Change, Sustainable Development 등 주요 학술지에 게재되었다.

박정양
한국외국어대학교 경영대학 (j.park@hufs.ac.kr)

영국 University College London에서 학사를, Imperial College London에서 석사 학위를 받은 뒤, The University of Edinburgh에서 경영학 박사 학위를 취득하였다. 이후 University of Nottingham에서 국제경영 전략 조교수로 근무했으며, 현재는 한국외국어대학교 부교수로 재직 중이다.

주요 연구 분야는 다국적 기업의 국제화 전략, 국제 합작기업 간 지식 이전, 조직 학습, 지속가능경영 등이다. 해당 연구 결과는 국제 저명 학술지와 국내 저명 등재 학술지에 다양한 논문으로 게재되었다.

여윤동
홍익대학교 경영학과 교수 (yyeo@hongik.ac.kr)

연세대학교에서 경영학 학사 및 석사를 받았으며 미국 University of Texas at Dallas에서 전략 전공으로 경영학 박사 학위를 받았으며, 미국 San Diego State University에서 조교수(2022-2024)를 역임하였다.

최근 관심 분야는 기업의 환경 및 비시장 전략, 에너지 산업 등이다.

이종민

연세대학교 경영대학 (j.m.lee@yonsei.ac.kr)

연세대학교에서 경영학 학사 및 석사(국제경영 전공)를 취득하고, 영국 University of Reading, Henley Business School에서 경영학 박사(국제경영전략 전공) 학위를 받았다. University of Reading, Henley Business School에서 조교수 및 부교수로 재직했으며, 현재는 연세대학교 경영대학에서 부교수(국제경영)로 재직하며, 국제경영전략, 세계경영환경론, 글로벌 비즈니스 트렌드 등을 강의하고 있다.

주요 연구 분야는 다국적기업의 해외법인 관리, 국제경영이론, 지속가능경영, 지정학 등이며, 국내외 주요 학술지에 관련 연구를 활발히 발표하고 있다.

이주일

충남대학교 경영학부 (juil@cnu.ac.kr)

연세대학교 경영학과를 졸업하였으며, 동 대학원에서 매니지먼트(전략) 전공으로 경영학 석사 및 박사 학위를 받았다. INSEAD 방문연구원, 울산대학교 경영학부 조교수를 역임하였으며, 현재 한국중소기업학회 및 한국모빌리티학회 부편집위원장, 한국경영학회 수석상임이사와 한국인사관리학회 부회장을 맡고 있다.

연구 관심 분야는 경쟁전략, 중소벤처기업 혁신 및 성상, 기업행동이론 등이다.

초수봉

숙명여자대학교 경영학부 (bizsxiao@sookmyung.ac.kr)

현재 숙명여자대학교 경영학부에 재직 중이며, 글로벌 경영, 신흥시장 전략, 국제마케팅 전략 분야에서 활발한 강의와 연구를 수행하고 있다. 고려대학교 경영대학에서 경영학 박사 학위를 취득하였고, 숙명여자대학교에 부임하기 전까지 한국외국어대학교 경영대학에서 국제경영 전략 분야 조교수 및 부교수로 재직하였다.

최근 주요 연구 분야는 글로벌 전략, 신흥시장 다국적기업의 국제화, 제도이론과 혁신창업, 중국시장 및 디지털 전환 전략, 디지털 경제 확산에 따른 국제경영 및 국제마케팅 전략 등이며, 관련 성과는 Technovation, Industrial Marketing Management, International Journal of Production Economics, Journal of Business Research, Journal of Knowledge Management 등 국제 저명 학술지에 다수 게재되었다.

한주희

가천대학교 경영학과 (jhhan0729@gachon.ac.kr)

이화여자대학교에서 심리학 전공, 경영학 부전공으로 학사 학위를 취득하였으며, 동 대학원에서 경영학 석사 및 박사 학위를 받았다.

주요 연구 분야는 기업지배구조, 최고경영진, 전략 변화, ESG 경영 등이며, 관련 주제로 SSCI 및 KCI 등재 학술지에 다수의 논문을 게재하였다. 현재 한국전략경영학회 이사와 한국경영사학회 편집위원으로 활동하며, 국내외 학술 활동을 활발히 이어가고 있다. 최근에는 디지털 경영, 디지털 커뮤니케이션 및 한국 코스메틱 기업 전략 등을 중심으로 연구 영역을 확장하고 있다.

홍가혜

부산대학교 경영학과 (gahyehong@pusan.ac.kr)

부산대학교 경영학과에 재직 중이며, 국제경영 및 비교경영 분야의 전문가이다. 숙명여자대학교에서 소비자경제학 학사 학위를, 고려대학교 경영학과에서 국제경영 전공으로 석사 및 박사 학위를 취득하였다.

현재 한국무역학회, 한국국제경영학회, 한국국제경영관리학회, 한국무역통상학회 등에서 상임이사 및 이사로 활동하며 활발한 학술 활동을 이어가고 있다.

주요 연구 관심 분야는 신흥시장의 인재 채용, 해외 인재 유치 전략, 신흥시장의 비시장 전략 등으로, 글로벌 환경 속 기업의 전략적 인적자원 관리와 비시장 활동에 대해 깊은 통찰을 제공하고 있다.

뉴 글로벌 시대의 **국제 경영**

역자 | 류용규 · 박정양 · 여윤동 · 이종민
이주일 · 초수봉 · 한주희 · 홍가혜

발행일 | 2025년 7월 31일

발행처 | **한경사**

발행인 | 이계남

등록 | 제10-1951호 2000년 4월 14일

주소 | 서울시 마포구 신수로 59-1 3층

연락처 | (T) 02_717_7264~5
(F) 02_717_7226
hankyungsa.co.kr
hankyungsa@hanmail.net

ISBN | 978-89-6844-538-5 93320

가격 | 39,000원